Excel 2016

Das Kompendium

IGNATZ SCHELS

ISBN 978-3-95982-018-9

© 2017 by Markt+Technik Verlag GmbH
　　　　Espenpark 1a
　　　　90559 Burgthann

Produktmanagement Christian Braun, Burkhardt Lühr
Herstellung Jutta Brunemann, j.brunemann@mut.de
Korrektorat Petra Heubach-Erdmann
Covergestaltung David Haberkamp
Coverfoto © cutimage – Fotolia.com
Satz inpunkt[w]o, Haiger (www.inpunktwo.de)
Druck Media-Print Informationstechnologie GmbH, Paderborn
Printed in Germany

Liebe Leserin, lieber Leser,

herzlich willkommen im Excel-Kompendium. Ich freue mich, dass Sie sich für mein Buch entschieden haben. Und ich bin mir sicher, dass Sie zufrieden sein werden mit Ihrem Kompendium. Laut Wikipedia- und Duden-Definition ist ein Kompendium nämlich ein »kurz gefasstes Lehrbuch oder Nachschlagewerk« (lat. compendium, »Ersparnis, Abkürzung). Ein Lehrbuch ist es sicher, denn Sie werden alles lernen, was es zu Excel 2016 zu lernen gibt. Auch den Anspruch eines Nachschlagewerks erfüllt Ihr Kompendium mit klar gegliederter Kapitelstruktur und einem umfangreichen Inhalts- und Stichwortverzeichnis. Nur mit dem »kurz gefasst« ist das so eine Sache, das wäre ein Widerspruch. Excel in seiner ganzen Fülle der Funktionen und Werkzeuge zu beschreiben und sich dabei kurz zu fassen – das geht nicht, das sehen Sie schon am Umfang dieses Buches. Da wären Sie auch nicht zufrieden, und ich würde meinem Titel als bester Excel-Fachbuchautor Deutschlands nicht gerecht. Ich habe mich aber kurz gefasst, wo das Thema vielleicht nicht ganz so wichtig ist, und dafür ausführlicher beschrieben, was Sie in Excel unbedingt wissen müssen.

Wie lesen Sie Ihr Kompendium? Sie können natürlich vorne beginnen und auf der letzten Seite aufhören, aber das macht nur im Kriminalroman Sinn, wo der Mörder erst am Schluss gefasst wird. Das Fachbuch sollten Sie gezielt Ihrem Kenntnisstand entsprechend nutzen: Als Excel-Einsteiger sehen Sie sich die ersten Kapitel genau an und probieren die zahlreichen Praxisbeispiele aus. Wagen Sie sich aber auch an Profi-Kapitel wie PivotTables, externe Daten, Datentools etc. heran, um Ihren Kenntnisstand zu vertiefen. Im Kompendium werden auch die schwierigen Sachverhalte verständlich beschrieben. Sind Sie schon fortgeschrittener Anwender der Tabellenkalkulation, werden Sie gezielt nach Themen, vielleicht auch nach individuellen Problemstellungen suchen. Nutzen Sie das Inhalts- und Stichwortverzeichnis und probieren Sie die Beispiele aus. Besonders nützlich für alle Kenntnisstufen sind die kleinen Tutorials: Anstelle langwieriger Beschreibungen finden Sie bei wichtigen Themen bebilderte Schritt-für-Schritt-Anleitungen, die Sie sofort zum Ziel führen. Jetzt wünsche ich Ihnen viel Spaß, Geduld und Erfolg beim Lesen Ihres Kompendiums.

Ihr Autor
Ignatz Schels

… ist einer der »ältesten« Autoren von Markt+Technik. Sein erstes Buch hat er 1986 geschrieben, als er nach Abitur und Ausbildung zum Technik-Informatiker beim Verlag als Techniker und Produktmanager tätig war. Danach war er vier Jahre bei Microsoft als Trainer tätig. Seit mehr als 25 Jahren ist er selbstständig, leitet Spezialseminare und VBA-Programmierworkshops. Mit mehr als 50 Büchern über Excel, Access, Windows etc. ist er der meistverkaufte Fachbuchautor zu diesen Themen. Auf seinen Webseiten finden Sie seine Seminare und jede Menge Tipps und Tricks zu Excel:

www.schels.de und www.excellent-controlling.de

Alle Übungen, Beispiele und Makros im Buch können Sie hier downloaden:
www.schels.de/publikationen

Inhaltsverzeichnis

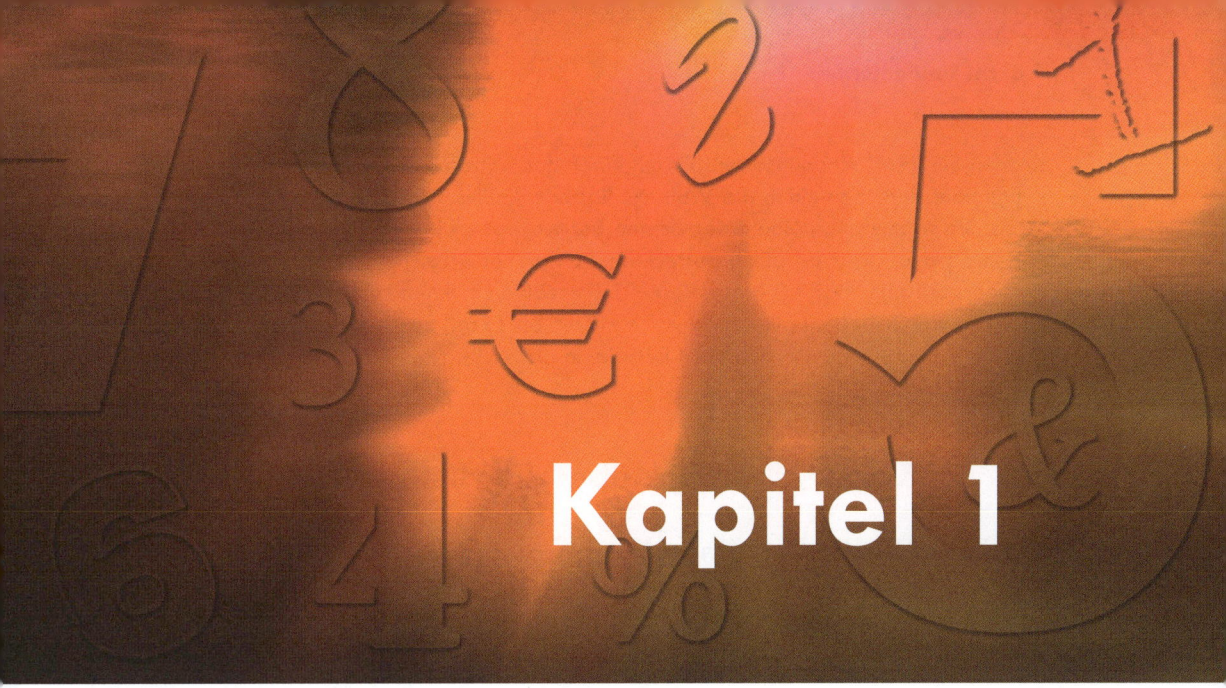

Kapitel 1

1. Excel kennenlernen

Kennen Sie Excel schon? Haben Sie mit einer der früheren Versionen gearbeitet oder steigen Sie ganz neu ein in die Welt der Tabellenkalkulation? Kommen Sie mit auf die Reise, Sie werden von einem der besten Softwareprodukte der Welt begeistert sein und Ihre privat oder beruflich gesteckten Ziele sicher erreichen, sofern das mit einem Rechenprogramm möglich ist. In diesem Teil erzähle ich Ihnen kurz etwas über die Entwicklung der Tabellenkalkulation von VisiCalc bis Excel, zeige Ihnen die Oberfläche und führe Sie an einem praktischen Beispiel in die wichtigsten Basistechniken ein (Speichern, Drucken ...).

1.1   Kurzer Überblick über die Historie

1.1.1   Mit VisiCalc fing alles an

Tabellen werden seit Hunderten von Jahren von Buchhaltern, Finanzexperten und Kaufleuten benutzt. Die digitale Tabellenkalkulation ist noch relativ jung, sie wurde 1979 mit dem Programm VisiCalc etabliert. Dan Bricklin, Student an der Harvard Business School, hat zusammen mit Bob Frankston das Programm für den Heimcomputer Apple II entwickelt, und das Prinzip war so einfach wie genial. Der Bildschirm wird in Zeilen und Spalten unterteilt, am Ende der Zeile/Spalte summiert eine Formel die Inhalte. Kommen neue Zeilen und Spalten hinzu oder werden diese entfernt, passt sich die Summenformel automatisch an. VisiCalc beherrschte die meisten Grundrechenarten und bot mit 256 Zeilen und ebenso vielen Spalten reichlich Platz für die Rechenarbeit, die auf einem Heimcomputer zu erledigen war.

Heute ist die Tabellenkalkulation das wichtigste Werkzeug für kalkulatorische Aufgaben in allen Bereichen und im Klassenraum 108 der Harvard Business School hängt heute eine Ehrentafel für die Erfinder der Tabellenkalkulation.

Zum ersten Vortrag über VisiCalc auf der West Coast Computermesse in San Francisco kamen neben 20 Freunden und Verwandten von Bob Frankston zwei Zuhörer, aber die hatten sich im Raum geirrt ...

1983 kam mit Lotus 1-2-3 der Nachfolger von VisiCalc, und mit der Entscheidung, Personal Computer zu vermarkten, hat IBM auch dem Kalkulationsprogramm von Lotus zur Marktführerschaft verholfen. Aber mit Excel waren die Tage von Lotus gezählt, der OEM-Strategie von Microsoft (vorinstallierte Programme mit dem Computer ausliefern) konnte Lotus nichts entgegenhalten, Excel wurde ab 1991 das Standard-Kalkulationsprogramm.

1.2   Excel: Von Version 1.0 bis Version 2016

Excel wurde bei Microsoft als Nachfolger von Multiplan entwickelt und 1985 zum ersten Mal für den Macintosh von Apple vorgestellt. Richtig, Excel ist eigentlich ein Mac-Programm, und mit jedem Versionswechsel stellte der Hersteller auch für die Apple-PCs ein Release vor. Das unterschied sich oft in der Versionsnummer (aktuell: 2016) und grundlegend in der Oberfläche, die zusätzlich zu Menüband und Symbolleiste auch die macOS-Oberfläche enthält.

Zwischen der ersten Excel-Version 1.0 und der heutigen (2016) gab es 13 Versionswechsel (nähere Informationen siehe de.wikipedia.org/wiki/Microsoft_Excel).

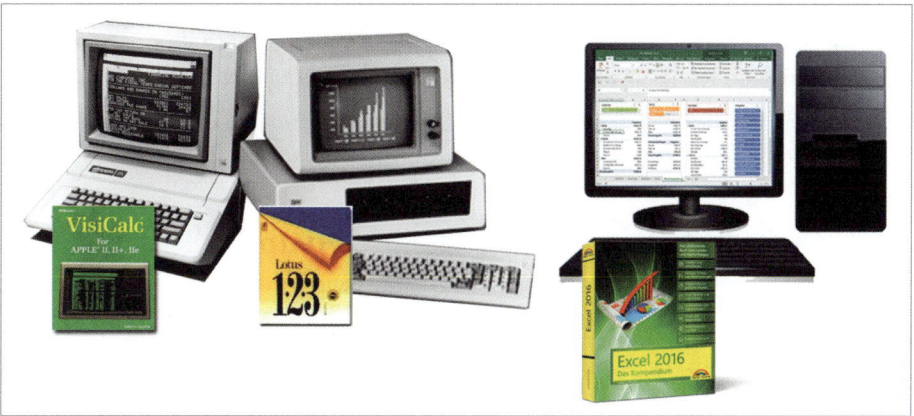

Bild 1.1: Eine kurze Reise von VisiCalc zu Excel 2016.

Mit jedem Versionswechsel wurde Excel den neuen Rahmenbedingungen der Hardware und der Netzwerke angepasst, das Tabellenblatt wuchs von 256 Zeilen und Spalten auf 1.048.576 Zeilen und 16.384 Spalten, und die Funktionspalette glänzte mit immer neuen Funktionen von Arcustangens bis Zinszeitraumberechnung. Lange beherrschten die in Windows-Programmen üblichen Symbolleisten die Oberfläche, erst Excel 2007 löste diese ab und führte das Menüband ein. Ein wesentlicher Teil des Erfolgs muss der Programmierbarkeit angerechnet werden. Ausgestattet mit einem Makrorecorder, der Schritte aufzeichnet und in Programmbefehle umwandelt, hatte Excel bis zur Version 4.0 eine den Funktionen ähnliche Makrosprache, seit Excel 5.0 bietet der Visual-Basic-Editor fast uneingeschränkten Komfort für die Programmierung der Excel- und Office-Oberfläche.

1.3   Excel installieren und einrichten

Wie Sie Excel auf Ihrem Computer einrichten, hängt von der gekauften oder gemieteten Version ab. Haben Sie das Programm bei einem Händler oder online als Paket erworben, haben Sie die Cloud-Version Office 365 gemietet oder eine Lizenz erworben – die Angebotspalette ist reichlich und reichlich verwirrend.

1.3.1   Voraussetzungen

1. Prozessor: x86- oder x64-Bit-Prozessor mit 1 Gigahertz (GHz) oder schneller und SSE2

2. Betriebssystem: Windows 7 oder höher, Windows Server 2008 R2 oder Windows Server 2012

3. Arbeitsspeicher: 1 GByte RAM (32 Bit); 2 GByte RAM (64 Bit)

4. Festplattenspeicher: 3 GByte verfügbar

5. Display und Grafik: Auflösung mindestens 1.280 x 800, für die Grafikhardware-beschleunigung ist eine DirectX-10-Grafikkarte erforderlich.

6. Tablet/Smartphone: Für die Mehrfingereingabe muss das Gerät multitouch-fähig sein. Alle Funktionen stehen jedoch auch immer konventionell über Tastatur und Maus zur Verfügung. Die Touch-Funktionen sind für den Einsatz mit Windows 8 oder neuer optimiert.

7. Weitere Systemanforderungen: ein Microsoft-Konto. Für Internetfunktionen ist eine Internetverbindung erforderlich.

1.3.2   Excel im Office-Paket

Excel ist Teil des Office-Pakets (Office-Suite) zusammen mit PowerPoint, Outlook, Word und in einigen Versionen Access. Haben Sie einen PC, ein Notebook oder ein Tablet ge-kauft, ist meist die Home-Version als Einzellizenz oder als Testversion installiert. Diese müssen Sie nach Ablauf des Testzeitraums bei Microsoft mieten oder kaufen. Eine Über-sicht über alle Versionen finden Sie bei Microsoft: www.microsoftstore.com.

1.3.3   Office 365 – die Cloud-Version in OneDrive

OneDrive ist die Cloud von Microsoft, mit der Eröffnung eines Microsoft-Kontos haben Sie automatisch Zugriff darauf und kostenlosen Speicher (je nach Office-365-Version bis zu 1 Terabyte). OneDrive bietet die Möglichkeit, eine Ordnerstruktur für Online-daten anzulegen und Dateien hochzuladen oder aus Ordnern zu exportieren. OneDrive-Daten können geteilt, d. h. für andere Benutzer freigegeben werden.

Die Cloud-Version Office 365 steht in verschiedenen Modellen zur Auswahl und wird gegen eine Jahres- oder Monatsgebühr gemietet. Das Angebot reicht von der Einzel-lizenz bis zur 5er-Lizenz. Der Unterschied zwischen Office 365 und den »normalen« Office-Versionen Office für Kleinunternehmen und Office Professional: Office 365 kön-nen Sie – im Funktionsumfang eingeschränkt – online mit dem Internetbrowser bedienen und auf dem PC bereitstellen. Alle Versionen bieten aber die Möglichkeit, die Daten in der Cloud bzw. auf OneDrive abzuspeichern.

Office Professional 2016, die teuerste Version, brauchen Sie nur, wenn Sie mit Power-Pivot und PowerView arbeiten und Excel als Client für Power BI nutzen wollen. Für den Normalanwender reicht Office 365, die Mehrfachlizenz ist ideal für Privatanwender und kleine Unternehmen.

Für Benutzer von Smartphones und Tablets stellt Microsoft eine OneDrive-App zur Verfügung. Die App gibt es für Windows Mobile, Android, iOS, unter Windows 10 steht sie auf dem Startbildschirm.

Haben Sie sich für Office 365 entschieden, steht das Programm in OneDrive zur Ver-fügung.

1. Starten Sie Ihren Browser und öffnen Sie den Link *www.onedrive.de*.

2. Loggen Sie sich in Ihr Microsoft Konto ein.

3. Klicken Sie links oben auf das Office-365-Logo und starten Sie Excel.

4. Legen Sie eine neue Arbeitsmappe an oder verwenden Sie eine Vorlage.

5. Wählen Sie *Excel für Ihr Gerät herunterladen*, wenn Sie Excel offline benutzen wollen.

Das sollten Sie natürlich tun, denn die Onlineversion ist stark eingeschränkt.

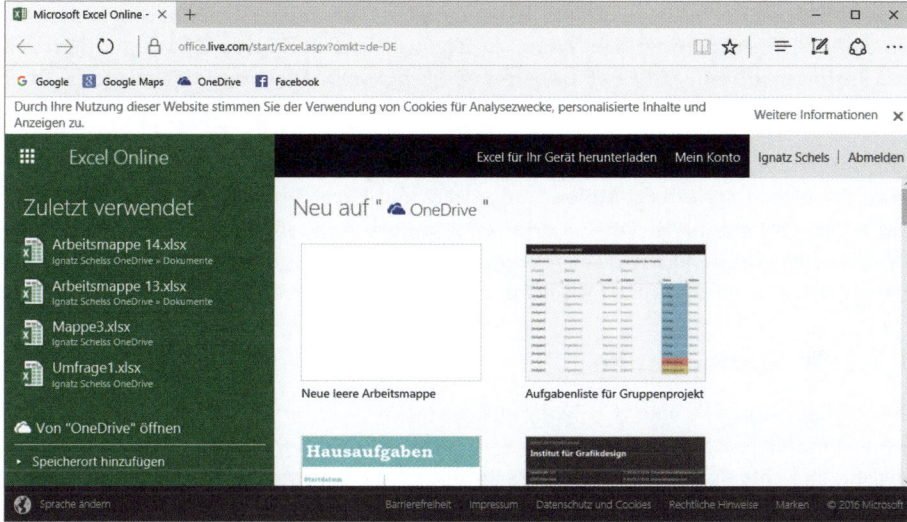

Bild 1.2: Excel in der Cloud – Office 365 online oder offline nutzen.

In der Onlineversion können Dateien nur in der Cloud (OneDrive) gespeichert werden. Das *Einfügen*-Register ist eingeschränkt, ein Seitenlayout gibt es gar nicht, und das Register *Daten* enthält nur einen Teil der Vollversion.

1.4   Excel starten

Wie starten Sie denn Excel? Wie Sie die Cloud-Version starten, kennen Sie schon – Einloggen in OneDrive und Office-Symbol anklicken. Für die auf dem PC installierte Version gibt es mehrere Möglichkeiten:

1. Sie können das Windows-Startmenü anklicken, das Symbol suchen und damit Excel starten. In der App-Liste im Startmenü finden Sie es unter *E* wie Excel oder *M* wie Microsoft Office.

2. Klicken Sie das Symbol mit der rechten Maustaste an und holen Sie es auf den Startbildschirm oder in die Taskleiste.

3. Wenn Sie im Windows-Explorer eine Excel-Datei doppelt anklicken, wird diese automatisch im Excel-Fenster aktiviert. Die Zuordnung der Datei zu Excel regelt Windows über die Dateierweiterung. Das sind die drei oder vier Buchstaben am Ende des Dateinamens. Standardmäßig zeigt der Windows-Explorer diese Erweiterungen nicht an, schalten Sie sie aber im Register *Ansicht* gleich ein, damit Sie die Dateien eindeutig klassifizieren können.

Mein persönlicher Tipp: Geben Sie auf dem Windows-Bildschirm einfach »Excel« ein. Cortana, die hilfreiche Windows-10-Assistentin, bietet die App sofort an und mit der ⏎-Taste startet Excel.

1.4.1 Tipps zum Start von Excel-Dateien

Rechte Maustaste auf das Excel-Symbol im Startmenü: Bietet die zuletzt aktiven Excel-Arbeitsmappen an. Wählen Sie *Als Admin ausführen*, wenn Sie Admin-Rechte brauchen. *Dateipfad öffnen* aktiviert den Windows-Explorer und darin den Ordner, in dem sich die Programmdatei *EXCEL.EXE* befindet (C:\ProgramData\Microsoft\Windows\Start Menu\Programs).

Cortana findet Excel-Daten, wenn Sie mit Platzhaltern arbeiten: *Rechnung M??er.xls** etwa findet alle Meier und Maier. Doppelklick auf Excel-Datei im Windows-Explorer: Startet die falsche Excel-Version oder eine andere App, stimmt die Zuordnung unter Windows nicht (*Systemsteuerung/Programme*). Klicken Sie die Datei mit der rechten Maustaste an, wählen Sie *Öffnen mit* und ordnen Sie die richtige App zu.

1.4.2 Startoptionen

Suchen Sie *EXCEL.EXE* unter C:\Program Files (x86)\Microsoft Office\Office16. Klicken Sie es mit der rechten Maustaste an, wählen Sie *Senden an/Desktop (Verknüpfung erstellen)*. Im Kontextmenü dieses Symbols wählen Sie *Eigenschaften*. Hier tragen Sie eine Startoption ein:

Startoption	Beschreibung
EXCEL.EXE /s oder *EXCEL.EXE* /safe	Start im abgesicherten Modus. Excel startet ohne die Dateien aus *XLSTART* und ohne alle Zusätze (geht auch mit Strg und Doppelklick auf das Symbol).
EXCEL.EXE /o	Wenn Sie Startfehler in der Windows-Datenbank *registry* vermuten, registrieren Sie damit Excel neu: *HKEY_CURRENT_USER\Software\Microsoft\Office\16.0\Excel*
/a progID	Startet Excel und lädt das Automatisierungs-Add-in, das mit dem Parameter *progID* angegeben ist.
/e oder /embed	Damit startet Excel im »embedded mode« ohne eine neue Arbeitsmappe. Das Programmfenster erscheint mit einem leeren Arbeitsbereich.
/i	Excel wird in einem Fenster mit maximaler Größe (Vollbildfenster) gestartet. Einstellungen aus der Registry, die dagegen sprechen würden, werden ignoriert.
/m	Mit dem Start des Programms wird automatisch ein Arbeitsblatt für Excel-4.0-Makros erzeugt.
/p	Damit bestimmen Sie den Arbeitsordner von Excel. Setzen Sie zum Beispiel den Eintrag so, dass automatisch C:\XLDATEN als Arbeitsordner eingetragen wird: ... *EXCEL.EXE* /p "C:\XLDATEN"

Startoption	Beschreibung
/r	Die im Aufruf angegebene Arbeitsmappe wird schreibgeschützt geöffnet: *Excel.exe /r "C:\XLDaten\Buchung.xlsx"*
/t oder /n	Die im Aufruf angegebene Arbeitsmappe wird als Vorlage geöffnet: *Excel.exe /t "C:\XLDaten\Buchung.xlsx"* *Excel.exe /n "C:\XLDaten\Buchung.xlsx"*

Der Excel-Startordner *XLSTART:* Mit der Installation von Office wird für Excel der Start-ordner *XLSTART* eingerichtet. Seine Position variiert je nach Betriebssystem. Wählen Sie *Datei/Optionen.* Schalten Sie um auf das *Trust Center* und klicken Sie auf *Einstellungen für das Trust Center.* Unter *Vertrauenswürdige Speicherorte* finden Sie den Eintrag mit der Beschreibung *Excel-Standardspeicherort: Excel-Startup.* Hier sind zwei Einträge zu finden, weil Excel ab Version 2013 den Standardspeicherort umdefiniert, den für älte-re Versionen aber weiter berücksichtigt:

```
C:\Users\benutzername\AppData\Roaming\Microsoft\Excel\XLSTART\
C:\Programm Files (x86)\Microsoft Office\Root\Office 16\XLSTART
```

Alle Dateien (außer Vorlagendateien) in diesem Ordner werden automatisch zusam-men mit Excel aktiviert, sobald das Programm gestartet wird. Die Datei *PERSONAL. XLSB* ist ein Sonderfall, sie wird für Makrodateien verwenden und ist nach dem Start automatisch ausgeblendet.

Da der Startordner immer lokal auf der Ebene des Benutzerkontos eingerichtet wird, lässt er sich in der Praxis nicht verwenden, wenn das Netzwerk den Zugriff auf lokale Daten sperrt oder beim »Spiegeln« der Benutzerdaten die Einstellungen nicht übernimmt. In den Excel-Optionen finden Sie ein Eingabefeld für einen alternativen Startordner: *Da-tei/Optionen/Erweitert/Allgemein.* Option *Beim Start alle Dateien öffnen in.* Tragen Sie bei Bedarf einen Ordnerpfad ein, zum Beispiel C:*XLSTART.*

Falsche Hilfeseiten (Englisch): Durch einen Installationsfehler starten einige Hyperlinks (z. B. in der Excel-Tour) die englischsprachigen Internetseiten von Microsoft. Suchen Sie einfach in der Adresse den Teil *en-us* und ersetzen Sie ihn durch *de-de.*

```
Falsch: https://support.office.com/en-us/article/Excel-2016-training
Richtig: https://support.office.com/de-de/article/Excel-2016-training
```

1.4.3   Dateiformate

Die wichtigsten Dateiformate sind, wie oben beschrieben, die Arbeitsmappe (Endung *.xlsx*) und die Makroarbeitsmappe (Endung *.xlsm*). Excel unterstützt zusätzlich noch die-se Dateiformate:

Excel 97-2003-Arbeitsmappe
Format der Vorgängerversionen Excel 2003, Excel XP (2002), Excel 2000 und Excel 97 (Dateieindung *.xls*). Speichern Sie Arbeitsmappen in diesem Format, wenn Sie diese ohne Konvertierung mit einer dieser Vorgängerversionen bearbeiten wollen. Die Datei wird binär gespeichert (BIFF8) und kann sowohl mit Excel 2016 als auch mit früheren

Versionen geöffnet werden. Dabei geht aber alles verloren, was die Vorgängerversionen nicht unterstützten, z. B. neue Funktionen wie WENNFEHLER().

OpenDocument-Kalkulationstabelle

In diesem Format speichert die Open-Source-Software OpenOffice, genauer das Kalkulationsmodul Calc von OpenOffice seine Daten. Es verwendet dazu die Endung .ods (**O**pen **D**ocument **S**preadsheet). Das OpenDocument-Format kommt auch in den Programmen GNumeric, Google Text & Tabellen und Tables (Apple Macintosh) zum Einsatz. Dieses Dateiformat basiert wie das Excel-Format auf XML, es gibt aber gravierende Unterschiede zwischen ODS- und XLSX-Dateien. Wenn Sie eine Arbeitsmappe in diesem Format speichern und anschließend wieder mit Excel öffnen, werden Sie einige Unterschiede feststellen.

Vorlage und Vorlage mit Makros

Mit der Dateiendung .xltx speichert Excel eine Datei als Mustervorlage. Im Speichern-Dialog wird dieser Dateityp unter *Vorlage* geführt, die Anzeige schaltet automatisch auf den Vorlagenordner, in dem sich alle Vorlagen befinden. Das XLTX-Format kann keine VBA-Makrocodes oder Excel-4.0-Makrovorlagen (XLM) speichern, dazu muss die Excel-Vorlage mit Makros verwendet werden. Die Dateiendung ist in diesem Fall *.xlsxm*.

Binärarbeitsmappe

Dieses Dateiformat (BIFF12) soll besonders für umfangreiche und komplexe Arbeitsmappen verwendet werden. Die Dateiendung ist *.xlsb*, die Daten werden aber auch in Archivform abgespeichert.

Weitere Dateitypen

Mit **Text (Tabstopp-getrennt)** speichern Sie das aktuelle Tabellenblatt als Textdatei im Windows-ANSI-Format. Für die Spaltentrennung wird ein Tabstopp verwendet (ANSI-Zeichencode 12). Eine Warnmeldung weist darauf hin, dass dieser Dateityp nur das aktuelle Blatt speichert.

CSV (Trennzeichen-getrennt) speichert das aktuelle Blatt der Arbeitsmappe als Textdatei, das Trennzeichen zwischen den Spalten ist das Semikolon. Die Dateiendung ist .csv, das heißt **c**omma **s**eparated **v**alues. Im deutschen Sprachraum wird für Textdateien dieser Art aber nicht das Komma, sondern das Semikolon verwendet, weil das Komma als Dezimaltrennzeichen fungiert. Excel kann Textdateien mit der Endung .csv ohne Konvertierung öffnen.

Im Dateiformat **Formatierter Text** (Leerzeichen-getrennt) ist das Leerzeichen das Spaltentrennzeichen, auch dieser Dateityp speichert nur das aktuelle Tabellenblatt. Die Dateiendung ist *.prn*, gespeichert wird im ANSI-Format.

Textformate: Daten in Textform akzeptiert Excel nicht ohne Weiteres, erst über den Textkonvertierungsassistenten werden Textzeilen in Tabellenzeilen umgewandelt. Die Daten müssen eine erkennbare tabellenähnliche Form mit Spalteneinteilung haben. Excel kann aber jede Tabelle als Text zurückspeichern.

Excel 97-2003-Mustervorlage: Mit diesem Dateiformat produziert Excel eine Mustervorlage im Format der Vorgängerversionen. Für diese Vorlage, die im Vorlagenverzeichnis hinterlegt wird, gelten die gleichen Regeln wie für XLS-Arbeitsmappen. Neue Formeln, Funktionen oder Objekte werden vor dem Speichern angemahnt.

Microsoft Excel 5.0-/95-Arbeitsmappe: Dieses Format ist noch älter, es ist mit dem Excel-97-2003-Format nicht kompatibel. Excel mahnt sowohl Fehler bei der Konvertierung mit dem 2007-Format als auch Kollisionen zwischen dem 97-2003-Format und dem 5.0-/95-Format an.

XML-Kalkulationstabelle 2003: Damit speichern Sie eine Mappe als XML-Skript ab. Die Dateiendung ist *.xml.* Im Unterschied zum Standardformat wird dabei keine Archivdatei benutzt, die Ausgabedatei ist eine reine Textdatei. Dabei gehen natürlich alle Objekte (Cliparts, Diagramme, Zeichnungen) verloren, Formeln und Funktionen bleiben aber erhalten.

XML-Daten: Das ist das ältere XML-Format, das auch schon unter Excel 97–2003 erzeugt werden konnte. Mit XML als Standardformat sollte es keinen Grund mehr geben, es zu benutzen.

Excel-Add-in: Diesen Dateityp verwenden Sie, wenn Sie Excel-Arbeitsmappen als Addins abspeichern wollen. Die Dateiendung ist *.xlam,* VBA-Projekte (Makros) und Excel-4.0-Makros werden unterstützt.

DIF (Data Interchange Format) hieß ein sehr verbreitetes Format, das unter dem Betriebssystem DOS von einem der ersten Kalkulationsprogramme, VisiCalc, propagiert wurde. Excel liest und schreibt DIF-Dateien.

SYLK (Multiplan): Das Programm dürfte nicht mehr auf allzu vielen Computern im Einsatz sein: Multiplan war der Excel-Vorgänger in der nicht grafischen DOS-Betriebssystemwelt. Multiplan-Dateien mit der Endung *.slk* kann Excel noch problemlos und ohne Verluste öffnen und zurückspeichern.

Text (Macintosh): Das aktuelle Blatt wird für die Verwendung unter dem Macintosh-Betriebssystem von Apple als Text mit Tabulatoren gespeichert.

Text (MS-DOS): Die Daten im aktuellen Blatt werden im 7-Bit-ASCII-Format mit Tabulatoren als Trennzeichen gespeichert. Dieses Format wurde unter dem Betriebssystem MS-DOS, dem Vorgänger von Windows, verwendet.

Unicode-Text: Damit wird das aktuelle Blatt der Arbeitsmappe als Unicode-Text gespeichert, dem aktuellen Zeichencodierungsstandard. Die Dateiendung ist *.txt,* Tabulatoren sind Trennzeichen.

CSV (Macintosh): Speichert ebenfalls eine CSV-Datei mit Trennzeichen, aber für das Macintosh-Betriebssystem von Apple.

CSV (MS-DOS): Das aktuelle Blatt wird als Textdatei mit Semikolons als Trennzeichen im 7-Bit-ASCII-Format gespeichert. Die Dateiendung ist *.csv.*

1.4.4 Der Startbildschirm

Excel 2016 präsentiert nach dem Start keine leere Arbeitsmappe, sondern einen Startbildschirm mit einer Auswahl an Vorlagen und eine Liste bereits geöffneter und verwendeter Dateien. Unter *Zuletzt verwendet* lassen sich zuvor bearbeitete Arbeitsmappen wieder bearbeiten. Mit *Leere Arbeitsmappe* erhalten Sie eine neue Mappe mit einem Tabellenblatt.

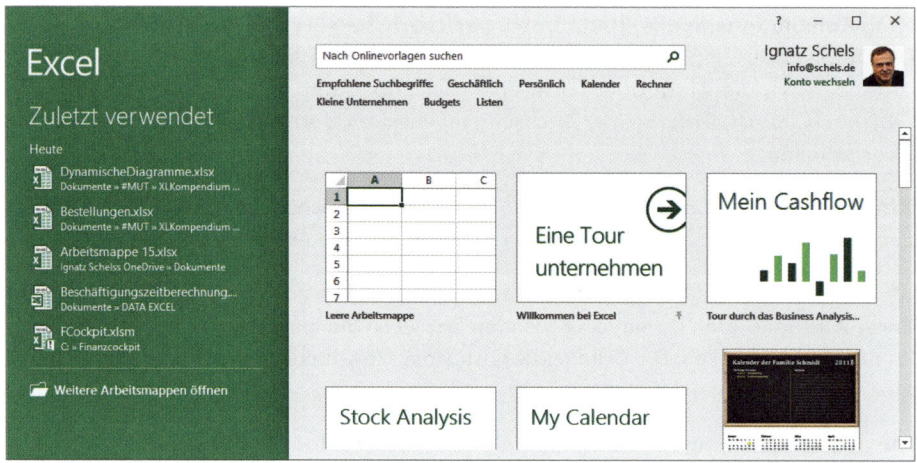

Bild 1.3: Der Startbildschirm.

Weitere Arbeitsmappen öffnen: eine umfangreichere Auswahlliste mit zuletzt verwendeten Mappen, Zugriff auf OneDrive und Explorer-Übersicht. Klicken Sie auf *Durchsuchen*, erhalten Sie Ordner und Dateilisten. Angeboten wird der Ordner, der in den Optionen als Standardspeicherort eingetragen ist. Das Pfeilsymbol links oben schaltet zurück zum ersten Fenster, hier stehen eine kleine Excel-Tour und eine Liste mit Vorlagen zur Auswahl. Die Excel-Tour zeigt auf drei Tabellenblättern die neuen Spezialtechniken Blitzvorschau, Schnellanalyse und Diagrammempfehlung.

 Wenn Sie nach dem Start gleich eine neue, leere Arbeitsmappe anstelle des Startbildschirms sehen wollen, wählen Sie *Datei/Optionen/Allgemein*. Deaktivieren Sie die Option *Startbildschirm beim Start dieser Anwendung anzeigen*.

1.4.5 Vorlagen

In der Vorlagenvorschau finden Sie Excel-Tabellenmodelle vom Hypothekenrechner bis zum Familienstammbaum. Klicken Sie auf eine Vorlage und sehen Sie sich die Beschreibung an. Schalten Sie weiter zur nächsten oder zurück zur vorherigen Vorlage, ein Klick auf *Erstellen* holt die Vorlage per Download von der Microsoft-Webseite und präsentiert sie als neue Arbeitsmappe. Das Angebot ist nur ein Teil einer großen Vorlagensammlung mit Tausenden von Vorlagen. Suchen Sie eine Vorlage für eine bestimmte Aufgabe, geben Sie einfach einen Suchbegriff in das Suchfenster am oberen Rand ein. Suchen Sie beispielsweise nach »Kunden«, erhalten Sie mehrere Vorlagen von »Kundenkontaktliste« bis »Analyse Kundenrentabilität«.

1.4.6   Die Excel-Tour

Klicken Sie auf *Eine Tour unternehmen* für eine Arbeitsmappe, in der drei wichtige neue Techniken gezeigt werden, die bereits mit Excel 2013 eingeführt wurden.

1. Ausfüllen: Die Blitzvorschau. Damit erkennt Excel selbstständig, welche Einträge Sie in einer Spalte vornehmen wollen. Das Beispiel zeigt eine Liste mit Mailadressen, aus der Sie die Namen und Vornamen extrahieren wollen. Geben Sie für die erste Adresse den Vornamen ein, wird Excel diesen ab der zweiten Zeile automatisch erkennen.

2. Analysieren: Die Schnellanalyse. Markieren Sie die Tabelle mit Umsatzzahlen und klicken Sie auf die Schaltfläche rechts unten. Sie bietet sofort die passenden Analysewerkzeuge (Diagramme, Summen, Tabellen) an.

3. Diagramme: Hier finden Sie wieder eine Tabelle mit Umsatzzahlen. Markieren Sie diese und schalten Sie auf *Einfügen* um. Unter *Empfohlene Diagramme* erhalten Sie sofort die passenden Vorschläge für die Visualisierung der Zahlen.

4. Sie wünschen: Hier weist Excel auf das neue Suchfenster hin. Klicken Sie in eine beliebige Zelle und anschließend auf *Was möchten Sie tun* in der Registerleiste für passende Vorschläge. Geben Sie einen Suchbegriff ein, und Excel wird versuchen, die passende Programmfunktion dafür zu finden (z. B: »Absteigend sortieren«).

5. Weitere Informationen: In diesem Tabellenblatt finden Sie Hyperlinks, die Sie auf Informationsseiten des Microsoft-Supports weiterleiten. So lassen sich beispielsweise Infos zu den neuen Diagrammtypen, zur Prognose-Funktion und zur neuen Gruppierung nach Zeit abrufen. Auch ein Link für eine kostenlose Excel-Schulung ist dabei, er startet die Webseite des Excel-2016-Trainingscenters.

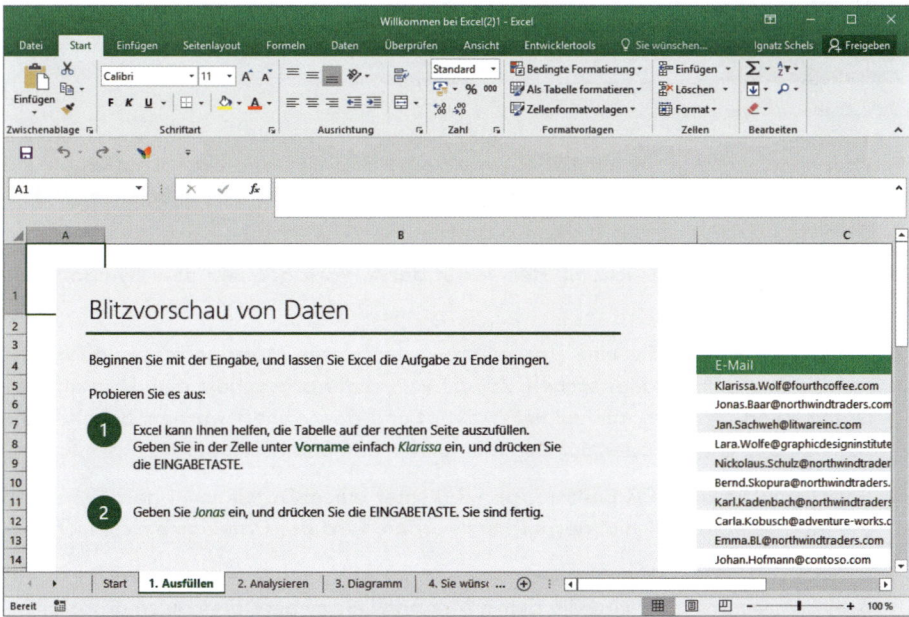

Bild 1.4: Die Excel-Tour aus den Vorlagen.

1.4.7   Der Backstage-Bereich

Mit dem Klick auf *Datei* im Menüband schalten Sie auf den Backstage-Bereich um. Hier werden die Dateien verwaltet, gespeichert, gedruckt, veröffentlicht. Hier stehen große Symbole zur Konvertierung, für den Schutz und alle Eigenschaften der aktiven Datei zur Auswahl.

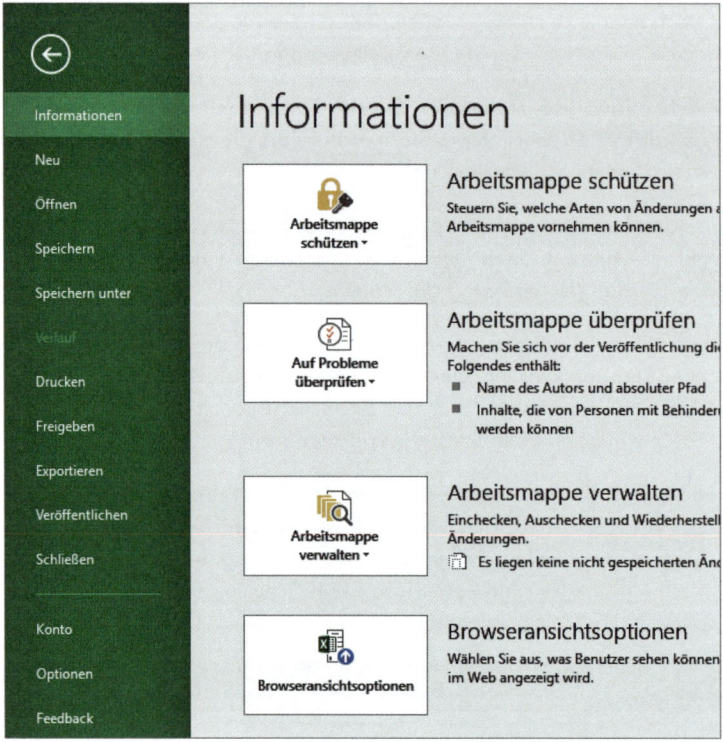

Bild 1.5: Backstage.

- *Informationen* zeigt die mit der Mappe gespeicherten Datei-Eigenschaften an und bietet die Gelegenheit, die Mappe zu schützen oder für andere Benutzer freizugeben.

- *Neu* öffnet eine Übersicht mit den verfügbaren Vorlagen und dem Symbol *Neue Arbeitsmappe*.

- Mit *Öffnen* können Sie eine der zuletzt verwendeten Mappen öffnen oder eine Mappe in einem Ordner suchen. *Zuletzt verwendet* präsentiert eine Liste mit den Dateien und Ordnern, die zuletzt aktiviert und gespeichert wurden. Schalten Sie auf den Speicherort oder auf *Durchsuchen* für den Speicherdialog.

- *Speichern:* Die aktive Arbeitsmappe wird unter einem Dateinamen gespeichert. Ist die Mappe bereits einmal gespeichert worden, wird der Dateiname nicht mehr angefordert.

- *Speichern unter:* Damit wird die aktive Mappe unter einem Dateinamen gespeichert, der Name wird immer angefordert bzw. vorgeschlagen.

- *Verlauf* ist nur aktiv, wenn Sie mehrere Versionen einer Datei gespeichert hatten. In diesem Fall sehen Sie alle Versionen und können zum Beispiel auf eine frühere zurückreifen.

- *Drucken* bietet die Möglichkeit, die Tabellenblätter der Mappe zu drucken. Dazu schaltet Excel eine Druckvorschau ein und präsentiert die Druckereinstellungen.

- Unter *Freigeben* können Arbeitsmappen in der Cloud (OneDrive) gespeichert und sofort für andere Personen freigegeben werden. Excel übernimmt auch die Benachrichtigung per E-Mail.

- *Exportieren* enthält die Konvertierung in das PDF- oder XPS-Format und die Speicheroptionen für andere Dateiformate.

- Mit *Veröffentlichen* wird die Mappe in Power BI veröffentlicht.

- *Schließen* schließt die aktive Mappe. Sind die letzten Änderungen nicht gespeichert worden, erhalten Sie einen entsprechenden Hinweis. Den müssen Sie natürlich mit *Speichern* beantworten, sonst gehen die Änderungen verloren.

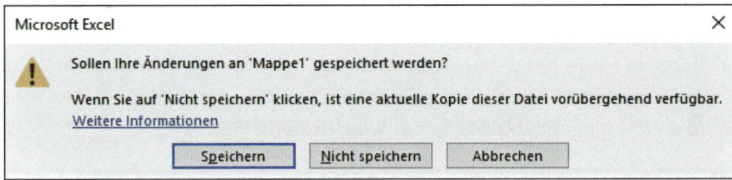

Bild 1.6: Vorsicht: Daten sind noch nicht gespeichert.

- *Konto*: Schon bei der Installation von Windows und Office mussten Sie ein Microsoft-Konto anlegen. Ohne ein Microsoft-Konto können Sie keine Onlinedienste wie OneDrive nutzen. Nach dem Start sehen Sie Ihr Konto mit Kontobild rechts oben im Programmfenster oder unter *Datei/Konto*. Ändern Sie bei Bedarf Ihre Kontodaten oder wechseln Sie das Konto.

Bild 1.7: Das Microsoft-Konto – hier wird es verwaltet.

- *Optionen* öffnet die Übersicht über alle Voreinstellungen zu Excel und zur aktuellen Arbeitsmappe (siehe im Anhang den Abschnitt 13.1).

- *Feedback*: Melden Sie sich mit Ihrem Microsoft-Konto an und geben Sie ein Feedback zu Office 2016 ab.

Eine Liste mit den zuletzt aktivierten Arbeitsmappen am unteren Ende der Backstage-Randleiste sehen Sie nur, wenn Sie unter *Optionen/Erweitert/Anzeige* die Option *Schnellzugriff* auf diese Anzahl zuletzt verwendeter Arbeitsmappen gesetzt haben.

1.5 Eine neue Arbeitsmappe

In Excel 2016 erscheint nach dem Start zunächst der Startbildschirm. Sie können gleich eine neue Arbeitsmappe anlegen, klicken Sie auf *Leere Arbeitsmappe*. Erst dann sehen Sie das *Datei*-Menü.

Drücken Sie einfach [Strg]+[N], um eine neue Mappe anzulegen.

Jede neue, leere Mappe erhält eine Pseudobezeichnung (*Mappe1*, *Mappe2* ...) in der Titelzeile. Sie können so viele neue Mappen anlegen, wie Sie wollen, nur der verfügbare Hauptspeicherplatz ist die natürliche Grenze. Die Mappen erhalten den Namen *Mappe* und die nächste Nummer, bis Sie Excel wieder neu starten.

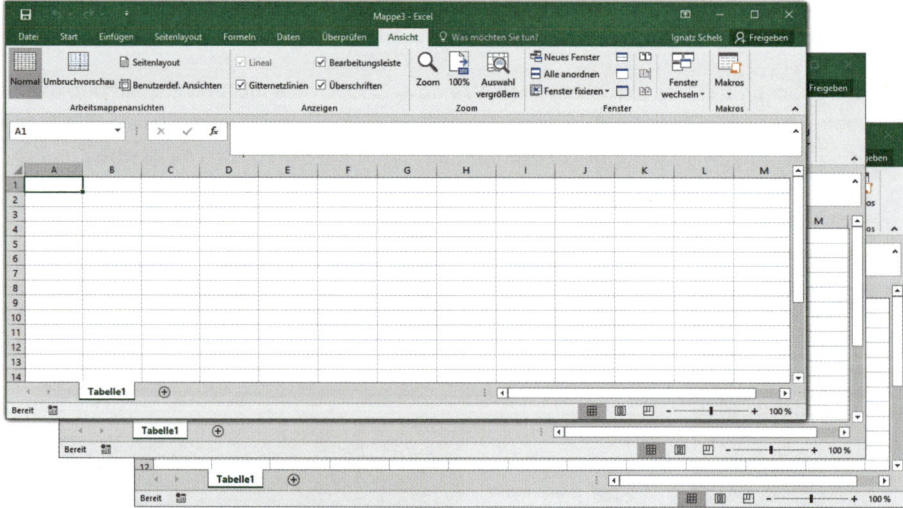

Bild 1.8: Für jede Mappe ein eigenes Fenster.

Im Unterschied zu allen früheren Versionen werden Arbeitsmappen in einzelnen Fenstern (unter Windows *Tasks* genannt) aktiviert. Jedes Fenster hat die komplette Excel-Oberfläche. Mit *Ansicht/Fenster* haben Sie Ihre Arbeitsmappen im Griff:

- *Neues Fenster:* Öffnet ein weiteres Fenster für die aktive Mappe.

- *Alle anordnen:* Ordnet alle aktiven Mappen an.

1.6   Mustervorlagen

Mustervorlagen sind eine hilfreiche Einrichtung: Sie enthalten vorbereitete Tabellenblätter, die schon so formatiert sind, dass die neue Datei so wenig Arbeit wie möglich macht. Mit Mustervorlagen können Sie Tabellen mit Firmenkennzeichnung, Diagramme mit den gewünschten Diagrammtypen und natürlich Makros bereitstellen, die Sie sich sonst mühsam aus anderen Mappen zusammenkopieren müssten.

Mustervorlagen werden als Basis für neue Mappen immer als Kopie geöffnet, der Anwender hat damit nicht die Möglichkeit, die Vordefinitionen versehentlich zu überschreiben.

1.6.1   Eine neue Mustervorlage

Öffnen Sie eine neue Arbeitsmappe. Fügen Sie in diese Tabellenblätter Ihrer Wahl ein oder löschen Sie nicht benötigte Blätter. Gestalten Sie alle Tabellen so, wie sie der Anwender der neuen Mappe sehen soll.

Speichern Sie die Mappe mit *Datei/Speichern unter/Durchsuchen*. Klicken Sie auf *Dateityp* und wählen Sie *Excel-Vorlage*. Weisen Sie der Datei einen Namen zu und bestätigen Sie mit *OK*. Die Mustervorlage erhält automatisch die Erweiterung *.xltx* (Excel Template).

Die neue Vorlage wird übrigens automatisch in dem Verzeichnis gespeichert, in dem Excel beim Anlegen neuer Dateien nach seinen Vorlagen sucht. Dazu schaltet der *Datei*-Dialog sofort nach Auswahl des Dateityps *Mustervorlage* auf diesen Ordner um: *C:\Users\Benutzername\Documents\Benutzerdefinierte Office-Vorlagen*

1.6.2   Mustervorlage verwenden

Um eine Mustervorlage für Arbeitsmappe zu verwenden, erstellen Sie einfach eine neue Arbeitsmappe. Der Aufgabenbereich bietet alle Vorlagen an, Sie können sich eine Mustervorlage aussuchen und die Datei erstellen:

1. Starten Sie Excel und wählen Sie *Datei/Neu*.

2. Wählen Sie per Klick auf das Vorschaubild eine der angebotenen Vorlagen. Die Vorlage *Tour anzeigen* wird sofort als neue Excel-Mappe gestartet, für alle anderen Vorlagen erscheint zuerst eine Kurzbeschreibung. Sie können die Vorlage mit Klick auf *Erstellen* verwenden oder mit den Pfeilsymbolen eine Vorlage weiter- bzw. zurückschalten.

3. Klicken Sie unter *Empfohlene Suchbegriffe* auf einen der Einträge, erhalten Sie eine Auswahl an Vorlagen zu diesem Begriff. Gleichzeitig erscheint eine Liste mit Kategorien, in dieser sehen Sie auch die Anzahl jeweils verfügbarer Vorlagen.

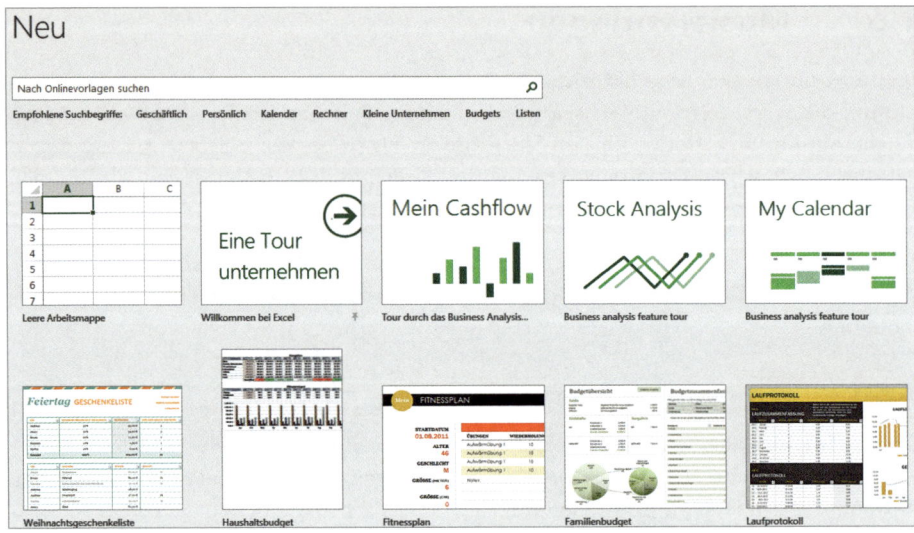

Bild 1.9: Tausende von Mustervorlagen stehen zum Download zur Verfügung.

1.6.3   Eine Mustervorlage für neue Mappen und Tabellen

Die neue Arbeitsmappe, die ohne Startbildschirm nach dem Start von Excel automatisch angeboten oder per Klick auf *Leere Arbeitsmappe* erstellt wird, hat keine Vorlage als Basis. Mit diesem Trick speichern Sie eine Arbeitsmappe als Vorlage, die automatisch für neue Mappen verwendet wird.

1. Öffnen Sie eine leere Mappe und formatieren Sie die Tabellen nach Ihren Wünschen. Tragen Sie Datei- und Benutzerinformationen in die Kopf-/Fußzeilenbereiche ein, ändern Sie das Seitenlayout und definieren Sie ein passendes Design.

2. Wählen Sie *Datei/Speichern unter*. Schalten Sie auf den Dateityp *Excel-Vorlage* um und tragen Sie diesen Dateinamen ein: *Mappe*.

3. Wechseln Sie zum Ordner *XLSTART*, den Sie unter diesem Pfad finden (C als Bezeichnung der Festplatte angenommen):
   C:\Dokumente und Einstellungen\Benutzername\Anwendungsdaten\Microsoft\Excel\ XLSTART

Bei jedem Start von Excel erhalten Sie jetzt eine Kopie dieser Mappe, die sich im Startverzeichnis befindet.

Auch für neue Tabellenblätter und Diagrammblätter kann eine Mustervorlage vorbereitet werden. Legen Sie eine neue Mappe an. Formatieren Sie das erste Tabellenblatt so, wie neue Tabellenblätter immer aussehen sollten. Löschen Sie alle weiteren Tabellen der aktiven Arbeitsmappe. Wählen Sie *Datei/Speichern unter* und schalten Sie auf den Dateityp *Excel-Vorlage* um. Geben Sie der neuen Datei die Bezeichnung *Tabelle* und speichern Sie die Vorlage in diesem Ordner:
C:\Dokumente und Einstellungen\Benutzername\Anwendungsdaten\Microsoft\Excel\ XLSTART

Die Mustervorlage für neue Tabellenblätter ist erstellt, Sie können die Mappe schließen. Öffnen Sie eine neue oder gespeicherte Mappe und klicken Sie auf den letzten Reiter rechts unten in den Tabellenregistern, um die Standardtabellenvorlage zu testen.

Was für Mappen und Tabellen gilt, funktioniert auch für Diagramme: Erstellen Sie ein Diagrammblatt, löschen Sie alle Tabellenblätter aus der Mappe und speichern Sie die Datei unter der Bezeichnung *Diagramm* im *XLSTART*-Verzeichnis.

1.7   Arbeitsmappe speichern

Öffnen Sie mit Excel eine Arbeitsmappe oder legen diese neu an, steht sie zunächst im Arbeitsspeicher (RAM = Random Access Memory). Mit dem Speichern der Mappe wird aus den Daten im RAM eine Datei auf einem Datenträger. Speichern Sie am besten so bald wie möglich und so oft wie möglich, dann bleiben Sie vor unliebsamen Überraschungen verschont. Um die aktive Arbeitsmappe zu speichern, klicken Sie auf das Diskettensymbol in der Symbolleiste für den Schnellzugriff oder wählen im *Datei*-Menü einen Speicherbefehl:

- *Speichern*, wenn die Mappe bereits gespeichert ist und einen echten Dateinamen hat. Ist das nicht der Fall, erscheint automatisch der *Datei*-Dialog und Sie müssen einen Dateinamen eingeben oder bestätigen. Um eine Kopie der Arbeitsmappe herzustellen, speichern Sie diese einfach ein zweites Mal unter einer neuen Bezeichnung.

- *Speichern unter*, wenn Sie die Datei zum ersten Mal speichern und Dateiname, Dateityp und noch weitere Einstellungen (Passwort etc.) zuweisen wollen. Wählen Sie einen passenden Dateityp, suchen Sie den Speicherpfad und geben Sie den Dateinamen ein. Mit Klick auf *OK* wird die Arbeitsmappe in Dateiform gespeichert und der neue Name steht anschließend in der Titelzeile des Programmfensters.

- *Exportieren*, wenn Sie die Datei in einem anderen Dateiformat ablegen wollen.

- *Freigeben*, wenn Sie die Datei per E-Mail versenden wollen.

1.7.1   Dateiendung und Dateiname

Eine Excel-Datei erhält die Dateiendung *.xlsx* oder, wenn die Arbeitsmappe Makros enthält, *.xlsm*. In den Vorgängerversionen wurde noch die Endung *.xls* zugewiesen.

Der Dateiname darf bis zu 255 Zeichen lang sein. Sie können groß- oder klein- oder gemischt groß- und kleinschreiben, die Schreibweise wird zwar von Windows übernommen, aber nicht unterschieden. *UmsatzBericht* ist dasselbe wie *umsatzbericht* und *UMSATZBERICHT*. Sie können Buchstaben, Zahlen und einige Sonderzeichen verwenden. Diese Zeichen sind nicht erlaubt:

- ?   Fragezeichen

- „   Anführungszeichen

- /   Schrägstrich (Slash)

- \   Umgekehrter Schrägstrich (Backslash)

- < > Kleiner-als- und Größer-als-Zeichen

- * Stern

- | Senkrechter Strich

- : Doppelpunkt

Seien Sie sparsam mit (auch erlaubten) Sonderzeichen. Wenn Sie Ihre Dateien per Mail versenden, an SharePoint- oder andere Server übergeben oder auf Intranet-/Internet-seiten veröffentlichen wollen, können diese Probleme machen. Nicht alle Betriebssysteme kennen Umlaute, ß oder andere Spezialzeichen. Selbst Leerzeichen sollten Sie vermei-den, wenn es nicht unbedingt sein muss. Mit den 26 Buchstaben aus dem Standard-alphabet und zehn Ziffern haben Sie fast unbegrenzt viele Varianten zur Verfügung.

Dateinamen haben eine dreistellige Endung, die dem Betriebssystem die Zugehörigkeit zu einer bestimmten Dateigattung signalisiert. Die drei Buchstaben am Ende sehen Sie nur, wenn Sie in Windows die passende Einstellung getroffen hatten. Kreuzen Sie im Win-dows-Explorer-Fenster unter *Ein-/ausblenden* die Option *Dateinamenerweiterungen* an.

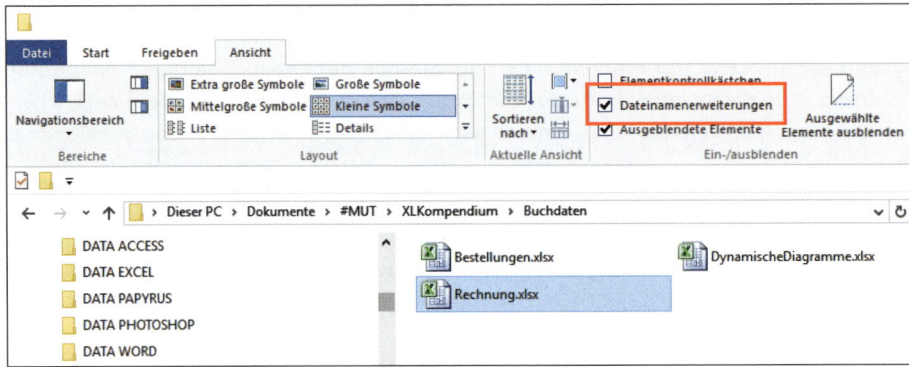

Bild 1.10: Dateinamenerweiterungen werden unter Windows aktiviert.

Geben Sie diese Endung aber nicht beim Speichern einer Arbeitsmappe ein – auch nicht beim Öffnen. Schreiben Sie niemals andere Endungen oder einen Punkt hinter den Dateinamen, sonst verliert die Datei die Zuordnung zu Excel. Mit dem Punkt allein hat die Datei gar keine Endung, und Windows kann sie keinem Programm zuordnen.

1.7.2   Dateityp ändern

Wählen Sie *Datei/Exportieren*. Klicken Sie unter *Dateityp ändern* auf den passenden Da-teityp. *Arbeitsmappe* ist das Standardformat von Excel 2016. Es basiert auf der Skript-sprache XML (E**x**tensible **M**arkup **L**anguage). Die Dateiendung ist *.xlsx*. Die Datei wird im Unterschied zur Vorgängerversion nicht binär, d. h. in Maschinensprache verschlüsselt, gespeichert, sondern als »Container«, in dem die XML-Skripte und die Objekte enthal-ten sind. Excel nutzt hier die ZIP-Technik, die Sie sicher von ZIP-Dateien unter Windows kennen: Alle Daten werden in ein Archiv gepackt und dabei komprimiert. Sie können sich einen solchen Container mit folgendem Trick ansehen:

Suchen Sie eine XLSX-Datei im Explorer-Fenster von Windows und geben Sie ihr die Dateiendung *.zip*. Klicken Sie doppelt auf die Datei. Sie erhalten damit ein Fenster mit allen Objekten und Skripten, die in dieser Datei abgelegt sind. Die Skripte können Sie per Doppelklick öffnen. Wenn der Container Bilder und Objekte enthält, finden Sie diese im Bildformat JPEG in einem Bilderordner.

Vergessen Sie nicht, die Datei wieder auf die Dateiendung *.xlsx* zurückzusetzen, damit sie mit Excel weiterzubearbeiten ist.

Makro-Arbeitsmappen

Im XLSX-Format können Sie keine Makros zusammen mit der Mappe speichern. Wenn Sie Makros in dieser Mappe aufgezeichnet oder erstellt haben und versuchen, die Mappe im Standardformat zu speichern, erscheint eine Meldung, die Sie darauf hinweist, dass Sie ein anderes Format verwenden müssen:

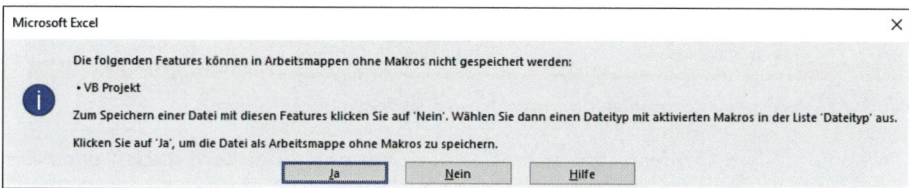

Bild 1.11: Vorsicht! Mappe als Makrodatei mit der Endung XLSM speichern!

Speichern Sie die Mappe trotzdem im XLM-Standard, bleiben die Makros so lange im VBA-Projekt, bis die Mappe geschlossen wird. Erst beim nächsten Öffnen sind die Makros dann verschwunden.

Eine Liste aller Dateiformate, die Excel für die Speicherung anbietet, finden Sie im Abschnitt 1.4.3.

1.7.3 Standardspeicherformat festlegen

In welchem Format eine Arbeitsmappe gespeichert wird, entscheiden Sie über eine Option in den Excel-Optionen.

Wählen Sie *Datei/Optionen*. Schalten Sie auf die Kategorie *Speichern*.

Unter *Arbeitsmappen speichern/Datei in diesem Format speichern* steht die Liste der Dateiformate zur Auswahl. Wählen Sie das passende Dateiformat (XLSX).

1.7.4 Kompatibilitätsprüfung

Öffnen Sie eine »alte« Datei, wird diese im Kompatibilitätsmodus aktiviert (steht in der Titelleiste). Speichern Sie die Datei so zurück, erhalten Sie eine Meldung, die auf mögliche Fehler hinweist. Konvertieren Sie die Datei vorher mit *Datei/Konvertieren*.

Zum Glück lässt Sie Excel nicht im Unklaren darüber, was beim Speichern in der Altversion verloren geht. Sie können einfach einen Versuch wagen und die Datei im älteren Format speichern.

Wenn die Tabellen der Mappe etwas enthalten, was die Vorgängerversion nicht kennt, erscheint vor dem Speichervorgang eine Meldung, in der alle Fälle aufgeführt sind.

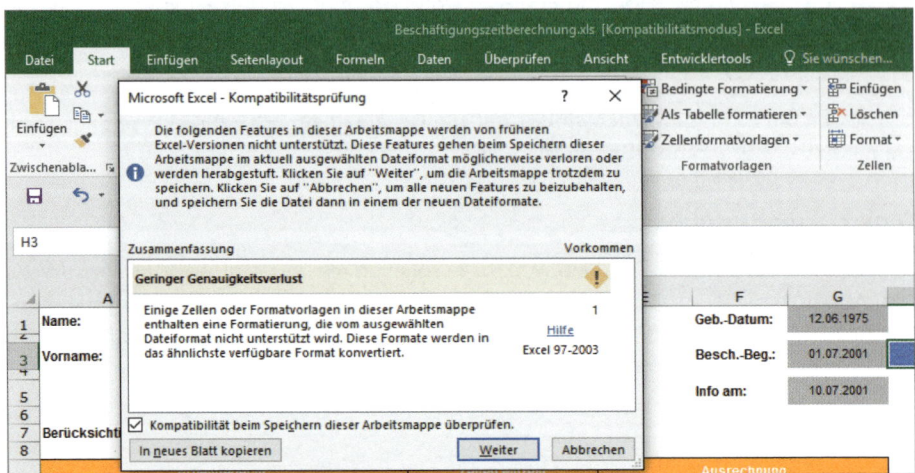

Bild 1.12: Vorsicht im Kompatibilitätsmodus: Neue Funktionen gehen verloren.

Die Kompatibilitätsprüfung lässt sich aber auch vor dem Speichern gezielt durchführen, um festzustellen, ob das Dateiformat alles speichert, was in den Tabellenblättern der Mappe enthalten ist:

Wählen Sie im *Datei*-Menü *Informationen/Auf Probleme prüfen/Kompatibilität prüfen*.

Die Kompatibilitätsprüfung unterscheidet zwischen Inkompatibilitäten mit erheblichem Funktionalitätsverlust und mit geringem Genauigkeitsverlust. Erstere bedeuten Datenverlust, weil eine neue Funktion nicht unterstützt wird, bei der zweiten Gruppe gehen meist nur Formatierungen verloren. Klicken Sie auf den Link *Hilfe*, wenn Sie mehr zu einem angezeigten Kompatibilitätsproblem erfahren möchten.

1.7.5   PDF- oder XPS-Format

PDF (**P**ortable **D**ocument **F**ormat) ist ein Dateiformat für mehrere Systemumgebungen (Windows, Macintosh, Linux ...). Es wurde von Adobe Systems entwickelt und 1993 vorgestellt. PDF-Dateien können mit kostenpflichtigen Programmen von Adobe (Acrobat Distiller) oder mit Shareware-/Freeware-Tools wie PDFCreator hergestellt werden. Es gibt auch Druckertreiber für PDF, einige Hersteller wie Lexmark liefern diese mit ihren Geräten. Für die Anzeige von PDF-Dateien muss der Acrobat Reader von Adobe installiert sein, die Basisversion ist kostenlos und kann bei Adobe heruntergeladen werden (*www.adobe.de*). Seit Office 2010 gehört PDF zu den unterstützten Dateiformaten.

XPS steht für **X**ML **P**aper **S**pecification und wurde von Microsoft als direktes Konkurrenzprodukt zu Adobes PDF entwickelt. XPS wurde mit Windows Vista veröffentlicht, XPS-Dateien können mit dem eingebauten XPS-Druckertreiber generiert und mit dem XPS-Viewer angezeigt werden.

1. Wählen Sie *Datei/Exportieren*. Klicken Sie unter *Dateitypen* auf *PDF/XPS-Dokument erstellen*.

2. Klicken Sie noch einmal auf die Schaltfläche mit dieser Bezeichnung. Entscheiden Sie sich für das PDF-Format, erhalten Sie zusätzliche Optionen im Speichern-Dialog:

   ■ *Datei nach dem Veröffentlichen öffnen*: Ist diese Option aktiv, wird die PDF-Datei sofort nach dem Speichern im Adobe Acrobat Reader angezeigt. Dieser muss dazu natürlich installiert sein.

   ■ *Optimieren für*: Klicken Sie auf *Standard (Onlineveröffentlichung und Drucken)*, wenn Sie die Datei im Druckformat weitergeben möchten. Dieses Format erzeugt eine hohe Druckqualität, kann aber auch online weitergegeben werden.

   ■ Klicken Sie auf *Minimale Größe (Onlineveröffentlichung)*, wenn Sie die Datei online weitergeben möchten. Die Datei weist damit eine möglichst geringe Größe auf.

   ■ Mit der Schaltfläche *Optionen* erhalten Sie einen weiteren Dialog, in dem Sie den Seitenbereich und die Tabellenblätter auswählen können. Nicht druckbare Informationen wie Dokumenteigenschaften können der PDF-Datei mitgegeben werden, und mit der Option unter *PDF-Optionen* wird die Datei im ISO-19005-kompatiblen Format gespeichert.

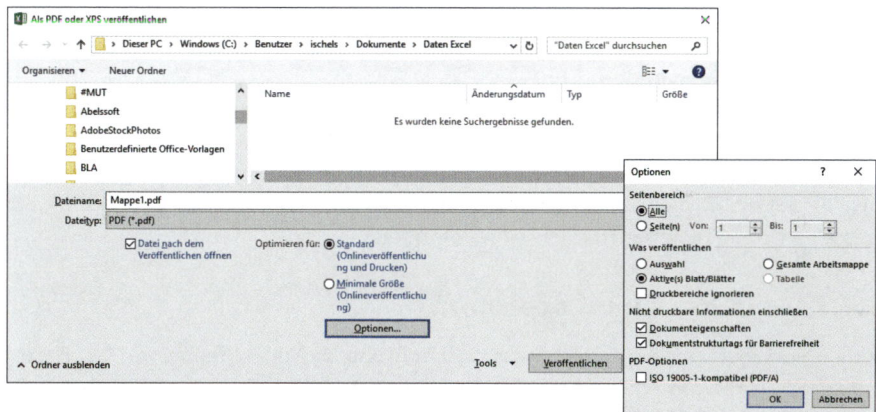

Bild 1.13: PDF-Dateien exportieren.

Wählen Sie das XPS-Format, wenn Sie Ihre Mappe oder einzelne Tabellen in diesem neuen Format speichern wollen. Die Datei wird sofort erzeugt und, wenn die Option *Datei nach dem Veröffentlichen öffnen* aktiviert ist, gleich im Internetbrowser angezeigt.

XPS-Dateien stehen standardmäßig nur mit eingeschränktem Zugriff zur Verfügung. Um alle Möglichkeiten zu nutzen, müssen Sie mit einem Passport-Konto, Berechtigungen und digitalen Signaturen arbeiten.

1.7.6   Speichern und per E-Mail senden

Mit dem Angebot unter *Datei/Freigeben* bietet Excel die Möglichkeit, Dateien nicht nur auf Festplatten oder anderen Datenträgern zu speichern, sondern diese gleich anschließend als Anhang einer E-Mail zu definieren oder als Fax zu verschicken.

Wählen Sie *Datei/Freigeben* und unter *E-Mail* die passende Option.

Als Anlage senden

Die Datei wird gespeichert, anschließend erhalten Sie eine neue Nachricht in Ihrem Standard-E-Mail-Programm (z. B. Outlook). In der Zeile *Angefügt* sehen Sie den Dateinamen und die Größe der Datei, der Dateiname wurde gleich in die Betreffzeile geschrieben. Geben Sie noch eine Empfängeradresse ein und versenden Sie die Mail inklusive Anhang.

Einen Link senden

Wenn die Datei an einem freigegebenen Speicherort gespeichert wurde, können Sie mit dieser Option einen Link auf die Datei versenden. Die Option ist nur aktivierbar, wenn sich die Datei an einem freigegebenen Speicherort befindet.

Als PDF/XPS senden

Mit dieser Option wird die aktuelle Arbeitsmappe in eine (temporäre) PDF- oder XPS-Datei konvertiert und als Anhang in eine neue Outlook-Mail-Nachricht eingefügt. Sie können Empfänger und Betreff eingeben und die Mail gleich versenden.

Als Internetfax versenden

Wenn Ihr PC oder Notebook mit einem Internetfaxdienst ausgerüstet ist, legen Sie mit dieser Option ein neues Fax an. Der Inhalt der Arbeitsmappe wird in das TIF-Format konvertiert und kann sofort versendet werden, sobald Sie den Empfänger eingegeben haben. Findet die Option keinen Faxdienst, bietet Excel über die Webseite support.office.com eine Liste mit Internetfaxdienst-Anbietern an.

1.7.7   In der Cloud speichern

Videos speichert der moderne Mensch bei YouTube und die Urlaubsfotos bei Flickr und Instagram, und bald schon sollte sich nach Wunsch der Webstrategen auch das Speichern der persönlichen Daten in der Cloud als Standard etablieren. Microsoft bietet mit OneDrive eine externe Festplatte mit maximal 1 Terabyte Speicher, in einem Upload können Sie bis zu 50 MByte hochladen.

Arbeitsmappe auf OneDrive speichern

1. Wählen Sie *Datei/Speichern unter*.

2. Markieren Sie OneDrive als Speicherort. Wenn Sie bereits angemeldet sind, erhalten Sie sofort die Ordnerübersicht Ihrer Cloud, ansonsten melden Sie sich mit Ihrem Microsoft-Konto an. Klicken Sie zur Verwaltung Ihres Kontos links auf *Konto*. Mit *Ort hinzufügen* können Sie OneDrive als Speicherort hinzufügen.

Mit Personen teilen

Zu den Vorzügen der Cloud gehört die Funktion *Teilen*, mit der beliebigen Personen per E-Mail das Recht eingeräumt wird, einzelne Ordner zu besuchen, Dateien anzusehen, zu bearbeiten oder per Download abzuholen.

1. Wählen Sie *Datei/Freigeben*.

2. Klicken Sie auf *Mit Personen teilen* und auf *In der Cloud speichern*.

3. Speichern Sie die Datei in einem (neuen) Ordner.

4. Tragen Sie im Aufgabenbereich, der am linken Rand aktiviert wird, die E-Mail-Adressen der Personen ein, denen Sie die Berechtigung am Ordner erteilen, oder holen Sie diese aus dem Adressbuch. Trennen Sie mehrere Adressen mit einem Semikolon.

5. Kreuzen Sie die passenden Optionen an: *Kann bearbeiten, Kann anzeigen*.

6. Klicken Sie auf *Freigeben*, um die Aktion abzuschließen.

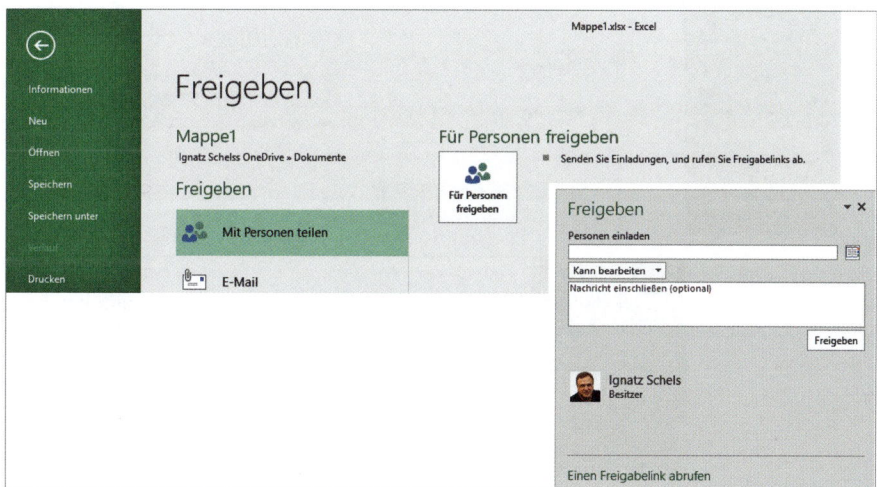

Bild 1.14: Mappe in der Cloud speichern und freigeben.

1.7.8   In SharePoint speichern

SharePoint ist eine Websoftware von Microsoft, die Mitarbeitern eines Unternehmens die Möglichkeit gibt, Daten in Projekten gemeinsam zu verwalten, Aufgaben zu koordinieren und Dokumentenmanagement zu betreiben. SharePoint-Bibliotheken sind Speicherorte auf SharePoint-Webseiten, die Zugriffsrechte für Personen oder Teams vergeben. Eine Excel-Arbeitsmappe kann auch in einem SharePoint-Arbeitsbereich gespeichert werden, der Offline-Version einer Bibliothek. Microsoft Office SharePoint Workspace ist ein Programm, mit dem solche Arbeitsbereiche angelegt und mit dem SharePoint-Server synchronisiert werden.

Haben Sie Zugang zu einem SharePoint-Server, können Sie Ihre Arbeitsmappen direkt darauf hochladen. Sie können die SharePoint-Bibliotheken als Speicherorte einrichten und regelmäßig Tabellenkalkulationsdaten hochladen. Welche Teile der Arbeitsmappe, welche Tabellenblätter oder Elemente der Benutzer im Web angezeigt bekommt, stellen Sie in den Informationen ein:

1. Wählen Sie *Datei/Informationen/Browseransichtsoptionen*.

2. Im Register *Anzeigen* stellen Sie die gesamte Arbeitsmappe ein, markieren einzelne Tabellenblätter und bestimmen einzelne Elemente auf den Blättern.

3. Im Register *Parameter* fügen Sie Namen von Bereichen hinzu, die Sie zuvor mit dem Namens-Manager zugewiesen haben.

4. Klicken Sie auf *Datei/Speichern unter/Ort hinzufügen*.

5. Wählen Sie *Office 365 SharePoint*, wenn Sie den Cloud-Dienst zum Speichern der Mappe nutzen wollen.

Bild 1.15: Excel-Mappen in SharePoint speichern.

1.7.9 Versionen speichern

Excel bietet die Möglichkeit, mehrere Versionen einer Datei anzulegen und diese bei Bedarf abzurufen. Voraussetzung dafür ist die AutoWiederherstellen-Funktion, sie muss in den Excel-Optionen aktiviert sein, damit der letzte Bearbeitungsstand der Datei automatisch zwischengespeichert wird. Zusätzlich muss die Option *Beim Schließen ohne Speichern die letzte automatisch gespeicherte Version beibehalten* aktiviert sein.

Nicht gespeicherte Versionen abrufen

Schließen Sie eine Arbeitsmappe, ohne die letzten Änderungen zu speichern, legt Excel automatisch eine Sicherungskopie der Mappe an. Schalten Sie in die Backstage-Ansicht und wählen Sie *Informationen/Arbeitsmappe verwalten*. Klicken Sie auf *Nicht gespeicher-*

te Arbeitsmappen wiederherstellen. Die Liste der nicht gespeicherten Mappen wird angezeigt, sie befindet sich in diesem Ordner:

C:\Users\benutzername\AppData\Local\Microsoft\Office\UnsavedFiles

Klicken Sie eine Mappe an und wählen Sie *Öffnen*, um sie wiederherzustellen.

Versionen verwalten

Sie können auch eine Arbeitsmappe aktivieren und unter *Datei/Informationen* überprüfen, ob frühere Versionen verfügbar sind. Klicken Sie auf das Symbol *Versionen verwalten*, erhalten Sie die Möglichkeit, nicht gespeicherte Mappen wiederherzustellen.

1.7.10   Wiederhergestellte Datei speichern

Aktivieren Sie eine temporär gespeicherte Datei, blendet Excel unterhalb des Menübands eine Sicherheitsmeldung ein, die darauf hinweist, dass die Datei nicht korrekt gespeichert ist. Klicken Sie auf *Speichern unter* rechts neben der Meldung und speichern Sie die Arbeitsmappe unter einem Dateinamen mit der Endung *.xlsx* oder *.xlsm* ab.

1.7.11   Das Office Upload Center

In der Praxis werden Sie nicht immer die Möglichkeit haben, Cloud-Daten sofort in die Cloud (OneDrive) hochzuladen, sei es, weil der Server nicht verfügbar ist oder weil Sie mit dem Notebook, Tablet oder Smartphone offline sind. Für diesen Fall bietet Microsoft das Office Upload Center an, eine Software, die Uploads auf OneDrive zwischenspeichert und automatisch weiterleitet, sobald der Server wieder verfügbar ist.

1. Klicken Sie im Info-Bereich der Windows-Taskleiste auf *Office Upload Center* und wählen Sie *Einstellungen*.

2. Kreuzen Sie alle Anzeigeoptionen an, damit das *Upload Center* Benachrichtigungen anzeigt, wenn Daten zum Upload anstehen oder Fehler aufgetreten sind.

3. Öffnen Sie das *Upload Center*. Es zeigt alle Dateien an, die zum Upload bereitstehen, Sie können die Uploads aktualisieren oder neu starten.

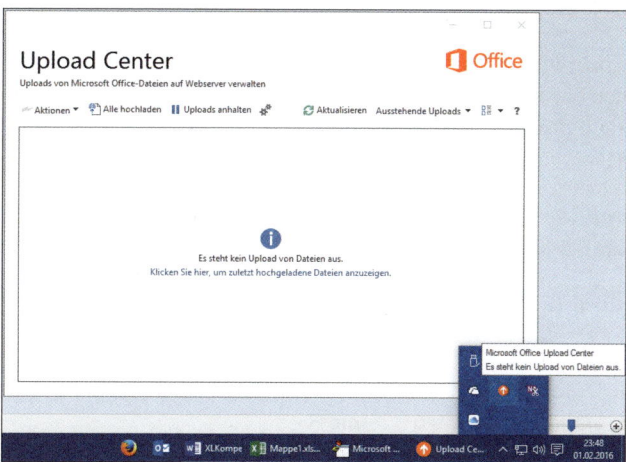

Bild 1.16: Das Office Upload Center speichert Offline-Daten.

1.8   Arbeitsmappen öffnen

Wählen Sie *Datei*/*Öffnen*. Schalten Sie mit Klick auf *OneDrive – Persönlich* in die Cloud. Mit *Ort hinzufügen* können Sie einen Speicherort aus der Cloud an diese Liste anhängen. Wählen Sie *Dieser PC*, um ein Laufwerk oder einen Ordner anzusteuern. Klicken Sie auf *Eigene Dokumente* (Bibliothek Dokumente) oder auf *Desktop*.

Mit *Durchsuchen* können Sie Laufwerk und Ordner wählen.

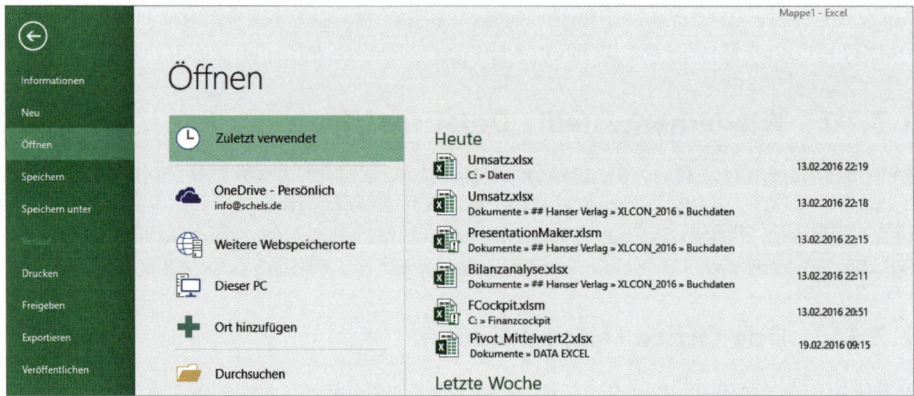

Bild 1.17: Arbeitsmappe öffnen.

Die Dialogbox bietet alle Excel-Dateien im eingestellten Laufwerk und Ordner an; das Suchmuster unter *Dateityp* schließt alles ein, was unter Excel gespeichert werden kann (mit *xl** alle Excel-Formate, *.htm*, *.html*, *.odc* und *.uxdc*). Ändern Sie bei Bedarf den Pfad in der Liste am oberen Rand der Dialogbox, markieren Sie dann die gewünschte Datei und wählen Sie *OK*, um sie zu öffnen. Wenn die Datei kennwortgeschützt ist, erscheint die Kennwortabfrage und anschließend öffnet Excel die Arbeitsmappe so, wie sie zuletzt abgespeichert wurde. Schalten Sie auf die Detailansicht und klicken Sie mit der linken Maustaste auf den Spaltentitel, den Sie sortieren wollen. Mit der rechten Maustaste können Sie die Spaltenauswahl verändern und zum Beispiel auch die Spalte *Autor(en)* dazuholen. Wenn Sie eine Datei vor dem Öffnen umbenennen, kopieren oder löschen wollen, klicken Sie diese mit der rechten Maustaste an.

Wenn Sie die Arbeitsmappe in der Liste gefunden und markiert haben, können Sie die Datei mit einigen Varianten öffnen. Klicken Sie dazu auf das Pfeilsymbol der *Öffnen*-Schaltfläche:

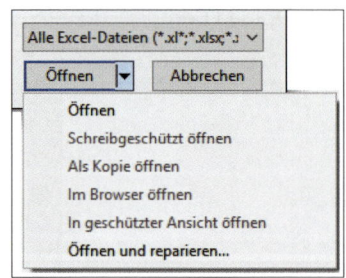

Bild 1.18: Varianten zum Öffnen einer Mappe.

- ■ *Schreibgeschützt öffnen:* Die Datei wird schreibgeschützt geöffnet, die Titelleiste weist auf den Status hin. Sie können die Mappe zwar ändern, aber nicht unter dem Originaldateinamen abspeichern.

- ■ *Als Kopie öffnen:* Die Datei wird als Kopie geöffnet, die Titelleiste enthält den Eintrag *Kopie (1) von Datei*. Sie können die Datei unter diesem oder – mit *Speichern unter* – unter einem anderen Namen speichern und so verhindern, dass das Original überschrieben wird.

- *Im Browser öffnen:* Diese Option wird angeboten, wenn Sie eine HTML-Datei markiert haben. Sie wird in diesem Fall in dem Browser aktiviert, der in Ihrem System als Standardbrowser registriert ist (Internet Explorer, Firefox etc.).

- *In geschützter Ansicht öffnen:* Makros und Links werden deaktiviert, die Datei wird geschützt geöffnet. Sie können den Schutz unter *Datei/Informationen* wieder aufheben.

- *Öffnen und reparieren:* Mit dieser Option, die Sie wählen sollten, wenn eine Datei augenscheinlich beschädigt ist, erhalten Sie ein Dialogfeld mit drei Angeboten. Sie können Excel versuchen lassen, die Datei zu reparieren, Sie können die Daten extrahieren und so bei schweren Dateischäden wenigstens die Daten retten oder Sie brechen die Aktion wieder ab.

- *Vorherige Version anzeigen:* Damit sucht Excel nach früheren Versionen der markierten Datei.

1.8.1 Zuletzt verwendete Dateien

Unter *Zuletzt verwendet* bietet das *Datei*-Menü die Dateien an, die in den letzten Tagen und Wochen bearbeitet und gespeichert wurden. Klicken Sie die gewünschte Datei einfach an, um sie wieder zu aktivieren. Wie viele Dateien in dieser Liste angezeigt werden, definieren Sie unter *Erweitert/Anzeige* in den Excel-Optionen (*Datei*-Menü).

Wenn Sie für einige Dateien den Zugriff noch besser optimieren wollen, kreuzen Sie diese Option an: *Schnellzugriff auf diese Anzahl zuletzt verwendeter Arbeitsmappen zulassen.*

Vorgabe sind vier Dateien, tragen Sie eine höhere Zahl ein, wenn Sie mehr Schnellzugriffdateien haben wollen. Die Namen dieser Dateien werden unter den Optionen des *Datei*-Menüs angezeigt.

Wird die Liste der zuletzt verwendeten Mappen angezeigt, setzen Sie den Mauszeiger auf einen der Dateinamen. Rechts außen erscheint ein PIN-Symbol und mit diesem heften Sie die Datei an die Schnellzugriffsliste an.

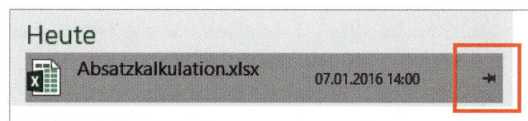

Bild 1.19: Schnellzugriffsliste – weitere Dateien einfach anpinnen.

1.8.2 Mehrere Dateien öffnen

Im Öffnen-Dialog lassen sich auch mehrere Dateien gleichzeitig öffnen. Wählen Sie *Datei/Öffnen/Durchsuchen*. Markieren Sie die erste Datei, halten Sie die ⬆-Taste gedrückt und markieren Sie weitere Dateien in direkter Folge. Wenn Sie die Strg-Taste drücken, können Sie in der angebotenen Dateiliste beliebig Dateien anklicken.

Mit Klick auf *OK* werden alle markierten Dateien geöffnet.

1.8.3 Daten aus Vorgängerversionen

Die Dateien der Version 2016 sind grundsätzlich nicht kompatibel mit dem Dateiformat der Vorgängerversionen Excel 2003, Excel XP oder Excel 2000. Sie können wie zuvor beschrieben beim Speichern das frühere Dateiformat einstellen, wobei eine Kompatibilitätsprüfung abläuft. Excel zeigt alle Probleme an und meldet, was alles nicht konvertiert werden kann.

Wenn Sie eine mit Excel 2016 erstellte Datei in Excel 2003/XP/2000 bearbeiten wollen, muss in der älteren Version ein Konverter installiert sein. Auf der Download-Seite von Microsoft (http://www.microsoft.com/downloads/de-de) finden Sie diese Software, laden und installieren Sie sie für die Vorgängerversion.

Wenn Sie eine Arbeitsmappe öffnen, die mit einer älteren Version erstellt wurde, konvertiert Excel diese nicht automatisch in das neue Format. Das würde die Mappe nämlich für Anwender der Vorgängerversionen unbrauchbar machen oder diese müssten die Daten ständig zurückkonvertieren. Excel öffnet die Mappe im Kompatibilitätsmodus, und darin sieht sie etwas anders aus:

- Die Titelzeile zeigt *[Kompatibilitätsmodus]* neben dem Mappennamen in eckigen Klammern an.

- Die Tabellen haben die Größe der Vorgängerversion mit 65.536 Zeilen und 256 Spalten.

- Im Kompatibilitätsmodus sind die neuen Funktionen von Excel zwar anwendbar, die Prüfung beim Speichern in der Altversion wird diese aber wieder bemängeln. Die Datei wird weiterhin im Format für Excel 97–2003 gespeichert.

Es gibt zwei Möglichkeiten, eine Mappe aus dem älteren Dateiformat XLS zu konvertieren:

- Speichern Sie die Mappe als Excel-Arbeitsmappe im Dateiformat von Excel 2007. Damit wird eine neue Datei angelegt, die XLS-Datei bleibt bestehen. Der Hinweis in der Titelzeile bleibt zunächst erhalten, ebenso wie die Tabellengröße (65.536 Zeilen, 256 Spalten). Schließen Sie die Datei und öffnen Sie sie erneut, ist der Hinweis verschwunden und die Tabellen haben die Größe der neuen Version (1.048.576 Zeilen, 16.384 Spalten bis XFD).

- Konvertieren Sie die Mappe mit *Datei/Informationen/Konvertieren* (der Befehl ist nur verfügbar, wenn eine XLS-Datei aktiv ist). Bestätigen Sie das neue Dateiformat mit Klick auf *Speichern*. Eine Meldung weist darauf hin, dass das Original dabei verloren geht. Legen Sie also vorher eine Sicherungskopie an, falls Sie die Mappe noch im alten Format brauchen. Eine zweite Meldung muss nach dem Konvertieren und Speichern bestätigt werden, die Mappe wird geschlossen und im neuen Format wieder geöffnet.

Für Dateien, die mit noch früheren Versionen erstellt wurden, hat Excel einen zusätzlichen Schutz eingebaut. Arbeitsmappen, die mit den Versionen Excel 95 oder Excel 4.0 erstellt wurden, können nur schreibgeschützt geöffnet werden, Excel speichert diese Formate nicht mehr zurück. Im Trust Center unter *Datei/Optionen* finden Sie die Option

Einstellungen für den Zugriffsschutz, hier sehen Sie die Liste aller Dateiformate und hier bestimmen Sie, welche Formate schreibgeschützt geöffnet werden und welche nicht im Originalformat gespeichert werden dürfen.

Bild 1.20: Dateien aus der Vorgängerversion einfach konvertieren.

1.8.4   Datei-Informationen

Jede Datei, die mit einem Programm der Microsoft-Office-Reihe erstellt wurde, bekommt eine Reihe von Eigenschaften zugewiesen, über die sie identifizierbar ist. Diese Eigenschaften werden zwar in der Praxis nicht gern gepflegt, können aber von großem Nutzen sein, wenn beispielsweise Dateien zu bestimmten Projekten, für Kundenkreise, zu Artikeln oder Prozessen gesucht werden.

Unter dem Menüpunkt *Datei/Informationen* finden Sie eine Übersicht über die Eigenschaften der aktuellen Arbeitsmappe. In der Leiste rechts außen sehen Sie ein Vorschaubild der aktiven Tabelle, darunter sind die Eigenschaften gelistet. Klicken Sie auf *Alle Eigenschaften anzeigen*. Titel und Kategorien können Sie direkt im Feld *(Titel hinzufügen)* erfassen, im Feld *Autor* ist Platz für weitere Personen, die Sie sogar aus dem Adressbuch holen können. Klicken Sie auf das Pfeilsymbol neben *Eigenschaften*, finden Sie eine Option *Dokumentbereich anzeigen*. Damit schalten Sie um auf die aktive Tabelle, die Eigenschaften werden wie in den Vorgängerversionen im Kopfbereich angezeigt.

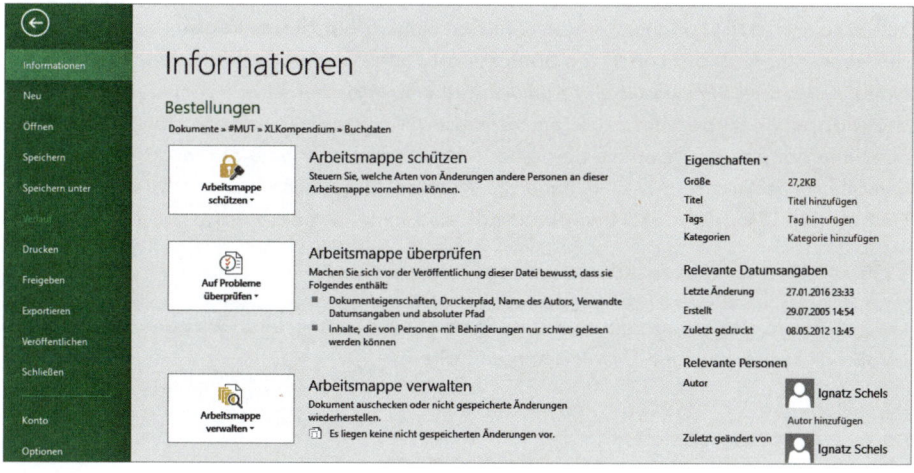

Bild 1.21: Datei-Eigenschaften im Menüpunkt »Informationen«.

Erweiterte Eigenschaften

Die Option *Erweiterte Eigen-schaften*, die Sie per Klick auf das Pfeilsymbol neben *Eigen-schaften* aktivieren, blendet ein Dialogfenster mit allen Eigenschaften ein.

Auf der Registerkarte *Allge-mein* erfahren Sie einiges über die Datei selbst, u. a. den Speicherort, die Datei-größe und Datumsangaben, die anzeigen, wann die Datei erstellt, bearbeitet und ge-öffnet wurde.

Auch die Dateiattribute wer-den so angezeigt, wie sie im Windows-Explorer abrufbar sind, und selbst der DOS-Name bleibt nicht verborgen (das ist der Name, den die Benutzer des Uralt-Betriebs-systems DOS sehen, das nur

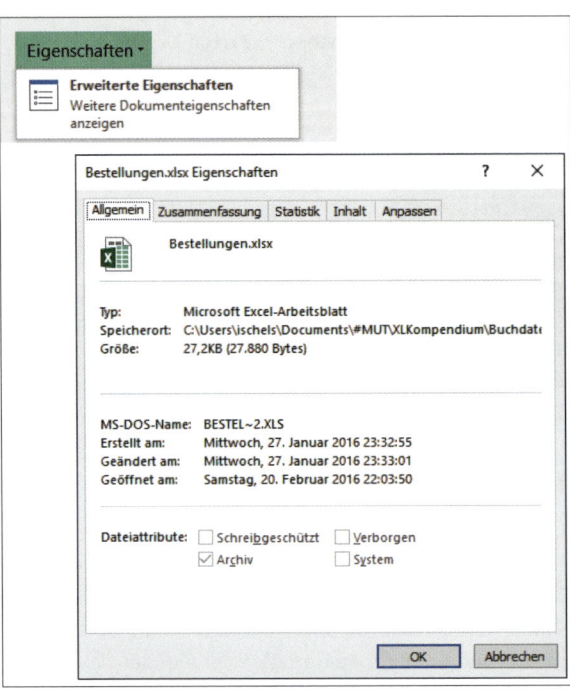

Bild 1.22: *Erweiterte Eigenschaften für die Datei.*

acht Zeichen für den Dateinamen ermöglicht). Die *Statistik*-Karte wiederholt einige Informationen (Speicherdatum) und liefert noch das Druckdatum und die Gesamt-bearbeitungszeit in Minuten. Unter *Zusammenfassung/Titel* geben Sie einen Titel für die Arbeitsmappe ein, der die Datei exakter beschreibt. In *Thema/Betreff* passt eine kurze Beschreibung der Arbeitsmappe mit Inhaltsangabe. Die Felder *Autor/Firma:* zei-gen Informationen über den Ersteller der Arbeitsmappe an. Sie verwenden dazu die Benutzerkennung, die während der Installation angegeben wurde. Den Autorennamen holt Excel aus den Optionen. Ändern Sie den Eintrag auf dieser Registerkarte, erscheint der neue Autor mit dem nächsten Speichervorgang. Geben Sie in die Felder *Manager*, *Firma*, *Kategorie*, *Stichwörter* und *Kommentare* Informationen Ihrer Wahl ein. Wenn Sie in der Mappe mit Hyperlinks arbeiten, verweist die Hyperlinkbasis auf Dateien, Intranet-oder Internetseiten. Geben Sie hier eine Webadresse oder eine Serveradresse an, kön-nen alle Hyperlinks relativ, d. h. ohne die Angabe dieser Adresse, geschrieben werden. Ein Beispiel: Dieser Hyperlink verweist auf eine Excel-Arbeitsmappe auf dem Server:

```
\\S0100M\Projektdaten\Kostenaufstellung.xlsx
```

Geben Sie in der *Hyperlinkbasis* den Pfad (Servername und Ordner) an, muss der Hyperlink später nur den Dateinamen enthalten:

```
Hyperlinkbasis: \\S0100M\Projektdaten\
Datei: AbsatzUmsatz.xlsx
```

- *Statistik:* Hier sehen Sie, wann die Arbeitsmappe erstellt, geändert oder gedruckt wurde.

- *Inhalt:* Auf dieser Registerkarte zeigt die Eigenschaften-Dialogbox inhaltliche Informationen über die Mappe, beispielsweise die Namen der Tabellenblätter, die benannten Bereiche und die Liste der Diagramme, die als eigenständige Blätter in der Mappe zu finden sind.

- *Anpassen:* Auf dieser Registerkarte können Sie weitere Informationen über die Datei hinzufügen. Die Liste bietet Kategorien von *Ablage* bis *Zweck* an, markieren Sie einen Eintrag, wählen Sie einen Feldtyp (Text, Datum, Ja-/Nein-Feld) und tragen Sie einen passenden Wert ein. Mit Klick auf *Hinzufügen* wird die Information gespeichert.

Ein Beispiel: Die Arbeitsmappe enthält den aktuellen Kostenstellenplan. Geben Sie die Abteilung an, die diesen Plan erstellt hat, halten Sie den Namen des Bearbeiters fest und fügen Sie weitere wichtige Informationen hinzu. Für Entscheidungsfelder steht der Typ *Ja* oder *Nein* bereit.

Die Option *Verknüpfung zum Inhalt* bietet die Möglichkeit, Bereichsnamen innerhalb der Mappe in die Informationen zu integrieren. Ist diese Option markiert, schaltet das Wert-Feld auf die Bezeichnung *Quelle* um und die Liste daneben bietet alle in der Mappe zu findenden Bereichsnamen an.

1.9   Arbeitsmappe schützen

Standardmäßig sind Arbeitsmappen ungeschützt und können von allen Benutzern, die auf die Datei Zugriff haben, verändert werden. Unter dem Schutzsymbol unter *Datei/Informationen* finden Sie alle Schutzmechanismen vom Dateikennwort bis zur digitalen Signatur.

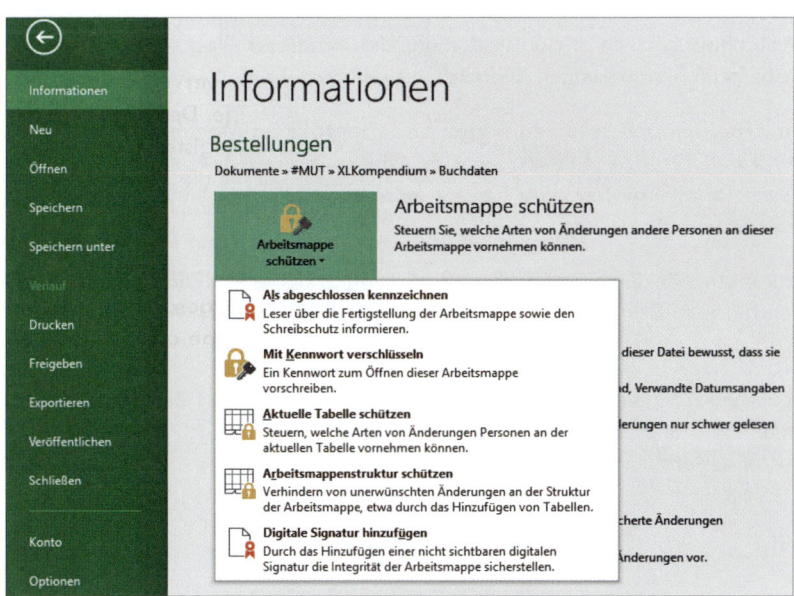

Bild 1.23: Schutztechniken für Arbeitsmappen in den Dateiinformationen.

1.9.1   Als abgeschlossen kennzeichnen

Schließen Sie Ihre Arbeitsmappe ab, wenn Sie anderen Benutzern signalisieren wollen, dass es sich um eine endgültige Fassung Ihrer Arbeit handelt. Der Status der Mappe wird auf *Endgültig* gesetzt, nach dem Öffnen erscheint ein Hinweis unterhalb des Menübands:

Als abgeschlossen gekennzeichnet. Ein Autor hat diese Arbeitsmappe als abgeschlossen gekennzeichnet, um die weitere Bearbeitung zu verhindern.

Gleichzeitig werden alle Bearbeitungssymbole im Menüband deaktiviert, auch der Speicherbefehl *Speichern* ist nicht mehr aktiv.

Die Schaltfläche *Trotzdem bearbeiten* schaltet diesen Status wieder aus. Wenn Sie unter *Datei/Informationen/Arbeitsmappe schützen* noch einmal auf *Als abgeschlossen kennzeichnen* klicken, wird der Status ebenfalls deaktiviert.

1.9.2   Mappe mit Kennwort verschlüsseln

Eine sichere Methode, um Daten vor unerwünschten Zugriffen zu schützen, ist die Zuweisung eines Kennworts. Klicken Sie auf die Option und tragen Sie ein Kennwort ein. Das Kennwort wird erneut abgefragt, nach Bestätigung mit OK ist die Datei verschlüsselt und kann beim erneuten Aufruf nur aktiviert werden, wenn das Kennwort richtig eingegeben wird.

Um das Dateikennwort wieder zu entfernen, aktivieren Sie die Kennwortzuweisung noch einmal, löschen das Kennwort aus dem Feld und bestätigen mit OK. Achten Sie darauf, dass Groß- und Kleinschreibung bei der Kennwortvergabe oder -eingabe berücksichtigt wird.

Aktuelle Tabelle/Arbeitsmappenstruktur schützen: Etwas harmloser als der Dateikennwortschutz, aber durchaus nützlich ist der Blattschutz, der mit dieser Option oder im Menüband unter *Überprüfen/Änderungen/Blatt schützen* eingestellt wird (siehe Kapitel 10).

Die Funktion *Arbeitsmappe schützen* finden Sie ebenfalls im Menüband unter dem Register *Überprüfen*, Gruppe *Änderungen*. Der Arbeitsmappenschutz stellt sicher, dass nur die Benutzer Tabellenblätter oder Fenster anlegen und löschen können, die das zugewiesene Kennwort kennen.

Zugriff einschränken: Für diese Option muss Ihr Computer mit einem Rechteverwaltungsserver verbunden sein. Dann können einzelnen Anwendern Zugriffsrechte eingeräumt werden.

Digitale Signatur hinzufügen: Mit einer digitalen Signatur wird dem Dokument eine eindeutige Authentifizierung zugewiesen. Diese Option finden Sie auch unter *Einfügen/ Text/Signaturzeile* (siehe Kapitel 10).

1.9.3 Auf Probleme überprüfen

Die Informationen in den Datei-Eigenschaften sind sicherheitsrelevant und sollten vom Benutzer verantwortungsbewusst behandelt werden. Wer eine Excel-Arbeitsmappe ins Netz oder anderen Benutzern auf Datenträgern zur Verfügung stellt, kann hier die Eigenschaften der Datei überprüfen und bei Bedarf Informationen entfernen, die auf den Autor oder die Firma hinweisen.

Auch die Kopf- und Fußzeilen, Kommentare oder ausgeblendete Zellbereiche können Informationen enthalten, die nicht für andere bestimmt sind.

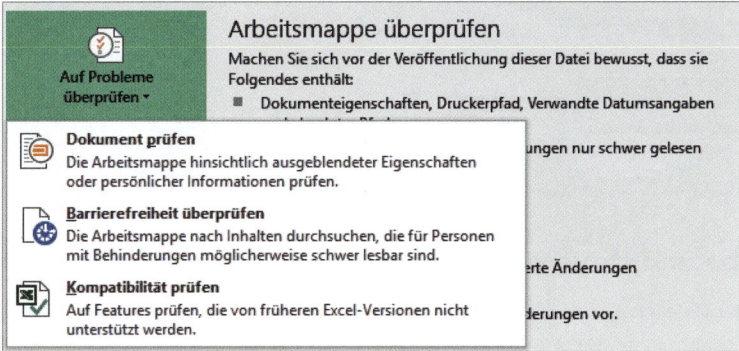

Bild 1.24: Arbeitsmappe wird auf Probleme überprüft.

Dokument prüfen: Nach einer Sicherungsmeldung, die darauf hinweist, dass Sie die Mappe vorher speichern sollten, erhalten Sie eine Liste aller Elemente, die auf Sicherheitsrelevanz zu prüfen sind. Kreuzen Sie an, welche Elemente Sie überprüfen wollen, und starten Sie den Dokumentinspektor mit Klick auf *Prüfen*. Nach Abschluss der Prüfung meldet der Inspektor, ob Kommentare, Datei-Eigenschaften, benutzerdefinierte XML-Daten, Kopf- und Fußzeilen oder nicht sichtbare Inhalte gefunden wurden. Klicken Sie auf *Alle entfernen*, wenn Sie diese Informationen aus der Datei löschen wollen.

Barrierefreiheit überprüfen: Die Barrierefreiheitsprüfung stellt sicher, dass die Mappe keine Inhalte aufweist, die von Menschen mit Behinderungen schwer oder gar nicht lesbar sind. So sollten beispielsweise Tabellenblätter immer benannt werden, weil die Standardnamen (*Tabelle1*) die Navigation erschweren. Nach Abschluss der Prüfung erscheint am rechten Rand ein Aufgabenbereich mit den Prüfungsergebnissen. Diese sind in Fehler, Warnungen und Informationen unterteilt, in der zweiten Hälfte sehen Sie die Erklärungen zu den Meldungen.

Kompatibilität prüfen: Wenn Sie beabsichtigen, die Arbeitsmappe im Format einer früheren Version (Excel 2003/XP/2000) zu speichern, stellen Sie mit dieser Kompatibilitätsprüfung sicher, dass keine Elemente verloren gehen, die in der Vorgängerversion nicht unterstützt werden. Das Prüfungsergebnis kennzeichnet die Ergebnisse (*Erheblicher Funktionalitätsverlust* oder *Geringfügiger Verlust der Genauigkeit*).

1.10   Die Oberfläche

Die Vorgängerversionen arbeiteten noch mit Symbolleisten. Bis auf die Symbolleiste für den Schnellzugriff gibt es in Excel ab Version 2007 keine Symbolleisten mehr. Alle Symbole befinden sich im Menüband, aufgeteilt in Register, und die sind in Gruppen unterteilt. Die Symbolleiste für den Schnellzugriff können Sie nach wie vor mit beliebigen Symbolen ausstatten und über oder unter dem Menüband anzeigen lassen.

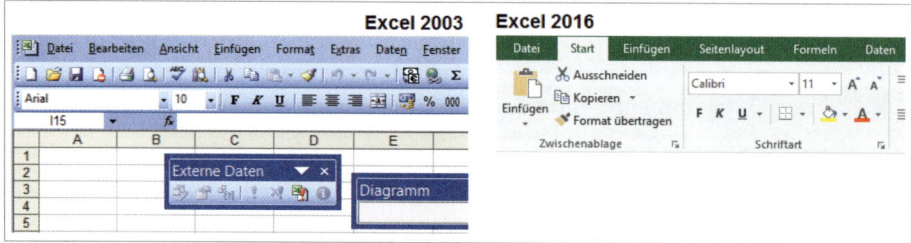

Bild 1.25: Von der Symbolleiste zum Menüband.

1.10.1   Farbe und Hintergrund

Gefällt Ihnen der grüne Hintergrund von Excel 2016? Wenn nicht, stellen Sie eine andere Farbe und/oder ein anderes Design ein: Wählen Sie *Datei/Optionen/Allgemein*. Unter *Microsoft Office-Kopie personalisieren* finden Sie den Office-Hintergrund und das Office-Design. Hintergrundeinstellungen wie *Frühling* oder *Sterne* zaubern kleine Ornamente in die Kopfzeile, das Office-Design bestimmt die Farbe: Bunt (Grün), Dunkelgrau oder Weiß.

Mit dem Januar-2016-Update ist auch noch Schwarz in die Auswahl der Office-Designs hinzugekommen.

1.10.2   Das Menüband

Das Menüband ist die Steuerzentrale des Tabellenkalkulationsprogramms. Hier finden Sie Symbole mit Programmelementen, die für die Erfassung und Bearbeitung von Daten in Tabellen vorgesehen sind. Um die Vielfalt der Symbole unterzubringen zu können, wurde das Menüband in Registerkarten aufgeteilt. Diese sind wiederum in Gruppen unterteilt, was die Suche nach dem passenden Werkzeug erleichtern soll. Ein Klick auf das passende Register und ein zweiter Klick auf das Symbol, und das Werkzeug ist aktiv.

Mit der sogenannten Fluent-Technik wird das Menüband der Bildschirmauflösung angepasst. Kann der Bildschirm zum Beispiel nur 800 x 600 Punkte anzeigen, schrumpfen die Registerkarten zusammen, Symbole werden in weitere Gruppen zusammengefasst, Beschriftungen verschwinden und Symbole erhalten ein Pfeilsymbol, das auf Klick weitere Symbole freigibt. Fluent muss natürlich auch aktiv werden, wenn das Excel-Programmfenster mit dem Fenstersymbol rechts oben aus dem Vollbildmodus in den Teilbildmodus geholt und in der Breite verkleinert wird.

Passen Sie deshalb immer den Bildschirm auf die größtmögliche Auflösung an. Unter Windows 10 wählen Sie *Startmenü/Einstellungen/System/Erweiterte Anzeigeeinstellungen* und wählen die höchste bzw. für Sie ideale Auflösung. Wenn das Excel-Fenster im Teilbild steht, klicken Sie einfach doppelt auf die Titelleiste für das Vollbild.

1.10.3   Menüband ein/ausblenden

Für die Anzeige des Menübands steht rechts oben neben dem Benutzernamen ein Symbol bereit, das drei Alternativen anbietet:

- *Menüband automatisch ausblenden:* Das Menüband verschwindet, um es einzublenden, klicken Sie auf dem oberen Rand des Bildschirms. Nach dem nächsten Klick verschwindet das Band wieder.

- *Registerkarten anzeigen:* Es werden nur die Registerkarten, nicht die Symbolgruppen und Symbole angezeigt. Die erscheinen, sobald ein Register angeklickt wird.

- *Registerkarten und Befehle anzeigen:* Damit steht das Menüband wieder vollständig und ohne Ausblendungen zur Verfügung.

Den Modus *Registerkarten anzeigen* schalten Sie blitzschnell durch einen Doppelklick auf eines der Register ein und wieder aus.

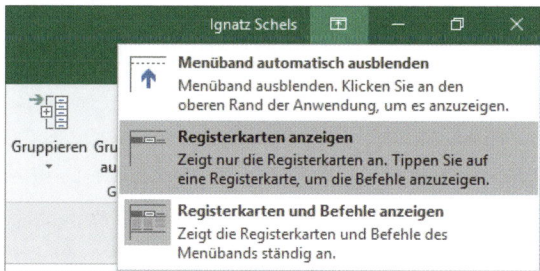

Bild 1.26: Die Menüband-Anzeige-optionen.

1.10.4   Rollen und Klicken im Menüband

Zeigen Sie mit dem Mauszeiger auf ein Register, lässt sich dieses auch mit dem Mausrad nach rechts oder links durchblättern.

Klicken Sie auf ein Symbol, wird der Befehl direkt ausgeführt. Bietet das Symbol eine Pfeilspitze an, können Sie zwischen weiteren Befehlen wählen.

1.10.5   Dialogfelder

Einige Gruppen bieten rechts unten ein Dialogsymbol an. Ein Klick darauf öffnet eine Dialogbox, in der meist alle Befehle der Gruppe in Registerkartenform zusammengefasst sind (oder einen Aufgabenbereich). Dialoge sind oft ausführlicher und enthalten auch Befehle, die nicht im Menüband stehen.

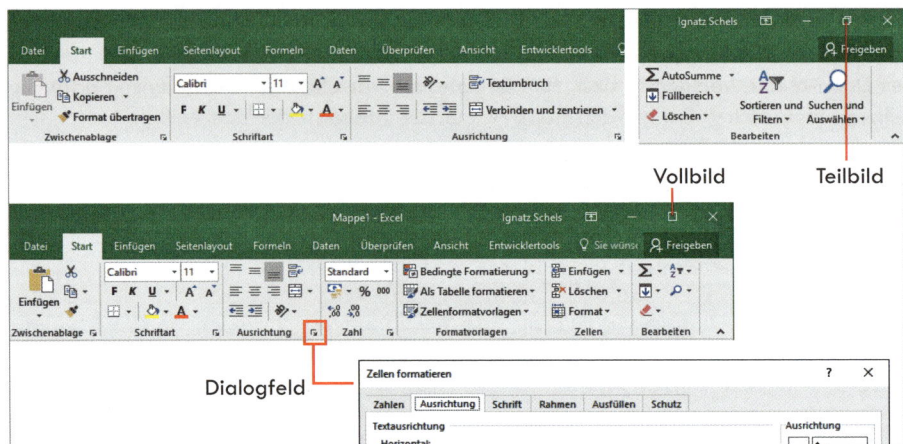

Bild 1.27: Fluent-Technik und Dialogsymbole.

- *Durchgestrichen:* Steht nicht in der Gruppe *Start/Schriftart* zur Auswahl, sondern nur im Dialog *Zellen formatieren/Schriftart.*

- *Textdrehung (freie Winkelauswahl):* nur im Dialogfenster und unter *Start/Ausrichtung.*

- *Benutzerdefinierte Zahlenformate:* mit Platzhaltern nur im Dialog der Gruppe *Start/ Zahl.*

- *Diagrammtypen:* Die komplette Auswahl und zusätzliche Formatierungen sind nur im Dialogfeld von *Einfügen/Diagramme* zu finden.

- *Kommentare drucken:* Nur über das Dialogfenster von *Seitenlayout/Tabellenblattoptionen* ist die Position im Ausdruck einstellbar.

- *Fehlerwerte anzeigen:* Kann nur über das Dialogfenster von *Seitenlayout/Tabellenblattoptionen* eingestellt werden.

- *Gliederung, Position der Gliederungszeilen:* Lässt sich nur im Dialogfenster unter *Daten/ Gliederung* einstellen.

1.10.6   Menüband anpassen

Für die Anpassung des Menübands brauchen Sie keine Programmierkenntnisse, das lässt sich einfach über die Optionen erledigen. Prüfen Sie aber vorher, ob das wirklich nötig ist. Die Standardbelegung des Menübands lässt sich nicht ändern, Sie können nur neue Registerkarten, Gruppen und Symbole hinzufügen. Für einzelne Symbole ist es in der Praxis sinnvoller, die Symbolleiste für den Schnellzugriff anzupassen. Wählen Sie *Datei/Optionen/Menüband anpassen* oder holen Sie den Befehl aus dem Kontextmenü der Symbolleiste für den Schnellzugriff.

Die Liste am linken Rand zeigt eine Auswahl häufig verwendeter Befehle. Schalten Sie im Listenfeld um:

Befehle nicht im Menüband zeigt nur Symbole an, die noch nicht im Menüband zu sehen sind. *Alle Befehle* blendet alle verfügbaren Symbole ein. Unter *Makros* erhalten Sie alle

Makros, die in den aktiven Arbeitsmappen und Add-ins verfügbar sind. Mit *Registerkarte "Datei"* sind nur Befehle zu sehen, die im *Datei*-Menü oder in den Programmfunktionen des *Datei*-Menüs verfügbar sind, zum Beispiel die verschiedenen Dateitypen oder die Seitenansicht unter *Drucken*. *Alle Registerkarten/Hauptregisterkarten* schaltet die Liste auf eine Gliederungsansicht um und präsentiert alle Register mit ihren Gruppen und Untersymbolen. *Registerkarten für Tools* sind die Register, die bestimmten Programmfunktionen oder Elementen zugeordnet sind (SmartTools, Bilder, PivotTables etc.). *Benutzerdefinierte Registerkarten und Gruppen* zeigt nur Teile des Menübands an, die der Benutzer selbst gestaltet hat.

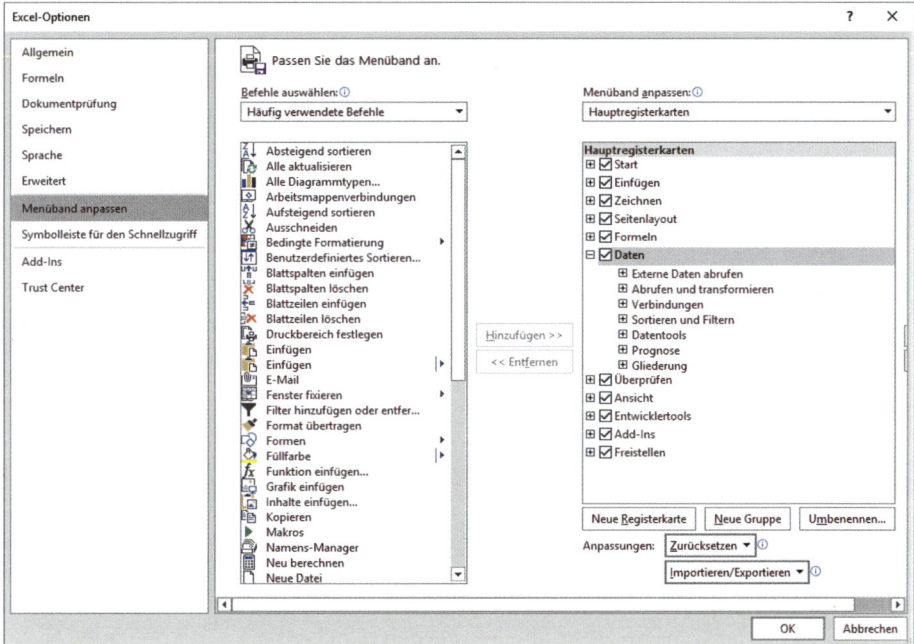

Bild 1.28: Hier wird das Menüband angepasst.

Um ein Befehlssymbol aus einer dieser Listen in das Menüband zu holen, markieren Sie zunächst das Ziel in der rechten Liste. Einzelne Gruppen erweitern Sie per Klick auf das Pluszeichen. Klicken Sie dann auf das Symbol der linken Liste und holen Sie dieses mit *Hinzufügen* in das Menüband.

Mit *Entfernen* lösen Sie das Symbol wieder aus der rechten Liste. Die Schaltfläche ist nur aktiv, wenn ein benutzerdefiniert eingefügtes Symbol oder eine Registerkarte/Gruppe markiert ist.

Neue Register und Gruppen

Mit den Schaltflächen unterhalb der rechten Liste erweitern Sie das Menüband um neue Register und Gruppen.

Ein Beispiel: Legen Sie eine neue Registerkarte mit den wichtigsten Symbolen für Mappen und Tabellen an. Verschieben Sie die Registerkarte vor die Registerkarte *Start*.

Legen Sie anschließend drei neue Gruppen an:

Gruppe	Symbole
Öffnen	Datei öffnen, Zuletzt verwendet, Neue Datei, Datei schließen
Speichern	Speichern, Speichern unter, Arbeitsmappe, Arbeitsmappe mit Makros, Als PDF oder XPS veröffentlichen
Drucken	Drucken, Seitenansicht und Drucken, Senden

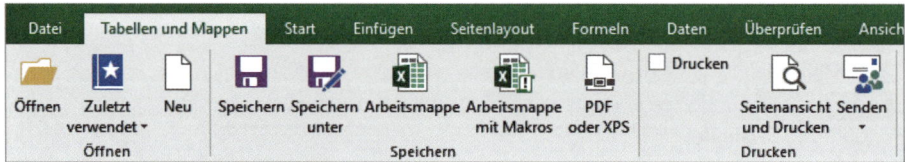

Bild 1.29: Ein neues Register im Menüband.

Menüband speichern und zurücksetzen

Das benutzerdefinierte Menüband lässt sich als Datei sichern. Eigene Anpassungen, team- oder aufgabenbezogene Register oder komplette Individualbelegungen für Unternehmen können so auf weitere Computer verteilt werden.

Klicken Sie auf *Importieren/Exportieren* und wählen Sie *Alle Anpassungen exportieren*. Geben Sie einen Dateinamen ein oder bestätigen Sie *Excel-Anpassungen*. Die Dateiendung *exportedUI* (UI = **U**ser **I**nterface) wird automatisch zugewiesen. Klicken Sie auf *Speichern*. Um eine Menüband-Anpassungsdatei zurückzuholen, wählen Sie *Importieren/Exportieren/Anpassungsdatei importieren*. Suchen Sie die Datei und holen Sie sie mit *Öffnen* in die Anpassung. Bestätigen Sie die Sicherungsmeldung mit *Ja*. Klicken Sie auf *Zurücksetzen*, wenn Sie alle benutzerspezifischen Änderungen im Menüband löschen wollen. Nach einer Sicherungsbestätigung werden alle Symbole, Gruppen oder Änderungen im Menüband gelöscht, die benutzerdefiniert erstellt wurden.

1.10.7 Die Symbolleiste für den Schnellzugriff

Wesentlich flexibler als das Menüband ist die Symbolleiste für den Schnellzugriff. Sie befindet sich nach der Installation über dem Menüband, kann aber auch darunter angeordnet werden. Nutzen Sie diese kleine Symbolleiste, um wichtige und häufig benötigte Symbole zur Verfügung zu stellen, und sparen Sie damit wertvolle Zeit, die durch Blättern und Suchen im Menüband verloren geht. Mit drei Standardsymbolen ist die kleine Leiste noch nicht besonders gut ausgebaut, aber neue Symbole sind schnell hinzugefügt. Klicken Sie auf das Pfeilsymbol, erhalten Sie eine Auswahl an Befehlen.

Klicken Sie auf das Diskettensymbol (*Speichern*), wenn Sie die aktive Arbeitsmappe speichern wollen. Ist die Mappe noch nicht benannt, erhalten Sie einen Speicherdialog und können den Dateinamen eingeben (entspricht *Speichern unter* im *Datei*-Menü). Ein Klick auf das Symbol *Rückgängig* macht die letzte Aktion rückgängig. Klicken Sie auf das Pfeilsymbol rechts an diesem Symbol, erhalten Sie die Liste der letzten Aktionen (bis zu 99). Ziehen Sie den Mauszeiger über die Aktionen, die Sie rückgängig machen wollen. Das Symbol *Wiederholen* stellt Aktionen wieder her, die Sie rückgängig gemacht hatten, und ist aus diesem Grund auch nur dann aktiv, wenn mindestens eine Aktion rückgängig gemacht wurde. Auch hier können Sie mit dem Pfeilsymbol eine Liste mit mehreren Aktionen anzeigen.

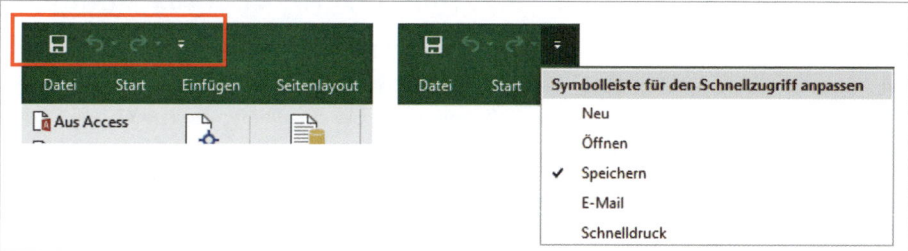

Bild 1.30: Die Symbolleiste für den Schnellzugriff, hier über dem Menüband.

In der Befehlsliste aktivieren Sie *Symbolleiste für den Schnellzugriff anpassen* oder holen einen Befehl aus der Vorschlagsliste in die Symbolleiste:

- *Neu* legt eine neue Arbeitsmappe an. *Öffnen* aktiviert den Dialog *Öffnen*, mit dem eine gespeicherte Datei geöffnet werden kann. *E-Mail* öffnet eine neue Nachricht im E-Mail-Client (Outlook oder Exchange) und fügt die aktive Arbeitsmappe als Anhang ein (entspricht *Neu* im *Office*-Menü).

- *Schnelldruck* druckt die aktuelle Tabelle oder den im Seitenlayout bestimmten Druckbereich auf dem Windows-Standarddrucker aus (entspricht *Drucken* im *Datei*-Menü). *Seitenansicht und Drucken* druckt die aktuelle Tabelle oder den im Seitenlayout bestimmten Druckbereich in eine Seitenansicht auf dem Bildschirm (entspricht *Drucken/Seitenansicht* im *Datei*-Menü).

- *Rechtschreibung* startet die Rechtschreibprüfung für die aktive Tabelle (entspricht *Überprüfen/Dokumentprüfung/Rechtschreibung*). *Aufsteigend/absteigend* sortiert den Zellbereich oder die Tabelle nach der Spalte, in der sich der Zellzeiger befindet (entspricht *Daten/Sortieren* und *Filtern/Sortieren*). Mit *Touch-/Mousemodus* fügen Sie mehr Abstand zwischen den Befehlen im Menüband ein, wenn Sie über das Symbol den Touchmodus wählen.

- *Weitere Befehle:* Damit öffnen Sie die Anpassung der Excel-Optionen, in der alle verfügbaren Befehlssymbole zur Auswahl stehen (siehe im Anhang den Abschnitt 13.1). Mit dem Befehl *Unter/Über dem Menüband anzeigen* platzieren Sie die Symbolleiste für den Schnellzugriff unter oder über dem Menüband. Diesen Befehl finden Sie auch im Kontextmenü der rechten Maustaste.

1.10.8 Symbole in die Symbolleiste für den Schnellzugriff holen

So holen Sie Symbole aus dem Menüband schnell in die Symbolleiste für den Schnellzugriff:

Suchen Sie das Symbol, das Sie aufnehmen wollen, in der entsprechenden Registerkarte und Gruppe. Klicken Sie mit der rechten Maustaste auf das Symbol.

Wählen Sie im Kontextmenü *Zur Symbolleiste für den Schnellzugriff hinzufügen*. Um das Symbol richtig einzusortieren, wählen Sie im Menü der Symbolleiste *Weitere Befehle*, markieren das Symbol und setzen es mit den Pfeilsymbolen in die richtige Position.

1.10.9 Symbolleiste für den Schnellzugriff über die Optionen anpassen

Die Anpassung der Symbolleiste für den Schnellzugriff über die Optionen ist zwar nicht die schnellste Methode, hat aber den Vorteil, dass Sie Befehlssymbole einbauen können, die selbst das Menüband noch nicht anbietet.

Wählen Sie den Befehl *Symbolleiste für den Schnellzugriff anpassen* aus den oben beschriebenen Menüs oder aus dem Kontextmenü oder mit *Datei/Optionen* aus dem Backstage-Bereich. Suchen Sie die passende Befehlskategorie unter *Befehle auswählen* (siehe Beschreibung im Abschnitt 1.10.6 »Menüband anpassen«).

Markieren Sie das Symbol in der Befehlsliste und klicken Sie auf *Hinzufügen*, um es in die Symbolleiste für den Schnellzugriff zu holen. Mit *Entfernen* löschen Sie ein rechts in der Liste markiertes Symbol wieder. *Zurücksetzen* setzt die Symbolleiste für den Schnellzugriff nach Bestätigung einer Sicherungsabfrage wieder auf die Standardbelegung mit drei Symbolen zurück.

Wollen Sie die Anpassungen in einer Datei sichern, wählen Sie *Importieren/Exportieren/Alle Anpassungen exportieren*. Bestätigen Sie den Vorschlag *Excel-Anpassungen.exportedUI* oder geben Sie einen eigenen Dateinamen ein. Um die Anpassungen aus einer Anpassungsdatei zu holen, wählen Sie *Importieren/Exportieren/Anpassungsdatei importieren*.

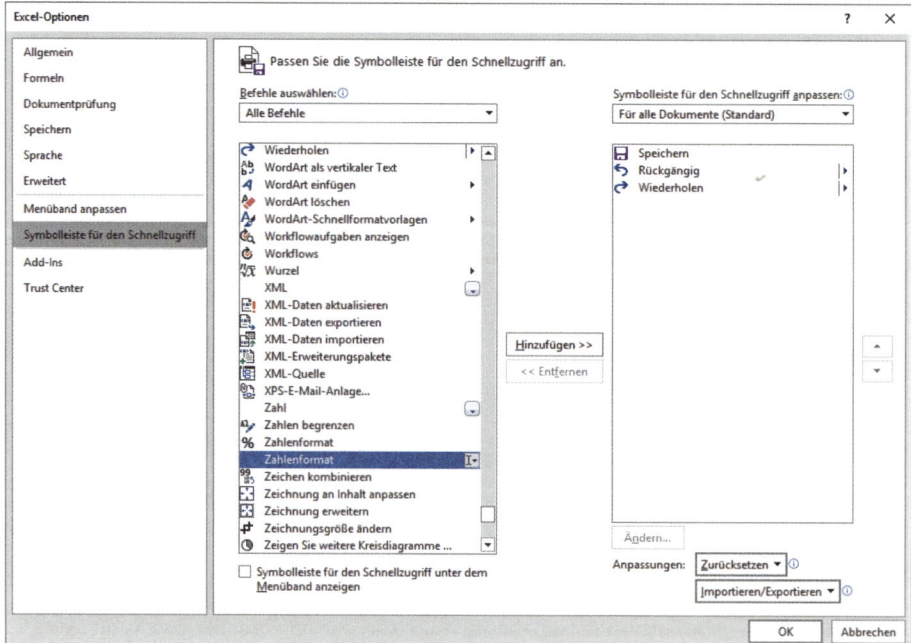

Bild 1.31: Die Symbolleiste für den Schnellzugriff wird angepasst.

1.10.10 Der Speicherort der Symbolleiste für den Schnellzugriff

Die kleine Symbolleiste muss Excel irgendwo im System abspeichern, damit beim nächsten Programmstart wieder die aktuelle Zusammensetzung der Symbole angeboten wird. Excel speichert die Änderungen in einer Datei namens *EXCEL.OFFICEUI*. In diesem Pfad wird die Datei gespeichert (der Laufwerkbuchstabe C wird als zugewiesener Buchstabe für das Programmlaufwerk angenommen, Benutzername ist der Name, mit dem Sie sich in Windows anmelden):
C:\Benutzer\Benutzername\AppData\Local\Microsoft/Office

Diese Textdatei lässt sich mit jedem Texteditor öffnen, einsehen und auch bearbeiten. Benutzen Sie den Notizblock-Editor Notepad von Windows, ein Textprogramm wie Word oder einen XML-Editor. Die editierbare Datei bietet die Möglichkeit, die benutzerspezifischen Einstellungen der Symbolleiste für den Schnellzugriff zu sichern oder auf einen bestimmten Status zu setzen.

Löschen Sie diese Datei, wird die Symbolleiste für den Schnellzugriff beim nächsten Start von Excel die Standardbelegung mit den Symbolen *Speichern*, *Rückgängig* und *Wiederholen* anzeigen. Kopieren Sie die Datei und speichern Sie die Kopie unter einer anderen Bezeichnung ab, haben Sie eine Sicherung der Symbolleiste, die Sie jederzeit wieder reaktivieren können, indem Sie sie unter dem Originalnamen *Excel.officeUI* in den Office-Ordner Ihres Profils kopieren.

1.10.11 Kontextmenüs

Ein Klick mit der rechten Maustaste auf einen Teil des Bildschirms aktiviert das Kontextmenü, das dem Element entsprechend bestückt ist. Klicken Sie zum Beispiel mit der rechten Maustaste auf eine beliebige (leere) Zelle in der Tabelle, erscheint das Kontextmenü, das alles anbietet, was zu diesem Zeitpunkt möglich, machbar und sinnvoll ist – und nichts, was sowieso nicht geht.

Alle Elemente des Menübands haben dasselbe Kontextmenü, es bietet nur die Befehle für die Anpassung der Symbolleiste für den Schnellzugriff an und einen Befehl zum Minimieren des Menübands. Welches Kontextmenü Sie im restlichen Bereich des Programmfensters bekommen, entscheidet die Mauszeigerposition oder die Markierung:

Auf einem Spaltenbuchstaben finden Sie neben den Standardbefehlen *Ausschneiden*, *Kopieren* und *Einfügen* den Befehl für die Anpassung der Spaltenbreite.

Das Kontextmenü auf einer Zeilennummer bietet die Anpassung der Zeilenhöhe an.

Haben Sie ein Objekt, zum Beispiel ein Diagramm oder eine gezeichnete Grafik, markiert, bietet das Kontextmenü die wichtigsten Befehle für dieses Objekt an.

Ob PivotTable, Tabelle oder Diagrammobjekt, in jedem Fall bietet das Kontextmenü kontextbezogene Befehle an.

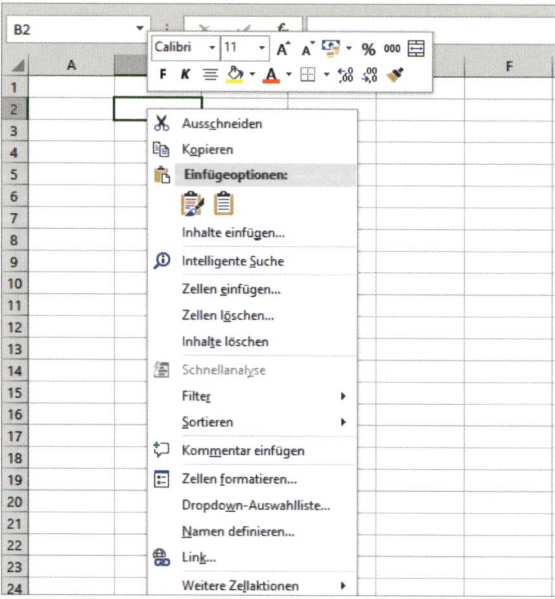

Bild 1.32: Das Kontextmenü enthält immer die zur Markierung passenden Befehle.

Wenn das Kontextmenü nicht erscheint oder wenn Befehle inaktiv sind, dann ist die Tabelle wahrscheinlich geschützt. Sehen Sie unter *Überprüfen/Änderungen* nach, ob der Blatt- oder Arbeitsmappenschutz aktiv ist.

1.11   Fenster und Fensterelemente

Windows heißt Fenster, und das Betriebssystem von Microsoft dominiert auch die Bedieneroberfläche aller Programme, die unter Windows aktiviert werden. Windows-Programme laufen in Fenstern, und Excel hat zwei Arten von Fenstern:

■ **Das Programmfenster:** Jede Arbeitsmappe, die neu angelegt oder aus einer Datei geöffnet wird, wird in einem Fenster angezeigt. In der Taskleiste von Windows sehen Sie die einzelnen Tasks (Fenster), hier können Sie alternativ zu *Ansicht/Fenster/Fenster wechseln* auch auf eine andere Mappe umschalten.

■ **Das interne Fenster:** Jede Arbeitsmappe lässt sich in weitere Fenster unterteilen, die durchnummeriert werden. Schließen Sie interne Fenster mit dem Schließen-Symbol rechts oben wieder.

Funktion	Befehl
Neue Mappe in einem Fenster anlegen	*Datei/Neu* oder [Strg]+[N]
Fenster mit Mappe schließen	*Datei/Schließen*
Neues Fenster für die aktive Mappe anlegen	*Ansicht/Fenster/Neues Fenster.* Die Titelleiste zeigt die Fensternummer an (MappeNr:FensterNr).

Funktion	Befehl
Fenster anordnen	*Ansicht/Fenster/Alle anordnen.* Wählen Sie die Art der Anordnung. Mit der Option *Fenster der aktiven Arbeitsmappe* werden nur interne Fenster angeordnet.
Fenster wechseln	*Ansicht/Fenster/Fenster wechseln* oder Strg + F6

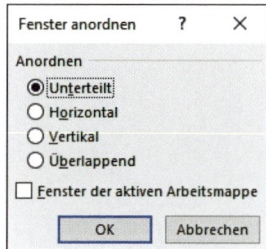

Bild 1.33: Fenster anordnen im Ansicht-Register.

1.11.1 Tabellenblätter in verschiedenen Fenstern

Um Tabellenblätter der aktiven Mappe in mehreren Fenstern vergleichen zu können, gehen Sie so vor:

1. Legen Sie in der aktiven Mappe mindestens zwei Tabellenblätter an.

2. Wählen Sie *Ansicht/Fenster/Neues Fenster* (mehrfach für mehrere Fenster). In der Titelleiste wird die Nummer angezeigt (*Mappe1:1*).

3. Klicken Sie auf *Ansicht/Fenster/Nebeneinander anzeigen*. Mit synchronem Bildlauf werden alle Blätter gleichzeitig geblättert, wenn Sie mit der Maus scrollen oder den Mauszeiger bewegen.

4. *Fensterposition zurücksetzen* kehrt zu den ersten Einstellungen zurück.

5. Mit dem *Maximieren*-Symbol rechts oben schalten Sie alle Fenster in das Vollbild zurück (schneller mit Doppelklick auf die Titelleiste).

1.11.2 Fensterelemente

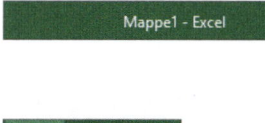

Die Titelleiste zeigt den Programmnamen und den Namen der ersten Arbeitsmappe (Mappe1). Nachdem die Mappe gespeichert wurde, erscheint hier der Dateiname.

Das Symbol *Minimieren* befördert das Programmfenster vom Desktop in die Taskleiste. Dort kann es mit einem Klick wieder reaktiviert werden.

Das Symbol *Maximieren* ist ein Wechselschalter zwischen Vollbild- und Teilbildansicht.

Mit dem *Schließen*-Symbol schließen Sie das aktive Fenster. Ist es das letzte oder einzige der Mappe, wird die Mappe geschlossen. Bei nicht gespeicherten Änderungen erscheint eine Sicherungsabfrage. Schließen Sie die letzte Mappe, wird automatisch auch Excel geschlossen.

Die Menübandsteuerung mit drei Optionen (siehe oben).

1.11.3   Das Hilfe- und Suchfenster

Klicken Sie neben das Glühbirnensymbol und geben Sie einen Suchbegriff ein. Oder holen Sie einen Vorschlag aus der Vorschlagsliste. Ist für Ihren Begriff eine passende Befehlsfolge zu finden, können Sie diese gleich ausführen. Ein Beispiel:

Geben Sie ein: *Ich möchte Spalte A sortieren.*

Die erschienenen Sortieroptionen werden angeboten, klicken Sie auf *Sortieren und Filtern* und auf *Von A bis Z sortieren.*

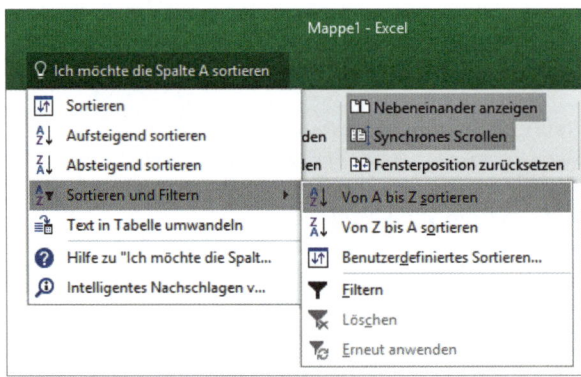

Bild 1.34: Das Such- und Hilfefenster.

Wenn Sie keine Befehlsfolge ausführen wollen, lesen Sie die mit dem Fragezeichensymbol gekennzeichneten Hilfetexte. Das Hilfefenster bietet Links zu den gesuchten Aktionen an, Sie können mit den Symbolen am oberen Rand zurück- und vorwärtsblättern, mit *Home* auf das Hauptmenü schalten und mit dem Schriftart-Symbol die Schrift vergrößern (auch mit (Strg) und Mausrad). Das Druckersymbol bietet die Möglichkeit, den angezeigten Hilfetext zu drucken. Im Hilfefenster steht noch mal ein Suchfenster bereit, mit dem Sie in der Hilfe stöbern können. Geben Sie den Suchbegriff ein und klicken Sie auf das Lupensymbol.

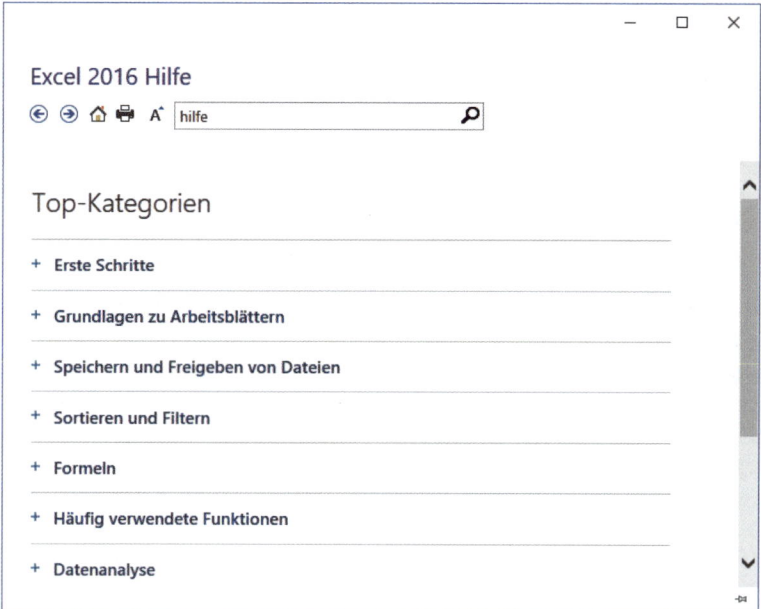

Bild 1.35: Das Hilfefenster mit Suchoption und Steuersymbolen am oberen Rand.

1.11.4 Intelligentes Nachschlagen

Diese Option steht sowohl im Hilfe- und Suchfenster als letzter Eintrag nach der Such-
aktion zur Auswahl als auch im Kontextmenü des Tabellenblatts. Klicken Sie mit der
rechten Maustaste auf einen Suchbegriff (markieren Sie diesen vorher im Kontextmenü) und wählen Sie *Intelligente Suche*. Damit öffnet sich am rechten Bildschirmrand
ein Aufgabenbereich. Auf der Registerkarte *Erkunden* stehen hauptsächlich Links zum
Suchbegriff aus der Suchmaschine Bing, und unter *Definieren* wird eine Wörterbuch-
erklärung angeboten.

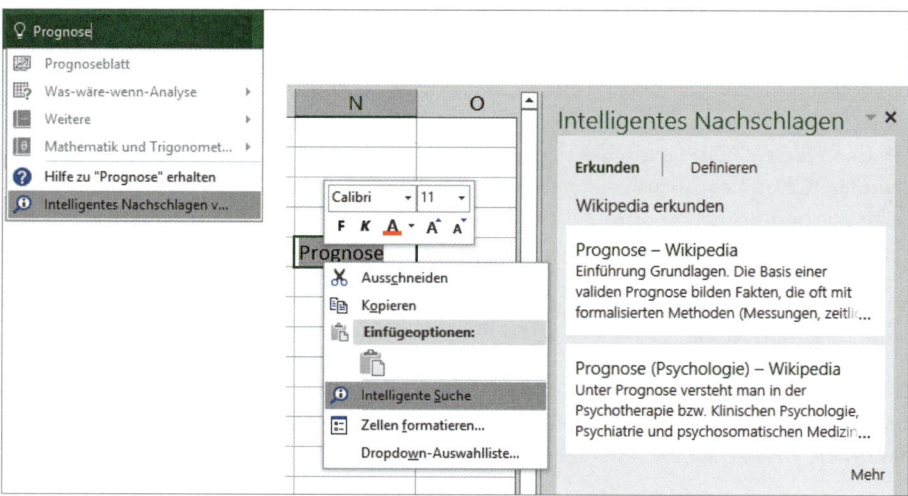

Bild 1.36: Intelligentes Nachschlagen im Suchfenster oder aus dem Kontextmenü.

1.11.5 Fenstertechniken

Fenster ein-/ausblenden

Das Ausblenden mit *Ansicht/Fenster/Ausblenden* nimmt das aktive Fenster aus dem Arbeitsbereich und aus der Fensterliste im *Fenster*-Menü. Das Fenster ist aber weiterhin verfügbar und kann mit *Fenster/Einblenden* wieder hervorgeholt werden.

Fenster nebeneinander anzeigen

Um zwei Tabellen vergleichen zu können, stellen Sie diese am besten nebeneinander und sorgen für einen synchronen Bildlauf. Markieren Sie das Fenster, das Sie mit einem anderen vergleichen wollen, und klicken Sie unter *Ansicht/Fenster* auf *Nebeneinander anzeigen*. Wenn neben dem aktiven Fenster nur noch ein weiteres Fenster verfügbar ist, wird dieses sofort angeboten, die beiden Fenster ordnen sich horizontal auf dem Arbeitsbereich an. Bei mehr als zwei Fenstern erscheint eine Liste, aus der das Vergleichsfenster gewählt werden kann.

Mit der Fensterteilung wird das Symbol *Synchrones Scrollen* in der Fenster-Gruppe aktiviert. Damit können Sie den Synchronlauf des Zellzeigers ein- und ausschalten. Das dritte Symbol dieser Untergruppe setzt mit einem Klick die Fensterposition auf die zuvor gewählte zurück. Die Anordnung lässt sich während des Vergleichs jederzeit ändern, Sie können *Fenster/Alle anordnen* aktivieren oder die Fenster manuell positionieren. Scrollen Sie mit dem Rad Ihrer Maus oder mit den Bildlaufleisten einer Tabelle, wird synchron dazu die zweite Tabelle gescrollt. So lassen sich die beiden Tabellen bequem vergleichen. Schalten Sie das Symbol *Nebeneinander anzeigen* per Klick wieder aus, wenn Sie den Vergleich beenden wollen.

Fenster teilen und fixieren

Diese Technik ist besonders bei größeren Listen von Vorteil. Teilen Sie das aktive Fenster in zwei oder mehrere Bereiche auf:

Setzen Sie den Zellzeiger in die Zelle, an der geteilt wird. Wählen Sie *Ansicht/Fenster/Teilen*. Ziehen Sie die Teilungslinie an die gewünschte Position, um das Fenster zu unterteilen.

Mit den kleinen Teilstrichen, die sich unter dem vertikalen und rechts neben dem horizontalen Rollbalken befinden, können Sie das Fenster ebenfalls teilen. Ziehen Sie den Teiler mit gedrückter Maustaste.

Das Fenster wird mit einem Teilstrich in zwei Hälften geteilt. Rollen Sie die Tabelle mit Mausrad oder Bildlaufleisten, wird nur der Bereich mit dem Zellzeiger gerollt, die andere Fensterhälfte bleibt stehen.

Sie können die Teilstriche mit gedrückter Maustaste jederzeit neu positionieren. Um einen der Teilstriche zu entfernen, klicken Sie ihn doppelt an. Wollen Sie alle Teilstriche entfernen, klicken Sie auf das Teilen-Symbol, um die Teilung auszuschalten.

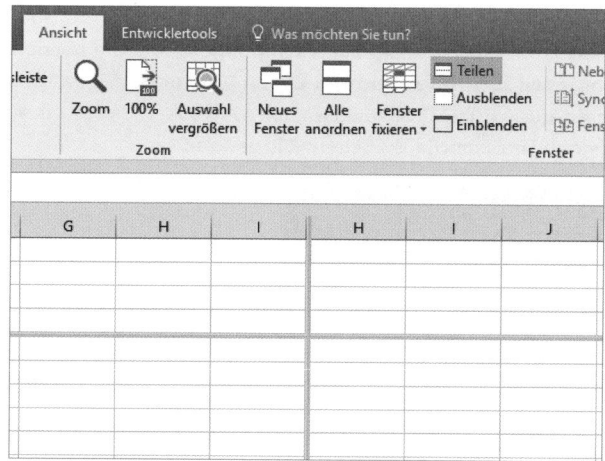

Bild 1.37: Fensterteilung an
der aktiven Zelle.

Fenster fixieren

Mit diesem Befehl im *Fenster*-Menü teilen Sie ebenfalls das Fenster, allerdings mit einem Unterschied: Die Teilstriche sind fixiert, sie können nicht mehr mit dem Mauszeiger positioniert oder gelöscht werden. Setzen Sie deshalb für eine solche Fixierung den Zellzeiger gleich in die Zelle, in der die Fixierung beginnen soll.

Wählen Sie *Ansicht/Fenster/Fenster fixieren* und klicken Sie auf die erste Option, um das Fenster an der Zellzeigerposition zu fixieren. Mit der zweiten Option fixieren Sie nur die erste Zeile. In Zeile 2 beginnt der Bereich, der nach unten gescrollt werden kann. Die dritte Option fixiert nur die erste Spalte. In Spalte B beginnt der Bereich, der nach rechts gescrollt werden kann.

Mit *Fenster Fixieren/Fixierung aufheben* lösen Sie die Fixierung wieder.

1.12   Die Aufgabenbereiche

Ein Aufgabenbereich ist ein zusätzliches Fenster am linken Rand, das eine zur gewählten Aktion passende Aufgabe übernimmt. Der Aufgabenbereich in Excel 2016 springt nur noch bei einzelnen Aktionen ein. Sie können ihn aktiviert lassen, solange Sie ihn benötigen, mit einem Klick auf das Schließen-Symbol (Kreuz) rechts oben schalten Sie ihn bei Bedarf wieder aus. Diese Aktionen werden von Aufgabenbereichen übernommen:

1.12.1   Zwischenablage

Das Dialogfeld der Gruppe *Zwischenablage* im Register *Start* bietet eine Schaltfläche an, die nicht wie die meisten anderen ein Dialogfenster öffnet, sondern den Aufgabenbereich am linken Fensterrand aktiviert. In diesem werden Inhalte der Zwischenablage aufgelistet (die Zwischenablage kann mehrere kopierte Bereiche oder Objekte beinhalten). Mit den Schaltflächen am oberen Rand können diese Inhalte in die Tabelle geholt oder gelöscht werden.

Kopieren Sie beispielsweise mehrere Zellbereiche nacheinander in die Zwischenablage, wird dieser Bereich die einzelnen Kopien (bis zu 24) zur Verfügung halten. Sie können so bequem auf eine frühere Kopie zurückgreifen und die Daten wieder einfügen. Die Zwischenablage behält die Daten aus Office-Programmen nur so lange, bis diese ihre Programmfenster schließen. Danach ist auch die Zwischenablage leer.

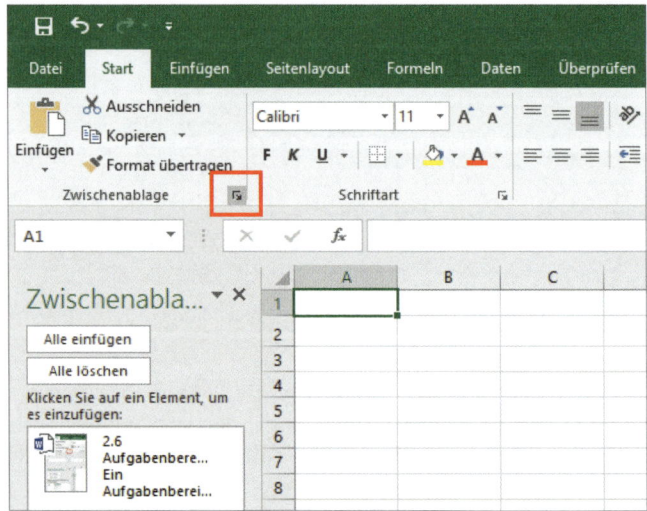

Bild 1.38: Der Aufgabenbereich der Zwischenablage zeigt, was kopiert wurde.

1.12.2   Dokumentprüfungen

Die Registerkarte *Überprüfen* bietet neben der Rechtschreibprüfung (die in einem Dialogfenster abläuft) auch *Recherchieren*, *Thesaurus* und *Übersetzen* an. Diese drei Werkzeuge sind in einem Aufgabenbereich untergebracht, der am rechten Fensterrand aktiv wird. Auch für die Übersetzung von Texten in eine andere Sprache schaltet Excel den Aufgabenbereich ein. Excel 2016 stellt die Aufgabenbereiche vertikal nebeneinander.

1.12.3   Signaturen

Enthält eine Arbeitsmappe Signaturen, die über *Einfügen/Text/Signaturzeile* eingefügt wurden, zeigt Excel diese sofort nach dem Start in einem Arbeitsbereich am rechten Fensterrand an.

1.12.4   Freigeben

Wird eine Datei in der Cloud (OneDrive) gespeichert, bietet Excel gleich die Möglichkeit, diese für eine oder mehrere Personen freizugeben, zu teilen. Dazu wird nach dem Speichern der Datei in einem OneDrive-Ordner der Aufgabenbereich *Freigeben* aktiviert, hier können die E-Mail-Adressen der Personen eingetragen oder aus dem Adressbuch geholt werden.

1.13   Die Statusleiste

Die letzte Zeile des Programmfensters ist ein richtiges Informationscockpit. Sie liefert nämlich Statusinformationen, und zwar für alles, was in der Oberfläche von Excel einzustellen ist.

1.13.1   Der Zoom

Zoomen ist die Vergrößerung oder Verkleinerung der Ansicht bzw. der aktiven Tabelle oder des Diagramms. Benutzen Sie den Zoom-Schieberegler am rechten unteren Bildschirmrand:

Zoomen Sie mit diesem Regler die Ansicht von minimal 10 % bis maximal 400 %. Ziehen Sie dazu den Schieber mit gedrückter Maustaste oder klicken Sie auf die Plus- und Minussymbole für einen Zoom in Zehnerschritten. Sie können auch in den Regler klicken oder die Maustaste gedrückt halten. Mit den Zellen der aktiven Tabelle werden auch die Zeilennummern und die Spaltenbezeichnung am oberen Rand gezoomt.

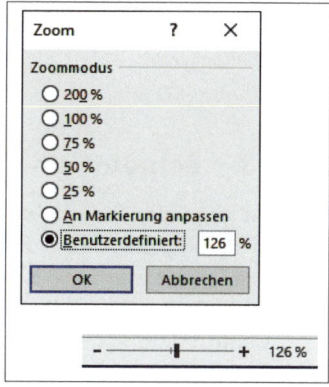

Bild 1.39: Zoomen mit Schieberegler oder per Klick auf den Zoomfaktor.

Wenn Sie den Zoomfaktor, der am linken Rand angezeigt wird, ganz exakt einstellen wollen, klicken Sie auf die angezeigte Prozentzahl. Daraufhin wird ein Fenster eingeblendet, in dem Sie den Zoommodus wählen oder direkt eingeben können. Klicken Sie auf OK, wird der Zoom eingestellt.

Zoom an Markierung anpassen

Interessant ist in diesem Fenster die Option *An Markierung anpassen*: Sie zoomt den Bildschirm so, dass der markierte Zellenbereich den gesamten Arbeitsbereich ausfüllt. Haben Sie beispielsweise den Zellbereich A1:F30 markiert und aktivieren diese Option, zoomt Excel die Ansicht auf 126 % der Ursprungsgröße und Sie sehen nur den markierten Bereich.

Zoomen mit dem Mausrad

Mit dem Rad zwischen den Tasten Ihrer Maus scrollen Sie die Tabelle im Normalfall nach unten bzw. nach oben. Sie können das Rad aber auch als Zoomwerkzeug benutzen:

Wählen Sie *Datei/Optionen*, schalten Sie um auf die Kategorie *Erweitert*. In der ersten Gruppe finden Sie die Option *Beim Rollen mit IntelliMouse zoomen*. Klicken Sie diese an, um das Mausrad auf die Zoomfunktion umzustellen.

Mit der ⟨Strg⟩-Taste geht's auch: Drücken Sie ⟨Strg⟩ und zoomen Sie mit dem Mausrad nach oben oder unten. Wenn Sie die Zoomoption eingeschaltet haben, können Sie mit gedrückter ⟨Strg⟩-Taste wieder durch die Tabelle scrollen.

1.13.2 Ansichtssymbole

Neben dem Zoomschieberegler am rechten Rand finden Sie drei Symbole, die auf die Ansichten *Normal*, *Seitenlayout* und *Umbruchvorschau* umschalten. Der Status, d. h. die aktive Ansicht, wird sichtbar, das entsprechende Symbol ist dunkler. Diese Ansichten finden Sie auf der Registerkarte *Ansicht* in der Gruppe *Arbeitsmappenansichten*.

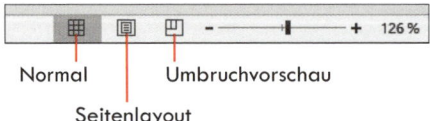

Normal   Umbruchvorschau

Seitenlayout

Bild 1.40: Ansichtssymbole in der Statusleiste.

1.13.3 Betriebs- und Eingabemodus

Die linke Ecke der Statusleiste ist für die Anzeige des Betriebsmodus reserviert. Der Standardmodus ist BEREIT. Tragen Sie eine Zahl, ein Datum oder einen Text in eine Zelle ein, schaltet der Betriebsmodus um auf EINGEBEN. Fügen Sie in eine Formel einen Bereich ein, indem Sie diesen mit gedrückter ⇧-Taste und den Cursortasten oder mit der Maustaste markieren, erhalten Sie den Betriebsmodus ZEIGEN. Excel-Spezialisten werfen oft einen Blick darauf, wenn sie Formeln konstruieren und mit der Funktionstaste F2 arbeiten. So schaltet man nämlich vom Betriebsmodus BEARBEITEN auf EINGE-BEN und umgekehrt um. Und das ist besonders nützlich beim Konstruieren von Formeln. Schreiben oder bearbeiten Sie eine Formel oder einen Bezug auf einen Bereichsnamen, wollen Sie mit den Cursortasten die Schreibmarke in der Formel bewegen. Im Betriebsmodus EINGEBEN markiert der Cursor aber Bezüge. Wählen Sie für den Betriebsmodus BEARBEITEN, können Sie den Cursor bequem in der Zelle bewegen.

1.13.4 Statusleiste anpassen

Alle Informationen, die in der Statusleiste angezeigt werden, können Sie im Kontextmenü einschalten. Klicken Sie mit der rechten Maustaste in die Statusleiste und klicken Sie die Informationen an, die Sie permanent sehen wollen. Ein Klick auf eine aktive Information schaltet diese wieder aus. Hier eine Übersicht über die einzelnen Optionen im Kontextmenü der Statusleiste und darüber, was diese bedeuten:

Statuszeilen-option	Erklärung
Zellenmodus	Schaltet die Modusanzeige ganz links außen ein (oder aus). Standard ist *Bereit*. Ist eine Zelle zur Bearbeitung geöffnet, heißt es hier *Bearbeiten* und für leere Zellen meldet das Kästchen *Eingeben*. Auch für das Füllkästchen hat es noch eine Hilfsmeldung parat.
Blitzvorschau für leere/geänderte Zellen	Zeigt die Blitzvorschau auch für leere oder geänderte Zellen an.
Signaturen	Enthält die aktive Arbeitsmappe Signaturen, wird ein rotes Signatursymbol angezeigt. Signaturen werden über *Einfügen/Text* zugewiesen.

Statuszeilen-option	Erklärung
Informations-verwaltungs-richtlinie	Ist die aktive Tabelle für SharePoint-Server aufbereitet und enthält sie Informationsverwaltungsrichtlinien für Office-SharePoint-Server-Webseiten, wird hier ein Symbol angezeigt.
Berechtigungen	Enthält die aktive Tabelle Berechtigungen, die im Rahmen des IRM (Information Right Management) im SharePoint-Server definiert sind, wird hier ein Symbol angezeigt.
Feststelltaste	Diese Taste (über der linken ⇧-Taste) setzt alle Eingaben in Großschrift bzw. auf die zweite Tastenbelegung bei den Nummerntasten und Sonderzeichen.
Num	*Num*, wenn die Numeric-Taste Num aktiv ist. Die Num-Taste befindet sich links oben im abgesetzten Block der Zehnertastatur. Ist sie aktiv, leuchtet ein Lämpchen rechts oben auf der Tastatur und auf der Zehnertastatur sind die Zahlen eingeschaltet.
Rollen	Die Scrolltaste steht zwischen Druck- und Pause-Taste rechts oben auf der Tastatur. Ist sie gedrückt, rollt der Bildschirm mit dem Zellzeiger bei Betätigung von Pfeiltasten. Die Statusleiste meldet in diesem Fall *Rollen Ein*.
Feste Dezimal-stelle	Steht links außen in der Statuszeile, wenn in den Excel-Optionen unter *Erweitert/Optionen/Bearbeiten* die Option *Dezimalkomma automatisch einfügen* aktiviert wurde. Damit wird bei einer eingegebenen Zahl das Komma um die Anzahl der angegebenen Stellen nach links oder rechts verschoben.
Überschreib-modus	Wird eine Zelle bearbeitet, kann mit der Taste Einfg der Überschreibmodus eingeschaltet werden. Damit werden alle Ziffern rechts vom Cursor (Schreibmarke) überschrieben. Ist diese Option gesetzt, meldet die Statuszeile diesen Modus (nur während der Bearbeitung).
Beendigungs-modus	Die Ende-Taste. Wird diese Taste gedrückt, springt der Zellzeiger beim nächsten Betätigen einer Pfeiltaste bis zum Ende einer Tabelle, Liste oder des Tabellenblattbereichs. Die Statuszeile zeigt *Modus beenden*, sobald die Taste gedrückt wird und solange der Vorgang nicht abgeschlossen ist.
Makro-aufzeichnung	Startet die Makroaufzeichnung oder zeigt den Status an. Wird ein Makro aufgezeichnet, wechselt links unten das Symbol seine Anzeige (Quadrat) und bleibt so, solange der Makrorecorder läuft und alle Aktionen als Makrobefehle aufzeichnet. Die Makro-aufzeichnung kann durch Klick auf dieses Symbol gestartet und beendet werden.
Auswahlmodus	Dieser Modus wird mit der Funktionstaste F8 aktiviert. Wird die Taste gedrückt, bleibt der Zellzeiger bei der aktiven Zelle stehen und die Markierung kann mit Maus oder Pfeiltasten erweitert werden. Ein weiterer Tastendruck auf F8 hebt diesen Modus wieder auf, der in der Statuszeile mit der Meldung *Auswahl erweitern* gemeldet wird.

Statuszeilen-option	Erklärung
Seitenzahl	Diese Option zeigt die aktuelle Seitenzahl und die Anzahl der Seiten an, die im aktiven Tabellenblatt gedruckt oder im Anzeigemodus *Seitenlayout* angezeigt werden. Die Anzeige *Seite x von y* erscheint auch nur in diesem Modus, nicht in der Normal- oder Umbruchvorschau.
Mittelwert, Anzahl, Numerische Zahl, Minimum, Maximum, Summe	Mit diesen Optionen werden die markierten Zellen berechnet oder analysiert. Die Ergebnisse werden angezeigt, wenn mehr als eine Zelle markiert ist. *Mittelwert* zeigt das arithmetische Mittel der markierten Menge. *Anzahl* zählt, wie viele Zellen Werte enthalten. *Numerische Zahl* gibt die Anzahl der Zellen mit Zahlen wieder, *Minimum* berechnet den kleinsten Wert, *Maximum* berechnet den größten Wert und *Summe* gibt die Summe der markierten Zahlen wieder. Die Ergebnisse werden nur angezeigt, wenn mehr als eine Zelle mit numerischen Werten markiert ist.
Uploadstatus	Zeigt den Status eines Uploads an, zum Beispiel beim Transfer der Mappe auf einen SharePoint-Server.
Ansichtssymbole anzeigen	Schaltet die drei Ansichtssymbole am rechten unteren Rand ein oder aus.
Zoomregler	Schaltet den Zoomregler am rechten Rand der Statusleiste ein oder aus.
Zoom	Schaltet den Prozentwert der Zoomstufe ein oder aus.

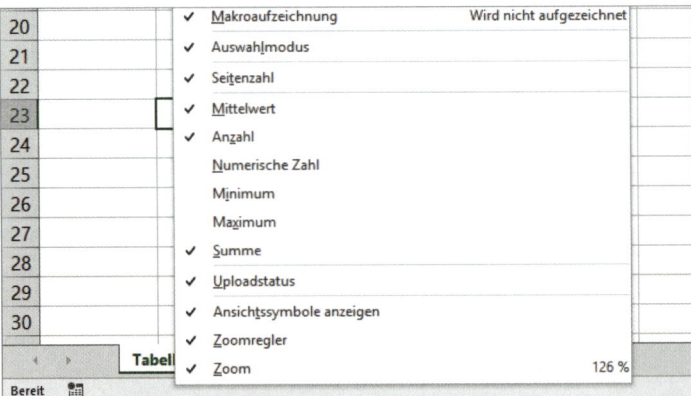

Bild 1.41: Die Optionen der Statusleiste.

1.13.5   Speicherort der Statusleiste

Wo merkt sich Excel die Einstellungen in der Statusleiste? Statusleistenbelegungen werden in der Registry, der Registrierdatenbank von Windows, gespeichert, und zwar unter diesem Schlüssel:

```
HKEY_CURRENT_USER\Software\Microsoft\Office\16.0\Excel\Statusbar
```

Mit *regedit*, dem Editor für die Windows-Registry, können Sie diesen Schlüssel abholen und die DWORD-Werte auf 0 setzen, die nicht aktiv sein sollen, bzw. auf 1 für eine aktive Option.

1.14 Benutzerdefinierte Ansichten

Haben Sie mit viel Aufwand ein Tabellenblatt oder einen Zellbereich formatiert und aufbereitet, können Sie eine benutzerdefinierte Ansicht anlegen und damit den aktuellen Stand speichern. Über ein Dialogfeld erhalten Sie alle Ansichten, und die passende Ansicht ist schnell wieder abgerufen. Benutzerdefinierte Ansichten werden zusammen mit der Arbeitsmappe gespeichert.

1.14.1 Neue Ansicht speichern

Stellen Sie die Ansicht her, die Sie speichern wollen, tragen Sie beispielsweise einen bestimmten Zoomfaktor ein und schalten Sie auf die Seitenumbruchvorschau um.

Wählen Sie auf der Registerkarte *Ansicht Arbeitsmappenansichten/Benutzerdef. Ansichten*. Klicken Sie auf *Hinzufügen* und tragen Sie einen Namen Ihrer Wahl ein.

Kreuzen Sie *Druckeinstellungen* und *Ausgeblendete Zeilen-, Spalten- und Filtereinstellungen* an, wenn Sie diese in die Ansicht mit einbeziehen wollen. Bestätigen Sie mit Klick auf *OK*.

1.14.2 Benutzerdefinierte Ansicht einstellen

Mit der Ansicht *Normal* schalten Sie unter *Ansicht/Arbeitsmappenansichten* zurück auf die Voreinstellung. Um eine gespeicherte Ansicht abzurufen, wählen Sie *Arbeitsmappenansichten/Benutzerdefinierte Ansichten*, markieren den Eintrag und klicken auf *Anzeigen*.

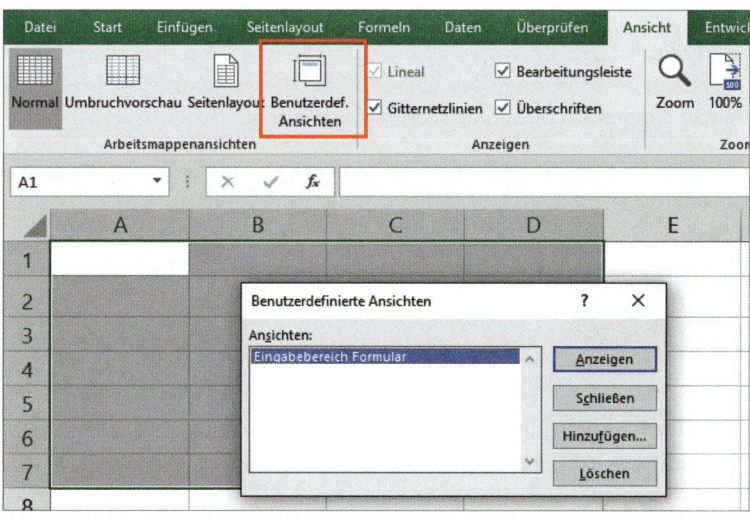

Bild 1.42: Eine benutzerdefinierte Ansicht wird gespeichert und abgerufen.

1.14.3   Benutzerdefinierte Ansichten in der Symbolleiste

Stellen Sie die benutzerdefinierten Ansichten in das Menüband oder in die Symbolleiste für den Schnellzugriff, dann haben Sie sie schneller im Zugriff:

1. Klicken Sie mit der rechten Maustaste in die Symbolleiste für den Schnellzugriff. Wählen Sie *Passen Sie die Symbolleiste für den Schnellzugriff an*.

2. Schalten Sie unter *Befehle auswählen* auf *Alle Befehle* und suchen Sie den Eintrag *Benutzerdefinierte Ansichten*.

3. Klicken Sie auf *Hinzufügen*, um das Symbol in die kleine Symbolleiste zu befördern. Bestätigen Sie mit *OK* und die Liste der benutzerdefinierten Ansichten steht in der Symbolleiste.

4. Unter *Menüband anpassen* können Sie alternativ dazu die benutzerdefinierten Ansichten in ein Register oder eine Registergruppe integrieren.

1.15   Excel beenden

Und wenn es noch so schön ist, irgendwann müssen Sie Excel auch wieder schließen. Vergessen Sie aber nicht, alle Änderungen zu speichern:

Schließen Sie alle aktiven Arbeitsmappen mit *Datei/Schließen*. Sind in der Mappe noch ungespeicherte Inhalte, erscheint eine Sicherungsmeldung.

Bild 1.43: Sicherungsmeldung: Änderungen speichern.

Bestätigen Sie mit Klick auf *Speichern*. Wenn die Mappe bereits gespeichert war, wird sie anschließend geschlossen, ansonsten erscheint der Speicherdialog und fordert Sie auf, der Mappe einen Namen und einen Speicherort zu geben.

Wenn alle Mappen geschlossen sind, bleibt das Programmfenster aktiv, die Symbole im Menüband sind alle inaktiv, Sie können nur das *Datei*-Menü benutzen. Um Excel zu beenden, klicken Sie auf das Schließen-Symbol rechts oben.

Bild 1.44: Excel schließen über das Fenstersymbol.

Natürlich lässt sich das Programmfenster auch mit aktiven Arbeitsmappen schließen. In diesem Fall erscheint für jede einzelne Mappe die Sicherungsmeldung. Bestätigen Sie die letzte Meldung positiv, wird Excel beendet. Klicken Sie in einer Meldung auf *Abbrechen*, bleibt die Mappe aktiv und das Programmfenster offen.

Kapitel 2

2. Mit Tabellenblättern arbeiten

Das Tabellenblatt ist die Basis der Tabellenkalkulation, jede Arbeitsmappe enthält mindestens eines. Früher konnte man in Excel locker von Tabellen sprechen, wenn von der digitalen, in Zellen, Zeilen und Spalten unterteilten Fläche die Rede war. Seit es aber die Tabelle als Sonderform der Liste gibt, unterscheiden wir strikt:

- **Tabellen** sind Listen, die als Tabellen ausgewiesen sind und damit spezielle Techniken wie dynamische Größe und strukturierte Verweise ermöglichen (siehe Kapitel 5).

- **Tabellenblätter** sind die Tabellen, die in Arbeitsmappen zur Verfügung stehen.

In früheren Versionen, exakt bis zur Excel-Version 4.0, enthielt eine Mappe nur ein Tabellenblatt, daher auch die Dateiendung *.xls* bzw. *.xlsx* (Excel Spreadsheet). Ab Excel 5.0 kann eine Arbeitsmappe unbegrenzt viele Tabellenblätter enthalten, die Anzahl ist nur vom verfügbaren Speicherplatz begrenzt. Tabellenblätter lassen sich auch wieder löschen, eines muss aber mindestens in der Mappe stehen bleiben.

2.1   Tabellenblätter in neuen Mappen

Wird eine neue Arbeitsmappe angelegt, enthält diese zunächst eine Anzahl leerer Tabellenblätter. Wie viele genau, steht unter *Datei/Optionen/Allgemein*. Brauchen Sie mehr Tabellenblätter in neuen Mappen, erhöhen Sie hier den Wert.

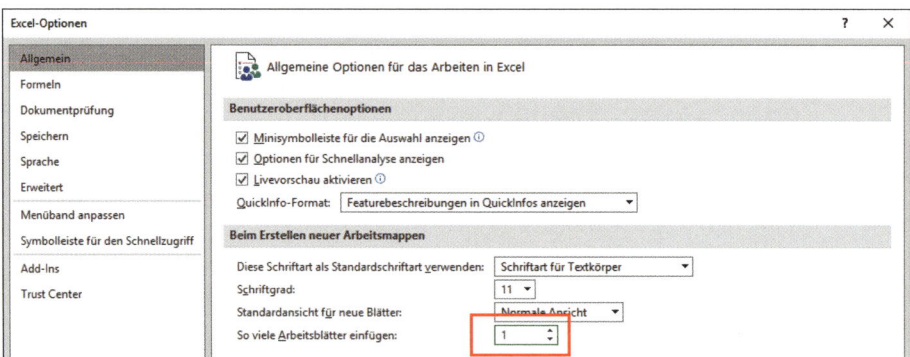

Bild 2.1: So viele Blätter erhält die neue Arbeitsmappe.

2.2   Zellen, Zeilen, Spalten

Ein Tabellenblatt besteht aus Zeilen und Spalten, genauer gesagt 1.048.576 Zeilen und 16.384 Spalten. Der Schnittpunkt zwischen Zeile und Spalte heißt Zelle. Starten Sie eine kleine Reise zu den Grenzen des Tabellenblatts:

Drücken und halten Sie die (Strg)-Taste und drücken Sie nacheinander die Cursortasten nach unten, nach rechts, nach oben und nach links. Damit bewegen Sie den Zellzeiger im leeren Tabellenblatt an die Grenzen:

- Letzte Zeile, Spalte A: A1048576

- Letzte Zeile, letzte Spalte: XFD1048575

- Erste Zeile, letzte Spalte: XFD1

- Erste Zeile, erste Spalte: A1

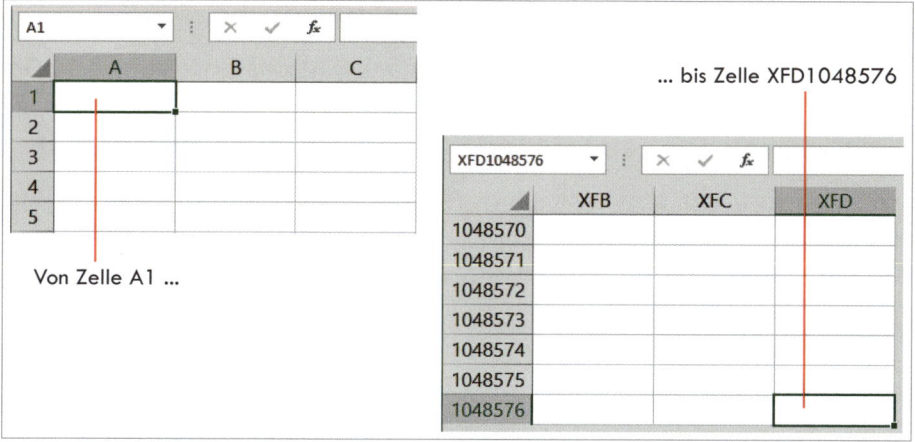

Bild 2.2: Die Dimension eines Tabellenblatts.

Wenn Sie sich fragen, warum Tabellenblätter genau diese Dimensionen haben: Zeilen und Spalten werden immer in Zweierpotenzen beziffert:

Excel 2003: 65.536 Zeilen (= 2^{16}), 256 Spalten (= 2^{8})

Ab Excel 2007: 1.048.576 Zeilen (= 2^{20}), 16.384 Spalten (= 2^{14})

2.2.1 Die Fensterelemente des Tabellenblatts

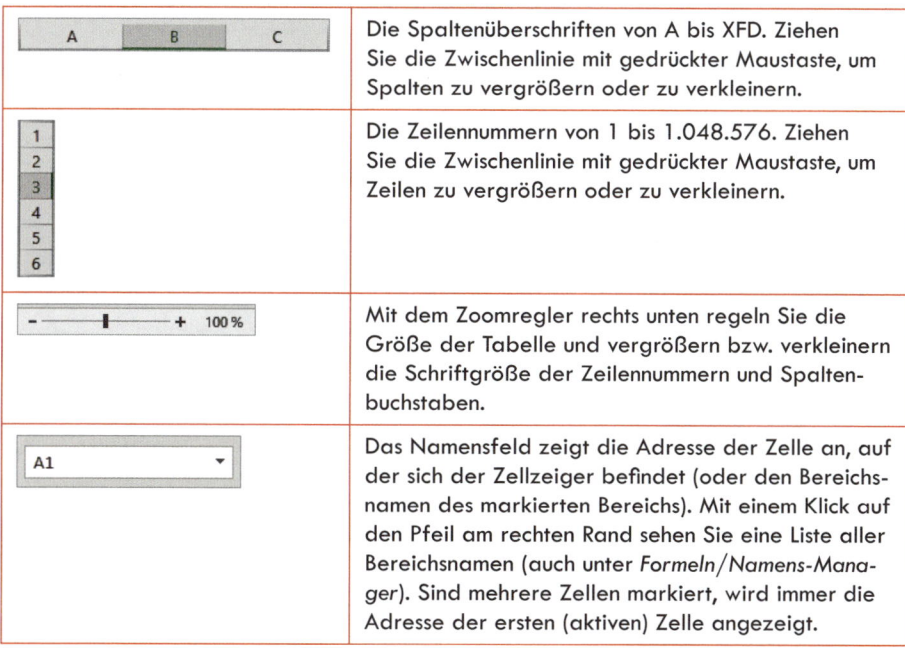

	Die Spaltenüberschriften von A bis XFD. Ziehen Sie die Zwischenlinie mit gedrückter Maustaste, um Spalten zu vergrößern oder zu verkleinern.
	Die Zeilennummern von 1 bis 1.048.576. Ziehen Sie die Zwischenlinie mit gedrückter Maustaste, um Zeilen zu vergrößern oder zu verkleinern.
	Mit dem Zoomregler rechts unten regeln Sie die Größe der Tabelle und vergrößern bzw. verkleinern die Schriftgröße der Zeilennummern und Spaltenbuchstaben.
	Das Namensfeld zeigt die Adresse der Zelle an, auf der sich der Zellzeiger befindet (oder den Bereichsnamen des markierten Bereichs). Mit einem Klick auf den Pfeil am rechten Rand sehen Sie eine Liste aller Bereichsnamen (auch unter *Formeln/Namens-Manager*). Sind mehrere Zellen markiert, wird immer die Adresse der ersten (aktiven) Zelle angezeigt.

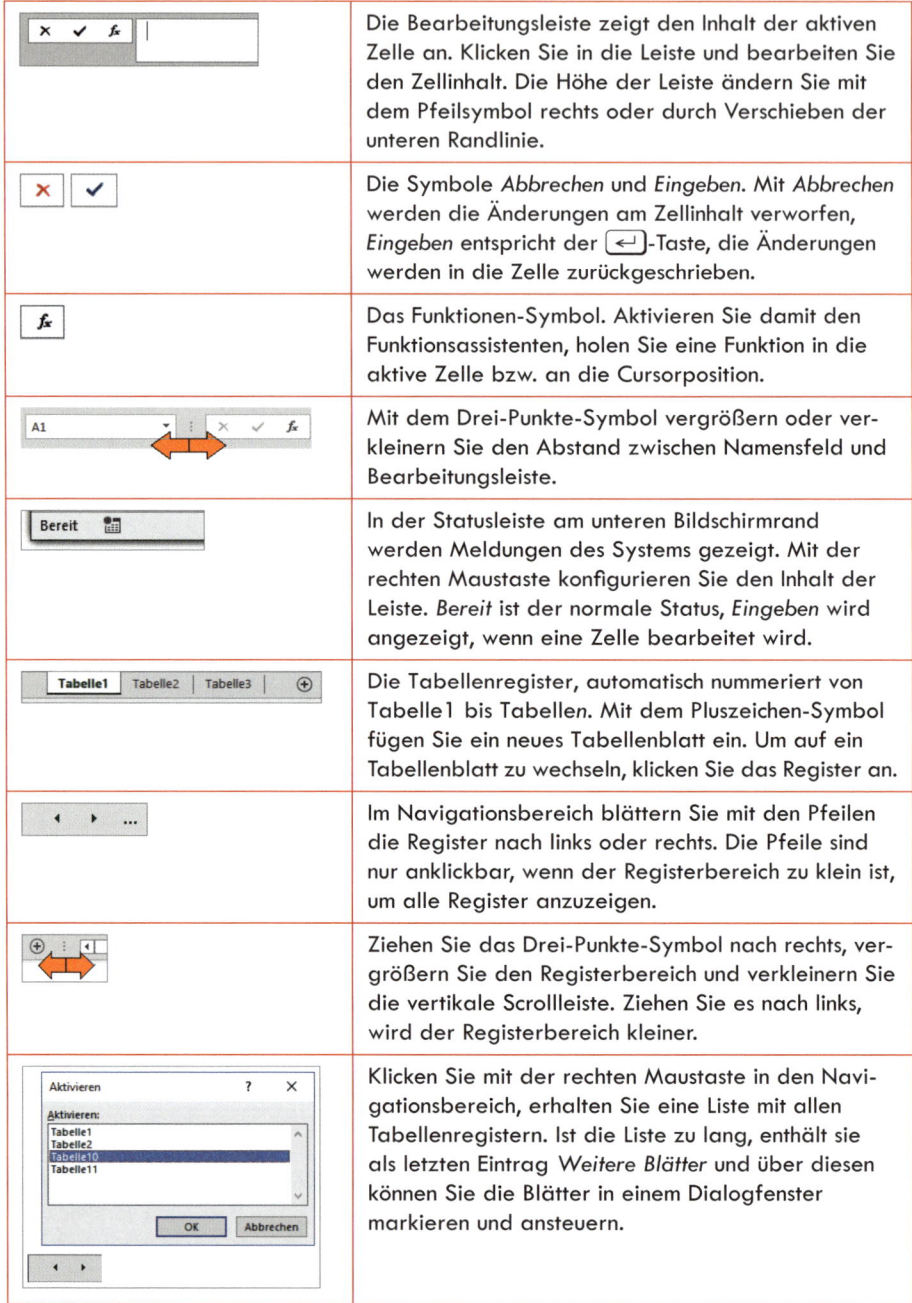

✗ ✓ *fx*	Die Bearbeitungsleiste zeigt den Inhalt der aktiven Zelle an. Klicken Sie in die Leiste und bearbeiten Sie den Zellinhalt. Die Höhe der Leiste ändern Sie mit dem Pfeilsymbol rechts oder durch Verschieben der unteren Randlinie.
✗ ✓	Die Symbole *Abbrechen* und *Eingeben*. Mit *Abbrechen* werden die Änderungen am Zellinhalt verworfen, *Eingeben* entspricht der ⏎-Taste, die Änderungen werden in die Zelle zurückgeschrieben.
fx	Das Funktionen-Symbol. Aktivieren Sie damit den Funktionsassistenten, holen Sie eine Funktion in die aktive Zelle bzw. an die Cursorposition.
A1 ▼ ⋮ ✗ ✓ *fx*	Mit dem Drei-Punkte-Symbol vergrößern oder verkleinern Sie den Abstand zwischen Namensfeld und Bearbeitungsleiste.
Bereit 📇	In der Statusleiste am unteren Bildschirmrand werden Meldungen des Systems gezeigt. Mit der rechten Maustaste konfigurieren Sie den Inhalt der Leiste. *Bereit* ist der normale Status, *Eingeben* wird angezeigt, wenn eine Zelle bearbeitet wird.
Tabelle1 Tabelle2 Tabelle3 ⊕	Die Tabellenregister, automatisch nummeriert von Tabelle1 bis Tabelle*n*. Mit dem Pluszeichen-Symbol fügen Sie ein neues Tabellenblatt ein. Um auf ein Tabellenblatt zu wechseln, klicken Sie das Register an.
◀ ▶ …	Im Navigationsbereich blättern Sie mit den Pfeilen die Register nach links oder rechts. Die Pfeile sind nur anklickbar, wenn der Registerbereich zu klein ist, um alle Register anzuzeigen.
⊕ ⋮ ◀	Ziehen Sie das Drei-Punkte-Symbol nach rechts, vergrößern Sie den Registerbereich und verkleinern Sie die vertikale Scrollleiste. Ziehen Sie es nach links, wird der Registerbereich kleiner.
Aktivieren ? ✗ / Aktivieren: / Tabelle1 Tabelle2 Tabelle10 Tabelle11 / OK Abbrechen / ◀ ▶	Klicken Sie mit der rechten Maustaste in den Navigationsbereich, erhalten Sie eine Liste mit allen Tabellenregistern. Ist die Liste zu lang, enthält sie als letzten Eintrag *Weitere Blätter* und über diesen können Sie die Blätter in einem Dialogfenster markieren und ansteuern.

2.2.2   Mit Tabellenblättern arbeiten

Tabellenblätter werden über die Tabellenregister verwaltet. Steuern Sie diese mit dem Mauszeiger und dem Kontextmenü, das per Klick mit der rechten Maustaste aktiviert wird.

Neues Tabellenblatt anlegen

Klicken Sie auf das Pluszeichen in der Registerleiste, um ein neues Tabellenblatt einzufügen.

Wählen Sie im Kontextmenü *Einfügen*, stehen alle Typen von Tabellenblättern zur Auswahl, Sie können wählen zwischen *Tabellenblatt, Diagrammblatt, Excel 4.0-Makrovorlage* (altes, nicht mehr gebrauchtes Format), *Excel 5.0-Dialog* (altes, nicht mehr gebrauchtes Dialogblatt) und einigen Vorlagen. Wenn Sie eine andere Vorlage verwenden wollen, klicken Sie auf *Vorlagen auf Office.com.*

Tabellenblatt umbenennen

Neue Tabellenblätter erhalten immer die nächste freie Nummer (Tabelle1, Tabelle2 …). Wird ein Tabellenblatt gelöscht, wird die freie Nummer nicht mehr besetzt. Um ein Tabellenblatt umzubenennen, klicken Sie es doppelt an oder wählen im Kontextmenü *Umbenennen.* Geben Sie die neue Bezeichnung ein und drücken Sie zum Abschluss ⏎.

Der Tabellenname darf zwar sehr lang sein, genau 31 Zeichen, aber nicht alle Zeichen enthalten, die auf der Tastatur erzeugt werden können. Welche Zeichen nicht erlaubt sind, ist leicht festzustellen – Excel nimmt sie einfach nicht an. Diese Zeichen sind zum Beispiel nicht im Tabellenregister erlaubt:

/ \ ? : * [ ]

Tabellenblatt verschieben oder kopieren

Am einfachsten geht es mit dem Mauszeiger: Halten Sie die Maustaste gedrückt und ziehen Sie das Register an eine neue Position. Drücken Sie dabei noch die Strg-Taste, erhalten Sie eine Kopie des Tabellenblatts. Achten Sie auf das kleine schwarze Dreieck oben am Register, es signalisiert die Einfügeposition. Zeigt der Mauszeiger ein Pluszeichen im Blatt, wird eine Kopie daraus (Maustaste zuerst loslassen).

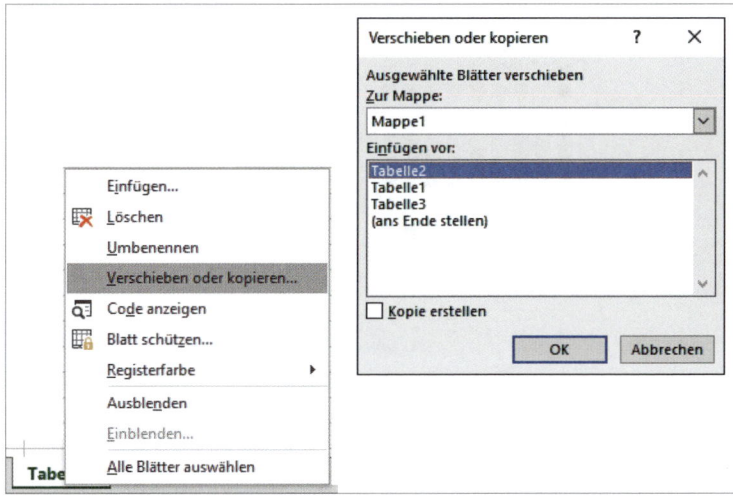

Bild 2.3: Tabellenregister einfügen oder verschieben mit Mauszeiger …

Mit *Verschieben* oder *Kopieren* im Kontextmenü lässt sich das Ziel markieren, die Option *Kopie erstellen* links unten dupliziert das Tabellenblatt.

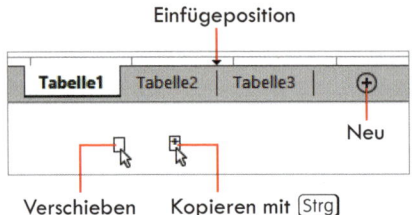

Bild 2.4: ... oder per Dialog.

Die Registerfarbe

Für das Register stehen zur besseren Unterscheidung Farben zur Auswahl. Weisen Sie eine davon mit *Start/Zellen/Format/Registerfarbe* oder über das Kontextmenü zu, das mit der rechten Maustaste auf dem Register aktiviert wird.

Die Farbauswahl gliedert sich in Designfarben und Standardfarben. Das Design (*Seitenlayout/Designs*) entscheidet über die Farben der ersten Kategorie, in der zweiten finden Sie zehn einfache RGB-Farben. Mit *Weitere Farben* können Sie eine Farbpalette einblenden, in der die Farbe aus einem Hexagon mit 255 Farben und 16 Grautönen gewählt oder im Register *Benutzerdefiniert* selbst zusammengestellt werden kann. Hier stehen zwei Farbmodelle, RGB (**R**ot, **G**rün, **B**lau) und HSL (**H**ue, **S**aturation, **L**uminance = Helligkeit, Sättigung, Intensität), zur Auswahl. Mit der Eingabe von 0 bis 255 für jeden Wert stehen über 65.000 RGB-Farben und 16,5 Millionen HSL-Farben zur Auswahl.

Um eine Registerfarbe zu löschen, klicken Sie das Register mit der rechten Maustaste an und wählen *Registerfarbe/Keine Farbe*.

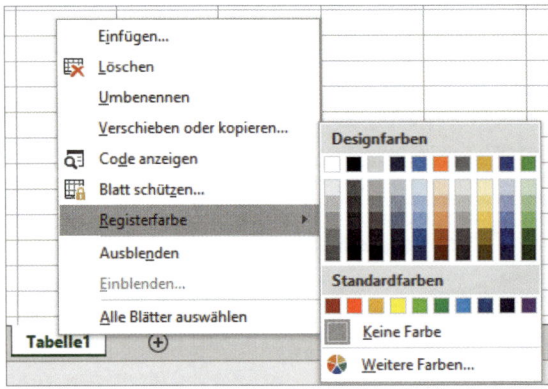

Bild 2.5: Registerfarbe zuweisen.

Tabellenblätter ein- und ausblenden

Diese Aktion finden Sie unter *Start/Zellen/Format* oder im Kontextmenü des Registers. Wählen Sie *Ausblenden* und das Blatt ist unsichtbar. Es verbleibt damit zwar in der Mappe, wird aber nicht mehr angezeigt. Wenn mindestens ein Blatt ausgeblendet ist, bietet *Start/Zellen/Format/Sichtbarkeit* oder das Kontextmenü eines beliebigen Registers *Einblenden* an und damit wird ein Dialogfenster mit allen ausgeblendeten Blättern angezeigt. Klicken Sie einzelne Blätter an und holen Sie sie mit *OK* wieder zurück ins Tabellenleben.

Tabellenblatt löschen

Im Unterschied zu Aktionen im Tabellenblatt, die mit der gleichnamigen Funktion rückgängig zu machen sind, lässt sich die Löschung eines Tabellenblatts nicht mehr ungeschehen machen. Deshalb erscheint vor dem Löschvorgang ein Sicherheitshinweis, aber nur, wenn das Tabellenblatt geändert wurde. Leere, unbehandelte Blätter werden ohne Rückfrage gelöscht. Enthält die Mappe nur ein Tabellenblatt, erscheint ebenfalls ein Hinweis, dass dieses nicht gelöscht werden kann.

Wählen Sie *Start/Zellen/Löschen/Blatt löschen* oder klicken Sie mit der rechten Maustaste auf das Register und wählen Sie im Kontextmenü *Löschen*. Bestätigen Sie die Sicherungsmeldung mit Klick auf *Ja* und das Blatt ist gelöscht.

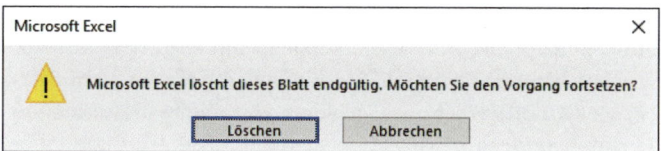

Bild 2.6: Sicherheitshinweis: Tabellenblatt wird endgültig gelöscht.

Tabellenblattgruppen bilden

Um mehrere Tabellenblätter gleichzeitig zu bearbeiten und beispielsweise in zwei oder mehr Tabellen eine Überschrift zu formatieren oder eine Formel einzutragen, benutzen Sie den Gruppenmodus:

1. Markieren Sie die erste Tabelle der gewünschten Gruppe per Klick auf das Tabellenregister.

2. Halten Sie die ⇧-Taste gedrückt und markieren Sie das letzte Register, das zur Gruppe gehört. Alle Register dazwischen werden automatisch mitmarkiert.

3. Um gezielt einzelne, auch nicht direkt aufeinanderfolgende Tabellenregister in die Gruppe aufzunehmen, halten Sie die Strg-Taste gedrückt. Jetzt können Sie beliebige Register markieren.

Ist eine Gruppe gebildet, zeigt die Titelleiste den Hinweis *Mappenname [Gruppe]* an. Um die Gruppe aufzulösen, klicken Sie auf ein nicht markiertes Register, ohne dabei eine Taste zu drücken. Sind alle Register zur Gruppe zusammengefasst, markieren Sie ein nicht aktives Tabellenblatt.

Wenn eine Tabellenblattgruppe besteht, werden alle Änderungen, die in einem der Gruppenmitglieder gemacht werden, auf alle anderen angewandt. Achten Sie aber darauf, dass mit der Gruppe nicht mehr alle Symbole im Menüband funktionieren. Das Register *Daten* zum Beispiel ist fast vollständig deaktiviert, wenn mehr als ein Tabellenblatt markiert ist, Blattschutz und Formelüberwachung funktionieren ebenfalls nicht in der Gruppe, und Diagramme lassen sich auch nicht produzieren.

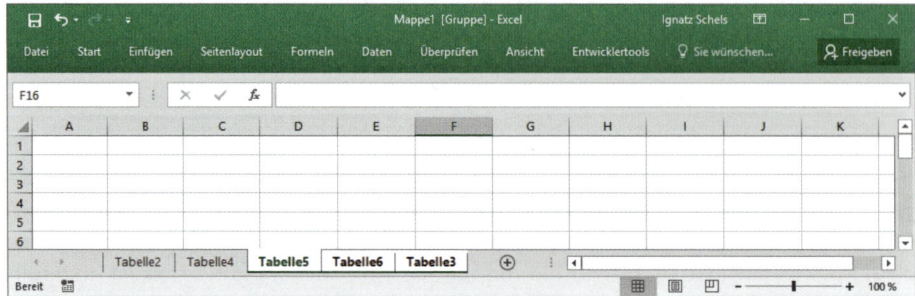

Bild 2.7: Tabelle5, Tabelle6 und Tabelle3 bilden hier eine Gruppe.

2.3   Markieren und Navigieren

Wer mit Excel arbeitet, verwendet grundsätzlich Maus und Tastatur gleichzeitig. Wird Excel auf einem Tablet oder Smartphone betrieben, kommen die Fingerbewegungen und die Stifteingabe hinzu. In welchem Verhältnis die einzelnen Eingabe- und Bearbeitungswerkzeuge stehen, bleibt der Vorliebe des Nutzers vorbehalten. Manche verwenden für fast alles die Maus, andere bevorzugen schnelle Tastenkombinationen. Grundsätzlich sollten Sie Folgendes beachten:

- Mit den Cursortasten und Tastenkombinationen bewegen Sie sich am schnellsten im Tabellenblatt. Vermeiden Sie alte und überflüssige Werkzeuge wie Rollbalken und Zoomregler. Rollen Sie nur mit dem Rollrad der Maus oder mit Cursortasten.

- Ziehen Sie mit der Maus keine Bereiche auf, die über den Bildschirm hinausragen. Um Listen und Bereiche, Zeilen oder Spalten zu markieren, gibt es wieder gute Tastenkombinationen.

2.3.1   Standardmarkierung

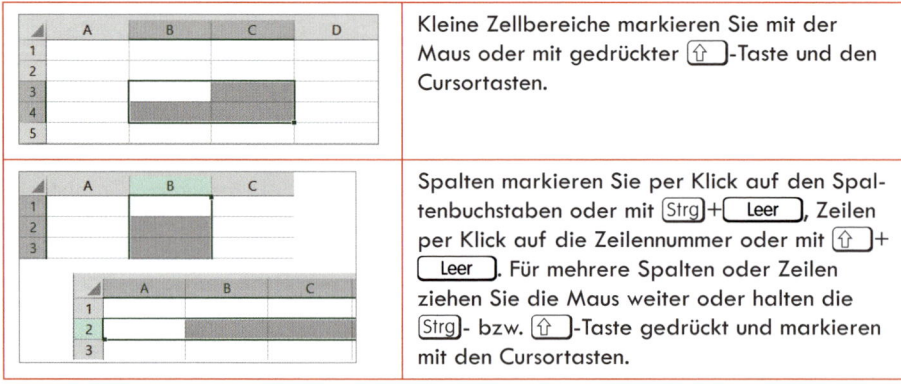

Kleine Zellbereiche markieren Sie mit der Maus oder mit gedrückter ⇧-Taste und den Cursortasten.

Spalten markieren Sie per Klick auf den Spaltenbuchstaben oder mit Strg + Leer, Zeilen per Klick auf die Zeilennummer oder mit ⇧ + Leer. Für mehrere Spalten oder Zeilen ziehen Sie die Maus weiter oder halten die Strg- bzw. ⇧-Taste gedrückt und markieren mit den Cursortasten.

	Ein Klick auf das Kästchen links oben markiert das gesamte Tabellenblatt.
	Um Listen zu markieren, setzen Sie den Zellzeiger in eine beliebige Zelle und drücken Strg+⇧+*. Mit Strg+⇧+Ende markieren Sie bis zur letzten benutzten Zelle im Tabellenblatt.
	Teile der Liste markieren Sie mit Strg+⇧+ Cursortaste (links, rechts, oben oder unten). Sie können auch mit der Maustaste einen Doppelklick auf den Rand der markierten Zelle machen, um an das Ende der Liste zu gelangen.
	Für Mehrfachbereiche markieren Sie zuerst einen Bereich, drücken und halten die Strg-Taste und markieren alle weiteren Bereiche.
	Die Rollbalken am rechten und unteren Rand können Sie per Klick auf die Pfeilsymbole oder durch Ziehen der »Schwimmer« bedienen.

2.3.2 Gehe zu

In großen Tabellenbereichen wird das Markieren oder Navigieren oft zum Geduldsspiel. Machen Sie sich das Leben leichter mit *Gehe zu*:

1. Wählen Sie *Start/Bearbeiten/Suchen* und *Auswählen/Gehe zu* oder drücken Sie einfach die Funktionstaste F5.

2. Tragen Sie die gewünschte Zelladresse ein, klicken Sie auf *OK* oder drücken Sie ↵.

Drücken Sie noch die ⇧-Taste, bevor Sie auf OK klicken, wird der gesamte Bereich von der aktiven Zelle bis zum eingegebenen Bezug markiert. Die Liste unter *Gehe zu* speichert die letzten angesprungenen Adressen und präsentiert diese am oberen Ende der Liste; der zuletzt angesteuerte Bezug steht ganz oben. So finden Sie schnell die zuvor bearbeiteten Bereiche wieder.

Inhalte

Klicken Sie auf diese Schaltfläche, wenn Sie unter *Gehe zu* ganz bestimmte Inhalte ansteuern wollen:

Kommentare: Mit dieser Option werden alle Felder markiert, die Kommentare enthalten (mit *Einfügen/Kommentar* generiert).

Konstanten und *Formeln:* Konstanten sind feste, nicht berechnete Zellinhalte. Wenn Sie nur *Text, Zahlen, Wahrheitswerte* oder *Fehler* ankreuzen, sind anschließend alle Felder mit diesen Inhalten markiert. *Formeln* sorgt dafür, dass nur Zellen mit Formeln markiert werden.

Leerzellen: Alle leeren Zellen in der Tabelle oder im markierten Bereich werden markiert.

Aktueller Bereich: Die Markierung umfasst den gesamten Bereich, der rund um die aktive Zelle bearbeitet (beschrieben) wurde.

Aktuelles Array: Die Markierung umfasst die gesamte Matrix, zu der die aktive Zelle gehört. Dazu muss die Zelle eine Matrixformel enthalten.

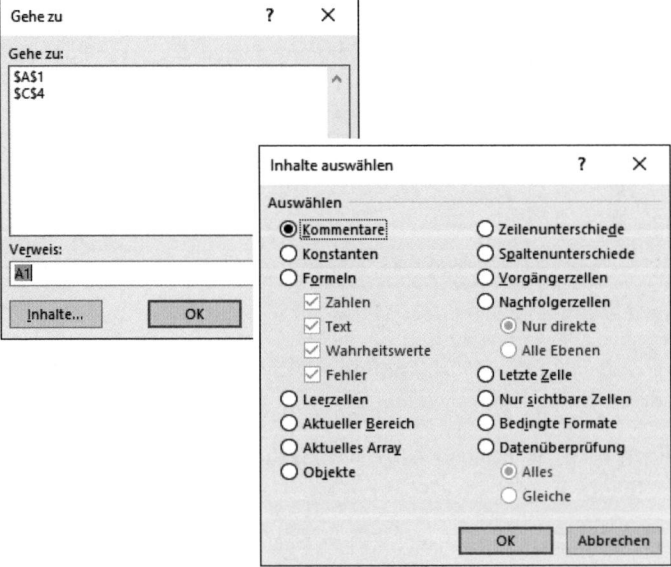

Bild 2.8: Gezielt markieren mit »Gehe zu«.

Objekte: Es werden nur Objekte auf dem Tabellenblatt (Zeichnungen, eingefügte Grafiken, Diagramme) markiert.

Zeilenunterschiede/Spaltenunterschiede: Markiert werden die Zellen, die einen anderen Inhalt als die Zelle haben, die in der gleichen Zeile/Spalte wie die aktive Zelle steht.

Vorgängerzellen/Nachfolgerzellen: Markiert werden alle Zellen, die von den markierten Formeln einbezogen werden.

Letzte Zelle: Damit positionieren Sie den Cursor in der rechten unteren Ecke des Bereichs, der bearbeitet wurde.

Nur sichtbare Zellen: Markiert Zellen innerhalb des markierten Bereichs, die sichtbar sind, d. h. nicht über Gliederungsfunktionen oder auf 0 reduzierte Zeilen- und Spaltenbreiten versteckt wurden.

Bedingte Formate: Damit werden alle Zellen markiert, die mit *Format/Bedingte Formatierung* bearbeitet wurden.

Datenüberprüfung: Mit dieser Option werden alle Zellen markiert, die mit *Daten/Datentools/Datenüberprüfung* behandelt wurden. Die Optionen regeln die Details, *Alles* markiert alle Zellen, die eine solche Formatierung haben, *Gleiche* nur die, in denen die gleiche Datenüberprüfung vorkommt wie in der aktiven Zelle.

2.4   Texte und Zahlen erfassen

Das Tabellenblatt ist in seiner Vielseitigkeit unübertroffen, kann aber auch verwirrende Resultate hervorbringen. Wer die Regeln von Text und Zahl, Zellenformat und Zahlenformat nicht kennt, wird schon mal nicht erwünschte Ergebnisse erhalten. Grundsätzlich gilt:

- Eine Zelle kann Text oder Zahl enthalten.
- Die Zelle kann formatiert werden mit Schrift, Schriftgröße, Muster, Farben, Rahmen u. a.
- Eingetippter Text wird linksbündig gesetzt, sofern die Zelle nicht anders formatiert ist. Ist die Zelle neben dem Text leer, wird der Text auf dieser weiter angezeigt, wenn er über die Zelle hinausragt.
- Zahlen, die eingetippt oder über Formeln berechnet werden, stehen immer rechts. Für die Darstellung der Zahl ist das Zahlenformat zuständig, es wandelt Zahlen in Datumswerte um, falls diese als solche interpretierbar sind.
- Um mit dem Zellinhalt rechnen zu können, muss dieser numerisch sein, das heißt, er darf keinen Text enthalten (Ausnahme: Textverknüpfungen).
- Um eine Zahl als Text zu interpretieren, stellen Sie ihr einen Apostroph (') voran oder formatieren die Zelle mit dem Zahlenformat *Text*.

2.4.1 Die Bearbeitungsleiste

In dieser Leiste sehen Sie den Inhalt der aktiven Zelle, hier kann er alternativ zur direkten Bearbeitung in der Zelle bearbeitet werden. Wenn die Bearbeitungsleiste nicht sichtbar ist, schalten Sie unter *Datei/Optionen*, Kategorie *Erweitert/Anzeige* die Option *Bearbeitungsleiste anzeigen* ein. Die Höhe der Leiste lässt sich ebenso verstellen wie die Breite.

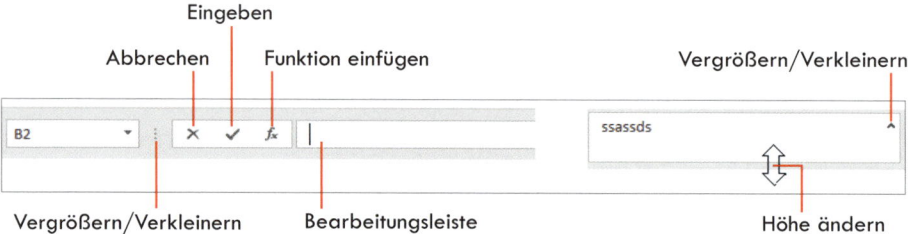

Bild 2.9: Die Bearbeitungsleiste mit ihren Symbolen.

Mit der Zeit werden Sie in der Bearbeitungsleiste auch komplexe Formeln konstruieren, deshalb sollten Sie sich gleich die richtigen Techniken angewöhnen: Sie können mit der Bearbeitungsleiste ähnlich wie in Ihrem Textprogramm arbeiten. Setzen Sie den Cursor (die Schreibmarke) in die Leiste. Drücken Sie → und ←, um den Cursor im Zellinhalt zu verschieben. Schreiben Sie einzufügenden Text oder die Formel an der Cursorposition. Arbeiten Sie mit diesen Tastenkombinationen:

Einfg	Aktiviert oder deaktiviert den Überschreiben-Modus
Strg und Cursortasten	Cursor wortweise bewegen
Pos 1	Cursor zum Zeilenanfang
Ende	Cursor zum Zeilenende
Strg + Pos 1	Cursor zum Textanfang
Strg + Ende	Cursor zum Textende
Entf	Zeichen löschen
Strg + Entf	Bis zum Textende löschen
Esc	Bricht die Bearbeitung ab, alle Änderungen werden verworfen
↵	Schließt die Eingabe oder Änderung ab

2.4.2 Zellzeiger und Füllkästchen

Der Zellzeiger steht auf der aktiven Zelle. Auch bei mehreren markierten Zellen ist immer eine Zelle (die zuerst markierte) die aktive Zelle, und deren Zelladresse steht auch immer im Namensfeld.

Der Zellzeiger springt nach der Eingabe auf die nächste Zeile in der gleichen Spalte. Wollen Sie diese Richtung ändern, gehen Sie so vor:

1. Wählen Sie *Datei/Optionen/Erweitert*.

2. Die Option *Markierung nach Drücken der Eingabetaste verschieben* ist markiert, geben Sie die passende Richtung ein. Deaktivieren Sie die Option, bleibt der Zellzeiger nach der Eingabe stehen.

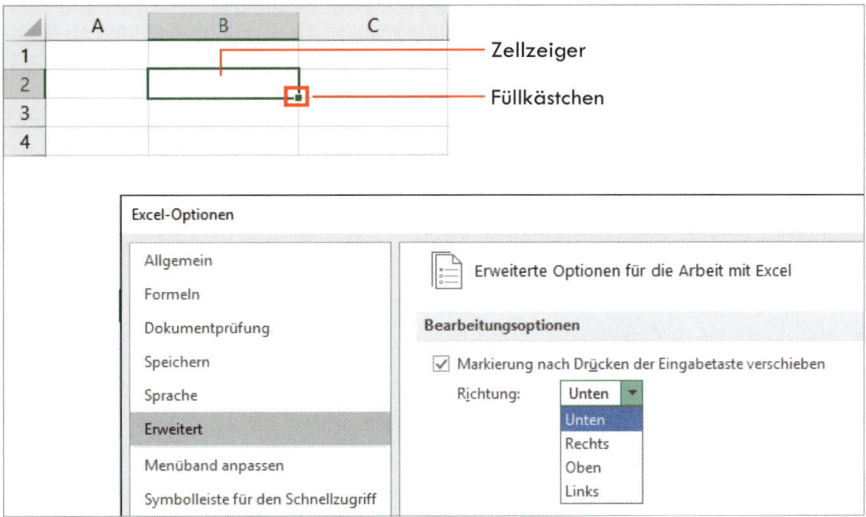

Bild 2.10: *Der Zellzeiger kann seine Richtung ändern.*

2.4.3 Füllkästchen am Zellzeiger

Mit dem kleinen schwarzen Kästchen rechts unten am Zellzeiger ziehen Sie eine Füllreihe auf. Schreiben Sie einen Begriff oder eine Formel in eine Zelle, markieren Sie diesen wieder und ziehen Sie das Füllkästchen nach unten, nach rechts oder (seltener) nach oben oder nach links.

Formeln werden damit kopiert, relative Bezüge werden automatisch angepasst. Zahlen kann das Füllkästchen in Zahlenreihen verwandeln, wenn ein Inkrement erkennbar ist (z. B. bei Datumswerten). Bei Texten erkennt das Füllkästchen einzelne Füllreihen, weitere Füllreihen können benutzerdefiniert unter *Datei/Optionen* erfasst werden (siehe nachfolgenden Abschnitt »Fülltechniken«).

2.4.4 Fülltechniken

Um den Inhalt einer Zelle auf mehrere Zellen zu verteilen, können Sie einen Menübefehl anwenden:

■ Schreiben Sie eine Zahl in die erste Zelle der Tabelle. Markieren Sie eine Zelle und ziehen Sie die Markierung (nicht das Füllkästchen) über alle weiteren Zellen, in die Sie den Inhalt der ersten Zelle kopieren wollen.

■ Wählen Sie *Start/Bearbeiten/Füllbereich* und die gewünschte Füllrichtung (*Unten, Oben, Rechts, Links*), um den Inhalt der Zelle auf die übrigen Zeilen der Spalte zu verteilen.

- Die Option *Reihe* führt zu einer Dialogbox, in der Sie sich für eine Fülloperation entscheiden können.

- *Blocksatz* fasst mehrere Textstellen in einer Zelle zusammen. Markieren Sie dazu alle Zellen und einen möglichst großen zusätzlichen Zellbereich.

- Der Zellzeiger zeigt in der rechten unteren Ecke einen kleinen schwarzen Markierungspunkt, der eine nicht unwesentliche Aufgabe hat: Ziehen Sie diesen Punkt mit gedrückter Maustaste, wird der Inhalt der Zelle auf die anvisierten Zellen verteilt.

- Markieren Sie eine beschriebene Zelle im Arbeitsblatt. Die Zelle kann einen Text, eine Zahl, eine Formel oder eine Funktion enthalten.

- Zeigen Sie auf das Ausfüllkästchen am unteren rechten Rand des Zellzeigers. Der Mauszeiger verwandelt sich in ein Koordinatenkreuz.

- Ziehen Sie das Kästchen mit gedrückter Maustaste in eine beliebige Richtung und erweitern Sie so die Auswahl. Wenn Sie die Maustaste loslassen, werden alle markierten Zellen mit dem Inhalt der aktiven Zelle gefüllt.

- Eine Optionen-Schaltfläche am unteren Ende der letzten Zelle bietet noch ein Menü an, in dem Sie die Füllung noch abändern können.

- Ziehen Sie das Füllkästchen mit der Markierung wieder nach oben, löschen Sie die automatisch erzeugten Zellinhalte.

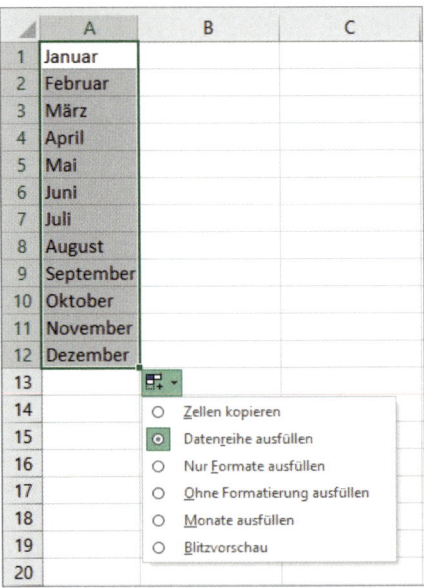

Bild 2.11: Füllung mit dem Füllkästchen.

AutoAusfüllen erkennt am Inhalt der Zelle, ob die numerische Reihe berechenbar ist. Wenn Sie ein bestimmtes Inkrement brauchen, tragen Sie die ersten Werte ein, markieren diese und ziehen das Füllkästchen mit gedrückter Maustaste nach unten bzw. in die Füllrichtung. Hier einige Beispiele für Füllreihen, die von *AutoAusfüllen* erzeugt werden:

Anfangswert(e)	AutoAusfüllen-Reihe
120	120, 120, 120
120 125	130, 135, 140, 145 …
08:30	09:30, 10:30, 11:30, 12:30 …
08:30 08:45	09:00, 09:15, 09:30, 09:45 …
12:00	13:00, 14:00, 15:00 …
12:00 14:00	16:00, 18:00, 20:00 …

Anfangswert(e)	AutoAusfüllen-Reihe
Montag	Dienstag, Mittwoch, Donnerstag, Freitag, Samstag, Sonntag, Montag …
Januar	Februar, März, April, … Dezember, Januar …
Januar 04	Februar 04, März 04, April 04, … Dezember 04
1. Quartal	2. Quartal, 3. Quartal, 4. Quartal, 1. Quartal

Füllreihen werden auch aus Text/Zahl-Kombinationen generiert. Probieren Sie diese Beispiele:

Anwendung	Startwert	Reihe
Kundennummern	AB-100-01	AB-100-02, AB-100-03 …
Artikel	Schraube 3,5	Schraube 3,6, Schraube 3,7 …
Telefonnummern	Durchwahl -347	Durchwahl -348, Durchwahl -349 …
Aufzählungen	1. Sortiment	2. Sortiment, 3. Sortiment …

Mit der [Strg]-Taste lässt sich das Füllkästchen überlisten: Halten Sie [Strg] gedrückt und ziehen Sie das Füllkästchen mit gedrückter Maustaste nach unten, kehrt sich die Füllung um, das heißt, erkennbare Füllreihen werden kopiert, einzelne Zahlen werden in Füllreihen verwandelt, auch wenn sie kein Inkrement anbieten.

2.4.5 Füllreihen, Trend- und Prognosereihen

AutoAusfüllen erzeugt auf einfachste Weise linear oder exponentiell steigende Trendreihen. Sie können wahlweise das Ausfüllkästchen oder die Menüoption dafür verwenden. In der arithmetischen Reihe, die nur mit echten Zahlenwerten funktioniert, bildet der Inkrementwert die Spanne; der Wert wird auf das jeweils nächste Feld aufaddiert. In der geometrischen Reihe ist dieser Wert als Zählfaktor zu sehen, jedes Feld enthält dabei das Ergebnis aus der Addition des Vorgängerwertes mit dem unter *Inkrement* festgelegten Faktor.

Um eine Datumsreihe bilden zu können, muss Excel ein Datum in der ersten Zelle vorfinden. Geben Sie für diesen Reihentyp unter *Zeiteinheit* die gewünschte Inkrementspanne an. Für alle anderen Reihentypen ist diese Sektion nicht aktivierbar.

Mit Ausfüllkästchen

Geben Sie die ersten drei Werte der gewünschten Trendreihe ein und markieren Sie die drei Zellen.

Um eine normale Trendreihe zu erstellen, genügt es, das Ausfüllkästchen auf weitere Zellen zu ziehen.

Für eine linear oder progressiv steigende Trendreihe ziehen Sie das Füllkästchen statt mit der linken mit der rechten Maustaste nach unten. Sobald Sie die Taste an der letzten auszufüllenden Zelle loslassen, erscheint ein Kontextmenü und Sie können die Trendart bestimmen. Wählen Sie *Linearer Trend* oder *Exponentieller Trend*.

	A	B	C	D	E
1	220				
2	230				
3	250				
4	280				
5	300				
6					
7					
8					
9					
10					
11		445			
12					
13		Zellen kopieren			
14		Datenreihe ausfüllen			
15		Nur Formate ausfüllen			
16		Ohne Formatierung ausfüllen			
17		Tage ausfüllen			
18		Wochentage ausfüllen			
19		Monate ausfüllen			
20		Jahre ausfüllen			
21		Linearer Trend			
22		Exponentieller Trend			
23		Blitzvorschau			
24		Reihe...			
25					

Bild 2.12: Mit Füllkästchen und der rechten Maustaste Trends berechnen.

Über das Menü

Kreuzen Sie unter *Start/Bearbeiten/Füllbereich/Reihe* das Kästchen *Trend* an, um das Inkrement für die Reihe so einzustellen, dass die Markierung mit einer Trendreihe gefüllt wird, die eine gradlinige (bei linearen Reihen) oder exponentielle Kurve (bei Wachstumsdatenreihen) ergibt.

Wählen Sie die lineare Reihe, wenn Sie einen linearen Trend ermitteln wollen, oder die geometrische Reihe, um einen exponentiellen Wachstumstrend zu ermitteln.

Die Werte innerhalb der Markierung werden durch die von Excel berechneten Trendwerte ersetzt. Die Funktion entspricht im Aufbau der Handhabung der Trend-Funktion, die ein Array mit den aufzufüllenden Werten bildet.

2.4.6   Benutzerdefinierte Listen für AutoAusfüllen

Woher weiß Excel, dass auf den Januar der Februar folgt, und wieso wird aus dem Montag eine Reihe bis zum Sonntag gebildet? Das Geheimnis ist schnell gelüftet: Diese Spezialreihen sind als benutzerdefinierte Listen abgelegt:

Wählen Sie im *Datei*-Menü *Optionen* und klicken Sie unter *Erweitert/Allgemein* auf die Schaltfläche *Benutzerdefinierte Listen bearbeiten*.

Hier stehen bereits die Listen zur Auswahl, die von *AutoAusfüllen* bekannt sind. Um weitere Listen einzutragen, schreiben Sie die Begriffe direkt in das Feld *Listeneinträge*. Drücken Sie nach jedem Eintrag die ⏎-Taste. Klicken Sie auf *Einfügen*, wenn die neue Liste fertig ist.

Die Liste kann durch Einsetzen des Cursors jederzeit ergänzt werden, einzelne Einträge lassen sich markieren und mit den Löschtasten entfernen, nur Leerzeilen werden nicht akzeptiert. Um eine Liste wieder zu löschen, markieren Sie den Eintrag und klicken auf *Löschen*.

Sobald die neue Liste auf der Registerkarte geführt ist, lässt sie sich wie jede andere automatisch ermittelte Wertereihe auch in der Tabelle anwenden. Gefüllt wird immer in der Reihenfolge der Einträge in der Liste. Ist der letzte Wert erreicht, beginnt *Auto-Ausfüllen* wieder mit dem ersten Listenwert.

Drop-down-Auswahlliste

Gut versteckt im Kontextmenü verbirgt sich eine kleine, aber nützliche Funktion, mit der die Datenerfassung in Tabellen einfacher wird. Die Drop-down-Auswahlliste finden Sie im Kontextmenü, wenn Sie auf eine Zelle zeigen und die rechte Maustaste drücken.

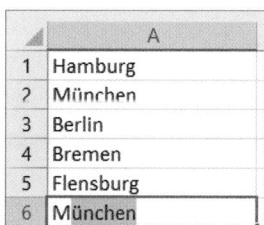

Die Zelle erhält damit eine Auswahlliste mit den Einträgen, die bereits in den Zellen darüber und darunter in der Spalte stehen. Sie verschwindet wieder, wenn Sie einen Eintrag gewählt haben. Sie können Esc drücken, um sie vorher auszublenden, ohne einen Eintrag zu übernehmen.

Bild 2.13: Die Auswahlliste bietet bereits erfasste Zellinhalte an.

Die Blitzvorschau

Die Blitzvorschau arbeitet mit Musterkennung, das heißt, sie analysiert die Eingabe des Benutzers und verwendet diese für die übrigen Zeilen einer Liste oder Tabelle. Verwenden Sie diese Technik in Listen, in denen Daten konvertiert oder umgewandelt werden müssen. Der Klassiker ist die Namensliste mit Vor- und Nachnamen in einer Zelle – mit der Blitzvorschau brauchen Sie keine umständlichen Formeln mehr, um den Namen aufzutrennen. Geben Sie einfach den ersten Vornamen ein, den Rest erledigt die Blitzvorschau.

1. Markieren Sie den ersten Eintrag und die restlichen Zellen der Liste.

2. Klicken Sie unter *Start/Bearbeiten* auf das Füllen-Symbol und wählen Sie *Blitzvorschau* oder wählen Sie *Daten/Datentools/Blitzvorschau*.

Mit der Tastenkombination geht's wie immer schneller: Drücken Sie Strg+E.

Beispiel: Vornamen und Nachnamen trennen

In der Mustervorlage *Willkommen bei Excel*, die unter *Datei/Neu* abrufbar ist, finden Sie auf der zweiten Registerkarte ein Beispiel für die Blitzvorschau. Das Ziel ist, die Vornamen und Nachnamen aus den Mailadressen in Spalte B herauszulösen.

Geben Sie in C5 den ersten und in C6 den Anfang des zweiten Vornamens ein. Jetzt erkennt Excel die Logik, die dahintersteckt, und schlägt die restlichen Vornamen vor. Sie müssen nur noch ⏎ drücken, um alle Einträge abzuholen. Alternativ dazu können Sie auch nach Eingabe des ersten Vornamens den Bereich C5:C20 markieren und Strg+E drücken.

Wenn Sie die Vorschläge nicht akzeptieren wollen oder können, drücken Sie die Taste Esc. Achten Sie auf das Symbol, das nach dem Eintragen der Vorschläge rechts am Zellzeiger des ersten automatisch eingetragenen Namens steht. Sie können damit die Blitzvorschau zurücknehmen, die Vorschläge akzeptieren oder alle automatisch berechneten Einträge gleich markieren.

Fordern Sie die Blitzvorschau mit anderen Aufgaben heraus, ermitteln Sie beispielsweise die Initialen der Mitarbeiter. Geben Sie in Zelle D5 ein:

N. F.

Markieren Sie D5:D20 und drücken Sie Strg+E.

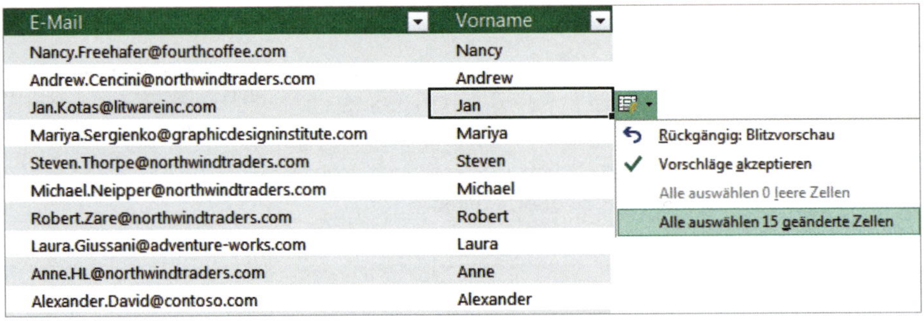

Bild 2.14: Blitzvorschau, hier zum Trennen von Vornamen und Namen.

2.4.7 Datenerfassung und Zahlenformate

Wird eine Zelle im Schnittpunkt von Zeilen und Spalten im Tabellenblatt beschriftet, reagiert sie auf die Eingabe und ordnet ein passendes Zahlenformat zu. Das Zahlenformat *Standard*, mit dem jede unformatierte Zelle formatiert ist, ordnet Zahlen rechtsbündig und Texte linksbündig an.

Wird eine Zahl eingegeben, sucht Excel das passende Zahlenformat dafür. Dieses Zahlenformat wird der Zelle zugewiesen und bleibt ihr so lange erhalten, bis es manuell geändert wird. Testen Sie diese Zuweisung an folgenden Beispielen:

Eingabe	Ergebnis	Erklärung
12,30 0012,34	12,3 12,34	Führende und folgende Nullen werden entfernt.
1.2 oder 1/2 5.1 oder 5/2 12.12 oder 12/12 31.2 oder 31/2	01. Feb 05. Jan 12. Dez 31.2	Wird die Zahl mit Punkt oder Schrägstrich eingegeben, interpretiert Excel sie als Datum, aber nur, wenn dieses gültig ist. 31.2 und 31/2 bleibt deshalb als Text stehen. Das Jahr wird unterdrückt, ist aber das aktuelle Jahr.

Geben Sie in eine per Zahlenformat formatierte Zelle eine andere Zahl ein, wird diese wieder als Datum interpretiert, und zwar als fortlaufender Tag ab dem 1.1.1900, dem ersten Tag des Excel-Kalenders. Die Zahl 45 wäre demnach der 14. Februar 1900.

Das Zahlenformat einer Zelle finden Sie unter *Start/Zahl*, mit Strg+1 aktivieren Sie den Dialog dafür.

2.4.8 Zahlen in Zellen

Führende **Nullen** werden grundsätzlich entfernt. Bis zu neun **Nachkommastellen** werden angezeigt, die letzte Stelle wird kaufmännisch gerundet.

Zahlen, die größer als die Zelle sind, werden im **Exponentialformat** angezeigt (3,45E+03). Die Eingabe einer **Prozentzahl** dividiert die Zahl durch 100 (12,34 % = 0,1234). Gleichzeitig wird der Zelle das Zahlenformat *Prozent* (%) zugewiesen.

Tausendertrennzeichen werden automatisch zugewiesen, wenn sie bei der Eingabe gesetzt werden. Damit Excel den Tausenderpunkt anerkennt, muss die Zahl größer als 999 sein, andernfalls wird die Eingabe als Datumszahl interpretiert, wenn ein Punkt eingegeben wird. Wenn Sie eine Zahl mit Tausenderpunkt eingeben, wird automatisch ein Zellenformat zugewiesen, das diese Zelle immer mit Tausenderpunkt formatiert, und der Punkt wird angezeigt. Zeigt eine Zelle keinen Tausenderpunkt bei Zahlen, kann dies mit einem passenden Zahlenformat nachgeholt werden.

Als **Vorzeichen** wird nur das Minuszeichen akzeptiert, Pluszeichen werden ausgeblendet, können aber mit einem Zahlenformat nachformatiert werden. Negative Zahlen können auch in Klammern eingegeben werden, Excel ersetzt diese aber durch ein Minuszeichen.

Als **Währungszeichen** ist nur € erlaubt, alle anderen ($, £, EUR etc.) interpretiert Excel als Text und stellt die Zelle entsprechend linksbündig. Das Währungszeichen kann links oder rechts von der Zahl eingegeben werden. Welches Währungszeichen akzeptiert wird, bestimmt die Ländereinstellung von Windows. Andere Währungszeichen sind nur erlaubt, wenn sie unter Windows als Standardwährungszeichen definiert sind.

Alle weiteren **Präfixe oder Suffixe** für Zahlen (Maße, Gewichte ...) sind nicht in der Eingabe erlaubt und dürfen nur über das Zahlenformat zugewiesen werden. Mit Eingaben wie 12,34 km oder 300 kg wird die Zahl zum Text und kann nicht mehr für Berechnungen verwendet werden.

2.4.9 Texte, Sonderzeichen und Symbole

Text steht linksbündig in der Zelle. Beginnt die Eingabe mit einem Buchstaben (außer €), bleibt die Zelle im Standardformat, ein Zahlenformat wird nicht zugewiesen. Im Unterschied zur Zahl muss sich der Text nicht an der Spaltenbreite orientieren. Wenn die Zelle daneben leer ist, schreibt Excel den Text einfach über die Spalten weiter.

Wechseln Sie innerhalb einer Zelle von der Zahl zum Text, bleibt der Zelle das Zahlenformat erhalten, es wird nur nicht für den Text aktiviert. Schreiben Sie später wieder eine Zahl in die Zelle, übernimmt diese das zuvor eingestellte Zahlenformat.

Sonderzeichen und Symbole finden Sie unter *Einfügen/Symbole/Symbol*. Markieren Sie ein Symbol und klicken Sie auf *Einfügen*, um es in die Zelle zu holen.

Bild 2.15: Symbole aus der Symbolauswahl holen.

Stellen Sie unter *Schriftart* eine andere Schrift oder einen Zeichensatz ein und nutzen Sie auch die Zeichen aus diesem Angebot. Jede Schrift hat ihre eigenen Zeichen, die Zeichensätze Wingdings und Webdings bieten besonders viele Zeichen, die als kleine Schaubilder in Formularen verwendet werden können.

Weisen Sie einer Zelle eine Schriftart zu, wird der gesamte Zellinhalt mit dieser Schrift formatiert. Das muss nicht immer sinnvoll sein. Sie können in einer Zelle auch unterschiedliche Schriftarten benutzen:

1. Fügen Sie alle Zeichen ein, die Sie in der Zelle brauchen.

2. Stellen Sie dann das Schriftformat der Zelle auf die Schriftart um, in der die meisten Zeichen gesetzt sind.

3. Öffnen Sie die Bearbeitungsleiste, markieren Sie einzelne Zeichen in dieser Leiste und weisen Sie diesen eine andere Schriftart zu.

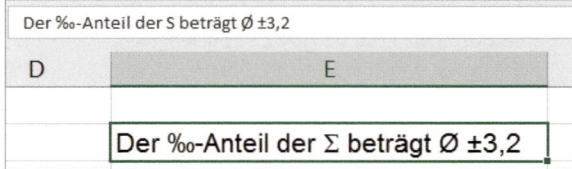

Bild 2.16: Symbole und verschiedene Schriftarten in einer Zelle.

Auf der zweiten Registerkarte unter *Einfügen/Symbole* finden Sie Sonderzeichen, die ebenfalls nicht alle auf der Tastatur zu finden sind. Einige davon werden in längeren Texten verwendet, um ungewollte Umbrüche zu vermeiden:

- Geschützter Trennstrich (wird für Ausdrücke gebraucht, in denen der Trennstrich nicht zur Trennung verwendet werden sollte).

- Bedingter Trennstrich (ein Trennstrich, der nur gedruckt wird, wenn an der Position tatsächlich getrennt wird).

- Geschütztes Leerzeichen (wird für Ausdrücke benötigt, die nicht durch automatische Zeilenumbrüche getrennt werden dürfen).

2.4.10 Text mehrzeilig eingeben

Texteingaben bleiben immer einzeilig, solange die Zelle nicht mit der Formatierung *Zeilenumbruch* versehen ist. Drücken Sie Alt+↵, erhalten Sie einen Zeilenumbruch im Text. Enthält die Zelle einen mehrzeiligen Text, wird ihr automatisch die Formatierung *Zeilenumbruch* zugewiesen (*Start/Ausrichtung*).

In Formeln produzieren Sie einen Zeilenumbruch mit der Funktion =ZEICHEN(10):

Bild 2.17: Mehrzeilig schreiben in der Formel.

2.4.11 Zahlen als Text

In der Praxis werden Sie manchmal Zahlen als Text erfassen wollen, zum Beispiel bei Jahreszahlen oder bei Ausdrücken wie 3/4 oder 5/10 (die Standardeingabe führt zu Datumswerten). Geben Sie in diesen Fällen vor der Zahl einen Apostroph (') ein. Dieses Zeichen erzeugen Sie mit ⇧+# (nicht verwechseln mit dem Akzent ´ rechts neben der ß-Taste). Der Apostroph wird als einziges Vorzeichen für Texte nicht in der Zelle angezeigt und nicht gedruckt. Die Zelle bekommt einen »Fehlerindikator«, das ist das kleine grüne Dreieck links oben.

Außerdem erscheint neben der aktiven Zelle eine Optionsschaltfläche. Über die Optionen kann die Textzahl wieder in eine normale Zahl umgewandelt werden.

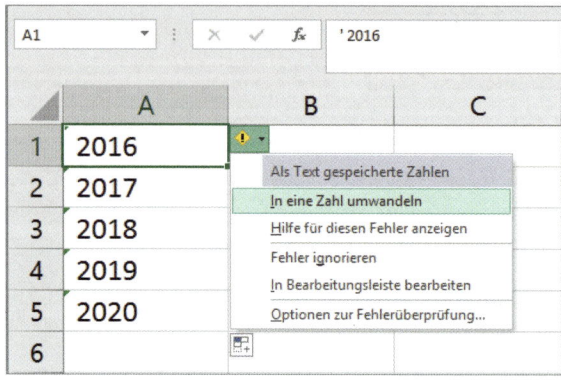

Bild 2.18: Mit dem Apostroph
Zahlen in Texte verwandeln.

2.4.12   Brüche

Damit eine Eingabe als Bruch gewertet wird, geben Sie eine Null ein, gefolgt von einem Leerzeichen und dem Bruch in der Form Zähler/Nenner.

0 3/4

Nach der ersten Eingabe ist die Zelle mit einem entsprechenden Zahlenformat versehen und akzeptiert nur noch Brüche. Schreiben Sie beispielsweise gleich anschließend eine Dezimalzahl in die Zelle, wird sie wieder als Bruch ausgegeben:

Eingabe: 3,4

Ergebnis: 3 2/5

Wie viele Stellen des Bruchs angezeigt werden, entscheidet die erste Eingabe. Haben Sie einen zweistelligen Zähler oder Nenner verwendet, wird auch das Ergebnis zwei Stellen anzeigen, bei drei Stellen drei usw. Sie können das Format natürlich unter *Start/Zahl,* Kategorie *Bruch* frei bestimmen. Schalten Sie auf die Kategorie *Benutzerdefiniert* um, sehen Sie das Zahlenformat. Das #-Zeichen steht für die Ganzzahl, für jede anzuzeigende Stelle im Bruch geben Sie ein Fragezeichen ein (hier je drei Stellen):

???/???

Sie können mit dem Zahlenformat auch die Brüche umrechnen. Geben Sie dazu den Umrechnungsfaktor als Nenner ein (hier z. B. Achtel):

??/8

2.4.13   Datumswerte

Bekommt die Zelle eine Zahleneingabe, die als Datum interpretierbar ist, schaltet Excel das Zahlenformat *Datum* mit ein und formatiert die Zahl damit. Alle Datumsangaben zwischen dem 1. Januar 1900 und dem 31. Dezember 9999 sind gültig, in Schaltjahren gilt natürlich auch der 29. Februar (z. B. 29.02.2016). Ein 30.02. wird ebenso wenig als Datum gewertet wie ein 30. 09. Die Zelle enthält dann Text.

Geben Sie *31.12* ein, erhalten Sie das Datum 31.12.<aktuelles Jahr>, angezeigt wird:

31. Dez

31.12.16 führt zu *31.12.2016*

Auch die Eingabe eines Bindestrichs (Minuszeichens) gilt als Datumseingabe, sofern die Zahl wieder als Datum interpretierbar ist:

Eingabe: *3-2*   Ergebnis: *03. Feb* (3. Februar des aktuellen Jahres)

Eingabe: *16-6-16*   Ergebnis: *16. 06. 2016*

Der Schrägstrich wird ebenfalls als Teil eines Datums interpretiert, weil Excel die Datumseingabe auch im amerikanischen Format akzeptiert. Die Reihenfolge ist dabei egal, JJJJ/MM/TT gilt ebenso wie TT/MM/JJJJ:

Eingabe: *3/2*   Ergebnis: *03. Feb* (3. Februar des aktuellen Jahres)

Eingabe: *16/06/16*   Ergebnis: *16.06.2016*

Eingabe: *2016/12/12* Ergebnis: *12.12.2016*

2.4.14   Datumswerte mit zweistelligen Jahreszahlen

Wie interpretiert Excel ein Datum mit einer zweistelligen Jahreszahl? Der 12.12.16 liegt in den Datumsgrenzen des Kalenders (1.1.1900 bis 31.12.9999) und könnte damit sowohl als 12. Dezember 1916 als auch als 12. Dezember 2016 gewertet werden. Die Antwort liefert die Systemsteuerung von Windows:

1. Schalten Sie im Startmenü von Windows in die Systemsteuerung (im klassischen Menü unter *Einstellungen*).

2. Wählen Sie unter *Zeit, Sprache, Region* die Kategorie *Region* (*Ländereinstellungen* in früheren Windows-Versionen).

3. Klicken Sie unter *Formate* auf *Weitere Einstellungen*. Auf der Registerkarte *Datum* steht ein Listenfeld, in dem das Jahr 2029 angeboten wird. Jahresangaben von 00 bis 29 wertet Excel also als Zukunftswerte, außer Sie ändern den Wert in diesem Listenelement.

2.5   Rechnen, Kalkulieren, Formeln schreiben

Was die Tabellenkalkulation am besten kann, ist Rechnen, und dazu braucht sie Formeln. Eine Formel beginnt mit einem Gleichheitszeichen und enthält Zahlen und/oder Bezüge auf andere Zellen, in denen Zahlen (manchmal auch Texte) stehen. Für die Berechnung verwendet das Rechenblatt diese Grundrechenarten:

Art	Zeichen	Beispiele
Addieren	+	=3+4 =A1+B1 =A1+3
Subtrahieren	-	=4-3 =B1-A1 =B1-5
Multiplizieren	*	=3*4 =A1*B1 =C2*15
Dividieren	/	=4/3 =A1/B1 =C5/3
Potenzieren	^	=2^10 =2^A1 =C5^3
Schnittmenge	<Leertaste>	=C1:C5 A4:F4

Das Potenzzeichen finden Sie links oben auf der Tastatur, drücken Sie die ⌷Leer⌷ nach der Eingabe, wird es angezeigt.

2.5.1 Berechnen: automatisch oder manuell

Geben Sie eine Formel ein, wird diese zusammen mit allen anderen Formeln in der Arbeitsmappe berechnet und alle Ergebnisse werden angezeigt. Ausnahme: wenn die automatische Berechnung abgeschaltet ist, erkennbar am Wort »Berechnen« in der Statuszeile links unten. Sie können die Berechnung manuell durchführen, klicken Sie dazu auf *Berechnen* in der Statuszeile oder drücken Sie ⌷F9⌷.

Unter *Datei/Optionen/Formeln/Berechnungsoptionen* schalten Sie die automatische Berechnung für Formeln ein und aus.

2.5.2 Formeln mit Funktionen

Was die Grundrechenarten an arithmetischen Operationen nicht abdecken, wird mit Funktionen gelöst. Eine Funktion erhält ein Argument oder mehrere Argumente und berechnet mit diesen das Ergebnis (es gibt auch Funktionen, die keine Argumente brauchen). Eine Formel kann sowohl arithmetische Rechenoperationen als auch Funktionen enthalten. Sie können Funktionen über den Funktionsassistenten abholen oder direkt in die Zelle eintippen, dabei steht Ihnen eine nützliche Funktionshilfe zur Seite:

Geben Sie ein =-Zeichen ein und schreiben Sie *SUM*.

Die Funktionsliste bietet sofort alle Funktionen an, die so beginnen. Schreiben Sie so lange weiter, bis die Funktion zu sehen ist. Fahren Sie mit dem Cursor auf die Funktion und drücken Sie die ⌷⇆⌷-Taste oder klicken Sie die Funktion mit dem Mauszeiger an. Für die Funktionsargumente (nach der Klammer) können Sie Zahl und Text eingeben oder Zellbezüge, diese lassen sich auch per Mausklick in die Funktion holen. Das Argumenttrennzeichen ist immer das Semikolon. Ein Beispiel:

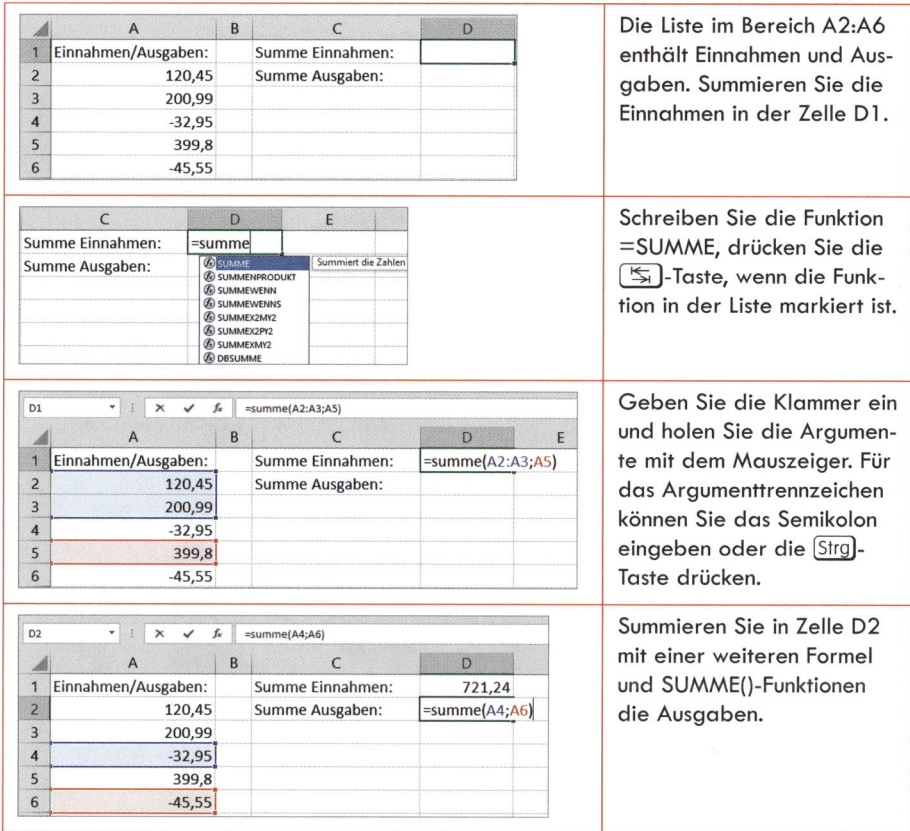

Bild	Beschreibung
	Die Liste im Bereich A2:A6 enthält Einnahmen und Ausgaben. Summieren Sie die Einnahmen in der Zelle D1.
	Schreiben Sie die Funktion =SUMME, drücken Sie die ⇥-Taste, wenn die Funktion in der Liste markiert ist.
	Geben Sie die Klammer ein und holen Sie die Argumente mit dem Mauszeiger. Für das Argumenttrennzeichen können Sie das Semikolon eingeben oder die Strg-Taste drücken.
	Summieren Sie in Zelle D2 mit einer weiteren Formel und SUMME()-Funktionen die Ausgaben.

2.5.3   Formeln kopieren und verschieben

Formeln kopieren Sie am besten – wenn möglich – mit dem Füllkästchen. Schreiben Sie die Formel in die erste Zelle, schließen Sie mit der ↵-Taste ab und ziehen Sie das Füllkästchen nach unten, oben, rechts oder links, um die Formel zu kopieren. Die Bezüge zu den Zellen passen sich natürlich an, aus A1 wird A2, A3 usw. Absolute Bezüge (mit $-Zeichen) bleiben erhalten, sie werden beim Kopieren nicht angepasst.

2.6   Zeilen und Spalten

Das Tabellenblatt ist in Zeilen und Spalten unterteilt. In der Praxis werden Sie Ihre Kalkulation links oben in Zelle A1 beginnen und nach rechts unten erweitern. Die Höhe der Zeilen und die Breite aller Spalten sind für alle Tabellenblätter vordefiniert, können aber jederzeit angepasst werden. Die Standardmaße werden im typografischen Maß Punkt angegeben. 1 Punkt entspricht im deutschen Maß (Didot-Punkt) 0,376 mm, Excel misst aber mit dem US-Maß (Pica-point) 0,352 mm. Die Spaltenbreite wurde früher nur in Anzahl Zeichen gemessen, wird aber auch in Punkt angegeben.

Unter *Datei/Optionen/Erweitert/Anzeige* ist das Standardmaß vordefiniert. Die Linealeinheiten könnten hier auch auf Zoll, Zentimeter oder Millimeter eingestellt werden, diese Maßeinheiten werden aber nur in der Ansicht *Seitenlayout* angezeigt.

2.6.1   Zeilenhöhe

Die Standardzeilenhöhe ist offiziell 12,75 Punkt (ca. 0,4 cm), tatsächlich aber 15 Punkt oder 14,24 Pixel. Markieren Sie für die Einstellung immer zuvor alle Zeilen, die Sie anpassen wollen, am besten per Klick auf das Kästchen links oben im Lineal für das gesamte Tabellenblatt.

Zeilenhöhe einstellen	*Start/Zellen/Format/Zeilenhöhe*, Maß eingeben oder mit dem Mauszeiger am unteren Rand der Zeilennummer anfassen und ziehen.
Zeilenhöhe automatisch anpassen (optimale Zeilenhöhe)	*Start/Zellen/Format/Zeilenhöhe automatisch anpassen* oder mit dem Mauszeiger am unteren Rand der Zeilennummer doppelt klicken.
Zeilenhöhe für mehrere Zeilen gleich	Zeilen markieren, unter *Start/Zellen/Format/Zeilenhöhe* das Maß eingeben oder mit dem Mauszeiger auf den unteren Rand einer markierten Zeilennummer zeigen und Zeilen bis zur passenden Größe ziehen.

2.6.2   Spaltenbreite

Der Wert der Spaltenbreite ist die Anzahl Zeichen in der Standardschriftart, die in die Spalte passen, wobei die Breite des breitesten Zeichens gilt (das M). Er kann aber auch in Punkt angegeben werden.

Spaltenbreite einstellen	*Start/Zellen/Format/Spaltenbreite*, Maß eingeben oder mit dem Mauszeiger am rechten Rand des Spaltenbuchstabens anfassen und ziehen.
Spaltenbreite automatisch anpassen (optimale Spaltenbreite)	*Start/Zellen/Format/Spaltenbreite automatisch anpassen* oder mit dem Mauszeiger am rechten Rand des Spaltenbuchstabens doppelt klicken.
Spaltenbreite für mehrere Spalten gleich	Spalten markieren, unter *Start/Zellen/Format/Spaltenbreite* das Maß eingeben oder mit dem Mauszeiger auf den rechten Rand eines Spaltenbuchstabens zeigen und Spalten bis zur passenden Größe ziehen.
Standardspaltenbreite einstellen	*Start/Zellen/Format/Standardspaltenbreite*

Achten Sie auf die in der QuickInfo angezeigten Maßeinheiten, wenn Sie die Zeilen-
höhen oder Spaltenbreiten mit dem Mauszeiger einstellen.

Zeilenhöhe/Spaltenbreite im Menüband   ... oder manuell mit dem Mauszeiger

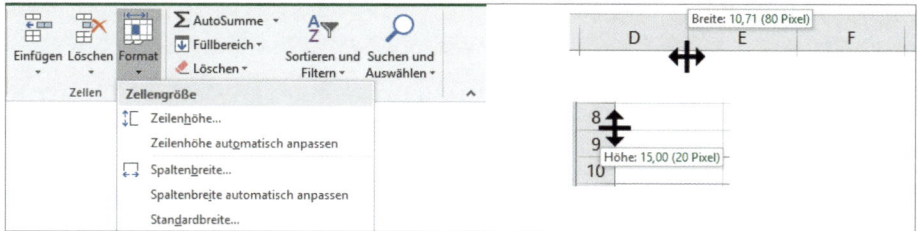

Bild 2.19: Am besten mit dem Mauszeiger einstellen: Zeilenhöhe und Spaltenbreite.

2.6.3 Spaltenbreite erzeugt ####-Kette

Textinhalte von Zellen werden nur dann über den Spaltenrand hinaus angezeigt, wenn
die nächste Zelle leer ist. Zahlenwerte oder Ergebnisse von Formeln und Funktionen
werden als Kette von #-Zeichen angezeigt, wenn die Spalte nicht breit genug für die
Anzeige ist. Klicken Sie einfach doppelt auf den rechten Rand des Spaltenbuchstabens,
und die Inhalte werden wieder passend angezeigt.

	A	B	C
1	Monat	Betrag	
2	Januar	#########	
3	Februar	#########	
4	März	#########	
5	April	#########	
6	Mai	#########	

	A	B
1	Monat	Betrag
2	Januar	1.212.455,69
3	Februar	13.469.433,66
4	März	15.444.266,12
5	April	10.450.211,77
6	Mai	9.922.321,50

Bild 2.20: Nummernkreuzkette: Die Spalte ist zu klein.

2.6.4 Zeilen und Spalten ausblenden

Um eine Zeile auszublenden, ziehen Sie den unteren Rand der Zeilennummer bis zum
oberen Rand. Mit der Zeilenhöhe 0 ist die Zeile automatisch ausgeblendet.

Um eine Spalte auszublenden, ziehen Sie den rechten Rand des Spaltenbuchstabens
bis zum linken Rand nach links. Mit der Spaltenbreite 0 ist die Spalte ausgeblendet.

Für diese Aktionen finden Sie auch Menübefehle unter *Start/Zellen/Format/Sichtbar-
keit/Ausblenden & Einblenden*, die Aktionen sind mit dem Mauszeiger aber wesentlich
einfacher und schneller.

Auch das Einblenden von ausgeblendeten Zeilen und Spalten ist mittlerweile kein
Problem mehr: Excel signalisiert die Tatsache, dass eine Zeile/Spalte auf Höhe/Brei-
te 0 gesetzt ist, im Zeilen-/Spaltenkopf. Achten Sie auf die Doppellinie zwischen den
Zahlen oder Buchstaben. Um eine ausgeblendete Zeile wieder einzublenden, ziehen Sie

die untere Linie nach unten. Um eine ausgeblendete Spalte einzublenden, ziehen Sie die rechte Linie nach rechts.

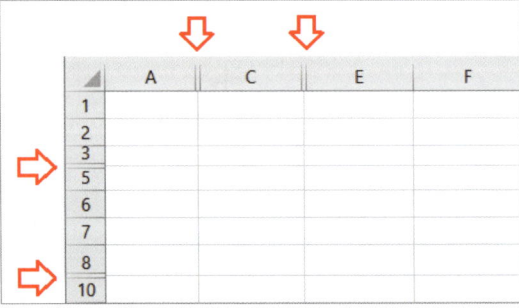

Bild 2.21: Ausgeblendete Zeilen und Spalten einfach wieder einblenden.

TIPP So geht's schneller: Markieren Sie das gesamte Tabellenblatt und ziehen Sie eine Randlinie (Spaltenbuchstabe, Zeilennummer) oder stellen Sie die optimale Breite für alle Zeilen und Spalten her.

2.6.5 Zeilen und Spalten einfügen

Um eine neue Zeile oder Spalte einzufügen, markieren Sie die Zeile, vor der, bzw. die Spalte, hinter der eingefügt wird. Wenn Sie nur eine Zelle oder einen Zellbereich markieren, müssen Sie die Frage bestätigen, wohin der Rest verschoben wird. Sie können auch mehrere Zeilen oder Spalten gleichzeitig einfügen, markieren Sie die entsprechende Anzahl vorher.

Wählen Sie *Start/Zellen/Einfügen/Zellen einfügen* oder *Blattspalten einfügen*.

Im Kontextmenü finden Sie ebenfalls einen Befehl *Zellen einfügen*.

Mit der Tastenkombination Strg + + geht's am schnellsten.

Hatten Sie vorher nur einen Zellbereich markiert, erscheint eine Abfrage. Geben Sie an, wohin der Rest verschoben werden soll.

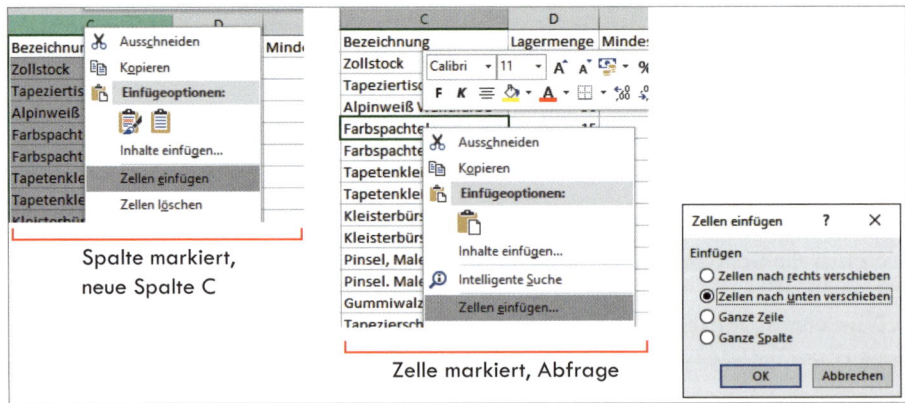

Bild 2.22: Zellen einfügen, hier eine ganze Spalte.

2.6.6 Zeilen und Spalten löschen

Was für das Einfügen gilt, gilt auch für das Löschen: Markieren Sie vorher eine oder mehrere Spalten bzw. Zeilen, wird die markierte Anzahl ohne Rückfrage gelöscht. Markieren Sie eine Zelle oder einen Bereich, entscheiden Sie in der Abfrage, wohin der Rest verschoben wird.

Wählen Sie *Start/Zellen/Löschen/Zellen löschen* oder *Blattspalten löschen.*

2.7 Zellen kopieren und verschieben

Ob Sie eine Zelle, einen Zellbereich oder ganze Zeilen und Spalten verschieben oder kopieren wollen, in jedem Fall müssen Sie markieren. Da Kopieren, Verschieben und Einfügen über die Zwischenablage abgewickelt wird, finden Sie die Befehle in der gleichnamigen Gruppe im *Start*-Register.

Die Zwischenablage ist ein »flüchtiger« Bereich im Arbeitsspeicher, der seine Daten so lange behält, bis neue Daten einkopiert werden oder das Programm geschlossen wird.

Der Zielbereich für eine Aktion sollte immer eine einzelne Zelle sein, nämlich die linke obere Zelle. Excel erkennt selbstständig, wie viele Zellen ausgeschnitten oder kopiert sind, und fügt entsprechend viele Zellen, Zeilen oder Spalten ein. Wenn Sie einen Zielbereich markieren, der kleiner ist als der Quellbereich, erweitert Excel diesen automatisch. Eine Fehlermeldung erscheint, wenn der Zielbereich zu groß ist. Achten Sie auf die Meldung in der Statuszeile, sie informiert über den nächsten Schritt nach dem Ausschneiden oder Kopieren:

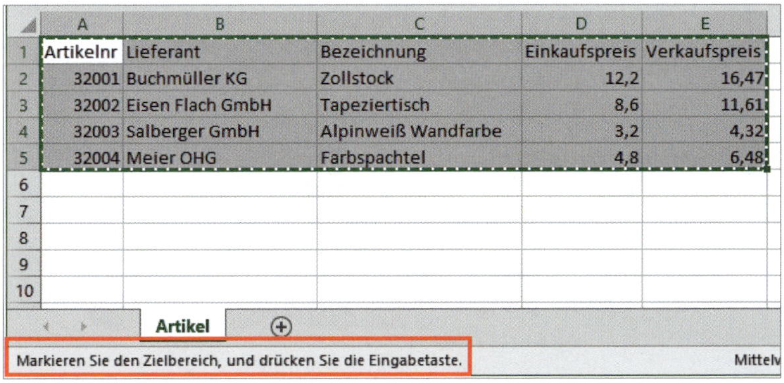

	A	B	C	D	E
1	Artikelnr	Lieferant	Bezeichnung	Einkaufspreis	Verkaufspreis
2	32001	Buchmüller KG	Zollstock	12,2	16,47
3	32002	Eisen Flach GmbH	Tapeziertisch	8,6	11,61
4	32003	Salberger GmbH	Alpinweiß Wandfarbe	3,2	4,32
5	32004	Meier OHG	Farbspachtel	4,8	6,48
6					
7					
8					
9					
10					

Bild 2.23: Die Statuszeile informiert über den nächsten Schritt.

Markieren Sie Zellen, Zeilen oder Spalten. Halten Sie die [Strg]-Taste gedrückt und markieren Sie weitere Bereiche. Wählen Sie *Start/Kopieren*, um die Markierung zu kopieren.

Setzen Sie den Zellzeiger in den Zielbereich und drücken Sie die [↵]-Taste, um die Kopie abzuschließen. Mit *Ausschneiden* statt *Kopieren* verschieben Sie die kopierten Zellbereiche.

Erscheint beim Versuch, einen Bereich zu kopieren oder zu verschieben, die Meldung

`Hier gibt es schon Daten. Möchten Sie diese ersetzen`

… hat Excel im Zielbereich Daten entdeckt, und wenn Sie die Meldung mit OK bestätigen, werden diese überschrieben. Die Meldung erscheint nicht, wenn Sie den Vorgang mit ⏎ abschließen.

2.7.1 Tastenkombinationen

Für Ausschneiden, Kopieren und Einfügen nutzen Sie natürlich die schnelle Tastenkombination:

Tasten	Aktion
Ausschneiden	Strg + X
Kopieren	Strg + C
Einfügen (Zwischenablage wird geleert)	⏎
Einfügen (Inhalt bleibt in der Zwischenablage)	Strg + V

2.7.2 Mit dem Kontextmenü

Klicken Sie mit der rechten Maustaste auf den Bereich und wählen Sie die passende Aktion im Kontextmenü. Zeigen Sie mit dem Mauszeiger auf eine Einfügeoption, sehen Sie im Hintergrund bereits das Resultat. Eine QuickInfo informiert noch über die Aktion hinter dem Symbol. Ein Klick auf das Symbol, und der Vorgang ist abgeschlossen.

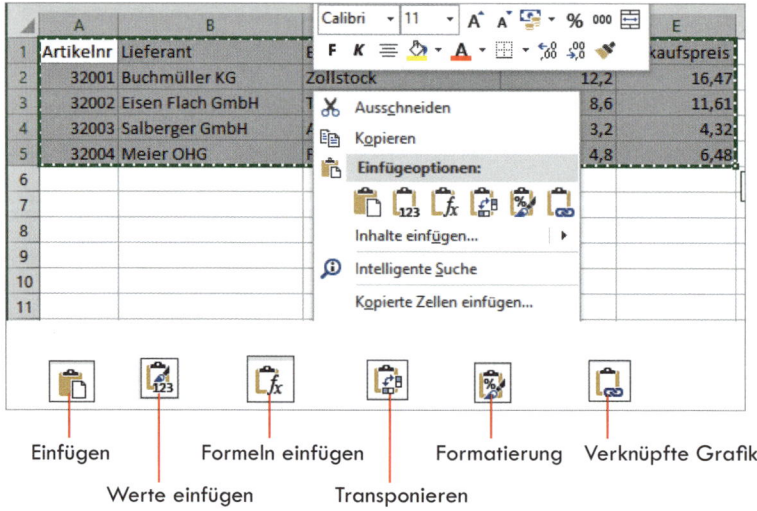

Bild 2.24: Das Kontextmenü hält alle Einfügeoptionen bereit.

2.7.3   Inhalte einfügen

Wählen Sie *Inhalte einfügen*, nachdem ein Bereich ausgeschnitten oder kopiert ist, haben Sie die Wahl zwischen 14 verschiedenen Varianten. Das Kontextmenü bietet nur eine kleine Auswahl davon, mit *Inhalte einfügen* sehen Sie einen Dialog mit allen Optionen.

Option	Aktion
Alles	Fügt alles aus dem Kopierbereich ein: Zellinhalte, Formeln und Formate.
Formeln	Fügt nur die Formeln aus dem Quellbereich ein.
Werte	Fügt nur die in den kopierten oder ausgeschnittenen Bereichen enthaltenen Werte ein. Sind diese Werte Ergebnisse von Formeln, werden diese nicht mitkopiert.
Formate	Fügt nur Zellenformate ein. Die Zellinhalte des Zielbereichs bleiben erhalten.
Kommentare	Fügt nur die Kommentare aus den kopierten Zellen ein.
Gültigkeit	Fügt die Gültigkeitsprüfungen aus dem Quellbereich ein, die über *Daten/Datenüberprüfung* zugewiesen wurden.
Alles außer Rahmen	Kopiert alle Zellinhalte und Formate außer den Rahmenzuweisungen (*Start/Schriftart/Rahmen*).
Spaltenbreite	Überträgt die Spaltenbreite des Quellbereichs in den Zielbereich.
Formeln und Zahlenformate	Überträgt die Formeln des Quellbereichs und die Zahlenformate.
Werte und Zahlenformate	Überträgt die Werte aus den kopierten Zellen und löscht damit die Formeln im Zielbereich. Die Zahlenformate werden ebenfalls übertragen.
Alle zusammenführenden bedingten Formate	Kopiert die Bedingungsformate aus dem Quellbereich in den Zielbereich.
Leere Zellen überspringen	Fügt keine leeren Zellen aus dem Ursprungsbereich in den Einfügebereich ein, damit das Kopieren einer leeren Zelle bestehende Daten in der entsprechenden Zelle des Einfügebereichs nicht zerstört.
Transponieren	Dreht beim Einfügevorgang Zeilen in Spalten und umgekehrt. Dabei erscheinen die Daten aus der obersten Zeile des kopierten Bereichs in der linken Spalte und die Daten aus der linken Spalte des kopierten Bereichs in der obersten Zeile des Einfügebereichs.
Addieren, Subtrahieren, Multiplizieren, Dividieren	Der Inhalt der Zwischenablage wird mit der markierten Rechenoperation auf den Zielbereich angewandt.

Ein Beispiel: Die Preise für Ihre Artikel erhöhen sich um 20 %. Schreiben Sie in eine freie Zelle:

1,2

Kopieren Sie diese Zelle und markieren Sie die Preise. Wählen Sie *Inhalte einfügen/ Multiplizieren*, und die Preise sind angepasst.

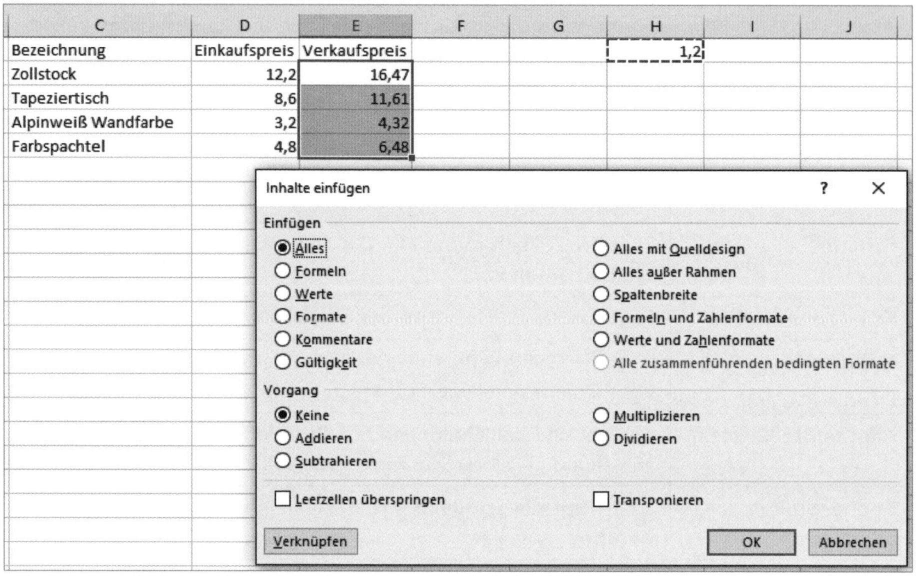

Bild 2.25: Arithmetische Operationen mit »Inhalte einfügen«.

2.7.4 Verschieben und Kopieren zwischen Tabellen und Mappen

Schneiden Sie den Zellbereich aus oder kopieren Sie ihn. Wechseln Sie dann über das Tabellenregister in ein anderes Tabellenblatt und fügen Sie die Daten an der Zielposition ein. Um in eine andere Mappe zu wechseln, wählen Sie *Ansicht/Fenster wechseln* und markieren die Zielmappe. Führen Sie aber keine weiteren Aktionen dazwischen aus, sonst geht die Kopie in der Zwischenablage verloren (ausgeschnittene Daten werden dabei aber nicht gelöscht). Achten Sie immer auf die Meldung in der Statuszeile, solange sie angezeigt wird, können Sie die Daten aus der Zwischenablage holen.

Es gibt noch eine Methode, Daten zwischen Tabellenblättern und/oder Mappen auszutauschen:

Stellen Sie die Quell- und Zielmappe mit *Ansicht/Fenster/Alle anordnen* nebeneinander. Wenn Sie innerhalb einer Mappe arbeiten wollen, erstellen Sie mit *Ansicht/Fenster/Neues Fenster* zuvor ein neues Fenster und wechseln im zweiten Fenster auf das Zielblatt.

Markieren Sie die Daten im Quellblatt. Zeigen Sie auf den Rand der Markierung, halten Sie die Maustaste gedrückt und ziehen Sie die markierten Daten mit gedrückter Maustaste in das Zielfenster. Halten Sie dabei auch noch die [Strg]-Taste gedrückt, erhalten Sie eine Kopie.

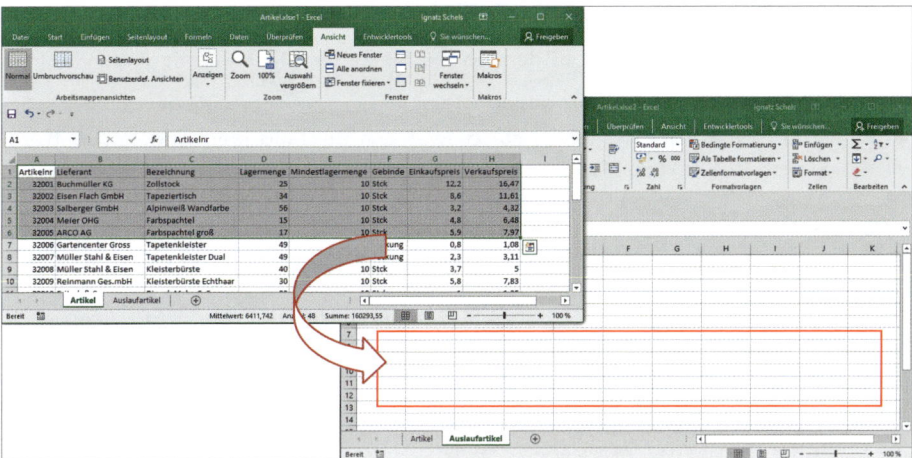

Bild 2.26: Daten zwischen Tabellenblättern kopieren.

2.7.5 Tipps zum Ausschneiden, Kopieren und Einfügen

Verschieben mit dem Mauszeiger

Markieren Sie den Bereich, den Sie verschieben wollen. Halten Sie die [↑]-Taste gedrückt und ziehen Sie den markierten Bereich an einer Randlinie. Lassen Sie die Maustaste los, wenn die Einfügeposition richtig angezeigt wird. Der Bereich wird eingefügt, die übrigen Zellen, Zeilen oder Spalten entsprechend verschoben. Wenn Sie gleichzeitig noch die [Strg]-Taste drücken, erhalten Sie eine eingeschobene Kopie.

Wenn Sie zum Verschieben die rechte Maustaste anstelle der Standardtaste drücken, erhalten Sie ein Kontextmenü, in dem Sie die nächste Aktion auswählen können.

»Inhalt auswählen« wiederholen mit Optionskästchen

Klicken Sie nach der Inhalte-auswählen-Aktion auf das Kästchen rechts unten am eingefügten Bereich, finden Sie eine Auswahl von Symbolen, mit denen Sie die Aktion ändern können.

2.8 Zellen löschen

Am schnellsten löschen Sie einen markierten Zellbereich mit der [Entf]-Taste, aber damit wird nur der Inhalt gelöscht. Sie können über *Start/Bearbeiten* löschen, hier bietet das Löschsymbol noch eine Auswahl:

- **Alle löschen:** Gelöscht werden Texte, Zahlen, Formeln und Formate.
- **Formate löschen:** Zellmuster, Farben, Rahmen und Schriftformate werden gelöscht. Der Inhalt wird auf die Standardschrift der Tabelle zurückgesetzt.

■ **Inhalte löschen:** Löscht Zellinhalte, Formeln, Zahlen oder Texte, die Formate bleiben erhalten.

■ **Kommentare löschen:** Löscht nur die Kommentare in der Zelle.

■ **Links löschen:** Löscht Links aus den markierten Zellen. Die Formatierungen bleiben erhalten.

■ **Links entfernen:** Die Option ist nur aktiv, wenn Links markiert sind, und entfernt diese, ohne den Text zu löschen.

2.9 Suchen-Ersetzen-Funktion

Starten Sie die Suche über das Symbol *Suchen und Auswählen* unter *Start/Bearbeiten*. Suchen und Ersetzen ist in allen Office-Programmen die gleiche Aktion und wird mit der gleichen Tastenkombination aktiviert:

Aktion	Tastenkombination
Suchen	[Strg]+[F]
Suchen und Ersetzen	[Strg]+[H]

2.9.1 Suchen

Wenn nur eine Zelle markiert ist, durchsucht Excel die gesamte Tabelle. Um eine Gruppe von Blättern zu durchsuchen, markieren Sie diese vorher mit gedrückter [⇧]- oder [Strg]-Taste und Klick auf die Tabellenregister. Wollen Sie die Suche auf einen bestimmten Bereich einschränken, markieren Sie ihn zuvor. Klicken Sie auf *Suchen*.

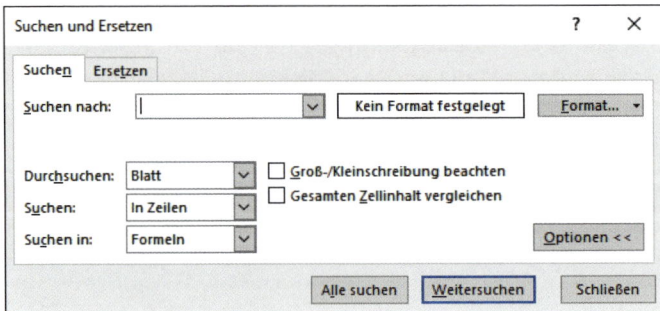

Bild 2.27: Suche nach Zellinhalten.

Suchen: Geben Sie einen Suchbegriff ein. Das kann ein Wort, ein Wortteil, ein bis zu 255 Zeichen langer Text oder eine Mischung aus Text, Zahl und Steuerzeichen sein. Mit Wildcards (Ersatzzeichen) suchen Sie mehr als einen Begriff:

*   sucht einen beliebigen Text (Jan*, *datei*, Umsatzjahr* etc.)

?   sucht nach einem einzelnen Zeichen (M??er, Nummer?-2016 etc.)

Der Stern als Suchersatz kommt dann zum Einsatz, wenn eine genaue Übereinstimmung der übrigen Suchdaten erforderlich ist. Um nach dem Stern oder dem Fragezeichen selbst zu suchen, stellen Sie ihnen im Suchbegriff eine Tilde (~) voran (auf der Tastatur erzeugt mit [Alt Gr]+[+]).

Klicken Sie auf die Schaltfläche *Optionen*, wenn Sie die Suchoperation genauer bestimmen wollen.

Durchsuchen Blatt/Arbeitsmappe: Bestimmen Sie, ob das aktive Tabellenblatt oder die gesamte Mappe durchsucht werden soll.

Suchen: In Zeilen/In Spalten: Bestimmt die Suchrichtung (Zeile oder Spalte). Klicken Sie auf *In Zeilen*, wenn die Suchfunktion zuerst von links und rechts aktiv werden soll, andernfalls werden zuerst die einzelnen Spalten durchforscht.

Suchen in: Beschränkt den Suchbereich auf Formeln, Werte oder Kommentare. So würde der Begriff »Summe« im ersten Fall Zellen ansteuern, die eine Formel mit diesem Ausdruck enthalten, und im zweiten Fall nur Zellen, die dieses Wort als Texteintrag enthalten.

Groß-/Kleinschreibung beachten: Bewirkt, dass Zellinhalte nur dann angesteuert werden, wenn sie auch in der Groß-/Kleinschreibung mit dem Suchbegriff übereinstimmen.

Gesamten Zellinhalt vergleichen: Diese Option sorgt dafür, dass der Suchbegriff nur entdeckt wird, wenn er vollständig mit dem Zellinhalt identisch ist.

Format: Mit Klick auf diese Schaltfläche öffnen Sie eine weitere Dialogbox, in der Sie das zu suchende Format bestimmen können. Die Box bietet alle Formatierungen an, übersehen Sie nicht links unten die Schaltfläche *Format von Zelle übernehmen*, denn die ist besonders nützlich, wenn Sie nach identischen Formatierungen suchen wollen. Natürlich können Sie auch Formate kombinieren.

Haben Sie das Format bestimmt, schließen Sie die Dialogbox wieder und das Feld *Vorschau* im Suchfenster zeigt, wie die Zelle formatiert sein muss, damit sie mit dieser Einstellung gefunden wird.

Starten Sie die Suche mit Klick auf *Weitersuchen*. Wird ein Begriff entdeckt, setzt die Suchfunktion den Zellzeiger in die Zelle und bleibt am Bildschirm, damit die nächste Fundstelle gleich angesteuert werden kann. Wollen Sie die gefundene Zelle durch einen anderen Wert ersetzen, schalten Sie zur Registerkarte *Ersetzen* um. Mit Klick auf *Schließen* beenden Sie die Suche.

Drücken Sie nach Abschluss der Suchfunktion [⇧]+[F4], um die nächste Fundstelle anzusteuern, ohne den Dialog erneut starten zu müssen.

2.9.2 Suchen und Ersetzen

Markieren Sie eine einzelne Zelle für die gesamte Tabelle oder ziehen Sie die Markierung über einen bestimmten Bereich, um nur diesen zu durchsuchen.

Wählen Sie *Ersetzen*. Aktivieren Sie über die Schaltfläche *Optionen* die Suchoptionen.

Suchen nach: Geben Sie den Suchbegriff ein oder übernehmen Sie den, der aus der Suchen-Option übermittelt wurde.

Ersetzen durch: Geben Sie hier die Zeichen ein, die den gefundenen Begriff ersetzen sollen. Hier sind keine Stellvertreterzeichen erlaubt. Wenn dieses Feld leer bleibt, wird der gefundene Inhalt durch nichts ersetzt, also gelöscht.

Die Optionen entsprechen denen unter *Suchen*. Klicken Sie auf *Weitersuchen*, um die Suche zu starten. Um alle Fundstellen ohne Rückfragen zu ersetzen, klicken Sie auf *Alle ersetzen*. Mit *Schließen* beenden Sie die Operation.

Ein vorzeitiger Abbruch über *Schließen* macht die Ersetzungen nicht rückgängig. Klicken Sie auf das Rückgängig-Symbol in der Symbolleiste für den Schnellzugriff.

Markieren Sie vor der Such- oder Ersetzen-Aktion bestimmte Bereiche mit F5 (*Gehe zu/Inhalte*). So finden Sie beispielsweise Formeln, Notizen oder Textstellen schneller.

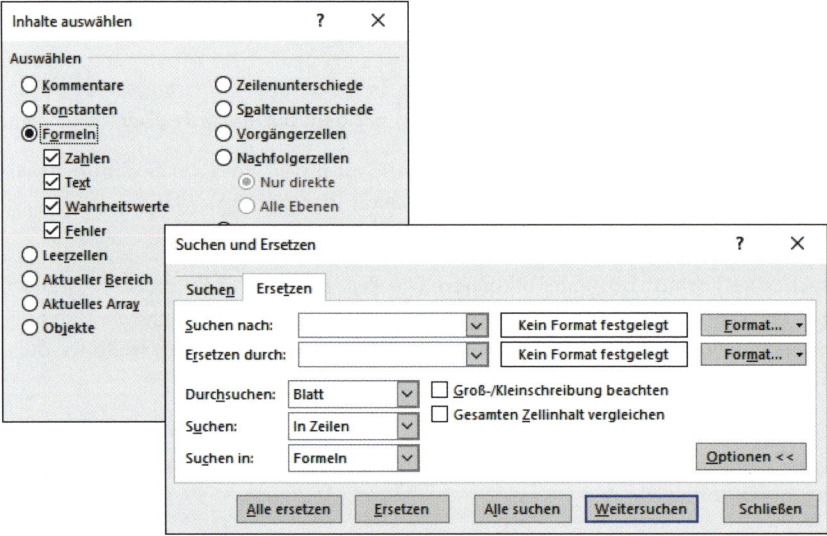

Bild 2.28: Inhalte gezielt markieren und Suchen oder Ersetzen.

2.10   Kommentare

Informationen, die nicht direkt zur Tabellenkalkulation gehören und meist auch nicht darin Platz haben, schreiben Sie in Kommentare. Jede Zelle kann mit einem Kommentar versehen werden, ein ideales Werkzeug, um bei gemeinsamer Nutzung von Excel-Arbeitsmappen miteinander zu kommunizieren.

Kommentare sind kleine gelbe Merkzettel, sie erscheinen nur, wenn der Mauszeiger auf die Zelle zeigt, und verschwinden mit diesem wieder. Dass die Zelle einen Kommentar beherbergt, sieht man an der roten Ecke rechts oben.

2.10.1 Einstellungen in den Optionen

Ob die Kommentare, die kleinen roten Dreiecke (Indikatoren) oder gar nichts angezeigt wird, entscheidet eine Einstellung unter *Datei/Optionen/Erweitert*:

Suchen Sie die Gruppe *Anzeige*. Stellen Sie unter *Für Zellen mit Kommentaren Folgendes anzeigen* die gewünschte Ansicht ein:

- *Keine Kommentare und Indikatoren:* Es werden keine Kommentare und keine roten Dreiecke angezeigt.

- *Nur Indikatoren, und Kommentare nur beim Hovern:* Die roten Dreiecke in der Zellecke erscheinen. Ein Kommentar wird angezeigt, wenn der Zellzeiger auf die Zelle zeigt (Hovern bedeutet: mit dem Zellzeiger darüberfahren).

- *Kommentare und Indikatoren:* Beide, Dreiecke und Kommentare, werden permanent angezeigt.

2.10.2 Kommentar einfügen

1. Setzen Sie den Zellzeiger in eine Zelle.

2. Wählen Sie *Überprüfen/Kommentare/Neuer Kommentar*.

3. Tragen Sie den Kommentartext in das Textfeld ein. Drücken Sie die ⏎-Taste für Zeilenumbrüche und schließen Sie den Kommentar ab, indem Sie in eine Zelle klicken oder die Taste ESC drücken.

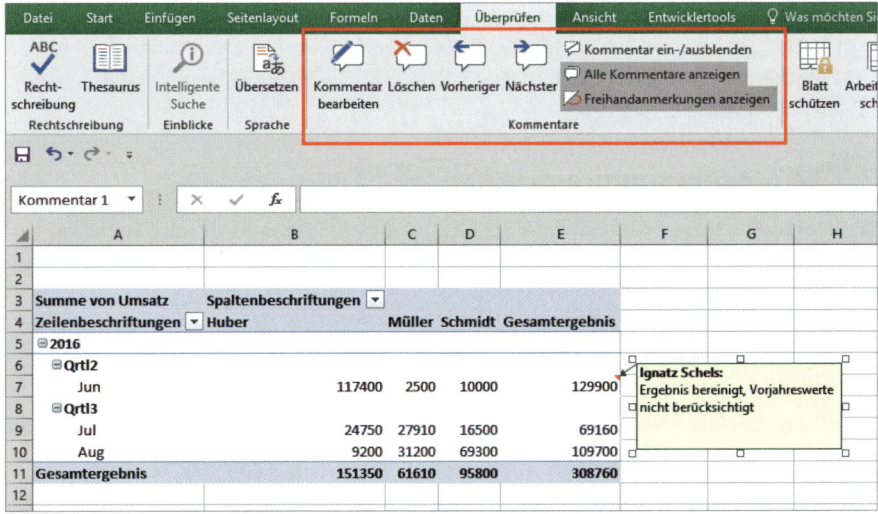

Bild 2.29: Kommentare werden im Register »Überprüfen« verwaltet.

Im Kommentar steht zunächst der Name des aktiven Benutzers (*Datei/Optionen/Allgemein*). Sie können diesen natürlich löschen, wenn Sie dem Kommentarleser nicht mitteilen wollen, wer den Kommentar verfasst hat. Er wird aber benötigt, wenn Tabellen über *Änderungen nachverfolgen* bearbeitet werden, in diesem Fall ist die namentliche Kennzeichnung des Verfassers wichtig.

Mit *Überprüfen/Kommentare/Alle Kommentare anzeigen* schalten Sie alle Kommentare im Tabellenblatt permanent ein oder aus.

2.10.3   Kommentar bearbeiten

Um einen Kommentar zu bearbeiten, markieren Sie zunächst die Kommentarzelle. Unter *Überprüfen/Kommentare* finden Sie Symbole zum Ansteuern der Kommentare. Sie können den Kommentar nur bearbeiten, wenn das Kommentarfeld geöffnet ist.

Klicken Sie mit der rechten Maustaste in die Zelle und wählen Sie aus dem Kontextmenü *Kommentar bearbeiten* (Alternative: *Start/Überprüfen/Kommentare/Kommentar bearbeiten*).

Der Kommentar wird zur Bearbeitung geöffnet. Ändern oder löschen Sie den Text und schließen Sie die Bearbeitung wieder per Klick auf eine Zelle ab.

- Die Position des Kommentarfelds verändern Sie, indem Sie auf den Rand klicken und diesen mit gedrückter Maustaste verschieben.

- Wollen Sie das Kommentarfeld vergrößern oder verkleinern, ziehen Sie mit gedrückter Maustaste einen der weißen Markierungspunkte am Rand.

- Kommentare können auch kopiert oder verschoben werden. Wählen Sie *Start/ Zwischenablage/Ausschneiden* (Strg+X) oder *Start/Zwischenablage/Kopieren* (Strg+C). Wechseln Sie den Zellbereich und holen Sie den Kommentar mit *Start/ Zwischenablage/Einfügen/Inhalte einfügen/Kommentare* oder mit Strg+V aus der Zwischenablage.

2.10.4   Kommentare drucken

Kommentare werden standardmäßig nicht gedruckt, wenn eine Tabelle zu Papier gebracht oder in eine PDF-Datei exportiert wird. So bringen Sie Kommentare zu Papier:

1. Schalten Sie um auf das Register *Seitenlayout*.

2. Klicken Sie auf das Symbol für das Dialogfeld der Gruppe *Seite einrichten*.

3. Klicken Sie auf die Registerkarte *Blatt*. Hier finden Sie unter *Drucken* das Listenfeld *Kommentare*.

Standard ist *Keine*. Entscheiden Sie, ob die Kommentare am Ende des Blatts oder auf dem Tabellenblatt selbst ausgedruckt werden sollen. Wählen Sie die entsprechende Option und schließen Sie das Dialogfenster mit OK.

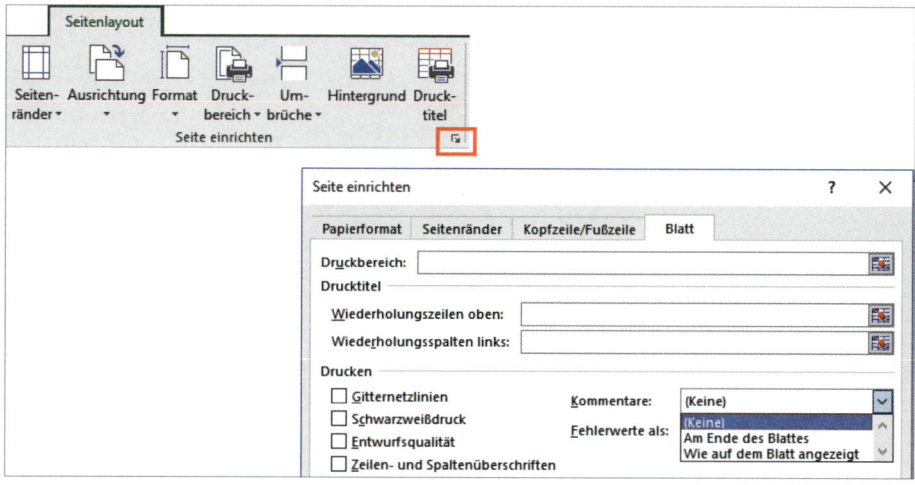

Bild 2.30: Im Seitenlayout bestimmen Sie, wie Kommentare gedruckt werden.

2.10.5 Kommentar löschen

Klicken Sie in die Zelle mit dem Kommentar und wählen Sie *Überprüfen/Kommentare/Löschen* oder *Kommentar löschen* aus dem Kontextmenü der rechten Maustaste. Um mehrere Kommentare zu löschen, markieren Sie die Zellen mit den Kommentaren, bevor Sie den Löschbefehl aktivieren.

Markieren Sie mit Strg+A das gesamte Tabellenblatt. Mit einem Klick auf *Kommentare/Löschen* sind alle Kommentare entfernt.

Kapitel 3

3. Formatierung, Layout und Druck

Die Gestaltung eines Tabellenblatts mit Schrift, Farben und Rahmen gehört zur Tabellenkalkulation wie Formeln, Datenanalysen und grafische Visualisierungen. Mit unterschiedlichen Schriftgrößen und Schriftauszeichnungen machen Sie Tabellen besser lesbar, Farben und Rahmen heben wichtige Bereiche hervor. Für die Aufbereitung des Layouts bietet Excel jede Menge Werkzeuge und Techniken. Als Layout bezeichnet man übrigens die Art, wie Texte, Bilder, Tabellen und andere Elemente in Print- und Onlinemedien angeordnet sind.

In der Tabellenkalkulation kommt es sicher nicht darauf an, den Leser mit interessanten Layouts zu fesseln, aber speziell für die Gestaltung von Berichten, Kennzahlen-Cockpits, Dashboards u. a. ist eine Beschäftigung mit Layout- und Gestaltungstechniken der Mühe wert.

3.1   Gestaltungsregeln

Was macht ein gutes Layout aus? Ein Tabellenblatt unterliegt zwar nicht den Gestaltungsvorschriften für Druckwerke, aber einige Regeln für Designer lassen sich auch für mit Excel produzierte Werke formulieren:

3.1.1   Form follows function

Nach dem Spruch von Louis Sullivan (einem Architekten der »Chicagoer Schule«) soll sich die Gestaltung von Dingen aus ihrem Nutzungszweck ableiten. Und der Hauptnutzungszweck ist:

Lesbarkeit

- Die richtige Schrift in der für die Zielgruppe passenden Größe wählen.

- Nicht zu viele Schriftgrößen, eine Größe für Überschriften, eine für den Haupttext.

- Keine Spaß- und Schmuckschriften, keine »Zirkusplakate« produzieren.

- Weniger ist oft mehr. Wenn Sie nicht sicher sind, ob das Element noch dazu passt, lassen Sie es weg.

- Mit Räumen arbeiten: Leere Räume sind für das Layout oft besser als vollflächige Bestückungen mit Text und Bild.

3.1.2   Langweilig war gestern

Trotzdem muss eine Excel-Tabelle nicht fad und langweilig sein. Peppen Sie Ihre Kalkulationen ruhig auf, arbeiten Sie mit Farben und Schriftauszeichnungen und lassen Sie grafische Objekte wirken. Ein gutes Beispiel liefert die Tabelle:

Eine Tabelle ist eine Sonderform der Liste, mit dem Tabellenwerkzeug wird eine Liste zur Tabelle erklärt und folgt damit anderen Gesetzen. Zum Beispiel arbeitet eine Tabelle mit strukturierten Verweisen statt mit Bezügen (siehe Kapitel 5).

Das Tabellenlayout lässt sich aus einer Liste wählen, hier stehen schöne Layouts zur Auswahl, die besonders durch die wechselseitige Formatierung der Zeilen die Lesbarkeit einer Tabelle deutlich verbessern.

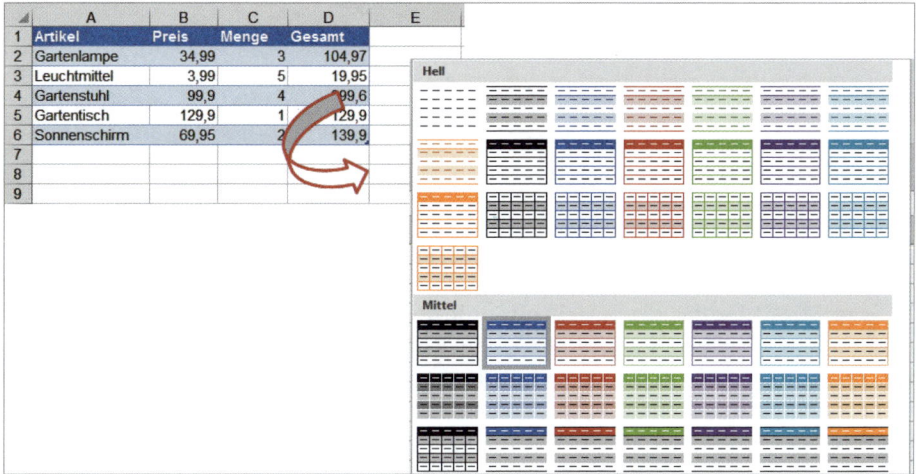

Bild 3.1: Tabellenlayouts für Tabellen.

Wer Tabellenblätter für andere Benutzer aufbereitet, sollte mit bedingter Formatierung arbeiten. Das Bedingungsformat macht die Formatierung sichtbar, wenn bestimmte Bedingungen erfüllt sind. Die klassische Ampelformatierung ist nur eines von vielen Beispielen, wo sie zum Einsatz kommt (siehe Abschnitt 3.6.4).

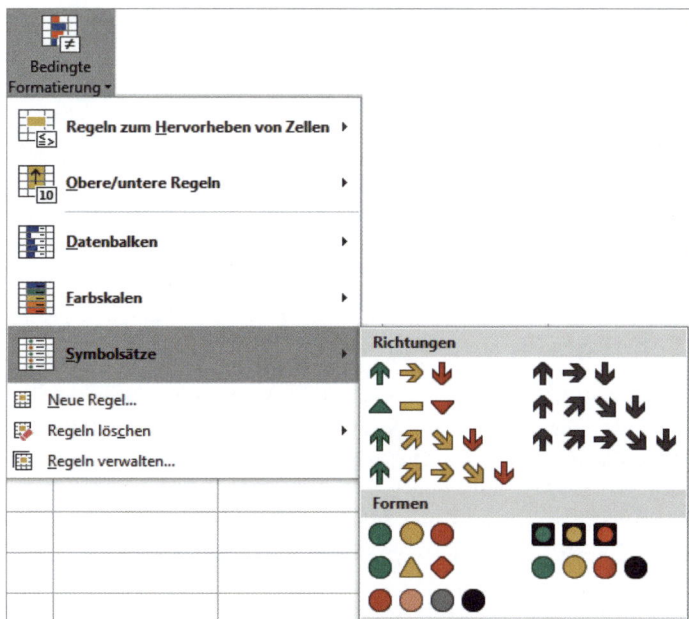

Bild 3.2: Bedingte Formatierung verbessert das Tabellenlayout.

3.1.3   Druckbar und präsentierbar arbeiten

Große Tabellen lassen sich schlecht lesen und noch schlechter drucken oder auf PowerPoint-Folien ziehen. Versuchen Sie von Anfang an, die Druck- oder Präsentierbarkeit Ihrer Produktion mit in die Planung einzubeziehen. Entwerfen Sie Tabellen, Pivot-Tables und PivotCharts, Diagramme und grafische Objekte so, dass sie auf Druckseiten oder Folien passen oder zumindest gut verteilbar sind.

Ein Blick in die Seitenansicht (*Datei/Drucken*) gibt Auskunft über die Druckbarkeit der aktiven Kalkulation.

3.2   Schrift, Farbe und Hintergrund

Welche Schrift Sie für die Tabellengestaltung verwenden, bestimmt Excel aus dem Angebot von Windows, dem Betriebssystem Ihrer PCs, Notebooks oder Tablets. Arbeiten Sie für eine (größere) Firma, wird diese ihre CI-Schrift (CI = corporate identity) auf den Bürocomputern installiert haben, ansonsten gilt die Standardschriftart von Windows. Excel verwendet diese in der Standard-Formatvorlage für Tabellenblätter.

3.2.1   Die Standardschrift

Wählen Sie *Datei/Optionen*. In der ersten Kategorie *Allgemein* finden Sie in der Gruppe *Beim Erstellen neuer Arbeitsmappen* die Standardschrift und den Standardschriftgrad. Als *Standardschrift für Textkörper* wird unter Windows 10 die Schriftart Calibri vorgeschlagen. Der Standardschriftgrad ist 11 Punkt (Punkt ist ein typografisches Maß, 1 Punkt = 0,352 mm). Suchen Sie eine andere Schriftart in der Liste und ändern Sie gegebenenfalls die Schriftgröße. Nach der Änderung müssen Sie Excel neu starten.

Vorgeschlagen werden nur Schriften, die aktuell unter Windows installiert sind. Wenn Sie eine andere Schrift verwenden wollen, installieren Sie diese zuerst über die Systemsteuerung von Windows.

Wollen Sie die Standardschrift nur für das aktuelle Tabellenblatt ändern, weisen Sie ihm unter *Seitenlayout/Designs* ein anderes Design zu oder markieren alle Zellen mit Strg+A und ändern unter *Start/Schriftart* die Schriftart.

3.2.2   Schrift, Schriftgröße und Schriftformate zuweisen

Um einem Zellbereich eine bestimmte Schrift zuzuordnen, markieren Sie ihn und holen die Schrift aus der Liste unter *Start/Schriftart*. Wählen Sie eine Schriftgröße oder ändern Sie diese Punkt für Punkt mit den Schriftgröße-Symbolen. Klicken Sie auf das Symbol für Fettdruck, um den Schriftschnitt **Fett** zuzuweisen. Mit *Kursiv* wird die Zelle kursiv gesetzt und <u>Unterstrichen</u> unterstreicht den Zellinhalt. Die Farbpalette bietet die Möglichkeit, die Farbe der Schrift zu bestimmen (*Automatisch* = Schwarz).

Die Zuweisung gilt grundsätzlich für alle markierten Zellen. Wollen Sie den Text innerhalb einer Zelle mit unterschiedlichen Schriftarten und Schriftzuweisungen formatieren, öffnen Sie die Zelle mit der Taste F2 und markieren den Teil, den Sie formatieren wollen.

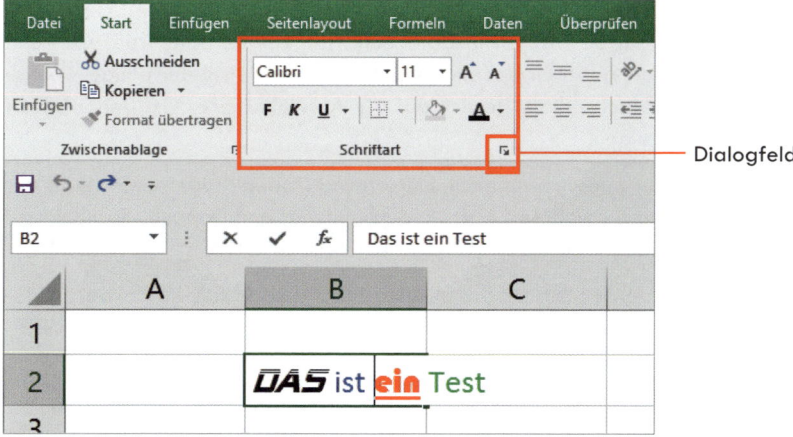

Bild 3.3: Schriftformatierung geht auch innerhalb der Zelle.

Die Gruppe bietet tatsächlich nicht alle Schriftformatierungen an. Eine vollständige Übersicht finden Sie im Dialogfeld, das per Klick auf das Kästchen rechts unten an der Gruppe aktiviert wird. Hier stehen alle Formatierungen, auch Durchstreichen, Hoch- und Tiefstellen und sämtliche Schrifteffekte zur Auswahl.

- **Schriftart:** Der Schriftschnitt für die Zellinhalte des markierten Bereichs. Die Liste zeigt alle unter Windows installierten Schriften an.

- **Schriftschnitt:** Die angebotenen Stile (*Fett*, *Kursiv*) sind von der gewählten Schrift abhängig, nicht jede Schrift bietet alle Stile an. Unabhängig davon kann Excel jede Schrift unterstreichen oder durchstreichen.

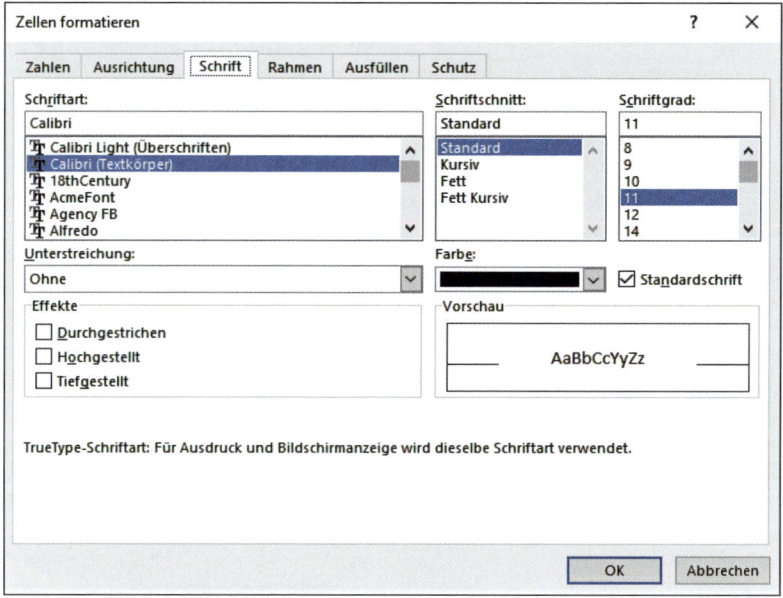

Bild 3.4: Alle Schriftformatierungen im Dialogfeld.

- **Schriftgrad:** Die Schriftgröße. Geben Sie eine Größe ein, wenn die Schrift skalierbare, d. h. in der Größe frei variierbare Schriften zulässt. Alle TrueType- und PostScript-Schriften sind generell frei skalierbar. Sollte die Liste nur einige wenige Größen anbieten, so beschränken Sie sich auf die Auswahl dieser Größen, weil nur diese gut gedruckt werden.

- **Unterstreichung:** *Ohne* unterstreicht nicht, *Einfach* und *Doppelt* fügen dem Inhalt der Zelle Unterstreichungen zu, während *Einfach (Buchhaltung)* und *Doppelt (Buchhaltung)* die gesamte Zelle unterstreichen.

- **Farbe:** Wählen Sie eine der Schriftfarben oder Mischfarben aus 16 Farben. *Automatisch* setzt die Schrift auf die in der Windows-Systemsteuerung definierte Schriftfarbe zurück (in der Regel Schwarz).

- **Vorschau:** Hier sehen Sie eine Schriftprobe mit allen aktuellen Formatierungen.

- **Standardschrift:** Setzt alle Einstellungen in der Dialogbox auf die Standardwerte zurück. Das Häkchen verschwindet, sobald Sie die Voreinstellungen ändern.

- **Effekte:** Durchstreichen, hoch- oder tiefstellen. Bei Letzteren wird die Schrift optisch und im Ausdruck stark verkleinert; die Schriftgröße bleibt gleich.

3.2.3 Schriftausrichtung

Unter Ausrichtung versteht man die Position des Zellinhalts zwischen den beiden Spaltenlinien. Ähnlich wie bei Word (Textverarbeitung) kann diese links-, rechtsbündig oder zentriert sein. Excel bietet aber noch einige Spezialausrichtungen.

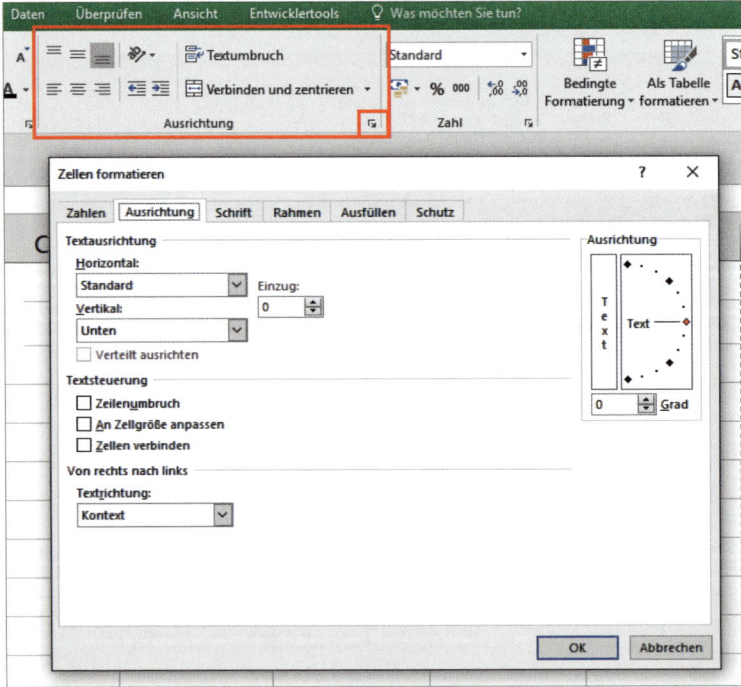

Bild 3.5: Schriftausrichtungen im Dialogfeld.

Zahlen und Datumswerte stehen rechtsbündig, Texte stehen immer linksbündig. In der Vertikalen sind alle Zellinhalte am unteren Rand ausgerichtet. Die Formatierung der Ausrichtung ändert diese Systematik, eine einmal zugewiesene Formatierung hebt die Standardausrichtung auf.

Das Ausrichtungssymbol zeigt immer die Ausrichtung der aktiven Zelle an, auch wenn mehr als eine Zelle markiert ist. Für die Ausrichtung steht im Dialogfeld eine Registerkarte bereit, hier finden Sie auch wieder zusätzliche Angebote.

Horizontale Ausrichtungen

- **Standard:** Die Zelle oder der Bereich erhält die Ausrichtung, die standardmäßig für den jeweiligen Zelltyp vorgesehen ist: Texte links-, Zahlen rechtsbündig. Fehlermeldungen wie =#BEZUG! und Wahrheitswerte (WAHR, FALSCH) werden automatisch zentriert.

- **Links (Einzug):** Der Inhalt der Zelle oder des Bereichs wird am linken Zellrand ausgerichtet.

- **Zentriert:** Der Inhalt wird zwischen den beiden Spaltenlinien zentriert.

- **Rechts (Einzug):** Der Zellinhalt wird am rechten Spaltenrand ausgerichtet.

- **Ausfüllen:** Der Zellinhalt wird auf die gesamte Zelle oder den Bereich ausgedehnt. Diese Option empfiehlt sich vor allem für Schmuck- und Grenzlinien, die aus einem einzigen Zeichen generiert werden.

Geben Sie zum Beispiel ein Zeichen oder eine Zeichenfolge (Ö) in die erste Zelle des markierten Bereichs ein. Das Zeichen wird in allen Zellen wiederholt; auch in angrenzenden, vorausgesetzt, für diese wurde ebenfalls die Ausrichtung *Ausfüllen* gewählt. In Verbindung mit Zeichensätzen wie Webdings lassen sich damit interessante Effekte erzielen.

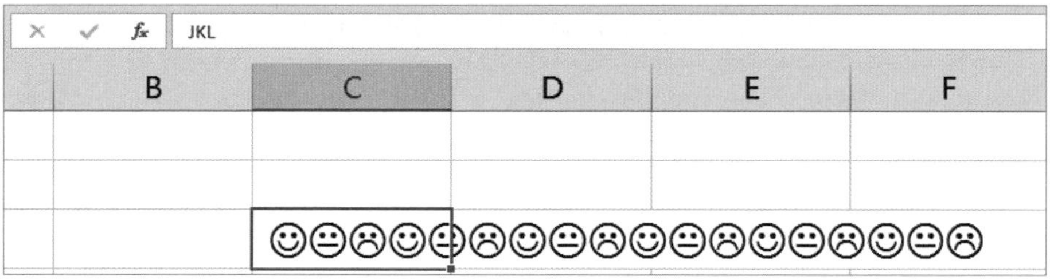

Bild 3.6: Schrifteffekte mit Horizontal Ausfüllen.

- **Blocksatz:** Der Zellinhalt wird im Blocksatz angeordnet. Die Ausrichtung wird nur dann sichtbar, wenn der Text über die Spaltenbreite hinausragt. In diesem Fall wird die Zeile automatisch vergrößert.

- **Über Auswahl zentrieren:** Der Inhalt der aktiven Zelle wird zentriert über alle markierten Zellen verteilt und bleibt da so lange, bis eine dieser Zellen wieder beschrieben wird. In diesem Fall wird der Text über die übrigen Zellen zentriert. Die Option gilt nur für Text; Zahlen werden nicht über mehrere Zellen zentriert.

- **Verteilt (Einzug):** Damit wird der Text in der Zelle unter Verwendung des Einzugs zentriert. Der Einzugswert gilt als linker und rechter Einzug für den Zellinhalt.

- **Einzug:** Tragen Sie hier eine Zahl für die Zeichenanzahl ein, um die der Text vom Zellenrand (je nach gewählter Ausrichtung) eingerückt wird. Diese Maßzahl wird auch über die Symbole *Einzug verkleinern/Einzug vergrößern* im Menüband unter *Start/Schriftart* eingestellt.

Vertikale Ausrichtungen

Vertikale Zellausrichtungen werden nur wirksam, wenn die Zeile größer ist als die Standardzeilenhöhe, und das gilt vor allem für Zellen mit mehr als einer Zeile oder verbundene Zellen.

- **Oben:** Der Zellinhalt wird am oberen Zellrand abgesetzt.

- **Zentrieren:** Der Zellinhalt wird in der Mitte zwischen dem oberen und unteren Zellrand abgesetzt.

- **Unten:** Der Zellinhalt wird am unteren Zellrand abgesetzt (Standard).

- **Blocksatz:** Der Zellinhalt wird über die markierten Zellen verteilt, dazu fügt die Formatfunktion bei Bedarf Leerzeichen zwischen den Wörtern und Zeilenumbrüche ein.

- **Verteilt:** Der Zellinhalt wird vertikal über die Zelle verteilt. Der obere und der untere Rand sind bei dieser Ausrichtung gleichmäßig mit Text bestückt. Wenn der Text größer ist, wird er gleichmäßig über den vertikalen Raum verteilt.

- **Orientierung:** Stellen Sie hier die Rotation des Textes in der Zelle ein. Die Zeilenhöhe wird automatisch angepasst; wenn der Text nachträglich verkürzt wird, muss die Zeile manuell angepasst werden.

- **Zeilenumbruch:** Diese Funktion erfüllt eine wichtige Aufgabe und leistet wertvolle Hilfe bei der Formatierung von Tabelleninhalten: Markieren Sie eine Zelle oder einen Zellbereich, wählen Sie eine beliebige Ausrichtung und kreuzen Sie zusätzlich diese Option an, um den Text in jeder Zelle mehrzeilig zu gestalten. Geben Sie in die Zelle(n) Text und Zahlen ein. Wenn dabei die Spaltenbreite überschritten wird, umbricht Excel den Text automatisch in die nächste Zeile. Wird für die Zeilenhöhe vorher oder nachher ein bestimmter Wert festgelegt, zeigt Excel nur so viele Zeilen an, wie in der definierten Höhe Platz haben. Die Spaltenbreite bestimmt den Zeilenumbruch; die gesamte Zeile wird entsprechend der Zeilenzahl nach unten vergrößert.

Mit ⌊Alt⌋+⌊↵⌋ fügen Sie einen manuellen Zeilenumbruch ein.

Mit der Funktion =ZEICHEN(10) erzwingen Sie einen Zeilenumbruch in einer Formel:

```
=$A$1&ZEICHEN(10)&$A$2
```

Die Funktion =WIEDERHOLEN() kann für Ausfülleffekte verwendet werden, sie wiederholt das Zeichen im ersten Argument mit dem Faktor im zweiten Argument:

```
=WIEDERHOLEN("X";50)
```

3.3 Rahmen

Mit Rahmenelementen unterstreichen Sie einzelne Zellbereiche oder zeichnen Linien an Überschriften, Zwischensummen oder um Zellbereiche herum. Technisch lässt sich jede einzelne Zelle mit einer Rahmenlinie rechts, links, oben und unten versehen. Das Rahmensymbol bietet aber auch die Möglichkeit, Gitternetze zu zeichnen, und mit dem Zeichnen-Werkzeug lassen sich Rahmen sogar mit dem Mauszeiger oder auf dem Tablet mit dem Finger oder Stift zeichnen.

3.3.1 Gitternetze sind keine Rahmen

Standardmäßig zeigt ein Tabellenblatt Gitternetzlinien für alle Zellen an. Das sind keine Rahmen, das Gitternetz kann nur komplett ein- oder abgeschaltet werden. Wählen Sie *Seitenlayout/Blattoptionen/Gitternetzlinien*. *Anzeigen* regelt die Anzeige auf dem Bildschirm, kreuzen Sie *Drucken* an, wenn Sie die Linien auch im Ausdruck sehen wollen. Dabei wird nur der aktuelle Bereich gedruckt, wollen Sie ein größeres Gitternetz sehen, markieren Sie die Zellen und weisen sie als Druckbereich aus. Unter *Datei/Optionen/ Erweitert/Optionen für dieses Arbeitsblatt anzeigen* finden Sie die Option zum Einblenden der Gitternetzlinien, hier können Sie auch die Farbe der Linien bestimmen.

3.3.2 Rahmen zeichnen über das Rahmensymbol

Das Rahmensymbol im *Start*-Register deckt zwar nicht alle, aber die wichtigsten Rahmenformatierungen ab. Markieren Sie den Zellbereich, dem Sie die Rahmen zuweisen wollen, klicken Sie auf das Rahmensymbol und markieren Sie die gewünschte Rahmenart. *Kein Rahmen* löscht alle Rahmenzuweisungen. Die gewählte Rahmenart bleibt angezeigt und kann beim nächsten Mal einfach durch Anklicken des Symbols zugewiesen werden.

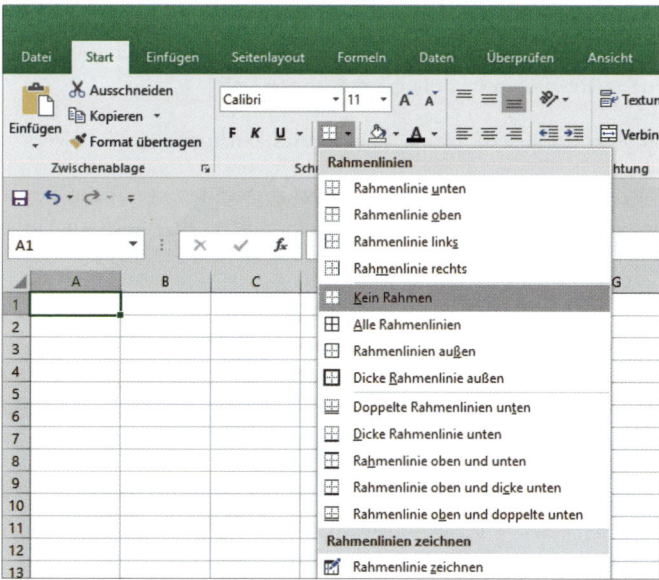

Bild 3.7: Das Rahmensymbol im Start-Register.

3.3.3 Rahmenlinien zeichnen

Die Funktion *Rahmenlinien zeichnen* finden Sie als Eintrag im unteren Bereich der Rahmenliste. Zeichnen Sie mit dem Mauszeiger in Form eines Bleistifts Rahmen in die Tabelle, setzen Sie den Bleistift an, drücken Sie die Maustaste und ziehen Sie einfach Linien mit dem Mauszeiger. Auf dem Tablet ziehen Sie die Rahmenlinie mit dem Finger oder dem Stift.

Mit *Rahmenraster zeichnen* werden auch die innen liegenden Zellen des überzeichneten Bereichs mit Rahmenlinien versehen.

Das Radiergummisymbol *Rahmenlinien entfernen* löscht gezeichnete Linien. Ziehen Sie es mit gedrückter Maustaste über die Zellränder.

Unter *Linienfarbe und Linienart* finden Sie die Farben und Stricharten für die Rahmenlinien. Stellen Sie eine Linienart ein, die zum Zeichnen der nächsten Linien verwendet wird.

3.3.4 Rahmen im Dialogfeld

Eine umfangreiche und vollständige Auswahl aller Rahmenzuweisungen finden Sie wieder im Dialogfeld der Gruppe *Schriftart* (Kästchen rechts unten oder *Weitere Rahmenlinien*). Schalten Sie auf die Registerkarte *Rahmen* um.

- **Rahmen:** Hier werden die einzelnen Rahmenlinien der Markierung zugewiesen. Sie können wahlweise die kleinen Symbole rund um das Vorschaufenster anklicken oder direkt in das Fenster klicken, um die Rahmen zu setzen. Ein weiterer Klick auf die bereits mit einem Rahmen versehene Linie entfernt ihn wieder.

- **Linien/Art:** Hier stehen 13 Linientypen in verschiedenen Strichstärken zur Auswahl. Klicken Sie zuerst auf die Linienart und weisen Sie dann der Markierung die Linien zu.

- **Farbe:** Klicken Sie auf den Listenpfeil, um die Farbliste einzublenden, und markieren Sie die gewünschte Farbe für die unter *Rahmen* markierte Linie.

Das Vorschaufenster *Rahmen* zeigt jede einzelne Linie in drei Varianten an:

Ist ein Rahmen durchgängig in allen Zellen der Markierung vorhanden, zeigt das Fenster diesen in der gewählten Linienart an. Wenn kein Rahmen gesetzt ist, bleibt auch die Linie in der Vorschau leer.

Zeigt das Feld für eine Linie eine dunkle Rasterfläche, weist Excel darauf hin, dass der Rahmen oder die Schraffur nur Teilbereichen der Markierung, nicht allen Zellen, zugewiesen wurde. Sie können dann durch Anklicken bestimmen, dass alle Zellen formatiert werden (Kreuz), die Formatierung entfernen (Leer) oder durch einen dritten Klick die Teilformatierung wiederherstellen.

Achten Sie darauf, dass die Auswahl und die Farbgebung einer Linienart immer nur für den vorher bezeichneten Bereich (*Gesamt*, *Oben*, *Unten* ...) gilt. Auf diese Art lässt sich praktisch jede einzelne Randlinie einer Zelle unterschiedlich formatieren.

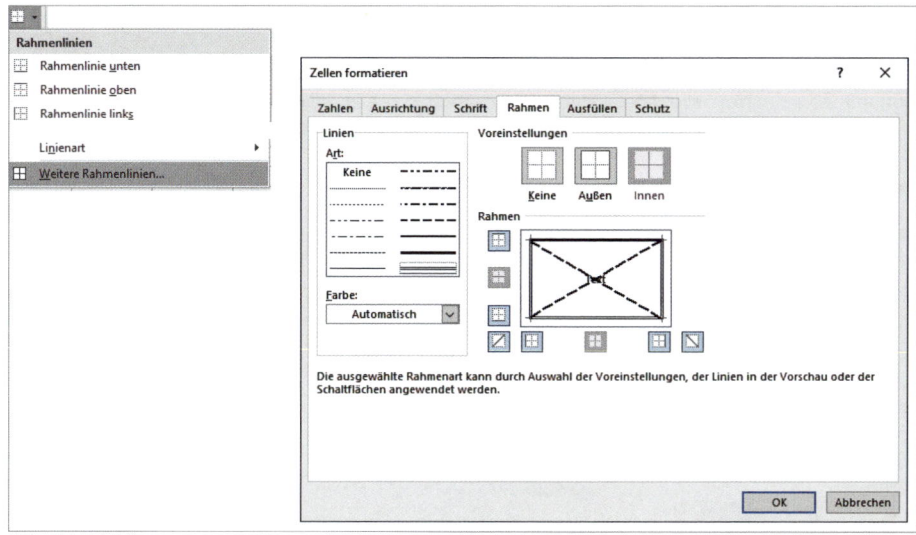

Bild 3.8: Rahmen zeichnen im Dialogfeld.

3.4 Farbe und Füllung

So wie jede einzelne Zelle mit Schrift und Rahmen formatiert werden kann, so lassen sich auch Farbe und Füllung zuweisen. Zellmuster und Farben finden Sie unter dem Symbol *Füllfarbe* oder im Dialogfeld der Gruppe *Start/Schriftart*.

3.4.1 Zellformatierung mit dem Symbol Füllfarbe

Markieren Sie alle Zellen, die Sie mit Farben oder Mustern formatieren wollen. Klicken Sie auf den Pfeil rechts am Füllfarbensymbol und wählen Sie eine passende Füllung. Zur Auswahl stehen die Farben aus dem aktuellen Design (*Seitenlayout/Designs*) und zehn Standardfarben. Das gewählte Farbmuster bleibt im Symbol und kann beim nächsten Mal einfach durch Anklicken wieder zugewiesen werden. Die Farbauswahl gliedert sich in Designfarben und Standardfarben. Das gewählte Design entscheidet über die Farben der ersten Kategorie, in der zweiten finden Sie zehn einfache RGB-Farben. Die Schaltfläche *Keine Füllung* löscht alle Farbzuweisungen in den markierten Zellen.

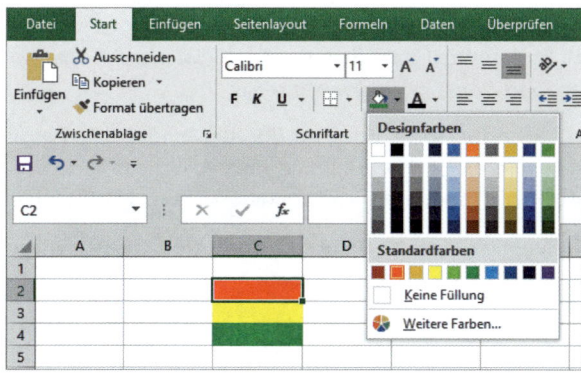

Bild 3.9: Füllung und Farbe zuweisen.

3.4.2 Weitere Farben

Mit *Weitere Farben* blenden Sie eine Farbpalette ein, in der die Farbe aus einem Hexagon mit 255 Farben und 16 Grautönen gewählt oder im Register *Benutzerdefiniert* selbst zusammengestellt werden kann. Hier stehen zwei Farbmodelle zur Auswahl:

- RGB (Rot, Grün, Blau)

- HSL (Hue, Saturation, Luminance = Helligkeit, Sättigung, Intensität)

Geben Sie einen Wert zwischen 0 und 255 für jeden Farbmischungsteil ein. Mit $255 \times 255 \times 255$ Möglichkeiten stehen für beide Farbmodelle über 16,5 Millionen Farben zur Auswahl.

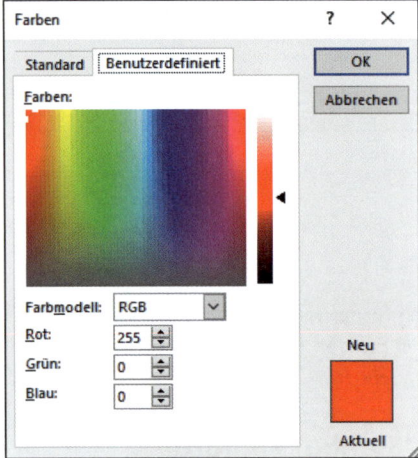

Bild 3.10: Stellen Sie Ihre eigene Farbe zusammen über das RGB-Modell.

3.4.3 Füllfarbe und Muster über das Dialogfeld zuweisen

Auch dieses Symbol bietet nur eine Teilauswahl der Werkzeuge, die Excel für die Gestaltung einer Zelle bereithält. Das gesamte Angebot an Zellfarben und Mustern lässt sich nur über das Dialogfeld abrufen.

Markieren Sie die zu formatierenden Zellen und aktivieren Sie das Dialogfeld der Gruppe *Schriftart* (Kästchen rechts unten). Schalten Sie um auf die Registerkarte:

- **Hintergrundfarbe:** Die Option zeigt alle vom Design gelieferten Farbvarianten an. Markieren Sie die gewünschte Farbe durch Anklicken des Farbkästchens. *Keine Farbe* entfernt die Farbzuweisung (und damit auch das Muster).

- **Musterformat:** Das Vollmuster, das dafür sorgt, dass die darüber eingestellte Farbe zugewiesen wird, ist standardmäßig eingestellt. Um eine andere Schraffur zu verwenden, öffnen Sie diese Palette und markieren eine Schraffur.

- **Musterfarbe:** Die hier angebotenen Farben beziehen sich auf die Schraffur, nicht auf das Zellmuster. Das kann zusätzlich eingestellt werden.

- **Fülleffekte:** Klicken Sie hier, um dem markierten Bereich einen Farbverlauf zuzuweisen. Der Verlauf wird aus zwei Farben gemischt, zur Auswahl stehen sechs Schattierungsarten mit unterschiedlichen Varianten. Klicken Sie auf ein Variantenfeld, um die Variante zuzuweisen.

- **Beispiel:** Dieses Feld zeigt die gewählte Zellformatierung und den Farbverlauf zur Kontrolle an.

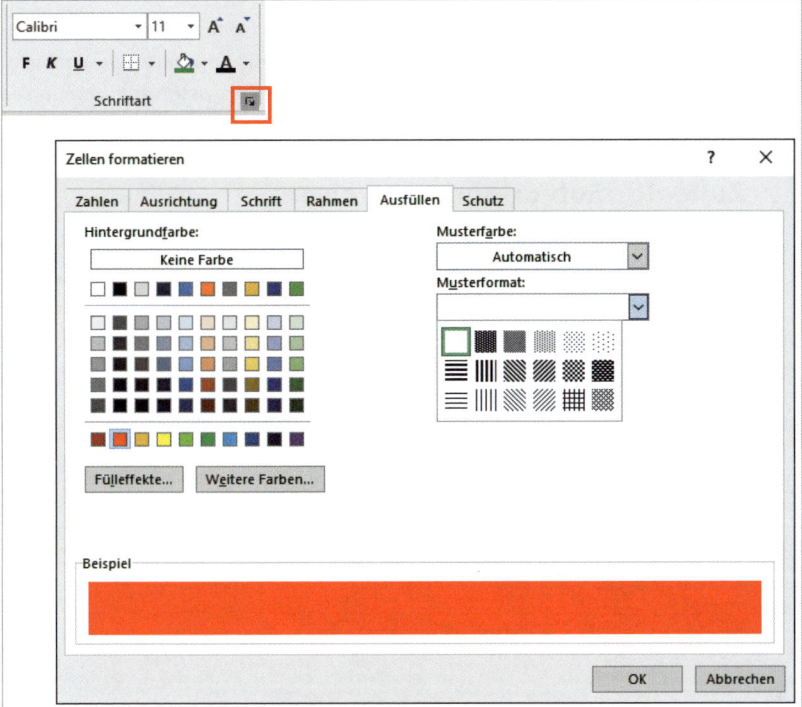

Bild 3.11: Alle Farbwerkzeuge im Dialogfeld.

3.5 Zellenformatvorlagen

Was in der Textverarbeitung wichtigster Bestandteil ist, bietet Excel auch als Formatierungswerkzeug an. Die Formatvorlage bündelt Formatierungen und stellt sie als Paket zur Auswahl. Das spart Zeit und Arbeit, Formatvorlagen können für Teams und Firmen vorbereitet werden und sorgen für einheitliche Formatierungen nach CI-Prinzipien. Eine Formatvorlage kann alles enthalten, was das *Format*-Menü an Formatierungen zu bieten hat:

Element	Funktionen
Zahlenformate	Formate aus dem Angebot von Excel oder benutzerdefinierte Zahlenformate
Schrift	Schriftart, Schriftgröße, Farbe, Ausrichtung und Schriftschnitt

Element	Funktionen
Rahmen	Rahmenzuweisungen mit Rahmentypen und Rahmenbreite
Muster	Zellmuster, Schraffierungen und Farbe
Zellschutz	Automatischer Schutz für Zellen, der mit dem Einschalten des Blatt- oder Mappenschutzes aktiv wird

Das Zellenformat bietet freie Auswahl bei der Zuteilung der sechs Formatoptionen – was nicht in der Vorlage festgehalten ist, bleibt frei formatierbar und eine per Vorlage formatierte Zelle kann weiterhin ohne Einschränkungen über alle passenden Menüoptionen formatiert werden.

3.5.1   Zellenformatvorlagen zuweisen

Markieren Sie den Bereich, den Sie formatieren wollen. Ziehen Sie die Markierung für größere Bereiche über Spaltenbuchstaben und/oder Zeilennummern oder klicken Sie auf das Kästchen links oben, um das ganze Tabellenblatt zu markieren. Wählen Sie *Start/Formatvorlagen/Zellenformatvorlagen*. Zeigen Sie mit dem Mauszeiger auf eine Formatvorlage.

Der Effekt wird beim Überfahren mit dem Mauszeiger schon im Hintergrund zugewiesen und Sie können die Formatierungen überprüfen. Klicken Sie die Zellenformatvorlage an, um sie der Markierung zuzuweisen.

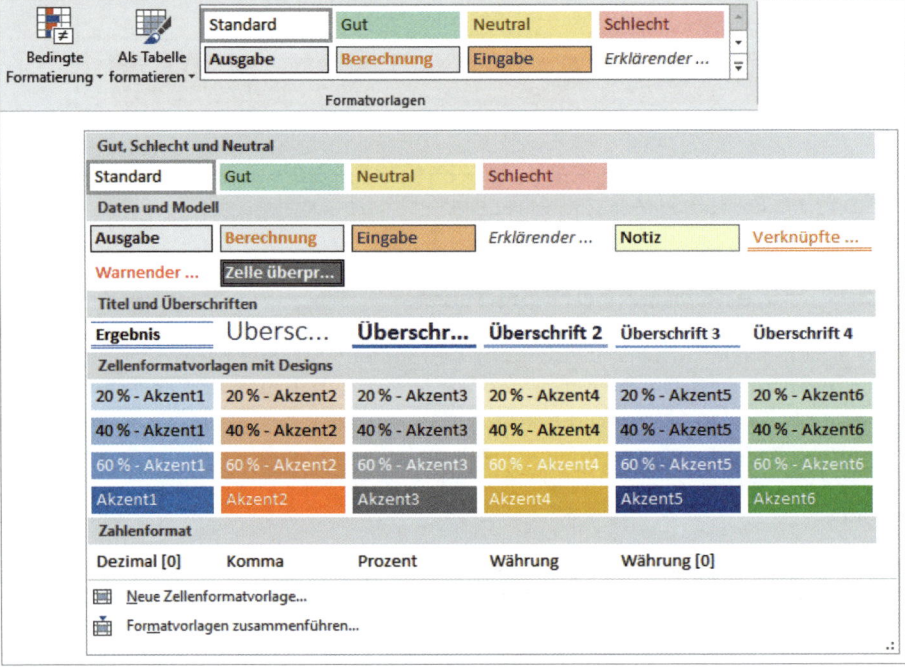

Bild 3.12: Zellenformatvorlagen sammeln Formatierungen.

3.5.2 Zellenformatvorlagen ändern

Wenn die Zellenformatvorlage nicht passt, können Sie jede einzelne Formatierung darin ändern. Ändern Sie beispielsweise die Vorlage *Notiz* so ab, dass sie neben der gelben Zellfüllung auch die Schrift noch rot einfärbt.

1. Öffnen Sie die Liste der Zellenformatvorlagen, klicken Sie mit der rechten Maustaste in die Vorlage.

2. Wählen Sie *Ändern* im Kontextmenü. Kreuzen Sie die gewünschten Formatierungen an (Zahlenformat, Rahmen, Schriftart, Muster, Ausrichtung, Zellschutz) und klicken Sie auf *Formatieren*.

3. Im Dialog können Sie alle Formate einstellen, klicken Sie zweimal auf *OK*, um das Zellenformat zurückzuschreiben.

Der Name der Standardvorlage lässt sich nicht ändern.

Unter *Formatvorlage enthält* sind nur die Formatierungen angekreuzt, die dem gerade angezeigten Format zugeteilt wurden. Kreuzen Sie die Optionsfelder nur an, wenn die jeweilige Formatgruppe auch von der Vorlage geregelt werden soll. Für Vorlagen, die Zahlen formatieren, reicht meistens die Definition der Gruppe *Zahlenformate* aus, alle anderen Formatierungen werden aus dem Standardformat übernommen.

3.5.3 Neue Zellenformatvorlage erstellen

Erstellen Sie Ihre eigenen Zellenformatvorlagen über das Symbol aus der Gruppe *Start/Formatvorlagen*. Wenn Ihre neue Vorlage Formatierungen aus einer der angebotenen Vorlagen enthalten soll, klicken Sie die Vorlage mit der rechten Maustaste an und wählen Sie im Kontextmenü *Duplizieren*. Wählen Sie *Neue Zellenformatvorlage* und geben Sie einen Namen ein. Kreuzen Sie die Elemente an, die Sie mit der Vorlage formatieren wollen.

Klicken Sie auf *Formatieren* und weisen Sie der Vorlage aus dem Dialogfeld *Zellen formatieren* alle gewünschten Formate zu. Die neue Zellenformatvorlage taucht anschließend im Menü des Symbols ganz oben unter der Kategorie *Benutzerdefiniert* auf.

3.5.4 Zellenformatvorlagen löschen

Mit Ausnahme der Vorlage *Standard* lässt sich jede Vorlage aus der Liste löschen. *Standard* ist für unformatierte Zellen zuständig, sie kann nicht gelöscht werden.

Klicken Sie mit der rechten Maustaste auf die Zellenformatvorlage, die Sie löschen wollen, und wählen Sie im Kontextmenü *Löschen*.

Die Vorlage wird gelöscht und alle Zellen, die mit dieser Vorlage formatiert waren, werden auf das Standardformat zurückgesetzt. Frei zugeteilte Formatierungen bleiben erhalten.

3.5.5   Formatvorlagen zusammenführen

Enthält eine Formatvorlagenliste viele nützliche Formate, ist es natürlich sinnvoll, diese auch in anderen Tabellen zu verwenden. Über eine Option wird eine Vorlagensammlung mit der einer anderen Arbeitsmappe verbunden. Voraussetzung ist, dass alle beteiligten Mappen geöffnet sind:

1. Aktivieren Sie die Mappe, die alle Formatvorlagen enthalten soll.

2. Wählen Sie *Start/Formatvorlagen/Zellenformatvorlagen* und klicken Sie auf *Formatvorlagen zusammenführen*.

3. Eine Liste mit allen weiteren aktiven Mappen erscheint, klicken Sie auf einen Eintrag und bestätigen Sie mit *OK*.

Die Vorlagen aus der Mappe werden in die Zieltabelle aufgenommen. Ist eine Vorlage mit gleichen Namen dabei, erscheint die Meldung:

Formatvorlagen mit gleichen Namen zusammenführen?

Bestätigen Sie hier mit *Ja*, werden die Vorlagen in der aktiven Tabelle überschrieben. Mit *Nein* bleiben die Vorlagen unverändert; gleichnamige Einträge werden nicht übernommen.

3.6   Bedingte Formatierung

Eine besonders effektive Methode, Tabellenmodelle zu formatieren, bietet die Bedingungsformatierung. Im Unterschied zu normalen Formatzuweisungen wie Zellfarben, Schriftarten und -grade oder Rahmen wird das Bedingungsformat nur aktiv, wenn eine bestimmte, nach logischen Regeln definierbare Bedingung erfüllt ist. Diese Regel leitet sich aus dem Inhalt der formatierten Zellen ab. Das Bedingungsformat hat Vorrang vor »harten« Formatierungen wie Zellfarbe oder Schriftart.

3.6.1   Beispiel: Negative Zahlen rot

Die einfachste Bedingungsformatierung ist die Zuweisung einer roten Schrift bei negativen Werten:

Markieren Sie eine Spalte mit Zahlenwerten.

	A	B
1	2,99	
2	1,50	
3	-23,00	
4	24,90	
5	120,00	
6	-45,80	

Wählen Sie *Start/Formatvorlagen/Bedingte Formatierung* und *Regeln zum Hervorheben von Zellen*.

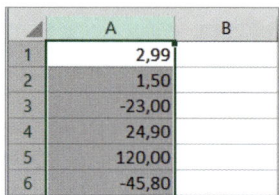

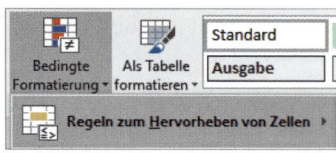

Nehmen Sie die Option *Kleiner als*.

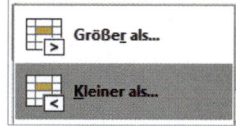

Geben Sie eine Null ein.

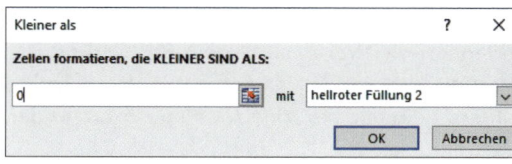

Suchen Sie das Format *Roten Text* und bestätigen Sie mit *OK*.

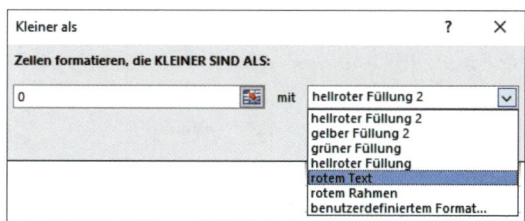

Jetzt werden alle negativen Werte in der Spalte rot formatiert.

	A
1	2,99
2	1,50
3	-23,00
4	24,90
5	120,00
6	-45,80

3.6.2 Vordefinierte Bedingungen

Die Liste der vordefinierten Bedingungen enthält Datenbalken, Farbskalen oder Symbolsätze. Verwenden Sie diese, wenn Sie einem Bereich eine automatische Formatierung zuweisen wollen, die alle Werte ins Verhältnis zum größten Wert in der Markierung setzt. Regeln definieren Sie, wenn Sie die Bedingungen genauer bestimmen wollen. Wichtig ist, dass bei Änderungen oder Neuzuweisung immer alle Zellen markiert sind, damit sich die Regel, die mit der Zuweisung aufgestellt wird, auf alle Zellen beziehen kann.

Regeln zum Hervorheben von Zellen

Hier finden Sie eine Auswahl von Bedingungen, die entweder logisch definierbar sind (Größer/Kleiner als, Zwischen, Gleich) oder aus dem Inhalt abzuleiten sind. *Datum* bietet Datumsgrenzen (Gestern, Heute, nächsten Monat …), *Doppelte Werte* formatiert Zellen mit doppelten oder eindeutigen Werten. Der Wert kann aus einer Zelle stammen oder direkt eingegeben werden. Anstelle der Anzahl kann auch der prozentuale Anteil eingetragen werden.

Obere/untere Regel
Die oberen oder unteren Werte mit einstellbarer Wertegrenze (10 ist Standard) oder als Prozentsatz, über oder unter dem arithmetischen Mittel.

Datenbalken

Verwenden Sie dieses Bedingungsformat, um das Verhältnis der einzelnen Werte zu visualisieren. Die Länge des Balkens entspricht seinem Wert, der größte Wert zeigt den längsten Balken.

Farbskalen

Formatiert die Werte mit abgestuften Farben. Die Auswahl der Skala bestimmt, welcher Wert die höheren Zahlen formatiert. Hohe Temperaturwerte können zum Beispiel blau, mittlere gelb und niedrige rot eingefärbt werden.

Symbolsätze

Weist den Zellen nach ihrer Wertigkeit Symbole zu. Auch hier gilt der größte Wert als Maßstab, das Angebot umfasst Symbolsätze mit Pfeilen, Punkten, Säulen und vieles mehr.

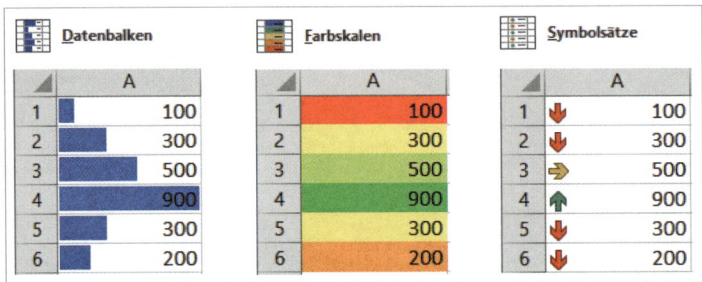

Bild 3.13: Bedingungsformate nach Wertigkeit.

3.6.3 Regeln für Bedingungsformate

Wesentlich mehr Möglichkeiten als die vordefinierten Formate bieten die Regeln. Geben Sie eine logische Bedingung ein und wählen Sie einen Referenzwert.

Markieren Sie die Zellen, die Sie formatieren wollen. Wählen Sie *Start/Formatvorlagen/Bedingte Formatierung/Regeln zum Hervorheben von Zellen*.

Neue Regel

Mit der Option *Neue Regel* definieren Sie eigene Regeln. Wählen Sie einen Regeltyp und bearbeiten Sie die Regelbeschreibung des jeweiligen Typs. Die ersten fünf Regeltypen entsprechen dem Angebot aus dem Befehlsmenü, im letzten Regeltyp (*Formel zur Ermittlung der zu formatierenden Zellen verwenden*) geben Sie eine Formel ein, deren Wahrheitswert erfüllt sein muss, damit die Formatierung zugewiesen wird.

Regeln verwalten – der Regel-Manager

Die Übersicht über alle Bedingungsformate im aktuellen Tabellenblatt oder in einem der Blätter der aktuellen Mappe erhalten Sie, wenn Sie den Regel-Manager aktivieren. Wählen Sie *Start/Formatvorlagen/Bedingte Formatierung/Regeln verwalten*.

Geben Sie an, ob Sie die aktuelle Markierung (Auswahl), das Tabellenblatt oder ein anderes Tabellenblatt der aktiven Mappe nach Regeln durchsuchen wollen. Die Auswahlliste enthält alle Möglichkeiten.

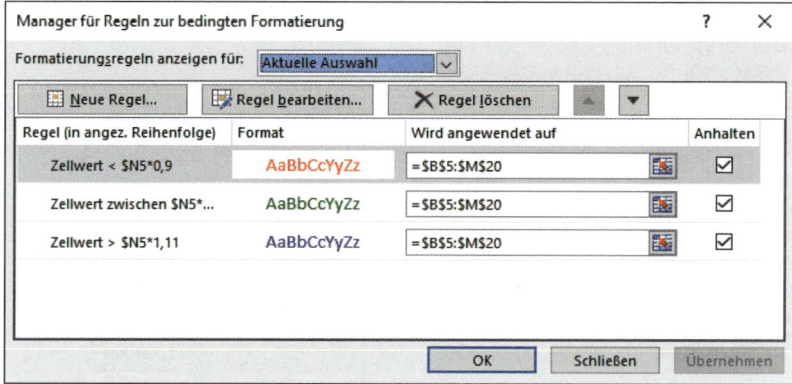

Bild 3.14: Der Regel-Manager listet alle Bedingungsformate auf.

Mit *Neue Regel* wird eine neue Regel aufgestellt. *Regel bearbeiten* stellt die markierte Regel zur Bearbeitung zur Verfügung. Mit *Regel löschen* entfernen Sie das markierte Bedingungsformat.

Regelkonflikte

Regeln werden in der Reihenfolge von oben nach unten angewendet, Sie lösen keinen Konflikt aus, wenn sie sich nicht widersprechen. Weisen Sie zum Beispiel mit *Regel 1* die Schriftfarbe Rot zu und mit Regel 2 ein Währungsformat, so werden beide Regeln angewendet. Lösen Regeln aber einen Konflikt aus, hat die oberste Regel Vorrang. Wenn Regel 1 beispielsweise mit der Schriftfarbe Rot arbeitet und Regel 2 mit Grün, entsteht ein Konflikt, den die oberste Regel für sich entscheidet.

Da Regeln sich gegenseitig ausschließen oder beeinflussen können, ändern Sie bei Bedarf die Reihenfolge. Klicken Sie auf das Pfeilsymbol neben einer Regel, um sie zu verschieben. Kreuzen Sie *Anhalten* an, wenn Sie die Regelauswertung aussetzen wollen. Damit wird nicht die Formatierung, sondern nur die Auswertung der Regel in Bezug auf andere Regeln außer Kraft gesetzt.

Regeln und manuelle Formate

Bedingungsformate haben Vorrang vor »manuellen« Formatzuweisungen. Formatieren Sie eine Zelle mit der Farbe Rot und wenden Sie gleichzeitig ein Bedingungsformat an, das die Zelle grün färbt. Wenn die Bedingung erfüllt ist, wird das Bedingungsformat die Zelle grün färben.

Zellen mit bedingter Formatierung markieren

In der Praxis lässt sich nicht immer einfach feststellen, ob eine Formatierung aus einem Bedingungsformat stammt. Auch die Bereiche, die formatiert wurden, können oft nicht nachvollzogen werden (idealerweise sollten deshalb immer ganze Zeilen und Spalten formatiert werden). Excel bietet aber eine Möglichkeit, nachzuprüfen, wo sich Bedingungsformate im Tabellenblatt verstecken:

Wählen Sie *Start/Bearbeiten/Suchen und Auswählen* oder drücken Sie F5. Klicken Sie auf *Inhalte*. Die Option *Bedingte Formate* markiert nach Bestätigung mit *OK* alle Zellen, die in ein Bedingungsformat einbezogen sind. *Alles* markiert dabei alle Zellen, *Gleiche* sorgt dafür, dass nur Zellen markiert werden, die im gleichen Bedingungsformatbereich liegen wie die aktive Zelle.

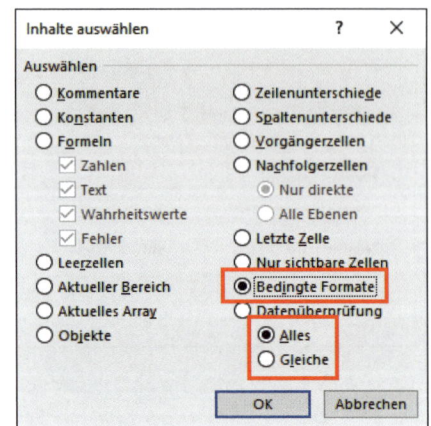

Bild 3.15: Damit finden Sie Bedingungsformate im Tabellenblatt.

3.6.4   Formeln im Bedingungsformat

Richtig professionell arbeiten Sie mit Bedingungsformaten, deren Bedingungen über Formeln formuliert werden. Wählen Sie *Start/Formatvorlagen/Bedingte Formatierung/ Neue Regel* und *Formel zur Ermittlung der zu formatierenden Zellen verwenden*.

Das Prinzip: Die Formel bezieht sich immer auf die aktive Zelle. Arbeiten Sie in der Formel mit relativen Bezügen, passen sich diese automatisch der Bedingungsregel an.

Formeln für Bedingungsformate können alles enthalten, was die Formelschreibung von Excel erlaubt: logische Operatoren ($>$, $<$, $=$), Bezüge, relativ und absolut, Bereichsnamen und vor allem Funktionen. Kombinieren Sie Arithmetik und Logik mit Funktionen, bieten sich unerschöpfliche Möglichkeiten für bedingte Formate.

Beispiel: Ampelformatierung

Tragen Sie diese Zahlenreihe in Spalte A ein.

	A
1	200
2	300
3	100
4	800
5	50
6	500
7	900

Schreiben Sie die Ober- und Untergrenzen für die Ampelformatierung in die Spalte E:
Rot: kleiner gleich 200
Gelb: zwischen 201 und 499
Grün: größer oder gleich 500

D	E
Rot:	200
Gelb:	201
	499
Grün:	500

Markieren Sie die Zahlen in Spalte A. Der Zellzeiger steht in A1. Starten Sie die Bedingungsformatierung und wählen Sie *Neue Regel*.

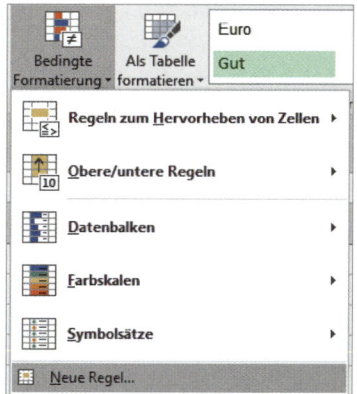

Wählen Sie *Formel zur Ermittlung der zu formatierenden Zellen verwenden*.

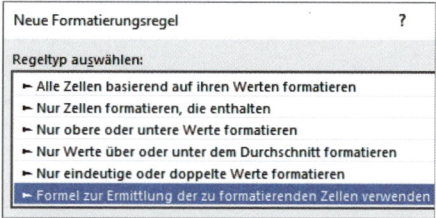

Tragen Sie die erste Bedingung ein. Achten Sie darauf, dass der Bezug auf A1 relativ und der Bezug auf E1 absolut sein muss. Klicken Sie auf *Formatieren*.

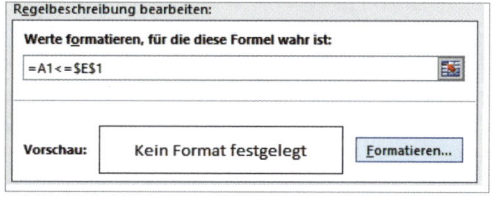

Wählen Sie auf der Registerkarte *Ausfüllen* die Füllfarbe Rot.

Resultat: Alle Zellen mit erfüllter Bedingung werden rot eingefärbt. Markieren Sie die Zahlen wieder, …

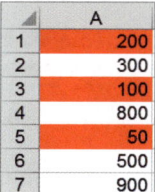

... und legen Sie die zweite Bedingungsformatierungsregel an. Mit der UND()-Funktion formulieren Sie die Bedingung für die zweite Farbe.

Die dritte Regel sorgt für die Formatierung mit der Farbe für die Obergrenze der Ampel.

So sieht die Regelliste anschließend im Regel-Manager aus, ...

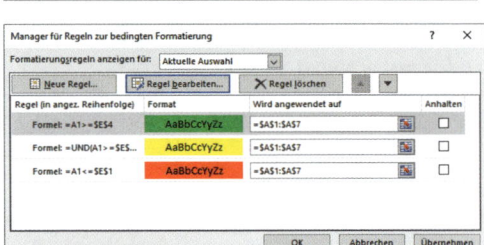

... und die Zahlenreihe ist mit Ampelfarben formatiert.

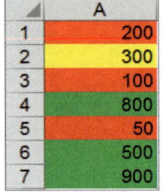

	A
1	200
2	300
3	100
4	800
5	50
6	500
7	900

3.7 Zahlenformate

Das Zahlenformat hat in der Tabellenkalkulation einen höheren Stellenwert als die Zellformatierung mit Farben, Rahmen oder Schriftvarianten. Zahlen werden nämlich nicht nur für die Optik formatiert, sie wechseln je nach Zahlenformat ihre Bedeutung. Die Zahl 1 in einer Zelle kann zum Beispiel in vielen Varianten formatiert werden:

1. als Zahl mit oder ohne Währungszeichen und mit einer variablen Anzahl von Nachkommastellen.

2. als Währungsbetrag mit €, EUR oder einem anderen Währungszeichen ($, £, ¥).

3. als Datum, das Ergebnis ist der 1. Januar 1900, der Tag 1 des Excel-Kalenders.

4. als Uhrzeit, Ergebnis: 0:00 Uhr (die Uhrzeit ist ein Teil des Datums, hier also der 1.1.1900 um 0:00 Uhr).

5. als Prozentwert (1 = 100%).

6. als Exponentialzahl in wissenschaftlicher Schreibweise (1,00E+00).

7. als Text. Die Zahl steht damit linksbündig in der Zelle, kann aber weiterhin für Berechnungen verwendet werden.

8. als Postleitzahl oder ISBN-Nummer (Sonderzahlenformate).

9. als benutzerdefinierter Eintrag, zum Beispiel mit Text vor oder hinter der Zahl.

Die Zahl 1	Zahlenformat
1	Zahl
1,00	Zahl mit zwei Nachkommastellen
1,00 €	Währung
01.01.1900	Datum
00:00	Uhrzeit
100,00%	Prozent
1,00E+00	Exponential
1	Text
D-00001	Postleitzahl
ISBN ---1	ISBN-Nummer
ich bin die Zahl 1	Benutzerdefiniert

Bild 3.16: Die Zahl 1 mit unterschiedlichen Zahlenformaten.

In allen Fällen bleibt der Zellinhalt derselbe, aber das Zahlenformat hat erheblichen Einfluss auf die Kalkulation.

3.7.1 Windows liefert die Vorgaben

Welches Zahlenformat mit dem Symbol für Währungen benutzt wird und wie ein Datum formatiert wird, entscheidet Excel nicht allein. Windows liefert die Vorgaben für Zahlenformate und sorgt damit dafür, dass jeder Excel-Anwender in seiner länder- und regionsspezifischen Umgebung arbeitet und formatiert. In der Windows-Systemsteuerung finden Sie unter *Zeit, Sprache und Region* (*Weitere Einstellungen*) alle für das Zahlenformat relevanten Definitionen auf fünf Registerkarten. Stellen Sie unter *Zahlen* das Dezimaltrennzeichen und das Tausenderzeichen ein, überprüfen Sie unter *Währung* das Währungssymbol und bestimmen Sie unter *Uhrzeit*, wie eine Zeitangabe angezeigt wird. Auf dem Register *Datum* finden Sie die Datumsformate und die Kalendereinstellung, die für die Anzeige einer zweistelligen Jahreszahl sorgt und den ersten Wochentag bestimmt.

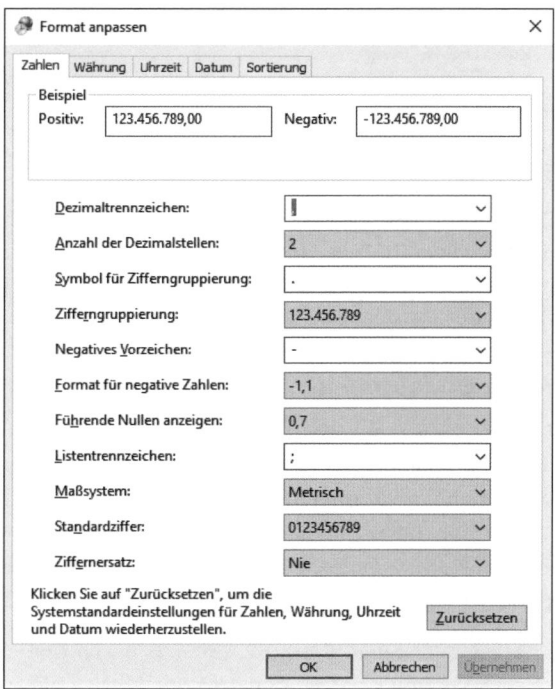

Bild 3.17: Voreinstellungen für Zahlenformate in der Windows-Systemsteuerung.

Dezimalzeichen und Zifferngruppierung

Die hier angebotenen Dezimalzeichen und Symbole stammen aus der Voreinstellung für die Region. Im deutschsprachigen Raum ist das Dezimalkomma per DIN 1333 oder ISO 80000-1 vorgeschrieben, der Tausenderpunkt nicht. Als Zifferngruppierung wird der Punkt vorgeschlagen. Die Tausendergruppierung mit Leerzeichen nach jeder Vierergruppe (Österreich: Dreiergruppe) unterstützt Windows nicht. Schweiz und Liechtenstein regeln das anders, wählen Sie als Regionaleinstellung *Deutsch (Schweiz)*, erhalten Sie einen Punkt als Dezimaltrennzeichen und den Apostroph (') für die Tausendergruppierung. Im angelsächsischen Raum ist der Punkt das Dezimaltrennzeichen und das Komma die Zifferngruppierung (Tausender).

Währungszeichen

Das Währungszeichen muss nach ISO 8000 immer mit einem Leerzeichen von der Zahl getrennt und hinter der Zahl stehen. Das Währungsformat übernimmt automatisch das Währungszeichen aus der Regionseinstellung, in Deutschland ist es das €-Zeichen. Wenn Sie das €-Zeichen durch die ISO-Schreibweise EUR ersetzen, erhalten Sie dieses im Excel-Währungssymbol als zusätzlichen Vorschlag angeboten. Schweiz und Liechtenstein verwenden ausschließlich das ISO-Zeichen CHF für die Währung (Schweizer Franken) hinter der Zahl. Im angelsächsischen Raum wird das Währungszeichen ($, £, USD, GBP) offiziell ohne Leerzeichen vor den Betrag gestellt, häufig sieht man aber schon die europäische Schreibweise mit Leerzeichen und Währungszeichen hinter der Zahl:

$1,2345.67 oder

1,2345.67 $ oder

1,2345.67 USD

EUR oder €?

Der Bundesverband deutscher Banken (www.bdb.de) empfiehlt für Tabellen generell die Schreibweise EUR, das ISO-Zeichen für den Euro. Das Eurozeichen € sollte nur für plakative Auszeichnungen, z. B. auf Preisschildern, in Anzeigen oder im Schaufenster verwendet werden. Der Duden legt sich hier nicht fest.

Währungszeichen international

Sämtliche internationalen Währungszeichen stehen automatisch als Währungssymbol für das Zahlenformat *Währung* zur Verfügung, wenn unter Windows die entsprechende Sprach- und Regionaleinstellung vorgenommen wurde. Brauchen Sie ein internationales Währungssymbol in der Kalkulation, geben Sie es im benutzerdefinierten Format hinter der Zahl ein. Stellen Sie die Zeichen aber immer zwischen Anführungszeichen.

1,234.56 "¥"

Eine Liste mit allen internationalen Währungszeichen finden Sie im Internet: www.xe.com/symbols.php. Mit dem Unicode können Sie die Zeichen direkt erzeugen: Halten Sie die Alt-Taste gedrückt und geben Sie die Zahl ein. Bei dreistelligen Zahlen stellen Sie eine Null voran.

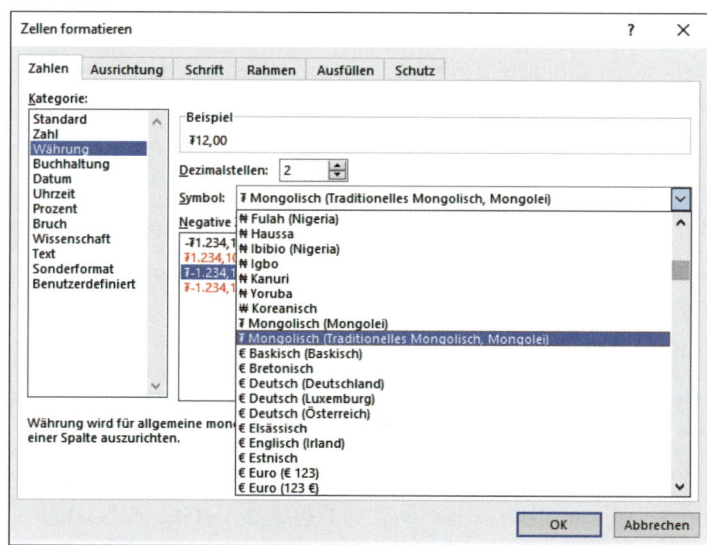

← → ↻ | xe.com/symbols.php

List of Currency Symbols

Information is available below on Fonts Used in this Page and How To Work With Currency Symbols.

Country and Currency	Currency Code	Graphic Image	Font: Code2000	Font: Arial Unicode MS	Unicode: Decimal	Unicode: Hex	
Albania Lek	ALL	Lek	Lek	Lek	76, 101, 107	4c, 65, 6b	
Afghanistan Afghani	AFN	؋	؋	؋	1547	60b	
Argentina Peso	ARS	$	$	$	36	24	info
Aruba Guilder	AWG	ƒ	ƒ	ƒ	402	192	
Australia Dollar	AUD	$	$	$	36	24	
Azerbaijan New Manat	AZN	ман	ман	ман	1084, 1072, 1085	43c, 430, 43d	
Bahamas Dollar	BSD	$	$	$	36	24	
Barbados Dollar	BBD	$	$	$	36	24	
Belarus Ruble	BYR	p.	p.	p.	112, 46	70, 2e	

Bild 3.18: Internationale Währungszeichen.

Im Dialogfeld für Zahlenformate, das mit [Strg]+[1] aktiviert wird, können Sie ebenfalls internationale Währungszeichen einstellen. Schalten Sie um auf die Kategorie *Währung* und suchen Sie das passende Währungszeichen.

Bild 3.19: Internationale Währungszeichen im Zahlenformat-Dialog.

3.7.2 Zahlenformat zuweisen

Da das Zahlenformat für jede Zelle individuell zuweisbar ist, sollte die Markierung alle Zellen beinhalten, für die das Zahlenformat gedacht ist. Idealerweise markieren Sie ganze Zeilen und/oder Spalten, wenn sich darin das Zahlenformat nicht mehr ändert. Aktivieren Sie unter *Start/Zahl* die Liste der Zahlenformate. Klicken Sie auf das passende Format. Die Zahlenformate *Währung*, *Prozent* und *Tausendertrennzeichen* können Sie auch mit den Symbolen in der Gruppe direkt zuweisen, mit den Dezimalstellensymbolen ändern Sie unabhängig vom Zahlenformat die Anzahl der angezeigten Dezimalstellen.

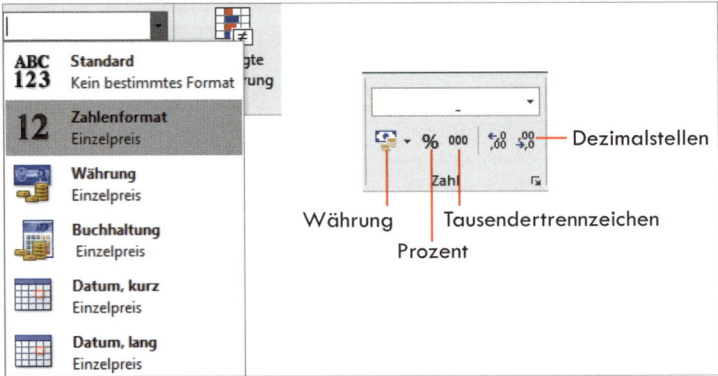

Bild 3.20: Zahlenformate zuweisen über die Symbole im Register »Start«.

- **Standard:** Kein bestimmtes Format, der Zellinhalt wird nach seinem Datentyp formatiert (Zahl, Text oder Datum).

- **Zahl:** Eine Dezimalzahl mit zwei Nachkommastellen ohne Tausendertrennzeichen.

- **Währung:** Der markierte Bereich wird mit dem Zahlenformat *Währung* formatiert (zwei Nachkommastellen, Währungszeichen €).

Das Währungssymbol bietet keine Währungs-, sondern Buchhaltungsformate an, und zwar wahlweise mit dem Währungssymbol € oder $. Mit *Weitere Buchhaltungsformate* schalten Sie das Zahlenformat-Dialogfeld mit der Kategorie *Buchhaltung* ein, hier können Sie auch andere Währungszeichen auswählen.

- **Buchhaltung:** Damit weisen Sie den Zahlen das Buchhaltungsformat mit zwei Nachkommastellen und € als Währungssymbol zu.

- **Datum kurz:** Einfaches Datumsformat TT.MM.JJJJ mit ausgeschriebener Jahreszahl.

- **Datum lang:** Ausführliches Datumsformat mit Wochentag, Monat in Textform und ausgeschriebener Jahreszahl.

- **Zeit:** Zeitformat mit Stunde, Minute und Sekunde (führende Nullen).

- **Prozent:** Multipliziert die Zellen (optisch) mit 100 und fügt ein Prozentzeichen an. Das Prozentsymbol fügt wie der Listeneintrag keine Nachkommastellen ein.

- **Bruch:** Wandelt eine Dezimalzahl in einen Bruch um (z. B. 0,125 = 1/8).

- **Exponentialzahl (Wissenschaft):** Wandelt eine Zahl in Exponentialschreibweise um.

- **Text:** Stellt eine Zahl im Textformat dar.

3.7.3 Zahlenformate im Dialog zuweisen

Die Gruppe *Start-Register* enthält nur eine Auswahl möglicher Zahlenformate. Die wichtigsten Formate wie Währung, Datum, Zeit und Prozent sind dabei. Was die Zahlenformatliste und die Symbole in der Gruppe *Zahl* aber nicht bieten können, ist die Aufschlüsselung des Zahlenformats über Platzhalter, und die ist für Kalkulationsexperten besonders wichtig.

1. Markieren Sie die Zelle oder den Zellbereich, der zu formatieren ist.

2. Klicken Sie auf das Symbol für das Dialogfeld in der Gruppe *Zahl*.

Am schnellsten geht's mit der Tastenkombination (Strg)+(1).

Das Zahlenformat der Zelle wird angezeigt. Passt das Format in eine Kategorie, wird diese in der Liste markiert. Schalten Sie gleich auf die Kategorie *Benutzerdefiniert* um und sehen Sie sich den Code des Zahlenformats an. Hat die Zelle das Zahlenformat *Standard*, prüft Excel bei der Eingabe die Wertigkeit der Zahl und weist ihr ein passendes Format zu. Sie können ein anderes Zahlenformat aus der Liste wählen oder unter *Benutzerdefiniert* ein eigenes Zahlenformat definieren. *Benutzerdefiniert* zeigt die Zahlenformate mit Platzhaltern. Im Prinzip sind das keine neuen Zahlenformate, sondern nur »technische« Ansichten bereits vorhandener Zahlenformate. Mit Platzhaltern lassen sich aber Zahlenformate erzeugen, die über die Symbole in der Registergruppe und über die Einträge im Dialogfeld nicht möglich sind.

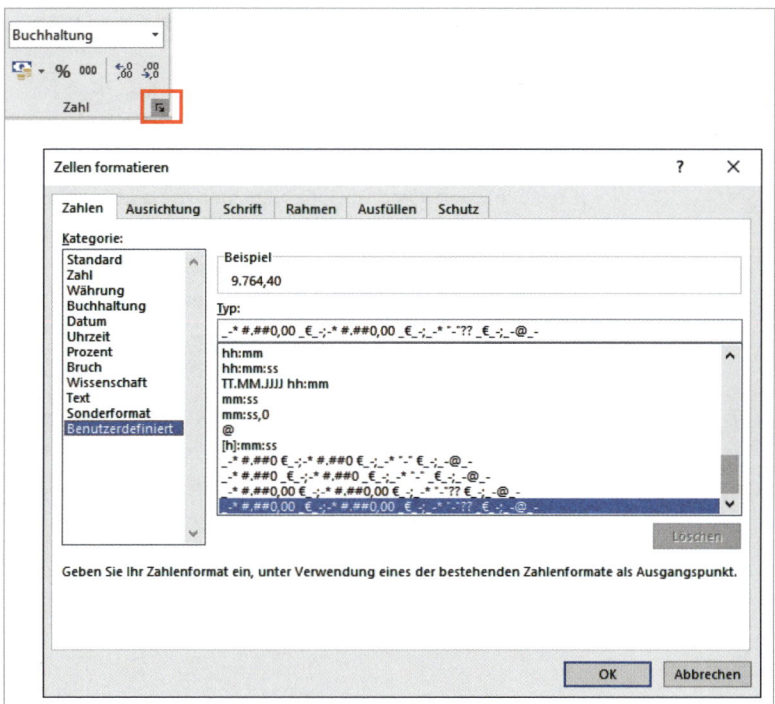

Bild 3.21: Zahlenformate mit Platzhaltern im Dialogfeld.

Standard

Mit diesem Zahlenformat gibt es keine Codierung, die Zahl wird ohne führende oder folgende Null abgebildet und (optisch) auf maximal neun Nachkommastellen gerundet. Im Zahlenformatcode kann das Format auch gemischt mit anderen Platzhaltern verwendet werden. Dieser Code formatiert negative Zahlen rot, verändert aber keine Nachkommastellen:

Standard;[Rot]-Standard

Zahl

Mit dieser Kategorie wird die Zahl als Dezimalzahl ausgewiesen. Legen Sie die Anzahl der Dezimalstellen fest und kreuzen Sie die Option *1000er-Trennzeichen verwenden* (.) an, wenn Sie diese sehen wollen. Die Liste unter *Negative Zahlen* bietet Minuszahlenformate mit und ohne rote Schrift an. Die Zahlenformate:

Platzhalter	Erklärung
0	Mit 0 wird keine Nachkommastelle angezeigt, auch wenn eine vorhanden ist. Die Zahl wird dann (optisch) kaufmännisch gerundet.
0,00	Mindestens eine Null vor dem Komma wird angezeigt, die Anzahl Nullen nach dem Komma entspricht den angezeigten Nachkommastellen. Minuszahlen erhalten gleich viele Nachkommas und das Minuszeichen steht automatisch vor der Zahl.
0,00;[Rot]0,00	Positive Zahlen mit Nachkommastelle für jede Null, Minuszahlen werden nur rot eingefärbt, kein Minuszeichen.
0,00_ ;-0,00	Positive Zahlen und negative Zeichen mit einem Leerzeichen am rechten Rand (siehe folgenden Hinweis)
0,00_ ;[Rot]-0,00	Positive und negative Zahlen mit einem Leerzeichen am rechten Rand. Minuszahlen werden in der Schriftfarbe Rot gesetzt.
#.##0,00	Positive und negative Zahlen mit 1000er-Trennzeichen
#.##0,00;[Rot]#.##0,00	Positive und negative Zahlen mit 1000er-Trennzeichen, negative Zahlen werden rot eingefärbt.
#.##0,00_ ;[Rot]-#.##0,00	Positive und negative Zahlen mit 1000er-Trennzeichen und Leerzeichen am rechten Rand, negative Zahlen werden rot eingefärbt.

Achten Sie auf diese Spezialformate:

0,00_;-0,00

#.##0,00_;[Rot]-#.##0,00

Der Unterstrich rechts neben dem positiven Format sorgt dafür, dass die Zahl nicht direkt am Zellenrand steht. Er hält so viel Platz frei, wie ein Leerzeichen in der eingestellten Schriftart brauchen würde. Rechts neben der Minuszahl steht noch ein Leerzeichen. Damit steht bei Zahlenreihen mit positiven und negativen Dezimalzahlen das Komma immer an der gleichen Stelle.

Währung

In diesem Format wird der Zahl ein Währungssymbol vorangestellt. Das Standard-Währungssymbol stammt aus der Windows-Regionaleinstellung, öffnen Sie die Liste und sehen Sie sich die übrigen Währungssymbole an. Hier können Sie je nach Ausmaß der Installation aus allen Währungszeichen der Welt wählen (siehe 3.7.1 »Windows liefert die Vorgaben«).

Buchhaltung

Hier werden alle Zellen so ausgerichtet, dass die Dezimalkommas immer untereinander stehen. Mit diesem Zahlenformat können Zahlen mit und ohne Währungssymbol gemischt werden. Wählen Sie das Buchhaltungsformat ohne Währungszeichen, schaltet Excel dieses Format ein:

    _-* #.##0,00 _E_U_R_-;-* #.##0,00 _E_U_R_-;_-* "-"?? _E_U_R_-;_-@_-

Mit dem Währungszeichen sieht das Format so aus:

    -* #.##0,00 EUR-;-* #.##0,00 EUR_-;_-* "-"?? EUR_-;_-@_-

Das Zahlenformat der positiven Sektion beginnt mit Unterstrich und Minuszeichen, damit wird der Platz frei gehalten, den ein Minuszeichen einnehmen würde. Mit * und Leertaste wird der Zwischenraum bis zur Zahl mit Leerzeichen gefüllt, sodass die Zahl rechtsbündig wird. Dann folgt das Währungsformat mit 1000er-Trennzeichen und den Abschluss bildet wieder ein Unterstrich, sodass auch rechts von der positiven Zahl so viel Platz bleibt, wie ein Minuszeichen einnehmen würde.

    -* #.##0,00 EUR-

Wenn kein Währungszeichen gewählt ist, wird am Ende so viel Platz frei gehalten, wie die Zeichen EUR brauchen (_E_U_R).

Die Sektion für negative Zahlen beginnt mit einem Minuszeichen. Die Kombination * und Leertaste sorgt dafür, dass das Minuszeichen links am Zellenrand steht und der Rest der Zahl rechtsbündig angeordnet wird. Der Rest (Währungssymbol, abschließendes Leerzeichen in der Größe eines Minuszeichens) ist mit dem positiven Format identisch. Das Format für Nullwerte beginnt wieder wie das Positivformat mit einem Leerzeichen in der Größe eines Minuszeichens. Dann folgt ein Bindestrich in Anführungszeichen, was bewirkt, dass anstelle der Null ein Minuszeichen angezeigt wird. Zum Schluss folgen wieder das Währungssymbol und ein abschließendes Leerzeichen in der Größe eines Minuszeichens. Die vierte Sektion, die für Texte zuständig ist, beginnt wieder mit der Leerstelle in der Größe eines Minuszeichens. Das @-Zeichen sorgt dafür, dass jeder Text angezeigt wird, und die Sektion schließt mit einem Leerzeichen in der Größe eines Minuszeichens.

In diesem Zahlenformat werden rechts neben der Zahl Leerstellen in der Breite eingefügt, die vom Währungssymbol eingenommen würde. Ist EUR das Währungssymbol, sehen Sie den Code _E_U_R, mit dem €-Zeichen werden die Zeichen _€ in die einzelnen Sektionen eingebaut. Damit stellt das Buchhaltungsformat sicher, dass auch Zahlen mit und ohne Währungszeichen nach dem Komma sauber ausgerichtet werden.

Datum

Mit dem Datumsformat werden Zellen belegt, die ein erkennbares und gültiges Datum enthalten. Mit Stern (*) ausgewiesene Formate orientieren sich an der Regions- und Spracheinstellung von Windows (Systemsteuerung) und ändern sich, wenn darin etwas geändert wird. Die Zahlenformate:

Platzhalter	Erklärung
TT.MM JJJJ	Standarddatum in Langform aus der Ländereinstellung; Tag und Monat mit führender Null, Jahr ausgeschrieben
TTTT, TT MMMM JJJJ	Datum mit Wochentag, Tag mit führender Null, Monat und Jahr voll ausgeschrieben. Der Zifferncode formatiert das Datum nach dem eingestellten Gebietsschema: [$-x-sysdate]TTTT, MMM TT, JJJJ
T.M;@ T.M.JJ;@ TT.MM. JJJJ;@	Das Kurzdatum in verschiedenen Schreibweisen. Das @-Zeichen nach dem Semikolon verhindert, dass Zahlenwerte, die kein Datum ergeben, in der Zelle angezeigt werden.
MMM. JJ	Monat in Kurzform und Jahr zweistellig
MMMM JJ	Monat ausgeschrieben und Jahr in Kurzform
T.M.JJ h:mm AM/PM;@	Kurzdatum und Uhrzeit, Stunde ohne führende Null, Minute mit führender Null. Mit dem Zusatz AM/PM werden Uhrzeiten im Zwölf-Stunden-Format ausgegeben. Zeiten vor Mittag werden mit AM versehen, nach Mittag mit PM.
T.M.JJ h:mm;@	Kurzdatum und Uhrzeit, Stunde ohne führende Null, Minute mit führender Null
MMMM;@	Nur der Monatsname des Datums wird angezeigt.

Uhrzeit

Dieses Format gilt für Zellinhalte, die erkennbare und gültige Uhrzeitangaben enthalten. Dazu muss ein Doppelpunkt in der Eingabe verwendet werden:

0:30
12:45
9:00 AM
aber nicht: 9 Uhr, 12,34, 1.5 etc.

Ein Zeitwert in der Excel-Tabelle wird als Dezimalbruch eingegeben und kann dementsprechend nicht größer als 1 sein (1 ist der 1. Januar 1900). 0,00 ist also Mitternacht 00:00:00 Uhr und die Uhrzeit 11:59:59 entspricht der Zahl 0,99. Um eine Uhrzeit abzubilden, geben Sie den Bruchteil von 24 Stunden an und formatieren die Zahl mit dem Zahlenformat hh:mm:ss:

```
12 Uhr        0,5

18 Uhr        0,75

00:50 Uhr     0,035 usw.
```

Die Zahlenformate:

Platzhalter	Erklärung
h:mm:ss AM/PM	Stunde ohne führende Null, Minuten und Sekunden mit Zusatz AM (vormittags) oder PM (nachmittags); Uhrzeitanzeige im Zwölf-Stunden-Format. Der Ziffercode sorgt dafür, dass die Zeitangabe bei Änderungen in den Regionaleinstellungen automatisch angepasst wird: `[$-x-systime]h:mm:ss AM/PM`
h:mm	Stunde ohne führende Null und Minuten
[h]:mm:ss;@	Die Gesamtzahl der Stunden des angezeigten Datums ohne führende Null, Minuten und Sekunden. Enthält die Zelle eine Zeit, bleibt die Stundenanzeige (0–23). Enthält die Zelle ein Datum, werden die Tage in Stunden umgerechnet.

Prozent

Dieses Format stellt die Zahl als Prozentzahl dar und fügt das Prozentzeichen ein.

Platzhalter	Erklärung
0%	Prozentzahl ohne Nachkommastellen
0,00%	Prozentzahl mit zwei Nachkommastellen

Wenn Sie eine Zahl, die bereits »Prozent« ausdrückt, als Prozentwert anzeigen lassen wollen, fügen Sie das Prozentzeichen in Anführungszeichen hinter den Platzhaltern für die Zahl ein:

```
0,00"%"
```

Bruch

Dieses Format wird zur Formatierung von Brüchen verwendet. Der Bruch muss in dieser Form eingegeben werden:

```
Ganzzahl <Leertaste> Zähler/Nenner
```

Wird der Nenner durch eine Zahl ersetzt, rechnet das Zahlenformat die Zahl um. Die Zahlenformate:

Platzhalter	Erklärung
# ?/? # ??/?? # ???/???	Die Ganzzahl wird angezeigt, wenn sie größer als null ist, für Zähler und Nenner werden so viele Stellen angezeigt, wie Fragezeichen eingetragen sind.
# ?/2 # ?/4 # ?/8 # ?/16 # ?/10 # ?/100	Die Ganzzahl wird angezeigt, wenn sie größer als null ist, der Zähler wird durch die Zahl im Nenner dividiert, die Umrechnung wird angezeigt. Zur Auswahl stehen Halbe, Viertel, Achtel, Sechzehntel, Zehntel und Hundertstel.

Wissenschaft

In diesem Format werden die Dezimalzahlen in der Zelle in Exponentialschreibweise dargestellt. Minuszahlen werden automatisch in dieser Schreibweise gesetzt, ein spezielles Zahlenformat im zweiten Sektor des Zahlenformats ist nicht nötig. Die Zahlenformate:

Platzhalter	Erklärung
0,E+00	Exponentialzahl ohne Nachkommastellen, Exponent mit führender Null
0,00E+00	Exponentialzahl mit zwei Nachkommastellen, Exponent mit führenden Nullen

Text

Das Textformat wandelt Zahlen in Texte um und stellt die Inhalte linksbündig. Zellen, die mit diesem Zahlenformat belegt werden, können nicht an arithmetischen Operationen teilnehmen. Der Zellinhalt wird damit automatisch linksbündig gesetzt. Wird in die Zelle, die dieses Zahlenformat enthält, eine Formel eingetragen, zeigt die Zelle die Formel als Text an.

Sonderformat

Diese Zahlenformatkategorie verwendet Platzhalter, um spezielle Formate zu erzeugen.

Platzhalter	Erklärung
00000	Postleitzahl Immer fünfstellig, fehlende Ziffern werden mit Nullen aufgefüllt.
\A-00000	Postleitzahl (A) Österreichische Postleitzahl mit Länderkennzeichen und Bindestrich vor der fünfstelligen Zahl mit führenden Nullen. Der Schrägstrich ist nicht unbedingt erforderlich.

Platzhalter	Erklärung
C\H-00000	Postleitzahl (CH)
	Schweizerische Postleitzahl mit Länderkennzeichen und Bindestrich vor der fünfstelligen Zahl mit führenden Nullen. Der Schrägstrich ist erst ab dem zweiten Buchstaben erforderlich.
D-00000	Postleitzahl (D)
	Deutsche Postleitzahl mit Länderkennzeichen und Bindestrich vor der fünfstelligen Zahl mit führenden Nullen
L-00000	Postleitzahl (L)
	Luxemburgische Postleitzahl mit Länderkennzeichen und Bindestrich vor der fünfstelligen Zahl mit führenden Nullen
\[@\]	Versicherungsnachweis-Nr. (D)
	Die Zahl wird über das @-Zeichen in Text umgewandelt, damit ist sichergestellt, dass auch eingegebene Buchstaben mit angezeigt werden. Die beiden Klammern werden mit \ vor und nach dem Zellinhalt gestellt.
0000-00 00 00	Sozialversicherungsnummer (A)
	Jede Zahl wird in diese vorgeschriebene Form gebracht, fehlende Stellen werden mit Nullen aufgefüllt.
I\S\B\N #-###-#####-#	ISBN-Nummer
	Die Zahl wird in die Form für ISBN-Nummern gebracht (International Standard Book Number). Die zweite Gruppe steht für die nationale Kennzeichnung (3 = deutsch).

3.7.4   Vier Sektionen im Zahlenformat

Das Zahlenformat formatiert den Zellinhalt nach seiner Wertigkeit. Für positive Zahlen steht ebenso ein Format zur Auswahl wie für negative Zahlen und die Null. Selbst für Textinhalte ist ein Zahlenformat vorgesehen. Das Semikolon trennt die einzelnen Sektionen:

#.##0,00 €;-#.##0,00 €;0;@

Zahlenformate können bis zu vier solcher Abschnitte (Sektionen) enthalten, wobei mindestens eine Sektion, die erste, besetzt sein muss. Ist eine Sektion nicht besetzt, greift die Standardformatierung.

Sektion	1	2	3	4
	Positive Zahlen (größer als 0)	Negative Zahlen (kleiner als 0)	Null (0, nicht leere Zellen)	Text

3.7.5 Platzhalterzeichen für Zahlen- und Währungsformate

Hier eine Liste mit allen Platzhalterzeichen, die in Zahlenformaten erlaubt sind.

Platzhalter	Erklärung
0	Die 0 steht links vom Komma für 1 bis n Zahlen. Ist die Zahl kleiner als null, wird die Null angezeigt.
#	Wird zur Positionierung des 1000er-Trennzeichens verwendet.
?	Ziffernplatzhalter, der die Ziffer nur darstellt, wenn sie erscheint. Im Unterschied zu # wird anstelle der Zahl aber eine Leerstelle eingefügt (?,00 zeigt die Zahl 0,23 als *Leertaste,23* an).
, (Komma)	Dezimalkomma. Stellen Sie mindestens eine Null vor das Komma, wenn Zahlen kleiner als null mit führender Null angezeigt werden sollen.
%	Prozentformatierung. Die Zahl wird optisch mit 100 multipliziert und mit einem Prozentzeichen versehen. Wird das Prozentzeichen bei der Eingabe hinter einer Zahl oder einem Bezug eingegeben, teilt Excel der Zelle automatisch das Format 0,00% zu.
. (Punkt)	Zwischen #-Zeichen einzugeben, wenn der Punkt nur bei entsprechend großen Werten erscheinen soll, oder im Format 0.000, wenn die Zahl immer als Tausenderzahl auszuweisen ist. Ein Punkt für alle Tausendertrennpunkte genügt. 0. oder #. zeigt die Zahl durch 1.000 geteilt an, 0.. durch 1 Mio. Mit 0,0.. erscheint die Zahl 1.500.000 als 1,5.
E	Exponentialformat. Die Zahl wird in die wissenschaftliche Exponentenschreibweise umgewandelt. Das E kann auch kleingeschrieben werden; ein folgendes Plus- oder Minuszeichen wird im betreffenden Abschnitt angehängt und die nachfolgenden 0- oder #-Platzhalter bestimmen die Anzahl der angezeigten Ziffern (3,46 wird mit 0,00E+00 zu 3,46E+01).
\	Zeigt das nachfolgende Zeichen an. Der Backslash sorgt dafür, dass das Zahlenformat Texteinträge akzeptiert. Einige Sonderzeichen werden automatisch mit \ versehen: ! ^ & ´ ` ~ { } = < >
*	Wiederholzeichen. Das nächste Zeichen wird so lange wiederholt, bis die Zelle ausgefüllt ist. Das Zahlenforrmat "EUR"*<Leerzeichen>0,00 füllt zum Beispiel den Zwischenraum zwischen dem Text EUR und der Zahl mit Leerzeichen auf. Das Zeichen darf pro Sektion nur einmal verwendet werden.
_ (Unterstrich)	Freistellungszeichen. Unterdrückt das nachfolgende Zeichen und lässt den Platz frei, den dieses einnehmen würde. Das Zahlenformat 0,00_€ lässt rechts von der Zahl mit zwei Nachkommastellen so viel Platz frei, wie ein €-Zeichen in der Schriftgröße der Zelle brauchen würde.

Platzhalter	Erklärung
"Text"	Text, der an die Zahl angehängt oder davor eingefügt wird, wenn er in Anführungszeichen steht.
@"Text"	Eine Textverbindung. Das Zeichen @ sorgt in der vierten Sektion dafür, dass der Text in der Zelle zusätzlich zum Text in Anführungszeichen angezeigt wird.

3.7.6 Platzhalterzeichen für Datums- und Zeitformate

Platzhalter	Erklärung
M	Monatszahl im Datumsformat ohne führende Null (1–12)
MM	Monatszahl mit führender Null (01–12)
MMM	Monatsname in Kurzform (Jan, Feb, Mrz ... Dez)
MMMM	Monatsname in voller Länge (Januar – Dezember)
T	Tag im Datum ohne führende Null (1–31)
TT	Tag im Datum mit führender Null (01–31)
TTT	Wochentag in Kurzform (Mo, Di, Mi, Do, Fr, Sa)
TTTT	Wochentag in voller Länge (Montag – Samstag)
J JJ	Jahr im Datum in Kurzform mit führender Null (00–99)
JJJ JJJJ	Das Jahr in voller Länge. Die Eingabe JJJ wird von Excel automatisch in JJJJ umgewandelt.
h	Stunden im Zeitformat ohne führende Null (0–23)
hh	Stunden im Zeitformat mit führender Null (00–23)
A/P a/p AM/PM	In englischsprachigen Ländern wird nur mit 12 Stunden pro Tag gearbeitet, eine Zeitangabe vor 12:00 erhält das Kürzel AM (ante meridiem), nach 12 Uhr PM (post meridiem). Das Vor- oder Nachmittagskürzel kann auch in der Form am, A, a, pm oder p angehängt werden. AM, am oder a zeigt die Zeit von Mitternacht bis Mittag, PM, pm oder p zeigt die Zeit von Mittag bis Mitternacht.
m	Minuten im Zeitformat ohne führende Null (0–59). Beachten Sie die Kleinschreibung, ein großes M steht für Monat!
mm	Minuten im Zeitformat mit führenden Nullen (00–59)
s	Sekunden im Zeitformat ohne führende Nullen (0–59)
ss	Sekunden im Zeitformat mit führenden Nullen (00–59)
[h] [hh]	Anzeige der Uhrzeit in Stunden. Ein Zeitwert über 24 Stunden wird automatisch als Datums- und Zeitwert interpretiert (25 Stunden = 1. Januar 1900, 1:00 Uhr). Dieses Zeitformat summiert die Stunden (25:00).

3.7.7 Farben im Zahlenformat

In jeder Sektion des Zahlenformats lässt sich die Schrift mit einem Farbcode einfärben. Der Code wird in eckigen Klammern eingegeben, kleingeschriebene Anfangsbuchstaben werden automatisch umgesetzt.

[Schwarz]	[Blau]	[Cyan]	[Grün]
[Magenta]	[Rot]	[Weiß]	[Gelb]

Alternativ zu den Farbnamen können Sie auch den allgemeinen Farbcode mit einer Farbnummer benutzen:

[FARBE n]

Geben Sie den Farbcode zusammen mit der Farbnummer an einer beliebigen Position innerhalb eines Abschnitts im Zahlenformat an.

Hier ein Beispiel: Die Temperaturtabelle enthält positive, negative und Nullwerte. Mit den Farbcodes im Zahlenformat formatieren Sie diese passend:

[Rot]+0,0"° C";[Blau]−0,0"° C";[Grün]0"° C"

▲	A	B	C	D	E	F	G	H
1	Durchschnittliche Temperaturwerte							
2								
3		Januar	Februar	März	April	Mai	Juni	Juli
4	Vormittags	−4,3° C	−3,4° C	−1,5° C	0° C	+3,8° C	+12,5° C	+16,8° C
5	Nachmittags	−3,5° C	−2,9° C	0° C	+1,6° C	+5,9° C	+16,2° C	+21,6° C

Bild 3.22: Beispiel: Temperaturwerte formatiert mit Farbcodes im Zahlenformat.

3.7.8 Spezialtechniken mit Zahlenformaten

Bedingungen

Bedingungsformate stammen aus der Zeit, als Excel noch keine bedingte Formatierung kannte. Sie bieten die Möglichkeit, Zellen in Abhängigkeit von ihrem Inhalt mit Schriftfarben zu versehen. Das Bedingungsformat ist eine Alternative zur Vier-Sektionen-Aufteilung (Positiv, Negativ, Null, Text), die damit aufgehoben wird. Es gibt nur drei Sektionen, geben Sie die Bedingung in eckige Klammern ein:

Sektion	1	2	3
	Erste Bedingung	Zweite Bedingung	Alternative, wenn 1 und 2 nicht zutreffen

Das Zahlenformat in diesem Beispiel färbt alle Zahlen blau, die größer als 1.000 sind. Ist die Zahl kleiner oder gleich 1.000, wird sie rot eingefärbt, und wenn beides nicht zutrifft (was nur noch bedeuten kann, dass die Zelle Text enthält), wird der Inhalt grün gefärbt und als Text angezeigt. Achten Sie darauf, dass sich die Bedingungen nicht gegenseitig ausschließen.

```
[>1000][Blau]#.##0,00;[<=1000][Rot]#.##0,00;[Grün]@
```

Geben Sie auch der dritten Sektion ein Zahlenformat, wenn sie eine Alternative darstellt. Sie können auch Standard als Format verwenden:

```
[>100][Blau]#.##0,00;[>0][Rot]-#.##0,00;[Grün]Standard
```

Text im Zahlenformat

Zahlenformate können neben den oben beschriebenen Platzhaltern für die Zahl jeden beliebigen Text enthalten. Dieser Text kann vor der Zahl bzw. deren Platzhaltern stehen oder nach diesen. Voraussetzung ist, dass alles, was Text ist, also auch die Leerzeichen vorher und nachher, in Anführungszeichen ("") eingeschlossen wird. Nur das Währungszeichen € wird ohne Anführungszeichen akzeptiert, das Währungszeichen nach ISO-Norm EUR wird ohne Anführungszeichen akzeptiert, wenn es in den Ländereinstellungen der Systemsteuerung eingestellt wurde. Beispiele:

```
"Überschuss: "#.##0,00;"Fehlbetrag: "#.##0,00;"Keine Zahlung"
```

```
"Termin: "TT. MMMM JJJJ
```

```
0,00" ° C" oder 0,0"° Celsius"
```

```
#.##0,00" mg/cm3"
```

```
hh" Stunden, "mm" Minuten"
```

Sonderzeichen im Zahlenformat

Brauchen Sie Zeichen, die nicht auf der Tastatur zu finden sind, im Zahlenformat, holen Sie den Zahlencode des Zeichens über die Zwischenablage in das Feld. Aktivieren Sie unter *Einfügen/Symbole/Symbol* die Symbolübersicht und stellen Sie die passende Schriftart ein.

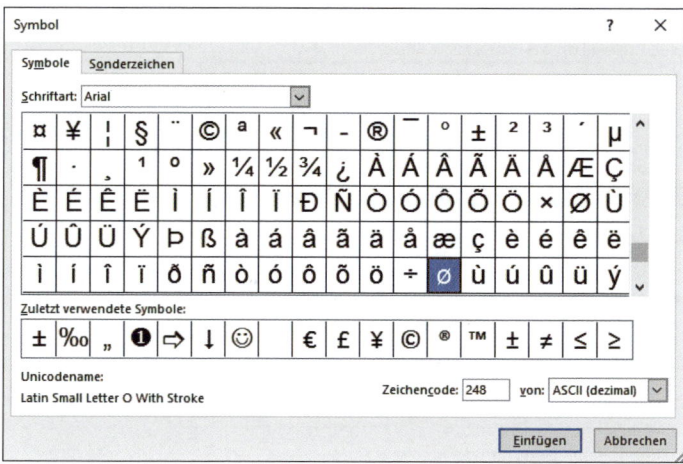

Bild 3.23: Sonderzeichen können über ihren Code in das Zahlenformat geholt werden.

Klicken Sie auf das Zeichen, sehen Sie unten rechts den Zeichencode. Schalten Sie auf das Zeichenformat ASCII (dezimal) um. Diesen Code merken Sie sich, schließen Sie den Symbole-Dialog wieder und öffnen Sie mit ⌨Strg+⌨1 den Zahlenformat-Dialog. Schalten Sie um auf *Benutzerdefiniert*.

Halten Sie die ⌨Alt-Taste gedrückt und geben Sie den vierstelligen Zahlencode ein.

 Die Symbolübersicht zeigt für die Zeichen in den Standardschriftarten nur den ASCII-Code (dreistellig) an, Excel erfordert aber den vierstelligen ANSI-Code. Geben Sie vor dem ASCII-Code eine Null (0) ein.

Hier eine Auswahl an Zeichen aus der Schriftart Arial, die nicht auf der Tastatur zu finden sind, mit ihren ANSI-Codes:

Zeichen	ANSI-Code
‰	0137
£	0163
¥	0165
©	0169

Zeichen	ANSI-Code
¼	0188
½	0189
¾	0190
ø	0248

3.7.9 Zahlenformate löschen

Löschen Sie das Zahlenformat einer Zelle, wird diese auf das Standardformat zurückgestellt. Aus dem Dialogfeld für Zahlenformate können nur benutzerdefinierte Zahlenformate gelöscht werden, sie stehen in der Liste unter der Kategorie *Benutzerdefiniert* immer ganz unten. Markieren Sie ein Zahlenformat und klicken Sie auf *Löschen*.

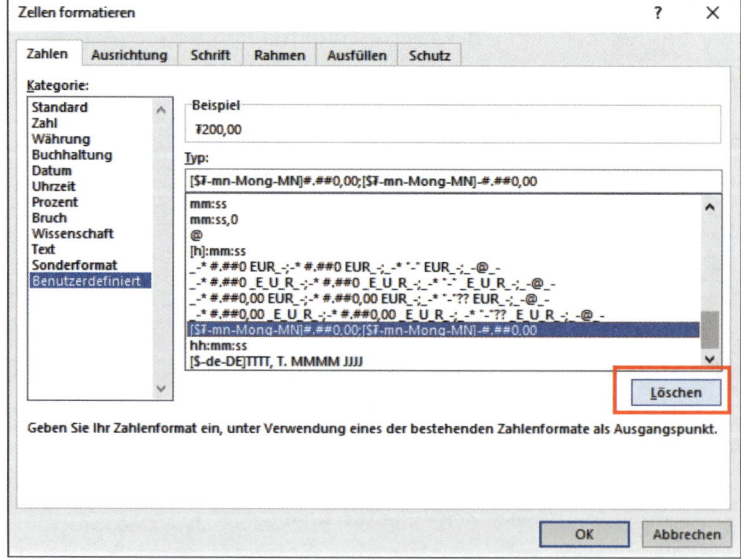

Bild 3.24: Zahlenformat löschen – nur benutzerdefinierte.

3.8   Seitenlayout und Designs

Corporate Identity (CI) oder auf Deutsch Unternehmensidentität bezeichnet die Merkmale, die das Profil einer Firma oder Organisation und deren Wiedererkennungswert ausmachen. Ein Teilbereich dieser CI ist das Corporate Design (CD), das ein einheitliches Erscheinungsbild nach außen sicherstellt, zum Beispiel ein einheitliches Logo, ein bestimmter Schriftzug, eine Farbe etc. Corporate Design war lange Zeit kein Thema für die Bürosoftware von Microsoft, jeder Anwender der Office-Programme Word, Excel, PowerPoint & Co. durfte seine Erzeugnisse der Bürokommunikation nach Belieben formatieren und einfärben. Für einen professionellen Auftritt nach innen und außen ist Corporate Design aber mittlerweile Standard, für Unternehmen jeder Größenordnung gelten die Grundregeln, für die idealerweise ein CD-Handbuch vorliegt:

1. Ein Firmenlogo, aussagekräftig und passend, mit hohem Wiedererkennungswert.

2. Die Hausschrift mit zur Unternehmensidentität passendem Schriftbild.

3. Key Visuals: die Auswahl aussagekräftiger Bilder, Symbole und Motive.

4. Ein Farbkonzept mit der Auswahl bestimmter, aufeinander abgestimmter Farben, die einheitlich in allen Gestaltungselementen verwendet werden.

In größeren Unternehmen wird natürlich nicht jeder Excel- oder Office-Anwender sein eigenes Design nach Firmen-CD zusammenbasteln müssen. Das ist Aufgabe der IT-Abteilung, die in Absprache mit den Grafikern und Marketingfachleuten das Design festlegt und den Computern in den Netzwerkdomänen über die automatische Installation zur Verfügung stellt.

3.8.1   Das Office-Design in Excel

Excel bietet wie alle Office-2016-Programme die Möglichkeit, ein Design zu entwerfen oder für die aktuelle Kalkulation ein Design aus einer Liste auszuwählen. Wählen Sie *Seitenlayout/Designs* und markieren Sie das passende Design.

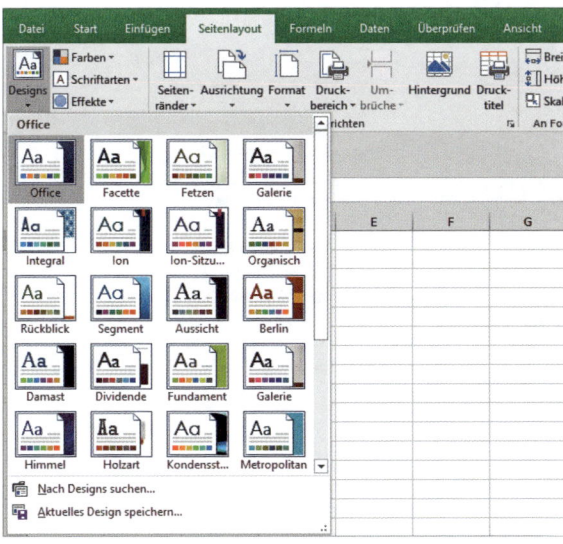

Bild 3.25: Die Auswahl an Designs für Office 2016.

Das Standarddesign heißt *Office*, und dieses Design sorgt für die Farbauswahl, für die Standardschriftarten und für die Effekte von grafischen Objekten. Welche das sind, lässt sich leicht feststellen, klicken Sie in der Gruppe *Designs* einfach auf die drei Symbole und sehen Sie sich das Angebot an.

Weisen Sie ein anderes Design zu, schaltet Excel auf die darin gespeicherte Farbpalette, ändert die Standardschrift und passt die Effekte an. Das Resultat sehen Sie sofort im Tabellenblatt. Die Schrift ändert sich und die Diagramme erhalten automatisch neue Farben. Das Design wird immer der gesamten Mappe zugeordnet und auch mit ihr gespeichert.

Diese Designs stehen für alle Office-Pakete zur Auswahl. Öffnen Sie PowerPoint oder Word, werden Sie dieselbe Auswahl sehen, und wenn Sie ein neues Design anlegen oder ein Design ändern, ändern Sie dieses auch für die anderen Programme.

3.8.2   Designs suchen

Wählen Sie *Nach Designs suchen*, wenn das gesuchte Design nicht angeboten wird. Mit *%appdata%* kommen Sie in das Roaming-Verzeichnis des Benutzers, wählen Sie

```
Microsoft\Templates\Document Themes
```

Hier sind die Dateien mit der Dateiendung *.theme* abgespeichert, die als zusätzliche Designs zur Auswahl stehen. Die Standarddesigns sind nicht als Dateien abgelegt.

3.8.3   Ein neues Design anlegen

Die Standarddesigns können weder abgeändert noch gelöscht werden. Sie können aber beliebig viele neue Designs anlegen, die anschließend oben in der Liste zur Auswahl stehen.

1. Stellen Sie zuerst das Design ein, das Ihrem neuen Design in der Farb- und Schriftauswahl am nächsten kommt.

2. Wählen Sie *Farben/Farben anpassen*.

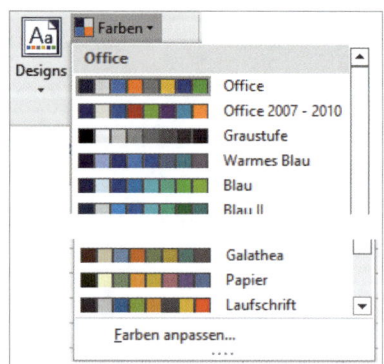

3. Passen Sie die Farben an, geben Sie die Textfarben an und ändern Sie die sechs Akzentfarben für die Diagramme. Wählen Sie *Weitere Farben …,*

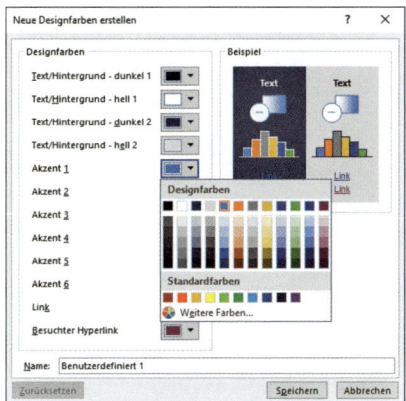

4. … und tragen Sie die RGB-Werte aus Ihrem CD-Handbuch für die einzelnen Farben ein.

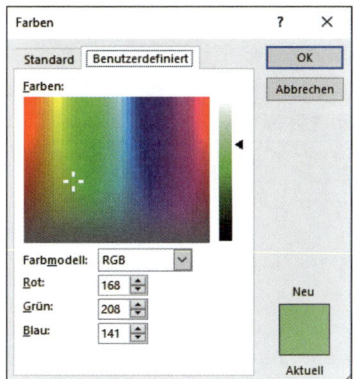

5. Geben Sie einen Namen für die Farben an und klicken Sie auf *Speichern,* um diese dann im Themen-Ordner unter *Theme Colors* zu speichern.

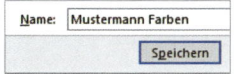

6. Wählen Sie *Schriftarten/Schriftarten anpassen.*

7. Suchen Sie die CD-Schriftart für Überschriften und für den Textkörper. Geben Sie einen Namen für die Schrift ein und speichern Sie diese mit Klick auf die Schaltfläche *Speichern* im Themen-Ordner *Theme Fonts.*

8. Die Effekte können Sie für das Design nur wählen, aber nicht speichern. Markieren Sie eine Effektegruppe.

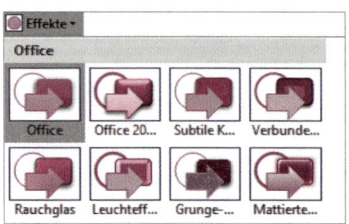

9. Wählen Sie *Start/Designs/Designs/Aktuelles Design speichern*.

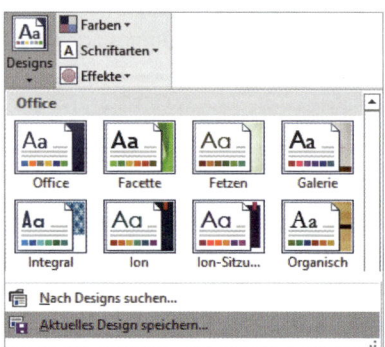

10. Geben Sie dem Design einen Namen und speichern Sie es im Themen-Ordner ab.

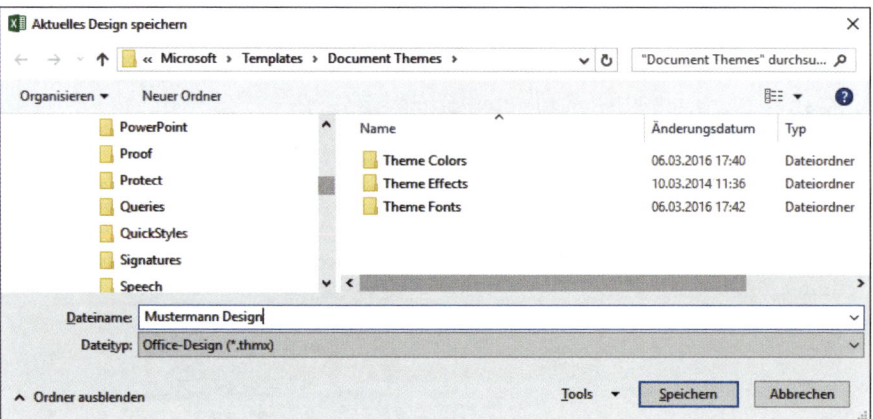

11. Ab sofort steht das neue Design unter *Start/Designs/Designs* zur Auswahl.

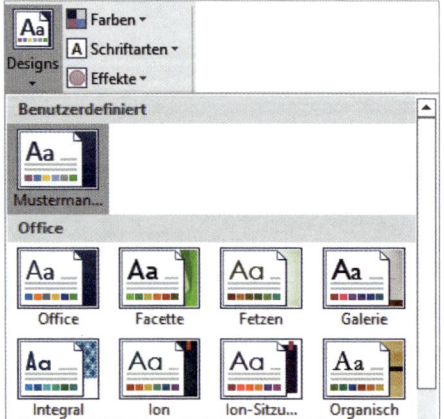

3.8.4　Design löschen

Um ein benutzerdefiniertes Design zu löschen, klicken Sie es mit der rechten Maustaste an und wählen Sie *Löschen*. Die Standarddesigns können nicht gelöscht werden.

3.8.5　RGB-Werte von Farben übernehmen

Wenn Sie die RGB-Werte einer Farbe nicht wissen, können Sie diese von einem Objekt übernehmen, das diese Farbe aufweist (ein Diagramm, Logo o. Ä.). Excel bietet leider keine Möglichkeit, eine Farbe digital abzunehmen, starten Sie PowerPoint. Markieren Sie das Objekt, aus dem Sie die RGB-Farbwerte brauchen, und wählen Sie *Bildtools/ Format/Fülleffekt*. Klicken Sie auf *Pipette* und markieren Sie die Farbe. Jetzt finden Sie unter *Weitere Füllfarbe* die RGB-Werte der abgenommenen Farbe.

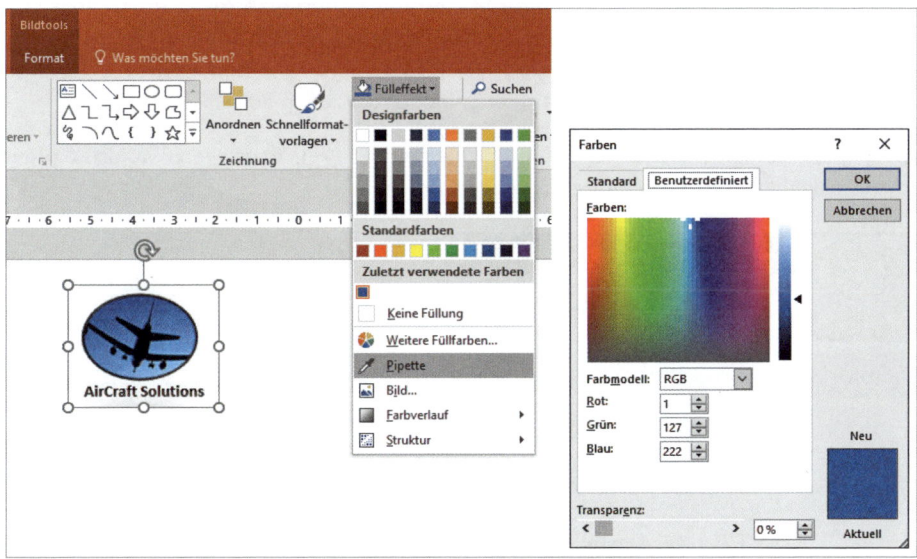

Bild 3.26: In PowerPoint finden Sie die RGB-Werte einer Farbe heraus.

3.8.6　Design für alle neuen Arbeitsmappen festlegen

Wenn das firmeneigene Design nicht automatisch in einer neuen Mappe zur Verfügung steht und die Farb- und Schriftformatierung übernimmt, packen Sie es in eine Startmappe in den Startordner *XLSTART*.

1. Schalten Sie unter *Seitenlayout/Designs/Designs* das Design ein.

2. Wählen Sie *Datei/Speichern unter* und wechseln Sie den Dateityp.

3. Schalten Sie um auf *Excel Vorlage (*.xltx)*.

4. Wechseln Sie in den Excel-Startordner:

   C:\Users\benutzername\AppData\Roaming\Microsoft\Excel\XLSTART

5. Speichern Sie die Vorlage unter dem Dateinamen *Mappe.xltx* ab. Ab sofort enthalten neue Arbeitsmappen Ihr Design.

Das gilt aber nur, wenn Sie unter *Datei/Optionen* den Startbildschirm abschalten oder mit Strg+N neue Mappen anlegen. Ein Klick auf *Neue Arbeitsmappe* in der Vorlagen-übersicht präsentiert die Standardmappe mit dem Standarddesign.

3.9 Seite einrichten

Excel zeigt auf dem Bildschirm nicht automatisch das an, was an den Drucker geschickt wird. Im Unterschied zur Textverarbeitung mit Word, in der ein angezeigtes Drucklayout äußerst praktisch ist, teilt Excel den Bildschirm in viele Zeilen und Spalten, und erst im Druck oder in der Seitenansicht wird klar, was wohin gedruckt wird.

Excel bietet aber die Möglichkeit, das Layout in der Größe und Ausrichtung zu bestim-men, mit Kopf- und Fußzeilen zu versehen und die Gitternetze sowie die Zeilen- und Spaltenköpfe auf Wunsch auszublenden. Alle Einstellungen zum Seitenlayout finden Sie im gleichnamigen Register. Die Dialogbox liefert eine komfortable und vollständige Übersicht über alle Befehle, die mit dem Seitenlayout zu tun haben.

 Markieren Sie mehrere Tabellenblätter mit gedrückter Strg-Taste, wenn Sie das Seiten-layout einheitlich für diese Blätter anpassen wollen.

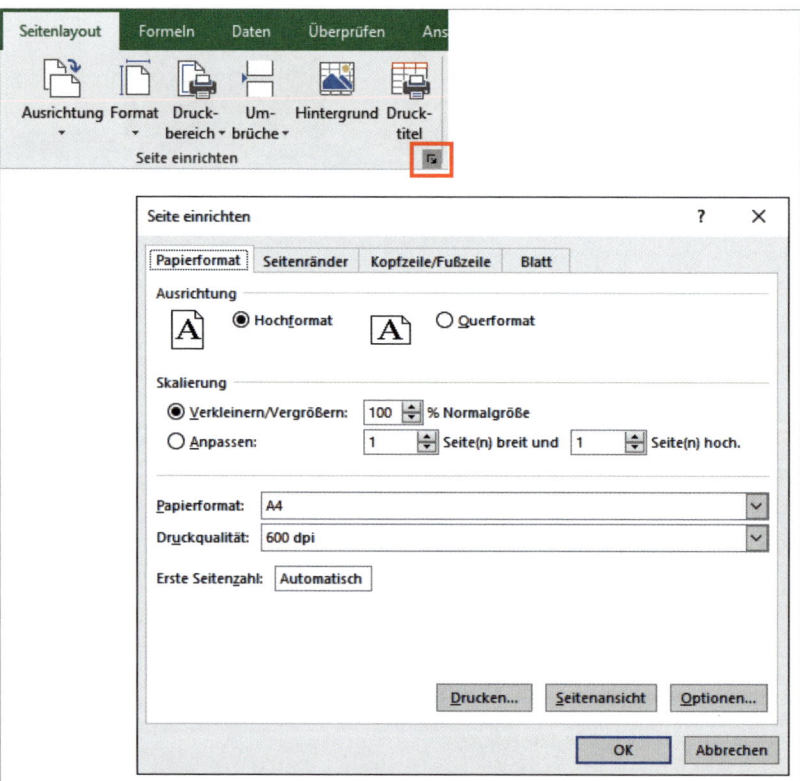

Bild 3.27: Seitenlayout-Register und Dialog.

3.9.1 Papierformat (Orientierung)

Schalten Sie mit dem zweiten Symbol unter *Seite einrichten* die passende Orientierung (Hochformat oder Querformat) für die Ausgabe des aktiven Blatts oder der markierten Gruppe ein. Im Hochformat ist die gedruckte Seite ca. 30 cm hoch und 21 cm breit, das Querformat eignet sich durch die umgekehrten Maße 30 cm Breite und 21 cm Höhe für breite Tabellen mit vielen Spalten und für Diagrammblätter.

3.9.2 Größe (Format)

Damit regeln Sie die Standard-Druckausgabegröße des Druckers, normal ist hier das A4-Format mit 21 cm Breite und 29,7 cm Höhe eingestellt. Die Änderung auf das Querformat hat darauf keine Auswirkung und muss hier auch nicht berücksichtigt werden. Andere Papierformate holen Sie aus der Liste, und falls das gewünschte Ausgabeformat nicht enthalten ist, wählen Sie *Weitere Papierformate*.

3.9.3 Seitenränder

Klicken Sie auf das erste Symbol *Seitenränder*, um die Randeinstellungen für das aktive Tabellenblatt oder die Gruppe der Blätter zu setzen, die Sie vorher markiert hatten. Das Symbol bietet die zuletzt gewählten Einstellungen und drei Standardeinstellungen (Normal, Breit und Schmal). *Benutzerdefinierte Seitenränder* öffnet ein Dialogfenster, hier können Sie die Randmaße einzeln bestimmen.

Oben/Unten/Links/Rechts: Die Zahl, die hier mithilfe eines Drehfelds gesetzt wird, ist der Rand in Zentimetern, der von der jeweiligen Blattseite eingerückt wird und damit der Tabelle oder dem Diagramm nicht mehr zur Verfügung steht. Der Drucker braucht in der Regel etwa einen Zentimeter Rand rund um das Blatt, um das Papier transportieren zu können.

Kopfzeile/Fußzeile: Fixiert den Abstand der Kopf- und Fußzeile zum Papierrand. Diese Abstände müssen natürlich erheblich kleiner als die oberen und unteren Ränder sein, da sonst die Kopf-/Fußzeilen im Datenbereich gedruckt werden. Rechnen Sie auch die Kopf-/Fußzeile selbst mit, im Standardschriftgrad 10 Punkt ist sie einzeilig ca. 4 mm groß.

Auf der Seite zentrieren: Zentriert die Druckausgabe automatisch auf dem Blatt, und zwar zwischen den beiden Papierrändern (links und rechts für horizontal, oben und unten für vertikal).

Das Vorschaufenster in der Mitte zeigt Ihnen, wie sich die Änderungen auf die Gesamtoptik auswirken. Sobald der Cursor in einem Maßzahlenfeld steht, wird die dazugehörende Randlinie markiert.

3.9.4 Druckbereich

Als Druckbereich wird der Bereich eines Tabellenblatts bezeichnet, der gedruckt wird. Ohne Druckbereich druckt Excel alles aus, was auf dem aktiven Blatt zu finden ist. Einen Druckbereich richten Sie ein, wenn Sie mehr Zellen oder weniger Zellen als beschriftet sind, drucken wollen. Der Druckbereich kann ein Zellbezug sein (z. B. A1:E20) oder ein definierter Bereichsname.

Markieren Sie den Bereich der Tabelle, den Sie zum Druckbereich erklären wollen. Wählen Sie *Seitenlayout/Druckbereich/Druckbereich festlegen*. Wenn bereits ein Druckbereich existiert, können Sie mit *Zum Druckbereich hinzufügen* die markierten Zellen in den Druckbereich einbinden. Mit *Druckbereich aufheben* im gleichen Symbol wird der Druckbereich wieder aus der Tabelle entfernt.

Der Druckbereich wird in den beiden Ansichten *Normal* und *Seitenlayout* durch gestrichelte Linien gekennzeichnet. Der Druckbereich wird als Bereichsname festgehalten und das lässt sich schnell über das Namensfeld kontrollieren: Klicken Sie auf den Pfeil am Namensfeld und holen Sie den Bereichsnamen ab.

Der Namens-Manager, den Sie auf der Registerkarte *Formeln* in der Gruppe *Definierte Namen* einschalten können, liefert eine Übersicht über alle Druckbereiche in allen Tabellen. Da der Bereichsname lokal, d. h. nur für das jeweilige Tabellenblatt gültig angelegt wird, lässt sich für jedes Tabellenblatt ein eigener Druckbereich ausweisen. Im Namens-Manager können Sie für die benannten Bereiche auch die Bezüge ändern oder die Druckbereiche löschen (entspricht *Druckbereich aufheben*).

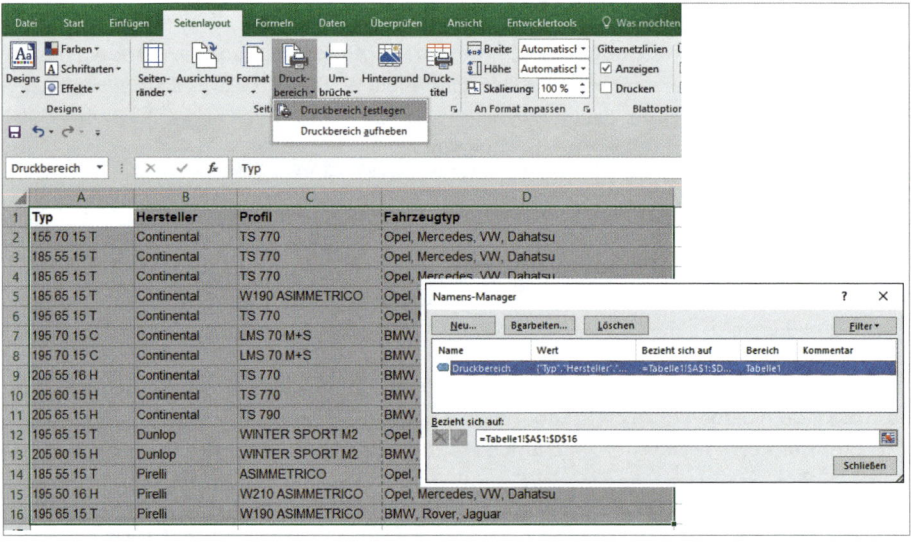

Bild 3.28: Der Druckbereich ist ein Bereichsname, hier im Namens-Manager zu sehen.

3.9.5 Mehrfachdruckbereich

Der Druckbereich muss nicht unbedingt aus zusammenhängenden Zellen bestehen. Um beispielsweise die Bereiche A1:B5 und D1:F5 zu drucken, geben Sie als Bezug für den Druckbereich ein:

```
A1:B5;D1:F5
```

Sie können diese Bereiche auch per Maus bestimmen: Markieren Sie für einen Mehrfachbereich den ersten Bereich, halten Sie die Strg-Taste gedrückt und ziehen Sie den Mauszeiger über den zweiten Bereich. Lassen Sie die Maustaste los und ziehen Sie bei gedrückter Strg-Taste die Markierung über einen weiteren Bereich.

Der Mehrfachdruckbereich wird beim Ausdruck auf einzelne Seiten verteilt. Der erste Bereich wird auf Seite 1 gedruckt, der zweite auf Seite 2 usw.

3.9.6 Seitenumbrüche

Ein Seitenumbruch zwingt den Inhalt des Tabellenblatts, der unter dem Umbruch steht, in die nächste Seite. Ein natürlicher Umbruch entsteht, wenn mindestens eine Zeile oder Spalte nicht mehr auf eine Druckseite passt. Setzen Sie manuelle Seitenumbrüche, wenn Sie das Druckergebnis besser kontrollieren wollen.

Im Tabellenblatt erkennen Sie den natürlichen Seitenumbruch an einer gestrichelten Linie. Diese wird aber erst nach dem ersten Ausdruck oder nach dem ersten Aufruf der Seitenansicht eingefügt. Die Anzahl der Zeilen und Spalten, die auf eine Seite passen, ist vom gewählten Papierformat, von der Ausrichtung (Hoch- oder Querformat) und von der Größe der Schrift abhängig.

Seitenumbruch einfügen

Im Gegensatz zum einmalig definierbaren Druckbereich können diese Umbrüche an beliebigen Stellen der Tabelle eingefügt werden. Der Seitenumbruch wird je nach Markierung für die gesamte Zeile, eine Spalte oder direkt in einer Zelle (Zeile und Spalte) eingetragen. Setzen Sie den Zellzeiger in die Zelle, mit der die Seite neu beginnen soll. Wählen Sie *Seitenlayout/Seite einrichten/Umbrüche/Seitenumbruch einfügen.*

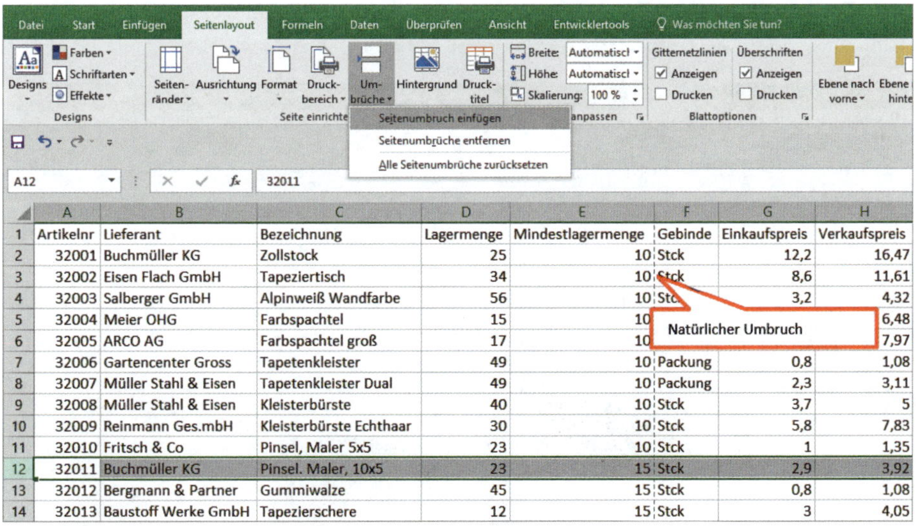

	A	B	C	D	E	F	G	H
1	Artikelnr	Lieferant	Bezeichnung	Lagermenge	Mindestlagermenge	Gebinde	Einkaufspreis	Verkaufspreis
2	32001	Buchmüller KG	Zollstock	25	10	Stck	12,2	16,47
3	32002	Eisen Flach GmbH	Tapeziertisch	34	10	Stck	8,6	11,61
4	32003	Salberger GmbH	Alpinweiß Wandfarbe	56	10	Stck	3,2	4,32
5	32004	Meier OHG	Farbspachtel	15	10			6,48
6	32005	ARCO AG	Farbspachtel groß	17	10			7,97
7	32006	Gartencenter Gross	Tapetenkleister	49	10	Packung	0,8	1,08
8	32007	Müller Stahl & Eisen	Tapetenkleister Dual	49	10	Packung	2,3	3,11
9	32008	Müller Stahl & Eisen	Kleisterbürste	40	10	Stck	3,7	5
10	32009	Reinmann Ges.mbH	Kleisterbürste Echthaar	30	10	Stck	5,8	7,83
11	32010	Fritsch & Co	Pinsel, Maler 5x5	23	10	Stck	1	1,35
12	32011	Buchmüller KG	Pinsel, Maler, 10x5	23	15	Stck	2,9	3,92
13	32012	Bergmann & Partner	Gummiwalze	45	15	Stck	0,8	1,08
14	32013	Baustoff Werke GmbH	Tapezierschere	12	15	Stck	3	4,05

Bild 3.29: Manueller Seitenumbruch und natürlicher Seitenumbruch.

Die aktive Zelle ist damit die erste gedruckte Zelle nach dem Seitenumbruch. Dieser Umbruch hat Priorität vor einem von Excel berechneten automatischen Seitenumbruch, vorausgesetzt, er trennt die Tabelle noch vor dem Ende des Ausdrucks, das durch Blattgröße und Druckbereich festgelegt ist. Der selbst definierte Seitenumbruch wird wie der Druckbereich auch durch eine gestrichelte Linie gekennzeichnet.

Achten Sie auf die richtige Markierung vor der Aktion:

- Wenn eine einzelne Zelle markiert ist, wird die Seite in Zeile und Spalte umbrochen (außer die Zelle steht am Tabellenrand). Die Zeile über der aktiven Zelle und die Spalte links von der aktiven Zelle stehen auf der ersten Seite.

- Wenn eine Zeile oder Spalte markiert ist, wird die Seite vor der Zeile bzw. Spalte umbrochen (außer die erste Zeile oder Spalte ist markiert).

Seitenumbrüche können Sie nur an den gestrichelten Linien erkennen. Arbeiten Sie gegebenenfalls in der Seitenumbruchvorschau (*Ansicht*-Register).

Seitenumbrüche löschen

Markieren Sie die Zelle, Zeile oder Spalte, die Sie für den Umbruch markiert hatten, und wählen Sie *Seitenlayout/Seite einrichten/Umbrüche/Seitenumbruch aufheben*. Wählen Sie *Alle Seitenumbrüche zurücksetzen*, um alle Seitenumbrüche mit einem Klick aufzuheben. Die Option wird bei komplett markierter Tabelle immer angeboten, auch wenn gar kein Seitenumbruch in der Tabelle zu finden ist.

3.9.7 Hintergrund

Verschönern Sie Ihr Tabellenblatt mit einem Hintergrundbild, wählen Sie *Seitenlayout/ Seite einrichten/Hintergrund*. Das Bild wird nur auf dem Bildschirm angezeigt, nicht ausgedruckt. Für Wasserzeichen oder Logos im Kopfbereich eignet sich dieses Werkzeug nicht, verwenden Sie dafür Grafiken in der Kopfzeile.

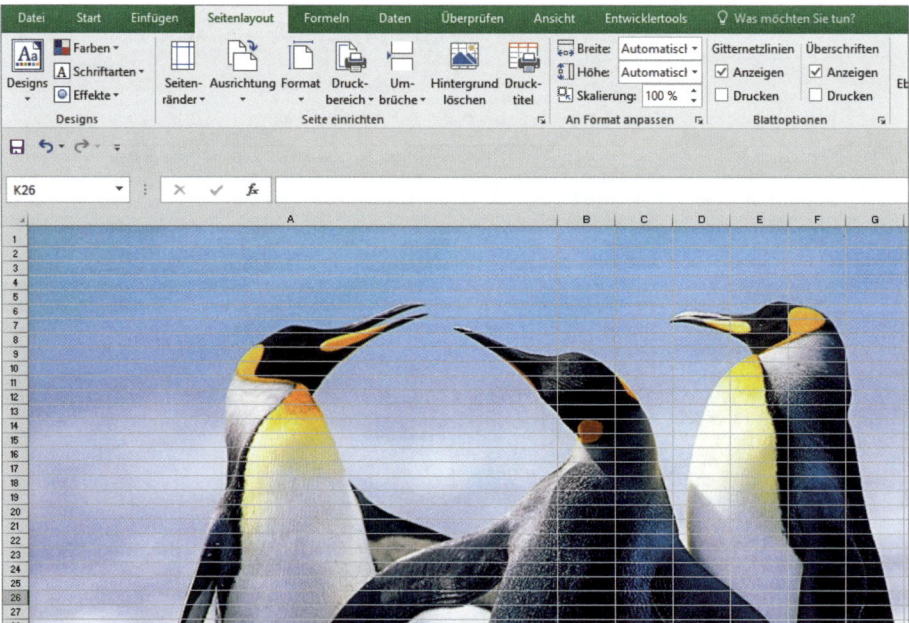

Bild 3.30: Ein Hintergrundbild für das Tabellenblatt.

Stellen Sie ein Hintergrundbild in einem platzsparenden Grafikformat bereit. Erlaubt sind alle gängigen Formate von EMF, WMF, JPEG, TIFF, BMP, GIF bis PNG. Am besten ist JPEG, ein Verfahren für die Komprimierung von Fotos, das auch größere digitale Grafiken in akzeptabler Qualität mit geringer Datenkapazität speichert.

Excel bietet die Auswahl *Aus einer Datei* für gespeicherte Bilder. Zusätzlich können Sie noch Bilder aus der Bildersuchmaschine Bing, aus Ihrem Facebook-Profil, von Flickr oder aus der Cloud (OneDrive) laden. Mit einem Klick auf das Symbol *Seitenlayout/Hintergrund löschen* entfernen Sie einen eingefügten Hintergrund. Die Bilddatei wird damit nicht gelöscht.

3.9.8 Drucktitel

Einen Drucktitel fügen Sie ein, wenn im oberen Bereich des Ausdrucks einzelne Zeilen auf allen Seiten wiederholt werden sollen. Das ist besonders für große, mehrseitige Listen nützlich. Klicken Sie auf der Registerkarte *Seitenlayout* unter *Seite einrichten* auf *Drucktitel*. Setzen Sie den Cursor in das Eingabefeld *Wiederholungszeilen oben*. Markieren Sie im Hintergrund die Zeilennummern derjenigen Zeilen, die auf allen Seiten wiederholt werden sollen (meist die erste Zeile oder die ersten Zeilen). Klicken Sie in das Eingabefeld für *Wiederholungsspalten links* und markieren Sie die Spaltenköpfe der Spalten, die auf jeder Seite wiederholt werden sollen (Spaltentitel).

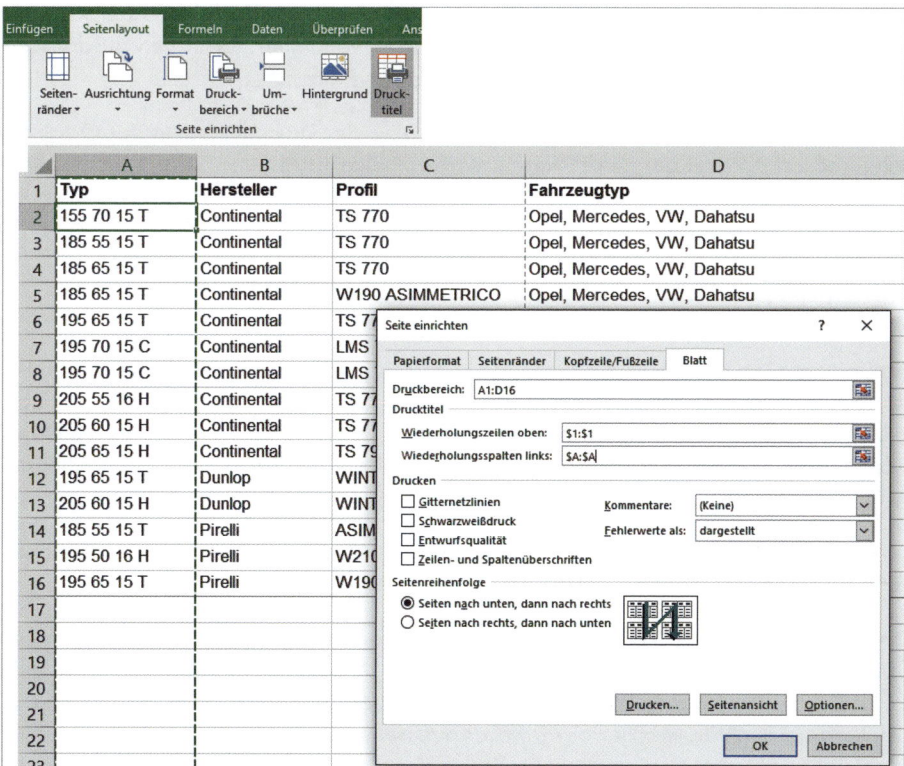

Bild 3.31: Der Drucktitel wird auf jeder Seite wiederholt.

Beachten Sie, dass nur ganze Zeilen und/oder Spalten zum Drucktitel erklärt werden können. Das Eingabefeld akzeptiert nur Zeilennummern ($1:$1 = Zeile 1, $1:$4 = Zeile 1 bis 4), auch dann, wenn Zellen markiert werden. Im Eingabefeld für Wiederholungsspalten links werden nur Spaltenbezeichnungen angenommen, auch wenn einzelne Zellen markiert wurden ($A:$A = Spalte 1, $A:$C = Spalte 1 bis 3).

Wenn Sie einen Zeilen- oder Spaltenbereich auf der zweiten Tabellenseite für die Wiederholung wählen, wird dieser Bereich auch erst ab Seite 2 gedruckt.

Im Tabellenblatt wird der Wiederholungsbereich nicht angezeigt, nur in der Seitenansicht und natürlich auf dem Ausdruck. Der Drucktitel wird übrigens wie der Druckbereich auch als Bereichsname festgehalten und kann mit dem Namens-Manager auf der Registerkarte *Formeln*, Gruppe *Definierte Namen* überprüft werden.

3.9.9 Auf einer Seite drucken

Wenn Sie Ihren Ausdruck auf mehrere Seiten verteilt bekommen, können Sie ihn so skalieren, dass er auf eine Druckseite oder auf eine bestimmte Anzahl Druckseiten passt. Dazu müssen Sie unter *Seitenlayout* in der Gruppe *An Format anpassen* den Skalierungsfaktor ändern.

Breite: Mit *Automatisch* wird das Tabellenblatt bzw. der Druckbereich in der Originalbreite gedruckt. Ist der zu druckende Bereich breiter als eine Seite, wird der Rest auf weiteren Seiten gedruckt. Schalten Sie auf *1 Seite*, verkleinert Excel den Ausdruck so weit, bis er in der Horizontalen auf einer Druckseite Platz hat.

Höhe: Mit *Automatisch* wird das Tabellenblatt bzw. der Druckbereich in der Originalhöhe gedruckt. Wenn der zu druckende Bereich höher ist als eine Seite, wird der Rest auf weiteren Seiten gedruckt. Schalten Sie auf *1 Seite*, verkleinert Excel den Ausdruck so weit, bis er vertikal auf einer Druckseite Platz hat.

Das Listenfeld bietet bis zu neun Seiten an, mit *Weitere Seiten* können Sie den Wert im Dialogfeld einstellen.

Skalierung: Geben Sie hier die Prozentzahl ein, auf die Excel die Größe des gesamten Ausdrucks reduzieren oder erweitern soll. Mit *100 %* wird die Tabelle in der Originalgröße ausgegeben. Wenn der Drucker nicht in der Lage ist, die Ausdrucksgröße mittels skalierbarer Schriften entsprechend zu variieren, übernimmt Excel diese Größenanpassung (nicht in Diagrammblättern).

Schalten Sie über das Dialogfeld der Gruppe den Dialog ein, um weitere Optionen zur Skalierung zu erhalten.

Druckqualität: Dieser Wert sorgt für die Druckqualität. In der Regel werden hier 300 dpi oder 600 dpi vorgeschlagen, das ist die Anzahl Punkte pro Zoll (dpi = dots per inch), die der Drucker produzieren kann. Je höher die Auflösung ist, desto besser ist die Ausdruckqualität, je höher der Drucker auflösen muss, umso länger dauern natürlich auch die Ausdrucke. Wenn diese Liste leer oder die Option nicht verfügbar ist, dann bietet der angeschlossene Druckertyp keine Auflösungsvarianten an. Die meisten handelsüblichen Drucker geben ihre Drucke mit 300 dpi aus.

Setzen Sie diesen Wert hoch, wenn Ihre Grafiken nicht korrekt gedruckt werden. Umgekehrt sollten Sie ihn zurücksetzen, wenn der Drucker aufwendige Tabellen oder Grafiken fehlerhaft druckt oder zu lange dafür braucht. Anzeichen dafür, dass die Druckqualität zu hoch ist, sind z. B. Diagramme, die auf verschiedene Seiten verteilt sind.

Erste Seitenzahl: Die hier angezeigte oder eingegebene Zahl ist die erste angezeigte Seitennummer des Ausdrucks. Mit *Automatisch* beginnt der Druck auf Seite 1, um eine andere Nummer anzeigen zu lassen, geben Sie diese hier ein. Die Seitenzahl wird nur sichtbar, wenn sie in der Kopf- oder Fußzeile gesetzt ist.

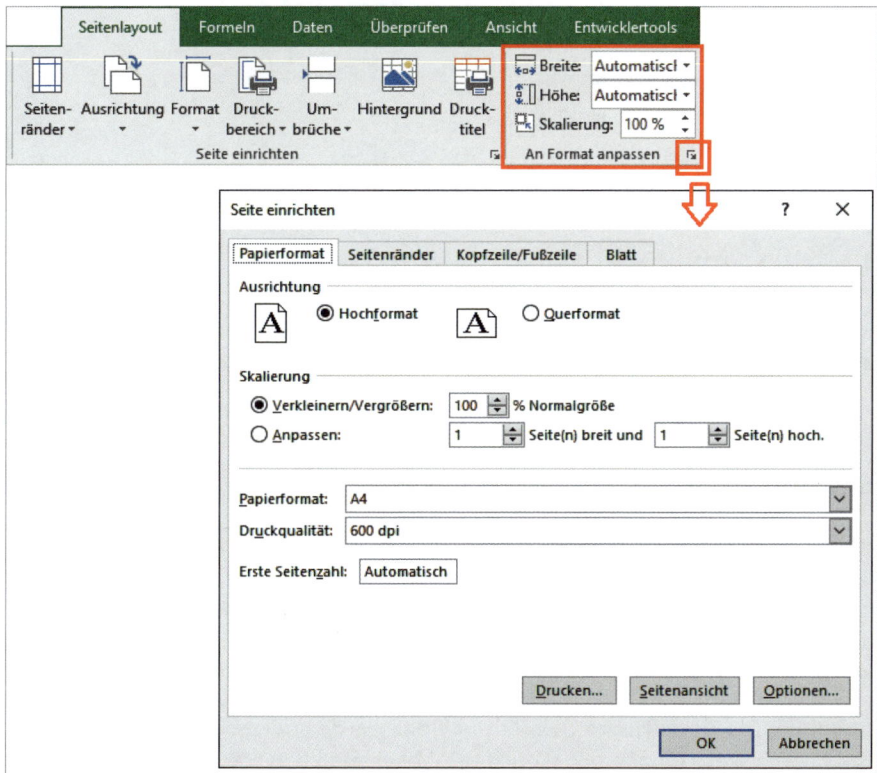

Bild 3.32: Im Dialog finden Sie alle Informationen zur Seitenanpassung.

Blattoptionen: Diese Gruppe zeigt eine kleine Auswahl zusätzlicher Optionen, die Einfluss auf die Layoutoptik einer Tabelle haben. Schalten Sie das Dialogfeld der Gruppe ein, hier finden Sie noch weitere Optionen.

Gitternetzlinien: Die Ansicht der Gitternetze bestimmt eigentlich eine Excel-Option im Datei-Menü. In der Kategorie *Erweitert* finden Sie unter *Optionen für dieses Arbeitsblatt anzeigen* den Schalter und die Farbgebung für die Gitternetze am Bildschirm. Die Option wird hier in der Gruppe wiederholt, weil sie thematisch dazu passt. Die optischen Gitternetze werden mit ausgedruckt, wenn die Drucken-Option *Gitternetzlinien* angekreuzt ist.

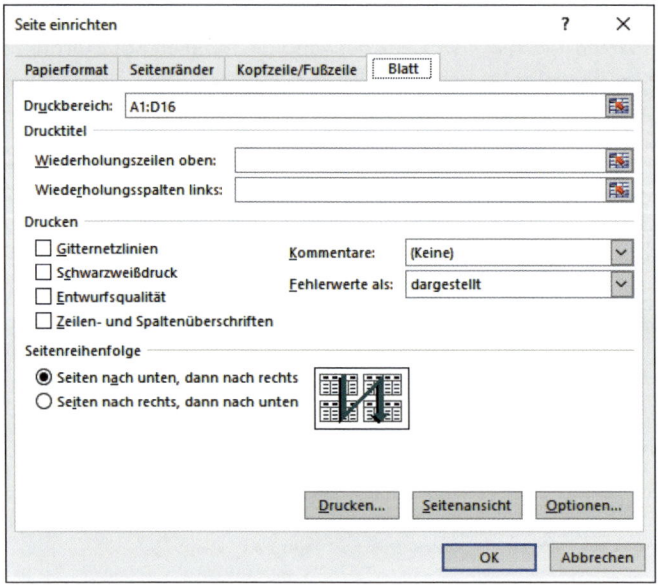

Bild 3.33: Weitere Tabellenblattoptionen.

Schwarzweißdruck: Schalten Sie ein, wenn Sie farbige Zellen oder Zellinhalte auf einem Schwarz-Weiß-Drucker ausgeben wollen. Alles, was im Vordergrund nicht ganz weiß ist, wird damit schwarz gedruckt, und alles, was im Hintergrund nicht ganz schwarz ist, wird weiß gedruckt. Benutzen Sie diese Option auch, um auf dem Farbdrucker einen (wesentlich schnelleren) Andruck ohne Farben zu starten.

Entwurfsqualität: Diese Option druckt die Tabelle in der schnellstmöglichen und qualitativ schlechtesten Ausgabeart. Sie ist nur verfügbar, wenn der Drucker auf eine entsprechende Druckausgabe umschalten kann, ansonsten werden Sie keinen Unterschied feststellen. Besonders beim Druck von Grafiken und Fotos macht sich dieser Unterschied bemerkbar.

Kommentare: Die Kommentare des aktiven Blatts werden auf einer gesonderten Seite gedruckt, wenn diese Option angekreuzt ist. Wollen Sie zu den Kommentaren auch die Zelladressen ausgeben, schalten Sie zusätzlich die Zeilen- und Spaltenüberschriften ein.

Zeilen- und Spaltenüberschriften: Kreuzen Sie diese Option an, wenn im Ausdruck oder in der Seitenansicht die Zeilen- und Spaltenköpfe erscheinen sollen. Die Schriftgröße dieser Randinformation wird von der Formatvorlage Standard festgelegt.

Fehlerwerte als: Blenden Sie mit dieser Option alle Fehlerwerte auf der Tabelle aus, die durch falsche oder unvollständige Formeln entstehen. Die Voreinstellung ist *dargestellt*, damit werden alle Fehler angezeigt. Schalten Sie um auf *<leer>*, werden alle Fehler unterdrückt. Mit der Einstellung -- erhalten Sie zwei Minuszeichen in jeder Fehlermeldungszelle und *#NV* (nicht verfügbar) ist ein allgemeiner Fehlercode für alle Fehler.

Seitenreihenfolge: Mit *Seiten nach unten, dann nach rechts* wird ein Mehrseitenausdruck so gedruckt, dass zuerst alle Seiten nach unten gedruckt werden und anschließend diejenigen, die nach rechts noch übrig sind. Bei *Seiten nach rechts, dann nach unten* ist es genau umgekehrt, nach der ersten Seite wird die nächste nach rechts gedruckt, dann die nächste nach unten und weitere nach rechts usw.

3.10 Kopf- und Fußzeile

Die Gestaltung der Kopf- und Fußzeilen finden Sie nicht im Register *Seitenlayout*, sondern unter *Einfügen/Text*. Das Dialogfenster von *Seite einrichten* bietet Kopf-/Fußzeilen aber als Register an.

Kopf- und Fußzeilen wurden in früheren Versionen ausschließlich mit Codes formatiert. Dazu konnte in einen der drei Bereiche (*Links, Mitte, Rechts*) ein Code eingefügt werden, der dann im Ausdruck die Information lieferte. Diese alte Technik löste Excel mit Office 2007 durch eine Seitenansicht ab, in der Kopf- und Fußzeileninhalte sichtbar gemacht wurden. Die Technik mit den Codes gibt es aber immer noch.

Bild 3.34: Kopf- und Fußzeilen werden über das Einfügen-Register formatiert.

Die Kopfzeile ist der Bereich zwischen der oberen Papierkante (mit ca. 1 cm Abstand) und dem für oben definierten Seitenrand, die Fußzeile ist der Bereich zwischen unterer Papierkante und Rand unten. Beide, Kopf- und Fußzeile, sind nur in der Seitenansicht, im Ausdruck und in der Ansicht *Seitenlayout* zu sehen, in der normalen Tabellenblattansicht erscheinen sie nicht. Sehen wir uns die Prozedur für die Kopfzeile an; in der Fußzeile gelten dieselben Regeln. Mit dem Klick auf das Symbol schalten Sie automatisch in die Arbeitsmappenansicht *Seitenlayout* um, zurück zur Normalansicht kommen Sie über *Ansicht/Arbeitsmappenansicht/Normal*. Der Kopfzeilenbereich besteht aus drei Abschnitten, einem linken, einem mittleren und einem rechten Abschnitt. Setzen Sie den Cursor (Schreibmarke) in den Abschnitt, den Sie bearbeiten wollen.

3.10.1 Lineale

Über die Lineale in der Seitenlayoutansicht können Sie sowohl die Ränder des Layouts als auch die Kopf- und Fußzeilenmaße ändern. Ziehen Sie einfach die Randlinien ganz links außen nach oben oder nach unten.

3.10.2 Kopf- und Fußzeilentools

Mit dem Klick in einen der drei Kopf- oder Fußzeilenbereiche wird die Registerkarte *Kopf- und Fußzeilentools* aktiviert. Diese neue Registerkarte bleibt so lange am Bildschirm, bis Sie die Abschnitte der Kopf- oder Fußzeile verlassen. Klicken Sie in einen (anderen) Abschnitt, wird die Registerkarte sofort wieder angeboten. Um den Bereich für die Kopf- oder Fußzeile zu verkleinern oder zu vergrößern, ziehen Sie die untere Randlinie im Lineal mit gedrückter Maustaste.

Der Cursor muss in einem Abschnitt blinken, damit dieser Bereich im Lineal angezeigt wird. Die QuickInfo am Mauszeiger gibt Auskunft über die Größe des Bereichs.

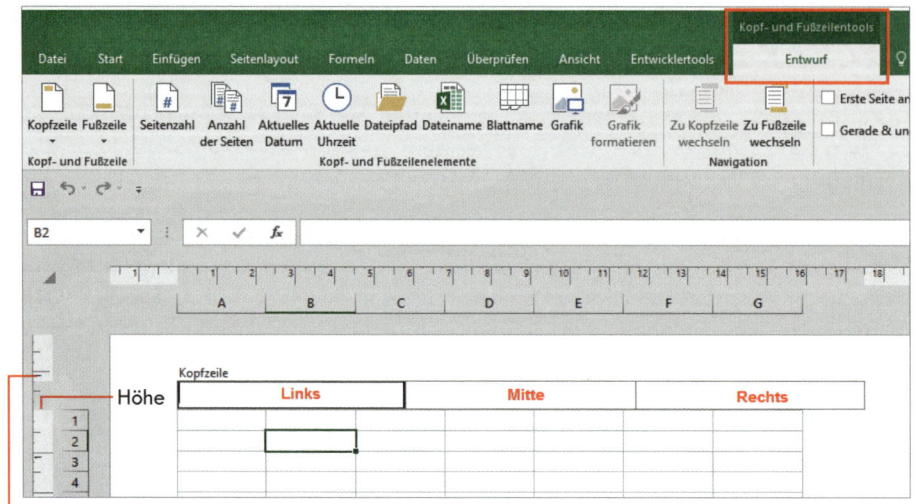

Bild 3.35: Kopf- und Fußzeile bearbeiten im Seitenlayout.

Kopf- und Fußzeile

In dieser Gruppe links außen auf der Registerkarte *Kopf- und Fußzeilentools* finden Sie zwei große Symbole mit vorbereiteten Einträgen (Seitennummer, Ersteller, siehe die folgende Tabelle). Holen Sie die Einträge ab und fügen Sie sie an der Cursorposition in den Abschnitt ein.

Eintrag	Erklärung
(keine)	Damit bleibt die gesamte Kopfzeile leer.
Seite 1	Dieser Eintrag erzeugt eine automatische Seitennummer in der Mitte.
Seite 1 von ?	Damit wird ein Eintrag erzeugt, der die Seitennummer und die Anzahl der Seiten ausgibt.
Tabelle1	Dieser Eintrag fügt den Namen des markierten Tabellenblatts in die Kopfzeile ein. Wenn das Blatt bereits benannt ist, steht der echte Name anstelle von *Tabelle1*.
[Firma] vertraulich;01.01.16;Seite 1	Mit diesem Eintrag wird im linken Teil der Firmenname des registrierten Benutzers eingetragen, in der Mitte das Tagesdatum und im rechten Teil die automatische Seitennummer mit dem Text *Seite*.
Mappe1	Damit schreiben Sie den Dateinamen der aktuellen Arbeitsmappe in den mittleren Teil der Kopfzeile. Wenn die Mappe bereits benannt ist, wird der aktuelle Dateiname angeboten.

Kopf- und Fußzeilenelemente

In dieser Gruppe stehen die einzelnen Elemente zur Auswahl, die zunächst einen Code in die Kopf- oder Fußzeile einfügen. Sobald der Cursor den Abschnitt verlässt, wird das berechnete Ergebnis angezeigt.

Symbol	Code	Bedeutung
Seitenzahl	&[Seite]	Die fortlaufende Seitennummer. Die erste Seitenzahl wird auf der Registerkarte *Papierformat* im Dialogfeld der Gruppe *Seite einrichten* gesetzt. Die Nummer kann auch kalkuliert werden: &[Seite]+4
Anzahl der Seiten	&[Seiten]	Die Anzahl aller Seiten des Blatts oder Druckbereichs.
Aktuelles Datum	&[Datum]	Das Systemdatum. Das Datum wird von Windows geliefert.
Aktuelle Uhrzeit	&[Zeit]	Die Systemzeit. Wird vom Betriebssystem Windows geliefert.
Dateipfad	&[Pfad]&[Datei]	Der aktuelle Pfad und der Dateiname. Der Dateiname ist *Mappe1 (Mappe2 ...)*, wenn die Mappe noch nicht gespeichert wurde.
Dateiname	&[Datei]	Der Name der Mappe. Ist diese noch nicht gespeichert, wird *Mappe1, Mappe2 ...* eingetragen.
Blattname	&[Register]	Der Name des Tabellenblatts, der im Register angezeigt wird.
Grafik	&[Grafik]	Öffnet den Dialog *Bilder einfügen* mit Dateiauswahl. Bilder können als Datei, von der Bildsuchmaschine Bing, aus Facebook, Flickr oder aus OneDrive abgeholt werden.
Grafik formatieren	Keiner	Öffnet die Dialogbox *Grafik bearbeiten* mit den Registern *Größe* und *Bild* zur Bearbeitung des mit dem *&[Grafik]*-Code eingefügten Bilds. Das Symbol ist nicht aktivierbar, wenn keine Grafik im Abschnitt steht.

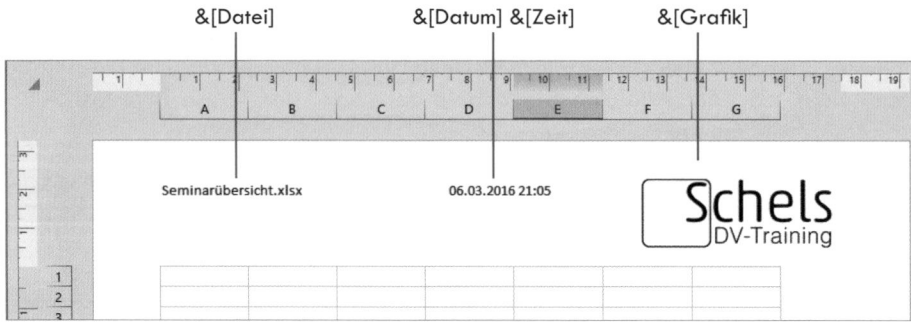

Bild 3.36: Kopf- und Fußzeilencodes in drei Bereichen.

Navigation

Klicken Sie in dieser Gruppe auf das erste Symbol, um den Cursor in die Kopfzeile zu setzen, oder auf das zweite für die Fußzeile. Der Cursor wechselt in den parallelen Abschnitt des zweiten Bereichs.

Optionen

Hier finden Sie weitere Optionen für die Kopf-/Fußzeilengestaltung des aktuellen Tabellenblatts.

- *Erste Seite anders:* Aktivieren Sie diese Option, wenn Sie für die erste Seite des Dokuments eine andere Kopf-/Fußzeile gestalten wollen. Das bietet sich bei mehrseitigen Ausdrucken an, wenn die erste Seite als Deckblatt oder Titelblatt genutzt wird. Bereits eingefügte Elemente werden übernommen.

- *Gerade und ungerade Seiten unterschiedlich:* Damit können Sie unterschiedliche Gestaltungen für gerade und ungerade Seitennummern zuweisen. Das ist besonders nützlich bei doppelseitig gedruckten Tabellenlayouts, hier setzen Sie die Seitennummer auf ungeraden Seiten nach rechts unten und auf geraden Seiten links in die Fußzeile. Ob die jeweilige Seite gerade oder ungerade ist, sehen Sie, wenn Sie den Cursor in einen Abschnitt setzen.

- *Mit Dokument skalieren:* Diese Option ändert auch die Schriftgröße und die Größe von Objekten, wenn das Seitenlayout skaliert wird.

- *An Seitenrändern ausrichten:* Klicken Sie hier, wenn Sie die Kopf- und Fußzeilen an den Seitenrändern des Layouts ausrichten und mit diesen ändern wollen. Ist diese Option nicht markiert, bleiben die Abschnitte unverändert, wenn die Seitenränder neu eingestellt werden.

3.10.3   Kopf-/Fußzeilen löschen

Um eine Kopf- oder Fußzeile zu löschen, wählen Sie den Eintrag *(keine)* in der Liste der verfügbaren Einträge. Sie können auch alle Codes, Texteinträge und Grafiken aus dem Seitenlayout löschen. Mit den Einträgen werden auch die Schriftformatierungen und die Grafikformatierungen aus dem Abschnitt entfernt.

3.10.4 Einstellungen im Dialog

Das Dialogfenster der Gruppe *Seitenlayout/Seite einrichten* bietet die Einstellungen für Kopf- und Fußzeilen an, wie sie in Vorgängerversionen benutzt wurden. In der Praxis werden Sie es nicht mehr nutzen, da die Seitenlayoutansicht und die Kopf- und Fußzeilentools wesentlich mehr Komfort bieten. Nur die erste Seitennummer, die bestimmen Sie im Register *Papierformat*.

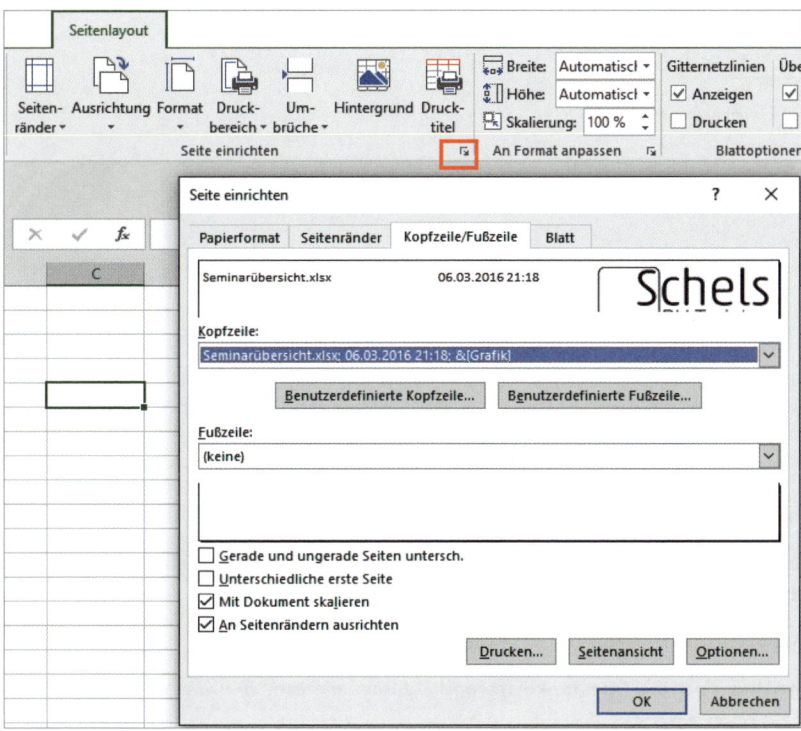

Bild 3.37: Dialogfenster der Gruppe Seite einrichten mit Kopfzeile/Fußzeile.

3.11 Ansichten

Im Tabellenblatt werden Sie meist in der Normalansicht arbeiten, die nur Zellen, Zeilen und Spalten anzeigt. Die Layoutansicht ist für die Gestaltung des Layouts und zur Vorbereitung auf den Druck nützlich. Excel bietet noch einige zusätzliche Ansichten. Wählen Sie im Register *Ansicht* die passende Arbeitsmappenansicht.

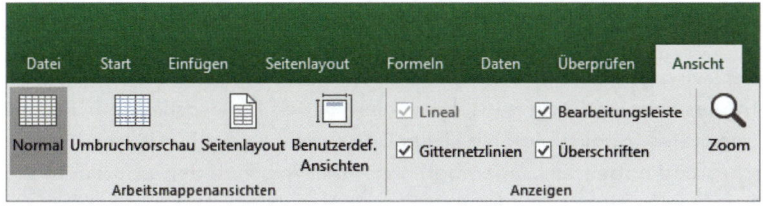

Bild 3.38: Arbeitsmappenansichten auf der Registerkarte »Ansicht«.

3.11.1 Ansichten in der Statusleiste

Die Statusleiste bietet am rechten Rand für drei der wichtigsten oder häufigsten Ansichten Symbole an. Klicken Sie auf das erste Symbol für die Normalansicht, wechseln Sie mit Symbol Nr. 2 in das Seitenlayout oder schalten Sie mit dem dritten Symbol in die Seitenumbruchvorschau. Wenn die Symbole nicht sichtbar sind, öffnen Sie mit der rechten Maustaste das Kontextmenü der Statusleiste und wählen Sie die Option *Ansichtssymbole anzeigen*.

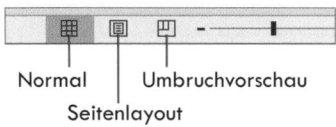

Bild 3.39: Ansichtssymbole in der Statusleiste.

3.11.2 Ansicht Seitenlayout

Mit dem Seitenlayoutsymbol schalten Sie die aktive Mappe in eine editierbare Druckvorschau. Je nach gewählter Zoomstufe sehen Sie eine oder mehrere Seiten des Druckbereichs. Gedruckte Seiten sind weiß unterlegt, in den übrigen Seiten, die nicht zum Druck anstehen, steht die Aufforderung *Klicken Sie hier, um Daten einzufügen*.

In der Gruppe *Anzeigen* finden Sie Optionen für die gewählten Ansichten:

- **Lineal** blendet ein horizontales und vertikales Lineal ein.

- **Gitternetzlinien** gelten nur für die Ansicht. Um sie auszudrucken, schalten Sie in das Seitenlayout.

- In der **Bearbeitungsleiste** editieren Sie Formeln und Zellinhalte.

- **Überschriften** sind die Spaltenköpfe und Zeilennummern, die hier ein- und ausgeblendet werden können.

Die in den Linealen verwendete Maßeinheit ist Zentimeter. Sie können diese Einstellung unter *Datei/Optionen/Erweitert* auf Zoll, Zentimeter oder Millimeter ändern.

3.11.3 Die Umbruchvorschau

In Tabellenblättern mit vielen Druckseiten verliert man gern die Übersicht. Manuelle und automatische Seitenumbrüche, Randlinien, Kopf- und Fußzeilenbereiche müssen überwacht werden. Mit der Umbruchvorschau schalten Sie die Druckaufteilung des Layouts ein und können diese bequem anpassen. Wählen Sie *Ansicht/Arbeitsmappenansichten/Umbruchvorschau*.

Der Druckbereich wird angezeigt, die Seitenränder sind mit dicken blauen Linien gekennzeichnet. Alles, was gedruckt wird, hat einen weißen Hintergrund, der Rest ist grau unterlegt. Wenn das Tabellenblatt mit einem Druckbereich versehen ist, wird dieser den weißen Hintergrund haben, ansonsten berechnet die Vorschau den zu druckenden Tabellenbereich selbst. Im Hintergrund sehen Sie ein Wasserzeichen mit der Seitennummer.

| | Datei | Start | Einfügen | Seitenlayout | Formeln | Daten | Überprüfen | Ansicht | Entwicklertools | ♀ W |

Normal Umbruchvorschau Seitenlayout Benutzerdef. Ansichten | ☑ Lineal ☑ Gitternetzlinien ☑ Bearbeitungsleiste ☑ Überschriften | Zoom 100% Auswahl vergrößern Neu Fens

Arbeitsmappenansichten — Anzeigen — Zoom

B4 : × ✓ fx Salberger GmbH

	A	B	C	D	E	F	G	H
1	Artikelnr	Lieferant	Bezeichnung	Lagermenge	Mindestlagermenge	Gebinde	Einkaufspreis	Verkaufspreis
2	32001	Buchmüller KG	Zollstock	25	10	Stck	12,2	16,47
3	32002	Eisen Flach GmbH	Tapeziertisch	34	10	Stck	8,6	11,61
4	32003	Salberger GmbH	Alpinweiß Wandfarbe	56	10	Stck	3,2	4,32
5	32004	Meier OHG	Farbspachtel	15	10	Stck	4,8	6,48
6	32005	ARCO AG	Farbspachtel groß	17	10	Stck	5,9	7,97
7	32006	Gartencenter Gross	Tapetenkleister	49	10	Packung	0,8	1,08
8	32007	Müller Stahl & Eisen	Tapetenkleister Dual	49	10	Packung	2,3	3,11
9	32008	Müller Stahl & Eisen	Kleisterbürste	40	10	Stck	3,7	5
10	32009	Reinmann Ges.mbH	Kleisterbürste Echthaar	30	10	Stck	5,8	7,83
11	32010	Fritsch & Co	Pinsel, Maler 5x5	23	10	Stck	1	1,35
12	32011	Buchmüller KG	Pinsel. Maler, 10x5	23	15	Stck	2,9	3,92
13	32012	Bergmann & Partner	Gummiwalze	45	15	Stck	0,8	1,08
14	32013	Baustoff Werke GmbH	Tapezierschere	12	15	Stck	3	4,05
15	32014	Meier OHG	Nahtroller	56	15	Stck	0,5	0,68
16	32015	ARCO AG	Bohrmaschine B&D	15	15	Stck	78,5	105,98
17	32016	Meier OHG	Hammer, Maurer	45	15	Stck	12,8	17,28
18	32017	Stoll Werke Ges.mbH	Hammer, Zimmerm.	45	15	Stck	14,9	20,12
19	32018	Stoll Werke Ges.mbH	Kelle 3-Spitz	12	15	Stck	6,9	9,32
20	32019	Buchmüller KG	Kelle flach eckig	12	15	Stck	5,9	7,97
21	32020	TRICOBAL AG	Kelle 10x8	45	15	Stck	8,2	11,07
22	32021	Buchmüller KG	Holzschutzlösung	10	15	Kanister	5,45	7,36
23	32022	Meier OHG	Gartenschere massiv	40	15	Stck	5,8	7,83
24	32023	Meier OHG	Heckenschneider	12	15	Stck	34,8	46,98
25	32024	ARCO AG	Fuchsschwanz 25x3	17	20	Stck	12,8	17,28
26	32025	Putz & Schutz	Handsäge 0,75 m	21	20	Stck	15,8	21,33
27	32026	Buchmüller KG	Tischsäge B&D	21	20	Stck	45,7	61,7
28	32027	Stoll Werke Ges.mbH	Tacker 0,8x3	38	20	Stck	21,9	29,57
29	32028	Reinmann Ges.mbH	Tacker 2x3	12	20	Stck	34,9	47,12
30	32029	ARCO AG	Bohrer HSS 5-tlg	20	20	Packung	2,9	3,92
31	32030	Baustoff Werke GmbH	Gips 5 kg	30	20	Sack	1,1	1,49
32	32031	Gartencenter Gross	Moltofill 1kg	12	20	Packung	1,9	2,57

Bild 3.40: Das Tabellenblatt in der Seitenumbruchvorschau.

Um den Druckbereich neu zu definieren, ziehen Sie einfach eine der dicken Randlinien an eine neue Position. Sie können mehr Zeilen und Spalten wählen, als Inhalt in der Tabelle zu finden ist, oder den Druckbereich verkleinern. In diesem Fall werden die nicht gedruckten Zellen im grauen Bereich landen. Mit der manuellen Änderung des Druckbereichs setzen Sie automatisch den gleichnamigen Bereichsnamen fest oder definieren seinen Bezug neu.

Seitenumbrüche setzen

Automatische Seitenumbrüche erkennen Sie an gestrichelten Linien, selbst definierte haben eine ebenso dicke Linie wie die Seitenränder. Sie können in dieser Vorschau beide Seitenumbrucharten manuell setzen. Ziehen Sie einen selbst definierten Seitenumbruch mit gedrückter Maustaste in eine neue Position. Ändern Sie damit (in einem mehrseitigen Layout) die automatische Seiteneinteilung, wird Excel die Seite so weit herunterzoomen, bis der Seitenumbruch passt. Dazu wird im Seitenlayout ein Skalierungsfaktor gesetzt. Je weiter Sie die Strichlinie für den automatischen Seitenumbruch nach rechts oder unten verschieben, desto größer wird dieser Faktor, denn umso mehr muss die Tabelle verkleinert werden.

Achten Sie darauf, dass das Zoomen nicht zurückgenommen wird, wenn Sie mit dem Umbruch wieder mehr Platz auf der Druckseite schaffen. Ziehen Sie die Linie wieder zurück, bleibt die Seite in der Verkleinerung. Überprüfen Sie immer gleichzeitig Zoomfaktor und Seitenumbrüche!

Seitenumbruchvorschau beenden

Mit der Ansicht *Normal* oder *Seitenlayout* schalten Sie diese Vorschau wieder aus.

3.12 Gliederung

Die Gliederung und Gruppierung eines Tabellenblatts finden Sie im *Daten*-Register. Das Untergliedern von Tabellen und Listen gehört aber zu den Bearbeitungstechniken des Layouts. Mit der Gliederung fassen Sie Zeilen und Spalten in Gruppen zusammen und bieten dem Anwender der Kalkulation die Möglichkeit, Bereiche ein- und auszublenden. Bis zu acht Ebenen sind möglich.

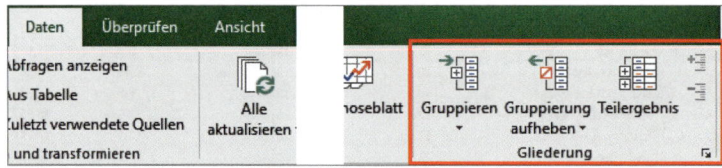

Bild 3.41: Gliederungswerkzeuge im Daten-Register.

3.12.1 Gliederungsformen

Eine Liste kann untergliedert werden, wenn sie eine Hierarchie aufweist: Unter der Hauptüberschrift steht eine Gruppe von Untertiteln, diese teilen sich in weitere Gruppen auf. Unterscheiden Sie zwischen Zeilen- und Spaltengliederung:

- **Zeilengliederung:** Die Gliederungsebenen stehen in Zeilen untereinander; die zu einer Ebene gehörenden Informationen bilden eine Gruppe von Zeilen. In der Regel wird zum Abschluss jeder Gruppe eine Summe oder eine andere Berechnung eingefügt.

- **Spaltengliederung:** Die Gliederungsebenen stehen in Spalten, die zu einer Ebene gehörenden Informationen bilden eine Spaltengruppe. Auch hier schließt meist eine Summe-Funktion oder eine andere Berechnung an.

- **Kombinierte Gliederung:** Eine kombinierte Gliederung enthält eine Zeilen- und eine Spaltengliederung.

Sie können Excel mit der automatischen Gliederung die Wahl überlassen, welche Zeilen und/oder Spalten in Ebenen und Unterebenen untergliedert werden, oder die Gliederung manuell einziehen. Im ersten Fall muss Excel eine hierarchische Struktur erkennen, manuelle Gliederungen können Sie überall einbringen.

3.12.2 Automatisch gliedern

Die automatische Gliederung orientiert sich an Zwischensummen und bildet je eine Ebene aus allen Zeilen oder Spalten bis zur nächsten Summe. Die Summenformeln müssen dabei in eine einheitliche Richtung zeigen. Eine automatische Gliederung wäre beispielsweise in einer Tabelle möglich, in der sich die Spaltensummen einheitlich auf Zellen oberhalb der Formel und die Zeilensummen auf die Zellen links von der Formel beziehen.

	A	B	C	D	E	F	G
1	**Umsatzentwicklung in den Filialen Deutschland Süd**						
2							
3		**2012**	**2013**	**2014**	**2015**	**2016**	**2017**
4	**Bayern Nord**						
5	Nürnberg	4.500	5.000	5.500	5.800	5.800	5.700
6	Erlangen	5.000	5.200	5.600	5.600	6.000	6.700
7	Ingolstadt	2.200	3.000	4.100	4.500	4.500	4.300
8	Pfaffenhofen	8.900	9.000	9.200	8.900	9.400	10.200
9	Erding	6.900	8.000	8.000	8.400	9.000	11.000
10	*Gesamt Bayern Nord*	*27.500*	*30.200*	*32.400*	*33.200*	*34.700*	*37.900*
11	**Bayern Süd**						
12	München	1.200	1.500	1.800	3.100	3.400	3.500
13	Straubing	5.200	6.000	8.000	7.800	8.200	8.400
14	Rosenheim	5.000	7.100	7.200	7.600	6.900	6.500
15	*Gesamt Bayern Süd*	*11.400*	*14.600*	*17.000*	*18.500*	*18.500*	*18.400*
16	**Baden Württemberg**						
17	Stuttgart	3.200	4.400	4.600	4.500	4.800	4.600
18	Freiburg	2.000	2.300	2.400	3.100	2.800	2.500
19	*Gesamt Baden Württemberg*	*5.200*	*6.700*	*7.000*	*7.600*	*7.600*	*7.100*
20	Gesamt	44.100	51.500	56.400	59.300	60.800	63.400

Bild 3.42: Eine Liste mit Zwischensummen.

Setzen Sie den Zellzeiger in die Zelle A3 und wählen Sie *Daten/Gliederung/Gruppieren/ AutoGliederung*. Excel gliedert den Bereich automatisch, die Zeilen oberhalb der Summenzeile werden eine Ebene tiefer gesetzt, ebenso die Spalten links von der Summenspalte. Über dem Spaltenkopf und links vom Zeilenkopf sind die Gliederungssymbole sichtbar. Sollte die Tabelle nicht zu untergliedern sein, weil sie keine Summenformeln enthält oder keine einheitliche Struktur aufweist, erhalten Sie die Fehlermeldung *Gliederung kann nicht erstellt werden*.

Kontrollieren Sie in diesem Fall, ob die Einstellungen für die Gliederung passend sind, und ändern Sie diese bei Bedarf. Die Voreinstellungen für die Gliederung finden Sie im Dialogfeld der Gruppe *Gliederung*. Klicken Sie auf das Pfeilsymbol rechts unten.

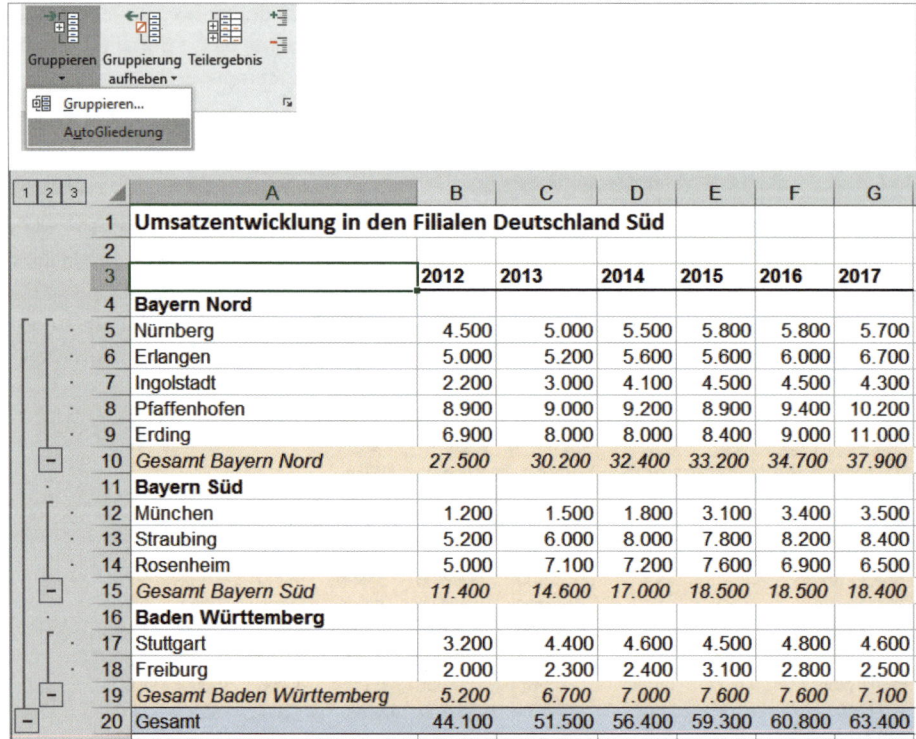

1 2 3		A	B	C	D	E	F	G
	1	**Umsatzentwicklung in den Filialen Deutschland Süd**						
	2							
	3		2012	2013	2014	2015	2016	2017
	4	**Bayern Nord**						
	5	Nürnberg	4.500	5.000	5.500	5.800	5.800	5.700
	6	Erlangen	5.000	5.200	5.600	5.600	6.000	6.700
	7	Ingolstadt	2.200	3.000	4.100	4.500	4.500	4.300
	8	Pfaffenhofen	8.900	9.000	9.200	8.900	9.400	10.200
	9	Erding	6.900	8.000	8.000	8.400	9.000	11.000
	10	*Gesamt Bayern Nord*	*27.500*	*30.200*	*32.400*	*33.200*	*34.700*	*37.900*
	11	**Bayern Süd**						
	12	München	1.200	1.500	1.800	3.100	3.400	3.500
	13	Straubing	5.200	6.000	8.000	7.800	8.200	8.400
	14	Rosenheim	5.000	7.100	7.200	7.600	6.900	6.500
	15	*Gesamt Bayern Süd*	*11.400*	*14.600*	*17.000*	*18.500*	*18.500*	*18.400*
	16	**Baden Württemberg**						
	17	Stuttgart	3.200	4.400	4.600	4.500	4.800	4.600
	18	Freiburg	2.000	2.300	2.400	3.100	2.800	2.500
	19	*Gesamt Baden Württemberg*	*5.200*	*6.700*	*7.000*	*7.600*	*7.600*	*7.100*
	20	Gesamt	44.100	51.500	56.400	59.300	60.800	63.400

Bild 3.43: Die AutoGliederung findet die Zwischensummen.

Jede Gliederungsebene enthält ein Ein/Ausblendsymbol (Minus = Ausblenden, Plus = Einblenden). Um eine ganze Ebene ein- oder auszublenden, klicken Sie auf die Ebenennummer am oberen Rand.

3.12.3 Die Gruppierungsrichtung

Ob die Zwischensummen über oder unter den Gruppen stehen, entscheidet Excel bei der AutoGliederung über eine Voreinstellung, die nur im Dialogfenster zu sehen ist. Klicken Sie auf das Dialogfeld der Gruppe *Gliederung*.

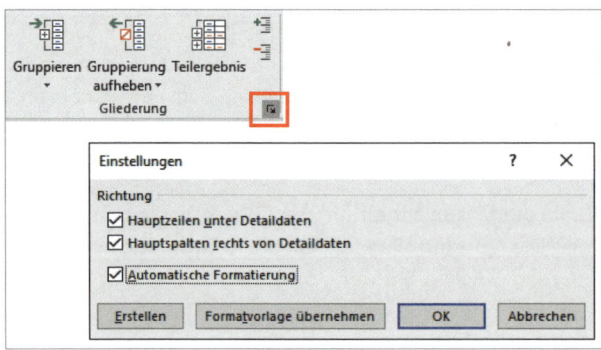

Bild 3.44: Die Gruppierungsrichtung wird im Dialogfenster bestimmt.

Hauptzeilen unter Detaildaten wird aktiviert, wenn die Zeilensummen unter den Gruppen stehen. Die Hauptzeile ist in diesem Fall die Summe und mit Detaildaten sind die Zeilen gemeint, die oberhalb der Summe stehen und in die nächste Ebene befördert werden.

Hauptspalten rechts von Detaildaten sollte aktiv sein, wenn in der Tabelle Spaltensummen zu finden sind. Die Spalte mit der Summe bildet die Hauptspalte und mit *Detaildaten* sind die Spalten gemeint, die die aufsummierten Werte enthalten.

Klicken Sie auf *Erstellen*, um die Gliederung zu erstellen, und, falls die erste Option angekreuzt ist, die entsprechenden Druckformate zuzuweisen. Die Bestätigung mit OK allein erstellt keine Gliederung, übernimmt aber die manuellen Gliederungsaktionen und weist den Ebenen Druckformate zu, die noch nicht enthalten sind.

Automatische Formatierung

Kreuzen Sie diese Option an, wenn Excel die Gliederungsebenen zur optischen Unterscheidung mit unterschiedlichen Zellenformaten versehen soll. Zeilenebenen erhalten mit dem Herauf- oder Herunterstufen automatisch eine Formatvorlage mit der Bezeichnung *Zeilenebene_1, Zeilenebene_2* usw., Spaltenebenen entsprechend *Spaltenebene_1, Spaltenebene_2* etc. Die ersten beiden Druckformate für Zeilen- und Spaltenebenen sind bereits mit unterschiedlichen Formaten versehen (Ebene 1: fett, Ebene 2: kursiv); durch Anpassung der weiteren Ebenen können einheitliche Formate für maximal neun Ebenen formatiert werden.

Formatvorlage übernehmen

Klicken Sie auf diese Option, um den markierten Daten ihre Formatvorlagen zuzuweisen. Da dies bei automatischer Gliederung meist schon mit dem Ankreuzen der ersten Option erledigt wird, verwenden Sie diesen Befehl in der Regel nur, um einem markierten, bereits gegliederten Bereich zusätzlich noch seine Formatvorlagen zuzuweisen.

Gliederung entfernen

Jede Gliederung kann automatisch gelöscht oder manuell aus der Tabelle entfernt werden. Wählen Sie *Daten/Gliederung/Gruppierung aufheben/Gliederung entfernen*, um die Gliederung zu löschen.

Um eine Gliederung zeilen- oder spaltenweise zu entfernen, müssen alle abgestuften Zeilen und/oder Spalten wieder auf die oberste Ebene befördert werden. Der Menübefehl dafür ist *Gruppierung aufheben*, schneller geht es mit den nachfolgend beschriebenen Gliederungssymbolen.

3.12.4 Manuell gliedern

Die automatische Gliederung kommt relativ selten zum Einsatz, da die meisten Tabellen in der Praxis nicht die Voraussetzungen erfüllen. Oft sind noch Zwischenüberschriften, zusätzliche Berechnungen oder Leerzeilen/-spalten eingezogen und in diesem Fall versagt die Automatik. Um in einer relativ kleinen, überschaubaren Tabelle einige Zeilen oder Spalten in Ebenen zu unterteilen, müssen Sie auch keine Gliederungsautomatik bemühen. Markieren Sie einfach die Bereiche und gliedern Sie sie mithilfe der Gliederungssymbole. Hier am Beispiel der Umsatztabelle:

Markieren Sie die Zeilen 5 bis 9, ziehen Sie die Markierung dazu über die Zeilennummern im Zeilennummernbereich. Klicken Sie unter *Daten/Gliederung* auf *Gruppieren*. Um die Zeilen wieder heraufzustufen, markieren Sie sie erneut und klicken unten auf *Gruppierung aufheben*. Gruppieren Sie so auch die Zeilen 12 bis 14 und 17 bis 18.

Markieren Sie die Zeilen 4 bis 19 und gruppieren Sie sie eine Ebene tiefer. Markieren Sie die Spalten B bis H und klicken Sie auf *Gruppieren*.

Mit der manuellen Gliederung haben Sie die Kontrolle über die Ebenen. Achten Sie auf die Punkte, die neben den Zeilennummern und über den Spaltenbuchstaben angezeigt werden, wenn ein Bereich gruppiert ist. Sie zeigen an, welche Zeilen oder Spalten zu einer Gruppierungsebene gehören.

Ziehen Sie die Markierung immer über die Zeile oder Spalte (Zeilen-/Spaltenkopf), die eine Ebene tiefer oder höher gestellt werden soll. Wenn Sie Excel nur eine Zell- oder Bereichsmarkierung geben, wird per Dialogbox abgefragt, welche Zeilen/Spalten zu gruppieren sind.

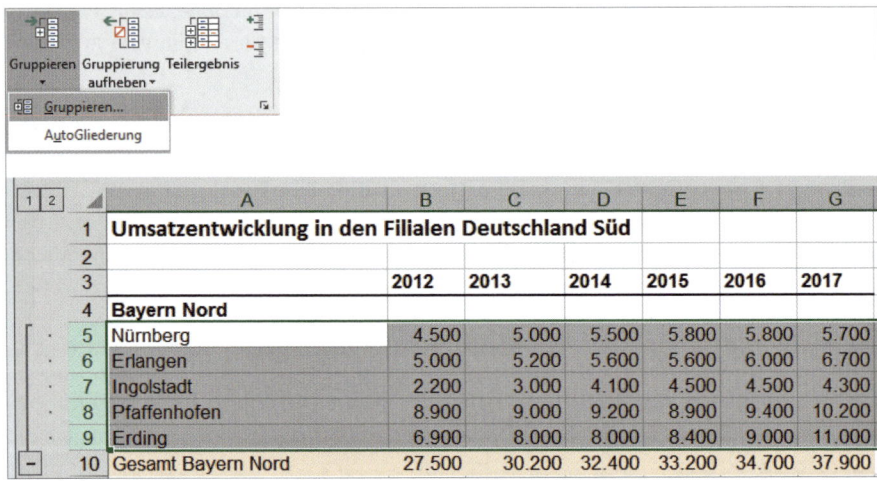

Bild 3.45: Manuell gliedern – immer ganze Zeilen oder Spalten.

3.12.5 Gliederungssymbole ausblenden

Um alle Gliederungssymbole (Ebenen, Plus- und Minuszeichen) aus einer gegliederten Tabelle zu entfernen, brauchen Sie den Befehl *Gliederungssymbole anzeigen*, für den es aber kein Symbol auf einer Registerkarte gibt. Fügen Sie ihn in die Symbolleiste für den Schnellzugriff ein:

Klicken Sie dazu mit der rechten Maustaste in die Symbolleiste für den Schnellzugriff, wählen Sie *Anpassen* und schalten Sie unter *Befehle auswählen* auf *Alle Befehle*. Fügen Sie den Befehl *Gliederungssymbole anzeigen* per *Hinzufügen* in die Symbolleiste ein.

Klicken Sie auf das Symbol, um die Gliederungssymbole aus- und wieder einzuschalten. Die Ebenennummern erscheinen wieder, ebenso die Plus- und Minussymbole für die einzeln ausgeblendeten Zeilen und Spalten.

3.12.6 Gliederungsebenen formatieren

Zur Formatierung von Gliederungsebenen stehen maximal acht Gliederungsstufen und damit auch bis zu acht Zellenformatvorlagen zur Verfügung. Erstellen Sie mithilfe der AutoGliederung eine Gliederung und kreuzen Sie in den Gliederungseinstellungen die Option *Automatische Formatierung* an, so wird jeder Gliederungsstufe eine eigene Formatvorlage zugewiesen. Diese Vorlagen haben keine abweichenden Formate, andere Schriftarten etc., können aber bequem nach eigenen Vorstellungen angepasst werden. Der Vorteil: Sie gliedern Ihre Daten in bis zu acht Ebenen und passen einmal die Vorlage der jeweiligen Ebene an. Mit jedem Gliederungsvorgang nehmen die Daten die Formatierung der Formatvorlage an, die für die Ebene zuständig ist. Die gruppierte Liste wird damit immer einheitlich formatiert.

Die Formatvorlagen, die automatisch zugewiesen werden, wenn Sie eine Ebene mit automatischer Formatierung gliedern, finden Sie in der Liste der Zellenformatvorlagen. Ändern Sie nur diese, um die gesamte Gliederung einheitlich zu formatieren:

1. Wählen Sie *Start/Zellenformatvorlagen*. Unter *Titel und Überschriften* finden Sie je eine Formatvorlage für alle Zeilen- und Spaltenebenen, die Sie in der Gliederung verwendet hatten.

2. Klicken Sie mit der rechten Maustaste in eine dieser Vorlagen und wählen Sie *Ändern*.

3. Passen Sie die einzelnen Teile der Vorlage an, kreuzen Sie zusätzlich zur Schriftart weitere Teile wie das Zahlenformat an und ändern Sie mit *Formatieren* das Format.

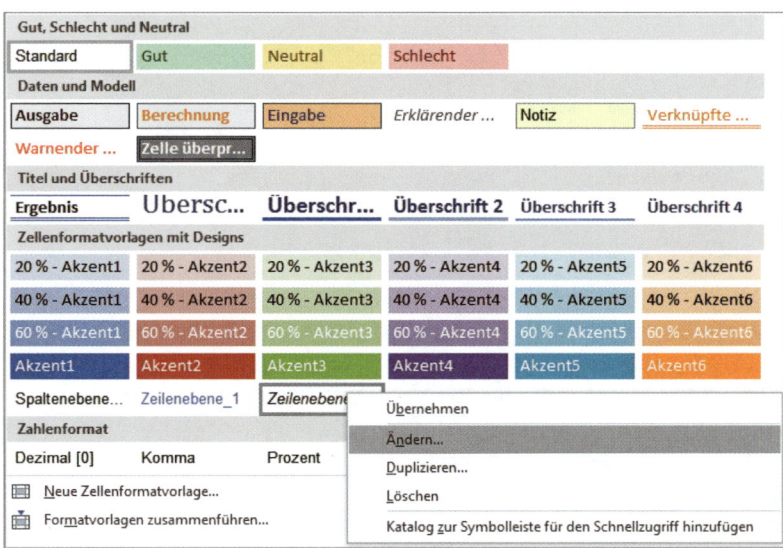

Bild 3.46: Zellenformatvorlagen für Gliederungen können angepasst werden.

3.13 Teilergebnisse

Die Teilergebnisse gehören zu den älteren Werkzeugen der Kalkulation. In Excel-Versionen, die noch keine PivotTables für die Auswertung von Listen kannten, waren Teilergebnisse die einzige Möglichkeit, Listen so aufzubereiten, dass die Zwischensummen sichtbar wurden. Mit der PivotTable hat sich das Werkzeug etwas überholt, kann aber nach wie vor verwendet werden.

Teilergebnisse können nicht in Tabellen verwendet werden (Tabellen sind Sonderformen von Listen, mit *Einfügen/Tabellen/Tabelle* wird eine Liste in eine Tabelle umgewandelt). Auch das ist ein Merkmal dafür, dass dieses antike Werkzeug nicht mehr zeitgemäß ist, denn die Tabelle übernimmt langsam die Vorherrschaft über die Kalkulation.

3.13.1 Liste sortieren

Voraussetzung für Teilergebnisse in Listen ist eine passende Sortierung. Spalten, die für Zwischensummen vorgesehen sind, müssen zuvor auf- oder absteigend sortiert werden. Markieren Sie dazu den Datenbereich der Liste und wählen Sie *Daten/Sortieren und Filtern/Sortieren*. Bestimmen Sie eine Spalte als Sortierschlüssel, geben Sie gegebenenfalls weitere Sortierebenen an und starten Sie die Sortierung.

3.13.2 Teilergebnisse berechnen

Setzen Sie den Zellzeiger in die Liste und wählen Sie *Daten/Gliederung/Teilergebnis*. Ist in der Umgebung des Zellzeigers keine Liste zu finden, erscheint eine Meldung:

Dies kann nicht auf den ausgewählten Bereich angewendet werden. Wählen Sie eine einzelne Zelle innerhalb des Bereiches aus, und versuchen Sie es dann noch mal.

1. Setzen Sie den Zellzeiger in die Spalte der Liste, die Sie sortieren und untergliedern wollen.

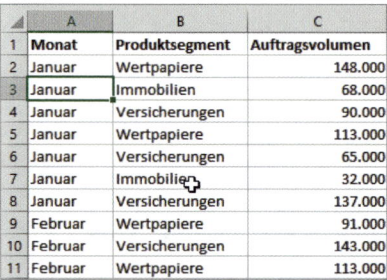

2. Sortieren Sie die Spalte aufsteigend über *Daten/Sortieren und Filtern*.

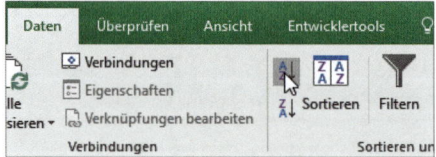

3. Starten Sie die Teilergebnisse aus der Gruppe *Daten/Gliederung*.

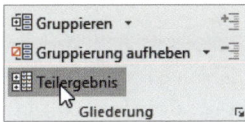

4. Unter *Gruppieren nach:* wird die Spalte angezeigt, die sortiert wurde. Schalten Sie auf die Funktion *Summe* und kreuzen Sie alle Spalten an, die Sie summieren können.

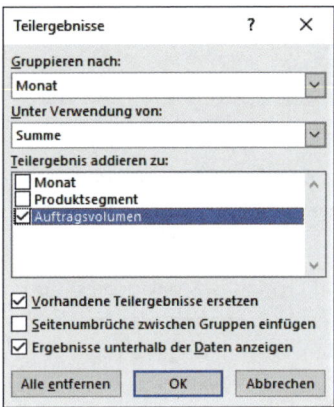

5. Bestätigen Sie mit OK, und die Liste wird untergliedert und mit Teilergebnissen versehen. Am linken Bildschirmrand werden Gliederungssymbole sichtbar, oben links stehen die Gliederungsebenen (maximal 3).

6. Die Zwischensummen berechnen sich über die Funktion TEILERGEBNIS() mit dem Funktionswert 9 als Ersatzwert für SUMME() (1 = MITTELWERT(), 2 = ANZAHL() usw...).

fx	=TEILERGEBNIS(9;C2:C8)		
gment	**C** Auftragsvolumen	**D**	**E**
re	148.000		
n	68.000		
ngen	90.000		
re	113.000		
ngen	65.000		
n	32.000		
ngen	137.000		
	653.000		

- **Gruppieren nach:** Geben Sie hier die sortierte Spalte an, für die Teilergebnisse zu ermitteln sind.

- **Unter Verwendung von:** Enthält die Funktionen für die Teilergebnisse. *Summe* erstellt Gruppensummen, *Anzahl* zählt die Einträge, *Anzahl Zahlen* nur die numerischen Werte. *Mittelwert* berechnet das arithmetische Mittel, *Produkt* das Produkt aus den Werten. *Minimum* und *Maximum* geben den kleinsten bzw. größten Wert der Gruppe aus. Die übrigen Funktionen sind für die statistischen Berechnungen von Standardabweichungen und Varianzen.

- **Teilergebnis addieren zu:** Bestimmen Sie hier die Spalten, in denen und für die das Teilergebnis erscheinen soll.

- **Vorhandene Teilergebnisse ersetzen:** Ersetzen Sie das alte Ergebnis durch das neue.

- **Seitenumbrüche zwischen Gruppen einfügen:** Damit wird automatisch für jede Datengruppe eine neue Seite begonnen. Die Seitenumbrüche sehen Sie am besten in der Seitenumbruchvorschau.

- **Ergebnisse unterhalb der Daten anzeigen:** Diese Option ist standardmäßig angekreuzt, damit die Gruppensummen unter den Werten eingefügt werden. Entfernen Sie die Markierung, werden die Summen über den Werten angezeigt.

- **Alle entfernen:** Löscht alle Teilergebnisse aus der Liste.

3.14   Drucken

Bringen Sie Ihre perfekt gestaltete Tabellenkalkulation oder das Dashboard mit Tabellen, Grafiken und Diagrammen ebenso perfekt zu Papier oder erstellen Sie eine PDF-Datei als digitales Abbild des Druckes.

3.14.1   Drucker einrichten

Stellen Sie vor dem ersten Ausdruck den Drucker richtig ein, passen Sie die Optionen an und drucken Sie umweltfreundlich und ökonomisch. Alle gerätespezifischen Einstellungen sind von dem unter Windows installierten Standarddrucker abhängig. Wenn Sie keinen Drucker installiert haben, lässt sich der Dialog nicht aktivieren. In den Einstellungen unter *Geräte* bzw. in der Systemsteuerung unter *Hardware und Sound* finden Sie die Druckereinrichtung.

Klicken Sie ein Druckersymbol mit der rechten Maustaste an und erklären Sie es zum Standarddrucker. Falls das Gerät noch nicht unter Windows installiert ist, können Sie es auch unter Excel einrichten. Wählen Sie *Datei/Drucken*. Unter *Drucker* wird eine Liste mit allen installierten Druckern angeboten, der Standarddrucker ist vorgeschlagen. Klicken Sie auf das Pfeilsymbol neben der Liste und wählen Sie einen Drucker aus. Klicken Sie auf *Druckereigenschaften*.

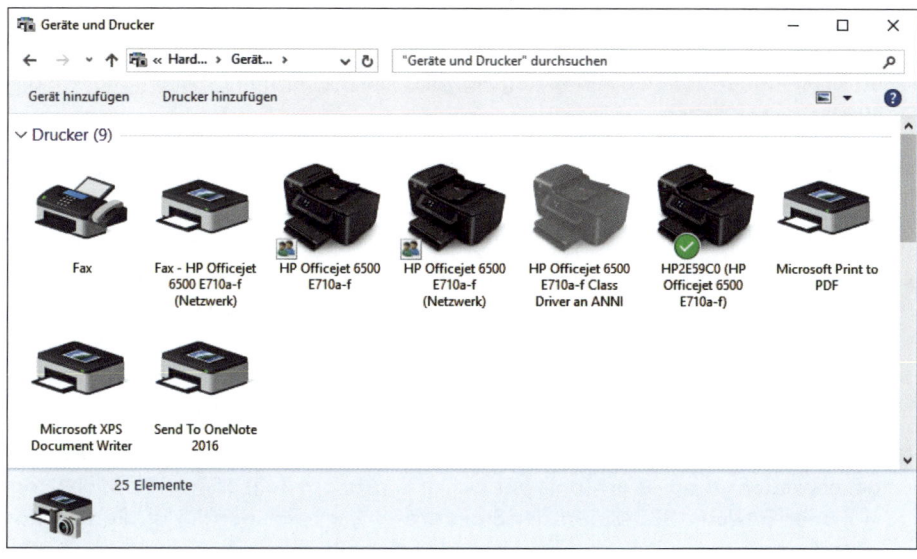

Bild 3.47: Druckereinrichtung in der Systemsteuerung von Windows.

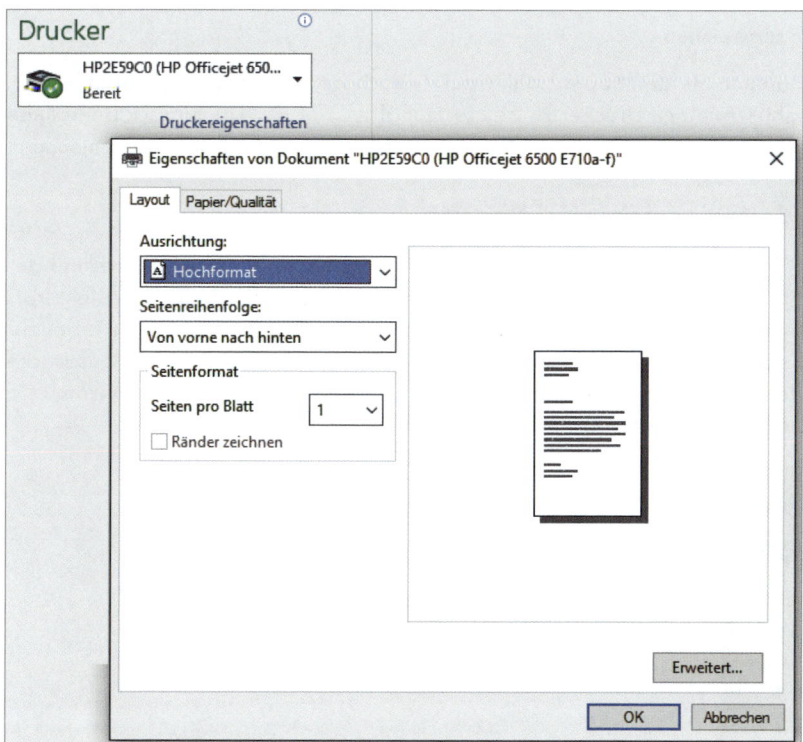

Bild 3.48: Druckereinrichtung im Datei-Menü.

Das Angebot der Druckereinrichtung ist abhängig vom Druckermodell und dessen Ausstattung. Große Bürodrucker stellen mehrere Einschübe oder Kassetten mit unterschiedlichen Papierformaten zur Verfügung. Hier die wichtigsten Druckeroptionen, die für jeden Drucker gelten:

- **Papierformat:** Hoch- oder Querformat für den Ausdruck. Im Hochformat ist ein DIN-A4-Blatt 210 mm breit und 297 mm hoch; im Querformat 297 mm breit und 210 mm hoch.

- **Papierzufuhr/Quelle:** Stellen Sie hier den automatischen Einzug für Papier aus der Papierkassette oder den manuellen Einzug ein, wenn Sie dem Drucker jedes Blatt einzeln zufüttern wollen. Viele Druckertreiber ermöglichen hier auch die Einstellung eines Einzugsschachts. Um den Schacht zu wechseln, empfiehlt sich oft auch, den gleichen Drucker mehrfach mit jeweils anderem Schacht zu installieren.

- **Grafikauflösung/Qualität:** Die meisten Drucker bieten mehrere Grafikauflösungen an, entweder als dpi-Wert (dots per inch = Punkte pro Zoll) oder als Option (Normal oder Entwurf). 300 dpi ist der Standardwert, mit weniger dpi ist die Qualität schlechter, aber der Druck ist schneller und braucht weniger Toner.

- **Schriftarten:** Die meisten Drucker können TrueType-Schriftarten von Windows problemlos wiedergeben, bei älteren Modellen müssen Sie auf die Schriften des Druckers ausweichen.

- **Kopien:** Stellen Sie den Kopienzähler auf 1, auch wenn Sie die Möglichkeit haben, die Anzahl Kopien im Druckertreiber festzuhalten. Bei der Druckausgabe können Sie immer noch bestimmen, wie viele Exemplare des Ausdrucks Sie haben möchten.

3.14.2   Seitenansicht und Druck

Wenn Sie mehrere Tabellenblätter drucken wollen, markieren Sie diese vorher mit gedrückter Strg-Taste oder ⇧-Taste. Wollen Sie nur einen Ausschnitt des Tabellenblatts drucken, markieren Sie diesen vorher. Starten Sie den Ausdruck des aktiven Tabellenblatts mit *Datei/Drucken*. Stellen Sie unter *Drucken* die gewünschte Anzahl Ausdrucke ein. Der Seitenzähler am unteren Rand zeigt an, wie viele Seiten gedruckt werden. Ein Klick auf das Symbol *Drucken* startet den Ausdruck.

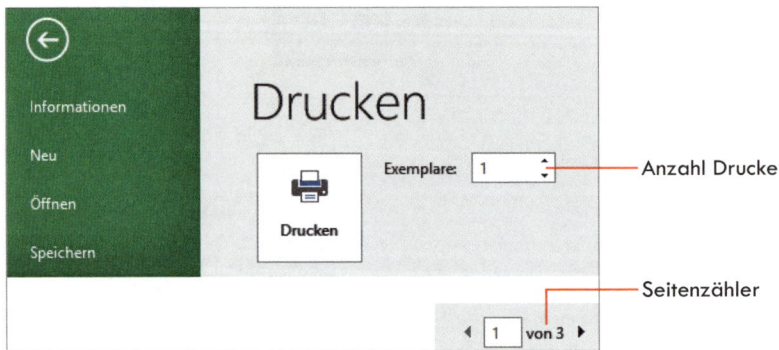

Bild 3.49: Aktive Tabellenblätter drucken.

Die Seitenansicht

Das ist die Ansicht, in der auf dem Bildschirm präsentiert wird, was der Drucker zu Papier bringt. Im Prinzip ist die Seitenansicht eine auf den Bildschirm umgeleitete Druckausgabe. Dementsprechend zeigt sie die Tabelle oder das Diagramm so an, wie es auf dem Papierausdruck erscheinen würde. Alle Schriftarten und -größen werden dabei so weit wie möglich entsprechend der Druckerkonfiguration simuliert und die Layoutaufteilung entspricht ebenfalls dem gedruckten Original.

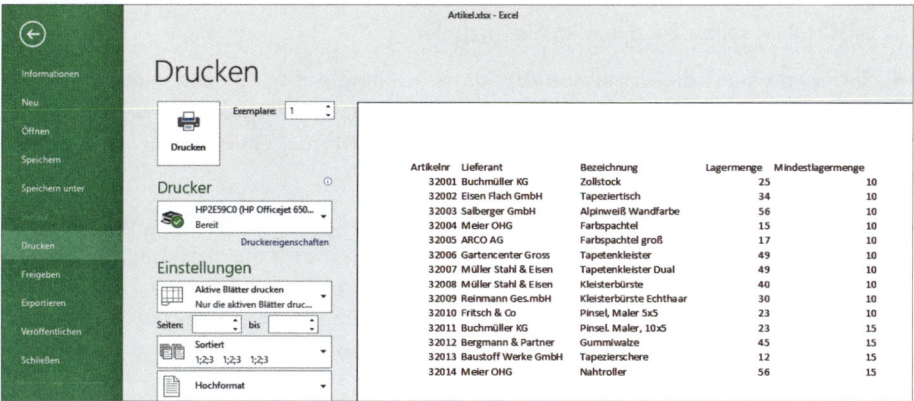

Bild 3.50: Die Seitenansicht zeigt das Tabellenblatt, wie es gedruckt wird.

Seitenansicht zoomen

Mit dem Zoomsymbol rechts unten vergrößern Sie die Seitenansicht. Ziehen Sie die Rollbalken rechts und unten, um einen anderen Ausschnitt zu sehen. Ein weiterer Klick auf das Zoomsymbol verkleinert die Ansicht wieder auf eine ganze Seite. Sie können auch wie beim Zoom im Tabellenblatt mit gedrückter [Strg]-Taste am Mausrad drehen, erhalten aber immer nur die beiden Zoomstufen.

Ränder und Spaltentrennlinien einblenden

Ein Klick auf das Symbol *Seitenränder* blendet schwarze Markierungspunkte und Linien für die Seitenränder und die Spaltenlinien ein. Auch der Kopf- und Fußzeilenbereich wird gekennzeichnet. Nutzen Sie diese Randsymbole, um die Druckränder oder die Spalten direkt in der Seitenansicht abzuändern. Ziehen Sie einen einzelnen Punkt mit gedrückter Maustaste, um den Rand oder die Breite einer Spalte zu verkleinern oder zu vergrößern. Ein weiterer Klick auf das Symbol schaltet die Randmarkierungen wieder aus.

3.14.3 Druckeinstellungen

Unter *Einstellungen* finden Sie eine Reihe von Druckoptionen. Bestimmen Sie, was gedruckt wird:

- *Aktive Tabelle* druckt die Tabelle, die in der Seitenansicht zu sehen ist. Haben Sie wie oben beschrieben mehrere Register markiert, werden diese trotzdem mitgedruckt.

- *Gesamte Arbeitsmappe drucken* schalten Sie ein, wenn Sie alle Register der aktiven Mappe zu Papier bringen wollen.

- *Auswahl drucken* druckt nur die Zellen, die derzeit aktuell markiert sind. Wenn Sie eine Mehrfachmarkierung gesetzt haben, wird jeder Bereich auf einer eigenen Seite gedruckt. Das Drucken von Mehrfachbereichen kann sehr nützlich sein. Probieren Sie es: Markieren Sie in einer Liste die ersten fünf Datensätze. Halten Sie die [Strg]-Taste gedrückt und markieren Sie weitere fünf Sätze. Drucken Sie die Auswahl, erhalten Sie zwei Druckseiten mit je fünf Sätzen. Vergessen Sie nicht, die Kopfzeile der Liste vorher zum Drucktitel zu erklären.

- Unter *Seiten* geben Sie an, wie viele Seiten Sie drucken wollen. Die Anzahl der Druckseiten sehen Sie unten im Seitenzähler.

- *Sortiert* definiert die Druckausgabe für mehrseitige Ausdrucke und mindestens zwei Druckexemplare. Schicken Sie beispielsweise ein dreiseitiges Dokument zehn Mal zum Drucker und schalten Sie auf die zweite Sortierart *Getrennt* um, druckt Excel die erste Seite zehn Mal, dann die zweite usw.

- *Markiertes Diagramm drucken*: Eine Ausnahme bilden markierte Diagrammobjekte: Haben Sie vor dem Aufruf von *Datei/Drucken* ein Diagrammobjekt markiert, wird nur dieses in der Seitenansicht angezeigt, und in den Einstellungen wird nur *Markiertes Diagramm drucken* angeboten. Wollen Sie mehr als das Objekt drucken, schalten Sie zurück auf das Tabellenblatt und markieren den zu druckenden Zellbereich.

- Das *Ausgabeformat* (*Hochformat* oder *Querformat*) können Sie hier noch kurz vor dem Druck umstellen. Auch das Papierformat und die Seitenränder lassen sich alternativ zur Seitenlayouteinrichtung definieren und die letzte Option *Alle Seiten auf einer Spalte darstellen ...* entspricht der Formatanpassung im Seitenlayout.

- Klicken Sie auf den Link *Seite einrichten*, erhalten Sie die Dialogbox des Seitenlayouts. Hier finden Sie wieder die Einstellungen für Papierformat, Seitenränder und Kopf- und Fußzeilen. Das Register *Blatt* bietet weitere Optionen (Gitternetzlinien, Kommentare etc.) an. Einen Druckbereich oder Zeilen/Spalten für den Drucktitel können Sie hier nicht einrichten, weil Sie sich in der Seitenansicht befinden. Schalten Sie dazu zurück auf *Datei* und öffnen Sie das Dialogfeld der Gruppe *Seite einrichten*.

3.14.4 Der Windows-Druck-Manager

Wenn Excel einen Druck in Auftrag gibt, wird dieser nicht sofort gedruckt, sondern zunächst einmal dem Druck-Manager von Windows übergeben. Dieser schaltet sich dazwischen, nicht, um den Druck zu verzögern, sondern um ihn als Druckauftrag (Job) in seine Liste mit aufzunehmen. Der Druck-Manager, auch Druck-Spooler genannt, hat die Aufgabe, die zahlreichen von allen Windows-Programmen gestarteten Drucke zu koordinieren und zwischenzuspeichern, damit die Applikationen in Ruhe weiterarbeiten können. Er bereitet den Druck im Hintergrund vor, fängt Störungen auf und meldet sich, wenn der Ausdruck aus irgendwelchen Gründen nicht klappt.

Sie finden ein Symbol des Druck-Managers im Systembereich in der Taskleiste rechts unten. Das Symbol taucht erst auf, nachdem ein Druck losgeschickt wurde. Der Druck-Manager wird in der Systemsteuerung von Windows unter dem Dienstprogramm *Drucker* aktiviert, das auch für die Neuaufnahme und die Konfiguration der Drucker verantwortlich ist. Klicken Sie auf das Druckersymbol und kreuzen Sie, falls noch nicht geschehen, die Option *Druck-Manager verwenden* an.

1. Zeigen Sie auf das Druckersymbol, um zu sehen, wie viele Drucke anstehen.

2. Klicken Sie es mit der rechten Maustaste an und wählen Sie *Alle aktiven Drucker öffnen*.

3. Die Liste zeigt alle Ausdrucke, die noch nicht gedruckt wurden. Markieren Sie einen Ausdruck und klicken Sie auf *Dokument*.

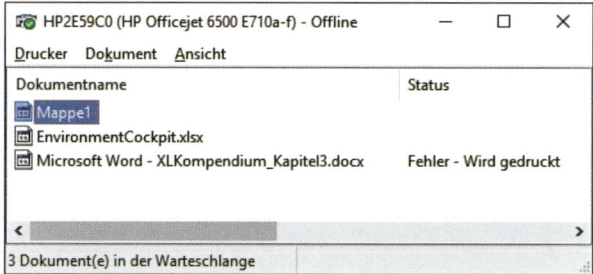

4. Hier können Sie den Ausdruck fortsetzen, neu starten, anhalten oder abbrechen. Stellen Sie aber vorher sicher, dass der Drucker wieder funktioniert.

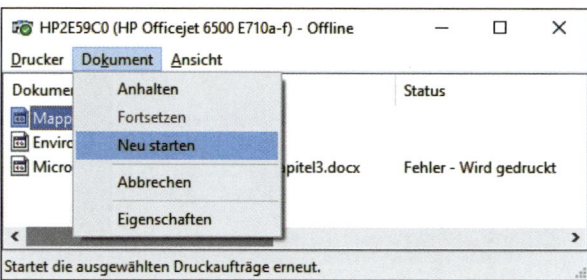

In der Jobliste sehen Sie auch, wie weit die Ausgabe fortgeschritten ist, wer den Druck geschickt hat und wie viele Seiten und Kilobytes der Drucker mit jedem Druck zu bewältigen hat. Wenn der Drucker ein weiteres Blatt Papier oder das Umschalten auf einen anderen Papierschacht anfordert, blinkt das Symbol in der Taskleiste. Klicken Sie es an, lesen Sie die Meldung und bereinigen Sie das Problem.

3.14.5   Ausdruck an OneNote senden

OneNote ist ein elektronisches Notizbuch, das zum Lieferumfang von Office gehört. Sie können Ihre Excel-Tabellen als Grafiken in OneNote einfügen.

Wählen Sie *Datei/Drucken*. Schalten Sie in der Druckerauswahl um auf *An OneNote senden*. Bestimmen Sie unter *Einstellungen*, ob Sie das Tabellenblatt oder den markierten Bereich senden wollen. Klicken Sie auf *Drucken*, um den Ausdruck an OneNote zu senden.

OneNote wird sofort nach Abschluss des Ausdrucks geöffnet, die Excel-Tabelle steht als nicht abgelegte Notiz im Arbeitsbereich.

Kapitel 4

4. Formeln und Funktionen

Ohne die Möglichkeit, Berechnungen und Verknüpfungen durchzuführen, wäre die Tabellenkalkulation ein Zeilen-/Spaltenjournal, wie es schon vor Hunderten von Jahren von Buchhaltern benutzt wurde, um Einkäufe und Verkäufe, Preislisten und Namenslisten zu führen. Formeln geben dem Kalkulationsblatt die Kompetenz, selbstständig Berechnungen durchzuführen und diese automatisch zu erneuern, wenn sich die Werte im Blatt ändern. Die beiden Begriffe werden häufig verwechselt:

- Die **Formel** ist das Rechenwerkzeug im Tabellenblatt, ausgestattet mit mathematischen Operatoren.

- **Funktionen** sind zusätzliche Rechenwerkzeuge, die in Formeln zusätzlich oder alternativ zu arithmetischen Rechenoperationen zum Einsatz kommen können.

4.1 Das Formelprinzip

Die Formel ist das wichtigste Element der Kalkulation. Formeln addieren und multiplizieren, summieren und zählen Werte und ermitteln statistische Ergebnisse wie Mittelwerte und Maximalwerte. Formeln sind mathematische Gleichungen, die mit einem Gleichheitszeichen beginnen. Sie können Zellbezüge, Operatoren, Konstanten und Funktionen enthalten und folgen den mathematischen Gesetzen.

Formel	Ergebnis	Erklärung
A1: =3+2*5	13	Drei Konstanten, Punkt geht vor Strich, 2 mal 5 = 10 plus 3 = 13
A1: 5 A2: =3+2*A1	13	Ein Zellbezug und zwei Konstanten, 3 plus 2 mal Inhalt von A1 (5) = 13
A1: 5 A2: 2 A3: =3+A2*A1	13	Eine Konstante und zwei Zellbezüge, 3 plus Inhalt von A2 (2) mal Inhalt von A1 (5) = 13

4.1.1 Konstanten

Konstanten sind Werte, die nicht berechnet werden. Das können Texte oder Zahlen sein. Datumswerte sind auch Zahlen, also Konstanten. Berechnen Sie, wie viel Umsatzsteuer Sie für 100 EUR Umsatz zahlen müssen, geben Sie die Werte (Umsatz, Steuersatz) als Konstanten ein. Wollen Sie den Steuersatz variabel halten, schreiben Sie ihn in eine Zelle. Ändert sich der Steuersatz in der Zelle, ändert sich das Ergebnis der Formel:

Formel	Ergebnis	Erklärung
=100*19%	19	Zwei Konstanten
A1: 19% A2: = 100*A1	19	Eine Konstante, ein Bezug. Ändert sich der Wert in A1, ändert sich das Ergebnis in A2.

Formel	Ergebnis	Erklärung
A1: 19% A2: 100 A3: = A2*A1	19	Zwei Bezüge. Ändert sich der Wert in A1 oder A2, ändert sich das Ergebnis in A3.

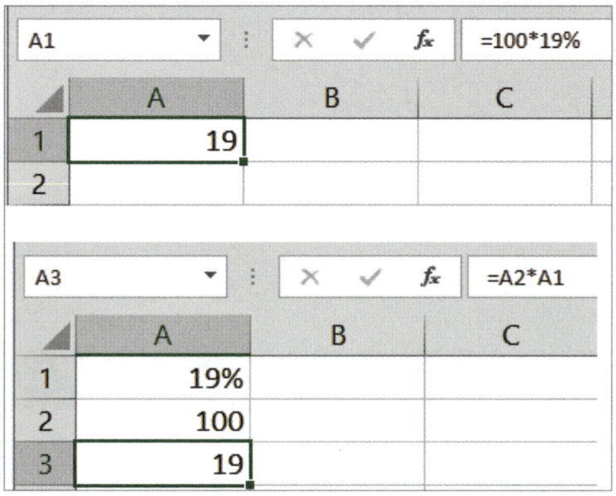

Bild 4.1: Konstanten und Bezüge.

4.1.2 Arithmetische Operatoren

Zeichen	Funktion
+	Addition
−	Subtraktion oder Minuszeichen, wenn es mit einer Zahl verwendet wird
/	Division
*	Multiplikation
%	Prozentzeichen
^	Potenzierung

4.1.3 Vergleichsoperatoren

Mit diesen Operatoren vergleichen Sie Konstanten oder Bezüge miteinander. Das Ergebnis ist WAHR oder FALSCH.

Zeichen	Funktion	Beispiel
=	Gleichheitszeichen	A1=B1
>	Größer als	A1>B1
<	Kleiner als	A1<B1
>=	Größer oder gleich	A1>=B1
<=	Kleiner oder gleich	A1<=B1
<>	Ungleich	A1<>B1

4.1.4 Textverkettungsoperatoren

Das kaufmännische & verkettet Konstanten oder Bezüge miteinander, das Ergebnis ist ein Text.

Zeichen	Funktion	Beispiel
&	Verkettet Werte	A1: Braun A2: bär A3: =A1&A2 Ergebnis: Braunbär

4.1.5 Bezugsoperatoren

Diese Operatoren verknüpfen Zellbereiche für Berechnungen.

Zeichen	Funktion	Beispiel
: (Doppelpunkt)	Verknüpft alle Zellen, die zwischen zwei Bezügen liegen (einschließlich der zwei Bezüge)	A1:A5
; (Semikolon)	Fasst mehrere Bezüge zu einem Bezug zusammen	=SUMME(A1;A3;A5:A10)
<Leerzeichen>	Schnittmengenoperator zwischen zwei Bezügen, liefert als Ergebnis den Inhalt der Zelle, die in beiden Bezügen gleich ist	=C1:C5 A3:E3

4.1.6 Berechnungsreihenfolge

Formeln werden von links nach rechts berechnet. Enthält die Formel mehrere gleiche oder gleichrangige Operatoren, wird derjenige zuerst berechnet, der links steht. Die Operatoren werden in dieser Reihenfolge ausgewertet:

Operator	Beschreibung
: (Doppelpunkt) <Leerzeichen> ; (Semikolon)	Bezugsoperatoren
–	Negation (Minus)
%	Prozent
^	Potenzierung
* /	Multiplikation und Division
+ –	Addition und Subtraktion
&	Verknüpfung von Textketten

Operator	Beschreibung
= <> <= >= <>	Vergleichsoperatoren

4.1.7   Klammern

Klammern um einen Ausdruck ändern die Reihenfolge der Berechnung. Setzen Sie den Teil, der zuerst berechnet werden soll, in Klammern. Beispiel:

=3+2*5 Ergebnis: 13

="(3+2)*5 Ergebnis: 25

4.1.8   Praxisbeispiel: Deckungsbeitrag

Ihre kleine Spielzeugfirma produziert zwei Produkte. Damit Sie den Überblick über Absatz und Umsatz behalten und die Preise realistisch kalkulieren können, berechnen Sie Ihre Kosten und den voraussichtlichen Gewinn (Deckungsbeitrag).

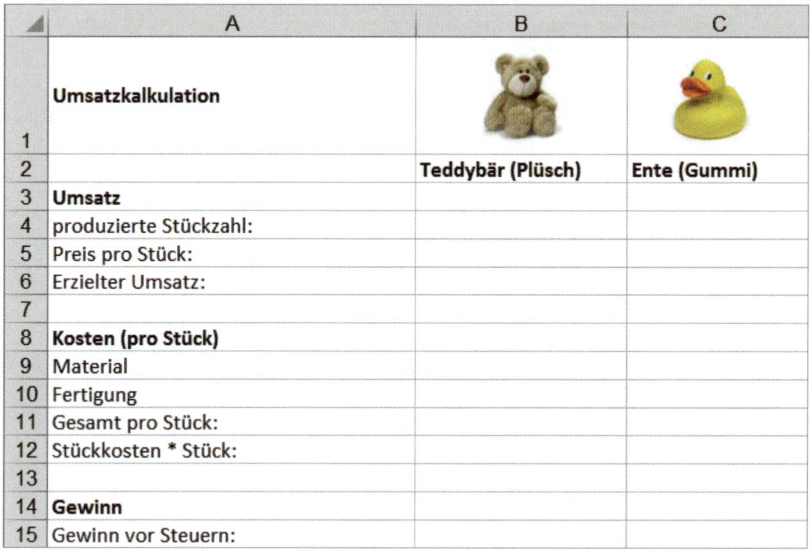

	A	B	C
1	**Umsatzkalkulation**		
2		**Teddybär (Plüsch)**	**Ente (Gummi)**
3	**Umsatz**		
4	produzierte Stückzahl:		
5	Preis pro Stück:		
6	Erzielter Umsatz:		
7			
8	**Kosten (pro Stück)**		
9	Material		
10	Fertigung		
11	Gesamt pro Stück:		
12	Stückkosten * Stück:		
13			
14	**Gewinn**		
15	Gewinn vor Steuern:		

Bild 4.2: Eine kleine Umsatzkalkulation.

Tragen Sie diese Werte in die erste Produktspalte ein:

Zelle	Beschreibung	Teddybär	Gummiente
B4	produzierte Stückzahl:	2.000	5.000
B5	Preis pro Stück	19,99 EUR	5,99 EUR

Zelle	Beschreibung	Teddybär	Gummiente
B9	Materialkosten pro Stück	6,00 EUR	1,20 EUR
B10	Fertigungskosten	5,00 EUR	1,10 EUR

Berechnen Sie den Umsatz aus dem Produkt von Stückzahl und Preis:

B6: =B4*B5
C6: =C4*C5

Berechnen Sie die Gesamtkosten pro Stück:

B11: =B9+B10
C11: =C9+C10

Berechnen Sie das Produkt aus Stückzahl und Gesamtkosten pro Stück:

B12: =B4*B11
C12: =C4*C11

Berechnen Sie den Gewinn vor Steuern aus der Differenz zwischen Umsatz und Kosten:

B15: = B6-B12
C15: =C6-C12

TIPP Öffnen Sie die Formelzellen per Doppelklick oder mit der Funktionstaste F2, zeigen sie ihre Beziehungen zu den anderen Zellen über farbige Markierungen an.

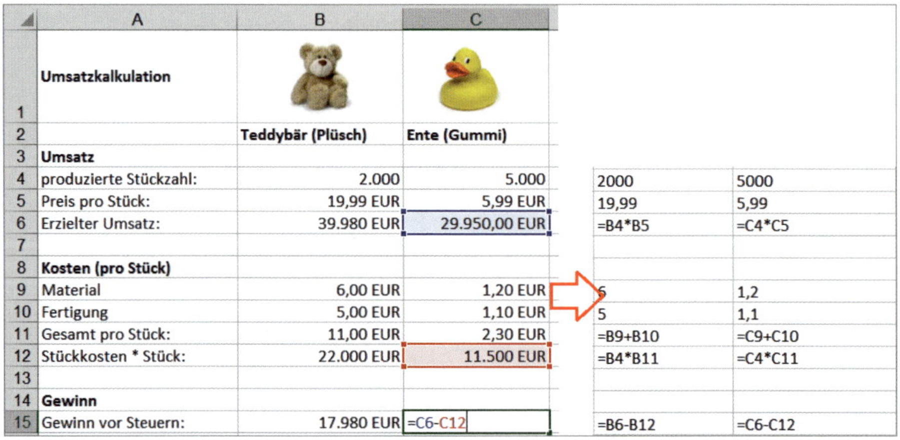

Bild 4.3: Die Kalkulation mit Formeln – rechts die Formelanzeige.

4.2 Zellbezüge

Als Bezug wird die Zelladresse bezeichnet, die in einer Formel angegeben ist. Die Formel verwendet den Inhalt der Zelle bzw. des Zellbezugs für die Berechnung. Bezüge können auf Zellen im gleichen Tabellenblatt, auf Zellen in anderen Tabellenblättern und auch in anderen Arbeitsmappen verweisen. Das nennt man dann eine Verknüpfung oder einen Verweis.

4.2.1 Z1S1-Bezugsart

In Excel verwenden Sie ausschließlich A1-Bezüge, d. h. Bezüge, in denen Sie auf die Zeilennummer und den Spaltenbuchstaben verweisen. Der Vorgänger von Excel, das Microsoft-Programm Multiplan, rechnete noch mit Z1S1-Bezügen. In dieser Bezugsart werden im Bezug die Zeilennummer und die Spaltennummer angegeben. Diese Bezugsart gibt es noch, wenn auch niemand mehr damit arbeitet.

Wählen Sie *Datei/Optionen*. In der Kategorie *Formeln* finden Sie die Z1S1-Bezugsart. Schalten Sie darauf um, zeigt das Tabellenblatt anstelle der Spaltenbuchstaben Ziffern (statt A bis XFD 1 bis 16.384). Schalten Sie die Option wieder aus, erhalten Sie den A1-Bezug mit der entsprechenden Formelschreibung.

In der Z1S1-Bezugsart wird der Begriff Bezug deutlich: Z bedeutet Zeile, S bedeutet Spalte. Die Formel bezieht sich auf die Zelle, die eine Spalte links von der Formelzelle steht. Da die Zeilennummer dieselbe ist, bleibt das Z stehen, die Spalte erhält einen Zusatz (-1), der die Richtung des Bezugs angibt. Dieser Bezug bezeichnet also die Zelle, die in der gleichen Zeile, aber eine Spalte links von der Ergebniszelle steht.

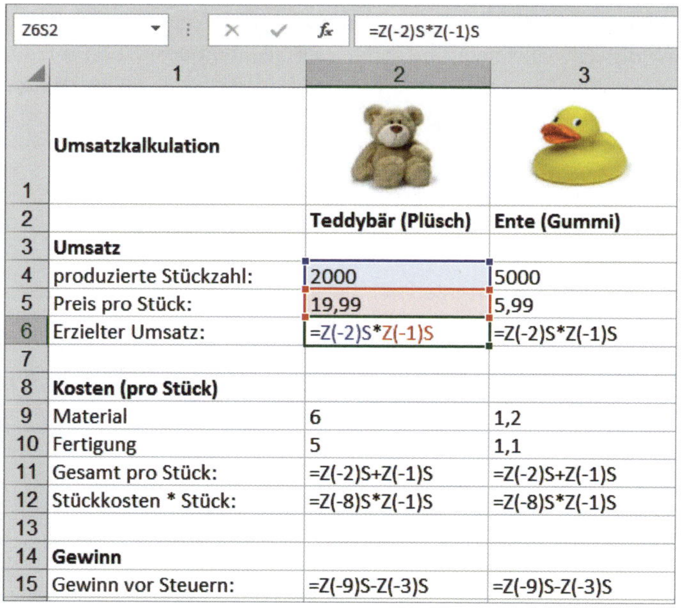

Z6S2 | =Z(-2)S*Z(-1)S

	1	2	3
1	**Umsatzkalkulation**		
2		**Teddybär (Plüsch)**	**Ente (Gummi)**
3	**Umsatz**		
4	produzierte Stückzahl:	2000	5000
5	Preis pro Stück:	19,99	5,99
6	Erzielter Umsatz:	=Z(-2)S*Z(-1)S	=Z(-2)S*Z(-1)S
7			
8	**Kosten (pro Stück)**		
9	Material	6	1,2
10	Fertigung	5	1,1
11	Gesamt pro Stück:	=Z(-2)S+Z(-1)S	=Z(-2)S+Z(-1)S
12	Stückkosten * Stück:	=Z(-8)S*Z(-1)S	=Z(-8)S*Z(-1)S
13			
14	**Gewinn**		
15	Gewinn vor Steuern:	=Z(-9)S-Z(-3)S	=Z(-9)S-Z(-3)S

Bild 4.4: Formeln in der Z1S1-Bezugsart.

4.2.2 Relative und absolute Bezüge

Der **relative Bezug** in der Formel ist der Standardbezug. Er heißt relativ, weil er sich relativ zur Position der Formel verhält. Ändert sich die Position, ändert sich auch der Bezug. Kopieren Sie die Formel horizonal über Spalten oder vertikal über mehrere Zeilen, passt sich der Bezug an. Beispiel:

Schreiben Sie in einem neuen Tabellenblatt in Spalte A eine Reihe von Stückzahlen von 2.000 bis 2.100 (10er-Stückelung, die ersten beiden Werte schreiben und mit dem Füllkästchen nach unten kopieren). Schreiben Sie den Preis (19,99) in die zweite Spalte und kopieren Sie ihn mit dem Füllkästchen (Doppelklick) nach unten.

Berechnen Sie den Umsatz für die unterschiedlichen Stückzahlen mit zwei relativen Bezügen, kopieren Sie auch diese Formel nach unten:

C2: =A2*B2

	A	B	C
1	Stück	Stückpreis	Umsatz
2	2000	19,99	=A2*B2
3	2010	19,99	=A3*B3
4	2020	19,99	=A4*B4
5	2030	19,99	=A5*B5
6	2040	19,99	=A6*B6
7	2050	19,99	=A7*B7
8	2060	19,99	=A8*B8
9	2070	19,99	=A9*B9
10	2080	19,99	=A10*B10
11	2090	19,99	=A11*B11
12	2100	19,99	=A12*B12

Bild 4.5: Relative Bezüge passen sich an, wenn sie kopiert werden.

Absolute Bezüge beziehen sich auf eine bestimmte Position. Sie werden absolut, indem Sie ein Dollarzeichen vor die Zeilennummer und/oder den Spaltenbuchstaben setzen. Der Bezug ändert sich in der Richtung, in der er kopiert wird, nicht, wenn er absolut ist. Excel erlaubt auch Mischbezüge, Sie können variieren:

=$A1   absoluter Spaltenbezug, relativer Zeilenbezug
=A$1   relativer Spaltenbezug, absoluter Zeilenbezug
=$A$1   absoluter Spalten- und Zeilenbezug

Berechnen Sie wieder die Umsätze für verschiedene Stückzahlen, verwenden Sie dieses Mal aber einen Bezug auf einen Stückpreis in einer Zelle:

Schreiben Sie in Spalte A eine Reihe von Stückzahlen. Tragen Sie den Stückpreis in die Zelle D2 ein. Berechnen Sie in Zelle B2 den Umsatz:

=A2*D$2

	A	B	C	D
1	Stück	Umsatz		Stückpreis:
2	2000	=A2*D$2		19,99
3	2010	=A3*D$2		
4	2020	=A4*D$2		
5	2030	=A5*D$2		
6	2040	=A6*D$2		
7	2050	=A7*D$2		
8	2060	=A8*D$2		
9	2070	=A9*D$2		
10	2080	=A10*D$2		
11	2090	=A11*D$2		
12	2100	=A12*D$2		

Bild 4.6: Umsatz berechnen mit absolutem Bezug auf die Zelle mit dem Stückpreis.

In diesem Beispiel hätten Sie den gesamten Bezug auf D2 absolut stellen können ($D$2). Da sich beim Kopieren nur der Zeilenbezug ändern würde, reicht das $-Zeichen vor der Zeilennummer.

Lernen Sie gleich einen nützlichen Trick für die absolute Adressierung kennen: Wenn Sie einen relativen Zellbezug markiert oder eingetippt haben, drücken Sie die Taste ⌷F4⌷ und er wird absolut gesetzt:

Aus D2 wird $D$2.

Sie können ⌷F4⌷ mehrmals drücken und so alle Bezugsarten durchspielen:

$D$2   Zeile und Spalte absolut

$D2   Zeile relativ, Spalte absolut

D$2   Zeile absolut, Spalte relativ

D2   Zeile und Spalte relativ

4.2.3   3D-Bezüge

Für diese Bezugsart brauchen Sie eine Funktion. Ein 3D-Bezug erstreckt sich über mehrere Tabellenblätter. Er bezieht alle Blätter ein, die sich zwischen dem ersten und dem letzten angegebenen Bezug befinden (inklusive der angegebenen Bezüge).

=Tabellenblatt1!Bezug:Tabellenblatt2!Bezug

Wird zwischen diese Bezüge ein weiteres Tabellenblatt einkopiert oder verschoben, gilt der Bezug in diesem Tabellenblatt ebenfalls für die Berechnung.

Wird ein Tabellenblatt zwischen diesen beiden Bezügen herausgelöscht oder so verschoben, dass es nicht mehr zwischen den beiden Tabellen steht, wird der Bezug auf dieses Tabellenblatt aus der Berechnung entfernt.

Ein Beispiel: Legen Sie zwei Tabellenblätter Januar und Dezember an. Schreiben Sie in diese Tabellenblätter:

Januar!A1: Umsatz

Januar!A2: 25.000

Dezember!A1:Umsatz

Dezember!A2: 12.000

Legen Sie ein weiteres Tabellenblatt *Umsatz Gesamt* an. Schreiben Sie in dieses:

Umsatz Gesamt!A1: Umsatz Gesamt

Umsatz Gesamt!A2: =SUMME(

Klicken Sie auf das *Januar*-Register und dann auf die Zelle A2. Halten Sie die ⇧-Taste gedrückt und klicken Sie auf das *Dezember*-Register und auf A2. Schließen Sie die Klammer, und der 3D-Bezug ist erstellt:

```
=Januar!A2:Dezember!A2
```

Die Formel summiert jetzt in allen Tabellenblättern, die zwischen Januar und Dezember stehen (inklusive Januar und Dezember) die Zelle A2. Fügen Sie weitere Tabellenblätter (Februar, März ...) dazwischen ein, haben Sie die Monatsumsätze automatisch in der Summe.

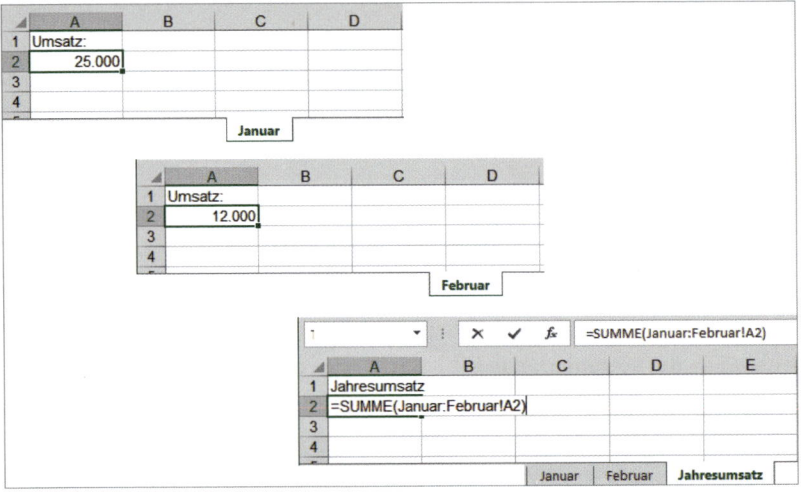

Bild 4.7: Der 3D-Bezug summiert über mehrere Tabellenblätter hinweg.

 3D-Bezüge können nicht in Arrayformeln verwendet werden und nicht zusammen mit dem Operator für Schnittmengen (Leerzeichen) oder in Formeln, in denen die Schnittmenge eingesetzt wird.

4.2.4   Schnittmenge berechnen

Um die Schnittmenge zwischen zwei Bezügen zu berechnen, geben Sie ein Leerzeichen als Schnittmengenoperator an. Die Ermittlung der Schnittmenge aus zwei Tabellenbereichen ist aber nur bei Verwendung von Bereichsnamen praktikabel. In diesem Fall errechnet der Schnittmengenoperator nämlich eine bestimmte Zelle aus dem Bezug heraus.

Beispiel: Umsatzliste

1. Erstellen Sie eine Umsatzliste für das erste Halbjahr. Fügen Sie die Monatsnamen in Spalte A ein und die Umsatzzahlen in Spalte B.

    Markieren Sie den Bereich A1:B7 und wählen Sie *Formeln/Definierte Namen/Aus Auswahl erstellen.*

	A	B
1	Monat	Umsatz
2	Januar	1200
3	Februar	1500
4	März	1800
5	April	2300
6	Mai	2400
7	Juni	3000

2. Bestätigen Sie die Dialogbox, in der die beiden Beschriftungsbereiche schon vorgeschlagen sind.

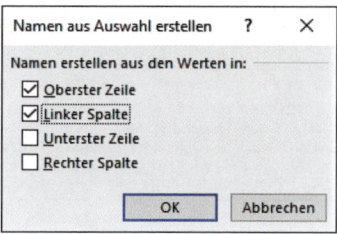

3. Schreiben Sie Schnittmengenformeln zur Berechnung eines Monatsumsatzes.

	A	B	C	D	E
1	Monat	Umsatz			
2	Januar	1200			
3	Februar	1500		Umsatzinfo	
4	März	1800		Januar	=Umsatz Januar
5	April	2300			
6	Mai	2400			
7	Juni	3000			

Schnittmengen sind natürlich auch als Faktoren von Funktionen erlaubt und hier bieten
sich interessante Kombinationen an:

Formel	Ergebnis
=SUMME(Umsatz Januar:März)	Das Quartalsergebnis
=SUMME(Umsatz Januar;Umsatz Juni)	Zwei Monate zusammen
=MITTELWERT(Januar:Juni Umsatz)	Durchschnittswert sechs Monate

4.3   Funktionen

Würden Sie Tabellen nur mit Formeln und ohne Funktionen nutzen, wäre die Kalkulation schnell am Ende – jeder Taschenrechner ist bereits mit Grundfunktionen (Summe,
Wurzel) ausgestattet. In der Funktion liegt die ganze Kraft der Tabellenkalkulation.
Excel stellt über 450 Funktionen für alle erdenkbaren Kalkulationen bereit. Ob Finanz-
mathematik, Statistik oder Trigonometrie, der Funktionsassistent hat für alles die passende Funktion parat.

4.3.1   Das Funktionsprinzip

Eine Funktion ist eine vordefinierte Formel, die Berechnungen mithilfe von Argumenten
vornimmt. Sie besteht aus dem einleitenden Gleichheitszeichen, dem Funktionsnamen,
einer Klammer und den Argumenten (es gibt auch Funktionen ohne Argumente). Hier
zum Beispiel die Funktion =RUNDEN():

=RUNDEN(Wert;Anzahl Nachkommastellen)

=RUNDEN(A5;2)

Schreiben Sie den **Funktionsnamen** oder holen Sie eine Funktion aus der Liste der Funktionen. Mit ⇧ + F3 oder über das Symbol starten Sie den Funktionsassistenten.

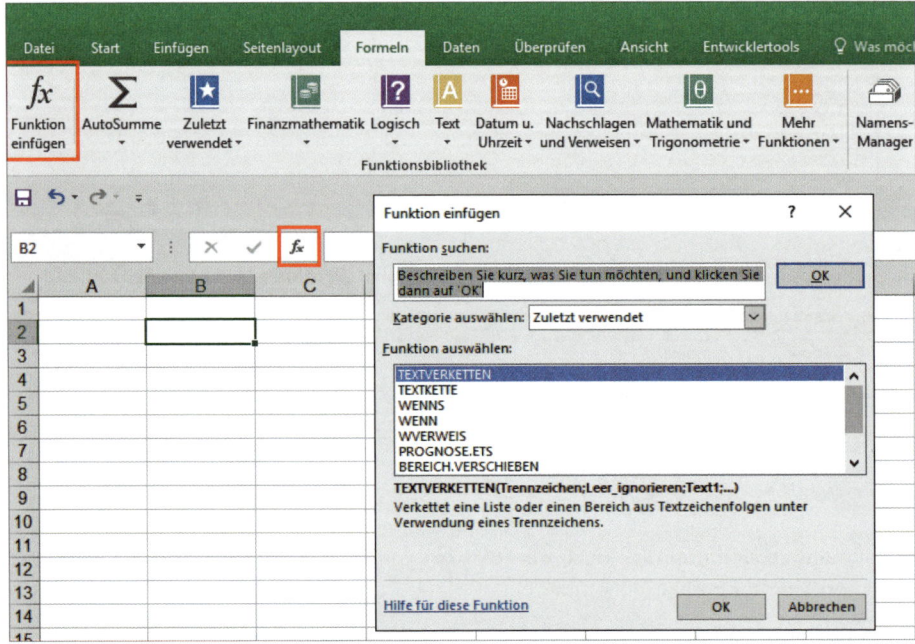

Bild 4.8: Funktionen abholen über das Symbol des Funktionsassistenten.

Argumente können Zahlen, Texte, Wahrheitswerte, Matrizen, Fehlerwerte oder Zellbezüge sein. Auch Konstanten, Formeln oder andere Funktionen sind als Argumente erlaubt.

4.3.2   Eingabehilfen für Formeln und Funktionen

Für den Einsteiger bietet Excel viele Hilfestellungen, die das Eingeben und Korrigieren von Formeln erleichtern. Achten Sie während der Formelerstellung auf die Eingabehilfen in der Bearbeitungsleiste oder auf die Markierungen und Infos an der aktiven Zelle.

Funktionen kleinschreiben

Schreiben Sie Funktionen immer klein. Excel setzt den Funktionsnamen in Großschrift um, wenn er zur Funktionsbibliothek gehört (einige benutzerdefinierte Funktionen bleiben kleingeschrieben). So können Sie sofort erkennen, wenn Sie die Funktion falsch geschrieben haben.

Klammerübereinstimmung

Bei der Konstruktion einer Formel kennzeichnet Excel die Klammerpaare. Für jede offene Klammer muss auch eine schließende zu finden sein. Fährt der Cursor über eine Klammer, wird die dazugehörige zweite Klammer kurz fett markiert.

Die Klammerpaare sind farbig, zu jeder schwarzen, grünen, blauen und roten offenen Klammer muss eine entsprechende farbige geschlossene in der Formel zu finden sein.

| ✕ | ✓ | *fx* | =WENN**(**B2>=1200;3,5%;WENN**(**B2<1200;2%**))** |

Bild 4.9: Klammerpaare werden farbig gekennzeichnet und bei der Eingabe fett markiert.

Bei einfachen Formeln schließt Excel die letzte Klammer automatisch, wenn sie vergessen wurde. Verlassen Sie sich aber nicht darauf, denn wenn eine Klammer fehlt, erscheint sofort nach Abschluss der Formel die Fehlermeldung.

QuickInfo mit Funktionsargumenten

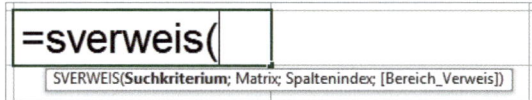

Bild 4.10: QuickInfo an der Cursorposition.

Wird eine Formel bearbeitet, zeigt eine QuickInfo die Argumentfolge an. Das fett gedruckte Argument ist das, vor dem der Cursor steht, das also als Nächstes kommt. Ist ein Argument in eckige Klammern gesetzt, wird es nicht unbedingt benötigt, es ist optional. Voraussetzung für die Anzeige dieser QuickInfos ist, dass im *Datei*-Menü unter *Optionen* in der Kategorie *Allgemein* das QuickInfo-Format *Featurebeschreibungen in QuickInfos anzeigen* gesetzt ist.

Farbmarkierung für abhängige Bereiche

B	C	D	E
	1	12	2016
	=DATUM(E2;D2;C2)		

Bild 4.11: Farbrahmen um abhängige Bezüge.

Diese Eingabehilfe funktioniert nur, wenn die Option *Direkte Zellbearbeitung zulassen* (*Datei/Optionen*, Kategorie *Erweitert*) aktiv ist.

Öffnen Sie eine Zelle, die eine Formel enthält, zieht Excel sofort einen Farbrahmen um den Bereich, der mit dieser Formel bearbeitet wird. So können Sie zielsicher feststellen, ob Sie auch die richtigen Bereiche und Bezüge (auch externe!) innerhalb der Formel verwenden. Wenn Sie mit direkter Zellbearbeitung arbeiten, wird mit dem Doppelklick die Zelle selbst zur Bearbeitung geöffnet.

Der farbige Rahmen um den Bereich lässt sich verschieben, vergrößern und verkleinern. Klicken Sie auf den Rahmen und ziehen Sie die Markierungspunkte in den Ecken, um die Größe zu verändern, oder verschieben Sie ihn, indem Sie auf eine Randlinie zeigen. Der neu definierte Bereich wird sofort, nachdem Sie die Maustaste losgelassen haben, in der Formel angezeigt.

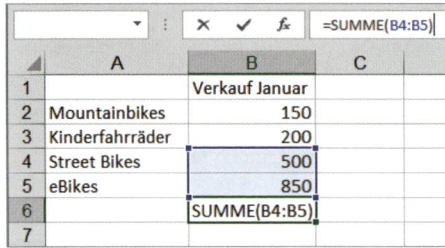

Hier stimmt die Summe nicht, der Bereich ist zu klein. Die Farbmarkierung zeigt den Fehler an, wenn die Zelle geöffnet ist.

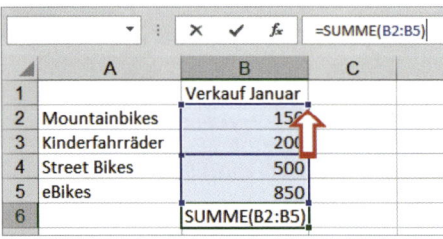

Ziehen Sie das Kästchen rechts oben mit gedrückter Maustaste nach oben, bis der Summebereich im Farbkasten steht.

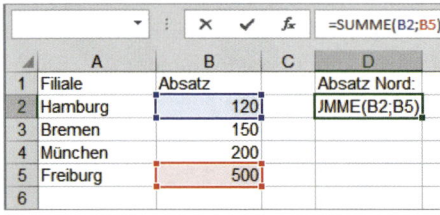

Hier hat sich ein falscher Bezug eingeschlichen.

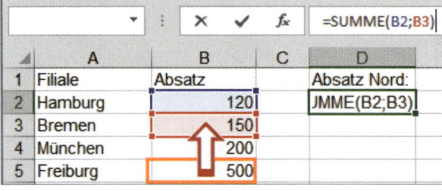

Ziehen Sie das rote Kästchen am Rand nach oben, bis der Bezug richtig sitzt.

Teilberechnung

Wenn ein Formelfehler nicht eindeutig auszumachen ist, markiert Excel die gesamte Formel in der Bearbeitungsleiste. Eine Teilberechnung hilft hier weiter. Berechnen Sie Teile einer Formel oder Funktion, Bezüge oder Rechenoperationen mit F9, um den Fehler einzugrenzen.

	A	B	C
1	Kunde	Umsatz	Rabatt
2	Meier KG	35.000	=WENN(B2>=40000;3%;2%)
3	Müller GmbH	42.000	
4			

Ist die Bedingung richtig oder falsch? Welcher Rabatt wird als Ergebnis angezeigt werden?

	A	B	C
1	Kunde	Umsatz	Rabatt
2	Meier KG	35.000	=WENN(B2>=40000;3%;2%)
3	Müller GmbH	42.000	WENN(Prüfung; [Dann_Wert]; [Sonst_Wert])
4			

Markieren Sie das Argument in der offenen Formel (mit F2 öffnen).

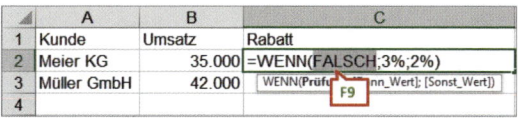

Drücken Sie ⑨, um das Argument zu berechnen. Jetzt sehen Sie das Ergebnis. Vergessen Sie nicht, ⑤⑤⑥ zu drücken, mit ⏎ bleibt das Ergebnis stehen.

Hier wird mit SVERWEIS() nach einem Artikel in der Preisliste gesucht. Das erste Argument ist der Suchbegriff, dann kommt die Matrix, die durchsucht wird und die Spalte mit dem Preis. FALSCH bedeutet: genaue Suche.

Leider findet die Funktion keinen Preis. Öffnen Sie die Formel mit ⑨ und markieren Sie das erste Argument.

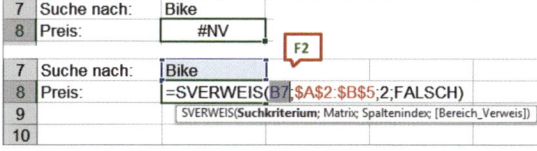

Drücken Sie ⑨, um das Argument zu berechnen. Jetzt wird klar, wo der Fehler liegt: Diesen Artikel gibt es nicht in der Preisliste.

Funktionshilfe

Schreiben Sie eine Funktion direkt in eine Zelle, hilft Ihnen die Funktionshilfe mit der Anzeige aller Funktionen, die mit den eingegebenen Zeichen beginnen. Sie startet, sobald Sie den ersten Buchstaben eingeben, und liefert mit jedem weiteren Buchstaben die Auswahl der passenden Funktionen.

Drücken Sie die ⇥-Taste, wenn die Funktionshilfe die richtige Funktion markiert hat, und schreiben Sie die Argumente oder markieren Sie die Bezüge für die Funktion. Um die Funktion aus der Liste zu holen, fahren Sie mit der Cursortaste nach unten und drücken ⇥ (nicht ⏎, damit beenden Sie die Formel!).

=Sum	
ƒ SUMME	Summiert die Zahlen in einem Zellenbereich
ƒ SUMMENPRODUKT	
ƒ SUMMEWENN	
ƒ SUMMEWENNS	
ƒ SUMMEX2MY2	
ƒ SUMMEX2PY2	
ƒ SUMMEXMY2	
ƒ SUMQUADABW	
ƒ DBSUMME	
ƒ IMSUMME	
ƒ QUADRATESUMME	

Bild 4.12: Die Funktionshilfe wird aktiv.

4.3.3   AutoSumme

Die einfachste und in der Tabelle am häufigsten gebrauchte Funktion ist die Summe-Funktion. Um die einfachste Funktion noch einfacher zu machen, bietet Excel mehrere Verfahren für die Herstellung dieser Funktion an. Das Symbol finden Sie im Register *Start* unter *Bearbeiten* oder unter *Formeln/Funktionsbibliothek*. AutoSumme orientiert sich an der Markierung: Ist der zu summierende Bereich markiert, wird die Summe automatisch eine Zeile tiefer eingetragen. Sitzt der Zellzeiger unterhalb des Zahlenbereichs, wird dieser per Auswahlrahmen vorgeschlagen und ein weiterer Klick auf das Symbol trägt die Summe ein.

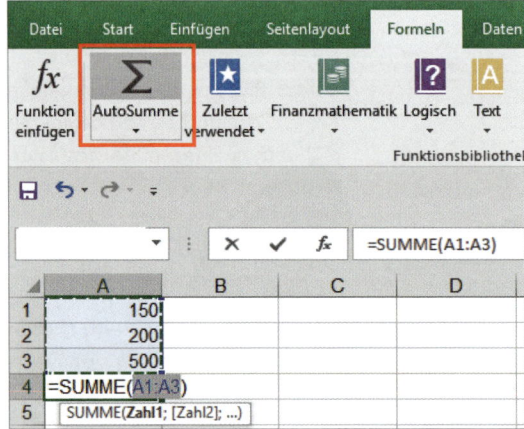

Bild 4.13: AutoSumme trägt die Funktion ein.

Markieren Sie den Bereich gegebenenfalls neu, indem Sie den Mauszeiger an der ersten Zelle des Bereichs ansetzen und ihn bei gedrückter Taste bis zur letzten Zelle ziehen. Der Bereich wird automatisch in die offene Funktion in der Bearbeitungsleiste übertragen. Klicken Sie zum Abschluss noch einmal auf das Summe-Symbol oder auf das Symbol für die Eingabe in der Bearbeitungsleiste oder drücken Sie die ⏎-Taste.

Das Symbol *AutoSumme* bietet per Klick auf den Pfeil noch weitere Auto-Funktionen an:

- **Mittelwert** liefert das arithmetische Mittel aus dem berechneten Bereich. Die Funktion heißt MITTELWERT().

- **Anzahl** zählt, wie viele Zahlen in einem Bereich vorkommen. Die Funktion heißt ANZAHL() (ANZAHL2() zählt Einträge).

- **Max** und **Min** berechnen den Maximal- bzw. Minimalwert (MAX(), MIN()).

- **Weitere Funktionen** startet den Funktionsassistenten.

Mehrfachsummen

Wollen Sie in einer Tabelle mehrere Zahlenreihen aufsummieren, markieren Sie diese gleichzeitig. Die AutoSumme wird damit den zu summierenden Bereich automatisch ermitteln können und ein Klick auf das Summe-Symbol genügt, um alle Summen einzutragen.

Die Summe in der Statusleiste

Dieser Hinweis wird so manche (temporäre) Summenformel überflüssig machen: Wenn Sie nur schnell mal die Summe über einen Bereich überprüfen wollen, markieren Sie ihn und sehen einfach in der Statuszeile nach, welche Summe die Funktion daraus ziehen würde. Klicken Sie mit der rechten Maustaste in die Statusleiste, bietet diese im Kontextmenü weitere Funktionen wie Maximum (größter Wert), Minimum (kleinster Wert) oder Mittelwert (Durchschnittswert) an.

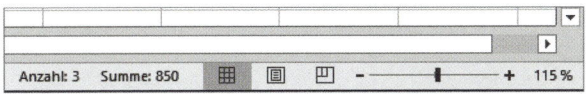

Bild 4.14: Die Summe in der Statuszeile.

4.4 Die Funktionsbibliothek

Alle Funktionen zu kennen oder kennenzulernen wird nicht einfach sein, aber auch nicht nötig. Nutzen Sie die Funktionsbibliothek und den Funktionsassistenten und »stöbern« Sie im Angebot. Oft ergibt sich die richtige Funktion aus der Aufgabe (SUMME() für die Summe, ANZAHL(), RUNDEN() etc.). In der Funktionsbibliothek sind die Funktionen nach Kategorien geordnet. Klicken Sie auf ein Kategoriensymbol, sehen Sie eine Liste der Funktionen. Ein Klick auf einen Eintrag öffnet die Funktionsargumente.

Bild 4.15: Die Funktionsbibliothek im Register »Formeln«.

Eine Liste mit allen Funktionen aus allen Kategorien erhalten Sie, wenn Sie das Funktionen-Symbol aktivieren. Die Funktionen werden in einem Dialogfenster angeboten, nach Auswahl einer Funktion fordert der Dialog noch die Argumente an, und wenn Sie während dieser Prozedur Hilfe brauchen, steht Ihnen genau zu dieser Funktion ein Hilfetext zur Verfügung.

4.4.1 Funktion einfügen mit dem Funktionsassistenten

Setzen Sie den Zellzeiger in die Zelle, in die Sie eine Funktion einfügen wollen. Klicken Sie auf das Symbol *Funktion einfügen* am linken Rand der Bearbeitungsleiste, am linken Rand der Gruppe *Formeln/Funktionen* oder unter *Start/Bearbeiten/AutoSumme/Weitere Funktionen*. Der Funktionsassistent startet und präsentiert eine Dialogbox mit allen verfügbaren Funktionen.

Die Markierung steht auf dem Suchfeld für Funktionen. Geben Sie hier eine Frage ein und klicken Sie auf OK, wird der Assistent nach der passenden Funktion suchen und diese in der Liste präsentieren.

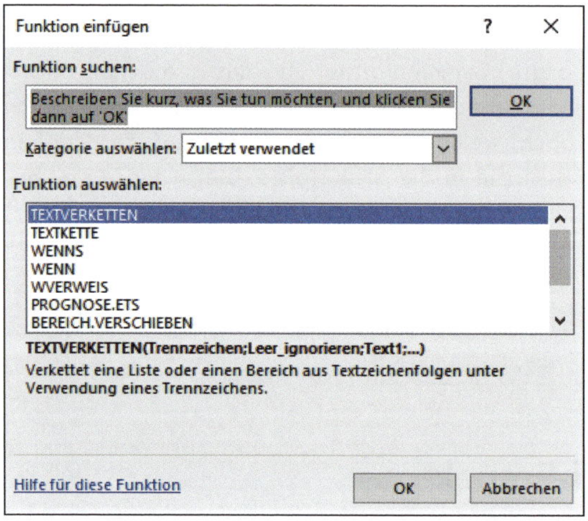

Bild 4.16: Der Funktionsassistent.

Im Listenfeld neben *Kategorie auswählen* finden Sie die Kategorien für alle Funktionen. In der Liste unter *Funktion auswählen* sind die Funktionen der ausgewählten Kategorie zu sehen.

Mit der ersten Kategorie *Zuletzt verwendet* zeigt die Liste eine Auswahl von ABRUNDEN() bis SUMMEWENN(). Haben Sie bereits Funktionen abgerufen, erscheinen diese natürlich in der Liste.

Blättern Sie über die Bildlaufleiste bis zur gewünschten Funktion und markieren Sie sie. Unterhalb der Liste werden die Funktion und die Funktionsklammer mit den benötigten Argumenten angezeigt. Markieren Sie die gewünschte Funktion und klicken Sie auf *OK*, um diese in den zweiten Schritt zu übernehmen.

Funktionsargumente

Die nächste Dialogbox heißt *Funktionsargumente* und fordert die für die Funktion benötigten Argumente an. Für jedes Argument, das besetzt werden kann, steht ein Eingabefeld zur Auswahl, das wieder ein Symbol für den Funktionsassistenten enthält. Funktionen können nämlich auch ineinandergeschachtelt werden. Sollten Sie als Argument einer Funktion eine weitere Funktion benötigen, setzen Sie den Cursor in die entsprechende Eingabezeile des Arguments und aktivieren Sie den Funktionsassistenten über das nebenstehende Symbol. Bis zu sieben Verschachtelungen einer Funktion sind so möglich.

Sie können jetzt direkt Werte (Texte, Zahlen, Datumswerte) in die Felder eintragen oder im Hintergrund auf die Zellbezüge klicken, die diese Einträge liefern. Wenn die Dialogbox dabei im Weg steht, klicken Sie auf das Kästchen neben dem Eingabefeld. Das reduziert die Anzeige auf das Feld allein, Sie können den Bezug markieren und mit einem weiteren Klick auf das Symbol die große Box wieder aktivieren.

Zu jedem Argument erscheint ein Hilfetext am unteren Rand. Rechts neben den Eingabefeldern sehen Sie, was der Bezug enthält bzw. welches Ergebnis aus der Eingabe (die ja auch eine Formel sein kann) berechnet wird. Das Formelergebnis am unteren Rand des Dialogs zeigt das Ergebnis der Funktion, sobald alle erforderlichen Argumente (richtig) eingetragen sind.

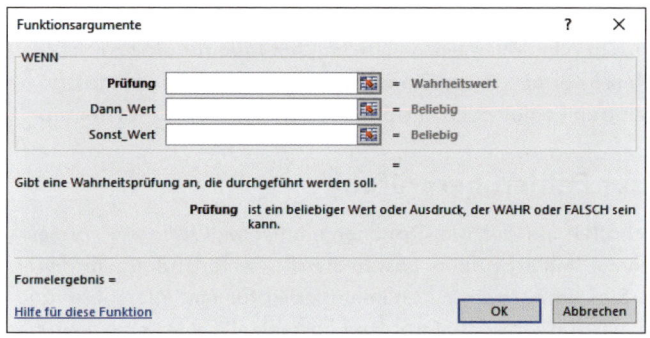

Bild 4.17: Die Funktions-
argumente.

Die meisten Funktionen verlangen mindestens ein gültiges Argument, meistens einen Zellbereich. Fett gedruckte Argumente sind zwingend, die anderen sind optional. Mit Klick
auf OK beenden Sie den Assistenten und übergeben die fertig konstruierte Funktion an
die Zelle. Schließen Sie diese noch mit ⏎ ab.

4.5 Mit Fehlern umgehen können

Fehler sind dazu da, um gemacht zu werden. Fehlermeldungen bleiben Ihnen anfangs
nicht erspart, auch dem erfahrenen Excel-Anwender passieren Fehler. Excel unterstützt
Sie aber tatkräftig mit zahlreichen Werkzeugen bei der Fehlersuche.

4.5.1 Der Fehlerindikator

Excel überprüft jede Formel sofort nach der Eingabe auf Fehler und meldet sie in Form
einer Fehlermeldung, falls die Formel so nicht geschrieben werden kann, oder mit einem Fehlerwert in der Zelle, falls die Formel korrekt, aber das Ergebnis falsch ist. Der
Fehlerindikator weist darauf hin, dass in der Formel ein Fehler steckt. Die Zelle erhält
links oben ein grünes Dreieck, und solange der Zellzeiger in der Zelle steht, wird ein
Indikator angezeigt. Klicken Sie ihn an und lesen Sie die Info:

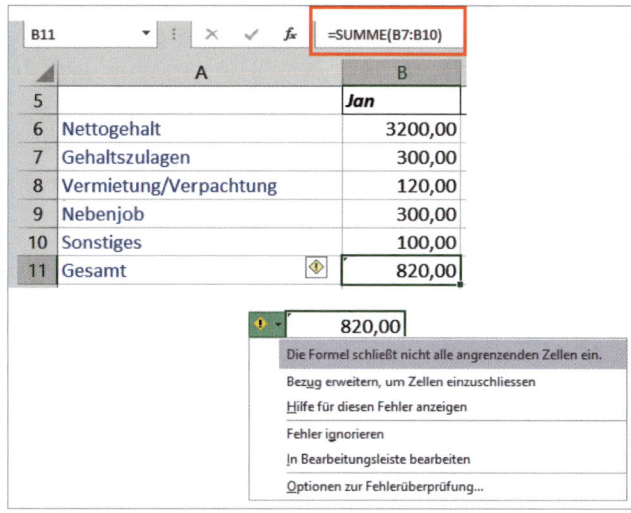

Bild 4.18: Der Fehler-
indikator meldet einen
Fehler in der Formel.

Ist der Fehler erkannt, wird auch gleich eine Lösung dafür angeboten, hier müssen Sie einfach den *Bezug erweitern*, um alle Zellen einzuschließen. Mit *Hilfe für diesen Fehler anzeigen* schalten Sie das Hilfefenster ein. Wenn Sie den *Fehler ignorieren*, wird das grüne Dreieck entfernt. Sie können den Fehler auch in der Bearbeitungsleiste bearbeiten.

4.5.2 Optionen zur Fehlerüberprüfung

Mit diesem Menüeintrag schalten Sie auf die Optionen um (*Datei/Optionen/Formeln*), hier finden Sie Einstellungen zur Fehlerprüfung. Lassen Sie die Fehlerprüfung im Hintergrund aktiviert und stellen Sie die Farbe für den Fehlerindikator ein. Wenn Sie ignorierte Fehler zurücksetzen, wird in jeder fehlerhaften Formelzelle wieder ein grünes Dreieck angezeigt.

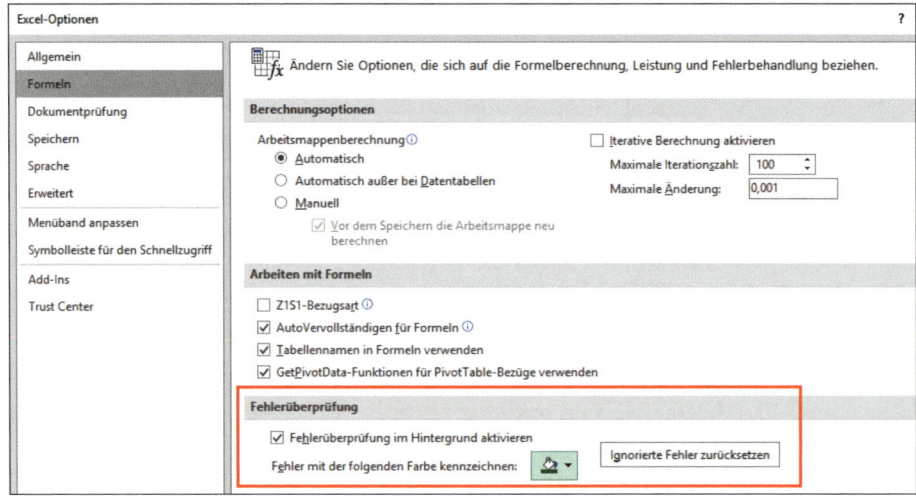

Bild 4.19: Optionen für die Fehlerprüfung.

4.5.3 Fehlermeldungen

Schreiben Sie eine Formel, prüft Excel diese auf Richtigkeit und Vollständigkeit, besonders bei der Verwendung von Funktionen. Hier müssen alle nicht optionalen Argumente besetzt sein. Es gibt verschiedene Arten von Fehlermeldungen.

Allgemeine Fehlermeldung

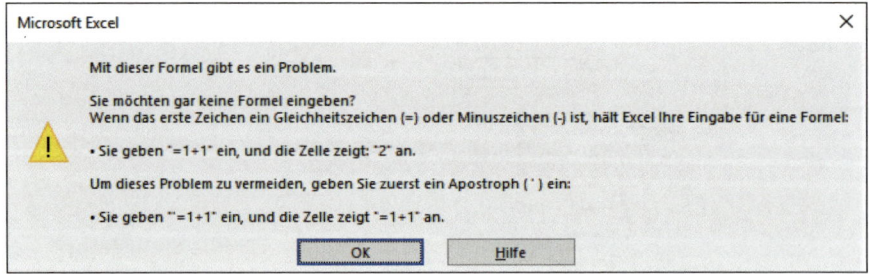

Bild 4.20: Allgemeine Fehlermeldung.

Hier hat Excel den Fehler nicht lokalisieren können, die Fehlermeldung fällt allgemein aus. Sie können die Hilfe aktivieren, was mit etwas Glück direkt zur Funktionsbeschreibung führt, oder die Meldung mit OK bestätigen und den Fehler suchen.

Reparierbare Fehler

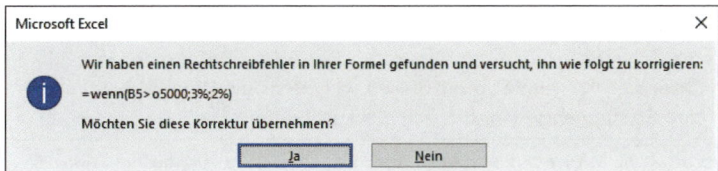

Bild 4.21: Fehlermeldung bei reparierbaren Fehlern.

Diesen Fehler kann Excel lokalisieren und reparieren. Überprüfen Sie, ob die vorgeschlagene Formel korrekt ist, und klicken Sie auf *Ja*, um sie zu übernehmen. Wenn Sie mit *Nein* bestätigen, erhalten Sie noch einmal eine allgemeine Fehlermeldung.

Zirkelbezüge

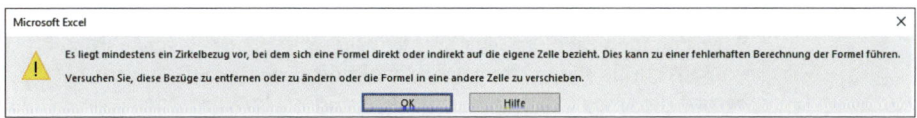

Bild 4.22: Fehlermeldung bei Zirkelbezügen.

Zirkelbezüge weisen auf Bezüge in Formeln hin, in denen die Formelzelle selbst enthalten ist. Schreiben Sie in Zelle C2 beispielsweise die Formel

=C2*5

erhalten Sie einen Zirkelbezug. Lösen Sie ihn auf, können Sie mit der Tabelle weiterarbeiten. Zirkelbezüge sollten nicht stehen bleiben, sie sind gefährlich für die Kalkulation. Achten Sie auf die Statuszeile: Steht links unten das Wort »Zirkelbezug«, befindet sich irgendwo auf einem Tabellenblatt ein falscher Bezug. In der *Formelüberwachung* (Register *Formeln*) können Sie unter *Fehlerprüfung* alle Zirkelbezüge einsehen.

Fehlermeldungen in der Zelle

Kalkulatorische Fehler meldet Excel nicht über eine Fehlermeldung, sondern mit einem Fehlerwert. Diese Fehler entstehen bei falschen Formeln, bei fehlenden Bezügen oder wenn der Datentyp eines Arguments nicht korrekt ist (Text statt Zahl). Hier eine Übersicht:

Fehlerwert	Erklärung
#DIV/0!	Division durch 0. Die Formel enthält einen Bezug auf eine leere Zelle, eine Zelle mit dem Zellinhalt 0 oder eine direkte Division durch 0.
#NV	Wert nicht verfügbar. Der Fehler tritt oft auf, wenn ein Funktionsargument (z. B. VERWEIS) auf eine Zelle verweist, die keinen gültigen Inhalt hat (meist wird eine leere Zelle einbezogen). Der Fehler erscheint auch, wenn ein Funktionsmakro nicht den gewünschten Wert liefert.

Fehlerwert	Erklärung
#NAME	?Name nicht verfügbar. Sie haben in der Formel oder Funktion einen Namen verwendet, der weder als Bereichsname noch als Funktion verfügbar ist, oder einen Textteil nicht in Anführungszeichen gesetzt. Die Fehlermeldung erscheint auch, wenn der Doppelpunkt in einem Bereichsbezug (A1:C20) fehlt.
#NULL	!Falsche Schnittmenge. Sie haben in der Bereichsangabe einen ungültigen Operator verwendet oder diesen weggelassen. Die Meldung weist auf eine Schnittmenge hin, die sich nicht schneidet.
#ZAHL	!Falsche Zahl. Weist auf ein Argument hin, dass eine für die Funktion nicht gültige Zahl verwendet (z. B. WURZEL(-1)) oder der für Excel gültige Zahlenbereich überschritten wurde. Einige Funktionen melden damit auch falsche Iterationsergebnisse (IKV, ZINS).
#BEZUG	!Ungültige Zelle. Die in der Formel angegebene Zelladresse bezieht sich auf Zellen, die gelöscht oder verschoben wurden, oder die Formel enthält Bezüge auf nicht verfügbare externe Anwendungen.
#WERT	!Ungültiger Wert. Die Formel enthält einen für die Berechnung ungültigen Wert, evtl. Text, wo eine Zahl erforderlich ist. Häufig wurde auch ein Bereich angegeben, wo eine Zahl erforderlich ist, oder umgekehrt (z. B. =ABS(A1:A2)). Die Fehlermeldung weist oft auch darauf hin, dass die Formel als Array (mit Strg+⇧+↵) abgeschlossen werden muss.

4.6   Formelüberwachung

Wenn sich der Formelfehler nicht lokalisieren und lösen lässt, greifen Sie zur Formelüberwachung. Hier finden Sie Werkzeuge, die Formeln anzeigen, Beziehungen aufspüren und Formeln Schritt für Schritt berechnen.

Schalten Sie auf die Registerkarte *Formeln* um. Nutzen Sie die Werkzeuge in der Gruppe *Formelüberwachung*.

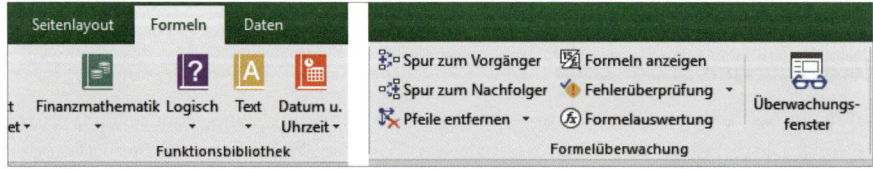

Bild 4.23: Die Formelüberwachung im Register »Formeln«.

4.6.1   Formeln anzeigen

Sie werden Ihre Tabellenblätter sicher nicht permanent auf die Formelanzeige umschalten, aber die Voreinstellung gibt es. Unter *Datei/Optionen* in der Kategorie *Erweitert* unter *Optionen für dieses Arbeitsblatt anzeigen* können Sie *An Stelle der berechneten Werte Formeln anzeigen*.

Im Menüband finden Sie diesen Schalter auf der Registerkarte *Formeln*, klicken Sie in der Gruppe *Formelüberwachung* auf *Formeln anzeigen*.

Die Spaltenbreiten werden in dieser Ansicht verdoppelt, alle Zellen zeigen ihre Formeln anstelle der Ergebnisse. Verknüpfungen und Zellbezüge werden ebenfalls transparent und statt ihrer Ergebnisse präsentiert. Ein weiterer Klick auf das Symbol hebt diese Ansicht wieder auf und präsentiert die Tabelle mit allen berechneten Ergebnissen.

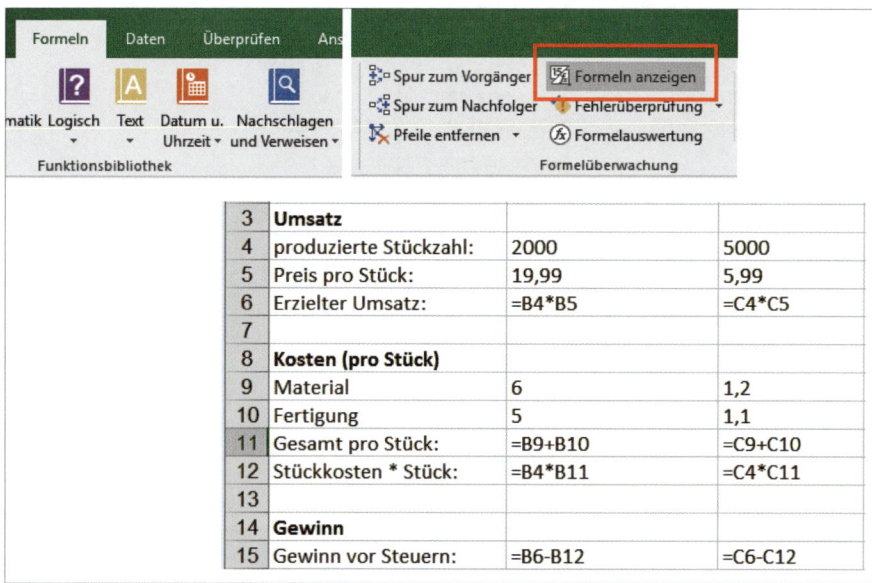

Bild 4.24: Die Formelanzeige zeigt die Formeln anstelle der Ergebnisse an.

Für diese Aktion besonders nützlich ist die Tastenkombination Strg + ⇧ + `.

4.6.2 Spur zum Vorgänger/Nachfolger

Diese Befehle zeichnen Pfeile in die Tabelle:

Spur zum Vorgänger zieht Pfeile von der markierten Zelle zu den Zellen, aus denen die aktive Zelle über Verknüpfungen oder Zellbezüge Werte bezieht.

Spur zum Nachfolger zeichnet Pfeile zu Zellen, die eine Verknüpfung zur aktiven Zelle enthalten und diese in Formeln verwenden.

Pfeile entfernen bietet drei Möglichkeiten: Klicken Sie das Befehlssymbol direkt an, entfernt es alle Pfeile, sowohl Vorgänger- als auch Nachfolgerpfeile von der Tabelle. Öffnen Sie das Symbol mit der Pfeilspitze, können Sie zwischen den Pfeilarten wählen und nur eine davon entfernen.

Klicken Sie mehrfach auf einen Bezug, blendet die Formelüberwachung auch die Pfeile zu den Zellen ein, die Vorgänger- bzw. Nachfolgerzellen der gefundenen Zellen sind. Enthält die Zelle einen externen Bezug, zeigt der Pfeil ein kleines Listenkästchen an, das per Doppelklick auf die Pfeillinie eine Dialogbox mit allen externen Verknüpfungen freigibt. Klicken Sie eine Verknüpfung doppelt an, schaltet Excel darauf um.

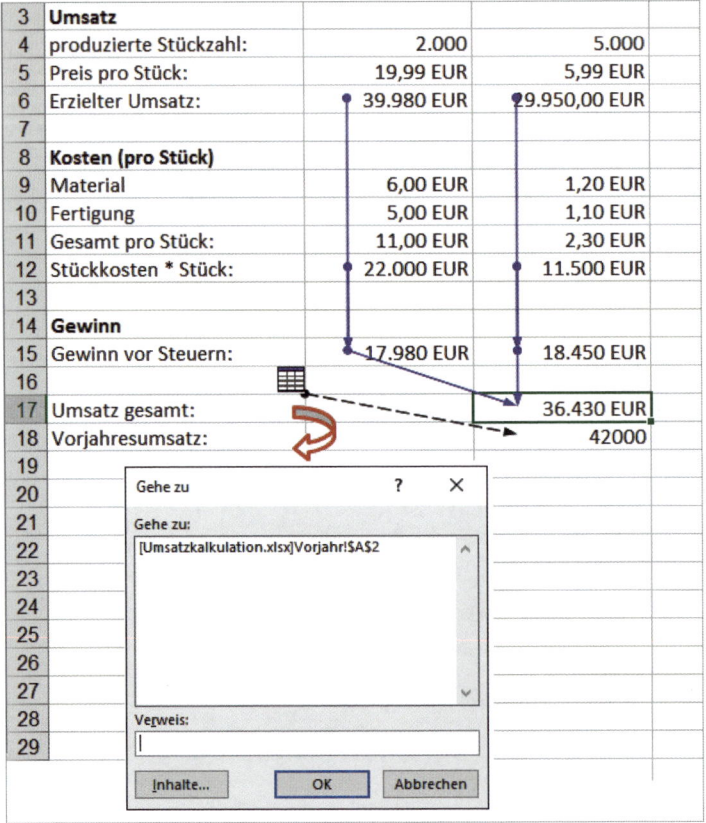

3	**Umsatz**		
4	produzierte Stückzahl:	2.000	5.000
5	Preis pro Stück:	19,99 EUR	5,99 EUR
6	Erzielter Umsatz:	39.980 EUR	29.950,00 EUR
7			
8	**Kosten (pro Stück)**		
9	Material	6,00 EUR	1,20 EUR
10	Fertigung	5,00 EUR	1,10 EUR
11	Gesamt pro Stück:	11,00 EUR	2,30 EUR
12	Stückkosten * Stück:	22.000 EUR	11.500 EUR
13			
14	**Gewinn**		
15	Gewinn vor Steuern:	17.980 EUR	18.450 EUR
16			
17	Umsatz gesamt:		36.430 EUR
18	Vorjahresumsatz:		42000
19			
20			

Gehe zu ? ✕

Gehe zu:

[Umsatzkalkulation.xlsx]Vorjahr!$A$2

Verweis:

Inhalte... | OK | Abbrechen

Bild 4.25: Pfeile (hier zum Vorgänger) und zu Verknüpfungen.

4.6.3 Fehlerüberprüfung

Damit werden Formeln auch nach Eingabefehlern durchsucht, die nicht optisch durch Fehlermeldungen in der Zelle sichtbar gemacht wurden. So wird beispielsweise überprüft, ob die verwendeten Bezüge alle Daten einschließen, die über oder neben der Formel stehen, und die gefährlichen Text-/Zahlenverwechslungen (zum Beispiel bei Verwendung von Jahreszahlen) werden ebenfalls erkannt.

Hier im Beispiel soll ein falscher Bezug aufgespürt werden. Die Summe in Zelle B11 umfasst den Bereich B7:B10, eine Zeile fehlt. Starten Sie die Fehlerüberprüfung.

Entdeckt die Prüfung einen Fehler, wird sie auch gleich einen Reparaturvorschlag anbieten. Bestätigen Sie diesen und die Prüfung wird für die restlichen Formeln fortgesetzt. Klicken Sie auf *Weiter*, um zum nächsten Fehler zu schalten. Sind keine Fehler mehr zu finden, erscheint die Meldung *Die Fehlerprüfung für das gesamte Tabellenblatt ist abgeschlossen.*

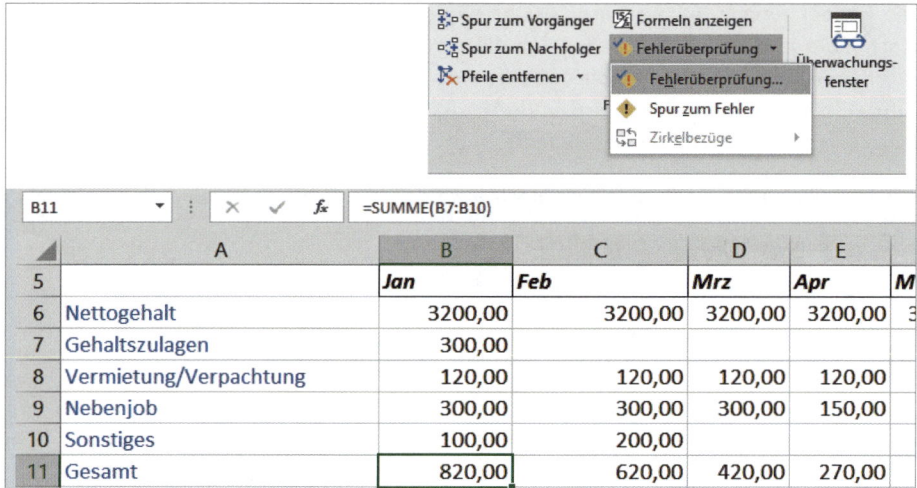

Bild 4.26: Start der Fehlerüberprüfung.

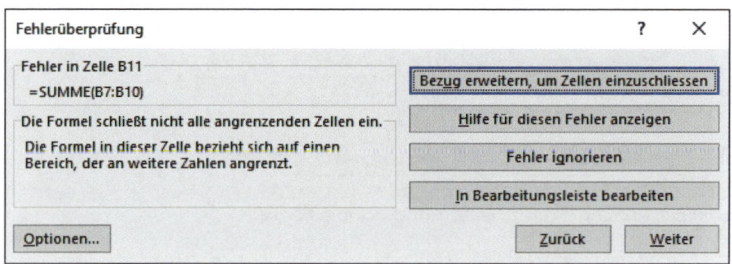

Bild 4.27: Die Fehlerüberprüfung hat einen Fehler entdeckt und repariert ihn gleich.

4.6.4   Spur zum Fehler

Unter dem Pfeilsymbol der Fehlerüberprüfung finden Sie *Spur zum Fehler*, damit wird ein Pfeil zu allen beteiligten Zellen gezeichnet. Die markierte Zelle muss dazu einen Fehlerwert enthalten (z. B. #WERT! oder #NAME!).

4.6.5   Zirkelverweise (Zirkelbezüge) anzeigen

Enthält eine Formel einen Bezug auf ihre eigene Zelle, entsteht ein Zirkelbezug und dieser verhindert eine korrekte Berechnung der Arbeitsmappe. Öffnen Sie das Symbol *Fehlerüberprüfung* und klicken Sie auf *Zirkelverweise*, um die Bezüge zu sehen, die solche Fehler enthalten.

4.6.6   Formelauswertung

Die Testfunktion für absolute Härtefälle: Um einen Fehler zu lokalisieren, wird die Formel Argument für Argument durchgerechnet. So können Sie alle Fehler lokalisieren und bereinigen. Setzen Sie den Zellzeiger in eine Formelzelle und klicken Sie auf *Formeln/ Formelüberwachung/Formelauswertung*.

Die Formel wird im Auswertungsfenster angezeigt. Der erste Formelteil ist markiert, starten Sie mit Klick auf *Auswerten*. Um die Argumente einzeln zu berechnen, klicken Sie auf *Einzelschritt*. Das unterstrichene Argument wird berechnet, Verknüpfungen werden aufgelöst und das Ergebnis wird in die Formel eingetragen. Sie können mit Klick auf *Prozedurschritt* die nächsten Argumente berechnen.

Mit *Neu* führen Sie die Auswertung noch einmal durch, *Schließen* beendet die Aktion.

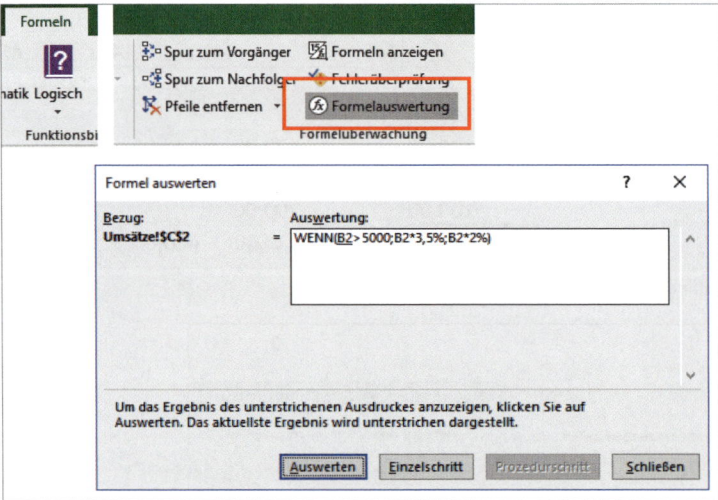

Bild 4.28: Mit der Formelauswertung Schritt für Schritt durch die Formel.

4.6.7 Überwachungsfenster

Eine große Hilfe bei der Fehlersuche ist das Überwachungsfenster: Überprüfen Sie, welchen Einfluss Änderungen in Zellen auf Formeln haben, fassen Sie Bezüge zusammen, die Sie sonst mühselig in fernen Tabellenbereichen oder in anderen Blättern suchen müssten.

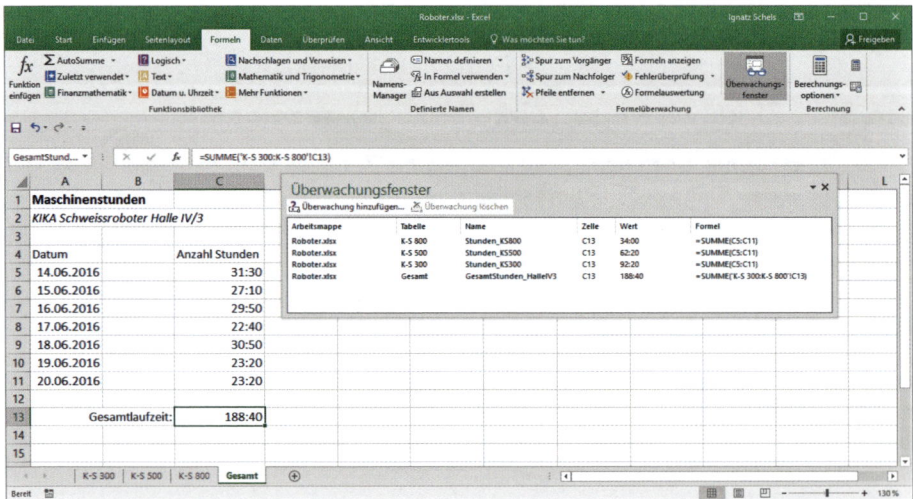

Bild 4.29: Das Überwachungsfenster zeigt Formeln und Bezüge aus verschiedenen Bereichen.

Schalten Sie unter *Formeln/Formelüberwachung* das *Überwachungsfenster* ein. Klicken Sie auf die Zelle, deren Wert Sie überwachen wollen, oder markieren Sie einen Zellbereich. Um mehrere Bereiche zu übernehmen, markieren Sie diese mit gedrückter Strg-Taste. Klicken Sie auf *Überwachung hinzufügen*. Der Inhalt der markierten Zelle wird vorgeschlagen, bestätigen Sie mit OK oder markieren Sie einen anderen Zellbereich. Um eine Überwachung aus dem Fenster zu entfernen, markieren Sie sie im Fenster und wählen *Überwachung löschen*.

Die Überwachungen bleiben übrigens im Fenster, auch wenn es per Klick auf das Symbol auf der *Formeln*-Registerkarte ausgeblendet wird. Sie werden mit der Arbeitsmappe gespeichert und stehen beim nächsten Aufruf wieder zur Verfügung.

Mit einem Klick auf eine Spaltenüberschrift sortieren Sie die Einträge im Überwachungsfenster.

4.6.8 Berechnungsoptionen

Tabellenblätter berechnen ihre Formeln beim Öffnen, vor dem Drucken und nach jeder Eingabe in eine Zelle. In komplexen Tabellenmodellen kann diese Berechnung zu Problemen führen, wenn sie sehr zeitaufwendig ist oder wenn externe Verknüpfungen beteiligt sind, die zum Zeitpunkt der Berechnung nicht verfügbar sind. Schalten Sie in diesen Fällen die Berechnung ab und berechnen Sie die Tabelle bei Bedarf manuell:

Wählen Sie *Formeln/Berechnungsoptionen*. Die Voreinstellung ist *Automatisch*, die Tabelle wird bei jeder Eingabe neu berechnet. Mit *Automatisch außer bei Datentabellen* wird alles berechnet außer den Bereichen, die über *Daten/Was-wäre-wenn-Analyse/Datentabelle* als Mehrfachoperationstabelle angelegt wurden. Klicken Sie auf *Manuell*, um die automatische Berechnung auszuschalten. Mit den Symbolen *Neu berechnen* oder *Blatt neu berechnen* können Sie eine Neuberechnung durchführen.

Mit F9 berechnen Sie die gesamte Arbeitsmappe neu, unabhängig davon, ob die Berechnung ein- oder ausgeschaltet ist. ⇧+F9 berechnet nur das aktive Tabellenblatt.

4.7 Matrixformeln

Die Matrixformel heißt im Fachjargon auch CSE-Formel. CSE = Ctrl, Shift und Enter, die Tasten, die gedrückt werden müssen, um eine Formel als Matrixformel abzuschließen. Auf der deutschsprachigen Tastatur sind das die Tasten Strg, ⇧ und ↵.

Matrixformeln verkürzen die Arbeit mit Tabellenkalkulationen, indem Sie mehrere Berechnungsschritte zusammenfassen. Außerdem können Sie Berechnungen durchführen, die mit »normalen« Formeln nicht möglich sind, zum Beispiel Werte nach Bedingungen summieren (niedrigster/höchster Wert, Werte zwischen Grenzwerten) oder jeden n-ten Wert berechnen. Diese Formelart ist aber wesentlich schwieriger zu handhaben, und die Berechnungszeit für Tabellenblätter und Arbeitsmappen erhöht sich bei großen Matrixformeln erheblich.

4.7.1   Gründe für Matrixformeln

Eine Matrixformel kann viele Zwischenberechnungen überflüssig machen.

- Damit verringert sich die Größe der Datei, weil die Matrixformel zahlreiche Zwischenberechnungen und damit viele Formeln spart

- Sie erhöht die Lesbarkeit von Kalkulationsmodellen. Weniger Formeln heißt mehr verstehen.

- Damit werden Kalkulationen sicherer, weil die Anzahl zu überprüfender und gegebenenfalls zu korrigierender Komponenten geringer ist. Matrixformeln können nicht so einfach überschrieben werden. Eine Matrix lässt sich nur als Ganzes bearbeiten und löschen, damit ist die Gefahr kleiner, dass einzelne Formelzellen versehentlich verändert werden.

4.7.2   Matrix oder Array

Ob ein Bereich als Array oder als Matrix bezeichnet wird, darüber sind sich die Macher von Dokumentationen und Hilfetexten nicht einig, die beiden Begriffe tauchen immer noch parallel auf. Ein Array ist aber nichts anderes als eine Matrix, zumindest im Excel-Umfeld.

Eine Matrix ist zunächst ein rechteckiger Bereich. Zwei markierte Zellen sind bereits eine Matrix, und wenn Sie die Summe über A1:A10 ziehen, haben Sie eine zehnzeilige, einspaltige Matrix summiert.

So machen Sie die Matrix sichtbar: Markieren Sie den Bezug in der Bearbeitungsleiste:

C5: =SUMME(A1:A10)

Drücken Sie F9. Die Zwischenberechnung zeigt den Inhalt des Bezuges als Matrix in geschweiften Matrizenklammern. Das Trennzeichen zwischen den Zeilenelementen ist das Semikolon für Zeilen und der Punkt für Spalten.

Drücken Sie ESC zum Abschluss, damit die berechnete Matrix nicht in die Formel zurückgeschrieben wird.

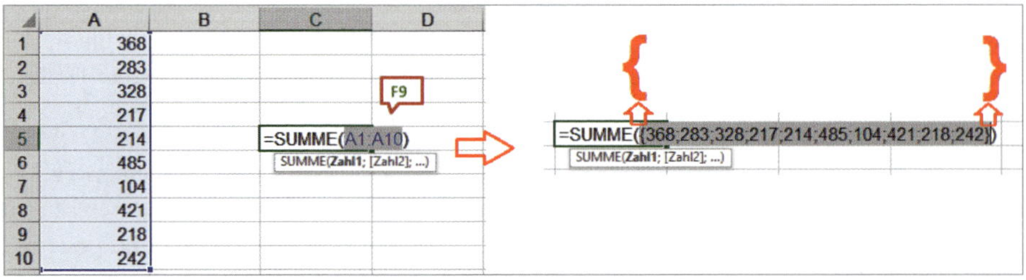

Bild 4.30: Zellbezüge sind Matrizen, hier in einer Summe.

4.7.3 Matrix kopieren

Für eine Kopie einer Matrix auf eine andere Matrix (Matrixverknüpfung oder Matrixkopie) muss der Zielbereich die gleiche Größe haben wie die Quelle. So erstellen Sie eine Matrixkopie auf den Bereich A1:A7:

Markieren Sie C1:C7. Schreiben Sie ein =-Zeichen und markieren Sie A1:A7. Drücken Sie [Strg]+[⇧]+[↵], um den Vorgang abzuschließen. Die Zielmatrix wird abgebildet, das Ergebnis steht in geschweiften Klammern. Die Tastenkombination muss bei jeder Änderung die Formel abschließen. Das Klammernpaar wird nicht eingegeben, es entsteht durch die Matrixberechnung.

C1	▼ : × ✓ fx	{=A1:A7}

	A	B	C
1	Montag		Montag
2	Dienstag		Dienstag
3	Mittwoch		Mittwoch
4	Donnerstag		Donnerstag
5	Freitag		Freitag
6	Samstag		Samstag
7	Sonntag		Sonntag

Bild 4.31: Eine Matrix wird kopiert.

Der Versuch, eine Matrix zu ändern, führt zu einer Fehlermeldung: *Teile einer Matrix können nicht geändert werden.* Sie können die Zielmatrix nur komplett markieren, löschen und wieder neu aufbauen.

4.7.4 Matrix multiplizieren

Mit der Multiplikation von Matrizen wird das Ganze produktiv. Hier ein Beispiel:

Beispiel	Erklärung
	Tragen Sie die monatlichen Verkaufszahlen in Spalte B ein und in Spalte C die durchschnittlichen Rabattsätze.

	A	B	C
1	**Monat**	**Betrag**	**Rabattsatz**
2	Januar	100	12,2%
3	Februar	200	10,5%
4	März	500	6,6%
5	April	300	1,4%
6	Mai	500	7,7%
7	Juni	800	2,7%

D2	▼ : × ✓ fx	=B2*C2

	A	B	C	D
1	**Monat**	**Betrag**	**Rabattsatz**	**Rabattabzug**
2	Januar	100	12,2%	12,20 EUR
3	Februar	200	10,5%	21,00 EUR
4	März	500	6,6%	33,00 EUR
5	April	300	1,4%	4,20 EUR
6	Mai	500	7,7%	38,50 EUR
7	Juni	800	2,7%	21,60 EUR

Um den Nettoumsatz zu berechnen, ermitteln Sie zunächst die Rabattabzüge. Kopieren Sie die Formel per Doppelklick auf das Füllkästchen nach unten.

Beispiel	Erklärung
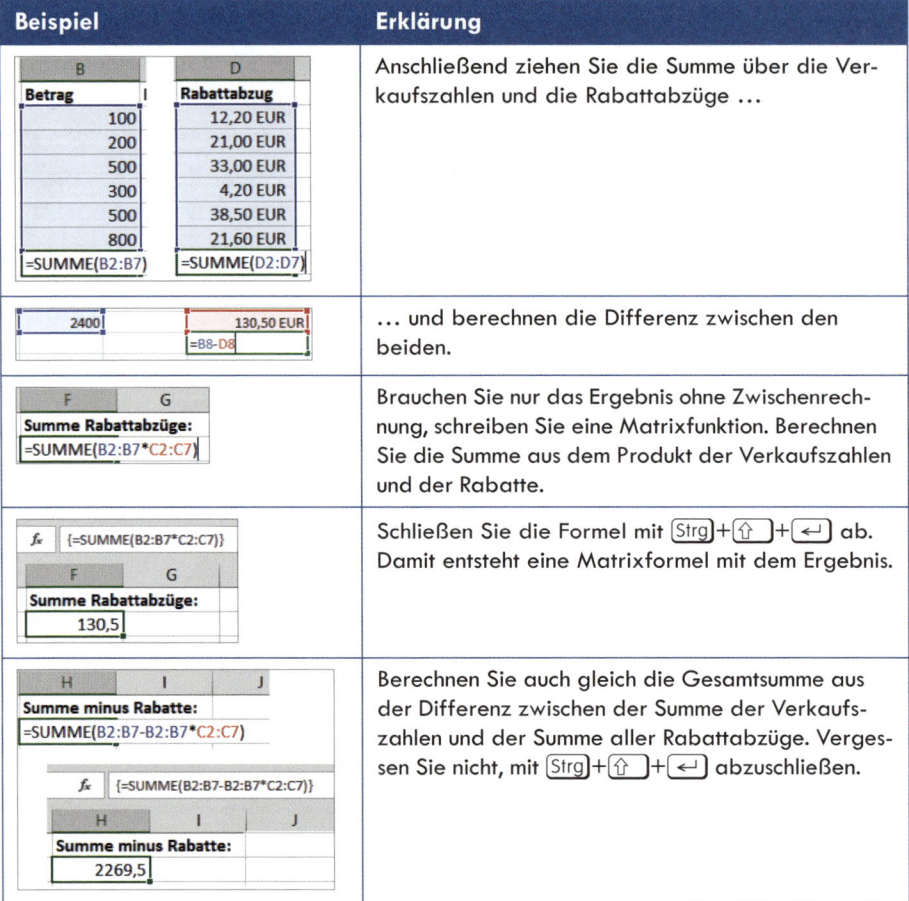 B / D **Betrag** / **Rabattabzug** 100 / 12,20 EUR 200 / 21,00 EUR 500 / 33,00 EUR 300 / 4,20 EUR 500 / 38,50 EUR 800 / 21,60 EUR =SUMME(B2:B7) / =SUMME(D2:D7)	Anschließend ziehen Sie die Summe über die Verkaufszahlen und die Rabattabzüge …
2400 / 130,50 EUR =B8-D8	… und berechnen die Differenz zwischen den beiden.
F / G **Summe Rabattabzüge:** =SUMME(B2:B7*C2:C7)	Brauchen Sie nur das Ergebnis ohne Zwischenrechnung, schreiben Sie eine Matrixfunktion. Berechnen Sie die Summe aus dem Produkt der Verkaufszahlen und der Rabatte.
f_x {=SUMME(B2:B7*C2:C7)} F / G **Summe Rabattabzüge:** 130,5	Schließen Sie die Formel mit Strg+⇧+↵ ab. Damit entsteht eine Matrixformel mit dem Ergebnis.
H / I / J **Summe minus Rabatte:** =SUMME(B2:B7-B2:B7*C2:C7) f_x {=SUMME(B2:B7-B2:B7*C2:C7)} H / I / J **Summe minus Rabatte:** 2269,5	Berechnen Sie auch gleich die Gesamtsumme aus der Differenz zwischen der Summe der Verkaufszahlen und der Summe aller Rabattabzüge. Vergessen Sie nicht, mit Strg+⇧+↵ abzuschließen.

Weitere Beispiele: Berechnen Sie Summen unter Verwendung eines konstanten Bezugs, zum Beispiel zum Steuersatz.

4.7.5   Beispiele für Matrixformeln

D10	▼	:	× ✓	f_x	{=SUMME((B4:B11)+$D$4*(B4:B11))}		
◢	A		B		C	D	E
1							
2							
3	**Artikel**		**Preis netto**			**MwSt.-Satz:**	
4	T-Shirt		18,00 EUR			19%	
5	Hose		16,50 EUR				
6	Hemd		82,50 EUR			**MwSt:**	
7	Jeans		148,50 EUR			75,126	
8	Sweatshirt		48,00 EUR				
9	Sneakers		61,50 EUR			**Gesamtbetrag brutto:**	
10	Socken		10,50 EUR			470,526	
11	Handtuch		9,90 EUR				

Bild 4.32: Preis/Mengenkalkulation.

Der Mehrwertsteuersatz wird mit dem Nettopreis multipliziert, das Ergebnis ist die Summe der Bruttobeträge.

D7: =SUMME($D$4*(B4:B11))
D10: =SUMME((B4:B11)+$D$4*(B4:B11))

	A	B	C	D	E	F
	F2			fx	{=SUMME(B2:B10*C2:C10)}	
1	Artikel	Preis pro Stück	Menge			
2	Hammer	19,9	90		Gesamtwert	128553
3	Zange klein	9,99	60			
4	Zange groß	13,9	210		Maximalwert	96600
5	Kettensäge	230	420			
6	Stichsäge	199	75		Minimalwert	269,1
7	Nägel 100-Pckg.	2,99	90			
8	Bohrhammer	121	15		Durchschnitt	14283,667
9	Schlagbohrmaschine	69	120			
10	Schraubenschlüssel	12,9	105			

Bild 4.33: Preis/Mengenkalkulation 2.

Funktionen wie MAX(), MIN() und MITTELWERT() können auch in Matrixformeln zum Einsatz kommen.

F2: =SUMME(B2:B10*C2:C10)
F4: =MAX((B2:B10)*(C2:C10))
F6: =MIN((B2:B10)*(C2:C10))
F8: =MITTELWERT((B2:B10)*(C2:C10))

	A	B	C	D	E	F	G
	G1		fx	{=SUMME(B5:D5*B6:D6)}			
1	Angebotskalkulation Haussanierung					Gestänge:	13.221,00 EUR
2						Elektrik:	2.468,45 EUR
3			Bedachung			Gesamt:	15.689,45 EUR
4		Betonplatten 20 cm	Drainage	Kies			
5	Stückzahl/Menge	200 Stück	150 Meter	600 m³			
6	Preis	21,90 EUR	6,98 EUR	12,99 EUR			
7							
8			Elektrik				
9		Schaltanlagen	Steckdosen	Kabel			
10	Stückzahl/Menge	5 Stück	55 Stück	600 Meter			
11	Preis	320,00 EUR	4,99 EUR	0,99 EUR			
12							

Bild 4.34: Angebotskalkulation.

Die Angebotssumme wird über zwei Matrixformeln berechnet, die unterschiedliche Preise und Stückzahlen multiplizieren.

4.7.6 Matrixkonstanten

Eine interessante Variante der Matrixformel ist die Verwendung von Konstanten. In der Regel holt sich die Formel die Argumente aus Zellbezügen, sie kann aber auch mit konstanten Werten arbeiten.

Matrixkonstanten können Zahlen, Logikwerte wie WAHR oder FALSCH, Fehlerwerte und Text in Anführungszeichen enthalten. Andere Matrizen, Formeln oder Funktionen sind nicht erlaubt, ebenso keine Kommas, Strichpunkte, Klammern, Prozentzeichen, Sonderzeichen oder Währungszeichen.

Matrixkonstante	Erklärung
={1;2;3}	Konstante mit drei Zeilenelementen, Trennzeichen ist das Semikolon.
={1.2.3}	Konstante mit drei Spaltenelementen, Trennzeichen ist der Punkt.
={1.2.3;4.5.6}	Konstante mit 2 x 3 Spaltenelementen
={1.2;3.4;5.6;7.8;9.10}	Konstante mit 5 x 2 Spaltenelementen

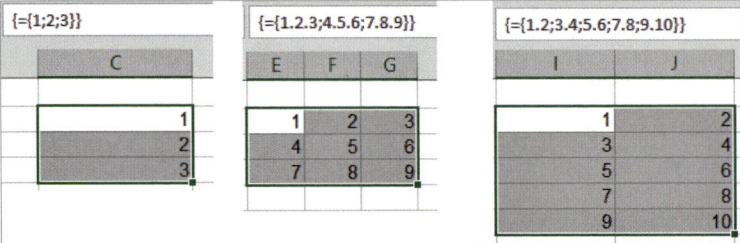

Bild 4.35: Matrixkonstanten.

Berechnen Sie die Summe der Beträge in Spalte B (B2:B13) nur bis zum ersten Quartal. Multiplizieren Sie dafür den Bezug mit einer Matrixkonstanten, geben Sie die geschweiften Klammern direkt über die Tastatur ein:

D2		▼	:	× ✓ *fx*	{=SUMME(B2:B13*{1;1;1;0;0;0;0;0;0;0;0;0})}	
	A	B	C	D	
1	**Monat**	**Betrag**		**1. Quartal**	
2	Januar	1.877		1.769	
3	Februar	3.547			
4	März	-3.655			

Bild 4.36: Summe des ersten Quartals über Matrixkonstanten.

4.7.7 Matrixformel mit logischen Bedingungen

Verwenden Sie logische Bedingungen in Matrixformeln, können Sie sich einige Zwischenberechnungen sparen. Hier am Beispiel einer Absatzkalkulation:

B7	▼	:	× ✓ *fx*	{=B5:F5*B6:F6}			
	A	B	C	D	E	F
1			Absatzkalkulation Reifen			
2						
3	*Artikel*	Pirelli XS 2000	Michelin M+S	Dunlop Freeze	GoodYear W3000	Bridgestone GS 9X
4	*Sortiment*	Sommer	Winter	Winter	Sommer	Winter
5	*Preis*	59,99 EUR	69,99 EUR	79,99 EUR	62,99 EUR	58,99 EUR
6	*Absatzmenge*	300	450	250	180	520
7	*Umsatz*	17.997,00 EUR	31.495,50 EUR	19.997,50 EUR	11.338,20 EUR	30.674,80 EUR

Bild 4.37: Matrixformel errechnet Umsatz aus Anzahl mal Preis.

Der Umsatz der einzelnen Artikel wurde mit einer Matrixformel berechnet, sie ermittelt die Summe aus dem Produktpreis und der Anzahl.

Setzen Sie den Zellzeiger in Zelle B10 und ermitteln Sie den Umsatz für Winterreifen. Die Information lässt sich aus einem Bezug ermitteln, der zwar nicht mit den anderen Bezügen in Relation steht, aber die gleiche Größe hat. Die logische Bedingung ermittelt eine Reihe von WAHR- und FALSCH-Werten, die wiederum das Produkt Anzahl x Preis beeinflussen:

```
B10: =SUMME(WENN(B4:F4="Winter";B5:F5*B6:F6))
```

```
B11: =SUMME(WENN(B4:F4="Sommer"; B5:F5*B6:F6))
```

Markieren Sie den Bereich A3:F7 und wählen Sie *Formeln/Namen definieren/Aus Auswahl erstellen*. Kreuzen Sie *Aus linker Spalte* an. Damit haben die Bezüge Bereichsnamen (siehe unten), und die Formel lässt sich eleganter mit diesen Namen anstelle der Bezüge konstruieren:

```
B10: =SUMME(WENN(Sortiment=A10;Preis*Absatzmenge)) oder
```

```
B10: =SUMME(WENN(Sortiment=A10;Umsatz))
```

B10	▼ : × ✓ *fx*	{=SUMME(WENN(Sortiment=A10;Preis*Absatzmenge))}				
◢	A	B	C	D	E	F
1	**Absatzkalkulation Reifen**					
2						
3	*Artikel*	**Pirelli** **XS 2000**	**Michelin** **M+S**	**Dunlop** **Freeze**	**GoodYear** **W3000**	**Bridgestone** **GS 9X**
4	*Sortiment*	Sommer	Winter	Winter	Sommer	Winter
5	*Preis*	59,99	69,99	79,99	62,99	58,99
6	*Absatzmenge*	300	450	250	180	520
7	*Umsatz*	17997	31495,5	19997,5	11338,2	30674,8
8						
9						
10	*Sommer*	29335,2				
11	*Winter*	82167,8				
12						

Bild 4.38: Matrixformel mit SUMME, WENN und Bereichsnamen.

Bereichsnamen eignen sich auch bestens dafür, Matrixkonstanten zu übernehmen. Legen Sie zum Beispiel den Namen *Quartal1* an (*Formeln/Definierte Namen/Namen definieren*). Geben Sie ihm diesen Bezug:

```
={"Januar";"Februar";"März"}
```

Markieren Sie drei Zellen nach unten und schreiben Sie:

```
=Quartal1
```

Drücken Sie [Strg]+[⇧]+[↵] zum Abschluss, werden die drei Monatsnamen eingetragen.

4.8   Arbeiten mit Bereichsnamen

Mit etwas Erfahrung im Umgang mit Zellbezügen werden Sie merken, dass die ständige Adressierung in Formeln doch ziemlich umständlich und aufwendig ist. Besonders in Formeln, die sich auf große Listen mit vielen Zeilen beziehen, ist es sehr mühselig, Bezüge mit Zeilen und Spalten anzugeben. Bereichsnamen haben hier sehr große Vorteile:

- Mit Bereichsnamen werden Bezüge fixiert und lassen sich einfach abrufen. Der Name *Umsatz2016* ist in Formeln leichter geschrieben als der absloute Bezug *$B$2:$B235*.

- Bereichsnamen machen Formeln besser lesbar und für Einsteiger verständlicher.

- Bereichsnamen können Formeln und Matrixbezüge enthalten. Damit vereinfachen Sie große »Formelmonster«. Übertragen Sie Teile von Formeln einfach in Bereichsnamen und verwenden Sie sie in Formeln weiter.

Ein benannter Bereich kann sich über eine einzige Zelle erstrecken oder theoretisch alle Zeilen und Spalten beinhalten. In der Praxis werden Sie hauptsächlich Namen für Listen oder für einzelne Zellen mit Auswertungsformeln erstellen.

4.8.1   Wofür Bereichsnamen?

Bereichsnamen enthalten meist Bezüge auf einzelne oder mehrere Zellen. Die Bezüge sind immer absolut, es gibt keine relativen Bezüge in Bereichsnamen (technisch zwar möglich, aber unsinnig, weil der Bezug dann von der Position des Zellzeigers abhängig ist).

```
$A$1
$A$1:$C$20
```

Bereichsnamen können aber auch Konstanten enthalten, Werte, Prozentzahlen oder Texte.

```
Name: MwSt_Satz
Bezieht sich auf: 19%
```

Die Königsdisziplin sind berechnete Bereichsnamen. Verwenden Sie Formeln und Funktionen nach Belieben, es gibt keine Grenzen in Bereichsnamen. Von der einfachen Summe bis zum komplexen dynamischen Bereich können Sie alles, was in einer Zelle stehen kann, auch als Bereichsnamen fixieren.

```
Name: Jahresumsatz
Bezieht sich auf: =SUMME(Jan:Dez!MonatS)
```

4.8.2   Regeln für Bereichsnamen

Bereichsnamen sind grundsätzlich eindeutig, das heißt, ein Name darf in einer Arbeitsmappe nur einmal vorkommen. Groß- und Kleinschreibung wird nicht unterschieden, ein Name *Preisliste* kann nicht noch einmal als *preisliste* vergeben werden.

Das **erste Zeichen** muss ein Buchstabe zwischen A und Z bzw. a und z sein, ein Unterstrich oder ein \ (Backslash).

Nicht erlaubt sind Leerzeichen und die Zeichen *R, r, c, C, z, Z, s, S*, weil diese für Row oder Column bzw. Zeile oder Spalte stehen können (die Eingabe *r* oder *s* in das Namensfeld bewirkt, dass die Zeile bzw. Spalte markiert wird). Zellbezüge sind ebenfalls nicht erlaubt, XY200 ebenso wenig wie PKW20 oder USB100. Bindestriche (Minuszeichen) sind auch nicht erlaubt.

Die **Länge** kann bis zu 255 Zeichen betragen.

Verwenden Sie in Bereichsnamen immer den Unterstrich (z. B. *Umsatz_2016* oder *Liste_Aktuell*). Dieses Zeichen kommt niemals in einem Element aus der Oberfläche oder aus dem System vor.

4.8.3 Lokale und globale Namen

Bereichsnamen, die für eine Arbeitsmappe definiert werden, gelten grundsätzlich für sämtliche Tabellenblätter in dieser Mappe und können in allen Tabellenblättern abgerufen oder in Formeln ohne Zugabe des Tabellenblattnamens benutzt werden. Diese Bereichsnamen nennt man globale Bereichsnamen.

Lokale Bereichsnamen gelten nur für das Tabellenblatt, in dem und für das sie erstellt wurden. Sie sind im Namensfeld nicht sichtbar, wenn das Tabellenblatt nicht aktiv ist, und können in Formeln außerhalb dieses Blatts nur mit Zugabe des Tabellenblattnamens verwendet werden. Lokale Bereichsnamen können dann aber die gleiche Bezeichnung haben wie globale Namen.

Achten Sie auf die Handhabung von Namen beim Kopieren von Tabellenblättern. Ein Beispiel:

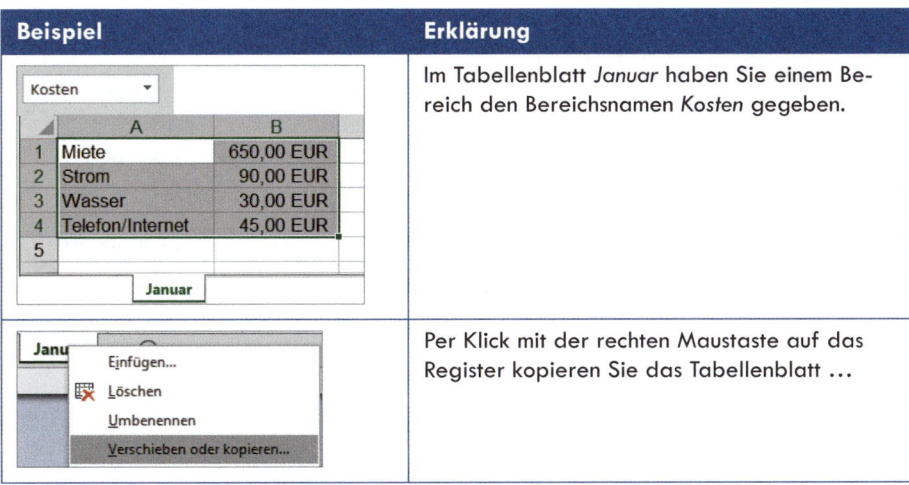

Beispiel	Erklärung
	Im Tabellenblatt *Januar* haben Sie einem Bereich den Bereichsnamen *Kosten* gegeben.
	Per Klick mit der rechten Maustaste auf das Register kopieren Sie das Tabellenblatt …

Beispiel	Erklärung
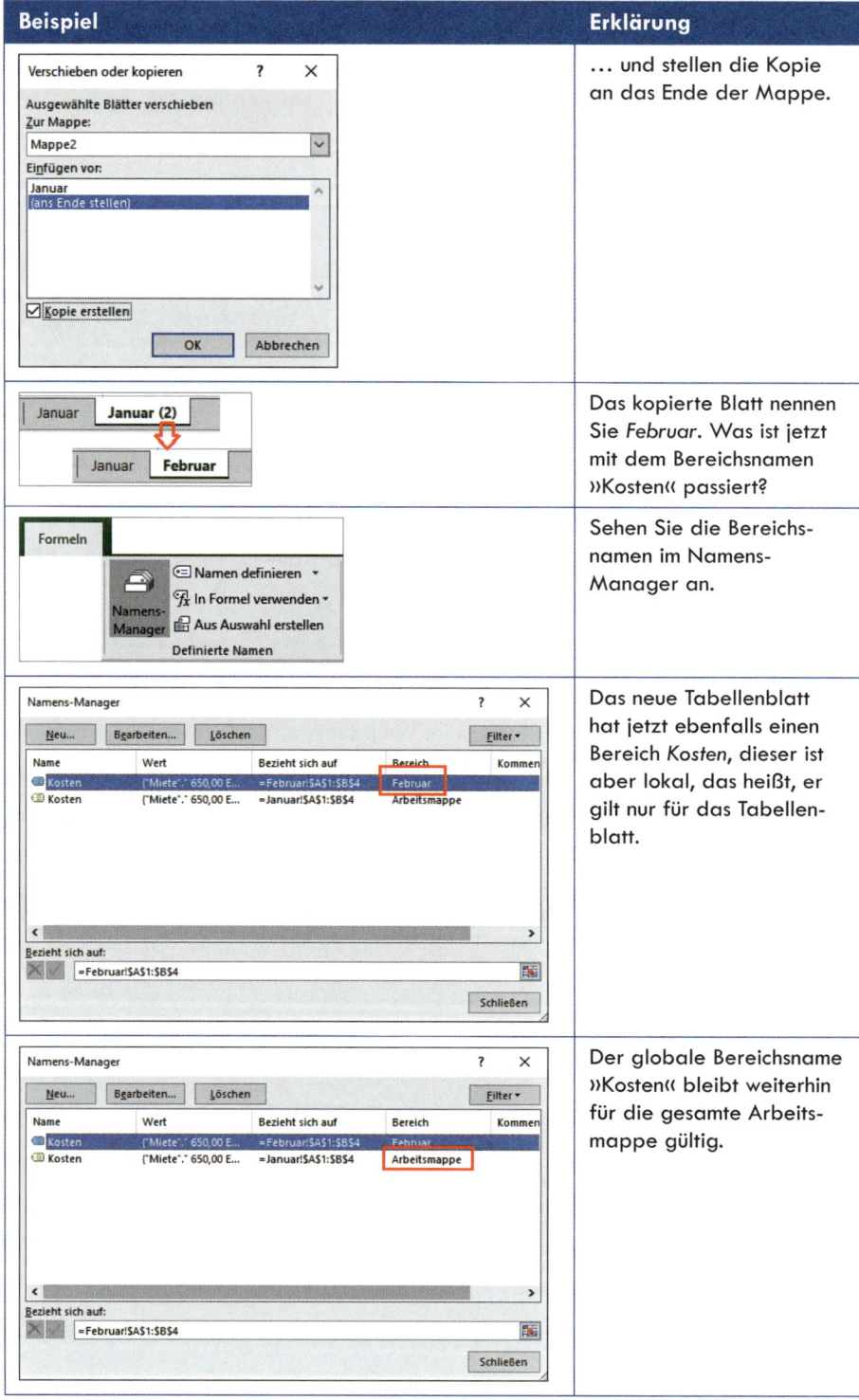	... und stellen die Kopie an das Ende der Mappe.
	Das kopierte Blatt nennen Sie *Februar*. Was ist jetzt mit dem Bereichsnamen »Kosten« passiert?
	Sehen Sie die Bereichs-namen im Namens-Manager an.
	Das neue Tabellenblatt hat jetzt ebenfalls einen Bereich *Kosten*, dieser ist aber lokal, das heißt, er gilt nur für das Tabellen-blatt.
	Der globale Bereichsname »Kosten« bleibt weiterhin für die gesamte Arbeits-mappe gültig.

Beispiel	Erklärung
2 Kosten Januar =SUMME(INDEX(Kosten;;2)) 3 Kosten Februar =SUMME(INDEX(Februar!Kosten;;2))	Die Kosten im Januar ermitteln Sie also über den globalen Bereichsnamen und die Kosten im Februar über den lokalen Namen.

4.8.4   Namen definieren

Für die Zuweisung eines Bereichsnamens markieren Sie den Bereich und starten den Namens-Manager. Sie können den Bereich aber auch während der Benennung adressieren.

Markieren Sie den gewünschten Bereich und wählen Sie *Formeln/Definierte Namen/Namen definieren*. Geben Sie im Feld *Name* einen Bereichsnamen an. Wählen Sie als *Bereich* die gesamte Arbeitsmappe oder ein Tabellenblatt. Tragen Sie bei Bedarf einen *Kommentar* zu diesem Namen ein.

Im Eingabefeld *Bezieht sich auf* wird der markierte Name vorgeschlagen. Sie können ihn übernehmen oder in das Feld klicken und im Hintergrund die Markierung noch einmal über den Bereich ziehen. Klicken Sie auf das Kästchen rechts neben dem Feld, um den Dialog zu reduzieren. Mit einem weiteren Klick auf das Kästchen oder mit der ⏎-Taste öffnen Sie den Dialog wieder.

Bestätigen Sie mit OK, um den Bereichsnamen anzulegen. Ist der Name angelegt, sehen Sie ihn im Namensfeld, solange der benannte Bereich markiert ist.

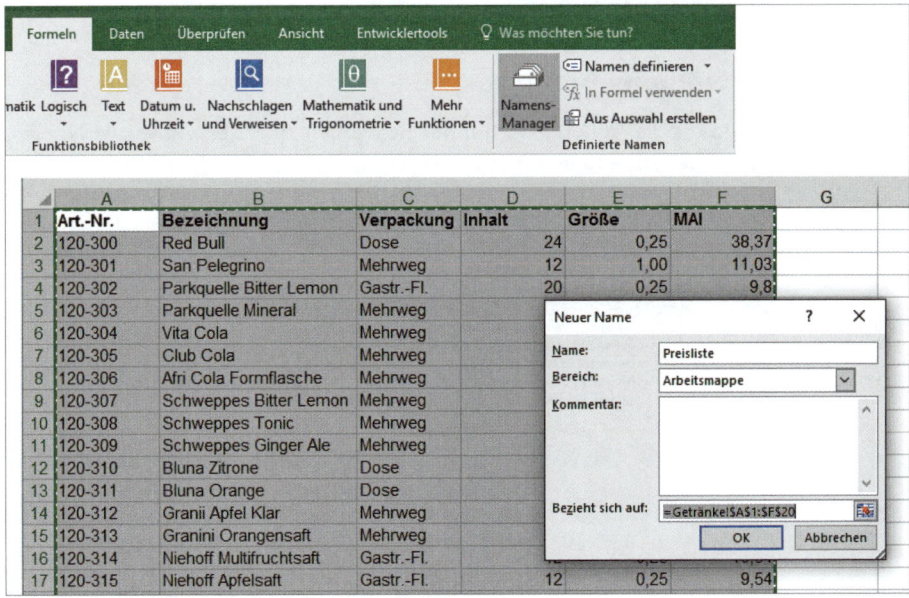

Bild 4.39: Für die Liste wird ein Bereichsname definiert.

4.8.5   Das Namensfeld

Die schnellste Namenszuweisung bietet das Namensfeld. Das ist das Feld links oben, ganz links außen in der Bearbeitungsleiste. Markieren Sie den Bereich, den Sie benennen wollen, tragen Sie den Namen in dieses Feld ein und drücken Sie die ⏎-Taste.

Klicken Sie auf das Pfeilsymbol am Feld, öffnet sich eine Liste mit allen Bereichsnamen aus der aktuellen Mappe (ausgenommen diejenigen, die nur für einzelne, nicht aktive Tabellen gelten), und wenn Sie einen Eintrag anklicken, wird die Markierung auf den damit verknüpften Zellbereich gesetzt. Das gilt auch für Namen, die in anderen Tabellenblättern stehen.

Aber: Diese Namensvergabe funktioniert nur einmal pro Name. Wenn Sie einen Bereich wieder benennen wollen und einen bereits zugewiesenen Namen im Namensfeld verwenden, wird Excel den alten benannten Bereich ansteuern. Ändern Sie den Bereichsnamen in diesem Fall über den Namens-Manager.

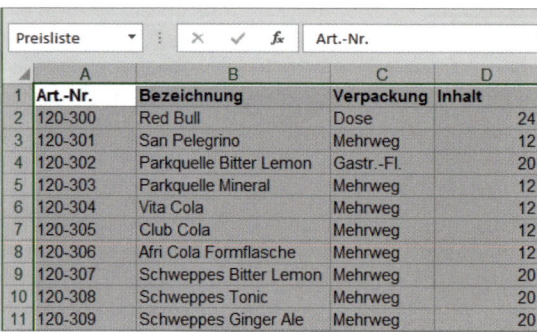

Bild 4.40: Das Namensfeld zeigt den Bereichsnamen des markierten Bereichs an.

4.8.6   Der Namens-Manager

Das ist die Zentrale für die Verwaltung der Bereichsnamen, hier sehen Sie alle Namen, globale und lokale, berechnete und fix zugewiesene.

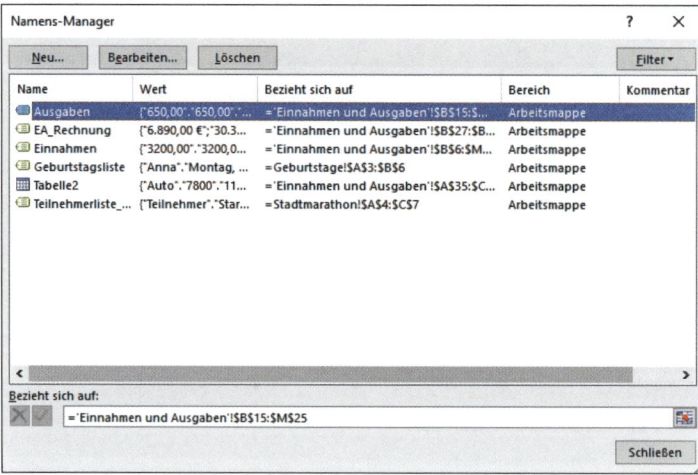

Bild 4.41: Der Namens-Manager.

Mit *Neu* erstellen Sie einen neuen Bereichsnamen. Geben Sie einen gültigen Namen ein, geben Sie den Bereich an, für den dieser gültig sein soll, und bestimmen Sie den Bezug. Klicken Sie auf einen Namen und wählen Sie *Bearbeiten*, wenn Sie ihn neu benennen, einen Kommentar einfügen oder ändern oder den Bezug zum Namen neu definieren wollen.

Markieren Sie einen Namen in der Liste und wählen Sie *Löschen*, um ihn aus der Arbeitsmappe zu entfernen. Achten Sie darauf, dass damit alle Formeln fehlerhaft werden, in denen dieser Bereichsname verwendet wurde. Die Fehlermeldung *#NAME?* zeigt an, dass die entsprechende Formel einen unbekannten Text, nämlich den vorher existierenden Bereichsnamen, enthält.

Mit dem *Filter* reduzieren Sie die Namensliste auf bestimmte Namen, zum Beispiel auf solche, die nur zum aktiven Arbeitsblatt gehören, oder auf Namen mit Fehlern im Bezug. Der Filter wird durch Anklicken der einzelnen Optionen aktiviert und bleibt so lange aktiv, bis Sie ihn mit *Filter löschen* wieder entfernen.

4.8.7 Namen übernehmen

Mit *Formeln/Definierte Namen/Namen definieren/Namen übernehmen* ersetzen Sie im markierten Bereich alle Bezüge durch ihre Bereichsnamen, sofern solche definiert sind – eine Operation, die Sie regelmäßig durchführen sollten, um überflüssige Zellbezüge durch ihre Bereichsnamen zu ersetzen. Markieren Sie in der Liste die gewünschten Bereichsnamen. Drücken Sie die ⇧-Taste, um mehrere, auch nicht zusammenhängende Einträge zu markieren. Klicken Sie auf *OK*, um die Namen anzuwenden.

Relative/Absolute Bezugsart ignorieren: Ersetzt Bezüge mit Namen, unabhängig davon, ob diese relativ oder absolut sind. Wird diese Option ausgeschaltet, ersetzt Excel Bezüge nur dann durch ihre Namen, wenn der Bezugstyp identisch ist. Da in den meisten Fällen relative Namen auf absolute Bezüge angewendet werden, sollten Sie diese Option nicht ausschalten.

Zeilen- und Spaltennamen verwenden: Wenn eine direkte Übereinstimmung von Bezug und Bereichsname nicht zu finden ist, benutzt Excel den Bereichsnamen, der die Zelle enthält, auf die in der Formel Bezug genommen wird. In den Optionen, die darunter stehen, grenzen Sie noch ein, welcher Name verwendet wird. Klicken Sie dazu auf die Schaltfläche *Optionen*.

Die Schaltfläche **Optionen** führt zu einer Reihe von Optionen, die eine Übernahme noch genauer spezifizieren:

- *Bei gleicher Spalte entfällt Spaltenname:* Wenn die umzusetzende Zelle in der gleichen Spalte wie die Formel steht, wird der Zeilenname verwendet; der Spaltenname entfällt.

- *Bei gleicher Zeile entfällt Zeilenname:* Befindet sich die Bezugszelle in der gleichen Zeile wie die Formel, wird der Spaltenname verwendet; der Zeilenname entfällt.

- *Reihenfolge der Namen:* Legen Sie hier fest, welcher Name zuerst aufgeführt wird: der Zeilenname vor dem Spaltennamen (Standard) oder umgekehrt.

4.8.8   Namen aus Auswahl erstellen

Wenn die passenden Bereichsnamen bereits neben oder über dem Zahlenbereich stehen, können Sie sie auch gleich übernehmen. Markieren Sie die zu benennenden Bereiche inklusive der Beschriftungen und wählen Sie *Formeln/Definierte Namen/Aus Auswahl erstellen*. In der Dialogbox ist angekreuzt, aus welcher Zeile oder Spalte die Namen übernommen werden sollen.

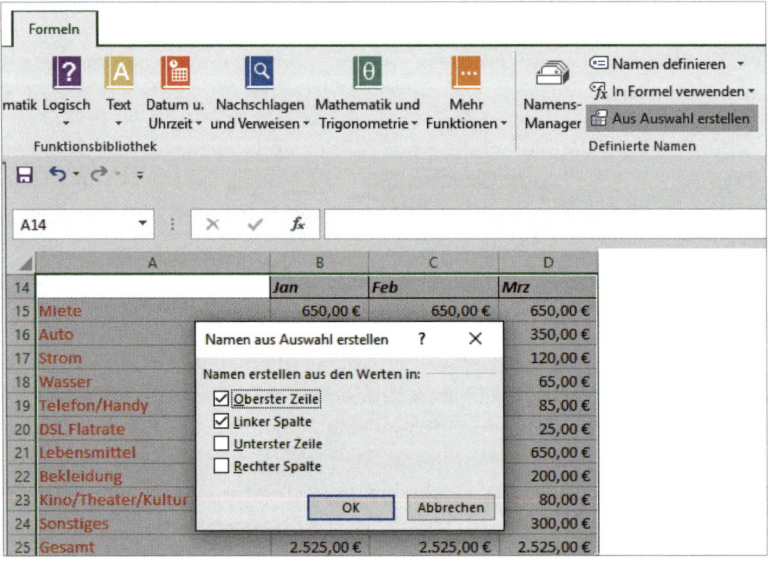

Bild 4.42: Namen aus Auswahl erstellen.

Doppelpunkte werden bei der Umsetzung in Bereichsnamen entfernt. Enthalten die Zellen ungültige Zeichen für Bereichsnamen (z. B. Leerzeichen), werden diese durch Unterstriche ersetzt. Haben Sie eine größere Liste mit Zeilen- und Spaltentiteln versehen, so markieren Sie die Liste inklusive der Texte und erstellen die Namen mit den Optionen *Oberster Zeile* und *Linker Spalte*. Im Namensfeld finden Sie anschließend für jede Zeile und Spalte einen Bereichsnamen.

 TIPP   Wenn Sie in die Zelle links oben ebenfalls einen Text eintragen, wird dieser dem inneren Bereich zugewiesen, in diesem Beispiel also allen Einnahmen von B15:D25.

Den Bereichsnamen könnten Sie beispielsweise für Berechnungen mit der SUMME()-Funktion verwenden. Schreiben Sie anstelle des Bezugs einfach den Namen. Die Eingabehilfe für Formeln schlägt sogar auch Bereichsnamen vor. Markieren Sie den Namen oder geben Sie die ersten Buchstaben ein, bis der Name markiert ist, und drücken Sie ⇥, um ihn in die Formel zu holen.

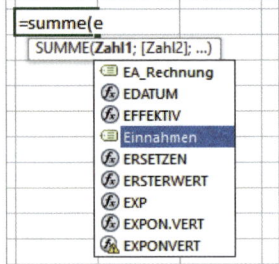

Bild 4.43: Bereichsnamen werden in der Eingabehilfe von Formeln angeboten.

4.8.9 Namen in Formeln und Bereichsnamenliste

Benutzen Sie diesen Befehl, wenn Sie einen Bereichsnamen zur Konstruktion einer Formel oder als Ersatz für einen Zellbezug brauchen. Holen Sie den Namen damit ab:

Setzen Sie den Zellzeiger in die Zelle, in der Sie den Namen sehen wollen, oder schreiben Sie die Formel bis zu der Stelle, an der Sie den Namen brauchen. Wählen Sie *Formeln/Definierte Namen/In Formeln verwenden*. Markieren Sie den Namen in der Liste und holen Sie ihn so in die aktive Zelle oder wählen Sie *Namen einfügen* und suchen Sie den Namen in der Liste.

Liste einfügen

Diese Option überträgt sämtliche Bereichsnamen mit ihren Bezügen an der aktuellen Zellzeigerposition in die Tabelle. Die Liste ist zwei Spalten breit, wobei die linke Spalte die Bereichsnamen und die rechte Spalte die zugeordneten Bezüge in Textform enthält.

Schalten Sie auf ein leeres Tabellenblatt um, bevor Sie die Bereichsnamenliste abholen. Achten Sie darauf, dass sie kommentarlos alle anderen Zellinhalte überschreibt.

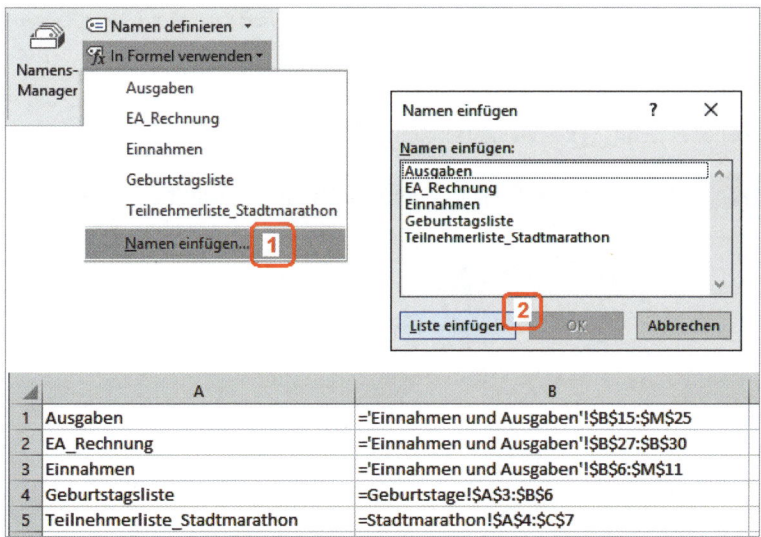

Bild 4.44: So erhalten Sie eine Übersicht über alle Bereichsnamen.

4.9 Verknüpfungen

Technisch gesehen ist die Verknüpfung ein Bezug, und zwar auf ein anderes Tabellenblatt, eine andere Arbeitsmappe oder – bei Links – auf externe Daten, die über Internetprotokolle ansteuerbar sind. Verknüpfungen sind die bessere Alternative zu Kopiervorgängen, da sie Daten dynamisch miteinander verbinden.

4.9.1   Das Prinzip

Im Prinzip funktioniert die Verknüpfung wie ein Bezug. Geben Sie ein =-Zeichen ein und tippen Sie das Ziel ein oder markieren Sie es. Befindet sich das Ziel in einem anderen Tabellenblatt, wechseln Sie bei offener Formel auf dieses Blatt (Register anklicken oder $\boxed{Strg}$+$\boxed{F6}$), steht das Ziel in einer anderen Arbeitsmappe, müssen Sie diese zunächst ansteuern (*Ansicht/Fenster/Fenster wechseln*) und dann das Tabellenblatt und den Zielbereich suchen. Entsprechend sieht die Formel dann aus:

Verknüpfung auf Zelle A1 in Tabellenblatt *Januar*:

=Januar!A1 oder

=Januar!$A$1

Verknüpfung auf Zelle A1 in Tabellenblatt *Januar* in der Arbeitsmappe *Kosten.xlsx*:

=[Kosten.xlsx]Januar!$A$1

Verknüpfungen werden mit jeder Neuberechnung berechnet und funktionieren auch, wenn die Quelle geschlossen ist. In diesem Fall sichert sich die Verknüpfung aber den Pfad zur Datei (der Apostroph am Anfang und Ende des Pfads ist nötig, weil Datei- und Ordnernamen Leerzeichen enthalten könnten, was in der Formel falsch interpretiert werden würde).

='<Laufwerk>\<Ordnerpfad>\[Kosten.xlsx]Januar'!$A$1

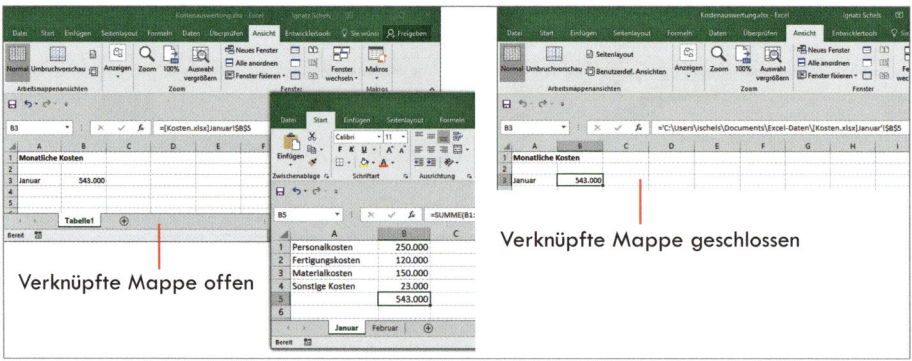

Bild 4.45: Zwei Arbeitsmappen miteinander verknüpft.

Der Pfad wird hinzugefügt, wenn die verknüpfte Mappe geschlossen oder wenn die Mappe mit der Formel aktiviert wird und Excel die verknüpften Daten nicht vorfindet. Im Netzwerk fügt Excel den Namen des Servers ein und nicht die Bezeichnung des Laufwerks, wenn dieses als Netzwerklaufwerk verbunden wurde.

4.9.2   Optionen und Sicherheitseinstellungen für Verknüpfungen

Unter *Datei/Optionen* entscheiden Sie, ob Verknüpfungen auf externe Werte aus anderen Arbeitsmappen immer automatisch berechnet und gespeichert werden. Schalten Sie auf die Kategorie *Erweitert* um. Unter *Beim Berechnen dieser Arbeitsmappe* kreuzen

Sie für die angezeigte Mappe *Verknüpfungen mit anderen Dokumenten aktualisieren* an, wenn Sie externe Verknüpfungen ständig berechnen lassen wollen. Kreuzen Sie *Externe Verknüpfungswerte speichern* an, wenn Sie die verknüpften Daten mitspeichern wollen. Damit wird die Datei mit der Arbeitsmappe natürlich wesentlich größer, aber das hat den Vorteil, dass die Daten auch noch verfügbar sind, wenn eine Verknüpfung verloren geht (Hardwarefehler oder Datei versehentlich gelöscht oder verschoben).

Verknüpfungen können auch Sicherheitsrisiken bergen. Excel warnt deshalb beim Öffnen einer Arbeitsmappe, dass Verknüpfungen vorhanden sind. Bestätigen Sie diese Meldung mit *Aktualisieren*, holt Excel die aktuellen Daten aus allen verknüpften Mappen, ohne diese zu öffnen.

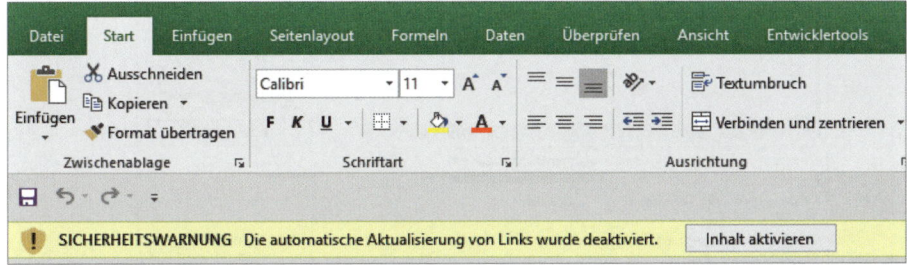

Bild 4.46: Sicherheitswarnung beim Öffnen der Mappe.

Voreinstellung im Trust Center

Aktivieren Sie unter *Datei/Optionen* das *Trust Center*. In den *Einstellungen* wählen Sie *Externer Inhalt*, hier finden Sie die Sicherheitseinstellungen für Arbeitsmappenverknüpfungen. Mit *Automatische Aktualisierung aller Arbeitsmappenverknüpfungen aktivieren* schalten Sie alle Sicherungsmeldungen aus. Externe Verknüpfungen werden damit sofort aus anderen Arbeitsmappen geholt.

Benutzer zu Arbeitsmappenverknüpfungen auffordern ist die Standardeinstellung, sie sorgt dafür, dass die Sicherheitsmeldung erscheint, wenn Excel beim Öffnen einer Mappe externe Verknüpfungen erkennt. *Alle Arbeitsmappenverknüpfungen deaktivieren* schaltet alle externen Verknüpfungen aus.

4.9.3   Verknüpfung bearbeiten

Eine Liste mit allen Verknüpfungen, die in der aktuellen Mappe zu finden sind, bietet das Menüsymbol *Daten/Verbindungen/Verknüpfungen bearbeiten*. Hier können Sie Verknüpfungen überprüfen, defekte Verknüpfungen löschen oder die Quelle ändern, falls die Datei verschoben wurde. Markieren Sie einzelne Verknüpfungen oder drücken Sie die ⌷Strg⌷-Taste, um mehrere zu markieren. Mit ⌷Strg⌷+⌷A⌷ markieren Sie die gesamte Liste.

Werte aktualisieren: Damit berechnen Sie die Werte aus einer markierten Verknüpfung neu. Der Status zeigt *Unbekannt* an, wenn die Verknüpfung noch keine Werte geliefert hat, und wechselt auf *OK*, wenn die Berechnung erfolgreich war.

Quelle ändern: Ändern Sie hier den Pfad und/oder Dateinamen zur Verknüpfung, wenn die Quelle nicht mehr gültig ist. Ein Dateidialog erscheint, Sie können die Position der

Datei in einem Laufwerk oder im Netzwerk bestimmen. Klicken Sie die Datei an und bestätigen Sie mit *OK*.

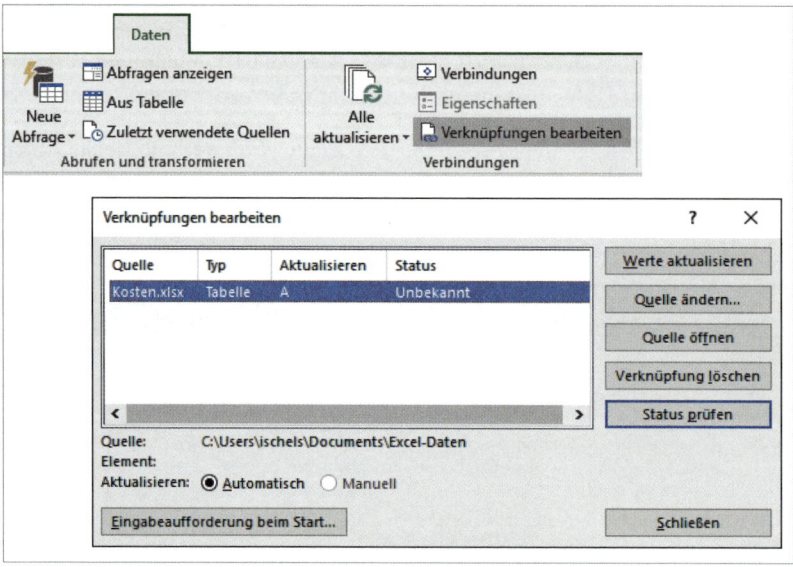

Bild 4.47: Hier sind alle Verknüpfungen in der Mappe gelistet.

Quelle öffnen: Hier können Sie die Quelldatei einer angezeigten Verknüpfung aktivieren. Markieren Sie einen Eintrag in der Liste und klicken Sie auf *Quelle öffnen*. Die neue Mappe wird aktiv, die Verknüpfungsliste schließt sich.

Verknüpfung löschen: Klicken Sie hier, um die markierte Verknüpfung zu löschen. Achten Sie auf die Sicherungsmeldung, sie weist darauf hin, dass anstelle der Verknüpfung die letzten Werte übernommen werden und dass der Vorgang nicht mehr zurückzunehmen ist (wenn Sie anschließend die Mappe speichern).

Status prüfen: Mit dieser Schaltfläche überprüfen Sie den Status aller Verknüpfungen in der Arbeitsmappe. In der Spalte *Status* wird der Eintrag *OK* angezeigt, wenn die Verknüpfung Daten liefert, ansonsten bleibt der Status auf *Unbekannt*.

 Wenn sich eine Verknüpfung nicht ändern und auch nicht löschen lässt, versuchen Sie, die Quelle auf die eigene Datei umzulenken und so die Verknüpfung zu entfernen. Markieren Sie die angezeigte Verknüpfung und klicken Sie auf *Quelle ändern*. Klicken Sie in der Dateiliste auf den Namen der Datei, die Sie gerade bearbeiten. Excel verknüpft die nicht mehr sichtbaren Daten praktisch mit sich selbst und die Verknüpfung wird damit automatisch gelöscht.

4.9.4 Verknüpfungen im Bereichsnamen

Verknüpfungen sind nicht nur in Formeln zu finden, sondern auch in Bereichsnamen, und das ist häufig der Grund, warum Excel beim Start einer Mappe zwar Verknüpfungen anmahnt, die Liste aber ohne Einträge anbietet. Sehen Sie im Namens-Manager nach (*Formeln/Namens-Manager*).

Verknüpfungen in Bereichsnamen entstehen fast immer durch Verschieben oder Kopieren von Zellbezügen oder Tabellenblättern mit Bereichsnamen. Excel löscht nämlich nicht die Bereichsnamen von Tabellenblättern, die aus der Mappe verschoben oder gelöscht werden. Markieren Sie den Bereichsnamen, sehen Sie unter *Bezieht sich auf* den (falschen) Pfad. Löschen Sie den Bereichsnamen oder stellen Sie einen neuen Bezug her.

4.9.5 Eingabeaufforderung beim Start

Ob die Bestätigung aller Verknüpfungen auch beim Start von Excel erforderlich ist, bestimmen Sie über diese Option. Wählen Sie *Daten/Verbindungen/Verknüpfungen bearbeiten*. Klicken Sie auf die Schaltfläche *Eingabeaufforderung beim Start*.

- *Benutzer entscheidet, ob eine Warnung angezeigt wird*: Wählen Sie diese Option, wenn in der Mappe weiterhin die Verknüpfungsart einstellbar bleiben soll.

- *Keine Warnung anzeigen und Verknüpfung nicht aktualisieren*: Damit schalten Sie die automatische Meldung aus und aktualisieren automatisch die Daten.

- *Keine Warnung anzeigen und Verknüpfung aktualisieren*: Hiermit wird keine Meldung angezeigt und es werden keine Daten aktualisiert.

4.10 Links

Mit dem Internet kam der Hyperlink, und seit der ersten Onlineschaltung einer Browserseite nutzt die Webgemeinde diese schnellen Verknüpfungen zwischen Bildschirmseiten.

Links werden häufig auch zur Programmsteuerung eingesetzt, Excel setzt hier aber auf die klassische Menü- und Symboltechnik. Für Tabellenblätter bietet der Link jedoch eine schnelle Alternative zu programmierten Elementen. Ein Klick auf den Link befördert den Anwender schnell in andere Tabellenblätter, Arbeitsmappen und natürlich auch ins Internet.

4.10.1 Link einfügen

Markieren Sie eine Zelle im Tabellenblatt und wählen Sie *Einfügen/Link/Link*. Ein Dialogfenster erscheint, als Vorgabe für das Ziel ist *Datei oder Webseite* aktiv. Tragen Sie das Ziel des Links in das Feld *Adresse* ein.

Über das Symbol *Web durchsuchen* starten Sie den Internetbrowser. Navigieren Sie auf die gewünschte Webseite und schließen Sie den Browser wieder. Die zuletzt angezeigte Adresse wird damit automatisch in die Adresszeile eingefügt. Unter *Anzuzeigender Text* geben Sie einen Alternativtext ein, und die QuickInfo wird am Zellzeiger angezeigt, wenn die Maus über den Link fährt.

Klicken Sie auf *OK*, um den Hyperlink einzufügen. Sie können ihn auch nachträglich mit beliebigem Text überschreiben. Ein Klick auf den Link startet den Standardbrowser und aktiviert die Internetseite.

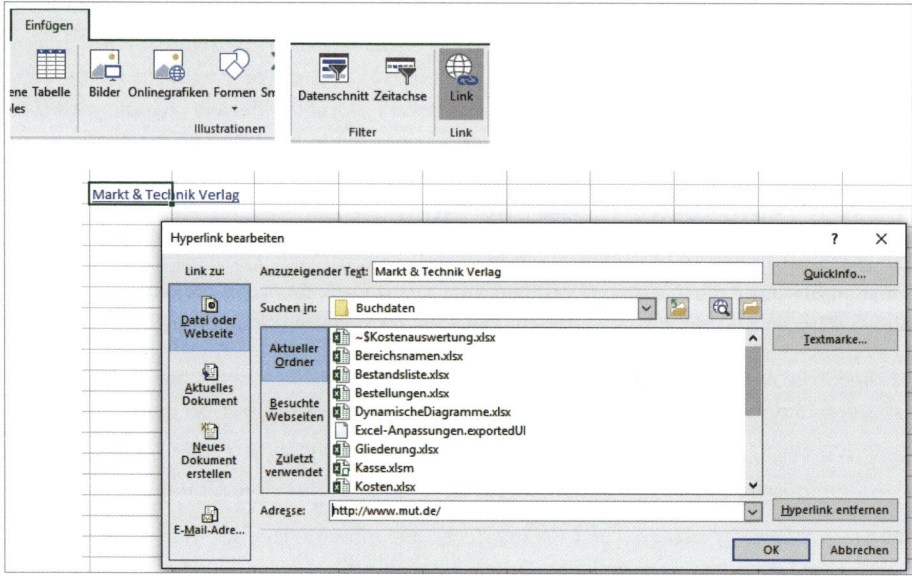

Bild 4.48: Ein Hyperlink auf die Webseite des Verlags.

Um einen Link zu benutzen, klicken Sie ihn einfach an. Wollen Sie nur die Zelle mit dem Link markieren, halten Sie die Maustaste länger gedrückt oder steuern Sie die Zelle mit der Cursortaste an. Neue Links sind blau, ein einmal benutzter Link bleibt rot eingefärbt, bis das Tabellenblatt wieder geöffnet wird.

4.10.2   Links bearbeiten und löschen

Links werden mit einem erneuten Aufruf von *Einfügen/Links* oder über das Kontextmenü bearbeitet. Um einen Link zu löschen, löschen Sie einfach den Zellinhalt.

4.10.3   Links auf Dateien

Weitaus häufiger werden Sie Links für die Ansteuerung von Tabellenblättern oder Arbeitsmappen verwenden. Suchen Sie eine beliebige Datei über die Ordnerliste und die Dateiliste. Links sind auf beliebige Dateiformate erlaubt (Word-Dokumente, Power-Point-Präsentationen, PDF-Dateien), die Datei wird automatisch im Erzeugerprogramm gestartet. Da Dateien ein potenzielles Sicherheitsrisiko bergen, erscheint eine Warnmeldung von Excel, die Sie bestätigen müssen, bevor die Datei aktiviert wird. Wenn Sie auf eine Bilddatei verweisen (JPEG, GIF), wird diese nach einem Klick auf den Link in dem Programm geöffnet, das unter Windows mit der Dateiendung verknüpft ist (*Systemsteuerung/Programme/Standardprogramme*).

4.10.4   Link auf Tabellenblätter und Mappen

Um einen Link innerhalb der Arbeitsmappe zu setzen, schalten Sie unter *Link zu* auf *Aktuelles Dokument*. Klicken Sie auf ein Tabellenblatt, wird der Link auf dieses Blatt geschaltet. Geben Sie noch einen Bezug ein, auf den der Hyperlink verweisen soll, wird dieser zusätzlich markiert. Bezüge lassen sich nicht im Hintergrund markieren, unter *Festgelegte Namen* finden Sie die Liste der Bereichsnamen.

Tabellen werden hier nicht gelistet; wenn Sie auf eine Tabelle (*Einfügen/Tabelle*) verlinken wollen, legen Sie einen Bereichsnamen mit Bezug auf die Tabelle an:

Name: tbl_Jan

Bezieht sich auf: Tabellenname[#Alle]

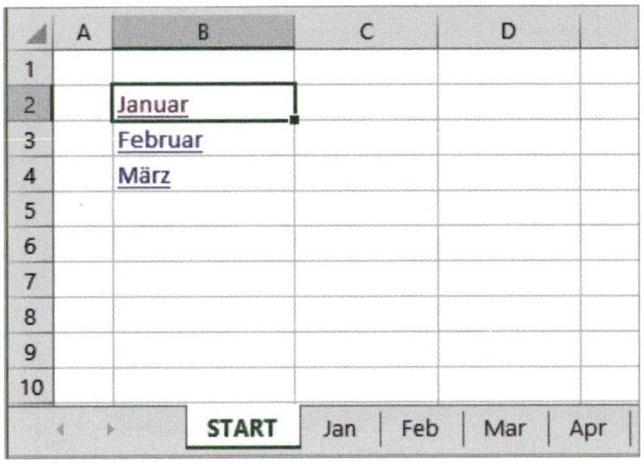

Bild 4.49: Einfache Tabellenblattsteuerung mit Links.

Klicken Sie auf *Neues Dokument erstellen*, wenn Sie zusammen mit dem Link eine neue Mappe anlegen wollen. Definieren Sie den Zielordner und den Zeitpunkt der Bearbeitung und starten Sie mit Klick auf *OK*.

4.10.5 E-Mail-Adresse

Wählen Sie in der Leiste am linken Rand *E-Mail-Adresse* und geben Sie eine gültige Mailadresse ein. Der Vorsatz *mailto* wird automatisch angefügt, geben Sie einen Betreff ein. Die zuletzt verwendeten E-Mail-Adressen werden in einer Liste angeboten.

Mit dem Klick auf den Link öffnen Sie eine neue Mail, vorausgesetzt, der Mailserver (Outlook, Exchange) ist installiert. Falls nicht, wird die Installation eines Mail-Kontos unter Windows aktiviert.

Die Nachricht wird nicht versendet, geben Sie einen Text ein, fügen Sie Anhänge hinzu und klicken Sie zum Abschluss auf *Senden*.

4.10.6 Links mit Formeln erstellen

Mit der Funktion HYPERLINK() lassen sich Hyperlinks auch in der Tabelle berechnen und mit WENN-Bedingungen und vielen weiteren Funktionen von Excel verknüpfen. Geben Sie die Formel in dieser Form ein:

=HYPERLINK(Hyperlink_Adresse;BenutzerdefName)

Für das Argument *Hyperlink-Adresse* muss ein vollständiger Pfad zu der Datei oder die URL-Adresse angegeben werden. Das zweite Argument erhält einen beliebigen Text, der in der Zelle als Sprungmarke angezeigt wird.

Wenn Sie das Argument nicht besetzen, wird die Adresse im Argument *Hyperlink-Adresse* angezeigt. Hier einige Beispiele für Hyperlink-Formeln:

```
=HYPERLINK("http://Firma.com/Berichte/Kundenbericht.xlsx";"Hier klicken
für den Kundenbericht")
```

Damit öffnen Sie die Mappe *Kundenbericht.xlsx.* In der Zelle erscheint der Text *Hier klicken für den Kundenbericht.*

```
=HYPERLINK("[C:\Daten\Geschäftsbericht.docx]Zusammenfassung";"Geschäfts
bericht")
```

Mit diesem Link aktivieren Sie das Word-Dokument *Geschäftsbericht.docx* und steuern den Cursor auf die Textmarke *Zusammenfassung.*

```
=HYPERLINK(http://www.excellent-controlling.de;"ExcellentControlling")
```

```
=HYPERLINK("http://www.microsoft.de";C11)
```

```
=HYPERLINK(B47;A15)
```

Damit aktivieren Sie den Link im ersten Argument. Angezeigt wird der Text aus dem zweiten Argument, der auch aus Zellbezügen oder Bereichsnamen stammen kann.

```
=WENN(F12<=7500;HYPERLINK("[Hyperlinks.xlsx]LKW1!A1";"Leichte
LKW");HYPERLINK("[Hyperlinks.xlsx]LKW2!A1";"Schwere LKW"))
```

Hyperlink-Formeln lassen sich auch über Bedingungen konstruieren.

Links funktionieren auch auf Objekte, Bilder, Fotos, Videos etc. Markieren Sie das Objekt und wählen Sie *Einfügen/Link.* Weisen Sie die Verknüpfung zu und bestätigen Sie mit *OK.* Um den Link vom Objekt zu entfernen, markieren Sie es mit der rechten Maustaste und wählen *Hyperlink entfernen.*

4.11   Dynamische Bereiche in Funktionen

Funktionen haben fast immer Argumente. Bis auf wenige Exemplare wie HEUTE(), ZEILE() etc. muss jede Funktion mit mindestens einem Argument versehen werden. Das sind manchmal Konstanten, meist aber Bezüge auf Zellbereiche.

Wenn die Kalkulation nicht mit veränderbaren Datenmengen arbeitet, reicht es, die Bezüge relativ oder absolut anzugeben. Ändert sich aber ständig die Datenbasis, sei es, weil Daten erfasst oder gelöscht werden oder weil Daten aus externen Verknüpfungen kommen, muss das Funktionsargument flexibel genug sein.

4.11.1   Bezüge als Funktionsargumente

Ein Beispiel für Funktionsargumente, die ihre Ergebnisse aus Bezügen bekommen:

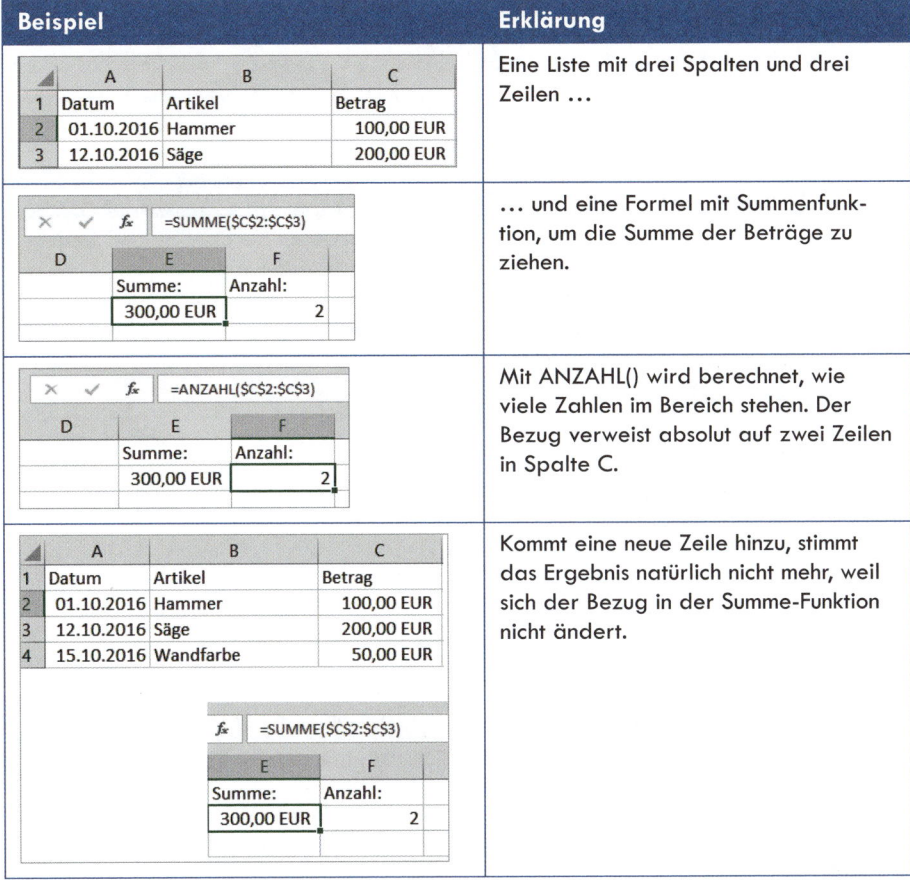

Beispiel	Erklärung
Eine Liste mit drei Spalten und drei Zeilen ...
... und eine Formel mit Summenfunktion, um die Summe der Beträge zu ziehen.
Mit ANZAHL() wird berechnet, wie viele Zahlen im Bereich stehen. Der Bezug verweist absolut auf zwei Zeilen in Spalte C.
Kommt eine neue Zeile hinzu, stimmt das Ergebnis natürlich nicht mehr, weil sich der Bezug in der Summe-Funktion nicht ändert.

Der Bezug kann entsprechend erweitert werden, zum Beispiel um eine genügend große Anzahl Zeilen oder gleich über die gesamte Spalte.

`=SUMME($C$2:$C$20000)`

`=SUMME($C:$C)`

Beides ist aber nicht professionell, denn auch der größere Bezug kann irgendwann zu klein sein (Risikobezug), und Bezüge über ganze Spalten sind grundsätzlich zu vermeiden, weil sie bei Auswertungen (zum Beispiel mit PivotTables) Probleme machen.

4.11.2 Bereichsnamen statt Zellbezüge

Geben Sie Ihren Bezügen Bereichsnamen und verwenden Sie diese als Argumente in den Funktionen. Ändert sich der Bereich, müssen Sie nicht zahlreiche Formeln kontrollieren und abändern, sondern nur den jeweiligen Bereich im Namens-Manager. Bereichsnamen schreiben Sie einfach für den markierten Bereich in das Namensfeld oder konstruieren und verwalten sie über den Namens-Manager.

4.11.3 Dynamische Bereiche verwenden

Die Ideallösung ist der dynamische Bereich. Lassen Sie die Größe des Bereichs im Bereichsnamen berechnen, dann passt sich dieser automatisch an, wenn die Liste größer wird.

Beispiel	Erklärung
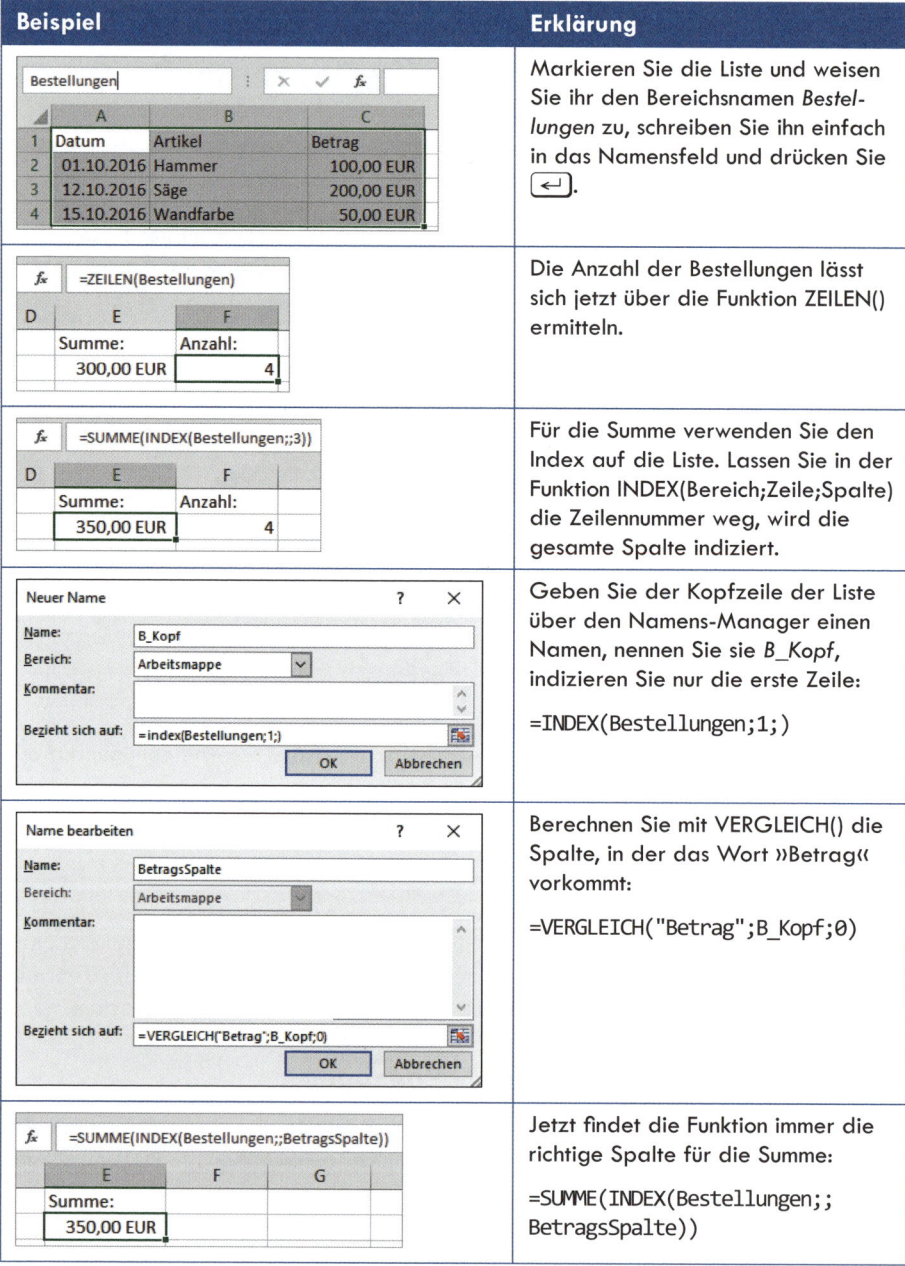	Markieren Sie die Liste und weisen Sie ihr den Bereichsnamen *Bestellungen* zu, schreiben Sie ihn einfach in das Namensfeld und drücken Sie ⏎.
	Die Anzahl der Bestellungen lässt sich jetzt über die Funktion ZEILEN() ermitteln.
	Für die Summe verwenden Sie den Index auf die Liste. Lassen Sie in der Funktion INDEX(Bereich;Zeile;Spalte) die Zeilennummer weg, wird die gesamte Spalte indiziert.
	Geben Sie der Kopfzeile der Liste über den Namens-Manager einen Namen, nennen Sie sie *B_Kopf*, indizieren Sie nur die erste Zeile: =INDEX(Bestellungen;1;)
	Berechnen Sie mit VERGLEICH() die Spalte, in der das Wort »Betrag« vorkommt: =VERGLEICH("Betrag";B_Kopf;0)
	Jetzt findet die Funktion immer die richtige Spalte für die Summe: =SUMME(INDEX(Bestellungen;; BetragsSpalte))

Beispiel	Erklärung
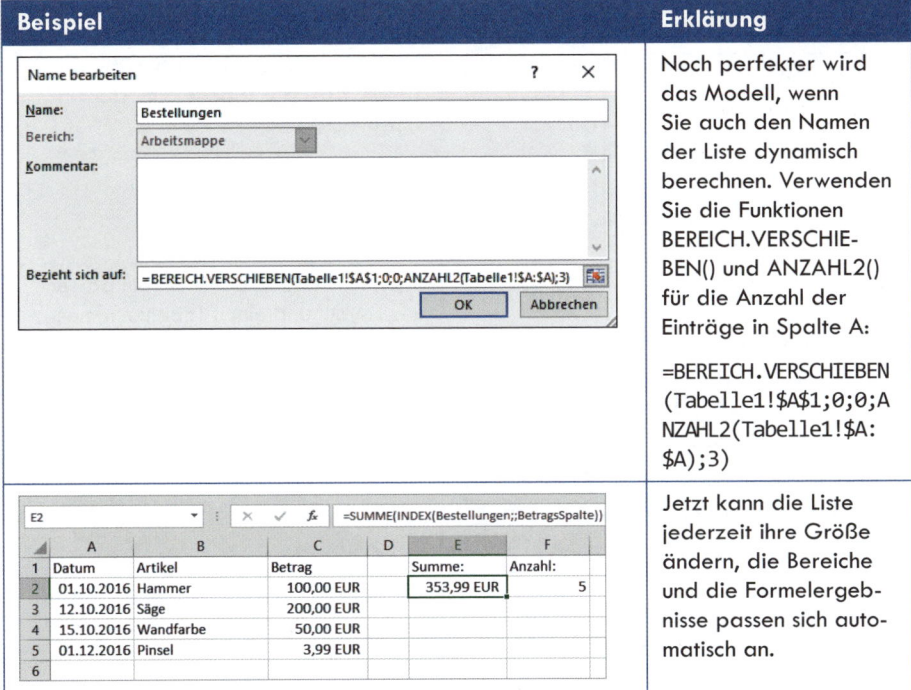	Noch perfekter wird das Modell, wenn Sie auch den Namen der Liste dynamisch berechnen. Verwenden Sie die Funktionen BEREICH.VERSCHIEBEN() und ANZAHL2() für die Anzahl der Einträge in Spalte A: =BEREICH.VERSCHIEBEN (Tabelle1!$A$1;0;0;A NZAHL2(Tabelle1!$A: $A);3)
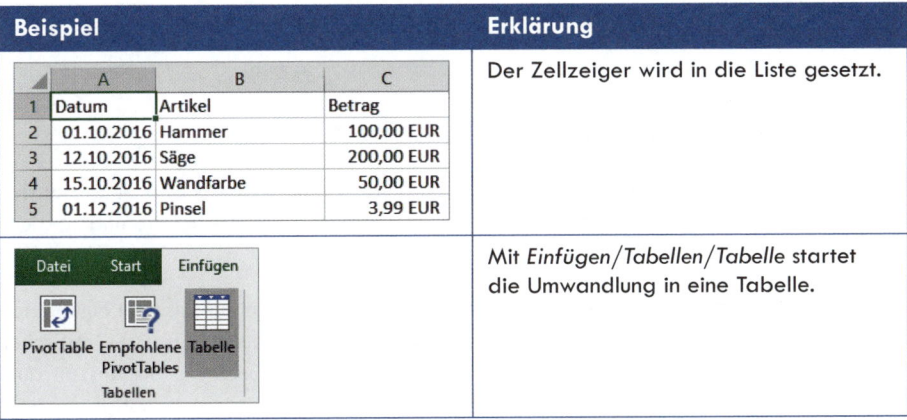	Jetzt kann die Liste jederzeit ihre Größe ändern, die Bereiche und die Formelergebnisse passen sich automatisch an.

4.11.4 Tabellen und strukturierte Verweise verwenden

Die bessere Alternative zur Liste mit dynamischen Bereichen ist die Tabelle. Muss in der Liste mühsam der Bereich benannt und dynamisch gemacht werden, hat die Tabelle bereits ihre Dynamik. Der Tabellenname passt sich nämlich automatisch der Dimension der Liste an.

Beispiel	Erklärung
	Der Zellzeiger wird in die Liste gesetzt.

	A	B	C
1	Datum	Artikel	Betrag
2	01.10.2016	Hammer	100,00 EUR
3	12.10.2016	Säge	200,00 EUR
4	15.10.2016	Wandfarbe	50,00 EUR
5	01.12.2016	Pinsel	3,99 EUR

Beispiel	Erklärung
	Mit *Einfügen/Tabellen/Tabelle* startet die Umwandlung in eine Tabelle.

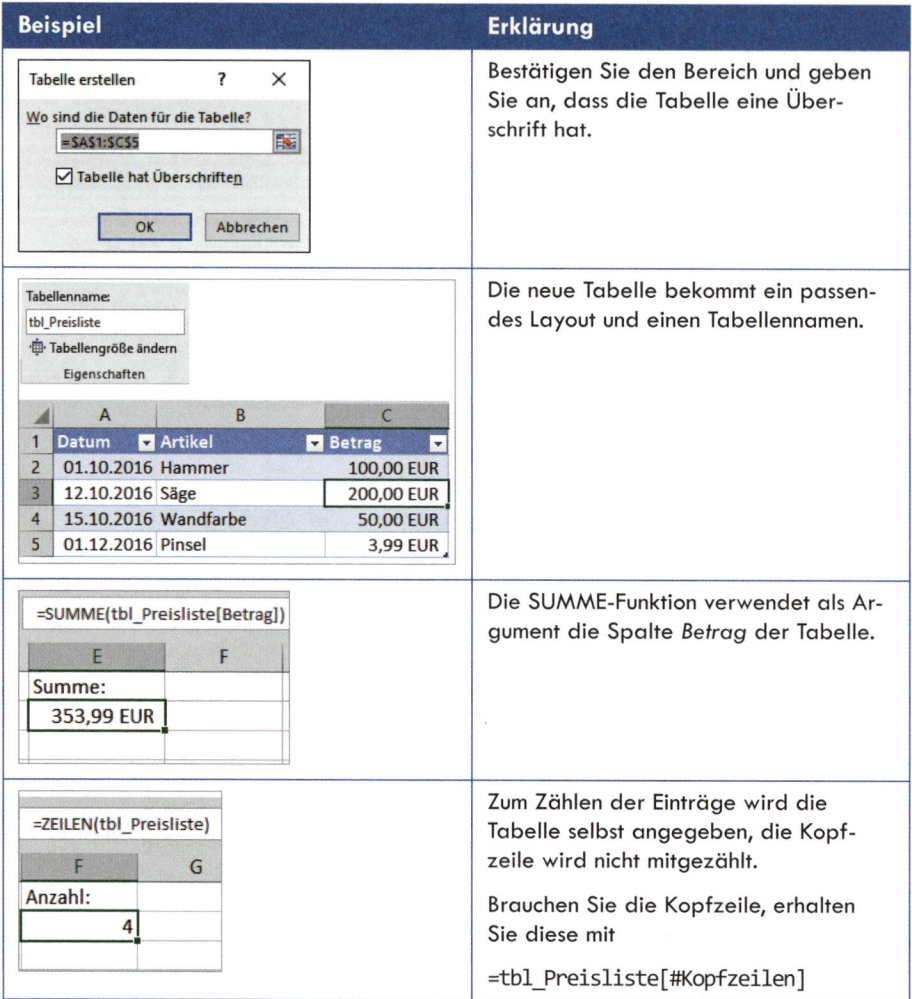

Beispiel	Erklärung
Tabelle erstellen ? ✕ Wo sind die Daten für die Tabelle? `=$A$1:$C$5` ☑ Tabelle hat Überschriften OK Abbrechen	Bestätigen Sie den Bereich und geben Sie an, dass die Tabelle eine Überschrift hat.
Tabellenname: tbl_Preisliste Tabellengröße ändern Eigenschaften 		A	B	C
1	Datum	Artikel	Betrag
2	01.10.2016	Hammer	100,00 EUR
3	12.10.2016	Säge	200,00 EUR
4	15.10.2016	Wandfarbe	50,00 EUR
5	01.12.2016	Pinsel	3,99 EUR		Die neue Tabelle bekommt ein passendes Layout und einen Tabellennamen.
`=SUMME(tbl_Preisliste[Betrag])` 		E	F
Summe:		
353,99 EUR				Die SUMME-Funktion verwendet als Argument die Spalte *Betrag* der Tabelle.
`=ZEILEN(tbl_Preisliste)` 		F	G
Anzahl:		
4				Zum Zählen der Einträge wird die Tabelle selbst angegeben, die Kopfzeile wird nicht mitgezählt. Brauchen Sie die Kopfzeile, erhalten Sie diese mit `=tbl_Preisliste[#Kopfzeilen]`

4.12   Die wichtigsten Funktionen

Die Frage, welche Funktionen aus dem riesigen (und ständig wachsenden) Angebot der Funktionspalette die wichtigsten sind, lässt sich nur in Bezug auf die Inhalte und Ausrichtung der Kalkulation beantworten.

Der Controller und Finanzexperte wird sich eher mit finanzmathematischen Funktionen beschäftigen, der Techniker oder Ingenieur befasst sich mit Logarithmus und Gaußscher Normalverteilung. Neben den vielen Spezialfunktionen von Arcuscosinus bis Zinszeitraum gibt es aber viele, die unabhängig von fachspezifischen Aufgaben benötigt werden. Das sind hauptsächlich die Matrixfunktionen und die Text- und Logikfunktionen. Auch in der Kategorie *Datum und Zeit* stehen zahlreiche Funktionen, die auf jeden Fall in das Portfolio eines erfahrenen Excel-Anwenders gehören.

4.12.1   Mathematik und Trigonometrie

Für Arithmetik und Geometrie bzw. Trigonometrie bietet der Funktionsassistent alles, was Standard ist.

Funktion	Bedeutung
=ABS()	Absoluten Wert einer Zelle oder Berechnung ausgeben
=ANZAHL() =ANZAHL2()	Zahlen oder Zellinhalte in einem Bereich zählen
=KÜRZEN()	Nachkommastellen abschneiden
=RUNDEN()	Zellinhalt runden
=SUMME()	Zellinhalte summieren
=SUMMEWENN()	Zellinhalte mit einer Bedingung summieren
=SUMMEWENNS()	Zellinhalte mit mehreren Bedingungen summieren
=WURZEL()	Wurzel einer Zahl ziehen
=ABRUNDEN() =AUFRUNDEN()	Zahl auf eine Anzahl Stellen ab- bzw. aufrunden
=SIN() =COS() =BOGENMASS()	Trigonometrische Funktionen für Berechnungen von Winkeln und Seitenverhältnissen
=ZUFALLSZAHL() =ZUFALLSBEREICH()	Zufällige Zahlen aus dem Bereich von 0 bis 1 oder aus einem definierten Wertebereich ziehen
=KOMBINATIONEN() =KOMBINATIONEN2()	Anzahl möglicher Kombinationen für eine bestimmte Anzahl Elemente
=AGGREGAT()	Ersatzfunktion für viele andere Funktionen, um ausgeblendete Zeilen oder Fehlerwerte zu ignorieren

RUNDEN()

Im Unterschied zur Rundung per Zahlenformat schneiden die Rundungsfunktionen tatsächlich die Zahl an der Rundungsstelle ab.

=RUNDEN(1,23;1)   Rundet 1,23 kaufmännisch auf eine Dezimalstelle
Ergebnis: 1,2

=RUNDEN(1,46;1)   Rundet 1,46 kaufmännisch auf eine Dezimalstelle
Ergebnis: 1,5

=RUNDEN(1,245;2)   Rundet -1,245 auf zwei Dezimalstellen
Ergebnis: -1,25

=RUNDEN(21,5;-1)   Rundet auf eine Stelle links vom Komma
Ergebnis: 20

=RUNDEN(623,2;-3)   Rundet 623,2 auf das nächste Vielfache von 1000
Ergebnis: 1000

=RUNDEN(-55,22;-2)   Rundet -55,22 auf das nächste Vielfache von 100
Ergebnis: -100

Positive und negative Summen mit ABS()

ABS() gibt den absoluten Wert eines Bezugs aus, und damit lässt sich zum Beispiel die Summe der positiven und der negativen Werte aus einer Liste berechnen. Die Formeln müssen mit [Strg]+[⇧]+[↵] als Matrixformeln abgeschlossen werden.

B7	▾	:	×	✓	fx	{=SUMME((B2:B6)+ABS(B2:B6))/2}

◢	A	B	C	D	E
1	Einnahme/Ausgabe	Betrag			
2	Miete	- 550,00 €			
3	Strom	- 45,50 €			
4	eBay-Umsatz	350,00 €			
5	Wasser	- 32,00 €			
6	Gehalt	2.900,00 €			
7	Einnahmen:	3.250,00 €			
8	Ausgaben:	627,50 €			
9	Summe:	2.622,50 €			

Bild 4.50: Mit ABS() werden die positiven und negativen Werte berechnet.

Lottospielen mit Zufallszahlen

Doppelte Werte lassen sich nicht vermeiden, aber eine zufällige Liste mit Zahlen von 1 bis 49 berechnen die Zufallsfunktionen. Kopieren Sie die Formel über sechs Zeilen:

=ZUFALLSBEREICH(1;49) oder

=GANZZAHL(ZUFALLSZAHL()*49+1)

Mögliche Kombinationen mit KOMBINATION()

Sie haben sechs Teams mit je zwei Mitarbeitern geplant. Berechnen Sie, wie viele Trainingseinheiten damit zu absolvieren sind, damit jeder einmal mit jedem trainiert:

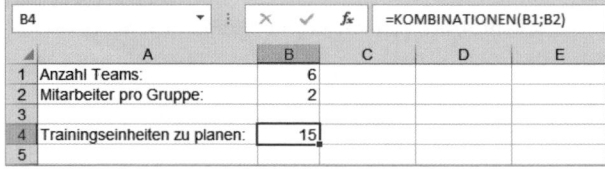

B4	▾	:	×	✓	fx	=KOMBINATIONEN(B1;B2)

◢	A	B	C	D	E
1	Anzahl Teams:	6			
2	Mitarbeiter pro Gruppe:	2			
3					
4	Trainingseinheiten zu planen:	15			
5					

Berechnen Sie die Wahrscheinlichkeit auf einen Sechser im Lotto (6 aus 49):

B1: 49

B2: 6

B3: =KOMBINATIONEN(B1;B2)

Ergebnis: 13.983.816

SUMMENPRODUKT()

Diese Funktion wird alternativ zu Matrixformeln eingesetzt, ist in der Praxis aber etwas veraltet, weil es neue Funktionen wie SUMMEWENNS() gibt.

Die Warengruppenanalyse ermittelt die Umsätze pro Warengruppe. Dazu wird zunächst eine Bedingung aufgestellt (B2:B10=F2), dann wird diese Bedingungsmatrix mit den beiden anderen Spalten multipliziert. Das Ergebnis ist die Summe aller Werte mit dem Bedingungsergebnis WAHR. Verwenden Sie eine Tabelle, können Sie die Tabellenspalten anstelle der absoluten Bezüge angeben:

G2 =SUMMENPRODUKT(($B$2:$B$10=F2)*($C$2:$C$10)*($D$2:$D$10))

	A	B	C	D	E	F	G
1	Artikel	Warengruppe	Menge	Preis		Umsatz nach Warengruppe:	
2	Champagner	A	250	7,50 €		A	3729
3	Sekt	A	420	3,50 €		B	5250
4	Spirituosen	A	120	3,20 €		C	2008
5	Bier Hell	B	500	4,50 €			
6	Pils	B	250	3,90 €			
7	Weizenbier	B	450	4,50 €			
8	Limonade	C	120	2,90 €			
9	Fruchtsaft	C	50	3,20 €			
10	Mineralwasser	C	600	2,50 €			

G2 =SUMMENPRODUKT((tbl_Umsatz[Warengruppe]=F2)*(tbl_Umsatz[Menge])*(tbl_Umsatz[Preis]))

	A	B	C	D	E	F	G
1	Artikel	Warengruppe	Menge	Preis		Umsatz nach Warengruppe:	
2	Champagner	A	250	7,50 €		A	3729
3	Sekt	A	420	3,50 €		B	5250
4	Spirituosen	A	120	3,20 €		C	2008
5	Bier Hell	B	500	4,50 €			
6	Pils	B	250	3,90 €			
7	Weizenbier	B	450	4,50 €			
8	Limonade	C	120	2,90 €			
9	Fruchtsaft	C	50	3,20 €			
10	Mineralwasser	C	600	2,50 €			

Bild 4.51: Beispiel für SUMMENPRODUKT(): ABC-Analyse.

SUMMEWENN(), SUMMEWENNS()

Mit diesen Funktionen berechnen Sie die Summe aus einem Zellbereich abhängig von Bedingungen. Die Beispielliste enthält Verkaufszahlen von Produkten mit Angaben der Filiale. Die erste Formel berechnet den Umsatz in Abhängigkeit von einer Bedingung (Produkt):

F2: *=SUMMEWENN(A2:A10;F1;C2:C10)*

Mit der zweiten Formel ermitteln Sie die Summe abhängig von zwei Bedingungen (Produkt, Filiale):

F6: *=SUMMEWENNS(C2:C10;A2:A10;F4;B2:B10;F5)*

F6 =SUMMEWENNS(C2:C10;A2:A10;F4;B2:B10;F5)

	A	B	C	D	E	F
1	Produkt	Filiale	Umsatz in TEUR		Produkt:	Gartengeräte
2	Gartengeräte	München	100		Umsatz:	600
3	Rasensamen	München	150			
4	Pflanzkübel	München	200		Produkt:	Gartengeräte
5	Gartengeräte	Erding	300		Region:	München
6	Rasensamen	Erding	230		Umsatz:	100
7	Pflanzkübel	Erding	120			
8	Gartengeräte	Landshut	200			
9	Rasensamen	Landshut	120			
10	Pflanzkübel	Landshut	90			

Bild 4.52: Bedingte Summe ermitteln mit SUMMEWENN().

Erklären Sie die Liste zur Tabelle, wird die Funktion dynamisch, das heißt, die Bereiche in der Formel passen sich automatisch an, wenn die Tabelle ihre Dimension ändert. Hier die Formeln auf die Tabelle *tbl_Umsatz* bezogen:

F2: *=SUMMEWENN(tbl_Umsatz[Produkt];F1;tbl_Umsatz[Umsatz in TEUR])*

F6: *=SUMMEWENNS(tbl_Umsatz[Umsatz in TEUR];tbl_Umsatz[Produkt];F4;tbl_Umsatz[Filiale];F5)*

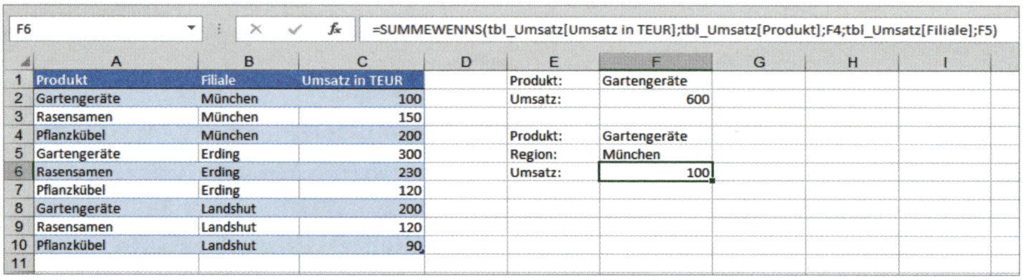

F6 =SUMMEWENNS(tbl_Umsatz[Umsatz in TEUR];tbl_Umsatz[Produkt];F4;tbl_Umsatz[Filiale];F5)

	A	B	C	D	E	F
1	Produkt	Filiale	Umsatz in TEUR		Produkt:	Gartengeräte
2	Gartengeräte	München	100		Umsatz:	600
3	Rasensamen	München	150			
4	Pflanzkübel	München	200		Produkt:	Gartengeräte
5	Gartengeräte	Erding	300		Region:	München
6	Rasensamen	Erding	230		Umsatz:	100
7	Pflanzkübel	Erding	120			
8	Gartengeräte	Landshut	200			
9	Rasensamen	Landshut	120			
10	Pflanzkübel	Landshut	90			
11						

Bild 4.53: SUMMEWENN() in der Tabelle.

4.12.2 Matrixfunktionen

Die Funktionen dieser Kategorie sind sicher die nützlichsten für professionelle Kalkulationen, aber auch entsprechend komplex und schwierig. Die Funktion, die am häufigsten im Einsatz ist, heißt SVERWEIS(). BEREICH.VERSCHIEBEN() und INDEX() bieten sogar die Möglichkeit, Matrizen zu verschieben und deren Dimension neu zu bestimmen.

Funktion	Bedeutung
=BEREICH.VERSCHIEBEN()	Verschiebt Bereiche (Matrizen) und berechnet Bereichsgrößen neu.
=INDEX()	Berechnet den Wert im Schnittpunkt von Zeile und Spalte eines Bereichs.
=INDIREKT()	Gibt den Bezug eines Textwertes anstelle des Wertes selbst aus (INDEX("A1") ist der Inhalt von A1.).
=KGRÖSSTE() =KKLEINSTE()	Ermittelt den K-größten bzw. K-kleinsten Wert aus einem Bereich.
=MTRANS()	Transponiert eine Matrix horizontal/vertikal.
=SVERWEIS()	Sucht in einer Matrix nach einem Zeilenwert und liefert das Ergebnis aus einer anderen Spalte.
=VERGLEICH()	Gibt einen Wert abhängig vom ersten Wert aus (1 = 1. Wert, 2 = 2. Wert etc.).
=VERWEIS()	Durchsucht eine Matrix und gibt den Parallelwert einer anderen Matrix aus der gefundenen Zeile aus.
=WAHL()	Gibt ein Argument in der Reihenfolge eines Zahlenwertes im ersten Argument zurück.
=WVERWEIS()	Sucht in einer Matrix nach einem Spaltenwert und liefert das Ergebnis aus einer anderen Zeile.

Funktion	Bedeutung
=ZEILE() =SPALTE()	Gibt die Zeilen- und Spaltennummer aus.
=ZEILEN() =SPALTEN()	Berechnet die Anzahl Zeilen/Spalten eines Bezugs oder (ohne Argumente) der Formelzelle.
=ZEILEN()	Zählt die Anzahl der Zeilen in einem Bereich.

ZEILE() und SPALTE()

Diese Funktionen werden für die automatische Nummerierung in Tabellen und Listen verwendet. Im Unterschied zur hochgezählten Startnummer bleibt die Nummerierung erhalten, wenn Zeilen oder Spalten gelöscht werden:

A1: =Zeile()

A5: =ZEILE()-4

Verwenden Sie die beiden Funktionen, um Füllreihen zu produzieren, die sich manuell nicht oder nur mit Aufwand erstellen lassen. Hier einige Beispiele:

Eine Reihe mit geraden Nummern	=ZEILE()*2
	=SPALTE()*2
Eine Reihe mit ungeraden Nummern	=ZEILE()*2-1
	=SPALTE()*2-1
Intervalle mit 1 bis n Nummern (hier 0 und 1). Das zweite Argument von REST() bestimmt die Anzahl der sich wiederholenden Zahlen.	=REST(ZEILE();2)
	=REST(SPALTE();2)
Damit werden nur die ungeraden Zeilen/Spalten nummeriert.	=WENN(REST(ZEILE();2);ZEILE();"")
	=WENN(REST(SPALTE();2);ZEILE();"")

SVERWEIS()

Der SVERWEIS() ist eine Verknüpfungsfunktion, die einen Schlüssel in der ersten Spalte eines Bereichs sucht und als Ergebnis eine bestimmte Spalte der Zeile ausgibt, in der sich der Suchbegriff befindet.

=SVERWEIS(suchbegriff;suchmatrix;spaltenindex;bereichsverweis)

Das letzte Argument ist besonders wichtig, es bestimmt, ob das Suchergebnis eindeutig sein muss:

- WAHR oder leer: SVERWEIS() sucht den nächstkleineren Wert. Die Liste muss dazu aufsteigend nach der Suchspalte sortiert sein.

- FALSCH oder 0: SVERWEIS() sucht genau den Wert. Wird dieser nicht gefunden, ist das Ergebnis #NV!.

Ein Beispiel:

Beispiel	Erklärung
	Der Bereich enthält Verkaufszahlen einzelner Vertriebsmanager.
	Im zweiten Bereich sind die Umsatzstaffeln und die dazugehörenden Provisionen aufgelistet. Ziel der Funktion ist es, anhand der Umsatzzahl die passende Provision zu ermitteln.
	Berechnen Sie mit SVERWEIS() die Provision für die Werte in Spalte B und kopieren Sie die Formel per Doppelklick auf das Füllkästchen von C2 bis zum Ende der Liste. =SVERWEIS(B2;$H$2:$I$10;2) Der Bereichsverweis bleibt leer oder erhält den Wert WAHR, damit der SVERWEIS auch den nächstkleineren Umsatzwert finden kann.
	Berechnen Sie in Spalte D die Provisionsbeträge: =B2*C2

Erster Bereich (Spalten A und B):

	A	B
1	Name	Umsatz
2	Meier	34.000 €
3	Huber	42.000 €
4	Dimpflmoser	60.000 €
5	Semmeling	12.000 €
6	Groß	98.000 €

Zweiter Bereich (Spalten H und I):

H	I
Umsatz	Provisionssatz
- €	0%
30.000,00 €	3%
40.000,00 €	4%
50.000,00 €	5%
60.000,00 €	10%
70.000,00 €	12%
80.000,00 €	15%
90.000,00 €	18%
100.000,00 €	20%

=SVERWEIS(B2;$H$2:$I$10;2)

C	D
Provision	
3,0%	
4,0%	
10,0%	
0,0%	
18,0%	

=B2*C2

D
Zahlung
1.020,00 €
1.680,00 €
6.000,00 €
- €
17.640,00 €

 Diese Form des SVERWEIS, in der das letzte Argument nicht besetzt ist oder den Wert WAHR hat, setzt voraus, dass die Suchspalte (F) aufsteigend sortiert ist.

SVERWEIS mit direktem Bereichsverweis

Häufiger kommt in der Praxis der direkte Verweis vor, der eine Schlüsselnummer in der ersten Spalte des Bereichs sucht. Ist die Nummer nicht zu finden, wird ein Fehlerwert ausgegeben.

Hier am Beispiel einer Preisliste, in der ein Artikel gesucht wird. Alternativ zum einfachen Bezug kann der Bereich auch benannt werden, und die Suchspalte wird über den Vergleich mit der Kopfzeile ermittelt.

```
=SVERWEIS($E$3;$A$1:$B$5;2;FALSCH) oder
```

```
=SVERWEIS($E$3;Preisliste;VERGLEICH($E$2;INDEX(Preisliste;1;);0);FALSCH)
```

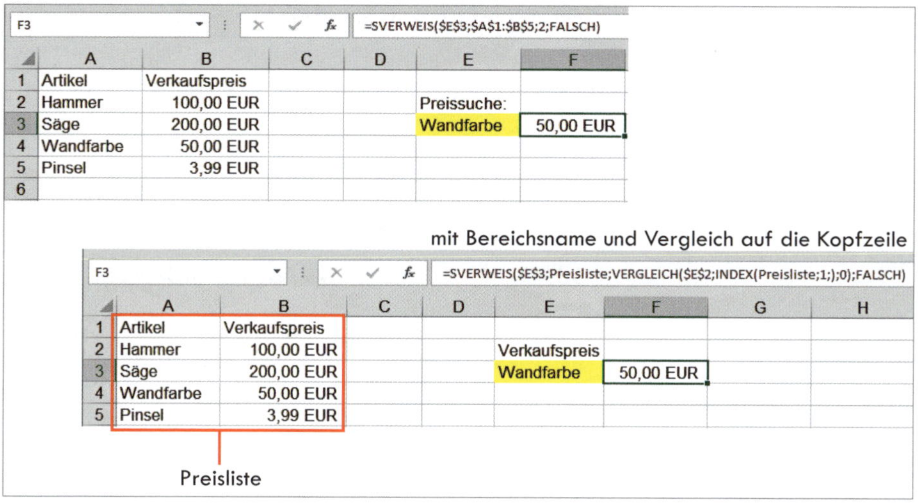

Bild 4.54: SVERWEIS() auf Artikel in der Preisliste.

Ist der Suchbegriff nicht in der ersten Spalte zu finden, gibt die Funktion den Fehlerwert #NV! aus. Mit der Funktion WENNFEHLER stellen Sie sicher, dass der SVERWEIS keine Fehlermeldung ausgibt, damit können Sie die Formel auch entsprechend weit nach unten kopieren. Geben Sie im zweiten Argument von WENNFEHLER zwei Anführungszeichen ein, bleibt die Zelle leer, Sie können aber auch einen Ersatztext angeben.

```
=WENNFEHLER(SVERWEIS( …);"")
```

SVERWEIS() mit Zeilen- und Spaltensuche

Für einen Verweis, der sowohl den Spalten- als auch den Zeilenwert einer Liste sucht, verwenden Sie eine Kombination aus SVERWEIS() und VERGLEICH(). Geben Sie der Liste einen Bereichsnamen, weisen Sie der Kopfzeile der Liste ebenfalls einen Bereichsnamen zu:

Name: Absatz

Bezieht sich auf: =$A$1:$M$5

Name: Absatz_Kopf

Bezieht sich auf: =INDEX(Absatz;1;)

Im Suchbereich verwenden Sie je eine Datenüberprüfungsliste für die Suche nach der Filiale und nach dem Absatzmonat. BEREICH.VERSCHIEBEN() berechnet mit der Funktion ZEILEN() als Höhenparameter die erste Spalte:

Daten/Datentools/Datenüberprüfung, Zulassen: *Liste*

Zelle	Quelle
B8	=BEREICH.VERSCHIEBEN(Absatz;1;0;ZEILEN(Absatz)-1;1)
B9	=BEREICH.VERSCHIEBEN(Absatz;0;1;1;SPALTEN(Absatz)-1)

Der Verweis durchsucht die Liste und liefert das Ergebnis aus der Spalte, die der Vergleich im Kopfbereich findet:

```
=SVERWEIS(B8;Absatz;VERGLEICH(B9;Absatz_Kopf;0);0)
```

B10 =SVERWEIS(B8;Absatz;VERGLEICH(B9;Absatz_Kopf;0);0)

	A	B	C	D	E	F	G	H	I	J	K	L	M
1	Monat	Januar	Februar	März	April	Mai	Juni	Juli	August	September	Oktober	November	Dezember
2	München	26	45	34	40	42	30	46	11	42	10	21	26
3	Hamburg	43	22	34	21	21	10	29	21	34	44	22	50
4	Berlin	10	44	37	23	42	29	18	23	37	48	35	27
5	Frankfurt	20	20	14	43	15	15	25	36	48	16	10	14
6													
7													
8	Filiale	Hamburg											
9	Monat	Januar											
10	Betrag	43											
11													

Bild 4.55: SVERWEIS() mit Zeile und Spalte.

Alternative zum SVERWEIS(): INDEX() und VERGLEICH()

In der Praxis eignet sich nicht jede Liste für einen Verweis mit SVERWEIS. Importierte Listen können zum Beispiel nicht sicherstellen, dass die erste Spalte die Suchbegriffe enthält. Greifen Sie in diesem Fall zur Kombination aus INDEX und VERGLEICH. Ein Beispiel:

Die Artikelliste enthält neben der Artikelnummer die Bezeichnung, den Lieferstatus, Bestand und den Preis. Starten Sie in B2 eine Artikelsuche und geben Sie in den nachfolgenden Spalten die Information über den gefundenen Artikel aus. Für die Suche verwenden Sie eine Datenüberprüfungsliste.

	A	B	C	D	E
1		**Bezeichnung**	**Bestand**	**Bruttopreis**	**Status**
2					
3					
4					
5					
6	**Art.Nr.**	**Bezeichnung**	**Status**	**Bestand**	**Preis**
7	G-001	Srixon AB	lieferbar	25	65,00
8	G-002	Callaway Mx	lieferbar	62	90,00
9	G-003	Taylor Made Gold	lieferbar	11	101,00
10	G-004	Dunlop DD	lieferbar	30	99,00
11	G-005	Titleist CY	bestellt	2	35,00
12	G-006	Bridgestone DX	lieferbar	96	39,00
13	G-007	Top Filte XL Distance	lieferbar	18	225,00
14	G-008	Top Flite Pro Spin	bestellt	3	430,00
15	G-009	Callaway FT-5	lieferbar	23	80,00

Bild 4.56: Artikelliste mit fünf Spalten.

Markieren Sie die gesamte Liste ab Zelle A6 mit [Strg]+[⇧]+[*]. Wählen Sie *Formeln/ Definierte Namen/Aus Auswahl erstellen*. Kreuzen Sie die Option *Aus oberster Zeile* an.

Jetzt sind die einzelnen Spalten der Liste mit Bereichsnamen aus der Kopfzeile versehen. Stellen Sie die Namen der Artikel mit einer Datenüberprüfungsliste in Zelle B2 bereit:

Daten/Datentools/Datenüberprüfung

Gültigkeitskriterium: Liste

Quelle: =Bezeichnung

Vergleichen Sie in C2 den Artikel aus B2 mit der ganzen Spalte:

=VERGLEICH(B2;Bezeichnung;0)

Kombinieren Sie diese Funktion mit dem Index auf die Spalte *Bestand*, erhalten Sie den passenden Wert für die Zelle C2. Für die übrigen Verweise ändern Sie nur noch die Matrix im ersten Argument von INDEX:

C2: =INDEX(Bestand;VERGLEICH(B2;Bezeichnung;0);1)

D2: =INDEX(Preis;VERGLEICH(B2;Bezeichnung;0);1)

E2: =INDEX(Status;VERGLEICH(B2;Bezeichnung;0);1)

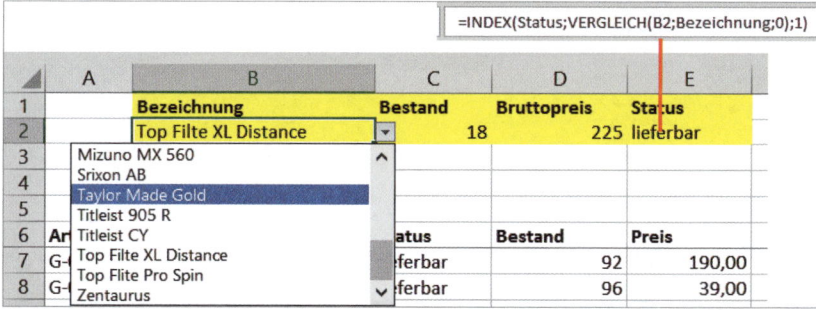

Bild 4.57: INDEX() und VERGLEICH() als Verweisfunktionen.

4.12.3 Datenbankfunktionen

Funktion	Bedeutung
=DBANZAHL() =DBANZAHL2()	Anzahl Zeilen bzw. Zellinhalte in einer Spalte
=DBMITTELWERT()	Durchschnitt einer Spalte
=DBSUMME()	Summe einer Spalte
=DBMAX() =DBMIN()	Größter bzw. kleinster Wert aus einer Datenbankspalte

Datenbankfunktionen sind für die Auswertung von Listen sinnvoll. Geben Sie der Liste einen Bereichsnamen und verwenden Sie die Funktionen, um Summen zu bilden, Werte zu zählen oder statistische Auswertungen zu definieren.

Aus der Liste in unserem Beispiel wird mit DBANZAHL() die Anzahl der Einträge ermittelt, die dem Suchkriterium entsprechen. Die erste Zeile des Kriterienbereichs ist ein Spaltenname, in der zweiten steht ein gesuchter Wert oder ein Suchmuster (*, L* etc.).

F2: =DBANZAHL2(rng_Jeansstore;1;E1:E2)

DBAUSZUG() findet einen Wert, der im Suchkriterium bestimmt ist. Hier mit Verknüpfung auf zwei Spalten:

F6: =DBAUSZUG(rng_Jeansstore;"Bezeichnung";E4:E5)&" ("&DBAUSZUG(rng_
Jeansstore;"Hersteller";E4:E5)&")"

	A	B	C	D	E	F	G	H	I	J
	Hersteller	Bezeichnung	Lagernummer		Hersteller	Jeans auf Lager:				
1										
2	Löwis	501 one wash	LÖW0016130200		*	23				
3	Löwis	501 beige	LÖW0025110150							
4	Löwis	501 stone wash	LÖW0035600160		Lagernummer	Bezeichnung:				
5	Löwis	525 Bootcut	LÖW0046130160		LÖW0046130160	525 Bootcut (Löwis)				
6	Löwis	501 used wash	LÖW0056130150							
7	Löwis	501 black	LÖW0065620200							
8	Löwis	Jeansjacke	LÖW0078130200							
9	Thiessel	Kulter	TH0015620120							
10	Thiessel	new saddle	TH0025620130							
11	Thiessel	Jocker Clark	TH0036990100							
12	Thiessel	Kultur used wash	TH0046130130							
13	Thiessel	Cheyenne	TH0055620120							
14	Wildfang	Jeansjacke	WF0016990250							
15	Wildfang	Big Sur Stretch Denim	WF0025900260							
16	Wildfang	Hipster	WF0036150260							
17	Wildfang	Oregon	WF0046150260							
18	Wildfang	Inyo	WF0056150260							
19	Wildfang	Jeans Big Sur	WF0065400220							
20	Baldwin	Jeans E 2000	BW0018150190							
21	Baldwin	Jeansjacke Vintage Tight	BW0028990190							
22	Baldwin	London Slim	BW0035150120							
23	Baldwin	Red Selvage	BW0047150150							
24	Baldwin	Navajo Jacket	BW0056490190							

Bild 4.58: Datenbankfunktionen im Einsatz.

4.12.4 Finanzmathematik

Die Funktionen in dieser Kategorie berechnen Zinsen, Abschreibungen, Kapitalwerte, Rückzahlungen von Krediten und Ähnliches aus der Welt der Finanzen.

Funktion	Bedeutung
=BW()	Barwert einer Investition
=KAPZ()	Kapitalrückzahlung einer Investition
=LIA()	Lineare Abschreibung
=RMZ()	Konstante Zahlung einer Annuität pro Periode
=ZINS() =ZINSZ() =ZW()	Zinssatz, Zinszahlung und Endwert einer Investition

Lineare Abschreibung berechnen mit LIA()

Berechnen Sie mit der Funktion LIA() die lineare Abschreibung für eine Anschaffung mit Angabe der Nutzungsdauer und des Restwertes.

1. Geben Sie den Anschaffungswert, den Restwert und die Nutzungsdauer in Jahren an, markieren Sie *Beschriftung* und *Werte*.

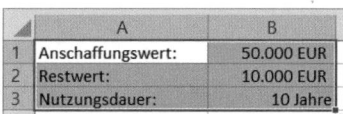

	A	B
1	Anschaffungswert:	50.000 EUR
2	Restwert:	10.000 EUR
3	Nutzungsdauer:	10 Jahre

2. Mit *Definierte Namen/Aus Auswahl erstellen* im *Formeln*-Register legen Sie die Bereichsnamen fest.

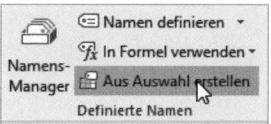

3. Holen Sie die Namen aus der Beschriftung in der obersten Zeile und der ersten Spalte.

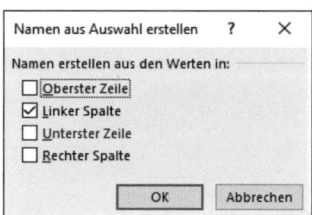

4. Schreiben Sie in Zeile 5 die Überschrift über die Liste und geben Sie das erste Jahr ein.

	A	B	C
1	Anschaffungswert:	50.000 EUR	
2	Restwert:	10.000 EUR	
3	Nutzungsdauer:	10 Jahre	
4			
5	Jahr	Abschreibung	Restwertbetrag
6	1		

5. Ziehen Sie das Füllkästchen mit gedrückter Maustaste bis zur Zeile 15.

5	Jahr
6	1
7	2
8	3
9	4
10	5
11	6
12	7
13	8
14	9
15	10

6. Berechnen Sie in B6 den Abschreibungsbetrag mit dieser Formel:

=LIA(Anschaffungswert;Restwert;Nutzungsdauer)

				=LIA(Anschaffungswert;Restwert;Nutzungsdauer)		
	×	✓	fx			
B		**C**		**D**		**E**
Abschreibung		Restwertbetrag				
4.000,00 EUR						

7. Berechnen Sie in C6 den Restwertbetrag mit dieser Formel:

=WENN(A6=1;Anschaffungswert;C5-B6)

fx	=WENN(A6=1;Anschaffungswert;C5-B6)	
C		**D**
Restwertbetrag		
50.000,00 EUR		

8. Kopieren Sie die beiden Formeln nach unten bis zum letzten Abschreibungsjahr.

	Jahr		Abschreibung	Restwertbetrag
5				
6		1	4.000 EUR	50.000 EUR
7		2	4.000 EUR	46.000 EUR
8		3	4.000 EUR	42.000 EUR
9		4	4.000 EUR	38.000 EUR
10		5	4.000 EUR	34.000 EUR
11		6	4.000 EUR	30.000 EUR
12		7	4.000 EUR	26.000 EUR
13		8	4.000 EUR	22.000 EUR
14		9	4.000 EUR	18.000 EUR
15		10	4.000 EUR	14.000 EUR

Darlehensvarianten berechnen mit RMZ()

Welche monatliche Belastung ergibt sich bei der Aufnahme einer bestimmten Darlehenssumme? Diese Frage beantworten Sie mit der Funktion RMZ() in Kombination mit der Mehrfachoperation. Geben Sie die Basisdaten für die Berechnung ein:

A1: Darlehen:

B1: 50.000

A2: Zins:

B2: 2,1%

A3: Zeitraum:

B3: 48

Die Zelle B3 formatieren Sie mit diesem benutzerdefinierten Zahlenformat:

0" Monate"

Markieren Sie A1:B3 und legen Sie mit *Formeln/Definierte Namen/Aus Auswahl erstellen* die Bereichsnamen aus der *linken Spalte* fest. Berechnen Sie die monatlichen Tilgungen:

A4: monatliche Tilgungen

B4: =RMZ(Zins/12;Zeitraum;Darlehen)

Mehrfachoperation mit variablen Zinssätzen und Laufzeiten

Schreiben Sie die Varianten für den Zinssatz in den Bereich B5:B10 und die Varianten für die Laufzeit in den Bereich C4:F4:

B5: 2,4% B6: 3,0% B7: 3,5% B8: 4,2% B9: 4,5% B10: 5,0%	C4: 36 D4: 48 E4: 60 F4: 72

Berechnen Sie die Varianten mit der Mehrfachoperation. Markieren Sie den Bereich B4:F10 und wählen Sie *Daten/Datentools/Was-wäre-wenn-Analyse/Datentabelle*. Geben Sie diese Faktoren ein:

Werte aus Zeile: Zeitraum (oder $B$3)

Werte aus Spalte: Zins (oder $B$2)

Bestätigen Sie mit OK und die Mehrfachoperation wird erstellt.

B4	▼	:	× ✓	*fx*	=RMZ(Zins/12;Zeitraum;Darlehen)		

	A	B	C	D	E	F
1	Darlehen:	50.000				
2	Zins:	2,10%				
3	Zeitraum:	48 Monate				
4	monatliche Tilgungen:	-1.086,94 EUR	36 Monate	48 Monate	60 Monate	72 Monate
5		2,4%	-1440,88	-1093,51	-885,17	-746,34
6		3,0%	-1454,06	-1106,72	-898,43	-759,68
7		3,5%	-1465,10	-1117,80	-909,59	-770,92
8		4,2%	-1480,65	-1133,43	-925,35	-786,82
9		4,5%	-1487,35	-1140,17	-932,15	-793,70
10		5,0%	-1498,54	-1151,46	-943,56	-805,25

Bild 4.59: Die Datentabelle berechnet Varianten für RMZ().

Kapitalrückzahlung berechnen

Berechnen Sie die Kapitalrückzahlungen für eine Investition bei konstanten monatlichen Zahlungen und konstantem Zinssatz. B1:B3 erhalten wieder die Bereichsnamen aus der Spalte A zugewiesen, die monatliche Tilgung berechnen Sie mit der Funktion KAPZ().

B4: =KAPZ(Zins/12;1;Zeitraum;Darlehen)

Tragen Sie in Spalte A eine Monatsreihe bis 48 ein und berechnen Sie die Tilgung und den Restwert. Kopieren Sie B7 und C8 nach unten bis zum Ende der Liste:

B7: =KAPZ(Zins/12;A7;Zeitraum;Darlehen)

C7: =Darlehen, C8: =C7+B8

Mit der Funktion KUMKAPITAL() berechnen Sie die Tilgungssumme für einen bestimmten Monat (hier Monat 11):

=KUMKAPITAL(Zins/12;Zeitraum;Darlehen;1;11;0)

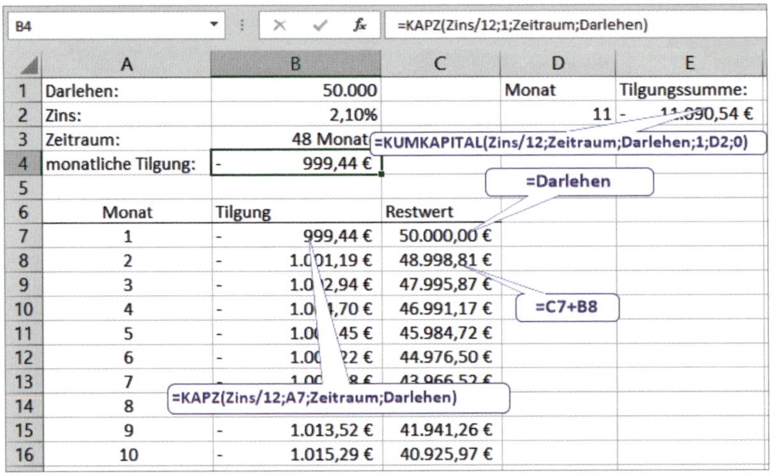

Bild 4.60: Mit KUMKAPITAL() Kapitalrückzahlung berechnen.

4.12.5   Logische Funktionen

Logische Funktionen erfüllen eine wichtige Aufgabe in der Kalkulation. Sie ermöglichen Berechnungen auf Basis variabler Werte oder Parameter. Die IST-Funktionen ermitteln eine Information und werden meist in weitere Funktionen verschachtelt. Die WENN-Funktionen ermöglichen die Angabe von Berechnungen in Abhängigkeit von Wahrheitswerten.

Funktion	Bedeutung
=ISTFEHL()	Fehlerabfrage
=ISTNV()	Fehlerabfrage #NV-Fehler
=ISTTEXT() =ISTKTEXT()	Leerabfrage
=ISTZAHL()	Zahlenabfrage
=NICHT() =UND() =ODER()	Logische Ausdrücke für Bedingungen
=WENN()	Gibt einen Wert abhängig vom Wahrheitswert einer Bedingung zurück

Funktion	Bedeutung
=WENNS()	Gibt einen Wert abhängig vom Wahrheitswert einer Bedingung zurück, wobei eine von mehreren Bedingungen WAHR sein muss
=WENNNV()	Gibt einen Wert zurück, wenn die Bedingung zum Fehlerwert "#NV führt
=WENNFEHLER()	Gibt einen Wert zurück, wenn ein Ausdruck fehlerhaft ist
=ZELLE()	Gibt Zellinformationen aus
=ERSTERWERT()	Gibt den ersten Wert aus einer Werteliste zurück, der einer Bedingung entspricht

IST-Funktionen und Fehlermeldungen

In größeren Listen bietet die IST-Funktion eine praktische Möglichkeit, Fehler aufzuspüren:

```
=WENN(ISTLEER(B5);"";B5-C5)
```

```
=WENN(B5>0;B5-C5;"")
```

```
=WENN(B5-C5>0,B5-C5;"")
```

WENNFEHLER() gibt einen definierten Fehler aus, wenn der Ausdruck fehlerhaft ist, ansonsten das Ergebnis des Ausdrucks. ISTFEHLER() gibt WAHR zurück, wenn ein Ausdruck fehlerhaft ist, kombiniert mit WENN() entsteht eine Fehlerprüfung:

```
=WENN(ISTFEHLER(B5-C5);"";B5-C5)
```

```
=WENNFEHLER(B5/C5;;"Fehler!")
```

Mit WENNFEHLER() verringern Sie die Gefahr von Tippfehlern oder falschen Werten für die Kalkulation. Hier wird zum Beispiel per SVERWEIS() in der Tabelle *tbl_Deutschland* die Fläche eines Bundeslands gesucht und der prozentuale Anteil berechnet. Das funktioniert nur, wenn in Zelle F2 ein richtiger Eintrag steht. ISTTEXT() und WENNFEHLER() verhindern, dass Fehlerwerte angezeigt oder falsche Berechnungen durchgeführt werden.

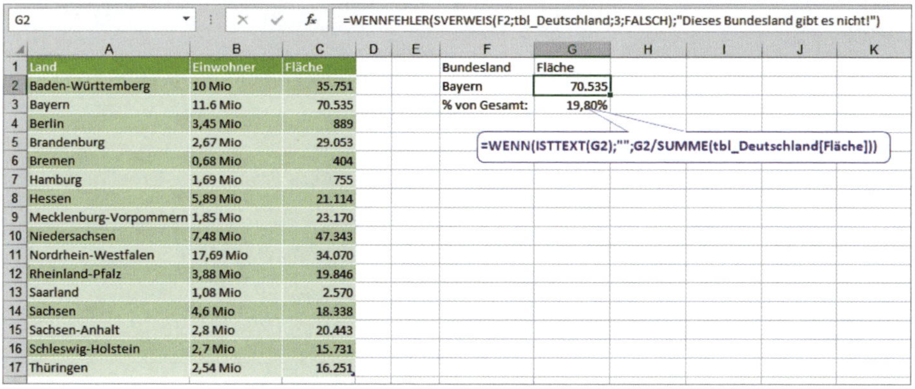
G2 =WENNFEHLER(SVERWEIS(F2;tbl_Deutschland;3;FALSCH);"Dieses Bundesland gibt es nicht!")

	A	B	C	D	E	F	G
1	Land	Einwohner	Fläche			Bundesland	Fläche
2	Baden-Württemberg	10 Mio	35.751			Bayern	70.535
3	Bayern	11.6 Mio	70.535			% von Gesamt:	19,80%
4	Berlin	3,45 Mio	889				
5	Brandenburg	2,67 Mio	29.053				
6	Bremen	0,68 Mio	404				
7	Hamburg	1,69 Mio	755				
8	Hessen	5,89 Mio	21.114				
9	Mecklenburg-Vorpommern	1,85 Mio	23.170				
10	Niedersachsen	7,48 Mio	47.343				
11	Nordrhein-Westfalen	17,69 Mio	34.070				
12	Rheinland-Pfalz	3,88 Mio	19.846				
13	Saarland	1,08 Mio	2.570				
14	Sachsen	4,6 Mio	18.338				
15	Sachsen-Anhalt	2,8 Mio	20.443				
16	Schleswig-Holstein	2,7 Mio	15.731				
17	Thüringen	2,54 Mio	16.251				

=WENN(ISTTEXT(G2);"";G2/SUMME(tbl_Deutschland[Fläche]))

Bild 4.61: Fehler abfangen mit ISTTEXT() und WENNFEHLER().

WENN() und WENNS()

Im ersten Argument wird eine logische Bedingung angegeben, die nur WAHR oder FALSCH sein kann. Ist sie wahr, ist das Ergebnis das zweite Argument, andernfalls das dritte. Wenn Sie eines der Argumente nicht besetzen, erhalten Sie WAHR oder FALSCH als Ergebnis. Hier eine Rechnungsliste mit Überprüfung der Zahlungseingänge:

F2		▼	: × ✓ fx	=WENN(D2=E2;"Ja";"Nein")		
◢	A	B	C	D	E	F
1	Datum	Kunde	Rechnungsnummer	Rechnungsbetrag	Zahlung	bezahlt
2	01.06.16	Meier KG	125	2.400,00 €	2.400,00 €	Ja
3	12.07.16	Müller GmbH	126	3.500,00 €	3.100,00 €	Nein
4	13.08.16	Treffer & Söhne	127	6.800,00 €	6.800,00 €	Ja
5	21.08.16	Baumann GmbH	128	9.200,00 €	9.000,00 €	Nein
6	30.09.16	Freudenstein & Co.	129	5.800,00 €	1.000,00 €	Nein
7						

Bild 4.62: Mit WENN() prüfen, ob die Rechnungen bezahlt wurden.

Natürlich können Sie auch prüfen, ob der bezahlte Betrag den Rechnungsbetrag vollständig, teilweise oder sogar mehr als benötigt abdeckt. Dazu werden die WENNS geschachtelt:

```
=WENN(D2=E2;"vollständig";WENN(E2<D2;"teilweise";WENN(E2>D2;"zu viel")))
```

Diese Aufgabe erledigt die Funktion WENNS() aber eleganter, geben Sie hier nur paarweise die Bedingungen und die Ergebnisse an:

```
=WENNS(D2=E2;"vollständig";D2>E2;"teilweise";D2<E2;"zu viel")
```

4.12.6 Statistikfunktionen

Für Statistik-Experten bietet Excel eine Fülle von Funktionen vom einfachen Maximal-/Minimalwert bis zur Regressionsanalyse. Hier eine Auswahl:

Funktion	Bedeutung
=MAX() =MIN()	Maximal- und Minimalwert
=MAXWENNS() =MINWENNS()	Maximal- bzw. Minimalwert aus Bereichen unter Auswertung von Bedingungen
=MITTELWERT() =MITTELWERTA() =MEDIAN()	Arithmetisches Mittel und mittlerer Wert eines Bereichs
=MITTELWERTWENNS()	Mittelwert aus Bereich unter Auswertung mehrerer Bedingungen
GEOMITTEL()	Geometrische Mittel (bei Wachstumswerten)
GESTUTZMITTEL()	Gestutztes Mittel (ohne Ausreißer)
MODALWERT()	Der häufigste Wert
QUANTILE()	Alpha-Quantil einer Gruppe

Funktion	Bedeutung
QUARTILE()	Quartile (Viertel) einer Gruppe von Daten
=ZÄHLENWENN()	Die nicht leeren Werte einer Gruppe
=ANZAHLLEEREZELLEN()	Zählt die leeren Zellen in einem Bezug
=PROGNOSE.ETS()	Schätzwert für ein bestimmtes Zieldatum

Einige Funktionen stehen als Variante mit dem Buchstaben A zur Auswahl. In diesen Funktionen werden Texteinträge und logische Werte in den auszuwertenden Bereichen ignoriert:

- MAX() und MAXA()
- MIN() und MINA()
- MITTELWERT() und MITTELWERTA()
- STABW() und STABWA()
- STABWN() und STABWNA()
- VARIANZ() und VARIANZA()
- VARIANZEN() und VARIANZENA()

Die einfachen Berechnungen hier am Beispiel einer Verkaufszahlenstatistik. Mit den WENN-Kombinationen lassen sich die Quelldaten eingrenzen:

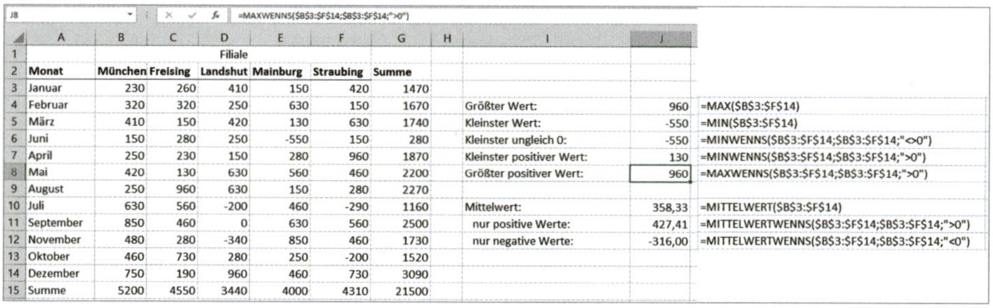

J8 =MAXWENNS($B$3:$F$14;$B$3:$F$14;">0")

	A	B	C	D	E	F	G	H	I	J	
1				Filiale							
2	**Monat**	**München**	**Freising**	**Landshut**	**Mainburg**	**Straubing**	**Summe**				
3	Januar	230	260	410	150	420	1470				
4	Februar	320	320	250	630	150	1670		Größter Wert:	960	=MAX($B$3:$F$14)
5	März	410	150	420	130	630	1740		Kleinster Wert:	-550	=MIN($B$3:$F$14)
6	Juni	150	280	250	-550	150	280		Kleinster ungleich 0:	-550	=MINWENNS($B$3:$F$14;$B$3:$F$14;"<>0")
7	April	250	230	150	280	960	1870		Kleinster positiver Wert:	130	=MINWENNS($B$3:$F$14;$B$3:$F$14;">0")
8	Mai	420	130	630	560	460	2200		Größter positiver Wert:	960	=MAXWENNS($B$3:$F$14;$B$3:$F$14;">0")
9	August	250	960	630	150	280	2270				
10	Juli	630	560	-200	460	-290	1160		Mittelwert:	358,33	=MITTELWERT($B$3:$F$14)
11	September	850	460	0	630	560	2500		nur positive Werte:	427,41	=MITTELWERTWENNS($B$3:$F$14;$B$3:$F$14;">0")
12	November	480	280	-340	850	460	1730		nur negative Werte:	-316,00	=MITTELWERTWENNS($B$3:$F$14;$B$3:$F$14;"<0")
13	Oktober	460	730	280	250	-200	1520				
14	Dezember	750	190	960	460	730	3090				
15	Summe	5200	4550	3440	4000	4310	21500				

Bild 4.63: Statistische Grundfunktionen.

ANZAHL() und ANZAHL2()

Die beiden Zählfunktionen unterscheiden zwischen rein numerischen Werten und Einträgen in der Zelle. ANZAHL() zählt nur Zahlen, ANZAHL2() zählt alles, was die Zelle an Inhalten annimmt (Text, Zahl, Datum, Fehlerwert u.a.).

MITTELWERT(), MEDIAN() und Modalwert

Diese Funktionen messen die zentrale Tendenz einer Datenmenge.

- Der Mittelwert ist das arithmetische Mittel, er wird berechnet, indem die Gruppe addiert und durch die Anzahl der Zahlen geteilt wird.

- Der Median ist der mittlere Wert der Datengruppe. Sortieren Sie diese aufsteigend, sind die Werte der ersten Gruppe kleiner als der Median und die der zweiten Gruppe größer.

- Mit den Modalwertfunktionen MODUS.EINF() oder MODUS.VIELF() (früher MODAL-WERT()) berechnen Sie die am häufigsten vorkommenden Zahlen.

Beispiel: Im Rahmen einer Onlineumfrage wurde das Alter der Personen abgefragt, die Software oder Spiele-Apps benutzen. Der Modalwert ermittelt, welche Altersgruppe am häufigsten spielt. Mit ZÄHLENWENN() lässt sich ermitteln, wie oft die Gruppe vorkommt:

D2: =MODUS.EINF(A2:A27)

E2: =ZÄHLENWENN(A2:A27;D2)

Um zu ermitteln, ob es noch weitere Altersgruppen gibt, die gleich oft vorkommen, wird ein entsprechend großer Bereich markiert und die Formel geschrieben:

D3:D6: =MODUS.VIELF(A2:A27)

Die Formel muss mit `Strg`+`⇧`+`↵` abgeschlossen werden, da es sich um eine Matrixformel handelt. Das Ergebnis zeigt, dass zwei weitere Gruppen mit drei Vorkommen vertreten sind, in der letzten Zeile zeigt der Fehlerwert #NV, dass keine weiteren Gruppen gleicher Zahl vorhanden sind.

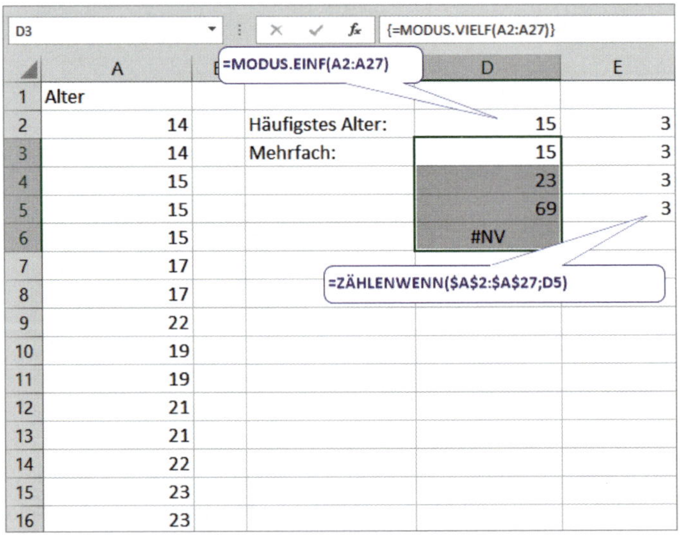

Bild 4.64: Modalwerte zählen, wie oft eine Zahl vorkommt.

Die Modalwertfunktionen arbeiten nur mit Zahlenwerten. Um Texte zu zählen, müssen Sie auf eine Kombination aus INDEX(), VERGLEICH() und ZÄHLENWENN() zurückgreifen (hier für den Bereich A1:A18):

=INDEX($A$1:$A$18;VERGLEICH(MAX(ZÄHLENWENN($A$1:$A$18;$A$1:$A$18));
ZÄHLENWENN($A$1:$A$18;$A$1:$A$18);0))

Korrelation

Die Funktion KORREL() liefert den Korrelationskoeffizienten einer zweidimensionalen Zufallsgröße. Damit stellen Sie fest, ob es eine Beziehung zwischen zwei Eigenschaften gibt. Beispiel:

KORREL({3;2;4;5;6};{9;7;12;15;17})

Ergebnis: 0,997054

Ein Ergebnis zwischen 0,3 und 0,5 zeigt einen geringen bis mäßigen Zusammenhang. Mit 0,7 bis 0,9 deutet das Ergebnis auf einen engen Zusammenhang hin und alle Werte über 0,9 bedeuten einen sehr engen Zusammenhang.

Beweisen Sie mit der Funktion KORREL(), dass die Population der Störche in der Region tatsächlich Einfluss auf die Geburtenrate hat:

1. Erstellen Sie eine Liste mit drei Spalten, geben Sie die Anzahl der Störche und die Geburtenzahlen für eine Jahresreihe ein.

	A	B	C
1			
2		Anzahl Störche	Anzahl Geburten
3	2007	5	115
4	2008	10	125
5	2009	15	141
6	2010	15	143
7	2011	15	145
8	2012	20	149
9	2013	20	152
10	2014	25	168
11	2015	30	172
12	2016	30	175

2. Berechnen Sie mit KORREL() den Korrelationskoeffizienten.

	A	B	C	D
13				
14		Korrelationskoeffizient:	=KORREL(B3:B12;C3:C12)	
15				

3. Mit einer WENNS()-Funktion ermitteln Sie den Grad der Korrelation (1 = keiner, 2 = mäßig, 3 = eng, 4 = direkt).

C15 | ⌄ | : | × | ✓ | fx | =WENNS(C14<0,3;1;UND(C14>=0,3;C14<0,7);2;UND(C14>=0,7;C14<0,9);3;C14>=0,9;4)

	A	B	C	D	E	F	G	H
13								
14		Korrelationskoeffizient:	0,987415055					
15		Zusammenhang:	4					

4. Den Koeffizienten verwenden Sie in einer Textverknüpfung mit der Funktion WAHL(), um die Aussage zu formulieren.

| C16 | ▾ | : | × | ✓ | f_x | ="Die Population der Störche steht in "&WAHL(C15;"keinem";"mäßigem";"engem";"direktem") &" Zusammenhang zur Geburtenrate" |

◢	A	B	C	D	E	F	G	H	I
13									
14		*Korrelationskoeffizient:*	0,987415055						
15		Zusammenhang:	4						
16		Ergebnis:	Die Population der Störche steht in direktem Zusammenhang zur Geburtenrate						

5. Markieren Sie die beiden Datenreihen für ein Diagramm.

◢	A	B	C
1			
2		Anzahl Störche	Anzahl Geburten
3	2007	5	115
4	2008	10	125
5	2009	15	141
6	2010	15	143
7	2011	15	145
8	2012	20	149
9	2013	20	152
10	2014	25	168
11	2015	30	172
12	2016	30	175

6. Wählen Sie *Einfügen/Diagramme/Punkt (XY)*. Erstellen Sie damit ein Punktediagramm.

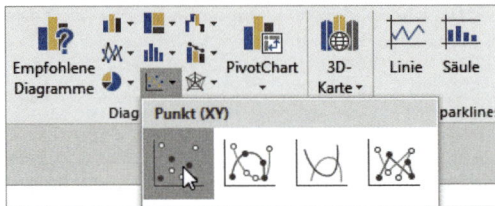

7. Fügen Sie über das Kontextmenü eine Trendlinie hinzu.

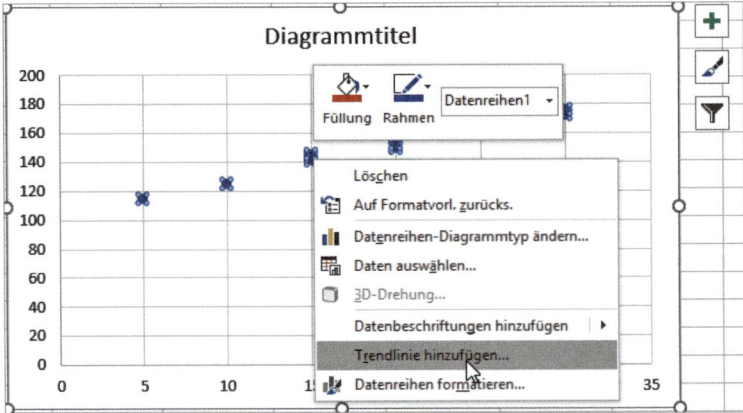

8. Wählen Sie im Formatierdialog die Option *Linear*.

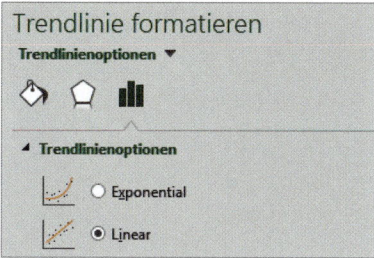

9. Schalten Sie auch das Bestimmtheitsmaß ein, es sollte eng am berechneten Korrelationskoeffizienten liegen.

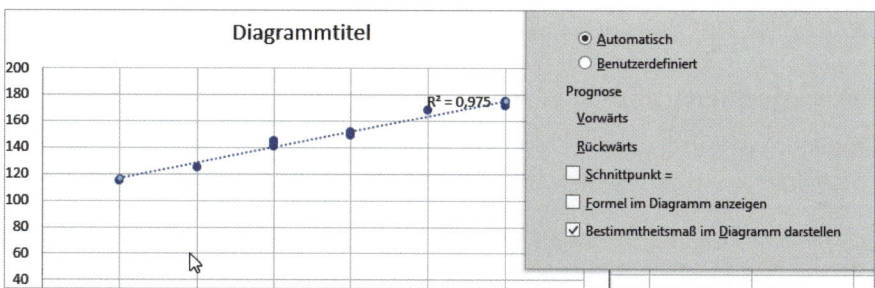

4.12.7 Textfunktionen

Excel kann auch mit Text rechnen, zwar nicht arithmetisch, aber in Bezug auf Textlänge, Kombination aus Texten und der Beschaffenheit (Groß/Kleinschrift, Sonderzeichen etc.).

Funktion	Bedeutung
=FINDEN()	Buchstaben in der Zelle suchen
=GLÄTTEN()	Leerzeichen aus einer Zelle entfernen
=GROSS() =GROSS2() =KLEIN()	Text in Großschrift/Kleinschrift umwandeln
=LINKS()	Linken Teil einer Zelle ausgeben
=RECHTS()	Rechten Teil einer Zelle ausgeben
=TEIL()	Teil einer Zelle ab Position ausgeben
=TEXT()	Zahl in Text umwandeln (mit Zahlenformat)
=WECHSELN() =ERSETZEN()	Text in der Zelle durch einen anderen ersetzen
=LÄNGE()	Anzahl Zeichen einer Zeichenfolge
=TEXTKETTE() =TEXTVERKETTEN()	Texte mit oder ohne Verkettungszeichen verketten

Überflüssige Leerzeichen entfernen

GLÄTTEN() löscht alle überflüssigen Leerzeichen aus dem Text. Befinden sie sich am Beginn oder Ende eines Texteintrags, werden sie vollständig entfernt.

=GLÄTTEN(A1)

Groß-/Kleinschreibung

Diese Funktionen wandeln Texte in Groß- und Kleinschrift um:

- =GROSS()   Wandelt einen Text in Großbuchstaben um.

- =GROSS2()   Wandelt die ersten Buchstaben aller Wörter eines Textes in Großbuchstaben um.

- =KLEIN()   Wandelt einen Text in Kleinbuchstaben um.

Texte von Sonderzeichen säubern

Daten haben oft die unangenehme Eigenschaft, allerlei Datenmüll mit sich herumzuschleppen. Oft werden bei der Umwandlung in brauchbare Excel-Tabellen auch Kopfinformationen, Druckersteuerungsbefehle und Sonderzeichen umgewandelt, und die machen nicht nur auf dem Bildschirm, sondern häufig auch (unbemerkt) auf dem Drucker Probleme.

Je nach Druckermodell kann ein harmloses Zeichen in einer Zelle Seitenvorschübe, Tabulatorsprünge und Schriftwechsel verursachen. Verwenden Sie die Funktion SÄUBERN(), um Tabellen von überflüssigen Zeichen zu befreien.

Die Funktion ZEICHEN() produziert nicht druckbare Sonderzeichen und Druckersteuerungszeichen:

=ZEICHEN(7)&"Text"&ZEICHEN(7)

Mit dieser Formel entfernen Sie diese Zeichen aus der Zelle:

=SÄUBERN(A1)

Einzelne Zeichen ersetzen

Enthält der eingelesene, erfasste oder importierte Text Zeichen, die gegen andere auszutauschen sind, greifen Sie in den meisten Fällen zur Ersetzen-Funktion (*Start/Bearbeiten/Suchen und Auswählen*). Alternativ dazu gibt es die Funktionen, die diese Aufgabe dynamisch abwickeln:

Funktion	Bedeutung
=FINDEN( )	Sucht eine Textstelle, unterscheidet zwischen Groß- und Kleinschreibung.
=SUCHEN( )	Sucht eine Textstelle, unterscheidet nicht zwischen Groß- und Kleinschreibung.

Funktion	Bedeutung
=WECHSELN( )	Tauscht einen alten gegen einen neuen Text aus.
=ERSETZEN( )	Ersetzt eine bestimmte Anzahl Zeichen in einem Text durch andere Zeichen.

Mit WECHSELN() bestimmen Sie nicht nur Alttext und Ersatztext, Sie können auch angeben, bei welchem Auftreten der Austausch stattfinden soll. Enthält eine Zelle z. B. zweimal die gleiche Textstelle, können Sie durch Angabe des letzten Arguments bestimmen, ab welcher Zeichenposition der Text ersetzt wird.

Mit ERSETZEN() tauschen Sie Zeichen innerhalb von Texten aus, hier können Sie aber bestimmen, wie viele Zeichen vom Ersatztext eliminiert werden. Wollen Sie beispielsweise in einer Zelle die fünfte bis siebte Ziffer durch ein einzelnes Zeichen ersetzen, verwenden Sie diese Funktion:

=ERSETZEN(A1;5;3;"*")

Textstellen verketten

Texte können nicht nur gesplittet oder aufgeteilt, sondern auch verkettet werden. Excel liefert zwei Verkettungsfunktionen:

=TEXTKETTE(Text1; … Textn)

Damit verketten Sie beliebig viele Texte (auch Zahlen, Bezüge, Bereichsnamen) miteinander. Geben Sie die Argumente einfach nacheinander in die Klammer ein, das Semikolon trennt sie in der Funktion. VERKETTEN() hieß die Funktion früher, diese Version ist ebenfalls noch gültig.

=TEXTVERKETTEN(Verkettungszeichen;Leere_Zeilen;Text1; … Textn)

Mit dieser neuen Funktion (ab Januar 2016) geben Sie zuerst ein Verkettungszeichen ein, geben dann an, was in leeren Zellen passieren soll und anschließend alle Zellen, die verkettet werden. Hier das Beispiel mit Vornamen und Nachnamen, die aus zwei Zellen zu einem Text verkettet werden:

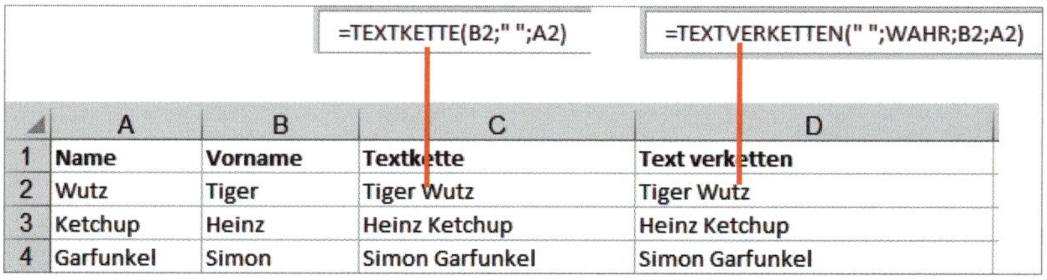

	=TEXTKETTE(B2;" ";A2)	=TEXTVERKETTEN(" ";WAHR;B2;A2)

	A	B	C	D
1	Name	Vorname	Textkette	Text verketten
2	Wutz	Tiger	Tiger Wutz	Tiger Wutz
3	Ketchup	Heinz	Heinz Ketchup	Heinz Ketchup
4	Garfunkel	Simon	Simon Garfunkel	Simon Garfunkel

Bild 4.65: Textverkettungsfunktionen.

Die einfachere Methode, Texte miteinander zu verketten, bietet das &-Zeichen:

=B2&" "&C2

Minuszeichen rechts von der Zahl

Bei der Übernahme von Daten aus Großrechnerdateien oder aus Onlinedaten taucht manchmal das Minuszeichen rechts von der Zahl auf. Wenn das Problem nicht aus dem Zahlenformat stammt, können Sie es mit dieser Formel lösen. Prüfen Sie, ob die Zelle eine Zahl enthält, nehmen Sie von allen nicht numerischen Zellwerten das letzte Zeichen weg und multiplizieren Sie das Ergebnis mit -1.

`=WENN(ISTZAHL(A2);A2;LINKS(A2;LÄNGE(A2)-1)*-1)`

Teilenummern in Teilzeichenketten aufteilen

Enthält ein Bericht Artikel- und Teilenummern, Personalkennzeichen und andere Nummerierungen, müssen diese nicht selten in ihre Bestandteile zerlegt werden. Dafür stehen in der Funktionskategorie *Text* einige nützliche Funktionen zur Auswahl.

Textfunktion	Erklärung
`=LINKS (Zelle;Anzahl)`	Die äußersten linken Zeichen einer Textkette. Die Anzahl der Zeichen wird als zweites Argument angegeben.
`=RECHTS (Zelle;Anzahl)`	Die äußersten rechten Zeichen einer Textkette. Die Anzahl der Zeichen wird als zweites Argument angegeben.
`=TEIL (Zelle;Anfang;Länge)`	Die Anzahl Zeichen innerhalb einer Zeichenkette. Das zweite Argument legt fest, wo diese Teilzeichenkette beginnt, das dritte steht für die Länge dieser Kette.
`=FINDEN (Suchtext;Zeichen; Erstes Zeichen)`	Sucht die erste Position in der Zelle, in der das angegebene Zeichen vorkommt, und gibt diese als Zahl aus.

Vornamen und Nachnamen vertauschen

A1: *Thomas Ehrmann*
A2: *=TEIL(A1;FINDEN(" ";A1;1)+1;LÄNGE(A1))&" "&LINKS(A1;FINDEN(" ";A1;1)-1)*
Ergebnis: *Ehrmann Thomas*

Texte in Spalten aufteilen

A1: *Thomas Ehrmann*
A2: *=LINKS(A1;FINDEN(" ";A1;1)-1)*
A3: *=TEIL(A1;FINDEN(" ";A1;1)+1;LÄNGE(A1))*

Verwenden Sie alternativ zu diesen Formeln das Symbol *Text in Spalten* aus dem *Daten*-Register.

Die Liste enthält Herstellernamen und Produktbezeichnungen. Trennen Sie diese mit dem Text-Assistenten. Markieren Sie die Spalte A und wählen Sie *Daten/Datentools/Text in*

Spalten. Der Text-Assistent wird aktiv, wählen Sie den Datentyp *Feste Breite*. Bestimmen Sie das Leerzeichen als Trennzeichen und trennen Sie die Spalte in zwei Spalten auf.

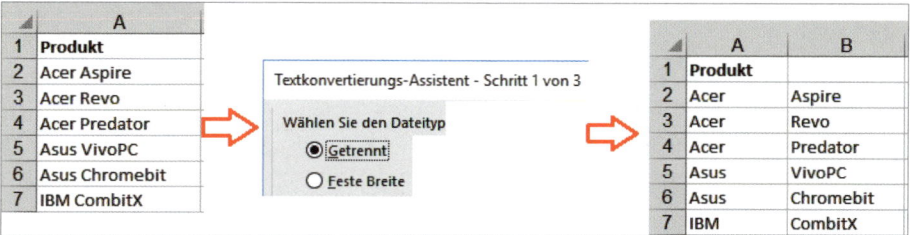

Bild 4.66: Text in Spalten aufteilen mit dem Textkonvertierungs-Assistenten.

BLATT()

Diese Funktion gibt ohne Argumente die Nummer des aktuellen Tabellenblatts aus. Geben Sie den Namen des Blatts an, wird die Nummer ausgegeben:

=BLATT("Abrechnungen")

Prüfen Sie in Kombination mit ISTNV(), ob das Blatt existiert:

=WENN(ISTNV(BLATT("Abrechnung"));"Keine Abrechnung";"Abrechnung")

ZELLE()

Diese Funktion bietet viele Informationen über die aktive Zelle, kann aber auch den Namen der aktuellen Mappe inklusive Pfad ausgeben (die Mappe muss einmal gespeichert worden sein):

ZELLE("Dateiname";$A$1)

Trennen Sie das Ergebnis mit TEIL() an der eckigen Klammer:

=TEIL(ZELLE("Dateiname";$A$1);FINDEN("]";ZELLE("Dateiname";$A$1))+1;500)

4.12.8 Datum und Zeit

Das Rechnen mit Datum und Zeit ist eine Domäne von Excel. Ob im privaten oder geschäftlichen Bereich – Kalkulationen mit Datumswerten, Kalendertagen, Feiertagen und Datumsdifferenzen gehören zu den häufigsten Anwendungen in Excel. Das Angebot an Funktionen ist entsprechend hoch. Hier eine Auswahl der wichtigsten, weitere finden Sie in der gleichnamigen Kategorie des Funktionsassistenten:

Funktion	Beschreibung
ARBEITSTAG()	Liefert das Datum vor oder nach einer Anzahl von Arbeitstagen.
BRTEILJAHRE()	Berechnet den Zeitraum zwischen zwei Datumswerten in Jahren.
DATUM()	Liefert die serielle Zahl aus einem Datumstext.

Funktion	Beschreibung
DATWERT()	Wandelt einen Text in ein Datum um.
EDATUM()	Liefert die Datumszahl eines Tages, der n Monate vom Ausgangsdatum entfernt ist.
HEUTE()	Liefert das aktuelle Tagesdatum.
JETZT()	Liefert das Tagesdatum und die aktuelle Uhrzeit.
JAHR()	Wandelt eine serielle Zahl in eine Jahreszahl um.
KALENDERWOCHE()	Wandelt ein Datum in die Kalenderwoche um.
MINUTE()	Wandelt eine serielle Zahl in Minuten um.
MONAT()	Wandelt eine serielle Zahl in einen Monat um.
MONATSENDE()	Liefert den letzten Tag des Monats, der n Tage vom Ausgangsdatum entfernt ist.
NETTOARBEITSTAGE()	Liefert die Anzahl Arbeitstage, die zwischen zwei Datumswerten liegen.
SEKUNDE()	Wandelt eine Zahl in eine Sekunde um.
STUNDE()	Wandelt eine Zahl in eine Stunde um.
TAG()	Wandelt eine serielle Zahl in eine Tageszahl um.
TAGE360()	Berechnet die Anzahl der zwischen zwei Tagen liegenden Tage ausgehend von 360 Tagen pro Jahr.
WOCHENTAG(()	Wandelt eine fortlaufende Zahl in einen Wochentag um.
ZEIT()	Liefert die serielle Zahl eines Zeitwertes.
ZEITWERT()	Wandelt einen Text in eine Zeit um.

Der Excel-Kalender

Für Kalkulationen mit Datums- und Zeitwerten bezieht Excel einen internen Kalender ein. Dieser Kalender hat zwei Varianten:

- Der Standard-Kalender beginnt am 1. Januar 1900 und endet am 31. Dezember 9999. Der erste Kalendertag ist die serielle Zahl 1, der letzte die Zahl 2.968.465.

- Der alternative Kalender beginnt am 1. Januar 1904 und endet ebenfalls am 31. Dezember 9999. Dieser Kalender wird aus Kompatibilitätsgründen zur Microsoft-Office-Suite für Apples macOS angeboten, das mit diesem Tag zu rechnen beginnt. Damit Kalkulationen, die zwischen den beiden Welten ausgetauscht werden, auf einer einheitlichen Kalenderbasis ablaufen, muss Excel auf diesen Anfangswert gestellt werden. Wählen Sie *Datei/Optionen/Erweitert/Beim Berechnen der Arbeitsmappe*, aktivieren Sie die Option *1904 Datumswerte*.

Der Kalender wird aktiv, sobald ein Datum eingegeben oder in einer Formel berechnet wird, und das Prinzip ist relativ einfach: Gibt der Anwender ein Datum ein, wird es mit dem Kalender verglichen. Ist es gültig, trägt Excel die serielle Kalenderzahl ein und weist der Zelle ein Datumsformat zu. Beispiele:

Eingabe	Aktion	Ausgabe
1.1.1900	Das gültige Datum wird erkannt, Excel trägt die Zahl 1 ein und formatiert die Zelle mit dem Zahlenformat TT.MM.JJJJ (Standarddatumsformat).	01.01.1900
12.5.16 29.2.16	Gültige Datumswerte, 2016 ist ein Schaltjahr. Die Zahlenwerte: 12.5.2016 = 42502 29.2.2016 = 42492	12.05.2016 29.02.2016
29.2.17	Kein gültiges Datum, da 2017 kein Schaltjahr ist, Excel stellt das Ergebnis linksbündig, ein Zeichen dafür, dass es als Texteintrag behandelt wird.	29.2.17 (linksbündig, kein Datum)

Das Tagesdatum und die aktuelle Zeit

Drücken Sie Strg+., um das Tagesdatum in die aktuelle Zelle einzutragen. Mit Strg+⇧+. fügen Sie die aktuelle Uhrzeit ein. Beide – Datum und Uhrzeit – sind feste Einträge, die mit dem Wechsel von Datum und Zeit nicht aktualisiert werden.

Verwenden Sie diese Funktionen für ein automatisches Datum:

- =HEUTE()   berechnet mit jeder Neuberechnung das aktuelle Tagesdatum
- =JETZT()   berechnet das aktuelle Tagesdatum und die aktuelle Uhrzeit

Zahlenformate für Datum und Zeit

Das Zahlenformat wandelt die Datumszahl in ein Datum um und bestimmt die Position im Kalender. Um die serielle Zahl eines Datums bzw. die Anzahl der Tage ab dem 1. Januar 1900 bis zu diesem Datum anzuzeigen, genügt es, der Zelle das Zahlenformat *Standard*, *Zahl* oder eine einfache 0 für eine serielle Ganzzahl zuzuweisen.

Für Datumswerte verwenden Sie diese Platzhalter:

Platzhalter	Bedeutung
T	Tageszahl ohne führende Null
TT	Tageszahl mit führender Null
TTT	abgekürzter Wochentag (Mo, Di, Mi …)
TTTT	ausgeschriebener Wochentag (Montag, Dienstag …)
M	Monatszahl ohne führende Null
MM	Monatszahl mit führender Null
MMM	Monat abgekürzt (Jan, Feb, Mrz …)

Platzhalter	Bedeutung
MMMM	Monat ausgeschrieben (Januar, Februar ...)
J oder JJ	zweistellige Jahreszahl
JJJ oder JJJJ	vierstellige Jahreszahl

Ein ausführliches Datum

So sieht das Zahlenformat aus, das neben dem ausführlichen Datum auch den Wochentag anzeigt:

TTTT, TT. MMMM JJJJ

Um dieses Datum anzuzeigen, muss die Spalte extrem verbreitert werden. Sie können das normale Spaltenmaß aber beibehalten, wenn Sie das Datum gleich als Text zusammen mit dem Zahlenformat eingeben:

=TEXT(HEUTE();"TTTT, TT. MMMM JJJJ")

Wochentag ermitteln

Die Funktion =WOCHENTAG() liefert abhängig von dem in der Funktion angegebenen Typ eine serielle Zahl.

=WOCHENTAG(bezug;typ)

Ist das zweite Argument *typ* nicht besetzt, beginnt die Zählung am Sonntag:

1 = Sonntag, 2 = Montag ... 7 = Samstag

Mit einer Zahl für den Typ lässt sich die Zählung an einem anderen Wochentag starten. Ein Beispiel:

Die Lieferung für Ihre aktuelle Bestellung verzögert sich, der Lieferant gibt eine Lieferzeit an. Berechnen Sie mit Einbeziehung des Wochentags, wann die Lieferung kommt:

1. Tragen Sie das Bestelldatum ein, formatieren Sie es so, dass der Wochentag sichtbar ist.

2. Geben Sie die Lieferzeit ein, formatieren Sie diese mit dem benutzerdefinierten Format 0" Tage".

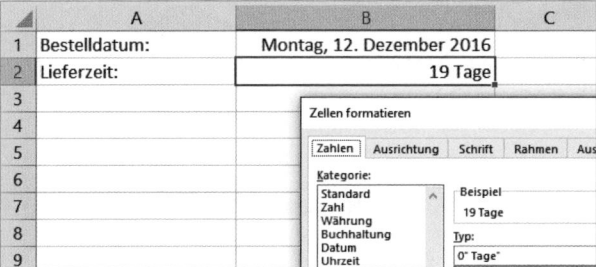

3. Berechnen Sie, wann die Lieferung offiziell erfolgen würde.

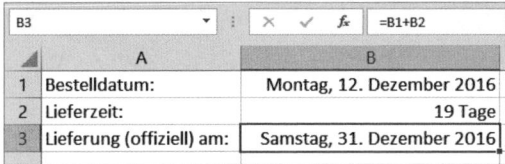

4. Fällt der Liefertermin auf einen Samstag, berechnet die Formel mit WENNS() den nächsten Montag als neuen Liefertermin.

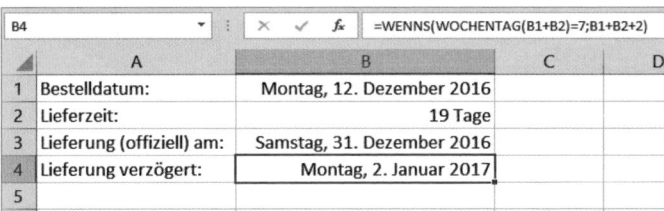

5. Fällt der Liefertermin auf einen Sonntag, berechnet eine weitere WENNS()-Bedingung auch für diesen den nächsten Montag.

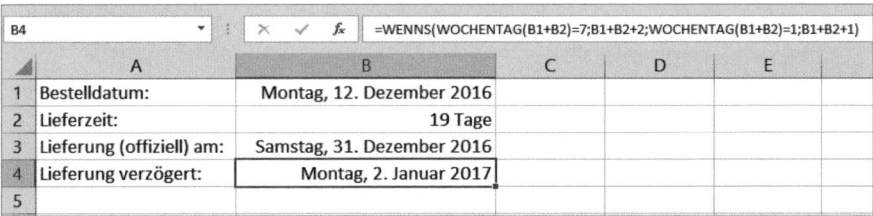

6. Fehlt nur noch der Liefertermin für die restlichen Tage, und für diese verwenden Sie eine UND-Bedingung.

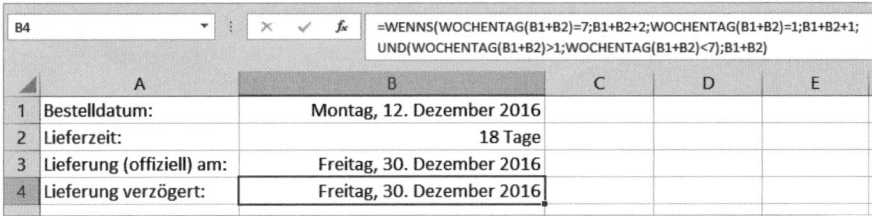

Datumsdifferenzen mit DATEDIF()

Excel hält eine undokumentierte Funktion bereit, die auch in der neuesten Version keinen Einzug in die Liste des Funktionsassistenten fand, aber für Datumsberechnungen sehr interessant ist. Mit DATEDIF() berechnen Sie Datumsdifferenzen:

Funktion	Bedeutung
=DATEDIF(Startdatum; Enddatum; "y")	Anzahl der Jahre
=DATEDIF(Startdatum; Enddatum; "m")	Anzahl der Monate
=DATEDIF(Startdatum; Enddatum; "d")	Anzahl der Tage
=DATEDIF(Startdatum; Enddatum; "ym")	Zahl der Monate auf der Basis MOD 12
=DATEDIF(Startdatum; Enddatum; "yd")	Zahl der Tage auf der Basis MOD 365

DATEDIF rechnet nur bei einfachen Formeln richtig. Wenn es komplex wird, schleichen sich Fehler ein. Aus diesem Grund ist DATEDIF wahrscheinlich auch keine offizielle Funktion. Microsoft führt sie trotzdem in der Knowledge Base auf: http://support.microsoft.com/kb/509575/de.

Datumsdifferenz in Wochen

Berechnen Sie mit dieser Kombination aus KÜRZEN() und REST() die Differenz zwischen zwei Datumswerten in Wochen:

A1: *1.1.2017*
A2: *31.3.2017*
A3: *=KÜRZEN((B2-B1)/7)&" Woche(n) "&REST(B2-B1;7)&" Tag(e)"*

Alter berechnen

Um das Alter einer Person zu berechnen, können Sie das Jahr des Geburtsdatums vom Jahr des Tagesdatums abziehen, aber das Ergebnis ist nicht präzise genug. Diese aufwendige WENN-Funktion berechnet vorher das Geburtstagsdatum im aktuellen Jahr und vergleicht es mit dem Tagesdatum:

A1: *=HEUTE()*
A2: *12.12.1984*

=WENN(DATUM(JAHR(A1);MONAT(A2);TAG(A2))<A1;JAHR(A1)-JAHR(A2);JAHR(A1)-JAHR(A2)-1)

DATEDIF() berechnet das Alter ebenfalls korrekt:

Jahre: =DATEDIF(A2;A1;"y")

Monate: =DATEDIF(A2;A1; "ym")

Tage: =DATEDIF(A2;A1; "md")

Kalenderwochen nach DIN oder ISO

Die Funktion KALENDERWOCHE() berechnet die Kalenderwoche aus einem Datum, aber nur, wenn im zweiten Argument der richtige Parameter verwendet wird. Nach DIN 1330 ist nämlich die 1. KW die erste Woche, die mindestens vier Tage des neuen Jahres hat. Bis zur Excel-Version 2010 konnte die Kalenderwoche nur mit dieser aufwendigen Kombination berechnet werden:

A1: *1.1.2016*

```
=KÜRZEN((A1-WOCHENTAG(A1;2)-DATUM(JAHR(A1+4-WOCHENTAG(A1;2));1;-10))/7)ddd
```

In Excel 2010 rechnet KALENDERWOCHE() richtig, vorausgesetzt, im zweiten Argument wird der Parameter 21 (Wochenanfang Montag, System 2) verwendet:

A1: *1.1.2016*

```
=KALENDERWOCHE(A1;21)
```

Die neue Funktion ISOKALENDERWOCHE() berechnet die Kalenderwoche ebenfalls korrekt, kommt aber erst ab Excel 2013/2016 zum Einsatz. Wenn Sie die Office-Version 2010 im Einsatz haben, sollten Sie diese nicht verwenden, da sie nicht mit Excel 2010 kompatibel ist.

A1: *1.1.2016*

```
=ISOKALENDERWOCHE(A1)
```

Feiertage berechnen

Für die Berechnung von datumsbasierten Kalkulationen mit Funktionen wie NETTO-ARBEITSTAGE() wird häufig eine Liste mit Datumswerten benötigt, die auf einen Feiertag fallen. Im Unterschied zu Outlook stellt Excel keine Feiertagsliste zum Import bereit. Erstellen Sie diese Liste in Abhängigkeit von der aktuellen Jahreszahl:

Es gibt feste (gesetzliche) und bewegliche (kirchliche) Feiertage. Alle beweglichen Feiertage leiten sich vom Datum des Ostersonntags ab. Er lässt sich mit dem Algorithmus des Mathematikers Gauß berechnen.

Detaillierte Infos zur Gaußschen Osterformel finden Sie im Internet, zum Beispiel bei Wikipedia: https://de.wikipedia.org/wiki/Gaußsche_Osterformel.

In eine möglichst kurze Excel-Formel umgewandelt, sieht der Gauß-Algorithmus so aus:

A1: *2016*
B1: *=RUNDEN((TAG(MINUTE(A1/38)/2+55)&".4."&A1)/7;)*7-6*

Die Funktion berechnet das Osterdatum korrekt, zumindest bis zum Jahr 2079. Die kurze Feiertagsformel funktionierte nicht für alle Jahre korrekt. Die längere, bessere Fassung sieht so aus:

```
=DATUM(A1;3;28)+REST(24-REST(A1;19)*10,63;29)-
REST(KÜRZEN(A1*5/4)+REST(24-REST(A1;19)*10,63;29)+1;7)
```

Ein Terminkalender mit Feiertagen

So erstellen Sie in einem neuen Tabellenblatt einen Terminkalender, in dem die Feiertage gekennzeichnet sind:

Aktivieren Sie den *Namens-Manager* (*Formeln/Definierte Namen*), legen Sie einen neuen Bereichsnamen an:

Name: JahrAktuell

Bereich: Arbeitsmappe

Bezieht sich auf: =JAHR(HEUTE())

Legen Sie ein neues Tabellenblatt mit der Bezeichnung *Feiertage* an, schreiben Sie eine Liste mit den Feiertagen. Die gesetzlichen Feiertage berechnen Sie mit der Funktion DATUM():

	A		A	B
1	Fr, 01. Januar 2016	1	=DATUM(JahrAktuell;1;1)	Neujahrstag
2	Mi, 06. Januar 2016	2	=DATUM(JahrAktuell;1;6)	Dreikönigstag
3	Mo, 08. August 2016	3	=DATUM(JahrAktuell;8;8)	Friedensfest (Augsburg)
4	Mo, 15. August 2016	4	=DATUM(JahrAktuell;8;15)	Mariä Himmelfahrt
5	Di, 01. November 2016	5	=DATUM(JahrAktuell;11;1)	Allerheiligen
6	Mo, 03. Oktober 2016	6	=DATUM(JahrAktuell;10;3)	Tag der d. Einheit
7	Mo, 31. Oktober 2016	7	=DATUM(JahrAktuell;10;31)	Reformationsfest
8	Mi, 16. November 2016	8	=DATUM(JahrAktuell;12;25)-WOCHENTAG("24.12." & JahrAktuell)-32	Buß- und Bettag
9	So, 25. Dezember 2016	9	=DATUM(JahrAktuell;12;25)	1. Weihnachtsfeiertag
10	Mo, 26. Dezember 2016	10	=DATUM(JahrAktuell;12;26)	2. Weihnachtsfeiertag

Bild 4.67: Die gesetzlichen Feiertage in Deutschland.

Berechnen Sie mit der Gaußschen Osterformel den Ostersonntag und berechnen Sie mit diesem die kirchlichen Feiertage.

11	=DATUM(JahrAktuell;3;28)+REST(24-REST(JahrAktuell;19)*10,63;29) -REST(KÜRZEN(JahrAktuell*5/4) +REST(24-REST(JahrAktuell;19)*10,63;29)+1;7)	Ostersonntag
12	=A11-2	Karfreitag
13	=A11+1	Ostermontag
14	=A11+39	Chr. Himmelfahrt
15	=A11+49	Pfingstsonntag
16	=A11+50	Pfingstmontag
17	=A11+60	Fronleichnam

Bild 4.68: Die kirchlichen Feiertage in Deutschland.

Markieren Sie die Liste und weisen Sie ihr über das Namensfeld den Bereichsnamen *Feiertage* zu.

Legen Sie ein neues Tabellenblatt an, schreiben Sie das Jahr in die erste Zelle und den ersten Monat in die zweite Zelle. Formatieren Sie diese als Monat:

A1: =JahrAktuell

A2: =DATUM(JahrAktuell;1;1) Zahlenformat: MMMM

Konstruieren Sie das erste Datum in Zelle A5, verwenden Sie die Zeilennummer für die Durchnummerierung. Füllen Sie die Formel bis Zelle A35 und weisen Sie den Datumswerten ein benutzerdefiniertes Zahlenformat zu. Mit TTT wird der Monat abgekürzt, TTTT schreibt den Monat aus.

A4: =DATUM(JahrAktuell;MONAT($A$2);ZEILE()-4)

Zahlenformat: TT TTT

Berechnen Sie in der Spalte B die Feiertage für die Datumswerte, verwenden Sie WENNFEHLER(), um die Formel abzusichern und SVERWEIS(), um das Datum in der Liste zu suchen. Kopieren Sie die Formel nach unten bis zum letzten Wert.

B5: =WENNFEHLER(SVERWEIS(A5;Feiertage;2;FALSCH);"")

Formatieren Sie den Bereich A5:B35 (oder auf Wunsch auch mehrere Spalten) noch mit einem Bedingungsformat, das die Wochenenden (Samstage, Sonntage) und die Feiertage farbig kennzeichnet. Achten Sie auf das $-Zeichen vor dem Spaltenbuchstaben, es stellt sicher, dass die Formatierung für die gesamte Zeile der Markierung gilt.

Start/Formatvorlagen/Bedingte Formatierung/Neue Regel

=WOCHENTAG($A5)=7 (Samstage)

=WOCHENTAG($A5)=1 (Sonntage)

=NICHT(ISTFEHLER(SVERWEIS($A5;Feiertage;2;FALSCH))) (Feiertage)

Das Tabellenblatt für den ersten Monat ist damit fertig, kopieren Sie es für die weiteren Monate und löschen Sie nur die Zeilen, die nicht benötigt werden.

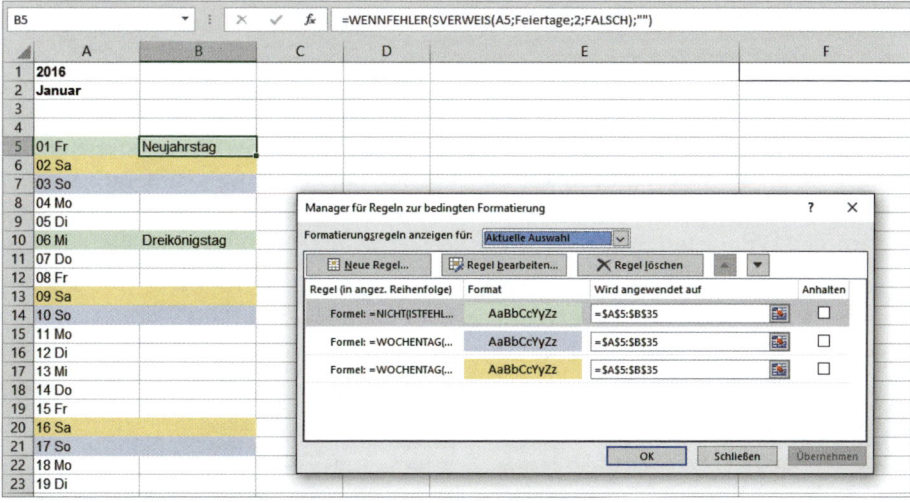

Bild 4.69: Der Terminkalender mit Feiertagen und Bedingungsformaten.

Nettoarbeitstage

Die Differenz zwischen zwei Datumswerten in Arbeitstagen (ohne Samstage und Sonntage) ermittelt die Funktion NETTOARBEITSTAGE(). Geben Sie für eine einfache Berechnung das Start- und das Enddatum an:

```
=NETTOARBEITSTAGE(B1;B2)
```

Wenn Sie zusätzliche Datumswerte als freie Tage berücksichtigen wollen (Feiertage, Betriebsferien etc.), tragen Sie diese im dritten Argument ein, idealerweise natürlich aus einem bereits angelegten Bereichsnamen. Mit der Funktion INDEX(Feiertage;;1) berechnen Sie die erste Spalte des Bereichs:

```
=NETTOARBEITSTAGE(B1;B2;INDEX(Feiertage;;1))
```

Mit der internationalen Funktion variieren Sie die freien Tage und geben wahlweise nur Samstage, Sonntage oder ein anderes Paar freier Tage vor. Achten Sie auf die Liste, die beim Eingeben des letzten Arguments angezeigt wird:

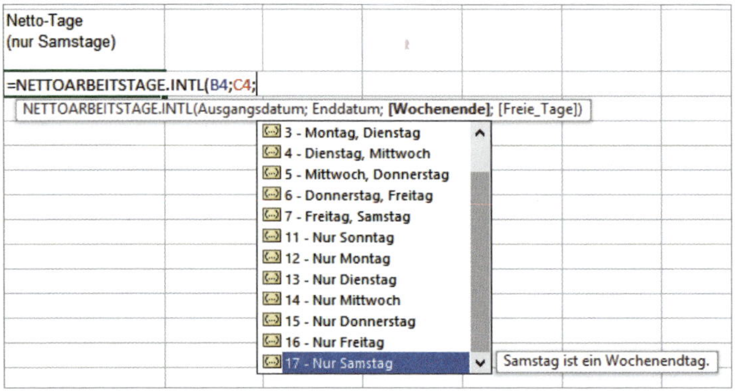

Bild 4.70: Mit NETTOARBEITTAGE.INTL() wird das Wochenende flexibel.

Hier ein Beispiel: Berechnen Sie die Differenz zwischen dem Anfangs- und Endwert einer Produktionsübersicht mit den verschiedenen Funktionen. Für die Kalendertage genügt eine einfache Subtraktion (plus 1, weil der erste Tag auch zählt). Bei der Berechnung der Nettoarbeitstage berücksichtigen Sie die erste Spalte der Feiertagsliste mit den Datumswerten, und in der internationalen Version können Sie die freien Tage gezielt festlegen.

	A	B	C	D	E	F	G	H
1	**Produktionsübersicht**		=NETTOARBEITSTAGE(B4;C4)		=NETTOARBEITSTAGE.INTL(B4;C4;2;INDEX(Feiertage;;1))			
2								
3	**Produkt**	**Beginn**	**Ende**	**Kalendertage**	**Netto-Tage (ohne Sa/So)**	**Netto-Tage (ohne Feiertage)**	**Netto-Tage (nur Samstage)**	**Netto-Tage (ohne So/Mo, ohne Feiertage)**
4	Broschüre "SportLife"	01.01.2016	31.01.2016	31 Tage	21 Tage	19 Tage	21	20
5	Versandhaus-Katalog "ROWA"	15.03.2016	31.03.2016	17 Tage	13 Tage	11 Tage	13	12
6	Siemens-Prospekt "Vario"	03.02.2016	10.02.2016	8 Tage	6 Tage	6 Tage	6	6
7	Sonderbeilage "Golf spielen"	10.01.2016	10.02.2016	32 Tage	23 Tage	23 Tage	23	22
8								
9			=C4-B4+1		=NETTOARBEITSTAGE(B4;C4;INDEX(Feiertage;;1))			
10								
11								
12								
13								

Bild 4.71: Eine Produktionsübersicht mit Varianten zur Nettoarbeitstageberechnung.

4.12.9   Rechnen mit Zeitwerten

Zeitwerte sind Dezimalzahlen zwischen 0 und 1, also Bruchteile von Tagen. Der Wert 0,5 steht für einen halben Tag, mit der Zahl 24,5 und dem passenden Zahlenformat (TT. MM.JJ hh:mm) weist die Zelle den 24. Januar 1900 um 12:00 Uhr aus.

Um einen Zeitwert in eine Dezimalzahl umzuwandeln, multiplizieren Sie ihn mit 24. Das ist die Basis für die Ermittlung von Industrieminuten aus einem Zeitwert. Achten Sie nur darauf, dass die Ergebniszelle kein Zeitformat, sondern ein Dezimalzahlenformat (0,00) erhalten muss:

A2: 1:45

B2: =A2*24 (Zahlenformat: 0,00)

Umgekehrt geht's natürlich auch, dividieren Sie eine Dezimalzahl durch 24 und weisen Sie der Ergebniszelle das Zeitformat hh:mm zu.

Minuten in Stunden/Minuten umwandeln

So wandeln Sie eine Anzahl Minuten (in Zelle A1) in Stunden und Minuten um. Die Funktion REST gibt den Restwert einer Division zurück:

A1: 120

A2: =TEXT(A1/60;0)&" Stunden, "&TEXT(REST(A1;60);0)&" Minuten"

Industriestunden und -minuten berechnen

Hier ein Beispiel für die Berechnung von Industriestunden und Industrieminuten. Die Laufzeit der Maschinen wird als Dezimalzahl angegeben, berechnen Sie die Stunden und Minuten und geben Sie die Zeit als Zeitwert an:

B3: 1,60

C3: =GANZZAHL(B3)

D3: =(B3-GANZZAHL(B3))*60

E3: =B3/24 Zahlenformat: hh:mm

Zeitwerte über 24 Stunden berechnen

	A	B	C	D	E
					=SUMME(E3:E5)
1			Laufzeit		
2	Maschine	Laufzeit	in Stunden	in Minuten	als Zeitwert
3	KUKA 12/200	1,60	1,00	36	01:36
4	KUKA 13/400	12,24	12,00	14,4	12:14
5	PCOM 32/11	21,50	21,00	30	21:30
6					
7	Summe:	35,34			35:20

Bild 4.72: Industriestunden und -minuten umrechnen und Zeitsummen ermitteln.

Um die Anzahl der Stunden eines Datumswertes anzuzeigen und zu berechnen, wenn diese 24 übersteigt, formatieren Sie die Zelle mit dem Spezialzahlenformat, das die Stunden summiert:

[hh] oder

[hh]:mm

Minuszeiten berechnen

Wird ein Zeitwert von einem größeren Zeitwert abgezogen, ist das Ergebnis eine unendliche ####-Kette. Der Grund dafür: Excel kann nicht in Zeiträumen rechnen, die vor dem Anfangsdatum (1.1.1900) liegen, das Ergebnis von 03:00 Uhr minus 21:00 Uhr würde aber in diesen Raum fallen.

A1: 21:00

A2: 06:00

A3: =A1-A2 Ergebnis: ############

Um das Problem zu lösen, könnten Sie unter *Datei/Optionen/Erweitert/Beim Berechnen dieser Arbeitsmappe* die Option *1904-Datumswerte* ankreuzen. Damit beginnt der Excel-Kalender am 1. Januar 1904 zu rechnen, und die Subtraktion funktioniert, weil das Ergebnis auf den 31.12.1903 fallen würde.

Die bessere Alternative ist die Berechnung mithilfe einer WENN-Funktion.

A1: 21:00

A2: 06:00

A3: =WENN(A2>A1;A2-1;1-A1+A2) Ergebnis: 09:00

E2			× ✓ fx	=WENN(D2>C2;D2-C2;1-C2+D2)			
	A	B	C	D	E	F	G	H
1	Datum	Mitarbeiter	Arbeitsbeginn	Arbeitsende	Arbeitszeit hh:mm	Arbeitszeit dezimal	Arbeitsstunden	Arbeitsminuten
2	03. Jan 16	Hans Huber	07:00	23:00	16:00	16,00	16,00	0
3	03. Jan 16	Bernd Meier	07:15	22:30	15:15	15,25	15,00	15
4	03. Jan 16	Rudi Fröhlich	23:00	07:00	08:00	8,00	8,00	0
5	03. Jan 16	Benno Dietrich	22:30	07:15	08:45	8,75	8,00	45
6	04. Jan 16	Walter Schulz	07:10	00:20	17:10	17,17	17,00	10
7	04. Jan 16	Rudolf Haberger	07:15	23:40	16:25	16,42	16,00	25
8	04. Jan 16	Franz Moser	00:20	07:30	07:10	7,17	7,00	10
9	04. Jan 16	Willi Bergmoser	23:40	08:00	08:20	8,33	8,00	19
10	04. Jan 16	Benno Dietrich	07:30	23:45	16:15	16,25	16,00	15
11	07. Jan 16	Hubert Weiss	08:00	00:15	16:15	16,25	16,00	15
12	07. Jan 16	Walter Schulz	23:45	07:10	07:25	7,42	7,00	25
13	07. Jan 16	Rudolf Haberger	00:15	07:30	07:15	7,25	7,00	15
14								
15								
16					Gesamtarbeitszeit:	144 Stunden, 15 Minuten		
17								

Bild 4.73: Negativzeiten berechnen in der Schichtarbeitszeitliste.

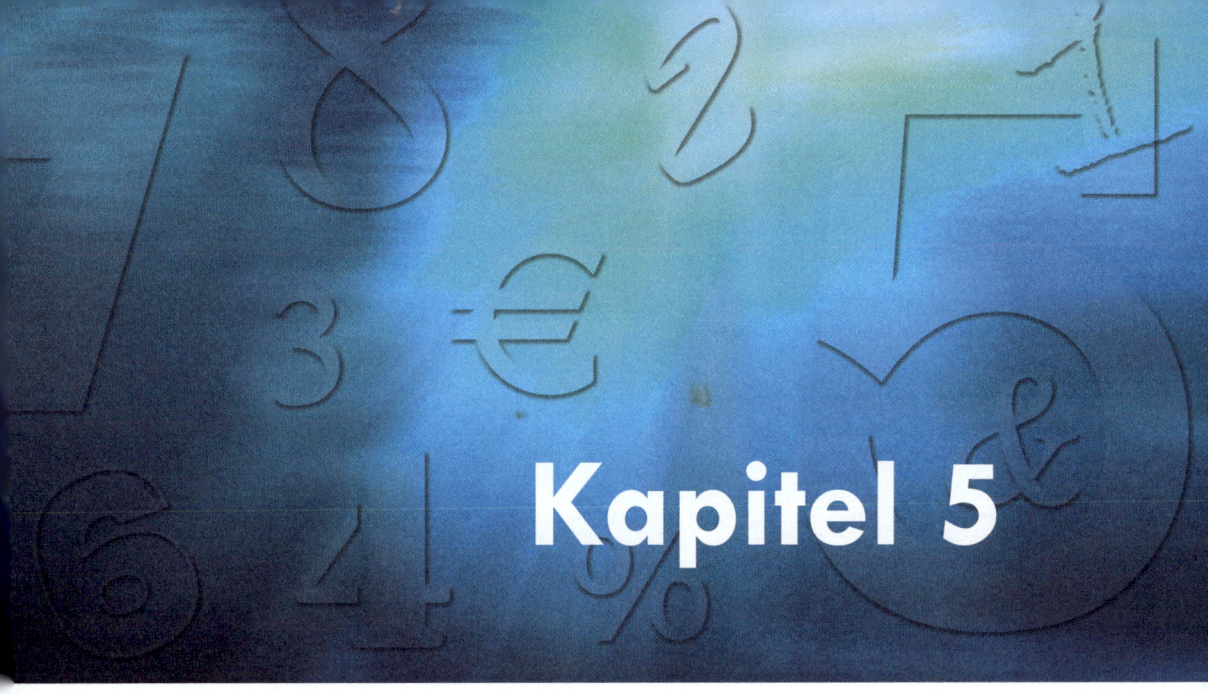

Kapitel 5

5. Listen und Tabellen

Eine Liste ist eine Ansammlung von Daten, die in Spalten und Zeilen unterteilt ist. Was auf den ersten Blick recht banal klingt, ist ein technischer Begriff, die wichtigste Basis für die Verarbeitung von großen Datenmengen und Voraussetzung für den richtigen Gebrauch vieler Excel-Werkzeuge (Sortierung, Filter, PivotTables u. a.).

Wer sich bisher noch keine Gedanken über das Listenprinzip gemacht hat, sollte das spätestens vor der Bearbeitung einer größeren Datenmenge tun.

Beispiel	Erklärung
<table><tr><td>◢</td><td>A</td><td>B</td><td>C</td><td>D</td></tr><tr><td>1</td><td>Monat</td><td>München</td><td>Hamburg</td><td>Frankfurt</td></tr><tr><td>2</td><td>Januar</td><td>200</td><td>600</td><td>100</td></tr><tr><td>3</td><td>Februar</td><td>500</td><td>300</td><td>800</td></tr><tr><td>4</td><td>März</td><td>800</td><td>700</td><td>300</td></tr></table>	Das ist eine vierspaltige Liste mit Kopfzeile und drei Datensätzen.

Beispiel					Erklärung
					Das sind technisch gesehen zwei Listen.

	A	B	C	D	Erklärung
1	Monat	München	Hamburg	Frankfurt	
2					
3	Januar	200	600	100	
4	Februar	500	300	800	
5	März	800	700	300	

	A	B	C	D	E	Erklärung
1	Monat	München		Hamburg	Frankfurt	Das sind ebenfalls zwei Listen.
2	Januar	200		600	100	
3	Februar	500		300	800	
4	März	800		700	300	

	A	B	C	D	Erklärung
1	Umsatz Hamburg:	1600			Und das ist Datenmüll, der mit Listenwerkzeugen nicht auszuwerten oder zu verwalten ist.
2		Januar/München	200		
3					
4			Februar/Hamburg	300	
5	Frankfurt im März	300			

5.1 Regeln für Listen

- Listen sind immer in Zeilen (Datensätze) und Spalten (Felder) unterteilt, horizontale Listen gibt es nicht.

- Die Spalten (Felder) enthalten, wenn möglich, immer die gleichen Daten. Eine Textspalte enthält nur Text (Zahlen eingeschlossen), eine Zahlenspalte nur Zahlen, eine Datumsspalte nur Datumswerte.

- Listen enthalten möglichst keine Leerzeilen, auch nicht unter der Kopfzeile. Abstände stellen Sie über die Zeilenhöhe her.

- Listen enden an der ersten Leerzeile und der ersten Leerspalte. Es gibt keine angrenzenden Auswertungen (Summe) oder Kommentare.

5.1.1 Daten als Listen vorbereiten

Wenn Sie eine Datenquelle vorliegen haben, die erkennbar nicht als Liste vorbereitet ist, machen Sie eine Liste daraus:

- Kopieren Sie die Daten, stellen Sie sicher, dass Sie eine durchgehend beschriftete Kopfzeile mit Texteinträgen haben, und entfernen Sie alle Leerzeilen, indem Sie alle Daten absteigend sortieren. Leerzeilen oder Zwischenüberschriften fallen damit nach unten durch und können leicht entfernt werden.

- Verwenden Sie *Daten/Datentools/Duplikate entfernen*, um Zwischenüberschriften zu entfernen.

- Holen Sie die Daten per ODBC mit Microsoft Query oder mit PowerQuery (*Abrufen und Transformieren*) verknüpft in ein Tabellenblatt. Das Ergebnis wird eine Tabelle sein (besser als die Liste). Ändern sich die Daten in der Quelle, müssen Sie nur die verknüpfte Tabelle aktualisieren.

Beispiel: Statistischer Kennzahlenbericht aus SAP

Hier ein Beispiel aus der Praxis: Der statistische Kennzahlenbericht wird von SAP nicht so geliefert, dass er als Liste auswertbar ist. Wandeln Sie ihn mit wenigen Handgriffen in eine Liste ohne Leerzeilen mit durchgehend gefüllten Kostenstellen um:

	A	B	C	D	E	F	G
1	Kostenstelle:	0300-206					
2							
3	StatKz	Beschreibung	LstArt	Plan Monat	Ist Monat	Plan Kum.	Ist Kum.
4	S-30304	Direkte AK		671	244	533	544	933
5	S-30304	Direkte AK		198	469	373	769	773
6	S-30305	Indirekte AK		284	153	536	453	936
7	S-30306	Lohnempfänger		292	436	336	736	736
8	S-30307	Angestellte		247	124	383	424	783
9							
10	Kostenstelle:	0300-207					
11							
12	StatKz	Beschreibung	LstArt	Plan Monat	Ist Monat	Plan Kum.	Ist Kum.
13	S-30304	Direkte AK	10320	491	210	791	610
14	S-30306	Alle Lohnempfänger	10320	308	557	608	957
15							
16	Kostenstelle:	0300-1311					
17							
18	StatKz	Beschreibung	LstArt	Plan Monat	Ist Monat	Plan Kum.	Ist Kum.
19	S-30304	Direkte AK	455	105	451	405	851
20	S-30306	Alle Lohnempfänger	233	265	254	565	654
21	S-30311	Angestellte	456	456	303	756	703

Bild 5.1: Kennzahlenbericht aus SAP – viele einzelne Listen.

1. Fügen Sie mit Strg + Leer und Strg + + eine Leerspalte A ein.

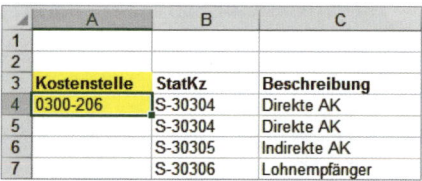

2. Ziehen Sie *Kostenstelle* und die erste Kostenstellennummer in die neue Spalte.

3. Markieren Sie mit Strg + ⇧ + Ende ab Zelle A1 bis zum Ende des Datenbereichs.

4. Schalten Sie im *Daten*-Register den Filter ein.

5. Filtern Sie über den Filter der Spalte B alle Leerzeilen heraus.

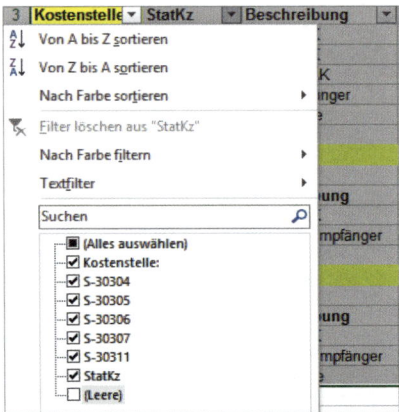

6. Kopieren Sie den gefilterten Bereich und fügen Sie ein neues Tabellenblatt ein.

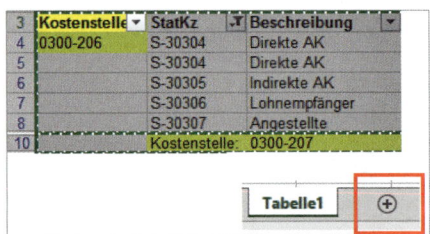

7. Holen Sie die gefilterten Daten mit der ⏎-Taste in das neue Blatt. Schreiben Sie in die Zelle A3 eine Formel für die Berechnung der Kostenstellen:

`=WENN(B3="Kostenstelle:";C3;A2)`

8. Kopieren Sie die Formel per Doppelklick auf das Füllkästchen nach unten bis zum Ende der Liste.

9. Kopieren Sie die Spalte A und fügen Sie die kopierten Daten als Werte wieder ein.

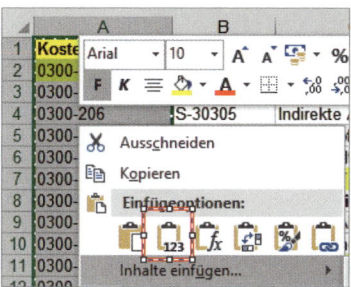

10. Jetzt müssen Sie nur noch die Zwischenüberschriften entfernen, filtern Sie dazu *Kostenstelle* und *StatKz* heraus und kopieren Sie die gefilterte Liste noch einmal in ein neues Tabellenblatt.

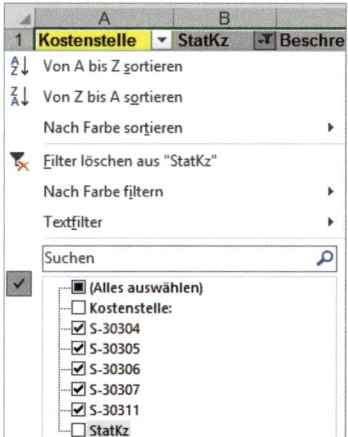

	A	B	C	D	E	F	G	H
1	Kostenstelle	StatKz	Beschreibung	LstArt	Plan Monat	Ist Monat	Plan Kum.	Ist Kum.
2	0300-206	S-30304	Direkte AK	671	244	533	544	933
3	0300-206	S-30304	Direkte AK	198	469	373	769	773
4	0300-206	S-30305	Indirekte AK	284	153	536	453	936
5	0300-206	S-30306	Lohnempfänger	292	436	336	736	736
6	0300-206	S-30307	Angestellte	247	124	383	424	783
7	0300-207	S-30304	Direkte AK	10320	491	210	791	610
8	0300-207	S-30306	Alle Lohnempfänger	10320	308	557	608	957
9	0300-1311	S-30304	Direkte AK	455	105	451	405	851
10	0300-1311	S-30306	Alle Lohnempfänger	233	265	254	565	654
11	0300-1311	S-30311	Angestellte	456	456	303	756	703

Bild 5.2: So kann der Kennzahlenbericht ausgewertet werden.

5.2   Sortieren in Listen und Tabellen

Um Listen oder Tabellen zu sortieren, nutzen Sie die einfachen Sortiersymbole oder den etwas aufwendigeren Sortierdialog. Mit den Symbolen sortieren Sie schnell eine Spalte durch, im Sortierdialog definieren Sie mehrere Spalten, die nacheinander sortiert werden. Für die Sortierung sollte grundsätzlich eine Liste oder Tabelle vorliegen, falls nicht, markieren Sie die Daten, die Sie sortieren wollen. Die Werkzeuge finden Sie unter *Daten/Sortieren und Filtern* oder unter *Start/Bearbeiten*. Die Filtersymbole stellen ebenfalls eine Sortierung bereit. Schalten Sie den Filter ein und klicken Sie auf einen Filterpfeil, können Sie die betreffende Spalte sortieren.

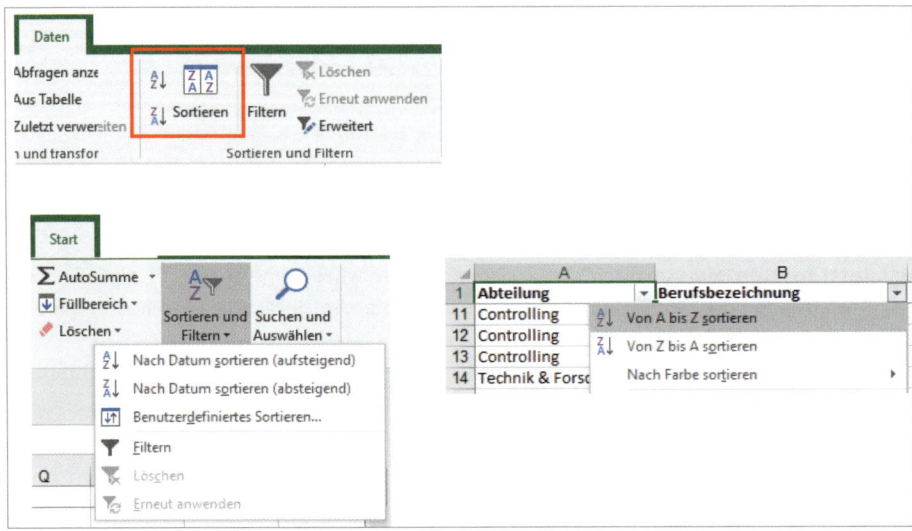

Bild 5.3: Sortiersymbole und Sortierdialog.

5.2.1 Richtig markieren

Achten Sie auf die richtige Markierung:

In Tabellen oder Listen genügt es, wenn der Zellzeiger im Bereich steht, ansonsten sollten Sie den Bereich komplett markieren, bevor Sie die Sortierung starten.

- Markieren Sie mit Strg + ⇧ + * alles bis zur ersten Leerzeile und zur ersten Leerspalte.

- Setzen Sie den Zellzeiger in die erste Zelle des Bereichs und drücken Sie Strg + ⇧ + Ende, um den Bereich bis zum Ende der Daten zu markieren.

 Das Ende der Daten muss nicht beschriftet sein. Excel merkt sich den »used region« (benutzten Bereich), wenn Daten gelöscht wurden. Um das Ende auf die letzte Datenzelle zu setzen, löschen Sie alle Zellen unterhalb und alle Spalten rechts davon. Speichern, schließen und öffnen Sie die Mappe wieder, und der *used region* ist neu definiert.

5.2.2 Schnellsortierung mit Symbolen

Die schnellste Sortierung liefern die Sortiersymbole. Der Zellzeiger steht in der Spalte, die es zu sortieren gilt, ein Klick auf das Symbol, und die Liste oder Tabelle ist nach dieser Spalte sortiert. Für die Sortiersymbole ist die Position des Zellzeigers entscheidend, er bestimmt, welche Spalte sortiert wird. Markieren Sie einen Bereich, steht der Zellzeiger immer links oben in der ersten Zelle. Mit einem kleinen Trick können Sie auch in markierten Bereichen gezielt eine Spalte zur Sortierspalte erklären:

Drücken Sie die ⇥-Taste, um den Zellzeiger in die gewünschte Spalte zu setzen.

Markierte Spalten sortieren

Einzelne Spalten werden mit Klick auf ein Sortiersymbol ohne Rückfrage sortiert. Dabei wird die Liste nach dieser Spalte sortiert, eine zweite Sortierung ist nur über die Filterpfeile oder den Sortierdialog möglich.

Beim Versuch, eine einzelne markierte Spalte eines Bereichs zu sortieren, erscheint eine Warnmeldung. Bestätigen Sie diese mit der ersten Option, wird die Markierung über den gesamten Bereich erweitert. Falls der Bereich eine erkennbare Kopfzeile hat, wird diese nicht mit markiert.

In Tabellen sind die Sortierfunktionen nicht anwählbar, wenn eine einzelne Spalte markiert ist.

Schalten Sie auf *Mit bestehender Markierung fortfahren*, bevor Sie die Meldung mit *Sortieren* abschließen, wird nur die markierte Spalte sortiert.

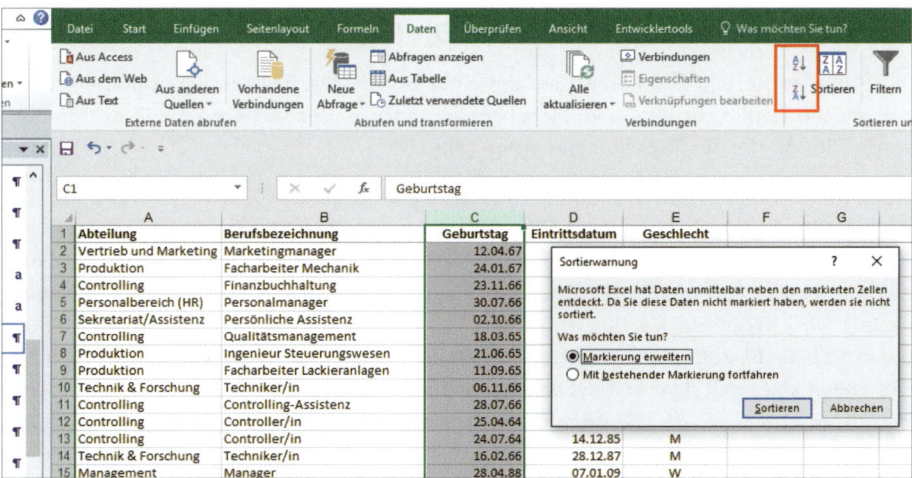

Bild 5.4: Warnung: Eine einzelne Spalte ist markiert, die Daten würden falsch sortiert.

5.2.3 Mehrfachsortierung und Sortierreihenfolge

Um eine Liste oder Tabelle nach mehreren Spalten zu sortieren, verwenden Sie die Sortierung im Filter oder den Sortierdialog.

Nehmen wir an, eine Liste mit Name, Vorname, PLZ, Wohnort und Telefon als Feldnamen in der Kopfzeile wird sortiert. Um diese Liste nach Postleitzahlen zu ordnen, innerhalb der gleichen PLZ die Namen zu sortieren und, wenn gleiche Namen auftauchen, auch noch die Vornamen aufsteigend einzusortieren, wählen Sie als erstes Sortierfeld die PLZ-Spalte, als zweites die Namen- und als drittes die Vornamenspalte.

Die Sortierreihenfolge der Daten, die Anordnung der Sonderzeichen und Buchstaben des Alphabets ist in der Windows-Ländereinstellung festgehalten und wird dadurch bestimmt, ist aber in den Grundzügen für alle Versionen bindend.

Hier die Richtlinien für die aufsteigende Sortierung:

Sortierte Daten	Reihenfolge
Zahlen	Von der größten negativen zur größten positiven Zahl
Text	Wenn Zahlen in Textform stehen, gilt die Reihenfolge für Texte.
	Leerzeichen, !, „ $ # % & ´ ( ) * + , − . / : ; < = > ? ^ _ ` | ~ § Gradzeichen 0 1 2 3 4 5 6 7 8 9 a ä b c d e f g h i j k l m n o ö p q r s ß t u v w x y z
	Groß- und Kleinschreibung werden gleich behandelt.
Wahrheitswerte	WAHR vor FALSCH
Fehlerwerte	Gleich
Leerzellen	Immer an letzter Stelle

5.2.4   Sortieren mit Sortieren-Dialog

Die Schnellsortierung funktioniert nur mit einer Spalte. Die Zellzeigerposition entscheidet, welche Spalte sortiert wird. Sicherer und umfassender sortieren Sie über den Sortieren-Dialog, der für Tabellen und Listen gilt:

Markieren Sie den zu sortierenden Bereich oder setzen Sie den Zellzeiger in die Tabelle. Wählen Sie *Daten/Sortieren und Filtern/Sortieren*. Geben Sie die Spalte an, die den ersten Sortierschlüssel liefert, und bestimmen Sie die Richtung (aufsteigend oder absteigend). Unter *Sortieren nach* bestimmen Sie, ob nach Werten, Farben oder Symbolen sortiert wird (Symbole werden über die bedingte Formatierung zugewiesen). Klicken Sie auf *Ebene hinzufügen* und geben Sie einen weiteren Sortierschlüssel an, wenn Sie alle Zeilen, die nach dem ersten Schlüssel sortiert wurden, noch einmal sortieren wollen. Eine dritte Ebene würde die nach dem zweiten Schlüssel sortierten identischen Zeilen noch einmal sortieren. Klicken Sie auf *OK*, um die Tabelle oder den Bereich zu sortieren.

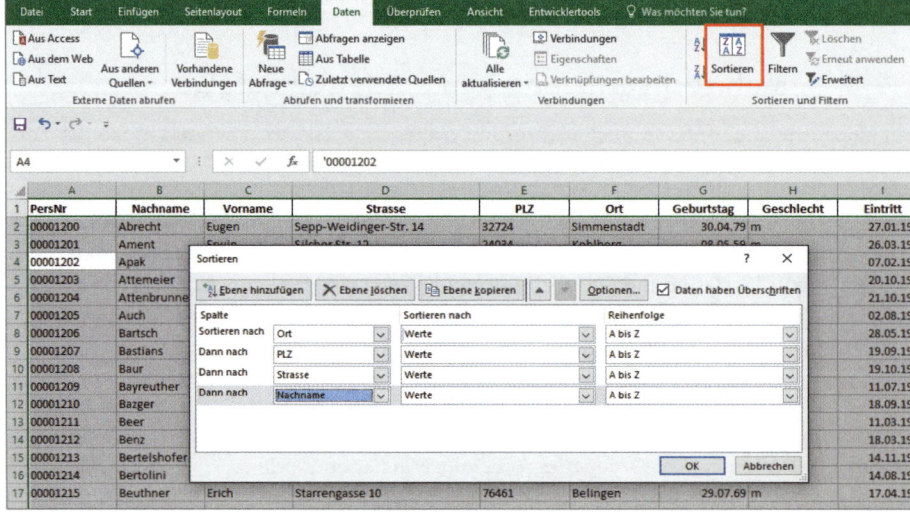

Bild 5.5: Der Sortierdialog unter »Daten/Sortieren«.

Für **Überschriften** muss die Option *Daten haben Überschriften* gesetzt sein, sonst werden diese mit einsortiert. In Tabellen ist die Option nicht deaktivierbar. Mit den blauen Pfeilsymbolen verschieben Sie markierte Ebenen nach oben und nach unten, um die **Reihenfolge** der Sortierung zu ändern. Klicken Sie auf die Schaltfläche *Optionen*, um weitere Optionen für die Sortierung abzurufen.

- *Groß-/Kleinschreibung beachten:* Diese Option wird angekreuzt, wenn bei gleichen Daten die Groß-/Kleinschreibung entscheiden soll. Mit angekreuzter Option werden bei aufsteigender Sortierung kleingeschriebene Wörter vor großgeschriebene sortiert.

- *Orientierung:* Schalten Sie auf *Spalten sortieren* um, wenn Sie den markierten Bereich nach Spalten sortieren wollen. Der Sortieren-Dialog schaltet auf Zeilen um und Sie können die Zeileninhalte der ersten (oder mit Überschrift) einzelnen Spalten als Sortierschlüssel angeben.

5.3   Listen und Tabellen filtern

Um in größeren Listen oder Tabellen die Übersicht zu behalten, ist der Filter das beste Werkzeug. Filtern Sie nach einzelnen oder mehreren Spalten, suchen Sie gezielt mit Filterkriterien nach Daten oder filtern Sie nach Farben, die über die Farbpalette oder die bedingte Formatierung zugewiesen wurden. Damit die Ergebnisse optimal ausfallen, sollten die zu filternden Bereiche einige Bedingungen erfüllen:

- Der Bereich muss eine Liste mit einer Kopfzeile sein (nicht mehrzeilig) oder eine Tabelle. Die Liste darf keine Leerzeilen enthalten.

- In allen Spalten sollten die Datentypen durchgehend identisch sein (Text, Zahl, Datum/Zeit).

Für den Aufruf des Filters finden Sie ein Symbol im Startmenü (*Bearbeiten*) oder im Register *Daten* unter *Sortieren und Filtern*.

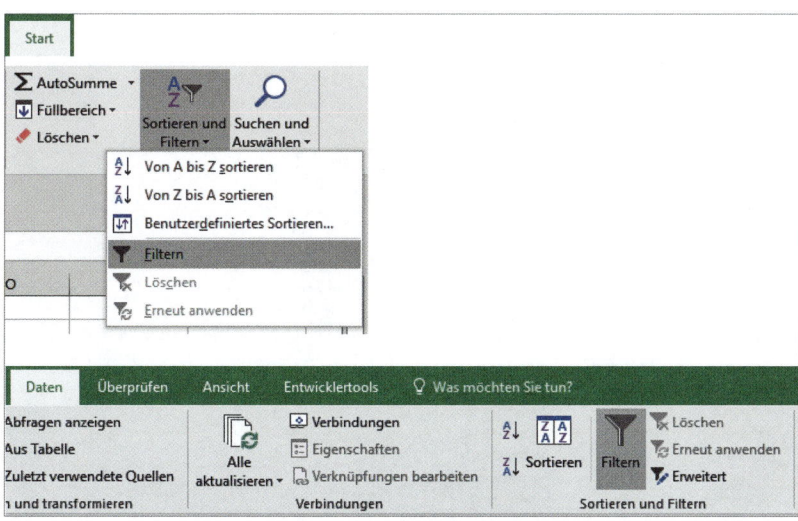

Bild 5.6: So wird der Filter für Listen oder Tabellen aktiviert.

Klicken Sie auf einen der Pfeile in der Kopfzeile des Bereichs und wählen Sie den Filter, den das *Filter*-Menü anbietet. Im *Filter*-Menü werden alle Einträge in der Spalte einmal angezeigt. Einzelne Einträge können Sie per Klick auf das Häkchen deaktivieren. Mit *Alle auswählen* sind wieder alle markiert.

5.3.1   Zum Filtern richtig markieren

Was für die Sortierung gilt, ist auch für die Filterung von Daten Voraussetzung: die richtige Markierung. Auch der Filter unterscheidet zwischen Tabellen und Listen:

- Steht der Zellzeiger in einem Bereich, wird der AutoFilter für alle Spalten aktiv. Die erste Zeile wird als Kopfzeile genommen. Die Daten in der ersten Zeile benutzt der AutoFilter für die Filterbedingungen.

- Findet der AutoFilter eine Markierung vor, setzt er die Filterpfeile in die erste Zeile der Markierung. Das können auch einzelne Spalten sein und der Bereich darf auch Leerzeilen enthalten.

- Steht der Zellzeiger in einer Tabelle, wird der AutoFilter automatisch für alle Spalten aktiv, auch wenn nur eine oder einzelne Spalten markiert sind.

- Wird eine Liste in eine Tabelle konvertiert (*Einfügen/Tabelle*), schaltet Excel für die neue Tabelle automatisch den Filter ein.

5.3.2   AutoFilter und benutzerdefinierter Filter

Mit Klick auf das Filtersymbol schalten Sie den AutoFilter ein. Achten Sie auf den Filterpfeil: Er wechselt sein Aussehen, wenn die Tabelle oder der Bereich entweder durch Ankreuzen einzelner Spaltenelemente oder durch Setzen eines benutzerdefinierten Filters gefiltert wurde. Die Nummern der Zeilen, die vom AutoFilter selektiert wurden, sind blau gekennzeichnet. Die Zeilennummern der ausgefilterten Datensätze fehlen, denn der AutoFilter blendet diese Zeilen einfach aus.

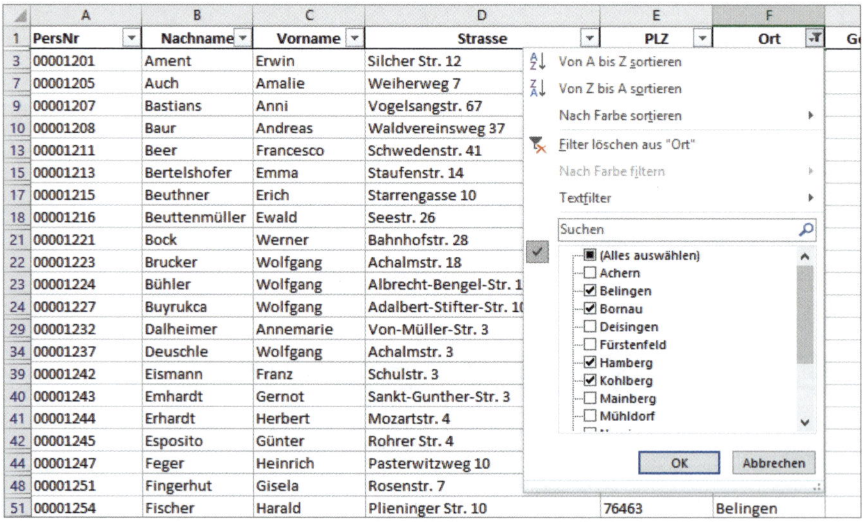

Bild 5.7: Hier wird eine Personalliste nach dem Ort gefiltert.

Ein weiterer Klick auf das Filtersymbol schaltet den Filter wieder aus und blendet alle gefilterten Daten wieder ein. Die Filterliste bietet auch die Möglichkeit, Leerzeilen zu filtern. Dazu muss der Bereich mit den Leerzeilen aber markiert sein, denn Listen enden an der ersten Leerzeile.

Sortieren Sie Leerzeilen einfach nach unten durch, das geht schneller, als sie mit dem Filter aufzuspüren und zu entfernen.

Zusätzlich zu den Einzelfiltern wird noch ein benutzerdefinierter Filter angeboten. Der AutoFilter erkennt automatisch den Datentyp der jeweiligen Spalte und bietet entsprechend für jede Spalte einen Textfilter, Zahlenfilter oder Datumsfilter an. Enthalten die Daten gemischte Datentypen, entscheidet die Häufigkeit über die Filterart. Enthält die Spalte mehr Texteinträge als Zahlen, wird ein Textfilter aktiv, bei mehr Zahlen ist es der Zahlenfilter. Kommen genauso viele Zahlen, Datums- oder Zeitwerte vor wie Textwerte, fällt die Entscheidung für den Textfilter.

Filtertyp	Bedingungen
Textfilter	Ist gleich, Beginnt mit, Endet mit, Enthält, Enthält nicht
Zahlenfilter	Ist gleich, Ist nicht gleich, Größer als, Größer oder gleich, Kleiner als, Kleiner oder gleich, Zwischen, Top 10, Über dem Durchschnitt
Datumsfilter	Ist gleich, Vor, Nach, Zwischen, Gestern, Nächste Woche/ Monat/Quartal/Jahr, Diese Woche/Monat/Quartal/ Jahr, Letzte Woche/Monat/Quartal/Jahr
Benutzerdefinierter Filter	Dialogbox mit zwei Bedingungen. Mit *Und* müssen beide richtig sein, damit der Filter die Daten findet, bei *Oder* reicht es, wenn eine richtig ist.

Um einzelne Zeichen oder eine beliebige Zeichenkette im Textfilter als Bedingungswert zu definieren, verwenden Sie die Platzhalter ? (Fragezeichen) und * (Stern):

- Wald*   findet Wald, Waldi und Waldhausen, aber nicht Ewald.

- W?ld   findet Wald und Wild, aber nicht Waldemar.

5.3.3   Filter löschen

Um einen Filter zu löschen, können Sie den AutoFilter ausschalten oder die gesetzten Filterkriterien löschen. Klicken Sie im *Filter*-Menü der Filterpfeile auf die Option *Filter löschen* oder unter *Daten/Sortieren und Filtern* auf *Löschen*, wird der Filter ausgeschaltet. Die Datensätze werden wieder vollständig angezeigt, ein aktiver AutoFilter bleibt eingeschaltet.

Filter erneut übernehmen

Dieser Befehl unter *Daten/Sortieren und Filtern* bietet die Möglichkeit, einen Filter neu anzuwenden, wenn sich die Daten geändert haben. Wurden Datensätze gelöscht oder hinzugefügt oder automatisch per ODBC-Abfrage oder PowerQuery aktualisiert, muss der Filter neu initialisiert werden.

5.3.4 Der erweiterte Filter (Spezialfilter)

Um Daten aus großen Listen oder Tabellen herauszufiltern und in andere Bereiche oder Tabellenblätter zu kopieren, können Sie entweder den AutoFilter benutzen und die gefilterten Daten kopieren oder den Spezialfilter aktivieren. Der Spezialfilter kombiniert das Filtern und Kopieren, vorausgesetzt, die Daten sind passend aufbereitet:

- Voraussetzung ist, wie für alle Filteroperationen, auch für den Spezialfilter eine Tabelle oder eine Liste. In der Kopfzeile darf keine Spalte leer sein.

- Ein Kriterienbereich aus mindestens zwei Zellen enthält Feldnamen aus der Tabelle und Filterkriterien.

- Der Zielbereich ist der Bereich, in dem die gefilterten Daten vom Spezialfilter abgesetzt werden. Er darf nur Feldnamen aus der Kopfzeile der Tabelle enthalten, keine Leerzellen und keine anderen Text- oder Zahleneinträge.

Sie können die gesamte Kopfzeile oder nur Teile davon in diesen Zielbereich kopieren. Nach der Filterung wird der Zielbereich nur die Daten aus den Spalten enthalten, für die Sie die Kopfzeilenbeschriftung vorsehen. Auch die Reihenfolge der Spalten im Zielbereich ist frei wählbar.

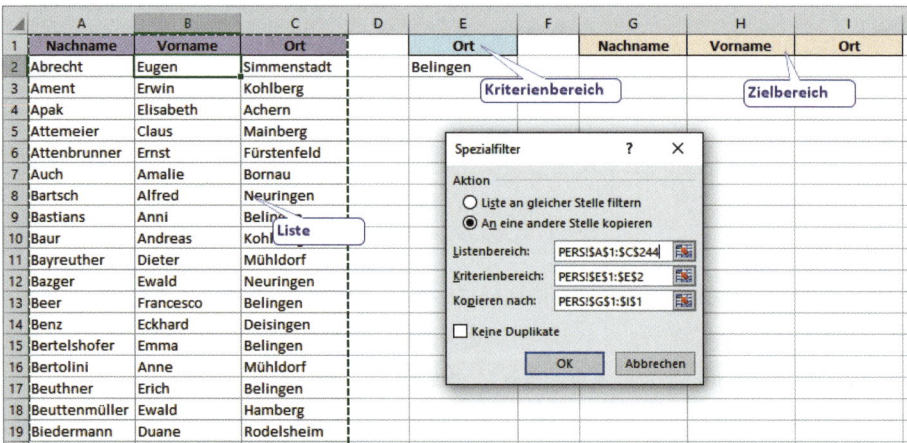

Bild 5.8: Drei Bereiche braucht der Spezialfilter.

Hier ein Beispiel: Filtern Sie aus einer Personalliste alle Mitarbeiter, die in einem bestimmten Ort wohnen.

1. Die Liste im Tabellenblatt *PERS* enthält ab A1 die Spalten *Nachname*, *Vorname* und *Ort* (und weitere Spalten ...).

2. Kopieren Sie die Überschrift *Ort* in die Zelle E1 und tragen Sie in E2 das Suchkriterium ein.

3. Kopieren Sie alle Felder, die Sie filtern wollen, in den Bereich ab Zelle G1.

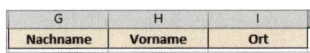

4. Setzen Sie den Zellzeiger in die Liste und starten Sie den Spezialfilter über *Daten/Sortieren und Filtern/Erweitert*.

5. Schalten Sie um auf die Option *An eine andere Stelle kopieren* und überprüfen bzw. korrigieren Sie den Listenbereich.

6. Markieren Sie E1:E2 als Kriterienbereich und G1:I1 als Zielbereich.

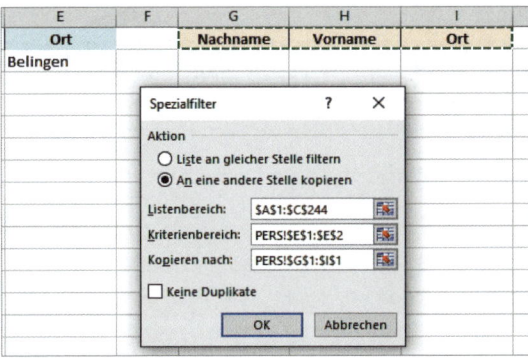

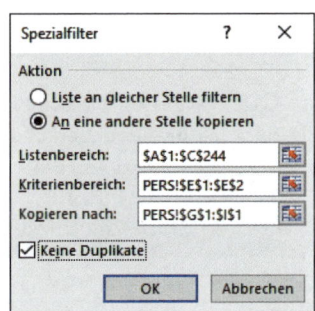

7. Kreuzen Sie *Keine Duplikate* an, wenn Sie doppelte Datensätze nur einmal kopieren wollen. Starten Sie den Spezialfilter mit Klick auf *OK*.

8. Die Daten werden in den Zielbereich kopiert. Dieser wird automatisch gelöscht, wenn Sie den Spezialfilter noch einmal mit anderen Kriterien starten.

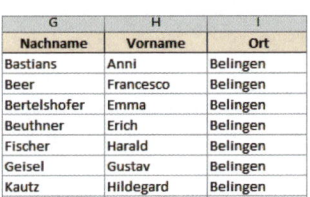

G	H	I
Nachname	Vorname	Ort
Bastians	Anni	Belingen
Beer	Francesco	Belingen
Bertelshofer	Emma	Belingen
Beuthner	Erich	Belingen
Fischer	Harald	Belingen
Geisel	Gustav	Belingen
Kautz	Hildegard	Belingen

9. Geben Sie ODER-Kriterien in weitere Zeilen der Spalte E ein und starten Sie den Spezialfilter noch einmal. Ändern Sie den Kriterienbereich und starten Sie mit *OK*.

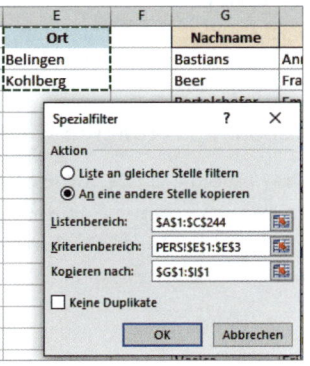

Tipps zum Spezialfilter

Die mit dem Spezialfilter ermittelten Datensätze lassen sich natürlich auch zwischen den Tabellenblättern einer Mappe verschieben und kopieren. So könnte beispielsweise der Kriterienbereich aus einem anderen Blatt stammen als die Tabelle und der Ausgabebereich darf auch in der nächsten Tabelle stehen. Starten Sie den Spezialfilter aber immer vom Zielbereich aus.

Der Spezialfilter legt beim ersten Aufruf die Bereichsnamen *Suchkriterien* und *Zielbereich* an. Diese Namen finden Sie unter *Formeln/Definierte Namen/Namens-Manager*. Damit stellt der Spezialfilter sicher, dass bei einem weiteren Aufruf die Bereiche bereits vorgeschlagen werden können.

Im Kriterienbereich können Sie mit UND- und ODER-Kriterien arbeiten. Für UND tragen Sie die Filterkriterien zeilenweise ein:

Bundesland
Bayern
Baden-Württemberg
Hessen

Für ODER-Kriterien brauchen Sie die Kopfzeilen der Liste oder Tabellen. Hier können Sie auch mit Bedingungen und logischen Zeichen (>, <, >=, <=, <>) und mit den Platzhalterzeichen * und ? arbeiten.

Alter	Alter
>25	<60

Bundesland	Ort
Bayern	Friedberg

5.4   Tabellen und strukturierte Verweise

Mit der Einführung der Tabelle löst Excel langsam aber sicher uralte Techniken und Verfahren in der Tabellenkalkulation ab.

Tabellen werden in der Praxis immer häufiger anstelle von Listen eingesetzt, und Listen werden für eine optimale Auswertung in Tabellen umgewandelt. Dazu sind nur wenige Klicks nötig. Die Größe der Liste wird automatisch erkannt, die Tabelle unterscheidet sich farbig von der Liste.

Tabellen in früheren Excel-Versionen

Die Tabelle wurde mit Excel 2007 eingeführt und ist deshalb nicht kompatibel mit früheren Versionen. Achten Sie darauf, wenn eine Arbeitsmappe für die Bearbeitung mit Excel 2003/2000 vorgesehen ist. Wandeln Sie Tabellen mit *Tabellentools/Tools/In Bereich konvertieren* in Listen um, bevor Sie die Mappe im älteren Format speichern.

5.4.1 Vorteile von Tabellen

Die Tabelle ist wesentlich flexibler als die Liste und bietet ihr gegenüber große Vorteile.

- Tabellen sind dynamische Listen, das heißt, sie erweitern sich automatisch, wenn neue Daten angefügt werden. Das gilt für Zeilen und Spalten. Bezieht sich eine Formel auf eine Tabelle oder ein Element der Tabelle, passt sich der Bezug automatisch an. Ein Beispiel:

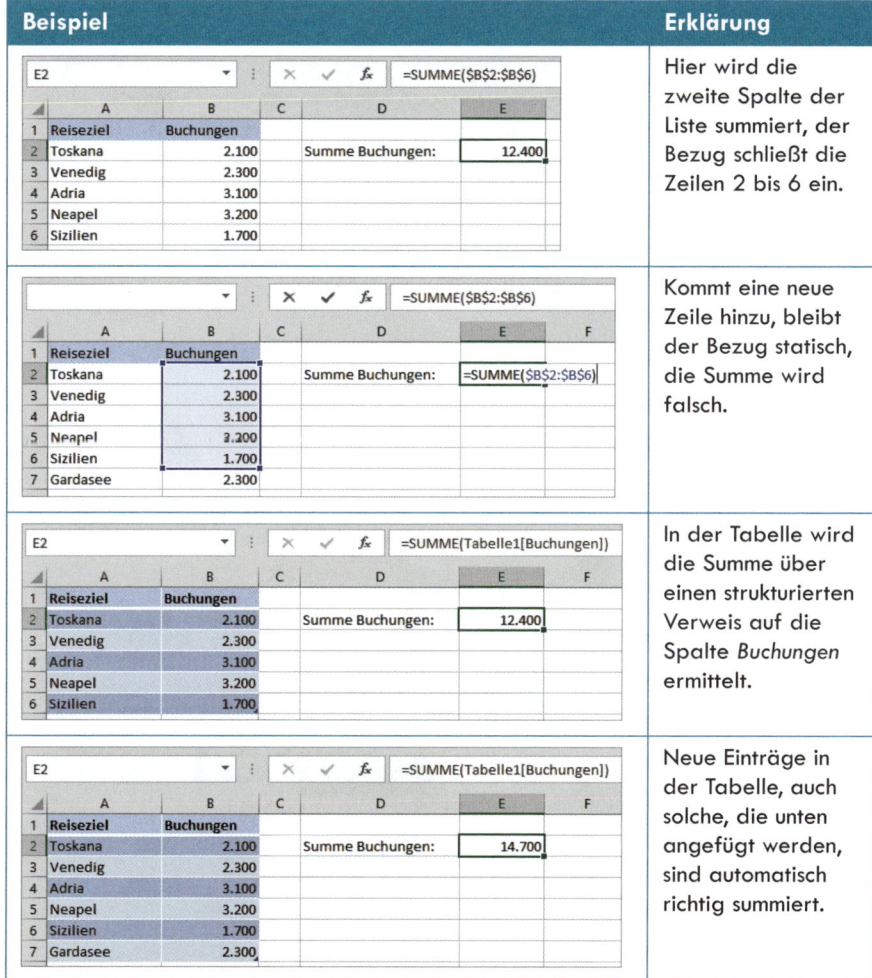

Beispiel	Erklärung
=SUMME($B$2:$B$6) — Summe Buchungen: 12.400	Hier wird die zweite Spalte der Liste summiert, der Bezug schließt die Zeilen 2 bis 6 ein.
=SUMME($B$2:$B$6) — Summe Buchungen: =SUMME($B$2:$B$6)	Kommt eine neue Zeile hinzu, bleibt der Bezug statisch, die Summe wird falsch.
=SUMME(Tabelle1[Buchungen]) — Summe Buchungen: 12.400	In der Tabelle wird die Summe über einen strukturierten Verweis auf die Spalte *Buchungen* ermittelt.
=SUMME(Tabelle1[Buchungen]) — Summe Buchungen: 14.700	Neue Einträge in der Tabelle, auch solche, die unten angefügt werden, sind automatisch richtig summiert.

- Excel kopiert automatisch alle Formeln in einer Spalte aus der vorletzten Zeile in die neue Zeile, wenn eine Zeile angefügt wird.

- Tabellen erhalten automatisch Filterpfeile in allen Spaltenköpfen.

- Tabellen berechnen in der Ergebniszeile am unteren Rand automatisch die Summe, die Anzahl von Daten oder die Mittelwerte einzelner Spalten. Die Formeln in der Ergebniszeile arbeiten mit der Funktion TEILERGEBNIS(), die bei der Anwendung von Spaltenfiltern die richtigen Ergebnisse anzeigt.

- Zur Kalkulation werden strukturierte Verweise anstelle von Zellbezügen verwendet.

Strukturierte Verweise sind Formeln, die nicht mit Zellbezügen, sondern mit Tabellenelementen wie Zeile, Spalte oder Daten arbeiten. Konstruieren Sie in einer Tabelle eine Formel, so arbeitet diese nicht mit Zelladressen (z. B. "$A$1"), sondern mit einem Verweis auf einen Teil der Tabelle.

=@[SpalteX] verweist zum Beispiel auf den Wert in der Spalte mit der Überschrift SpalteX, das @-Zeichen steht für den parallelen Zeilenwert.

=[SpalteX] verweist auf die gesamte Spalte, zum Beispiel in der Formel =SUMME([SpalteX]).

5.4.2 Listen in Tabellen umwandeln

Listen lassen sich einfach in Tabellen umwandeln, wenn sie nach den Regeln für Listen aufgebaut sind:

- Kopfzeile mit durchgehender Beschriftung,

- keine Leerzeilen,

- gleiche Datentypen in Spalten (Zahlen in Zahlenspalten, Datum in Datumsspalten etc.).

1. Setzen Sie den Zellzeiger in die Liste. Sie können auch die ganze Liste markieren, drücken Sie [Strg]+[⇧]+[*].

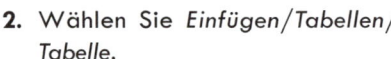

2. Wählen Sie *Einfügen/Tabellen/ Tabelle*.

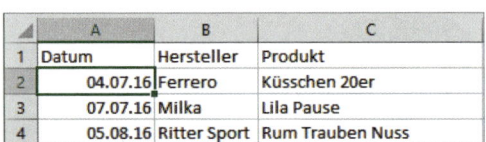

3. Der Bezug auf die Liste wird vorgeschlagen, markieren Sie im Hintergrund einen neuen Bezug oder bestätigen Sie mit Klick auf OK.

   Die Option *Tabelle hat Überschriften* ist aktiviert.

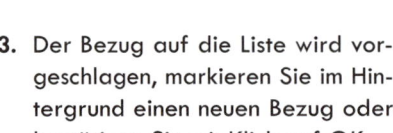
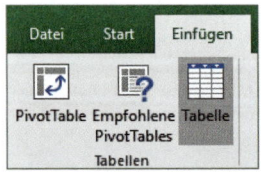

4. Die Liste ist in eine Tabelle umgewandelt.

Alternativ dazu können Sie die Liste
auch mit *Start/Formatvorlagen/Als
Tabelle formatieren* erstellen, wenn Sie
gleich eine passende Vorlage auswählen wollen. Klicken Sie auf eine der
angebotenen Tabellenformatvorlagen.

	A	B	C
1	Datum	Hersteller	Produkt
2	04.07.16	Ferrero	Küsschen 20er
3	07.07.16	Milka	Lila Pause
4	05.08.16	Ritter Sport	Rum Trauben Nuss
5	06.08.16	Milka	Noisette 100g
6	06.08.16	Kinder	Überraschung Classic-Ei
7	12.08.16	Kinder	Schokolade
8	12.08.16	Ritter Sport	Alpenmilch

5.4.3 Die Tabellentools

Für die Tabelle stellt das Menüband eine eigene Registergruppe bereit, die nur angezeigt wird, solange der Zellzeiger in der Tabelle steht. Die Tabellentools enthalten
alle Formatier- und Gestaltungswerkzeuge für die Tabelle, aufgeteilt in fünf Gruppen:

- **Eigenschaften:** Der Name der Tabelle und ein Symbol, um die Größe der Tabelle zu ändern.

- **Tools:** Hier kann die Tabelle mit PivotTables zusammengefasst oder in einen Bereich
  zurückkonvertiert werden. *Duplikate entfernen* löscht doppelte Datensätze, und mit
  dem Datenschnitt lassen sich Tabellen einfach filtern.

- **Externe Tabellendaten:** Exportieren Sie Tabellen nach SharePoint, aktualisieren Sie
  die Daten bei verknüpften, importierten Tabellen oder passen Sie die Eigenschaften der Verknüpfung an.

- **Optionen für Seitenformat:** Hier können Sie die Kopfzeile und die Ergebniszeile
  der Tabelle ein- oder ausschalten und einzelne Elemente der Formatierung aus der
  Tabellenformatvorlage aktivieren.

- **Tabellenformatvorlagen:** Hier finden Sie eine Auswahl von Formatvorlagen mit automatischer Formatierung und Farbzuweisung für die Kopfzeile und den Rest der
  Tabelle.

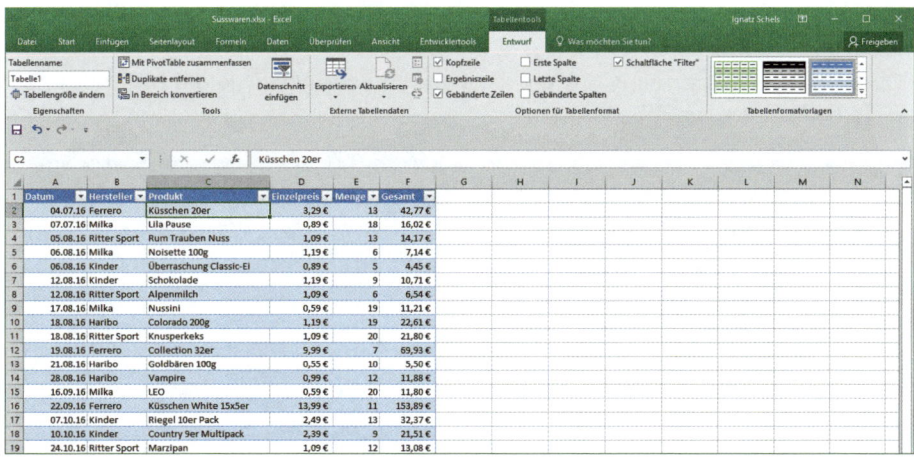

Bild 5.9: Die Tabelle mit dem Tabellentools-Register.

Tabellen benennen

Für den Datenbereich der Tabelle wird automatisch ein Tabellenname eingetragen. Die erste Tabelle heißt *Tabelle1*, die nächste *Tabelle2* usw. Unter *Tabellentools/Entwurf* sehen Sie diesen Namen links oben in der Gruppe *Eigenschaften*. Dieser Name passt sich automatisch an die Tabellendimension an, was für Auswertungsformeln besonders hilfreich ist. Sie können den Tabellennamen jederzeit ändern. Tragen Sie den neuen Namen ein und bestätigen Sie mit der ⏎-Taste. Der Name darf keine Leerzeichen enthalten.

 Geben Sie der Tabelle einen Namen mit dem Präfix *tbl*. Damit kennzeichnen Sie die Tabelle eindeutig.

```
tbl_Umsatz
tbl_VerkäufeFiliale
tbl_Personalstand_März_2016
```

Im Namens-Manager (*Formeln/Definierte Namen*) werden Tabellennamen und Bereichsnamen angezeigt, Tabellennamen können hier aber nicht bearbeitet werden. Um eine Tabelle umzubenennen, wählen Sie *Tabellentools/Eigenschaften/Tabellenname*.

Tabellenbereich ändern

In den Eigenschaften der Tabellentools finden Sie die Option *Tabellengröße ändern*. Damit erhalten Sie den aktuellen Bezug zur Tabelle angezeigt und können diesen mit gedrückter Maustaste im Hintergrund ändern oder neu eintragen.

Für die manuelle Erweiterung verwenden Sie die Befehle, die Sie auch für »normale« Zellbereiche anwenden. Klicken Sie mit der rechten Maustaste auf einen Spaltenbuchstaben und wählen Sie im Kontextmenü *Zellen einfügen*. Die Tabellenformatvorlage wird automatisch wieder die Formatierung übernehmen. Neue Spalten werden automatisch in die Tabelle übernommen, wenn Sie sie unmittelbar neben der Tabelle beschriften. Um eine Spalte vor Spalte A einzufügen, klicken Sie mit der rechten Maustaste in eine Zelle der Spalte A und wählen *Zeile/Spalte einfügen/Tabellenspalten nach links*.

Tabellen manuell anpassen

Für eine manuelle Anpassung des Tabellenbereichs verwenden Sie die Positionierungsmarke rechts unten am Tabellenrahmen.

Beispiel	Erklärung
Milka — Oreo 100g Haribo — Goldbären Minis 100x10g Milka — Alpenmilch 100g Kinder — Schoko-Bons 200g Ritter Sport — Pfefferminz	Ein kleines blaues Dreieck markiert das Ende der Tabelle.
	Ziehen Sie es mit gedrückter Maustaste nach unten, ...

Beispiel	Erklärung
Kinder — Schoko-Bons 200g Ritter Sport — Pfefferminz	… um neue Zeilen einzufügen, …
Minis 100x10g h 100g ns 200g nz	… oder nach rechts für neue Spalten.
Haribo — Goldbären Minis 100x10g Milka — Alpenmilch 100g Kinder — Schoko-Bons 200g Ritter Sport — Pfefferminz	Ziehen Sie das Kästchen nach oben oder nach links, um Tabellenspalten und -zeilen zu löschen. Die Inhalte werden damit nicht gelöscht.

Die Ergebniszeile

Die Ergebniszeile enthält Formeln zur Spaltenauswertung. Für diese Zeile erweitert sich die Tabelle automatisch nach unten. Sie ist nach der Erstellung der Tabelle inaktiv und wird über den Schalter unter *Tabellentools/Entwurf/Optionen für Tabellenformat* ein- und ausgeblendet. Klicken Sie auf das Pfeilsymbol in der letzten Zeile der Spalte und wählen Sie die geeignete Funktion.

Funktion	Berechnung
Ohne	Die Spalte wird nicht berechnet.
Mittelwert	Berechnet das arithmetische Mittel aus allen Zahlen der Spalten.
Anzahl	Berechnet die Anzahl der Einträge (Text, Zahl, Datum) in der Spalte.
Anzahl Zahlen	Berechnet die Anzahl der Zellen, in denen Zahlen oder Datumswerte eingetragen sind.
Maximum	Gibt den größten Wert der Spalte aus.
Minimum	Gibt den kleinsten Wert der Spalte aus.
Summe	Berechnet die Summe der Zahlenwerte in der Spalte.
Standardabweichung	Berechnet den statistischen Wert der Standardabweichung.
Varianz (Stichprobe)	Berechnet die Varianz aus den Werten der Spalte.
Weitere Funktionen …	Aktiviert den Funktionsassistenten zur Auswahl einer beliebigen Funktion (nur Excel 2013).

Alle Berechnungen in der Ergebniszeile werden über eine einzige Funktion abgewickelt. TEILERGEBNIS() bietet die Möglichkeit, anstelle anderer Funktionen aufzutreten. Diese beiden Formeln liefern das gleiche Ergebnis:

```
=SUMME(C2:C11)
```

```
=TEILERGEBNIS(109;[Lagermenge])
```

Im Unterschied zur SUMME()-Funktion, die immer den in den Klammern angegebenen Bereich summiert, liefert TEILERGEBNIS() die Summe des gefilterten Bereichs. Wenn Sie auf ein Pfeilsymbol in der Kopfzeile klicken und ein Filterkriterium wählen, zeigt die TEILERGEBNIS()-Funktion die Berechnung für die sichtbaren Daten an, die dem Kriterium entsprechen. Die Berechnung von TEILERGEBNIS() ist vom Zahlencode im ersten Argument abhängig. Dieser Code ist im Unterschied zu früheren Versionen dreistellig, damit werden ausgeblendete (gefilterte oder in unsichtbaren Gliederungsebenen untergebrachte) Werte ignoriert.

Funktion	Teilergebniscode
MITTELWERT	101
ANZAHL	103
ANZAHL (Zahlen)	102
MAXIMUM	104
MINIMUM	105
SUMME	109
STANDARDABWEICHUNG	107
VARIANZ	110

Im zweiten Argument enthält TEILERGEBNIS() die Spaltenbezeichnung aus der Tabelle, was die Voraussetzung für eine dynamische Anpassung des Ergebnisses ist. Wird die Tabelle um eine Zeile erweitert oder reduziert, passt sich das Ergebnis automatisch an:

```
=TEILERGEBNIS(109;[Lagermenge])
```

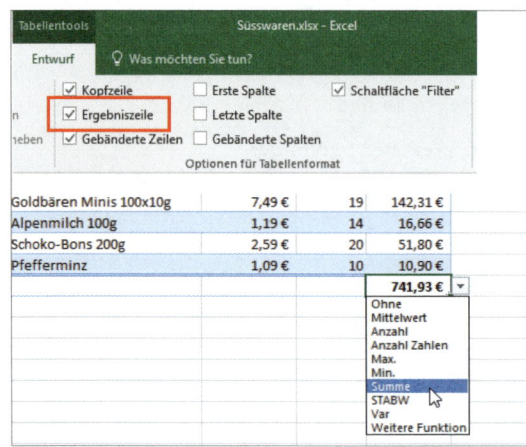

Bild 5.10: Die Ergebniszeile mit Funktionen auf Basis von TEILERGEBNIS().

Duplikate entfernen

Mit diesem Menübefehl aus *Tabellentools/Entwurf/Tools* löschen Sie schnell und unkompliziert doppelte Datensätze. Kreuzen Sie die Spalte oder mehrere Spalten an, die doppelte Werte enthalten. Mit *Alles markieren* kreuzen Sie alle Spalten an, *Markierung aufheben* entfernt die Markierungen wieder.

Achten Sie auf die Option *Daten haben Überschriften*. Sie wird automatisch gesetzt, wenn eine Überschrift erkannt wird. Entfernen Sie die Option, wird die erste Zeile der Tabelle mit ausgewertet. Klicken Sie auf *OK*, um die Aktion zu starten.

Alle Duplikate werden entfernt, sofern welche zu finden sind. Eine Meldung informiert Sie anschließend, ob und wie viele Datensätze gefunden wurden.

Datenschnitt einfügen

Ein Datenschnitt bietet die Möglichkeit, die Tabelle auf einzelne Werte in einer Spalte zu filtern, zeigt diese Werte im Unterschied zur Filterfunktion aber in einem eigenen, kleinen Fenster an. Die Spaltenwerte können einzeln markiert werden, der Datenschnitt schaltet den passenden Filter ein. Wählen Sie *Tabellentools/Entwurf/Datenschnitt einfügen*.

Kreuzen Sie die Spaltennamen an, für die Sie einen Datenschnitt einfügen wollen, und bestätigen Sie mit *OK*. Positionieren Sie die Datenschnittfenster auf dem Tabellenblatt, ziehen Sie dazu die Kopfzeile mit gedrückter Maustaste. Über die Ränder können die Datenschnittfenster vergrößert und verkleinert werden. Ist ein Datenschnitt markiert, zeigt das Menüband ein neues Register *Datenschnitttools* an. Klicken Sie auf *Optionen* und passen Sie den Datenschnitt an.

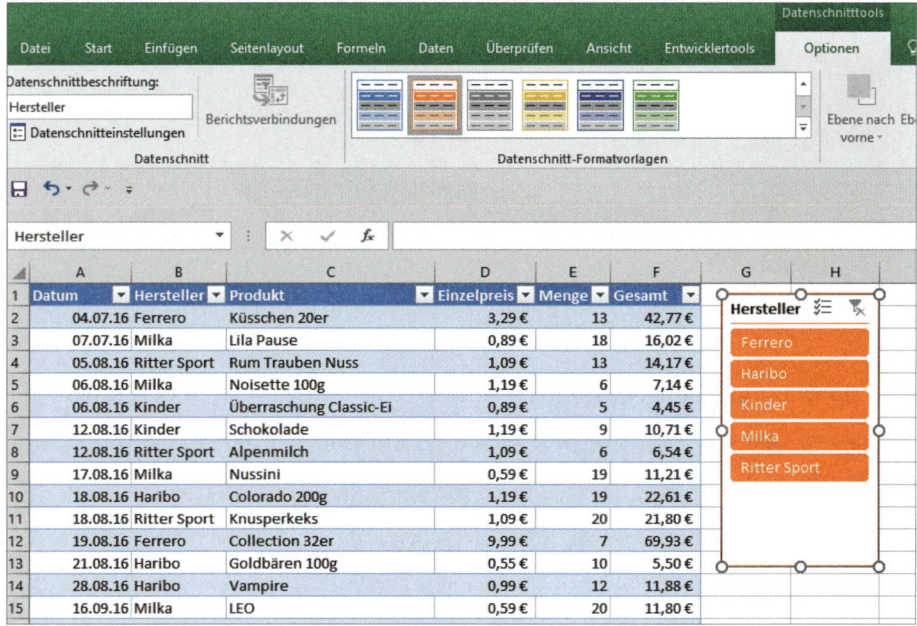

Bild 5.11: Ein Datenschnitt, hier für das Feld »Hersteller«.

- **Datenschnittbeschriftung:** Geben Sie dem Datenschnitt einen Namen.

- **Datenschnitteinstellungen:** Hier können Sie einen Datenschnitt formatieren, die Kopfzeile ein-/ausblenden und Elemente ohne Daten ausblenden.

- **Datenschnitt-Formatvorlagen:** Weisen Sie Ihren Datenschnitten unterschiedlich farbige Formatvorlagen zu.

- **Anordnen:** Hier ordnen Sie die Datenschnittfenster passend an, wenn sie sich überlappen.

- **Schaltflächen:** Stellen Sie hier die Spaltenzahl für den Datenschnitt ein. Die Höhe bezieht sich auf die Größe der einzelnen Elemente, die Breite auf den Datenschnitt selbst.

- **Größe:** Die Höhe bezieht sich auf den Datenschnitt, die Breite wieder auf die Elemente.

Um die Tabelle nach einzelnen Elementen zu filtern, klicken Sie diese im Datenschnitt an. Drücken Sie die [Strg]-Taste, um weitere, nicht zusammenhängende Elemente auszuwählen, oder die [⇧]-Taste für eine Reihe von Elementen. Mit dem Symbol *Mehrfachauswahl* in der Kopfzeile des Datenschnitts können Sie mehrere Elemente auswählen, ohne die [Strg]-Taste zu drücken.

Filtert ein Datenschnitt aktiv die Tabelle, zeigt das Filtersymbol rechts oben ein kleines rotes Kreuz. Klicken Sie das Symbol an, wird der Filter entfernt, alle Elemente werden wieder angezeigt.

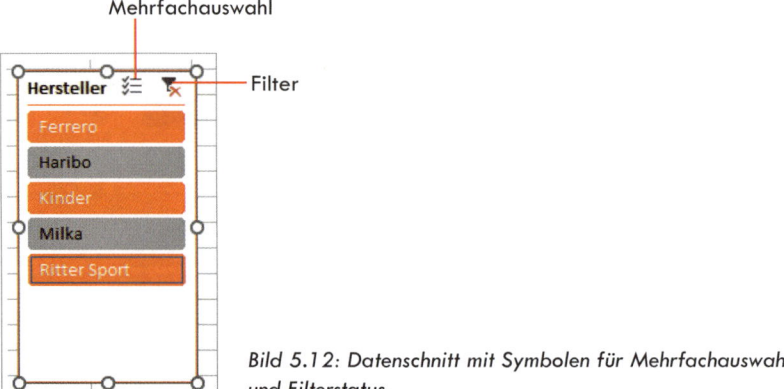

Bild 5.12: Datenschnitt mit Symbolen für Mehrfachauswahl und Filterstatus.

Tabelle in Bereich konvertieren

Um eine Tabelle wieder in eine Liste zurückzuverwandeln, setzen Sie den Zellzeiger in die Tabelle und wählen *Tabellentools/Entwurf/Tools/In Bereich konvertieren*. Bestätigen Sie die Frage mit Klick auf *Ja* und die Tabelle wird konvertiert.

Möchten Sie die Tabelle in einen normalen Bereich konvertieren?

Damit wird die Tabelle entfernt, der Bereich wird ohne Tabellenelemente angezeigt, die Formatierung aus der Tabellenformatvorlage behält er bei. Um die Formatierung zu entfernen, weisen Sie dem Bereich anschließend die Zellenformatvorlage *Standard* zu.

Ergebnisse, die mittels der TEILERGEBNIS-Funktion in der Ergebniszeile der Tabelle standen, werden übernommen. Die Funktion bleibt erhalten. Problematisch wird es, wenn Sie den mit Ergebnissen versehenen Bereich wieder in eine Tabelle umwandeln, die Ergebnisse dürfen nicht mehr in die Tabelle übernommen werden. Löschen Sie in diesem Fall die Formeln mit den TEILERGEBNIS-Funktionen und berechnen Sie die Ergebnisse der Tabelle neu.

5.4.4   Tabellen formatieren

Unter *Start/Formatvorlagen* oder in den Tabellentools stehen Formatvorlagen für Tabellen zur Auswahl. Zeigen Sie mit dem Mauszeiger auf eine Vorlage, wird die Tabelle im Hintergrund schon formatiert, vorausgesetzt, die Live-Vorschau ist aktiviert (*Datei/Optionen*).

Klicken Sie eine Vorlage mit der linken Maustaste an, wird diese der Tabelle zugewiesen. Klicken Sie eine Vorlage mit der rechten Maustaste an und wählen Sie *Übernehmen* und *Formate löschen* oder *Übernehmen* (und *Formatierung beibehalten*).

In der Gruppe *Optionen für Tabellenformat* schalten Sie einzelne Formatierungen aus dem Tabellenformat ein oder aus. Mit *Gebänderte Zeilen/Spalten* sind die Ränder gemeint, *Erste Spalte/Zeile* schaltet den Fettdruck ein oder aus.

Neue Vorlagen für Tabellen werden über den Befehl am unteren Rand der Vorlagenliste erstellt. Geben Sie einen Namen für die neue Vorlage ein und formatieren Sie die einzelnen Tabellenelemente. Weisen Sie Schrift, Rahmen und Zellmuster zu und formatieren Sie weitere Elemente wie Stripesets, Ergebniszeilen und Überschriften.

In den Stripesets legen Sie die Formate für die wechselnde Spaltenformatierung fest, die sichtbar wird, wenn in den Tabellentools die Option *Gebänderte Spalten* gesetzt ist. Zeilenstripesets heben die Formatierung von Spalten auf.

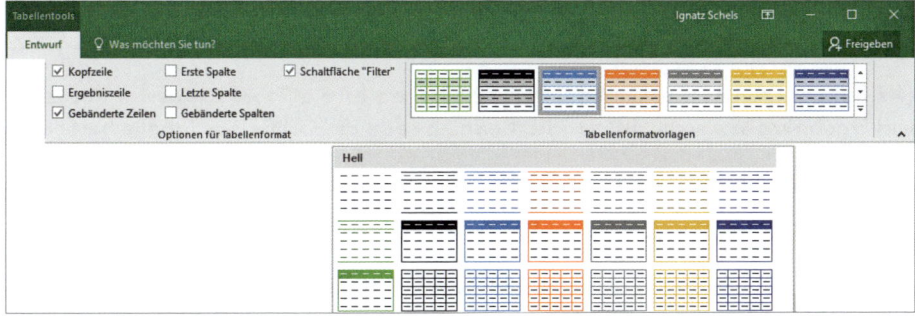

Bild 5.13: Tabellenformatvorlagen für die Formatierung der Tabelle.

5.4.5   Strukturierte Verweise

Strukturierte Verweise vereinfachen die Konstruktion von Formeln in Tabellen wesentlich. Die Formeln in der Tabelle verwenden keine relativen oder absoluten Bezüge mehr, sondern arbeiten mit Elementen der Tabelle, zum Beispiel mit dem Spaltennamen oder mit dem Zeilenwert einer Spalte, die neben der Formelzelle liegt. Verweist eine Formel »von außen« auf eine Tabelle, verwendet sie ebenfalls strukturierte Verweise, hauptsächlich Spalten oder auch die gesamte Tabelle. Die Formeln in der Ergebniszeile verwenden bereits einen strukturierten Verweis auf die jeweilige Spalte:

=TEILERGEBNIS(109;[Gesamt])

Bei internen strukturierten Verweisen geben Sie einfach den Spaltennamen anstelle des Zellbezuges an. Das @-Zeichen steht für das Zeilenelement der Spalte:

=[@Betrag]*[@Menge]

Bei externen Verweisen wird der Name der Tabelle mit angegeben:

=Summe(Tabelle1[Betrag])

Externe Verweise werden auch als »qualifizierte Verweise« bezeichnet, interne als »nicht qualifizierte Verweise«.

Bezeichner

Diese Elemente, Bezeichner genannt, kommen in strukturierten Verweisen zum Einsatz:

Bezeichner	Bedeutung
[#Alle]	Bezug auf die gesamte Tabelle mit Spaltennamen, Daten und Ergebniszeile
[#Daten]	Bezug auf die Daten ohne die Ergebniszeile
[#Kopfzeilen]	Bezug auf die Kopfzeile mit den Spaltennamen
[#Ergebnisse]	Bezug auf die Ergebniszeile, ergibt 0, wenn diese nicht vorhanden ist
[@]	Bezug auf die Daten in dieser Zeile

[#Alle] wird für Auswertungen selten benutzt, da er die Tabelle inklusive Kopfzeile und Ergebniszeile einschließt. So wird beispielsweise die Größe der Tabelle berechnet:

=ZEILEN(Tabelle1[#Alle])

=SPALTEN(Tabelle1[#Alle])

Diese Formel überprüft, ob die Ergebniszeile der Tabelle eingeschaltet ist, indem sie die Zeilenzahl der Tabelle mit der Zeilenzahl des Datenbereichs vergleicht:

=WENN(ZEILEN(Tabelle1[#Alle])-1>ZEILEN(Tabelle1[#Daten]);"enthält Ergebniszeile";"keine Ergebniszeile")

[#Daten] adressiert in Formeln den Datenbereich der Tabelle ohne Kopfzeile und Ergebniszeile, kann aber meist weggelassen werden. Hier wird mit der Funktion ZEILE() die Größe berechnet:

=ZEILEN(tblProjekte[#Daten]) oder =ZEILEN(tblProjekte)

[#Kopfzeilen] ist besonders nützlich für Verweise auf Tabellen. Der Bezeichner enthält die erste Zeile der Tabelle und kann als Matrix in Formeln verwendet werden. Diese Formel sucht beispielsweise nach einem Spaltennamen in der Tabelle. Das Ergebnis ist die Spaltennummer oder ein #WERT-Fehler, falls die Spalte nicht existiert:

=VERGLEICH("Projekt";tblProjekte[#Kopfzeilen];0)

[#Ergebnisse] lässt sich ebenfalls als Matrix auswerten. Ist die Spaltennummer bekannt, liefert die Funktion INDEX() den Wert aus der Ergebniszeile:

=INDEX(tblProjekte[#Ergebnisse];1;4)

Mit **[@]** holt die Formel in der Tabelle den Wert aus der Spalte, die sich parallel zur Formelzelle befindet. [@] erfüllt dabei die Funktion, die früher der relative Bezug hatte.

- =[@Budget] der Wert aus der Spalte *Budget*, relativ zur Formelzelle.
- =[Budget]   Der absolute Wert der Spalte *Budget*.

Operatoren

Strukturierte Verweise verwenden neben den allgemeinen arithmetischen Rechenoperatoren (+, –, *, /) noch folgende zusätzliche Operatoren:

Operator	Beispiel	Entspricht Zellbezug
Doppelpunkt (:)	=Tabelle1[Nord]:[Ost]	A2:D7
Komma (,)	=Tabelle1[Nord], Tabelle1[Süd]	A2:A7,B2:B7
Schnittmenge (Leertaste)	=Tabelle1[Nord] Tabelle1[Juni]	A2:A7 A6:D6

Interne strukturierte Verweise

Ein Beispiel: Berechnen Sie im Projektplan mit strukturierten Verweisen die Dauer der einzelnen Phasen und ermitteln Sie den prozentualen Anteil an der Gesamtdauer.

1. Die Tabelle enthält in der ersten Spalte die Projektphasen und in weiteren Spalten Beginn und Ende der jeweiligen Phase.

	A	B	C
1	Projektplan		
2			
3	Vorgang	Beginn	Ende
4	Grobplanung	01.01.2016	25.02.2016
5	Detailplanung	20.02.2016	31.03.2016
6	Beschaffung	01.04.2016	20.04.2016
7	Fertigung	15.04.2016	30.05.2016
8	Montage	01.06.2016	15.07.2016
9	Probebetrieb	15.07.2016	30.08.2016
10	Inbetriebnahme	01.09.2016	15.09.2016

2. Schreiben Sie *Dauer* in die Kopfzeile der nächsten Spalte, die Tabelle wird automatisch erweitert.

C	D
Ende	Dauer
25.02.2016	
31.03.2016	

3. Konstruieren Sie die Formel für die Dauer mit strukturierten Verweisen auf das Zeilenelement der Spalten *Ende* und *Beginn*. Klicken Sie dazu auf die Zellen C4 und B4.

Beginn	Ende	Dauer	
01.01.2016	25.02.2016	=[@Ende]-[@Beginn]+1	
20.02.2016	31.03.2016		
01.04.2016	20.04.2016		
15.04.2016	30.05.2016		

4. Berechnen Sie in einer weiteren Spalte den prozentualen Anteil der Dauer an der Gesamtdauer. Klicken Sie für *[@Dauer]* auf D4 und für *[Dauer]* auf den oberen Rand der Spaltenbeschriftung (D3).

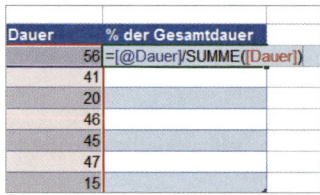

Dauer	% der Gesamtdauer	
56	=[@Dauer]/SUMME([Dauer])	
41		
20		
46		
45		
47		
15		

5. Die Formel rechnet mit internen strukturierten Verweisen, sie wird automatisch bis zum Tabellenende kopiert.

f_x =[@Dauer]/SUMME([Dauer])

C	D	E
Ende	Dauer	% der Gesamtdauer
25.02.2016	56	20,74%
31.03.2016	41	15,19%
20.04.2016	20	7,41%
30.05.2016	46	17,04%
15.07.2016	45	16,67%
30.08.2016	47	17,41%
15.09.2016	15	5,56%

6. Markieren Sie die Tabellenspalte *Dauer* per Klick auf den oberen Rand der Kopfzeile. Drücken Sie $\boxed{\text{Strg}}$+$\boxed{1}$ für die Formatierung.

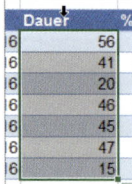

Dauer	%
	6	56
	6	41
	6	20
	6	46
	6	45
	6	47
	6	15

7. Weisen Sie der Spalte dieses benutzerdefinierte Zahlenformat zu: 0" Tage"

Externe strukturierte Verweise

Wird ein Tabellenelement außerhalb der Tabelle in einer Formel verwendet, entsteht ein externer strukturierter Verweis, und für diesen muss der Name der Tabelle mitgeführt werden. Nutzen Sie die Formelhilfe, um diese Verweise zu konstruieren. Ein Beispiel:

1. Geben Sie der Tabelle einen kurzen, prägnanten Namen mit *tbl* als Präfix.

2. Berechnen Sie in einer Zelle außerhalb der Tabelle die Gesamtdauer. Schreiben Sie in der SUMME-Formel die ersten Buchstaben des Tabellennamens. Holen Sie den Rest mit Cursortasten und ⬆-Taste aus der Formelhilfe.

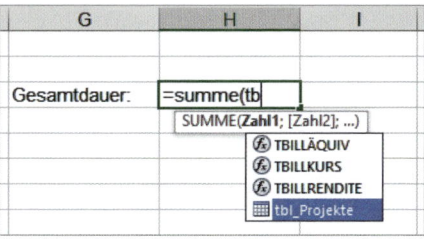

3. Schreiben Sie nach dem Tabellennamen eine eckige Klammer [, um alle Bezeichner anzuzeigen. Holen Sie die Spalte wieder mit Cursortasten und ⬆-Taste aus der Formelhilfe.

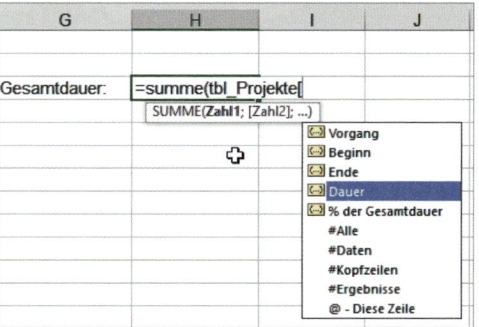

4. Schließen Sie die Klammer und beenden Sie die Formel mit ⏎.

G	H	I
Gesamtdauer:	=SUMME(tbl_Projekte[Dauer])	

5. So berechnen Sie auch komplexere Formeln und Formelschachtelungen mit strukturierten Verweisen.

fx	=ZÄHLENWENN(tbl_Projekte[Beginn];"<=30.6.2016")

G	H	I
Gesamtdauer:	270	
Beginn im 1. Halbjahr:	5	

Kapitel 6

6. PivotTables und PivotCharts

Für altgediente Excel-Anwender war die PivotTable lange Zeit ein Buch mit sieben Siegeln, und noch vor wenigen Jahren waren PivotTable- und PivotChart-Auswertungen Schwerpunkt in Seminaren für fortgeschrittene Excel-User. Mittlerweile hat sie Fuß gefasst, und selbst hartnäckige Formelspezialisten, die auf Funktionen wie SUMMEWENN() und SUMMENPRODUKT() schworen, haben sich mit der PivotTable angefreundet.

Die PivotTable gehört zum Kenntnis-Standard wie die Auswertungsfunktionen und die Diagramme.

PivotTables und PivotCharts sind die wichtigsten Werkzeuge für die Datenanalyse in der Tabellenkalkulation. Sie sind (relativ) einfach zu erstellen, liefern schnelle Resultate und halten für Anwender mit höheren Ansprüchen zusätzliche Werkzeuge wie Wertfeldeinstellungen und berechnete Felder zur Verfügung.

Woher kommt der Name?

Der Pivot-Punkt ist der Dreh- und Angelpunkt (frz. pivoter = drehen). Der Pivot war beim Militär ein drehbares Gestell, auf dem die Geschütze geschwenkt werden konnten.

Drehbare Bildschirme heißen heute noch Pivots, in der Medizin und für die Darstellung von Wertpapiercharts wird der Begriff ebenfalls verwendet.

Das Konzept der PivotTable wurde 1987 bei Lotus erfunden. Pito Salas, ein Softwareentwickler, verwendete für Lotus Improve eine Oberfläche mit mehreren Fenstern, in denen der Anwender mit Icons seine Analysen zusammenstellen konnte. Apple-Gründer Steve Jobs war übrigens auch beteiligt.

 Siehe Blog: Wie Steve Jobs die PivotTable erfand (www.schels.de).

6.1 PivotTables – das Prinzip

Wer sich mit PivotTables zum ersten Mal beschäftigt, muss zunächst das Prinzip verstehen. Dazu gehören die richtige Aufbereitung der Daten und die Konstruktion eines Pivot-Layouts. Nicht alle Daten sind nämlich für PivotTables geeignet, und ein falsches Layout schafft eher Verwirrung als Durchblick. Diese drei Hauptaufgaben erfüllt die PivotTable:

- Daten zusammenfassen (aggregieren),
- Daten filtern und sortieren,
- Daten in unterschiedlichen Ansichten präsentieren.

Die PivotTable enthält nicht so viele Daten wie ihre Datenquelle, aber darin liegt genau der Sinn der Aktion: Größere Datenmengen werden verdichtet und auf die wesentlichen Informationen reduziert.

Die PivotTable analysiert eine Datenmenge, Datenbasis genannt. Sie ändert im Unterschied zu anderen Werkzeugen (Sortieren, Filtern, Teilergebnis) niemals die Basis, sondern wird immer separat in einem eigenen Bereich, vorzugsweise in einem anderen Tabellenblatt angelegt.

Die Datenbasis ist technisch gesehen eine Liste oder Tabelle, sie besteht aus einer Kopfzeile mit Beschriftung der einzelnen Spalten (Felder) und einer Reihe von Datensätzen, die innerhalb der Spalten möglichst vom gleichen Typ sind.

Unterscheiden wir zwischen eindimensionalen und zweidimensionalen PivotTables:

6.1.1　Eindimensional

In der eindimensionalen PivotTable werden die Datensätze eines Feldes in einer Spalte komprimiert, die Zahlen aus einer anderen (oder mehreren anderen) Spalte(n) werden aggregiert.

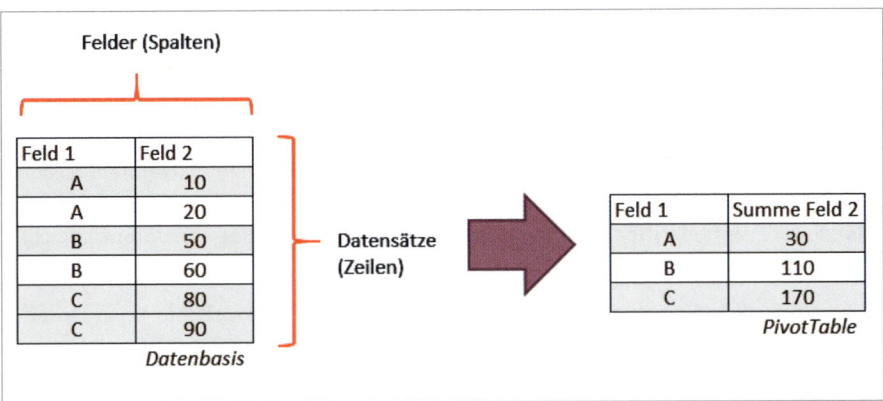

Bild 6.1: Datenbasis und eindimensionale PivotTable.

6.1.2　Mehrdimensional

In der mehrdimensionalen PivotTable besetzt das erste Feld komprimiert den Zeilenbereich, das zweite Feld wird im Spaltenbereich komprimiert. Am Kreuzungspunkt wird eine Zahl aggregiert.

Ein Aggregat ist eine Zusammenfassung auf Basis einer Rechenfunktion. Das häufigste und einfachste Aggregat ist die Summe – die Daten im Kreuzungspunkt werden aufsummiert.

Neben der Summe gibt es aber noch weitere Aggregatfunktionen, zum Beispiel *Anzahl* oder *Mittelwert*.

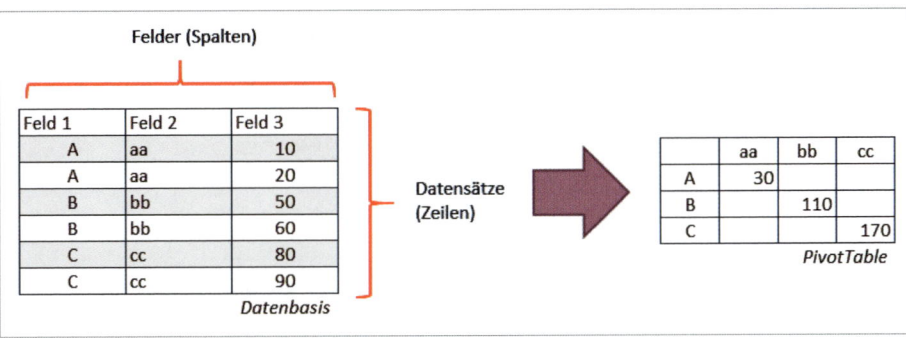

Bild 6.2: Datenbasis und mehrdimensionale PivotTable.

6.1.3 Voraussetzungen

Die wichtigste Voraussetzung für eine PivotTable-Auswertung ist, dass die Datenbasis in Form einer Liste oder Tabelle vorliegt. Listen und Tabellen haben diese Merkmale:

- Die erste Zeile ist die Kopfzeile. Für die PivotTable muss diese durchgehend beschriftet sein, möglichst mit Text. Wenn in der Kopfzeile eine Zelle leer ist, wird die PivotTable-Erstellung mit einer Fehlermeldung abgebrochen. Für die Beschriftung sind alle Zeichen erlaubt, auch Leerzeichen, ?, * und andere.

- Daten in Zahlenspalten sollten numerisch sein. Die Auswertung ist nur korrekt, wenn lediglich Zahlen in Zahlenspalten stehen und Datumswerte in Datumsspalten. Summen wird die PivotTable zwar auch korrekt ermitteln, wenn alphanumerische Daten in der Spalte stehen, aber Mittelwerte oder berechnete Felder werden nicht richtig berechnet.

- Datumswerte in Datumsspalten müssen korrekt sein. Die PivotTable kann Datumswerte nicht gruppieren, wenn Texte oder falsche Datumswerte in der Spalte stehen.

- Zahlen, die als Text verwendet werden, sollten als Text ausgezeichnet sein. Jahreszahlen, Kostenstellen, Abteilungsnummer etc. können Probleme bei der Auswertung, speziell in PivotCharts bereiten. Setzen Sie einen Apostroph vor die Zahl, um diese in Text zu konvertieren, oder weisen Sie der Spalte das Zahlenformat *Text* zu.

6.1.4 Pivotierbare Daten?

Die Daten müssen »pivotierbar« sein. Auch das ist keine technische Voraussetzung, aber eine PivotTable auf eindeutige Datensätze macht wenig Sinn. Enthält eine Liste zum Beispiel eine Aufstellung von Umsatzsummen für die Monate Januar bis Juni, wird die PivotTable das gleiche Ergebnis präsentieren, weil es nichts zu aggregieren gibt. Bietet die Liste aber Einzelumsätze in mehreren Monaten und vielleicht noch die Filiale dazu an, lässt sich schon eine komfortable Auswertung daraus machen.

	A	B	C	D	E	F	G	H	I
1	Monat	Umsatz							
2	Januar	23.000				Umsatz			
3	Februar	25.000			Januar	23.000			
4	März	41.000			Februar	25.000			
5	April	45.000			März	41.000			
6	Mai	52.000			April	45.000			
7	Juni	85.000			Mai	52.000			
8					Juni	85.000			
9					Gesamtergebnis	271000			
10									
11									
12									
13									
14	Monat	Filiale	Umsatz		Umsatz				
15	Januar	München	12.000			Erding	Freising	München	Gesamtergebnis
16	Januar	Erding	5.000		Januar	5.000	6.000	12.000	23.000
17	Januar	Freising	6.000		Februar	5.000	10.000	10.000	25.000
18	Februar	München	10.000		März	16.000	2.000	23.000	41.000
19	Februar	Erding	5.000		Gesamtergebnis	26000	18000	45000	89000
20	Februar	Freising	10.000						
21	März	München	23.000						
22	März	Erding	16.000						
23	März	Freising	2.000						

Bild 6.3: Pivotierbare Daten müssen aggregierbar sein.

6.2   PivotTable anlegen

Bereiten Sie die Datenquelle wie oben beschrieben vor und stellen Sie sicher, dass sie von der PivotTable immer richtig interpretiert wird. Legen Sie eine neue PivotTable an:

1. Der Zellzeiger steht in der Liste oder Tabelle, die als Datenquelle für die Pivot-Table vorgesehen ist.

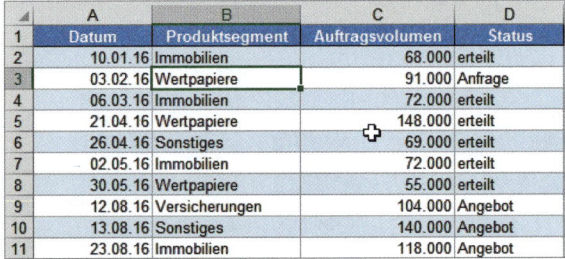

2. Wählen Sie *Einfügen/Ta-bellen/PivotTable*.

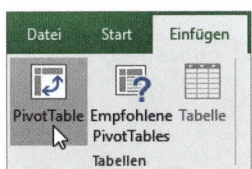

3. Der Bezug rund um den Zellzeiger wird vorgeschla-gen. Bereichsnamen wer-den nicht erkannt, drücken Sie F3 und holen Sie den Bereichsnamen ab, wenn Sie die Liste benannt hat-ten.

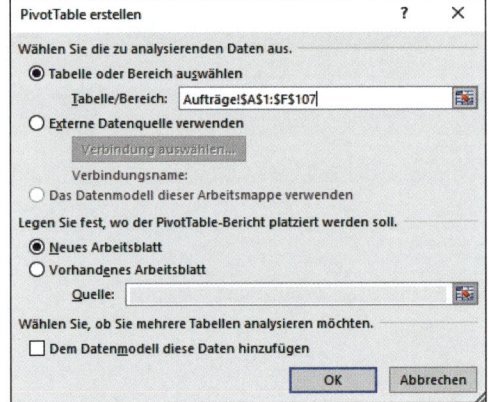

4. Tabellen werden erkannt, der Name der Tabelle, in der sich der Zellzeiger be-findet, wird vorgeschlagen.

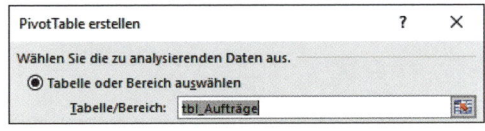

5. Bestätigen Sie diese Op-tion, wird die PivotTable in einem neuen Tabellenblatt angelegt.

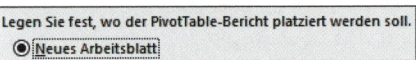

6. Schalten Sie auf die zweite Option um, können Sie das Ziel selbst bestimmen. Wechseln Sie gegebenenfalls in ein anderes Tabellenblatt (mit *Ansicht/Fenster/Fenster wechseln* auch in eine neue Mappe), ...

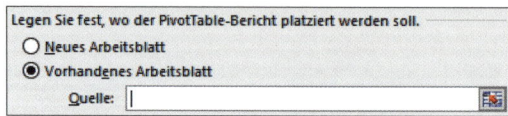

7. ... und klicken Sie auf die Zielzelle für die neue PivotTable.

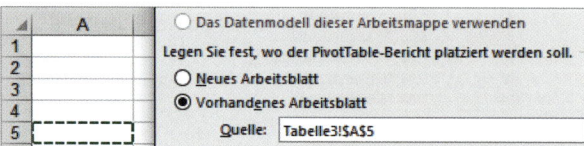

8. Bestätigen Sie mit *OK*, um die neue PivotTable anzulegen. Mit *Abbrechen* wird die Aktion abgebrochen.

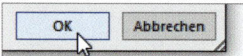

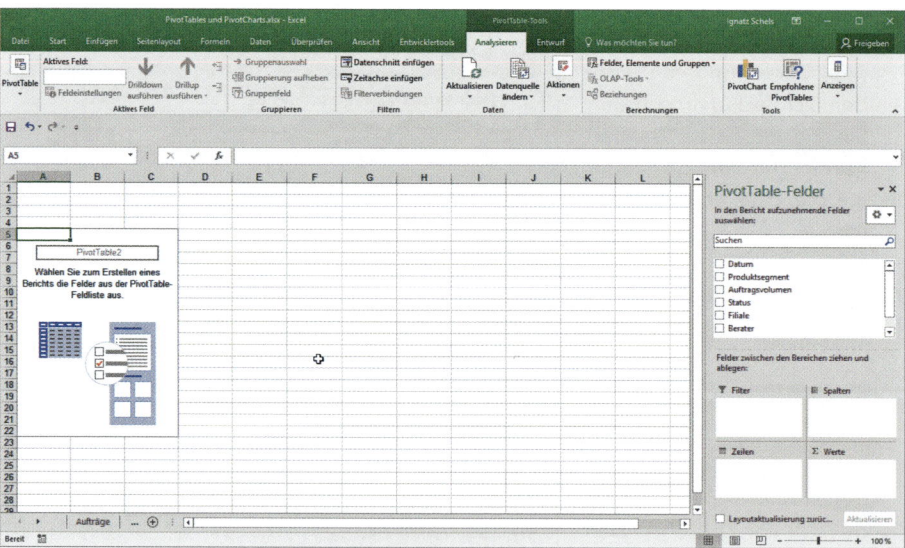

Bild 6.4: Die PivotTable ist angelegt, Feldliste und PivotTable-Tools sind aktiv.

Die leere PivotTable liegt im Bereich A5:C22. Mit dem Zellzeiger in der PivotTable sind die Feldliste und das neue Register *PivotTable-Tools* sichtbar. Markieren Sie einen anderen Bereich, verschwinden diese Elemente.

Ist die Feldliste nicht sichtbar, wurde sie unter *PivotTable-Tools/Analysieren/Anzeigen* ausgeblendet.

6.2.1 Datenquelle vorbereiten

Listen sollten mit einem Bereichsnamen versehen werden. Dieser Bereichsname wird der PivotTable anstelle des Bezugs übergeben.

Ändern sich die Daten, müssen Sie nur den Bereichsnamen überprüfen, alle PivotTables, die sich auf den Bereich beziehen, haben automatisch wieder eine korrekte Datenquelle.

Der ideale Bereichsname für Listen ist der dynamische Bereichsname:

1. Aktivieren Sie das Tabellenblatt mit der Liste. Legen Sie mit *Formeln/Definierte Namen/Namen definieren* einen neuen Bereichsnamen an:

   Name: dynListe

   Bereich: Arbeitsmappe

   Bezieht sich auf:

   =BEREICH.VERSCHIEBEN($A$1;0;0;ANZAHL2($A:$A);ANZAHL2(!$1:$1))

2. Testen Sie den Bereichsnamen mit [F5], geben Sie den Namen ein (berechnete Namen werden nicht in der Namensliste angeboten, auch nicht im Namensfeld).

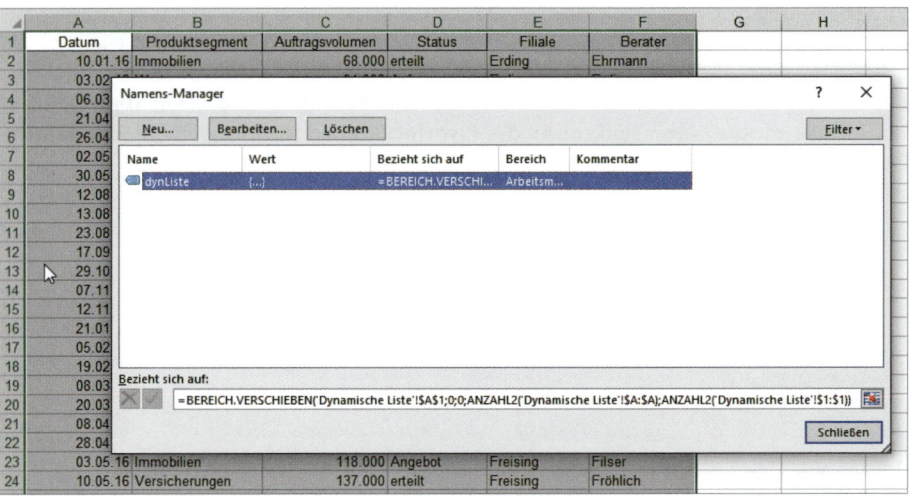

Bild 6.5: Dynamische Liste – der Bereichsname berechnet sich selbst.

Die bessere Datenquelle ist die Tabelle. Wandeln Sie Listen mit *Einfügen/Tabellen/Tabelle* um.

Tabellennamen passen sich dynamisch an die Dimension der Tabelle an, neue Datensätze oder Spalten werden automatisch integriert.

Setzen Sie den Zellzeiger in die Tabelle und wählen Sie *Tabellentools/Eigenschaften*.

Ändern Sie den Namen, geben Sie *tbl* als Präfix an:

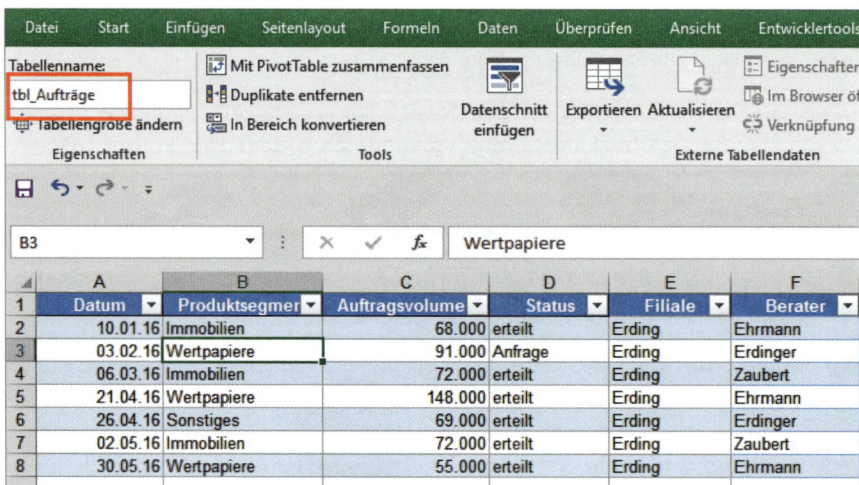

Bild 6.6: Tabellen benennen, bevor sie als Datenquelle für PivotTables eingesetzt werden.

6.2.2   Externe Datenquellen

Beziehen Sie Ihre Daten aus externen Quellen, müssen diese nicht erst per ODBC oder mit PowerQuery importiert werden.

Das hat zwar den Vorteil, dass die Daten als dynamische Verknüpfung vorliegen und als Tabelle ausgewiesen sind, aber die PivotTable kann auch direkt auf die externe Datenquelle aufgebaut werden:

1. Legen Sie mit *Einfügen/Tabellen/PivotTable* eine neue PivotTable an.

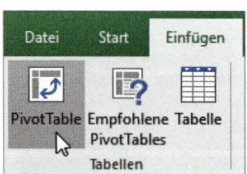

2. Schalten Sie um auf die Option *Externe Datenquelle verwenden*.

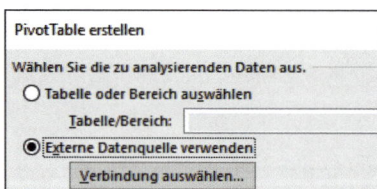

3. Wählen Sie eine Verbindung oder suchen Sie nach weiteren Elementen (Dateien).

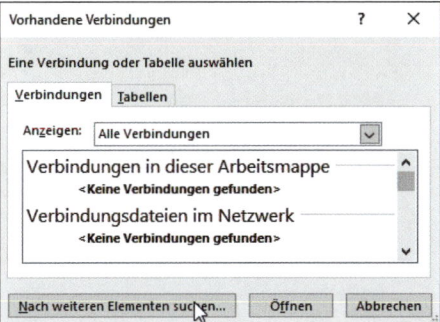

4. Öffnen Sie die Datei mit den Daten (Arbeitsmappe, Datenbank etc.).

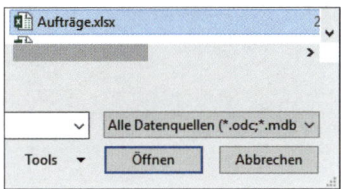

5. Wählen Sie das Tabellenblatt, die Tabelle oder die Abfrage auf die Daten. Bestätigen Sie mit OK.

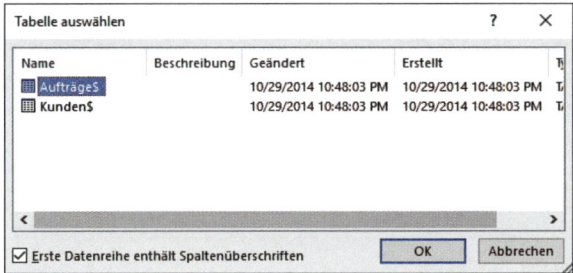

6. Legen Sie fest, wo die neue PivotTable platziert wird (hier in einem neuen Tabellenblatt).

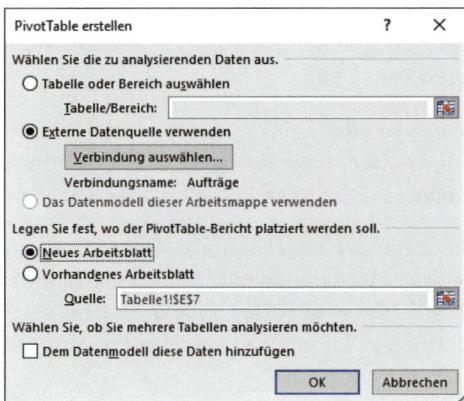

7. Die PivotTable ist angelegt, die Feldliste enthält die Felder aus der externen Datenquelle.

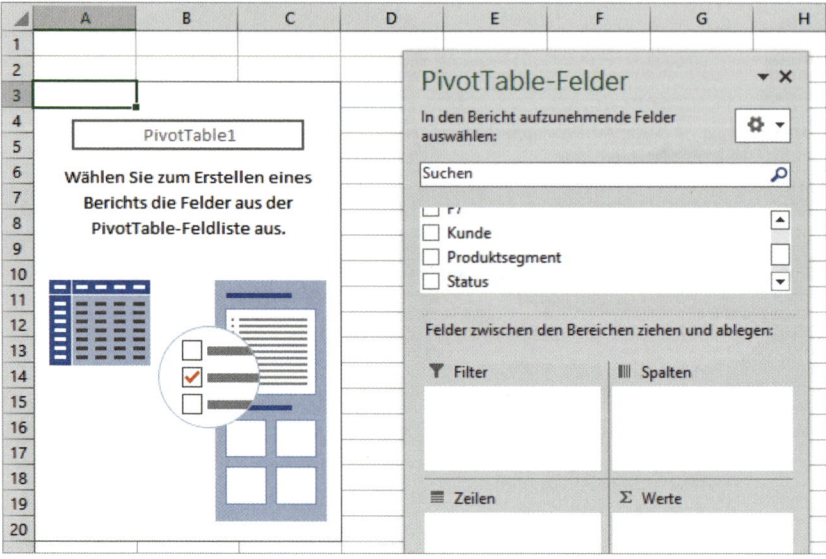

Datenquellenfehler

Die Datenquelle muss für die PivotTable durchgehend beschriftet sein. Fehlt ein Eintrag,
erhalten Sie diese Fehlermeldung, und die PivotTable kann nicht erstellt werden. Löschen
Sie nachträglich einen Eintrag aus der Kopfzeile, erhalten Sie die Fehlermeldung bei
der ersten Aktualisierung.

Bild 6.7: Fehler: Falscher Eintrag in der Kopfzeile.

6.2.3   Felder und Feldliste

In der Feldliste stehen die Felder aus der Datenquelle für die Konstruktion des Pivot-
Layouts bereit. Ändert sich die Anzahl der Felder in der Datenquelle, werden diese erst
nach Aktualisierung der PivotTable angeboten.

Anzeige: Angezeigt wird die Feldliste nur, wenn der Zellzeiger in der PivotTable steht.
Unter *PivotTable-Tools/Analysieren/Anzeigen* oder im Kontextmenü der PivotTable kann
die Feldliste ein- und ausgeblendet werden.

Position: Die Feldliste steht am rechten Rand des Tabellenblatts. Um sie als Fenster
frei zu positionieren, ziehen Sie sie mit dem Mauszeiger auf dem oberen Rand und
gedrückter Maustaste nach innen (auf dem Tablet Pfeil rechts oben anklicken, *Verschie-*
ben). In diesem Modus lässt sich auch die Höhe und Breite der Feldliste per Mauszeiger
anpassen.

Extras: Ein Klick auf das *Extras*-Symbol rechts oben blendet die Liste mit Anzeigevarianten ein. Sie können Felder und Bereiche gestapelt oder nebeneinander anzeigen lassen. Die Feldnamen werden in der Reihenfolge angezeigt, wie sie in der Datenquelle angeordnet sind, mit der Sortieroption können Sie die Liste auch auf-/absteigend sortieren.

Layoutaktualisierung zurückstellen aktivieren Sie, wenn eine große externe Datenmenge analysiert wird und das Einfügen von Feldern in die Feldliste lange dauert. Ist die Option gesetzt, wird der Bericht nicht nach jeder Änderung aktualisiert. Schalten Sie die Option ab, wird der Bericht wieder aktualisiert. Die Option blendet auch die Anzeige-Symbole in den PivotTable-Tools aus.

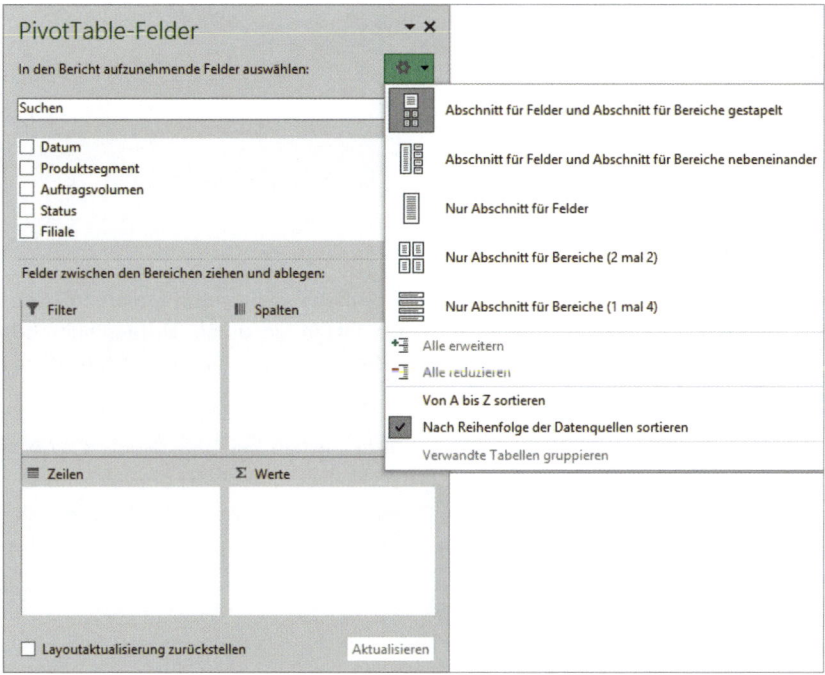

Bild 6.8: Die Feldliste mit Anzeigevarianten.

Felder positionieren

Ziehen Sie die Felder aus dem oberen Abschnitt der Feldliste in die Bereiche im unteren Bereich. Sie können das Feld auch ankreuzen, überlassen damit aber Excel die Wahl, in welchem Bereich es positioniert wird.

Zeilen und Spalten: Hier können Sie jedes Feld nur einmal eintragen. Ein Feld kann entweder im Zeilen- oder im Spaltenfeld stehen. In diesen Bereichen stehen in der Regel Felder vom Datentyp *Text* oder *Datum*.

Werte: Ziehen Sie nur numerische Felder in diesen Bereich, die Daten werden aggregiert. In den Wertfeldeinstellungen (Anklicken mit der linken Maustaste) bestimmen Sie, mit welcher Funktion aggregiert wird.

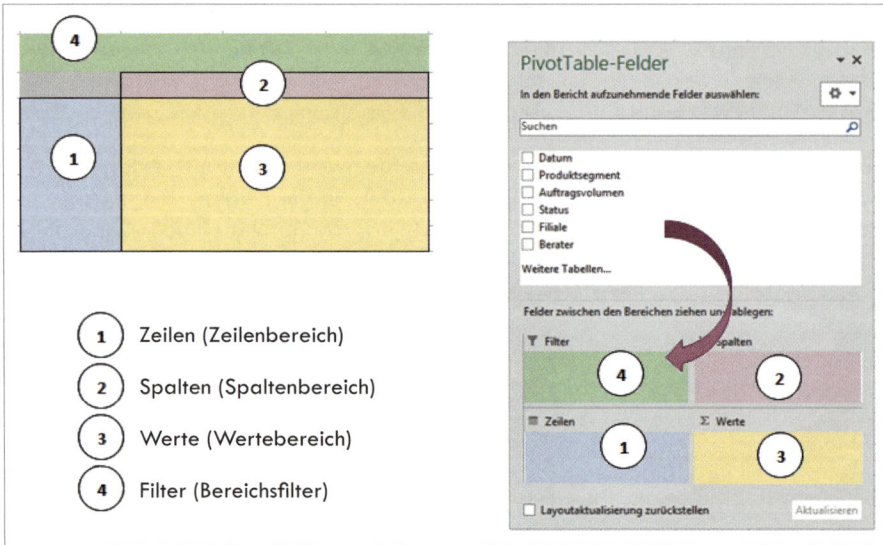

Bild 6.9: Von der Feldliste in den PivotTable-Bereich.

Filter: Ziehen Sie Felder in diesen Bereich, die Sie als Filter verwenden wollen. Verwenden Sie als (bessere) Alternative Datenschnitte und filtern Sie damit. Datenschnittfilter und Berichtsfilter laufen synchron, das heißt, ein Filter im Datenschnitt ist auch ein Filter im Filterbereich und umgekehrt.

Measures: Wenn die Datenquelle aus einer multidimensionalen Datenbank (OLAP = **O**nline **A**nalytical **P**rocessing, z. B. SQL Analysis Services, SAP BW) kommt, sind die Felder meist in Hierarchien aus verschiedenen Dimensionen organisiert. Mit Klick auf die Pluszeichen-Schaltfläche an der Dimension erweitern Sie die Liste, bis das gewünschte Feld angezeigt wird.

Felder entfernen

Um ein Feld aus einem der drei Bereiche *Zeilen, Spalten, Werte* oder *Filter* zu entfernen, ziehen Sie es einfach aus dem Bereich heraus oder deaktivieren das Kontrollkästchen in der Feldliste. Felder in der Feldliste können nur in der Datenquelle entfernt werden.

6.2.4   Pivot-Layout gestalten

Bevor Sie mit der Gestaltung des Pivot-Layouts beginnen, stellen Sie sich die Fragen, die von der PivotTable beantwortet werden sollen.

Die vielen Varianten, die dieses Analyse-Werkzeug bietet, ermöglichen zwar schnelle Resultate, aber die sind nur wertvoll, wenn sie die Information enthalten, die der Berichtsempfänger haben will.

Deshalb – erst fragen:

Frage	Aktion
Wie hoch ist die Angebotssumme für **alle** Segmente?	Segmente in die Zeile, Summe Auftragsvolumen im Wertebereich

	A	B
1		
2		
3		
4		
5	Zeilenbeschriftungen ▼	Summe von Auftragsvolumen
6	Immobilien	1204000
7	Sonstiges	767000
8	Versicherungen	5040000
9	Wertpapiere	3204000
10	Gesamtergebnis	10215000

☰ Zeilen: Produktsegment ▼

Σ Werte: Summe von Auftragsvolumen ▼

Frage	Aktion
Wie hoch ist die Angebotssumme pro Produktsegment und Filiale?	Produktsegment in die Zeile, Filiale in die Spalte, Summe Auftragsvolumen in den Wertebereich

	Summe von Auftragsvolumen	Spaltenbeschriftungen ▼						
6	Zeilenbeschriftungen ▼	Erding	Freising	Ingolstadt	Landshut	München	Straubing	Gesamtergebnis
7	Immobilien	330000	186000	156000	454000		78000	1204000
8	Sonstiges	209000	140000	69000	140000	140000	69000	767000
9	Versicherungen	515000	1389000	729000	391000	721000	1295000	5040000
10	Wertpapiere	294000	496000	569000	825000	621000	399000	3204000
11	Gesamtergebnis	1348000	2211000	1523000	1810000	1482000	1841000	10215000

▼ Filter: —

▥ Spalten: Filiale ▼

☰ Zeilen: Produktsegment ▼

Σ Werte: Summe von Auftragsvolumen ▼

Frage	Aktion
Wie hoch ist die Angebotssumme für die Produktsegmente der einzelnen Filialen?	Filialen und Produktsegmente in die Zeile, Summe Auftragsvolumen in den Wertebereich

	Zeilenbeschriftungen ▼	Summe von Auftragsvolumen
6	⊟ Erding	1348000
7	Immobilien	330000
8	Sonstiges	209000
9	Versicherungen	515000
10	Wertpapiere	294000
11	⊟ Freising	2211000
12	Immobilien	186000
13	Sonstiges	140000
14	Versicherungen	1389000
15	Wertpapiere	496000
16	⊟ Ingolstadt	1523000

▼ Filter: —

▥ Spalten: —

☰ Zeilen: Filiale ▼ / Produktsegment ▼

Σ Werte: Summe von Auftragsvolumen ▼

Frage	Aktion
Wie viele Aufträge der einzelnen Filialen haben den Status »erteilt«?	Filialen und Produktsegment in Zeilen und/oder Spalten, Status in den Filter, filtern nach »erteilt«.

	A	B	C	D	E	F
1						
2						
3	Status	erteilt	▼			
4						
5	Summe von Auftragsvolumen	Spaltenbeschriftungen ▼				
6	Zeilenbeschriftungen ▼	Immobilien	Sonstiges	Versicherungen	Wertpapiere	Gesamtergebnis
7	Erding	212000	69000	155000	203000	639000
8	Freising	68000		502000	292000	862000
9	Ingolstadt	64000	69000	384000	365000	882000
10	Landshut	172000		391000	508000	1071000
11	München			465000	621000	1086000
12	Straubing		32000	69000	831000	308000	1240000
13	Gesamtergebnis	548000	207000	2728000	2297000	5780000

▼ Filter: Status ▼

▥ Spalten: Produktsegment ▼

☰ Zeilen: Filiale ▼

Σ Werte: Summe von Auftragsvolumen ▼

315

6.2.5   Empfohlene PivotTables

Sie können natürlich auch das Pferd von hinten aufzäumen, sich zuerst die Antwort ansehen und daraus die Frage formulieren. Lassen Sie sich von Excel einige vordefinierte Layouts anzeigen:

Wählen Sie *PivotTable-Tools/Analysieren/Tools/Empfohlene PivotTables*. Markieren Sie einen Vorschlag und sehen Sie sich die Vorschau an. Bestätigen Sie mit OK und die PivotTable wird in einem neuen Tabellenblatt angelegt.

6.2.6   Drilldown

Welche Datensätze sich hinter einem aggregierten (summierten oder gezählten) Wert verbergen, zeigt Ihnen der Drilldown.

Klicken Sie doppelt auf eine Zelle im Wertebereich oder im Gesamtergebnis der Zeile/Spalte. Der Drilldown erstellt eine neue Tabelle in einem neuen Tabellenblatt und listet darin die Datensätze. Die Tabelle ist nicht verknüpft, weder mit der PivotTable noch mit deren Datenquelle.

Der Drilldown funktioniert nur, wenn in den PivotTable-Tools unter *Analysieren/PivotTable/Optionen* auf der Registerkarte *Daten* die Option ,*Details anzeigen' aktivieren* aktiviert ist.

6.2.7   Der PivotTable-Assistent

Bis zur Version 2003 unterstützte Excel den Anwender noch mit einem PivotTable-Assistenten, der über mehrere Dialoge von der Auswahl der Datenquelle bis zur fertigen PivotTable führte. Mit Excel 2007 wurde der Assistent abgeschaltet, aber mit einem kleinen Trick können Sie ihn reanimieren.

Drücken Sie die Tastenkombination $\boxed{\text{Alt}}$+$\boxed{\text{N}}$+$\boxed{\text{P}}$.

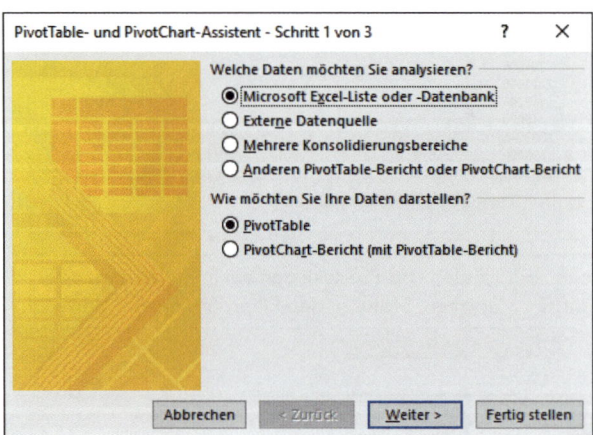

Bild 6.10: Der PivotTable- und PivotChart-Assistent.

Geben Sie im ersten Schritt an, welche Daten zu analysieren sind. Die Option *Mehrere Konsolidierungsbereiche* (siehe unten) gibt es nur in diesem Assistenten, die »normale« PivotTable unterstützt diese Technik nicht mehr.

Im zweiten Schritt geben Sie die Datenquelle an, hier erkennt der Assistent leider keine Tabellen. Sie können den Tabellennamen aber eintippen.

Sind bereits PivotTables erstellt, wird der Assistent anbieten, eine bestehende PivotTable als Basis zu verwenden oder eine neue anzulegen. Schritt 3 bietet noch die Auswahl für das Ziel (neues Tabellenblatt oder Zellbereich), und mit Klick auf *Fertig stellen* wird die PivotTable angelegt.

Aktivieren Sie die Anpassung der *Symbolleiste für den Schnellzugriff* und holen Sie das Symbol für den Assistenten aus der Gruppe *Alle Befehle*.

6.2.8   Mehrere Konsolidierungsbereiche

Mit dem PivotTable- und PivotChart-Assistenten können mehrere Listen zu einer Datenquelle zusammengefasst werden. Tabellen werden zwar akzeptiert, aber nicht richtig berechnet, verwenden Sie für diese Aktion nur Listenbezüge oder Bereichsnamen.

Excel bietet die Auswahl mehrerer Bereiche als Basis für die PivotTable nicht mehr direkt an. Die Alternative dazu wäre die Aufbereitung der Datenquelle mit PowerQuery (Abrufen und Transformieren).

Ein Beispiel: Für die Servicekräfte liegen drei Listen mit Stundenabrechnungen vor. Mit konsolidierten Bereichen ermittelt die PivotTable die Gesamt-Stundensumme.

1. Drei Stundenlisten mit gleichem Aufbau, aber unterschiedlicher Anzahl Zeilen. Die Listen können auch auf mehrere Tabellenblätter und Arbeitsmappen verteilt sein.

	A	B	C	D	E
1	**Vereinsheim**				
2	**Kellner**	**KW 1**	**KW 2**	**KW 3**	**KW 4**
3	Auberger Martin	15	10	8	3
4	Öczal Agcan	10	20	7	4
5	Sedlmeier Uwe	13	9	5	19
6					
7	**Biergarten**				
8	**Kellner**	**KW 1**	**KW 2**	**KW 3**	**KW 4**
9	Auberger Martin	12	20	5	19
10	Baumann Ulla	20	3	6	8
11	Dornberger Elisabeth	9	11	14	6
12	Fuhrmann Monika	12	5	19	8
13	Öczal Agcan	14	15	5	4
14	Sedlmeier Uwe	14	7	9	16
15					
16	**Bräuschenke**				
17	**Kellner**	**KW 1**	**KW 2**	**KW 3**	**KW 4**
18	Dornberger Elisabeth	18	11	3	8
19	Fuhrmann Monika	12	17	2	19
20	Sedlmeier Uwe	2	6	11	10

2. Aktivieren Sie mit Alt + N + P den PivotTable- und PivotChart-Assistenten und schalten Sie auf die Option *Mehrere Konsolidierungsbereiche.*

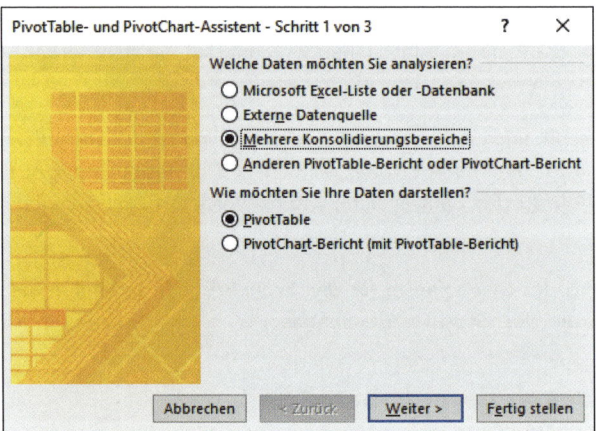

3. Wählen Sie die einfache Seitendarstellung und klicken Sie auf *Weiter.*

4. Markieren Sie die erste Liste und klicken Sie auf *Hinzufügen,* um den Bereich einzufügen.

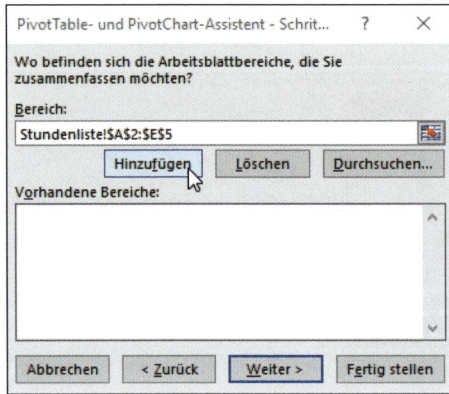

5. Holen Sie auf diese Art alle weiteren Listen in den Konsolidierungsbereich. Klicken Sie auf *Weiter*.

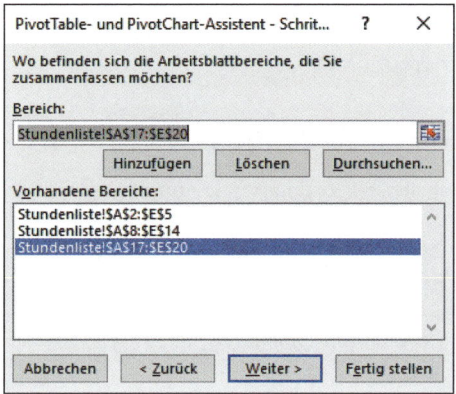

6. Fügen Sie die PivotTable in einem neuen Arbeitsblatt oder in das bestehende Arbeitsblatt ein, geben Sie dazu die Zielzelle an.

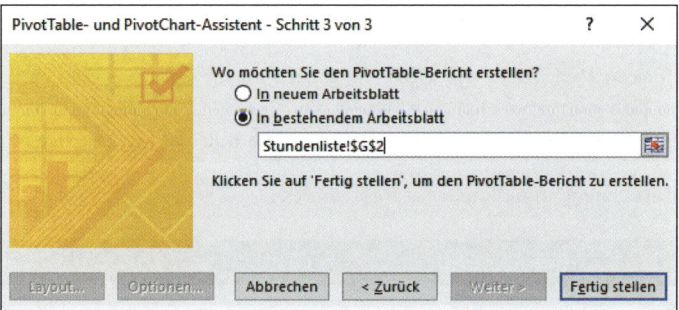

7. Das Ergebnis ist eine PivotTable mit den Namen im Zeilenbereich, den Kalender-wochen im Spaltenbereich und den summierten Stunden im Wertebereich.

G	H	I	J	K	L
Seite1	(Alle) ▼				
Summe von Wert	Spalte ▼				
Zeilenbeschriftungen ▼	KW 1	KW 2	KW 3	KW 4	Gesamtergebnis
Auberger Martin	27	30	13	22	92
Baumann Ulla	20	3	6	8	37
Dornberger Elisabeth	27	22	17	14	80
Fuhrmann Monika	24	22	21	27	94
Öczal Agcan	24	35	12	8	79
Sedlmeier Uwe	29	22	25	45	121
Gesamtergebnis	**151**	**134**	**94**	**124**	**503**

Wenn Sie Änderungen im Pivot-Layout vornehmen oder neue Bereiche hinzufügen wollen, starten Sie den PivotTable- und PivotChart-Assistenten noch einmal mit Alt+N+P und schalten einen Schritt zurück.

6.3   PivotTables anpassen und formatieren

Mit der Feldliste und den empfohlenen Layouts lässt sich schon einige Zeit verbringen, um das Pivot-Prinzip auszutesten, aber das wichtigste Analyse-Tool von Excel hat natürlich noch viele Optionen und Formatiervarianten.

6.3.1   Wertfelder und Wertfeldeinstellungen

Im Normalfall wird das Feld im Wertebereich aufsummiert oder exakter ausgedrückt mit der Funktion SUMME() aggregiert.

Zeigt das Wertefeld aber die Anzahl der Werte anstelle der Summe, dann sind die Daten im verwendeten Feld nicht durchgehend numerisch (und da reicht eine einzige Text- oder Leerzeile). Die PivotTable wird die Daten summieren, auch wenn die Spalte Texte enthält.

Eine Möglichkeit, die Wertfeldeinstellung bei neuen PivotTables automatisch auf Summe zu stellen, gibt es (ohne Makroprogrammierung) nicht.

So passen Sie die Wertfeldeinstellungen an:

Klicken Sie mit der linken Maustaste auf das Wertefeld in der Feldliste oder mit der rechten Maustaste in den Wertebereich der PivotTable. Wählen Sie *Wertfeldeinstellungen*. Geben Sie einen passenden Namen ein und schalten Sie auf die Aggregatsfunktion.

Hier eine Liste der Berechnungsfunktionen für Wertefelder:

Funktion	Berechnung
Summe	Summiert alle Einträge der Spalte
Anzahl	Zählt, wie viele Einträge in der Spalte vorhanden sind
Mittelwert	Errechnet das arithmetische Mittel aus allen Einträgen der Spalte
Maximum/Minimum	Gibt den größten/kleinsten Wert aus, der in der Spalte vorhanden ist
Produkt	Das Produkt der Werte in der Spalte
Anzahl Zahlen	Ermittelt die Anzahl der Felder, die Zahlenwerte enthalten
STABW Standardabweichung	Schätzung der Standardabweichung einer Population, wahlweise mit den Daten als Stichprobe oder als Grundgesamtheit
Var, Varianz	Schätzung der Varianz einer Population, wahlweise mit den Daten als Stichprobe oder als Grundgesamtheit

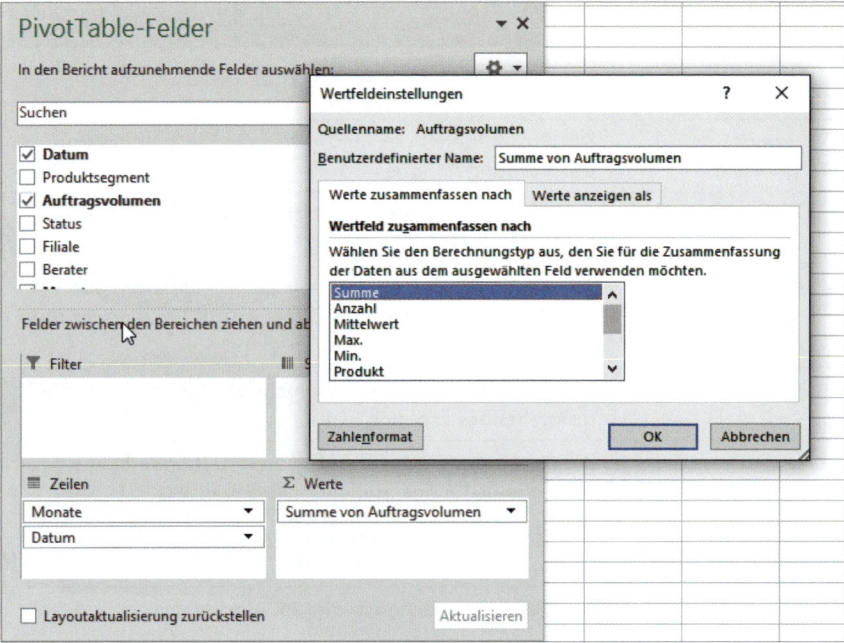

Bild 6.11: Die Wertfeldeinstellungen für das Feld im Wertebereich.

Werte anzeigen als

Auf der zweiten Registerkarte finden Sie weitere Varianten für die Anzeige von Werte-
feldern. Sie können die Daten mit anderen Datenmengen vergleichen und beispielsweise
die Summen einzelner Zeilen- oder Spaltenelemente als prozentuale Anteile an der
Gesamtsumme anzeigen oder die Differenz zwischen Zeilen- und Spaltendaten ziehen.

Funktion	Anzeige
Keine Berechnung	Die Werte werden nicht weiter berechnet, Funktionen wie Summe oder Mittelwert bleiben erhalten.
% der Gesamtsumme	Der prozentuale Anteil an der Gesamtsumme des Wert-felds
% des Spaltengesamt-ergebnisses	Der Wert als Prozentsatz der Summe der gesamten Spalte
% des Zeilengesamt-ergebnisses	Der Wert als Prozentsatz der Summe der gesamten Zeile
% von ...	Der prozentuale Anteil des Wertes an einem anderen Wert. Dafür werden das Basisfeld und das Basiselement abgefragt.
% des Vorgängerzeilen-Gesamtergebnisses	Der Anteil des Zeilenwertes an der Gesamtsumme der Zeile in der Vorgängerspalte

Funktion	Anzeige
% des Vorgängerspalten-Gesamtergebnisses	Der prozentuale Anteil des Wertes in der Vorgänger-spalte am Gesamtergebnis
% des Vorgänger-Gesamtergebnisses	Der Prozentanteil des Feldwertes am Gesamtergebnis der Vorgängerspalte
Differenz von	Alle Daten als Differenz zwischen einem angegebenen Feld und einem Feldelement
% Differenz von	Alle Daten mit derselben Methode wie *Differenz von* mit dem Unterschied, dass die Differenz als Prozentsatz der Basisdaten dargestellt wird
Ergebnis in …	Die Daten des Felds für aufeinanderfolgende Elemente als gleitendes Ergebnis
% Ergebnis in …	Die Daten des Felds für aufeinanderfolgende Elemente als Prozentsatz des gleitenden Ergebnisses
Rangfolge nach Größe (aufsteigend/absteigend)	Die Rangfolge des Wertes in Bezug auf alle Werte eines Felds. Das Feld wird per Dialog abgefragt.
Index	Die Daten indiziert nach diesem Algorithmus: ((Wert in Zelle) x (Gesamtergebnis)) / ((Zeilengesamtergebnis) x (Spaltengesamtergebnis))

6.3.2   Daten aktualisieren und Datenquelle ändern

Die PivotTable aktualisiert sich nicht automatisch, was bei Operationen mit großen Datenmengen auch ziemlich lästig wäre, weil jede Änderung eine Neuberechnung erfordert. Auch das Aktualisieren nach Änderungen des Layouts lässt sich wie oben beschrieben abschalten. Aktivieren Sie in der Feldliste die Option *Layoutaktualisierung zurückstellen*.

Um die PivotTable nach Änderungen in der Datenquelle neu zu berechnen, setzen Sie den Zellzeiger in den Bereich der PivotTable und wählen Sie *PivotTable-Tools/Analysieren/Daten/Aktualisieren*. Mit *Alle aktualisieren* berechnen Sie alle PivotTables in der aktiven Mappe neu.

Status aktualisieren zeigt den Status bei laufenden Verbindungen zu externen Datenquellen neu an. Wählen Sie *Aktualisierung abbrechen*, wenn Sie die laufende Aktualisierung beenden wollen. Das ist zum Beispiel nötig, wenn der Import größerer Datenmengen aus externen Quellen vom Server blockiert wird. Die beiden letzten Optionen sind nicht aktivierbar, wenn die Aktualisierung abgeschlossen ist oder wenn keine Verbindung zu externen Daten besteht.

In den *Verbindungseigenschaften* finden Sie die Optionen zur Verwaltung externer Datenverbindungen (nur aktiv, wenn diese als Datenquelle definiert sind).

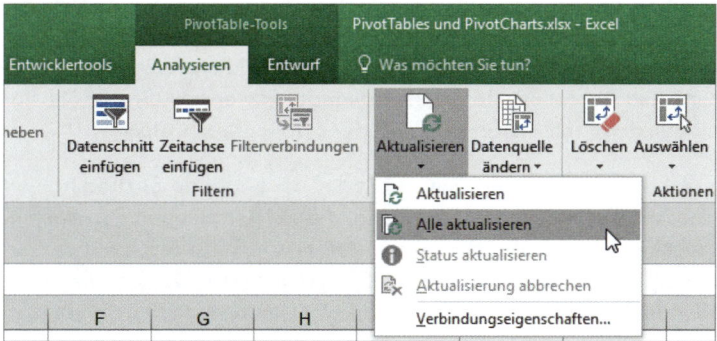

Bild 6.12: PivotTable aktualisieren.

6.3.3 Datenquelle ändern

Mit *PivotTable-Tools/Analysieren/Daten/Datenquelle ändern* überprüfen Sie die Datenquelle. Geben Sie eine neue Tabelle an oder wählen Sie einen neuen Bereich für die PivotTable aus. Bestätigen Sie mit Klick auf OK und die PivotTable wird auf den neuen Bereich gebildet.

6.3.4 PivotTable verschieben und löschen

Mit Standard-Kalkulationswerkzeugen lassen sich PivotTables verschieben, kopieren oder löschen, aber hier weigert sich Excel häufig mit einer Fehlermeldung wie:

■ *Wir können den Bereich der PivotTable nicht ändern*

■ *Wir können diese Änderungen nicht vornehmen, da sie sich auf eine PivotTable auswirken ...*

Änderungen am Layout müssen Sie über die Feldliste vornehmen, PivotTable-Bereiche lassen sich nur ändern und löschen, wenn die gesamte PivotTable markiert oder in einer Markierung eingeschlossen ist. Klicken Sie in den PivotTable-Tools unter *Analysieren* auf *Aktionen*. Hier finden Sie einige nützliche Werkzeuge:

■ **Löschen:** Hier lässt sich der Filter oder die gesamte PivotTable löschen.

■ **Auswählen:** Wählen Sie *Gesamte PivotTable* oder *Beschriftungen und Werte* für alle Daten und Beschriftungen oder für Zeilen- und Spaltenbeschriftungen. Mit *Werte* markieren Sie nur den Wertebereich. *Auswahl aktivieren* markiert die ganze Zeile, wenn der Zellzeiger auf einem Element in der Zeilenbeschriftung sitzt. Wenn Sie dann einen der Markierungsbefehle wählen, gilt dieser nur für das markierte Element.

■ **PivotTable verschieben:** *Neues Arbeitsblatt* legt ein neues Tabellenblatt an und verschiebt die PivotTable in dieses Blatt. Die Tabelle wird ab der Zelle A3 eingefügt. Unter *Vorhandenes Arbeitsblatt* können Sie eine Zielzelle für die PivotTable angeben. Klicken Sie in das Eingabefeld und markieren Sie die Zelle (die auch in einem anderen Tabellenblatt stehen kann).

6.3.5   Filtern und Sortieren

Schalten Sie unter *PivotTable-Tools/Analysieren/Anzeige* die Feldkopfzeilen ein, damit die Sortier- und Filterpfeile für Zeilen und Spalten angeboten werden. Öffnen Sie das *Filter*-Menü per Klick auf den Pfeil an der Zeilen- oder Spaltenbeschriftung.

Hier finden Sie *Von A bis Z sortieren* für eine auf- oder absteigende Sortierung und *Weitere Sortieroptionen* mit der manuellen Sortierung, die ein Verschieben der Elemente über das Kontextmenü ermöglicht. Mit Klick auf *Weitere Optionen* und *Weitere Sortieroptionen* erhalten Sie die *AutoSortierung* und die *Benutzerdefinierte Sortierreihenfolge*. Ist die Option *Bei jeder Berichtsaktualisierung automatisch sortieren* aktiv, wird die Pivot-Table automatisch sortiert, wenn sie neu berechnet wird. Wählen Sie, wenn Sie diese Option nicht setzen wollen, eine benutzerdefinierte Liste, die für die Sortierung maßgeblich ist. Diese Listen werden unter *Datei/Optionen/Erweitert* verwaltet (*Benutzerdefinierte Listen verwalten*).

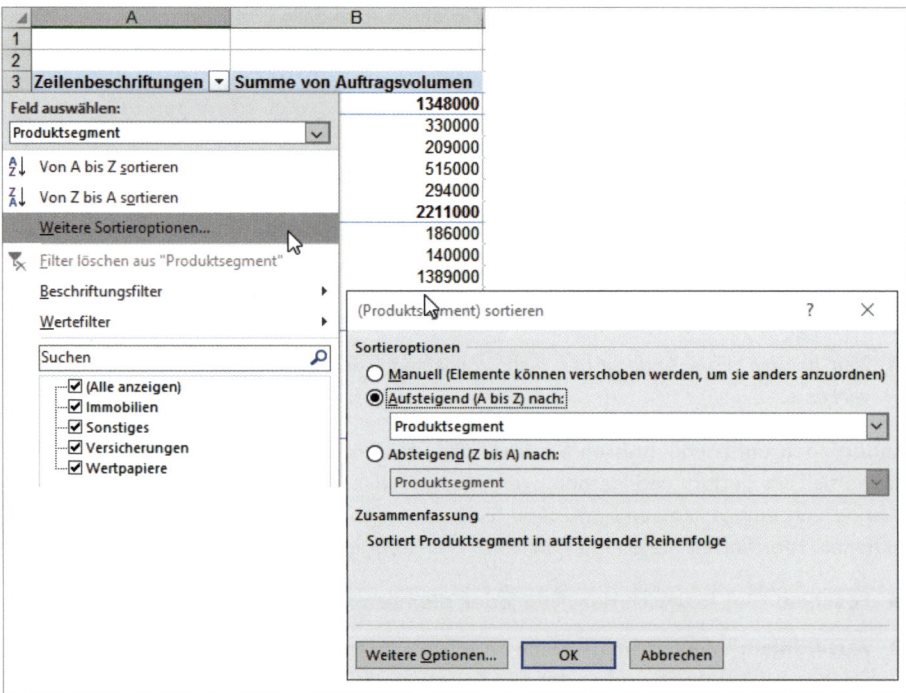

Bild 6.13: Pivot-Felder sortieren.

Elemente filtern

Setzen Sie Zeilen- und Spaltenfilter, um die PivotTable auf eine bestimmte Menge Daten zu reduzieren. Der Filterpfeil an der Zeilen- oder Spaltenbeschriftung bietet alle Elemente aus der Datenquelle an. Kreuzen Sie nur einzelne Elemente an, die Sie anzeigen lassen wollen. Mit *Alle* werden wieder alle Elemente aktiviert und angezeigt. Schalten Sie auf den Beschriftungsfilter oder Wertefilter und stellen Sie einen benutzerdefinierten Filter ein.

Benutzerdefinierte Filter bieten die Möglichkeit, mit Bedingungen zu arbeiten. Beschriftungsfilter arbeiten dabei mit Bedingungen für Texteinträge (*Enthält, Beginnt mit ...*), Wertefilter verwenden logische Ausdrücke für Zahlen (*Größer als, Kleiner oder gleich ...*). Verwenden Sie ein Datumsfeld im Zeilen- oder Spaltenbereich, bietet der benutzerdefinierte Filter eine große Auswahl an datumsspezifischen Filterkriterien. So können Sie beispielsweise nach Quartalen, Monaten oder Zeiträumen zwischen zwei Datumswerten suchen.

Der Filterpfeil weist mit einem kleinen Filtersymbol darauf hin, dass die Datensätze in diesem Bereich gefiltert sind. Mit der Option *Filter löschen* entfernen Sie den gesetzten Filter wieder aus dem Feld.

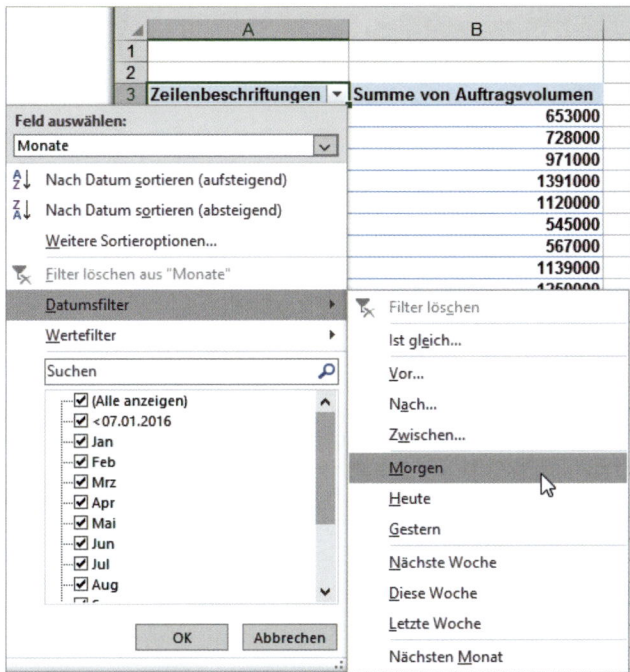

Bild 6.14: Datum filtern mit Datumskriterien.

6.3.6　Datenschnitte

Der Filterbereich im Pivot-Layout ist etwas problematisch: Stellen Sie einzelne Elemente ein, werden diese angezeigt, bei mehreren Filterkriterien kann das Feld nur mehrere Elemente anzeigen und den Berichtsempfänger im Unklaren darüber lassen, was gefiltert wurde. Mit dem Datenschnitt bringen Sie mehr Ordnung in die PivotTable. Das Symbol finden Sie auf der ersten Registerkarte der PivotTable-Tools. Setzen Sie dazu den Zellzeiger in eine beliebige Zelle der PivotTable.

Ist der eingefügte Datenschnitt markiert, bietet das Menüband für ihn eine eigene Registergruppe *Datenschnitttools* an. Hier finden Sie die Formatierungen für den Datenschnitt.

1. Wählen Sie für die aktuelle PivotTable *PivotTable-Tools/Analysieren/Filtern/Datenschnitt einfügen*.

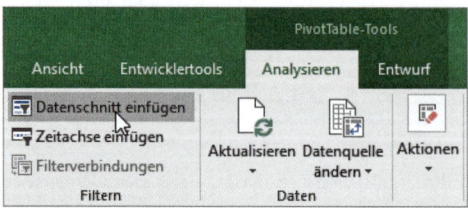

2. Kreuzen Sie die Felder an, für die Sie einen Datenschnitt einfügen wollen.

3. Der Datenschnitt wird in einem kleinen Fenster eingefügt, ändern Sie die Größe und die Position durch Ziehen am Rand oder an den Markierungspunkten.

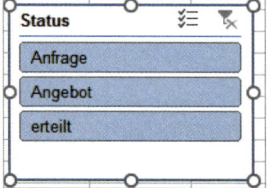

4. Weisen Sie eine Datenschnitt-Formatvorlage zu oder öffnen Sie die Liste für weitere Vorlagen.

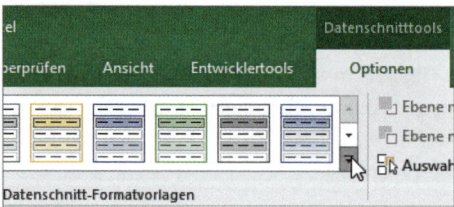

5. Klicken Sie auf eine Vorlage, um sie dem Datenschnitt zuzuweisen.

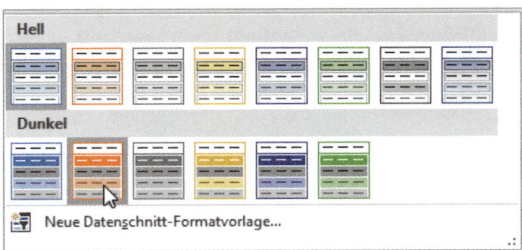

6. In den Datenschnitttools finden Sie die Anordnung, die Höhe und Breite des Datenschnitts sowie der Schaltflächen und die Spaltenzahl.

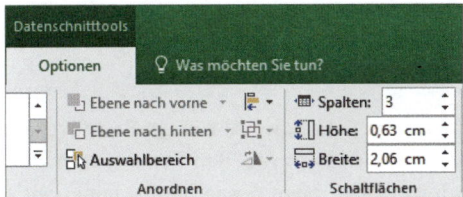

7. Stellen Sie mehr Spalten ein, lässt sich der Datenschnitt auch quer über der Pivot-
Table anordnen. Vergrößern Sie dazu die erste Zeile.

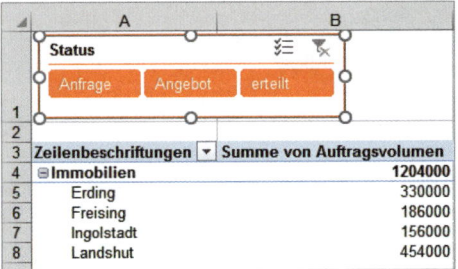

8. Markieren Sie einzelne Elemente im Datenschnitt per Klick auf den Eintrag. Mit ge-
drückter ⇧-Taste können Sie mehrere zusammenhängende Elemente markieren.
Drücken Sie die Strg-Taste und markieren Sie einzelne, nicht zusammenhängende
Elemente im Datenschnitt.

9. Alternativ dazu können Sie auch auf das Symbol *Mehrfachauswahl* rechts oben im Datenschnitt klicken. Damit werden mehrere Elemente ohne die (Strg)-Taste markiert. Um den Filter wieder aufzulösen, klicken Sie die einzelnen Elemente erneut an. Um alle Elemente gleichzeitig aus dem Filter zu entfernen, klicken Sie auf das Symbol *Filter löschen* rechts oben in der Ecke.

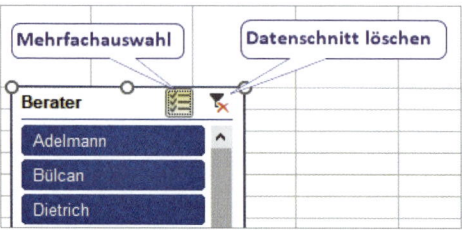

Im Prinzip lässt sich für jedes Feld, das in der Feldliste zu sehen ist, ein eigener Datenschnitt erstellen, nur berechnete Felder tauchen nicht im Angebot auf.

Sie können einen Datenschnitt auch kopieren, um zum Beispiel bei großen PivotTables den Filter auf mehreren Seiten anzubieten. Markieren Sie den Schnitt, drücken Sie (Strg)+(C) und (Strg)+(V). Der Datenschnitt funktioniert auch, wenn Sie ihn in ein anderes Tabellenblatt kopieren.

Datenschnitte formatieren

Die Datenschnitttools bieten einige nützliche Optionen zur Ausrichtung der Datenschnitte auf dem Tabellenblatt und zur Formatierung dieser Filterwerkzeuge.

Die *Größe* eines Datenschnitts bestimmen Sie am besten durch Ziehen der Randmarkierungen. In der gleichnamigen Gruppe finden Sie Schalt- und Eingabeflächen für die Größe des Datenschnitts selbst und die Größe der Schaltflächen. Tragen Sie die passende Spaltenzahl ein, ändern Sie Höhe und Breite der Schaltflächen. Wählen Sie in den Datenschnitt-Formatvorlagen eine der angebotenen Vorlagen oder klicken Sie auf *Neue Datenschnitt-Formatvorlage* und erstellen Sie eine eigene Vorlage. Tragen Sie den Namen für die neue Vorlage ein und klicken Sie die Elemente einzeln an, um sie zu formatieren. Ändern Sie die Schriftart und -größe der Überschrift oder weisen Sie Schrift, Rahmen und Farben für ausgewählte oder nicht ausgewählte Elemente zu.

Mit der Option *Als (standardmäßige) Datenschnitt-Standardschnellformatvorlage für dieses Dokument festlegen* wird Ihre neue Vorlage für die nächsten Datenschnitte vorgeschlagen. Um eine selbst definierte Datenschnitt-Schnellformatvorlage zu ändern, öffnen Sie die Liste und klicken mit der rechten Maustaste in die eigene Vorlage. Wählen Sie im Kontextmenü *Ändern* oder *Löschen*.

Datenschnitt beschriften

Alternativ zum Feldnamen kann der Datenschnitt auch eine beliebige, frei wählbare Überschrift haben. Wählen Sie *Datenschnitttools/Datenschnitt/Datenschnittbeschriftung*, tragen Sie einen Text Ihrer Wahl ein.

Datenschnitte anordnen

Legen Sie mehr als einen Datenschnitt an, sind diese in Stapelform übereinander angeordnet. Mit *Datenschnitttools/Anordnen* können Sie Datenschnitte eine Ebene nach vorne
oder nach hinten holen oder – nach dem Klick auf das Pfeilsymbol – in den Vordergrund bzw. Hintergrund befördern. *Gruppieren* holt mehrere markierte Datenschnitte in
eine Objektgruppe, *Drehen* ist nicht aktiv bei Datenschnitten.

Wenn Sie die Übersicht über alle Datenschnitte verloren haben, schalten Sie den Auswahlbereich ein. Am rechten Rand finden Sie damit eine Liste aller grafischen Objekte
im Tabellenblatt, zu denen auch die Datenschnitte zählen. Diese können hier umbenannt
oder per Klick auf das Augensymbol am rechten Rand einzeln aus- oder eingeblendet werden.

Unter *Ausrichten* finden Sie Optionen zur Anordnung der Datenschnitte, diese sind nur
aktiv, wenn Sie (mit ⇧ oder Strg) mehrere Datenschnitte markiert hatten.

Datenschnitteinstellungen

Unter *Datenschnitttools/Optionen/Datenschnitt* finden Sie die *Datenschnitteinstellungen*.

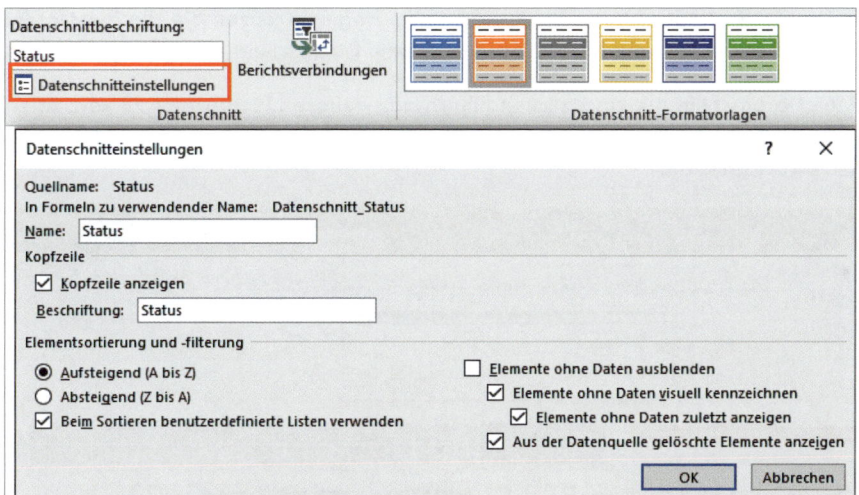

Bild 6.15: Die Datenschnitteinstellungen.

Quellname: Die Bezeichnung des PivotTable-Felds. In Formeln nutzen Sie den angezeigten Namen.

Name: Der Name des Datenschnitts

Kopfzeile anzeigen: Hier kann die Überschrift ein- oder ausgeschaltet werden. Bestimmen
Sie unter *Beschriftung* den Inhalt der Überschrift.

In der Elementsortierung und -filterung wird der Datenschnitt auf- oder absteigend sortiert. Wenn Sie benutzerdefinierte Listen verwenden, werden die unter *Datei/Optionen*
eingerichteten Listen zur Sortierung herangezogen.

Elemente ohne Daten visuell kennzeichnen: Damit bekommt ein Element, für das die PivotTable keine Auswertungsdaten findet, eine eigene, von den anderen gewählten oder nicht gewählten Elementen abweichende Formatierung. In der Datenschnitt-Formatvorlage sind für Elemente ohne Daten Formatvorlagen vorgesehen. Entfernen Sie die Option, lässt sich nicht unterscheiden, ob für ein Element Daten vorhanden sind oder nicht.

Elemente ohne Daten anzeigen: Mit der Auswahl der übergeordneten Optionen können Sie bestimmen, dass Elemente, für die keine Daten in der PivotTable stehen, am unteren Rand des Datenschnitts angeboten werden.

Aus der Datenquelle gelöschte Elemente anzeigen: Die PivotTable merkt sich die in der Datenquelle gelöschten Einträge und auch der Datenschnitt bietet weiterhin Inhalte an, die längst aus den Daten entfernt wurden. Deaktivieren Sie diese Option, sehen Sie nur Einträge im Datenschnitt, für die es auch Daten in der Datenquelle gibt.

Datenschnittverbindungen

Datenschnitte haben zunächst nur Verbindung zur aktiven, markierten PivotTable. Um einen Datenschnitt zur Filterung mehrerer PivotTables nutzen zu können, verbinden Sie ihn mit *Datenschnitttools/Optionen/Berichtsverbindungen.* Kreuzen Sie die PivotTables und PivotCharts an, die von den Aktionen in diesem Datenschnitt betroffen sind.

Um einen Datenschnitt mit zusätzlichen Filtern aus weiteren PivotTables zu verbinden, wählen Sie *Filterverbindungen* in der Gruppe *Filtern.* Kreuzen Sie die Filter der angebotenen PivotTables an.

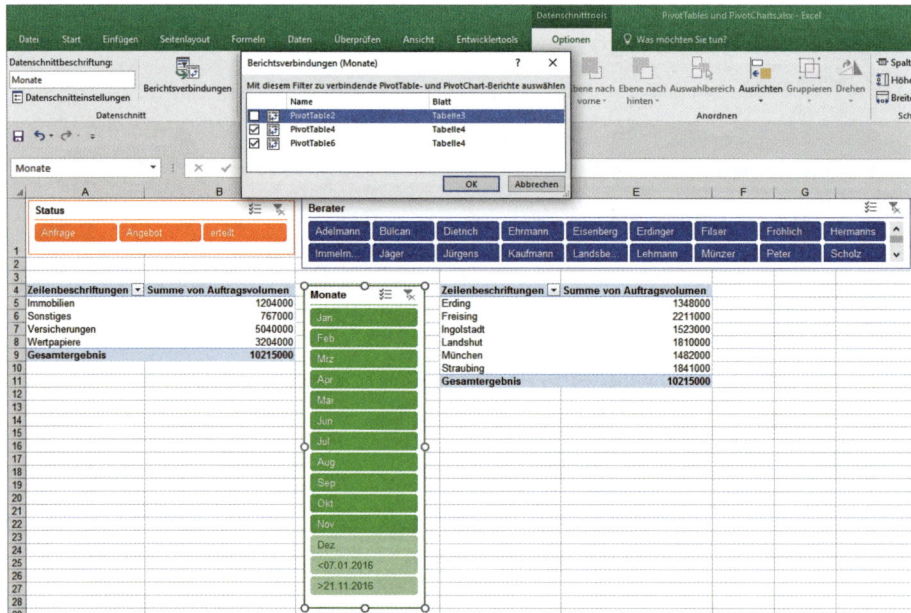

Bild 6.16: Der Datenschnitt »Monate« wird mit beiden PivotTables verbunden.

Datenschnitt auf externe Verbindung erstellen

Daten aus externen Datenquellen (Access- oder SQL-Server-Datenbanken, OLAP-Cubes, SharePoint-Server etc.) integriert Excel über eine externe Datenverbindung mit ODBC. Wenn Sie einen Datenschnitt auf eine externe Verbindung erstellen wollen, wählen Sie *Einfügen/Filter/Datenschnitt*. Markieren Sie die eingerichtete Verbindung zum Server oder erstellen Sie eine neue Verbindung. Klicken Sie unter *Felder auswählen* auf die Felder der Verbindung, für die Sie einen Datenschnitt erstellen wollen.

Filterverbindungen

Die Möglichkeit, PivotTables von Datenschnitten aus verschiedenen Blättern filtern zu lassen, ist natürlich problematisch. Der Benutzer sieht eine gefilterte PivotTable, weiß aber nicht, welcher Datenschnitt dafür zuständig ist. Mit den Filterverbindungen schaffen Sie Transparenz. Setzen Sie den Zellzeiger in eine PivotTable und klicken Sie auf das Symbol unter *PivotTable-Tools/Analysieren/Filtern*. Die Liste präsentiert alle Datenschnitte mit Angabe des Tabellenblatts, die eine Berichtsverbindung zur PivotTable haben.

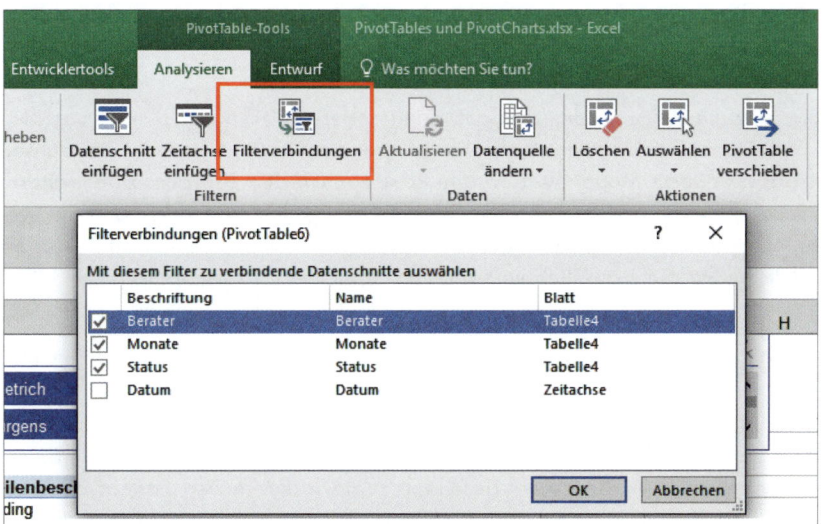

Bild 6.17: Filterverbindungen zeigen, welche Datenschnitte die PivotTable filtern.

6.3.7   Die Zeitachse

Mit der Zeitachse werden Datumsfelder nach frei wählbaren Zeiträumen gefiltert. Erstellen Sie eine neue PivotTable mit dem Datumsfeld im Zeilenbereich und dem Betragsfeld für das Auftragsvolumen im Wertebereich. Fügen Sie mit *Filtern/Zeitachse einfügen* aus den PivotTable-Tools eine neue Zeitachse ein und kreuzen Sie das Feld *Datum* an.

Über die *Zeitachsentools* können Sie die Zeitachse formatieren. Wählen Sie eine Formatvorlage und passen Sie die Größe der Elemente und des Fensters an. In der Gruppe *Anzeigen* schalten Sie einzelne Elemente der Zeitachse ein oder aus. Mit *Berichtsverbindungen* lassen sich Zeitachsen mit mehreren PivotTables verknüpfen.

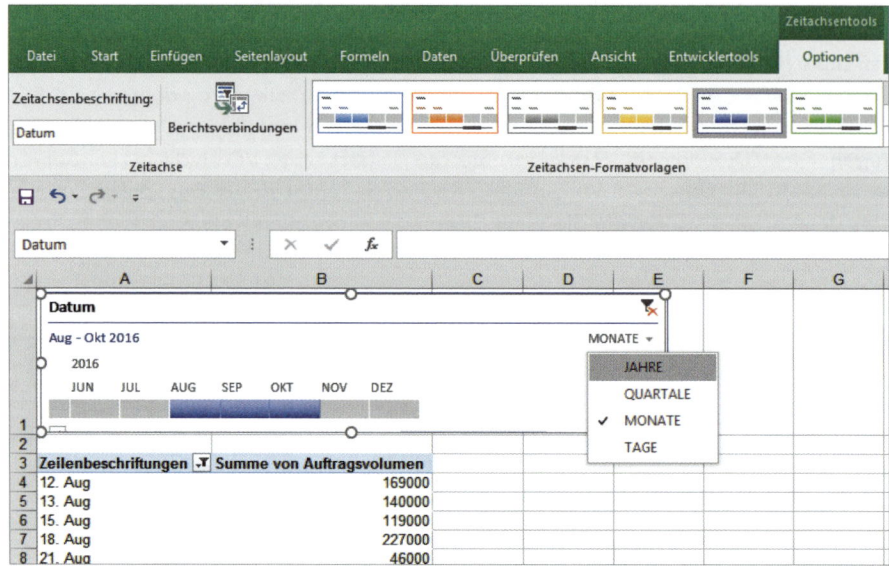

Bild 6.18: Für Datumsfelder bietet sich die Zeitachse als Filter an.

Schalten Sie mit dem Element *Zeitebene* auf einen anderen Zeitraum (Jahre, Quartale, Tage). Klicken Sie auf einen Monatsabschnitt, wird dieser zum Filter der Zeitachse. Ziehen Sie das markierte Monatsfeld an den Rändern, um den Zeitraum zu erweitern oder zu reduzieren. Alternativ dazu können Sie auch die ⇧-Taste drücken und die benachbarten Monatsfelder anklicken. Um den in der Zeitachse eingestellten Filter wieder zu löschen, klicken Sie auf das Filtersymbol rechts oben im Zeitachsenfenster.

6.4 PivotTables formatieren

Für PivotTables gibt es wie für Zellbereiche und Tabellen Formatvorlagen, in denen Schrift, Rahmen und Farben für die einzelnen Elemente vordefiniert sind. Leider schließen diese keine Zahlenformate mit ein, die müssen gesondert zugewiesen werden. Formatvorlagen für PivotTables haben nur Formatierungen für Schrift, Rahmen und Muster im Angebot.

6.4.1 Layout

In der Gruppe *Layout* unter *PivotTable-Tools/Entwurf* werden diese Layoutelemente formatiert:

Teilergebnisse: Werden berechnet, wenn der Zeilen- oder Spaltenbereich mehr als ein Feld enthält. Ziehen Sie zum Beispiel die Felder *Produkt* und *Filiale* in den Zeilenbereich, wird für jedes Produkt eine Zwischensumme gezogen. Mit *Teilergebnisse nicht anzeigen* schalten Sie diese Berechnung aus. *Alle Teilergebnisse unten in der Gruppe anzeigen* stellt die Zwischensummen unter die Datenzeilen, *Alle Teilergebnisse oben in der Gruppe anzeigen* stellt sie in die Zeile, in der die Feldüberschrift steht.

Gesamtergebnisse: Die Summen für Zeilen und Spalten sind standardmäßig aktiviert. *Nur für Zeilen aktiviert* berechnet die Spaltensummen unten an der Tabelle nicht, *Nur* *für Spalten aktiviert* entfernt die Gesamtsummen rechts außen. Mit *Für Zeilen und Spalten deaktiviert* zeigt die PivotTable keine Gesamtergebnisse.

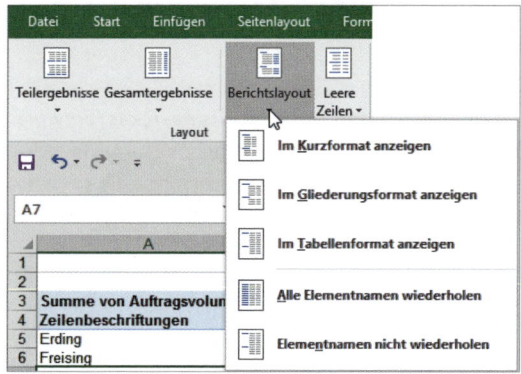

Bild 6.19: Layout-Einstellungen für die PivotTable.

Berichtslayout: *In Kurzform anzeigen* ordnet die Daten im Zeilenbereich über alle Ebenen in einer Spalte an. Diese Kurzform ist dann besonders nützlich, wenn diese Ebene sehr viele Felder enthält, weil die PivotTable nicht ständig horizontal geblättert werden muss. Mit *Im Gliederungsformat anzeigen* werden alle Felder in Spalten gesetzt, die PivotTable wird in die Breite gezogen. Die Option *Im Tabellenformat anzeigen* bietet sich für Daten in Tabellenform an, zum Beispiel für eine Kopie in ein anderes Tabellenblatt. Diese Anzeigeform verwendet auch wieder alle Formatierungen aus der Pivot-Table-Formatvorlage.

Leere Zeilen: Wenn die PivotTable leere Zeilen aus den Daten übernehmen muss, werden diese als Datensätze behandelt. Mit *Leerzeile nach jedem Element einfügen* können Sie das PivotTable-Layout optisch etwas »entzerren«. *Leerzeilen nach jedem Element entfernen* löscht diese Leerzeilen wieder aus dem Layout.

6.4.2   Zahlenformate

Die Zahlenfelder einer PivotTable formatieren Sie wahlweise mit direkter Zuweisung des Zahlenformats oder über die Wertfeldeinstellungen. Letztere haben den Vorteil, dass die Formate auch bei Neuordnung des Layouts beibehalten werden.

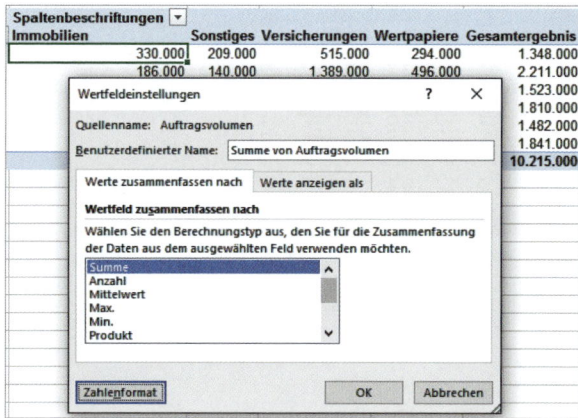

Bild 6.20: Das Zahlenformat für Wertefelder wird in den Wertfeldeinstellungen definiert.

Wählen Sie mit Klick auf das Feld im Wertebereich oder im Kontextmenü *Wertfeldeinstellungen* und klicken Sie auf *Zahlenformat*. Stellen Sie das Zahlenformat mit Nachkommastellen, Währungszeichen und Tausenderpunkten ein.

6.4.3   PivotTable-Formate

Schalten Sie mit dem Zellzeiger in der PivotTable um auf *PivotTable-Tools/Entwurf*. Klicken Sie unter *PivotTable-Formate* auf eines der angebotenen Schnellformate oder öffnen Sie die Formatliste und weisen Sie ein Format zu. Die Livevorschau zeigt beim Überflug mit dem Mauszeiger das Ergebnis der Formatierung an.

Klicken Sie eine Vorlage mit der rechten Maustaste an und wählen Sie *Übernehmen und Formatierung beibehalten*. Mit *Übernehmen und Formate löschen* werden die alten Formate entfernt.

Neue Vorlagen für PivotTables werden über den Befehl am unteren Rand oder mit *Duplizieren* erstellt. Formatieren Sie die einzelnen Tabellenelemente, klicken Sie auf den ersten Eintrag, *Ganze Tabelle*, und wählen Sie *Formatieren*. Als Stripesets werden die wechselnden Spaltenformatierungen bezeichnet, die sichtbar werden, wenn in den Optionen *Verbundene Spalten* oder *Verbundene Zeilen* gesetzt ist. Zeilen-Stripesets heben die Formatierung von Spalten auf.

Die neue Vorlage steht anschließend oben in der Kategorie *Benutzerdefiniert*. Wählen Sie *Ändern* oder *Löschen* im Kontextmenü der rechten Maustaste. *Als Standard festlegen* definiert die Vorlage als erste in den Schnellformatvorlagen.

Optionen für PivotTable-Formate

In dieser Gruppe der Registerkarte *Entwurf* in den PivotTable-Tools finden Sie Optionen für die Formatierung und Anzeige einzelner Elemente. Kreuzen Sie *Zeilenüberschrift*, *Spaltenüberschrift* oder *Verbundene Zeilen/Spalten* an, wenn Sie die für diese Elemente vorgesehenen Formatierungen in der Tabellenformatvorlage anwenden wollen.

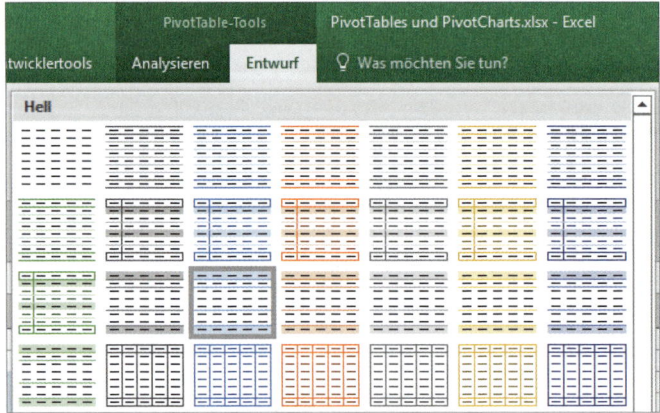

Bild 6.21: Formatvorlagen für PivotTables.

6.4.4 Bedingte Formatierung

Bedingte Formate erweisen sich besonders in PivotTables als nützlich. Markieren Sie aber zuvor den Bereich, der das Format enthalten soll (*PivotTable-Tools/Aktionen/Auswählen*). Wählen Sie *Start/Formatvorlagen/Bedingte Formatierung*. Holen Sie eines der vordefinierten Formate oder erstellen Sie Regeln für die Bedingungsformatierung. Nach dem Einfügen eines Bedingungsformats erhalten Sie eine Optionsschaltfläche am rechten unteren Rand, wählen Sie hier gezielt den Bereich für das Format.

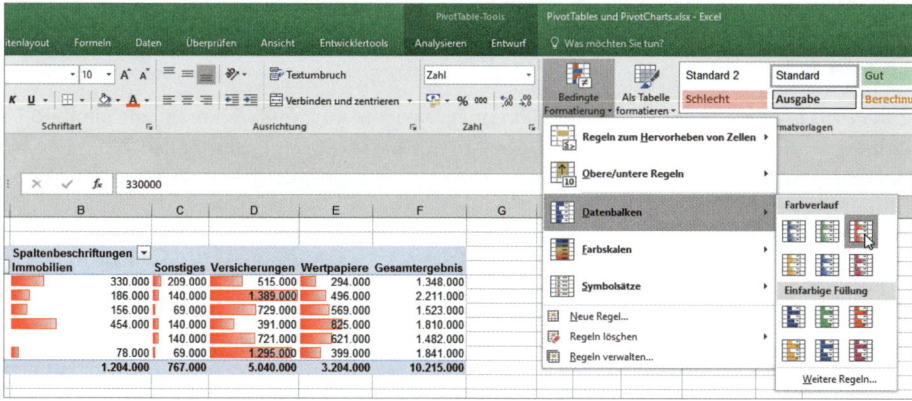

Bild 6.22: Bedingungsformate (hier Datenbalken) für PivotTable-Wertefelder.

6.5 PivotTable-Optionen

Unter *PivotTable-Tools/Analyse/Optionen* finden Sie den Namen der PivotTable und eine Reihe von Optionen.

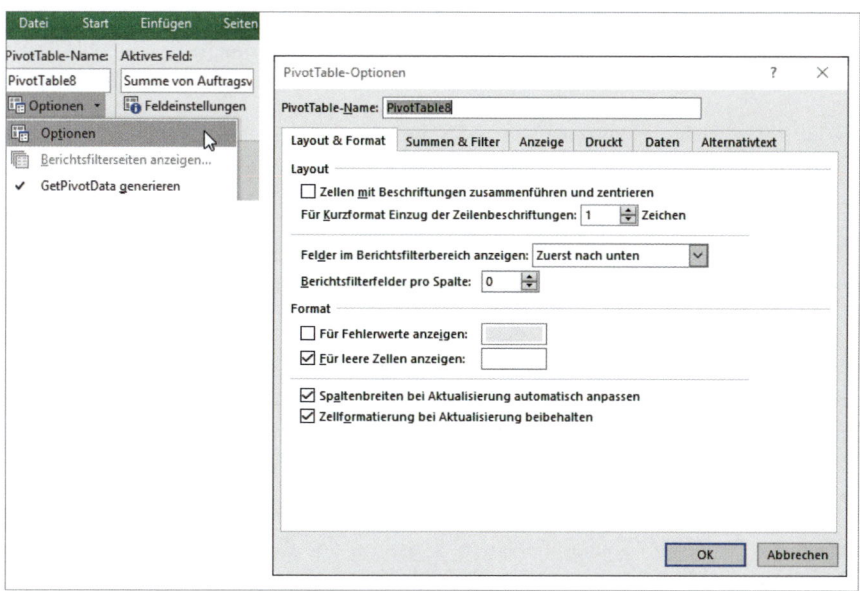

Bild 6.23: Name und Optionen für die PivotTable.

Jede neue PivotTable bekommt automatisch einen Namen zugewiesen, *PivotTable1* heißt die erste, *PivotTable2*, *PivotTable3* usw. folgen. Tragen Sie, falls nötig, eine neue Bezeichnung in das Namensfeld ein. Mit eindeutigen Namen können die PivotTables besser unterschieden werden, zum Beispiel bei den Datenschnittverbindungen.

6.5.1   Der Optionen-Dialog

Mit *PivotTable-Tools/Analysieren/Optionen* oder mit *Optionen* im Kontextmenü der PivotTable wird ein Dialog mit sechs Registerkarten aktiviert.

Layout & Format

Zellen mit Beschriftungen zusammenführen und zentrieren: Wenn Sie mehr als ein Feld im Zeilen- oder Spaltenbereich haben, können mit dieser Option alle Zeilen der äußeren Zeilen (ganz links) und Spalten (ganz rechts) zusammengefasst und zentriert werden.

Für Kurzformat Einzug der Zeilenbeschriftungen: Damit rücken die Zeilen im Kurzformat (*Entwurf/Layout/Berichtsformat/In Kurzformat anzeigen*) um die angegebene Zeichenanzahl (0 bis 127) ein.

Felder im Berichtsfilterbereich anzeigen: Bezieht sich auf die Anordnung der Felder im Berichtsfilter. Wenn dieser Bereich mehr als ein Feld enthält, können Sie diese Felder untereinander oder nebeneinander (mit je einer Leerspalte dazwischen) anordnen.

Berichtsfilterfelder pro Spalte: Hier geben Sie an, wie viele Felder zeilen- oder spaltenweise angeordnet werden. Ein Beispiel: Sie haben vier Felder im Berichtsfilter, die Einstellung steht auf *Zuerst nach unten*. Mit einem Berichtsfeld pro Spalte stehen alle Felder in einer Spalte. Mit zwei Berichtsfeldern pro Spalte stehen zwei Felder in der ersten Spalte und zwei in der zweiten.

Format/Für Fehlerwerte anzeigen: Hier können Sie Ersatztexte oder andere Zeichen für Fehlerwerte oder Leereinträge in der PivotTable eintragen. Wenn Sie keine Fehlertexte sehen wollen, kreuzen Sie die Option an und lassen das Feld leer.

Format/Für leere Zeilen anzeigen: Wenn Sie keine leeren Zellen oder eine Null (bei Wertfeldern) sehen wollen, geben Sie nichts in das Feld ein. Geben Sie zum Beispiel »Leer« oder »kein Umsatz« ein, wenn Sie einen Ersatztext sehen wollen.

Spaltenbreiten bei Aktualisierung automatisch anpassen: Aktivieren Sie diese Option, um alle Spalten automatisch an die Größe des breitesten Eintrags anzupassen. Deaktivieren Sie die Option, bleibt die aktuelle Breite der Spalten erhalten.

Zellformatierung bei Aktualisierung beibehalten: Aktivieren Sie diese Option, um das Berichtslayout und das Format der PivotTable mit der Arbeitsmappe zu speichern. Ist die Option nicht gesetzt, wird das Standardlayout und -format verwendet.

Summen und Filter

Gesamtsummen für Zeilen/Spalten anzeigen: Diese beiden Optionen blenden die automatisch berechneten Summen am rechten Rand (Zeilensumme) und am unteren Rand (Spaltensumme) ein oder aus (auch unter *PivotTable-Tools/Entwurf/Layout/Gesamtergebnisse*).

*Gesamtsummen mit * markieren:* Diese Option sehen Sie nur bei OLAP-Datenquellen, wenn *Subselect* bei MDX nicht unterstützt wird.

Filter/Nach Teilergebnissen gefilterte Seitenelemente: Diese Option ist nur bei OLAP-Datenquellen aktiv, die die untergeordnete SELECT-Syntax des MDX-Ausdrucks unterstützen. Sie schließt Berichtsfilterelemente ein bzw. aus.

Filter/Mehrere Filter pro Feld zulassen: Aktivieren Sie diese Option, wenn Excel bei der Berechnung von Gesamtsummen und Teilergebnissen auch die gefilterten Werte mit einbeziehen soll.

Sortieren/Beim Sortieren benutzerdefinierte Listen verwenden: Schalten Sie diese Option aus, wenn Sie keine benutzerdefinierten Listen zum Sortieren brauchen.

Anzeige

Schaltflächen zum Erweitern/Reduzieren anzeigen: Zeigt die Plus- und Minuszeichen im Zeilen- oder Spaltenbereich an, wenn diese mehrere Felder enthalten.

Kontextbezogene QuickInfos anzeigen: Schaltet die QuickInfos am Zellzeiger ein, die Detailinfos zu den einzelnen Zellen enthalten.

Eigenschaften in QuickInfo anzeigen: Nur für OLAP-Datenquellen, zeigt Eigenschaftsinformationen für Elemente an.

Feldbeschriftungen und Filterdropdowns anzeigen: Mit dieser Option werden die Feldbeschriftungen über dem Zeilen- und Spaltenbereich und die Filterpfeile sichtbar gemacht.

Klassisches PivotTable-Layout: Schalten Sie diese Option ein, wenn Sie wie in der Vorgängerversion die PivotTable-Felder aus der Feldliste in das Tabellenblatt ziehen und dort mit dem Mauszeiger anordnen wollen. Die einzelnen Bereiche sind dann mit blauen Rahmen gekennzeichnet.

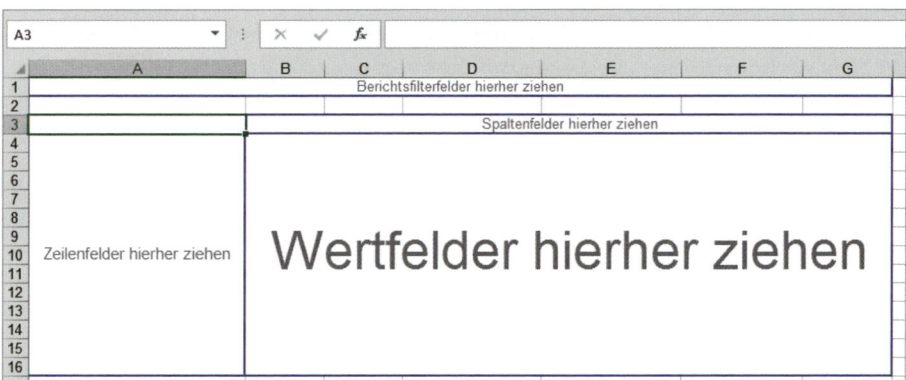

Bild 6.24: Das klassisches Pivot-Layout.

Das klassische Pivot-Layout erhalten Sie, wenn Sie in einer Arbeitsmappe vom Dateityp Excel 97/2000/2003 eine PivotTable anlegen. Konvertieren Sie die Mappe und schalten Sie hier auf das neue Layout um.

Die Wertezeile anzeigen: Zeigt »Werte« über den Wertespalten an, wenn mehr als ein Feld im Wertebereich untergebracht ist.

Elemente ohne Daten in den Zeilen/Spalten anzeigen: Blendet Zeilen- oder Spaltenelemente ein bzw. aus, wenn diese keine Daten enthalten, gilt aber nur für OLAP-Datenquellen.

Elementnamen anzeigen, wenn im Wertebereich keine Felder vorhanden sind: Diese Option gilt nur für PivotTables, die mit den Vorgängerversionen Excel 2003/XP/2000 oder Excel 97 erstellt wurden. Sie schaltet die Elementbeschriftungen aus, wenn das Feld keine Werte hat.

Berechnete Elemente von OLAP-Server anzeigen: Wird aktiviert, um berechnete Elemente in einer Dimension anzuzeigen. Wirkt sich nicht auf berechnete Measures aus (nur für OLAP-Datenquellen).

Feldliste/Von A bis Z sortieren: Mit dieser Option sortieren Sie die Felder in der Feldliste alphabetisch aufsteigend. Mit *Nach der Reihenfolge der Datenquellen sortieren* werden sie so angezeigt, wie sie in der Datenquelle vorzufinden sind.

Druckt

Auf dieser Registerkarte regeln Sie die Optionen für den Ausdruck von PivotTables:

Schaltflächen zum Erweitern/Reduzieren in einer PivotTable anzeigen sollte nicht angekreuzt sein, wenn Sie die Plus-/Minuszeichen der Ebenen nicht drucken wollen. Die Option sollte nicht verfügbar sein, wenn die Schaltflächen auf der *Anzeige*-Registerkarte nicht eingeschaltet sind.

Zeilenbeschriftungen für jede gedruckte Seite wiederholen: Bei mehrseitigen Ausdrucken wird die Zeilenbeschriftung auf allen Seiten als erste Zeile gedruckt.

Drucktitel festlegen: Damit legen Sie fest, dass alle Zeilen- und Spaltenbeschriftungen auf allen Seiten gedruckt werden. Schalten Sie diese Option ein, wird automatisch ein Drucktitel für das Tabellenblatt eingetragen. Auf der Registerkarte *Seitenlayout* unter *Seite einrichten* können Sie Seitenumbrüche setzen und den Drucktitel kontrollieren.

Daten

Quelldaten mit Datei speichern: Wenn die PivotTable ihre Daten aus einer externen Datenquelle bezieht, müssen Sie die Daten nicht in der Arbeitsmappe speichern. Deaktivieren Sie diese Option, um nur die Definition der PivotTable zu speichern, die Daten werden automatisch beim Öffnen der Mappe aktualisiert, wenn Sie die Option *Aktualisieren beim Öffnen der Datei* ankreuzen.

,Details anzeigen' aktivieren: Damit schalten Sie den »Drilldown« ein. Mit dieser Option kann ein Wert aus der Wertespalte per Doppelklick in einer neuen Tabelle in seine Detaildatensätze aufgesplittet werden.

Aktualisieren beim Öffnen der Datei: Mit dieser Option wird die PivotTable beim Öffnen der Arbeitsmappe aktualisiert (wird für OLAP-Datenquellen nicht angeboten).

Elemente beibehalten, die aus der Datenquelle gelöscht wurden: Hier bestimmen Sie, wie viele Daten die PivotTable behalten soll, wenn die Datenmenge in der Datenquelle reduziert wurde. Die Option *Anzahl der pro Feld beizubehaltenden Elemente* bietet drei Einträge zur Auswahl an (nicht für OLAP-Datenquellen):

- *Automatisch:* Die Standardanzahl der eindeutigen Elemente für die einzelnen Felder.

- *Keine:* Behält keine eindeutigen Elemente.

- *Maximum:* Stellt sicher, dass die maximale Anzahl eindeutiger Elemente für die einzelnen Felder behalten wird (bis zu 1.048.576 Elemente).

Was-wäre-wenn-Analyse/Zellbearbeitung im Wertebereich aktivieren: Diese Option ist nur für OLAP-Datenquellen verfügbar.

Alternativtext

Unter diesem Register stehen die Eingabefelder *Titel* und *Beschreibung* zum Vorlesen für behinderte Personen zur Verfügung.

6.5.2   Optionen für Aktives Feld

Die Gruppe *Aktives Feld* zeigt den Feldnamen des Elements, in dessen Zeile oder Spalte sich der Zellzeiger gerade befindet. Sie können diesen Feldnamen hier umbenennen. Löschen Sie den Namen aus dem Eingabefeld und schreiben Sie eine neue Bezeichnung in das Feld. Der neue Name wird auch in die Feldliste aufgenommen. Der Quellenname wird damit nicht verändert.

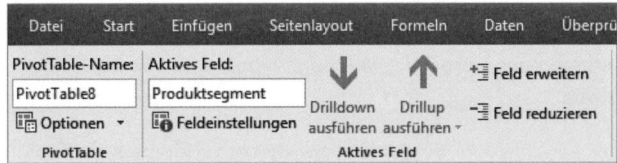

Bild 6.25: Einstellungen für das aktive Pivot-Feld.

Feld erweitern/reduzieren

Diese Symbole sind für gegliederte Zeilen- oder Spaltenelemente gedacht. Sitzt der Zellzeiger zum Beispiel auf einem Zeilenfeld, dem ein weiteres Feld untergeordnet ist, können Sie mit Klick auf *Feld erweitern* alle Ebenen einblenden und mit *Feld reduzieren* alle Ebenen ausblenden. Beim Versuch, Zellen zu erweitern, die keine Unterebenen enthalten, erscheint ein Dialogfeld mit der Auswahl aller Felder, die hinzugefügt werden können.

Ein Beispiel: Produktsegment und Filiale stehen im Zeilenbereich, das Auftragsvolumen wird im Wertebereich summiert. Der Zellzeiger sitzt auf dem Produktsegmentfeld, mit den beiden Symbolen können die Umsätze der Filialen zusammengefasst oder erweitert werden.

Feldeinstellungen

Aktivieren Sie mit diesem Symbol den Dialog:

- Für Zeilen/Spalten- und Filterfelder werden die Feldeinstellungen mit den Register-karten *Teilergebnisse & Filter* und *Layout & Drucken* angezeigt.

- Für Wertefelder werden die Wertfeldeinstellungen eingeblendet.

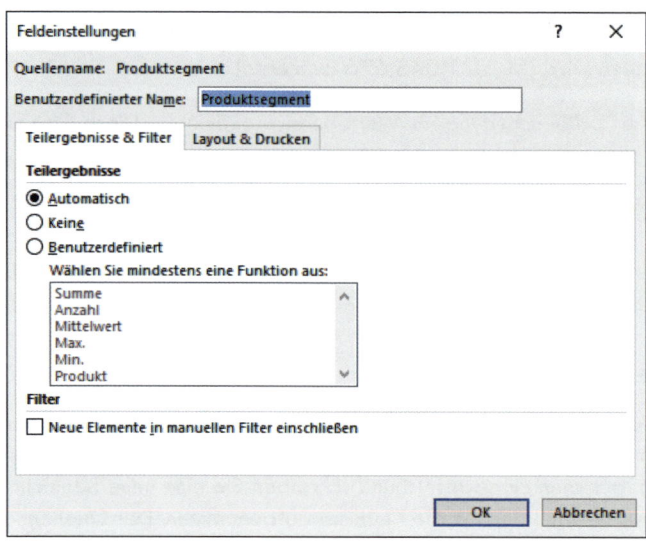

Bild 6.26: Feldeinstellungen für das aktive Feld (Zeile, Spalte oder Filter).

Teilergebnisse: Definieren Sie hier die Teilergebnisse für das aktuelle Feld, falls dieses solche zulässt. Teilergebnisse können nur berechnet werden, wenn mehr als ein Feld im Zeilen- oder Spaltenbereich steht.

Neue Elemente in manuellen Filter einschließen: Setzen Sie bei dieser Option ein Häkchen, werden alle neuen Elemente über einen manuell gesetzten Filter automatisch mit in die PivotTable aufgenommen.

Layout & Drucken

Auf der zweiten Registerkarte in den Feldeinstellungen finden Sie die für einzelne Felder verfügbaren Optionen für Layout und Ausdruck. Auch einige Optionen für alle Felder finden Sie unter *PivotTable-Tools/Entwurf/Layout*.

Elementnamen in Gliederungsansicht anzeigen: Damit werden die Namen der Felder in der Gliederungsansicht angezeigt.

Beschriftungen aus dem nächsten Feld in der gleichen Spalte anzeigen: Das ist die Ansicht *Kurzformat*. Damit werden alle Elemente des Felds in einer Spalte angezeigt.

Teilergebnisse oberhalb jeder Gruppe anzeigen: Schalten Sie diese Option ein, um die Teilergebnisse über den Gruppen in derselben Zeile wie den Elementnamen anzuzeigen.

Elementnamen im Tabellenformat anzeigen: Damit schalten Sie das Tabellenformat ein (nur für Felder im Bereich *Zeilenbeschriftungen*).

Leerzeile nach jedem Element einfügen: Mit dieser Option fügen Sie nach jedem Teilergebnis (nicht nach jedem Datensatz!) eine Leerzeile ein.

Elemente ohne Daten anzeigen: Aktivieren Sie diese Option, um Elemente anzuzeigen, die bei der Zusammenfassung keine Daten erhalten haben.

Drucken/Seitenumbruch nach jedem Element einfügen: Setzen Sie ein Häkchen bei dieser Option, um nach jedem Element einen Seitenumbruch einzufügen, wenn der PivotTable-Bericht gedruckt wird.

6.6   Feldelemente gruppieren

In PivotTables mit vielen Einzelelementen ist eine Gruppierung unerlässlich. Besonders bei großen Listen oder Tabellen mit Datumswerten macht es wenig Sinn, diese tageweise zusammenzufassen. Datumswerte können wahlweise nach Jahren, Quartalen oder Monaten gruppiert werden, für Zeitwerte stehen Sekunden, Minuten und Stunden als Gruppierungsebenen zur Auswahl.

Wenn Sie Textfelder gruppieren, haben Sie die Möglichkeit, neue Gruppenbegriffe einzuführen (z. B. *Verkaufsgebiete* für die einzelnen Regionen). Gruppieren Sie ein Zahlenfeld, wird die PivotTable Intervalle anbieten. Die Gruppierungswerkzeuge finden Sie auf der ersten Registerkarte unter *PivotTable-Tools/Analysieren/Gruppieren*. Das Kontextmenü der PivotTable bietet sie auch an, markieren Sie einfach das erste Element des Feldes, das Sie gruppieren wollen.

6.6.1   Textfelder und Wertefelder gruppieren

1. Erstellen Sie eine PivotTable aus der Tabelle *tbl_Aufträge* mit dem Feld *Filiale* im Zeilenbereich, summieren Sie im Wertebereich das Auftragsvolumen. Markieren Sie die ersten beiden Filialen, ...

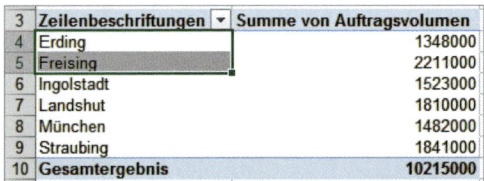

2. ... und wählen Sie *Gruppieren/Gruppenauswahl*.

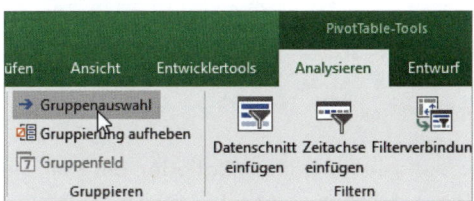

3. Die neue Gruppe wird eingefügt, überschreiben Sie den Vorschlag *Gruppe1* mit *Verkaufsgebiet 1*.

4. Markieren Sie die restlichen Regionen, wählen Sie wieder die Gruppenauswahl und nennen Sie die neue Gruppe *Verkaufsgebiet 2*.

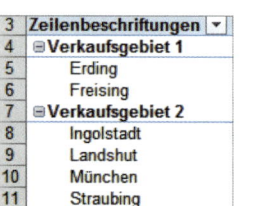

5. Die Feldliste zeigt im Bereich *Zeilenbeschriftungen* jetzt die neuen Felder *Filiale1* und *Filiale2*, ändern Sie die Namen über die *Feldeinstellungen* in *Verkaufsgebiete* und *Filialen*.

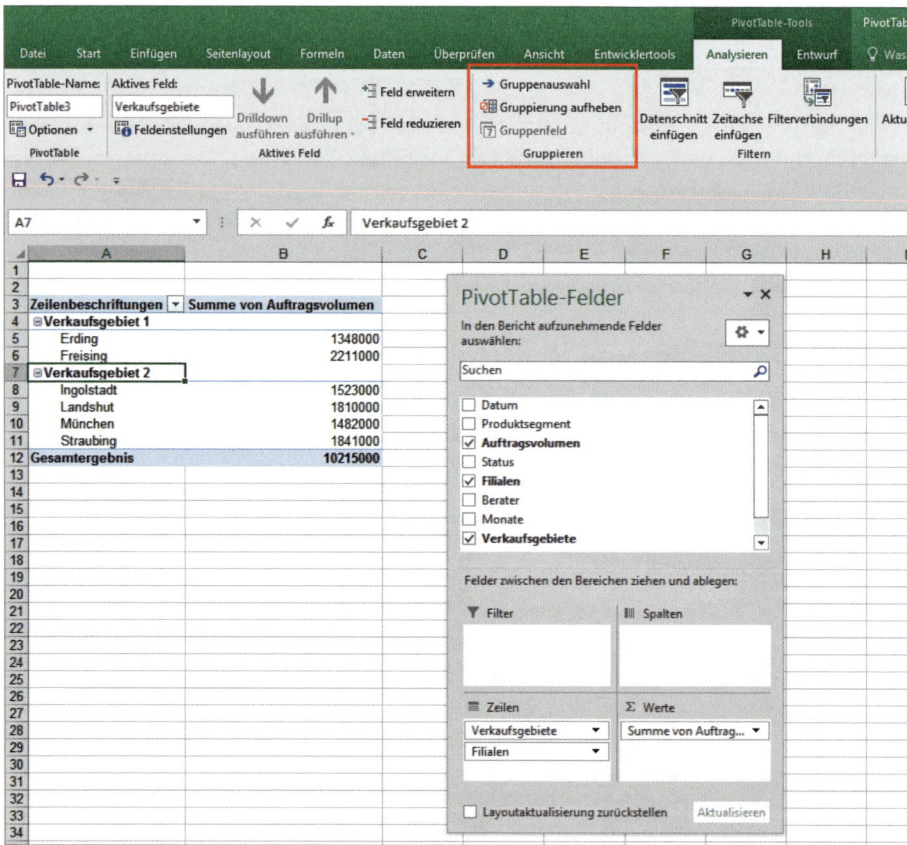

Bild 6.27: Gruppierungsebenen für das Textfeld »Filiale«.

Ein Doppelklick auf einen Gruppennamen blendet alle Mitglieder aus, mit einem weiteren Doppelklick werden diese wieder sichtbar gemacht. Um eine Gruppierung aufzuheben, markieren Sie das gruppierte Element mit der rechten Maustaste und wählen *Gruppierung aufheben*. Die Gruppierung wird damit entfernt, die gruppierten Elemente bleiben der PivotTable aber erhalten. Weisen Sie die Gruppe erneut zu, sind sie automatisch wieder da.

6.6.2 Zahlenwerte gruppieren

Für die Gruppierung von Zahlenfeldern markieren Sie nur das erste Element und starten die Gruppenauswahl. Die Gruppierung wird angeboten, geben Sie Start- und Endwert an und das Gruppierungsintervall.

1. Erstellen Sie eine PivotTable mit dem Auftragsvolumen im Zeilenbereich und im Wertebereich, aggregiert mit *Anzahl*.

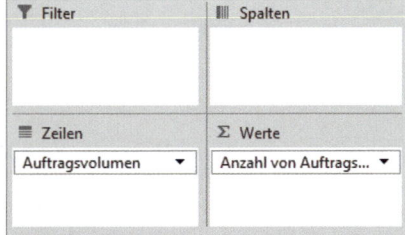

2. Markieren Sie das erste Element der Zeilenwerte, ...

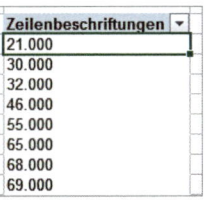

3. ... und starten Sie die *Gruppenauswahl*.

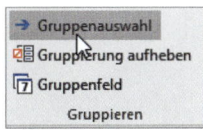

4. Bestätigen Sie den Start- und Endwerte-Bereich und das Intervall.

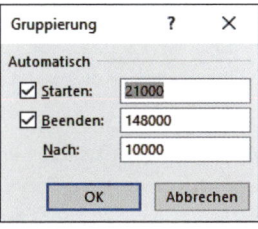

5. Die Gruppe ist erstellt, die PivotTable präsentiert die Anzahl Aufträge in den einzelnen Zahlengruppen.

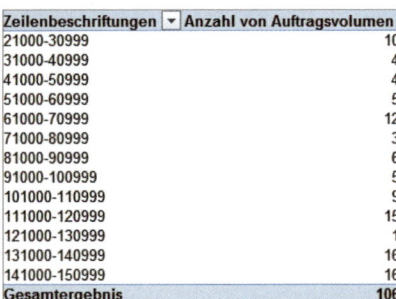

6.6.3   Datumsfelder gruppieren

Für Datumswerte steht eine Auswahl von Gruppierungsebenen bereit. Wenn die Gruppierungsfunktion einen Datentyp Datum/Zeit in der zu gruppierenden Zeile oder Spalte entdeckt, wird die Auswahl aktiviert.

1. Erstellen Sie eine neue PivotTable auf der Datenbasis der Auftragstabelle und ziehen Sie das Datumsfeld in den Zeilenbereich.

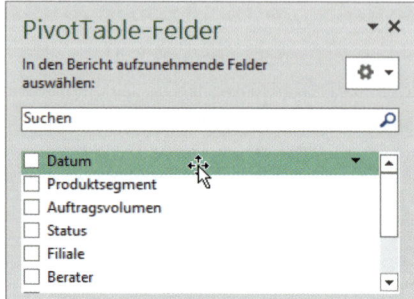

2. Für Datumsfelder wird automatisch die Gruppierungsebene *Monate* eingefügt. Holen Sie die Summe der Auftragsvolumina in das Wertefeld.

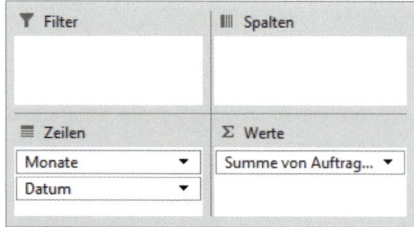

3. Ziehen Sie das Gruppierungsfeld *Monat* aus dem Zeilenbereich heraus.

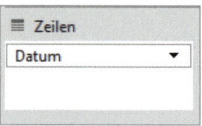

4. Markieren Sie in der PivotTable das erste Datumselement, ...

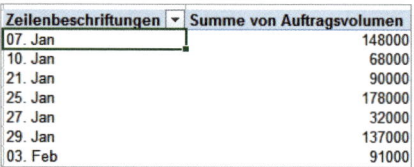

5. ... und gruppieren Sie das Feld über das Kontextmenü oder mit *PivotTable-Tools/ Analysieren/Gruppieren/Gruppenauswahl*.

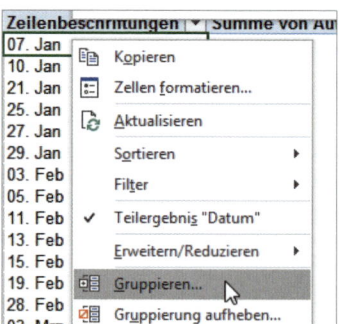

6. Markieren Sie die Gruppenebenen *Tage*, *Monate* sowie *Quartale* und bestätigen Sie mit *OK*.

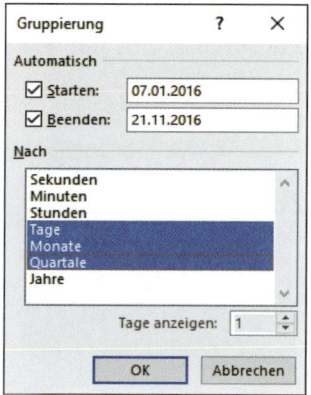

7. Das Datumsfeld wird gruppiert, die Feldliste bekommt für jede Gruppe einen neuen Eintrag.

8. Unter *PivotTable-Tools/Entwurf* finden Sie das Berichtslayout, stellen Sie es auf das Tabellenformat um.

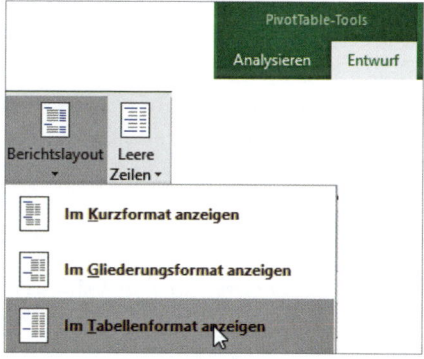

9. Jetzt stehen die Gruppen nebeneinander. Klicken Sie mit der rechten Maustaste auf eine Gruppe, ...

Quartale	Monat	Datum	Summe von Auftrag
Qrtl1	Jan	07. Jan	148000
		10. Jan	68000
		21. Jan	90000
		25. Jan	178000
		27. Jan	32000
		29. Jan	137000
	Feb	03. Feb	91000

10. ... und erweitern oder reduzieren Sie die Ansicht über das Kontextmenü.

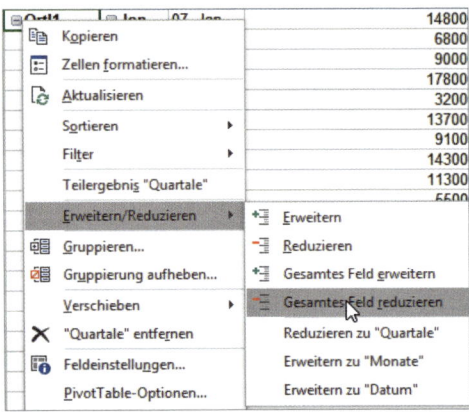

6.7   Berechnete Felder und Elemente

In der Praxis wird die Datenquelle nicht immer alles hergeben, was die PivotTable abbilden sollte. Wenn externe Daten aus Cubes oder SAP-Berichtexporten analysiert werden, ist der Anwender auf das gelieferte Material angewiesen. Für weitere Informationen, die sich aus den vorhandenen Daten ableiten lassen, bietet die PivotTable die Möglichkeit, Felder oder Elemente zu berechnen. Grundsätzlich gilt aber:

Was die PivotTable analysieren muss, sollte als Feld oder Element in der Datenquelle verfügbar sein. Berechnete Felder können Feldnamen, mathematische Operatoren und Funktionen aus dem Excel-Angebot enthalten. Das Angebot ist aber sehr beschränkt, erlaubt sind nur Funktionen, die keine wechselnden Argumente haben. Auch Matrixfunktionen, Zellbezüge oder Bereichsnamen funktionieren nicht. Die logische Funktion WENN() scheint ansatzweise zu funktionieren, es treten aber Fehler auf. Beschränken Sie sich deshalb in berechneten Feldern auf reine Arithmetik.

6.7.1   Ein neues Feld berechnen

Um ein Feld zu berechnen, das sich aus anderen Feldern ableitet, wählen Sie *PivotTable-Tools/Analysieren* und aktivieren in der Gruppe *Berechnungen* das Symbol *Felder, Elemente und Gruppen*.

1. Die Liste enthält Zahlungseingänge und Datumswerte. Markieren Sie sie, ...

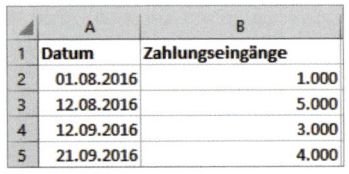

2. ... und erstellen Sie unter *Einfügen/Tabellen* eine PivotTable.

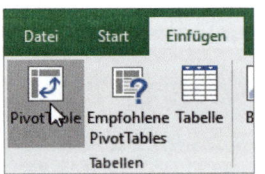

3. Ziehen Sie das Datumsfeld in den Zeilenbereich. Es wird automatisch gruppiert, entfernen Sie *Datum*. Die Beträge kommen in den Wertebereich.

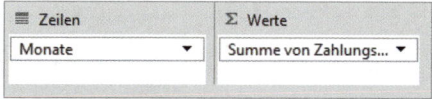

4. Die PivotTable aggregiert die Beträge nach Monaten.

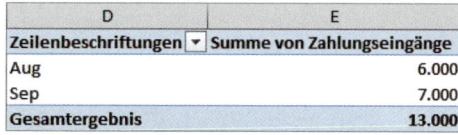

5. Holen Sie aus der PivotTable-Tools-Gruppe *Berechnungen* ein berechnetes Feld.

6. Tragen Sie den Namen *MwSt* ein und holen Sie mit *Feld einfügen* das Feld *Zahlungseingänge* in das Formelfeld.

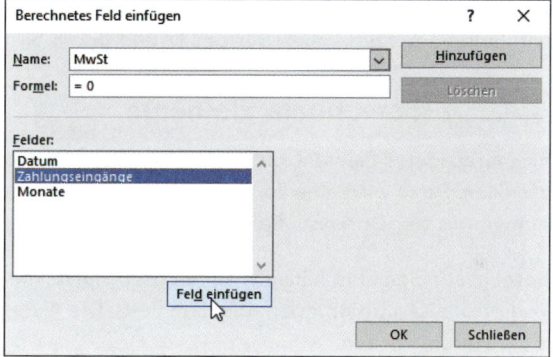

7. Berechnen Sie 19 % aus den Beträgen und klicken Sie auf *Hinzufügen*.

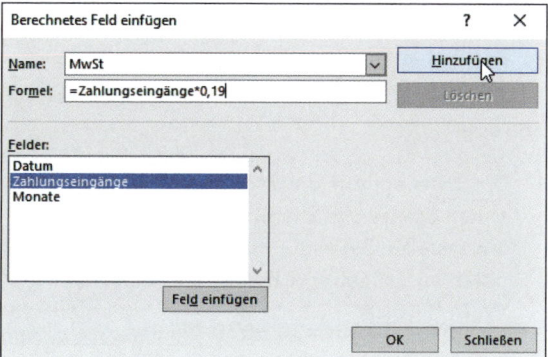

8. Fügen Sie ein weiteres Feld *Zahlungseingänge netto* mit dieser Formel hinzu:

=Zahlungseingänge-MwSt

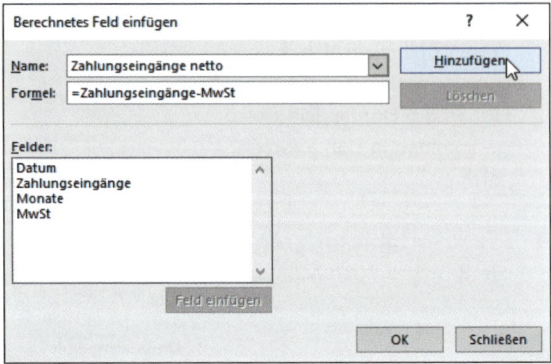

D	E	F	G
Zeilenbeschriftungen ▼	Summe von Zahlungseingänge	Summe von MwSt	Summe von Zahlungseingänge netto
Aug	6.000	1.140	4.860
Sep	7.000	1.330	5.670
Gesamtergebnis	13.000	2.470	10.530

Bild 6.28: Das Ergebnis: Zwei berechnete Felder in der PivotTable.

Um ein berechnetes Feld zu löschen, öffnen Sie die Dialogbox für berechnete Felder und holen den Feldnamen aus der Liste. Klicken Sie auf *Löschen*.

6.7.2 Berechnete Elemente

Ein berechnetes Element bietet die Möglichkeit, zusätzliche Daten für ein Feld bereit-zustellen. Dazu wird eine Formel erstellt, die arithmetische Operatoren, Werte und Feld-namen aus der Datenquelle der PivotTable enthalten kann.

 Berechnete Elemente können nicht in gruppierten Feldern erstellt werden. Entfernen Sie vorher alle Gruppierungen aus dem Feld. Die Gruppierung kann anschließend wieder zugewiesen werden.

Beispiel: Monatsumsätze

Ein Beispiel: Berechnen Sie in einer Umsatzliste die Differenzen zwischen den einzelnen Monats-beträgen.

◢	A	B
1	Monat	Umsatz
2	Januar	250
3	Februar	300
4	März	500
5	April	600
6	Mai	800
7	Juni	600

1. Die Liste enthält die Monatsnamen in der ersten Spalte und die Umsätze in der zwei-ten. Erstellen Sie eine PivotTable mit den Mo-naten im Zeilenbereich und dem Umsatz im Wertebereich.

2. Die PivotTable hat zwar nichts zu aggregie-ren, gibt aber die Monate mit den Umsätzen wieder.

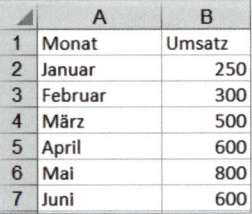

D	E
Zeilenbeschriftungen ▼	Summe von Umsatz
Januar	250
Februar	300
März	500
April	600
Mai	800
Juni	600
Gesamtergebnis	3050

3. Wählen Sie *Berechnetes Element* unter *PivotTable-Tools/ Analysieren/Berechnen/Felder, Elemente und Gruppen.*

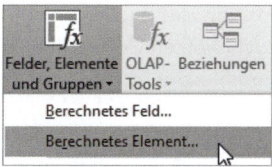

4. Geben Sie den Namen ein:

   Diff Feb-Jan

   Für die Formel holen Sie das Monatselement Februar mit Doppelklick in das Formelfeld, schreiben ein Minuszeichen und fügen den Januar ein.

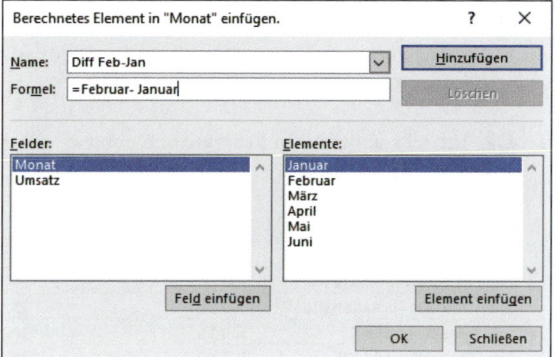

5. Klicken Sie auf *Hinzufügen* und berechnen Sie alle weiteren Monatsdifferenzen.

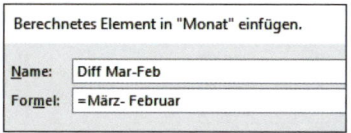

6. Bestätigen Sie mit *OK*, werden die neuen Elemente unten in der Liste angezeigt. Um ein Element zu verschieben, markieren Sie es am linken Zeilenrand ...

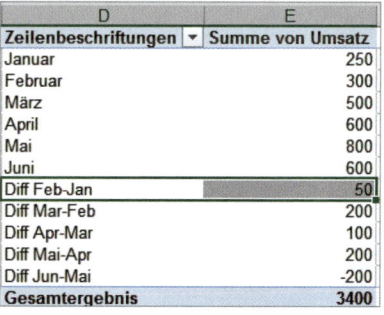

D	E
Zeilenbeschriftungen ▼	Summe von Umsatz
Januar	250
Februar	300
März	500
April	600
Mai	800
Juni	600
Diff Feb-Jan	50
Diff Mar-Feb	200
Diff Apr-Mar	100
Diff Mai-Apr	200
Diff Jun-Mai	-200
Gesamtergebnis	**3400**

7. ... und ziehen es mit gedrückter Maustaste zwischen zwei andere Elemente.

D	E
Zeilenbeschriftungen ▼	Summe von Umsatz
Januar	250
Februar	300
März	500
April D3:E3	600

Anstelle der Monatsnamen können Sie auch den indizierten Feldnamen verwenden. Diese Formel berechnet die Differenz zwischen dem ersten und dem zweiten Monat:

=Monat[-2]-Monat[-1]

Die Ausgabensumme für das gesamte Jahr lässt sich auch so berechnen:

=Monat[1]+Monat[2] ...+Monat[12]

Achten Sie aber auf die Position der Monatsspalten, berechnete Differenzen werden mitberechnet, die Formel macht keinen Unterschied zwischen Monatsnamen und berechneten Elementen. Verschieben Sie die Spalten entsprechend im Pivot-Layout.

Beispiel: Projektkosten pro Projektteam

Ein weiteres Beispiel: Die Tabelle enthält die Projektkosten für die laufenden Projekte mit der abrechnenden Kostenstelle. Der Projektleiter muss die Kosten den einzelnen Projektteams zuordnen, dazu liegt ihm ein Schlüssel mit der Kostenstellenzuordnung für die einzelnen Teams vor.

1. Die Tabelle enthält die Projektbezeichnung, die Kostenstelle und den Betrag für die Projektkosten.

	A	B	C
1	Projekt	Kostenstelle	Projektkosten
2	Einführung SAG/E	300-10	24.700
3	Umbau Montagehalle	300-20	25.900
4	Messestand IFA	300-30	36.700
5	Einführung SAG/E	300-40	20.200
6	Umbau Montagehalle	300-50	14.100
7	Messestand IFA	300-60	12.800
8	Einführung SAG/E	300-70	42.600
9	Umbau Montagehalle	300-80	25.300
10	Messestand IFA	300-90	15.900
11	Einführung SAG/E	300-10	13.100
12	Umbau Montagehalle	300-20	26.800

2. Aus dieser Liste kann die Kostenstellenzuordnung abgelesen werden.

Kostenstellenzuordnung Projektteams	
Team 1	300-10
	300-20
	300-30
	300-40
Team 2	300-50
	300-60
	300-70
Team 3	300-80
	300-90

3. Die PivotTable bekommt die Projektbezeichnung im Zeilenbereich, die Kostenstelle im Spaltenbereich und die Summe der Projektkosten im Wertebereich.

E	F	G	H	I	J
Summe von Projektkosten					
	300-10	300-20	300-30	300-40	300-50
Einführung SAG/E	61800			101400	
Messestand IFA			73500		
Umbau Montagehalle		89600			69200
Gesamtergebnis	61800	89600	73500	101400	69200

4. Markieren Sie die erste Kostenstelle und fügen Sie ein berechnetes Element ein. Geben Sie den Namen *Team 1* ein und summieren Sie in der Formel die Kostenstellen.

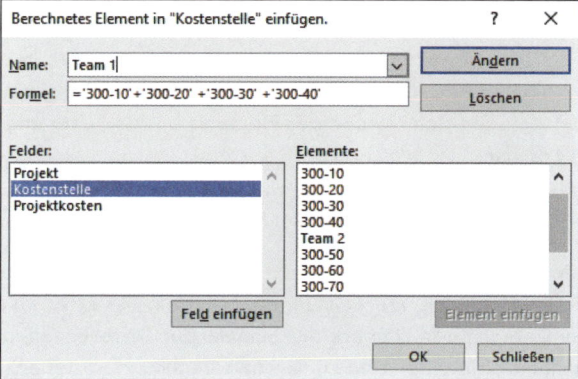

5. Legen Sie weitere berechnete Elemente für die beiden anderen Teams an. Ziehen Sie die Team-Spalte in der PivotTable vor die Kostenstellen.

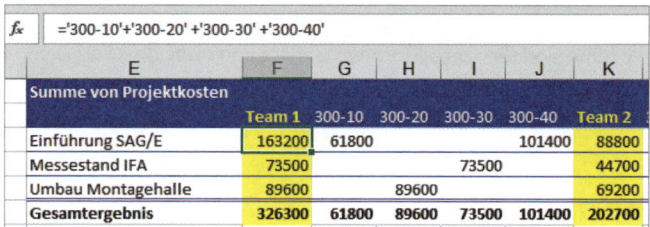

6. Schalten Sie im Filter der Spaltenbeschriftung alle Kostenstellen aus, ...

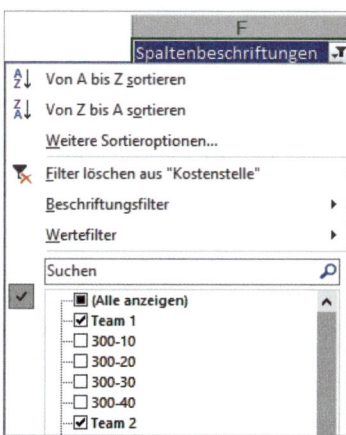

7. ... zeigt die PivotTable nur die Projektkosten pro Team.

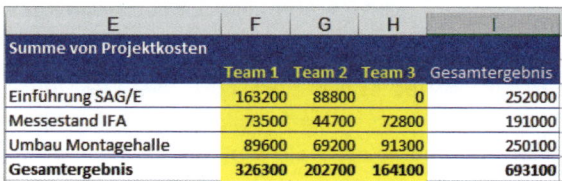

Berechnete Elemente löschen

Um ein berechnetes Element zu löschen, setzen Sie den Zellzeiger in das Feld, in dem dieses Element gelistet ist, und aktivieren den Befehl *Berechnungen/Felder, Elemente und Gruppen/Berechnetes Element*. Holen Sie den Namen des Elements aus der Liste und klicken Sie auf die Schaltfläche *Löschen*.

Lösungsreihenfolge

Berechnungen/Felder, Elemente und Gruppen/Lösungsreihenfolge regelt bei mehreren berechneten Elementen die Reihenfolge der Berechnungen. Ermitteln Sie etwa im ersten Beispiel in einem weiteren berechneten Element die Summe der Differenzen, muss diese Summe in der Lösungsreihenfolge unter den Differenzberechnungen stehen. Die Dialogbox zeigt die Reihenfolge an, markieren Sie einen Eintrag und klicken Sie auf *Nach oben* oder *Nach unten*, um die Reihenfolge zu ändern.

Formeln auflisten

Berechnungen/Felder, Elemente und Gruppen/Formeln auflisten erstellt einen Bericht über alle berechneten Felder und die Lösungsreihenfolge im aktuellen Pivot-Layout. Dazu wird ein neues Tabellenblatt eingefügt.

6.8   PivotCharts

Mit der PivotTable werden Daten aus größeren Datenmengen aggregiert und analysiert. Das Ergebnis ist zwar schon wesentlich informativer und kompakter als die Datenmenge, die Information ist aber noch nicht visualisiert. Visualisierung ist der Begriff für die optische Umsetzung abstrakter Daten und Zusammenhänge, und das beste Werkzeug dafür ist das Diagramm.

PivotCharts sind die ideale Ergänzung für PivotTables und für größere Datenmengen besser als die konventionellen Diagramme. Die Basis des PivotCharts besteht immer aus einer PivotTable, die zuvor oder zusammen mit dem PivotChart erzeugt wird.

6.8.1   Datenquellen vorbereiten

Für die Datenquelle von PivotCharts gelten dieselben Regeln wie für PivotTables:

- Voraussetzung ist eine Liste oder Tabelle.

- Listen sollten mit einem Bereichsnamen versehen werden, absolute Bezüge ($A$1:$C$50) sind ungeeignet, weil sich die Datenquelle nicht auf neue oder geänderte Daten anpasst. Der Bereichsname (über *Formeln/Definierte Namen/Namens-Manager*) sollte idealerweise dynamisch sein, d. h. über eine Formel konstruiert werden.

- Tabellen sind die ideale Basis für PivotTables und PivotCharts (*Einfügen/Tabellen/Tabelle*). Sie sind dynamisch, der Name passt sich automatisch den Änderungen von Zeilen und Spalten im Datenbestand an. Weisen Sie der Tabelle einen aussagekräftigen Namen zu.

6.8.2 PivotChart erzeugen

Das PivotChart wird wahlweise aus einer PivotTable oder direkt aus der Datenquelle generiert. In unserem Beispiel erstellen wir ein erstes Diagramm für ein Personalkennzahlencockpit auf Basis einer Mitarbeiter/Personaltabelle. Das PivotChart wird die Anzahl der Mitarbeiter pro Abteilung visualisieren.

1. Die Tabelle *tbl_Personal* enthält die Mitarbeiterdaten mit Namen, Abteilung und Geschlecht.

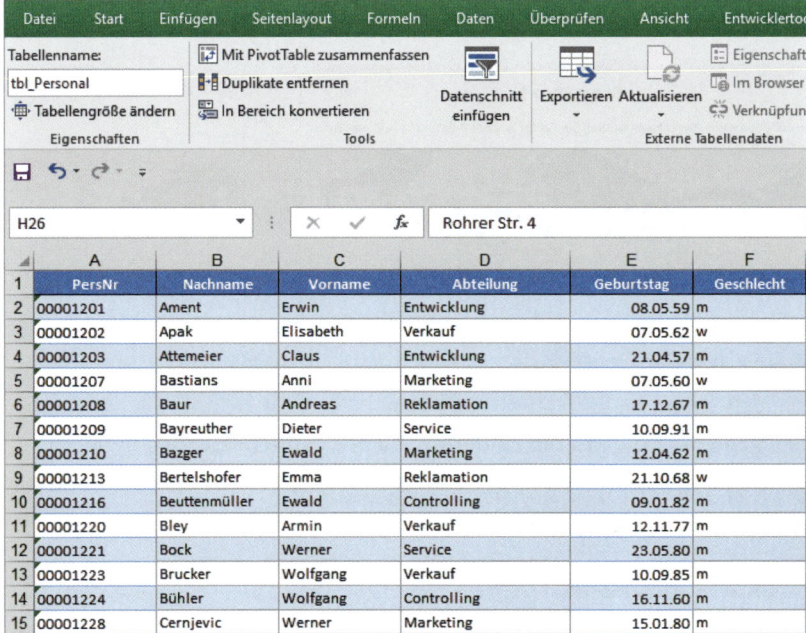

2. Wählen Sie *Einfügen/Diagramme/PivotChart*.

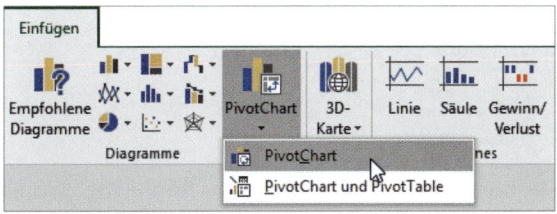

3. Bestätigen Sie die Tabelle als Datenquelle, …

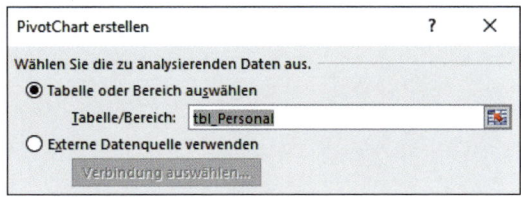

4. … und legen Sie das PivotChart in einem neuen Arbeitsblatt an.

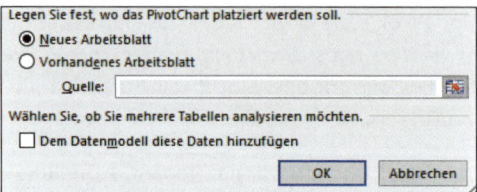

5. Ein leeres Diagrammobjekt wird gezeichnet, die PivotTable daneben hat die Tabelle als Datenquelle.

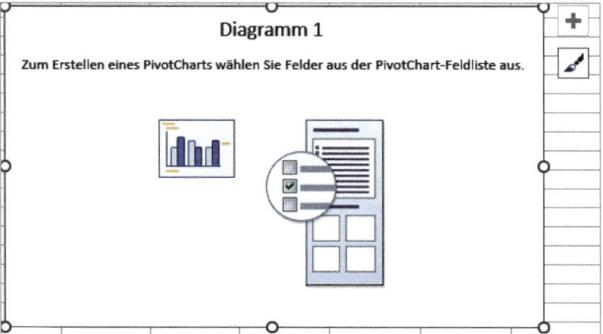

6. Ziehen Sie in der Feldliste die Felder nach unten in die passenden Bereiche.

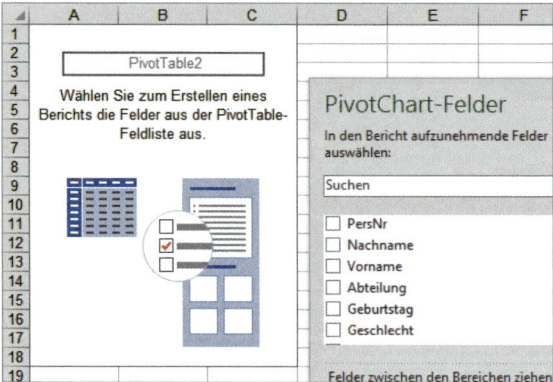

7. In PivotCharts heißt der Zeilenbereich *Achse (Rubriken)*, der Spaltenbereich heißt *Legende (Reihe)*. Definieren Sie die Abteilung für die x-Achse und das Feld *Geschlecht* für die Größenachse bzw. Legende.

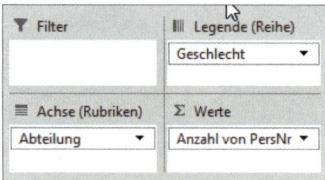

8. Das PivotChart visualisiert die Daten aus der PivotTable sofort in Form eines Säulen-diagramms. In den *PivotChart-Tools* finden Sie die Formatierungswerkzeuge, ändern Sie den Diagrammtyp.

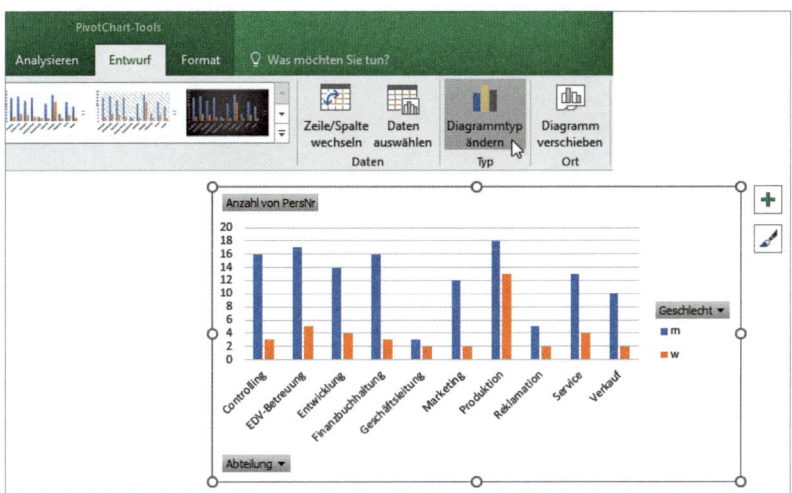

9. Wählen Sie den gestapelten Balken als neuen Diagrammtyp für das PivotChart.

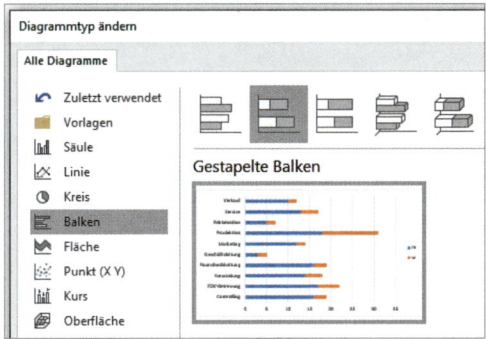

10. Jetzt werden die Daten als gestapelte Balken angezeigt.

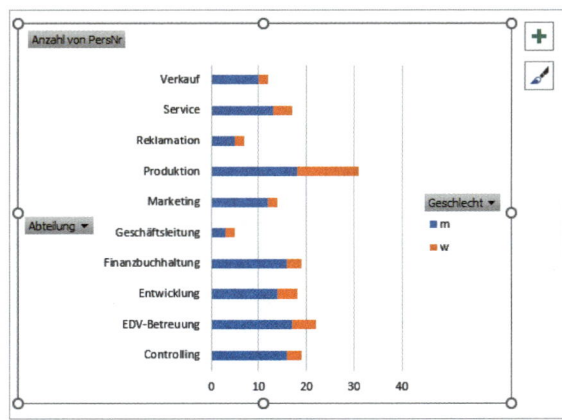

11. Blenden Sie die Schaltflächen über *PivotChart-Tools/Analysieren* im Diagramm aus, wählen Sie *Einblenden/Ausblenden/Feldschaltflächen.*

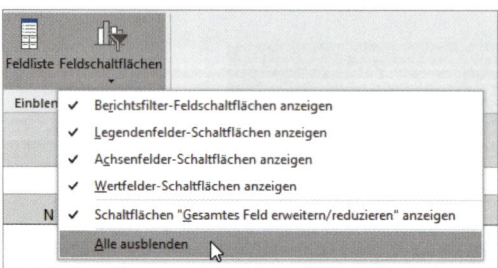

6.8.3   PivotChart formatieren

Die Registergruppe *PivotChart-Tools* bietet weitere Gruppen für die Gestaltung von PivotCharts. Sie können eine Formatvorlage zuweisen, den Diagrammtyp ändern oder ein fertiges Layout benutzen.

 PivotCharts werden so gestaltet wie die »normalen« Diagramme. Eine ausführliche Beschreibung der Diagrammgestaltung finden Sie in Kapitel 7.

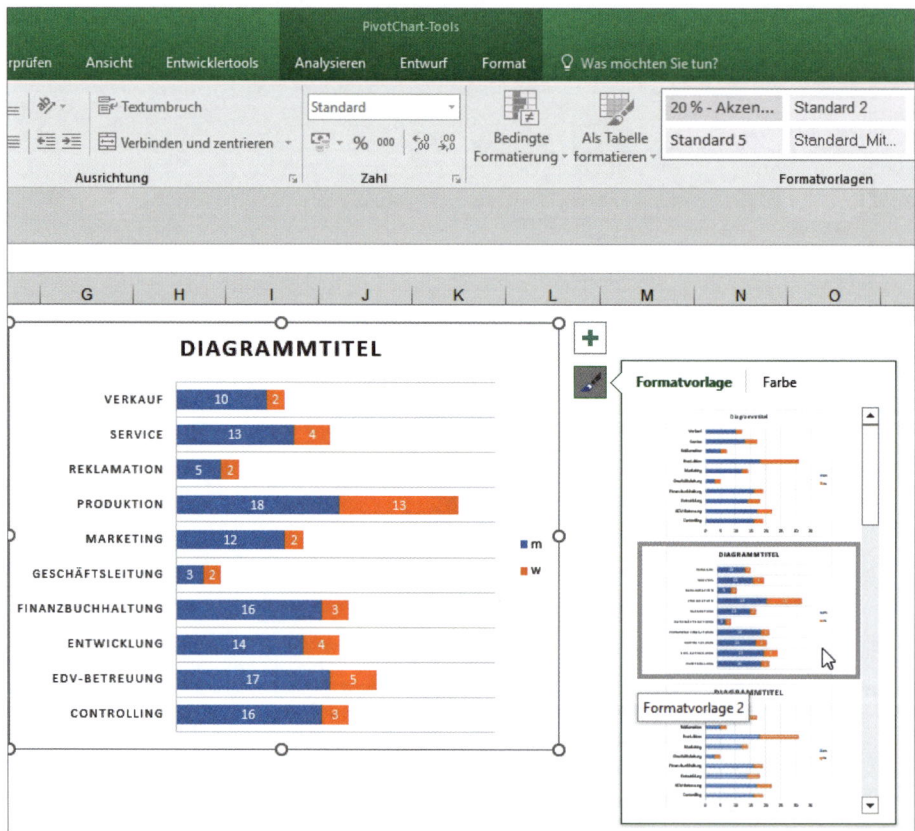

Bild 6.29: PivotChart-Tools und Formatiersymbole am Diagrammobjekt.

Die allgemeinen Formatierungswerkzeuge finden Sie in den PivotChart-Tools. Pivot-Charts bieten viele Formatierungen auch über die beiden Symbole am markierten Diagrammobjekt an.

Diagrammtyp ändern bietet alle Diagrammtypen an.

Als Vorlage speichern bietet die Möglichkeit, ein fertig formatiertes PivotChart als Vorlage für weitere Diagramme abzulegen.

Unter *Daten* können Sie die Datenquelle bestimmen oder die Zeilen-/Spalten-Ausrichtung des Diagramms wechseln.

In der Gruppe *Diagrammlayouts* finden Sie fertige Layouts, die Sie einfach per Klick zuweisen. Wählen Sie eine Diagrammformatvorlage aus der gleichnamigen Gruppe, klicken Sie dazu auf eine der Schnellformatvorlagen oder öffnen Sie die Liste mit weiteren Angeboten.

Die Registerkarten *Entwurf* und *Format* in den *PivotChart-Tools* bieten alle Befehle an, die für die Gestaltung und Formatierung von PivotCharts benötigt werden. Sehen Sie sich die einzelnen Gruppen an und nutzen Sie die vielen Varianten für aussagekräftige PivotCharts.

Die Diagrammelemente werden über Symbole am rechten Rand des Diagrammobjekts aktiviert oder deaktiviert. Markieren Sie dazu das Diagramm und klicken Sie auf das Pluszeichen am rechten oberen Rand. Mit dem zweiten Symbol weisen Sie Formatierungen zu.

Um die Elemente eines PivotCharts einzeln zu formatieren, markieren Sie diese in der Liste unter *PivotChart-Tools/Format/Aktuelle Auswahl*.

Im Abschnitt 7.6 »Spezialtechniken mit Diagrammen« finden Sie einen Tipp, wie Sie den Titel eines PivotCharts mit der Auswahl im Datenschnitt füllen.

Kapitel 7

7. Diagramme und grafische Objekte

Seit der ersten Version 1.1 (1984 für den Apple Macintosh) bietet das Kalkulations-programm Excel nicht nur exzellente Werkzeuge für die Aufbereitung, Kalkulation und Analyse von Daten, sondern auch die Möglichkeit, die Daten über Diagramme zu visuali-sieren. Visualisierung ist ein wichtiger Bestandteil der Kommunikation, das berühmte Zitat vom Bild, das mehr sagt als tausend Worte, verdeutlicht, was in der Verbreitung von Infor-mationen nicht wegzudenken ist: Die Grundausstattung mit den Diagrammtypen Säulen, Balken, Linie, Punkt- und Kreisdiagramm ist mittlerweile ordentlich aufgestockt worden, Wasserfall, TreeMap, Sunburst und Trichter heißen die neuesten Visualisierungstypen.

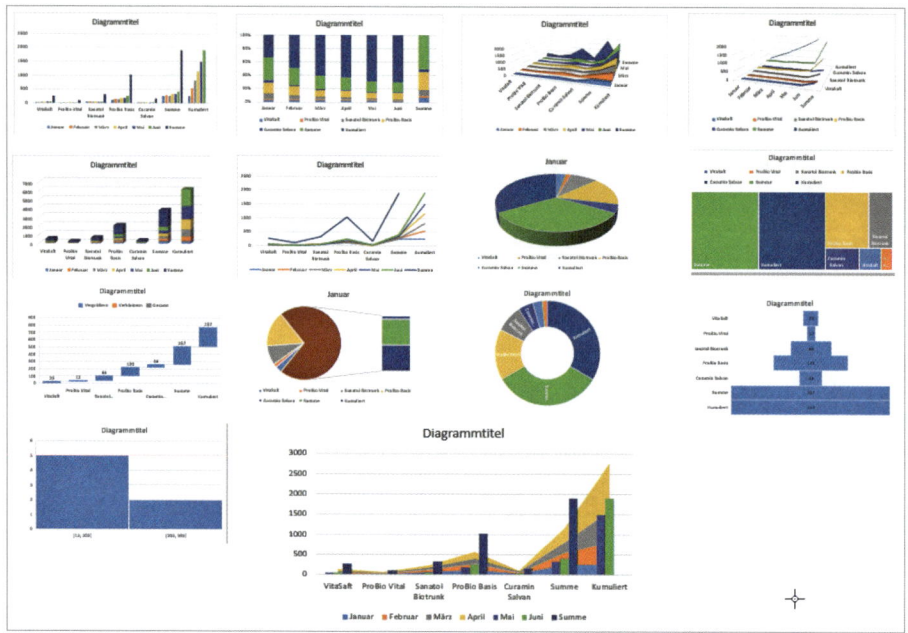

Bild 7.1: Excel-Diagramme in allen Variationen.

7.1   Ein paar Worte zur Visualisierung

Der Mensch versteht eine Information besser, wenn sie visualisiert ist, weil das Bild einen Wahrnehmungskanal anspricht, der stärker ausgeprägt ist als das rationale Verstehen und Begreifen. Unser Gedächtnis erinnert sich länger an bildliche Informationen als an berechnete oder kalkulierte Daten. Nicht ohne Grund verbinden Gedächtniskünstler große Zahlenmengen mit Bildstrecken, um sich diese merken zu können.

■ Visualisierung macht komplexe Aussagen leichter und schneller erfassbar, lenkt die Aufmerksamkeit auf ein Thema und arbeitet Unterschiede und Gemeinsamkeiten heraus.

■ Visualisierung bringt Aussagen auf einen Punkt, sodass sie mit einem Blick erfass-bar ist. Klassisches Beispiel: die Symbole von Otl Aicher für die Olympischen Spiele 1972 in München.

Die rechte Gehirnhälfte ist für Bilder und Gefühle verantwortlich, hier liegt unsere Kreativität und Fantasie. Die linke Gehirnhälfte speichert Zahlen und Worte und ist für

Sprache, Analyse und Kombination zuständig. Synchronisieren wir die beiden Hälften, können wir Informationen deutlich schneller und besser erfassen und uns länger merken. Vera F. Birkenbiehl war eine Meisterin im Entwickeln von Lerntechniken. Von ihr stammt das berühmte Dreibein-Beispiel. Lesen Sie diesen Satz: »*Ein Zweibein sitzt auf einem Dreibein und isst ein Einbein. Da kommt ein Vierbein und klaut dem Zweibein das Einbein. Da nimmt das Zweibein das Dreibein, droht damit dem Vierbein, und das lässt das Einbein wieder fallen.*«

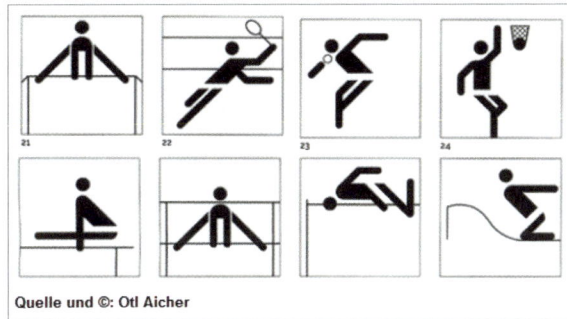

Quelle und ©: Otl Aicher

Bild 7.2: Otl Aichers Olympia-Symbole: in allen Sprachen verständlich.

Können Sie ihn nach zweimal Lesen auswendig wiedergeben? Wahrscheinlich nicht, aber wenn Sie anstelle der für unser Gehirn sinnlosen Wörter an einen Menschen denken, der auf einem Hocker sitzt und einen Hühnerschenkel isst, den ihm ein Hund zu klauen versucht, werden Sie den Text sofort flüssig wiedergeben können.

7.1.1 Visualisierungswerkzeug Geschäftsdiagramm

Im Unterschied zum Piktogramm, das nur eine gezielte Information zu vermitteln versucht, verdeutlicht ein Diagramm Zusammenhänge oder Entwicklungen. Das Schaubild oder Diagramm (im Englischen »chart«) hat sich mit den ersten Printmedien etabliert und ist aus der Informationswelt nicht mehr wegzudenken. Infografiken sind neben dem Text- und Bildjournalismus eine beliebte Darstellungsform, die Einzug in alle Medien von der Tageszeitung über Illustrierte bis zum Fachbuch gefunden hat. Infografiken arbeiten mit den Grundelementen der Diagramme.

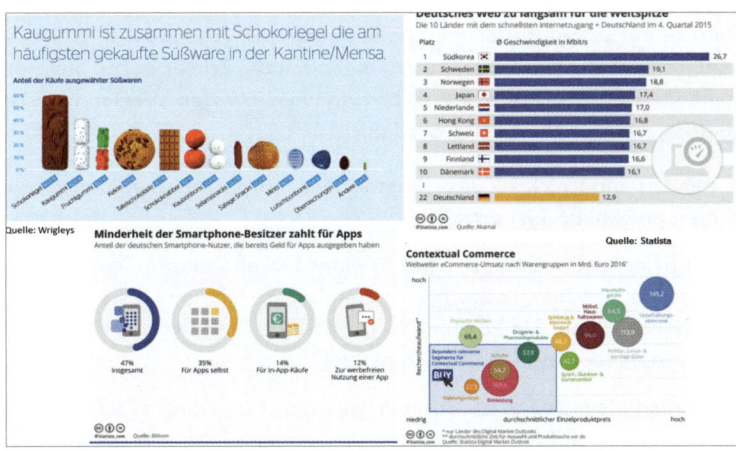

Bild 7.3: Infografiken.

7.2   Das Diagramm-Prinzip

Das Prinzip Diagramm in der Tabellenkalkulation ist einfach, aber flexibel. Diagramme werden als grafische Objekte in das Tabellenblatt gezeichnet und dabei dynamisch mit einer Liste oder Tabelle verbunden. Die Daten aus der Datenquelle werden grafisch aufbereitet, komplexe Datenmengen, Zahlenfriedhöfe reduzieren sich damit auf wesentliche Aussagen.

Im Säulen- oder Balkendiagramm sind die Zahlen aus den einzelnen Spalten auf der Rubrikenachse aufgetragen und wachsen entlang der Größenachse in die Höhe oder Breite. Das Kreisdiagramm kann nur eine Spalte umsetzen, die Größenverhältnisse visualisiert es über die Segmente. Liniendiagramme verdeutlichen zeitliche Verläufe, Punktediagramme die Schnittpunkte von x und y. Alle anderen Diagrammtypen (Fläche, Ring, Trichter, Wasserfall u. a.) sind Varianten dieser Grundtypen.

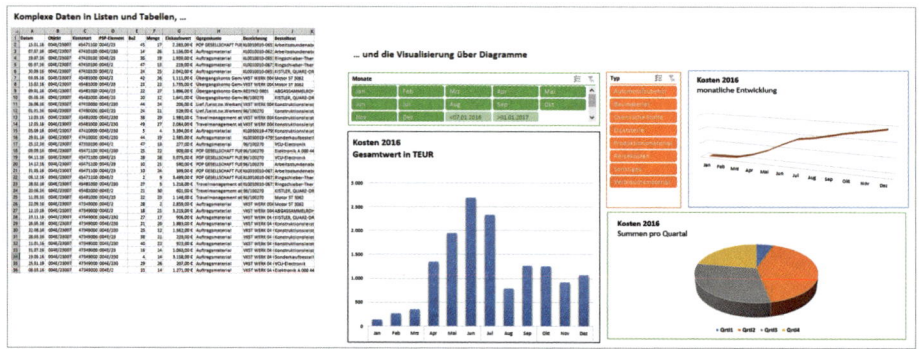

Bild 7.4: Diagramme visualisieren Zahlen.

7.2.1   Die Datenbasis

Die Basis für ein Diagramm ist eine Matrix, ein rechteckiger Bereich, bestehend aus Beschriftungen und Zahlenwerten.

Gehen wir vom Grundtyp des Diagramms, dem Säulendiagramm, aus, werden die Beschriftungen der Rubrikenachse aus der ersten Spalte geholt, die Legendeneinträge stehen in der ersten Zeile der Matrix und die Spalten enthalten die Zahlenwerte. Summen oder Zwischensummen bildet das Diagramm nicht zusammen mit den Werten ab. Die Markierung entscheidet, wie das Diagramm aussieht:

- Markieren Sie den Datenbereich inklusive Beschriftung, wird Excel automatisch ein Diagramm mit dem gewählten Typ erstellen.

- Legen Sie ein Diagramm mit dem Zellzeiger in einer leeren Zelle an, entsteht ein leeres Diagrammobjekt. Mit *Daten auswählen* in den Diagrammtools können Sie das Objekt mit Datenreihen füllen. Sie können die Datenreihen auch kopieren und mit Strg + V aus der Zwischenablage in das Objekt holen.

- Enthält die Markierung mehr Zeilen als Spalten, wird das Diagramm die Zeilen auf der Rubrikachse auftragen und aus den Spalten die Legende bilden. Markieren Sie mehr Spalten als Zeilen, bilden diese die Rubrik. In den Diagrammtools unter *Zeile/ Spalte wechseln* lässt sich diese Anordnung ändern.

■ Um ein Diagramm aus nicht zusammenhängenden Daten zu bilden, markieren Sie diese in einer Mehrfachmarkierung. Ziehen Sie die Markierung zuerst über die Beschriftung, halten Sie die [Strg]-Taste gedrückt und markieren Sie nacheinander die Datenreihen.

Ein Beispiel: Die Firma BioPro verkauft Naturprodukte. Für den Halbjahresbericht erstellt der Marktleiter mehrere Diagramme aus der Umsatzliste, in der die Umsätze pro Produkt und Monat aufsummiert sind. In der Spalte G sind die Zahlen kumuliert:

	A	B	C	D	E	F	G		F	G
1	**Umsatz Fa. BIOPRO**									
2	Bio-Lebensmittel									
3										
4		Vital-Vitaminsaft	Vollkornbrot	Mehrkorn-Müsli	Fruchtjoghurt	Summe	Kumuliert		**Summe**	**Kumuliert**
5	Januar	4.500	6.200	1.500	900	13.100	13.100		=SUMME(B5:E5)	=SUMME(B5:E5)
6	Februar	2.500	6.500	1.800	1.200	12.000	25.100		=SUMME(B6:E6)	=G5+SUMME(B6:E6)
7	März	3.200	6.800	2.100	890	12.990	38.090		=SUMME(B7:E7)	=G6+SUMME(B7:E7)
8	April	4.100	7.200	2.600	650	14.550	52.640		=SUMME(B8:E8)	=G7+SUMME(B8:E8)
9	Mai	5.200	6.900	2.800	800	15.700	68.340		=SUMME(B9:E9)	=G8+SUMME(B9:E9)
10	Juni	5.500	5.000	3.000	900	14.400	82.740		=SUMME(B10:E10)	=G9+SUMME(B10:E10)
11	Summe	25.000	38.600	13.800	5.340	82.740			=SUMME(B11:E11)	

Bild 7.5: Umsätze der Firma BioPro im 1. Halbjahr.

1. Markieren Sie die Liste ab der Leerzelle in A4 bis E10.

4		Vital-Vitaminsaft	Vollkornbrot	Mehrkorn-Müsli	Fruchtjoghurt
5	Januar	4.500	6.200	1.500	900
6	Februar	2.500	6.500	1.800	1.200
7	März	3.200	6.800	2.100	890
8	April	4.100	7.200	2.600	650
9	Mai	5.200	6.900	2.800	800
10	Juni	5.500	5.000	3.000	900

2. Starten Sie die Diagrammerstellung mit *Einfügen/Diagramme/Säulendiagramm*.

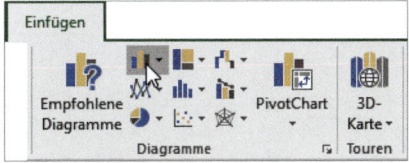

3. Wählen Sie den ersten Untertyp der Gruppe *2D-Säule*.

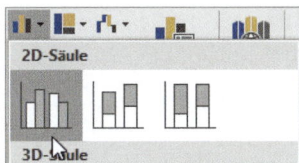

4. Das Diagrammobjekt wird erstellt, die Monate stehen im Rubrikenbereich, die Produkte bilden die Datenreihen und die Legende.

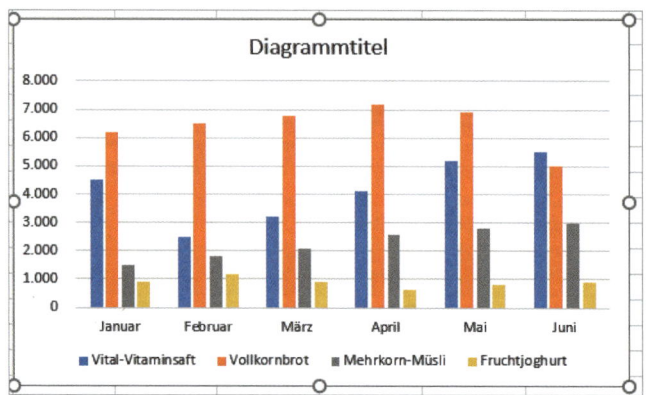

5. Markieren Sie alle Produkte, aber nur das erste Quartal, ...

4	Vital-Vitaminsaft	Vollkornbrot	Mehrkorn-Müsli	Fruchtjoghurt
5 Januar	4.500	6.200	1.500	900
6 Februar	2.500	6.500	1.800	1.200
7 März	3.200	6.800	2.100	890

6. ... erhalten Sie ein Säulendiagramm mit den Produkten im Rubrikenbereich und den Monaten als Datenbereiche bzw. Legende.

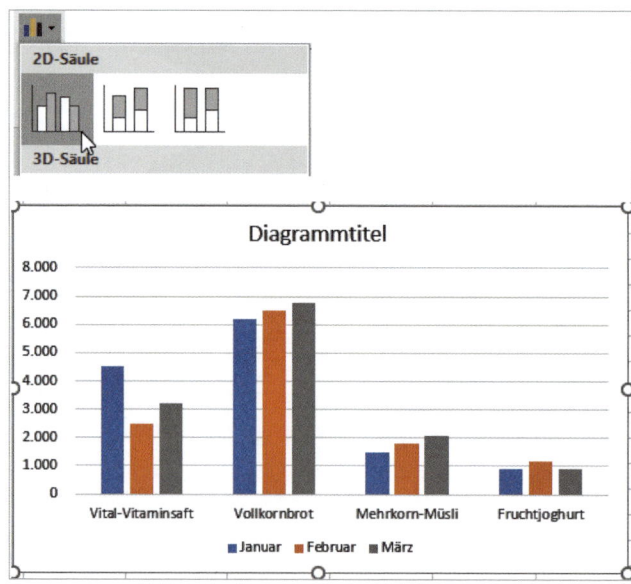

7. Das Menüband erhält eine neue Registergruppe *Diagrammtools*. Hier können Sie die Anordnung der Zeilen und Spalten wechseln.

8. Für das nächste Diagramm markieren Sie zunächst die Beschriftung (ab der Leerzelle).

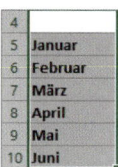

9. Halten Sie die [Strg]-Taste gedrückt und markieren Sie die vertikale Summenspalte.

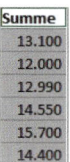

10. Wählen Sie den Diagrammtyp *Kreis* mit dem Untertyp *3D-Kreis*, ...

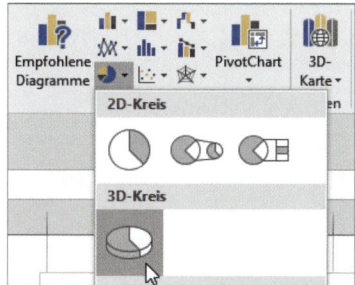

11. ... und legen Sie damit ein Kreisdiagramm mit dem Vergleich der Zeilensummen an.

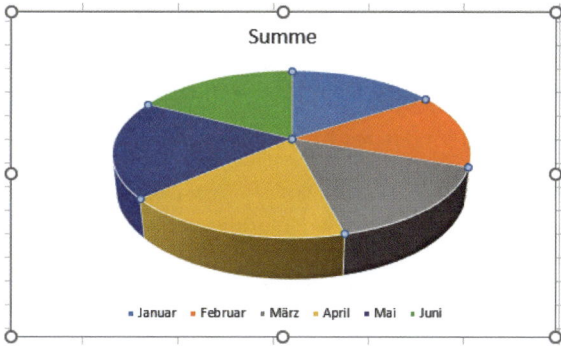

12. Ein weiteres Diagramm wird die kumulierten Umsätze visualisieren, markieren Sie wieder zuerst die Beschriftung und dann mit ⌨Strg die Spalte mit den kumulierten Daten.

4		Kumuliert
5	Januar	13.100
6	Februar	25.100
7	März	38.090
8	April	52.640
9	Mai	68.340
10	Juni	82.740

13. Wählen Sie für dieses Diagramm den Diagrammtyp *Linie*.

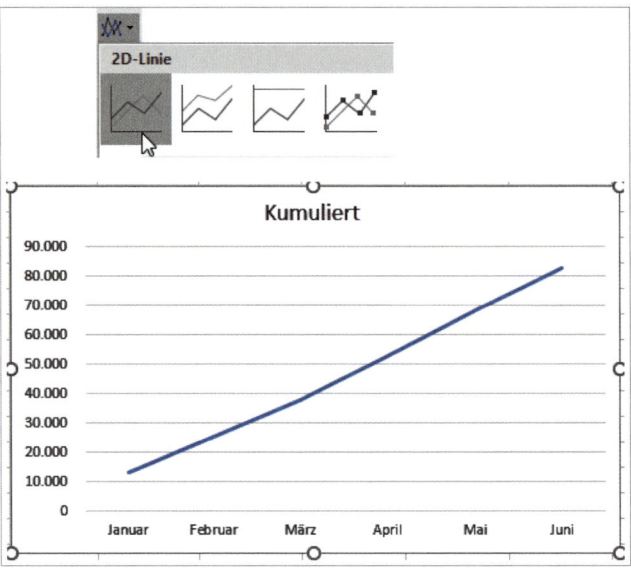

7.2.2   Daten auswählen

Eine Übersicht über alle Datenreihenzuordnungen bietet der Dialog unter *Diagramm-tools/Daten/Daten auswählen*. Hier sehen Sie den Bezug auf den Diagrammdaten-bereich und die einzelnen Datenreihen mit ihren Bezügen auf die Reihennamen und die Daten. Die Liste auf der rechten Seite enthält den Bezug auf die Rubrikenachse. Da in allen Diagrammen mit Rubrikenachse nur der Bezug für die erste Reihe zählt, wird auch nur ein Rubrikenachsenbezug gespeichert.

Kreuzen Sie die Datenreihen an, die Sie aktiv sehen möchten, und verwenden Sie die Pfeilsymbole, um die Anordnung zu ändern (letztes Argument in DATENREIHE()).

Mit Klick auf *Zeile/Spalte wechseln* können Sie auch hier die Anordnung der Daten im Diagramm ändern. Wenn Sie eine Reihe löschen wollen, markieren Sie den Eintrag und klicken auf *Entfernen*.

Ausgeblendete und leere Zellen: Bestimmen Sie hier, was das Diagramm mit leeren Zellen oder mit Zellen mit Zeilen- oder Spaltenhöhe null machen soll. Sie können sie als

Lücken oder als Nullwerte anzeigen lassen und Daten anzeigen oder ausblenden. In Liniendiagrammen lassen sich die Punkte auch mit einer Linie überbrücken.

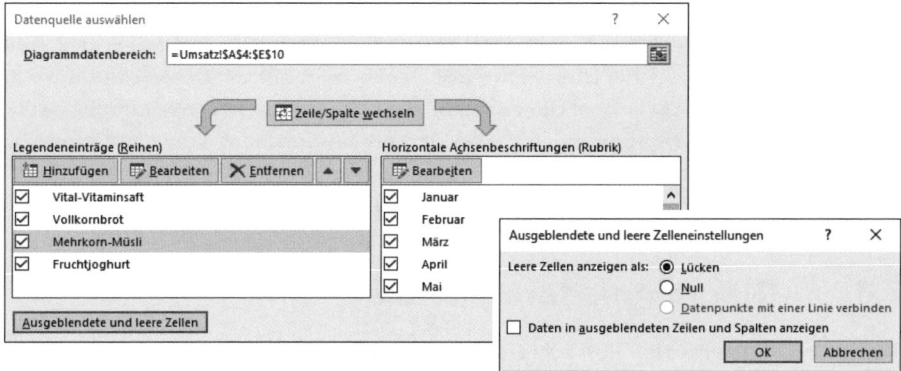

Bild 7.6: Datenreihen auswählen.

7.2.3 Die Funktion DATENREIHE()

DATENREIHE() ist die Funktion, die im Diagrammobjekt für die Darstellung der Zahlen als Balken, Säule, Kreissegment oder Linie verwendet wird. Sehen Sie sich die Funktion an, klicken Sie dazu auf eine Datenreihe. Die Funktion wird in der Bearbeitungsleiste angezeigt.

```
=DATENREIHE(Umsatz!$B$4;Umsatz!$A$5:$A$10;Umsatz!$B$5:$B$10;1)
```

Das erste Argument ist der Diagrammtitel, hier aus dem Text in Zelle B4 gebildet. Sie können anstelle eines Bezugs auch einen Bereichsnamen oder einfach einen Text eingeben:

```
=DATENREIHE("Umsatz 1. Halbjahr";Umsatz!$A$5:$A$10;Umsatz!$B$5:$B$10;1)
```

Im zweiten Argument bezieht sich die Funktion auf die Texte, die in der Rubrikenachse oder in der Legende (Kreisdiagramm) angezeigt werden. Auch dieser Bezug ist variabel; wenn Sie zum Beispiel andere Bezeichnungen für die Monate sehen wollen, ohne den Originalbezug zu ändern, verweisen Sie auf einen anderen (gleichgroßen) Zellbereich oder schreiben die Texte einfach als Matrix:

```
=DATENREIHE(DATENREIHE!$B$4;DATENREIHE!$A$14:$A$19;DATENREIHE!$B$5:
$B$10;1)
```

oder auf Französisch:

```
=DATENREIHE(DATENREIHE!$B$4;{"Janvier"."Février"."Mars"."Avril"."Mai".
"Juin"};DATENREIHE!$B$5:$B$10;1)
```

Das dritte Argument verweist auf die Zahlen, die auf der Größenachse aufgetragen werden oder im Kreisdiagramm die Größe der Segmente bestimmen. Auch dieser Bezug ist variabel und kann beispielsweise von einem berechneten Bereichsnamen stammen (siehe Beispiel unten).

```
=DATENREIHE(DATENREIHE!$B$4;DATENREIHE!$A$14:$A$19;Dia_Produkte;1)
```

Das letzte Argument ist eine Zahl, die für die Reihenfolge der Balken, Säulen oder Linien im Diagramm steht (1 = Reihe ganz links). Geben Sie eine andere Zahl ein, ändert sich die Reihenfolge, die anderen Zahlen passen sich an.

Im Kreisdiagramm sieht die Argumentfolge etwas anders aus, hier liefert das erste Argument den Bezug auf die Überschrift, das zweite zeigt auf die Daten und das dritte bezeichnet den Bereich, in dem die Legende steht. Das letzte Argument hat keine Bedeutung, da das Tortendiagramm nur eine Datenreihe darstellen kann; im Gegensatz zum Ringdiagramm, das wieder mehrere Reihen enthalten kann. Hier liefert das letzte Argument die Position der Reihe (von innen nach außen).

7.3   Diagramme formatieren

Damit ein Diagramm den Betrachter anspricht, sollte es die Information schnell und unkompliziert transferieren. Neben der Auswahl des passenden Diagrammtyps spielt hier die Formatierung die größte Rolle. Soll das Diagramm zwei Achsen haben? Braucht es eine Legende und eine Datentabelle? Bevor Sie versuchen, die Fragen im Detail zu beantworten, klären Sie die wichtigsten Grundlagen:

- Sind alle Elemente aktiviert oder hinzugefügt, die für die Information wichtig sind? (Datenreihen, Legende, Beschriftungen …)

- Sind die Elemente richtig beschriftet? (Titel, Achsenbeschriftung, Datenbeschriftung, Datentabelle)

- Passen die Farben und Hintergründe zum Diagramm?

7.3.1   Das Design entscheidet

Achten Sie auf den Zusammenhang zwischen Design und Diagrammformatierung: Die Farben, Schriftarten und Objekte im Diagramm orientieren sich am eingestellten Design. Passen Sie dieses unter *Seitenlayout/Design* an und wählen Sie das passende oder für Ihr Unternehmen vordefinierte Design als Grundlage für alle Diagrammformatierungen.

7.3.2   Schnell formatiert mit Schnelllayout und Formatvorlagen

Bevor Sie sich mit allen Elementen des Diagramms einzeln auseinandersetzen, sehen Sie sich die Formatvorlagen an. Hier finden Sie Pakete mit aufeinander abgestimmten Formatierungen, die Sie direkt für Ihr Projekt nutzen können oder aus denen sich gute Ideen ableiten lassen. Die einzelnen Elemente lassen sich nach Zuweisung eines Schnelllayouts oder einer Formatvorlage weiterhin individuell gestalten. Variiert werden nur die Elemente des Diagramms, der Diagrammtyp bleibt immer erhalten.

Für ein Schnelllayout klicken Sie auf das Symbol unter *Diagrammtools/Entwurf/Diagrammlayouts*.

Für eine Layoutvorlage klicken Sie auf das Formatsymbol rechts am markierten Diagrammobjekt. Weisen Sie eine Formatvorlage per Klick zu, ziehen Sie den Mauszeiger über die Vorlage, um den Effekt vorab zu sehen. Die Vorlagen finden Sie auch unter *Diagrammtools/Entwurf* in der gleichnamigen Gruppe.

Unter *Farben ändern* weisen Sie dem Diagramm eine andere Farbpalette zu. Die Farbkompositionen sind harmonisch abgestimmt.

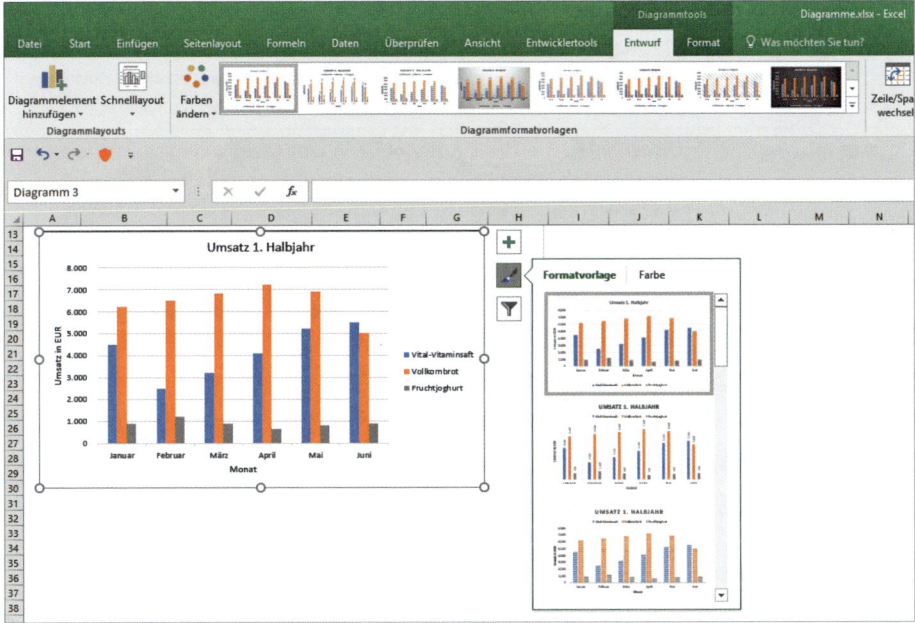

Bild 7.7: Formatvorlagen für Diagramme.

7.3.3 Die Elemente eines Diagramms

Je nach Diagrammtyp hat ein Diagramm eine Grundausstattung an Elementen. Mit dem Pluszeichen-Symbol am rechten Rand aktivieren Sie die Liste, in der standardmäßig die meisten Elemente eingeschaltet sind. Eine aus Spalten- oder Zeilenwerten gebildete Gruppe von Säulen, Balken, Linien oder Kreissegmente wird Datenreihe genannt, ein einzelnes Element daraus ist ein Datenpunkt.

Unter *Diagrammtools/Entwurf/Diagrammlayouts* finden Sie eine Liste mit allen Elementen. Wählen Sie *Diagrammelement hinzufügen*. Wenn Sie ein Element nicht markieren oder ansteuern können, weil es zum Beispiel als Datenreihe zu klein oder von anderen Reihen verdeckt ist, wählen Sie es unter *Diagrammtools/Format/Aktuelle Auswahl* in der Liste an. Hier finden Sie auch die Datenreihen mit den Originalbeschriftungen.

Gruppe	Elemente
Achsen	Im Säulendiagramm enthält die horizontale Achse die Beschriftung der Datenpunkte, die vertikale die Größenskala.
Achsenbeschriftungen	Damit der Betrachter auch weiß, welche Information die einzelnen Datenreihen enthalten, beschriften Sie Achsen. In der Rubrikenachse werden die Datenreihen und Datenpunkte erklärt, die vertikale Achse beschreibt die Maßeinheit (in EUR, in kg, in Tausend ...).

Gruppe	Elemente
Diagrammtitel	Die Botschaft, die das Diagramm vermittelt, steht im Diagramm-titel zentriert über der Zeichenfläche. Verkleinern Sie diese, damit der Titel mehr Platz hat.
Datenbeschriftung	Alternativ zur Größenachse können die Größenangaben für die einzelnen Datenpunkte auch auf oder in die Balken oder an die Datenpunkte einer Linie geschrieben werden. Die Position und den Inhalt bestimmen Sie über die Formatierung der Datenbeschriftung.
Datentabelle	Damit holen Sie die Datenquelle in das Diagramm. Die Daten-tabelle wird unten an die Rubrikenachse angehängt und kann wahlweise mit oder ohne Legendensymbol angezeigt werden.
Datenreihe	Die Sammlung der einzelnen Datenpunkte einer Reihe, z. B. die Säulen einer einzelnen Farbe in einem Säulendiagramm, die Ringe in einem Ringdiagramm oder die Segmente eines Torten-diagramms. Die Datenreihe wird per Klick markiert und über *Diagrammtools/Entwurf* formatiert.
Datenpunkt	Jede Datenreihe besteht aus einer Anzahl Datenpunkte. Das sind einzelne Balken, Säulen oder Linien- bzw. XY-Diagrammpunkte oder im Kreisdiagramm einzelne Segmente. Um einen Datenpunkt zu markieren, klicken Sie zuerst auf die Reihe und dann noch ein-mal (langsam) auf den Datenpunkt. Wenn Sie zu schnell klicken, aktivieren Sie mit dem Doppelklick die Formatierung.
Fehlerindikatoren	Mit Fehlerindikatoren sehen Sie auf einen Blick Fehlerspannen und Standardabweichungen für die Datenpunkte einer Reihe (nicht für 3D-Diagramme).
Gitternetzlinien	Vertikale Linien zwischen den Datenpunkten und horizontale Linien auf der Höhe der Skalenbeschriftungen der Größenachse.
Legende	Die Bezeichnungen der Datenreihen mit einem Legendensymbol in der Farbe der Datenreihe.
Linien	Bezugslinien oder Spannlinien im Liniendiagramm.
Zeichnungsfläche	Der Hintergrund, auf dem die Datenreihen untergebracht sind. Um ihn zu markieren, klicken Sie zwischen die Säulen, Balken etc.
Diagramm	Die gesamte Diagrammfläche, auf der Zeichnungsbereich, Legende und Beschriftungen untergebracht sind.
Ecken	Alle Ecken eines 3D-Diagramms.
Wände	Die Wände eines 3D-Diagramms, nicht die Gitternetzlinien.
Bodenfläche	Die Bodenfläche eines 3D-Diagramms.
Pfeile	Alle eingefügten Pfeile (Pfeil 1, Pfeil 2 ... Pfeil n).

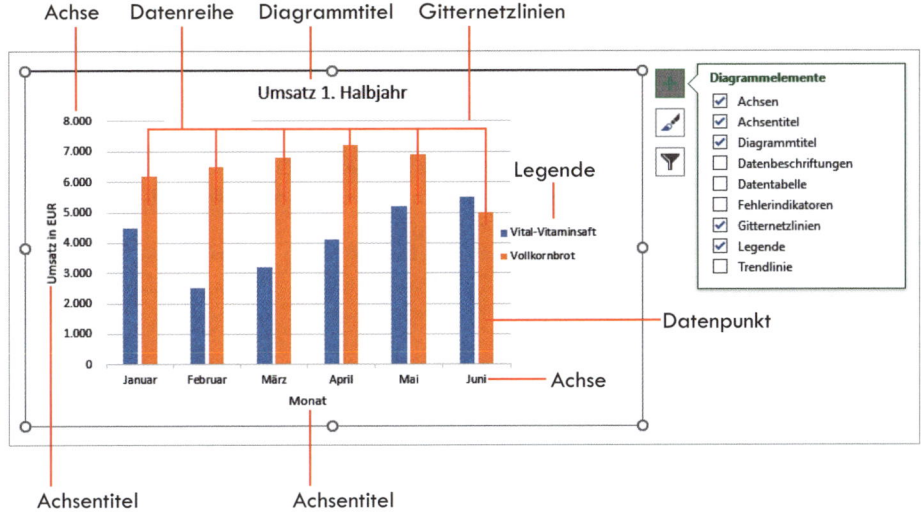

Bild 7.8: Die Diagrammelemente.

7.3.4 Spezialformatierungen

Mit zusätzlichen Formatierungen wie Spannweiten, Trends oder Fehlerindikatoren machen Sie Ihre Diagramme noch informativer, und für Kreisdiagramme gibt es eine spezielle Explosionstechnik.

Kreissegmente explodieren

Kreissegmente sind Datenpunkte der ersten und einzigen Datenreihe in einem Kreisdiagramm. Sie können diese Segmente beliebig anordnen, aktivieren Sie dazu *Auswahl formatieren* für die Datenreihe. In den Datenreihenoptionen finden Sie die Optionen *Winkel des ersten Segments* und *Winkelexplosion* (*Kreisexplosion*).

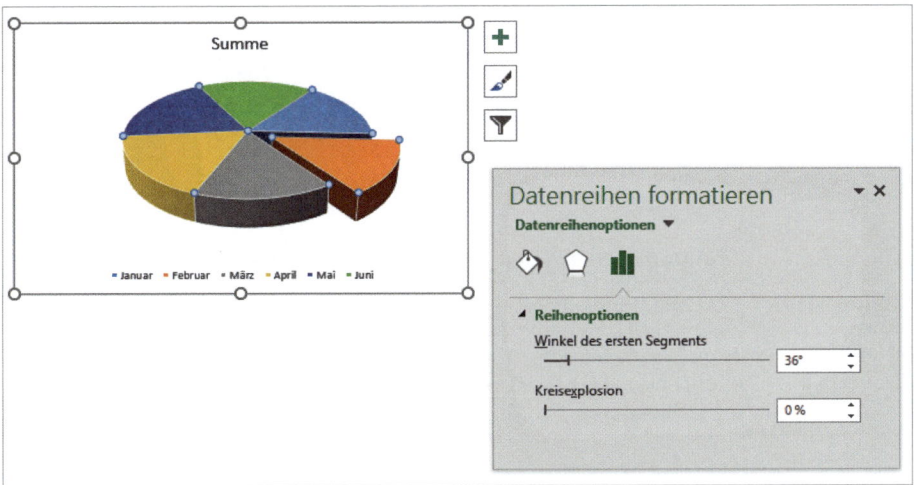

Bild 7.9: Kreissegmente richtig anordnen und »explodieren« lassen.

Um ein Segment aus dem Kreis zu ziehen, markieren Sie zunächst die Datenreihe (den Kreis). Klicken Sie ein zweites Mal auf das gewünschte Segment, halten Sie die Maustaste gedrückt und ziehen Sie das Segment nach außen. Um den Kreis wieder zu schließen, ziehen Sie alle Segmente in die Mitte des Kreises oder setzen die Option *Kreisexplosion* auf 0 %.

Trendlinien

Trendlinien werden für Prognosen und gleitende Durchschnitte eingesetzt. Markieren Sie das Diagrammobjekt und klicken Sie auf das Plussymbol am rechten Rand. Wählen Sie *Trendlinie* und stellen Sie den passenden Typ ein. Klicken Sie auf *Weitere Optionen* für die Formatierung der Trendlinie.

Die Trendlinie ist am genauesten, wenn ihr Bestimmtheitsmaß (die Zahlen zwischen 0 und 1 für die Genauigkeit der geschätzten Werte) gleich oder fast gleich 1 ist. Die Berechnung erfolgt nach der Methode der kleinsten Quadrate.

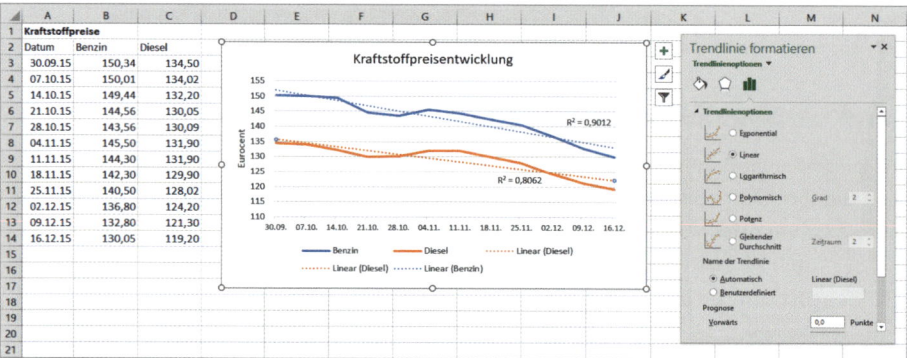

Bild 7.10: Trendlinie (hier linear) mit Bestimmtheitsmaß.

Typ	Erklärung
Linear	Formel: y = m * x+b Optimal angepasste gerade Linie. Die Daten sind linear, wenn die Punkte auf einer geraden Linie liegen.
Exponential	Formel: y = a * e^(b*x) Für Daten, die mit stetig steigender Rate größer oder kleiner werden
Logarithmisch	Formel: y = a * LN(x)+b Für Daten, die schnell ansteigen oder abnehmen und dann annähernd gleich bleiben

Typ	Erklärung
Polynomisch	Formel: y = a * x^2+b * x+c Für Daten, die »schwanken«, beispielsweise bei Gewinnen/Verlusten von Aktienwerten
Potenziell	Formel: y = a * x^b Für Daten, die mit einer bestimmten Rate zunehmen (Beispiel: Rennwagen beschleunigt in Sekundenabständen.)

Bezugs- und Spannweitenlinien

Mit diesen Linien verdeutlichen Sie Abstände zwischen einzelnen Datenreihen. Verwenden Sie Bezugslinien für Linien- oder Flächendiagramme, ziehen Sie Spannweitenlinien in Liniendiagrammen mit zwei Datenreihen ein. Wählen Sie *Diagrammtools/Entwurf/ Diagrammlayouts*. Unter *Diagrammelement hinzufügen* wählen Sie *Linien/Bezugslinien* oder *Spannweitenlinien*.

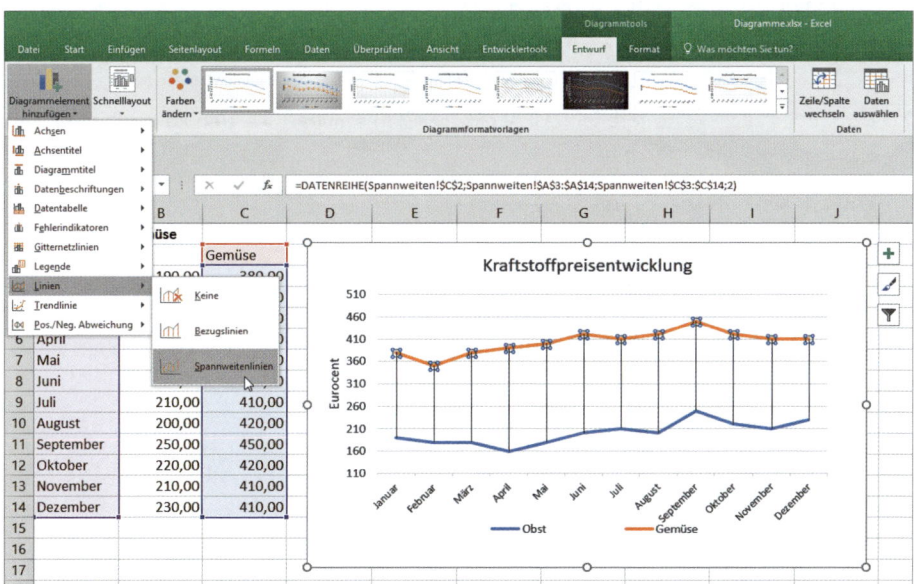

Bild 7.11: Spannweitenlinien machen den Unterschied zwischen zwei Linien besser sichtbar.

Pos./Neg. Abweichung

Erstellen Sie ein Liniendiagramm mit zwei Linien auf abweichenden Datenmengen, zum Beispiel eine Ein/Ausgabenreihe oder einen Soll/Ist-Vergleich über mehrere Monate. Wählen Sie *Diagrammelement hinzufügen* unter *Diagrammtools/Diagrammlayout*.

Klicken Sie auf *Pos./Neg. Abweichung* und fügen Sie Abweichungsbalken zwischen den Linien ein. Markieren Sie die Balkengruppen einzeln und formatieren Sie sie über den Formatdialog.

Fehlerindikatoren

Fehlerindikatoren werden eingesetzt, wenn Datenreihen auf Werten basieren, die ungenau oder fehlerhaft sein können. Mit *Fehlerindikatoren* können Sie die Datenreihen im Linien-, Flächen-, Balken-, Säulen- oder Punktdiagramm mit Fehlerindikatoren versehen. In Punkt- oder Blasendiagrammen werden Fehlerindikatoren für die Anzeige von x- und y-Werten eingesetzt.

Der Fehlerindikator zeigt den Grad einer möglichen Abweichung an.

In einem Diagramm, das statistische Datenmengen auswertet, wird in der Praxis die Streuung der Daten um den Mittelwert eingezeichnet. Verwenden Sie Fehlerindikatoren:

1. Für das Fehlerbalkendiagramm erstellen Sie eine Tabelle mit möglichst vielen Umfragewerten.

◢	A	B	C	D	E
1	**Welche Partei hat die fähigsten Politiker?**				
2	Anzahl Befragungen:	15			
3		CDU/CSU	SPD	FDP	Grüne

2. Tragen Sie die Werte (die mit ZUFALLSBEREICH() simuliert werden können) unter den Spaltenbeschriftungen ein.

CDU/CSU	SPD	FDP	Grüne
84	37	37	34
89	35	65	4
75	43	50	37
68	40	36	12
61	39	55	45
71	36	62	49
78	30	35	14
62	31	49	47
65	36	51	5
64	42	44	42
62	45	37	42
72	32	38	29
68	46	59	23
90	32	36	38
71	39	64	24

3. Berechnen Sie in der Zeile darunter den Mittelwert aus der ersten Reihe und kopieren Sie die Formel mit dem Füllkästchen auf die übrigen Reihen.

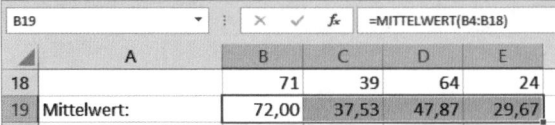

B19	▼	:	×	✓	fx	=MITTELWERT(B4:B18)

◢	A	B	C	D	E
18		71	39	64	24
19	Mittelwert:	72,00	37,53	47,87	29,67

4. Für das Diagramm markieren Sie zunächst die Spaltenbeschriftungen. Halten Sie die ⎣Strg⎦-Taste gedrückt und markieren Sie die berechneten Mittelwerte.

CDU/CSU	SPD	FDP	Grüne
84	37	37	34
89	35	65	4
75	43	50	37
68	40	36	12
61	39	55	45
71	36	62	49
78	30	35	14
62	31	49	47
65	36	51	5
64	42	44	42
62	45	37	42
72	32	38	29
68	46	59	23
90	32	36	38
71	39	64	24
72,00	37,53	47,87	29,67

5. Wählen Sie *Einfügen/Diagramme/Liniendiagramm* und entscheiden Sie sich für ein Liniendiagramm mit Punkten.

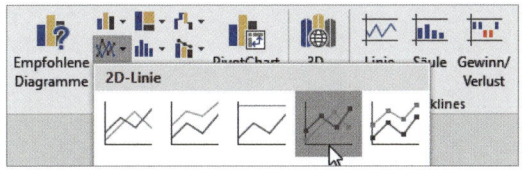

6. Entfernen Sie über den Formatierdialog, den Sie mit Doppelklick auf die Linie einblenden, die Linie (Linienart: *Keine Linie*).

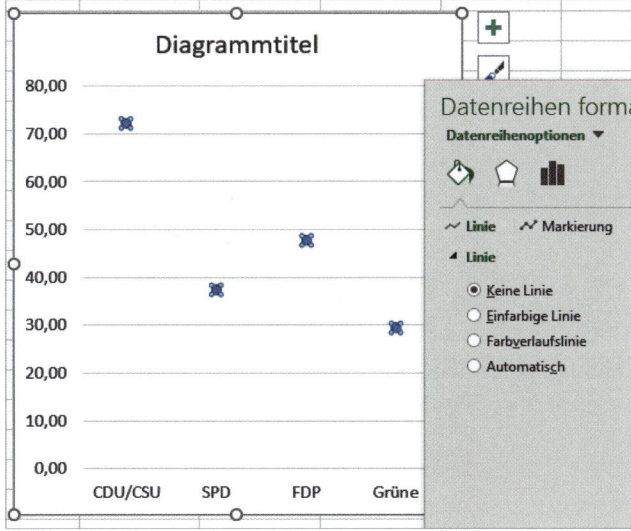

7. Mit *Diagrammelement hinzufügen* aus den Diagrammtools können Sie jetzt die Fehler-indikatoren einschalten.

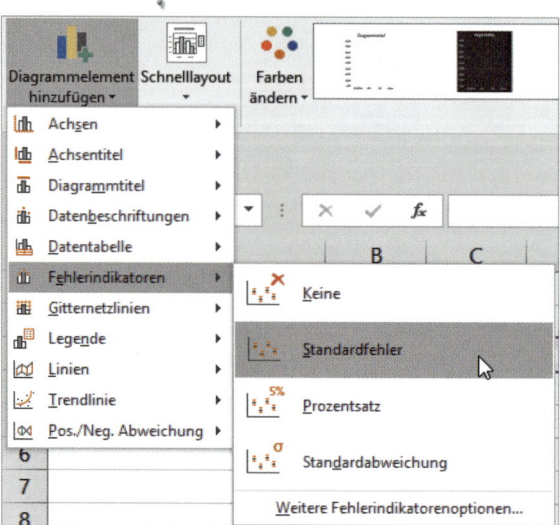

8. Die Fehlerindikatoren werden eingezeichnet. Markieren Sie die Indikatoren und öff-nen Sie per Doppelklick den Formatierdialog.

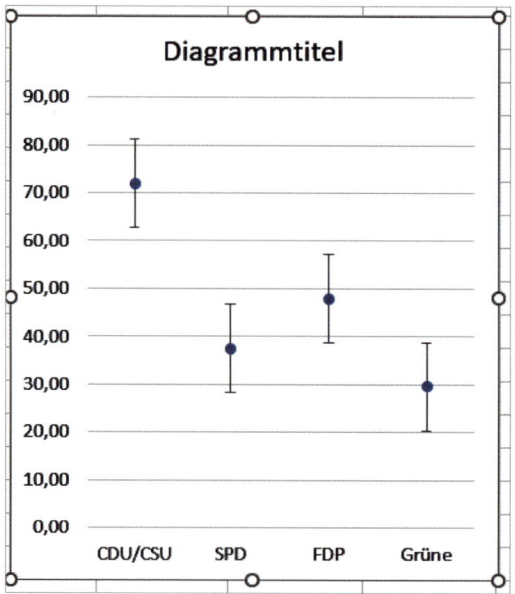

9. Sie können in der Formatierung den Abschluss ein- oder ausschalten und die Indika-toren wahlweise positiv oder negativ steigen lassen.

Unter *Fehlerbetrag* schalten Sie um auf *Fester Wert, Prozentsatz, Standardabweichung, Standardfehler* oder einen benutzerdefinierten Wert.

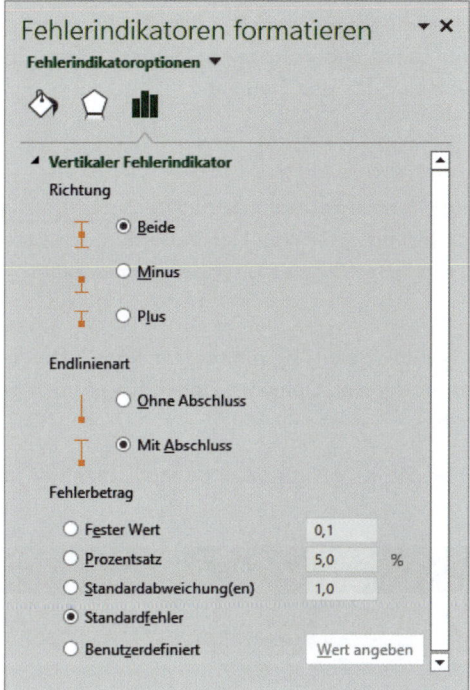

Konfidenzintervalle sind meist sehr klein, da sie aus der Anzahl der erhobenen Daten berechnet werden. Zeichnen Sie deshalb ein Fehlerbalkendiagramm auf Basis der Standardabweichung der Daten. Dieses Diagramm zeigt die Schwankung der tatsächlich gemessenen Daten. Berechnen Sie zunächst die Standardabweichung und den Standardfehler (mit Angabe der Anzahl der Befragungen in Zelle B2):

```
B20: =STABW.N(B4:B18)
B21: =B20/WURZEL($B$2-1) (kopieren bis Spalte E)
```

Berechnen Sie den kritischen t-Wert für ein 95 %-Konfidenzintervall und damit das Konfidenzintervall:

```
B22: =T.INV.2S(1-0,95;$B$2-1)
B23: =B21*$B$22 (kopieren bis Spalte E)
```

Geben Sie das Konfidenzintervall als benutzerdefinierten Wert für beide Fehlerindikatoren an.

7.3.5   Formenarten

Diagrammtools/Format bietet mit der Gruppe *Formenarten* vordefinierte Konturen und Füllungen für Diagramme oder Diagrammelemente und drei Befehlssymbole, die das Zuweisen von Formaten einfacher machen als mit Dialogfeldern.

Markieren Sie das Diagramm oder ein einzelnes Diagrammelement. Klicken Sie auf ein Schnellformat, um die Form und Kontur zuzuweisen. Mit *Fülleffekt* weisen Sie Designfarben, Standardfarben oder andere Füllungen zu. Wenn das Element es zulässt, können auch Bilder, Texturen und Farbverläufe verwendet werden. Die *Formkontur* übernimmt die Farbzuweisung und Formatierung der Linien und Rahmen im Element. Unter *Formeffekte* finden Sie die Schatten- und 3D-Effekte für das Element.

7.3.6   Der Formatdialog

Um gezielt Formate zuzuweisen oder zugewiesene Formatierungen zu ändern, aktivieren Sie den Formatdialog. Ein Doppelklick auf das jeweilige Element öffnet das Fenster, per Klick auf das Dialogfeldkästchen rechts unten an der Gruppe *Formenarten* sollten Sie ebenfalls aktiviert bekommen.

Das Fenster kann, falls auf dem Bildschirm Platz genug ist, am rechten Rand offen bleiben, es zeigt immer die Formatierung des markierten Elements. Ziehen Sie es nach ganz rechts außen, wird es am Rand angedockt.

Um es wieder als Fenster zu sehen, ziehen Sie es mit gedrückter Maustaste und dem Zellzeiger im Kopfbereich nach innen.

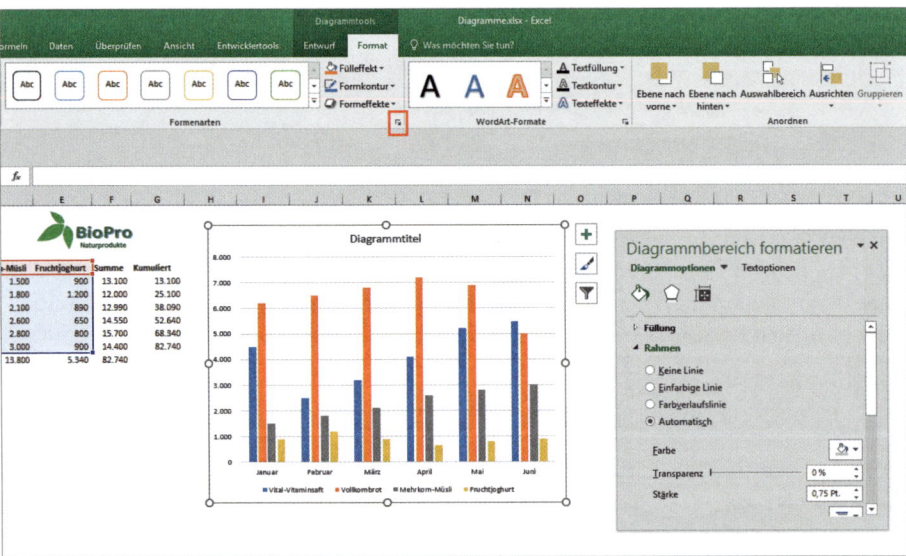

Bild 7.12: Der Formatierdialog als flexibles Fenster

Diagrammbereich formatieren	Die Titelzeile zeigt, welches Diagrammelement derzeit markiert ist, was für die Auswahl der Formatierungswerkzeuge entscheidend ist.
Diagrammoptionen ▼	Diagrammoptionen beziehen sich zum Beispiel auf das Diagramm selbst, …

Textoptionen A A A≣	... Textoptionen werden für alles angeboten, was Texte beinhalten kann.
Datenreihenoptionen ▼	Datenreihenoptionen sind für die Gestaltung der Datenreihen (Säulen, Balken, Linien, Kreissegmente) verantwortlich.
Achsenoptionen ▼ Textoptionen	Mit den Achsenoptionen formatieren Sie die horizontale oder vertikale Achse bzw. die z-Achse im 3D-Diagramm. Die Textoptionen gelten für die Beschriftung der Achsen.
▷ **Füllung** ◢ **Rahmen** ○ Keine Linie ○ Einfarbige Linie ○ Farbverlaufslinie ◉ Automatisch	*Füllung* ist das Werkzeug für die Farben und Rahmen der Datenreihen. Mit *Invertieren, falls negativ* bekommen Datenpunkte unter der Rubrikenachse eine andere Farbe. Unter *Rahmenfarbe* bestimmen Sie Farbe und Farbverlauf der Linien oder der Ränder im Element. *Rahmenarten* sind die Größe, Strichstärke und Stricharten für Linien, auch Pfeilspitzen und -enden. *Schatten* enthält Außen-, Innen- und Perspektivenschatten, Schattenfarben und Einstellungen zu Größe, Winkel und Transparenz des Elementschattens. Unter *3D-Format* finden Sie 3D-Effekte wie Abschrägungen und Oberflächeneffekte und die dazu passenden Einstellungen. *Ausrichtung* bietet für Textelemente horizontale und vertikale Ausrichtungen und Winkel an. Wählen Sie *Automatisch anpassen*, um die Elementgröße an den Textinhalt anzupassen. *Bild- oder Textfüllungen* bieten die Möglichkeit, Texturen oder Grafikdateien als Füllung zu benutzen.
▷ **Schatten** ▷ **Leuchteffekt** ▷ **Weiche Kanten** ▷ **3D-Format**	Unter diesem Symbol werden die **Effekte** zugewiesen (Schatten, Kanten, 3D-Format).

379

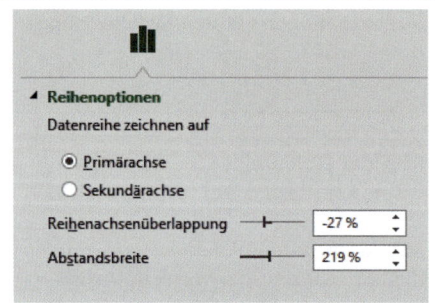

Die Schaltfläche *Optionen* enthält für Datenreihen die Abstandsbreite und die Überlappung.

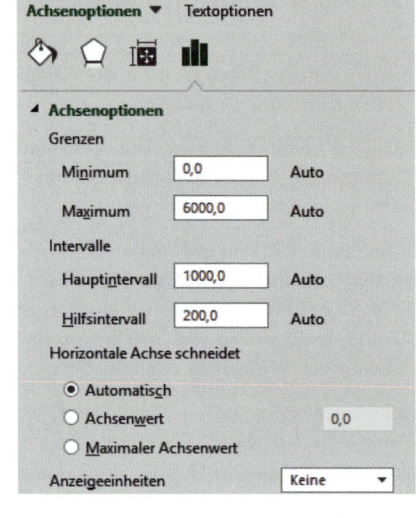

Die *Achsenoptionen* bieten die Möglichkeit, die Skalierung der Größenachse zu ändern. Geben Sie den Minimum-/Maximumwert ein oder lassen Sie ihn mit *Auto* aus den Quelldaten errechnen (max. Höhe = 20 % mehr als der größte Wert).

Das Hauptintervall entscheidet über die Anzahl der Skalenstriche, das Hilfsintervall unterteilt dieses noch einmal. Schneidet die vertikale Achse nicht automatisch die horizontale, verschiebt sich diese.

Geben Sie unter *Anzeigeeinheiten* Hunderte oder Tausende oder andere Maßeinheiten ein, um die Skalenwerte optisch zu verkleinern.

Unter *Teilstriche* bestimmen Sie das Aussehen und die Anzahl der Striche an der vertikalen Linie. Die Beschriftungsoption bestimmt, wo der Text an der Achse steht (niedrig ist im Balkendiagramm links).

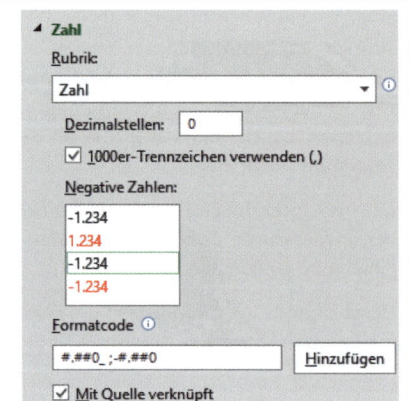

Geben Sie unter *Zahl* das Zahlenformat der Größenachse vor. Für eine individuelle Formatierung verwenden Sie den Formatcode mit Platzhaltern für Zahlen (0), Tausenderzeichen (#) und Unterstrich (so viel Platz wie das nachfolgende Zeichen). Mit dem Semikolon trennen Sie zwischen den Zahlenformaten für positive und negative Zahlen, vergessen Sie nicht, auf *Hinzufügen* zu klicken, um den Code für die Achse zu übernehmen. *Mit Quelle verknüpft* passt sich die Achsenbeschriftung der Datenquelle an.

7.3.7 WordArt-Formate

In dieser Gruppe finden Sie Schmuckschriften mit 3D-Effekten, Schatten und Farb-verläufen für Beschriftungen im Diagramm. Mit *Textfüllung* wird gezielt eine Farbe, eine Füllung oder ein Farbverlauf zugewiesen. Das Angebot umfasst auch Texturen und Grafiken aus Grafikdateien. Klicken Sie auf *Textgliederung*, um Farbe, Breite und Art der Linien im Textelement zu bestimmen. *Texteffekte* enthält eine Auswahl an Schatten- und 3D-Effekten speziell für Texte.

7.3.8 Objekte anordnen

Bei vielen Diagrammobjekten und anderen gezeichneten oder importierten Objek-ten auf dem Tabellenblatt verliert man leicht die Übersicht. Objekte werden in der Reihenfolge angeordnet, in der sie auf dem Tabellenblatt erscheinen. Das kann durch Einzeichnen, Kopieren oder einen Import aus der Zwischenablage passieren. Schalten Sie in den *Diagrammtools* auf *Format/Anordnen*. Klicken Sie auf *In den Vordergrund/In den Hintergrund*, um das markierte Objekt über oder unter allen anderen zu platzie-ren. Mit *Eine Ebene nach vorne* wird es nur eine Ebene höher gesetzt, mit *Eine Ebene nach hinten* wird es nur eine Ebene nach hinten gesetzt. *Ausrichten* richtet mehrere Objekte in einer bestimmten Richtung aus. Markieren Sie dazu mindestens zwei Objekte, drücken Sie die ⇧-Taste und klicken Sie auf weitere Objekte. Wählen Sie *Am Raster ausrich-ten*, wenn Sie die Diagrammobjekte an den Spaltenlinien ausrichten wollen.

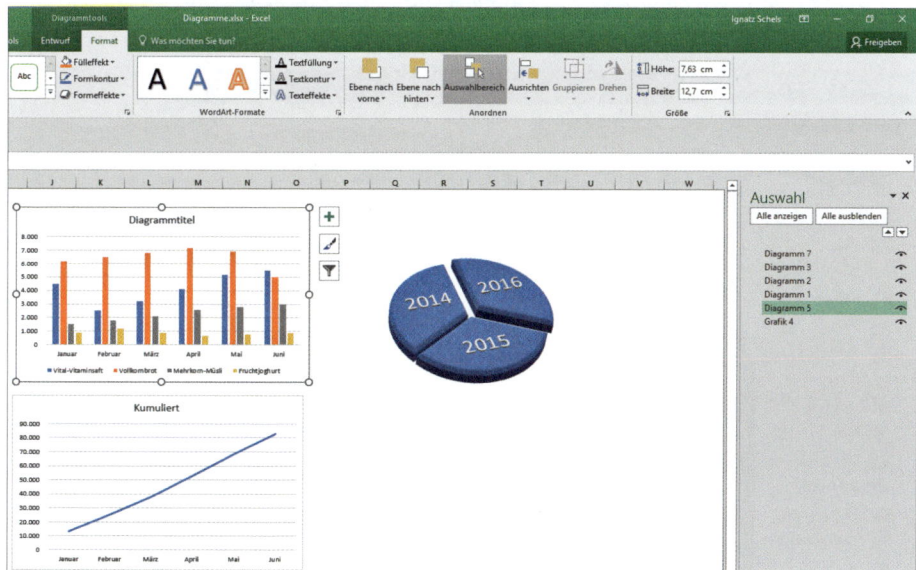

Bild 7.13: Anordnen-Symbole und Auswahlbereich für alle Objekte.

Gruppieren schließt alle markierten Objekte in einer Gruppe ein. Die Gruppe wird da-mit geschlossen verschoben, kopiert und gelöscht. Um die Gruppe wieder aufzulösen, wählen Sie *Gruppieren/Gruppierung aufheben*. Mit *Gruppierung wiederherstellen* stellen Sie die letzte Gruppe wieder her.

Schalten Sie den *Auswahlbereich* ein, wenn Sie eine Übersicht über alle Objekte auf dem Tabellenblatt haben wollen. Der Bereich wird am rechten Bildschirmrand geöffnet, er zeigt die Objekte mit ihren Objektnamen an. Am unteren Rand finden Sie Schaltflächen, um alle Objekte auszublenden oder anzuzeigen. Klicken Sie auf das Anzeigesymbol rechts am Objektnamen, um das Objekt auszublenden oder wieder einzublenden. Mit den Pfeilsymbolen sortieren Sie ein markiertes Objekt nach oben oder unten in die Objektfolge ein.

7.3.9   Die Diagrammgröße

Die einfachste Art, ein Diagrammobjekt zu vergrößern oder zu verkleinern, ist das Ziehen der Markierungspunkte am Rahmen mit dem Mauszeiger. Sie können die Größe des Objekts aber auch ganz exakt einstellen. Schalten Sie in den Diagrammtools auf die Registerkarte *Format*. Stellen Sie unter *Größe* die Breite und Höhe des Objekts ein. Geben Sie die Werte ein oder benutzen Sie die Pfeilsymbole.

7.4   Diagrammtypen

Im *Einfügen*-Register stellt die Gruppe *Diagramme* alle Diagrammtypen zur Auswahl. Klicken Sie hier auf ein Symbol und suchen Sie den passenden Untertyp. Mit Klick auf das Dialogfeldsymbol rechts unten an der Gruppe erhalten Sie ein Dialogfenster mit den beiden Registern *Empfohlene Diagramme* und *Alle Diagramme*. Hier stehen alle Diagrammtypen, aufgeteilt in Kategorien.

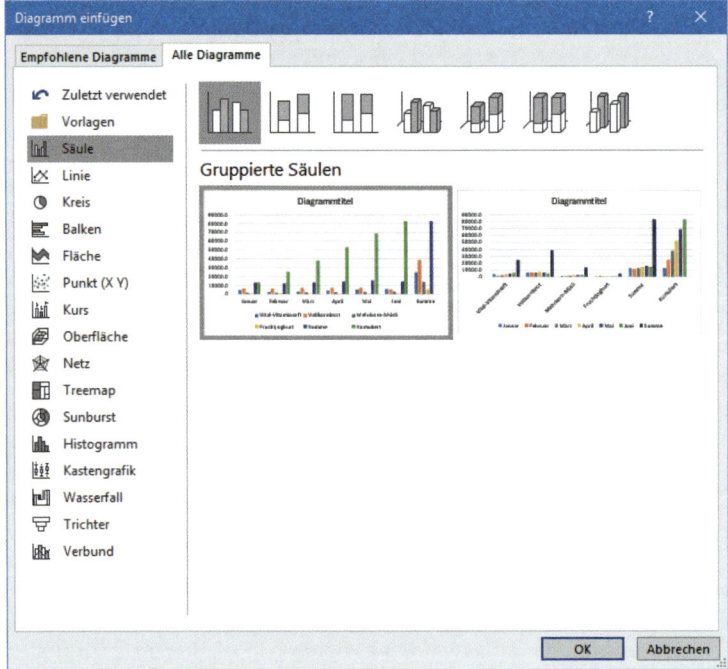

Bild 7.14: Alle Diagrammtypen.

Diagrammtyp	Bedeutung	Beispiel
Balken- und Säulendiagramm	Jede Statistik, die Zahlen vergleicht, gegenüberstellt oder in Relation bringt, Größenordnungen, Kapazitäten	Umsatzentwicklung, Produktion, Fehlerquote, Verkäufe pro Quartal oder Filiale, Material- und Personalplanung
Flächendiagramm	Liniendiagramm mit bis zur Rubrikenachse ausgefüllter Fläche	wie oben
Liniendiagramme	Entwicklungen, Veränderungen über einen bestimmten Zeitraum, Trends	Zinsentwicklung, Aktienkurs, Temperaturwerte, Marktforschung, Werbung
Punkt(XY)-Diagramme	Paarweise Vergleiche, Auswertung statistischer Mengen	Population, Korrelation, Häufung von Schäden oder Reklamationen, Streuungsdiagramme, Häufigkeitsanalysen, Portfolio
Tortendiagramm (Kreis), Ringdiagramm	Anteile an einer Gesamtgröße	Stimmenanteil einer Partei, Marktanteil des Unternehmens oder Produkts, Umsatzaufteilung einzelner Filialen
Blasendiagramm	Vergleich von Werten mit einem dritten Wert für die Größe der Blasen	Marktanteile, Produktbewertung, Portfolios
Netzdiagramm, Oberflächendiagramm	Relative Vergleiche zwischen Elementen	Vergleich Verkehrsaufkommen in zwei Städten, Nährwerte verschiedener Produkte
Kursdiagramm	Schwankungen in Aktienkursen	Wertpapieranalyse

Diagrammtyp	Bedeutung	Beispiel
Treemap	Hierarchische Ansicht der Daten mit Kategorisierung, Anzeige von Proportion über die Kastengröße	Umsatzanalyse nach Produkt oder Region, Preisvergleich, Statistik über Populationen
Sunburst	Vergleich der Größenverhältnisse mit hierarchischen Daten und Kategorisierung	Jahresabsatz untergliedern in Quartals- und Monatsabsätze, Verkäufe nach Kundengruppen, statistische Daten vergleichen
Histogramm und Pareto	Häufigkeitsverteilung, Anzeige des relativen Faktors an der Gesamtmenge. Pareto stellt die wichtigsten Faktoren heraus.	Mitarbeiter in Altersgruppen unterteilen, Kosten in Kostengruppen trennen
Kastengrafik	Anzeige von Variationen, Verteilung mehrerer Datengruppen in Quartilen	Statistik: Umfragedaten auswerten, Population bewerten
Wasserfall	Kumulation von Daten auf Zeitachsen oder Einfluss von positiven/ negativen Daten auf einen Endwert	Laufender Umsatz, Kontobewegungen, Absatzanalysen
Verbund	Kombination von zwei oder mehreren Diagrammtypen	Verhältnis Geschwindigkeit zu Drehzahl, Verhältnis zwischen Preisen und Durchschnittspreisen
Trichter	Werte über mehrere Phasen in einem Prozess	Kosten eines Projekts in den einzelnen Phasen, monatliche Umsätze, Abnahme/Zunahme von Gewicht, Temperatur etc.

7.4.1   Empfohlene Diagramme

Markieren Sie einen Datenbereich, bietet Excel eine Reihe von Diagrammtypen an, die zu dieser Markierung passen.

Diese »empfohlenen Diagramme« finden Sie unter dem gleichnamigen Symbol unter *Einfügen/Diagramme* oder per Klick auf das Kästchen, das rechts unten an der Markierung angeboten wird. Schalten Sie um auf *Diagramme*.

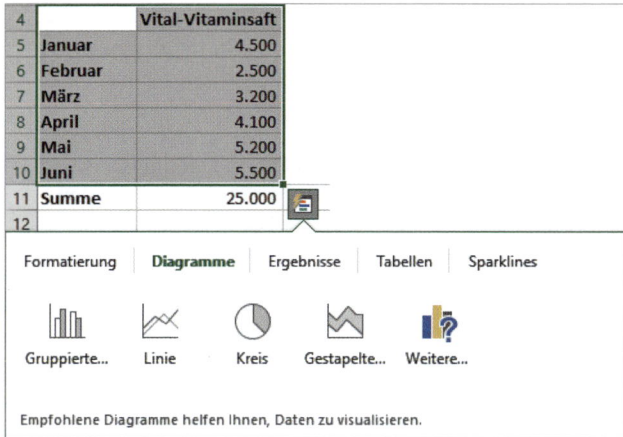

Bild 7.15: Empfohlene Diagramme über das Symbol rechts unten an der Markierung.

7.4.2 Der richtige Diagrammtyp

Die Entscheidung für den passenden Diagrammtyp zur Visualisierung der Daten lässt sich nicht so einfach treffen, denn nicht alle Typen passen zu den Daten oder führen zur richtigen Aussage.

Grundsätzlich sollten Sie sich auf eine der fünf Grundformen beschränken, mit denen die meisten Geschäftsdiagramme abbildbar sind.

Alle weiteren Diagrammtypen sind Abwandlungen dieser Grundformen:

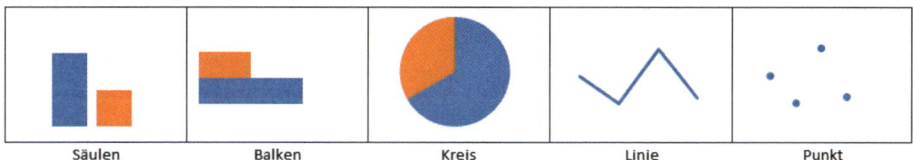

Bild 7.16: Fünf Grundtypen für alle Diagramme.

Jede Visualisierung enthält einen Vergleich, und für jeden dieser Vergleiche gibt es einen passenden Diagrammtyp:

- Strukturvergleich

- Rangfolgevergleich

- Zeitreihenvergleich

- Häufigkeitsvergleich

- Korrelationsvergleich

- Hierarchievergleich

7.4.3   Strukturvergleich mit Kreis oder Ring

Der Strukturvergleich zeigt das Verhältnis der Anteile an der Gesamteinheit. Torten-
oder Ringdiagramm eignen sich für diesen Vergleich am besten.

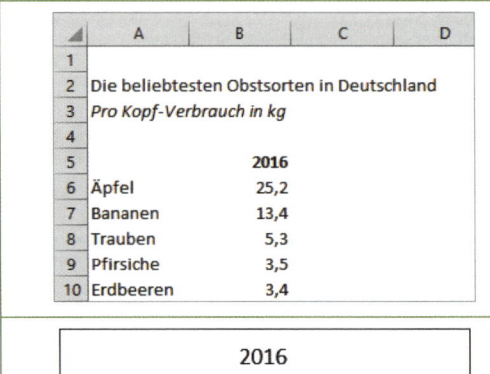

Die Quelldaten enthalten neben
der Beschriftung eine einzelne
Datenreihe.

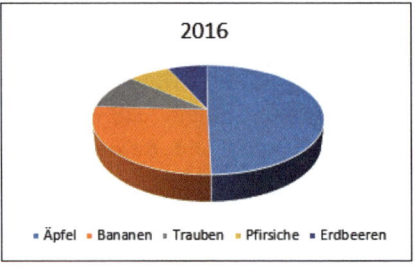

Das Kreisdiagramm zeigt die
Anteile über die Größe der
Kreissegmente.

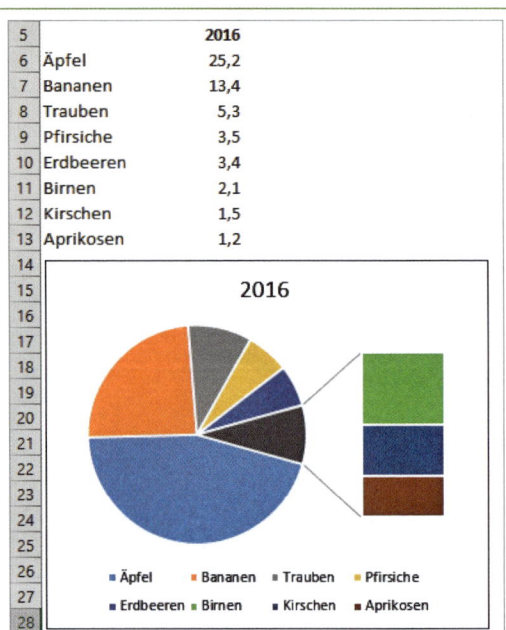

Enthält das Tortendiagramm zu
viele kleine Segmente, fassen Sie
diese in einer Gruppe zusammen
und erstellen ein Kreis-im-Kreis-
Diagramm oder ein Balken-im-
Kreis-Diagramm.

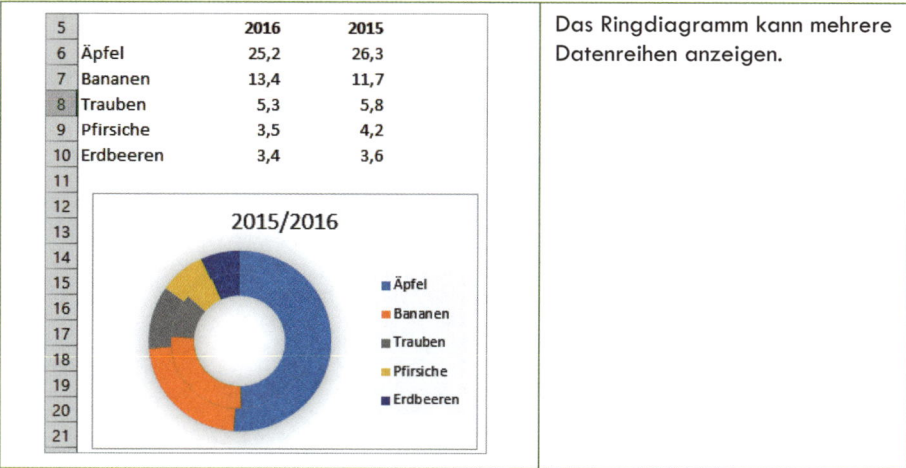

	2016	2015
5		
6 Äpfel	25,2	26,3
7 Bananen	13,4	11,7
8 Trauben	5,3	5,8
9 Pfirsiche	3,5	4,2
10 Erdbeeren	3,4	3,6

Das Ringdiagramm kann mehrere Datenreihen anzeigen.

7.4.4 Blasen- oder Portfolio-Diagramme

Ein weiterer Diagrammtyp für Strukturvergleiche ist das Blasen- oder Portfolio-Diagramm. Es wird aus drei Zahlenreihen gebildet: Die erste Spalte liefert die x-Achse, die zweite den Wert für die y-Achse (Größenachse) und die dritte ist für die Größe der Blasen zuständig.

Excel kann Diagramme von diesem Typ zwar automatisch aus den markierten Daten produzieren, in der Praxis werden diese aber nicht richtig interpretiert. So erstellen Sie ein Blasendiagramm und ändern die Datenauswahl so, dass die einzelnen Zeilenelemente als Datenreihen abgebildet werden:

1. Erstellen Sie eine Liste mit Produkten und den Werten für die x-Achse, die y-Achse und die Größe der Blasen in den nachfolgenden Spalten.

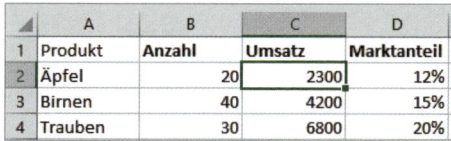

	A	B	C	D
1	Produkt	Anzahl	Umsatz	Marktanteil
2	Äpfel	20	2300	12%
3	Birnen	40	4200	15%
4	Trauben	30	6800	20%

2. Wählen Sie *Einfügen/Diagramme*, klicken Sie auf das Dialogfeldkästchen.

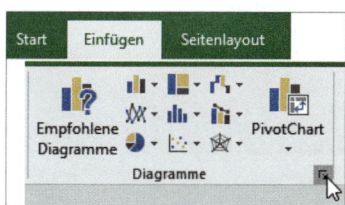

3. Unter *Alle Diagramme* finden Sie die Gruppe *Punkt (X;Y)*, schalten Sie auf den Untertyp *Blasen*, ...

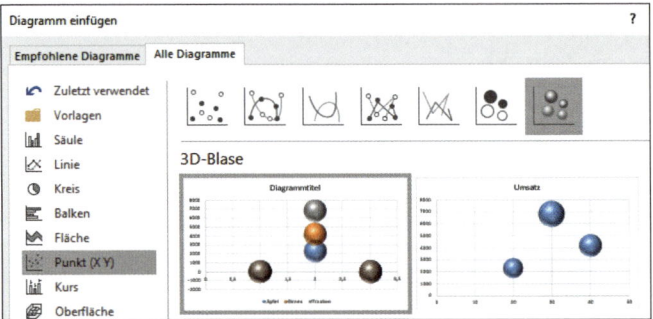

4. ... und wählen Sie den zweiten Untertyp. Bestätigen Sie mit *OK*.

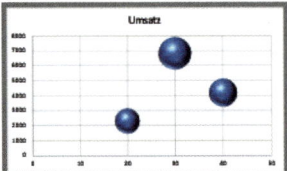

5. Das Diagramm wird gezeichnet, klicken Sie es mit der rechten Maustaste an und wählen Sie *Daten auswählen*.

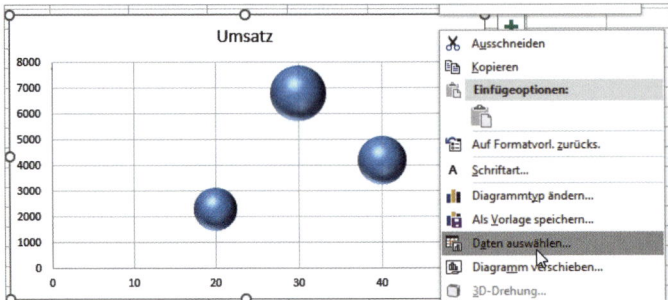

6. Klicken Sie auf die erste Datenreihe unter *Legendeneinträge* und wählen Sie *Bearbeiten*.

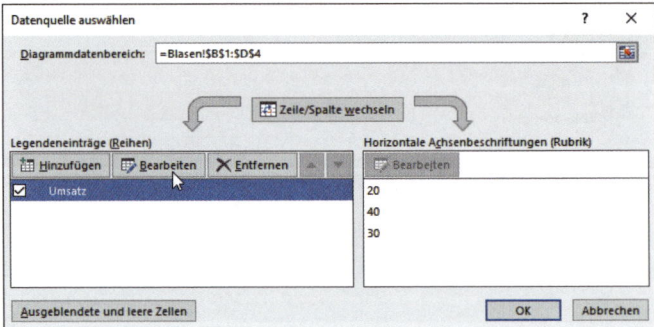

7. Ändern Sie die Zuordnungen der Argumente, verwenden Sie das erste Produkt als Reihenname und die Daten in der Zeile als x/y-Werte und Größenangabe.

Bestätigen Sie mit OK.

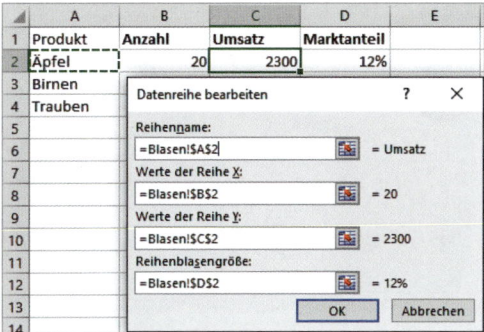

8. Klicken Sie auf *Hinzufügen* und konstruieren Sie die zweite und anschließend die dritte Produktdatenreihe.

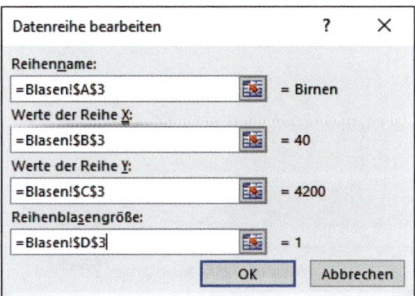

9. Bestätigen Sie mit OK, wenn alle Produkte als Datenreihen präsent sind.

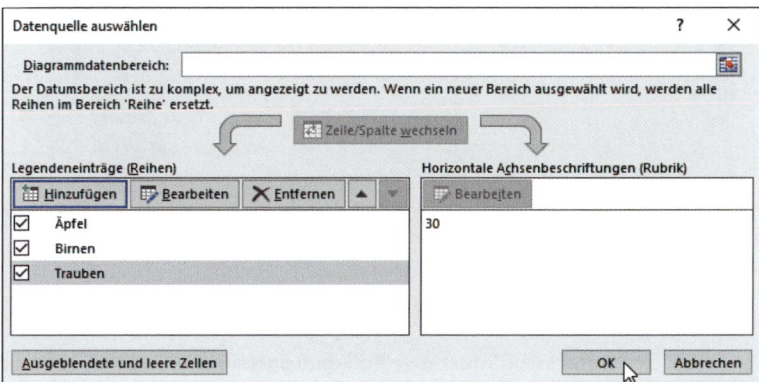

10. Aktivieren Sie im angrenzenden Auswahlmenü mit dem Pluszeichen-Symbol noch die Legende und die Achsentitel und beschriften Sie diese.

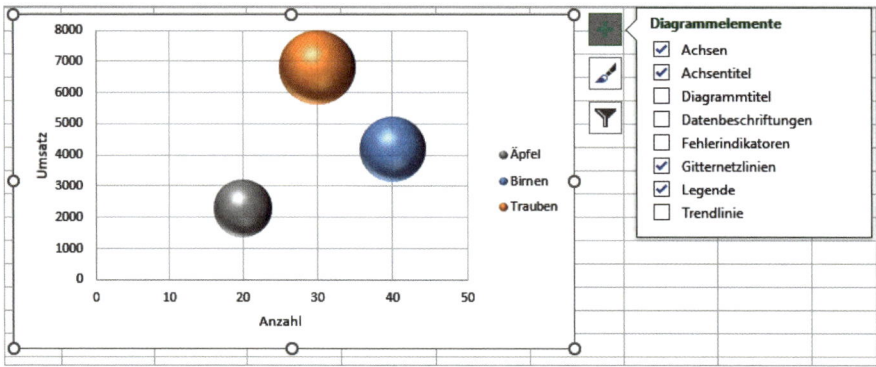

7.4.5   Trichterdiagramme

Mit dem Januar-Update von Office 2016 (Office 365) hat es das Trichterdiagramm in die Liste der Diagrammtypen geschafft. Wie das Kreisdiagramm bietet es nur eine einfache Gegenüberstellung von Werten und visualisiert über die Breite der Balken die Wertigkeit der einzelnen Datenpunkte.

Der Name kommt von der Trichterform, die natürlich nur gegeben ist, wenn die Datenquelle absteigend nach den Werten sortiert wird.

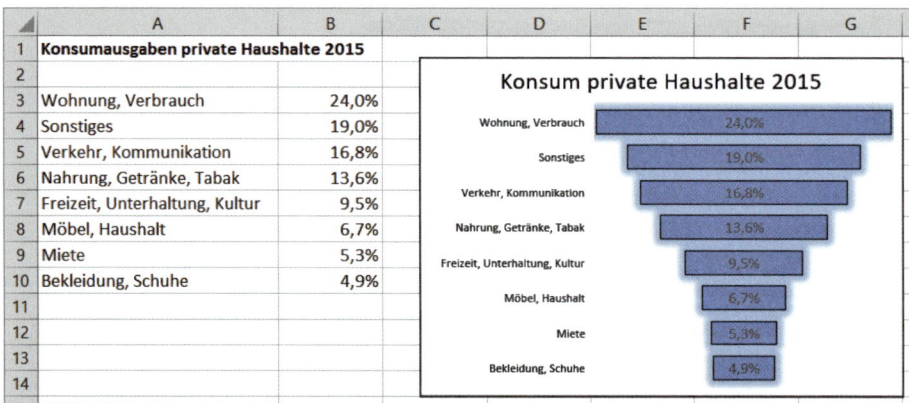

Bild 7.17: Das Trichterdiagramm liefert einen einfachen Strukturvergleich.

7.4.6   Rangfolgevergleich mit Balken

Die Aufreihung von Objekten visualisiert das Balkendiagramm am besten. Der gruppierte Balken stellt den Vergleich für die einzelnen Datenreihen dar, im Stapelbalken werden die Datenreihen aggregiert, das Ergebnis visualisiert die Größe der Summe über alle Datenreihen.

In der 100%-Ansicht sind alle Balken gleich lang, die Verteilung der Größen ist damit deutlicher. Das Balkendiagramm kommt auch zum Einsatz, wenn die Beschriftung der Rubrikenachse für ein Säulendiagramm zu groß ist.

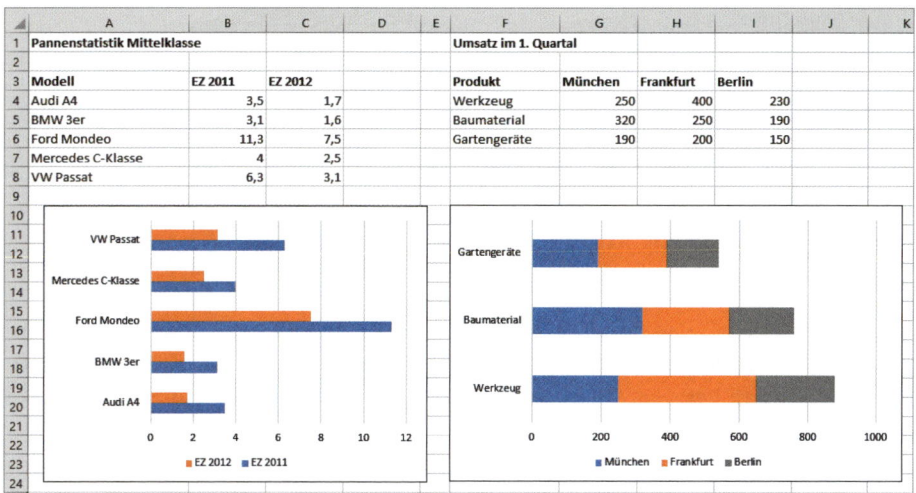

Bild 7.18: Balkendiagramme, gestapelt und gruppiert.

7.4.7 Zeitreihenvergleiche mit Säulen und Linien

Veränderungen über einen bestimmten Zeitraum hinweg verdeutlichen Sie mit dem Säulen- oder Liniendiagrammtyp.

Säulen werden bei überschaubaren Mengen im Rubrikenbereich verwendet, Liniendiagramme können auch größere Rubrikenmengen haben.

Wenn das Säulendiagramm mehr als eine Reihe enthält, können die Reihen überlappt werden. Gestapelte Säulen geben zusätzlich zur Zeitreihe die Anteile der einzelnen Werte an der Gesamtheit wieder.

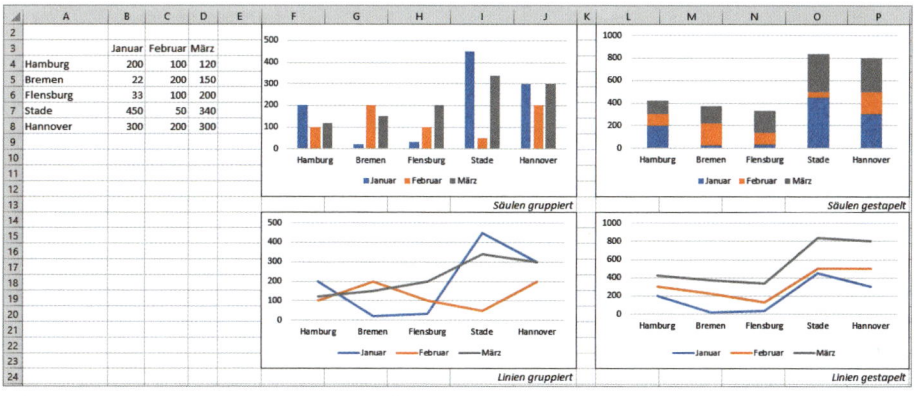

Bild 7.19: Säulen und Linien visualisieren Änderungen auf der Zeitreihe.

7.4.8   Korrelationsvergleich mit Linien-, Flächen- und Verbunddiagramm

Der Korrelationsvergleich zeigt auf, ob eine Beziehung zwischen zwei Variablen besteht. Er wird mit Balken-, Säulen-, Linien- oder Punktdiagrammen visualisiert:

- Steigt der Absatz, wenn die Preise steigen, oder wirkt sich die Preissteigerung negativ auf den Absatz aus?

- Liegt der Umsatz im Vorjahr deutlich unter dem aktuellen Umsatz?

Flächendiagramme sind Liniendiagramme mit ausgefüllter Fläche nach unten zur x-Achse. Durch die unterschiedliche Färbung der Flächen lässt sich die Korrelation oft besser erkennen als im Liniendiagramm.

Verbunddiagramme sind Kombinationen aus verschiedenen Diagrammtypen, zum Beispiel Säulen und Linien oder Säulen und Flächen. Wählen Sie dafür unter *Alle Diagramme* die Kategorie *Verbund*. Schalten Sie für die zweite Datenreihe die Sekundärachse ein, wenn die Daten stark divergieren, d. h. in der Wertigkeit weit auseinanderliegen.

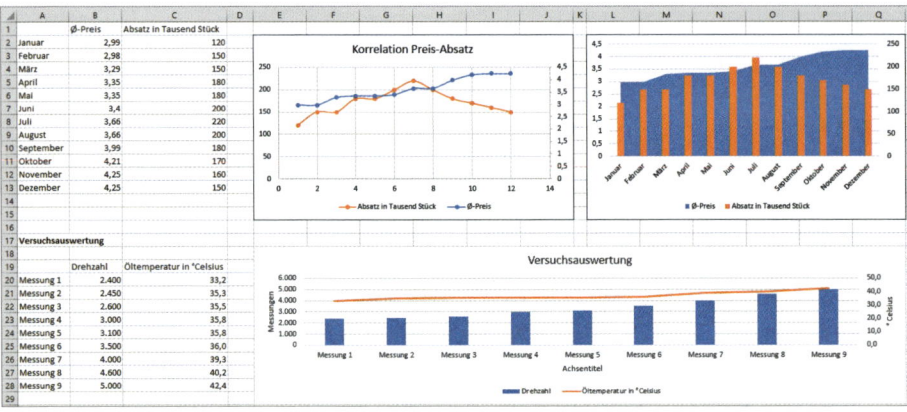

Bild 7.20: Mit Linien oder Säulen/Linien-Kombinationen wird die Korrelation deutlich.

7.4.9   Hierarchievergleiche mit Sunburst und Treemap

Das Sunburst-Diagramm ist ein neuer Diagrammtyp in Excel 2016. Es visualisiert die Daten ähnlich wie im Ringdiagramm, bietet aber noch die Möglichkeit, zusätzliche Reihen für Kategorien zu verwenden. Von links beginnend bildet die erste Spalte des Datenbereichs den inneren Ring, für jede weitere Beschriftung kommt ein Ring hinzu. Der letzte, äußere Ring zeigt die Werte an, hier kann die Datenbeschriftung wieder entsprechend formatiert werden. Markieren Sie die Daten für das Diagramm und suchen Sie unter *Einfügen/Diagramme* das Symbol für Hierarchiediagramme. Klicken Sie auf *Sunburst*.

Die Hierarchiereihe muss nicht gefüllt sein, es reicht, wenn der Name des Segments einmal eingetragen ist. Kategorien oder Bezeichnungen, die nicht gefüllt sind, ergeben eine Lücke im Diagramm. Die Datenbeschriftung kann wahlweise mehrzeilig sein und auch den Wert aus der Wertereihe enthalten.

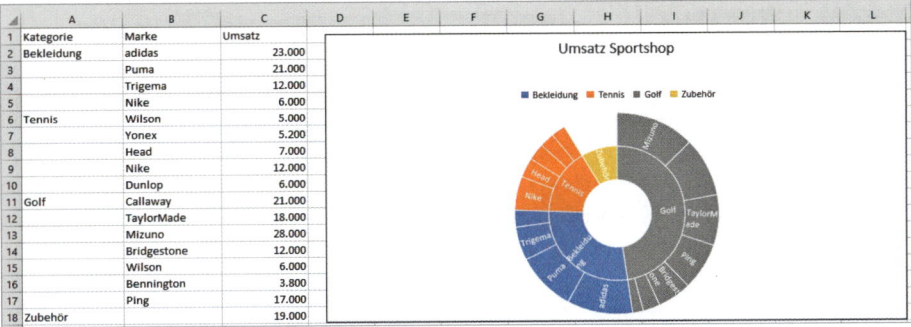

Bild 7.21: Das Sunburst-Diagramm bildet auch Kategoriebeschriftungen ab.

Das Treemap-Diagramm visualisiert die Größenverhältnisse in den Daten über Kästen in der Größe der Werte. Als Datenquelle sollte eine Liste oder Tabelle mit kategorisierten Elementen in der ersten Spalte bereitstehen, die Kategorien können wahlweise einzeln aufgeführt oder zeilenweise ausgefüllt sein. Zwei Varianten gibt es, mit oder ohne Banner.

Öffnen Sie per Doppelklick auf einen Kasten den Formatierdialog mit den Reihenoptionen. Wählen Sie als Beschriftungsoption *Überlappend*, um die Kategorienbezeichnung links oben im Kasten zu sehen, oder *Banner*, um für die Kategorien jeweils einen Balken über die Kastengruppe zu zeichnen.

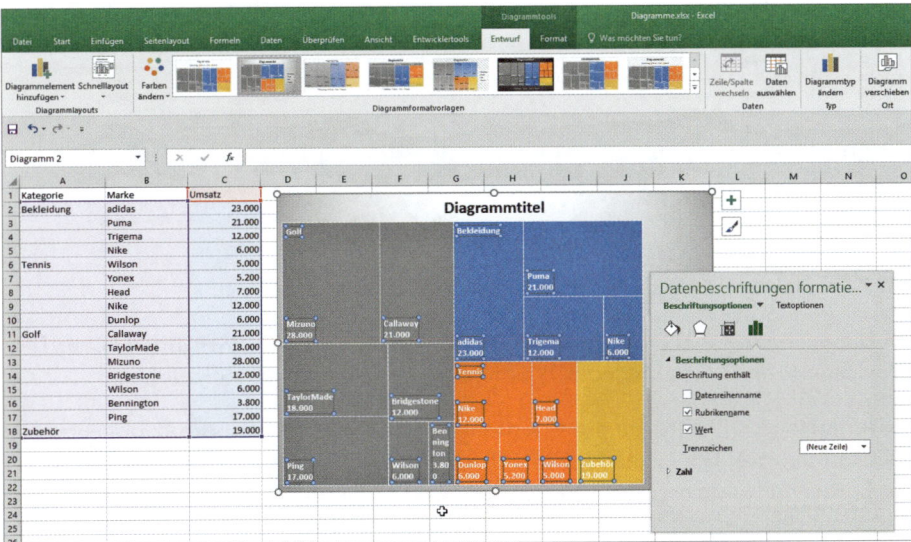

Bild 7.22: Größenverhältnisse in Kastenform: Das Treemap-Diagramm.

Die Beschriftungsoptionen bieten Trennzeichen oder einen Zeilenumbruch für eine mehrzeilige Beschriftung an. Die einzelnen Datenpunkte können zwar per Formatierung auch den Reihennamen erhalten, diesem fügt Excel aber das Präfix »Reihen« an und das lässt sich nicht entfernen.

7.4.10   Wasserfalldiagramm

Einer der wichtigsten Diagrammtypen im Berichtswesen konnte bis zur Excel-Version 2016 nur in Form von gestapelten Balkendiagrammen und mit Zwischenberechnungen in den Daten generiert werden.

Das Wasserfalldiagramm visualisiert Veränderungen auf einer Zeitreihe, zeigt, wie sich Daten im Verlauf einer Zeitspanne entwickeln und welche Auswirkung die Änderungen der einzelnen Datenpunkte auf den Gesamtbestand haben. Signifikante Steigerungen und dramatische Einbrüche lassen sich im Wasserfalldiagramm leichter erkennen als bei der einfachen Wertegegenüberstellung oder Korrelation mit Balken oder Säulen.

Die Daten werden auf einer Zeitschiene (Monate, Jahre, Stunden etc.) aufgetragen, üblich ist es, für Wasserfalldiagramme den Anfangs- und Endstand anzugeben.

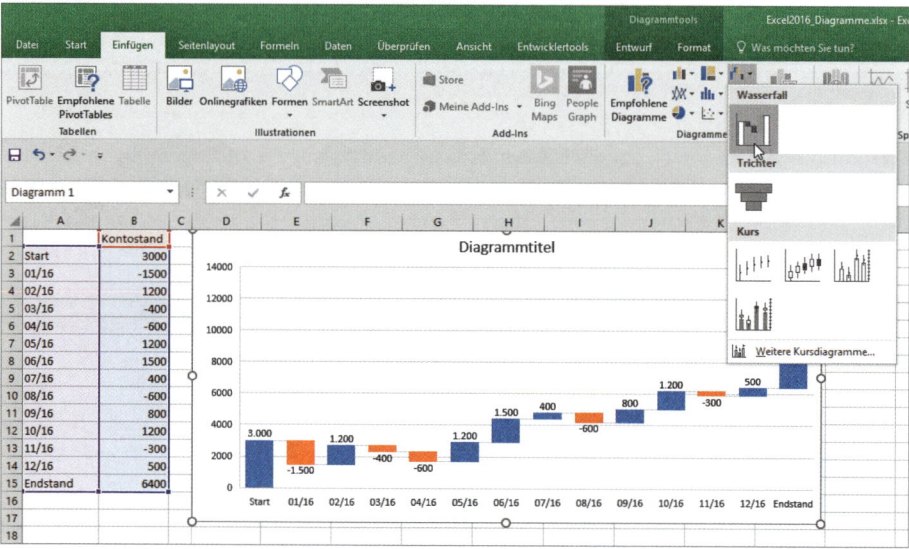

Bild 7.23: Änderungen auf der Zeitreihe werden im Wasserfall transparent.

Für diesen in Excel 2016 eingeführten Diagrammtyp bietet das Menüband in den Diagrammtools wie für alle anderen Typen Schnelllayouts und Formatvorlagen.

Leider kann das Diagramm nicht gedreht werden, was für größere Rubrikenachsen unerlässlich wäre. Die Legende lässt sich inhaltlich auch nicht anpassen, sie erklärt nur die Farben für positive Werte (Vergrößern) und für negative (Verkleinern). Eine dritte Farbe mit dem Legendeneintrag »Gesamt« steht für Zwischen- oder Endsummen bereit. In den Reihenoptionen findet sich noch eine Option für Verbindungslinien zwischen den Balken.

Das Wasserfalldiagramm kennzeichnet eine Gesamtsumme nicht automatisch als Endbestand, bietet aber die Möglichkeit, sie gesondert auszuweisen. Hier ein Beispiel, eine Ergebnisrechnung aus dem Controlling. Die Zwischensummen müssen als Summen ausgewiesen werden.

1. Die Ergebnisrechnung weist den Jahres-
   überschuss aus, Betriebsleistung, Ergebnis
   und EBIT sind berechnete Zwischensummen:

   B5: =B2+B3+B4

   B11: =B5+B6+B7+B8+B9+B10

   B14: =B11+B12+B13

   B17: =B14+B15+B16

◢	A	B
1		
2	Umsatzerlöse	1200
3	+ Bestandsveränderungen	800
4	+ Aktivierte Eigenleistungen	20
5	= Betriebsleistung	2020
6	+ Sonstige betriebliche Erträge	45
7	- Material und Fremdleistungen	-700
8	- Personalaufwand	-1000
9	- Abschreibungen	-12
10	- sonstiger betrieblicher Aufwand	-60
11	= Betriebsergebnis	293
12	+ Finanzerträge	25
13	- Finanzaufwendungen	-60
14	= EBIT	258
15	+/- AO Ergebnis	5
16	- Ertragssteuern	-96
17	= Jahresüberschuss	167

2. Setzen Sie den Zellzeiger in die Liste und
   wählen Sie *Einfügen/Diagramme*. Suchen
   Sie das Symbol *Wasserfall*.

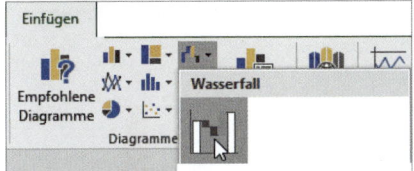

3. Markieren Sie die Datenreihe und
   mit einem weiteren Klick den Datenpunkt *Betriebsleistung*.

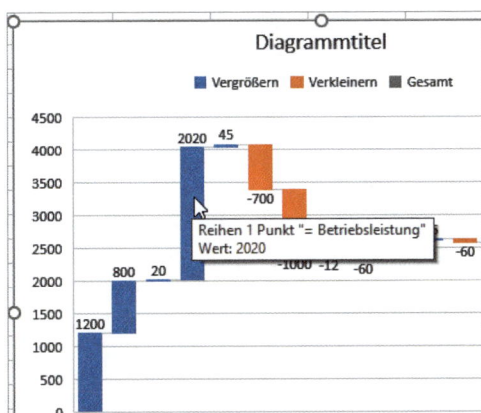

4. Wählen Sie *Datenpunkt formatieren* im
   Kontextmenü der rechten Maustaste.

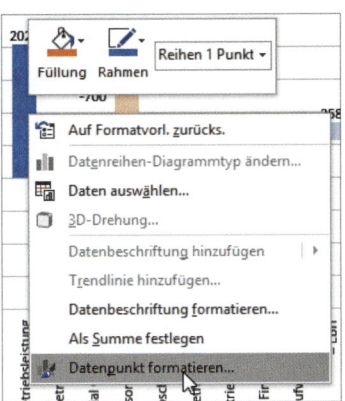

5. Kreuzen Sie die Option *Als Summe festlegen* an. Legen Sie auch die Datenpunkte *Betriebsergebnis* und *EBIT* als Summe fest.

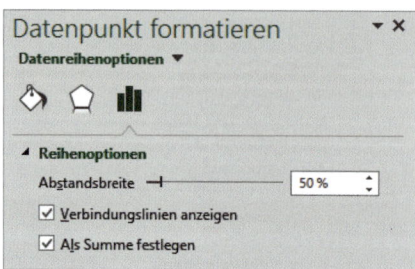

6. Die Zwischensummen starten damit vom Nullpunkt aus.

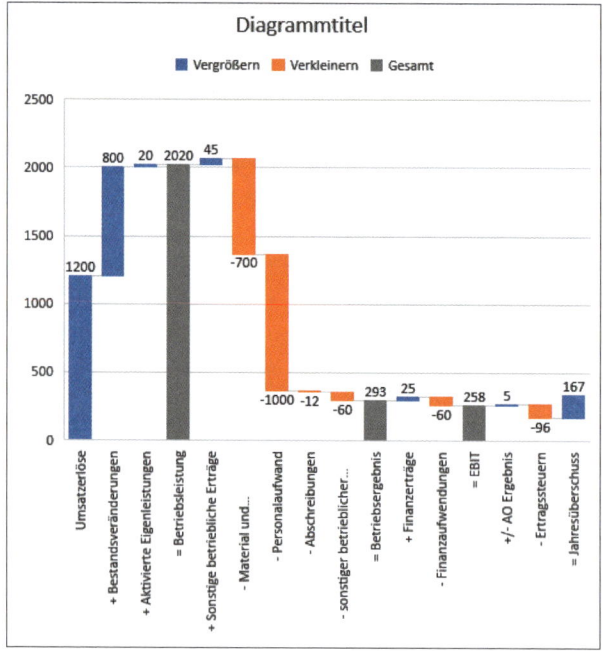

7.4.11   Häufigkeitsvergleiche mit Histogramm und Pareto

Excel bietet seit der Version 4.0 über das Add-in *Analyse-Funktionen* ein Histogramm an. Mit Excel 2016 hat der Diagrammtyp Einzug in die Diagrammtools gefunden, aber dieser Diagrammtyp ist nicht besonders gelungen. Das Histogramm lässt sich nicht flexibel formatieren. Sehen wir uns zunächst das alte, bewährte Diagramm an:

Histogramm über die Analysefunktionen

Schalten Sie unter *Entwicklertools/Add-Ins/Excel-Add-Ins* das Add-in *Analyse-Funktionen* ein. Damit steht unter *Daten* eine weitere Gruppe *Analyse* mit einem einzelnen Symbol *Datenanalyse* zur Verfügung.

Bereiten Sie die Daten für eine Altersstrukturanalyse vor, holen Sie das Alter der einzelnen Mitarbeiter aus den Abteilungen in eine Spalte und erstellen Sie eine Zahlenreihe mit den Altersgruppen, beispielsweise von 20 bis 65 in 5er-Gruppen. Wenn Sie keine Klasse vordefinieren, berechnet Excel die Klassen selbst.

Starten Sie mit *Daten/Analyse/Datenanalyse* und wählen Sie die Funktion *Histogramm*. Markieren Sie die Liste mit den Altersangaben als Eingabebereich, die Altersgruppen als Klassenbereich und bestimmen Sie einen Ausgabebereich (Zellbezug oder neues Tabellenblatt). Kreuzen Sie die Option *Diagrammerstellung* an. Mit den Optionen definieren Sie das Ausgabeergebnis:

Pareto (sortiertes Histogramm): Die Ergebnisse werden mit absteigender Häufigkeitsfolge sortiert.

Kumulierte Häufigkeit: Neue Spalte mit den kumulierten Häufigkeiten und zusätzliche Linie im Diagramm.

	A	B	C	D	E	F	G	H	I	J	K	L	M	N
1	Abteilung	Mitarbeiter Nr.	Alter		Altersgruppen			Klasse	Häufigkeit	Kumuliert %	Klasse	Häufigkeit	Kumuliert %	
2	Produktion	1	25		20			20	1	3,57%	45	6	21,43%	
3		2	30		25			25	2	10,71%	30	4	35,71%	
4		3	42		30			30	4	25,00%	40	4	50,00%	
5		4	45		35			35	3	35,71%	35	3	60,71%	
6		5	20		40			40	4	50,00%	55	3	71,43%	
7		6	45		45			45	6	71,43%	25	2	78,57%	
8		7	55		50			50	1	75,00%	60	2	85,71%	
9		8	39		55			55	3	85,71%	65	2	92,86%	
10		9	42		60			60	2	92,86%	20	1	96,43%	
11	Einkauf	1	36		65			65	2	100,00%	50	1	100,00%	
12		2	35					und größer	0	100,00%	und größer	0	100,00%	
20	Lager													
28		9	30											
29		10	29											

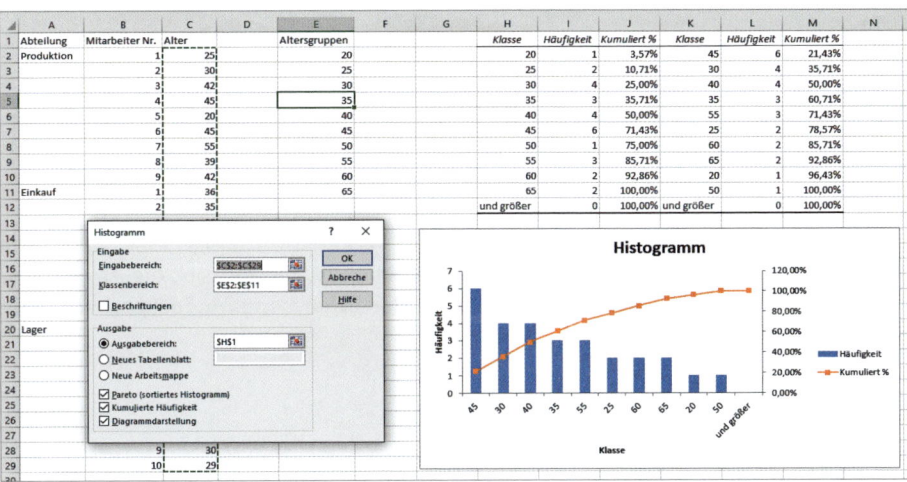

Bild 7.24: Ein Histogramm aus den Analyse-Funktionen.

Datentyp Histogramm

Der Diagrammtyp *Histogramm* basiert auf einem anderen Prinzip. Als Datenquelle wird eine Werteliste markiert, wahlweise mit einer Kategoriespalte. Das Histogramm gliedert die Werte automatisch in Gruppen, über die Formatieroptionen können diese anschließend bearbeitet werden. Hier am Beispiel einer statistischen Analyse: Die Liste enthält die Auswertung der Postleitzahlenangabe der Kunden mit dem Einkaufswert. Das Histogramm gibt Aufschluss darüber, aus welchen Regionen die Kunden kommen und wie viel sie einkaufen.

Markieren Sie die Tabelle oder Liste und wählen Sie *Einfügen/Diagramme/Histogramm*. Klicken Sie auf das Symbol *Histogramm*. Das Diagrammobjekt wird eingefügt, auf der Rubrikenachse sind die Einkaufswerte in vier Gruppen aufgeteilt, die Größenachse zeigt die Anzahl der Kunden an.

Klicken Sie doppelt auf die Rubrikenachse und schalten Sie im Formatierdialog auf die Achsenoptionen um. Die Option *Automatisch* ist aktiv, sie sorgt dafür, dass die Gruppen automatisch aus der Gesamtheit berechnet werden. Wählen Sie *Container/Nach Kategorie*, zeigt das Diagramm die Regionen in der Rubrikenachse und summiert die Einkaufswerte in der Größenachse.

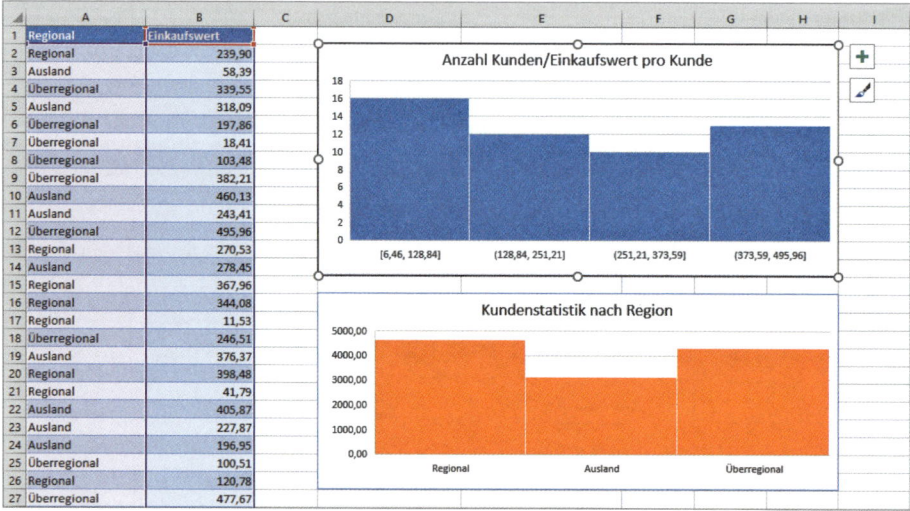

Bild 7.25: Das Histogramm berechnet die Anzahl der Gruppen selbst.

Für das Histogramm verwendet Excel die Regel nach Scott, die versucht, die Abweichung in der Varianz des Histogramms verglichen mit der Datenmenge ausgehend von einer Normalverteilung der Daten zu minimieren.

$$Containerbreite\ (h) = \frac{3.5 \times \sigma}{\sqrt[3]{n}}$$

σ = Standardabweichung der Datenquelle
n = Anzahl der Werte in der Datenquelle

Bild 7.26: Histogramm-Regeln nach Scott.

Um die Klasseneinteilung des Histogramms manuell zu steuern, schalten Sie auf die Option *Containerbreite* um und geben einen Wert ein. In unserem Beispiel teilt der Wert 4 das Diagramm in Vierergruppen ein, die Anzahl der Container wird automatisch ermittelt. Ändern Sie diesen Wert manuell, ermittelt Excel die passende Containerbreite bzw. die Klasseneinteilung.

»Ausreißer« in der Werteliste machen das Histogramm unleserlich. Für die Zusammenfassung der Werte ab oder bis zu einer Unter- und Obergrenze sorgen die beiden Ankreuzkästchen *Überlaufcontainer* und *Unterlaufcontainer*. Hier geben Sie je einen Grenzwert für die Werte ein, die zu einem Wert zusammengefasst werden.

Pareto

Das Pareto-Diagramm filtert aus vielen Werten diejenigen heraus, die den größten Einfluss auf das Ergebnis haben. Damit lässt sich die Wichtigkeit einer Ursache direkt aus dem Diagramm ablesen. Setzen Sie den Zellzeiger in die Liste und wählen Sie *Ein-*

fügen/Diagramm. Schalten Sie in der Gruppe *Histogramme* auf das *Pareto*-Symbol. Das Pareto-Diagramm wird eingefügt, der größte Wert steht unabhängig von der Sortierung in der Liste links.

Die linke Größenachse repräsentiert die Werte aus dem Balkendiagramm, die Sekundärachse rechts zeigt die Pareto-Linie an. Diese kumuliert alle Werte der Datenreihe und zeigt die Kumulation in Prozent an. Deshalb beginnt die Linie beim größten Wert und endet beim kleinsten Wert.

7.4.12 Kastengrafik (Boxplot)

Das Boxplot-Diagramm ist die grafische Darstellung von Lage, Konzentration und Variation einer Datenmenge. Es wird hauptsächlich für statistische Vergleiche eingesetzt.

Die Datenquelle für diesen Diagrammtyp enthält zweckmäßig mehrere Datensätze für eine Auswertungsebene, zum Beispiel Absätze oder Umsätze für Produkte. Das Symbol zum Einfügen einer Kastengrafik finden Sie unter *Einfügen/Diagramme/Statistikdiagramme*. Klicken Sie anschließend mit der rechten Maustaste auf einen Balken und wählen Sie *Datenreihe formatieren*.

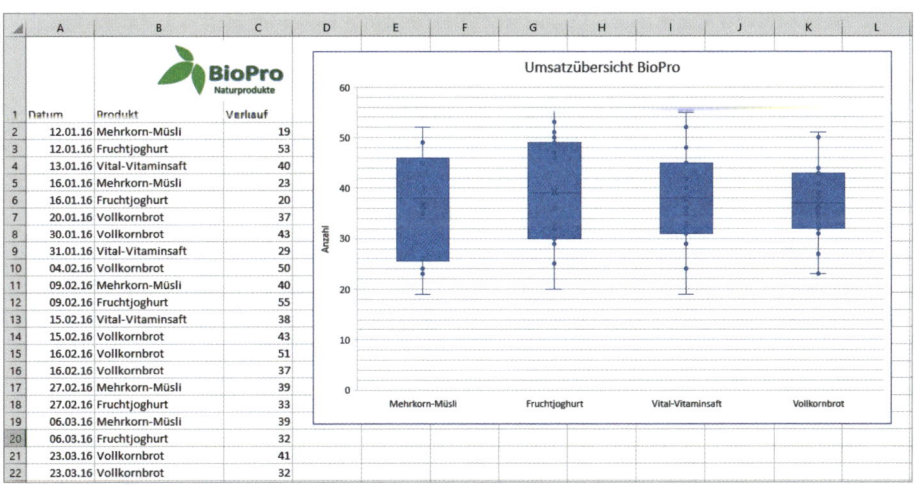

Bild 7.27: Das Kastendiagramm enthält statistische Vergleiche.

Mit den Formatieroptionen optimieren Sie Ihr Boxplot-Diagramm:

Option	Bedeutung
Abstandsbreite	Legen Sie hier die Breite der Balken bzw. die Abstände zwischen den Datenpunkten fest.
Innere Punkte anzeigen	Damit werden die Datenpunkte zwischen der unteren und der oberen Linie angezeigt. Die Dichte und die Anordnung der Punkte geben Auskunft darüber, wie homogen die einzelnen Werte in der Gesamtheit sind. Liegen sie in unserem Beispiel in einem der Segmente zu weit auseinander, sind die Preisunterschiede sehr hoch.

Option	Bedeutung
Ausreißerpunkte anzeigen	Mit dieser Option werden auch Punkte sichtbar gemacht.
Mittelwertmarkierungen anzeigen	Das ist der gemittelte Wert der Datenmenge, im Unterschied zum Mittelwert (arithmetisches Mittel) wird er aus xx berechnet.
Mittelwertliste anzeigen	Damit werden alle Mittelpunkte über eine Linie verbunden.
Quartilberechnung	Mit *Inklusiver Median* wird die Berechnung einbezogen, wenn die Anzahl der Werte (n) eine ungerade Zahl ist. *Exklusiver Median* berechnet den Median nicht mit, wenn die Anzahl der Werte ungerade ist.

Jede Artikelkategorie ist in vier Sektionen unterteilt. Die Box repräsentiert die Preisspannen. Darunter und darüber sind zwei Markierungslinien angebracht. Der Abstand zwischen der unteren Linie und der Box bildet das erste Quartil, alle Punkte in diesem Bereich sind in den unteren 25 Prozent angesiedelt. Zwischen dem unteren Rand der Box und dem Mittelpunkt befindet sich das zweite Quartil, weitere 25 Prozent. Der Abstand zwischen Mittelpunkt und oberem Rand der Box steht für das dritte Quartil und zwischen dem oberen Rand der Box und der oberen Linie befindet sich das vierte Quartil.

7.4.13   Prognoseblatt

Trends und Prognosen werden für die Vorhersage zukünftiger Absätze und Umsätze, zur Planung von Lagerbeständen und im Marketing für die Bereitstellung von Konsumenteninformationen benötigt.

Excel 2016 bietet zusätzlich zu den Trendfunktionen (TREND(), RGP(), VARIATION() u. a.) eine echte Trendgrafik an. Voraussetzung ist eine Datenquelle mit zeitbasierten Daten, vorzugsweise mit Datumswerten in der Rubrikenachse. Im Unterschied zum »normalen« Liniendiagramm kann das Prognosediagramm aber nur jeweils eine Datenreihe grafisch umsetzen:

Markieren Sie die aktuellen Daten inklusive Zeitschiene und Legende. Wählen Sie *Daten/Prognose/Prognoseblatt*. Schalten Sie rechts oben auf Liniendiagramm oder Säulendiagramm. Klicken Sie auf das Kalendersymbol neben *Prognoseende* und wählen Sie ein Enddatum.

Unter *Optionen* können Sie weitere Angaben machen, zum Beispiel zum Konfidenzintervall oder für das Füllen fehlender Datenpunkte. Klicken Sie auf *Erstellen*, um ein neues Tabellenblatt mit den berechneten Werten und einem Prognosediagramm zu erstellen. Excel legt ein neues Blatt an und fügt eine Tabelle mit den Ausgangswerten und drei neuen Spalten für Schätze, untere und obere Konfidenzgrenze ein. Die aktuellen Werte werden blau gezeichnet, die Prognosen zeigt das Diagramm über rote Linien an.

Das Konfidenzintervall ist der umliegende Bereich eines Prognosewertes, in den voraussichtlich 95 % der zukünftigen Punkte fallen. Es steht für die Genauigkeit der Prognose. Je kleiner das Intervall, desto mehr Vertrauen wird in die Vorhersage gesetzt.

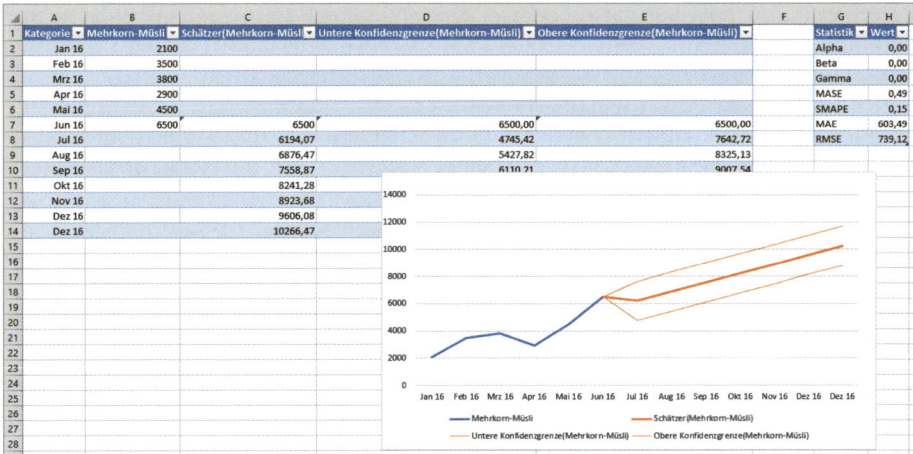

	A	B	C	D	E	F	G	H
1	Kategorie ▾	Mehrkorn-Müsli ▾	Schätzer(Mehrkorn-Müsli ▾	Untere Konfidenzgrenze(Mehrkorn-Müsli ▾	Obere Konfidenzgrenze(Mehrkorn-Müsli ▾		Statistik ▾	Wert ▾
2	Jan 16	2100					Alpha	0,00
3	Feb 16	3500					Beta	0,00
4	Mrz 16	3800					Gamma	0,00
5	Apr 16	2900					MASE	0,49
6	Mai 16	4500					SMAPE	0,15
7	Jun 16	6500	6500	6500,00	6500,00		MAE	603,49
8	Jul 16		6194,07	4745,42	7642,72		RMSE	739,12
9	Aug 16		6876,47	5427,82	8325,13			
10	Sep 16		7558,87	6110,21	9007,54			
11	Okt 16		8241,28					
12	Nov 16		8923,68					
13	Dez 16		9606,08					
14	Dez 16		10266,47					

Bild 7.28: Das Prognosediagramm mit Konfidenzgrenzen.

7.4.14 3D-Diagramme

Für Diagrammtypen, die mit Flächen operieren, bietet Excel auch 3D-Typen an. Die einfachen 3D-Balken oder Säulen bieten nur den optischen Effekt der Tiefe, die Datenpunkte werden »schattiert«. Das 3D-Diagramm bietet dagegen eine echte dritte Achse und stellt damit mehrere Datenreihen hintereinander statt nebeneinander oder übereinander dar. Dazu sollten die Daten möglichst so vorbereitet sein, dass die kleineren Werte vorne stehen.

Ändern Sie die Darstellung des 3D-Diagramms, wenn die Datenreihen und -punkte nicht vollständig sichtbar sind. Klicken Sie es mit der rechten Maustaste an und wählen Sie *3D-Drehung*.

Drehung: Bietet die Möglichkeit, den Drehwinkel zu ändern. Der Wert gibt die Rotation der Zeichenachse um die z-Achse (Vertikale) an und kann 0 bis 360 Grad betragen (Balkendiagramme 0 bis 44 Grad).

Betrachtungshöhe: Gibt den Winkel an, in dem der Betrachter das Diagramm sieht. Für alle Diagrammtypen, außer Tortendiagrammen, kann dieser Winkel manuell durch Klicken auf die Pfeile oder durch Eingabe eines Wertes von 90 bis –90 Grad definiert werden. Im Tortendiagramm kann der Winkel zwischen 10 und 80 Grad liegen. 3D-Balkendiagramme reichen von 10 bis 44 Grad.

Perspektive: Gibt den Betrachtungswinkel an und ermöglicht so einen tieferen Einblick in hinten liegende, von den vorderen Reihen verdeckte Datenreihen. Der Wert, der über die Pfeile erhöht und gesenkt oder direkt eingetragen wird, bezeichnet die Strecke von der Vorder- zur Rückseite des Diagramms und kann 0 bis 100 betragen. In Tortendiagrammen oder wenn die Option *Rechtwinklige Achsen* markiert ist, steht die Option nicht zur Verfügung.

Rechtwinklige Achsen: Mit Auswahl dieser Option bleiben die Achsen unabhängig von Rotation und Betrachtungshöhe rechtwinklig. Die Perspektivenbetrachtung wird damit ausgeblendet.

AutoSkalieren: Diese Option ist nur verfügbar, wenn *Rechtwinklige Achsen* angeklickt ist. Bei Diagrammen mit einem Drehwinkel unter 45 Grad wird die Achse entsprechend dem 2D-Diagramm skaliert.

Distanz vom Boden: Kontrolliert die Höhe der z-Achse und der Ränder relativ zur Länge der x-Achse oder der Breite der Basisfläche. Die Höhe wird als prozentualer Wert der Länge der x-Achse angegeben. So würde beispielsweise bei dem Wert 200 % das Diagramm doppelt so hoch sein, wie die x-Achse lang ist.

Tiefe/Höhe der Basis: Gibt die Tiefe bzw. Höhe der Basis in Prozent an. Standard ist 100, 2000 ist das Maximum.

Standarddrehung: Mit dieser Schaltfläche wird das Diagramm auf seine ursprüngliche Form zurückgesetzt.

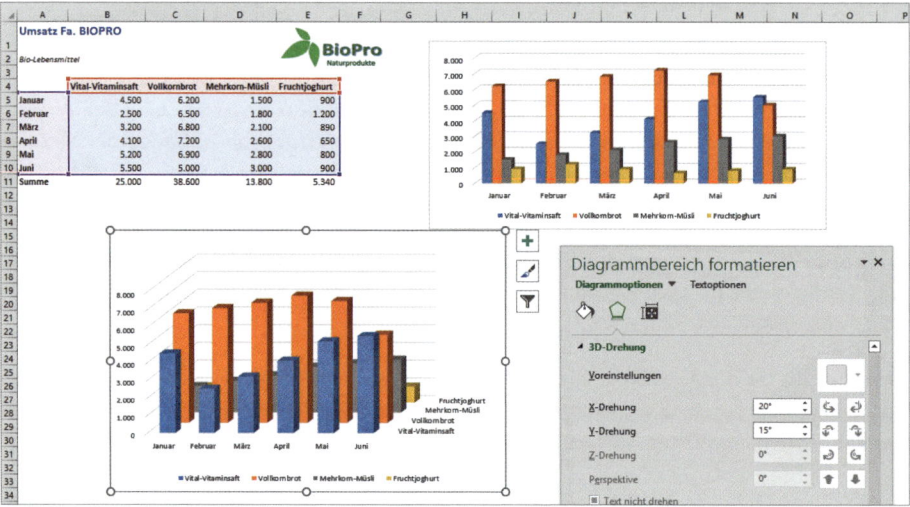

Bild 7.29: 3D-Diagramme mit Drehungsoptionen.

7.5 Sparklines

Sparklines sind kleine Zeilengrafiken, die direkt neben den Datensätzen einer Liste platziert werden und Strukturen oder Verläufe innerhalb der einzelnen Zeilen visualisieren.

In Sparklines können Höchst- und Tiefstpunkte markiert und Negativwerte farbig gegen positive abgesetzt werden. Die Formatierung unterstützt die Aussage der Grafik. Wichtige Einzelpunkte werden hervorgehoben, im Gesamtbild können Abweichungen oder saisonale Schwankungen verfolgt werden.

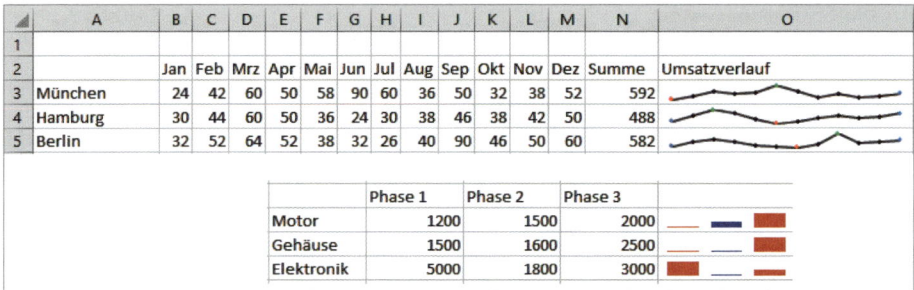

▲	A	B	C	D	E	F	G	H	I	J	K	L	M	N	O
1															
2		Jan	Feb	Mrz	Apr	Mai	Jun	Jul	Aug	Sep	Okt	Nov	Dez	Summe	Umsatzverlauf
3	München	24	42	60	50	58	90	60	36	50	32	38	52	592	
4	Hamburg	30	44	60	50	36	24	30	38	46	38	42	50	488	
5	Berlin	32	52	64	52	38	32	26	40	90	46	50	60	582	

	Phase 1	Phase 2	Phase 3	
Motor	1200	1500	2000	
Gehäuse	1500	1600	2500	
Elektronik	5000	1800	3000	

Bild 7.30: Sparklines – Zeilengrafiken für zeitliche Abläufe oder Strukturvergleiche.

7.5.1 Sparklines erstellen

Eine Liste enthält eine Aufstellung der Halbjahresumsätze als Tabelle. Erstellen Sie in der nächsten freien Spalte eine Sparkline-Grafik.

1. Markieren Sie die Zeilen der Liste in der nächsten freien Spalte neben der Liste.

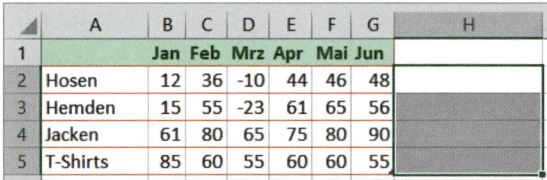

▲	A	B	C	D	E	F	G	H
1		Jan	Feb	Mrz	Apr	Mai	Jun	
2	Hosen	12	36	-10	44	46	48	
3	Hemden	15	55	-23	61	65	56	
4	Jacken	61	80	65	75	80	90	
5	T-Shirts	85	60	55	60	60	55	

2. Wählen Sie *Einfügen/Sparklines/Linie*.

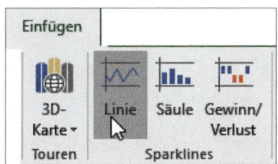

3. Ziehen Sie für den Datenbereich die Markierung über den Datenbereich (ohne Kopfzeile).

Die Position der Sparklines wird aus der zuvor gesetzten Markierung vorgeschlagen.

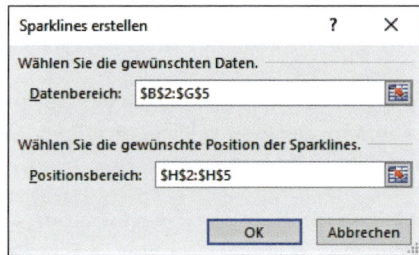

4. Die Sparklines werden gezeichnet, im Menüband erscheint ein neues Register *Spark-linetools*. Alle Sparklines befinden sich in einer Gruppe.

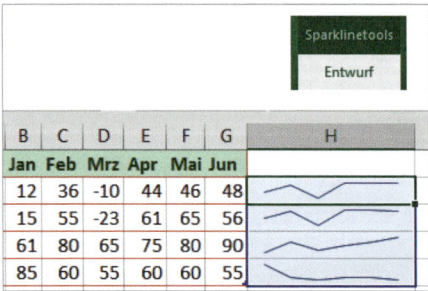

5. Schalten Sie unter *Sparklinetools/Entwurf/Tools* auf den Typ *Säule* um.

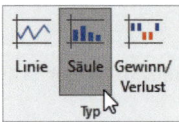

6. Mit *Entwurf/Sparkline/Daten bearbeiten* können Sie den Speicherort und die Daten wieder bearbeiten, ...

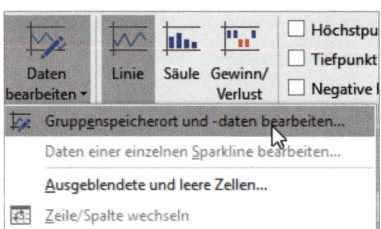

7. ... und wenn Sie eine Sparkline-Grafik löschen wollen, wählen Sie den Befehl aus der Gruppe *Gruppieren*.

Gruppenspeicherort und -daten bearbeiten: Bestimmen Sie den Datenbereich und den Positionsbereich neu in der Dialogbox.

Daten einer einzelnen Sparkline bearbeiten: Markieren Sie eine Zeile innerhalb der Gruppe und ändern Sie für diese den Datenbereich. Die Zeile bleibt weiterhin in der Gruppe.

Ausgeblendete und leere Zellen: Bestimmen Sie die Rolle von leeren Zellen und Zellen mit Nullen in Sparklines. Sie können diese als Lücken oder auf der Nulllinie anzeigen lassen oder die benachbarten Datenpunkte mit einer Linie verbinden.

Mit *Daten in ausgeblendeten Zeilen anzeigen* bleiben die Sparklines auch sichtbar, wenn Sie die Daten gruppieren und ausblenden oder die Spaltenbreiten der Datenspalten auf 0 setzen.

Alternativ zur Erstellung einer Sparkline-Gruppe können Sie auch die erste Zelle markieren, eine Sparkline erstellen und diese mit dem Füllkästchen nach unten bis zum Ende der Liste kopieren. Excel erstellt auch damit eine Sparkline-Gruppe, erkennbar an dem blauen Rahmen, der alle Zeilen umfasst, wenn eine davon (oder die Gruppe selbst) markiert ist.

7.5.2 Sparkline-Datentypen

Für Sparklines stehen drei Datentypen zur Auswahl. Setzen Sie den Zellzeiger in die Gruppe und klicken Sie auf das Symbol, um den Datentyp zu bestimmen.

Datentyp	Erklärung
Linie	Linien-Sparklines visualisieren Trends, Entwicklungen oder zeitliche Verläufe.
Säule	Säulen-Sparklines werden zur Anzeige von Mengenunterschieden verwendet.
Gewinn/Verlust	Gewinn/Verlust-Sparklines stellen positive Werte über die Nulllinie und negative Werte unter die Nulllinie.

Ändern Sie den Datentyp einer Gruppe, werden alle Sparklines der Gruppe diesen Typ annehmen. Heben Sie mit *Sparklinetools/Entwurf/Gruppieren/Gruppierung aufheben* die Gruppe auf, können Sie einzelne Zeilen mit unterschiedlichen Datentypen formatieren.

7.5.3 Sparklines formatieren

In der Gruppe *Anzeigen* finden Sie sechs Optionen für die Unterscheidung der einzelnen Datenpunkte in den Sparklines. *Markierung* ist nur bei Linien-Sparklines aktivierbar. Für die Formatierung der einzelnen Punkte ist die Formatvorlage bzw. die individuelle Formatierung unter *Sparklinetools/Formatvorlage/Datenpunktfarbe* zuständig.

- *Höchstpunkt:* Der höchste Punkt der Linie wird mit einem andersfarbigen Punkt gekennzeichnet. In Säulen- und Gewinn/Verlust-Sparklines wird die Säule für den höchsten Wert andersfarbig gekennzeichnet.

- *Tiefpunkt:* Der tiefste Punkt der Linie wird mit einem andersfarbigen Punkt gekennzeichnet. In Säulen- und Gewinn/Verlust-Sparklines wird die Säule für den kleinsten Wert andersfarbig gekennzeichnet.

- *Negative Punkte:* Minuswerte werden andersfarbig gekennzeichnet.

- *Erster Punkt:* Der erste Punkt bzw. die erste Säule wird andersfarbig gekennzeichnet.

- *Letzter Punkt:* Der letzte Punkt bzw. die letzte Säule wird andersfarbig gekennzeichnet.

- *Markierungen:* Mit dieser Option werden alle Punkte einer Linie mit farbigen Punkten markiert. Die Formatvorlagen passen sich automatisch dieser Option an.

Formatvorlagen

Für die Formatierung der Sparklines steht eine Liste mit Formatvorlagen zur Auswahl. Klicken Sie eine Formatvorlage an, um sie der gesamten Gruppe oder einer einzelnen Sparkline zuzuweisen.

Sparklinefarbe: Wählen Sie hier eine von der Formatvorlage abweichende Farbe für die Linie oder die Säulen. Unter *Stärke* finden Sie verschiedene Linienstärken.

Datenpunktfarbe: Hier können Sie die einzelnen Datenpunkte abweichend von der Formatvorlage mit individuellen Farben gestalten. Die *Farbe für Markierung* gilt für alle Datenpunkte, die in keine Kategorie fallen.

Die Formatierungen heben sich in der Reihenfolge auf, in der sie unter *Anzeigen* angeboten werden. Ist der erste Punkt beispielsweise der Höchstwert, gilt dessen Farbe anstelle der Farbe für den ersten Punkt.

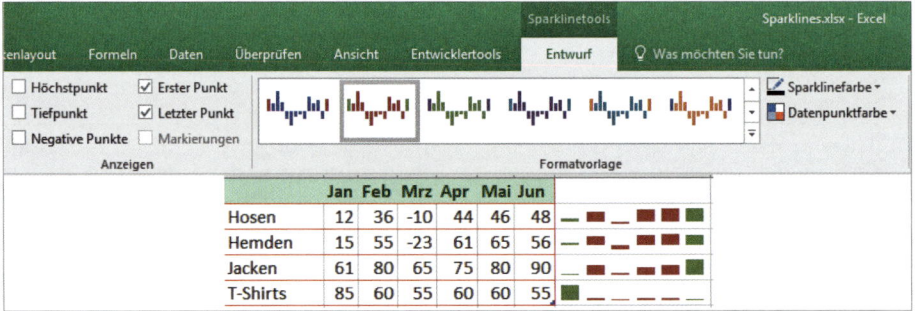

Bild 7.31: Sparklines formatieren.

Sparklines beschriften

Die Zellen mit Sparklines können beliebig beschriftet werden, die Grafik selbst nicht. Mit etwas Geduld lässt sich die Beschriftung auf die einzelnen Datenpunkte anbringen. Nutzen Sie die Möglichkeit, einen Zelltext mit unterschiedlichen Schriftgrößen zu formatieren.

7.5.4 Achsen

Sparklines haben standardmäßig keine horizontalen Rubrikenachsen und auch keine vertikalen Größenachsen. Unter diesem Symbol können Sie die positiven und negativen Werte mit einer Achsenlinie trennen und eine individuelle Skalierung der vertikalen Achse festlegen.

Horizontale Achsenoptionen: Neben *Allgemeiner Achsentyp* steht hier auch der *Datums-achsentyp* zur Auswahl. Nutzen Sie diesen, um eine Datumsreihe für die Achsenskalierung zu benutzen.

Achse anzeigen zieht eine horizontale Linie zwischen den positiven und den negativen Punkten oder Säulen ein. Enthält die Datenreihe nur positive oder nur negative Werte, wird die Achse nicht angezeigt.

Daten von rechts nach links anzeigen dreht die Anordnung um, der Datenpunkt aus der ersten Zelle des Datenbereichs gilt für den letzten Punkt oder Balken.

Optionen für den Minimalwert/Höchstwert der vertikalen Achse

Wählen Sie *Automatisch* für alle Sparklines, um automatisch den Minimalwert aus dem kleinsten Eintrag der Datenreihe und den Maximalwert aus dem größten Wert der Datenreihe zu ermitteln. *Identisch für alle Sparklines* legt den definierten Mindestwert/Höchstwert für alle Sparklines fest. Geben Sie unter *Benutzerdefinierter Wert* einen eigenen Achsenwert an. Das empfiehlt sich, um die Sparkline-Punkte auf eine bestimmte Wertemenge zu begrenzen (z. B. maximaler Mindestwert: −10, maximaler Höchstwert +50).

7.5.5   Sparklines gruppieren

Eine neue Sparkline-Grafik gehört automatisch zu einer Gruppe, wenn bei der Erzeugung mehr als eine Zeile markiert war. Auch das Kopieren einer Sparkline erzeugt automatisch eine Gruppe, erkennbar an einer blauen Randlinie, wenn der Zellzeiger darin steht. Sie können diese Gruppe jederzeit auflösen oder Gruppen aus unterschiedlichen Zellen bilden. Markieren Sie die Sparkline-Gruppe und wählen Sie *Sparklinetools/Entwurf/Gruppieren/Gruppierung aufheben*. Jetzt können die einzelnen Sparklines unabhängig formatiert werden. Markieren Sie einen Zellbereich oder mit gedrückter [Strg]-Taste mehrere, auch nicht zusammenhängende Sparkline-Zellen. Wählen Sie *Sparklinetools/Entwurf/Gruppieren/Gruppieren*.

7.6   Spezialtechniken mit Diagrammen

Das Diagramm ist sicher das wichtigste Element im Bericht und in der Präsentation, wenn es um Geschäftszahlen geht. Excel bietet deshalb auch genügend Material, um Diagramme in allen Formen und Farben zu erstellen. Kombiniert mit raffinierten Formeln und Funktionen lässt sich noch viel mehr herausholen.

7.6.1   Verknüpfte Diagrammtitel und Textfelder

Um den Titel eines Diagrammobjekts mit einer dynamischen Botschaft zu versehen, verknüpfen Sie ihn mit einer Zelle. Die Formel direkt in den Titel zu schreiben, ist nicht möglich, Sie müssen das Element verknüpfen:

Schreiben Sie den gewünschten Text in eine freie Zelle. Schalten Sie über das Pluszeichen am rechten Rand den Diagrammtitel ein. Markieren Sie das Element und klicken

Sie in die Bearbeitungsleiste. Hier geben Sie ein =-Zeichen ein und klicken auf die Zelle mit dem Titel. Bestätigen Sie mit ⏎, ist der Titel verknüpft.

Weitere Beschriftungen lassen sich über Textfelder in ein Diagramm einbauen, und auch diese können verknüpfte Zellinhalte anzeigen. Hier ein Beispiel:

Die Tabelle *tbl_Projekte* enthält eine Liste mit Projekten und Plan/Ist-Kosten. Die Summen sind in der Ergebniszeile der Tabelle berechnet, die Differenz ergibt sich aus diesen Formeln:

D2: =tbl_Projekte[[#Ergebnisse];[Ist]]-tbl_Projekte[[#Ergebnisse];[Plan]]

D3: =tbl_Projekte[[#Ergebnisse];[Ist]]/tbl_Projekte[[#Ergebnisse];[Plan]]

Das Balkendiagramm mit den Projektnamen in der Rubrikenachse bekommt einen Diagrammtitel.

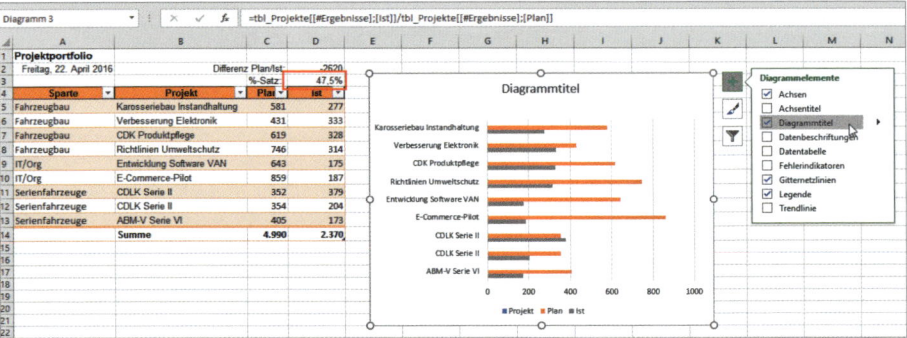

Bild 7.32: Projektportfolio und Balkendiagramm.

Schreiben Sie diese Formeln in die freien Zellen hinter dem Objekt. Die erste berechnet den Haupttitel und wandelt dazu das Tagesdatum in Text um. Die zweite holt die Kostensummen und die berechnete Differenz in weiteren Texten. Die Zelle F6 verknüpft die beiden anderen Zellen mit einer Anweisung ZEICHEN(10). Das ist der Code für den Zeilenumbruch, der Text wird damit zweizeilig sein.

F3: =$A$1&" vom "&TEXT(A2;"TTTT, TT. MMMM JJJJ")

F4: ="Die Istkosten ("&TEXT(tbl_Projekte[[#Ergebnisse];[Ist]];"#.##0")&" EUR) haben zu "&TEXT(D3;"0,0%")&" die Plankosten ("&TEXT(tbl_Projekte[[#Ergebnisse];[Plan]];"#.##0")&" EUR) erreicht"

F5: ="Differenz: "&TEXT($D$2;"#.##0")&" EUR

F6: =F4&ZEICHEN(10)&F5

Verknüpfen Sie den Titel mit der Formel in F3. Zeichnen Sie ein Textfeld in das Diagramm, markieren Sie es und klicken Sie in die Bearbeitungsleiste. Schreiben Sie ein =-Zeichen und klicken Sie auf die Zelle F6. Bestätigen Sie mit ⏎.

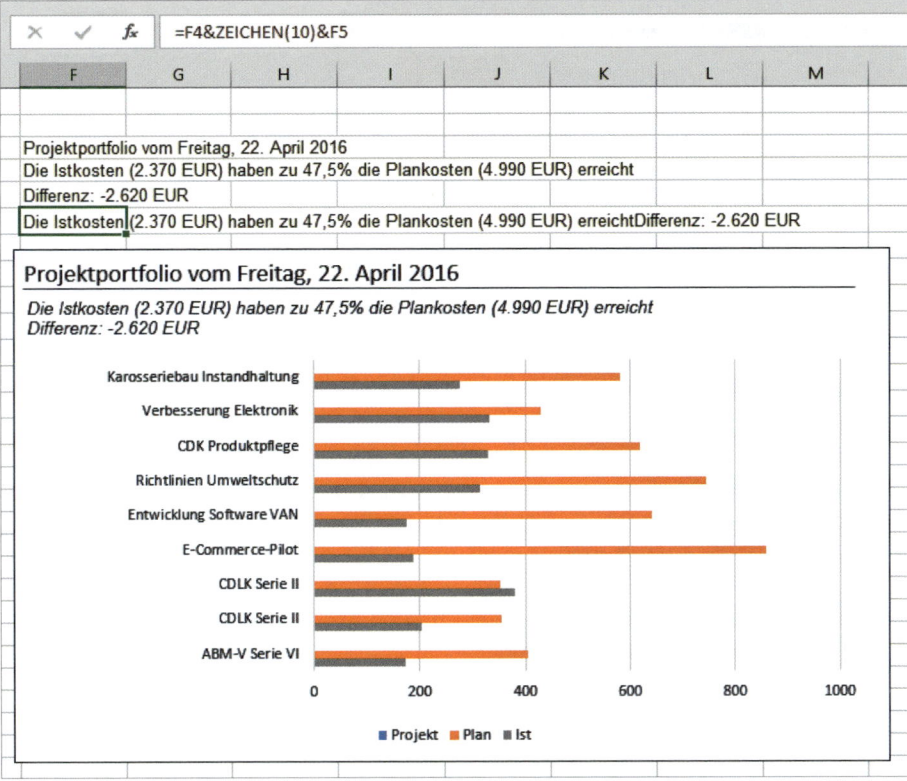

Bild 7.33: Titel und mehrzeiliges Textfeld mit Verknüpfungen im Diagramm.

7.6.2 Datenschnitt-Auswahl im Diagrammtitel des PivotCharts

PivotCharts sind besonders gut als variable Diagramme geeignet, weil sie automatisch den aktuellen Stand der PivotTable, mit der sie verbunden sind, wiedergeben. Leider gilt das nicht für die Zusammenarbeit mit den Datenschnitten. Nahezu perfekt wäre das PivotChart, wenn es im Diagrammtitel auch die Auswahl aus dem Datenschnitt anzeigen würde. Mit etwas Unterstützung durch die Makrosprache VBA können Sie Ihr PivotChart aber mit der Auswahl im Datenschnitt versehen.

Beispiel: Personalkosten pro Abteilung

Die Tabelle enthält eine Auflistung der Personalkosten pro Monat und Abteilung. Erstellen Sie einen PivotTable-Bericht mit der Abteilung im Zeilenbereich und der Summe der Kosten im Wertebereich.

Fügen Sie mit *Einfügen/Diagramm* ein 2D-Balkendiagramm ein, schalten Sie den Diagrammtitel ein und geben Sie »Personalkosten« ein. Holen Sie unter *PivotTable-Tools/ Analysieren/Filtern* einen Datenschnitt für das Feld *Abteilung* in das Blatt.

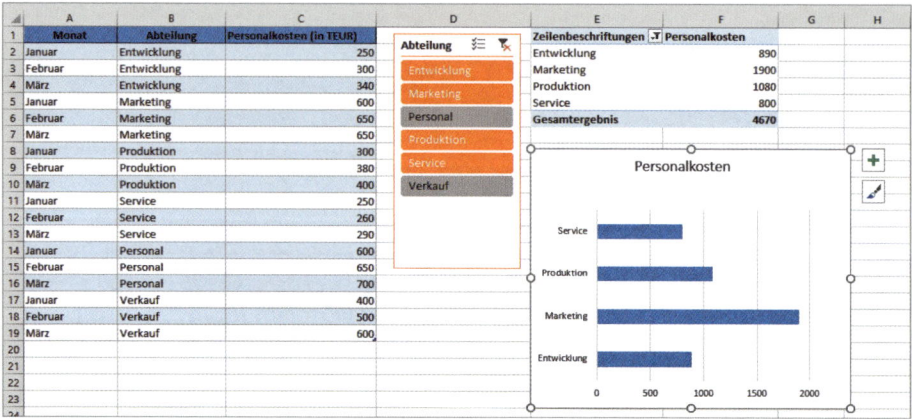

Bild 7.34: PivotTable und PivotChart mit Datenschnitt.

Öffnen Sie mit Alt + F11 den VBA-Editor und suchen Sie im Projekt-Explorer das aktuelle Tabellenblatt. Klicken Sie den Eintrag doppelt an und schalten Sie im Codeblatt um von *Allgemein* auf *Worksheet*. In der Ereignisliste schalten Sie um auf das Ereignis *PivotTableUpdate*. Das Makro schreiben Sie zwischen *Sub* und *End Sub*. Es wird bei jeder Änderung an der PivotTable den Datenschnitt auslesen und die gewählten Abteilungen in einer Textvariablen sammeln.

Anschließend wird der Inhalt der Variablen in die Zelle $E$11 geschrieben. Sind alle Abteilungen gewählt, bekommt die Zelle den Text *Alle Abteilungen*.

```
Private Sub Worksheet_PivotTableUpdate(ByVal Target As PivotTable)
 Dim i, j, strMText As String
 j = 0
 With ActiveWorkbook.SlicerCaches("Datenschnitt_Abteilung")
  For i = 1 To .SlicerItems.Count
    If .SlicerItems(i).Selected = True Then
     strMText = strMText & .SlicerItems(i).Name & ", "
     j = j+1
    End If
  Next i
  Select Case j
   Case 0
     Exit Sub
   Case .SlicerItems.Count
    strMText = "Alle Abteilungen"
   Case 1
    strMText = "Abteilung " & Left(strMText, Len(strMText) - 2)
   Case Else
    strMText = "Abteilungen: " & Left(strMText, Len(strMText) - 2)
  End Select
  Range("$E$11") = strMText
 End With
End Sub
```

Schalten Sie zurück zu Excel und zeichnen Sie ein Textfeld in das markierte PivotChart-Objekt. Klicken Sie in die Bearbeitungsleiste, schreiben Sie ein =-Zeichen und markieren Sie die Zelle $E$11. Damit haben Sie das Textfeld mit dieser Zelle verknüpft. Wählen Sie im Datenschnitt eine oder mehrere Abteilungen, aktualisieren Sie die PivotTable und damit automatisch auch das Ereignismakro. Das schreibt die gesammelten Abteilungen in die Zelle $E$1, und daraus holt sich das Textfeld über die Verknüpfung den Untertitel.

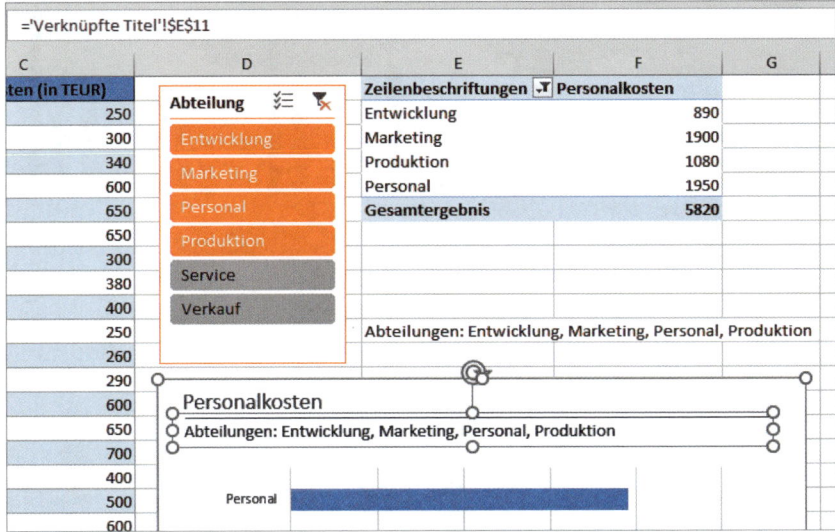

Bild 7.35: Der Untertitel enthält die markierten Elemente des Datenschnitts.

7.6.3 Datenreihen mit Grafikobjekten

Lassen Sie doch einmal anstelle der langweiligen Balken und Säulen Häuser, Autos oder Bananen auf den Größenachsen wachsen oder schmücken Sie die Punkte im Linien- oder XY-Diagramm mit Bildern.

Erstellen oder aktivieren Sie ein (zweidimensionales) Balken-, Säulen- oder Liniendiagramm. Kopieren Sie ein (kleines) Grafikobjekt in die Zwischenablage. Markieren Sie eine beliebige Datenreihe aus dem Diagramm durch Anklicken der Balken-, Linien- oder Punktereihe und holen Sie die Grafik mit Strg+V aus der Zwischenablage. Stapeln Sie die Füllung der Datenreihe unter *Auswahl formatieren*.

Strecken: Das Bild wird auf jedem Datenpunkt in die benötigte Breite, d. h. in die Länge des vorher sichtbaren Balkens, oder auf den Linienpunkt gezogen.

Stapeln: Das Bild wird in der Originalgröße belassen und so oft gestapelt, bis die Säulenhöhe erreicht ist.

Stapeln und teilen: Mit dieser Option bestimmen Sie, wie oft das Bild innerhalb der Säulen- oder Linienhöhe abgebildet werden soll. Die Zahl im Eingabefeld neben *Einheiten/Bild* legt die Einheitenzahl pro Bild fest. 100 würde beispielsweise bewirken, dass je 100 y-Skalaeinheiten ein Bild verwendet wird. Excel schlägt die aktuelle Skalierung als Teilung vor.

Löschen Sie die Zuweisung einer Clipart zu einer Datenreihe wieder, indem Sie das vorher definierte Balken-, Säulen-, Linien- oder Punktmuster aus dem *Muster*-Menü erneut zuweisen.

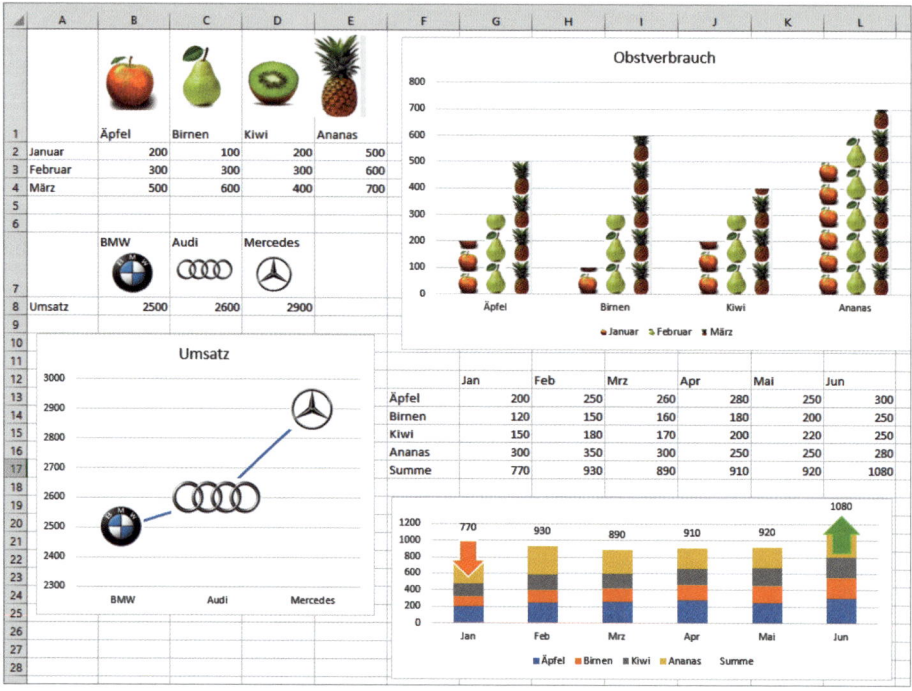

Bild 7.36: Diagramme mit Grafikobjekten.

7.6.4   Diagrammsteuerung mit Formularelementen

Hier ein Beispiel für wechselnde Bereiche in der Datenreihe: Die Umsatzzahlen stehen im Tabellenblatt mit dem Namen *BioPro*.

1. Zeichnen Sie über die Entwicklertools *Steuerelemente* in das Tabellenblatt:
   1 Gruppenfeld
   4 Optionsfelder mit den Namen der Produkte und einer gemeinsamen Zellverknüpfung auf Zelle B20.

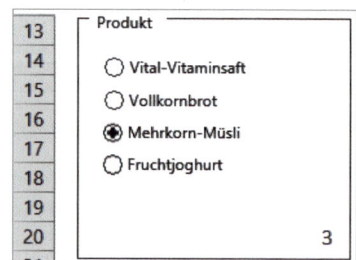

2. Legen Sie über den Namens-Manager (Formeln) diese Bereichsnamen an (alle für Bereich Tabellenblatt *BioPro*):

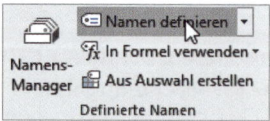

Dia_Produkte:
=BEREICH.VERSCHIEBEN(BioPro!$A$5;0;BioPro!$B$20;6;1)

Produkte:
=BioPro!$B$4:$E$4

DiaTitel:
=INDEX(BioPro!Produkte;1;BioPro!$B$20)

3. Setzen Sie den Zellzeiger in eine leere Zelle und legen Sie ein neues Säulendiagramm an.

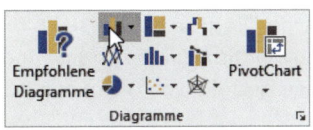

4. Wählen Sie *Daten auswählen* im Kontextmenü der rechten Maustaste aus dem leeren Diagrammobjekt.

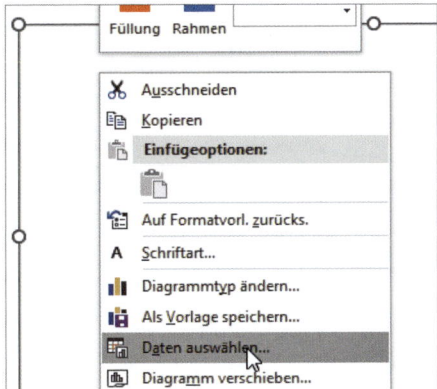

5. Klicken Sie unter *Legendeneinträge* auf *Hinzufügen*.

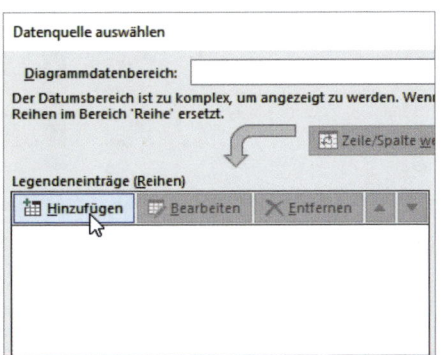

6. Geben Sie den Namen *DiaTitel* als Reihenname an und *Dia_Produkte* für die Reihenwerte.

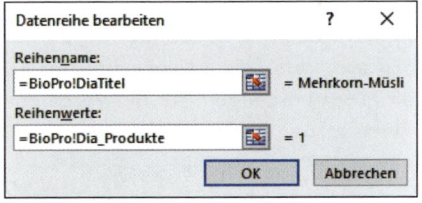

7. Bearbeiten Sie die Achsenbeschriftung, ...

8. ... geben Sie die Monatsnamen als Rubrikenachsenbeschriftung an.

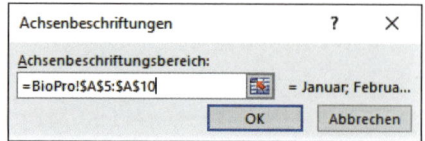

Das dynamische Diagramm ist erstellt, mit Auswahl eines Produkts werden dessen Umsatzzahlen automatisch im Diagramm angezeigt. Die Funktion DATENREIHE() enthält die Bereichsnamen anstelle von absoluten Bezügen:

`=DATENREIHE(BioPro!DiaTitel;BioPro!$A$5:$A$10;BioPro!Dia_Produkte;1)`

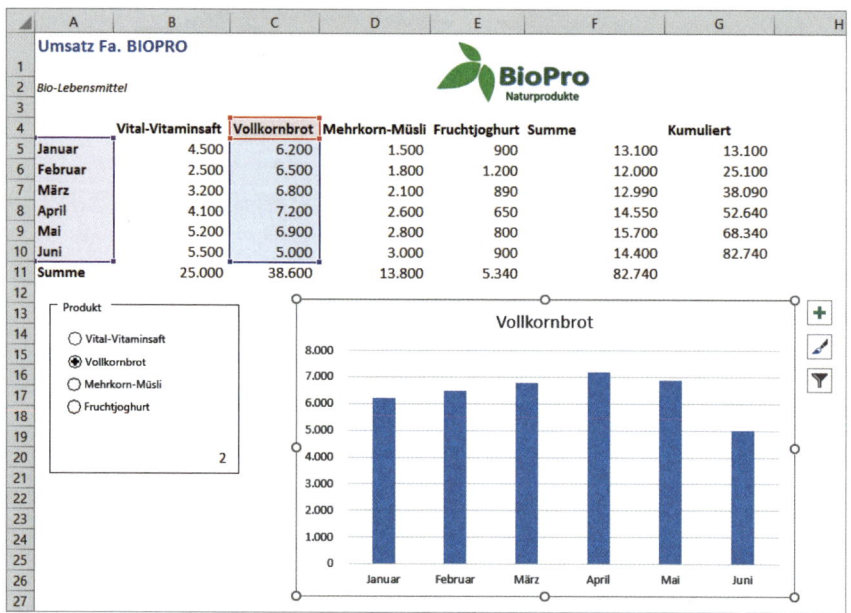

Bild 7.37: Diagramm mit berechneten Datenreihen und Formularelementen.

7.6.5 Diagramm aus Fehlerindikatoren

Fehlerindikatoren sind eigentlich zur Anzeige von Abweichungen in den einzelnen Datenpunkten vorgesehen. Mit etwas Geschick lassen sie sich aber für Diagramme verwenden, die Excel mit den Standarddiagrammtypen nicht zeichnen kann. Ein Zeitreihendiagramm, das Zeitintervalle auf der x-Achse repräsentiert, lässt sich mit einem Punktediagramm erzeugen. Für die Verbindungen zwischen den horizontalen und vertikalen Punkten sorgen Fehlerindikatoren.

	B	C	D	E	F	G H I J K L M N O
1	Maschine 1				Dauer	
2	08:00	1	0	8,00	0,00	**Maschinenlaufzeiten** Maschine 1
3	10:00	-1	1	10,00	2,00	
4	13:00	1	0	13,00	3,00	
5	16:00	-1	1	16,00	3,00	
6	17:00	1	0	17,00	1,00	
7	20:00	-1	1	20,00	3,00	0 2 4 6 8 10 12 14 16 18 20 22 24
8						Uhrzeit
9						

Bild 7.38: Zeitreihendiagramm mit Fehlerindikatoren.

Ein Beispiel aus dem Automotive/Maschinenbaubereich: *Maschine1* ist über den Tag verteilt in Intervallen im Einsatz. Das Diagramm soll diese Intervalle auf einer Zeitschiene von 0:00 Uhr bis 24:00 Uhr sichtbar machen.

1. Die Maschinenlaufzeiten sind als Zeitwerte in Spalte B eingetragen. Schreiben Sie in Spalte C *1* und *-1* für Start (S) und Ende (E) und in Spalte D *0* und *1*. Berechnen Sie die Industriezeit in Spalte E, formatieren Sie die Spalte als Zahl:

   E2: =B2*24

   Berechnen Sie die Dauer:

   F2: 0
   F3: =E3-E2

E2		▾ ⋮	× ✓	f_x	=B2*24		
◢	A	B	C	D	E	F	G	H
1		Maschine 1				Dauer		
2	S	08:00	1	0	8,00	0,00		
3	E	10:00	-1	1	10,00	2,00		
4	S	13:00	1	0	13,00	3,00		
5	E	16:00	-1	1	16,00	3,00		
6	S	17:00	1	0	17,00	1,00		
7	E	20:00	-1	1	20,00	3,00		

2. Setzen Sie den Zellzeiger in eine leere Zelle und legen Sie ein Diagramm vom Typ *Punkt (XY)* an.

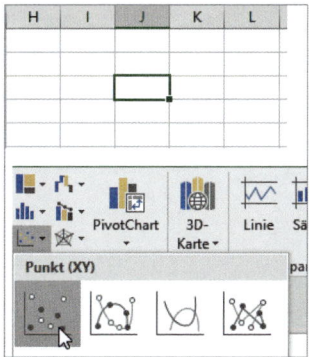

3. Klicken Sie mit der rechten Maustaste in das leere Diagrammobjekt und wählen Sie *Daten auswählen.*

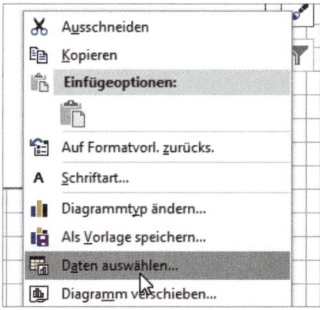

4. Ein Klick auf *Hinzufügen*, …

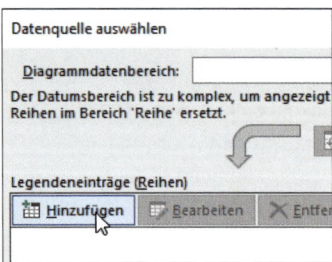

5. … und Sie können die Laufzeiten als x-Werte in das Diagramm holen. Geben Sie B1 als Beschriftung der Reihe an und die 0-1-Folge in Spalte D für die y-Achse.

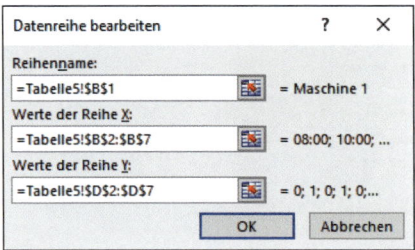

6. Klicken Sie auf OK, und die Punktereihe ist erstellt.

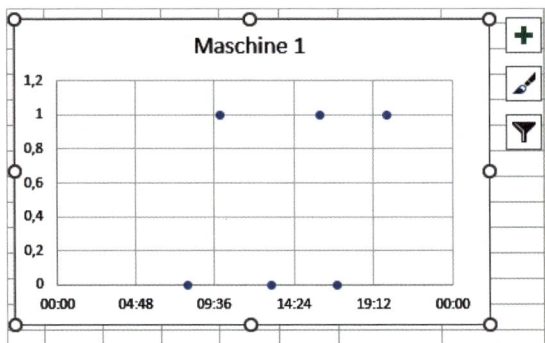

7. Schalten Sie über das Plussymbol am Diagrammobjekt die Fehlerindikatoren ein. Die Fehlerindikatoren lassen sich am besten unter *Diagrammtools/Format/Aktuelle Auswahl* in der Elementeliste markieren.

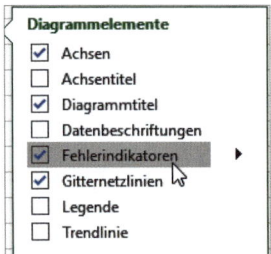

8. Markieren Sie die horizontalen Fehlerindikatoren. Schalten Sie die Endlinien aus. Klicken Sie unter *Fehlerbetrag* auf *Benutzerdefiniert/Wert angeben*.

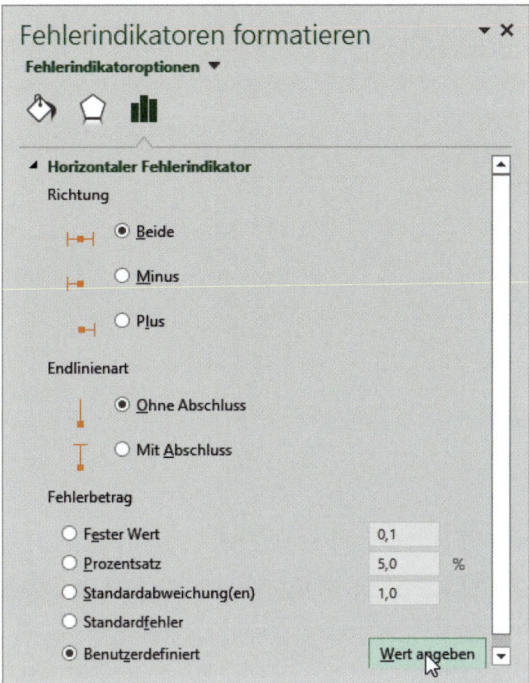

9. Geben Sie als positiven Fehlerwert 0 ein und markieren Sie die berechnete Dauer (F2:F7) für den negativen Fehlerwert.

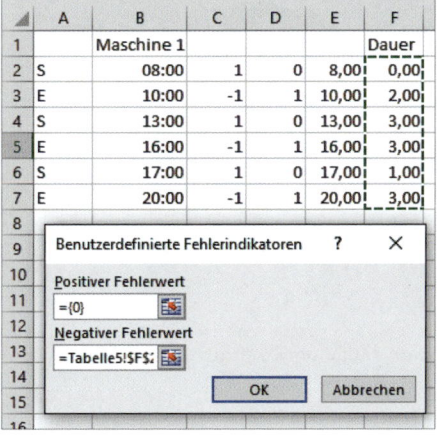

10. Für die vertikalen Fehlerindikatoren schalten Sie ebenfalls die Endlinien aus und klicken unter *Fehlerbetrag* auf *Benutzerdefiniert/Wert angeben*.

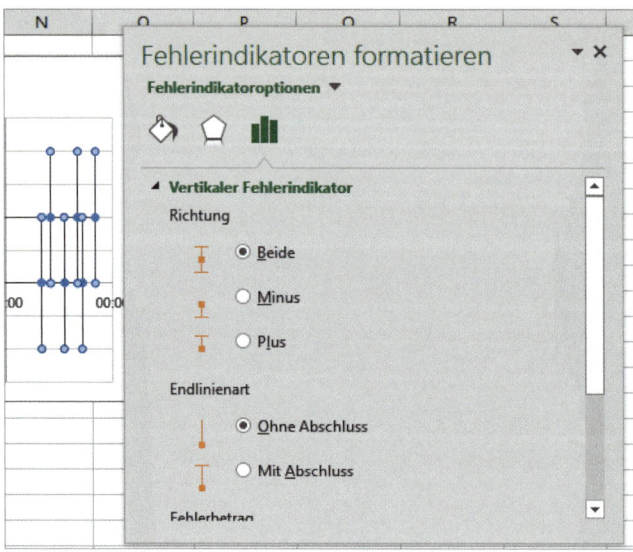

11. Geben Sie die Reihe in Spalte C für die positiven Fehlerwerte an und die Werte in Spalte D für die negativen Fehlerwerte.

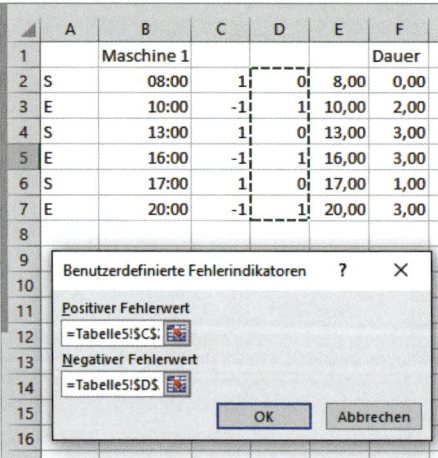

12. Markieren Sie die x-Achse, setzen Sie den Minimumwert auf 0 und den Maximumwert auf 1.

Setzen Sie das Intervall ebenfalls auf 1.

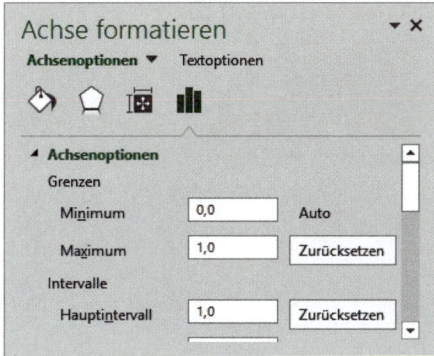

13. Schalten Sie unter *Beschriftungen* die Beschriftung aus.

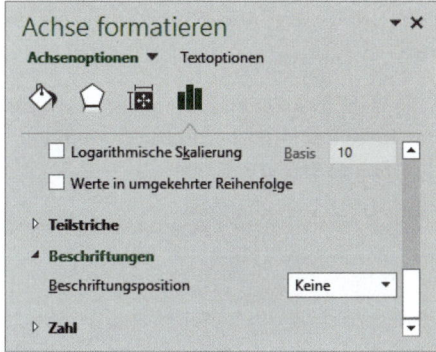

14. Markieren Sie die Punkte der Datenreihe und ziehen Sie die Farbmarkierung auf die berechneten Dezimalwerte. Damit werden diese anstelle der Zeitwerte für die Achse verwendet.

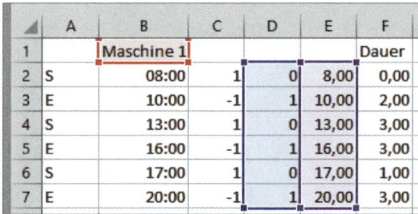

	A	B	C	D	E	F
1		Maschine 1				Dauer
2	S	08:00	1	0	8,00	0,00
3	E	10:00	-1	1	10,00	2,00
4	S	13:00	1	0	13,00	3,00
5	E	16:00	-1	1	16,00	3,00
6	S	17:00	1	0	17,00	1,00
7	E	20:00	-1	1	20,00	3,00

15. Schalten Sie noch die Markierungspunkte der Datenreihe aus, ...

16.... und das Zeitreihendiagramm aus Fehlerindikatoren ist fertig.

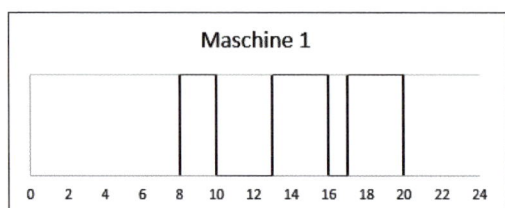

7.6.6 Benchmark-Diagramm

Für die Differenz zwischen einem Planwert (Benchmark) und einem erreichten Istwert bietet sich der Diagrammtyp Säule, Balken oder Linie an. Mithilfe der Fehlerindikatoren lässt sich der Planwert aber auch als Benchmark horizontal über die Datenreihe setzen. Tragen Sie die Umsatzwerte eines Jahres neben den zwölf Monatsnamen ein und legen Sie in der nächsten Spalte die Planwerte fest.

Zeichnen Sie ein gestapeltes Säulendiagramm mit den Zahlenreihen *Ist* und *Plan* als Diagrammreihen. Markieren Sie die zweite Balkenreihe und schalten Sie um auf den Diagrammtyp *Punkt (ohne Linie)*. Formatieren Sie diese Datenreihe:

Diagrammtools/Entwurf/Diagrammlayouts/Diagrammelement hinzufügen/Fehlerindikatoren/Prozentsatz. Fester Wert: 0,2, Linienart: Breite 3pt

Damit wird der Benchmark-Wert als horizontaler Balken im Diagramm angezeigt.

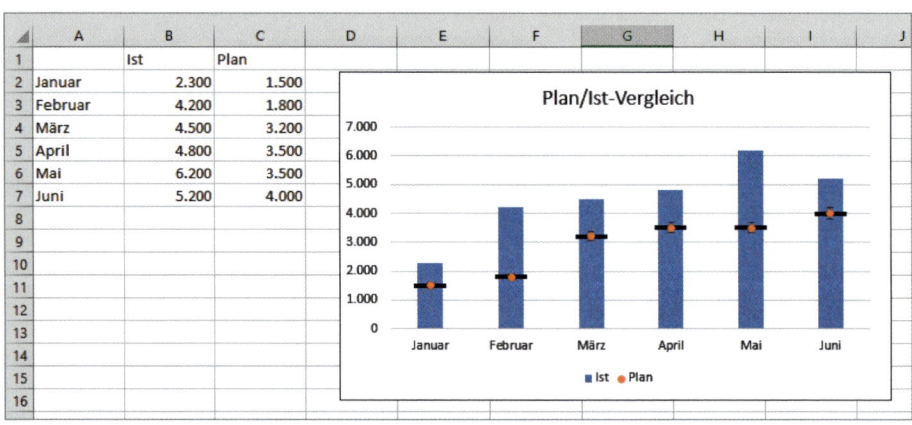

Bild 7.39: Benchmark-Diagramm mit Fehlerindikatoren.

7.6.7 Vom dynamischen Diagramm zum Kennzahlencockpit

Kennzahlencockpits oder Dashboards geben den aktuellen Stand der grundlegenden ökonomischen Kennzahlen eines Unternehmens wieder und stellen diese in Form von verdichteten Tabellen und Diagrammen dar. Um den Führungskräften und Entscheidungsfindern stets aktuelle und tagesgenaue Informationen zu liefern, werden die Daten »ad hoc« aus den Serverapplikationen, Datenbanken und ERP-Systemen abgefragt. Ein wichtiges Merkmal dieser Management-Informationssysteme ist die Möglichkeit, die Information über Benutzereingaben zu steuern (Beispiel: aktuelle Umsätze und Margen wahlweise nach Region, Produkt oder Kunde anzeigen lassen).

Um mit Excel ein Kennzahlencockpit zu realisieren, muss sowohl die Datenquelle als auch jedes einzelne Diagramm dynamisch sein, d. h. jede Änderung der Datenbasis sofort übernehmen. Die Daten sollten deshalb über PowerQuery, PowerPivot aufbereitet und verknüpft werden, eine nützliche Alternative ist der mit VBA-Makros programmierte Import.

Beispiel: Kennzahlen-Cockpit BioPro

Die Firma BioPro verkauft Lebensmittel auf biologischer Basis und betreibt Filialen in mehreren Städten der Republik. Für die Auswertung des Betriebsergebnisses braucht der Finanzcontroller Umsätze, Absätze und Kosten. Das Qualitätsmanagement muss die aktuellen Zahlen zu Energieverbrauch, Abfall und Recycling wissen, und der Personalcontroller möchte die Entwicklung der Mitarbeiterzahlen überprüfen können.

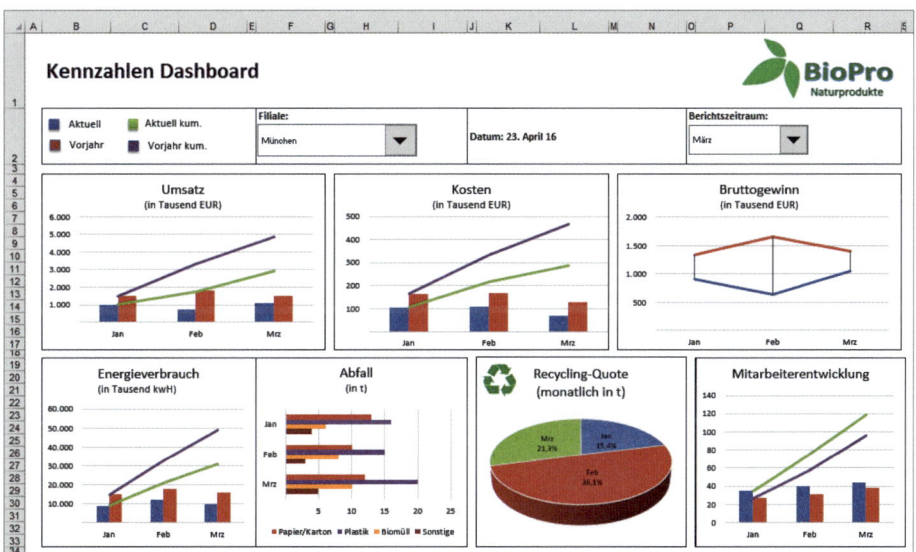

Bild 7.40: Kennzahlencockpit der Firma BioPro.

Das erste Tabellenblatt bekommt die Bezeichnung *DATA*, hier werden die Parameter für die Steuerung des Cockpits festgelegt:

- Im Bereich A1:A4 stehen die Namen der Filialen, der Bereich bekommt den Bereichsnamen *Filialen*.

- C2:C13 enthält die Monatsnamen, Bereichsname *Monate*.

- Die Zelle E1 wird mit dem Bereichsnamen *rngFiliale* versehen, hier trägt das Formularelement die aktuelle Filiale ein.

- Die Zelle G1 wird mit dem Bereichsnamen *rngMonat* versehen, hier trägt das Formularelement den aktuellen Berichtszeitraum ein.

- In J1 steht das Geschäftsjahr, die Zelle hat den Bereichsnamen *Jahr*.

Bild 7.41: Das Datenblatt mit Parametern für die Cockpitsteuerung.

Das Tabellenblatt *Cockpit* wird mit Platzhaltern für die Diagramme aufbereitet und bekommt neben der Legende (gezeichnet mit Formen und Textfeldern) zwei Kombinationsfelder (*Entwicklertools/Steuerelemente/Einfügen*).

Filialen: Eingabebereich Filialen, Zellverknüpfung DATA!$E$2
Monate: Eingabebereich Monate, Zellverknüpfung DATA!$G$2

Das Tagesdatum wird mit dieser Formel eingetragen:

```
="Datum: "&TEXT(HEUTE();"TT. MMMM JJ")
```

Das erste Tabellenblatt mit dynamischen Daten heißt *Umsatz*, hier werden die aktuellen Zahlen verknüpft oder importiert. Dazu wird das Geschäftsjahr komplett mit zwölf Monaten abgebildet, die Daten werden monatlich aktualisiert. In der ersten Spalte stehen die Filialbezeichnungen, für jede Filiale werden die monatlichen Summen und die kumulierten Summen berechnet. In Zelle $B$25 ermittelt eine Formel den Versatz auf die jeweilige Zeile für die dynamischen Bereichsnamen (*rngFiliale* = aktuelle Filiale, die Funktion berechnet, in welcher Zeile die Summe dieser Filiale steht):

```
B25: =WAHL(rngFiliale;5;11;17)
```

B25		f_x	=WAHL(rngFiliale;5;11;17)											
	A	B	C	D	E	F	G	H	I	J	K	L	M	N	O
1	**Umsatz**		**2016**												
2			Jan	Feb	Mrz	Apr	Mai	Jun	Jul	Aug	Sep	Okt	Nov	Dez	Summe
3	München	Obst & Gemüse	300	200	300	500	600	650							800
4		Delikatessen	450	300	500	570	580	600							1.250
5		Bio-Bäckerei	120	50	120	50	120	120							290
6		Getränke	150	200	210	280	290	320							560
7		**Summe**	**1.020**	**750**	**1.130**	**1.400**	**1.590**	**1.690**							**2.900**
8		**Summe kum.**	**1.020**	**1.770**	**2.900**	**4.300**	**5.890**	**7.580**							
9	Hamburg	Obst & Gemüse	180	150	180	150	180	180							510
10		Delikatessen	320	300	320	300	320	320							940
11		Bio-Bäckerei	30	10	30	10	30	30							70
12		Getränke	200	110	200	110	200	200							510
13		**Summe**	**730**	**570**	**730**	**570**	**730**	**730**							**2.030**
14		**Summe kum.**	**730**	**1.300**	**2.030**	**2.600**	**3.330**	**4.060**							
15	Berlin	Obst & Gemüse	100	20	10	20	30	100							130
16		Delikatessen	120	80	130	170	100	120							330
17		Bio-Bäckerei	200	150	250	165	285	200							600
18		Getränke	310	350	335	350	310	310							995
19		**Summe**	**730**	**600**	**725**	**705**	**725**	**730**							**2.055**
20		**Summe kum.**	**730**	**1.330**	**2.055**	**2.760**	**3.485**	**4.215**							
21															
22															
23	Werk aktuell:	Hamburg													
24		2													
25		11													
26															
27		Hamburg ▼													
28															

Bild 7.42: Die Filialumsätze für das gesamte Geschäftsjahr werden monatlich aktualisiert.

In der zweiten Hälfte sind die Umsätze des Vorjahres eingetragen. Wie in den aktuellen Zahlen werden die Summe und die kumulierte Summe berechnet.

f_x	=Jahr-1

P	Q	R	S	T	U	V	W	X	Y	Z	AA	AB
2015												
Jan	Feb	Mrz	Apr	Mai	Jun	Jul	Aug	Sep	Okt	Nov	Dez	Summe
400	500	400	500	400	400	550	560	550	580	600	620	6.060
500	650	500	650	500	500	650	600	650	660	660	680	7.200
250	280	280	320	300	330	350	300	330	350	350	320	3.760
350	400	350	400	350	350	400	350	400	350	400	400	4.500
1.500	1.830	1.530	1.870	1.550	1.580	1.950	1.810	1.930	1.940	2.010	2.020	21.520
1.500	3.330	4.860	6.730	8.280	9.860	11.810	13.620	15.550	17.490	19.500	21.520	
150	180	180	220	200	230	250	200	230	250	500	520	3.110
400	550	400	550	400	400	550	500	550	560	560	580	6.000
150	180	180	220	200	230	250	200	230	250	250	220	2.560
400	550	400	550	400	400	550	500	300	250	300	300	4.900
1.100	1.460	1.160	1.540	1.200	1.260	1.600	1.400	1.310	1.310	1.610	1.620	16.570
1.100	2.560	3.720	5.260	6.460	7.720	9.320	10.720	12.030	13.340	14.950	16.570	
400	550	400	550	400	400	550	500	550	560	560	580	6.000
150	180	180	220	200	230	250	200	230	250	250	220	2.560
150	180	180	220	200	230	150	180	180	220	200	230	2.320
250	300	250	300	250	250	250	300	250	300	250	250	3.200
950	1.210	1.010	1.290	1.050	1.110	1.200	1.180	1.210	1.330	1.260	1.280	14.080
950	2.160	3.170	4.460	5.510	6.620	7.820	9.000	10.210	11.540	12.800	14.080	

Bild 7.43: Die Vorjahreszahlen.

Das dynamische Diagramm

Das Prinzip, um die Diagramme dynamisch von der Auswahl der Monate und der Filialen abhängig zu machen: Die Daten für die Diagramme werden nicht aus Bezügen, sondern aus Bereichsnamen bereitgestellt. In unserem Beispiel berechnen wir zuerst die Rubrik mit den Monatsnamen und daraus entwickeln wir die übrigen Bereichsnamen. In welcher Zeile sich diese befinden, das liefert uns die Formel in $B$25 mit dem Versatz über die WAHL()-Funktion.

1. Wählen Sie *Formeln/Definierte Namen/Namen definieren*.

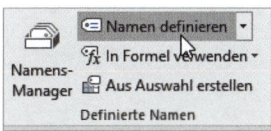

2. Geben Sie den Bereichsnamen *Umsatz_Rubrik* ein und berechnen Sie ihn mit dieser Funktion:

=BEREICH.VERSCHIEBEN(Umsatz!$C$2;0;0;1;rngMonat)

Name bearbeiten		?	×
Name:	Umsatz_Rubrik		
Bereich:	Arbeitsmappe		
Kommentar:			
Bezieht sich auf:	=BEREICH.VERSCHIEBEN(Umsatz!$C$2;0;0;1;rngMonat)		
		OK	Abbrechen

3. Berechnen Sie den nächsten Bereichsnamen *Umsatz_Aktuell* mit dem Filialen-Versatz in der Zelle $B$25.

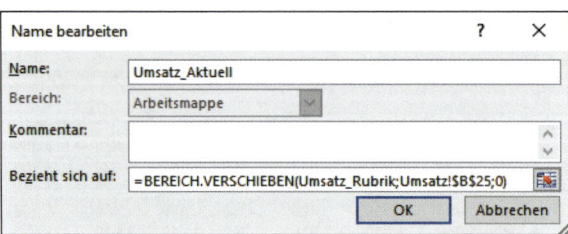

4. *Umsatz_Vorjahr* wird mit einer Verschiebung des aktuellen Umsatzes um 13 Spalten berechnet, …

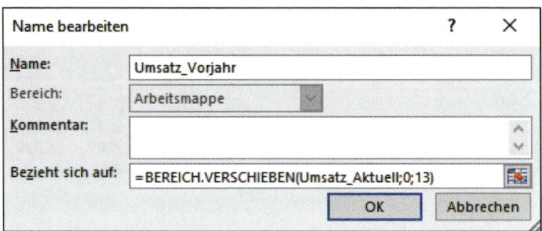

5. … und der kumulierte Umsatz errechnet sich aus der Zeile unterhalb des aktuellen Umsatzes.

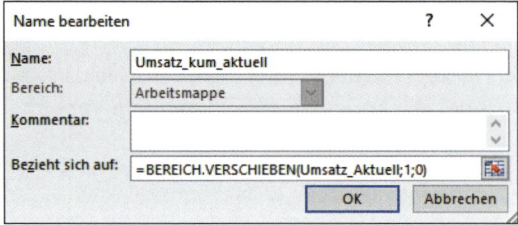

6. Auch der kumulierte Vorjahresumsatz wird wieder mit einer Verschiebung des Vorjahresumsatzes um eine Zeile berechnet.

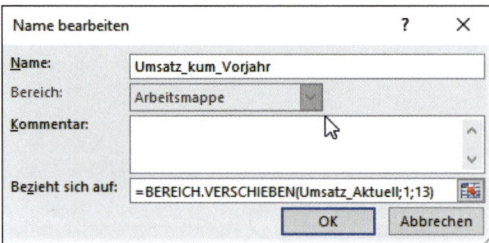

7. Markieren Sie eine leere Zelle im Tabellenblatt und wählen Sie *Einfügen/ Diagramme/2D-Säule*.

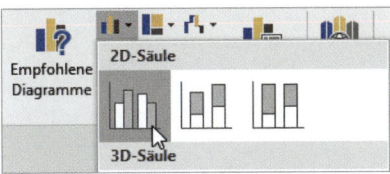

8. Wählen Sie *Daten auswählen* im Kontextmenü des Diagrammobjekts.

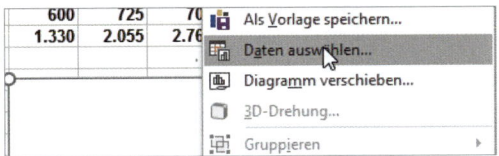

9. Klicken Sie unter *Legendeneinträge (Reihen)* auf *Hinzufügen* und tragen Sie den ersten Reihennamen *Aktuell* ein. Verknüpfen Sie ihn mit dem Bereichsnamen *Umsatz_Aktuell*.

Der Name des Tabellenblatts muss mit angegeben werden, Excel ersetzt ihn später durch den Namen der Mappe.

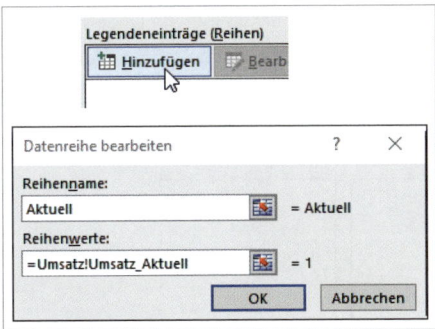

10. Fügen Sie jetzt die Rubrik hinzu, geben Sie die Verknüpfung zum Bereichsnamen *Umsatz_Rubrik* an.

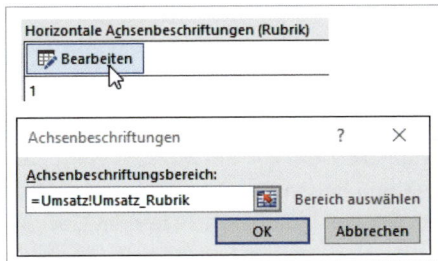

11. Das Ergebnis: Die erste Datenreihe wird aus den berechneten Bereichen konstruiert. Schalten Sie auf eine andere Filiale oder einen anderen Berichtszeitraum um, passt sich die Datenreihe automatisch an.

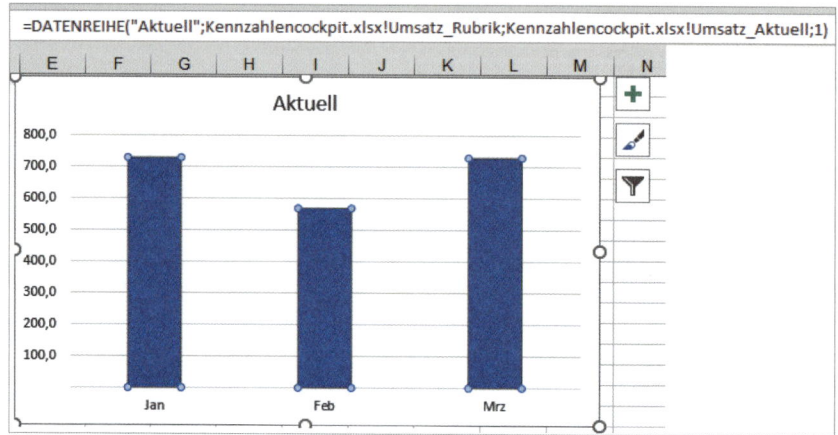

12. Fügen Sie noch die beiden Datenreihen für die Vorjahreswerte ein und kopieren Sie das Diagrammobjekt in das Cockpit.

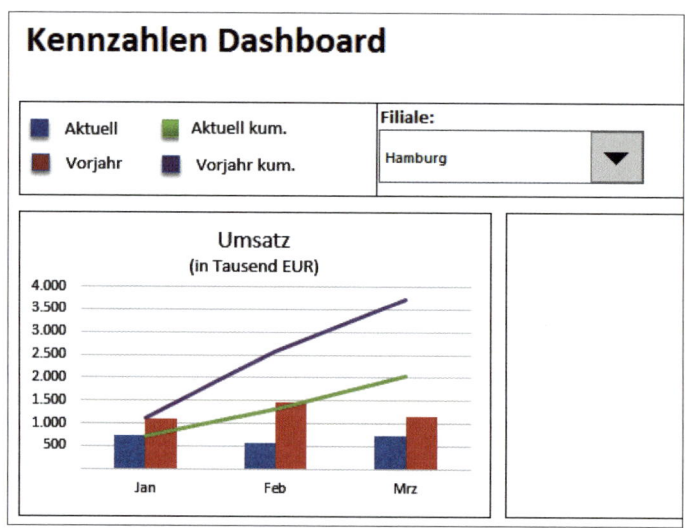

Mit der Technik der dynamischen Bereiche, berechnet mit BEREICH.VERSCHIEBEN(), erstellen Sie alle weiteren Diagrammobjekte für das Cockpit. Die Auswahl für den Berichtszeitraum muss noch angepasst werden, sie darf nur die Monate enthalten, für die bereits Umsätze vorliegen. Legen Sie einen neuen Bereichsnamen *Monate2* an, geben Sie diese Formel ein und verknüpfen Sie das Kombinationsfeld im Cockpit mit diesem Bereichsnamen aus

Name: Monate2

Bezieht sich auf: =BEREICH.VERSCHIEBEN(Monate;;;ANZAHL2(Umsatz!$C$3: $N$3);1)

7.7 Grafische Objekte

Für die Gestaltung von Tabellenblättern mit grafischen Objekten, Zeichnungen, Fotos oder Videos müssen Sie keine teuren Werkzeuge wie Photoshop einsetzen.

Die Grafikwerkzeuge von Excel sind professionell und bieten von der einfachen Zeichentechnik bis zur Bildbearbeitung alles, was für das Design im Tabellenmodell benötigt wird. Unter *Einfügen/Illustrationen* finden Sie Grafikwerkzeuge von Excel.

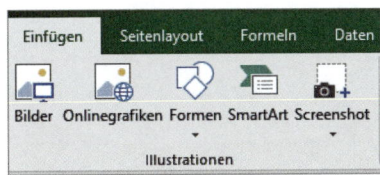

Bild 7.44: Die Grafikwerkzeuge von Excel in der Gruppe Illustrationen.

7.7.1 Bilder

Unter diesem Symbol finden Sie einen Dialog zum Einlesen von Grafikdateien. Excel unterstützt alle gängigen Grafikformate wie WMF (Windows Metafile), JPEG, BMP, GIF, TIF und PNG.

Wählen Sie *Einfügen/Illustrationen/Bilder*. Schalten Sie rechts unten auf ein Grafikformat um oder wählen Sie *Alle Grafiken*. Markieren Sie die Grafikdatei und holen Sie sie mit *Einfügen* in das Tabellenblatt. Fügen Sie die Bilddatei verknüpft ein, wenn sie zu groß ist, wählen Sie dazu *Einfügen/Mit Datei verknüpfen*.

7.7.2 Onlinegrafiken

Zur Illustration von Tabellenblättern haben Sie das gesamte Internet zur Verfügung. Die Suchmaschine Bing liefert das passende Foto zur Kalkulation. Auch die sozialen Medien Facebook und Flickr können angezapft werden, wenn Office der Zugriff erlaubt wird. Wählen Sie *Einfügen/Illustrationen/Onlinegrafiken*.

Suchen Sie in einer dieser Quellen:

- *Bing-Bildersuche:* Hier bietet Excel die Bilder an, die von der Microsoft-Suchmaschine Bing für einen Suchbegriff ermittelt werden.

- *Facebook:* Verbinden Sie sich mit Facebook, stehen alle Bilder aus dem persönlichen Profil zur Auswahl.

- *OneDrive – Persönlich:* Die Cloud liefert Ihre Bilder an Excel, Sie können aus allen OneDrive-Ordnern wählen.

- *Flickr:* Der Fotodienst dürfte die umfangreichste Auswahl an Bildern anbieten. Melden Sie sich mit Ihrem Konto an.

Geben Sie einen Suchbegriff ein und klicken Sie auf das Symbol mit der Lupe. Markieren Sie ein Bild auf den Suchergebnissen und fügen Sie es per Doppelklick oder mit Klick auf *Einfügen* in das Tabellenblatt ein.

Achten Sie bei Bing-Bildern auf die Meldung, die auf die Lizenz hinweist: Bing liefert nur Bilder, die der Nutzer auch verwenden darf, allerdings unter den Lizenzbedingungen von *Creative Commons*. Das ist eine Non-Profit-Organisation, die Lizenzverträge für Urheber von Bildmaterial im Internet vergibt. Diese Verträge regeln die rechtlichen Verbindlichkeiten zwischen Anbieter und Nutzer (ausführliche Beschreibung unter http://de.creativecommons.org/was-ist-cc).

Klicken Sie neben dem Suchfeld auf *Alle Webergebnisse anzeigen*, erhalten Sie auch andere Bilder.

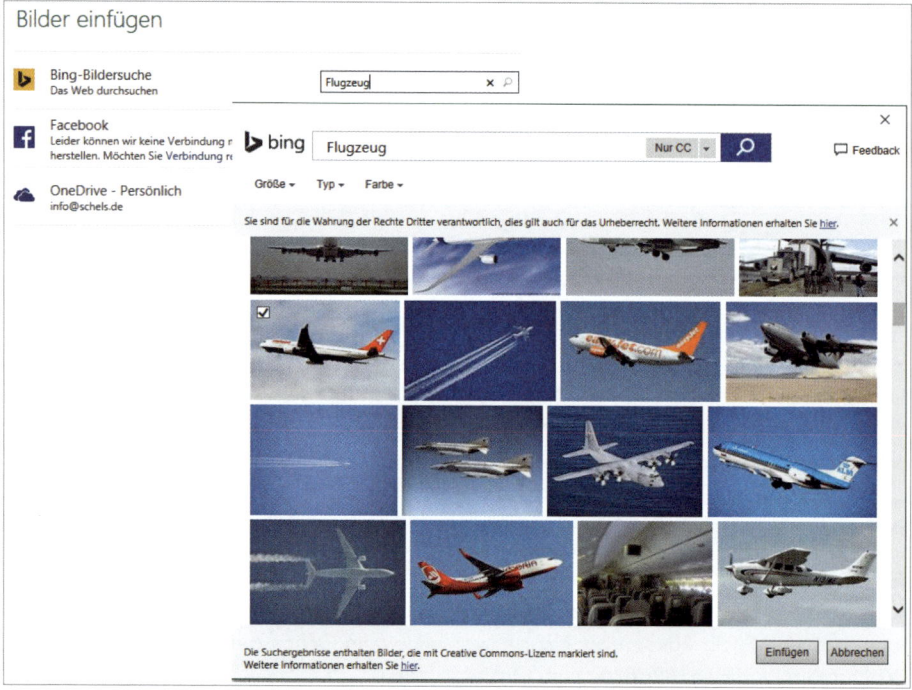

Bild 7.45: Bilder über Bing suchen und einfügen.

7.7.3   Formen

Unter diesem Begriff versammelt Excel die Zeichenwerkzeuge, mit denen vorgefertigte Zeichenelemente oder freie gezeichnete Objekte in das Tabellenblatt eingefügt werden.

Um mit einem Werkzeug zu zeichnen, klicken Sie es an, setzen den Mauszeiger in der Tabelle an und ziehen mit gedrückter Maustaste ein Rechteck auf. Lassen Sie die Maustaste los, wird das Objekt in der gewählten Größe gezeichnet. Bei manchen Objektwerkzeugen (Rechteck, Ellipse) genügt es, einfach in die Tabelle zu klicken, um ein Objekt in vorgegebener Standardgröße zu erzeugen. Wollen Sie die Zeichnung nach Anklicken eines Werkzeugs abbrechen, drücken Sie die Taste (Esc).

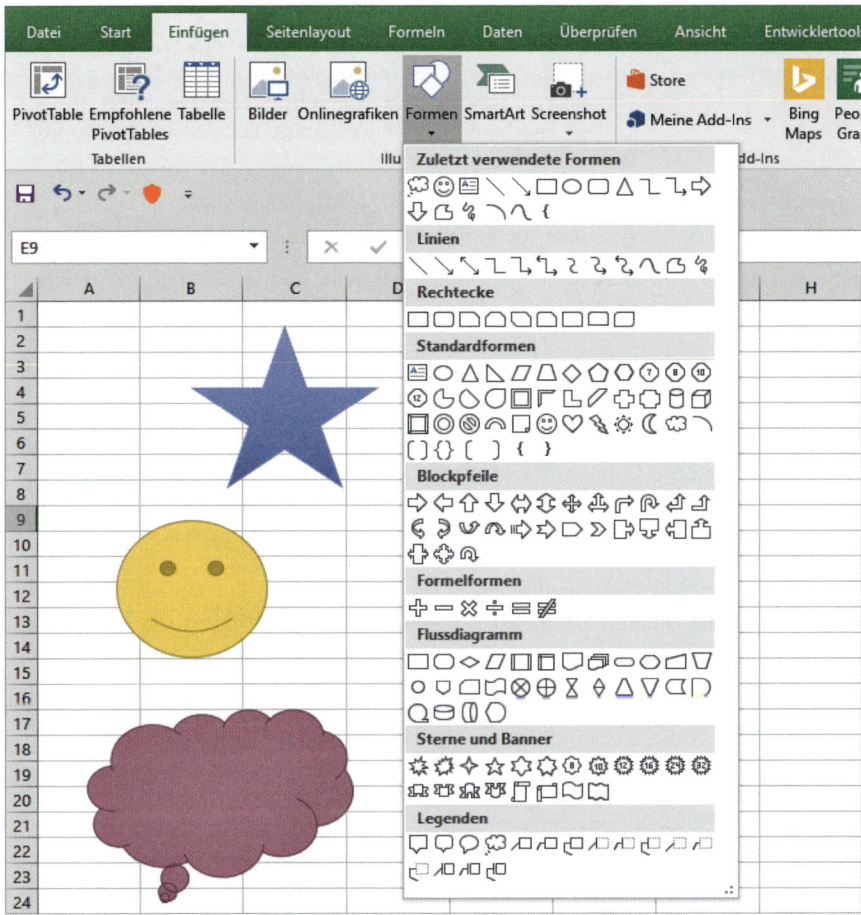

Bild 7.46: Formen zeichnen mit Formenwerkzeugen.

7.7.4 Objekte zeichnen und bearbeiten

Bilder einfügen oder Objekte zeichnen ist ja wirklich einfach, ebenso die Bearbeitung: Objekt anklicken, verschieben oder Größe ändern über die Markierungspunkte. Es gibt noch ein paar Zeichentechniken:

Technik	Erklärung
Proportional zeichnen	Halten Sie die ⬆-Taste beim Zeichnen oder Ändern der Größe gedrückt, wird das Objekt proportional, eine Ellipse wird zum Kreis, ein Rechteck zum Quadrat, und Linien ziehen sich exakt horizontal, vertikal oder in 45-Grad-Winkeln.
Gitternetz als Raster nutzen	Halten Sie die Alt-Taste gedrückt beim Zeichnen oder Größe-Ändern, passt sich das Objekt an der nächsten Gitternetzlinie an. So können Sie ein Raster mit dem Gitternetz anlegen und darin exakt zeichnen.

Technik	Erklärung
Objekte benennen	Jedes Objekt auf dem Tabellenblatt hat einen Namen. Im Namensfeld sehen Sie ihn, wenn das Objekt markiert ist. Geben Sie den Objekten eindeutige Bezeichnungen, um sie leichter zu finden.
Mehrere Objekte markieren	Markieren Sie das erste Objekt, halten Sie die ⌈Strg⌉-Taste gedrückt und markieren Sie weitere Objekte.
Objekte beschriften	Schreiben Sie den gewünschten Text direkt in das markierte Objekt, ohne vorher ein Textfeld zu zeichnen.

Objektmarkierer und Auswahlbereich

Um Objekte mit dem Mauszeiger zu markieren, schalten Sie unter *Start/Bearbeiten/Suchen und Auswählen* die Option *Objekt markieren* ein. Der Mauszeiger wird zum Pfeil, Sie können nur noch Objekte markieren. Ziehen Sie den Mauszeiger mit gedrückter Maustaste über eine Objektgruppe.

Der Auswahlbereich wird ebenfalls unter *Start/Bearbeiten/Suchen und Auswählen* aktiviert, er zeigt am rechten Rand alle Objektnamen an und bietet die Möglichkeit, Objekte umzubenennen, zu sortieren und ein- und auszublenden.

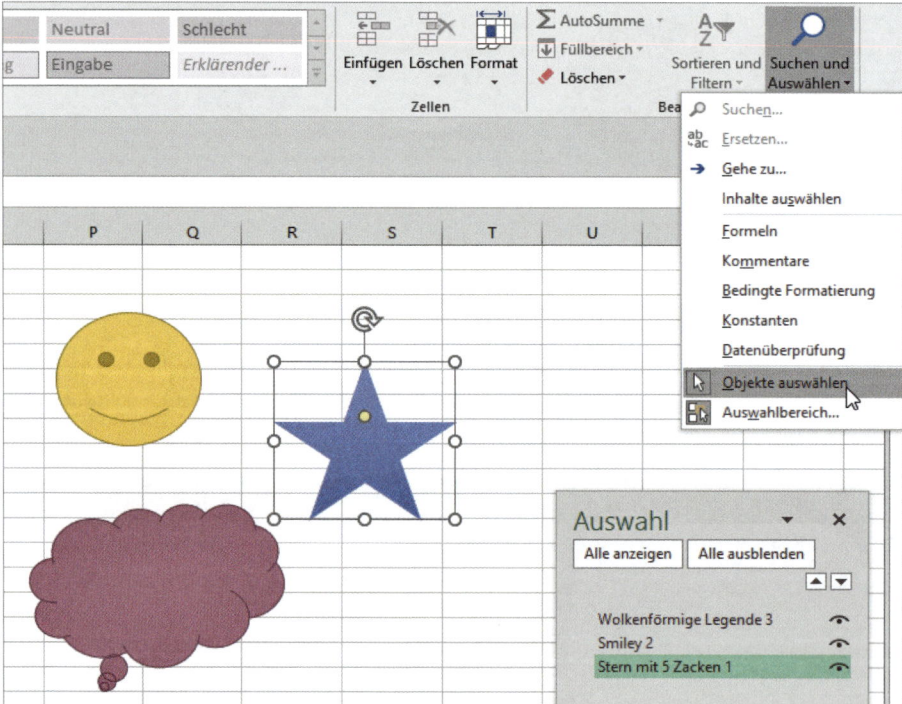

Bild 7.47: Objekte markieren und im Auswahlbereich verwalten.

Zeichentools und Objekteigenschaften

Farbe, Linienart oder Schriftformat und alle anderen Eigenschaften lassen sich über die Symbole im Startmenü oder im Kontextmenü zuweisen. Das Register *Zeichentools* wird aktiv, wenn ein Objekt markiert ist, hier finden Sie mehrere Gruppen mit Symbolen zur Objektformatierung:

- *Formen einfügen:* Die Formenbibliothek, Textfelder und das Werkzeug zur Formen-bearbeitung.

- *Formenarten:* Designvorlagen mit Farben, 3D-Effekten und Konturen in vielen Vari-anten.

- *WordArt-Formate:* Spezialeffekte für Textobjekte mit Designvorlagen.

- *Anordnen:* Objekte ebenenweise verschieben, Auswahlbereich einblenden. Zum Aus-richten und Gruppieren müssen mindestens zwei Objekte markiert sein. Unter *Drehen* können die Objekte gedreht und gespiegelt werden. Für freie Drehungen bietet sich aber auch das Drehelement oben am markierten Objekt an.

- *Größe:* Höhe und Breite des Objekts in Zentimetern.

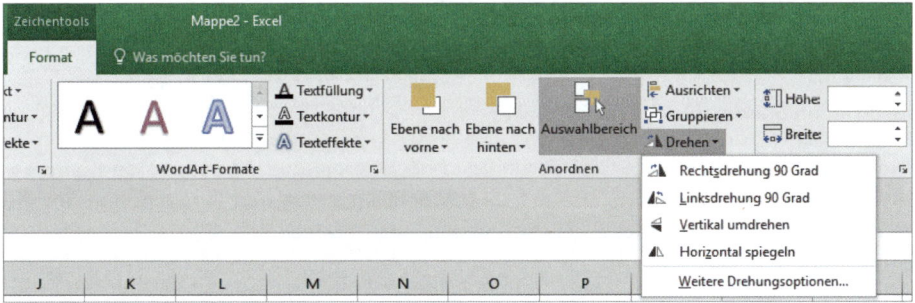

Bild 7.48: Register »Zeichentools« für markierte Objekte.

Objekteigenschaften

Aktivieren Sie *Objekt formatieren* im Kontextmenü. Die Kategorien *Größe* und *Eigen-schaften* bieten Einstellungen, die nicht im Menüband zu finden sind.

Unter *Größe* überprüfen Sie die manuell gesetzte Objektgröße. Hier wird das Objekt auch proportional vergrößert und verkleinert. Die *Zuschneiden*-Funktion steht nur für Bildobjekte zur Verfügung. Schalten Sie auf *Eigenschaften* und ändern Sie die Verbin-dung zwischen Objekt und Tabellenblatt:

- *Von Zellposition und -größe abhängig:* Das Objekt wird zusammen mit den darunter liegenden Zellen vergrößert, verkleinert und verschoben. In dieser absoluten Abhän-gigkeit werden die Objekte auch zusammen mit den Zeilen oder Spalten gelöscht.

- *Nur von Zellposition abhängig:* Klicken Sie hier, um das Objekt nur positionsabhän-gig an die darunter liegenden Zellen zu binden. Das Objekt wird zwar gemeinsam mit den Zeilen oder Spalten verschoben, aber nicht mit diesen verkleinert bzw. ver-größert und auch nicht gelöscht.

■ *Von Zellposition und -größe unabhängig:* Das Objekt ist von den darunter liegenden Zellen absolut unabhängig. Verschiebungen, Löschungen etc. wirken sich nicht darauf aus.

Objekt drucken: Das Objekt wird, wenn die Option angekreuzt ist, mit der Tabelle ausgedruckt. Ist die Option nicht angekreuzt, ist das Objekt nur in der Normalansicht, im Seitenlayout und in der Seitenumbruchvorschau, aber nicht in der Seitenansicht und auf dem Ausdruck zu sehen.

Gesperrt/Text sperren: Hier setzen Sie den Objektschutz und den Schutz des Textes im Objekt. Der Schutz wird erst wirksam, wenn das Tabellenblatt oder die Arbeitsmappe mit einem Schutz versehen wird.

Auf der Registerkarte *Alternativtext* können Sie einen alternativen Text für Personen mit Sehschwäche oder kognitiven Störungen eingeben. Dieser Text kann ihnen vorgelesen werden.

Objekte Punkt für Punkt bearbeiten

Objekte, die mit den AutoFormen *Skizze* oder *Freihandform* gezeichnet wurden, können Punkt für Punkt nachbearbeitet werden. Andere Objekte müssen Sie konvertieren. Klicken Sie auf *Form bearbeiten* und wählen Sie *Punkte bearbeiten*. Wenn die Form nicht frei gezeichnet ist, ist der Befehl nicht aktiv, wählen Sie *In Freihandform konvertieren* und bearbeiten Sie anschließend die Punkte.

Die Form wird jetzt mit einem dickeren Rand angeboten, auf dem schwarze Konturenpunkte zu sehen sind. Zeigen Sie mit dem Mauszeiger auf den Punkt, halten Sie die Maustaste gedrückt und ziehen Sie ihn an eine neue Position.

Um einen Punkt zu löschen, zeigen Sie mit dem Mauszeiger darauf, halten die (Strg)-Taste gedrückt und klicken ihn an.

Um einen neuen Punkt zu setzen, zeigen Sie auf die Linie zwischen zwei Punkten. Klicken und ziehen Sie den neuen Punkt ein wenig aus der Linie, dann wird diese geteilt.

Schließen Sie die Bearbeitung ab, indem Sie eine Zelle oder ein anderes Objekt anklicken oder die (Esc)-Taste drücken.

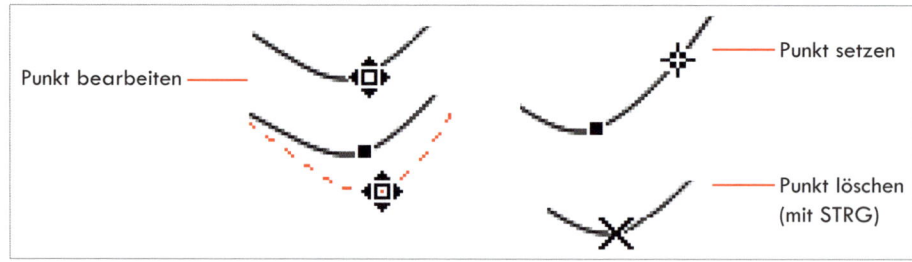

Bild 7.49: Punkte nachbearbeiten und löschen.

Punktbearbeitung am Pfad mit dem Kontextmenü

Für die nächste Stufe brauchen Sie das Kontextmenü. Zeigen Sie auf einen Linienabschnitt oder auf einen Punkt und klicken Sie mit der rechten Maustaste. Im Kontextmenü werden die wichtigsten Befehle für die Pfadbearbeitung angeboten:

- *Punkt hinzufügen:* Fügt einen neuen Punkt ein, ohne ihn zu verschieben.

- *Punkt löschen:* Löscht den Punkt (auch mit Strg + Klick).

- *Pfad öffnen:* Schneidet die Linie am anvisierten Punkt auf. Die Schnittpunkte bekommen jeweils einen Endpunkt. Der Pfad eines Objekts kann nur einmal geöffnet werden.

- *Pfad schließen:* Schließt den Pfad wieder an der zuvor geöffneten Stelle. Bei offenen Freihandlinien werden die beiden Eckpunkte miteinander verbunden.

Klicken Sie auf einen Punkt auf der Konturenlinie, zeigt dieser zwei Anfasser mit weißen Endpunkten. Ziehen Sie diese Anfasser mit gedrückter Maustaste, entsteht eine Bézierkurve im Abschnitt zwischen diesem und dem nächsten Punkt. Mit den Befehlen im Kontextmenü und etwas Übung können Sie damit jedes Objekt umformen und die schönsten Konturen zeichnen. *Übergangspunkt* bringt beide Anfasser auf eine Linie, *Punkt glätten* stellt die Anfasser aus und glättet damit Eckpunkte. *Eckpunkt* macht aus Rundungen Ecken. *Gerader Abschnitt* entfernt Rundungen auf dem Abschnitt zwischen zwei Punkten und *Gekrümmter Abschnitt* krümmt gerade Linien zwischen zwei Punkten.

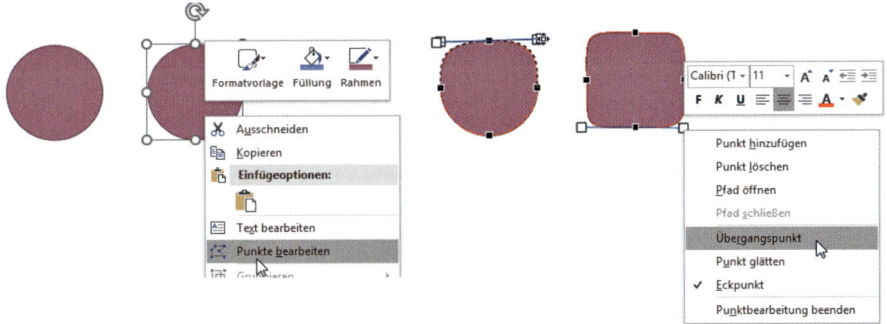

Bild 7.50: Die Quadratur des Kreises: Punkte bearbeiten am Objekt.

7.7.5 Textfelder

Textfelder sind Objekte mit Textinhalt. Im Unterschied zu Beschriftungen im Objekt hat das Textfeld einen eigenen Rand und Text als Inhalt. Ändern Sie Ausrichtung, Auszeichnung und Schriftspezifikationen innerhalb des Textobjekts, wie Sie einen Zellentext formatieren, benutzen Sie die Registerkarte *Start* oder besser das Kontextmenü, das alle wichtigen Textformatierungen anbietet.

Markieren Sie das Textobjekt mit Klick auf den Rand, wenn die Textformatierung auf den gesamten Inhalt ausgerichtet sein soll. Markieren Sie einzelne Buchstaben, Wörter, Sätze oder Absätze, wenn die nächste Formatierung nur für diese Textteile gelten soll.

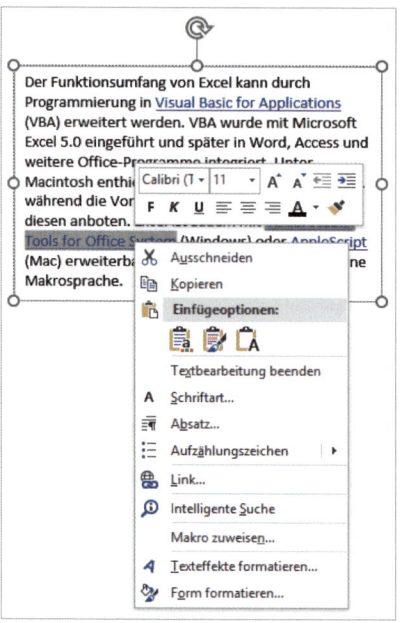

Klicken Sie auf die Ausrichtungssymbole *Links-bündig*, *Zentriert*, *Rechtsbündig*, auf die Schrift-art- und Schriftgrößensymbole sowie die Mus-ter-, Linien- und Farbzuweisungen. Achten Sie auf die richtige Markierung:

Bild 7.51: Textfeldinhalte formatieren über das Kontextmenü.

Text mehrspaltig setzen

Der Inhalt eines Textfelds lässt sich auch mehrspaltig absetzen, was besonders bei großen Textpassagen sehr nützlich ist. Weisen Sie diesen Zeitungssatz über den For-matieren-Dialog zu. Markieren Sie das Textfeld per Klick auf den Rahmen des Objekts. Klicken Sie mit der rechten Maustaste und wählen Sie im Kontextmenü *Form formatie-ren*. Schalten Sie auf die Kategorie *Textfeld* und klicken Sie auf *Spalten*. Geben Sie die Anzahl der Spalten und den Abstand zwischen den Spalten an.

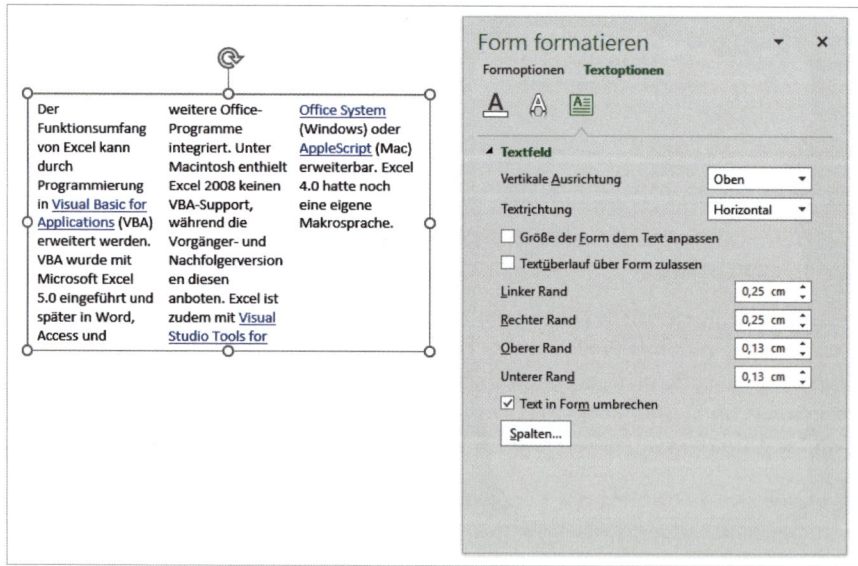

Bild 7.52: Ein dreispaltiges Textfeld.

7.7.6 WordArt-Formate

Das Schriftgestaltungswerkzeug *WordArt* finden Sie in der Gruppe *WordArt-Formate* unter *Zeichentools/Format*. Markieren Sie ein Textfeld oder ein Objekt, das ausschließlich aus Texten besteht (zum Beispiel eine Achsenbeschriftung in einem Diagramm). Klicken Sie auf eine Füllung oder öffnen Sie die Liste mit weiteren Füllungen und entscheiden Sie sich für eine Vorlage mit Füllung, Kontur und Texteffekt. Mit Textfüllung wird nur die Füllung verändert, wählen Sie eine Design- oder Standardfarbe oder definieren Sie Ihre Füllfarbe selbst. Sie können dem Text auch einen Farbverlauf oder eine Textur zuweisen.

Grafik als Füllung zuweisen

Füllen Sie einen großflächigen Text mit einer Grafik für einen besonderen Effekt. Die Buchstaben bilden die Maske für das Bild. Wählen Sie dazu *Textfüllung/Bild* und geben Sie eine Grafikdatei an, möglichst im platzsparenden PNG-, GIF- oder JPEG-Format. Oder holen Sie die Grafik einfach aus der Zwischenablage.

Unter *Textgliederung* finden Sie die Formatierungen für den Textrahmen. Weisen Sie Farben aus dem Design, Standardfarben oder selbst definierte Farben zu und ändern Sie Strichstärken und Stricharten.

Die Texteffekte bieten wie die Objektformatierung auch Schatten, Spiegelung, Leuchten, Abschrägungen (zusätzliche Kanten) und 3D-Drehungen. Für Textfelder bietet *Transformieren* Schrifteffekte wie Bögen, Verzerrungen und Wellen.

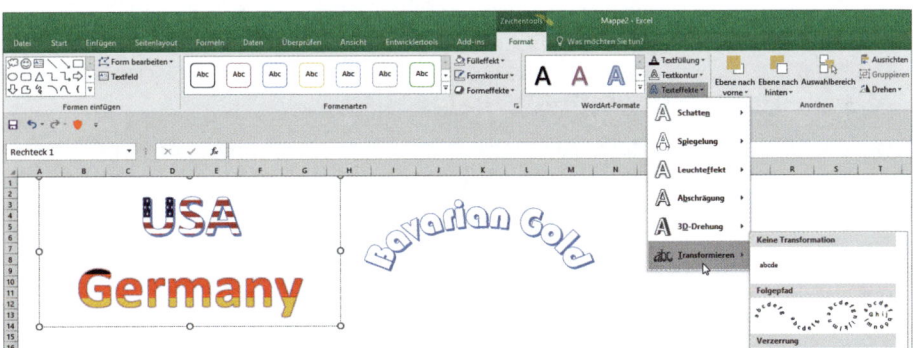

Bild 7.53: Texteffekte: Bildfüllung und Transformieren.

7.8 SmartArts

SmartArts sind Organisationsdiagramme. Sie visualisieren Aufzählungen und verdeutlichen wichtige und weniger wichtige Punkte durch Formatierung. SmartArts bilden Prozesse ab, setzen Meilensteinpläne (Quality Gates) um und geben die Richtung an, in die eine Entwicklung führt oder zu führen hat.

Wählen Sie *Einfügen/Illustrationen/SmartArt*. Ein Dialogfeld mit SmartArts wird angezeigt, wählen Sie einen passenden Typ.

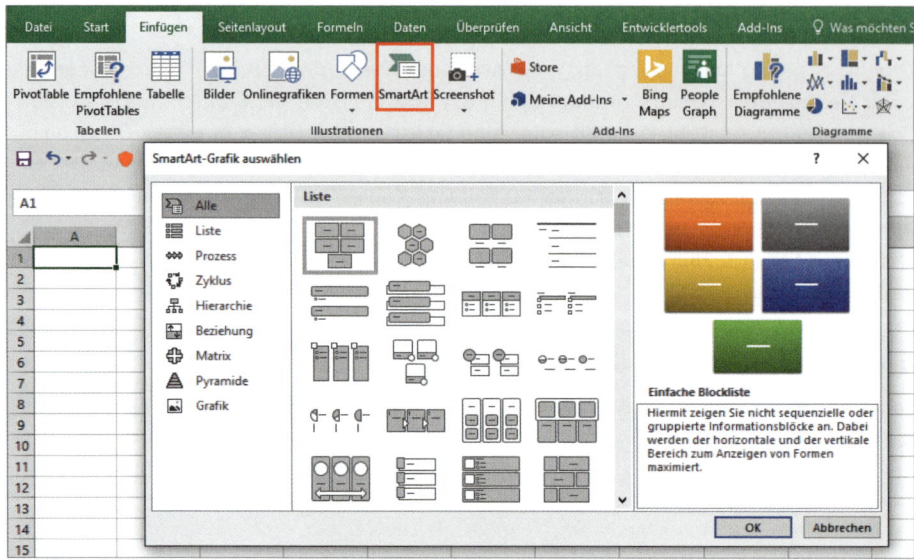

Bild 7.54: SmartArts in der Gruppe Illustrationen.

Klicken Sie zum Beispiel auf die Kategorie *Liste* und bestätigen Sie mit Klick auf *OK*. Das SmartArt-Objekt wird zentriert in das Tabellenblatt eingefügt. Links am Objekt steht ein Textbereich, er bietet für diesen Typ fünf Textzeilen an. Klicken Sie in die erste Zeile und geben Sie den Text *Produktion* ein. Schreiben Sie für die übrigen Kästchen ebenfalls Texte. Jeder Text wird sofort auch im Diagramm abgebildet. Klicken Sie in eine beliebige Zelle des Tabellenblatts und das SmartArt-Diagramm ist fertig.

7.8.1 Texte schreiben im Textbereich

Ziehen Sie den Textbereich an der Titelzeile nach links weg, um ihn von der Grafik zu lösen. Diese zeigt daraufhin am linken Rand kleine Pfeilsymbole, die zum Einblenden oder Ausblenden des Textbereichs angeklickt werden.

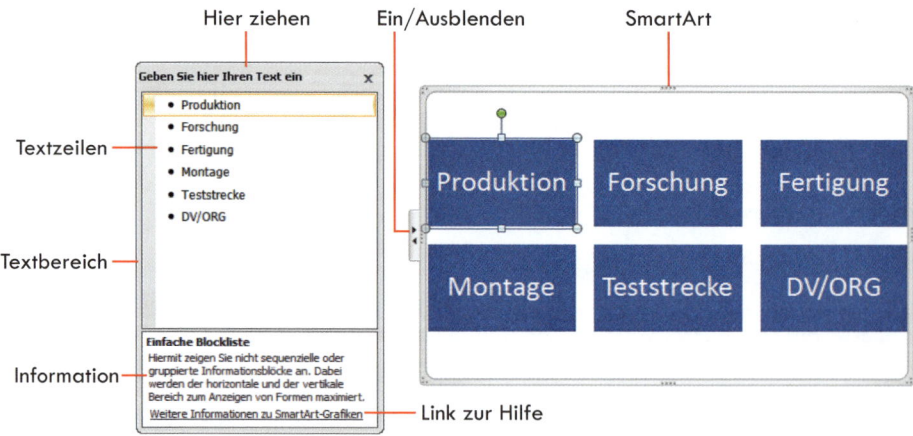

Bild 7.55: Der Textbereich der SmartArt-Grafik (Typ Liste).

Der Textbereich kann auch mit dem Kreuz links oben in seiner Titelzeile ausgeblendet werden. Sie können die Textzeilen für die Grafik eintippen oder aus der Zwischenablage holen. Kopieren Sie die Zellen aus einem Tabellenblatt und fügen Sie die Kopie an der Cursorposition in das Textfeld ein. Die schwarzen Punkte im Textbereich signalisieren, dass die Textzeilen in der Grafik angezeigt werden.

Da die meisten Typen über wenige Grafikelemente verfügen, kann der Text zu groß sein. In diesem Fall sind alle Zeilen, die nicht grafisch umgesetzt werden, mit einem roten Punkt gekennzeichnet.

Mit diesen Tastenkombinationen fällt das Texten in der SmartArt-Grafik leichter:

Funktion	Tasten
Text einrücken nach rechts	[⇆]
Text einrücken nach links	[⇧]+[⇆]
Tabstopp hinzufügen	[Strg]+[⇆]
Neue Textzeile anlegen	[↵]
Rechtschreibprüfung	[F7]
Textzeilen zusammenführen	[Entf] am Ende der ersten Textzeile
Kontextmenü anzeigen	[⇧]+[F10]
Zwischen oberem und unterem Bereich wechseln	[Strg]+[⇧]+[F1]
Zwischen SmartArt-Grafik und Textbereich wechseln	[Strg]+[⇧]+[F2]
Textbereich schließen	[Alt]+[F4]
Vom Textbereich zum Rahmen der SmartArt-Grafik wechseln	[Esc]

7.8.2 Text formatieren

Markieren Sie alle Textzeilen, die Sie formatieren wollen. Um den gesamten Text zu markieren, drücken Sie [Strg]+[A]. Klicken Sie mit der rechten Maustaste in den Text und weisen Sie die Formatierungen aus dem Kontextmenü zu. Achten Sie dabei auf die SmartArt-Grafik. Ändert sich die Schriftgröße, wird der Text unter Umständen zu groß für die grafischen Elemente (Kästchen).

7.8.3 Text gliedern

Der Textbereich funktioniert ähnlich wie die Gliederungsansicht im Textprogramm Word, das heißt, er kann den Text auch in unterschiedliche Ebenen einstufen. Das ist vor allem in Schaubildern wichtig, damit die Textinformationen für den Betrachter besser lesbar sind.

Geben Sie die Gliederungsebene der ersten Stufe ein und drücken Sie die ⏎-Taste. Drücken Sie die ⇥-Taste, um die Zeile in die nächste Ebene zu setzen, oder klicken Sie auf der Registerkarte *SmartTools/Entwurf* in der Gruppe *Grafik erstellen* auf *Tiefer stellen*.

Schreiben Sie in der gleichen Ebene weiter, drücken Sie ⇥ für die nächste Ebene oder ⇧+⇥ bzw. *Höher stufen*, um eine Ebene zurückzuschalten. Klicken Sie auf *Aufzählungszeichen hinzufügen*, um eine neue Zeile mit Aufzählungszeichen einzufügen (falls der Typ der Grafik dies unterstützt). Mit *Form hinzufügen* fügen Sie ein neues Element (Kästchen) und damit auch eine neue Zeile (Hauptebene) ein.

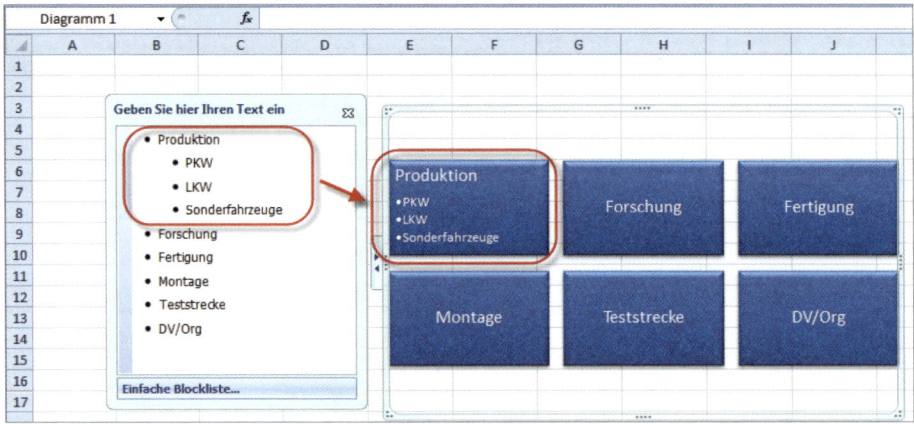

Bild 7.56: Gliederungen im SmartArt-Objekt.

7.8.4 SmartArt-Grafik formatieren

Markieren Sie die SmartArt-Grafik und wählen Sie *SmartArt-Tools/Entwurf/SmartArt-Formatvorlagen/Farben ändern*. Die Farbenliste zeigt die Primärfarben aus dem Design sowie weitere Farben, die designspezifisch und harmonisch abgestimmt sind. Klicken Sie die Farbe an und das neue Farbmodell ist zugewiesen.

Wesentlich mehr Erfolg werden Sie mit Ihren SmartArt-Schaubildern haben, wenn Sie Formatvorlagen verwenden. Hier stehen nämlich für alle Typen und in allen Designs sehr schöne und wirkungsvolle Effekte zur Auswahl. Klicken Sie auf eine der angezeigten Vorlagen unter *SmartArt-Tools/Entwurf/SmartArt-Formatvorlagen*.

Markieren Sie alle Textzeilen oder Formen in der Grafik, die Sie ändern wollen. Schalten Sie um auf *SmartArt-Tools/Format*. Klicken Sie unter *Formen* auf *2D-Bearbeitung*, wenn der 3D-Look hinderlich ist. Mit *Form ändern* können Sie eine andere Grundform aus der Liste der Formen holen. Wählen Sie unter *Formenarten* eine der vorbereiteten Formenarten und weisen Sie WordArt-Formate zu. In der Gruppe *Anordnen* finden Sie die Befehle für die Objektanordnung und zum Ausrichten/Drehen/Spiegeln der Objekte.

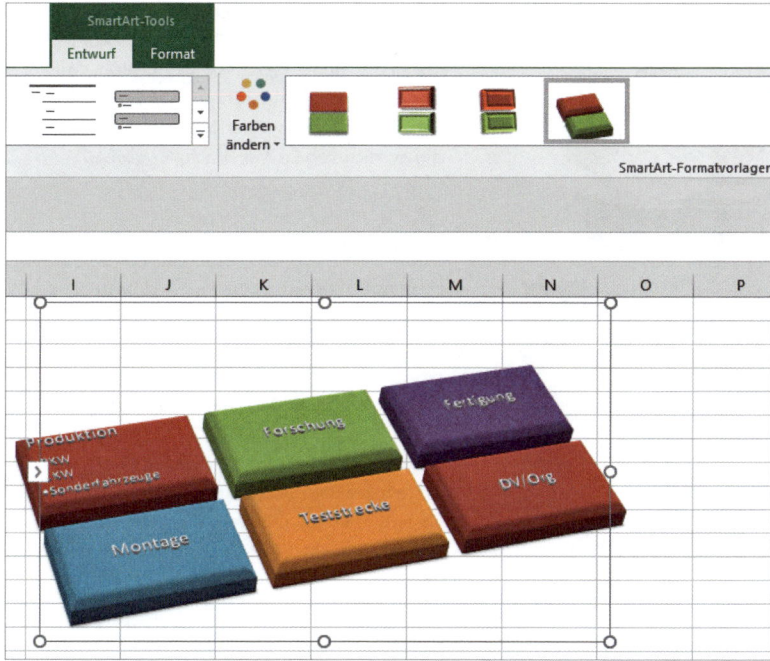

Bild 7.57: 3D-Effekte in SmartArt-Formatvorlagen.

7.8.5 SmartArt-Diagrammtypen und Layouts

Mit dem Aufruf der SmartArt erhalten Sie eine Auswahl von acht Typen mit einer wechselnden Zahl von Varianten. Jeder SmartArt-Typ bietet die Möglichkeit, Formen hinzuzufügen oder herauszunehmen.

Hier eine Übersicht über die Grundausrichtung der einzelnen Typen:

SmartArt	Bild	Notiz
Liste		Informationen visualisieren, die nicht sequenziell sind. Mit dem Untertyp *Hierarchieliste* wird ein Organigramm erstellt.
Prozess		Sequenzielle Entwicklung, Prozesse, Workflows, Schritte auf einer Zeitachse anzeigen. Für große Textmengen stehen spezielle Untertypen mit mehrfachen Umbrüchen bereit.

SmartArt	Bild	Notiz
Zyklus		Kontinuierliche Prozesse darstellen. Mit dem passenden Untertyp wird die Betonung auf die Beziehung selbst oder auf die fortlaufende Verbindung gelegt.
Hierarchie		Hierarchische Strukturen, Organigramme, Oben-Unten-Beziehungen verdeutlichen. Damit wird das klassische Organigramm erstellt. Die Richtung ist je nach Untertyp horizontal oder von oben nach unten.
Beziehung		Verbindungen zwischen Einzelelementen anzeigen. Mit Untertypen wie Balance, Gegengewicht, Trichter, Zahnrad etc. lassen sich die Informationen effektiv visualisieren.
Matrix		Zeigen, wie sich einzelne Teile auf ein Ganzes beziehen. Die übergeordnete Ebene kann wahlweise in die Mitte gestellt werden.
Pyramide		Proportionale Beziehungen zur größten Komponente anzeigen. Für größere Textmengen kann das Textelement neben die Segmente gestellt werden.
Grafik		Bildelemente mit Unterschriften und Textblöcken versehen. Bietet die Möglichkeit, Produktinformationen, Preislisten, Fotostrecken u. a. in Tabellenblätter einzubauen.

7.8.6 Layout zuweisen

Die Auswahl eines Untertyps ist nicht bindend, Sie können jederzeit auf eine andere Darstellung wechseln, auch wenn bereits Formatvorlagen, Schriftformate oder einzelne Formatierungen zugewiesen sind. Wählen Sie einfach unter SmartArt-Tools/Entwurf/Layouts ein anderes Layout für das Objekt. Markieren Sie das SmartArt-Diagramm.

7.8.7　Grafiken in SmartArts

Besonders nützliche SmartArts bietet die Gruppe *Grafik*, sie stellt Bildsymbole für Grafikdateien zur Verfügung. Das SmartArt akzeptiert alle gängigen Dateiformate wie GIF, JPEG, WMF, BMP, PNG u. v. a. Wählen Sie *Einfügen/SmartArt/Grafik*. Tragen Sie zuerst die Texte in das Textfeld ein und passen Sie die Größe des SmartArts an. Ändern Sie auch die Textgrößen. Klicken Sie auf das Grafiksymbol innerhalb des ersten Bildsymbols und suchen Sie im Dateidialog die Bilddatei. Alternativ dazu können Sie ein Bild auch in die Zwischenablage kopieren, das Bildelement am Rand anklicken und den Inhalt der Zwischenablage mit Strg+V einfügen.

Formatieren Sie die Grafik über *Größe* und *Eigenschaften* im Kontextmenü. Unter *Zuschneiden* können Sie das Bild im Grafikelement verkleinern und vergrößern.

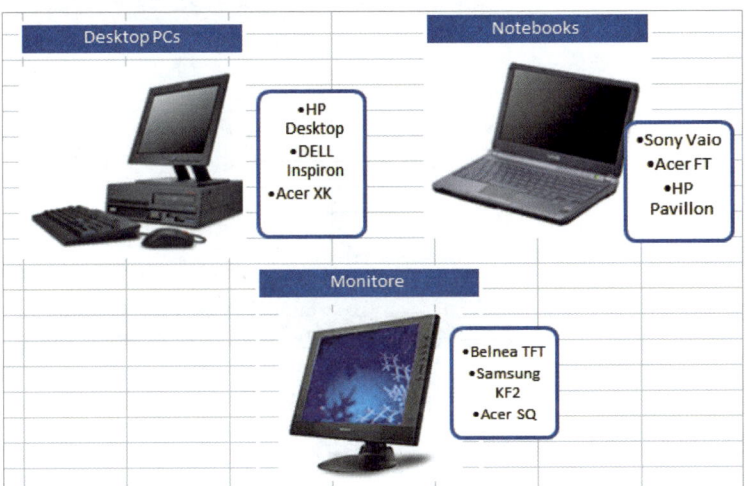

Bild 7.58: SmartArt mit Grafiken.

7.9　Videos

Videos lassen sich ebenso einfach wie Formen oder Grafikdateien in Tabellenblätter einbinden. Excel bedient sich bei der Einbindung von Videos der Shell-Objekte beim Objekt-Manager und der ist in allen Office-Applikationen für externe Dateien zuständig. Akzeptiert werden alle gängigen Formate wie WMV, MP3, MP4, auch Flash-Dateien (SWF) sind möglich. Wenn Sie selbst erstellte oder aus dem Web importierte Videos in Tabellenblättern anbieten wollen, stellen Sie sicher, dass die Dateien auf einem Datenträger (Festplatte) abgespeichert sind.

Achten Sie aber auf das Volumen: Versuchen Sie nicht, ganze Kinofilme oder Clips im Gigabyte-Bereich einzubinden, das wird vielleicht funktionieren, wenn Ihre Hardware entsprechend ausgestattet ist, aber sowohl die Einbindung als auch die Anwendung sind ziemlich mühselig, weil Excel die Videodateien komplett in den Arbeitsspeicher holen muss. Arbeiten Sie wenn möglich mit Verknüpfungen, damit die Videos nicht in der Arbeitsmappe gespeichert werden müssen.

Wählen Sie *Einfügen/Text/Objekt*. Schalten Sie um auf *Aus Datei erstellen* und suchen Sie die Videodatei. Klicken Sie auf *Verknüpfen*, um eine Verknüpfung zur Datei anzulegen. Ist diese Option nicht angehakt, wird die gesamte Datei in die Arbeitsmappe eingebunden. Mit der Option *Als Symbol* wird ein Symbol eingefügt. Klicken Sie auf *Symbol ändern*, um ein anderes Symbolbild auszusuchen.

Zum Abspielen des Videos klicken Sie das Objekt oder die Verknüpfung doppelt an. Der Windows Media Player bzw. das unter Windows eingerichtete Standardprogramm für Videos wird aktiv und der Clip wird wiedergegeben.

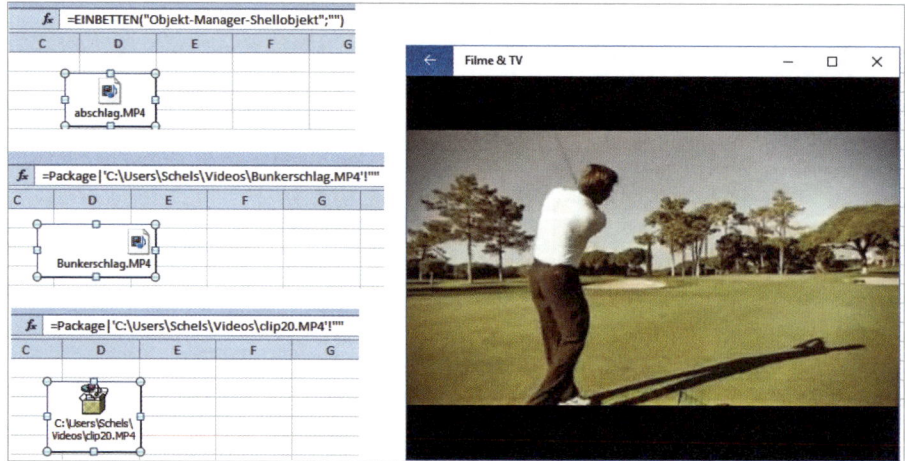

Bild 7.59: Shell-Objekte und Verknüpfungen für Videos.

7.9.1   YouTube-Videos als Link einbinden

Für Videoclips aus einem Videoportal wie YouTube, Clipfish, MyVideo oder anderen werden auf der Webseite immer die Links ausgewiesen. Holen Sie diesen Link in ein Objekt auf dem Tabellenblatt:

1. Suchen Sie das Video im Browserfenster (hier bei YouTube). Erstellen Sie einen Screenshot, ...

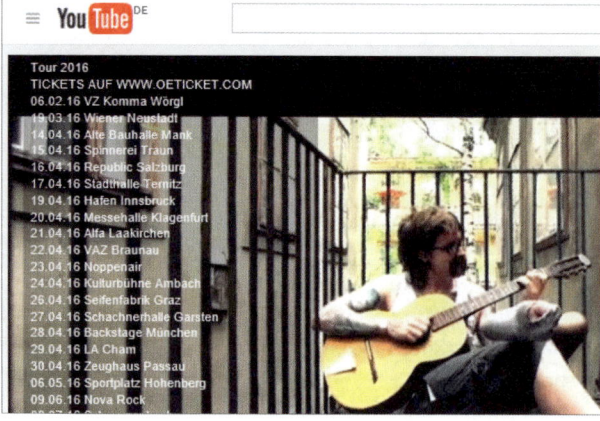

2. ... und fügen Sie diesen aus der Zwischenablage in das Tabellenblatt ein.

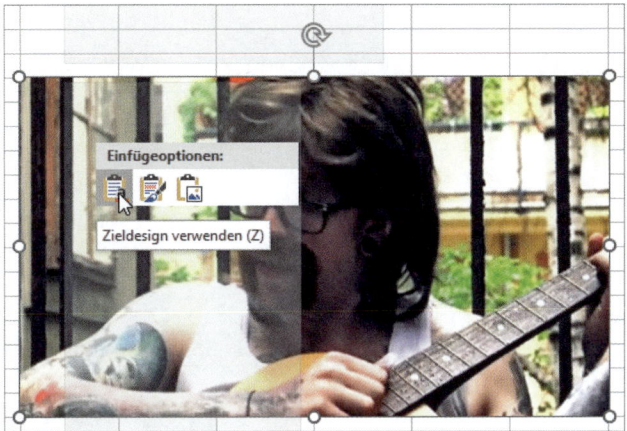

3. Kopieren Sie im Browserfenster die Video-URL aus dem Kontextmenü des Video-objekts.

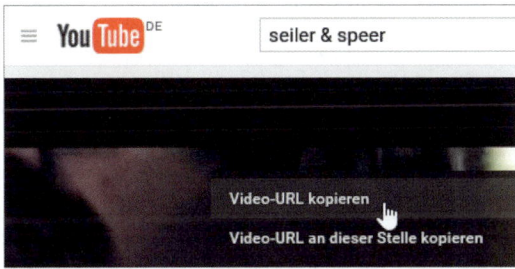

4. Klicken Sie das Bild auf dem Tabellenblatt an und wählen Sie im Kontextmenü *Link*.

5. Fügen Sie den Link mit (Strg)+(V) in das Adressfenster ein. Bestätigen Sie mit OK.

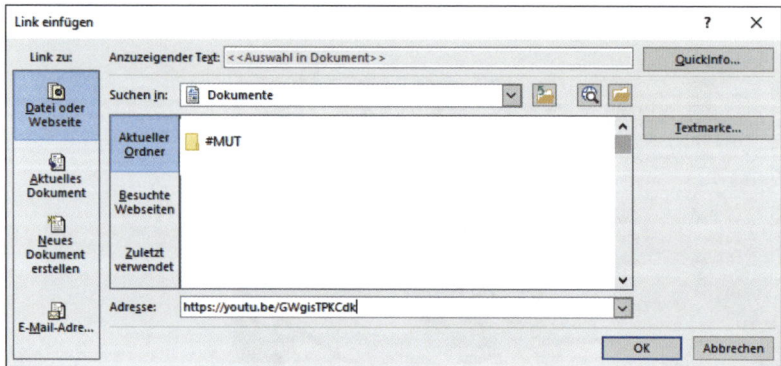

6. Klicken Sie in eine freie Zelle im Tabellenblatt. Jetzt können Sie das Video per Klick auf das Bild abspielen.

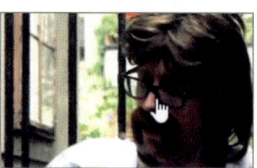

7.9.2 Links auf Dateien

Alternativ zu den Shell-Objekten können Sie auch Hyperlinks auf Dateien in das Tabellenblatt einbinden. Schreiben Sie diese einfach in Zellen oder kopieren Sie sich kleine Videovorschaubilder aus dem Explorer-Fenster heraus und verknüpfen Sie sie mit
den Videos. Schalten Sie im Windows-Explorer-Fenster die Ansicht auf *Große Symbole*.
Holen Sie mit *Einfügen/Screenshot* kleine Bildobjekte in das Tabellenblatt. Klicken Sie ein
Objekt mit der rechten Maustaste an und wählen Sie *Link*. Suchen Sie unter *Datei oder
Webseite* die Videodatei und verknüpfen Sie diese mit dem Bild. Für die Wiedergabe
des Videoclips genügt ein einzelner Klick auf das Bild, aktiviert wird wieder der unter
Windows zugewiesene Media-Player.

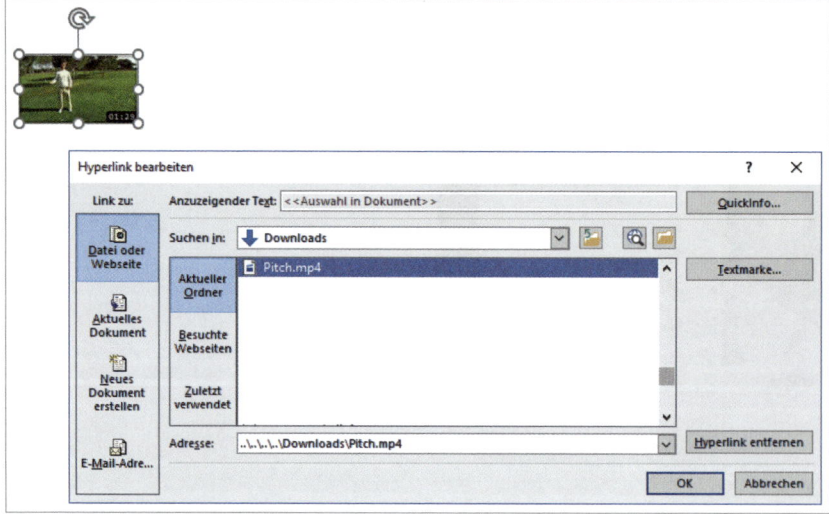

Bild 7.60: Links auf Videodateien.

7.10   Objekte

Das *Einfügen*-Register stellt in der Gruppe *Text* ein Symbol für Objekte zur Auswahl. Hier handelt es sich um eine ältere Programmfunktion, viele Objekte stammen aus älteren Programmversionen oder werden nicht mehr unterstützt. In vielen Fällen können Sie das externe Objekt (zum Beispiel eine Bitmap-Grafik aus MS-Paint) einfach kopieren und über die Zwischenablage in das Tabellenblatt einfügen.

Wählen Sie *Einfügen/Text/Objekt*. Suchen Sie den Objekttyp, über den Sie ein Objekt einfügen wollen. Kreuzen Sie *Als Symbol* an, wenn Sie anstelle der Objektvorschau einen Platzhalter für das Objekt einfügen wollen. *Mit Symbol ändern* lässt sich ein anderes Symbol zuweisen. Klicken Sie auf *OK*, um das Objekt einzufügen. Weisen Sie dem Objekt die im Objekttyp vorgesehenen Daten zu. Werden diese nicht sofort angefordert, klicken Sie doppelt auf den Platzhalter.

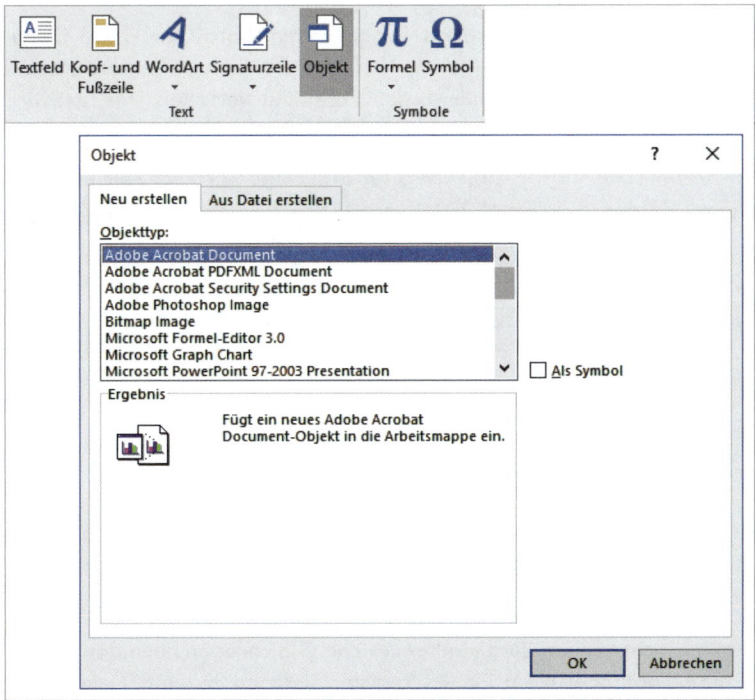

Bild 7.61: Objekte einfügen.

Meist öffnet sich nach dem Doppelklick der Platzhalter, und die Zielanwendung (z. B. MS-Paint oder PowerPoint) wird im »embedded mode« gestartet. Sie können das Objekt bearbeiten und die Aktion mit einem Klick in das Tabellenblatt abschließen. Zur Bearbeitung klicken Sie wieder doppelt auf den Objektplatzhalter.

Das Angebot an Objekten orientiert sich an den Installationen unter Windows, viele Objekte stammen aber auch aus älteren Office-Versionen und werden angeboten, um die Abwärtskompatibilität zu gewährleisten.

- *Adobe Acrobat Document/PDFXML-Document/Security Settings Document:* Fügt ein Objekt ein, das mit einem PDF-Dokument verknüpft werden kann.

- *Adobe Photoshop Image:* Fügt ein Bild im Photoshop-Format ein. Das Programm muss dazu installiert sein.

- *Bitmap Image:* Holt ein Bildobjekt für eine BMP-Grafikdatei in das Tabellenblatt.

- *Microsoft Formel-Editor 3.0:* Das ist die ältere Version des Formel-Editors aus der Excel-Version 2003, in Excel 2010 gibt es dafür die Formeltools (*Einfügen/Symbole/Formel*).

- *Microsoft Graph-Diagramm:* Hier wird die alte Diagrammtechnik der früheren Office-Versionen (PowerPoint bis 2003) angeboten.

- *Microsoft PowerPoint:* Diese Objekttypen bieten die Möglichkeit, PowerPoint-Folien oder ganze Präsentationen als Objekt einzubinden.

- *Microsoft Word/Open Document/WordPad:* Fügen Sie ein Word-Objekt, ein Open-Document-Objekt oder ein WordPad-Dokument (früheres Windows-Textprogramm) ein, um ein Textverarbeitungsdokument in diesem Format zu verlinken. Der Text wird nach dem Doppelklick direkt in das Objekt geschrieben oder kopiert.

- *Organigramm-Add-in:* Das ist der Objekttyp für das Organigramm-Zeichenwerkzeug der früheren Versionen. In Excel 2010 verwenden Sie stattdessen SmartArts.

- *Package:* Mit diesem allgemeinen Objekttyp können Sie fast alles als Objekt einfügen, was sich in Dateiform speichern lässt. Musik- und Videodateien, Bilder, Videos, aber auch Excel-Tabellen und Textdokumente werden einfach über den Dateilink eingebunden. Ein Doppelklick auf das Objekt startet die dem Dateityp zugewiesene Applikation.

7.11 Formeln

Formeln sind Rechenwerkzeuge für Zellen. Sie berechnen Zellinhalte und arbeiten mit Verknüpfungen und logischen Bedingungen. Funktionen wie SUMME() oder MITTEL-WERT() unterstützen die Formelschreibung.

Was diese Zellformeln nicht können, sind mathematische Gleichungen nach den Regeln der Kunst, sprich mathematischer Notation. Im Register *Einfügen* finden Sie ein Werkzeug, mit dem diese Notation gezeichnet werden kann. Rechnen können Sie mit diesen Formeln natürlich nicht, das Ergebnis ist eine simple Grafik.

Wählen Sie *Einfügen/Symbole/Formeln*. Geben Sie die Formel in das Textfeld ein. Nutzen Sie die Formelwerkzeuge in der Registergruppe *Formeltools*, die angeboten wird, solange der Cursor in der Formel blinkt.

Eine Auswahl vordefinierter mathematischer Ausdrücke erhalten Sie, wenn Sie auf das Pfeilsymbol des Symbols *Formel* klicken oder in den Formeltools links außen auf *Formel* klicken.

Die Formeltools bieten alle Symbole an, die für Formeln in mathematischer Notation benötigt werden. Achten Sie darauf, dass der Cursor in der Formel blinkt, damit die Formeltools aktivierbar sind. Mit der Markierung auf dem Rand des Objekts sehen Sie nur die Zeichentools im Menüband. Auch das Beschriften der Formeln mit normalen Zeichen ist möglich, Excel schaltet aber automatisch die Formeltools aus, wenn sich der Cursor nicht in einem Formelteil befindet.

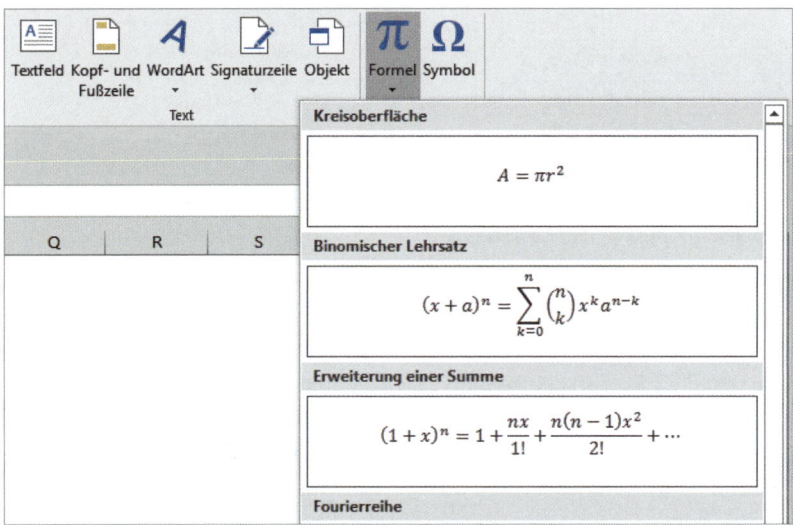

Bild 7.62: Vordefinierte Formeln im Formel-Symbol.

7.11.1 Formeltools/Tools

Hier können Sie mit dem Symbol *Formel* weitere vordefinierte Ausdrücke abholen.

- *Professionell:* Die Formel wird in zweidimensionaler Form angezeigt.
- *Linear:* Die Formel wird in linearer Schreibweise angeboten.
- *Normaler Text:* Die Formel verwendet normale Textzeichen anstelle von Symbolen.

7.11.2 Symbole

Diese große Symbolbibliothek bietet acht Symbolgruppen für mathematische Formeln in allen Varianten an. Voreingestellt ist die Gruppe *Grundlegende Mathematik*. Klicken Sie auf ein Symbol, wird es an der Cursorposition in die Formel geholt. Öffnen Sie die Symbolbibliothek per Klick auf den Pfeil rechts unten und schalten Sie um auf eine der anderen Gruppen.

7.11.3 Strukturen

In dieser Gruppe stellen die Formeltools mathematische Strukturen wie Brüche, Wurzeln, Integrale und Matrizen zur Auswahl. Setzen Sie den Cursor an die Formelposition, an der Sie die Struktur einfügen wollen, und markieren Sie das passende Symbol.

Die Platzhalterzeichen in einer Struktur beschriften Sie mit Zeichen oder Symbolen oder mit weiteren Strukturen.

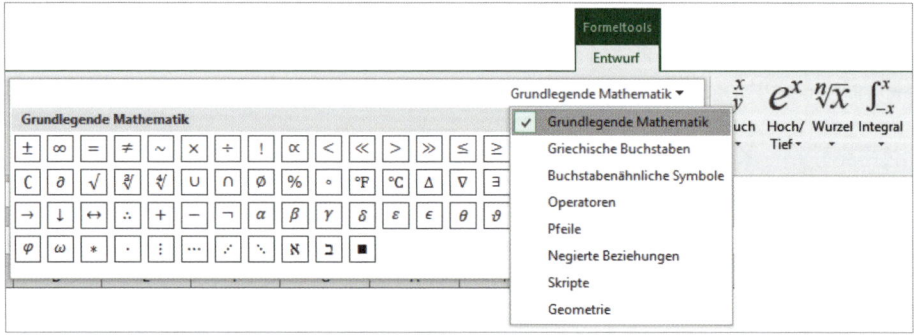

Bild 7.63: Acht Symbolgruppen in den Formeltools.

7.12 Die Kamera

Mit der Kamera erstellen Sie verknüpfte Bildkopien. Im Unterschied zu Screenshots oder Bildkopien über die Zwischenablage wird mit der Kamera der fotografierte Bereich mitgespeichert. Das Werkzeug ist aber nicht im Standardangebot der Symbole im Menüband zu finden, Sie müssen es aus der Befehlsliste holen.

7.12.1 Kamera in die Symbolleiste für den Schnellzugriff holen

Klicken Sie mit der rechten Maustaste in die Symbolleiste für den Schnellzugriff, wählen Sie *Symbolleiste für den Schnellzugriff anpassen*. Schalten Sie in der linken Liste auf *Alle Befehle*. Klicken Sie kurz in die Liste und tippen Sie ein *k* ein. Markieren Sie den Befehl *Kamera* und holen Sie ihn mit *Hinzufügen* in die Symbolleiste. Schließen Sie mit *OK* ab und die Kamera steht als Symbol zur Verfügung.

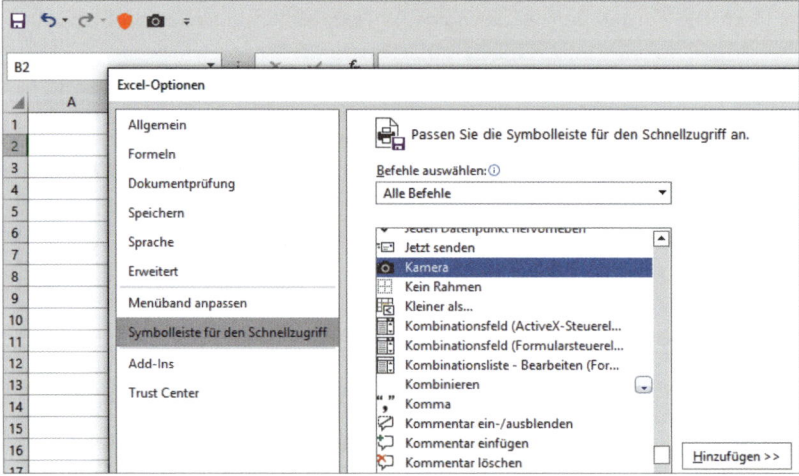

Bild 7.64: Die Kamera in der Symbolleiste für den Schnellzugriff.

- Kamerakopien sind Grafiken und können wie diese verkleinert, vergrößert, mit Formatierungen versehen und über die Bildtools formatiert werden.

- Um die Verknüpfung zum Quellbereich zu lösen, löschen Sie für die markierte Kamerakopie die Formel aus der Bearbeitungsleiste.

- Grafische Objekte und Diagramme können nicht fotografiert werden. Markieren Sie einfach den Hintergrundbereich, auf dem sich das Objekt befindet, und fotografieren Sie ihn mit der Kamera.

7.12.2 Bereiche und Objekte mit der Kamera fotografieren

Hier ein Beispiel für den effektiven Einsatz der Kamera: Die Projektkosten sind auf mehrere Tabellenblätter verteilt, holen Sie mit der Kamera verknüpfte Bildkopien in ein weiteres Blatt, um sie zusammenzufassen.

1. Drei Tabellenblätter mit unterschiedlich großen Listen stehen in einer Arbeitsmappe bereit.

2. Fügen Sie ein weiteres Tabellenblatt hinzu, nennen Sie es *Kostenübersicht*.

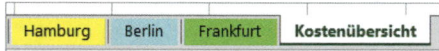

3. Markieren Sie die erste Liste im Tabellenblatt *Hamburg* und klicken Sie auf die Kamera.

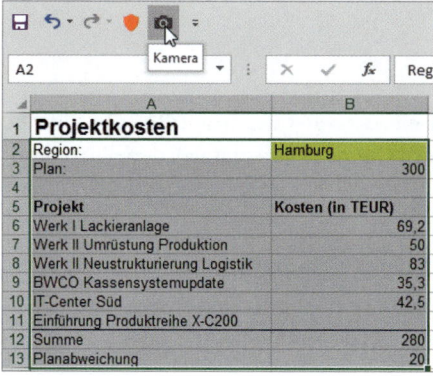

4. Schalten Sie um auf die KostenÜbersicht und setzen Sie das »Foto« per Klick in das Tabellenblatt. Die Verknüpfung wird in der Bearbeitungsleiste angezeigt.

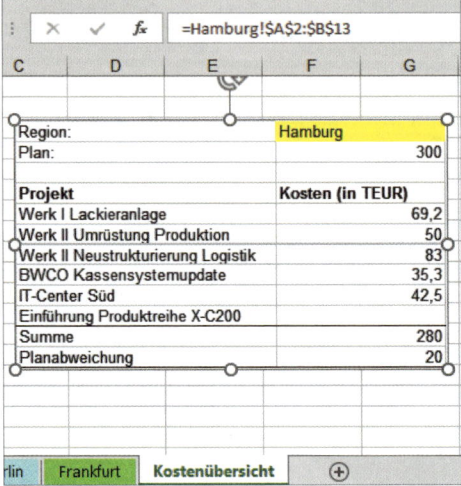

5. Holen Sie auf diese Art alle weiteren Kostenlisten in das Tabellenblatt.

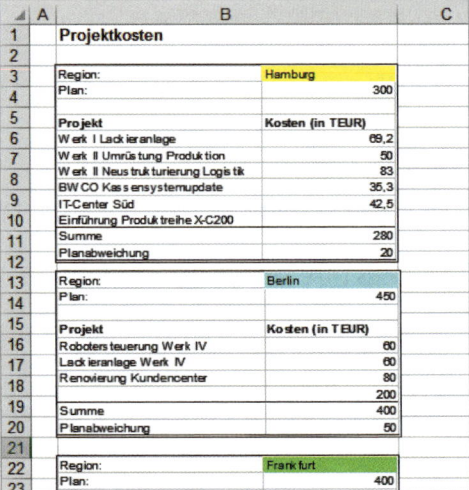

Dynamische Kamerabereiche

Die Verknüpfungen in den »Fotos« der Kamera sind standardmäßig absolute Bezüge, und als solche können sie auch durch Bereichsnamen ersetzt werden. Probieren Sie, diese Namen zu berechnen, und verknüpfen Sie Formularelemente und Kamerakopien miteinander.

Zeichnen Sie über *Entwicklertools/Steuerelemente* Formularelemente (Optionsfeldgruppe und Optionsfelder) in ein Tabellenblatt. Verknüpfen Sie alle Optionen mit der Zelle A1 (Steuerelement formatieren). Legen Sie diese Bereichsnamen an:

Name	Bezieht sich auf
PKosten_Berlin	=Berlin!$A$2:$B$11
PKosten_Hamburg	=Hamburg!$A$2:$B$13
PKosten_Frankfurt	=Frankfurt!$A$2:$B$13
PKosten	=WAHL(Kosten!$A$1;PKosten_Hamburg;PKosten_Berlin;PKosten_Frankfurt)

Erstellen Sie eine normale Kamerakopie auf den ersten Bereich (Hamburg!$A$2:$B$13). Ändern Sie den Bezug in der Bearbeitungsleiste, tragen Sie *PKosten* ein. Damit ist die Kamerakopie mit den Formularelementen verknüpft.

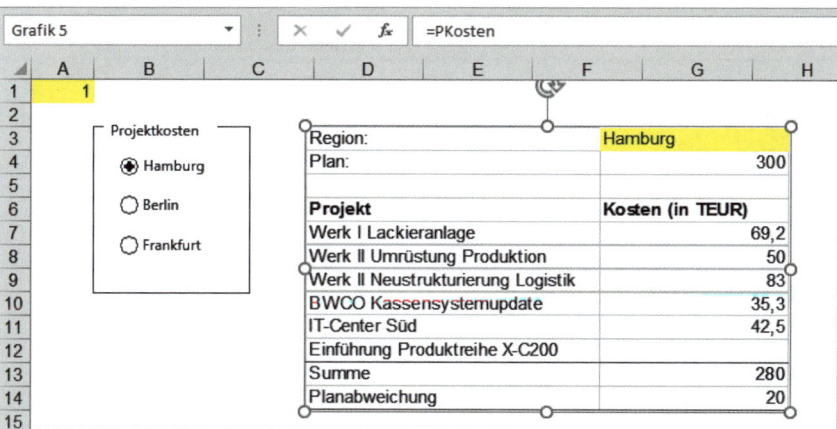

Bild 7.65: Kamerakopie mit berechneter Verknüpfung und Formularelementen.

7.13 Office-Add-ins

In der Gruppe unter *Einfügen/Add-Ins* bietet Excel Zusatzprogramme (Apps) an, die noch etwas mehr können als die Standardwerkzeuge. Mit den Add-ins, die für alle Office-Programme installiert werden, ist die Tabellenkalkulation offen für alle Erweiterungen, die der Markt zu bieten hat. Es gibt drei Arten:

Add-in	Funktion
Office-Add-ins	Die Apps, die unter *Einfügen/Add-Ins* angeboten werden. Verwaltet werden sie über den Office Store, programmiert mit HTML und JavaScript.
Excel-Add-ins	Makros, programmiert in VBA und als Dateien eingebunden. Der Aufruf erfolgt unter *Entwicklertools/Makros*.
COM-Add-ins	Größere Programme wie PowerPivot und PowerBI-Desktop, die zur Steuerung von Datenanalysen eingesetzt werden. COM-Add-ins arbeiten mit ActiveX-DLLs.

Verwaltet werden die Add-ins unter *Datei/Optionen/Add-Ins*. Hier finden Sie alle installierten Add-ins mit Bezug auf die Dateinamen und den Speicherort.

Zum Start eines Office-Add-ins schalten Sie wahlweise auf *Einfügen/Add-Ins* oder auf *Entwicklertools/Add-Ins*.

Diese Gruppe bietet nur das Aufruf-Symbol an, unter *Einfügen/Add-Ins* finden Sie auch die Liste der installierten Add-ins und die beiden vorinstallierten Office-Add-ins *Bing Maps* und *People Graph*.

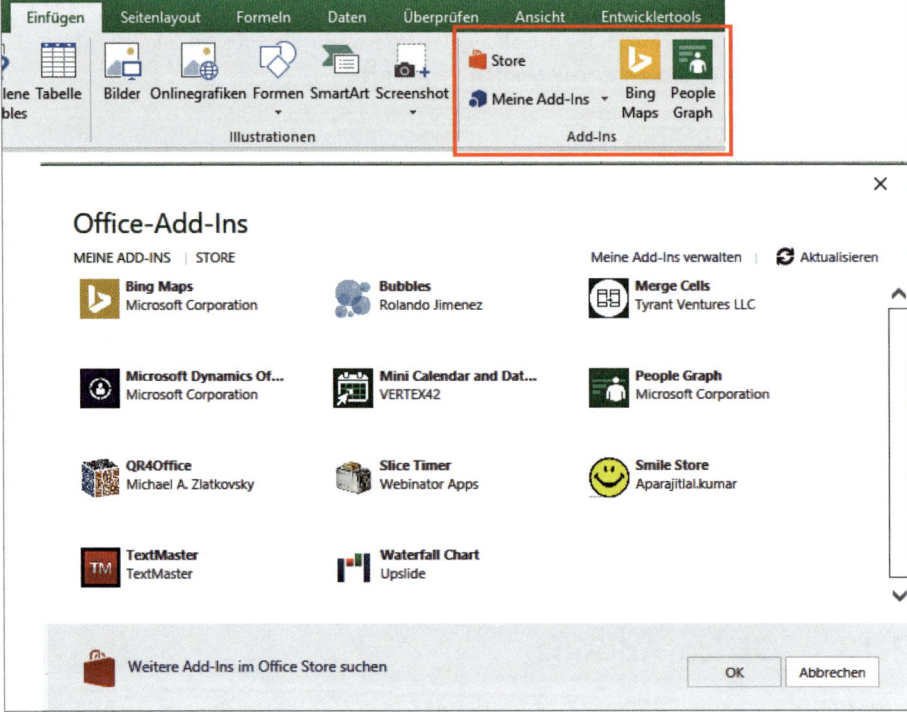

Bild 7.66: Die Office-Add-ins aus der Gruppe der Add-ins.

Mit dem Store-Symbol aktivieren Sie den Office-Add-ins-Store. Hier stehen alle verfügbaren Add-ins zur Auswahl, kategorisiert von CRM bis Visualisierung. Wählen Sie das Add-in per Klick und bestätigen Sie mit *Vertrauen*.

Add-ins ändern nicht nur Tabellenblattinhalte, sondern senden und empfangen auch Onlinedaten. Zur Steuerung des neuen Add-ins wird der Aufgabenbereich rechts eingeblendet, in der Regel zeichnet das Add-in ein Objekt in das aktive Tabellenblatt. Das können Sie mit der rechten Maustaste zur Bearbeitung freigeben (Pfeil rechts oben blendet ein Steuerungsmenü ein).

Unter *Meine Add-Ins* finden Sie Ihre installierten Add-ins wieder.

Add-in-Beispiele

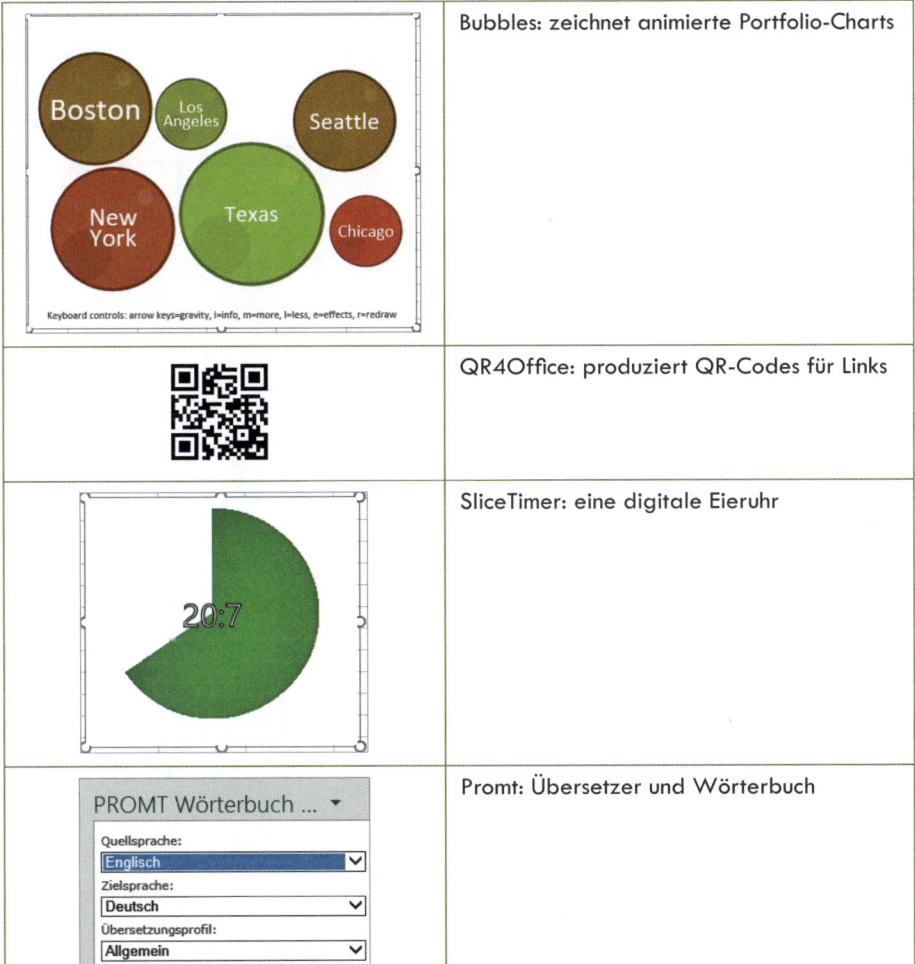

	Bubbles: zeichnet animierte Portfolio-Charts
	QR4Office: produziert QR-Codes für Links
	SliceTimer: eine digitale Eieruhr
	Promt: Übersetzer und Wörterbuch

7.13.1 Bing Maps

Bing Maps ist ein Map-Add-in. Es visualisiert Datenmengen auf einer Welt- oder Regionalkarte. Legen Sie zum Beispiel eine Liste mit Städtenamen und Mitarbeiterzahlen an und starten Sie die App *Bing Maps*. Über die Symbole am oberen Rand können Sie die App einrichten:

- In den *Einstellungen* bestimmen Sie den Landkartentyp und die Art der Markierung (Kreise oder Tortendiagramme).

- Mit dem Filtersymbol können Sie die Region einschränken, und das Hilfesymbol bietet Beispieldaten an.

- Zum Zoomen in der Weltkarte verwenden Sie die Symbole links oben oder drehen mit dem Zeiger in der Karte einfach am Mausrad.

Markieren Sie die Liste und klicken Sie auf das Symbol *Orte anzeigen*. Die App markiert daraufhin die Städte auf der Karte mit kleinen Kreisdiagrammen und Segmenten in den Größen der Spaltenwerte.

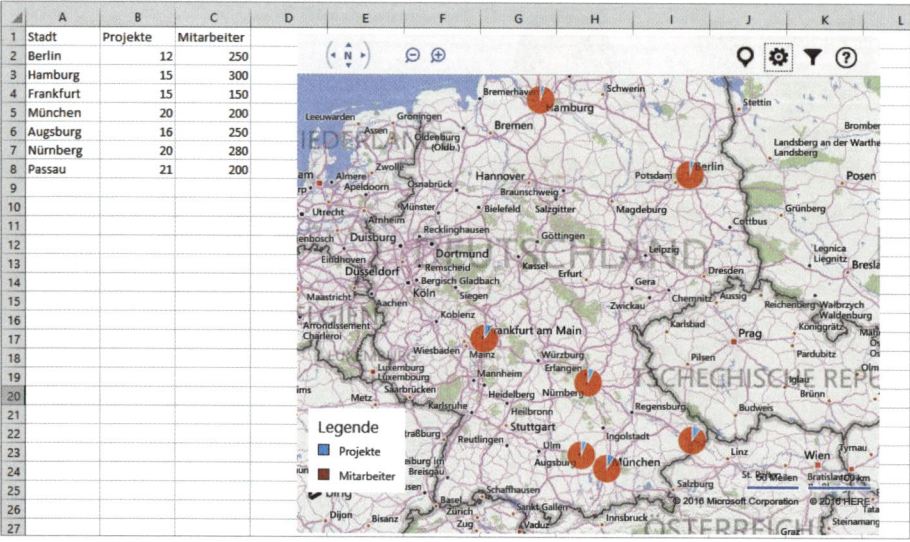

Bild 7.67: Bing Maps visualisiert Daten auf der Karte.

7.13.2 People Graph

Dieses Office-Add-in visualisiert Daten aus dem Tabellenblatt in grafischer Form. Zusätzlich zu den Werten werden Balkenreihen mit Symbolen gezeichnet, dafür stehen verschiedene Designs und Symbole zur Auswahl.

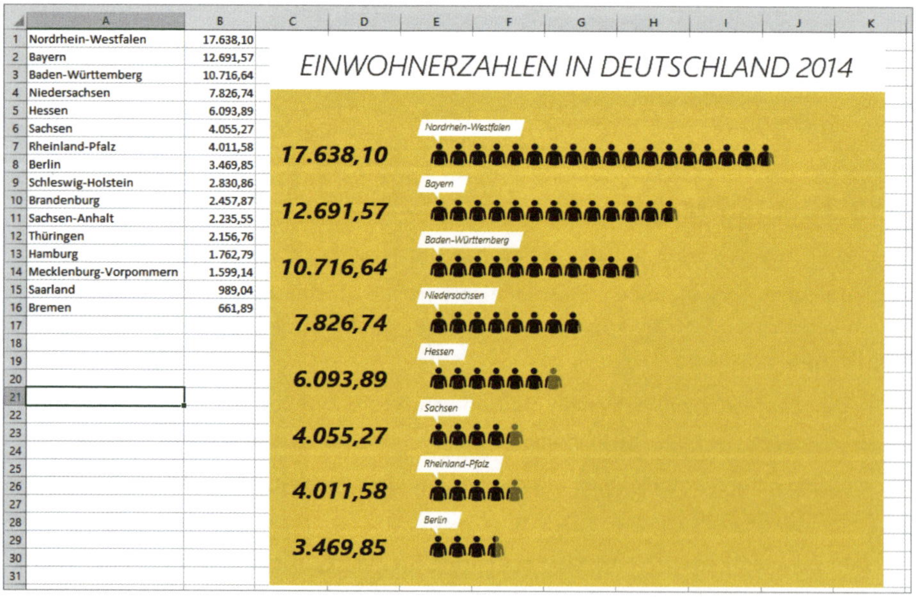

Bild 7.68: Zahlen visualisieren mit People Graph.

7.14 3D-Karte

Dieses Werkzeug hieß früher Power Map. Excel 2016 stellt es unter *Einfügen/Touren* als 3D-Karte bereit.

Es zeichnet geografische Daten auf einem 3D-Globus oder einer Weltkarte, erstellt »gefilmte« Präsentationen und bietet die Möglichkeit, diese als Videos zu exportieren. Die Datenquelle sollte eine Tabelle oder Liste sein, keine PivotTable.

Geografische Daten müssen mindestens einen Wert pro Datenzeile haben. Das kann ein Breitengrad/Längengrad-Paar sein (z. B. aus GPS-getrackten Daten), eine Stadt, eine Region, eine Postleitzahl, ein Bundesland oder ein Kanton.

Um Verwechslungen zu vermeiden, geben Sie bei Städtenamen am besten immer die Postleitzahl, das Land und das Bundesland oder den Kanton an. Werden die Daten im zeitlichen Verlauf gezeigt, muss eine Spalte mit Datum und/oder Uhrzeit enthalten sein.

7.14.1 Beispiel: Kundenumsätze auswerten

Die Firma BioPro hat mittlerweile mehrere Filialen im Bundesgebiet, der Controller wertet die Umsatzzahlen und die Anzahl der Bestellungen aus, um zu überprüfen, in welcher Region das Marketing verstärkt werden muss. Die Liste enthält die Adressen der Filialen mit Stadt und Postleitzahl, die Kategorie und das Datum der Eröffnung. Mit *Einfügen/Touren/3D-Karte* startet die Auswertung, der Zellzeiger muss in der Liste stehen.

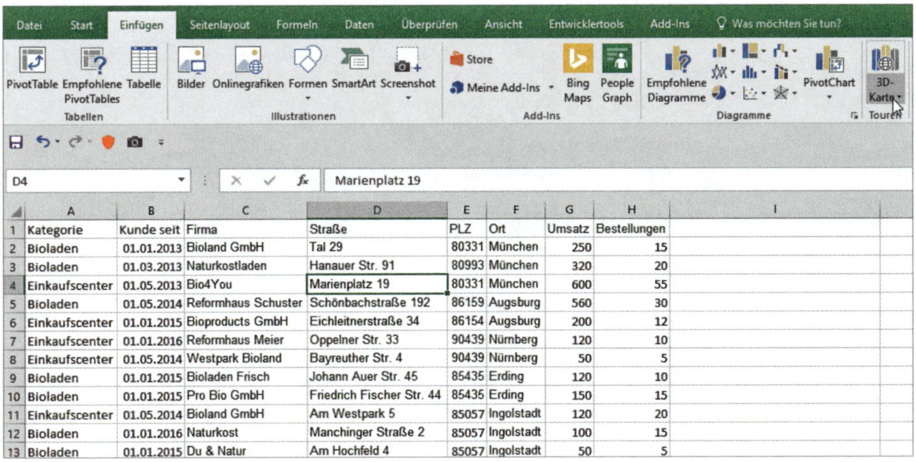

	A	B	C	D	E	F	G	H
1	Kategorie	Kunde seit	Firma	Straße	PLZ	Ort	Umsatz	Bestellungen
2	Bioladen	01.01.2013	Bioland GmbH	Tal 29	80331	München	250	15
3	Bioladen	01.03.2013	Naturkostladen	Hanauer Str. 91	80993	München	320	20
4	Einkaufscenter	01.05.2013	Bio4You	Marienplatz 19	80331	München	600	55
5	Bioladen	01.05.2014	Reformhaus Schuster	Schönbachstraße 192	86159	Augsburg	560	30
6	Einkaufscenter	01.01.2015	Bioproducts GmbH	Eichleitnerstraße 34	86154	Augsburg	200	12
7	Einkaufscenter	01.01.2016	Reformhaus Meier	Oppelner Str. 33	90439	Nürnberg	120	10
8	Einkaufscenter	01.05.2014	Westpark Bioland	Bayreuther Str. 4	90439	Nürnberg	50	5
9	Bioladen	01.01.2015	Bioladen Frisch	Johann Auer Str. 45	85435	Erding	120	10
10	Bioladen	01.01.2015	Pro Bio GmbH	Friedrich Fischer Str. 44	85435	Erding	150	15
11	Einkaufscenter	01.05.2014	Bioland GmbH	Am Westpark 5	85057	Ingolstadt	120	20
12	Bioladen	01.01.2016	Naturkost	Manchinger Straße 2	85057	Ingolstadt	100	15
13	Bioladen	01.01.2015	Du & Natur	Am Hochfeld 4	85057	Ingolstadt	50	5

Bild 7.69: Die Umsätze der Filialen werden ausgewertet.

Zoomen Sie die Karte mit dem Mausrad, bis die Daten sichtbar werden. Schalten Sie zeitweise die Kartenbeschriftungen ein. Verschieben Sie die Karte mit gedrückter Maustaste. In der Feldliste sehen Sie Spaltenüberschriften der Liste, ziehen Sie diese in die *Schicht1*.

Bereich	Felder
Höhe	Ort (Typ Stadt)
	PLZ (Typ Postleitzahl)
	Straße (Typ Straße)
Kategorie	Kategorie
Zeit	Kunde seit

Benennen Sie die *Schicht1* um in »Filialen Deutschland Süd« und schalten Sie um auf die Ansicht *Gestapelte Balken*. In den Schichtoptionen bestimmen Sie Farbe und Höhe der Balken. Starten Sie die Zeitschiene am unteren Rand, sehen Sie, welche Filialen der Reihe nach eröffnet wurden. Im Tour-Editor können Sie daraus ein Video erstellen.

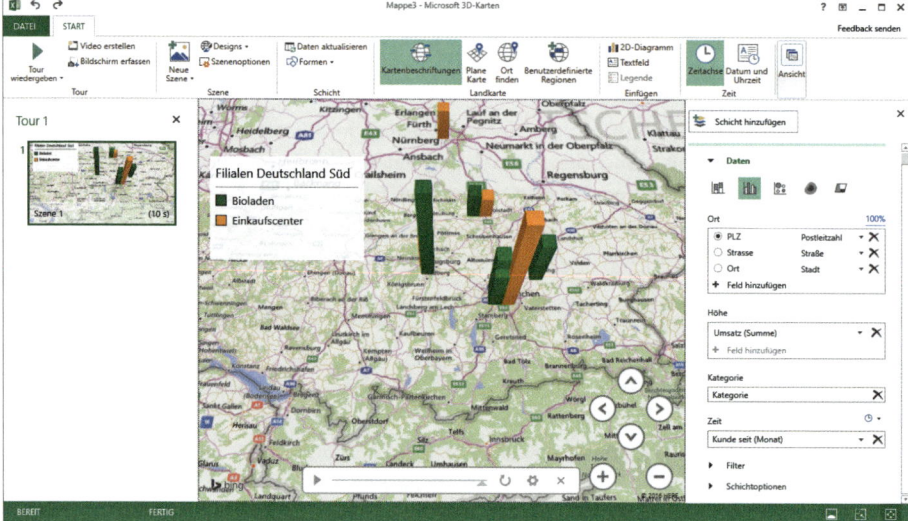

Bild 7.70: 3D-Karte mit Zeitschiene und Video-Editor.

In der Gruppe *Szene* können Sie neue Szenen erstellen, das Design ändern und Übergangseffekte für die Szenen bestimmen. Wenn die 3D-Karte erstellt ist, schließen Sie das Fenster einfach mit *Datei/Schließen*. Die Tour wird zusammen mit der Mappe gespeichert und kann jederzeit über das Symbol aktiviert werden. Mit *Neue Tour* legen Sie weitere Touren an.

Kapitel 8

8. Datentools

In der Gruppe *Datentools* im Register *Daten* stellt Excel eine Reihe von Werkzeugen zur Aufbereitung von Daten zur Auswahl.

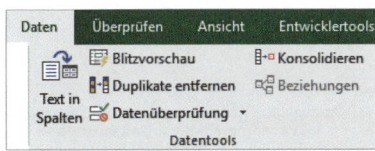

Bild 8.1: Datentools im Register »Daten«.

- *Text in Spalten* bietet die Möglichkeit, durch gezieltes Auftrennen aus einer Datenmenge mehrere Spalten zu generieren. Dieses Werkzeug wird hauptsächlich für die Analyse von Daten verwendet, die aus älteren Systemen importiert oder über die Zwischenablage kopiert wurden.

- Die *Blitzvorschau* hat eine ähnliche Aufgabe, sie analysiert Datensätze und findet mit etwas Hilfe vom Benutzer die »Sollbruchstelle«. So lassen sich beispielsweise große Adresslisten in ihre Einzelteile zerlegen.

- *Duplikate entfernen* ist ein nützliches Tool für importierte Daten oder für erfasste Datenmengen mit doppelten oder mehrfach vorkommenden Datensätzen.

- Die *Datenüberprüfung* sorgt für mehr Sicherheit bei der Datenerfassung. Einzelne Bereiche (meist Spalten) werden so präpariert, dass der Anwender nur bestimmte Datentypen (Zahlen, Datumswerte, Texte bestimmter Länge etc.) eingeben kann. Verstößt er gegen die Regel, wird er höflich, aber bestimmt per Fehlermeldung darauf hingewiesen und darf die Eingabe korrigieren.

- *Konsolidieren* ist ein älteres Werkzeug, das für die Zusammenfassung mehrerer Datenmengen vorgesehen ist. In der Praxis wird es durch neuere Techniken wie PowerQuery ersetzt.

- *Beziehungen* ist für die Verwaltung von Beziehung mit PowerView vorgesehen.

8.1   Text in Spalten

Enthält das Tabellenblatt oder die aktivierte Datei eine Datenmenge, die eigentlich in Spalten aufgetrennt sein sollte, dann können Sie das mit dem Text-Assistenten nachholen. Beim Öffnen von Textdaten erscheint der Assistent automatisch, hier prüft Excel einfach die Dateiendung ab und startet den Assistenten, wenn sie nicht auf ein Excel-Arbeitsmappenformat hinweist.

Wählen Sie *Datei/Öffnen* und suchen Sie eine Datei, wird das Suchmuster auf Excel-Dateien beschränkt sein. Klicken Sie im *Datei*-Dialog auf *Alle Dateien*, sehen Sie auch andere Dateien. Versuchen Sie, eine Textdatei mit der Dateiendung *.txt* zu öffnen, startet automatisch der Text-Assistent und bietet an, den Text in Spalten aufzugliedern.

Textdaten können aber auch in CSV-, XLS- oder XLSX-Dateien enthalten sein, wenn das Datenhaltungssystem (SAP ...) die Daten in dieser Form ablegt. Excel wird in allen Fällen versuchen, Daten in Tabellenform in Spalten zu untergliedern. Wenn das nicht gelingt, greifen Sie zum Datentool *Text in Spalten*.

Wenn Sie Text in Spalten innerhalb einer Liste verwenden, stellen Sie sicher, dass genügend Leerspalten rechts frei sind, sonst überschreibt der Assistent Ihre Daten. Zum Konvertieren darf nur eine einzelne Spalte markiert sein.

8.1.1   Beispiel: Mitarbeiterliste

Hier ein Beispiel: Die Personalliste ist beim Import leider nicht in Spalten aufgeteilt worden. Holen Sie das mit dem Datentool nach:

1. Markieren Sie per Klick auf den Spaltenkopf die gesamte Spalte A, ...

	A
1	Vorname;Name;Arbeitsstunden
2	Eugen;Abrecht;7,58
3	Anni;Bastians;3,5
4	Werner;Cernjevic;7,58
5	Wolfgang;Clauß;3,5
6	Annemarie;Dalheimer;7,58
7	Albert;Weinfurter;3,5

2. ... und wählen Sie *Daten/
    Datentools/Text in Spalten.*

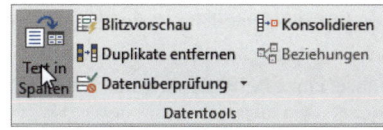

3. Der Textkonvertierungs-
    Assistent startet und bietet
    zwei Optionen. Wählen Sie
    Getrennt, wenn ein Trenn-
    zeichen zu erkennen ist.

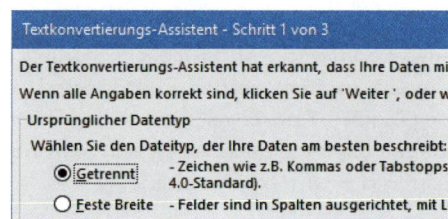

4. In der Vorschau sehen Sie
    die Daten, klicken Sie auf
    Weiter.

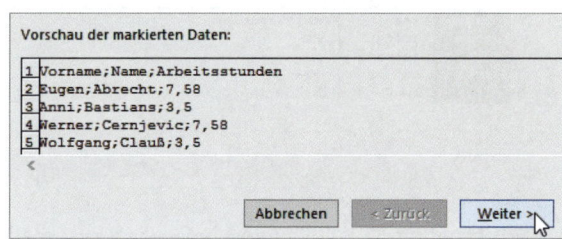

5. Kreuzen Sie das Trennzeichen an, das die einzelnen Spalten trennt.

    Verwenden Sie nur ein Trennzeichen, entfernen Sie die Markierung von den anderen
    Optionen, wenn das Trennzeichen erkannt wurde.

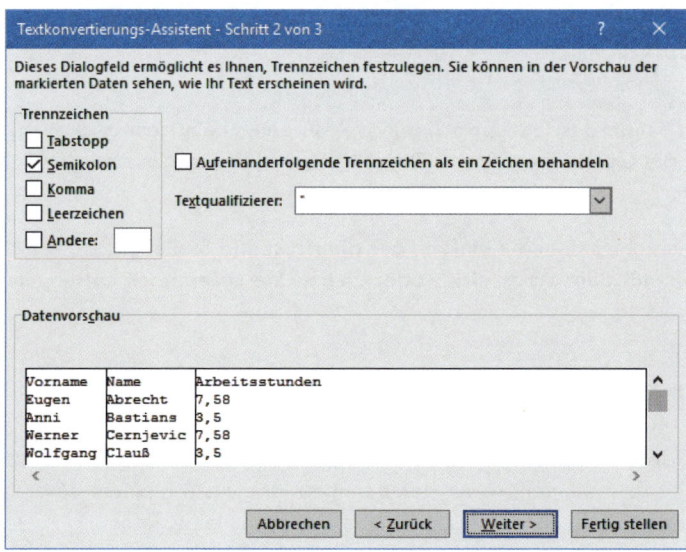

6. Im nächsten Schritt können Sie noch das Datenformat der einzelnen Spalten bestim-
    men, falls Excel es nicht erkennt.

Mit *Spalte nicht importieren* wird die markierte Spalte entfernt.

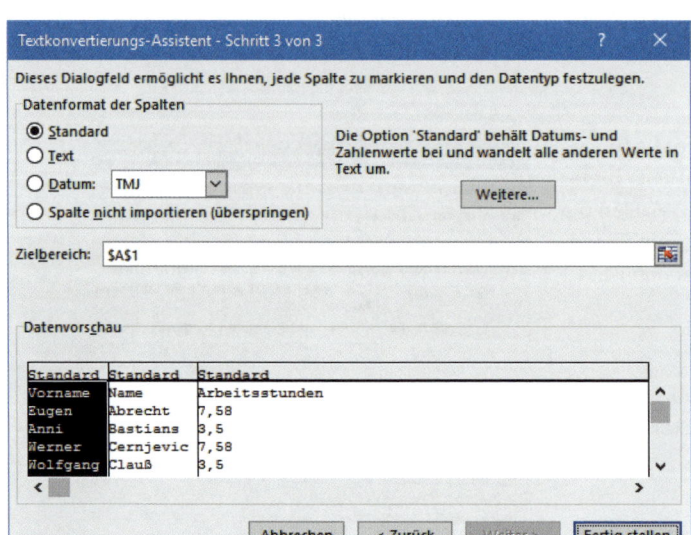

7. Das Ergebnis: Die Zeilen sind in Spalten aufgeteilt.

	A	B	C
1	Vorname	Name	Arbeitsstunden
2	Eugen	Abrecht	7,58
3	Anni	Bastians	3,5
4	Werner	Cernjevic	7,58
5	Wolfgang	Clauß	3,5
6	Annemarie	Dalheimer	7,58
7	Albert	Weinfurter	3,5

Wenn Sie im ersten Schritt des Textkonvertierungs-Assistenten kein Trennzeichen erkennen, probieren Sie die Option *Feste Breite*. Damit lässt sich die Liste im nächsten Schritt »händisch« trennen.

Ziehen Sie Trennlinien ein, indem Sie einfach auf die passende Stelle klicken, verschieben Sie diese Linien mit dem Mauszeiger oder ziehen Sie Linien nach außen, um sie wieder zu löschen.

8.2   Die Blitzvorschau

An sich eine gute Idee, aber in der Praxis nicht allzu brauchbar: Die Blitzvorschau versucht, ein Muster zu erkennen, wenn der Benutzer das erste Element einer Liste analysiert, und wendet dieses Muster dann für alle weiteren Elemente an.

Müssen Sie beispielsweise ständig Mailadressen von Kunden oder Mitarbeitern nach Name und Mail-Provider trennen, dann könnte die Blitzvorschau ein nützliches Werkzeug sein.

8.2.1 Beispiel: Namensliste trennen

1. Die Liste muss nach Vornamen und Nachnamen getrennt werden, geben Sie in der zweiten Spalte den ersten Vornamen ein.

	A	B
1	Adresse	Vorname
2	Hans Huber	
3	Michael Meier	
4	Berta Fröhlich	
5	Dietrich Kramer	

2. Tragen Sie den zweiten Vornamen ein, erkennt die Blitzvorschau das Muster. Drücken Sie ⏎, werden alle Vornamen übernommen. Um die Blitzvorschau nicht zu übernehmen, drücken Sie Esc.

	A	B
1	Adresse	Vorname
2	Hans Huber	Hans
3	Michael Meier	Michael
4	Berta Fröhlich	Berta
5	Dietrich Kramer	Dietrich

3. Mit dem Optionskästchen lässt sich die Blitzvorschau korrigieren oder die Liste anschließend markieren.

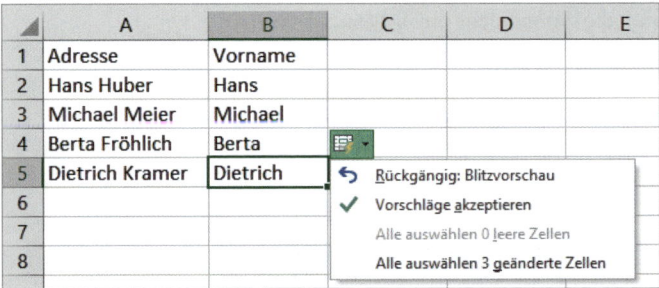

8.2.2 Weitere Beispiele

1. Ermitteln Sie die Initialen der Mitarbeiter: Geben Sie in Zelle C2 ein:

   H.H.

2. Markieren Sie C2:C5 und drücken Sie Strg+E.

3. Schreiben Sie in Spalte D die Mitarbeiter mit abgekürztem Vornamen. Geben Sie den ersten Namen ein:

   H. Huber

4. Markieren Sie D2:D5 und drücken Sie Strg+E.

In der Mustervorlage *Willkommen bei Excel* finden Sie dieses Beispiel auch mit einer anderen Liste. Wählen Sie *Datei/Neu*, klicken Sie auf die Vorlage und schalten Sie auf das zweite Tabellenblatt um.

8.3   Duplikate entfernen

Dieses Datentool spart Zeit und Arbeit, wenn die importierten Daten wieder einmal mehr Müll als nötig enthalten. Doppelte Daten werden häufig in Warenwirtschaftssystemen, von automatischen Scannern oder beim Einlesen von Barcodes produziert.

1. Setzen Sie den Zellzeiger in die Liste oder Tabelle, die Duplikate enthält, ...

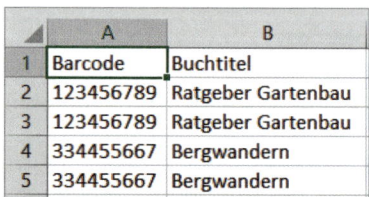

2. ... und starten Sie *Duplikate entfernen* aus den *Datentools*.

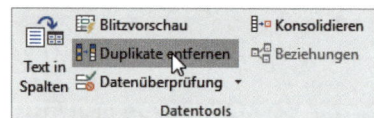

3. Kreuzen Sie die Option *Daten haben Überschriften* an, wenn die Liste oder Tabelle eine Überschrift hat (die damit nicht auf Duplikate überprüft wird).

4. Kreuzen Sie die Spalte(n) an, die Duplikate enthalten können. Wenn Sie mehrere Spalten auswählen, müssen die Daten in diesen Spalten identisch sein. Klicken Sie auf *OK*.

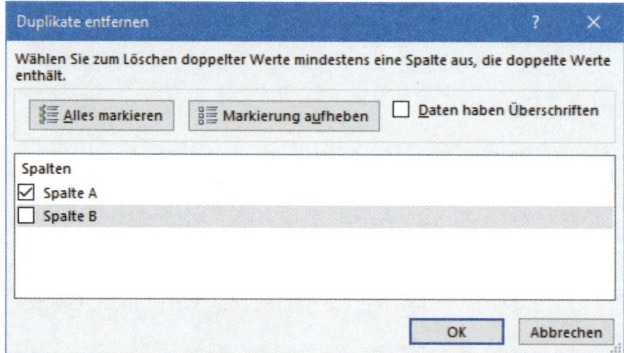

5. Die Duplikate sind entfernt, die Meldung weist darauf hin, wie viele Duplikate gefunden wurden.

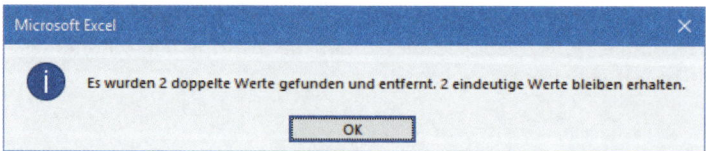

6. Das Ergebnis: Die Liste enthält nur eindeutige Einträge.

◢	A	B
1	Barcode	Buchtitel
2	123456789	Ratgeber Gartenbau
3	334455667	Bergwandern

8.4 Datenüberprüfung

Dieses Datentool gehört zu den nützlicheren Werkzeugen von Excel. Datenüberprüfungen können nämlich nicht nur Tabellenbereiche vor Falscheingaben schützen, sie bieten auch die Möglichkeit, Tabellen in Formulare mit Auswahllisten zu verwandeln.

8.4.1 Beispiel: Personalformular

Bereiten Sie ein Tabellenblatt als Eingabeformular für Personaldaten vor. Schreiben Sie den Text für die gewünschte Eingabe in Spalte A und präparieren Sie die Felder in Spalte B mit der Datenüberprüfung:

1. Geben Sie die Beschriftungen für die Eingabefelder in Spalte A ein. Markieren Sie das Eingabefeld für das Datum in Zelle B3, …

◢	A	B
1	Vorname:	
2	Nachname:	
3	Geburtsdatum:	
4	PLZ:	
5	Wohnort:	

2. … und starten Sie die *Datenüberprüfung* aus den Datentools (Register *Daten*).

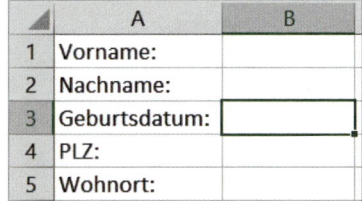

3. Wählen Sie auf der ersten Registerkarte *Einstellungen/Gültigkeitskriterien/Zulassen/Datum*.

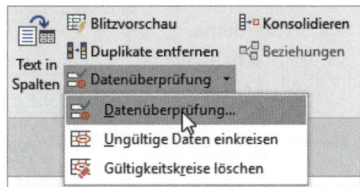

4. Wählen Sie unter *Daten* die Option *kleiner als* und geben Sie für das Enddatum die Formel für das Tagesdatum ein:

   =heute()

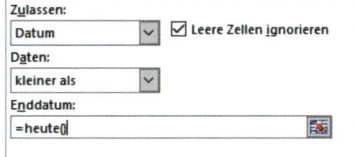

5. Im Register *Eingabemeldung* kreuzen Sie die Option an, wenn Sie eine Eingabehilfe sehen wollen. Tragen Sie einen Titel und eine Eingabemeldung ein.

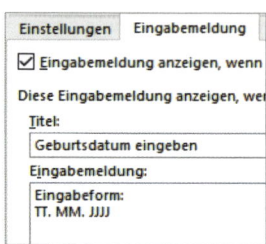

6. Unter *Fehlermeldung* bestimmen Sie den Typ, den Titel und den Text in der Meldung. Geben Sie einen aussagekräftigen Text ein. Bestätigen Sie mit *OK*.

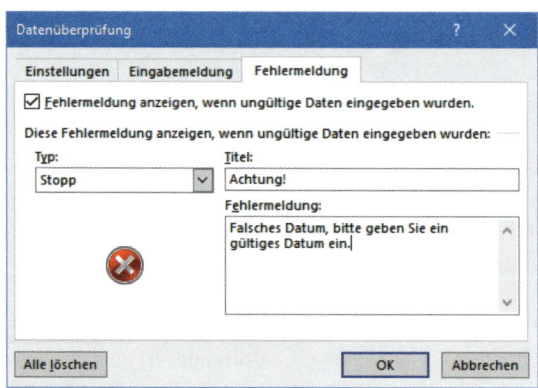

7. Mit dem Zellzeiger in der Zelle wird jetzt die Eingabemeldung aktiviert. Gibt der Anwender ein falsches Datum ein und bestätigt die Eingabe, …

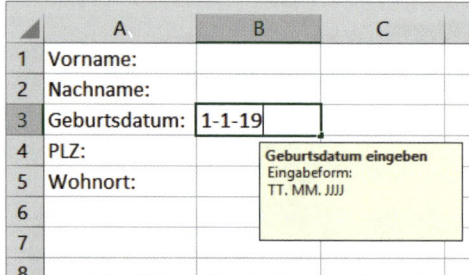

8. … erscheint die Fehlermeldung mit dem vordefinierten Text. Mit *Wiederholen* kann die Eingabe wiederholt werden, mit *Abbrechen* wird die Zelle ohne Eingabe geschlossen.

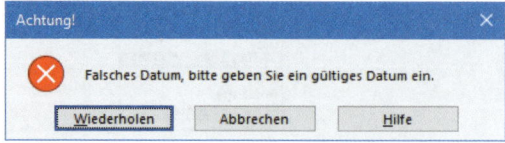

8.4.2 Immer richtig markieren

Die Datenüberprüfung ist eine Zellformatierung. Weisen Sie sie einem Bereich zu, muss dieser vorher markiert sein. Am besten markieren Sie immer ganze Spalten. Wenn Sie beim erneuten Aufruf Zellen ohne einheitliche Datenüberprüfung markiert haben, erscheint eine Meldung.

Fehlermeldung	Erklärung
Die Auswahl enthält einige Zellen ohne Einstellungen für die Datenüberprüfung. Soll die Datenüberprüfung auf diese Zellen erweitert werden?	Sie haben Zellen mit und ohne Datenüberprüfung markiert. Mit *Ja* erhalten alle Zellen die Zuweisung. Mit *Nein* wird die Zuweisung der aktiven Zelle verwendet. *Abbrechen* beendet die Aktion.
Die Auswahl enthält mehr als eine Prüfungsart. Sollen die aktuellen Einstellungen gelöscht und dann fortgefahren werden?	Sie haben Zellen mit unterschiedlichen Datenüberprüfungen markiert. Bestätigen Sie mit OK, werden alle Zuweisungen gelöscht.

8.4.3 Einstellungen

Auf der ersten Registerkarte definieren Sie die Einstellungen für die Datenüberprüfung:

- *Jeden Wert*: Keine Datenüberprüfung.

- *Ganze Zahl*: Erlaubt sind nur ganze Zahlen ohne Nachkommastellen. Die Eingabe wird auf den unter *Zwischen* gewählten logischen Begriff (zwischen, größer, kleiner ...) und den Grenzwert (Minimum/Maximum) geprüft.

- *Dezimal*: Erlaubt sind ganze Zahlen und Dezimalzahlen, die der eingestellten Bedingung entsprechen.

- *Liste*: Die Eingabe beschränkt sich auf Zahlen oder Texte, die in dem unter *Quelle:* angegebenen Listenbereich vorkommen. Das kann ein Bereich der aktiven Tabelle (z. B. $G$1:$G$10) sein oder ein benannter Bereich in einer anderen Tabelle. Der Quellbereich darf nur aus einer Spalte bestehen.

- *Datum/Zeit*: In den markierten Bereich darf nur ein Datums-/Zeitwert eingegeben werden, der die eingestellte Bedingung (zwischen, größer, kleiner Anfangs-/Endwert) erfüllt.

- *Textlänge*: Erlaubt sind Zahlen und Buchstaben, die Länge der eingegebenen Zeichen muss der Bedingung entsprechen (nicht verwechseln: größer als fünf bedeutet, dass mindestens sechs Zahlen oder Buchstaben einzugeben sind, nicht Zahlen über fünf).

- *Benutzerdefiniert*: Das Formelfeld erhält für diese Einstellung eine Formel, die den Wahrheitswert WAHR oder FALSCH ergeben muss. Die Eingabe im markierten Bereich wird nur akzeptiert, wenn diese Formel den Wert WAHR ergibt.

- *Leere Zellen ignorieren*: Kreuzen Sie diese Option an, wenn die unter *Zulassen* eingestellte Prüfung nicht auf leere Zellen anzuwenden ist.

- *Änderungen auf alle Zellen mit den gleichen Einstellungen anwenden*: Diese Option ist nur verfügbar, wenn innerhalb der Markierung unterschiedliche Kriterien gefunden wurden. Ist sie gesetzt, werden Änderungen auf alle Zellen wirksam, die dieselbe Datenüberprüfung haben wie die aktive Zelle.

- *Alle löschen*: Mit Klick auf diese Schaltfläche werden alle Gültigkeitskriterien aus den markierten Zellen gelöscht.

8.4.4 Benutzerdefinierte Datenüberprüfungen

Die Option *Benutzerdefiniert* bietet die Möglichkeit, Bedingungen zu formulieren. Ist die Bedingung wahr, ist die Zelle geschützt. Arbeiten Sie mit Bezügen in der Bedingung, passen sich relative Bezüge automatisch an alle markierten Zellen an, geben Sie deshalb immer nur den Bezug auf die aktive Zelle an, deren Zelladresse im Namensfeld angezeigt wird.

Die Option *Leere Zellen ignorieren* sollten Sie für Datenüberprüfungen, die mit Formeln arbeiten, ausschalten. Hier einige Beispiele für benutzerdefinierte Datenüberprüfungen:

Texteingabe erforderlich

Textlänge beschränkt sich auf die Länge der Eingabe und verhindert nicht, dass Zahlen erfasst werden. Um einen Bereich auf reine Texteingaben zu beschränken, geben Sie ein:

```
Zulassen: Benutzerdefiniert
Formel: =ISTTEXT(A1)
Fehlermeldung: Bitte nur Text eingeben!
```

Doppelte Einträge vermeiden

Mit dieser Formel verhindern Sie, dass in Spalte A ein Eintrag zweimal erfasst wird:

```
=ZÄHLENWENN(A:A;A1)=1
```

Zahlenkonformität überprüfen

Mit *Zulassen:Ganze Zahl* oder *Dezimal* erzwingen Sie die Eingabe von Zahlen mit Minimal- und Maximalgrenze. Mehr Komfort bei der Überprüfung von Zahleneingaben bietet der benutzerdefinierte Typ. Testen Sie, ob ein Preis mit 0,99 EUR ausgewiesen ist, und weisen Sie den Benutzer auf den Fehler hin (hier für Zelle B2):

```
Zulassen: Benutzerdefiniert
Formel: =B2-GANZZAHL(B2)=0,99
Fehlermeldung: Überprüfen Sie bitte den Artikelpreis!
```

Diese Formel lässt nur einen Artikelpreis mit der Dezimalstelle 0,99 oder ganze Zahlen zu:

```
=ODER(B1=GANZZAHL(B1);B1-GANZZAHL(B1)=0,99;B1=0)
```

Mit dieser Formel stellen Sie sicher, dass die Zelle keine Texte, keine negativen Zahlen und keine Nulleingaben erhält:

```
=UND(NICHT(ISTTEXT(B1));B1>0)
```

Diese Formel akzeptiert nur gerade Zahlen im Bereich zwischen 1 und 99:

```
=UND(REST(C1;2)=0;C1<100;C1>0)
```

Passwortschutz

Ein einfacher, aber wirkungsvoller Passwortschutz lässt sich über diese Datenüber-
prüfung erzielen: Schreiben Sie in eine beliebige Zelle (z. B. X1) ein Passwort, blenden
Sie die Spalte aus oder formatieren Sie die Zelle mit einem Zahlenformat, das den
Zellinhalt versteckt:

```
;;;
```

Mit dieser Formel in der Datenüberprüfung für alle Zellen stellen Sie sicher, dass die
Tabelle nur bearbeitbar ist, wenn das Passwort in der Zelle X1 korrekt ist. Achten Sie
auf den absoluten Bezug ($X$1), der hier nötig ist, damit sich alle Prüfungen genau
auf die Zelle X1 beziehen:

```
Zulassen: Benutzerdefiniert
Formel: =$X$1="test"
```

Eingabeschutz für Zellen

Um die Zellen einer Tabelle ohne Blattschutz oder Arbeitsmappenschutz vor Überschrei-
bungen zu schützen, können Sie eine benutzerdefinierte Datenüberprüfung mit dieser
Formel einbauen:

```
<>""
```

oder

```
=ISTLEER(INDIREKT("ZS";0))
```

Nicht benannte Mappen schützen

Neue Arbeitsmappen werden mit Pseudonamen wie *Mappe1*, *Mappe2* versehen und
lassen sich beliebig lange ohne Speicherung bearbeiten (ausgenommen, das Add-in
für automatische Speicherung ist aktiv). Wenn Sie den Benutzer der Mappe zwingen
wollen, diese vor der ersten Zellbearbeitung zu speichern, verwenden Sie diese Datenüberprüfung. Markieren Sie dazu alle Zellen des ersten Tabellenblatts, wiederholen Sie
die Aktion für alle weiteren Blätter.

```
=ZELLE("Dateiname")<>""
Fehlermeldung
Typ: Stopp
Titel: Mappe nicht gespeichert
Fehlermeldung: Bitte speichern Sie zuerst Ihre Arbeitsmappe!
```

8.4.5   Listen mit Datenüberprüfungen

Besonders nützlich für die Gestaltung von Formularen sind die Datenüberprüfungslisten.
Wer nicht mit Formularelementen aus den Entwicklertools arbeiten will oder kann (siehe
Kapitel 11), baut sich kleine Auswahllisten in die Zellen ein. Der Nachteil dieser Listen:
Der Auswahlpfeil für die Liste wird erst sichtbar, wenn der Zellzeiger auf der Zelle steht.

1. Markieren Sie einen Zellbereich und aktivieren Sie die *Datenüberprüfung* in den *Datentools*.

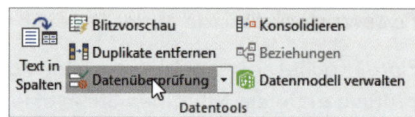

2. Schalten Sie in den Einstellungen auf *Zulassen: Liste*. Eine einfache Liste schreiben Sie mit Semikolon als Trennzeichen direkt in das Feld *Quelle*. Definieren Sie Eingabe- und Fehlermeldung und schließen Sie mit OK ab.

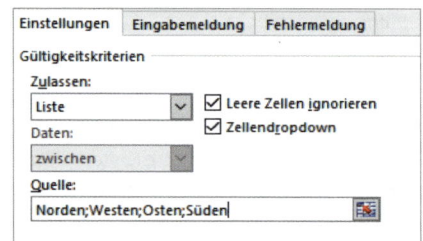

3. Ein Klick auf den Listenpfeil, und die Liste wird präsentiert.

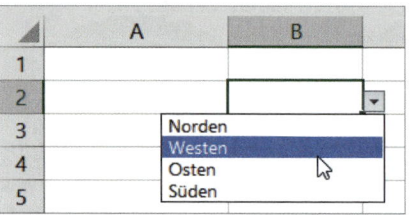

4. Größere Listen erfassen Sie in einem Tabellenblatt. Geben Sie der Liste einen Bereichsnamen, schreiben Sie ihn direkt in das Namensfeld und bestätigen Sie mit ⏎.

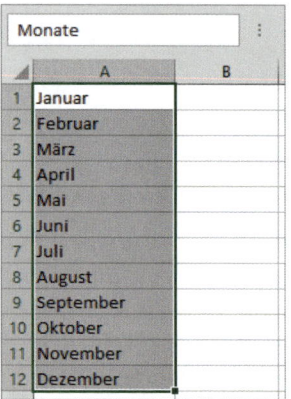

5. In der Datenüberprüfung für einen anderen Zellbereich geben Sie entweder den absoluten Zellbezug als Quelle für die Liste an, markieren diesen mit gedrückter Maustaste …

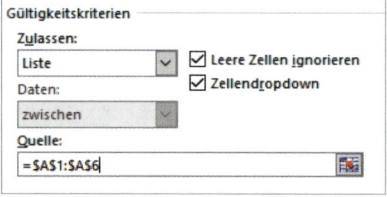

6. … oder (besser) verwenden den Bereichsnamen der Liste als Quelle.

7. Jetzt steht die Liste in der Datenüberprüfung zur Auswahl.

Beispiel: Dynamische Auswahllisten mit der Datenüberprüfung

Die Krönung dieser Technik ist natürlich die dynamische Liste, die sich aus der Eingabe des Benutzers oder aus der Auswahl einer anderen Liste definiert. Mit berechneten Bereichsnamen sollte auch das kein Problem sein.

Hier am Beispiel eines Kombinationsfelds mit deutschen Bundesländern, gekoppelt mit Städtelisten zu den einzelnen Ländern. Der Benutzer soll die Möglichkeit haben, über eine Datenüberprüfungsliste ein Bundesland auszuwählen und mit der Auswahl automatisch in einer anderen Datenüberprüfungsliste eine Liste von Städten angeboten bekommen. Die Liste der Bundesländer muss dabei ebenso flexibel sein wie die Städteliste, das heißt, weitere erfasste Bundesländer und Städte tauchen automatisch in den Datenüberprüfungslisten auf.

Bild 8.2: Dynamische Auswahllisten mit der Datenüberprüfung.

Geben Sie wie im Bild gezeigt die Liste der Bundesländer in Spalte F ein und schreiben Sie je eine Städteliste in die Spalten G bis K. Definieren Sie dann über den Namens-Manager diese Bereichsnamen:

Bereichsname	Bezieht sich auf
Bundesländer	=BEREICH.VERSCHIEBEN($F$2;0;0;ANZAHL2($F:$F)-1;1)
Städte_BY	=BEREICH.VERSCHIEBEN($G$2;0;0;ANZAHL2($G:$G)-1;1)
Städte_BW	=BEREICH.VERSCHIEBEN($H$2;0;0;ANZAHL2($H:$H)-1;1)
Städte_H	=BEREICH.VERSCHIEBEN($I$2;0;0;ANZAHL2($I:$I)-1;1)

Bereichsname	Bezieht sich auf
Städte_RP	=BEREICH.VERSCHIEBEN($J$2;0;0;ANZAHL2($J:$J)-1;1)
Städte_NRW	=BEREICH.VERSCHIEBEN($K$2;0;0;ANZAHL2($K:$K)-1;1)
vLand	=VERGLEICH($M$2;Bundesländer;0)

Die Zelle M2 bekommt die erste Datenüberprüfungsliste:

```
Zulassen: Liste
Quelle: =Bundesländer
```

In der Zelle M5 definieren Sie die zweite Datenüberprüfungsliste. Die Quelle machen Sie mit einer WAHL()-Funktion abhängig von M2. Der Bereichsname *vLand* sorgt für den passenden Index:

```
Zulassen: Liste
Quelle: =WAHL(vLand;Städte_BY;Städte_BW;Städte_H;Städte_RP;Städte_NRW)
```

Einen kleinen Schönheitsfehler hat die dynamische Liste. Ändert sich die Auswahl des Bundeslandes, passt sich zwar automatisch die Quelle auf die Städtenamen an, ein bereits gewählter Name aus der vorherigen Liste wird dabei aber nicht gelöscht. Mit einem kleinen VBA-Makro beheben Sie den Fehler:

Schalten Sie mit ⌨Alt+⌨F11 in den VBA-Editor und suchen Sie im Projekt-Explorer das Tabellenblatt mit den Datenüberprüfungslisten. Klicken Sie es doppelt an und tragen Sie in das Modulblatt des Objekts dieses Ereignismakro ein. Es wird automatisch aktiv, wenn in Zelle M2 etwas geändert wird (Ereignis *Change*), löscht die Zelle M5 und setzt auch gleich den Zellzeiger in die Zelle M5.

```
Private Sub Worksheet_Change(ByVal Target As Range)
  If Target.Address = "$M$2" Then
    Range("$M$5") = ""
    Range("$M$5").Select
  End If
End Sub
```

Vergessen Sie nicht, die Arbeitsmappe unter dem Dateityp *Excel-Arbeitsmappe mit Makros (*.xlsm)* abzuspeichern, sonst geht das Makro verloren.

8.4.6   Die Eingabemeldung

Enthält die erste Registerkarte eine Datenüberprüfung, kann für den Benutzer eine Eingabe- und Fehlermeldung festgelegt werden. Nutzen Sie diese beiden Meldungen, um auf die Einschränkungen der Datenüberprüfung hinzuweisen, die sonst nicht transparent sind.

Die Eingabemeldung ist nicht zwingend, sie taucht auf, sobald der Zellzeiger auf eine Zelle gesetzt wird, die mit der Datenüberprüfung formatiert ist. Schalten Sie auf die zweite Registerkarte *Eingabemeldung* um. Aktivieren Sie die erste Option und geben Sie einen Titel sowie einen passenden Text für die Meldung ein.

Sie können die Datenüberprüfung erneut aktivieren und die Option deaktivieren, die eingetragenen Texte bleiben erhalten. Die Meldung erscheint nach Abschluss der Zuweisung in einem gelben Kästchen am Zellzeiger, der Titel ist fett gedruckt. Das Kästchen lässt sich am Rand abnehmen und mit gedrückter Maustaste verschieben.

8.4.7 Die Fehlermeldung

Wichtiger als die Eingabemeldung ist die Fehlermeldung. Sie informiert, wenn die Gültigkeitsregel nicht beachtet wurde, und regelt die weitere Vorgehensweise.

Setzen Sie für alle Datenüberprüfungen in jedem Fall auch Fehlermeldungen ab, denn die Standardmeldung, die der Benutzer erhält, wenn er falsche Eingaben macht, trägt nicht besonders zum Verständnis bei. Sie erscheint, wenn kein Fehlermeldungstext erfasst wurde. Hier wurde für die Postleitzahl eine Textlänge kleiner oder gleich 5 definiert:

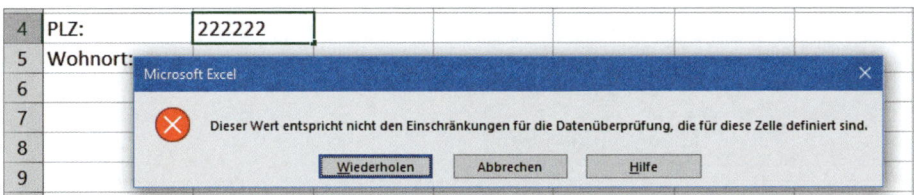

Bild 8.3: Standardmeldung, wenn kein benutzerdefinierter Meldungstext eingetragen ist.

Die Fehlermeldung bietet neben dem Fehlertext auch ein Symbol an, und dieses Symbol hat nicht nur die Aufgabe, optisch auf den Fehler hinzuweisen.

Die Auswahl des Symbols bzw. des Fehlermeldungstyps entscheidet, welchen Dialog der Benutzer bekommt. Achten Sie auf die unterschiedliche Zusammensetzung der Schaltflächen.

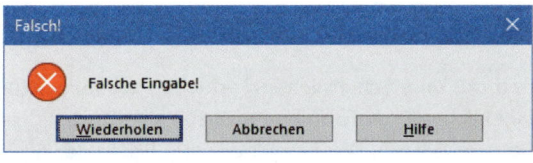

Bild 8.4: Stopp: Die Eingabe kann entweder wiederholt oder abgebrochen werden.

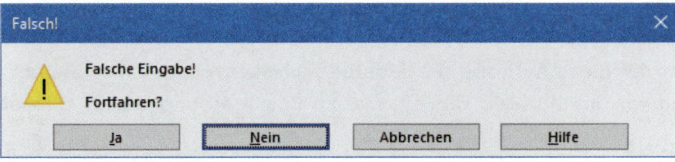

Bild 8.5: Warnung: Mit Ja wird die Eingabe akzeptiert, mit Nein muss sie wiederholt werden.

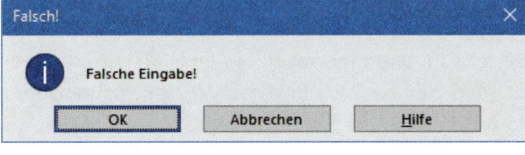

Bild 8.6: Information: Mit OK wird die Eingabe akzeptiert, mit Abbrechen wird ohne Eingabe abgebrochen.

8.4.8   Datenüberprüfungen kennzeichnen

Ob eine Zelle mit einer Datenüberprüfung formatiert ist, sieht man ihr nicht an. Im Unterschied zu »normalen« Formatierungen sind Datenüberprüfungen optisch nicht zu erkennen. Deshalb bietet Excel Hilfsmittel zum Aufspüren von Datenüberprüfungen an:

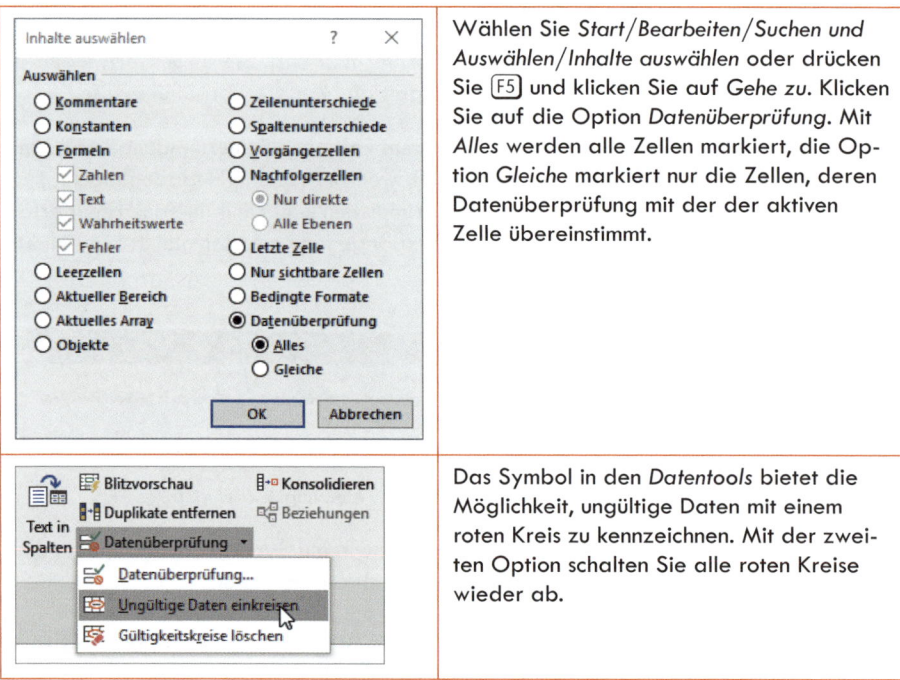

Wählen Sie *Start/Bearbeiten/Suchen und Auswählen/Inhalte auswählen* oder drücken Sie F5 und klicken Sie auf *Gehe zu*. Klicken Sie auf die Option *Datenüberprüfung*. Mit *Alles* werden alle Zellen markiert, die Option *Gleiche* markiert nur die Zellen, deren Datenüberprüfung mit der der aktiven Zelle übereinstimmt.

Das Symbol in den *Datentools* bietet die Möglichkeit, ungültige Daten mit einem roten Kreis zu kennzeichnen. Mit der zweiten Option schalten Sie alle roten Kreise wieder ab.

8.5   Konsolidieren

Konsolidieren bedeutet in Excel, Daten aus unterschiedlichen Bereichen zusammenzufassen. Die Bereiche müssen dazu einheitlich vom Aufbau her sein, für eine Konsolidierung sind mindestens zwei Zellbereiche erforderlich. Die Anzahl der möglichen Bereiche ist nur durch den für Excel verfügbaren Arbeitsspeicher begrenzt, die Bereiche können auch aus unterschiedlichen Tabellenblättern und Arbeitsmappen stammen.

In der Praxis werden Sie für diese Aufgabe die neueren Techniken wie z. B. PowerQuery einsetzen, beschränken wir uns deshalb auf eine kurze Beschreibung dieser älteren Technik.

Stellen Sie die Bereiche zur Verfügung und wählen Sie *Daten/Datentools/Konsolidieren*. Suchen Sie in der Liste die passende Konsolidierungsfunktion (*Summe* ist die Voreinstellung). Setzen Sie den Cursor in die Verweisliste und markieren Sie im Hintergrund einen Zellbereich. Mit Klick auf *Hinzufügen* wird der Bereich in die Liste der vorhandenen Verweise übertragen, holen Sie so alle Bereiche in die Liste. Klicken Sie auf *OK*, um die Konsolidierung der gesammelten Bereiche zu starten.

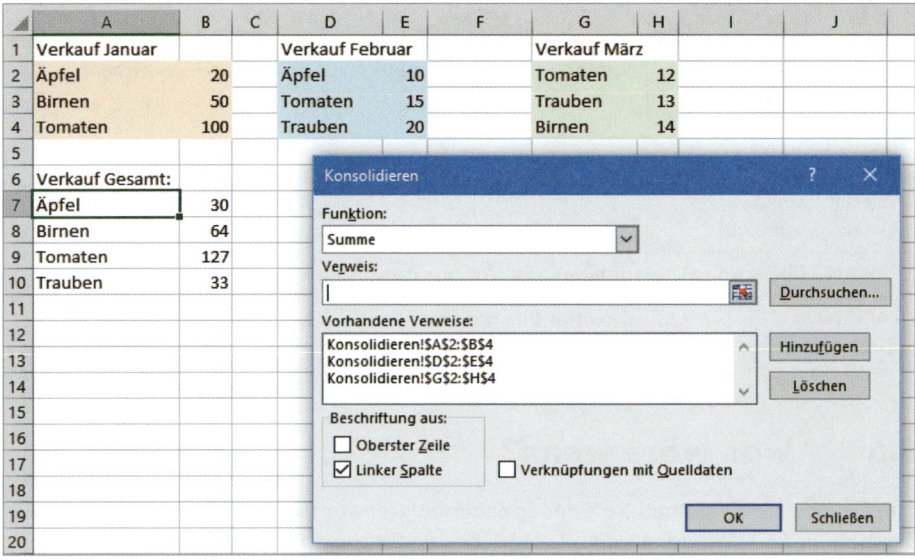

Bild 8.7: Konsolidieren fasst mehrere Bereiche zusammen.

Klicken Sie auf *Durchsuchen*, um für die Verknüpfung eine weitere Arbeitsmappe zu laden. Um einen Bezug wieder zu entfernen, klicken Sie den Eintrag an und wählen *Löschen*.

Beschriftung aus: Kreuzen Sie *Oberster Zeile* an, wenn die oberste Zeile des markierten Bereichs als Anhaltspunkt für die Verknüpfung gelten soll. *Linker Spalte* definiert die erste Spalte für die Verknüpfung. Wenn nur eine dieser Optionen angekreuzt ist, wird die angekreuzte Rubrik zur Konsolidierung herangezogen, während der nicht bestimmte Bereich anhand seiner Position übernommen wird.

Verknüpfungen mit Quelldaten: Kreuzen Sie diese Option nur an, wenn die Konsolidierung verknüpft werden soll.

8.5.1   Die Konsolidierungsfunktionen

Funktion	Bedeutung
SUMME	Summiert die Zahlen aus allen Bereichen.
ANZAHL	Zählt die Zahlen aus den angegebenen Bereichen.
MITTELWERT	Ermittelt den durchschnittlichen Wert aller Zahlen aus den Bereichen.
MAXIMUM	Ermittelt den Maximalwert aller Zahlen aus den Bereichen.
MINIMUM	Ermittelt den kleinsten Wert aller Zahlen aus den Bereichen.
PRODUKT	Multipliziert alle Zahlen aus den Bereichen.
ANZAHL	Zählt die Werte in den angegebenen Bereichen (nur Zahlen werden gezählt).

Funktion	Bedeutung
STANDARD-ABWEICHUNG (Stichprobe)	Ermittelt die Abschätzung für die Standardabweichung.
STANDARD-ABWEICHUNG (Grundgesamtheit)	Liefert die Standardabweichung.
VARIANZ (Stichprobe)	Ermittelt die Varianz aus Stichproben.
VARIANZ (Grundgesamtheit)	Ermittelt die Varianz.

8.6   Was wäre wenn?

Eine Gruppe mit Datentools, die für Spezialanalysen vorbereitet wurden, ist unter dem Symbolnamen *Was-wäre-wenn-Analyse* in der Gruppe *Prognose* zusammengefasst worden:

- *Szenario-Manager:* Speichert Zellbereiche als Szenarien, die bei Bedarf wieder abgerufen oder in Berichten zusammengefasst werden.

- *Zielwertsuche:* Sucht Zielwerte für Formeln durch Iteration der Basisdaten.

- *Datentabelle:* Erstellt eine Matrix mit Alternativberechnungen für variable Werte einer Formel (früherer Name: Mehrfachoperation).

8.6.1   Szenario-Manager

Szenarien sind die Inhalte aktueller Tabellenbereiche, die in der Mappe abgespeichert werden. Variantenkalkulationen auf Basis von Was-wäre-wenn-Analysen, Forecast- und Budgetplanungen nutzen diese Möglichkeit, auf verschiedene Stände zuzugreifen, ohne für jede Änderung einen neuen Bereich oder ein neues Tabellenblatt anzulegen.

Ein Szenario wird in und mit der Tabelle gespeichert, jede Tabelle kann beliebig viele Szenarien enthalten, die aber in ihrer Größe begrenzt sind:

- In Berichten werden nur die ersten 251 Szenarien angezeigt.

- Szenarien dürfen maximal 32 veränderbare Bereiche enthalten. Eine Fehlermeldung weist Sie darauf hin, wenn mehr Zellen angegeben werden.

- In Szenarienbereichen dürfen keine Formeln hinterlegt werden. Wenn Sie eine Zelle in ein Szenario aufnehmen, die eine Formel enthält, wird diese mit dem Aufruf des Szenarios durch den berechneten Wert ersetzt.

Szenarien für große Listen, Datenbank- oder SAP-Berichte oder Cube-Querys mit Tausenden Zeilen zu erstellen, ist weder technisch möglich noch entspricht es dem Verwendungszweck. Der Szenario-Manager kann nur kleinere Bereiche auswerten. Formelzellen sind grundsätzlich ausgeschlossen.

Szenario erstellen

Um ein Szenario zu erstellen, markieren Sie den Bereich mit den aktuellen Zahlen und wählen *Daten/Prognose/ Was-wäre-wenn-Analyse/Szenario-Manager*. Klicken Sie auf *Hinzufügen* und speichern Sie das Szenario ab.

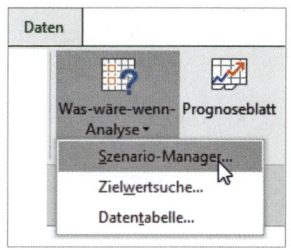

Bild 8.8: Szenario erstellen mit dem Szenario-Manager.

Szenarioname: Geben Sie hier einen Namen Ihrer Wahl ein.

Veränderbare Zellen: In diesem Feld werden die Zellen eingetragen, die der Szenario-Manager speichern soll. Die aktive Markierung wird vorgeschlagen; markieren Sie andere Zellen durch Anklicken mit der Maus oder ziehen Sie den Zellzeiger über einen Zellbereich. Halten Sie die [Strg]-Taste gedrückt, wenn Sie Zellen in nicht zusammen-hängenden Bereichen markieren.

Kommentar: Hier wird *Erstellt von* mit dem Benutzernamen und dem aktuellen System-datum vorgeschlagen, tragen Sie eine Beschreibung Ihrer Wahl ein.

Schutz: Wenn das Kästchen neben *Änderungen verhindern* gesetzt ist, kann das Szenario in einer geschützten Tabelle oder Mappe nicht von einem Benutzer verändert werden, der keinen Zugriff hat. *Ausblenden* sorgt dafür, dass die Szenarien für nicht berechtig-te Personen nicht angezeigt werden.

Klicken Sie auf *OK*, erhalten Sie die markierten veränderbaren Zellen noch einmal an-gezeigt. Sie können alle Werte überprüfen und bei Bedarf korrigieren.

Mit Klick auf *Hinzufügen* wird das Szenario abgespeichert und Sie können gleich ein weiteres Szenario anlegen.

Klicken Sie auf *OK*, erhalten Sie die erste Dialogbox-Seite mit der Übersichtsliste, in der jetzt Ihr erstes Szenario zu sehen ist. Sie können mit der gleichnamigen Schaltfläche die Übersicht schließen.

Beispiel: Kostenstellenplanung

Die Kostenstellenplanung ist ein wichtigstes Werkzeug im Controlling. Mit dem Szenario-Manager können Plananpassungen (rolling forecast) gespeichert werden, ältere Plan-stände lassen sich wieder abrufen.

1. Legen Sie die Liste mit den Kostenarten und den Planwerten an, berechnen Sie die Kostensumme und tragen Sie in Zelle A2 die Bezeichnung für den Planzustand ein.

	A	B	C
1	**Kostenstellenplanung**		
2	*Erste Planung Jan 2016*		
3	*in Tausend EUR*		
4			
5	**Kostenart**	**PLAN**	
6	Löhne	66	
7	Gehälter	40	
8	Materialkosten	21	
9	*Summe*	*127*	

2. Markieren Sie die Zelle A2 und mit gedrückter (Strg)-Taste die Planwerte in B6:B8. Die Formelzelle darf nicht markiert werden. Wählen Sie *Daten/Prognose/Was-wäre-wenn-Analyse/Szenario-Manager*.

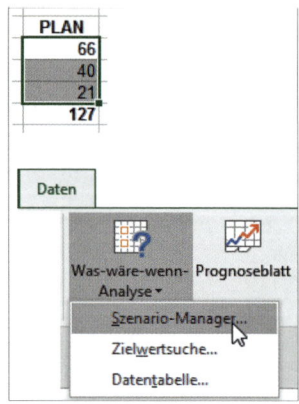

3. Klicken Sie auf *Hinzufügen*. Tragen Sie eine Bezeichnung für das neue Szenario ein und kontrollieren Sie die veränderbaren Zellen, die aus der Markierung geholt wurden.

4. Bestätigen Sie mit *OK* und kontrollieren oder ändern Sie die Werte der veränderbaren Zellen. Klicken Sie auf *OK*, …

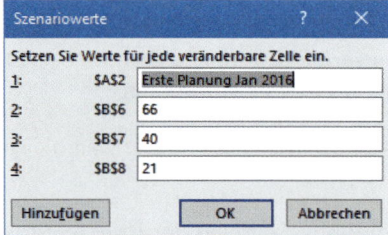

5. … und das Szenario ist angelegt. Klicken Sie auf *Schließen*.

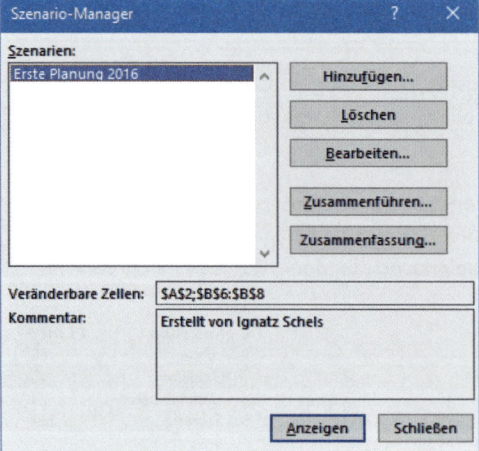

6. Ändern Sie die Bezeichnung in A2 und die Plandaten in B6:B8 und starten Sie den Szenario-Manager wieder.

7. Klicken Sie auf *Hinzufügen*, tragen Sie eine neue Bezeichnung ein und kontrollieren oder ändern Sie die Werte der veränderbaren Zellen.

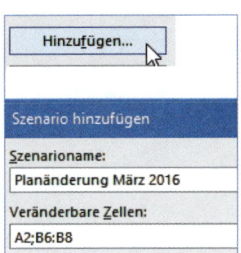

8. Jetzt stehen die beiden Szenarien in der Liste, markieren Sie ein Szenario und klicken Sie auf *Anzeigen*, um zu diesem Szenario umzuschalten.

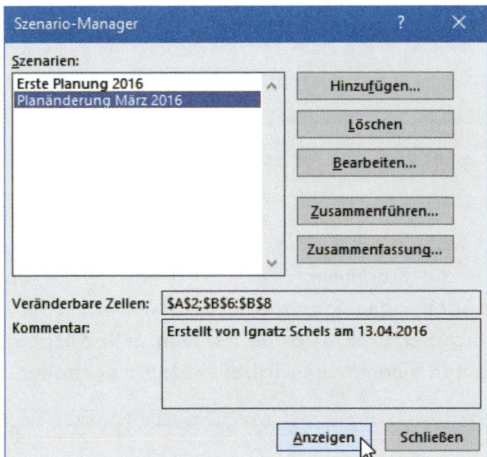

Über die Schaltfläche *Zusammenführen* lassen sich Szenarien aus unterschiedlichen Mappen oder Arbeitsblättern in dem aktiven Blatt zusammenführen. Angezeigt werden alle Szenarien aus aktiven Arbeitsmappen. Mit *Löschen* entfernen Sie das markierte Szenario aus der Liste.

Schaltflächensymbol für Szenarien

Nutzen Sie die Symbolleiste für den Schnellzugriff für eine wesentlich bessere Szenariensteuerung. Wählen Sie im Kontextmenü *Symbolleiste für den Schnellzugriff anpassen*. Klicken Sie unter *Befehle auswählen* auf *Alle Befehle*. Suchen Sie in der alphabetisch sortierten Befehlsliste den Befehl *Szenario* und markieren Sie ihn. Klicken Sie auf *Hinzufügen*, um ihn in die Symbolleiste aufzunehmen. Schließen Sie die Anpassung wieder.

Jetzt stehen die Szenarien in der Symbolleiste für den Schnellzugriff bereit, Sie können schnell zwischen den Planungsständen wechseln, indem Sie das Symbol anklicken und das passende Szenario auswählen.

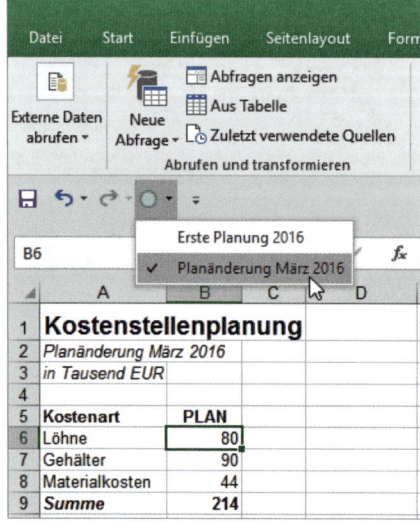

Bild 8.9: Ein Symbol für Szenarien in der Symbolleiste für den Schnellzugriff.

Szenarienberichte

Fassen Sie alle Szenarien in einem Bericht zusammen. Der Bericht wird nur die in den Szenarien gespeicherten Zahlenwerte wiedergeben, er hat keine Verknüpfungen oder Bezüge zu den Quelldaten.

Markieren Sie die Kostensumme und wählen Sie *Daten/Prognose/Was-wäre-wenn-Analyse/Szenario-Manager*. Klicken Sie auf *Zusammenfassung*. Wählen Sie die Option *Szenariobericht* für einen einfachen Bericht oder *Szenario-PivotTable-Bericht* für eine Pivot-Auswertung der Szenarien. Als Ergebniszelle wird die aktuelle Zelle vorgeschlagen. Klicken Sie auf *OK*, um den Bericht in einem neuen Tabellenblatt zu erstellen.

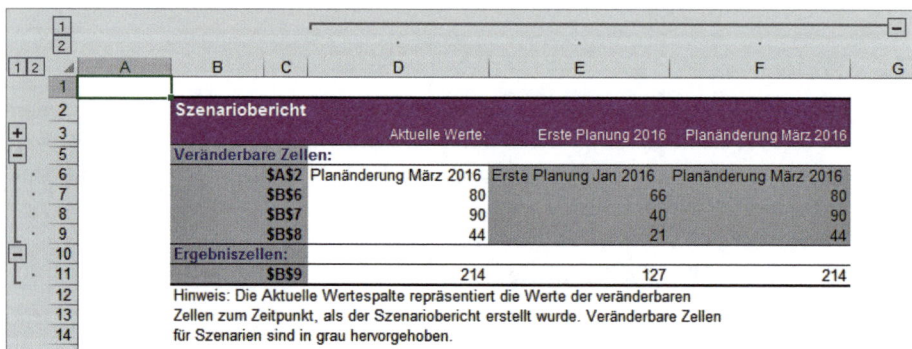

Bild 8.10: Der Szenarienbericht zeigt alle gespeicherten Szenarien.

8.6.2   Zielwertsuche

Die Zielwertsuche führt iterative Kalkulationen auf Grundlage real existierender Zahlen durch. Mathematisch gesehen ist die Zielwertsuche eine Gleichung mit einer Unbekannten.

Beispiel: Stückpreis und Stückkosten kalkulieren

In diesem Beispiel wird ein Artikel mit Stückpreis, Stückkosten und Verkaufszahlen kalkuliert. Das Ergebnis, der Gewinn, berechnet sich aus der Differenz zwischen Umsatz und Kosten. Die Formeln:

B4: =B2*B3
B6: B3*B5
B7: B4-B6

Um einen Gewinn von 30.000 EUR zu erzielen, können Sie entweder den Stückpreis anpassen oder die Stückkosten senken. Markieren Sie die Zelle B7. Wählen Sie *Daten/ Prognose/Was-wäre-wenn-Analyse/Zielwertsuche*. Tragen Sie unter *Zielwert* 30.000 ein. Klicken Sie in das Feld *Veränderbare Zelle* und setzen Sie den Zellzeiger auf die Zelle mit dem Stückpreis ($B$2). Klicken Sie auf *OK*, um den Zielwert zu berechnen.

Der Zielwert muss als Zahl eingegeben werden; ein Bezug kann nicht konstruiert werden. Wenn Sie eine Zelladresse oder eine ungültige Zahl eintragen, erscheint eine Fehlermeldung.

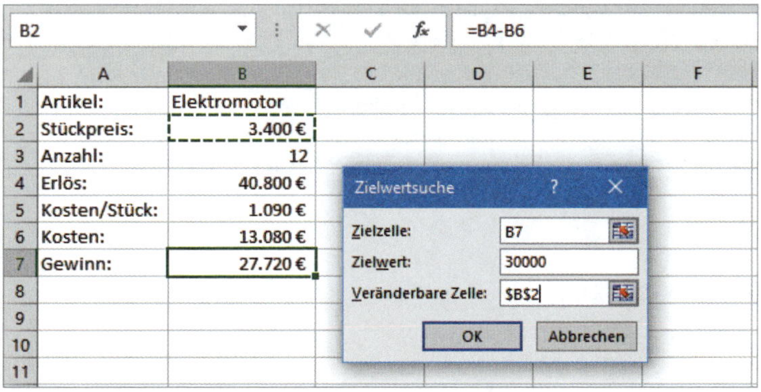

Bild 8.11: Zielwertsuche mit veränderbarem Stückpreis.

Nach einer kurzen Berechnungszeit präsentiert die Zielwertsuche das Ergebnis, das bereits in die Zielzelle eingetragen ist. Sie können es mit Klick auf *OK* übernehmen oder die Aktion abbrechen.

Pause: Klicken Sie auf diese Schaltfläche, um die mit *OK* gestartete Zielwertberechnung zu unterbrechen. Ein weiterer Klick auf die Schaltfläche, die jetzt die Aufschrift *Weiter* zeigt, setzt die Berechnung wieder fort.

Schritt: Diese Option bietet die Möglichkeit, die Berechnung Schritt für Schritt abzuarbeiten.

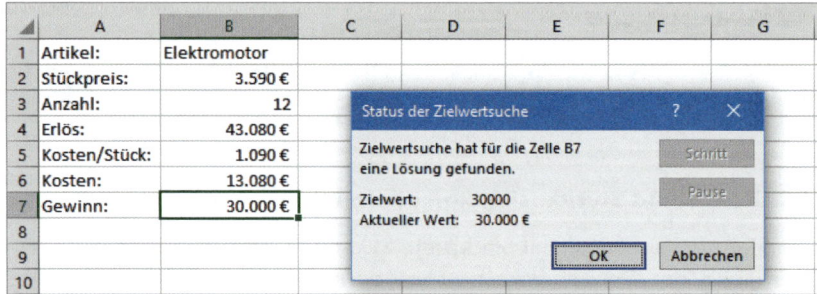

Bild 8.12: Der Zielwert wird vorgeschlagen, der Stückpreis muss bei 3.590 EUR liegen.

Starten Sie die Zielwertsuche erneut, geben Sie die Stückkosten (B5) als veränderbare Zelle an. Die Zielwertsuche berechnet jetzt den Zielwert mit Anpassung dieses Wertes.

Optionen für die Zielwertsuche

Damit Excel bei komplexen Zielwertsuchen nicht ewig nach einem Zielwert sucht, können Sie in den Optionen (*Datei*-Menü) zwei Parameter festlegen. Schalten Sie um auf die Kategorie *Formeln*.

Maximale Iterationszahl gibt an, wie oft Excel probiert, eine Lösung zu finden (maximal 32.767-mal).

Maximale Änderung ist der Differenzwert zwischen den beiden sich annähernden Werten. Ist der Wert kleiner als 0,0001, stoppt die Zielwertsuche.

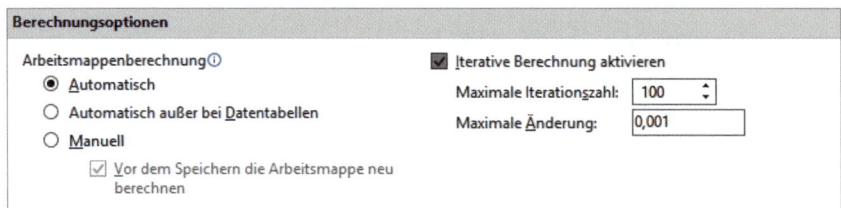

Bild 8.13: Optionen für die Zielwertsuche.

8.6.3 Der Solver

Die Zielwertsuche ist ein Werkzeug zur Lösung von linearen Gleichungen mit einer Unbekannten. Der Solver funktioniert ähnlich, bietet aber die Möglichkeit, nicht nur den Zielwert, sondern auch einen Maximal- oder Minimalwert vorzugeben.

Zur Lösung des Problems kann der Solver mehrere Unbekannte verwenden. Er passt diese Werte so lange an, bis der Zielwert erreicht ist.

Damit Sie diese Berechnung steuern können, sind sogenannte Nebenbedingungen erlaubt. Sie können für jeden Faktor, den der Solver verwendet, Ober- und Untergrenzen oder feste Konstanten eingeben.

Solver installieren

Der Solver ist ein Add-in mit der Dateibezeichnung *Solver.xlam*, sie wird bei der Standardinstallation zwar eingebunden, ist aber in den meisten Fällen deaktiviert.

Öffnen Sie unter *Datei/Optionen* die Gruppe *Add-Ins*. Klicken Sie in der Option *Verwalten* auf *Excel-Add-Ins* und *Los*. Schalten Sie das Add-in *Solver* ein und bestätigen Sie mit *OK*.

Der Solver wird installiert und steht anschließend in der Gruppe *Analyse* der Registerkarte *Daten* zur Verfügung.

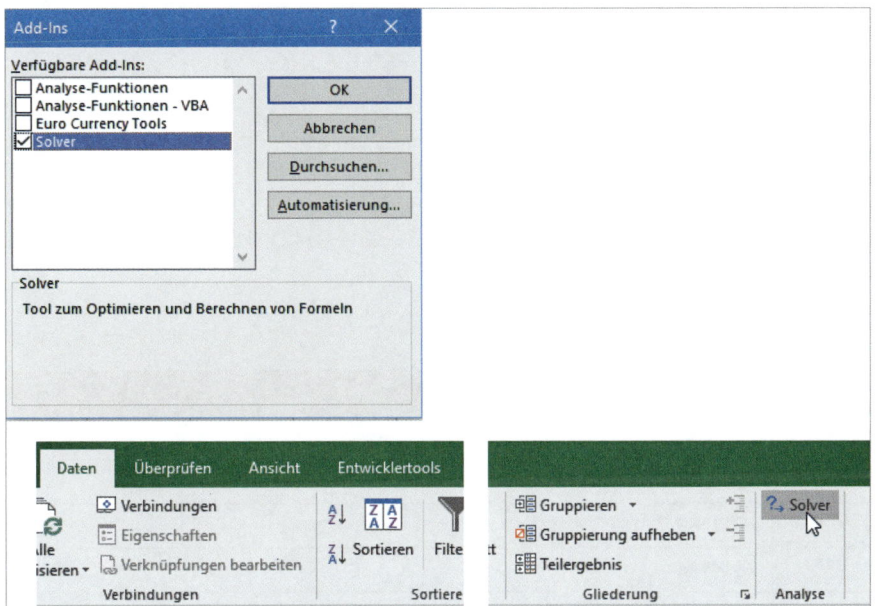

Bild 8.14: Der Solver wird als Add-in aktiviert und steht im Daten-Register zur Auswahl.

Beispiel: Wirtschaftlichkeit eines Buchprojekts berechnen

Das Tabellenblatt enthält eine Kalkulation für ein Buchprojekt. Die Auflage beträgt 10.000 Stück, 80 % davon sollten verkauft werden. Der Umsatz berechnet sich aus dem festgesetzten Preis mal der Verkaufszahl. Der Autor bekommt 10 %, mindestens aber 5.000 EUR. Für die Kalkulation der Kosten müssen diese Bedingungen beachtet werden:

- Die Auflage sollte zwischen 8.000 Stück und 15.000 Stück liegen.

- Der Prozentsatz verkaufter Bücher beträgt zwischen 90 % und 60 %.

- Der Verkaufspreis muss unter 20 EUR liegen.

- Die Satzkosten sind nicht veränderbar.

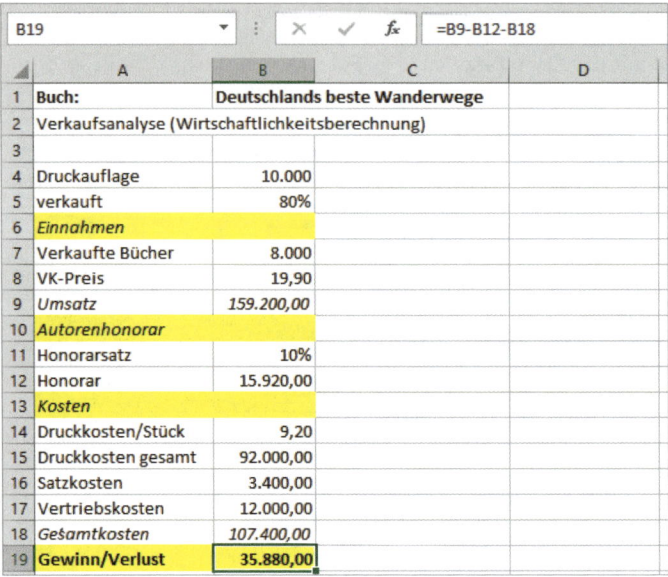

Bild 8.15: Wirtschaftlichkeitsberechnung für ein Buchprojekt.

Die Formeln:

Zelle	Formel
B7	=B4*B5
B9	=B7*B8
B12	=B11*B9
B15	=B14*B4
B18	=SUMME(B15:B17)
B19	=B9-B12-B18

Berechnen Sie zunächst den maximalen Gewinn: Wählen Sie *Daten/Analyse/Solver*. Geben Sie unter *Ziel festlegen* die Gewinnzelle $B$19 an. Wählen Sie die Option *Bis: Max*. Klicken Sie auf *Hinzufügen* und formulieren Sie die Nebenbedingungen. Mit Klick auf *Lösen* berechnet der Solver den maximalen Gewinn.

Schalten Sie vor dem nächsten Aufruf auf die Option *Wert* um und tragen Sie den Zielwert *40.000* ein. Klicken Sie auf *Lösen*.

Unter *Lösungsmethode auswählen* stehen drei Methoden zur Verfügung:

- *GRG-Nichtlinear* für kontinuierliche nichtlineare Probleme.

- *LP Simplex* für lineare Probleme.

- *EA* für nicht kontinuierliche Probleme.

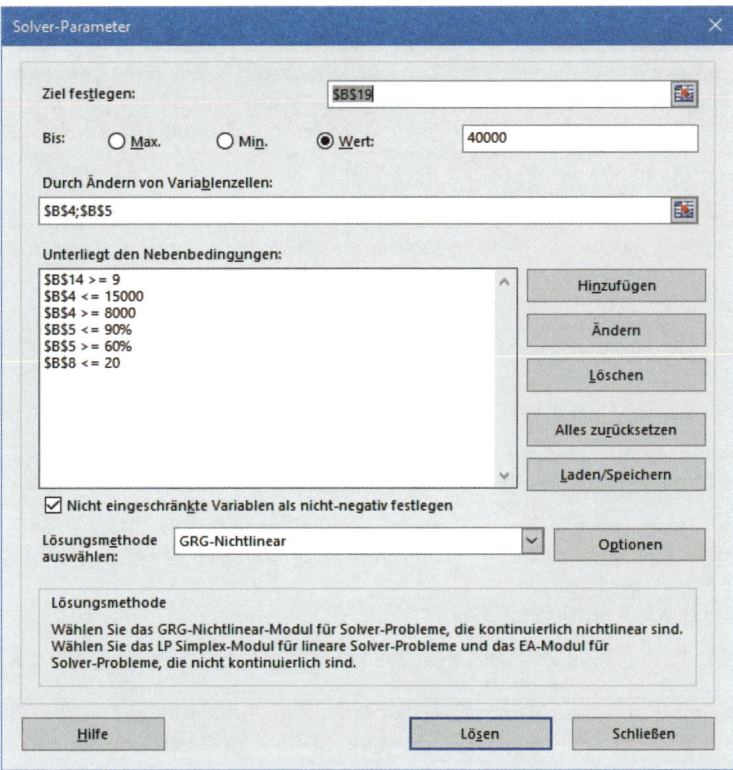

Bild 8.16: Solver mit allen Nebenbedingungen.

Der Solver meldet eine Lösung und trägt sie im Hintergrund gleich in die Tabelle ein. Sie können auf OK klicken und die Lösung damit übernehmen oder mit *Abbrechen* den Ursprungszustand wiederherstellen. Den gleichen Effekt erzielen Sie mit der Option *Ursprüngliche Werte wiederherstellen*.

Der Solver meldet nach Abschluss des Suchprozesses, ob die Suche erfolgreich war, und wenn nicht, warum. Hier eine Auswahl der Meldungen:

Meldung	Bedeutung
Der Solver hat eine Lösung gefunden. Alle Einschränkungen und Optimierungsbedingungen wurden eingehalten.	Alle Einschränkungen konnten eingehalten werden; für die Zielzelle wurde der eingestellte Wert, ein Maximal- oder Minimalwert, gefunden.
Der Solver hat die aktuelle Lösung durch Konvergieren erreicht. Alle Einschränkungen wurden eingehalten.	Die Zielzelle wurde mit den letzten fünf Zwischenlösungen nicht mehr verändert; der Genauigkeitswert war zu niedrig oder die Ausgangswerte waren zu weit entfernt.

Meldung	Bedeutung
Der Solver kann die aktuelle Lösung nicht verbessern. Alle Einschränkungen wurden eingehalten.	Die optimale Lösung wurde nicht gefunden; bessere Werte sind nicht erreichbar (ungefähre Lösung; Genauigkeit erhöhen).
Die Höchstzeit oder die Iterationsgrenze wurde erreicht.	Höchstzeit oder Maximalzahl Iterationen überschritten (Iterationen erhöhen).
Die Werte konvergieren nicht.	Wert in der Zielzelle steigt grenzenlos an oder nimmt ab (Einschränkungen überprüfen).
Der Solver konnte keine realisierbare Lösung finden.	Keine Zwischenlösung für alle Einschränkungen zu finden (fehlerhafte oder widersprechende Einschränkungen).
Der Solver hat den Lösungsprozess auf Veranlassung des Benutzers unterbrochen.	Während der Iteration wurde Abbrechen oder die Esc-Taste gedrückt.
Die Linearitätsbedingung wurde nicht eingehalten. Schalten Sie das Kontrollkästchen *Lineares Modell voraussetzen* aus und starten Sie den Lösungsprozess dann erneut.	Das Kontrollkästchen *Lineares Modell voraussetzen* unter *Optionen* ist eingeschaltet.

Unter *Berichte* finden Sie drei Berichtsarten. Markieren Sie sie, erhalten Sie nach Bestätigung der Meldung Berichte (Antwortbericht, Sensitivitätsbericht, Grenzwertbericht) in neuen Tabellenblättern. Mit der gleichnamigen Schaltfläche können Sie das Ergebnis auch als Szenario speichern.

Bericht	Erklärung
Antwort	Zeigt die Zielzelle, die veränderbaren Zellen mit Anfangs- und Endwerten, die Nebenbedingungen und alle dazugehörigen Informationen. *Status* und *Differenz* geben dabei an, in welchem Ausmaß die jeweilige Einschränkung eingehalten wurde.
Grenzen	Listet die Zielzelle und die veränderbaren Zellen mit ihren Werten, Grenzen und Ergebnissen. *Untere Grenze* ist der kleinste Wert, den eine veränderbare Zelle annehmen kann.
Empfindlichkeit	Zeigt die Daten der Empfindlichkeitsanalyse für die betreffende optimale Lösung. Diese Analyse zeigt, wie empfindlich die optimale Lösung auf Änderungen in der Zielzelle und in den Nebenbedingungen reagieren würde.

Die Solver-Angaben werden zusammen mit der Mappe für die Tabelle gespeichert. Wenn Sie die Tabelle erneut aufrufen und den Solver wieder aktivieren, stehen die Vorgaben und die Nebenbedingungen wieder zur Verfügung.

Solver-Optionen

Wenn Sie vor dem Auslösen des Solver-Prozesses die Schaltfläche *Optionen* anklicken, erhalten Sie eine Liste von Einstellungen, die zur Optimierung der Lösung verwendet werden kann. Kreuzen Sie die Option *Iterationsergebnisse anzeigen* an. Am oberen Rand werden die Lösungsmethoden angeboten, klicken Sie auf einen Reiter, um eine der Lösungsmethoden auszuwählen.

8.7 Datentabelle

Die Datentabelle hieß früher Mehrfachoperation, und das drückte die Bestimmung dieses Datentools besser aus.

Unter einer Mehrfachoperation oder Datentabelle versteht man eine Matrix, die alternative Ergebnisse für eine Formel präsentiert. Diese Ergebnisse entstehen durch Ersetzen eines oder mehrerer Werte durch andere Werte.

Es gibt Mehrfachoperationen mit einem Eingabefeld und mit zwei Eingabefeldern. In der ersten Form wird eine der in der Formel benutzten Variablen verändert, in der zweiten Form können maximal zwei Werte alterniert werden.

8.7.1 Beispiel: Regelmäßige Zahlungen

Sehen wir uns das Prinzip an einer Kalkulation aus dem Finanzbereich an.

Die Funktion RMZ() liefert als Ergebnis die regelmäßigen Zahlungen, die für einen Kredit unter Einbeziehung des Zinssatzes und der Laufzeit zu leisten sind. Geben Sie die erforderlichen Daten in eine Tabelle ein und berechnen Sie die monatliche Belastung. Die RMZ-Funktion bekommt den Zinssatz, die Laufzeit und das Fremdkapital, alle übrigen Argumente sind wahlweise und werden nicht angegeben.

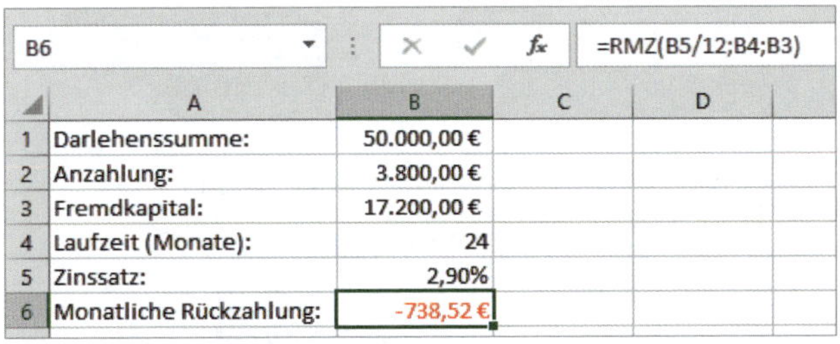

	A	B	C	D
1	Darlehenssumme:	50.000,00 €		
2	Anzahlung:	3.800,00 €		
3	Fremdkapital:	17.200,00 €		
4	Laufzeit (Monate):	24		
5	Zinssatz:	2,90%		
6	Monatliche Rückzahlung:	-738,52 €		

Bild 8.17: Regelmäßige Zahlungen für ein Darlehen mit RMZ() berechnet.

Mit der Datentabelle können alle Faktoren variiert werden: Stellen Sie eine Liste mit unterschiedlichen Laufzeiten auf, geben Sie verschiedene Zinssätze vor oder ändern Sie die Kreditsumme. Die Mehrfachoperation legt jeweils eine Tabelle mit den berechneten Werten an.

1. Verknüpfen Sie den mit RMZ() berechneten Wert mit der Zelle E1.

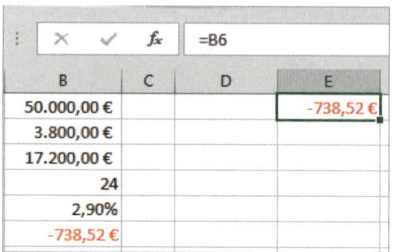

2. Schreiben Sie eine Liste mit variablen Laufzeiten in den Bereich D2:D4 und markieren Sie D1:E5.

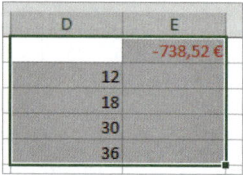

3. Starten Sie die Datentabelle aus *Daten/ Prognose/Was-wäre-wenn-Analyse*.

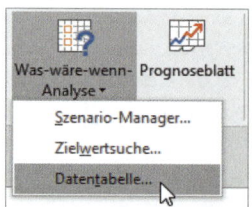

4. Geben Sie für die *Werte aus Spalte* den Bezug auf die Laufzeit ($B$4) an. Das Feld *Werte aus Zeile* bleibt leer. Bestätigen Sie mit *OK*.

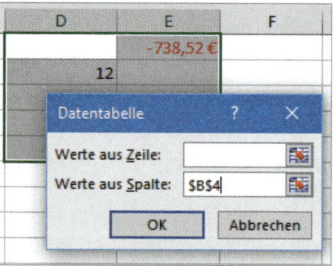

5. Jetzt wird eine Mehrfachoperations-Matrix gebildet, in der die Rückzahlungen für die variablen Laufzeiten berechnet sind. Formatieren Sie die Ergebnisse mit 2 Nachkommastellen.

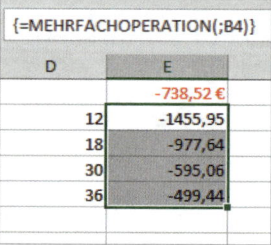

6. Für die Berechnung mit zwei Variablen verknüpfen Sie wieder B6 mit der Zelle G1. Tragen Sie die Laufzeiten in den Bereich G2:G4 ein und verschiedene Anzahlungen in H1:K1. Markieren Sie dann G1:K5.

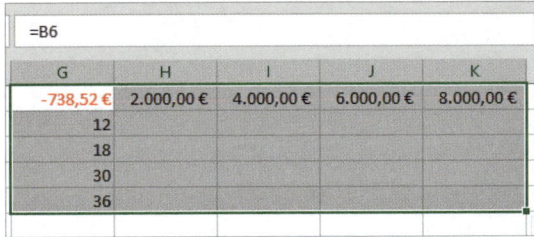

	=B6			
G	**H**	**I**	**J**	**K**
-738,52 €	2.000,00 €	4.000,00 €	6.000,00 €	8.000,00 €
12				
18				
30				
36				

7. Starten Sie die Datentabelle aus *Daten/Prognose/Was-wäre-wenn-Analyse* und tragen Sie für die *Werte aus Zeile* die Anzahlung (B2) ein und für die *Werte aus Spalte* die Laufzeit (B4). Klicken Sie auf *OK*.

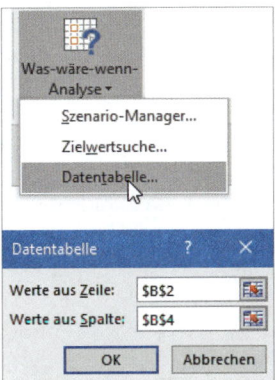

8. Die Mehrfachoperations-Matrix wird erstellt, sie zeigt die Rückzahlungen für die unterschiedlichen Laufzeiten bei variablen Anzahlungen an.

f_x	{=MEHRFACHOPERATION(B2;B4)}			
G	**H**	**I**	**J**	**K**
-738,52 €	2.000,00 €	4.000,00 €	6.000,00 €	8.000,00 €
12	-1455,95	-1455,95	-1455,95	-1455,95
18	-977,64	-977,64	-977,64	-977,64
30	-595,06	-595,06	-595,06	-595,06
36	-499,44	-499,44	-499,44	-499,44

Die Matrix, die an den geschweiften Klammern erkennbar ist, lässt sich nur im Gesamten löschen, einzelne Zellen können nicht verändert werden. Wenn Sie die Matrix aufheben wollen, kopieren Sie den Bereich und wandeln ihn mit *Start/Zwischenablage/Einfügen/ Inhalte einfügen* in Werte um.

Das negative Resultat aus der RMZ-Formel können Sie mit der Funktion ABS (Absolut) als positiven Betrag ausweisen:

=ABS(RMZ(B5/12;B4;B3))

Kapitel 9

9. Externe Daten und Office-Programme

Datenhaltung gehört nicht zu den Aufgaben eines Tabellenkalkulationsprogramms, und auch wenn Excel seit der Version 2007 mit über einer Million Zeilen und 16.384 Spalten einen großen »Parkplatz« bereitstellt – für eine Datenbank wird es im zweidimensionalen Tabellenblatt nicht reichen.

Daten aus vielen einzelnen Tabellen zusammenzuführen und über Schlüssel zu verknüpfen, ist der Datenbank vorbehalten, Excel fällt die Rolle des Analysewerkzeugs zu. Um Daten aus Datenbanken analysieren zu können, stellt Excel Werkzeuge wie ODBC, PowerQuery und PowerPivot zur Verfügung.

Für die Integration externer Daten ist die Registerkarte *Daten*, genauer die Gruppe *Externe Daten abrufen*, zuständig. Hier finden Sie die Datenquellen, die Excel unterstützt.

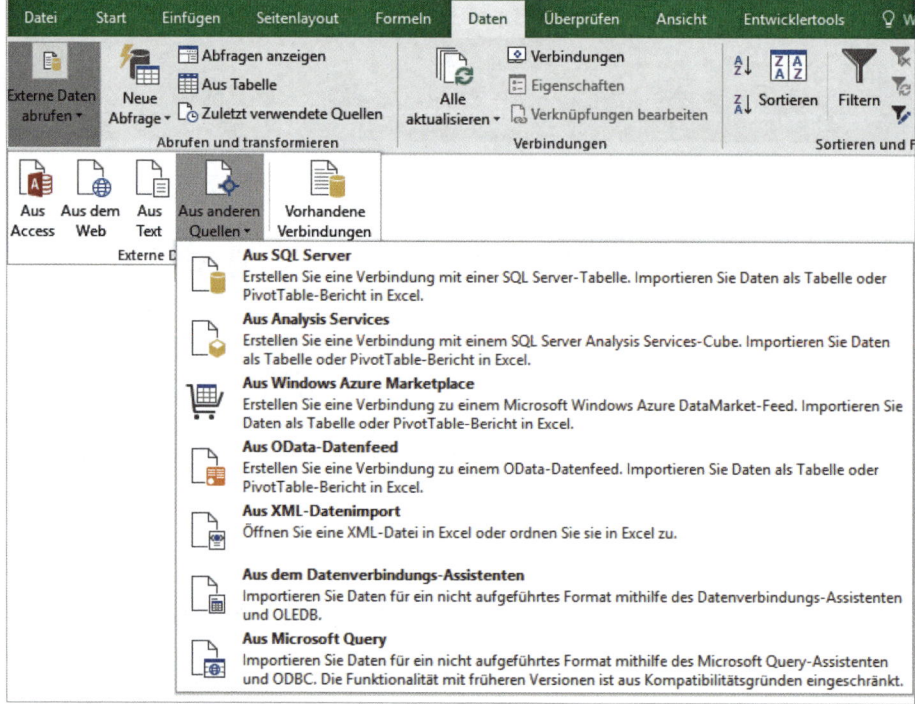

Bild 9.1: Die Schnittstelle zu externen Daten im Daten-Register.

9.1   ODBC

ODBC (Abkürzung für **O**pen **D**ata**b**ase **C**onnectivity) ist eine 1992 von Microsoft entwickelte Softwareschnittstelle, die den Zugriff aus einem Anwendungsprogramm auf unterschiedliche Datenbanken gewährleistet. Jeder Datenbankhersteller (Provider), der sich an den ODBC-Standard hält, kann Treiber zur Verfügung stellen, damit Office-Programme wie Excel auf seine Datenbanken zugreifen können. Für die Verwaltung dieser Treiber stellt Windows einen Dienst in der Systemsteuerung zur Verfügung:

Wählen Sie in der Systemsteuerung *Verwaltung/Datenquellen (ODBC)* oder geben Sie bei Cortana (Windows 10) oder im Suchfeld von Windows 7 einfach *ODBC* ein. Der ODBC-Datenquellen-Administrator verwaltet die installierten ODBC-Treiber. Holen Sie mit *Hinzufügen* weitere Treiber in die Liste.

Benutzerdatenquellen sind spezifisch für das Microsoft-Windows-Anmeldekonto, das zum Zeitpunkt des Erstellens der Datenquellen aktiv ist. Sie sind für keine anderen Anmeldekonten sichtbar. Für Anwendungen, die als Dienste auf einem Computer ausgeführt werden, sind sie nicht immer sichtbar.

Systemdatenquellen sind für alle Anmeldekonten auf einem Client sichtbar. Für Anwendungen, die als Dienste auf einem Computer ausgeführt werden, sind sie immer sichtbar.

Dateidatenquellen werden nicht in der Systemregistrierung gespeichert; sie werden in einer Datei auf dem Client gespeichert.

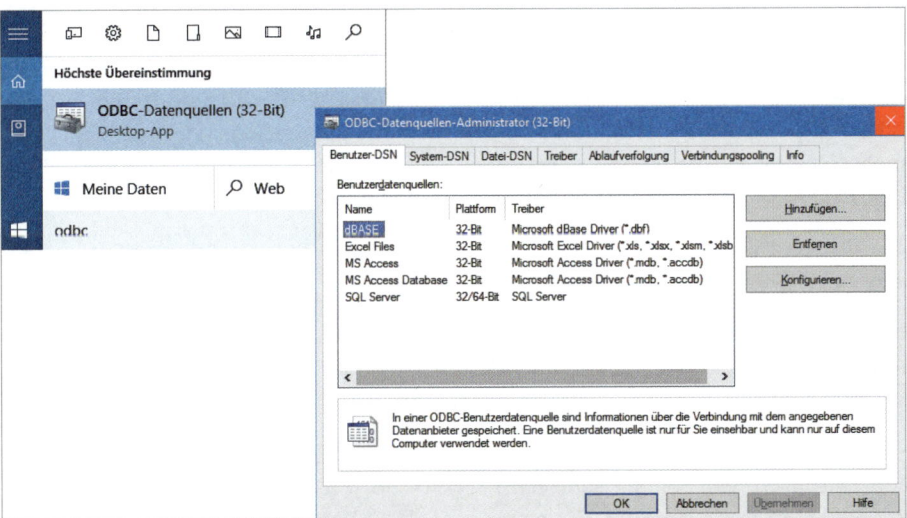

Bild 9.2: Der ODBC-Datenquellen-Administrator von Windows.

9.2 Datenmodelle

Externe Daten sind in der Praxis selten einzelne Tabellen. Datenbanken zeigen ihre Stärke in den relationalen Beziehungen, OLAP-Systeme sind auf mehrfache Dimensionen und Measures aufgebaut. Excel wäre ein schlechter »Client«, wenn diese Beziehungen beim Import externer Daten nicht akzeptiert oder berücksichtigt würden.

Excel bietet die Möglichkeit, mehrere Tabellen gleichzeitig zu importieren und dabei bestehende Beziehungen zu berücksichtigen. Dazu wird im Arbeitsspeicher ein Datenmodell aufgebaut. Die dafür verwendete *xVelocity-in-memory analytics engine* ist der Nachfolger von Vertipaq, beide Werkzeuge wurden für den SQL-Server entwickelt. Das Limit für Tabellen liegt bei zwei Millionen Zeilen und bei einer maximalen Dateigröße von vier GByte.

9.2.1   Regeln für Datenmodelle

- Dem Datenmodell können alle Tabellen in einer Arbeitsmappe hinzugefügt werden.

- Zusätzlich können Daten aus externen Datenquellen, sowohl aus Datenbanken als auch aus Datenfeeds und Textdateien, hinzugefügt werden.

- Die Anzahl Zeilen in einem Datenmodell ist nur vom verfügbaren Speicherplatz begrenzt.

- Zwischen den Tabellen eines Datenmodells können bis zu fünf Beziehungen erstellt werden.

- Felder, die in den Quelltabellen nicht vorhanden sind, lassen sich im Datenmodell in PivotTables im Bereich *Werte* als berechnete Felder einfügen.

9.3   Textdaten

Textdaten sind in der Praxis nur noch selten anzutreffen, da die meisten Datenbanken und ERP-Systeme das Excel-Format XLS oder zumindest CSV als Exportformat kennen. Enthält eine Textdatei eine erkennbare Liste, kann sie in Excel importiert werden. Dazu ist ein Trennzeichen (Semikolon, Leerzeichen, Tabulator etc.) zwischen den Spalten nötig oder eine Anordnung, die das Aufteilen in Spalten ermöglicht.

Wer sich mit dem Import und Export von Textdaten beschäftigt, sollte die Normen kennen, die für Zeichen auf Computern eingeführt wurden.

ASCII: Vor der Einführung von Windows als grafische Oberfläche wurden Daten mit sieben Bits pro Byte gespeichert, die ASCII-Norm (**A**merican **S**tandard **C**ode for **I**nformation **I**nterchange) regelte, welche Codezahl zu welchen Zeichen gehörte.

ANSI: Mit Windows kam die 8-Bit-Codierung, und die Zuordnung der damit möglichen 256 Zeichen zu vierstelligen Nummern regelte ab sofort die ANSI-Norm (**A**merican **N**ational **S**tandards **I**nstitute). Die ersten 127 ANSI-Zeichen sind mit der ASCII-Norm identisch.

Unicode: Die Erweiterung des ANSI-Zeichensatzes um länderspezifische Zeichensätze, mit 16 Bit pro Zeichen, können über 65.000 Zeichen und zahlreiche internationale Zeichensätze codiert werden.

Excel bietet unter *Einfügen/Symbole/Symbol* eine Übersicht über alle Symbole mit Codeanzeige für das markierte Zeichen. Mit Klick auf *Einfügen* holen Sie das Zeichen in die markierte Zelle im Tabellenblatt. Klicken Sie auf ein Zeichen, sehen Sie rechts unten den Zeichencode von drei verschiedenen Zeichencodierungen (Unicode, ASCII dezimal, ASCII Hex). Schalten Sie auf *ASCII (dezimal)*, sehen Sie den dreistelligen Code. Im ANSI-System sind alle Zeichen aber mit vier Ziffern codiert, der Zeichencode 169 für das Copyright-Zeichen wäre entsprechend 0169.

 Den ANSI-Zeichencode können Sie auch verwenden, um das Zeichen direkt auf der Tastatur zu erzeugen: Halten Sie die (Alt)-Taste gedrückt und geben Sie den Code vierstellig rechts außen auf dem Zahlenblock der Tastatur ein. Auf dem Notebook ohne abgesetzten Zahlenblock müssen Sie [Fn] drücken und die Tasten im normalen Tastenfeld nutzen, auf denen die Zeichen aufgedruckt sind.

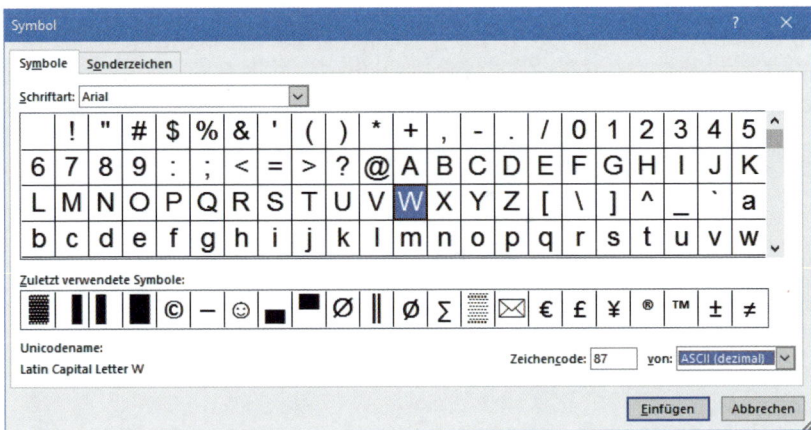

Bild 9.3: Die Symbolübersicht mit den verschiedenen Normen.

9.3.1 Codetabelle mit der Funktion ZEICHEN()

Excel stellt für die Anzeige des ANSI-Codes zwei Funktionen zur Auswahl:

- Die Funktion ZEICHEN() gibt das Zeichen des ANSI-Codes wieder, der als Argument in der Funktionsklammer angegeben wird.
- Die Funktion CODE() ermittelt die ANSI-Codezahl des Zeichens, das ihr als Argument in der Funktionsklammer mitgegeben wird.

Schreiben Sie die Codezahlen in eine Reihe und berechnen Sie diese mit der Funktion ZEICHEN(). Die sichtbaren ASCII- bzw. ANSI-Codes beginnen bei 33:

```
A1: 33
B1: =ZEICHEN(A1)
C1: =CODE(B1)
```

	A	B	C
1	33	!	33
2	34	"	34
3	35	#	35
4	36	$	36
5	37	%	37
6	38	&	38
7	39	'	39
8	40	(	40
9	41	)	41
10	42	*	42
11	43	+	43
12	44	,	44
13	45	-	45
14	46	.	46
15	47	/	47

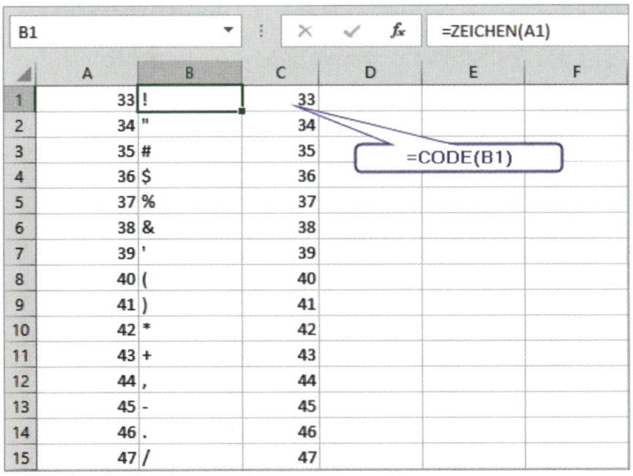

Bild 9.4: Die Funktionen für Zeichencodes.

9.3.2   Textdaten konvertieren

Um eine Textdatei mit Excel zu bearbeiten, öffnen Sie diese einfach wie eine Arbeits-mappe. Schalten Sie im Dateidialog um auf *Textdateien* oder *Alle Dateien*, damit Sie Dateien mit anderen Endungen als *.xlsx* etc. sehen. Excel kann Textdateien mit der Endung *.txt*, *.dat* oder *.prn* einlesen (*.csv* ist ein Excel-Format). Der Textkonvertierungs-Assistent schaltet sich ein und leitet Sie in drei Schritten durch die Konvertierung.

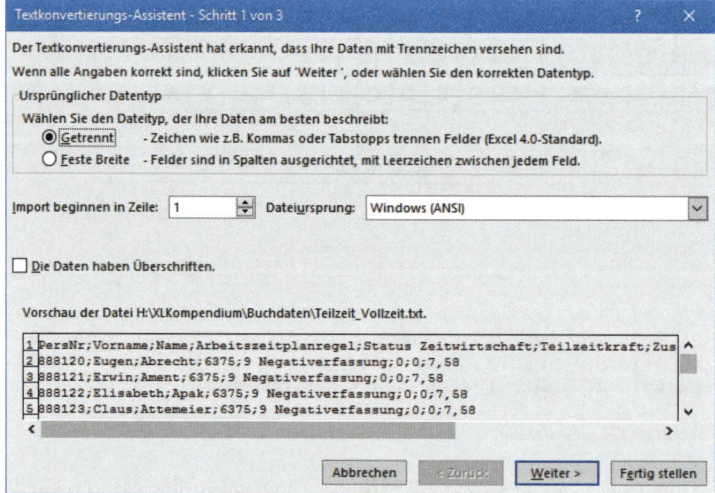

Bild 9.5: Der Textkonvertierungs-Assistent.

Im ersten Schritt bestimmen Sie, welche Codierung vorliegt und wie die Spalten ge-trennt sind.

- *Ursprünglicher Datentyp: Getrennt*, wenn ein Trennzeichen wie Komma oder Tabu-latorsprung zwischen den Spalten steht. *Feste Breite*, wenn alle Spalten gleich breit und die Zwischenräume mit Leerzeichen gefüllt sind.

- *Import beginnen in Zeile:* Hier können Sie den Kopfbereich der Datei ausschalten, falls er keine auswertbaren Tabellendaten enthält. Schalten Sie einfach auf die Nummer der Zeile, in der sich die Tabellenüberschrift oder der erste Datensatz be-findet. Bestimmen Sie unter *Dateiursprung* die Codierung der vorliegenden Datei.

- *Windows (ANSI):* Alle Dateien, die mit Windows oder Windows-kompatiblen Pro-grammen erstellt wurden.

- *Macintosh:* Das Textdatenformat des Apple Macintosh.

- *MSDOS (PC8):* Das ist der erweiterte IBMPC-8-Bit-Zeichensatz im ASCII-Format. Verwenden Sie ihn für alle ASCII-Daten. In der Liste stehen außerdem noch die Nummern der Code-Pages, sodass Sie auch fremdsprachige Texte einlesen können.

Markieren Sie die Option *Die Daten haben Überschriften*, wenn die Textdatei in der ers-ten Zeile die Spaltenüberschriften bzw. Feldnamen der Liste enthält.

ASCII oder ANSI? Einfach zu erkennen: Achten Sie auf die Vorschau: Wenn die Umlaute falsch angezeigt werden, ist das falsche Format eingestellt.

Schalten Sie zum nächsten Schritt des Textkonvertierungs-Assistenten. Mit *Feste Breite* im ersten Fenster definieren Sie die Spaltenabgrenzungen manuell, ziehen Sie einfach per Klick Spaltenlinien ein. Zum Löschen ziehen Sie diese wieder nach außen.

Mit *Getrennt* im ersten Fenster zeigt der nächste Dialog eine Auswahl von Trennzeichen. In den meisten Fällen ist das passende Zeichen bereits markiert, Sie können andere Trennzeichen bestimmen. Das Vorschaufenster zeigt, ob mit dem gewählten Trennzeichen die Spalten richtig separiert werden.

Textqualifizierer (Anführungszeichen) setzen Sie, wenn die einzelnen Felder eines Datensatzes in Anführungszeichen oder Apostrophe gepackt sind. Diese Art der Textausgabe wurde von einigen Großrechnersystemen praktiziert, kommt aber sehr selten vor. Testen Sie im Vorschaufenster, ob ein Texterkennungszeichen nötig ist. Wenn die Daten korrekt angezeigt werden, können Sie den Eintrag *Keines* verwenden.

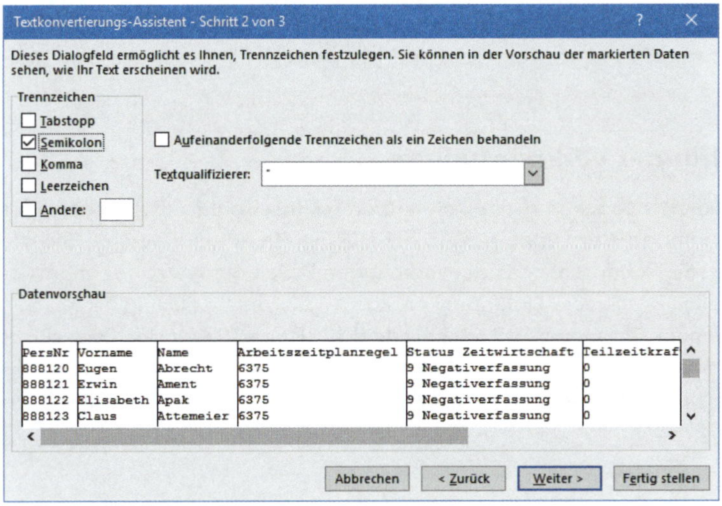

Bild 9.6: Trennzeichen für die Spalten festlegen.

Klicken Sie auf *Weiter* und definieren Sie das Datenformat der einzelnen Spalten. *Standard* ist die Voreinstellung für alle Spalten, weisen Sie einer Spalte ein anderes Format zu, wird diese mit einem entsprechenden Zahlenformat versehen. Mit *Fertig stellen* schließen Sie die Konvertierung ab. Excel präsentiert das Ergebnis in der Tabelle, die Felder der einzelnen Datensätze werden gemäß den gewählten Trennzeichen (oder festen Breite) auf die Spalten verteilt. Achten Sie darauf, dass Excel die Daten auch weiterhin als Text behandelt. In der Titelzeile der Mappe steht der Dateiname der Textdatei. Speichern Sie die Datei unter dem Datentyp *Microsoft Excel Arbeitsmappe*.

9.3.3 CSV-Dateien

CSV-Dateien (**c**omma **s**eparated **v**alues) sind reine Textdateien mit Listen, die ein Trennzeichen verwenden. Das ist in der Praxis ein Semikolon. In Dateien, die im englischsprachigen Raum erstellt wurden, ist das Trennzeichen ein Komma. Das CSV-Format ist ein Excel-Format, die Datei wird ohne Konvertierung eingelesen, die Daten werden automatisch auf Spalten verteilt.

9.3.4 Text in Spalten

Wenn die Textkonvertierung beim Import nicht funktioniert hat, können Sie die Aktion mit einem Datentool nachholen: Markieren Sie die Spalte, die Texte und Trennzeichen enthält, und wählen Sie *Daten/Datentools/Text in Spalten*. Der Textkonvertierungs-Assistent wird wieder aktiv, bestimmen Sie die Trennung (*Getrennt* oder *Feste Breite*). Der Datentyp (ASCII, ANSI) kann hier nicht mehr konvertiert werden. Teilen Sie die Spalten auf und schließen Sie den Assistenten ab. Damit werden die Daten auf die Spalten rechts von der markierten Spalte aufgeteilt.

9.4 Access-Datenbanken

Access ist ein RDBMS, ein **R**elational **D**atab**a**se **M**anagement **S**ystem. Diese Form der Datenbank ist nach wie vor weltweiter Standard, wird aber immer mehr von OLAP (**O**nline **A**nalytical **P**rocessing), der multidimensionalen Datenbank, abgelöst. Access ist das RDBMS von Microsoft und versteht sich natürlich bestens mit Excel aus dem gleichen Office-Paket.

9.4.1 Relationale Verknüpfungen

In einer relationalen Datenbank sind die Daten über Schlüsselfelder (IDs) miteinander verknüpft. Vor dem Import der Daten aus Access müssen Sie entscheiden, ob Sie die Daten aus Tabellen (die Rohdaten) oder die verknüpften Daten aus Abfragen importieren. Holen Sie Tabellen aus Access-Datenbanken, können Sie die Beziehung mitnehmen, Excel wird sie in seinem Datenmodell speichern und für PowerView oder PowerPivot weiterverwenden. Sind die Daten bereits über Abfragen verknüpft, sollten Sie besser die Abfragen importieren. Access hat die Vorarbeit bereits erledigt und die Daten sinnvoll miteinander verknüpft.

Hier ein Beispiel:

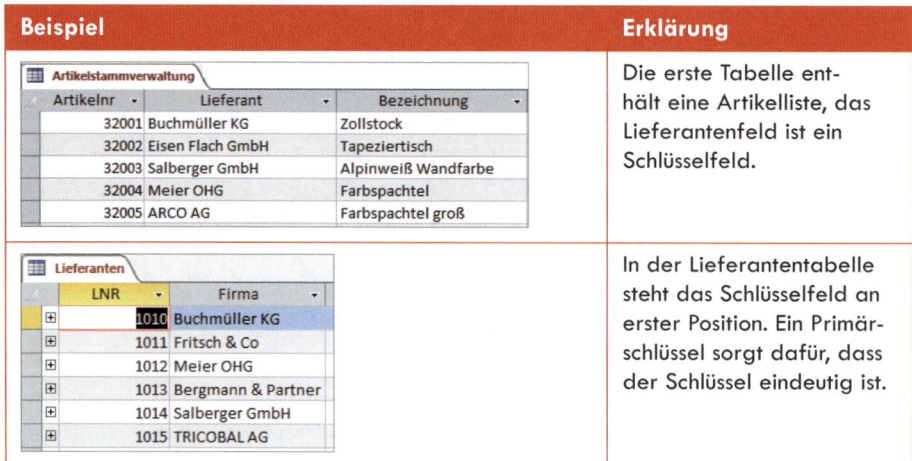

Beispiel	Erklärung
Artikelstammverwaltung Artikelnr / Lieferant / Bezeichnung 32001 Buchmüller KG / Zollstock 32002 Eisen Flach GmbH / Tapeziertisch 32003 Salberger GmbH / Alpinweiß Wandfarbe 32004 Meier OHG / Farbspachtel 32005 ARCO AG / Farbspachtel groß	Die erste Tabelle enthält eine Artikelliste, das Lieferantenfeld ist ein Schlüsselfeld.
Lieferanten LNR / Firma 1010 Buchmüller KG 1011 Fritsch & Co 1012 Meier OHG 1013 Bergmann & Partner 1014 Salberger GmbH 1015 TRICOBAL AG	In der Lieferantentabelle steht das Schlüsselfeld an erster Position. Ein Primärschlüssel sorgt dafür, dass der Schlüssel eindeutig ist.

Beispiel	Erklärung
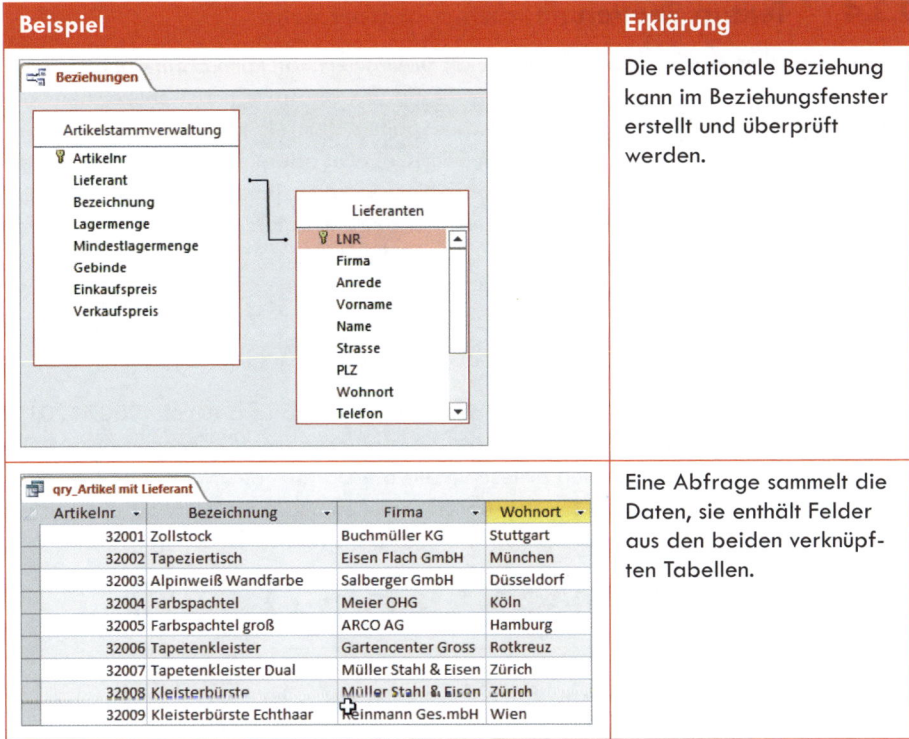	Die relationale Beziehung kann im Beziehungsfenster erstellt und überprüft werden.
	Eine Abfrage sammelt die Daten, sie enthält Felder aus den beiden verknüpften Tabellen.

9.4.2 Access-Objekte nach Excel exportieren

Die einfachste und manchmal effektivste Methode, Daten aus einer Access-Datenbank nach Excel zu exportieren, ist der Export aus der Datenbank selbst. Damit sind die Daten aber nicht verknüpft: Öffnen Sie die Datenbank im Access-Programmfenster. Wenn Sie den Navigationsbereich nicht sehen, drücken Sie [F11]. Lässt sich das Fenster damit nicht anzeigen, starten Sie die Datenbank mit gedrückter [⇧]-Taste (falls auch das nichts hilft, ist die Datenbank geschützt).

Markieren Sie im Navigationsfenster eine Tabelle oder eine Abfrage. Klicken Sie unter *Externe Daten/Exportieren* auf das Excel-Symbol. Geben Sie an, wohin die Datei geschrieben werden soll, und wählen Sie das Dateiformat. In den Exportoptionen bestimmen Sie, ob Sie Formatierungen und Layout aus der Access-Tabelle übernehmen und die neue Datei gleich öffnen wollen. In der letzten Abfrage können Sie die Exportschritte speichern und – falls Outlook installiert ist – eine Abfrage in Outlook anlegen, die diese Aufgabe in zeitgesteuerten Intervallen erledigt.

Die dritte Exportoption ist nur aktivierbar, wenn Sie die Tabelle geöffnet und Datensätze markiert hatten. In diesem Fall können auch einzelne Sätze exportiert werden. Bestätigen Sie die letzte Abfrage und die Daten werden aus der Access-Datenbank in eine neue Excel-Arbeitsmappe geschrieben.

9.4.3   Access-Datenbankdaten importieren

Starten Sie den Import von Access-Daten mit *Daten/Externe Daten abrufen/Aus Access*.

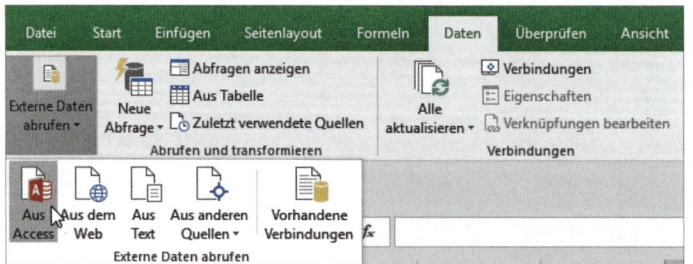

Bild 9.7: Access-Datenbankdaten einlesen.

1. Suchen Sie die Datenbankdatei mit der Endung *.accdb* (aus Access 2007/2010) oder mit der Endung *.mdb* (aus früheren Access-Versionen). Sie können auch MDE-Dateien oder ACCDE-Dateien einlesen. Falls die Datenverknüpfungseigenschaften angeboten werden, geben Sie den Benutzernamen und das Kennwort ein. Klicken Sie auf *Verbindung testen*, um abzuprüfen, ob die Datenbank verfügbar ist.

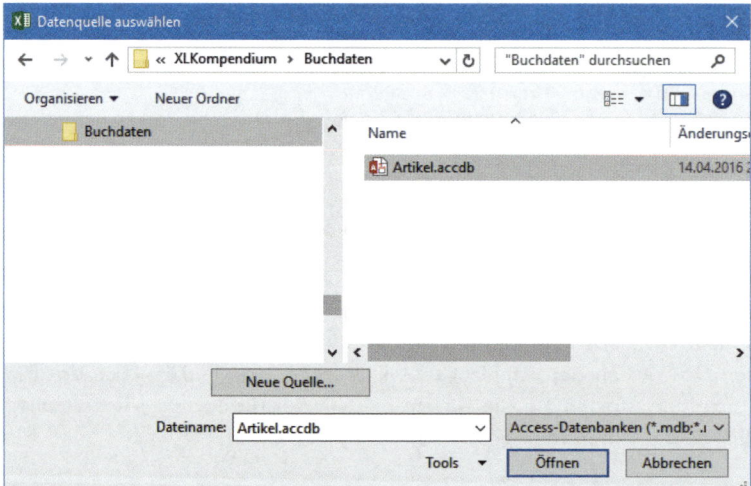

2. Wählen Sie eine Tabelle oder Abfrage oder aktivieren Sie die Mehrfachauswahl und kreuzen Sie die Objekte an, die Sie importieren wollen. Angeboten werden Tabellen und Abfragen, Tabellen, die Access verknüpft hat, werden nicht angezeigt.

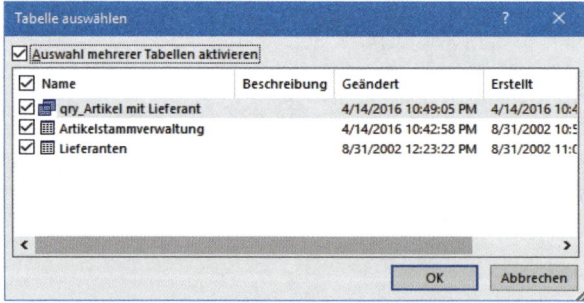

3. Wählen Sie das Zielformat aus. Sie können die importierten Daten als Tabelle, als PivotTable oder als PivotTable und PivotChart importieren. Geben Sie *Neues Arbeitsblatt* als Ziel an.

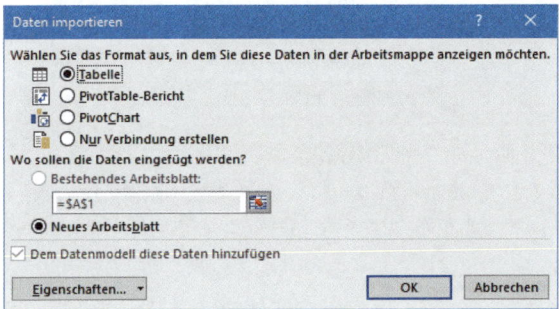

4. Die Access-Daten werden als Tabellen in neuen Tabellenblättern eingefügt, jedes Objekt erhält ein neues Blatt.

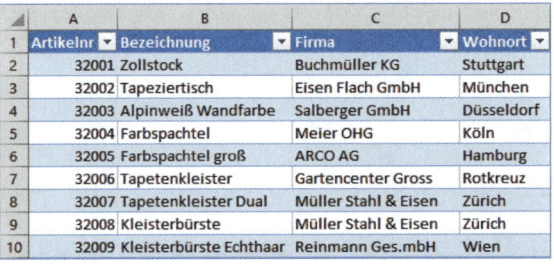

	A	B	C	D
1	Artikelnr	Bezeichnung	Firma	Wohnort
2	32001	Zollstock	Buchmüller KG	Stuttgart
3	32002	Tapeziertisch	Eisen Flach GmbH	München
4	32003	Alpinweiß Wandfarbe	Salberger GmbH	Düsseldorf
5	32004	Farbspachtel	Meier OHG	Köln
6	32005	Farbspachtel groß	ARCO AG	Hamburg
7	32006	Tapetenkleister	Gartencenter Gross	Rotkreuz
8	32007	Tapetenkleister Dual	Müller Stahl & Eisen	Zürich
9	32008	Kleisterbürste	Müller Stahl & Eisen	Zürich
10	32009	Kleisterbürste Echthaar	Reinmann Ges.mbH	Wien

5. Überprüfen Sie in den *Datentools* die Beziehungen im Datenmodell, hier sehen Sie, wie die Daten in Access verknüpft waren.

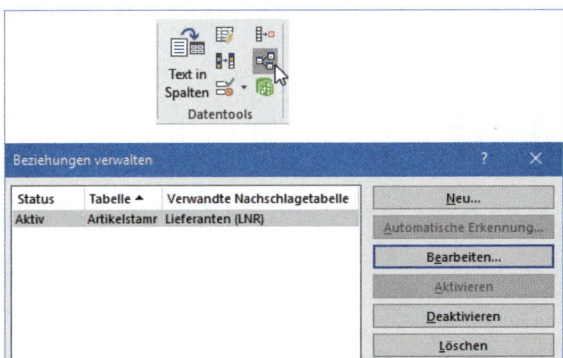

6. Bearbeiten Sie eine Beziehung im Datenmodell, …

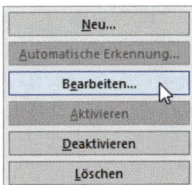

7. ... sehen Sie die verbundenen Felder. Neue Beziehungen gelten nur für PowerView und PowerPivot, nicht für die per ODBC importierten Daten.

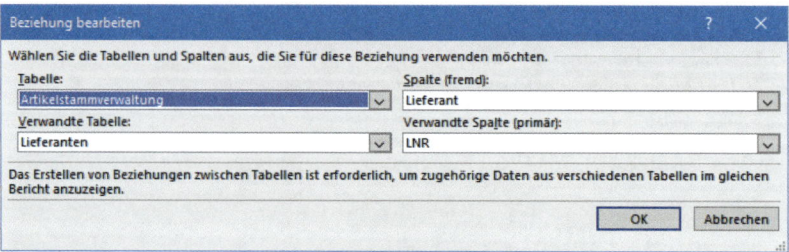

9.4.4 Access-Daten aktualisieren

Die Verknüpfung zu Access ist nur halb dynamisch, sie berechnet sich nur beim Öffnen der Arbeitsmappe von selbst. Klicken Sie in den Tabellentools unter *Entwurf/Externe Tabellendaten* auf *Aktualisieren*, um die neuesten Daten aus der Datenbank abzuholen. Um die verknüpften Daten per Intervall zu aktualisieren, aktivieren Sie die Eigenschaften der Verbindung (siehe unten).

9.5 Aus dem Web

Mit Web ist eigentlich das World Wide Web gemeint, der größte Teil des Internets. Excel bietet dynamische Zugriffe auf das Web an, darunter fallen auch Intranet-Seiten und generell alle Datenquellen, die HTML-Daten anbieten. HTML ist zwar das Standardformat für Webseiten, Excel kann aber keine Bilder und keine Seiten einlesen, die mit JavaScript oder anderen Scriptsprachen erstellt wurden. Technisch gesehen erkennt Excel nur Daten zwischen den HTML-Tags <TABLE> und </TABLE> oder vorformatierte Daten aus dem Tag <PRE>.

Wählen Sie *Daten/Externe Daten abrufen/Aus dem Web*.

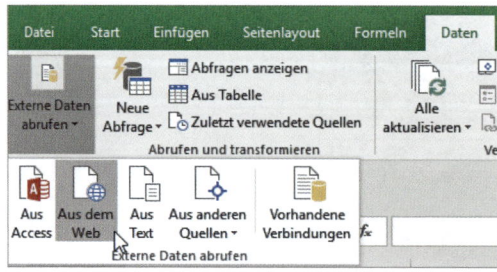

Bild 9.8: Daten aus dem Web abrufen.

Jetzt wird eine Onlineverbindung aufgebaut, Excel startet ein Mini-Browserfenster und zeigt die Startseite des Standard-Internetbrowsers an. Sie können eine Webadresse in die Adresszeile eingeben und mit OK diese Seite ansteuern. Die Elemente der Webseite, die importiert werden können, kennzeichnet Excel mit kleinen, gelben Pfeilen. Klicken Sie auf einen der Pfeile, wird dieser grün, und das Element der Seite wird beim Import eingelesen. Wenn Sie alle Elemente gesammelt haben, starten Sie mit Klick auf die Schaltfläche *Import*.

Bild 9.9: HTML-Tabelle kennzeichnen und importieren.

Die Verbindung wird aufgebaut, die Daten aus den verknüpften Elementen werden in Textform in das Tabellenblatt integriert. Mit jeder Aktualisierung der Verbindung erhalten Sie die aktuellen Daten aus dem Internet oder Intranet. Über die Eigenschaft der Verbindung finden Sie die Webadresse wieder.

9.5.1 Webabfragedateien

Abfragen an Webseiten lassen sich in Dateien verpacken, die einfach geöffnet werden und die Daten aus dem Web saugen. Eine Parameterabfrage bietet sogar die Möglichkeit, den Benutzer zu einer Eingabe aufzufordern und damit die passenden Daten abzuholen. Der Klassiker ist die Abfrage an den Aktiendienst MSN Money, mit der Kursdaten für bestimmte Wertpapiere importiert werden. Sehen Sie nach, ob die QRY-Beispieldateien gespeichert sind:

C:\Program Files (x86)\Microsoft Office\Office 16\QUERIES

Hier eine Beispieldatei, die Sie mit jedem Texteditor erzeugen und bearbeiten können. Die Parameterabfrage entsteht durch die Zuweisung einer Frage in eckigen Klammern:

```
http://moneycentral.msn.com/investor/external/excel/
quotes.asp?SYMBOL=["QUOTE",
"Geben Sie MSN MoneyCentral-Symbole
für eine Aktie, einen Fond oder einen anderen Wert ein,
durch Kommas getrennt."]
Selection=EntirePage
Formatting=All
PreFormattedTextToColumns=True
ConsecutiveDelimitersAsOne=True
SingleBlockTextImport=False
```

Speichern Sie die Datei mit der Endung *.iqy* (Internet Query) ab. Um die Parameter-abfrage auszuführen, öffnen Sie die Datei über das *Datei*-Menü oder über *Daten/ Externe Daten abrufen/Vorhandene Verbindungen*.

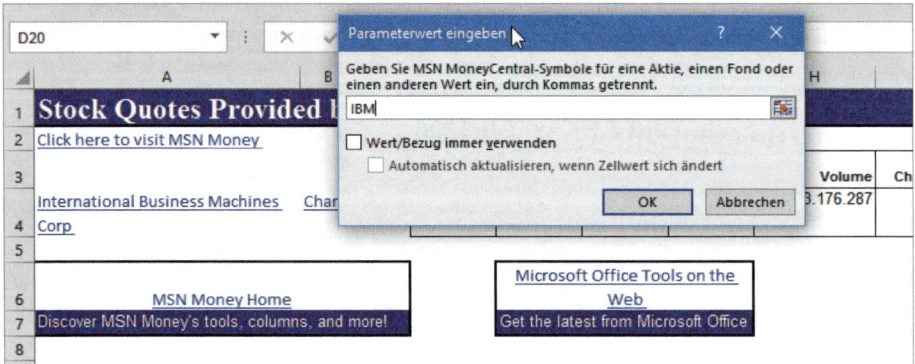

Bild 9.10: Parameterabfrage über eine IQY-Datei.

9.6   Aus anderen Quellen

Unter diesem Symbol, das ebenfalls auf der Registerkarte *Daten* in der Gruppe *Externe Daten abrufen* zur Auswahl steht, finden Sie eine Zusammenfassung aller Datenquellen, mit denen Excel eine dynamische Verbindung eingehen kann:

■ *Aus SQL-Server:* Klicken Sie hier, um eine Verbindung zu einem SQL-Server herzu-stellen und Tabellen davon zu importieren. Wie bei Access wird eine Verknüpfung zur Datenquelle aufgebaut.

■ *Aus Analysis Service:* Mit diesem Symbol erstellen Sie eine Verbindung zum OLAP-Dienst des SQL-Servers zum Abruf der Daten aus einem »Würfel« (Cube). Das ist die Bezeichnung für die multidimensionale Datenbank. Excel kann diese Cube-Daten in Tabellen oder direkt in PivotTable-Berichte integrieren.

■ *Aus Windows Azure Marketplace:* Mit einem Microsoft-Konto lassen sich Daten aus zahlreichen Quellen (Umwelt, Finanzen, Handel, Sport u. a.) von diesem Online-marktplatz abrufen. Viele Daten werden als Datenfeed angeboten.

■ *Aus O-Data Datenfeeds:* O-Data ist ein Standardprotokoll für APIs (**A**pplication **P**ro-gramming **I**nterface).

■ *Aus XLM-Datenimport:* Öffnen Sie unter diesem Symbol eine gespeicherte XML-Datei und wandeln Sie die XML-Daten in Excel-Tabellen um.

■ *Aus dem Datenverbindungs-Assistenten:* Benutzen Sie diesen Assistenten, wenn Sie Schritt für Schritt durch den Prozess der Verbindungsaufnahme mit einer Remote-datenquelle geführt werden wollen. Der Assistent bietet alle verfügbaren Treiber an und leitet Sie mit Abfragen zu den einzelnen Aufgaben.

■ *Aus Microsoft Query:* MS Query ist eine Abfrageschnittstelle, die viele (ältere) Da-tenbankformate unterstützt (siehe unten).

9.7 MS-Query-Abfragen

Eine Abfrage ist – sobald erstellt – eine permanente Verbindung zwischen den beiden Programmen, die immer wieder die neuesten Daten aus der Datenbank liefert. Diese Technik ist mittlerweile überholt, PowerQuery bietet bessere Möglichkeiten, externe Daten abzurufen.

9.7.1 Beispiel: MS-Query-Abfrage an Excel-Listen

MS Query bietet die Möglichkeit, Daten aus Datenbanken oder aus Excel-Tabellenblättern zu importieren. Letztere lassen sich aber nur mit einem Trick aktivieren.

1. Die Personalliste steht in einem Tabellenblatt links oben, Bereichsnamen oder Umwandlung in Tabelle sind nicht nötig. Schließen Sie die Datei aber vor der Query-Verbindung.

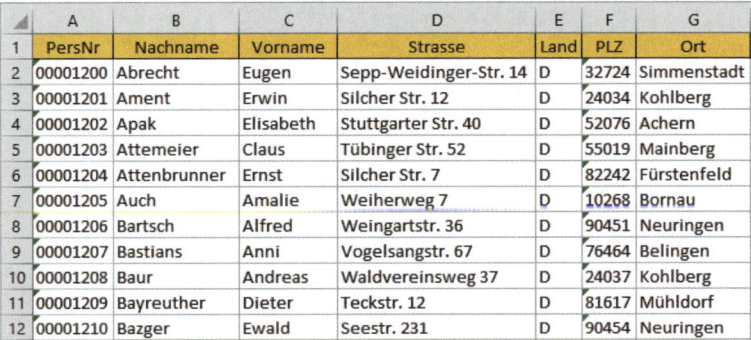

2. Wählen Sie *Daten/Externe Daten abrufen/Aus anderen Quellen, ...*

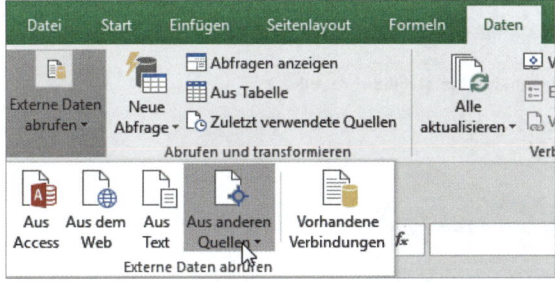

3. ... und aktivieren Sie *Aus Microsoft Query.*

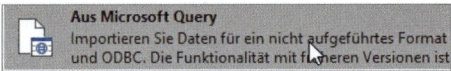

4. Markieren Sie den ODBC-Treiber für Excel-Dateien.

Falls noch ältere Treiber installiert sind: Der Treiber für die XLS-Daten hieß *Excel Files**.

5. Suchen Sie die Arbeitsmappe, markieren Sie den Eintrag und klicken Sie auf *OK*.

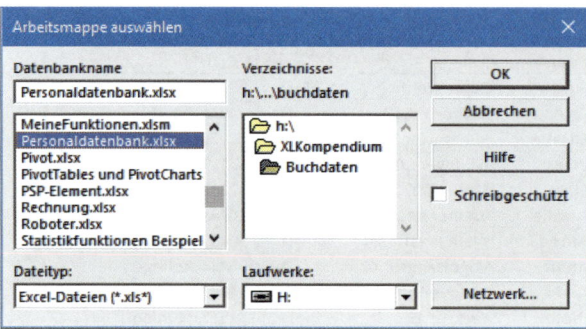

6. Beim ersten Query-Import mit dem Excel-Treiber erhalten Sie diese Fehlermeldung. Bestätigen Sie mit *OK*, ...

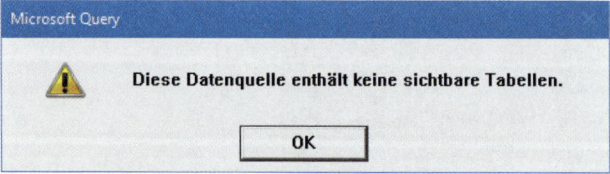

7. ... und schalten Sie unter *Optionen* die *Systemtabellen* ein.

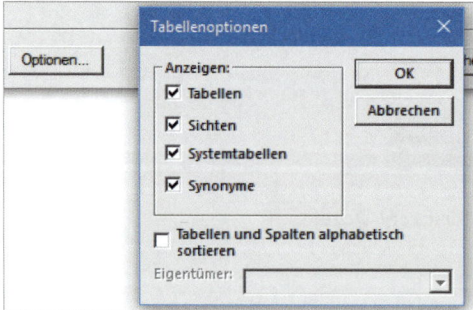

8. Jetzt wird das Tabellenblatt angezeigt. Öffnen Sie die Feldstruktur und holen Sie alle Felder in die Abfrage, die Sie brauchen. Markieren Sie dazu ein Feld und klicken Sie auf das Pfeilsymbol. Mit dem Doppelpfeil transportieren Sie immer die gesamte Feldliste.

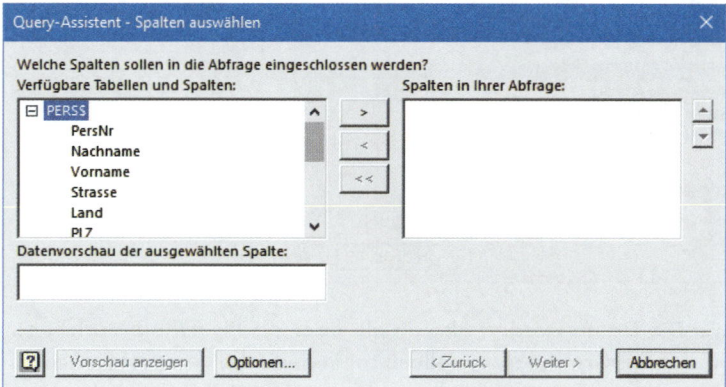

9. Im nächsten Schritt können Sie die Daten filtern. Markieren Sie ein Feld und geben Sie die Filterbedingung und das Kriterium an; *ist nicht Null* entfernt alle Leerzeilen. Mehrere Filter verbinden Sie mit UND oder ODER, damit sind die Filter additiv oder alternativ. Beispiele:

`PLZ größer als 7999 UND PLZ kleiner 9000`

`Orgeinheit gleich Produktion oder Orgeinheit gleich Lager`

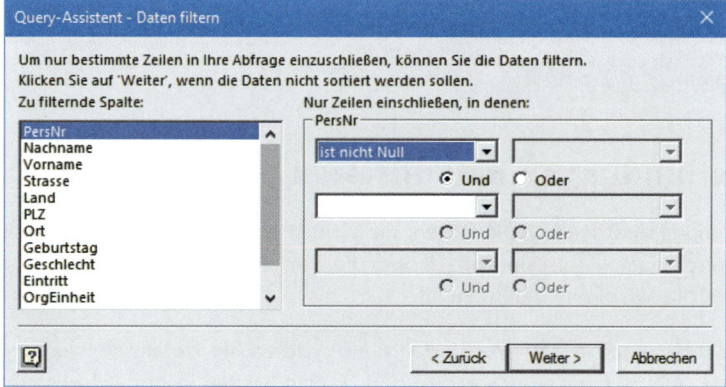

10. Sortieren Sie im nächsten Schritt die Daten vor dem Import. Geben Sie die Sortierfelder an sowie die Sortierfolge.

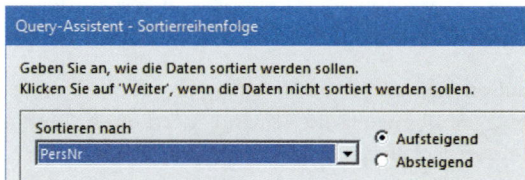

11.Im letzten Schritt bestimmen Sie das Ausgabeformat, wählen Sie *Tabelle* oder importieren Sie die Daten gleich in einen PivotTable-/PivotChart-Bericht.

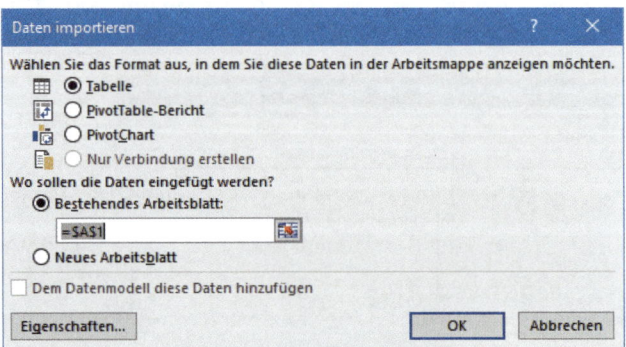

12.Das Ergebnis: Die Daten werden als Tabelle oder als PivotTable-Bericht eingefügt und sind dynamisch mit dem Tabellenblatt in der Arbeitsmappe verknüpft. Mit *Daten/Verbindungen/Eigenschaften* können Sie die Verbindung gestalten und neu starten (*Definition/Abfrage bearbeiten*).

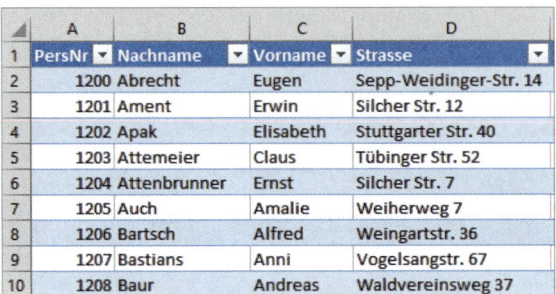

	A	B	C	D
1	PersNr	Nachname	Vorname	Strasse
2	1200	Abrecht	Eugen	Sepp-Weidinger-Str. 14
3	1201	Ament	Erwin	Silcher Str. 12
4	1202	Apak	Elisabeth	Stuttgarter Str. 40
5	1203	Attemeier	Claus	Tübinger Str. 52
6	1204	Attenbrunner	Ernst	Silcher Str. 7
7	1205	Auch	Amalie	Weiherweg 7
8	1206	Bartsch	Alfred	Weingartstr. 36
9	1207	Bastians	Anni	Vogelsangstr. 67
10	1208	Baur	Andreas	Waldvereinsweg 37

9.8 Verbindungen aktualisieren und bearbeiten

ODBC-Verbindungen sind dynamische Daten, die nicht automatisch aktualisiert werden. Das wäre technisch auch wenig sinnvoll, da der Server ständig Daten liefern würde. Aktualisieren Sie die Verbindungen manuell:

Setzen Sie den Zellzeiger in eine Verbindung und wählen Sie *Daten/Verbindungen/ Aktualisieren*. Mit *Alle aktualisieren* werden alle Verbindungen in der Arbeitsmappe aktualisiert.

Aktualisierung abbrechen ist aktiv, solange eine Verbindung aktiv ist. Sollte der Vorgang zu lange dauern, können Sie ihn damit abbrechen. Mit *Status aktualisieren* ist der in der Statuszeile angezeigte Übertragungsstatus gemeint.

 In der Statusleiste erscheint links außen ein rotierendes Weltkugelsymbol, solange die Aktualisierung läuft. Klicken Sie das Symbol an, um die Abfrage zu stoppen, wenn Verbindungsprobleme zur Datenquelle auftauchen.

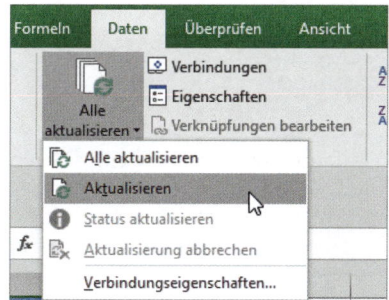

Bild 9.11: Aktuelle Verbindung oder alle
Verbindungen aktualisieren.

9.8.1 Verbindungseigenschaften

Für die Verwaltung der externen Datenverbindungen können Sie auf zwei Register zurückgreifen. Wählen Sie *Daten/Verbindungen* oder in den *Tabellentools* (die nur sichtbar sind, wenn der Zellzeiger in der Tabelle steht) die Gruppe *Verbindungen*.

Entscheiden wir uns für die Registerkarte *Daten*. Klicken Sie auf *Eigenschaften*.

- *Zeilennummern einschließen:* Damit fügen Sie vor jedem Datensatz in einer eigenen Spalte eine Zeilennummer ein.

- *Spaltenbreite anpassen:* Manuell geänderte Spaltenbreiten werden mit der Aktualisierung wieder entfernt.

- *Zellformatierung beibehalten:* Alle Zellenformate, die Sie nachträglich anbringen, bleiben erhalten, wenn die Daten aktualisiert werden.

- *Sortieren/Filtern/Layout für Spalte beibehalten:* Die importierten Daten werden mit einem einfachen AutoFormat (erste Zeile fett) belegt. Schalten Sie diese Option aus, wenn Sie die Daten unformatiert importieren wollen.

- *Wenn sich die Anzahl der Zeilen im Datenbereich bei der Aktualisierung ändert:* Hier können Sie entscheiden, was bei der Aktualisierung der Abfrage mit den bereits in der Tabelle enthaltenen Daten passieren soll.

9.8.2 Automatische Verbindungen

Wenn die Datenübertragung vom Server gesichert ist, empfiehlt sich eine Automatisierung der Verbindung. Sie können die Daten gleich mit dem Öffnen der gespeicherten Arbeitsmappe abholen lassen oder ein Zeitintervall angeben, nach dem die ODBC-Verknüpfung gestartet wird.

Wählen Sie *Daten/Verbindungen/Verbindungseigenschaften*. Mit *Hinzufügen* können Sie eine neue Verbindung anfügen. *Entfernen* löscht die markierte Verbindung.

Markieren Sie eine Verbindung in der Liste und klicken Sie auf *Eigenschaften*. Tragen Sie einen Verbindungsnamen ein und geben Sie eine passende Beschreibung dazu.

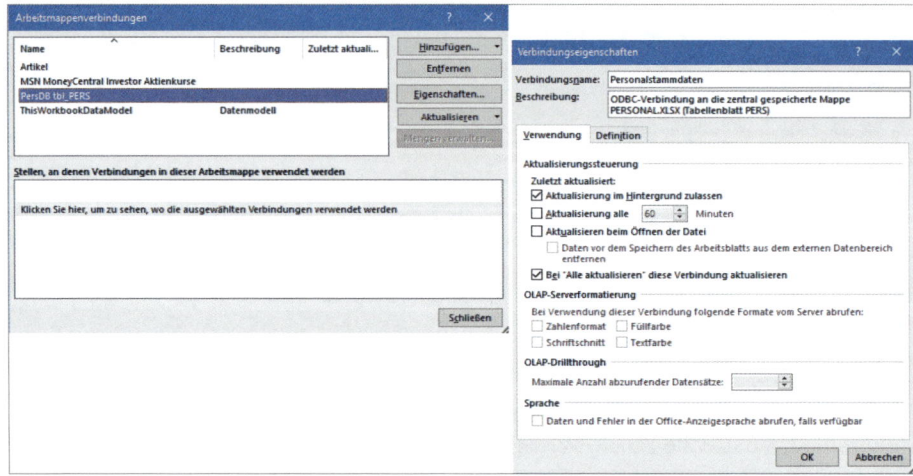

Bild 9.12: Die Verbindungseigenschaften.

Aktualisieren beim Öffnen der Datei: Das Abfrageergebnis wird automatisch erneuert, wenn Sie die Mappe öffnen. Dazu muss aber die erste Option *Abfragedefinition speichern* gesetzt sein.

Aktualisierung alle ...: Geben Sie hier das Zeitintervall an, in dem die Aktualisierung gestartet wird.

Daten vor dem Speichern des Arbeitsblatts aus dem externen Datenbereich entfernen: Diese Option bietet sich an, wenn die Abfrage sehr viele Daten zurückliefert. Die Daten werden vor dem Speichern gelöscht und erst wieder aktuell in die Tabelle geholt, wenn die Mappe geöffnet wird (siehe Abschnitt 9.8.5 »Sicherheitsoption im Trust Center«).

Auf der zweiten Registerkarte *Definition* finden Sie die technischen Daten der Verbindung. Ändern Sie hier bei Bedarf den Pfad zur Verbindungsdatei und überprüfen Sie die Verbindungszeichenfolge. Mit der Option *Kennwort speichern* müssen Sie das Kennwort nicht bei jeder Verbindungsaktualisierung eingeben.

Bei Verbindungen mit dem Excel-Treiber sehen Sie den SQL-Befehl, der zu den Daten führt. In der Regel lässt sich dieser etwas einfacher gestalten, weil Excel hier Apostrophe für die Felder benutzt. Um beispielsweise alle Felder aus dem Tabellenblatt *PERS* zu holen, schreiben Sie einfach:

```
SELECT * FROM [PERS$]
```

Bei Abfragen auf Datenbanken sehen Sie als Befehlstext häufig nur den Namen der Abfrage oder der Tabelle. Schalten Sie auf den Befehlstyp *SQL* um, können Sie auch SQL-Befehle eintragen. Der erfahrene Access-Anwender erstellt zum Beispiel Abfragen in Access, schaltet in die SQL-Ansicht um und kopiert sich den SQL-Befehl. Diesen fügt er dann in die ODBC-Abfrage ein.

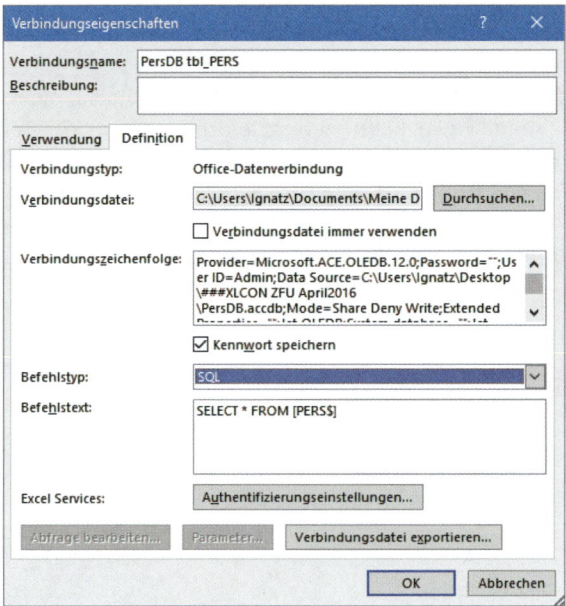

Bild 9.13: Die Verbindungsdaten. Hier können Sie auch SQL-Befehle verwenden.

9.8.3   SQL-Abfragen mit MS Query

Die Abfragesprache SQL hat nur wenige Elemente, bietet damit aber genug Flexibilität, um eine externe Quelle anzuzapfen. Hier einige Beispiele:

SQL-Befehl	Erklärung
SELECT * FROM [Tabelle1$]	Daten aus Tabellenblatt *Tabelle1* holen. Das $-Zeichen repräsentiert das Blatt.
SELECT * FROM [Tabelle1$A$1:$A$10]	Daten aus dem Zellbereich $A$1:$A$10 des Tabellenblatts *Tabelle1* holen.
SELECT * FROM Bereich1	Die Daten werden aus dem Bereich mit dem Bereichsnamen *Bereich1* abgeholt. Der Bereichsname muss global für die Arbeitsmappe gültig sein..
SELECT * FROM Bereich1 UNION ALL SELECT * FROM Bereich2	Die Daten werden per UNION ALL SELECT aus den Bereichen *Bereich1* und *Bereich2* eines Tabellenblatts geholt.
SELECT * FROM DATEI1.CSV UNION SELECT * FROM DATEI2.CSV	Die Daten werden mit UNION ALL SELECT aus zwei verschiedenen CSV-Dateien geholt.
SELECT * FROM [Tabelle1$] WHERE [Abteilung]='Service'	Die Daten werden aus *Tabelle1* geholt und dabei nach der Spalte *Abteilung* gefiltert. Filterkriterium ist *Service*.

Beispiel: Abfrage an Personaldatenbank mit ODBC, SQL und Formularelement

Testen Sie die Möglichkeiten, die SQL bietet, an diesem Beispiel: Erstellen Sie mit einem Formularelement eine Auswahl der Abteilungen, konstruieren Sie daraus einen SQL-Befehl und übermitteln Sie ihn mit einem kleinen VBA-Makro an eine ODBC-Verbindung. Legen Sie ein Tabellenblatt *DATA* an und tragen Sie eine Liste mit allen Abteilungen ein. In der ersten Zeile stellen Sie mit *<Alle>* ein Auswahlelement für alle Abteilungen in die Liste. Geben Sie die Parameter für die Abfrage ein und benennen Sie die Bereiche.

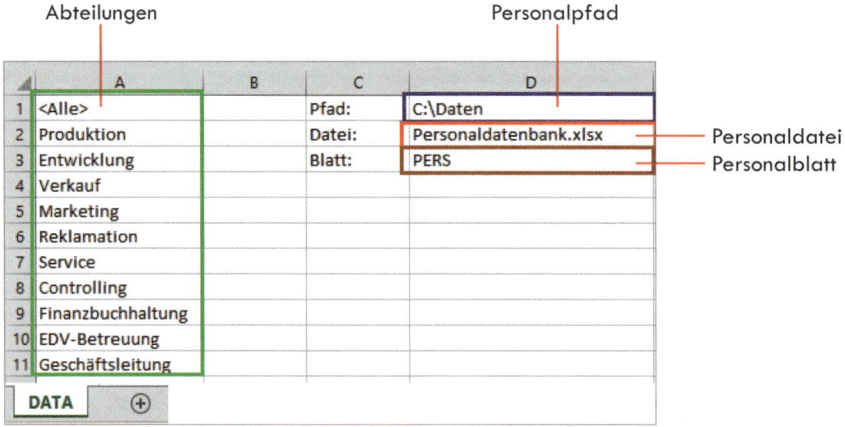

Bild 9.14: DATA-Blatt mit Parametern für die SQL-Abfrage.

1. Zeichnen Sie in einem weiteren Tabellenblatt ein Kombinationsfeld ein (*Entwicklertools/Steuerelemente einfügen/Formularsteuerelemente*).

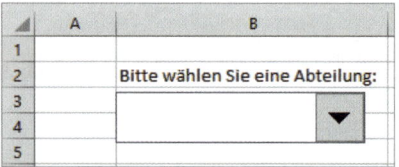

2. Weisen Sie ihm über das Kontextmenü (*Steuerelement formatieren*) diese Eigenschaften zu:

   Eingabebereich: Abteilungen
   Zellverknüpfung: $E$2
   Dropdownzeilen: 20

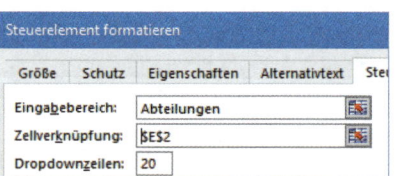

3. Berechnen Sie mit INDEX() die gewählte Abteilung und mit einer Textverknüpfung den SQL-Befehl für eine ODBC-Verbindung. Achten Sie auf die Apostrophe (') nach dem =-Zeichen und am Ende der Anweisung.

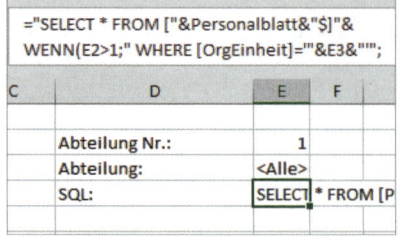

Geben Sie der Zelle E4 den Bereichsnamen *SQLBefehl*:

E3: =INDEX(Abteilungen;E2;1)

E4: ="SELECT * FROM ["&Personalblatt&"$]"&WENN(E2>1;" WHERE
[OrgEinheit]='"&E3&"'";"")

4. Erstellen Sie eine ODBC-Verbindung auf die Personaldatenbank, legen Sie das Ergebnis ab Zelle A6 als Tabelle an. Unter *Daten/Verbindungen/Eigenschaften* schalten
Sie die Spaltenbreitenanpassung ab, und unter *Daten/Verbindungen/Verbindungen*
sehen Sie im Register *Definition* den von MS Query erstellten SQL-Befehl.

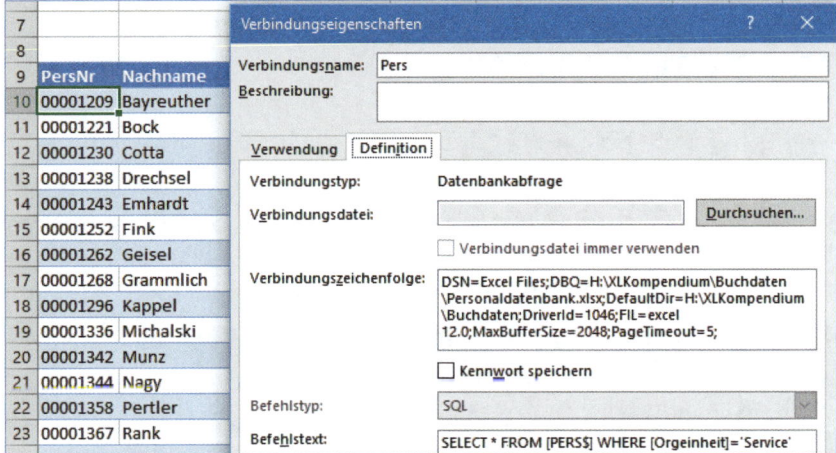

5. Passen Sie diesen an, zeichnen Sie die Aktion aber mit dem Makrorecorder auf.
Wählen Sie *Entwicklertools/Code/Makro aufzeichnen*. Geben Sie ein:

Makroname: SQL_Abfrage_Personal
Makro speichern in: Diese Arbeitsmappe
Beschreibung: Makro holt Daten per SQL aus der Personaldatenbank

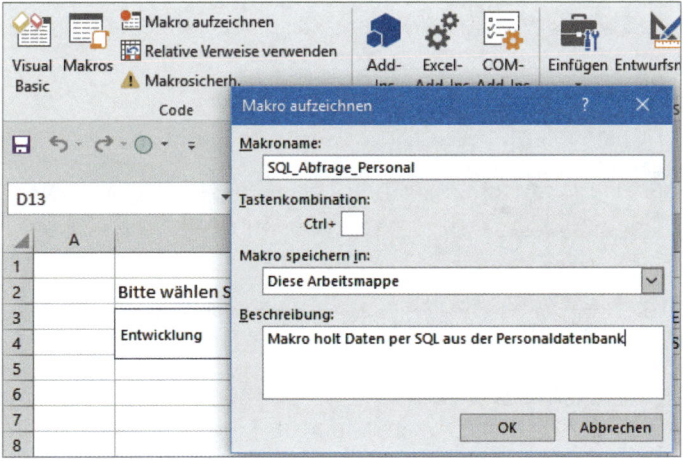

6. Starten Sie die Aufzeichnung mit OK und aktivieren Sie die Verbindungseigenschaften. Ändern Sie den SQL-Befehl, filtern Sie auf eine andere Abteilung und schließen
Sie den Dialog wieder.

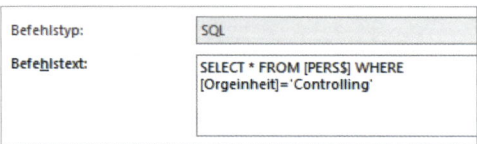

Befehlstyp:	SQL
Befe**h**lstext:	SELECT * FROM [PERS$] WHERE [Orgeinheit]='Controlling'

7. Beenden Sie die Makroaufzeichnung mit *Entwicklertools/Code/Aufzeichnung beenden*.

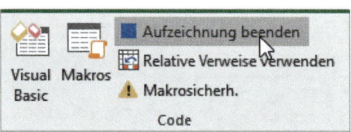

8. Schalten Sie mit [Alt]+[F11] in den Visual-Basic-Editor und überprüfen Sie das Makro.
Passen Sie es an, binden Sie die Parameter aus dem DATA-Blatt und die SQL-kon-
struierte SQL-Anweisung ein (siehe unten).

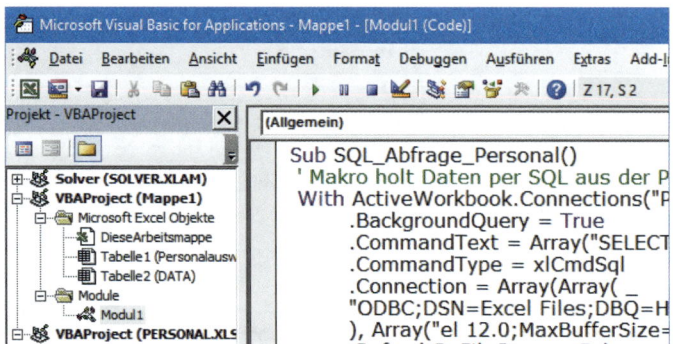

9. Klicken Sie mit der rechten Maustaste auf das Kombinationsfeld und wählen Sie
Makro zuweisen.

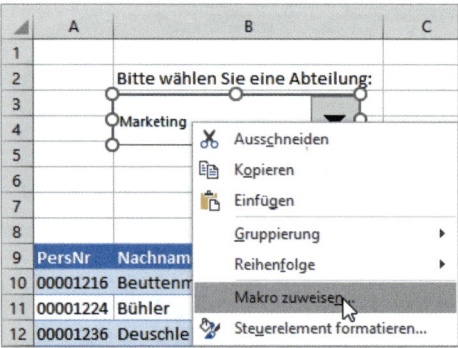

10. Weisen Sie dem Kombinationsfeld das Makro *SQL_Abfrage_Personal* zu. Bestätigen Sie mit *OK*.

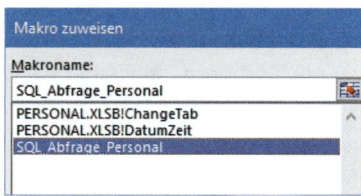

11. Jetzt können Sie eine Abteilung wählen und damit das Makro starten, das die SQL-Verbindung der ODBC-Abfrage neu definiert.

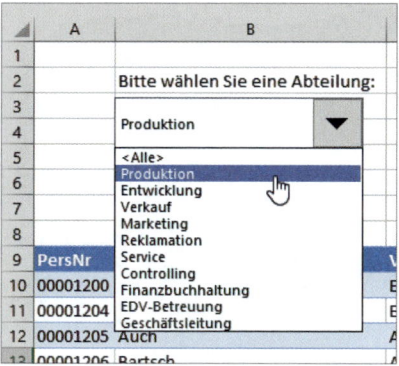

Hier das Makro, angepasst auf die Parameter aus dem *DATA*-Blatt, und den SQL-Befehl, der über das Formularelement konstruiert wird:

```
Sub SQL_Abfrage_Personal()
 ' Makro holt Daten per SQL aus der Personaldatenbank
 Dim strSQL As String, strPfad As String
 Dim strDatei As String, strBlatt As String
 strSQL = Range("SQLBefehl")
 strPfad = Range("Personalpfad")
 strDatei = Range("Personaldatei")
 strBlatt = Range("Personalblatt")
 With ActiveWorkbook.Connections("Pers").ODBCConnection
    .CommandText = Range("SQLBefehl")
    .Connection = "ODBC;DSN=Excel Files;" _
    & "DBQ=" & strPfad & "\" & strDatei _
    & ";DefaultDir=" & strPfad _
    & ";DriverId=1046;" _
    & "FIL=excel 12.0;" _
    & "MaxBufferSize=2048;" _
    & "PageTimeout=5;"
 End With
 ActiveWorkbook.Connections(strBlatt).Refresh
End Sub
```

Beispiel: Mehrere Tabellenblätter konsolidieren mit SQL UNION

Mit der SQL-Anweisung UNION ALL können mehrere Bereiche konsolidiert werden.

1. Die Arbeitsmappe *Umsatz_Golfshop* enthält zwölf Tabellenblätter von *Jan* bis *Dez* mit variablen Listen. Der Aufbau der Listen ist in allen Blättern identisch, das heißt, Anzahl und Beschriftung der Spalten sind gleich.

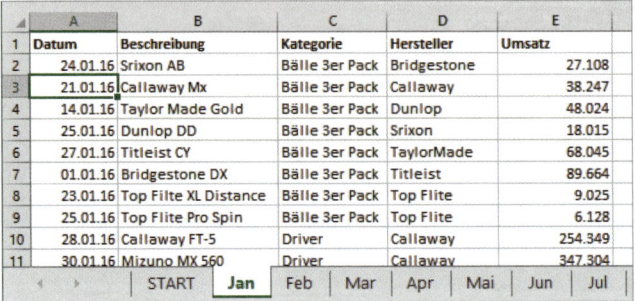

2. Erstellen Sie in einem neuen Tabellenblatt eine ODBC-Abfrage auf das erste Tabellenblatt mit allen Feldern.

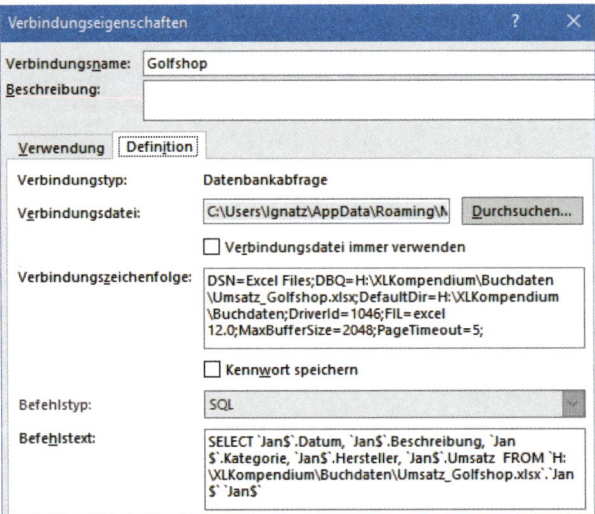

3. Ändern Sie den SQL-Befehl, tragen Sie einen * für alle Felder ein. Mit UNION ALL holen Sie das zweite Blatt mit dazu.

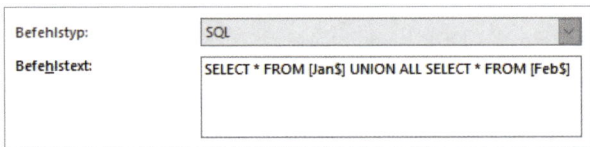

4. Den vollständigen Befehl können Sie auch im Texteditor (Word) konstruieren, achten Sie darauf, dass zwischen den Zeilen nur ein Byte erlaubt ist (⇧+↵ oder Leerzeichen).

```
SELECT·*·FROM·[Jan$]↵
UNION·ALL·SELECT·*·FROM·[Feb$]↵
UNION·ALL·SELECT·*·FROM·[Mar$]↵
UNION·ALL·SELECT·*·FROM·[Apr$]↵
UNION·ALL·SELECT·*·FROM·[Mai$]↵
UNION·ALL·SELECT·*·FROM·[Jun$]↵
UNION·ALL·SELECT·*·FROM·[Jul$]↵
UNION·ALL·SELECT·*·FROM·[Aug$]↵
UNION·ALL·SELECT·*·FROM·[Sep$]↵
UNION·ALL·SELECT·*·FROM·[Okt$]↵
UNION·ALL·SELECT·*·FROM·[Nov$]↵
UNION·ALL·SELECT·*·FROM·[Dez$]¶
```

5. Die UNION-ALL-Abfrage fügt alle zwölf Tabellenblätter zusammen.

Erstellen Sie eine PivotTable aus dem Abfrageergebnis.

G	H
Zeilenbeschriftungen ▼	Summe von Umsatz
⊞ Jan	5.613.966
⊞ Feb	199.440
⊞ Mrz	1.588.908
⊞ Apr	2.372.460
⊞ Mai	2.617.465
⊞ Jun	1.145.869
⊞ Jul	2.182.201
⊞ Aug	1.767.590
⊞ Sep	4.908.514
⊞ Okt	3.649.612
⊞ Nov	2.115.804
⊞ Dez	3.605.658
Gesamtergebnis	31.767.487

9.8.4 Verbindung trennen

Mit der Schaltfläche *Entfernen* trennen Sie die Verbindung. Bestätigen Sie die Sicherungsmeldung. Die zuletzt importierten Daten bleiben zwar erhalten, werden aber nicht mehr aktualisiert.

Über die *Tabellentools* können Sie die Datenquelle ebenfalls abtrennen: Wählen Sie unter *Tabellentools/Entwurf/Externe Tabellendaten* den Befehl *Verknüpfung aufheben*. Bestätigen Sie mit Klick auf *OK* und die Tabelle ist nicht mehr verknüpft.

9.8.5   Sicherheitsoption im Trust Center

Damit externe Verknüpfungen nicht zu ungewollten Datentransfers führen, hat Excel eine Sicherheitsoption eingebaut. Der Anwender wird beim Öffnen einer Mappe, die Verbindungen enthält, gefragt, ob er diese annehmen will. Die Meldung erscheint nach dem Öffnen der Mappe unterhalb des Menübands.

Mit einer Excel-Option können diese Startverbindung und auch alle anderen Verbindungen überwacht werden. Sehen Sie unter *Optionen* im *Datei*-Menü nach und aktivieren Sie das *Trust Center*. Hier finden Sie in den Einstellungen die Rubrik *Externer Inhalt*.

Alle Datenverbindungen aktivieren startet beim Öffnen der Mappe sofort den Datentransfer, wenn die Option in den Einstellungen gesetzt ist. Alle weiteren Verbindungen werden kommentarlos durchgeführt. Die Option ist aus gutem Grund nicht zu empfehlen, weil beim Öffnen der Mappe nicht kontrolliert werden kann, ob sie Fremddaten bezieht.

Benutzer zu Datenverbindungen auffordern ist die Standardeinstellung. Damit erhalten Sie die zuvor gezeigte Sicherheitswarnung.

Alle Datenverbindungen deaktivieren würde keine Verbindungen zulassen, weder beim Start der Mappe noch mit der Aktualisierung einer Verbindung.

Die zweite Registerkarte *Definition* der Verbindungseigenschaften meldet die technischen Informationen der Verbindung – Verbindungstyp und Verbindungszeichenfolge sowie den SQL-String, der mit der Abfragedefinition generiert wurde. ODBC-Verbindungen mit Datenbanken zeigen als Befehlstext nur den Namen der Abfrage (Access) oder Sicht (SQL-Server) an. Sie können auf den Befehlstyp *SQL* umschalten und den SQL-Befehl eintragen, der zur Verbindung führt.

9.9   Abrufen und transformieren (PowerQuery)

PowerQuery kann durchaus als Nachfolger von MS Query bezeichnet werden. In Excel 2016 wurde das Add-in integriert, das für die Vorgängerversion 2010 noch als kostenloser Download zur Verfügung stand. Der Name ist verschwunden, die Gruppe *Abrufen und transformieren* im Register *Daten* enthält alle Symbole für die externe Abfrage.

Mit *Abrufen und transformieren* erstellen Sie eine Abfrage. Darin stellen Sie eine Verbindung zu einer oder mehreren Datenquellen her, transformieren die Daten, tauschen Datentypen aus, filtern Zeilen und/oder Spalten und kombinieren Datenquellen zu einem Datenmodell. Die Abfrage wird mit der Mappe gespeichert, eine Mappe kann natürlich beliebig viele Abfragen enthalten.

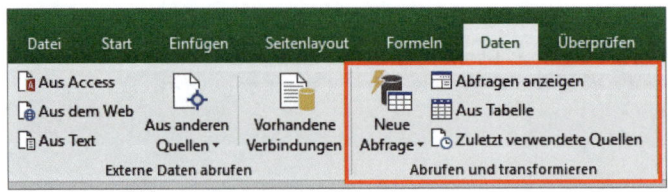

Bild 9.15: Abrufen und transformieren – früher PowerQuery.

9.9.1   Neue Abfrage

Erstellen Sie über dieses Symbol eine neue Abfrage. Die Liste zeigt alle verfügbaren Datenquellen.

Aus Datei	Excel-Arbeitsmappe: Tabellenblätter, Bereichsnamen und Tabellen
	CSV-Datei (Textdatei mit Dateiendung .csv)
	XML-Datei
	Ordner: Dateinamen in diesem Ordner, damit wird die Verbindung zu einem Ordner oder Laufwerk hergestellt.
Aus Datenbank	SQL-Server
	Access-Datenbank
	SQL-Server-Analysis-Services-Datenbank
Aus anderen Quellen	Web (Internet, Intranet)
	QData-Datenfeed
	Facebook
	ODBC (Verbindungszeichenfolge)
	Leere Abfrage

Besonders interessant ist die Datenquelle *Ordner (Aus Datei)*: Erstellen Sie eine Abfrage auf einen Ordner, wird sie alle Dateien enthalten, die sich aktuell im Ordner befinden (eine einheitliche Struktur vorausgesetzt).

In den Datenquelleneinstellungen finden Sie alle bisher benutzten Datenquellen. Bearbeiten Sie eine Quelle, wenn Sie die Anmeldeinformationen eintragen oder ändern wollen, oder löschen Sie Ihre Datenquellen zur Sicherheit wieder. Die Datenschutzebenen definieren Sie *Privat* für Facebook oder eigene Excel-Daten, *Öffentlich* für Webdaten oder mit *Organisation* für SharePoint.

9.9.2   Abfragen anzeigen und abrufen

Mit diesem Symbol erhalten Sie die Liste der bereits in der aktuellen Arbeitsmappe enthaltenen Abfragen am rechten Rand. Klicken Sie eine Abfrage an, wird das Ergebnis angezeigt, falls es bereits als Tabelle in eine Mappe eingefügt wurde. Ein Doppelklick auf eine Abfrage holt sie in den Abfrageeditor, in dem sie weiterbearbeitet werden kann.

Aus Tabelle ... ermöglicht eine Abfrage auf eine Liste oder Tabelle im Tabellenblatt. Wenn Sie nur Listen zur Verfügung haben, wandeln Sie sie vorher mit *Einfügen/Tabellen/Tabelle* in Tabellen um.

Zuletzt verwendete Quellen ... liefert eine Übersicht über alle Quellen, die Sie bereits abgefragt hatten, und zwar nicht nur die Quellen von *Abrufen und transformieren*, sondern auch die, die in anderen Abfragen (ODBC) benutzt wurden.

9.9.3   Der Editor

Erstellen Sie eine neue Abfrage, werden alle Schritte aufgezeichnet. Ähnlich wie beim VBA-Makrorecorder lassen sich die Aktionen anzeigen, ändern und auch wieder löschen. Nach dem Start und nach Auswahl einer Datenquelle erhalten Sie zunächst den Navigator, in dem die Datenquelle genauer bestimmt werden kann. In Webabfragen suchen Sie die passende HTML-Tabelle, in Datenbankabfragen die Tabelle oder die Sicht bzw. Abfrage (Access) und in OLAP-Datenbanken den passenden Cube.

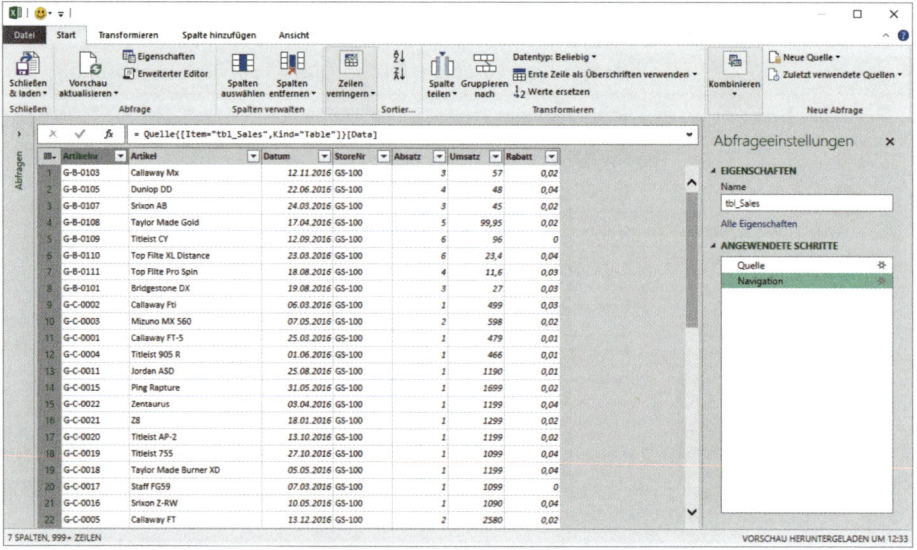

Bild 9.16: Der Editor für die Abfragen.

Schließen enthält die Befehle zum Schließen der Abfrage, gleichzeitig können Sie sie in ein Tabellenblatt laden. *Abfrage* bietet die Möglichkeit, die Vorschau zu aktualisieren, die Eigenschaften der Abfrage (Überschrift und Beschreibung) zu aktualisieren und im erweiterten Editor die Abfrage in der Abfragesprache »M« anzusehen. Der erweiterte Editor prüft die Syntax auch auf Fehler. *Spalten verwalten* und *Zeilen verringern* halten Symbole zum Löschen von Zeilen und Spalten bereit. Außerdem können Sie Duplikate und Fehlerwerte aus der Datenquelle ausblenden. Unter *Transformieren* lassen sich Spalten aufteilen und gruppieren und Datentypen markierter Spalten bestimmen. Die Überschrift kann übernommen oder aus der ersten Zeile gebildet werden und mit *Werte ersetzen* ändern Sie in den markierten Spalten Werte ähnlich dem Suchen-und-Ersetzen-Befehl. *Kombinieren* bietet die Möglichkeit, mehrere Abfragen zu einer Abfrage zusammenzuführen. Dazu geben Sie den Verbindungstyp (Join) an (siehe Praxisbeispiel »Personaldaten abfragen«).

9.9.4   Die Abfragetools

Mit dem Zellzeiger in einer Abfrage steht im Menüband die neue Registergruppe *Abfragetools* zur Verfügung. Starten Sie den Editor wieder, aktualisieren Sie die Abfrage oder führen Sie sie mit einer anderen Abfrage zusammen.

9.9.5   Beispiel: Personaldaten abfragen

Lernen Sie die Technik der PowerQuery-Abfragen an einem Beispiel kennen. Erstellen Sie eine erste Abfrage auf eine Personaldatenbank, bearbeiten Sie sie im Editor.

Die Datenquelle

Als Datenquelle steht eine CSV-Datei mit Personaldaten zur Verfügung. CSV-Dateien enthalten keine Formatierungen, sie werden als reine Textdaten mit Semikolon als Trennzeichen gespeichert. Hier die Datei in Excel und im Editor:

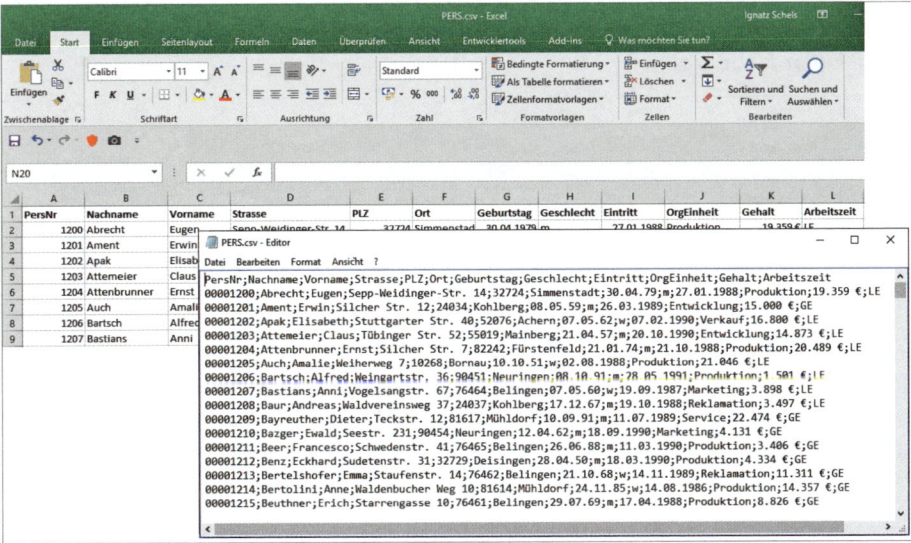

Bild 9.17: Die Datenquelle, eine CSV-Datei mit Personaldaten.

1. Starten Sie die Abfrage unter *Daten/Abrufen und transformieren* mit *Neue Abfrage/ Aus Datei/Aus CSV*.

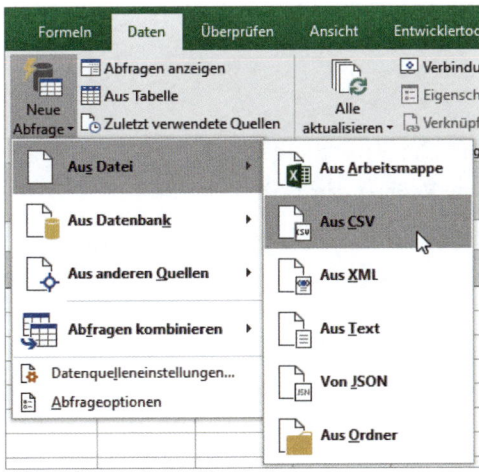

2. Suchen Sie die Datei und klicken Sie auf *Importieren*, um sie in den Editor einzulesen.

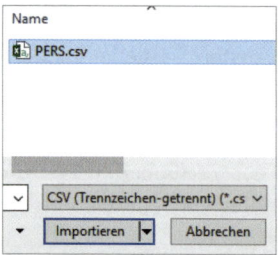

3. Eine Vorschau der Daten wird angezeigt, klicken Sie auf *Bearbeiten*, um die Abfrage im Editor zu bearbeiten.

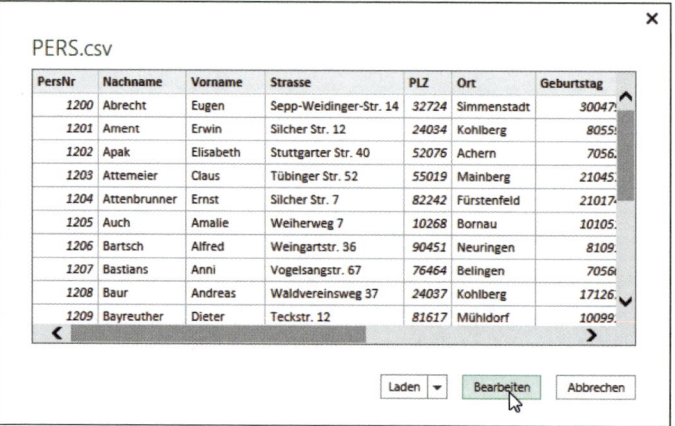

4. Markieren Sie die erste Spalte mit der Personalnummer, …

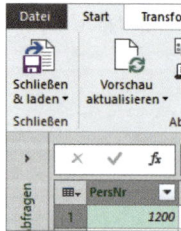

5. … und schalten Sie den *Datentyp* um. Wählen Sie *Text*.

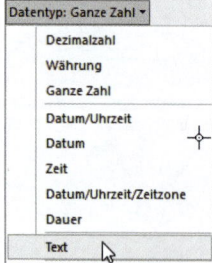

6. Für die Spalten (Felder) *Geburtstag* und *Eintritt* verwenden Sie den *Datentyp Datum*.

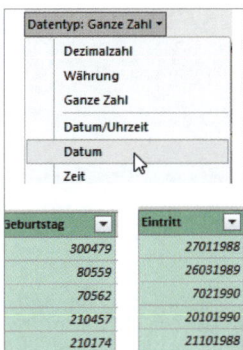

7. Markieren Sie die Spalte *Geschlecht*. Wählen Sie *Werte ersetzen*.

8. Geben Sie den Wert (*m*) ein und den Ersatzwert (*Männlich*). Klicken Sie auf *OK*, um den Wert in der gesamten Spalte zu ersetzen. Ersetzen Sie auch *w* durch *Weiblich*.

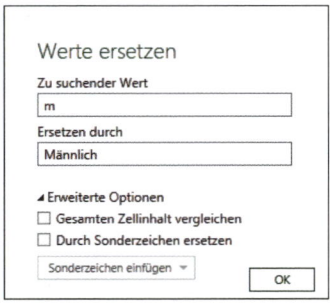

9. Markieren Sie die Spalten *Strasse*, *PLZ* und *Ort* und wählen Sie *Spalten entfernen*.

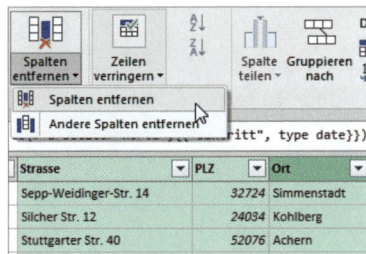

10. Filtern Sie alle Datensätze, die keine Personalnummer haben, klicken Sie dazu auf den Filterpfeil der Spalte und schalten Sie den Wert *NULL* aus.

11. Unter *ANGEWENDETE SCHRITTE* finden Sie alle Aktionen aufgezeichnet. Hier können Sie einzelne Aktionen auch wieder zurücknehmen.

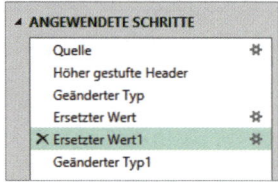

12. Klicken Sie auf *Schließen & laden*, um die bearbeitete Abfrage an Excel zu übergeben.

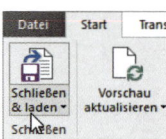

13. Das Ergebnis wird in eine Tabelle konvertiert und angezeigt, schalten Sie *Abfragen anzeigen* ein.

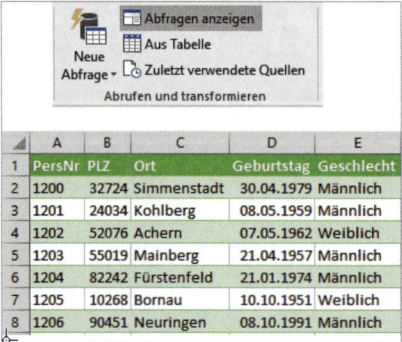

14. Klicken Sie auf die Abfrage, um sie erneut im Editor zu bearbeiten.

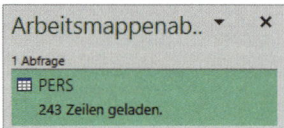

9.9.6   Alle Dateien aus einem Ordner

Fassen Sie die Dateien in einem Ordner einfach in einer Abfrage zusammen und konsolidieren Sie die Werte. Kommen neue Dateien hinzu, sind deren Daten mit der Aktualisierung der Abfrage automatisch integriert. Wählen Sie *Daten/Abrufen und transformieren/Neue Abfrage/Aus Datei/Aus Ordner*. Suchen Sie den Ordner und holen Sie ihn mit OK in die Abfrage. Das erste Ergebnis ist eine Liste mit den Dateien im Ordner.

C:\Users\ischels\Documents\#MUT\XLKompendium\Buchdaten\Projekte

Content	Name	Extension	Date accessed	Date modified	Date created	Attributes	Folder Path
Binary	Projekte_Basistechnik.xlsx	.xlsx	24.04.2016 22:00:16	24.04.2016 22:00:16	24.04.2016 21:58:53	Record	C:\Users\ischels\Documents\#MUT\XLKompendium\B...
Binary	Projekte_Forschung.xlsx	.xlsx	24.04.2016 22:00:03	24.04.2016 22:00:03	24.04.2016 22:00:02	Record	C:\Users\ischels\Documents\#MUT\XLKompendium\B...
Binary	Projekte_Serie.xlsx	.xlsx	24.04.2016 22:01:24	24.04.2016 22:01:24	24.04.2016 22:01:23	Record	C:\Users\ischels\Documents\#MUT\XLKompendium\B...

Laden   Bearbeiten   Abbrechen

Bild 9.18: Dateiliste aus dem Ordner wird eingelesen.

Bearbeiten Sie die Abfrage, fügen Sie eine benutzerdefinierte Spalte hinzu, schalten Sie dazu um auf das Register *Spalte hinzufügen*.

```
Neuer Spaltenname: Projektdateien
Spaltenformel: =Excel.Workbook([Content])
```

Klicken Sie auf den Filterpfeil der neuen Spalte *Projektdateien*. Die Spalten werden angezeigt, entfernen Sie die Option *Präfix verwenden*. Filtern Sie die Überschriften heraus, entfernen Sie dazu die Zeile *Projektleiter* in der Spalte mit den Namen der Projektleiter. Blenden Sie anschließend alle Spalten aus, die Sie nicht in der Abfrage brauchen, benennen Sie alle Spalten passend und holen Sie das Abfrageergebnis aus dem Editor mit *Schließen & laden* in ein neues Tabellenblatt.

Bild 9.19: Alle Dateien aus einem Ordner in einer Abfrage.

9.9.7   Abfragen zusammenführen

Um aus zwei Listen oder Tabellen mit einer gemeinsamen Nummernspalte eine einzige Tabelle herzustellen, können Sie in Excel mit der Funktion SVERWEIS() arbeiten oder eine Abfrage starten und die beiden Datenquellen zusammenführen. Hier am Beispiel von zwei Listen mit gemeinsamem Schlüssel:

```
Kosten: Datum, Kostenstelle und Betrag
Kostenstellen: Kostenstelle, Abteilung
```

Die erste Liste enthält die Ausgaben einzelner Kostenstellen, in der zweiten sind diese nach Abteilung aufgeschlüsselt.

1. Legen Sie eine neue Abfrage an und holen Sie die erste Liste (*Kosten*) in den Editor. Entfernen Sie alle überflüssigen Spalten und überprüfen Sie die Datentypen.

2. Holen Sie mit *Neue Abfrage/Neue Quelle* eine weitere Abfrage in den Editor, verwenden Sie das Tabellenblatt *Kostenstellen* als Datenquelle. Schalten Sie *Erste Zeile als Überschrift verwenden* ein, wenn die Kopfzeile nicht erkannt wird.

3. Wählen Sie *Kombinieren/Abfragen zusammenführen*. Markieren Sie die Spalte *Kostenstelle* in beiden Abfragen und klicken Sie auf die *Join-Art Linker äußerer Join*.

4. Im Editor sehen Sie jetzt alle Spalten der ersten Abfrage und eine Spalte für die zweite Abfrage. Öffnen Sie den Filterpfeil und schalten Sie auf die Spalte *Abteilung* um. In der Spalte steht anschließend *NewColumn.Abteilung*, benennen Sie die Spalte über das Kontextmenü um.

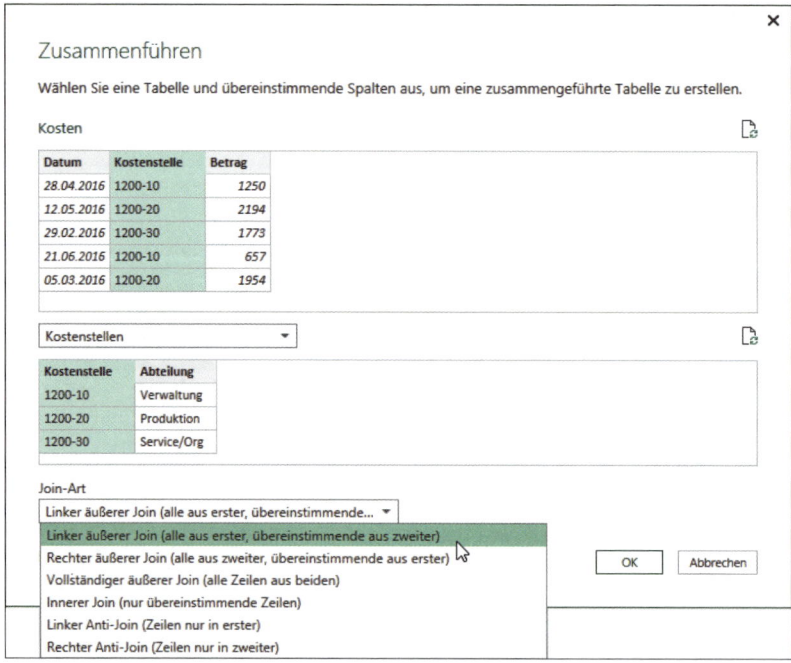

Bild 9.20: So werden die beiden Abfragen über den gemeinsamen Schlüssel kombiniert.

9.10 PowerPivot

Mit PowerPivot betritt Excel die Bühne der BI (**B**usiness **I**ntelligence). PowerPivot ist ein Add-in, das im Jahr 2008 im Rahmen des *Project Gemini* gleichzeitig mit Office 2010 entwickelt wurde.

Was Microsoft als Self service BI bezeichnet, realisiert PowerPivot mit diesen Möglichkeiten:

- Import und Analyse großer Datenmengen in akzeptabler Geschwindigkeit aus ERP-Systemen, Datenbanken und OLAP-Cubes. Relationale Beziehungen zwischen heterogenen Daten, Measures aus Cubes herstellen.

- Zugriff auf unterschiedlichste Datenquellen: SQL-Server, Access, Oracle, Teradata, IBM DB2, Cloud-Dienste, Datenfeeds.

- Auswertungen der externen Daten mit der Formelsprache DAX oder mit den »Bordmitteln« von Excel: PivotTable-Berichte, PivotCharts, Tabellen, Formeln und Funktionen.

- Analysen im eigenen Power-BI-Tool und auf SharePoint-Server-Seiten veröffentlichen.

Technisch ist PowerPivot ein Add-in, das nach der Installation von Office 2016 rechts im Menüband auftaucht. Falls nicht, muss es in den Excel-Optionen aktiviert werden.

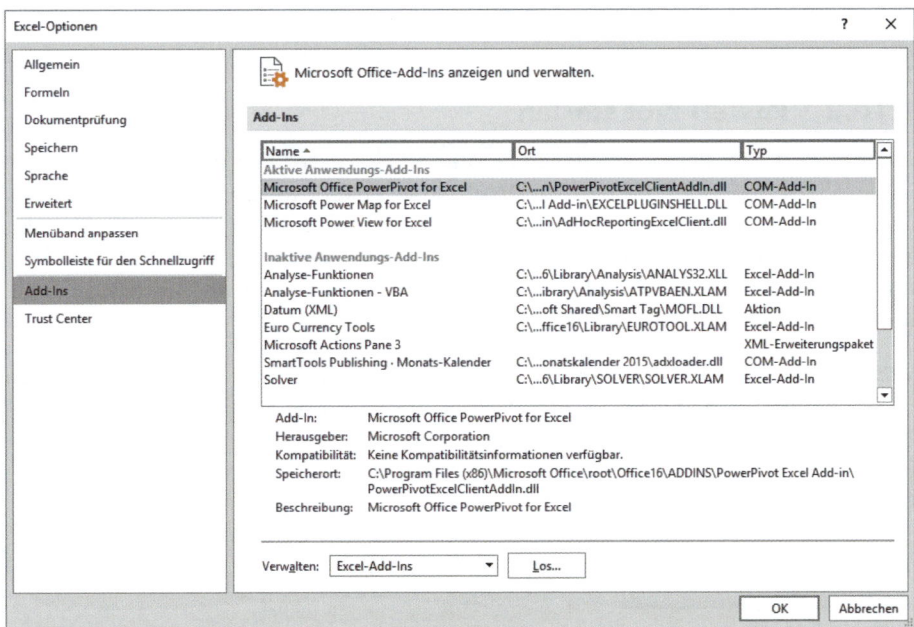

Bild 9.21: Das Add-in PowerPivot in den Excel-Optionen.

9.10.1 Voraussetzungen

PowerPivot läuft auf Rechnern mit 32-Bit- und 64-Bit-Architektur, der Prozessor muss mindestens mit 500 MHz takten. Die Größe des Arbeitsspeichers ist natürlich maßgebend für die Geschwindigkeit, für PowerPivot sind 2 GByte RAM erforderlich, bis zu 4 GByte werden unterstützt. Das Add-in belegt 25 MByte, die erste PowerPivot-Tabelle belegt 33 MByte.

Das Betriebssystem kann Windows XP SP3 (32 Bit) oder Vista SP2 sein, Windows Server 2008 SP2 oder Windows ab Version 7 ist empfohlen. Das NET Framework 3.5 SP1 muss installiert werden.

PowerPivot läuft ab Excel 2010, bei der Installation von Office 2010 müssen alle gemeinsam genutzten Office-Tools und die .NET-Programmunterstützung installiert werden. In der Systemsteuerung können Sie das Setup für Office 2010 aktivieren und fehlende Tools nachinstallieren. Mit Excel 2007 können Arbeitsmappen mit PowerPivot-Pivot-Tables geöffnet und verändert werden, ein Ändern der Datenquelle ist nicht möglich.

Die Office-Version 2016 bzw. Office 365 stellt PowerPivot nur in der Stand-alone-Version mit der Versionsbezeichnung *Office Professional* zur Verfügung. Alle Office-365-Versionen (Home, Personal, University, Home & Student, Home & Business) enthalten PowerPivot nicht und bieten auch keine Möglichkeit, es zu integrieren. Das Add-in, das nach wie vor für Excel 2010 zum kostenlosen Download angeboten wird, funktioniert nicht in den Standardversionen von Office 365. Für PowerPivot benötigen Sie also Office Professional 2016, die teuerste, aber am besten ausgestattete Version von Office 2016.

9.10.2 PowerPivot starten

PowerPivot startet in einem eigenen Fenster, die Analyse wird später aber in einer normalen Arbeitsmappe gespeichert. Wählen Sie *PowerPivot/Datenmodell/Verwalten*. Das Fenster wird aktiviert, es bietet die Register *Home*, *Entwurf* und *Erweitert* an und ein *Datei*-Menü zum Speichern oder Veröffentlichen der PowerPivot-Daten. Wenn die Arbeitsmappe bereits ein Tabellenmodell enthält, wird dieses verwendet, ansonsten erstellt PowerPivot ein neues Datenmodell.

Wählen Sie *Datei/Speichern unter*, um die Arbeitsmappe unter einem neuen Namen abzuspeichern. Wählen Sie *Veröffentlichen*, wenn Sie die Mappe auf einem Share-Point-Server veröffentlichen wollen. Wenn Sie die Registerkarte *Erweitert* ausblenden wollen, schalten Sie die Option von *Zum erweiterten Modus wechseln* auf *Zum normalen Modus wechseln*.

Bild 9.22: PowerPivot mit drei Registerkarten.

9.10.3 Externe Daten abrufen

Hier stehen die Symbole für den Abruf der Daten aus verschiedenen Quellen bereit.

■ *Aus SQL-Server:* Unterstützt werden Microsoft SQL Server 2005, 2008, 2008 R2; Microsoft-SQL-Azure-Datenbank; SQL Server Parallel Data Warehouse.

■ *Aus Analysis Services oder PowerPivot:* die OLAP-Datenbank in Microsoft SQL Server 2005, 2008, 2008 R2, 2012. Tabellarische Analysen nur mit SQL Server 2012.

■ *Aus Datendienst:* Windows Azure Marketplace, verwandte Daten vorschlagen oder O-Data-Datenfeed.

■ *Aus anderen Quellen:* Relationale Oracle-Datenbanken (Oracle-Versionen 9i, 10g, 11g mit ODBC-Treibern oder über ORAOLEDB, MSDASAQL und .NET-Framework) und andere Datenbanken (teradata, Sybase, Informix, DB2) sowie Datenfeeds und ODBC/ODC-Daten.

9.10.4 Zwischenablage

Eine einfache und effektive Möglichkeit, Daten aus Excel oder aus weiteren Datenquellen einzubeziehen, ist die Kopie über die Zwischenablage.

Stellen Sie sicher, dass die erste Zeile als Kopfzeile mit Spaltenüberschriften verwendet werden kann. Entfernen Sie dazu alle Leerzeichen und Sonderzeichen, denn das PowerPivot-Fenster akzeptiert solche Feldnamen nicht.

Kopieren Sie die Daten in einem Excel-Tabellenblatt oder in einer anderen Anwendung.

Wechseln Sie in das PowerPivot-Fenster und wählen Sie im Register *Home* in der Gruppe *Zwischenablage:*

■ *Einfügen:* Die Daten werden in eine neue Tabelle eingefügt. Geben Sie im Vorschaufenster den Namen der neuen Tabelle an und kreuzen Sie die Option *Erste Zeile als Spaltenüberschrift verwenden* an.

■ *Am Ende anfügen:* Damit fügen Sie die Daten aus der Zwischenablage in eine Tabelle ein, die zuvor aus eingefügten Daten erstellt wurde. Importierte Tabellen können nicht verwendet werden.

■ *Am Ende ersetzen:* Ersetzen Sie mit diesem Symbol den Inhalt der zuvor erstellten Tabelle durch die neuen Daten aus der Zwischenablage.

9.10.5 Beispiel: Deckungsbeitragsrechnung mit Access-Datenbank und Excel-Tabelle

Das Szenario: Die Datenbank *ArtikelDB.accdb* enthält die Artikelstammdaten (*Süßwaren*) mit Einkaufs- und Verkaufspreis und Verknüpfungen zu den Tabellen *Hersteller* und *Kategorie*. In der Excel-Mappe *Verkauf 2016* wird eine Verkaufsaufstellung mit Datum und Artikelnummer geliefert.

Verknüpfen Sie die Daten aus der Datenbank mit den Tabellendaten und erstellen Sie eine Deckungsbeitragsrechnung aus der Differenz zwischen Umsatz und Kosten.

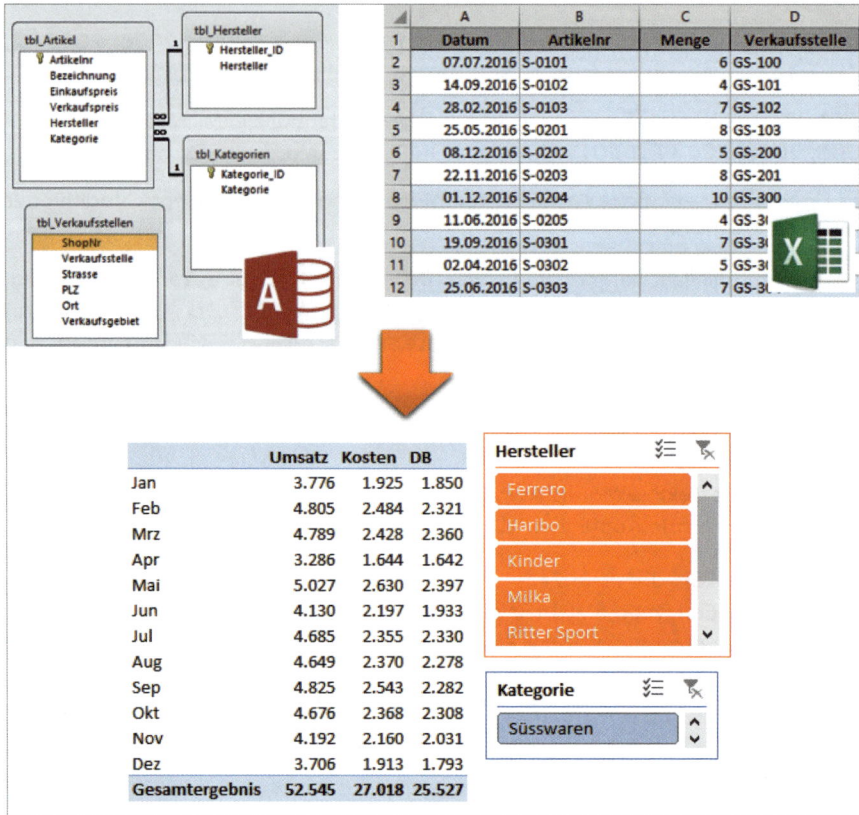

Bild 9.23: Mit PowerPivot Datenbankdaten und Excel-Tabelle verknüpfen.

1. Starten Sie PowerPivot aus dem Register *PowerPivot* mit Klick auf *Datenmodell/Verwalten*.

2. Wählen Sie *Externe Daten abrufen/Aus Datenbank/Aus Access*.

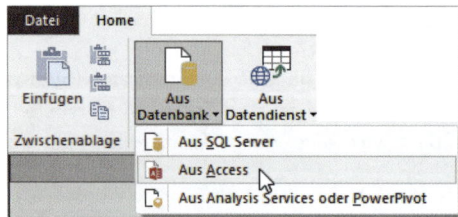

3. Verbinden Sie sich mit der Beispieldatenbank *ArtikelDB.accdb*.

4. Geben Sie Benutzernamen und Kennwort für den Datenbankzugriff ein (im Beispiel nicht erforderlich) und testen Sie die Verbindung. Unter *Erweitert* finden Sie weitere Zugriffsoptionen.

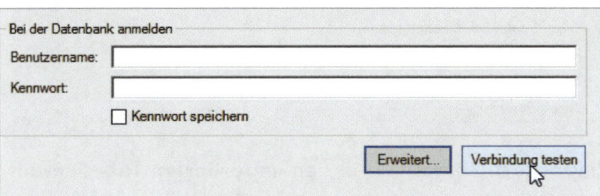

5. Markieren Sie alle Tabellen und Sichten (Abfragen), die Sie verknüpfen wollen. Mit der Option *Verknüpfte Tabellen auswählen* markieren Sie automatisch alle Tabellen, die mit der aktuell markierten verknüpft sind.

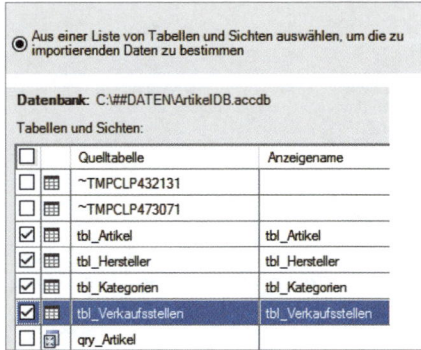

6. Klicken Sie auf *Vorschau und Filter*. Die markierte Tabelle wird angezeigt, filtern Sie die Daten, die Sie nicht importieren wollen, heraus.

7. Ein Klick auf *Fertig stellen*, und der Datenimport startet. In der *Details*-Liste sehen Sie, wie viele Datensätze übertragen wurden.

8. Die Tabellen werden importiert. Zeigen Sie in den importierten Tabellen auf das Symbol neben dem Filterpfeil, um festzustellen, welche Felder verknüpft sind.

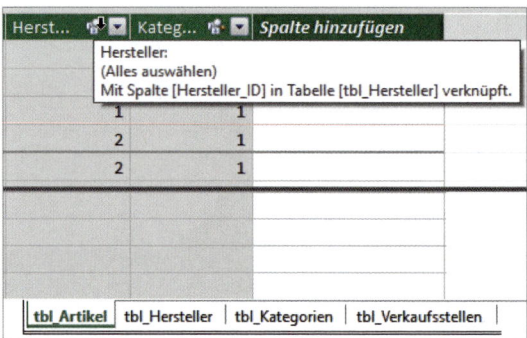

9. Um eine Beziehung zu ändern oder eine neue Beziehung zu erstellen, klicken Sie auf das Symbol in der Gruppe *Beziehungen*.

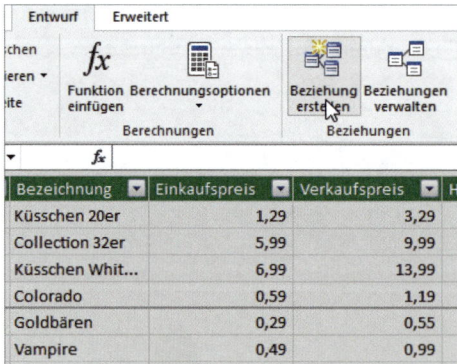

10. Die Beziehungen sehen Sie am besten in der Diagrammansicht, hier ziehen Sie einfach eine Linie zwischen zwei Feldern für eine neue Beziehung. Um eine Beziehung zu bearbeiten, klicken Sie doppelt auf eine Linie. Mit Datenansicht schalten Sie wieder zurück zu den Tabellen.

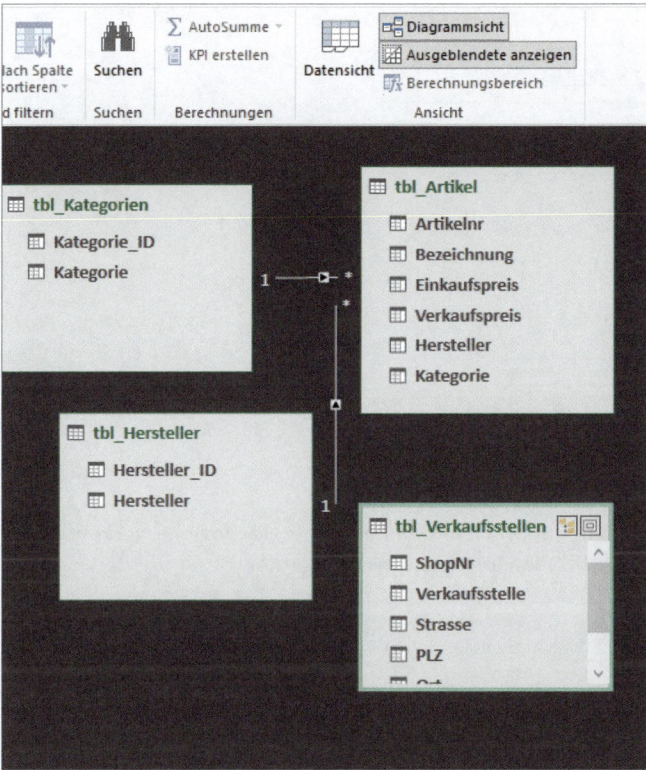

11. Schalten Sie zurück zu Excel und aktivieren Sie die Mappe mit dem Tabellenblatt *Verkauf2016*. Kopieren Sie die gesamte Tabelle in die Zwischenablage, ...

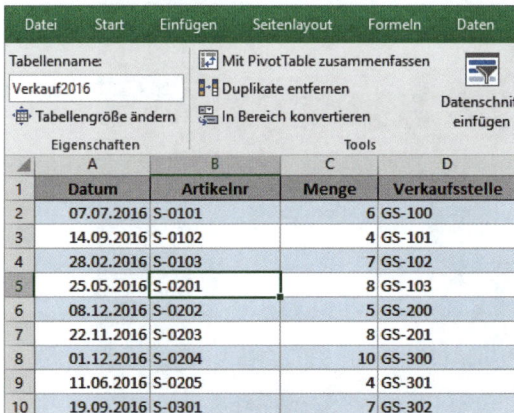

12. ... und wählen Sie im PowerPivot-Fenster *Home/Einfügen*. Nennen Sie die neue Tabelle *Verkauf2016* und klicken Sie auf *OK*, um sie einzufügen.

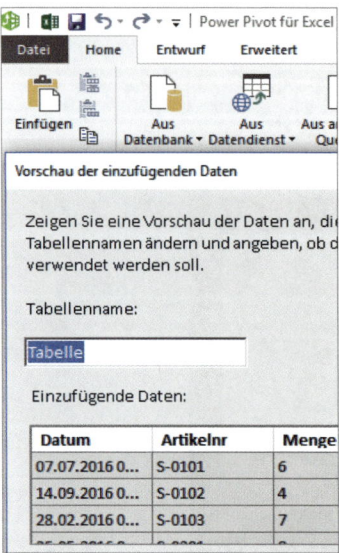

13. Stellen Sie alle Beziehungen zwischen den Feldern in der Tabelle *Verkauf2016* und den Access-Datenbanktabellen im Diagrammfenster her.

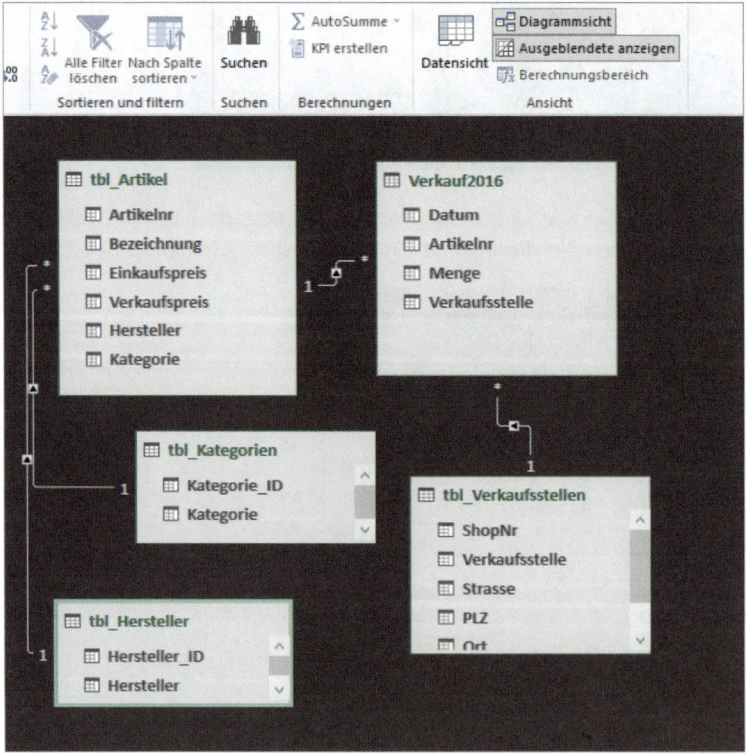

14. Berechnen Sie in der Tabelle *Verkauf2016* in der nächsten freien Spalte den Umsatz und die Kosten über Formeln mit der DAX-Funktion RELATED().

Benennen Sie die Spalte über das Kontextmenü um.

Umsatz: =[Menge]*RELATED(tbl_Artikel[Verkaufspreis])
Kosten: =[Menge]*RELATED(tbl_Artikel[Einkaufspreis])

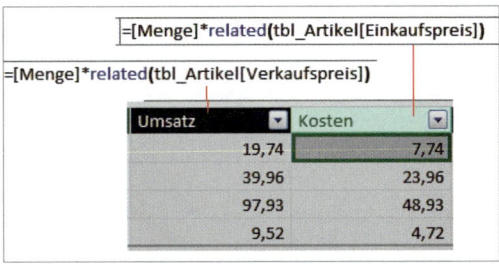

15. Berechnen Sie in einer weiteren Spalte den Deckungsbeitrag aus der Differenz zwischen Umsatz und Kosten:

Deckungsbeitrag: =[Umsatz]-[Kosten]

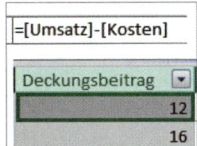

16. Klicken Sie im Register *Home* auf das Symbol *PivotTable*, um eine neue PivotTable zu erstellen.

Bestätigen Sie die Option *Neues Arbeitsblatt* mit OK.

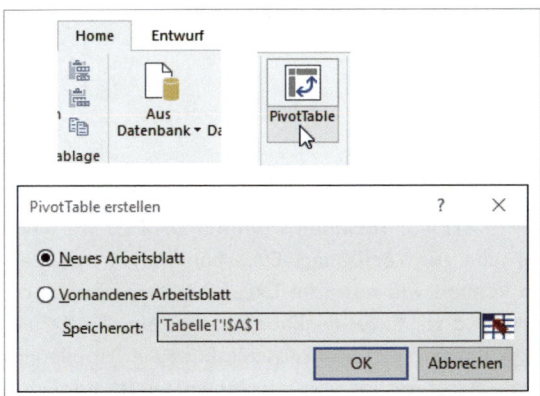

17. Gestalten Sie das Layout der PivotTable mit den Feldern aus PowerPivot, ziehen Sie den Monat des Datums in den Zeilenbereich und die Summe der Felder *Umsatz*, *Kosten* und *Deckungsbeitrag* in den Wertebereich.

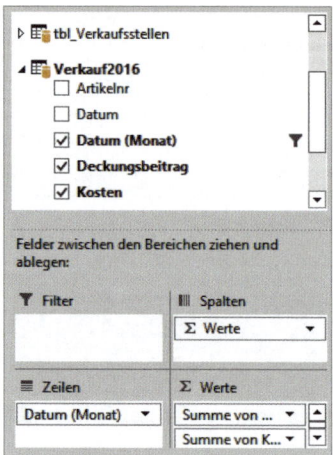

18. Hersteller und Kategorie stellen Sie über einen Datenschnitt zur Auswahl. Formatieren Sie die Wertefelder mit einem Zahlenformat mit Tausendertrennzeichen.

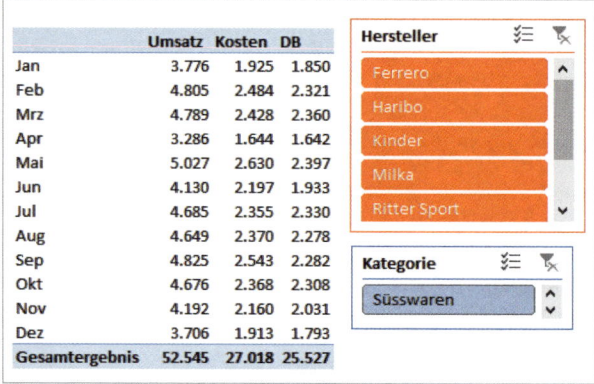

9.10.6 Die PowerPivot-Formelsprache DAX

Für Berechnungen innerhalb von PowerPivot-Tabellen steht mit DAX (**D**ata **A**nalysis E**x**pressions) eine neue Formelsprache zur Verfügung. DAX-Funktionen arbeiten mit Werten, Texten, Operatoren und können wie normale Excel-Funktionen auch andere Funktionen schachteln. Im Unterschied zur Excel-Funktion benutzt eine DAX-Funktion aber keine Bezüge wie $A$1:A$20, sondern arbeitet ausschließlich mit Tabellennamen und Spaltenbezeichnungen. Auch die Aggregation von Spaltenwerten ist möglich, eine Funktion, die bisher nur in den Datenbanksprachen verfügbar war.

In Excel können Sie DAX-Funktionen für Measures verwenden. Dazu fügen Sie in einer PivotTable oder in einem PivotChart ein Measure hinzu und formulieren dieses per DAX aus.

DAX spricht Englisch, die Funktionsargumente werden nicht mit Semikolon, sondern mit Komma getrennt. Eine Übersicht über die Formelsprache DAX finden Sie in der Hilfe zu PowerPivot. Drücken Sie $\boxed{\text{F1}}$, um sie zu aktivieren.

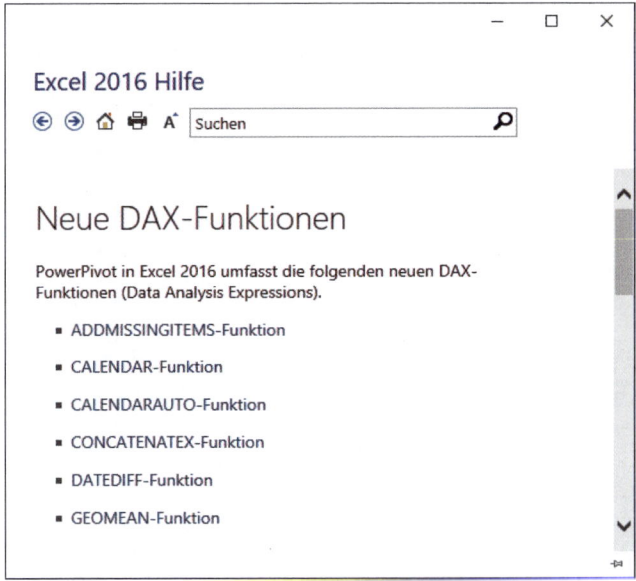

Bild 9.24: Mit DAX-Funktionen wird in PowerPivot gerechnet.

9.11 PowerView

Ein weiteres Mitglied der Self-BI-Werkzeugsammlung von Microsoft ist PowerView für die Analyse, Visualisierung und Präsentation von Daten in Form von interaktiven Berichten (Dashboards). PowerView-Berichte lassen sich mit Excel oder in Power BI anzeigen und mit SharePoint-Serverseiten verknüpfen. In SharePoint sind PowerView-Berichte RDLX-Dateien.

9.11.1 Voraussetzungen für PowerView

Office 2016 bzw. Office 365 stellt PowerView nur in der Stand-alone-Version *Office Professional* zur Verfügung. Alle anderen Office-365-Versionen (Home, Personal, University, Home & Student, Home & Business) enthalten PowerView nicht und bieten auch keine Möglichkeit, es zu integrieren. Das Add-in, das für Excel 2010 zum Download angeboten wird, funktioniert ebenfalls nicht. Das Symbol lässt sich zwar wie unten beschrieben in das Menüband einbinden, funktioniert dort aber nicht. Für PowerView benötigen Sie also ebenso wie für PowerPivot Office Professional 2016, die teuerste, aber am besten ausgestattete Version von Office 2016.

Für PowerView ist die Engine von Silverlight erforderlich. Silverlight ist ähnlich dem Adobe Flash Player ein Windows-Werkzeug zur Anzeige von interaktiven Elementen (Filme, Animationen). Der neue Windows-10-Browser Edge unterstützt Silverlight nicht mehr und setzt stattdessen auf HTML5. Sie können das Tool aber trotzdem installieren und die Warnung des Browsers ignorieren, wenn Sie PowerView einsetzen wollen.

9.11.2   PowerView einrichten

Unter *Entwicklertools/Add-Ins/COM-Add-Ins* finden Sie alle installierten Add-ins. Markieren Sie *PowerView* und bestätigen Sie mit *OK*. Sollte das Add-in hier nicht verfügbar sein, sehen Sie unter *Datei/Optionen/Add-Ins* nach. Hier sehen Sie auch, in welchem Pfad die DLL gesucht wird. Unter *Verwalten* schalten Sie auf die COM-Add-ins und kreuzen PowerView an.

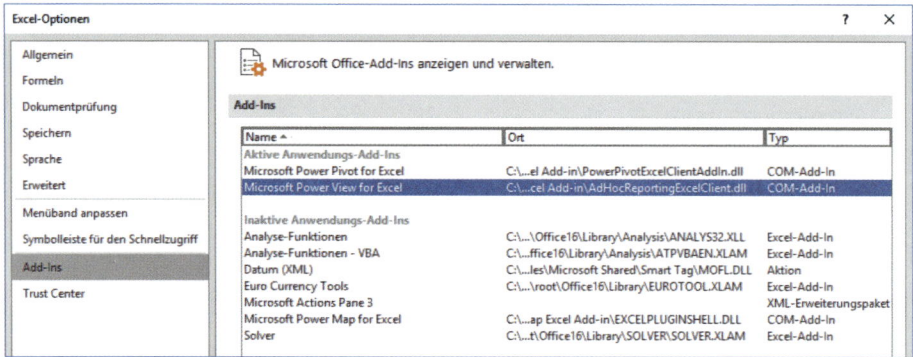

Bild 9.25: PowerView steht als Add-in in den Optionen zur Auswahl.

Sollte das Add-in nicht angezeigt werden, holen Sie es als Symbol in das Menüband oder in die Symbolleiste für den Schnellzugriff. Wählen Sie *Datei/Optionen/Menüband anpassen*. Legen Sie eine neue Gruppe in einem bereits verfügbaren Register (z. B. PowerPivot) an, schalten Sie in der Befehlsliste auf *Alle Befehle* und fügen Sie das Symbol *PowerView* in die Menübandgruppe ein.

9.11.3   PowerView-Bericht mit Umsatz und DB

Erstellen Sie einen PowerView-Bericht mit interaktiven Diagrammen, die Umsatz und Deckungsbeitrag nach Monat, Hersteller und Verkaufsgebiet anzeigen.

Öffnen Sie die Arbeitsmappe mit dem Datenmodell aus PowerPivot. Ein Klick auf das PowerView-Symbol startet das Tool. Ein neues Blatt wird angelegt, rechts außen steht die Feldliste. Erstellen Sie die erste Sicht auf die Monatsumsätze, ziehen Sie dazu die Felder *Monat*, *Umsatz* und *DB* nach unten. Markieren Sie das Ergebnis und wechseln Sie die Visualisierung, schalten Sie um auf ein Balkendiagramm.

Die zweite Sicht bekommt die Felder *Hersteller* und *Umsatz*, schalten Sie zur Visualisierung auf ein Kreisdiagramm um. Legen Sie weitere Elemente für Umsatz und Verkaufsgebiet (Tabelle) und Umsatz und Verkaufsstelle (Balkendiagramm) an.

Die Elemente im PowerView-Blatt sind interaktiv, klicken Sie zum Beispiel auf ein Kreissegment für einen Hersteller, zeigen alle anderen Elemente die Zahlen für diese Auswahl an. Der PowerView-Bericht ist interaktiv, er hat sein Datenmodell immer dabei, wenn Sie ihn zum Beispiel nach SharePoint oder nach Power BI exportieren.

Die Diagrammsymbole sind nur aktiv, wenn die Feldauswahl für ein Diagramm passend ist (z. B. Hersteller und Umsatz).

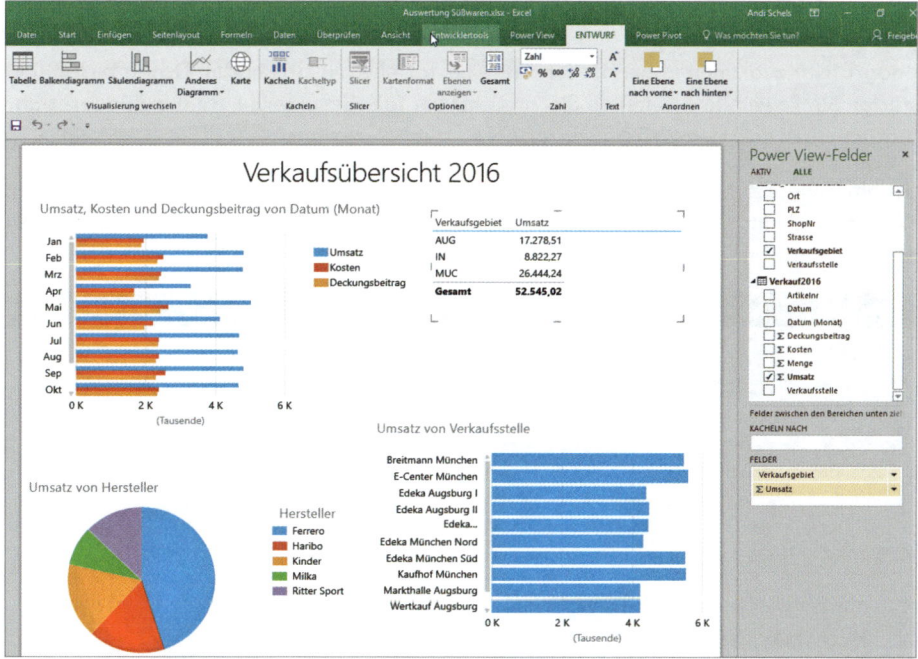

Bild 9.26: PowerView-Auswertung mit Diagrammen und Tabelle.

Mit der Ansicht *Entwurf/Tabelle/Karte* sehen Sie die Information in kleinen Karten, schalten Sie einen passenden Kacheltyp hinzu.

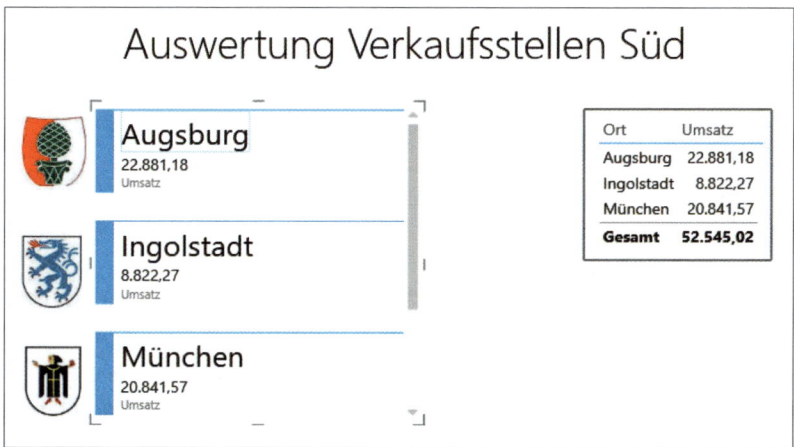

Bild 9.27: Kartenansicht der Umsatzzahlen.

9.11.4   Geografische Ansichten mit PowerView

PowerView bietet wie das Werkzeug *3D-Karten* im *Daten*-Register auch die Möglichkeit, geografische Daten auf einer Weltkarte zu visualisieren. Dazu wird der Bing-Kartendienst herangezogen, der Ländernamen, Städte und Postleitzahlen erkennt und geografisch zuordnen kann. Stellen Sie eine Tabelle mit passenden Daten bereit und starten Sie PowerView. Erstellen Sie zunächst ein Tabellenelement mit den Länder- oder Städtenamen und den Größenwerten.

Schalten Sie die Visualisierung auf den Typ *Karte*. Zoomen Sie mit der Maus in den Kartenausschnitt, sehen Sie die Werte in Form von Kreisen. Ändern Sie im Layout den Kartenhintergrund und die Beschriftung.

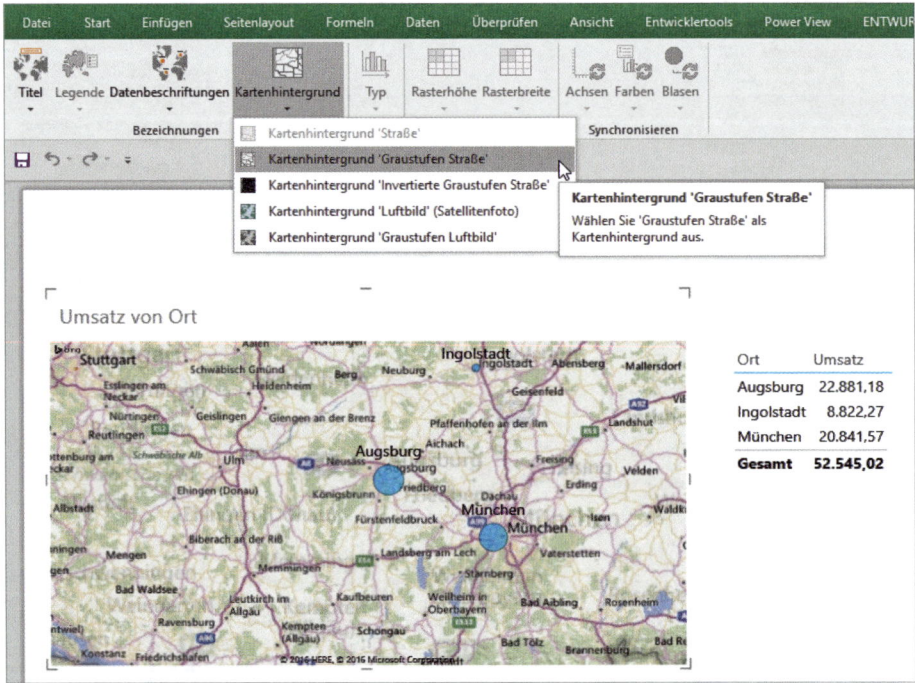

Bild 9.28: Geografische Datenauswertung über Bing Maps mit PowerView-Karten.

9.12   Excel im Office-Verbund

Nicht nur in Bezug auf externes Datenmaterial ist Excel sehr offen. Ob Textdateien, Datenbanken, OLAP-Cubes oder Internetdaten – was in Tabellenformat zu bringen ist, kann Excel importieren. Umgekehrt können Excel-Daten und -objekte auch in anderen Programmen verwertet werden, und hier sind die Mitglieder der Office-Familie natürlich besonders kompatibel.

PowerPoint ist das Werkzeug zur Gestaltung von Präsentationen (Bildschirm- oder Folien-/Druckpräsentationen). Excel-Daten und Excel-Diagramme lassen sich als Objekte in PowerPoint-Folien einbinden und auf Wunsch auch dynamisch verknüpfen.

Das Textverarbeitungsprogramm **Word** kann Daten aus Excel-Tabellenblättern übernehmen und als Word-Tabellen weiterverarbeiten. Diagramme werden über die Zwischenablage kopiert und als Bilder in Textdokumente eingefügt. Daten und Diagramme lassen sich auch dynamisch verknüpfen, sodass eine Änderung in Excel automatisch auch im Word-Dokument auftaucht.

Excel ist eine ideale Datenquelle für **Word-Serienbriefe**. Tabellen und Listen werden in den Serienbrief eingebunden, neue Einträge in Excel stehen automatisch für den nächsten Seriendruck bereit.

Outlook wurde zwar bis zur Office-Version 2016 immer wieder modernisiert, bietet aber nicht besonders gute Schnittstellen zu Excel an. Termine und Kontakte aus Outlook nach Excel zu exportieren, ist etwas mühsam, dynamische Einbindung von Excel-Daten in Terminkalender geht nach wie vor nicht.

OneNote, das Notizbuch von Office, ermöglicht die Einbindung von Excel-Tabellen und Diagrammen in Notizen.

9.12.1 OLE

Für die Bearbeitung von Excel-Objekten in anderen Office-Programmen kommt die OLE-Technik zum Einsatz. OLE ist ein Protokoll zur Herstellung von Verbunddokumenten. Objekte können eingebettet (object embedding) oder verlinkt eingebettet werden (object linking and embedding). In Word sehen Sie die OLE-Objekte als Felder ({EMBED} und {LINK}). Achten Sie darauf, dass ein Objekt, das in Excel kopiert und in Word oder PowerPoint als unverknüpftes Arbeitsblatt- oder Diagrammobjekt eingefügt wird, immer die gesamte Arbeitsmappe verknüpft. Auch wenn Sie nur ein paar Zellen kopieren, wird das Objekt alle Tabellen und Diagrammblätter der Mappe enthalten und das ist in der Praxis nicht immer erwünscht. Wenn Sie das Objekt per Doppelklick zur Bearbeitung öffnen, sehen Sie alle Register der Excel-Arbeitsmappe.

9.12.2 Excel und PowerPoint

Kopieren Sie Tabellenblattbereiche oder Diagrammobjekte aus Excel in ein PowerPoint-Dokument für eine Bildschirmpräsentation. Entscheiden Sie beim Einfügen, welche Form das Excel-Element annehmen soll.

1. Starten Sie PowerPoint und öffnen Sie eine bereits gespeicherte Präsentation oder legen Sie eine neue Präsentation an.

2. Wählen Sie *Start/Folien/Neue Folie* und legen Sie eine neue Folie nur mit Titel an.

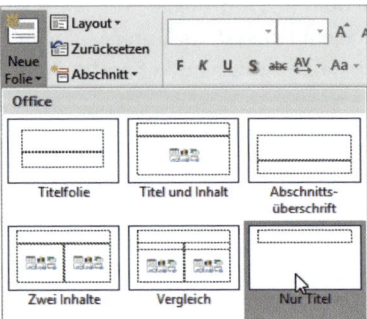

3. Wechseln Sie mit ⎡Alt⎤+⎡↹⎤ zurück zu Excel und markieren Sie den Bereich, den Sie präsentieren wollen. Kopieren Sie ihn in die Zwischenablage.

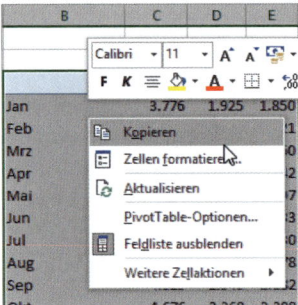

4. Wechseln Sie mit ⎡Alt⎤+⎡↹⎤ zu PowerPoint und holen Sie das Excel-Element mit *Start/Zwischenablage/Einfügen* in die Folie. Mit dem ersten Symbol erstellen Sie eine Tabelle mit der Standard-Tabellenvorlage.

5. Das eingefügte Objekt formatieren Sie über die *Tabellentools*. Zum Ändern der Größe oder Position ziehen Sie es am Rand oder an den Markierungspunkten.

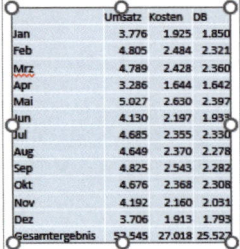

6. Wollen Sie die Tabelle als Excel-Objekt aus der Zwischenablage holen, wählen Sie beim Einfügen das Symbol *Einbetten*.

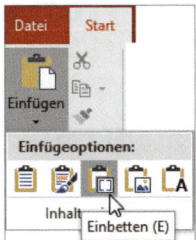

7. Ein Doppelklick auf das Excel-Objekt öffnet es eingebettet, das Menüband stellt die Excel-Oberfläche zur Bearbeitung bereit. Klicken Sie außerhalb des Objekts in die Folie, um die Bearbeitung zu beenden.

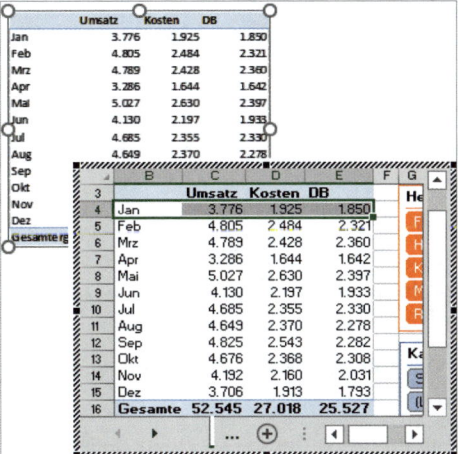

8. Wählen Sie alternativ zu dem Symbol die Option *Inhalte einfügen*, sehen Sie eine Liste mit allen Zieldesigns. Schalten Sie auf die Option *Verknüpfung einfügen* für alle verknüpften Designs.

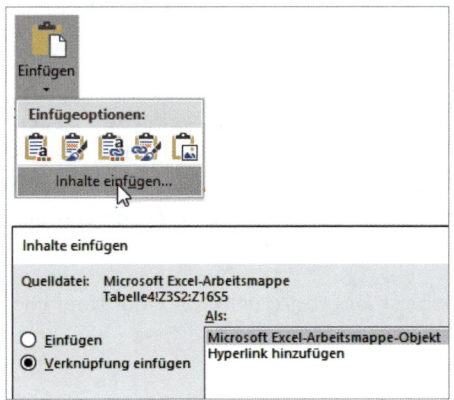

9. Holen Sie auch Diagramme über die Zwischenablage eingebettet oder verknüpft in die Folie.

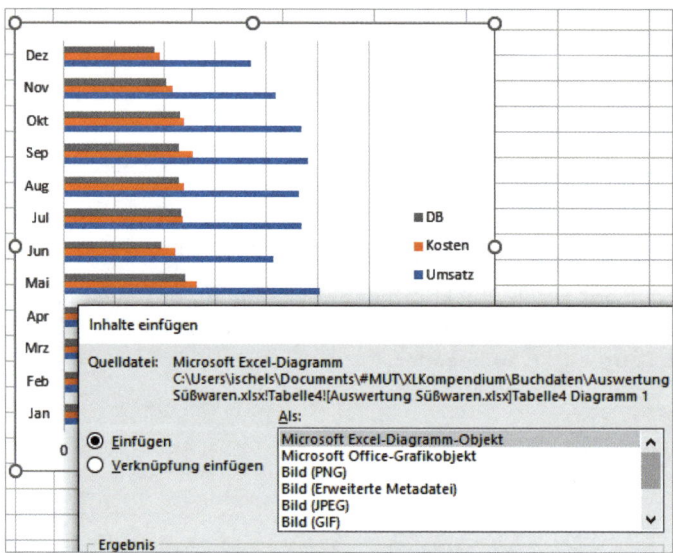

Diese Einfüge-Symbole bietet PowerPoint:

■ *Zielformatvorlagen/Zieldesign verwenden:* Das Objekt wird nach dem Einfügen mit dem in PowerPoint eingestellten Design formatiert (*Zielformatvorlagen* für Tabellen, *Zieldesign* für Diagrammobjekte).

■ *Ursprüngliche Formatierung behalten:* Das Objekt wird so eingefügt, wie es in Excel formatiert war.

■ *Zieldesign verwenden und Daten verknüpfen:* Das Objekt wird mit den Quelldaten verknüpft, das PowerPoint-Design wird zugewiesen.

■ *Grafik:* Das Objekt wird als Grafik (WMF = **W**indows **M**etafile) in das Dokument eingefügt.

■ *Nur den Text übernehmen:* Die Excel-Daten werden als Textfeld eingefügt.

Excel-Objekte bearbeiten

Alle Objekte, die aus Excel kopiert werden, lassen sich mit Excel weiterbearbeiten. Klicken Sie ein unverknüpftes Objekt mit der rechten Maustaste an und wählen Sie *Worksheet-Objekt bearbeiten*, erhalten Sie beim Objekttyp eingebettet die Excel-Oberfläche für das Objekt. Ziehen Sie den gestrichelten Rand, um die Anzahl Zeilen und Spalten zu ändern.

Für verknüpfte Objekte wird ein Tabellenblatt im Programmfenster geöffnet und die Datei aktiviert oder – falls in der Zwischenzeit geschlossen – geöffnet.

Excel-Tabelle anlegen

Alternativ zur Kopie von Excel-Daten über die Zwischenablage können Sie auch eine Original-Excel-Tabelle anlegen. Wählen Sie *Einfügen/Tabelle/Excel-Tabelle einfügen*. Ein Tabellenobjekt mit zwei Zeilen und zwei Spalten wird gezeichnet, die Excel-Oberfläche wird zur Bearbeitung aktiviert. Ziehen Sie das Objekt größer und bearbeiten Sie es mit den Excel-Werkzeugen.

Klicken Sie in die Folie, um die Bearbeitung abzuschließen. Excel wird per Doppelklick auf das Objekt wieder aktiviert.

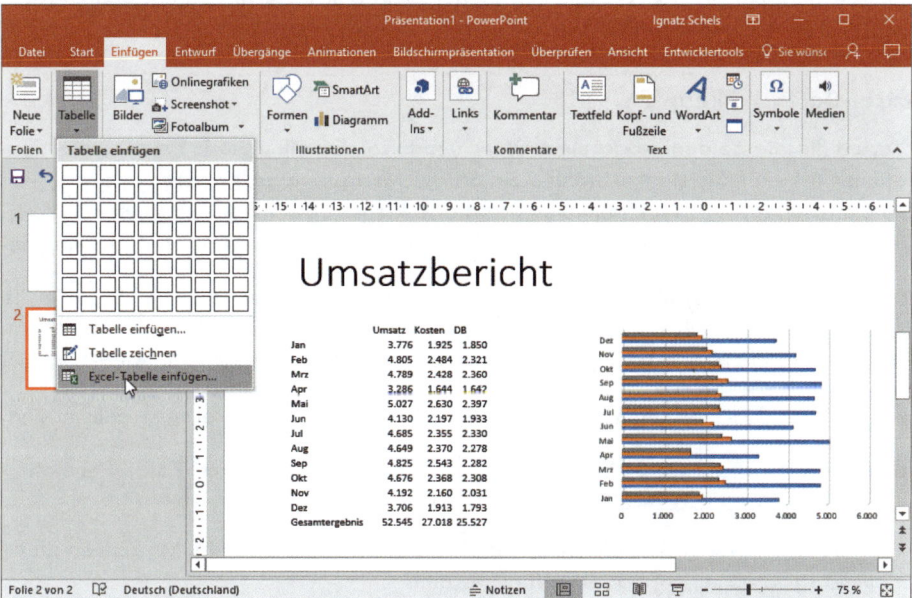

Bild 9.29: Eine PowerPoint-Präsentation mit Excel-Daten und Excel-Diagramm in der ersten Folie.

9.13 Excel und Word

Word ist das Textverarbeitungsprogramm in der Office-Familie, und die Trennung ist ganz sinnvoll: Word kann nicht rechnen, Excel kann nicht texten. Natürlich bietet Word auch Tabellen an, die sogar mit Formeln bestückt werden können, und Excel kann mehrspaltige Textfelder, aber in der Gesamtheit der Funktionen ist die Arbeitsteilung mit den Office-Programmen klar geregelt.

Excel und Word kommen in der Kombination zum Einsatz, um Daten oder Diagrammobjekte aus der Tabellenkalkulation in ein Word-Dokument einzubetten. Die Elemente können über die Zwischenablage kopiert und eingefügt oder so eingebettet werden, dass geänderte Excel-Daten automatisch in Word aktualisiert werden.

Excel-Tabelle in Word anlegen

Word kennt zwei Tabellenarten. Die einfache Word-Tabelle ist ein Zellenraster mit Zeilen und Spalten, sie kann auch per Hand gezeichnet werden. Mit einer Schnelltabelle wird ein vordefiniertes Tabellenformat angewendet, das bereits Inhalte wie Kalender, tabellarische Listen und Tabellen mit Überschriftenebenen anbietet. Zur Bearbeitung und Formatierung steht wie in Excel ein neues Register, *Tabellentools*, bereit.

Schalten Sie auf die Registerkarte *Einfügen* um. Wählen Sie *Tabelle/Excel-Kalkulationstabelle*. Bearbeiten Sie das eingebettete Objekt mit den Excel-Registern und -Befehlen. Klicken Sie irgendwo in das Dokument, um die Bearbeitung der Tabelle aufzuheben. Ein Doppelklick auf das Tabellenobjekt öffnet es wieder zur Bearbeitung.

Excel-Daten verknüpfen

Starten Sie die beiden Programme Word und Excel. Erstellen Sie in Excel eine Kalkulation, markieren Sie sie und wählen Sie *Start/Zwischenablage/Kopieren* oder drücken Sie einfach [Strg]+[C]. Wechseln Sie über die Taskleiste oder mit [Alt]+[⇆] zum Word-Fenster. Wählen Sie an der passenden Cursorposition *Start/Zwischenablage/Einfügen*.

Zeigen Sie auf die Symbole unter *Einfügeoptionen*. In der Vorschau sehen Sie, wie die Daten eingefügt werden. Klicken Sie auf *Standard zum Einfügen festlegen*, können Sie in den Word-Optionen festlegen, wie Dokumente aus anderen Dateien eingefügt werden.

Mit *Inhalte einfügen* erhalten Sie einen Dialog, in dem die Einfügeformate gelistet sind.

- *Microsoft Office Excel-Arbeitsblatt-Objekt:* Daten werden im Excel-Format eingefügt und können mit Excel weiterbearbeitet werden.

- *Microsoft Office Excel-Diagramm-Objekt:* Kopierte Diagrammobjekte können damit im Original-Excel-Format eingefügt werden.

- *Formatierten Text (RTF):* Damit wandeln Sie die Tabelle in eine Word-Tabelle um. Die Formatierungen von Excel bleiben erhalten, Zellen mit Textinhalten sind anschließend linksbündig, Zahlenwerte stehen in rechtsbündiger Ausrichtung.

- *Unformatierten Text:* Mit dieser Option erhalten Sie alle Zellinhalte in Textform, anstelle der Spalten werden Tabulatorzeichen eingefügt. Alle Schriftformatierungen werden entfernt, nur die Währungszeichen bleiben erhalten.

- *Grafik (Windows-Metadatei):* Die Tabelle wird in eine Grafik im WMF-Format (Windows Metafile) umgewandelt.

- *Bitmap:* Wandelt die Excel-Zellen ebenfalls in eine Grafik um. Im Unterschied zur Grafik werden die Gitternetzlinien mit übernommen.

- *HTML-Format:* Fügt HTML-Informationen aus Excel im HTML-Format in das Dokument ein. Word wandelt die Daten in Hyperlinks um.

- *Unformatierten Unicode-Text:* Wandelt die Excel-Zellen in unformatierten Text im Unicode-Format (Zeichensatz von Windows NT/2000) um.

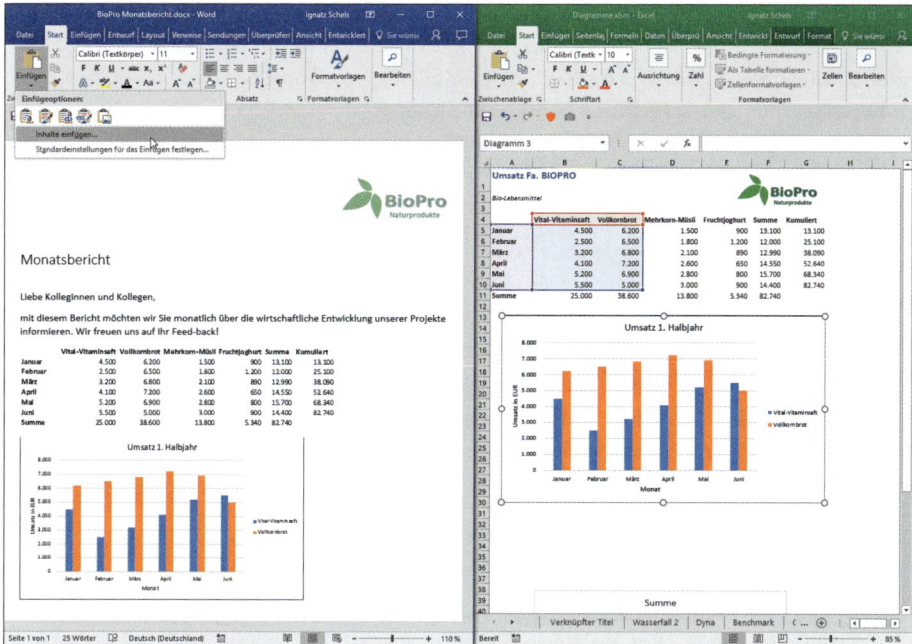

Bild 9.30: Excel-Daten und Diagrammobjekte in Word-Dokument einbinden.

OLE-Objekte bearbeiten

Wie Excel-Daten im Word-Dokument weiterverarbeitet werden können, unterscheidet sich je nach OLE-Verbindung. Verknüpfte Daten und Diagramme werden automatisch aktualisiert, wenn sie in Excel geändert werden. Eingebettete Objekte können per Doppelklick bearbeitet werden (In-Place-Editing).

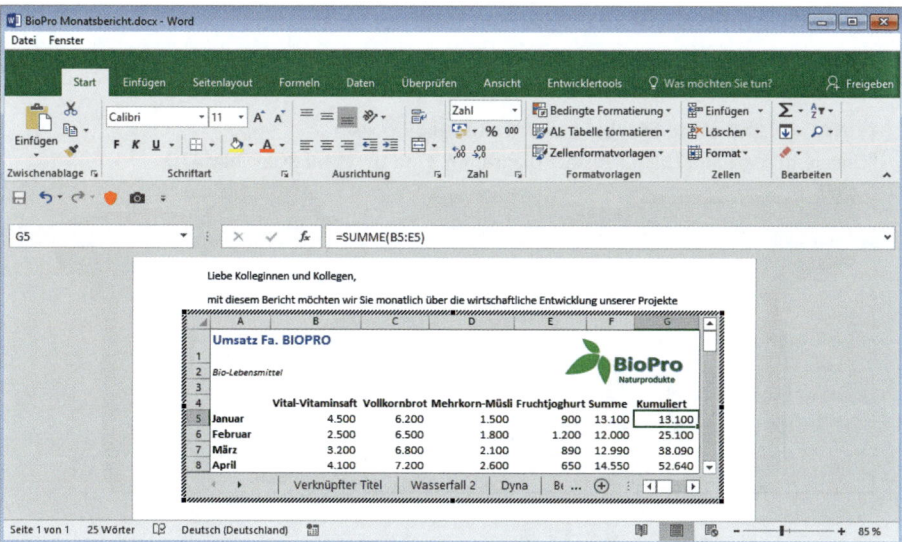

Bild 9.31: In-Place-Editing: Excel-Daten mit Excel im Word-Fenster bearbeiten.

Word schaltet dazu im Word-Fenster die Excel-Oberfläche ein. Dazu gehören die Tabellenelemente (Zellen, Zeilen, Spalten) und die gesamte Menüstruktur. Um die Höhe oder Breite des Objekts zu ändern, öffnen Sie es per Doppelklick zur Bearbeitung. Ziehen Sie einen der schwarzen Markierungspunkte an den Rändern des Objekts, um es zu vergrößern oder zu verkleinern. Damit werden neue Spalten oder Zeilen hinzugefügt. Klicken Sie in einen beliebigen Bereich außerhalb des Objektrahmens, um die Bearbeitung abzuschließen. Das Objekt wird freigegeben und Sie befinden sich wieder im Word-Dokument.

Excel-Daten sind Felder

Word verwendet für das Einbetten oder Verknüpfen von Excel-Daten Felder. Diese Elemente, die auch für berechnete Seitenzahlen in Kopf-/Fußzeilen, Datumsfelder oder Inhaltsverzeichnisse zum Einsatz kommen, sehen Sie, wenn Sie die Feldfunktionen einschalten. Hier wird auch der Unterschied zwischen eingebetteten und verknüpften Objekten deutlich:

- {EMBED} ist das Feld für eingebettete Objekte, es wird nicht automatisch aktualisiert.

- {LINK} ist das Feld für verknüpfte Objekte, es enthält den kompletten Pfad zum verlinkten Objekt mit Dateiname, Tabellenblatt und Bereich (oder Name des Diagrammobjekts).

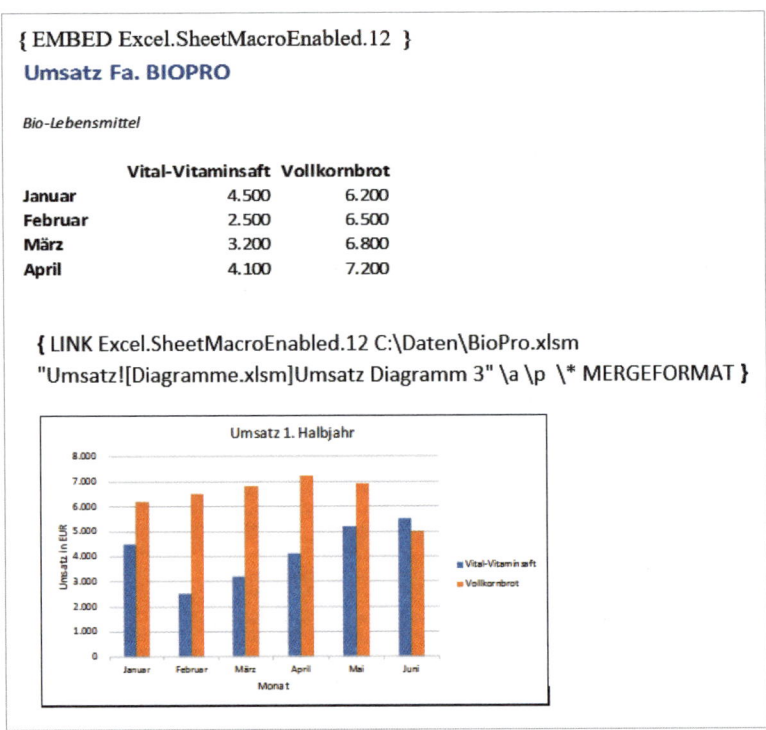

Bild 9.32: OLE-Objekte sind in Word Felder.

Mit diesen Tastenkombinationen bearbeiten Sie Felder im Word-Dokument:

- $\boxed{F9}$ berechnet die markierte Verknüpfung neu.

- $\boxed{Alt}$+$\boxed{F9}$ schaltet die Feldfunktionen ein und aus.

- $\boxed{\Uparrow}$+$\boxed{F9}$ schaltet zwischen Feldfunktion und Inhalt um.

- $\boxed{Strg}$+$\boxed{\Uparrow}$+$\boxed{F9}$ wandelt die markierte Feldfunktion in ihren zuletzt verknüpften Inhalt um.

Word-Serienbrief mit Excel-Tabellen

Als Datenquelle für Word-Serienbriefe bietet sich die Excel-Liste oder -Tabelle an. Wenn Sie sie als einzelnes Tabellenblatt in einer Mappe anlegen, stellen Sie sicher, dass die Mappe keine weiteren Daten enthält. In der ersten Zeile muss die Kopfzeile durchgehend beschriftet sein, sonst kennt Word die Feldnamen nicht. Fügen Sie auch keine Leerzeilen in die Liste ein.

Die Spalten bzw. Felder der Liste müssen so vollständig sein, wie sie im Serienbrief gebraucht werden. Für Kundenadressen brauchen Sie auf jeden Fall neben den Firmennamen auch Ansprechpartner mit Titel, Vorname und Nachname. Wenn möglich, halten Sie auch gleich eine Anrede fest, die lässt sich aber in Word auch mit einer einfachen Wenn-Dann-Bedingung erzeugen. Speichern Sie die Mappe mit der Kundenliste und sorgen Sie dafür, dass sie mit Excel bearbeitet wird, während Sie einen Word-Serienbrief anlegen.

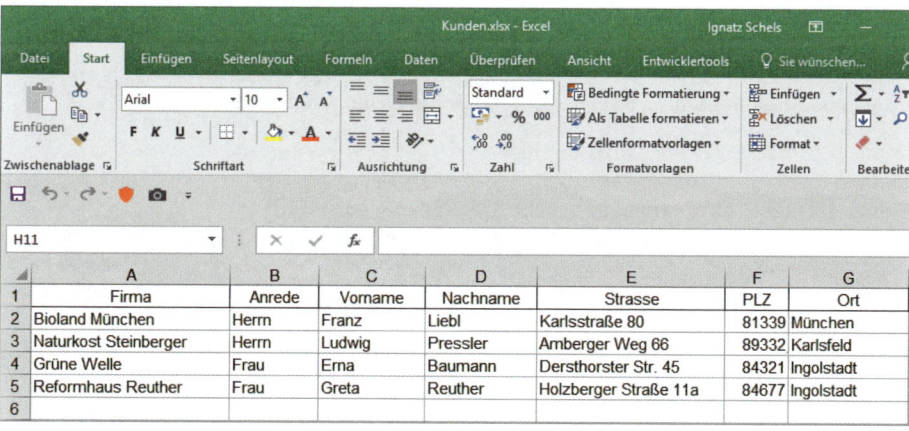

Bild 9.33: Datenquelle für einen Word-Serienbrief.

Für Serienbriefe steht dem Word-Anwender im Register *Sendungen* ein Assistent zur Verfügung. Wählen Sie *Sendungen/Seriendruck starten* und verwenden Sie den Seriendruck-Assistenten mit Schritt-für-Schritt-Anweisungen. Schalten Sie jeweils mit dem Link am unteren Rand zum nächsten Schritt.

1. Wählen Sie die Dokumentart (*Briefe*).

2. Entscheiden Sie sich für das aktive Dokument oder holen Sie eine Vorlage.

3. Wählen Sie *Empfänger auswählen/Vorhandene Liste verwenden.* Klicken Sie auf *Durchsuchen* und suchen Sie die Excel-Mappe. Klicken Sie auf *Öffnen.* Markieren Sie das Tabellenblatt mit der Kundenliste. Die Option *Erste Datenreihe enthält Spaltenüberschriften* muss angekreuzt sein. Bestätigen Sie mit *OK.* Jetzt können Sie die Liste bearbeiten. Kreuzen Sie alle Kunden an, die einen Brief bekommen sollen. Zum Filtern oder Sortieren klicken Sie auf die Pfeilsymbole in der Kopfzeile oder benutzen die Links.

4. Schreiben Sie Ihren Serienbrief. Die Felder aus der Empfängerliste fügen Sie an der Cursorposition am schnellsten über die Liste im Register *Sendungen* ein (auf den Pfeil klicken).

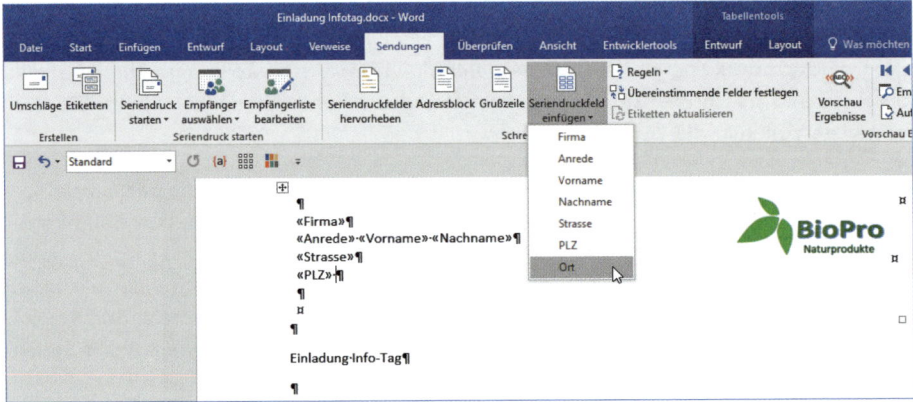

Bild 9.34: Seriendruck gestalten mit der Empfängerliste.

Für die Formulierung der Anrede fügen Sie ein Bedingungsfeld ein. Klicken Sie dazu auf *Regeln* und holen Sie eine *Wenn... Dann... Sonst*-Bedingung. Tragen Sie ein:

```
Wenn: Feldname Anrede gleich Herrn
Dann diesen Text einfügen: Sehr geehrter Herr
Sonst diesen Text einfügen: Sehr geehrte Frau
```

Schalten Sie das Feld, das mit dieser Bedingung erzeugt wird, mit ⇧+F9 in die Feldfunktionen-Ansicht, dann können Sie es auch direkt im Text bearbeiten. Mit F9 berechnen Sie es wieder:

```
{IF <<Anrede>>="Herrn" "Sehr geehrter Herr" "Sehr geehrte Frau"}
```

Schalten Sie den Assistenten ab und sehen Sie sich die Ergebnisse des Serienbriefs in der Vorschau an. Mit den Pfeilsymbolen testen Sie alle Empfänger. Falls eine Adresse nicht stimmt, wählen Sie *Empfängerliste bearbeiten.*

Drucken Sie den Serienbrief mit *Fertig stellen und zusammenführen* in ein neues Dokument, dann können Sie jeden einzelnen Brief noch mal gründlich prüfen und zum Schluss das gesamte Dokument drucken. Alle Briefe sind in Abschnitte unterteilt, so können auch mehrseitige Serienbriefe gedruckt werden. Speichern Sie den Serienbrief (nicht das Dokument mit den einzelnen Briefen). Die Verbindung mit der Excel-Arbeitsmappe wird mitgespeichert, und wenn Sie den Serienbrief wieder aktivieren, haben Sie natürlich automatisch Ihre aktuellen Kundendaten in der Empfängerliste.

9.14   Excel und Outlook

Das Mail-Programm Outlook gehört zwar zur Office-Familie, hat aber in Bezug auf Excel-Schnittstellen nicht viel zu bieten. Der Import/Export von Kontaktdaten und Terminen ist veraltet und hat Fehler. Die einzige Möglichkeit, Excel und Outlook miteinander zu verbinden, bietet die Makrosprache VBA.

9.14.1   Termine und Kontakte exportieren/importieren

Verwalten Sie Ihre Adressen oder Termine in Excel? Dann werden Sie sicher einmal versuchen, diese mit Outlook zu synchronisieren. Outlook hat zwar eine Schnittstelle zu Excel, aber die ist nicht besonders gelungen, weil im Exportformat ein Fehler auftaucht.

Wählen Sie *Datei/Öffnen und exportieren*, klicken Sie auf *Importieren/Exportieren*. Mit der Aktion *In Datei exportieren/Durch Trennzeichen getrennte Werte* schicken Sie die Kontakte aus dem *Kontakte*-Ordner oder die Termine aus dem Ordner *Termine* in eine CSV-Datei. Geben Sie den Ordner und den Dateinamen an und starten Sie den Export. Durch Zuordnen benutzerdefinierter Felder könnten Sie einzelne Felder noch umbenennen.

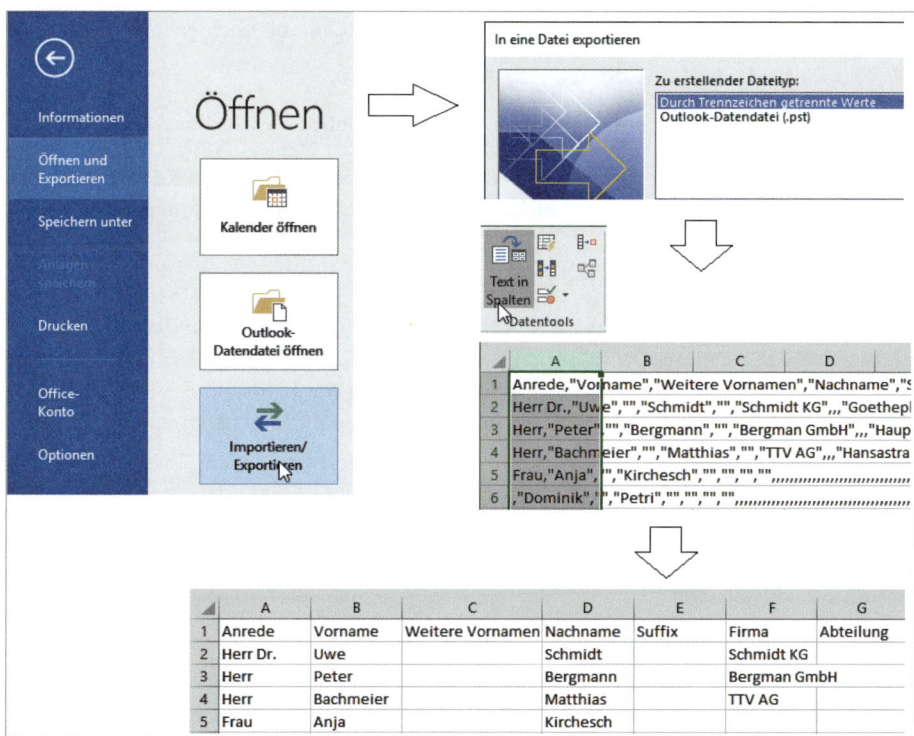

Bild 9.35: Kontakte exportieren und CSV-Daten in Spalten aufteilen.

Das Ergebnis ist eine CSV-Datei mit einem kleinen Schönheitsfehler: Outlook trennt die Spalten mit einem Komma, Voraussetzung wäre für Excel ein Semikolon, um die einzelnen Datensätze auf Spalten zu verteilen. Markieren Sie die Spalte A und wählen Sie *Daten/Datentools/Text in Spalten*. Im ersten Schritt bestätigen Sie die Option *Getrennt*.

In Schritt 2 schalten Sie die vorgeschlagene Option *Semikolon als Trennzeichen* aus und kreuzen *Komma* an. Den dritten Schritt bestätigen Sie ohne Änderung, klicken Sie auf *Fertig stellen*.

Um Kontakte oder Termine von Excel in Outlook zu importieren, müssen diese in der Form vorliegen, in der sie exportiert werden, also als kommagetrennte Daten. Da bleibt nur die Möglichkeit, die Kontakte in der unkonvertierten Datei zu ändern oder per VBA-Makro eine Excel-Liste in einzelne Datensätze umzuwandeln. Wählen Sie wieder *Datei/ Öffnen und exportieren* und unter *Importieren/Exportieren* die Aktion *Aus anderen Programmen oder Dateien importieren*. Suchen Sie die Datei und schalten Sie die Option *Keine Duplikate importieren* ein. Nach Auswahl des Kontakte- oder Kalender-Ordners klicken Sie auf *Benutzerdefinierte Felder zuordnen* und passen die Feldnamen an die in Outlook verwendeten Felder an.

9.14.2   Outlook-Kontaktverwaltung mit Excel und VBA

Für die Verwaltung Ihrer Kontakte mit Excel und Outlook gleichzeitig brauchen Sie drei VBA-Makros:

■ Ein Makro zum Exportieren der Kontaktdaten aus Outlook nach Excel.

■ Ein zweites Makro, das die Outlook-Kontakte löscht.

■ Ein Makro, das die Kontakteliste von Excel nach Outlook exportiert.

Legen Sie zur Sicherheit einen neuen Ordner an und kopieren Sie alle Kontakte, die Sie mit Excel verwalten wollen, in diesen Ordner. Nennen Sie ihn *MeineKontakte*.

Kontakte von Outlook nach Excel exportieren

Kopieren Sie mit diesem Makro alle Kontakte in ein neues Tabellenblatt. Geben Sie diesem die Bezeichnung *Kontakte*. In diesem Beispiel sind die acht wichtigsten Felder übernommen worden. Schlagen Sie die Bezeichnungen der Felder in der MSDN-Library nach, wenn Sie weitere Felder brauchen (https://msdn.microsoft.com/de-de/library/office/ff868407.aspx).

```
Sub OutlookKontakte2Excel()
 ' Variablen deklarieren
 Dim objOutlook As Object, objNameSpace As Object, objKontakte As
Object, i As Integer
 Dim objKontakt As Object, strMKontakte  As String
 ' Hier den Namen des Kontakteordners angeben
 strMKontakte = "MeineKontakte"
 Set objOutlook = CreateObject("Outlook.Application")
 Set objNameSpace = objOutlook.GetNamespace("MAPI")
 Set objKontakte = objNameSpace.GetDefaultFolder(olFolderContacts).
Folders(strMKontakte).Items
 ' Neues Tabellenblatt und Überschriftenzeile
 Sheets.Add
 Cells(1, 1) = "Vorname"
 Cells(1, 2) = "Nachname"
```

```
Cells(1, 3) = "Straße"
Cells(1, 4) = "PLZ"
Cells(1, 5) = "Wohnort"
Cells(1, 6) = "Land"
Cells(1, 7) = "Telefon"
Cells(1, 8) = "e-Mail"
i = 2
' Schleife schreibt alle Kontakte aus dem Ordner nach Excel
For Each objKontakt In objKontakte
 Cells(i, 1).Value = objKontakt.FirstName
 Cells(i, 2).Value = objKontakt.LastName
 Cells(i, 3) = objKontakt.BusinessAddressStreet
 Cells(i, 4) = objKontakt.BusinessAddressPostalCode
 Cells(i, 5) = objKontakt.BusinessAddressCity
 Cells(i, 6) = objKontakt.BusinessAddressCountry
 Cells(i, 7) = objKontakt.BusinessTelephoneNumber
 Cells(i, 8) = objKontakt.Email1Address
 i = i + 1
Next
' Optimale Spaltenbreite
Columns("$A:$H").EntireColumn.AutoFit
End Sub
```

Kontakte in Outlook löschen

Wenn Sie Ihre Kontakte ab sofort in Excel verwalten und pflegen, können Sie die Einträge im Outlook-Ordner vor jedem Export löschen, damit Sie keine doppelten Kontakte bekommen.

```
Sub OutlookKontakteLoeschen()
 Dim olItem As Integer, outFolder As Object, myOutlook As Object
 Dim KontaktItem As Object, strMKontakte As String
 strMKontakte = "MeineKontakte"
 Set myOutlook = CreateObject("Outlook.Application")
 Set outFolder = myOutlook.GetNamespace("MAPI").GetDefaultFolder(olFolder
Contacts).Folders(strMKontakte)
 For olItem = outFolder.Items.Count To 1 Step -1
  Set KontaktItem = outFolder.Items(olItem)
  KontaktItem.Delete
 Next olItem
End Sub
```

Kontakte von Excel nach Outlook exportieren

Fügen Sie Kontakte in die Excel-Liste ein, löschen oder ändern Sie einzelne Datensätze. Mit einem weiteren Makro holen Sie die Liste aus dem Tabellenblatt *Kontakte* wieder nach Outlook in den Kontakteordner *MeineKontakte*:

```
Sub ExcelKontakte2Outlook()
 Dim shXLKontakte As Worksheet, i As Integer, lastK As Integer
 Dim olApp As Object, olKontaktNeu As Object, mf As Object
 Set shXLKontakte = ThisWorkbook.Worksheets("Kontakte")
```

```
Set olApp = CreateObject("Outlook.Application")
' Kontakteordner festlegen
Set mf = olApp.GetNamespace("MAPI").GetDefaultFolder(10). _
Folders("MeineKontakte")
With shXLKontakte
  ' Letzte Zeile suchen
  lastK = .Range("$A$1000").End(xlUp).Row
  .Select
  ' Schleife über alle Kontakte
  For i = 2 To lastK
    Set olKontaktNeu = mf.Items.Add(2)
    With olKontaktNeu
      .FirstName = Cells(i, 1).Value
      .LastName = Cells(i, 2).Value
      .BusinessAddressStreet = Cells(i, 3).Value
      .BusinessAddressPostalCode = Cells(i, 4).Value
      .BusinessAddressCity = Cells(i, 5).Value
      .BusinessAddressCountry = Cells(i, 6).Value
      .BusinessTelephoneNumber = Cells(i, 7).Value
      .Email1Address = Cells(i, 8).Value
      .Save
    End With
    Set olKontaktNeu = Nothing
  Next i
End With
Set olApp = Nothing
End Sub
```

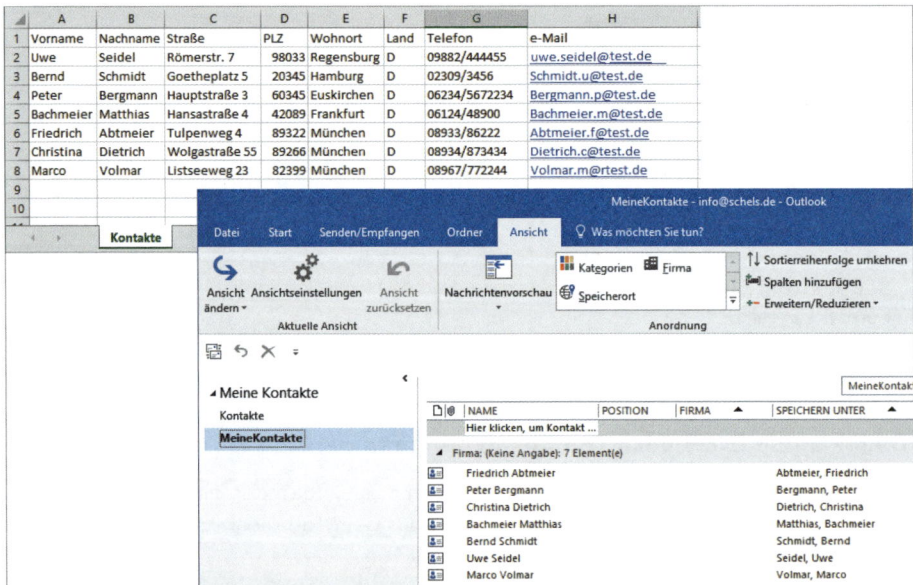

Bild 9.36: Kontakte in Excel verwalten und nach Outlook exportieren.

Kapitel 10

10. Datenschutz und Sicherheit

Sicherheit ist auch in Excel oberstes Gebot. Wer mit Unternehmenszahlen operiert, persönliche Informationen von Mitarbeitern verwaltet oder Kundendaten für Analysen benutzt, sollte den höchstmöglichen Schutz vor Hackerangriffen und Schadsoftware aktiviert haben. Excel gehört zwar nicht zu den gefährdeten Elementen wie das Betriebssystem Windows oder die Mail-Software Outlook, bietet aber genug Möglichkeiten für absichtliche und unabsichtliche Datenverluste. Achten Sie besonders auf diese Maßnahmen:

■ Öffnen Sie keine Arbeitsmappen mit Makros, die Sie nicht kennen. Makros können automatisch mit dem Öffnen der Mappe aktiv werden, und die Makrosprache VBA könnte ebenso einen Trojaner installieren wie alle Datenträger von Daten befreien.

■ Ändern Sie keine Sicherheitseinstellungen für externe Inhalte. Makros, Links und andere Verbindungen können nur nach Erlaubnis des Anwenders aktiv werden, vorausgesetzt, dieser hat in den Sicherheitseinstellungen im Trust Center die Sicherungen nicht abgeschaltet.

- Aktualisieren Sie regelmäßig Ihr Betriebssystem und Ihr Office-Paket. Automatische Updates installieren automatisch die neuesten Sicherheitspatches und schließen Sicherheitslücken auch in Excel.

- Verwenden Sie einen aktuellen Virenschutz für Ihren Computer. Windows 10 stellt mit dem Windows Defender ein System bereit, das mit regelmäßigen Updates stets auf dem neuesten Stand ist und Angriffe abwehrt.

10.1 AutoWiederherstellen

Das Risiko, in Excel nicht gespeicherte Daten zu verlieren, ist nicht sehr hoch, weil Excel mit der AutoWiederherstellen-Funktion aktuelle Daten in regelmäßigen Intervallen sichert:

Wählen Sie *Datei/Optionen*, schalten Sie zur Kategorie *Speichern* um. Hier ist die *AutoWiederherstellen*-Information angekreuzt, das Intervall steht auf 10 Minuten. Sie können es erhöhen oder (bis 1) verringern. Als Speicherort für die temporäre Datei, die mit dieser Option gespeichert wird, wird der Excel-Ordner in Ihrem Windows-Profil vorgeschlagen (der Ordner mit Ihrem Benutzernamen):

C:\Users\Benutzername\AppData\Roaming\Microsoft\Excel

Sollte die Speicherung einer AutoWiederherstellen-Datei nicht möglich oder erwünscht sein, können Sie diese auch für ausgewählte Mappen verhindern. Schalten Sie unter *AutoWiederherstellen-Ausnahmen* für die Option *AutoWiederherstellen nur für diese Arbeitsmappe deaktivieren* ein.

Was passiert beim AutoWiederherstellen? Excel speichert die aktive Datei alle zehn Minuten in dem hier eingetragenen Pfad und legt dafür eine XAR-Datei (Excel Automatic Recovery) an. Stürzt der Rechner, das Betriebssystem oder das Programm ab, wird diese Kopie beim nächsten Programmstart automatisch angeboten, und da Sie damit nicht mehr als zehn Minuten Arbeit verloren haben können, dürfen Sie das Angebot ruhig annehmen. Excel legt übrigens für jede offene Mappe eine XAR-Datei an und bietet bei einem Neustart nach dem »Crash« alle Recovery-Dateien wieder an.

XAR-Dateien können auch mit Excel geöffnet werden, dazu muss unter Windows aber die Option *Versteckte Dateien anzeigen* aktiv sein.

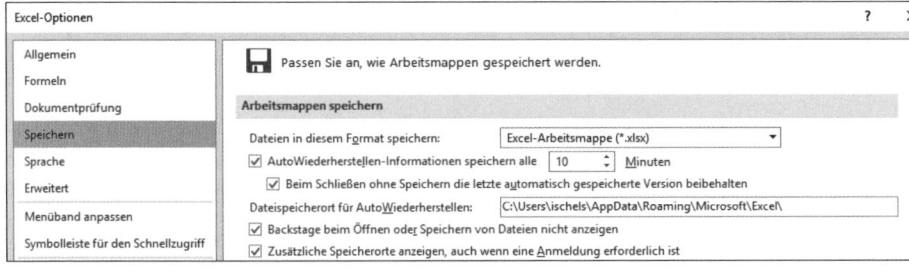

Bild 10.1: Die automatische Zwischensicherung ist aktiv.

10.2   Das Trust Center

Alle Sicherheitseinstellungen für Excel sind im Trust Center zusammengefasst. Hier über-prüfen Sie, ob externe Verbindungen und Makrozugriffe abgesichert sind, hier ändern Sie Einstellungen für den Zugriff auf Dokumente. Voraussetzung ist natürlich, dass Sie die Rechte als Administrator haben. Im Firmennetzwerk wird die IT sicher nicht allen Anwendern erlauben, Sicherheitseinstellungen zu ändern, weshalb die meisten Einstel-lungen hier deaktiviert sein dürften. Wählen Sie *Datei/Optionen*. Schalten Sie auf das Trust Center um. Mit dem Link *Microsoft Trustworthy Computing* gelangen Sie auf die Webseite des Microsoft Safety & Security Centers, hier informieren Sie sich über die neuesten Aktivitäten und abonnieren den Newsletter. Klicken Sie auf *Einstellungen für das Trust Center*.

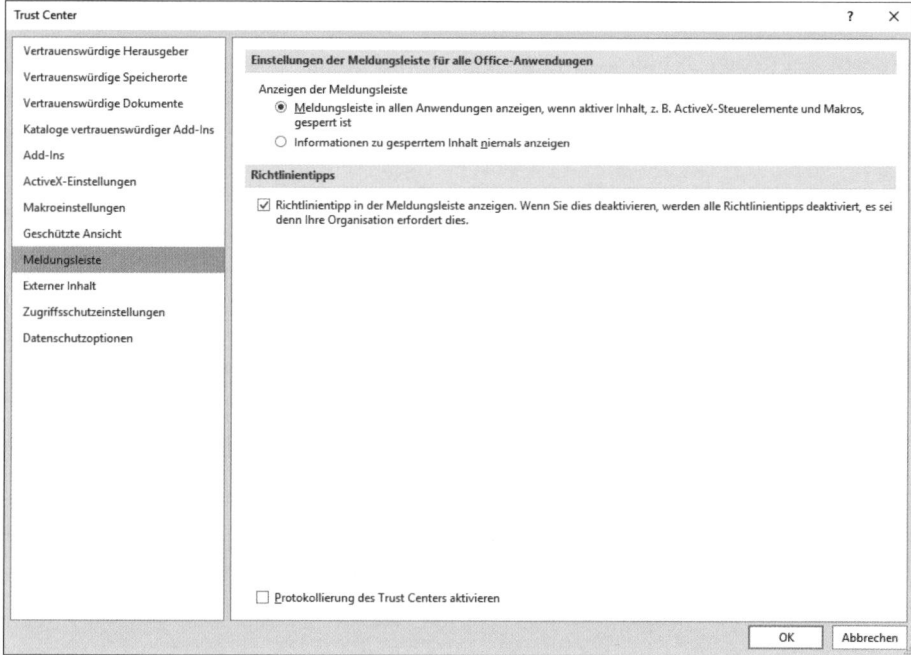

Bild 10.2: Das Trust Center regelt alle Sicherheitseinstellungen in Excel.

10.2.1   Vertrauenswürdige Herausgeber

Wenn Sie eine Entscheidung über den Einsatz von makrogesteuerten Anwendungen, ActiveX-Komponenten oder Add-ins treffen müssen, halten Sie den Herausgeber (Ent-wickler) dieser Lösung in dieser Liste fest und stellen damit sicher, dass nur sichere An-wendungen zum Einsatz kommen. Vertrauenswürdig ist ein Herausgeber, wenn er diese Kriterien erfüllt:

■   Das Makro wurde vom Entwickler mit einer digitalen Signatur signiert. Eine digitale Signatur ist ein elektronisches, sicheres und auf Verschlüsselung basierendes Authen-tifizierungszeichen in einem Makro oder Dokument. Diese Signatur bestätigt, dass das Makro bzw. das Dokument von der Person stammt, die es signiert hat, und nicht verändert wurde.

- Die digitale Signatur ist gültig. Gültig ist der Status des Zertifikats, das anhand der Datenbank einer Zertifizierungsstelle überprüft wurde und rechtmäßig, aktuell und nicht abgelaufen oder gesperrt ist. Dokumente, die mit einem gültigen Zertifikat signiert und seitdem nicht geändert wurden, werden als gültig betrachtet.

- Diese digitale Signatur ist aktuell (nicht abgelaufen).

- Das Zertifikat, das der digitalen Signatur zugeordnet ist, wurde von einer vertrauenswürdigen Zertifizierungsstelle ausgestellt. Eine Zertifizierungsstelle ist ein kommerzielles Unternehmen, das digitale Zertifikate ausstellt, überwacht, wer einem Zertifikat zugewiesen ist, Zertifikate zum Bestätigen ihrer Gültigkeit signiert und nachverfolgt, welche Zertifikate gesperrt oder abgelaufen sind.

- Der Entwickler, der das Codeprojekt signiert hat, ist selbst ein vertrauenswürdiger Herausgeber.

 Wie digitale Signaturen für Makros erstellt werden, lesen Sie im Abschnitt 10.3.4.

10.2.2   Vertrauenswürdige Speicherorte

Eine weitere Möglichkeit, die Sicherheitseinstellungen im Sicherheitscenter und die damit verbundenen Sicherheitsmeldungen beim Aktivieren von makrogesteuerten Anwendungen oder ActiveX-Komponenten zu umgehen, ist die Definition vertrauenswürdiger Speicherorte. Dabei handelt es sich um Ordner auf der Festplatte oder im Netzwerk oder auf freigegebenen Netzlaufwerken.

Sie können das Sicherheitscenter mit dieser Option sinnvoll koordinieren, indem Sie alle Makros und Anwendungen, die Sie nicht als hundertprozentig sicher einstufen können, zunächst in einem »normalen« Ordner speichern.

Wenn die Sicherheit gewährleistet ist, speichern Sie die Anwendung in einem Ordner, den Sie in dieser Liste als vertrauenswürdig eingestuft haben, und die Warnmeldungen werden nicht mehr angezeigt.

Achten Sie aber auf folgende Sicherheitseinstellungen:

- Verwenden Sie nicht die Ordner *Eigene Dateien* oder *Dokumente*, sondern möglichst einen Unterordner dieser Ordner.

- Stellen Sie sicher, dass Ihr Benutzerkonto nur durch Eingabe eines Kennworts aktiviert werden kann.

- Schützen Sie den Ordner mit dem *Windows Encrypting File System*, damit nur Sie allein darauf zugreifen können (rechte Maustaste auf den Ordner, *Eigenschaften*, *Erweitert, Inhalt verschlüsseln*).

Die Liste enthält bereits einige Ordner, die Excel bei der Installation eingetragen hat. Darunter sind der Office-Templates-Ordner, der die Office-Vorlagen enthält, der *STARTUP*-Ordner und der Ordner *XLSTART*, in dem die Startdateien von Excel und die persönliche Makroarbeitsmappe gespeichert werden.

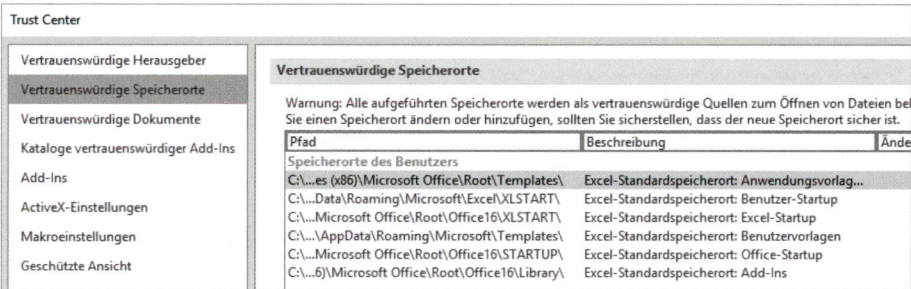

Bild 10.3: Vertrauenswürdige Speicherorte.

- Mit *Neuen Speicherort hinzufügen* tragen Sie einen weiteren Ordner ein. Geben Sie den Ordner an oder wählen Sie *Durchsuchen*. Mit *Ändern* können Sie einen markierten Eintrag abändern und *Löschen* entfernt den Ordner aus der Liste.

- Klicken Sie auf *Unterordner dieses Speicherorts sind ebenfalls vertrauenswürdig*, damit auch die Ordner in der zweiten Ebene als vertrauenswürdig eingestuft werden.

10.2.3 Vertrauenswürdige Dokumente

Enthält eine Arbeitsmappe aktive Inhalte wie Makros, Verknüpfungen auf externe Quellen oder ActiveX-Elemente, wird Excel den Anwender zunächst darauf hinweisen und ihm die Möglichkeit geben, diese Inhalte zu deaktivieren. Dazu erscheint eine Warnmeldung unterhalb des Menübands:

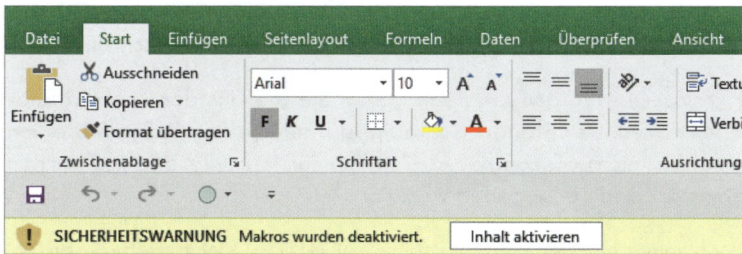

Bild 10.4: Sicherheitswarnung: Die Arbeitsmappe enthält aktive Inhalte.

Vertrauenswürdigkeit von Dokumenten im Netzwerk zulassen: Die Einstellung gilt auch für Dateien, die aus Netzwerkordnern heraus aktiviert werden.

Das Deaktivieren aller Dokumente gilt nicht für vertrauenswürdige Speicherorte. Haben Sie einen Ordner in diese Liste eingefügt, werden die Mappen mit aktiven Inhalten ohne Warnung geöffnet, auch wenn die vertrauenswürdigen Dokumente deaktiviert sind.

Die Dokumente in dieser Liste können Sie einzeln löschen, klicken Sie mit der rechten Maustaste auf den Eintrag und wählen Sie *Löschen*. Klicken Sie auf *Bereinigen*, entfernen Sie alle Dokumente, die Sie als vertrauenswürdig eingestuft hatten, aus der Liste.

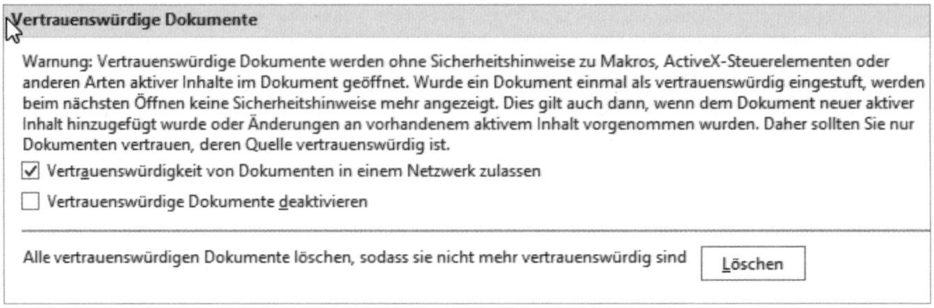

Vertrauenswürdige Dokumente

Warnung: Vertrauenswürdige Dokumente werden ohne Sicherheitshinweise zu Makros, ActiveX-Steuerelementen oder anderen Arten aktiver Inhalte im Dokument geöffnet. Wurde ein Dokument einmal als vertrauenswürdig eingestuft, werden beim nächsten Öffnen keine Sicherheitshinweise mehr angezeigt. Dies gilt auch dann, wenn dem Dokument neuer aktiver Inhalt hinzugefügt wurde oder Änderungen an vorhandenem aktivem Inhalt vorgenommen wurden. Daher sollten Sie nur Dokumenten vertrauen, deren Quelle vertrauenswürdig ist.

☑ Vertrauenswürdigkeit von Dokumenten in einem Netzwerk zulassen

☐ Vertrauenswürdige Dokumente deaktivieren

Alle vertrauenswürdigen Dokumente löschen, sodass sie nicht mehr vertrauenswürdig sind | Löschen |

Bild 10.5: Vertrauenswürdige Dokumente.

Die vertrauenswürdigen Dokumente werden in der Registry abgelegt, der Windows-Datenbank mit Registrierschlüsseln.

HKEY_CURRENT_USER\Software\Microsoft\Office\14.0\Excel\Security\Trusted Documents\TrustRecords

10.2.4 Kataloge vertrauenswürdiger Add-ins

Diese Option verwaltet die Sicherheitseinstellungen für Office-Apps, die unter *Einfügen/Add-Ins* abgeholt werden können (siehe Kapitel 7). Als Onlineelemente bergen diese Add-ins natürlich auch ein hohes Sicherheitsrisiko und hier können Sie dieses einschränken:

Mit den ersten Optionen können Sie das Starten von Web-Add-ins und/oder Web-Add-ins aus dem Office-Store verhindern. Diese Optionen werden in Firmennetzen aktiviert, in denen für Anwender der Zugriff auf das Internet gesperrt oder eingeschränkt ist.

Unter *Tabelle der vertrauenswürdigen Kataloge* geben Sie die URL der Apps-Kataloge ein, denen Sie vertrauen. Der Standardkatalog ist natürlich der Office-Store von Microsoft (https://office.microsoft.com/de-de/store). Für interne Kataloge können SharePoint- oder Netzadressen angegeben werden.

 Katalog-URLS müssen immer mit den Sicherheitsprotokoll HTTPS:\\ eingegeben werden, http wird nicht akzeptiert.

10.2.5 Add-ins

In dieser Kategorie bestimmen Sie, wie Add-ins behandelt werden, wenn diese im Excel-Programmfenster aktiviert werden. Add-ins sind Makrolösungen, die in einem speziellen Format gespeichert werden. In den Optionen finden Sie eine Kategorie *Add-Ins*, in der Sie diese Makroanwendungen verwalten können. Durch die Tatsache, dass sie für den Benutzer unsichtbar bleiben, können sie ein höheres Risiko darstellen als einfache Makroarbeitsmappen.

- Kreuzen Sie die erste Option an, wenn das Add-in ein Zertifikat von einem vertrauenswürdigen Herausgeber haben muss. Dieser muss wie zuvor beschrieben in Ihrer Liste aufgeführt sein, damit seine Add-ins funktionieren.

■ Mit der zweiten Option deaktivieren Sie die Sicherheitsmeldung für Add-ins, die nicht aktiviert werden.

■ Die dritte Option schaltet alle Add-ins aus und ist nicht zu empfehlen, da Add-ins auch als Teile des Programms geladen werden können.

In der Praxis sollten Sie die Standardeinstellung unverändert lassen und keine der drei Optionen ankreuzen.

10.2.6   ActiveX-Einstellungen

ActiveX ist eine Programmiersprache, mit der Objekte vom Textfeld bis zur kompletten Symbol- und Dialogsteuerung, sogenannte ActiveX-Objekte, erstellt werden. Mit diesen Objekten werden ausführbare Programme ausgerüstet. ActiveX-Objekte können nur mit dem Internet Explorer oder mit einem Office-Programm wie Excel aktiviert werden. Die Tatsache, dass diese Objekte extrem leistungsfähig sind und von einfachen Dialogen über Datei- und Ordneroperationen bis zur Änderung der Registry (Windows-Registrierdatenbank) alles können, macht sie zu einem großen Risiko. Aus diesem Grund sind ActiveX-Objekte häufig in den Optionen des Internet Explorers deaktiviert, und in manchen Systemumgebungen sind sie für Windows komplett gesperrt.

Entscheiden Sie mit den Einstellungen im Trust Center, wie mit ActiveX-Objekten verfahren wird. In der Praxis müssen Sie die Einstellung nicht ändern, die dritte Option sorgt dafür, dass eine Warnmeldung erscheint, wenn ein ActiveX-Objekt aktiv wird. Aktivieren Sie das Kontrollkästchen *Abgesicherter Modus*, wenn Sie nur SFI-Objekte im abgesicherten Modus aktivieren wollen. Dieser Modus bedeutet, dass der Entwickler das Element als sicher gekennzeichnet hat.

10.2.7   Einstellungen für Makros

Makros sind Programme im Programm, entweder ausführbare Routinen (Prozeduren) oder Funktionen, die wie die eingebauten Funktionen Berechnungen durchführen, aber auch Aktionen starten können. Ein Makro kann eine einfache, harmlose Aufzeichnung von Eingaben, Tastenanschlägen und Befehlen sein. Die Programmiersprache VBA ermöglicht es aber auch, Makros zu schreiben, die Dateien kopieren, löschen, versenden, externe Anwendungen installieren und in die Registry von Windows eingreifen. Aus diesem Grund ist jedes Makro zunächst ein potenzielles Risiko und diese Einstellungen sorgen dafür, dass Sie als Anwender die Kontrolle über Makros behalten.

■ *Alle Makros ohne Benachrichtigung deaktivieren:* Keine VBA-Makros zulassen, weder automatisch startende noch Makros, die über Schaltflächen oder Symbole aktiviert werden. Die Einstellung ist nicht zu empfehlen.

■ *Alle Makros mit Benachrichtigung deaktivieren:* Das ist die Standardeinstellung, damit wird eine Warnmeldung angezeigt, wenn eine Arbeitsmappe geöffnet wird, die ausführbare Makros enthält.

■ *Alle Makros außer digital signierten Makros deaktivieren:* Diese Einstellung ist nicht sicherer als die Standardeinstellung, weil Makros relativ einfach digital signiert werden können.

- *Alle Makro aktivieren:* Diese Option sollten Sie auf keinen Fall benutzen. Sie würde dafür sorgen, dass Makros ohne Warnmeldung schon beim Öffnen einer Mappe aktiv werden können.

- *Zugriff auf das VBA-Projektobjektmodell vertrauen:* Setzen Sie hier ein Häkchen, wenn Sie Makrolösungen zulassen wollen, die auf die Entwicklungsumgebung VBA-Editor zugreifen (zum Beispiel um Code aus Modulen zu kopieren).

10.2.8 Geschützte Ansicht

In dieser Kategorie sorgen Sie dafür, dass Arbeitsmappen mit Warnmeldung aktiviert werden, wenn sie aus dem Internet, aus einem temporären Ordner oder aus Outlook-Mail-Anlagen kommen. Zeigen Sie auf das Info-Symbol an der Option, erhalten Sie eine Erklärung dazu.

Suchen Sie beispielsweise in Google nach Dateien mit dem Dateityp *.xls* oder *.xlsx*, erhalten Sie Links, die direkt auf gespeicherte Mappen verweisen:

```
Suchbegriff: Absatzkalkulation filetype:xls
```

Klicken Sie eine Fundstelle an, wird die Mappe in Excel geöffnet, zuvor werden Sie natürlich schon vom Internet Explorer und von Windows gewarnt und zu Bestätigungen aufgefordert. Die geschützte Ansicht verhindert dann in Excel noch, dass Makros oder andere aktive Inhalte sofort ausgeführt werden. Klicken Sie auf *Bearbeitung aktivieren*, ist die Mappe freigegeben.

10.2.9 Meldungsleiste

Die Meldungsleiste ist nicht zu verwechseln mit der unteren Zeile des Programmfensters. Diese Leiste erscheint zwischen Tabelle und Bearbeitungsleiste alternativ zur Warnmeldung in einem Dialogfeld. Sie zeigt eine Sicherheitsmeldung, wenn ein Inhalt gesperrt wurde und der Anwender die Möglichkeit hat, diese Sperrung aufzuheben. *Meldungsleiste in allen Anwendungen anzeigen ...*, sollte dazu aktiv sein. Sie zeigt aber nur Meldungen an, wenn die Benachrichtigungen für Makros nicht deaktiviert wurden.

Mit *Informationen zu gesperrtem Inhalt niemals anzeigen* kann die Meldung komplett deaktiviert werden, sie zeigt dann unabhängig von den Einstellungen keine Benachrichtigungen an.

Richtlinientipps sollten auch nicht deaktiviert werden. Sie werden zum Beispiel aktiv, wenn Ihre Mappe vertrauliche Informationen wie Kreditkartennummern enthält.

10.2.10 Externer Inhalt

Damit sind Daten aus dem Intranet oder Internet gemeint. Das können einfache Bilder, Objekte (Sounds, Videos, Flash-Movies) oder andere Verknüpfungen zu Webseiten sein. Auch diese Inhalte sind potenziell gefährlich und können Daten ausspähen und Schaden anrichten.

Web Beacons sind beispielsweise versteckte Codes, die nach dem Laden eines Objekts (zum Beispiel eines Bilds) an den Server zurückgeschickt werden. Mit diesen Einstellungen verhindern Sie, dass externe Inhalte Schaden anrichten können:

Klicken Sie auf die erste Option *Alle Datenverbindungen aktivieren*, wenn Sie Arbeitsmappen öffnen möchten, die Verbindungen mit externen Daten aufweisen, und um Verbindungen mit externen Daten in der aktuellen Arbeitsmappe erstellen zu können, ohne Sicherheitswarnungen zu erhalten. Zu empfehlen ist das nicht, weil damit kein Schutz vor bösartigem Code besteht. Verwenden Sie diese Option nur, wenn die Datenquellen der externen Datenverbindungen vertrauenswürdig sind.

Benutzer zu Datenverbindungen auffordern ist die Standardoption. Wählen Sie sie, wenn Sie beim Öffnen einer Arbeitsmappe, die externe Datenverbindungen enthält, und beim Erstellen einer externen Datenverbindung in der aktuellen Arbeitsmappe eine Sicherheitswarnung erhalten möchten.

Mit *Alle Datenverbindungen deaktivieren* haben Sie keine Möglichkeit, externe Datenverbindungen in der aktuellen Arbeitsmappe zu aktivieren.

Verknüpfungen zwischen Arbeitsmappen werden über Formeln oder Matrixkopien hergestellt. Wie bei externen Inhalten können Sie hier mit der ersten Option sicherstellen, dass diese nicht ausgeführt werden, was in der Praxis nicht sinnvoll ist. Mit der zweiten Option erhalten Sie eine Warnmeldung in der Meldungsleiste. Bestätigen Sie sie mit *Verknüpfung aktualisieren*, wird die Verknüpfung zugelassen. Wenn Sie alle Arbeitsmappenverknüpfungen deaktivieren, werden keine Daten aus anderen Mappen importiert, die Verknüpfungen enthalten dann die Daten aus der zuletzt aktiven Verknüpfung.

10.2.11 Zugriffsschutzeinstellungen

Das Dateiformat ab Excel 2007/2010 ermöglicht bessere Schutzmechanismen für Arbeitsmappen. Öffnen Sie aber Dateien, die mit älteren Versionen oder anderen Programmen (z. B. OpenOffice) erstellt wurden, können diese Mechanismen nicht greifen, und aus diesem Grund bietet das Trust Center hier eine Liste von Dateiformaten an, für die Sicherheitswarnungen erzwungen oder die im Extremfall komplett gesperrt werden. Klicken Sie auf die Option *Öffnen* oder *Speichern*, um einzelne Dateiformate abzusichern. Die Optionen entscheiden, was passiert, wenn Sie eine dieser Dateien öffnen.

- *Ausgewählte Dateitypen nicht öffnen:* Die aktivierten Dateitypen können nicht geöffnet und nicht gespeichert werden. Wenn diese Einstellung festgelegt ist, wird beim Dateizugriff eine Fehlermeldung angezeigt.

- *Ausgewählte Dateitypen in geschützter Ansicht öffnen:* Die Dateitypen werden in der geschützten Ansicht geöffnet. *Bearbeitung aktivieren* ist in der Statusleiste und in der Backstage-Ansicht deaktiviert.

- *Ausgewählte Dateitypen in der geschützten Ansicht öffnen und Bearbeitung erlauben:* Die ausgewählten Dateitypen werden in der geschützten Ansicht geöffnet. *Bearbeitung aktivieren* ist in der Statusleiste und in der Backstage-Ansicht aktiviert.

■ Mit *Standardeinstellungen wiederherstellen* schalten Sie alle gesetzten Optionen wieder aus und stellen nur die Öffnen-Optionen für Dateiformate ab der Excel-Version 4 ein.

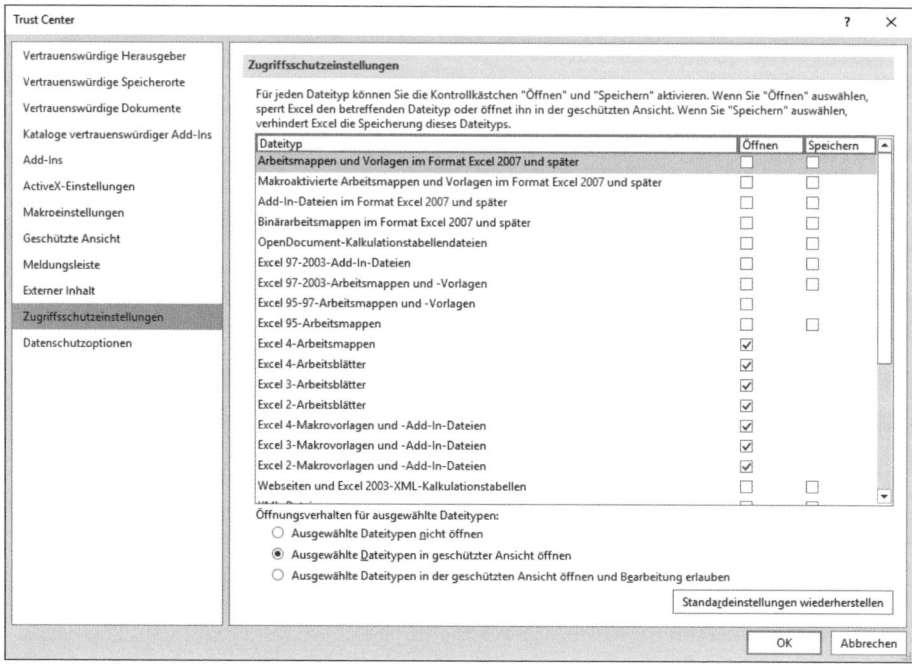

Bild 10.6: Sicherheitseinstellungen für ältere Dateiformate.

10.2.12 Datenschutzoptionen

Diese letzte Kategorie enthält noch eine Reihe zusätzlicher Schutzoptionen und Werkzeuge für den Datenschutz.

Senden Sie persönliche Informationen ... ist die Teilnahme am Programm zur Verbesserung der Benutzerfreundlichkeit, mit dieser Option erlauben Sie, dass Excel ohne Zustimmung Daten dieser Art an Microsoft sendet. Microsoft sammelt automatisch diese Informationen von Ihrem Computer:

■ Fehlermeldungen, die von Excel generiert werden,

■ Zeitpunkt, zu dem die Fehlermeldungen generiert werden,

■ verwendete Computerausstattung,

■ Schwierigkeiten Ihres Computers beim Ausführen von Microsoft-Software,

■ Reaktion und Verhalten der Hardware.

Diese Informationen werden täglich gesammelt und an Microsoft gesendet. Sie sind anonym, es werden keine Daten gesendet, die auf den Benutzer oder dessen Umfeld schließen lassen (nur auf das Computersystem). Die Informationen werden auch nicht für Werbe- oder Verkaufszwecke verwendet. *Office Verbindungen mit Onlinediensten von*

Microsoft gestatten ... erlaubt Office, eine Verbindung mit den von Microsoft bereitge-stellten Diensten und Websites wie Bing Maps, Insights und Bing Weather herzustellen.

10.2.13 Dokumentprüfung

Mit dieser Schaltfläche starten Sie einen Dialog, in dem Sie das aktuelle Dokument auf versteckte oder nicht direkt erkennbare sicherheitsrelevante Informationen überprüfen. Excel-Arbeitsmappen enthalten nämlich nicht nur Daten in Zellen, Zeilen und Spalten, sondern viele zusätzliche Nischen, in denen sich Daten verstecken, die nicht immer für den Empfänger der Datei bestimmt sind.

10.2.14 Übersetzungsoptionen

Klicken Sie auf diese Schaltfläche, um zusätzliche Wörterbücher für die Übersetzungs-funktion einzuschalten. Diese Wörterbücher werden herangezogen, wenn über das Mul-tilanguage Pack mehrere Sprachen installiert sind. Entscheiden Sie, ob Sie zusätzlich zu den installierten Wörterbüchern Onlinewörterbücher verwenden wollen. Unter *Ma-schinelle Übersetzung* finden Sie den Microsoft-Translator-Dienst für mehrere Sprachen.

10.2.15 Rechercheoptionen

In dieser Rubrik sind die Übersetzungsoptionen für den Übersetzungsdienst und die Re-chercheoptionen (Nachschlagewerke, Recherchewebseiten) aufgelistet. Diese Optionen werden verwendet, wenn Sie auf der Registerkarte *Überprüfen* unter *Dokumentprüfung* die Funktion *Recherchieren* benutzen. Der gleichnamige Aufgabenbereich wird rechts außen eingeblendet.

10.3   Dateischutz

Schützen Sie Ihre Excel-Daten vor Verlusten, aber auch vor unautorisierten Zugriffen, indem Sie Passwörter und Schreibschutzkennwörter zuteilen. Excel hält seine Schutz-mechanismen wahlweise unter den Optionen oder im Backstage (*Datei*-Menü) bereit.

10.3.1   Kennwortschutz bei Speichern unter

Mit *Speichern unter* im *Datei*-Menü öffnen Sie den Speicherdialog. Klicken Sie auf *Durch-suchen*. Suchen Sie den Speicherort, klicken Sie auf die Schaltfläche *Tools* und wählen Sie *Allgemeine Optionen*. Geben Sie ein *Kennwort zum Öffnen* ein oder ein *Kennwort zum Ändern*. Bestätigen Sie das Kennwort noch einmal und speichern Sie die Datei.

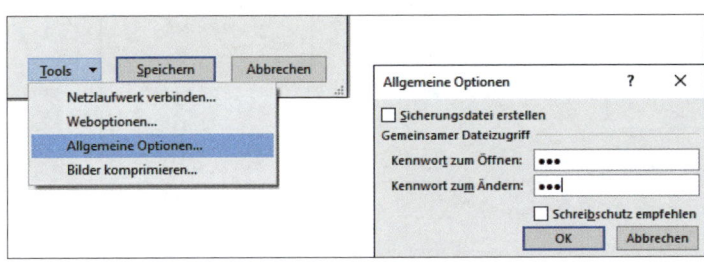

Bild 10.7: Beim Speichern der Mappe Kennwort-schutz einrichten.

Ist die Option *Sicherungsdatei erstellen* markiert, erstellt Excel bei jedem Speichervorgang eine Sicherungsdatei mit der Bezeichnung *Sicherungskopie von <Dateiname>* und der Dateiendung *.xlk*. Diese Datei wird im selben Ordner angelegt, in dem sich die Mappe befindet. Geben Sie in das Feld *Kennwort zum Öffnen* ein Kennwort ein, wenn Sie die Arbeitsmappe nur von Personen öffnen lassen wollen, denen das Kennwort bekannt ist. Eine zweite Meldung erscheint und fordert das Passwort zur Sicherheit noch einmal an. Achten Sie darauf, dass Groß- und Kleinschreibung unterschieden wird. Verwenden Sie für sichere Passwörter mindestens acht Zeichen, dabei abwechselnd Groß- und Kleinbuchstaben, Zahlen und Sonderzeichen.

Das Passwort wird in beiden Fällen nicht angezeigt, im Feld erscheinen nur dicke schwarze Punkte. Den Text in der ersten Meldung sollten Sie ernst nehmen, es gibt keine (offizielle) Möglichkeit, eine kennwortgeschützte Excel-Datei zu öffnen, wenn Sie das Passwort nicht kennen. Öffnen Sie eine kennwortgeschützte Datei, erhalten Sie eine Abfrage nach dem Kennwort. Geben Sie es korrekt ein, wird die Datei geöffnet und kann bearbeitet werden. Ist das Passwort nicht korrekt, meldet Excel dies und weist darauf hin, dass die Feststelltaste schuld sein könnte. Nach dem Abbruch können Sie die Datei erneut öffnen, ein Limit für abgebrochene Versuche gibt es nicht.

Um das Passwort aus einer geöffneten Datei zu entfernen, wählen Sie *Datei/Speichern unter* und schalten unter *Extras* auf *Tools*. Löschen Sie alle Zeichen aus dem Passwortfeld und speichern Sie die Datei erneut ab.

10.3.2   Das Schreibschutzkennwort

Mit dem zweiten Kennwort, das in den Speicheroptionen im Feld *Kennwort* zum Ändern angefordert wird, stellen Sie sicher, dass die Datei zwar gelesen, aber nur von autorisierten Personen verändert werden darf. Auch dieses Kennwort will eine Bestätigung haben, geben Sie es ein zweites Mal ein und speichern Sie die Datei.

Wird eine Datei geöffnet, die mit Schreibschutzkennwort geschützt ist, schaltet Excel eine Meldung dazwischen. Sie können jetzt das Kennwort — falls bekannt — eingeben und haben damit uneingeschränkt Zugriff auf die Mappe.

Ist das Kennwort nicht bekannt, klicken Sie auf die Schaltfläche *Schreibschutz*, um die Datei schreibgeschützt zu öffnen. Die Titelleiste weist auf den Status der Datei hin, die Sie zwar ändern, aber nicht unter diesem Dateinamen zurückspeichern können. Damit stellt das Änderungskennwort sicher, dass Dateien nicht von Personen geändert werden, die das nicht dürfen.

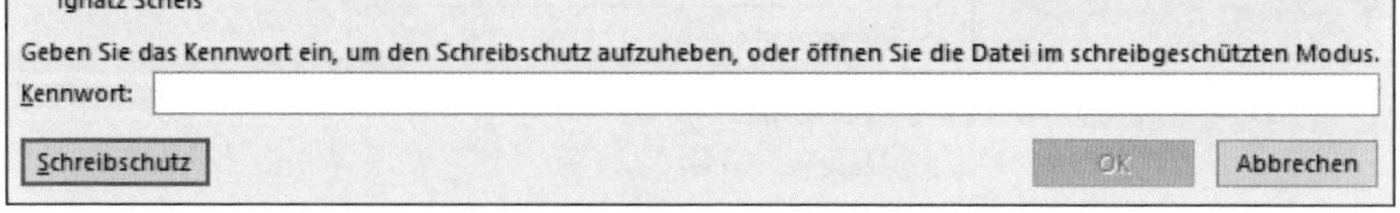

Bild 10.8: Schreibschutzkennwort abfragen.

Die Option *Schreibschutz* bietet die Möglichkeit, der Datei eine Warnmeldung mitzu-geben, die nach dem Öffnen erscheint. Der Sinn dieser Option besteht darin, den Anwender der Datei auf besonders wichtige Daten hinzuweisen, die er besser nicht verändert, obwohl er die Berechtigung dazu hätte. Die Schreibschutzempfehlung ist be-sonders wichtig, wenn mehrere Benutzer im Netzwerk an einer Datei arbeiten.

Es macht einen Unterschied, ob Sie Dateien mit Kennwort schützen oder mit Schreib-schutzempfehlung ausrüsten. Wer das Kennwort kennt, hat automatisch Zugriff auf die Daten und kann diese versehentlich ändern. Mit dem Schreibschutz wird diese Gefahr ausgeschaltet, der Benutzer kann sich natürlich jederzeit eine ungeschützte Kopie der Datei ziehen.

Vor dem Öffnen erhält der Anwender eine Schreibschutzempfehlung.

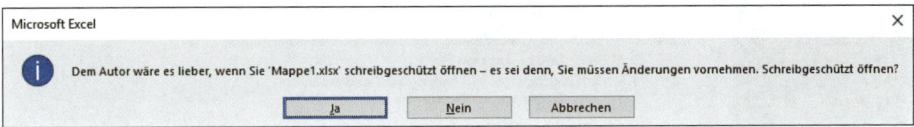

Bild 10.9: Schreibschutzempfehlung.

Bestätigen Sie die Meldung mit Klick auf *Ja*, wird die Datei schreibgeschützt geöffnet, sie kann zwar verändert, aber nicht unter dem Originaldateinamen zurückgespeichert werden. Klicken Sie auf *Nein*, haben Sie uneingeschränkten Zugriff auf die Datei.

10.3.3 Kennwortschutz im Backstage

Im *Datei*-Menü finden Sie unter *Informationen* das Symbol *Arbeitsmappe schützen*. Klicken Sie auf das Symbol. Wählen Sie *Mit Kennwort verschlüsseln* und weisen Sie der Arbeits-mappe ein Kennwort zu. Wiederholen Sie das Kennwort nach Klick auf *OK*.

Wenn Sie unter *Information* im Backstage-Bereich auf *Arbeitsmappe schützen* und auf *Als abgeschlossen kennzeichnen* klicken, wird die Mappe entsprechend gekennzeichnet. Zwei Sicherungsmeldungen müssen bestätigt werden, dann ist die Mappe gespeichert und gekennzeichnet.

Unter *Berechtigungen* weist die Information anschließend auf den Status hin, in der Statuszeile steht links unten ein Symbol, das ebenfalls darüber informiert.

Öffnet ein Anwender die Mappe, wird er mit einem Sicherheitshinweis unterhalb des Menübands auf den Status hingewiesen, er kann aber mit *Trotzdem bearbeiten* den Status aufheben, vorausgesetzt, er hat die Berechtigungen dafür (siehe unter 10.4.4 den Abschnitt »Berechtigungen«).

Aktuelle Tabelle schützen und *Arbeitsmappenstruktur schützen* sind zwei Elemente aus dem Blattschutz und dem Arbeitsmappenschutz. Richten Sie diesen über das Register *Überprüfen* ein (siehe unten).

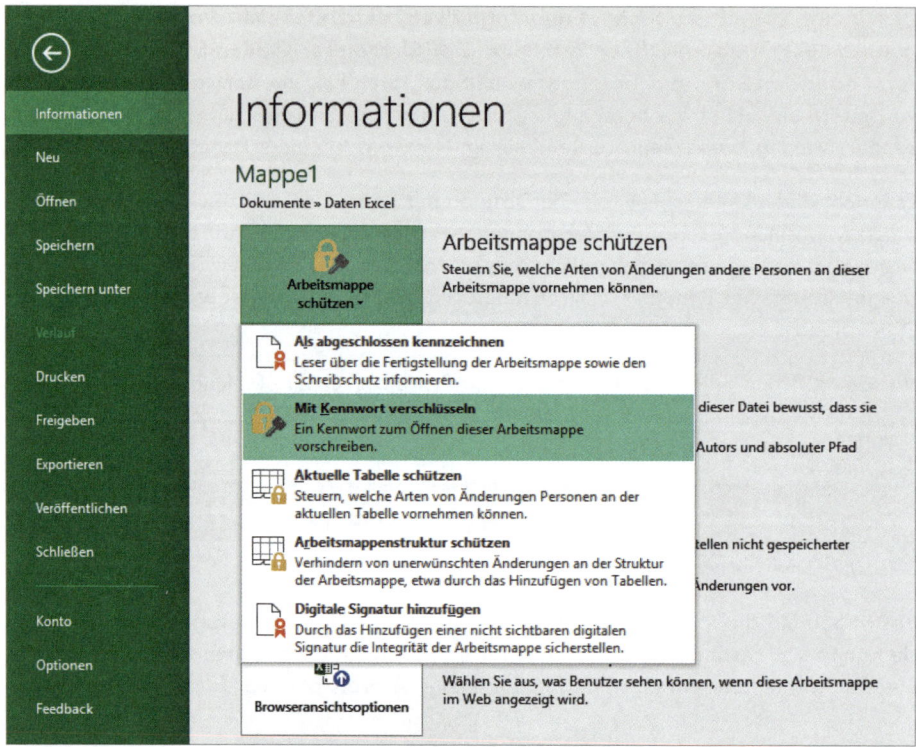

Bild 10.10: Arbeitsmappe schützen im Backstage.

10.3.4 Digitale Signaturen

Eine weitere Absicherung für Excel-Dateien ist das Hinzufügen digitaler Signaturen. Eine digitale Signatur ist ein verschlüsseltes Authentifizierungsmerkmal. Sie bestätigt, dass die Information von der Person stammt, die sie signiert hat, und dass sie nicht verändert wurde.

Für die Erstellung einer digitalen Signatur brauchen Sie ein Signaturzertifikat als Identitätsnachweis. Mit der Übermittlung eines signierten Dokuments übertragen Sie auch Ihr Zertifikat und den öffentlichen Schlüssel. Zertifikate werden von einer Zertifizierungsstelle ausgestellt und können wie andere Ausweisdokumente durch Widerrufen eingezogen werden. Es gilt in der Regel für einen Zeitraum von einem Jahr. Nach Ablauf des Gültigkeitszeitraums muss der Signierer das Zertifikat erneuern oder ein neues Signaturzertifikat anlegen, um seine Identität nachzuweisen.

Die digitale Signatur ist mit der Funktion *Als abgeschlossen kennzeichnen* gekoppelt. Klicken Sie unter *Datei/Informationen/Arbeitsmappe schützen* auf *Digitale Signatur hinzufügen*. Bestätigen Sie die Meldung, können Sie einen Zweck und ein Zertifikat bzw. einen Zertifizierer angeben (in der Regel wird nur der derzeitige Besitzer angeboten). *Zusagetyp*: Holen Sie hier einen von drei Vorschlägen aus der Liste für eine zusätzliche Information. Unter *Zweck der Signierung dieses Dokuments* können Sie einen Text Ihrer Wahl formulieren.

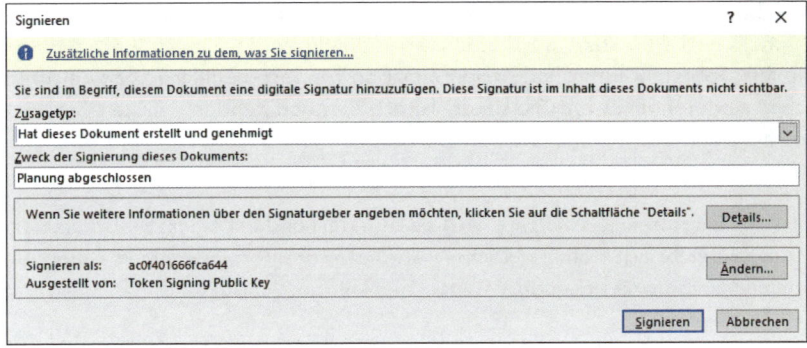

Bild 10.11: Digitale Signatur einfügen.

Der Informationsbereich meldet jetzt die Änderungen unter *Datei/Informationen* und wenn die Mappe aktiviert wird, weist ein Sicherheitshinweis auf den Status hin. Klicken Sie auf *Signatur anzeigen*, listet der Aufgabenbereich rechts außen die Signaturen. Jeder Anwender, der die Mappe bearbeitet, löscht die Signatur wieder.

Signaturdienst von Office Marketplace

Microsoft-Partner wie *Secure2Trust* oder *IntelliSafe Vault Desktop* bieten digitale Signaturdienste an, die Sie unter dieser Option kaufen können. Dazu schaltet Excel über den Browser auf die Marketplace-Seite. Mit dem zugewiesenen Zertifikat können Sie Ihre Arbeitsmappe sicher signieren, der Anwender der Mappe kann das Zertifikat nachprüfen.

Signaturzeile einfügen

Eine sichtbare Signatur in Form einer Unterschrift fügen Sie über *Einfügen/Text/Signaturzeile* ein. Geben Sie die Informationen zur Signatur ein oder holen Sie über einen Signaturdienst ein Zertifikat. Nach dem Einfügen der Signaturgrafik klicken Sie diese doppelt an und tragen Ihren Namen ein oder holen ein Bild (z. B. eine Unterschriftenkopie) in die Grafik. Bestätigen Sie, wird die Signatur aktiviert und die Mappe wird als abgeschlossen gekennzeichnet.

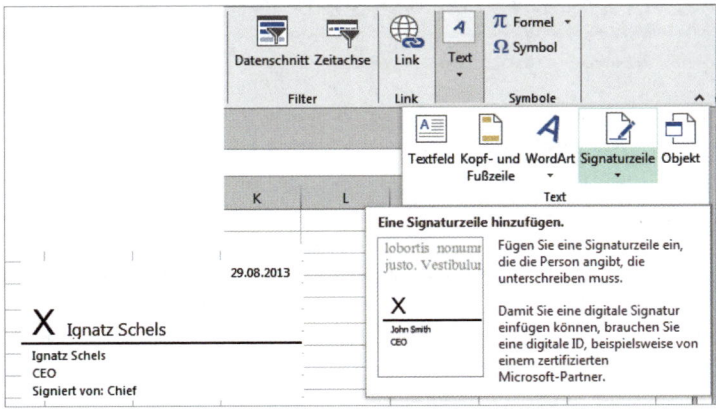

Bild 10.12: Digitale Signaturen in grafischer Form.

10.4   Blattschutz und Arbeitsmappenschutz

Schützen Sie Ihre Tabellenblätter und Arbeitsmappen vor versehentlichen oder nicht so versehentlichen Änderungen, wenn Sie sie an Mitarbeiter und Kunden schicken. Sie können einzelne Bereiche oder ganze Blätter sperren, Formeln ausblenden und Berechtigungen zuteilen.

Um eine Zelle vor Eingaben zu schützen, wird sie markiert und mit einem Zellschutz versehen. Der Anwender bringt damit zunächst »Alarmsensoren« an einzelnen Zellen an, kann aber immer noch darin arbeiten, solange die Anlage nicht aktiv ist.

Wenn alle zu schützenden Zellen einer Tabelle entsprechend präpariert sind, wird das Blatt selbst mit einem Blattschutz versehen, was dann dem »Scharfmachen« der Alarmanlage gleichkommt. Dabei kann ein Kennwort zugeteilt werden, und nur wer dieses Kennwort kennt, ist in der Lage, den Blattschutz wieder aufzuheben. Alle übrigen Anwender, die Zugriff auf die Datei haben, können den Inhalt der Tabelle zwar einsehen (die Formeln sind mit dem Schutz auf Wunsch unsichtbar), ein Löschen von Zeilen, Spalten oder Zellen oder das Überschreiben der Zellen ist aber nicht möglich.

In neuen Tabellenblättern sind zunächst alle Zellen geschützt. Eigentlich wäre es logisch, sich zuerst die Zellen zu suchen, die zu sperren sind, und diese zu schützen. Die Excel-Programmierer sehen es anders:

Alle Zellen des Blatts sind bereits geschützt, Sie können einzelne Zellen »entschützen« und dann den Blattschutz setzen. Sehen Sie sich den Zellschutz an:

Markieren Sie beliebige Zellen in einer neuen Tabelle. Wählen Sie *Start/Zellen/Format* oder drücken Sie ⌈Strg⌉+⌈1⌉. In der Kategorie *Schutz* sehen Sie den Befehl *Zelle sperren*. Das Symbol ist eingerastet, die markierten Zellen sind also bereits gesperrt. Öffnen Sie *Zellen formatieren* und schalten Sie um auf das Register *Schutz*. Das Häkchen an der Option *Gesperrt* zeigt ebenfalls, dass die Zellen bereits mit Zellschutz formatiert sind.

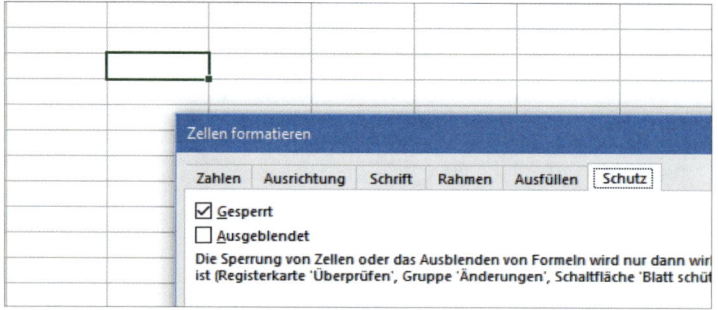

Bild 10.13: Die Zelle ist bereits geschützt.

Wird anschließend mit *Start/Zellen/Format/Blatt schützen* der Blattschutz aktiviert, kann keine einzige (geschützte) Zelle mehr geändert werden. Wenn Sie nur einige Zellen zur Eingabe freischalten wollen, lassen Sie alle Zellen geschützt und entfernen nur für die Zellen, in denen der Benutzer Eingaben machen darf, den Zellschutz. Markieren Sie alle Eingabezellen und wählen Sie *Start/Zellen/Format*. Heben Sie die Option *Zellen sperren* auf und klicken Sie auf OK.

10.4.1 Blatt schützen

Unter *Start/Zellen/Format* finden Sie in der Kategorie *Schutz* den Befehl *Blatt schützen*. Damit können Sie den Schutz für das aktive Blatt aktivieren. Ein großes Symbol für den Blattschutz hält auch die Registerkarte *Überprüfen* in der Gruppe *Änderungen* bereit.

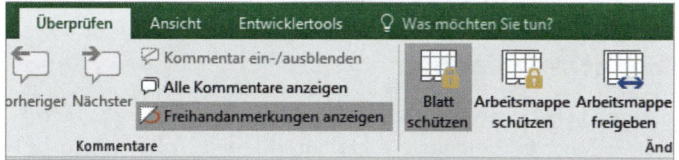

Bild 10.14: Schutzmechanismen auf der Registerkarte »Überprüfen«.

Arbeitsblatt und Inhalt gesperrter Zellen schützen: Diese Option muss angekreuzt sein, damit der Blattschutz aktiv wird.

Kennwort zum Aufheben des Blattschutzes: Geben Sie auf Wunsch ein Kennwort an. Wenn Sie das Feld leer lassen, wird das Blatt zwar geschützt, der Schutz lässt sich aber jederzeit über *Start/Zellen/Format/Blattschutz aufheben* wieder entfernen. Wenn ein Kennwort eingegeben wird, erscheint eine Dialogbox, die dieses zur Sicherheit noch einmal anfordert.

Alle Benutzer dieses Arbeitsblattes dürfen: In dieser Liste stehen alle Operationen zum Ankreuzen bereit, die mit dem Blattschutz deaktiviert sind. Nur das Positionieren des Zellzeigers auf gesperrten und nicht gesperrten Zellen ist noch erlaubt. Auch die Objekte in der Tabelle sind geschützt, was bewirkt, dass Diagrammobjekte, Zeichnungen oder eingefügte Grafiken nicht verschoben werden können.

Achten Sie darauf, dass mit aktiviertem Blattschutz auf allen Registerkarten viele Befehle nicht aktivierbar sind.

10.4.2 Arbeitsmappe schützen

Zusätzlich oder alternativ zum Blattschutz können Sie auch die ganze Arbeitsmappe schützen. Das erspart den Schutz einzelner Bereiche oder Tabellenblätter, der Schutz umfasst immer alle Tabellenblätter der Mappe.

Schalten Sie auf die Registerkarte *Überprüfen* um. Klicken Sie auf *Arbeitsmappe schützen* und wählen Sie *Struktur und Windows schützen*. Ist die Option *Struktur* gesetzt, können die Blätter der Arbeitsmappe weder verschoben noch gelöscht, umbenannt, aus- oder eingeblendet werden. Der Versuch, ein Blattregister per Doppelklick zu öffnen, wird mit einer Meldung quittiert: *Arbeitsmappe ist geschützt und kann nicht geändert werden*.

Mit der Option *Fenster* schützen Sie den Status des Fensters oder der Fenster einer Arbeitsmappe. Befindet sich die Mappe in einem einzigen Fenster, wird dieses ebenso geschützt wie die Aufteilung in mehrere Fenster. In allen Fenstern wird das *System*-Menü rechts oben in der Titelleiste entfernt, sodass sie nicht mehr positioniert oder geschlossen werden können.

10.4.3   Blattschutz oder Arbeitsmappenschutz aufheben

Ist ein Blatt geschützt, heißt unter *Überprüfen/Änderungen* das erste Symbol *Blattschutz aufheben*. Mit dem Aufruf erscheint eine Dialogbox, die das Kennwort anfordert, aber nur, wenn beim Blattschutz ein solches eingetragen wurde. Geben Sie das Kennwort ein und klicken Sie auf *OK*, um den Schutz aufzuheben.

10.4.4   Benutzerbereiche freigeben

In früheren Versionen war der Schutz von Tabellen oder Arbeitsmappen sehr restriktiv und die Benutzer ließen sich nur in diejenigen einteilen, die eine Tabelle bearbeiten konnten, und in andere, die darauf keinen Zugriff hatten. In der Praxis ist dieses Verfahren nicht immer ratsam, häufig müssen Mitarbeiter auf Teilbereiche einer Tabelle zugreifen, während andere Datenbereiche unsichtbar oder geschützt sein müssen. Eine Option schafft Abhilfe: Einzelne Mitarbeiter können in geschützten Tabellen auf Bereiche zugreifen, für die sie ein separates Kennwort erhalten haben, und besonders privilegierte Benutzer werden in eine Benutzerliste eingetragen, sodass sie auch ohne Kennwort auf diese Zellen zugreifen können.

Wählen Sie *Überprüfen/Änderungen/Benutzer dürfen Bereiche bearbeiten*. Klicken Sie auf *Neu*, um einen Bereich zu erfassen. Geben Sie einen Titel für den Bereich ein und setzen Sie den Cursor in das Bezugsfeld. Ziehen Sie im Hintergrund den Mauszeiger über den gewünschten Bereich. Im dritten Eingabefeld tragen Sie das Kennwort für diesen Bereich ein. Bestätigen Sie mit Klick auf *OK*, wird der Bereich in die Liste übernommen. Um einen Bereich in der Liste abzuändern, markieren Sie den Eintrag und klicken auf die Schaltfläche *Ändern*. Die Bereichsbezeichnung, der Zellbereich und das Kennwort können damit verändert werden. Mit der Schaltfläche *Löschen* entfernen Sie einen benutzerspezifischen Bereich.

Berechtigungen

Über die Schaltfläche *Berechtigungen* gelangen Sie in einen Bereich, in dem Gruppen oder Benutzer angegeben werden, die den markierten Bereich ohne Kennworteingabe bearbeiten dürfen.

Klicken Sie auf die Schaltfläche *Hinzufügen* und bestimmen Sie die Einzelheiten für die Berechtigungen.

Objekttypen: Hier wählen Sie zwischen integrierten Sicherheitsprinzipalen, Gruppen und Benutzern. Das sind z. B. Administratoren, Systemadministratoren, authentifizierte Benutzer, anonyme Anmeldungen oder andere Objekte, die in der Benutzerverwaltung (Single-PC) oder auf dem Netzwerk-Server mit Zugriffsrechten ausgestattet sind.

Pfade: Wählen Sie hier die Anschlüsse aus, die im Netzwerk zur Verfügung stehen. Das können andere Computer sein, virtuelle Laufwerke oder Intranet-/Internetadressen.

Objektnamen: Hier geben Sie den oder die Objektnamen der berechtigten Objekte ein. Das können Benutzernamen aus der Benutzerverwaltung sein, Computernamen im Netzwerk oder Objekte mit Domänenangabe (*objekt@domäne*).

Erweitert: Ein Klick auf diese Schaltfläche öffnet einen Dialog, in dem die eingestellten Objekttypen in den eingestellten Pfaden gesucht werden können. Dazu verwenden Sie Wildcards (Name beginnt mit, Beschreibung beginnt mit ...). Klicken Sie auf *Jetzt suchen*, werden alle infrage kommenden Benutzer und Gruppen gelistet und Sie können einen Eintrag markieren und mit Klick auf OK in die Berechtigungsliste aufnehmen.

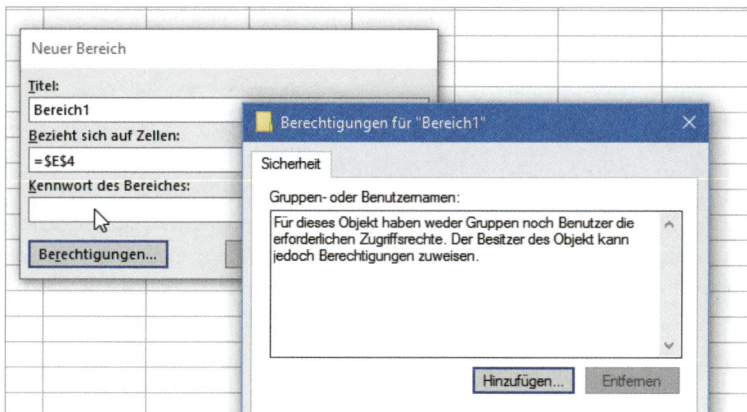

Bild 10.15: Berechtigungen für einen Bereich zuweisen.

10.5 Arbeitsmappen freigeben

Das Zauberwort heißt Collaborating und bedeutet nichts anderes als Zusammenarbeit. Was mit aufwendigen Softwarelösungen auch von Microsoft versucht wird, nämlich die gemeinsame Nutzung von Dateien im Netzwerk sicherzustellen, lässt sich mit einer Einstellung in Excel einfacher realisieren.

Arbeitsmappen, die von mehreren Anwendern im Netz nicht nur eingesehen, sondern auch bearbeitet werden müssen, werden auf einem Netzwerklaufwerk oder einem gemeinsamen Netzwerkordner freigegeben. Damit jeder Beteiligte auch sehen kann, was von den übrigen »Kollaborateuren« geändert wurde, wird ein Protokoll fortgeschrieben.

Die gemeinsame Bearbeitung sollte abgeschlossen sein, wenn eine Mappe auf einem Windows-SharePoint-Server veröffentlicht wird. Auf diesem Server kann nur jeweils ein Benutzer Änderungen an der Mappe vornehmen.

10.5.1 Was kann geändert werden?

Benutzer freigegebener Mappen dürfen Daten erfassen, erfasste Daten ändern, Daten hinzufügen und löschen. Nicht geändert werden dürfen diese Elemente einer Arbeitsmappe:

■ Formatierungen wie verbundene Zellen und bedingte Formate

■ Datenüberprüfung (Rechtschreibprüfung)

■ Diagramme, Grafiken und Objekte, auch Zeichnungsobjekte

- Hyperlinks

- Szenarien

- Gliederungen und Teilergebnisse

- Datentabellen (Was-wäre-wenn-Analysen)

- Tabellen

- PivotTable-Berichte

- Arbeitsmappen- und Arbeitsblattschutz

- VBA-Makros

Freigegebene Mappen dürfen auch mit unterschiedlichen Programmversionen bearbeitet werden, vorausgesetzt, diese sind im Kompatibilitätsmodus abgespeichert und lassen sich auch mit früheren Excel-Versionen bearbeiten.

10.5.2 Freigeben einer Arbeitsmappe

Erstellen Sie eine Arbeitsmappe und tragen Sie alle Daten ein, die den übrigen Mitarbeitern Ihrer Arbeitsgruppe zur Verfügung stehen sollen. Formatieren Sie die Mappe entsprechend, gehen Sie aber wie immer sparsam mit Zellenformaten wie Schrift, Muster und Rahmen um.

Bevor Sie mit Freigaben arbeiten, stellen Sie sicher, dass Ihr Name als Benutzername angezeigt wird.

Unter *Optionen* im *Datei*-Menü können Sie ihn in der Kategorie *Häufig verwendet* eintragen. Damit sind Sie eindeutig als Bearbeiter der Mappe identifizierbar und das sollten auch die übrigen Mitglieder Ihrer Arbeitsgruppe sein.

1. Wählen Sie auf der Registerkarte *Überprüfen Änderungen/Arbeitsmappe freigeben*.

2. Kreuzen Sie die Option *Bearbeitung von mehreren Benutzern zur selben Zeit zulassen* an.

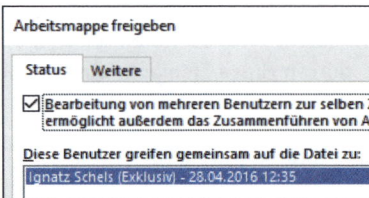

3. Geben Sie auf der Registerkarte *Weitere* die Details für diese Einstellung ein.

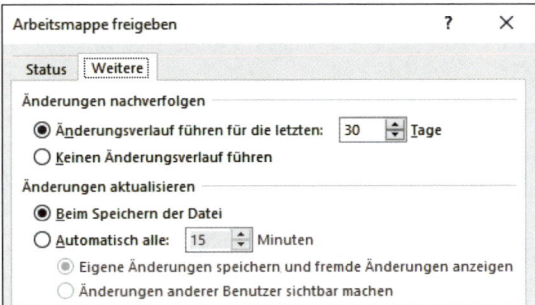

4. Klicken Sie auf *OK* und speichern Sie die Arbeitsmappe auf einem freigegebenen Netzlaufwerk (keinem Webserver).

5. Geben Sie einen Dateinamen an und bestätigen Sie mit *OK*.

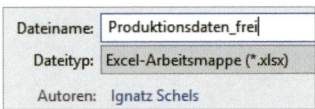

6. In der Titelzeile der Mappe sehen Sie jetzt den neuen Freigabestatus.

7. Um die Mappe zu schützen, wählen Sie *Freigegebene Arbeitsmappe schützen*. Ein Kennwort lässt sich nur in nicht freigegebenen Mappen vergeben.

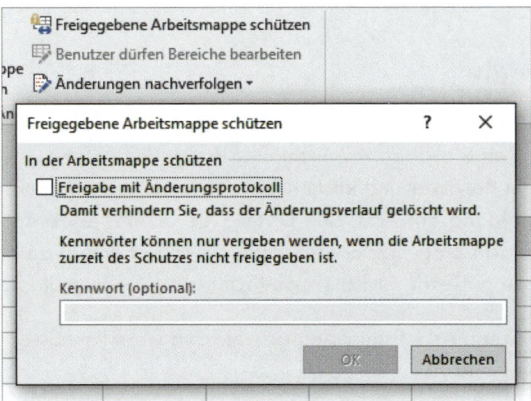

8. Unter *Änderungen nachverfolgen* können Sie die Änderungen hervorheben oder bereits eingetragene Änderungen annehmen oder verwerfen.

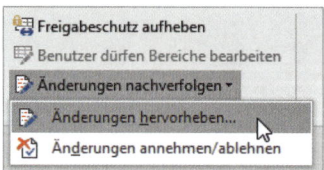

9. Geben Sie an, wann und von wem bzw. wo die Änderungen hervorzuheben sind. Für Wo markieren Sie einen Bereich im Hintergrund.

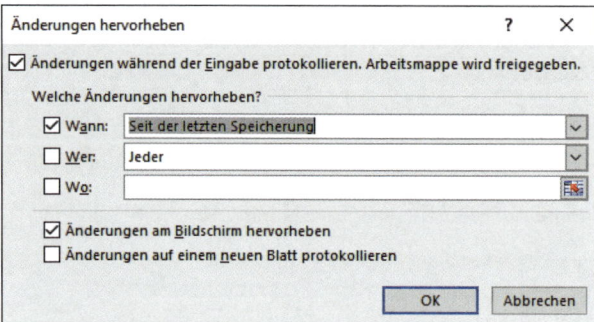

10. Die Änderung wird mit einem blauen Dreieck an der geänderten Zelle und einem Kommentar gekennzeichnet.

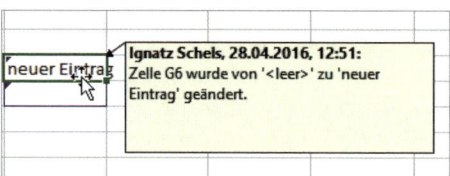

10.5.3 Benutzer entfernen

Sie können als Besitzer der Mappe, der mit den entsprechenden Rechten ausgestattet ist, einen Benutzer entfernen. Starten Sie dazu *Arbeitsmappe freigeben* unter *Überprüfen/Änderungen*, markieren Sie den Benutzer und klicken Sie auf *Benutzer entfernen*. Der Benutzer wird nach einer Warnmeldung entfernt, alle Daten, die er eingegeben oder geändert hatte und die nicht automatisch gespeichert wurden, werden dabei gelöscht. Der Benutzer wird nur aus der Liste entfernt, er kann sich jederzeit wieder einloggen.

Diese Option wird meist benötigt, wenn Arbeitsmappen geschlossen werden müssen und noch inaktive Benutzer angemeldet sind.

10.5.4 Konflikte löschen

Ein Konflikt entsteht, wenn zwei oder mehrere Benutzer gleichzeitig eine Zelle ändern. Beim Speichern der Arbeitsmappe erscheint ein Dialog, in dem alle Änderungen, sowohl die eigenen als auch die kollidierenden anderer Benutzer, angezeigt werden. Sie können jede Änderung markieren und bestimmen, was damit geschehen soll:

- *Meine verwenden:* Die Änderungen anderer Benutzer werden gelöscht.

- *Andere verwenden:* Die eigenen Änderungen werden entfernt.

- *Nur meine verwenden:* Alle Änderungen anderer Benutzer werden gelöscht, wenn sie mit den eigenen kollidieren.

- *Nur andere verwenden:* Alle eigenen Änderungen werden verworfen, wenn sie mit anderen kollidieren.

10.5.5 Freigabe der Arbeitsmappe aufheben

Die gemeinsame Arbeit an der Arbeitsmappe ist abgeschlossen, Sie können die Freigabe wieder aufheben und damit auch das Änderungsprotokoll löschen. Stellen Sie sicher, dass alle Mitarbeiter davon Kenntnis haben, damit sie nicht noch weitere Änderungen vornehmen. Das Protokoll im Tabellenblatt *Änderungsverlauf* sollten Sie drucken oder sichern, es wird kommentarlos gelöscht.

Klicken Sie unter *Überprüfen/Änderungen* auf *Arbeitsmappe freigeben*. Entfernen Sie Benutzer, die noch an der Mappe arbeiten. Deaktivieren Sie das Kontrollkästchen *Bearbeitung von mehreren Benutzern zur selben Zeit zulassen*. Dies ermöglicht außerdem das Zusammenführen von Arbeitsmappen. Wenn die Option nicht deaktivierbar ist, entfernen Sie in der Gruppe *Änderungen* den Freigabeschutz. Nach einer Warnmeldung wird die Freigabe der Arbeitsmappe entfernt und nur der Besitzer bzw. Erstbenutzer kann diese wieder ändern und speichern.

Kapitel 11

11. Steuerelemente und Add-ins

Die Registerkarte *Entwicklertools* gehört zu den wichtigsten Elementen der Excel-Oberfläche für Anwender, die schon Wissen und Erfahrung über die Grundlagen hinaus gesammelt haben. Die wichtigste Sektion ist die Gruppe mit Makro- und VBA-Befehlen, die im nächsten Kapitel behandelt wird. Sehen wir uns zunächst die Add-ins und die Steuerelemente an, die bei der Entwicklung interaktiver Anwendungen schon eine große Rolle spielen.

Nach der Erstinstallation von Office 2016 bzw. Excel 2016 gibt es keine Entwicklertools im Menüband. Schalten Sie die Registergruppe ein: Wählen Sie *Datei/Optionen/Menüband anpassen*. Kreuzen Sie in der Liste rechts die *Entwicklertools* an.

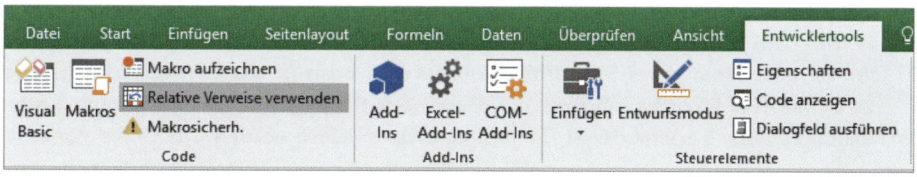

Bild 11.1: Die Entwicklertools müssen erst aktiviert werden.

In der Gruppe *Code* finden Sie die wichtigsten Werkzeuge für die Makroprogrammierung, zum Beispiel den Aufruf des Visual-Basic-Editors, den Makrorecorder und die Liste der verfügbaren Makros.

Mit *Makrosicherheit* schalten Sie in das Trust Center zu den Einstellungen für die Makrosicherheit (siehe Kapitel 10). *Add-Ins* bietet drei Symbole für die Anzeige der Add-ins an. Die Gruppe *Steuerelemente* enthält Werkzeuge zur Herstellung von Formularelementen (Kontrollkästchen, Schaltflächen, Kombinationsfeld etc.). Diese Elemente werden in das Tabellenblatt gezeichnet.

11.1   Add-ins

Das erste Symbol *Add-Ins* führt zu dem Dialog, der auch unter *Einfügen/Add-Ins* verfügbar ist und die Office-Add-ins anbietet (in Kapitel 7 beschrieben).

11.1.1   Excel-Add-ins

Das zweite Symbol *Excel-Add-Ins* öffnet die Liste mit internen Add-ins. Diese Add-ins sind Dateien mit der Dateiendung *.xla* oder *.xlam*, die in Excel eingebunden werden und zusätzliche Funktionen bereitstellen.

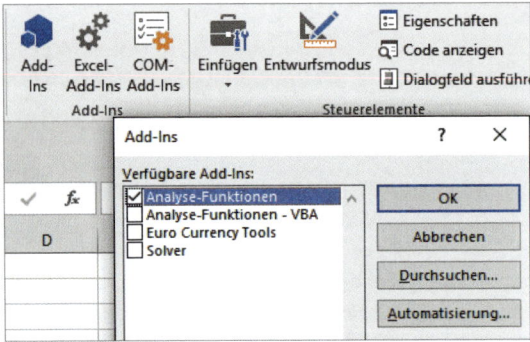

Bild 11.2: Die internen Excel-Add-ins.

Analyse-Funktionen

Die Analyse-Funktionen stammen aus der Datei FUNCRES.XLAM, die mit einer DLL (**D**ynamic **L**ink **L**ibrary) kombiniert sind. Wenn sie aktiviert sind, steht unter *Daten/Analyse* das Symbol *Datenanalyse* bereit, und darunter verbirgt sich ein Dialog mit Statistik-Werkzeugen:

- *Anova:* Drei Formen der Varianzanalyse. Die einfache Varianzanalyse wird mit Daten für mindestens zwei Stichproben ausgeführt. Basis ist die Funktion T.TEST(). Die zweifaktorielle Varianzanalyse mit Messwiederholung wird benutzt, wenn Daten anhand zweier verschiedener Dimensionen klassifiziert werden. Die dritte Variante ohne Messwiederholung wird benutzt, wenn für jedes Paar nur eine einzige Beobachtung ausgeführt wurde.

- *Korrelation:* Berechnung des Korrelationskoeffizienten. Basis: die Funktion KORREL(). Dieser Wert gibt an, inwieweit zwei Messwerte gemeinsam variieren.

- *Kovarianz:* Liefert wie die Korrelationsberechnung eine Matrix mit dem Koeffizienten bzw. der Kovarianz zwischen den Messwertpaaren. Im Unterschied zur Korrelation werden Kovarianzen nicht zwischen -1 und +1 (einschließlich) skaliert. Basis ist die Funktion KOVARIANZ.P().

- *Populationskenngrößen:* Damit generieren Sie einen Bericht über eindimensionale (univariate) Statistiken, der die zentrale Tendenz und die Streuung der Daten wiedergibt.

- *Exponentielles Glätten:* Vorhersage eines Wertes, der auf der Prognose für die vorherige Periode basiert. Die Größe der Glättungskonstante bestimmt, wie stark die Prognose durch vorherige Prognosefehler beeinflusst wird.

- *Zwei Stichproben F-Test:* Vergleicht die Varianzen zweier Grundgesamtheiten.

- *Fourieranalyse:* Zur Lösung von Problemen in linearen Systemen und periodischen Daten mithilfe der schnellen Fouriertransformation (FFT). Unterstützt auch umgekehrte Transformationen.

- *Histogramm:* Berechnet einzelne und kumulierte Häufigkeiten für einen Datenbereich mit Hinzunahme von Klassen. Das Tool erstellt auch ein Säulendiagramm mit Pareto-Linie. Excel 2016 stellt dafür zwei neue Diagrammtypen Histogramm und Pareto bereit (siehe Kapitel 7).

- *Gleitender Durchschnitt:* Stellt Werte in einen Prognosezeitraum, die auf dem Mittelwert der Variablen für eine bestimmte Anzahl von vorhergehenden Zeiträumen basieren.

- *Zufallszahlengenerierung:* Füllt einen Bereich mit Zufallszahlen (Basis: Funktion ZUFALLSBEREICH()).

- *Rang und Quantil:* Erstellt eine Tabelle, die den Rang und den Quantilsrang jedes Wertes einer Datenmenge enthält. Basis sind die Funktionen RANG.GLEICH(), QUANTILSRANG.INKL() und RANG.MITTELW().

- *Regression:* Lineare Regressionsanalyse nach der Methode der kleinsten Quadrate. Basis ist die Funktion RGP().

- *Stichprobenziehung:* Erstellt eine Stichprobe aus einer Grundgesamtheit.

- *T-Test:* Testet die jeder Stichprobe zugrunde liegenden Erwartungswerte der Zufallsvariablen auf Gleichheit.

- *Gaußtest:* Führt einen Zwei-Stichprobentest mit bekannten Varianzen aus.

Analyse-Funktionen (VBA)

Aktivieren Sie dieses Add-in, wenn Sie die Statistik-Tools auch in VBA als Funktionen nutzen wollen. Sehen Sie sich die Funktionsliste an, die den Analyse-Funktionen zugrunde liegt:

Schalten Sie mit Alt + F11 um auf den Visual-Basic-Editor. Im Projekt-Explorer sehen Sie FUNCRES-XLAM, öffnen Sie das Projekt und markieren Sie *ThisWorkbook*. Suchen Sie im Eigenschaften-Fenster die Eigenschaft *IsAddIn* und schalten Sie diese von *True* auf *False*.

Jetzt sehen Sie in Excel den Inhalt der Mappe, eine Reihe von Tabellenblättern mit den Zusatzfunktionen in verschiedenen Sprachen. Diese Analyse-Funktionen sind ab Excel 2007 Bestandteil von Excel, früher wurden sie über das Add-in integriert.

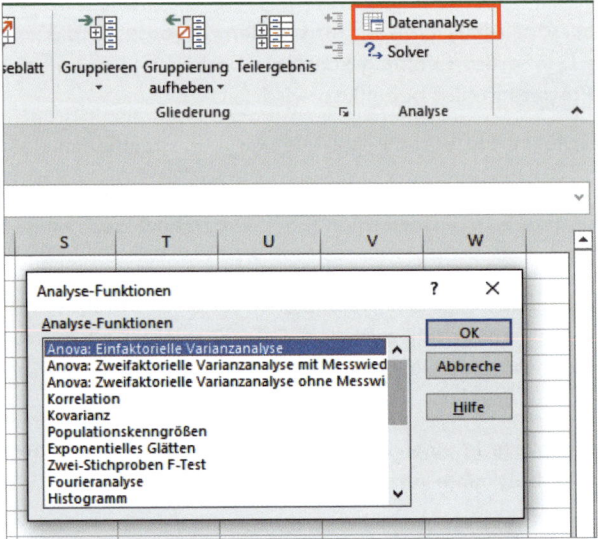

Bild 11.3: Das Add-in Analyse-Funktionen aktiviert die Datenanalyse.

Euro Currency Tool

Mit diesem Add-in können Beträge aus Fremdwährungen in EUR oder umgekehrt EUR-Beträge in Fremdwährungen umgerechnet werden.

Aktivieren Sie die Option, wird im Register *Formeln* eine neue Gruppe *Lösungen* aktiv, hier finden Sie ein Auswahlfeld mit den Kombinationen Fremdwährung – EUR.

Markieren Sie eine Zelle und wählen Sie eine Kombination, sehen Sie in einem Feld in der Gruppe den berechneten Betrag. Da es die meisten Währungen wie den österreichische Schilling, belgischen Franc oder niederländischen Gulden nicht mehr gibt, dürfte das Tool nicht mehr sehr aktuell sein.

Solver

Dieses Add-in bietet eine Zielwertsuche unter Verwendung von Nebenbedingungen. Die Beschreibung zum Solver finden Sie in Kapitel 8.6.3.

Weitere Add-ins verfügbar machen

Mit der Schaltfläche *Durchsuchen* bietet der Add-ins-Dialog die Möglichkeit, weitere Add-ins in die Excel-Oberfläche einzubinden. Dazu muss das Add-in programmiert und als Datei mit der Endung *.xla* (ältere Version) oder *.xlam* (neue Version) gespeichert sein.

Größere Add-ins stellen auch ein Installationsprogramm bereit. Ein eingebundenes Add-in wird automatisch beim Start von Excel aktiviert. Es produziert in der Praxis ein Startsymbol im Menüband oder stellt Funktionen für die Funktionskategorie *Benutzerdefiniert* zur Verfügung.

Add-ins programmieren häufig auch das Kontextmenü um und stellen ihre Aufrufe (zum Beispiel Aktualisierung von Querys, Webabfragen an Online-Datendienste, Bloomberg u. a.) zur Verfügung.

Automatisierung

Über diese Schaltfläche installieren Softwareentwickler Automatisierungsprogramme für Add-ins.

Add-ins in den Excel-Optionen

Sehen Sie sich die Excel-Add-ins in den Optionen an. Hier sehen Sie auch, welche Dateien zum Einsatz kommen und wo diese gespeichert sind. Wählen Sie *Datei/Optionen/Add-Ins.*

Unter *Verwalten* finden Sie den Eintrag *Excel-Add-Ins*, die Liste zeigt die Add-in-Dateien und die Speicherpfade. *Deaktivierte Elemente* enthält die Add-ins, die von Excel oder vom Administrator deaktiviert wurden.

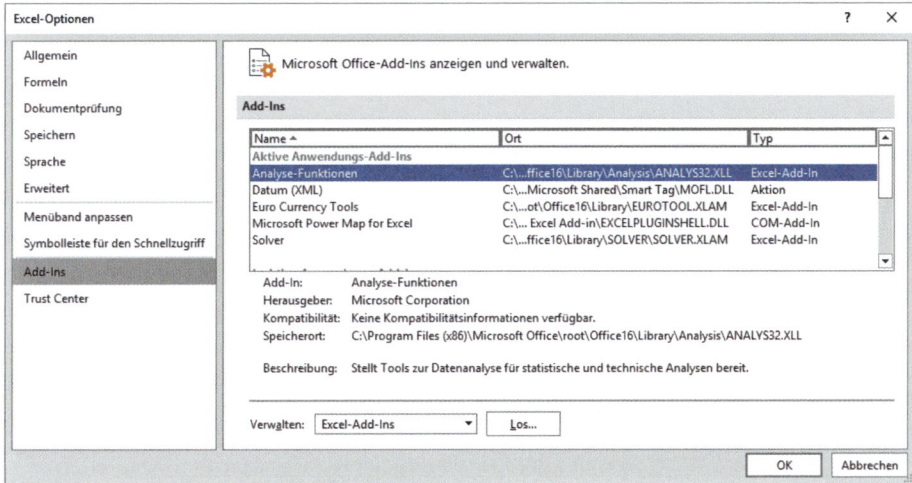

Bild 11.4: In den Optionen sind die Add-ins gelistet.

11.1.2 COM-Add-ins

Add-ins, die aus externen Anwendungen stammen und in Excel eingebunden werden, heißen COM-Add-ins. PowerPivot ist zum Beispiel ein COM-Add-in (siehe Kapitel 9.10). Technisch gesehen sind COM-Add-ins ActiveX-DLLs (dynamic link libraries) mit der Schnittstelle IDTExensibility2.

Unter *Entwicklertools/Add-Ins/COM-Add-Ins* oder in den Optionen (*Datei/Optionen/Add-Ins*) finden Sie die Liste der bereits installierten COM-Add-ins. Mit *Durchsuchen* installieren Sie weitere COM-Add-ins.

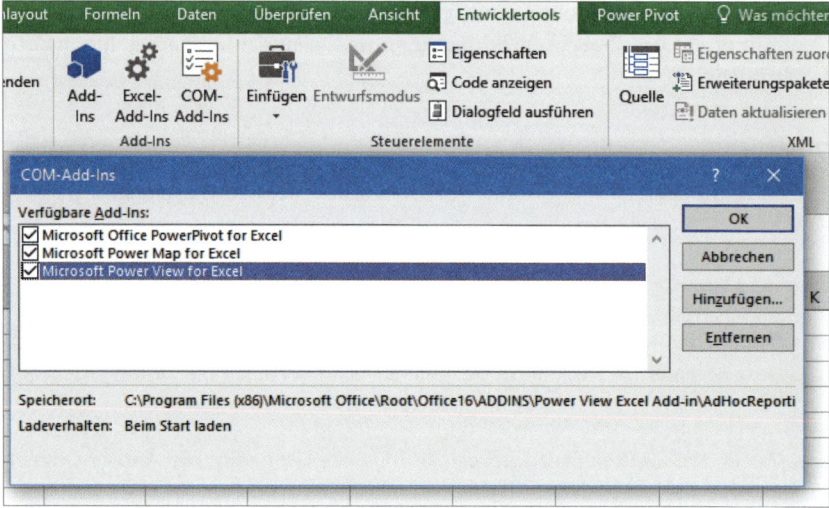

Bild 11.5: COM-Add-ins werden beim Start geladen.

11.2 Steuerelemente

Die Gruppe *Steuerelemente* bietet unter *Einfügen* die beiden Gruppen *Formularsteuerelemente* und *ActiveX-Steuerelemente*. Optisch unterscheiden sie sich kaum, aber in der Praxis sollten Sie die beiden Gruppen strikt trennen:

- **Formularsteuerelemente** produzieren einfache grafische Objekte wie Schaltflächen, Kombinationsfelder (Auswahllisten) und Drehfelder, die mit Zellbereichen verbunden werden oder VBA-Makros starten.

- **ActiveX-Elemente** bieten mehr Möglichkeiten und Eigenschaften für die Programmierung. Sie können auf Ereignisse reagieren und zum Beispiel beim einfachen Klick oder beim Doppelklick unterschiedliche Makros starten. Auch die Anzahl der Eigenschaften ist größer, in ActiveX-Elementen kann zum Beispiel die Schriftgröße angepasst werden. Sehen Sie sich die Unterschiede an diesem Beispiel an.

11.2.1 Formulargestaltung mit Steuerelementen

1. Erstellen Sie eine monatliche Umsatzanalyse von Januar bis Dezember. Geben Sie den Monatsnamen den Bereichsnamen *Monate*.

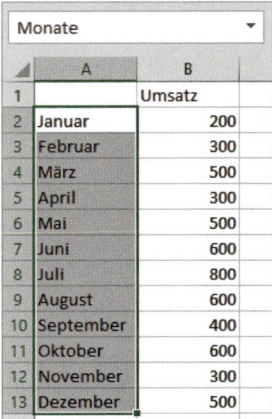

2. Wählen Sie *Entwicklertools/Steuerelemente/Formularsteuerelemente*, klicken Sie auf das *Kombinationsfeld*.

3. Zeichnen Sie das Objekt und holen Sie *Steuerelement formatieren* aus dem Kontextmenü.

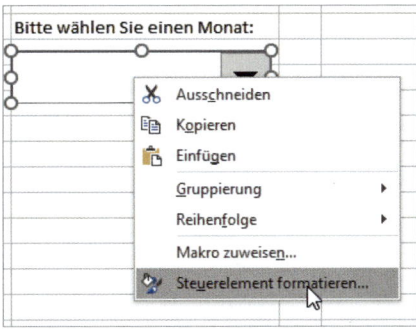

4. Geben Sie als *Eingabebereich Monate* ein und als *Zellverknüpfung* eine beliebige Zelle (hier $E$3). Geben Sie *12 Dropdownzeilen* an, damit die Liste nach dem Klick vollständig angezeigt wird.

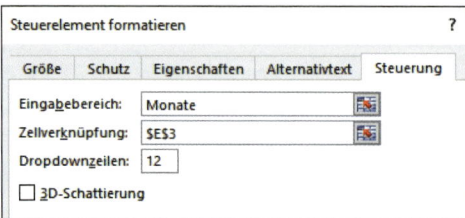

5. Berechnen Sie mithilfe der Zellverknüpfung den Umsatz des gewählten Monats:

```
D6: ="Umsatz bis Monat "&INDEX(Monate;$E$3;1)&":"
D7: =SUMME(BEREICH.VERSCHIEBEN(B2;0;0;$E$3;1))
```

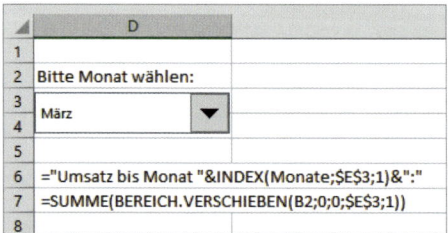

6. Mit einem Drehfeld drehen Sie einen Wert zwischen 0 und 30.000 (nur positive ganze Zahlen). Zeichnen Sie es in die Zelle E2 und verknüpfen Sie es mit der gleichen Ausgabeverknüpfung ($E$2) wie das Kombinationsfeld. Der Maximalwert ist 12. Jetzt können Sie die Monate auch einzeln nach oben oder unten drehen.

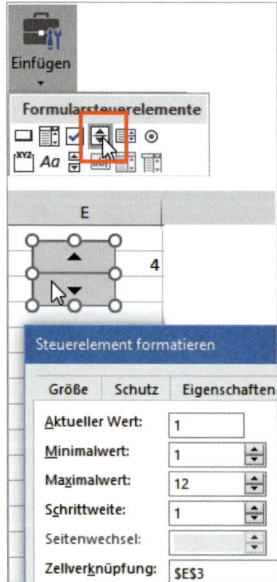

7. Zeichnen Sie eine Optionsfeldgruppe in das Tabellenblatt.

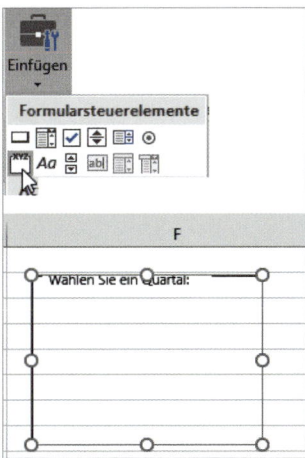

8. Zeichnen Sie eine Option in die Gruppe und kopieren Sie das Element dreimal ([Strg]+[C], [Strg]+[V]). Achten Sie darauf, dass alle Optionselemente vollständig in der Gruppe stehen.

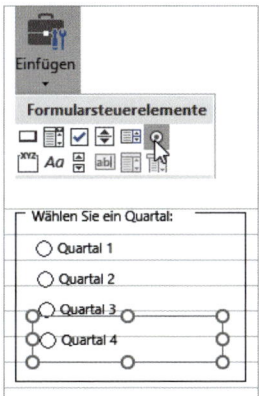

9. Formatieren Sie eines der Steuerelemente über das Kontextmenü. Optionsfelder haben alle die gleiche Zellverknüpfung.

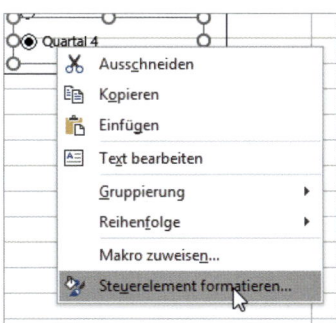

10. Geben Sie eine beliebige Zelle (hier $G$3) als Ausgabeverknüpfung an.

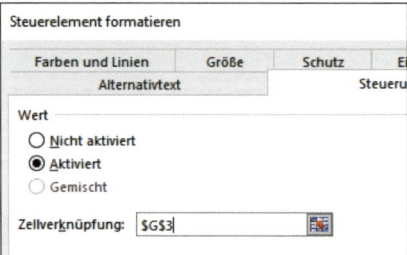

11. Klicken Sie auf eine Option. Die Ausgabeverknüpfung enthält die Nummer der gewählten Option.

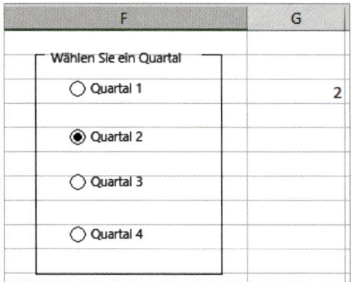

12. Berechnen Sie in Zelle F13 die Umsatzsumme des gewählten Quartals:

    F12: ="Umsatz Quartal "&$G$3&":"
    F13: =SUMME(BEREICH.VERSCHIEBEN($B$2;WAHL($G$3;0;3;6;9);0;3;1))

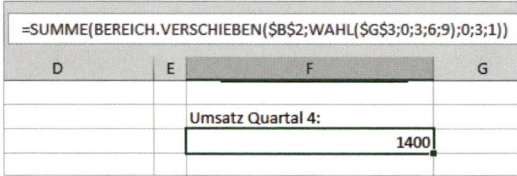

13. Zeichnen Sie ein Kontrollkästchen in das Tabellenblatt. Ändern Sie den Text in *mit MwSt. (19%)*.

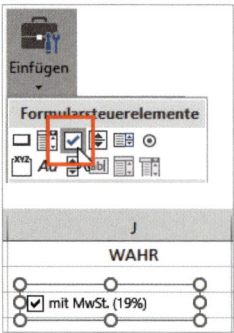

14. Holen Sie die Steuerelementformatierung aus dem Kontextmenü. Geben Sie dem Element die Zelle $J$1 als Zellverknüpfung.

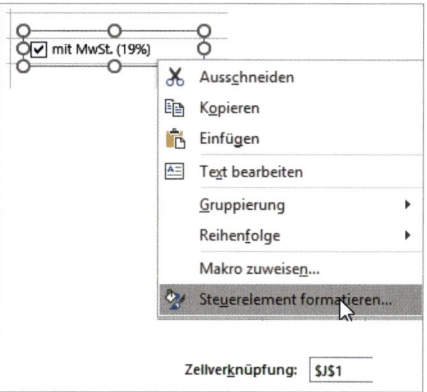

15. Der Inhalt der verknüpften Zelle lässt sich jetzt in Formeln weiterverarbeiten, zum Beispiel hier für die Berechnung der Mehrwertsteuer aus einem Rechnungsbetrag:

K6: =WENN(J1=WAHR;$K$5*19%;"")

f_x	=WENN(J1=WAHR;$K$5*19%;"")	
	J	K
	WAHR	
	☑ mit MwSt. (19%)	
	Rechnungsbetrag:	230
	MwSt.:	43,7

16. Zeichnen Sie mit dem Symbol *Schaltfläche* eine Makroschaltfläche in das Tabellenblatt.

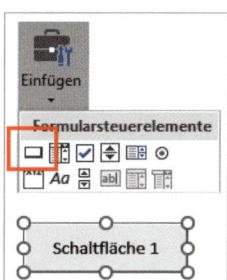

17. Wählen Sie *Makro zuweisen* im Kontextmenü und weisen Sie ihm ein Makro zu oder klicken Sie auf *Neu*, um ein Makro für die Schaltfläche zu erstellen.

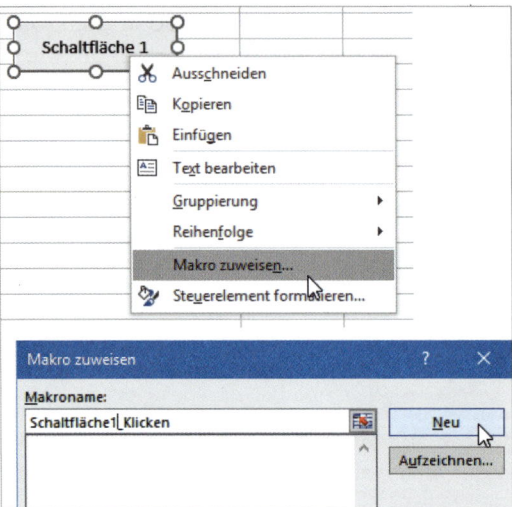

18. Fügen Sie den Makrobefehl für die Anzeige einer Meldungsbox mit Datum und Uhrzeit zwischen den Anweisungen *Sub* und *End Sub* ein.

```
Sub Schaltfläche1_Klicken()
  MsgBox Date & " " & Time & " Uhr"
End Sub
```

19. Ändern Sie den Text auf der Schaltfläche und klicken Sie in das Tabellenblatt. Ein Klick auf die Schaltfläche startet das Makro, das für das *Klicken*-Ereignis programmiert wurde.

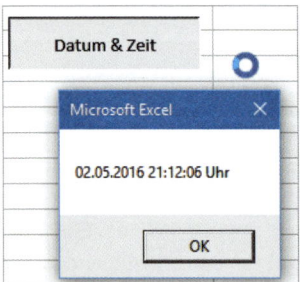

In den Eigenschaften des Formularelements *Liste* oder *Kombinationsfeld* geben Sie die Datenquelle an, die Zellverknüpfung (eine Zelle oder einen benannten Bereich) und die Anzahl der Dropdownzeilen (werden nach dem Klick ohne Rollbalken angezeigt).

Mit *Optionsfelder* zeichnen Sie Optionsfeldgruppen. Alle Optionen in einer Gruppe bekommen die gleiche Ausgabeverknüpfung, sie enthält die Nummer der markierten Option.

Kombinationsfelder liefern WAHR (angekreuzt) oder FALSCH (nicht angekreuzt) an ihre Ausgabeverknüpfung.

Drehfelder und Bildlaufleisten können von 0 bis maximal 30.000 in ganzzahligen Schritten gedreht werden. In der Bildlaufleiste gibt der Seitenwechsel an, wie viele Elemente ein Klick zwischen die Pfeile weiterschaltet.

11.2.2 Beispiel: Seminarauswertung

Ein Beispiel aus der Praxis: Die Seminarteilnehmer erhalten nach Abschluss des Seminars einen digitalen Auswertungsbogen. Neben dem Seminartitel und dem Namen des Dozenten/der Dozentin werden verschiedene Beurteilungen über Formularelemente abgefragt. Die Inhalte der Kombinationsfelder sind per Bereichsnamen aus dem *DATA*-Blatt verknüpft, die Zellverknüpfungen befinden sich unterhalb des für den Teilnehmer sichtbaren Bogens. Die aufsummierten Punkte liefern sofort das Gesamtergebnis der Beurteilung.

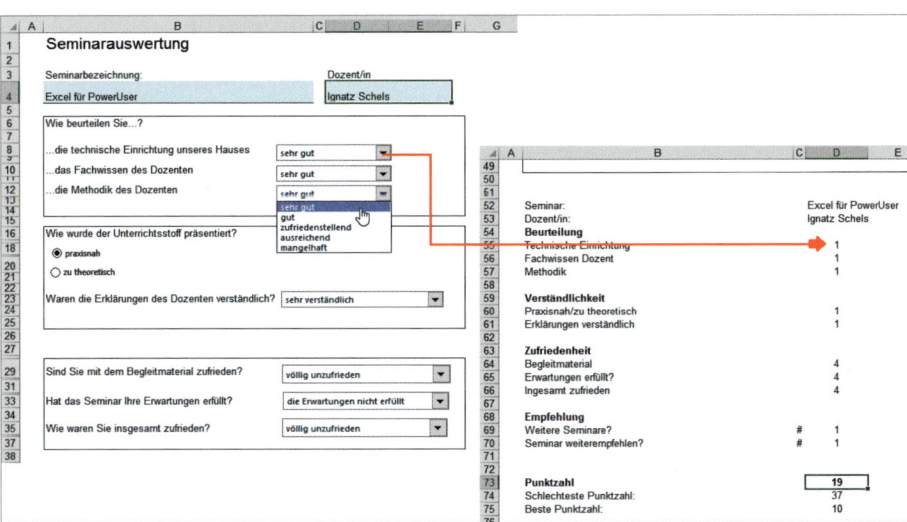

Bild 11.6: Formularelemente in der Praxis: Seminarauswertung.

11.2.3 ActiveX-Elemente in der Praxis

Klicken Sie unter *Entwicklertools/Steuerelemente/Einfügen* auf ein ActiveX-Element und zeichnen Sie ein Element in das Tabellenblatt. Das Symbol für den *Entwurfsmodus* rastet ein, öffnen Sie im Kontextmenü die *Eigenschaften*. Die erste Spalte zeigt den Namen der Eigenschaft, in der zweiten Spalte tragen Sie die Zuweisung ein oder wählen einen in der Liste angebotenen Eintrag aus (per Doppelklick schalten Sie zwischen den Einträgen um).

Mit Klick auf *Code anzeigen* schalten Sie in den VBA-Editor, hier schreiben Sie die Makros zur Steuerung des Elements.

Mit dem Symbol *Entwurfsmodus*, das Sie sowohl im Editor als auch in den Entwicklertools finden, schalten Sie auf »Echtbetrieb« um, das Element kann benutzt werden, solange der Entwurfsmodus ausgeschaltet ist.

1. Schalten Sie den Entwurfsmodus ein und zeichnen Sie ein ActiveX-Steuerelement vom Typ *Kombinationsfeld*.

   Größe und Position ändern Sie über die Markierungspunkte.

   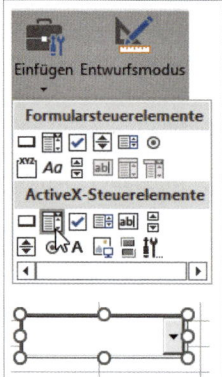

2. Aktivieren Sie die *Eigenschaften* im Kontextmenü mit der rechten Maustaste.

   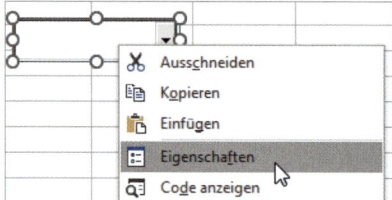

3. *ListFillRange* bekommt den Bereich ($A$1:$A$12) oder einen Bereichsnamen zugewiesen.

   Tragen Sie unter *LinkedCell* die Ausgabeverknüpfung ein.

   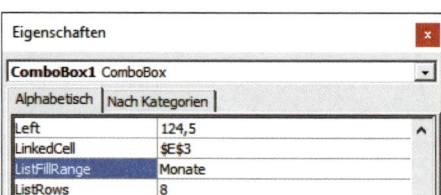

4. Schalten Sie den *Entwurfsmodus* aus, lässt sich das Element benutzen.

Der markierte Eintrag wird direkt in die Ausgabeverknüpfung geschrieben.

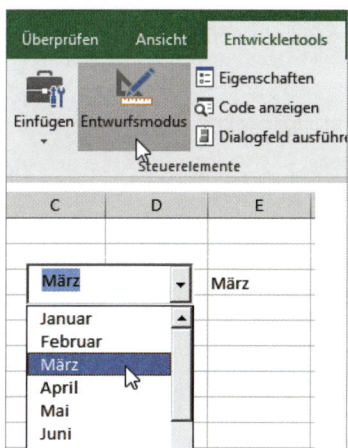

5. Optionsfelder erhalten unter *LinkedCell* jeweils eine eigene Ausgabeverknüpfung, die WAHR für *Markiert* und FALSCH für *Nicht markiert* anzeigt.

Die Beschriftung tragen Sie in der Eigenschaft *Caption* ein.

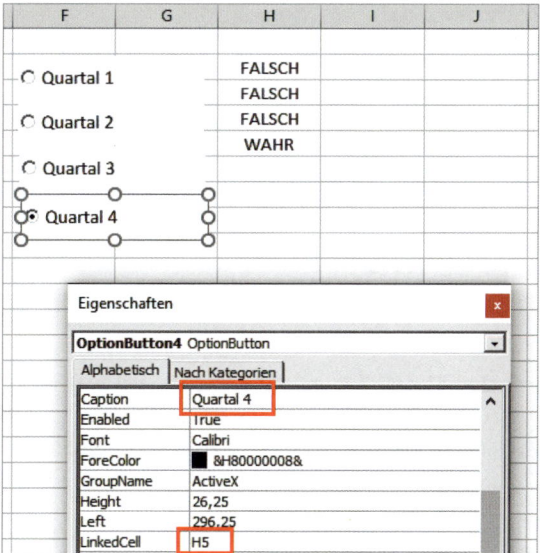

6. Zeichnen Sie eine Schaltfläche und holen Sie *Code anzeigen* aus dem Kontextmenü der rechten Maustaste.

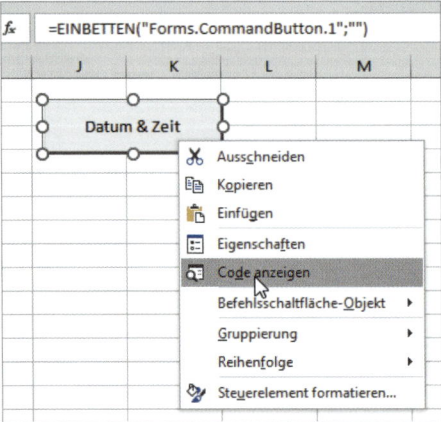

7. Der Code wird im Unterschied zum Formularelement in das Codeblatt des Tabellenblatts eingetragen, schreiben Sie das Makro zwischen die Anweisungen *Sub* und *End Sub*. Schalten Sie den Entwurfsmodus ab, um die Schaltfläche nutzen zu können.

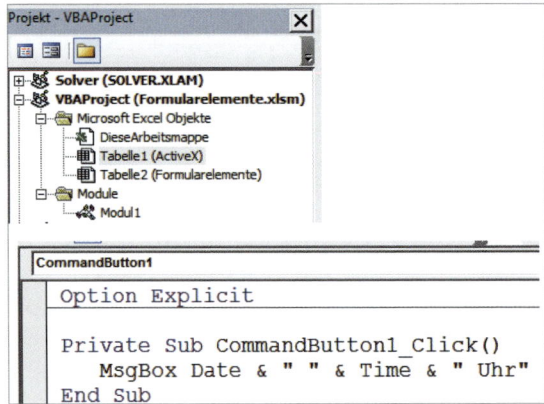

Eigenschaften und *Code anzeigen* finden Sie auch in der Gruppe *Steuerelemente* in den *Entwicklertools*. *Dialogfeld ausführen* funktioniert nur, wenn Sie mit der rechten Maustaste in ein Register klicken, *Einfügen* wählen und ein Blatt vom Typ *Microsoft Excel 5.0-Dialog* einfügen. Damit wurden bis zur Version 5.0 in Excel Dialoge generiert, heute arbeiten Sie mit UserForms.

11.3 XML

Die Gruppe XML enthält Befehle für XML-Entwickler. Hier können XML-Quellen geöffnet, XML-Daten importiert und Erweiterungspakete verwaltet oder eingefügt werden.

Kapitel 12

12. Makroprogrammierung mit VBA

Excel ist nicht nur ein exzellentes Tabellenkalkulationsprogramm mit ebenso ausgeprägt guten Grafikwerkzeugen zur Herstellung von Diagrammen und Zeichenobjekten. Excel ist auch ein Entwicklungssystem, und das ist der Überbegriff für Software, mit der Software produziert und getestet wird. Programmiersprachen wie Visual Basic, C## oder Java sind Angehörige dieser Kategorie, mit GameStudio werden Spiele programmiert und SPS-Entwickler produzieren Steuerungssysteme.

Mit einer dieser »Hochsprachen« lässt sich Excel nicht vergleichen, denn die internen Entwicklertools haben eine entscheidende Einschränkung: Die damit produzierten Produkte können ausschließlich im Excel- oder Office-Umfeld eingesetzt werden.

VBA steht für **V**isual **B**asic for **A**pplications, zu Deutsch »Visual Basic für Anwendungen«. Hinter den drei Buchstaben verbirgt sich eine mächtige Programmiersprache, die Excel um eine wesentliche Komponente erweitert. Alle anderen Werkzeuge waren ungeachtet ihrer enormen Fähigkeiten immer »nur« dazu geeignet, Daten zu formatieren, zu berechnen und in grafischer Form zu visualisieren.

Mit VBA lassen sich Prozesse automatisieren und Dialoge mit dem Anwender führen. VBA kann Dateien öffnen, Datenimporte und -exporte steuern, interne Kopier- und Verschiebeaktionen kontrolliert durchführen und mit anderen Office-Komponenten wie Word, PowerPoint oder Outlook zusammenarbeiten.

Visual Basic ist eine der ersten objektorientierten Programmiersprachen von Microsoft, basierend auf BASIC, einer der ersten Programmiersprachen für Personal Computer. VBA ist der Kern von Visual Basic, im Prinzip die gesamte Programmiersprache, aber ohne die Möglichkeit, ausführbare Programme (Dateien mit der Endung .exe oder .com) zu erzeugen. Visual Basic gibt es immer noch, bis Version 6.0 spricht man von der Classic-Version, ab 2002 ist es Bestandteil des *Visual Basic .NET*.

12.1   Das Makroprinzip

Die Bezeichnung Makro stammt aus früheren Versionen, als Makros noch in speziellen Formelblättern aufgezeichnet und bearbeitet wurden (bis Excel 4.0).

Im Datenbankprogramm Access gibt es noch die Unterscheidung zwischen Makros und VBA-Prozeduren, in Excel ist Makro gleichbedeutend mit VBA-Prozedur bzw. VBA-Funktion. Bei Funktionen spricht man aber von Funktionsmakros, da Funktionen nicht ausführbar sind, sondern nur in Prozeduren oder als Tabellenfunktionen benutzt werden können.

Das Prinzip Makro: Ein Makro wird als Code in ein Modul geschrieben, das zusammen mit den Tabellenblättern zu einem Projekt (Arbeitsmappe) gehört. Mit dem Makrorecorder können Aktionen in Excel aufgezeichnet werden, der Recorder produziert automatisch VBA-Code.

Wird das Makro (die Prozedur) gestartet, führt es alle aufgezeichneten oder codierten Aktionen aus. Dieses Makro erstellt zum Beispiel ein neues Tabellenblatt und schreibt alle geraden Zahlen von 2 bis 50 in die erste Spalte:

```
Sub TestMakro1()      ⇨ Makrostart
  ' Testmakro, schreibt nur gerade Zahlen bis 50  ⇨ Kommentar (mit ' eingeleitet)
  Dim i As Integer, j As Integer  ⇨ Variablen dimensionieren
  j = 0      ⇨ Variablen Werte zuordnen
  Sheets.Add
  For i = 1 To 50      ⇨ Schleife startet
    If i Mod 2 = 0 Then  ⇨ IF-Bedingung startet
      j = j + 1
      Cells(j, 1) = i
    End If      ⇨ If-Bedingung endet
  Next i      ⇨ Schleife endet
End Sub      ⇨ Makroende
```

Bild 12.1: Eine Makroprozedur mit Variablen, Kommentar, Schleife und IF-Bedingung.

Funktionsmakros werden ebenfalls in Module geschrieben, sie werden entweder per Call aus einer Prozedur aufgerufen oder über eine Formel in einer Tabellenzelle.

Diese Funktion berechnet die Fläche eines Rechtecks aus den ihr übergebenen Argumenten *Laenge* und *Breite*:

```
Function FlaecheEinesRechtecks(Laenge, Breite)
  FlaecheEinesRechtecks = Laenge * Breite
End Function
```

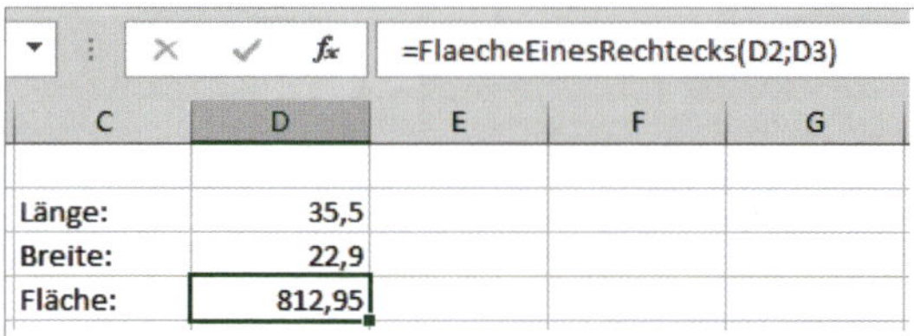

		f_x	=FlaecheEinesRechtecks(D2;D3)		
C	D	E	F	G	
Länge:	35,5				
Breite:	22,9				
Fläche:	812,95				

```
Sub TestFR()
  Dim varLaenge, varBreite
  varLaenge = Range("$D$2")
  varBreite = Range("$D$3")
  MsgBox FlaecheEinesRechtecks(varLaenge, varBreite)
End Sub
```

Bild 12.2: Funktionsmakros, in Excel als Funktion oder in einer Prozedur aufgerufen.

Neben diesen beiden Grundarten von Makros gibt es noch zahlreiche VBA-Elemente, die hier im Kapitel einzeln und ausführlich beschrieben werden:

Ereignismakros sind Makros, die dem Objekt (dem Tabellenblatt oder einem grafischen Objekt) zugeordnet werden und auf ein Ereignis reagieren. Ein Ereignismakro vom Typ *Click* startet zum Beispiel, wenn eine Schaltfläche angeklickt wird, ein Ereignismakro vom Typ *Workbook_Open* legt los, wenn die Mappe geöffnet wird.

Userforms sind Dialoge, die im VBA-Editor gestaltet und von der VBA-Prozedur aufgerufen werden. Sie werden über Ereignismakros gesteuert, importieren Daten, stellen

Formularwerkzeuge wie Schaltflächen, Listen, Optionsfelder oder Ankreuzkästchen zur Verfügung und übernehmen den Dialog mit dem Anwender.

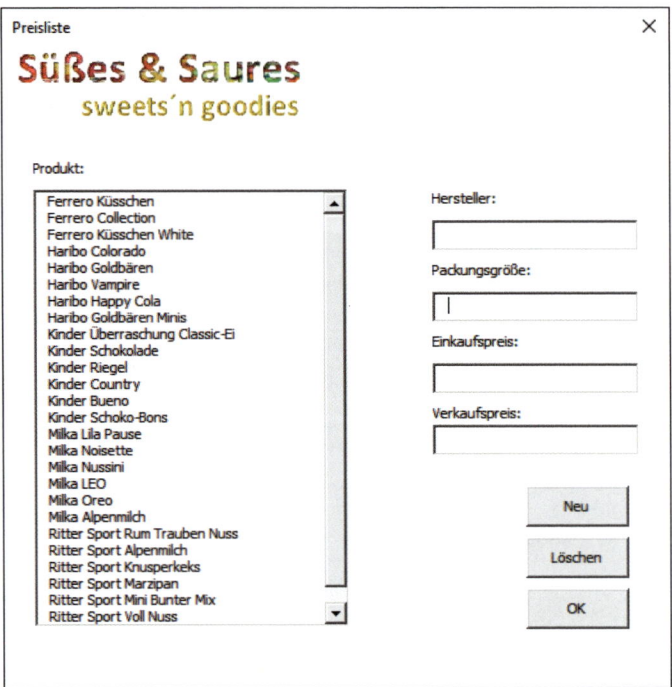

Bild 12.3: UserForms übernehmen den Dialog mit dem Anwender.

12.2 VBA in den Entwicklertools

In den Entwicklertools ist VBA durch eine kleine Gruppe vertreten, die nicht mal VBA heißt, sondern Code. Die Symbole im Einzelnen:

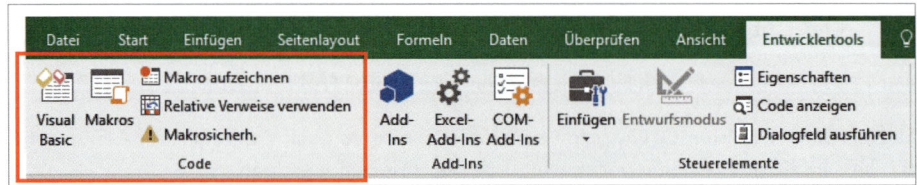

Bild 12.4: Die Gruppe Code in den Entwicklertools ist für VBA zuständig.

12.2.1 Visual Basic

Damit starten Sie den Visual-Basic-Editor, die Entwicklungsumgebung für VBA-Makros. Alternative: Drücken Sie [Alt]+[F11].

12.2.2 Makros

Ein Klick auf dieses Symbol öffnet die Liste mit allen Makros, die in allen aktiven Mappen verfügbar sind und gestartet oder bearbeitet werden können.

Makros aus Add-ins sind in der Regel nicht zu sehen, weil sie nicht für den direkten Start durch den Benutzer programmiert sind. Makros im aktuellen Projekt werden ohne den Namen der Arbeitsmappe angezeigt, alle anderen in der Syntax *Mappe!Makro*.

- Mit *Ausführen* wird das markierte Makro gestartet.

- *Schritt* startet das markierte Makro im Einzelschrittmodus.

- *Bearbeiten* schaltet auf den Visual-Basic-Editor um und setzt den Cursor in das markierte Makro.

- *Erstellen* wird aktiv, wenn Sie einen neuen Makronamen eingeben, der VBA-Editor wird geöffnet, und Sie können das neue Makro schreiben.

- *Löschen* entfernt das Makro aus dem Projekt (Mappe).

- In den *Optionen* können Sie die Beschreibung zum Makro editieren und auf Wunsch eine Tastenkombination für den Aufruf eingeben. Klicken Sie in das Kästchen neben *Ctrl* (sollte *Strg* heißen) und tippen Sie einen Buchstaben. Achten Sie darauf, dass Sie keine Standard-Shortcuts wie ⌈Strg⌉+⌈C⌉, ⌈X⌉, ⌈V⌉, ⌈A⌉ überschreiben.

- Unter *Makros in* filtern Sie die Liste der Makros. Lassen Sie Makros aus allen offenen Mappen anzeigen oder nur von einzelnen Mappen.

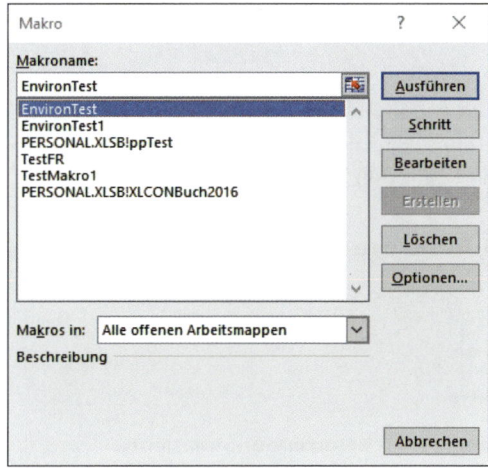

Bild 12.5: Die Makroliste in den Entwicklertools.

12.2.3 Makro aufzeichnen

Das ist der Makrorecorder, hier wird er gestartet, und hier wird er mit *Aufzeichnung beenden* auch wieder beendet. So meldet sich das Symbol nämlich bei laufendem Makrorecorder.

12.2.4 Relative Verweise verwenden

Ein Schalter, der von der Standardeinstellung *Absoluter Verweis* auf *Relativer Verweis* umschaltet. In diesem Modus zeichnet der Recorder Bezüge auf Zelladressen relativ zur aktiven Zelle auf. Setzen Sie beispielsweise den Zellzeiger von A1 nach A2, erhalten Sie in den beiden Bezugsarten unterschiedliche Befehle:

```
Absoluter Verweis: Range("A2").Select
Relativer Verweis: ActiveCell.Offset(1, 0).Range("A1").Select
```

12.3 Der Makrorecorder

Der Makrorecorder ist das wichtigste Werkzeug für den Einstieg in die Makroprogrammierung. Auch erfahrene Programmierer nutzen ihn immer wieder, um Aktionen aufzuzeichnen und automatisch VBA-Code zu erzeugen, denn die Elemente der Makrosprache lassen sich unmöglich »erlernen«.

Mit allen Objekten, Eigenschaften und Methoden, Konstanten und Ereignissen kommt die Sprache auf mehrere Tausend Elemente. So nutzen Sie den Makrorecorder richtig:

- Entwerfen Sie die Struktur Ihres Makros und erstellen Sie den Code in einem Modul.

- Zeichnen Sie mit dem Makrorecorder alle Aktionen auf, die das Makro später ausführen soll.

- Kopieren Sie aufgezeichnete Codes in Ihr Hauptmakro.

Nutzen Sie den Makrorecorder niemals, um ganze Makros aufzuzeichnen, ohne die Codes anschließend zu überprüfen.

Nicht selten wird das Makro beim Start eine andere Ausgangsposition vorfinden als beim Aufzeichnen, und wenn das Makro Daten importiert, stimmen absolut aufgezeichnete Zelladressen ($A$1:$A$20) nicht immer mit den Daten überein.

12.3.1 Aufzeichnen mit dem Makrorecorder

Der Makrorecorder kann auf mehrfache Weise gestartet werden:

- Unter *Ansicht/Makro/Makro aufzeichnen*.
- Mit *Entwicklertools/Code/Makro aufzeichnen*.
- Per Klick auf das Makrorecorder-Symbol rechts unten in der Statusleiste.

Sollte das Symbol nicht sichtbar sein, klicken Sie mit der rechten Maustaste in die Statusleiste und schalten Sie *Makroaufzeichnung* ein.

Hier sehen Sie auch den Status: *Wird aufgezeichnet* oder *Wird nicht aufgezeichnet*.

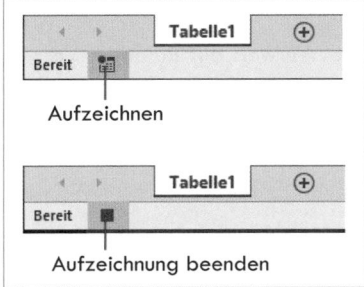

Aufzeichnen

Aufzeichnung beenden

Bild 12.6: Das Makrorecorder-Symbol in der Statusleiste.

Mit diesem Symbol können Sie die Aufzeichnung schließen und ganz einfach wieder starten. Klicken Sie einfach darauf.

Wenn Sie nicht sicher sind, ob die Aufzeichnung schon läuft, zeigen Sie mit dem Mauszeiger auf das Symbol, das daraufhin den Status meldet.

12.3.2 Beispiel: Diagramm erstellen per Makro

Ihre Liste enthält Umsatzzahlen bis zum aktuellen Monat. Erstellen Sie ein Diagramm, das die Zahlen aller Monate und Filialen visualisiert. Zeichnen Sie die Aktionen mit dem Makrorecorder auf.

1. Stellen Sie die Liste mit den Umsatzzahlen bereit. Die Monate stehen in der ersten Spalte, die Filialen in der ersten Zeile.

	A	B	C
1		Nord	Süd
2	Januar	200	300
3	Februar	500	600
4	März	600	800
5	April	300	600
6	Mai	400	500
7	Juni	800	200

2. Setzen Sie den Zellzeiger in die Liste und drücken Sie ⌨Strg+⌨⇧+⌨*, um die Liste zu markieren.

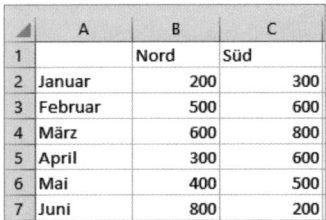

3. Wählen Sie *Entwicklertools/Code/Makro aufzeichnen*.

4. Geben Sie den Makronamen *NeuesDiagramm* ein.

Entscheiden Sie sich für *Diese Arbeitsmappe* als Speicherort.

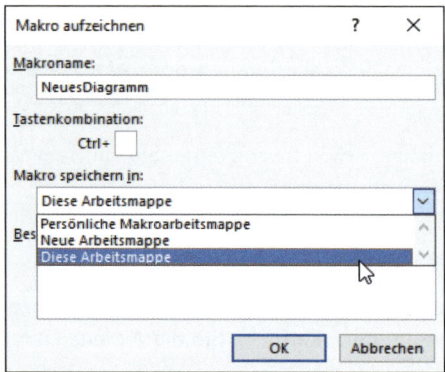

5. Tragen Sie eine Beschreibung in das Beschreibungsfeld ein.

Dieser Text wird im Makro als Kommentar erscheinen.

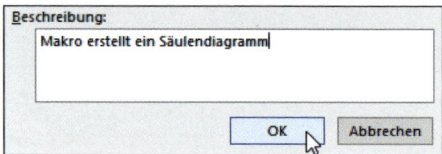

6. Wählen Sie *Einfügen/Diagramme …*

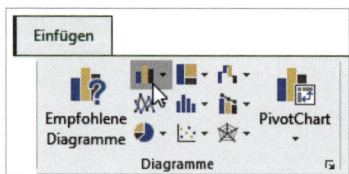

7. ... und klicken Sie auf *2D-Säule*. Das Diagrammobjekt wird automatisch aus der Markierung erstellt.

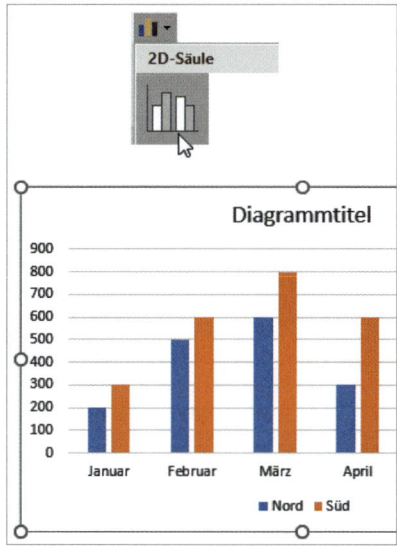

8. Mit *Entwicklertools/Code/Aufzeichnung beenden* schließen Sie den Makrorecorder wieder.

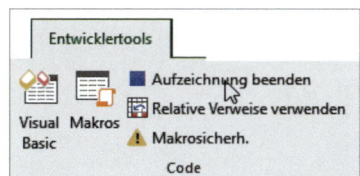

9. Klicken Sie auf *Code/Makros*, markieren Sie das neue Makro und klicken Sie auf *Bearbeiten*.

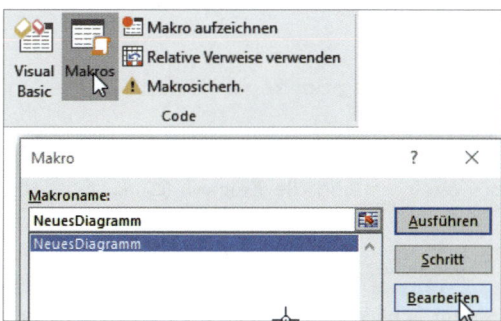

10. Der Visual-Basic-Editor wird aktiv. Die aktive Mappe steht im Projekt-Explorer, der Makrorecorder hat ein neues Modul *Modul1* eingefügt und das Makro in das Modul aufgezeichnet.

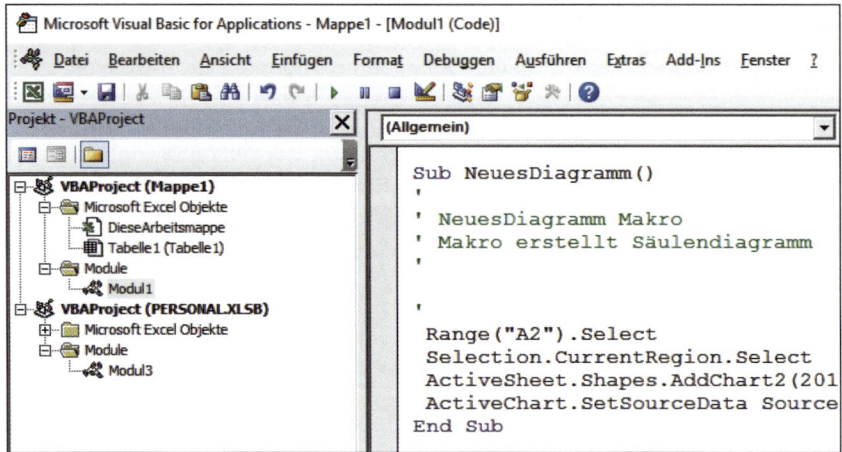

11. Im Excel-Fenster starten Sie das Makro mit *Code/Makros*, Klick auf den Makronamen und *Ausführen*.

12.3.3   Regeln für Makronamen

Der Makroname ist frei wählbar, es gibt aber ein paar Regeln dafür:

- Das erste Zeichen muss ein Buchstabe sein.

- Leerzeichen, Punkt, Komma, Ausrufezeichen und die Zeichen @, &, $, # sind im Namen nicht erlaubt.

- Der Name darf nicht länger als 255 Zeichen sein.

- Der Makroname darf nicht mit einem Schlüsselwort aus VBA verwechselbar sein. Benennen Sie Makros möglichst nicht mit Programmiersprachenelementen wie *Sub*, *End*, *GoTo* oder Ähnlichem.

- In einem Projekt dürfen Makronamen nicht mehrfach vorkommen, auch nicht, wenn sie in unterschiedlichen Modulen stehen.

12.4   Die persönliche Makroarbeitsmappe

Makros, die unabhängig von aktivierten Mappen, Symbolleisten und Menüs verfügbar sein müssen, speichern Sie am besten in der persönlichen Makroarbeitsmappe. Diese Mappe trägt die Bezeichnung *PERSONAL.XLSB*. Sie hat einen Sonderstatus unter allen Arbeitsmappen und wird etwas anders behandelt als normale Excel-Dateien.

Die persönliche Makroarbeitsmappe *PERSONAL.XLSB* steht anfangs nicht zur Verfügung, sie wird erst produziert, wenn sie zum ersten Mal bei der Aufzeichnung eines Makros zum Einsatz kommt. *PERSONAL.XLSB* wird mit dem Start geöffnet, ist aber nicht sichtbar, weil sie ausgeblendet ist. Sie können die Mappe nach dem Start von Excel unter *Ansicht/Fenster/Einblenden* sichtbar machen, sollten sie aber wieder ausblenden, bevor Sie Excel schließen.

Damit die Mappe automatisch mit dem Programm gestartet wird, speichert Excel sie im Ordner *XLSTART* ab. Das ist ein Unterordner des Office-Ordners. Alle Dateien, die in diesem Ordner stehen, werden mit dem Programmstart automatisch geladen. Wenn Sie die Mappe kurzfristig einblenden und *Datei/Speichern unter* wählen, wird der Ordner angezeigt. In der Regel sollte er sich hier befinden:

C:\Users\benutzername\AppData\Roaming\Microsoft\Excel\XLSTART

Achten Sie auf die Meldung beim Schließen des Programmfensters, die darauf hinweist, dass diese Mappe auch gespeichert werden muss.

12.4.1   Meldung: PERSONAL.XLSB gesperrt

Wenn eine Meldung mit dem Hinweis, *PERSONAL.XLSB* sei gesperrt, erscheint, dann ist bereits eine Instanz von Excel offen und Sie versuchen, ein zweites Programmfenster zu öffnen. In diesem Fall kann *PERSONAL.XLSB* nur noch schreibgeschützt aktiviert werden.

12.5   Der Visual-Basic-Editor

Der Visual-Basic-Editor ist die Entwicklungsumgebung für VBA-Makros, Prozeduren und Funktionen. Aktivieren Sie ihn, um aufgezeichnete Makros zu bearbeiten oder Makros und Dialoge zu erstellen. Bearbeiten Sie dazu ein Makro unter *Entwicklertools/Code/Makros* oder wählen Sie *Entwicklertools/Code/Visual Basic-Editor*.

Die schnelle Tastenkombination für den Visual-Basic-Editor: Drücken Sie [Alt]+[F11]. Zurück zu Excel geht's mit [Alt]+[↹] oder mit *Ansicht/Microsoft Excel* bzw. dem Excel-Symbol. Der VBA-Editor kann jederzeit geschlossen werden, die Makros bleiben damit verfügbar.

12.5.1   Menüs und Symbolleisten

Die Oberfläche des VBA-Editors ist noch im alten »Look« der Vorgängerversion, sie hat kein Menüband, sondern eine Menüleiste und mehrere Symbolleisten. Menüs öffnen Sie per Klick auf den Menünamen und wählen dann einen Befehl per Klick.

Am rechten Rand ist jeweils die Tastenkombination aufgeführt, mit der dieser Befehl ebenfalls aufgerufen werden kann.

Wenn Sie das Menü schließen wollen, klicken Sie noch einmal auf den Menüeintrag oder wählen ein anderes Menü. Der Visual-Basic-Editor bietet die vier Symbolleisten *Bearbeiten, Debuggen, UserForm* und *Voreinstellung*. Symbolleisten werden unter *Ansicht/Symbolleisten* aktiviert oder deaktiviert.

Klicken Sie mit der rechten Maustaste in den Symbolbereich und markieren Sie eine Leiste. Die meisten Optionen und Symbole sind für die Codierung bestimmt.

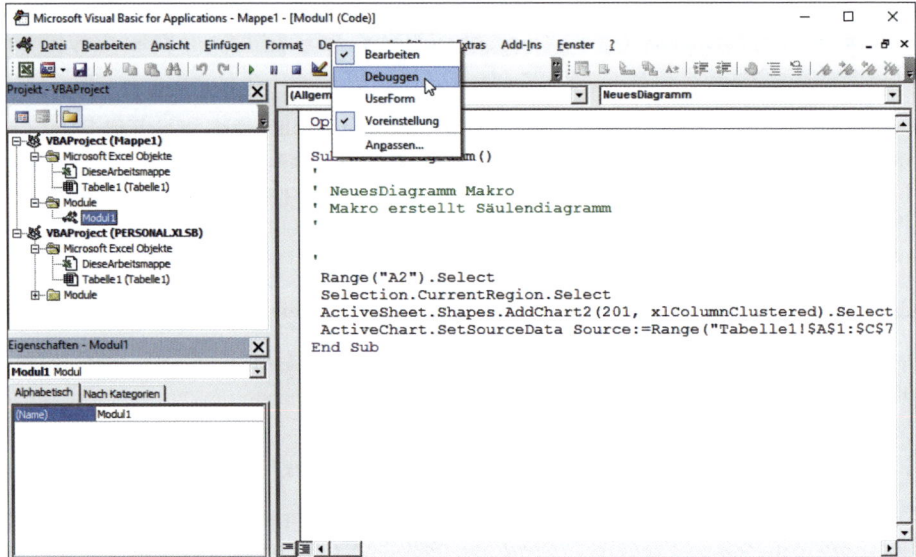

Bild 12.7: Die Symbolleisten im Visual-Basic-Editor.

Im *Datei*-Menü können Sie die Mappe speichern (Makros werden nur zusammen mit der Mappe gespeichert) und den VBA-Editor schließen. *Datei importieren/exportieren* und *Entfernen* bezieht sich auf das Modul oder die UserForm (siehe in 12.5.5 den Abschnitt »Module verwalten«). Mit *Drucken* drucken Sie das aktive Projekt.

Die Befehle im *Bearbeiten*-Menü beziehen sich auf die Textverarbeitung im Modul oder auf die Elemente in der UserForm.

Unter *Ansicht* schalten Sie die einzelnen Ansichten und Fenster des VBA-Editors ein oder aus. Auch die Werkzeugsammlung lässt sich hier für UserForms aktivieren.

Einfügen bietet die Möglichkeit, Module, UserForms oder Klassenmodule anzulegen.

Die Befehle im *Format*-Menü sind für die Formatierung von UserForm-Elementen zuständig.

Debuggen enthält Befehle zum Testen von Makrocodes, unter *Ausführen* stehen die Befehle zum Starten und Stoppen von Makros im Interpreter (VBA-Editor).

Extras enthält zusätzliche Befehle, u. a. *Optionen* für die Standardeinstellungen für den VBA-Editor (siehe im Anhang den Abschnitt 13.2).

Add-Ins startet den Add-ins-Manager.

Im *Fenster*-Menü finden Sie alle aktiven Module und UserForms und Befehle zum Anordnen der Fenster und der Symbole.

Das *Fragezeichen-Menü* (?) bietet Links zu den Hilfeseiten an. Die Visual-Basic-Hilfe, die auch mit F1 aktivierbar ist, schaltet ebenso wie die anderen Befehle zur MSDN-Seite (Microsoft Developer Network). Hier finden Sie die gesamte VBA-Befehlsreferenz.

12.5.2   Optionen im Extras-Menü

Die Voreinstellungen für den VBA-Editor finden Sie unter *Extras/Optionen*. Öffnen Sie diese Menüoption und nehmen Sie auf den Registerkarten die gewünschten Einstellungen vor. Eine detaillierte Beschreibung aller Optionen finden Sie in Kapitel 13.2.

12.5.3   Der Projekt-Explorer

Der Projekt-Explorer zeigt eine Übersicht über alle geladenen Projekte. Aktivieren Sie ihn über *Ansicht/Projekt-Explorer*, falls das Fenster nicht sichtbar ist.

Ob die Baumstruktur die Elemente der einzelnen Projekte in Ordnern anzeigt oder einfach untereinander listet, hängt von dem kleinen Ordnersymbol am oberen Rand ab. Ist dieses eingerastet, zeigt der Projekt-Explorer eine Ordnerstruktur.

Klicken Sie mit der rechten Maustaste auf den Namen des Projekts im Projekt-Explorer und wählen Sie aus dem Kontextmenü *Eigenschaften*. Unter *Allgemein* können Sie Rahmeninformationen zum Projekt eintragen.

- *Projektname*: Entspricht der Eigenschaft *Name*, ändern Sie ihn und weisen Sie den Projekten aussagekräftige Namen zu.

- *Projektbeschreibung*: Geben Sie hier eine Beschreibung zum Projekt ein. Sie wird dem Anwender mit den Datei-Informationen angezeigt.

- *Name der Hilfedatei und Kontext-ID*: Tragen Sie hier den Namen einer Windows-Hilfedatei ein, wenn Sie sie mit dem Projekt verknüpfen. Die ID ist eine Nummer innerhalb der Hilfe, auf die von einem Steuerelement aus verwiesen wird.

- *Argumente für bedingte Kompilierung*: Hier geben Sie die Argumente für eine Spezialform der Kompilierung an, bei der Codeteile separat ausgetestet werden (z. B. mit #IF ... #ELSE ... #END IF).

Auf der zweiten Registerkarte *Schutz* finden Sie die Möglichkeit, Ihr VBA-Projekt zu schützen. Kreuzen Sie die Option *Projekt für die Anzeige sperren* an. Tragen Sie in die beiden Kennwortfelder ein Kennwort ein und bestätigen Sie mit *OK*.

Der Schutz wird wirksam, sobald Sie die Arbeitsmappe mit dem Projekt schließen und wieder öffnen.

Das Projekt bleibt im Projekt-Explorer geschlossen, beim Versuch, es per Doppelklick zu öffnen, erhalten Sie die Aufforderung, das Kennwort einzugeben.

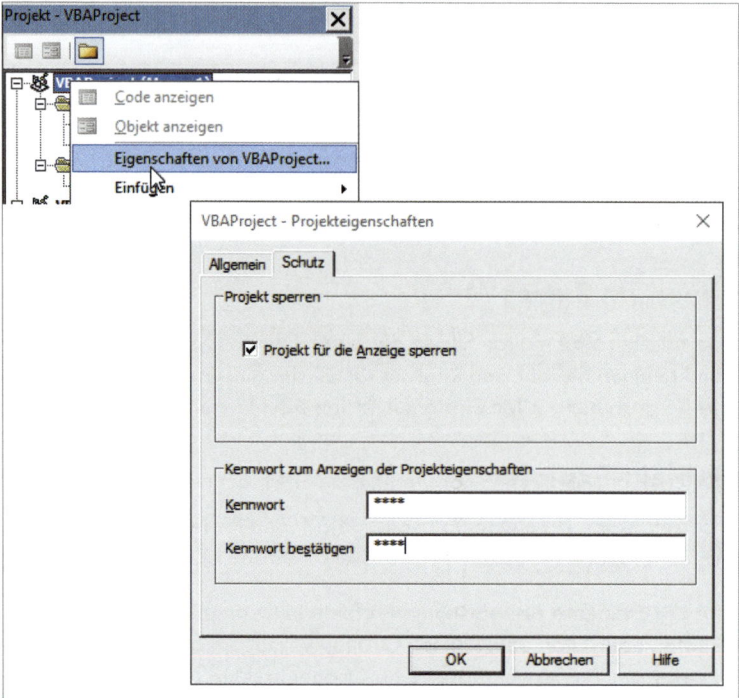

Bild 12.8: Der Projekt-Explorer mit den Eigenschaften des Projekts.

12.5.4   Das Eigenschaftenfenster

In diesem Fenster meldet der Visual-Basic-Editor die Eigenschaften des aktiven Elements. Aktivieren Sie es unter *Ansicht/Eigenschaftenfenster* oder mit F4.

Das Listenfeld am oberen Rand bietet alle Elemente des markierten Objekts an, im Projekt z. B. neben der Mappe alle Tabellen. Auf den beiden Registerkarten finden Sie die Eigenschaften des markierten Objekts oder Elements. Die Voreinstellung ist *Alphabetisch*, Sie können die Einträge auch nach Kategorien ordnen, was weniger übersichtlich ist.

Ist ein Projekt im Projekt-Explorer markiert, bietet es nur die Eigenschaft *Name* an. Klicken Sie in das Feld und tragen Sie bei Bedarf einen neuen Projektnamen ein.

Zu Elementen des Projekts wie *DieseArbeitsmappe* oder für die Tabellen enthält das Eigenschaftenfenster alle Voreinstellungen, die für die Mappe, Tabelle oder das Objekt vorzunehmen sind. Jede Eigenschaft entspricht einer Voreinstellung, die in den Optionen (*Datei*-Menü) gemacht wird.

Wenn im Arbeitsbereich ein Modul aktiv ist, bietet das Eigenschaftenfenster nur die Eigenschaft *Name* zur Änderung an. Tragen Sie einen neuen Modulnamen ein, wenn Sie das Modul umbenennen wollen.

Besonders viele Eigenschaften erhalten Sie für eine UserForm oder ein Steuerelement in der UserForm. Schaltflächen, Listen, Textfelder und andere Elemente bieten Dutzende von Eigenschaften von BackColor (Hintergrundfarbe) bis Zoom.

Bild 12.9: Das Eigenschaftenfenster, hier für die Arbeitsmappe.

12.5.5 Module

Die Makros in einem Projekt werden in Modulen bearbeitet, ein Modul ist praktisch das »Codierblatt« für Prozeduren und Funktionen. Wenn Sie den Makrorecorder zum Aufzeichnen des ersten Makros benutzt haben, erhalten Sie ein Modul mit der Bezeichnung *Modul1*, das nächste Modul wird *Modul2* heißen usw. Der Recorder zeichnet seine Makros im zuletzt benutzten Modul auf, öffnet aber ein neues, wenn Sie in der Zwischenzeit Excel oder das Projekt geschlossen hatten. Der Projekt-Explorer bietet in der Ordneransicht den Ordner *Module* erst an, wenn mindestens ein Modul zum Projekt gehört. Um die Modulfenster und die darin enthaltenen Makros zu sehen, gehen Sie folgendermaßen vor:

Neue Module erstellen Sie mit *Einfügen/Modul*. Öffnen Sie das gewünschte Modul per Doppelklick auf den Eintrag im Projekt-Explorer. Markieren Sie das Modul mit dem gewünschten Makro ebenfalls mit Doppelklick, um ein Modulfenster mit dem Makrocode einzublenden.

Mit dem Modulteiler können Sie ähnlich wie im Excel-Tabellenfenster das Modul zweiteilen und somit in verschiedenen Prozeduren oder Funktionen gleichzeitig arbeiten (oder oben den Deklarationsbereich und unten die Prozeduren einstellen). Ziehen Sie das Teilerelement oberhalb des vertikalen Rollbalkens nach unten.

Links unten im Modulfenster sehen Sie zwei Symbole für zwei Ansichten: Die Prozeduransicht zeigt nur die in der Liste ausgewählte Prozedur oder Funktion, die vollständige Modulansicht zeigt alle Makros im Modul an.

Regeln für Module

Jedes Projekt kann beliebig viele Module enthalten und diese wiederum beliebig viele Prozeduren und Funktionen, also Makros. Für den Aufruf des Makros spielt es keine Rolle, in welchem Modul es hinterlegt ist, solange Sie nicht die gleichen Makronamen in mehreren Modulen verwenden. Module brauchen Sie nur, um Makros zu einer Gruppe zusammenzufassen. Jeder Modulname darf in einem Projekt nur einmal vorkommen,

Makronamen müssen innerhalb eines Moduls ebenfalls eindeutig sein. Benennen Sie grundsätzlich alle Module über das Eigenschaftenfenster und verwenden Sie niemals gleiche Makronamen in Modulen.

Geben Sie den Modulen eindeutige Namen, verwenden Sie die Namenskonvention *mod* als Präfix (*mod_Funktionen*, *mod_ImportMakros* etc.).

Das Modulfenster enthält im Kopfbereich zwei Listenelemente:

■ *Allgemein* zeigt in UserForm-Modulen die einzelnen Elemente des Formulars.

■ *Deklarationen:* Hier kann der Deklarationsbereich oder ein Makro aus dem Modul markiert werden.

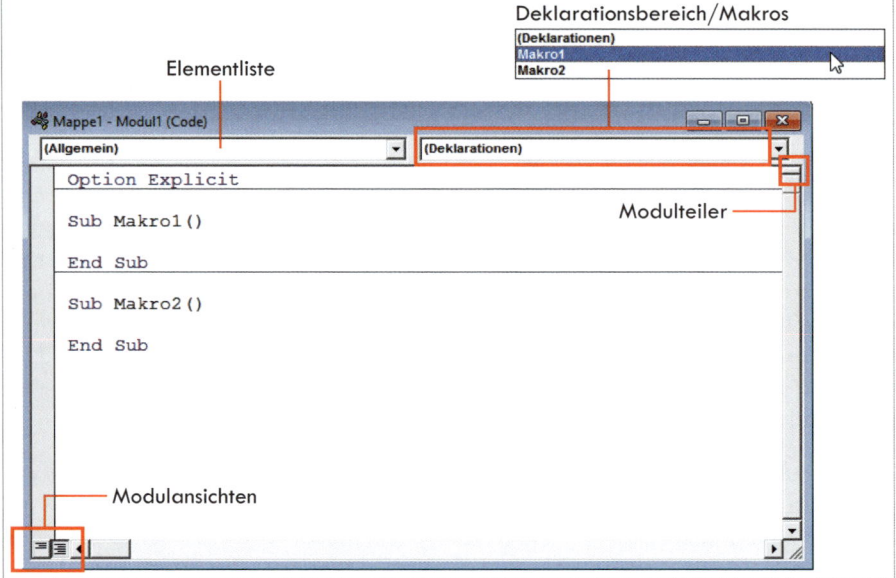

Bild 12.10: Die Elemente eines Moduls.

Im Deklarationsbereich stehen Anweisungen, die für alle Makros im Modul gelten.

Deklaration	Erklärung
Option Explicit	Stellt sicher, dass alle Variablen in diesem Modul deklariert sein müssen. Wenn unter *Extras/Optionen* die Option *Variablendeklaration erforderlich* gesetzt ist, wird diese Deklaration automatisch in neue Module eingebaut.
Option Base	Deklariert die Untergrenze für Datenfelder. Mit 0 (oder keine Angabe) beginnen sie bei 0, mit 1 bei 1.
Option Compare	Legt das Standardverfahren für das Vergleichen von Zeichenfolgen fest (für Sortierungen).
Option Private	Lässt keine Verweise auf die Makros im Modul von anderen Projekten zu.

Mit *Option Explicit* können Sie in allen Makros des Moduls nur mit deklarierten Variablen und Konstanten arbeiten, d. h. nur mit Variablen/Konstanten, die mit einer DIM-Anweisung im Modul, in der Prozedur oder als globale Variable oder Konstante in einem beliebigen Modul deklariert wurden. Diese Fehlermeldung weist beim Kompilieren oder bei der Ausführung des Makros darauf hin, dass die Variable nicht deklariert wurde:

```
Fehler beim Kompilieren: Variable nicht definiert
```

Module verwalten

Module können Sie zwischen Projekten austauschen, ziehen Sie dazu den Modulnamen im Projekt-Explorer einfach in das andere Projekt.

Um ein Modul oder eine UserForm im Projekt-Explorer zu exportieren, wählen Sie *Datei exportieren* im Kontextmenü der rechten Maustaste. Geben Sie den Speicherort und den Dateinamen an und exportieren Sie das Element. Module werden als Datei mit der Endung *.bas* exportiert, UserForms erhalten die Dateinamenendung *.frm*.

Mit *Datei/Importieren* holen Sie eine gespeicherte Datei in ein Projekt. Achten Sie darauf, dass der Name nicht bereits für ein Element im Projekt vergeben ist.

Mit *Entfernen von Modulx* bzw. *Userformx* löschen Sie ein Element aus dem Projekt. Bestätigen Sie die Sicherungsmeldung mit *Ja*, wird es vorher als Datei exportiert:

```
Möchten Sie Modul1 vor dem Entfernen exportieren?
```

12.6 Makros codieren

Ob Sie aufgezeichnete Makros bearbeiten oder Prozeduren und Funktionen ganz neu schreiben, der Editor setzt eine ganz bestimmte, mit festen Regeln versehene Technik der Codierung voraus.

Der VBA-Editor ist ein Interpreter — so heißt der Fachausdruck für ein Programm, das während der Codierung schon überprüft, ob das geschriebene Programm funktionieren würde (im Unterschied zum Compiler, der das erst bei der Übersetzung in Maschinensprache macht).

12.6.1 Prozeduren und Funktionen anlegen

Sie können Makros — Prozeduren oder Funktionen — direkt schreiben oder das Menü bemühen. Wählen Sie *Einfügen/Prozedur*. Geben Sie den Namen der Prozedur ein und wählen Sie den Typ:

- *Sub:* Normale Prozedur für die meisten Makros.

- *Function:* Funktion, wird als solche aus einer Zelle im Tabellenblatt oder von einer Prozedur aufgerufen (siehe Abschnitt 12.11.2 »Funktion schreiben«).

- *Property:* Eigenschaften-Prozedur, nur für die Klassenprogrammierung nötig.

Der *Gültigkeitsbereich* bestimmt, wo die neue Prozedur gültig ist:

- Public: Auf die Prozedur kann von allen anderen Prozeduren in allen Modulen zugegriffen werden. Steht die Prozedur in einem Modul mit einer *Option Private*-Anweisung im Kopfbereich, kann auf sie nur innerhalb des Projekts zugegriffen werden. Das Schlüsselwort *Public* ist Standard, es kann auch weggelassen werden.

- *Private:* Auf die Prozedur kann nur von anderen Prozeduren aus dem Modul zugegriffen werden, in dem sie deklariert wurde.

12.6.2   Codiertechniken

Groß/Kleinschreibung

Sie dürfen Makroanweisungen klein- oder großschreiben, Excel setzt sie nach der Syntaxprüfung automatisch in die richtige Schreibweise um, wenn sie als korrekt angenommen werden. Das ist gleichzeitig eine Interpreter-Hilfe für Sie. Schreiben Sie grundsätzlich alles klein, um Zeit zu sparen. Geben Sie auch keine Leerzeichen vor und nach dem =-Zeichen ein, auch das behebt der Makrointerpreter automatisch. Nur vor und nach &-Zeichen sollten Sie Leerzeichen eingeben, die werden oft falsch interpretiert.

Leerabsätze, leere Zeilen, Leerzeichen

Leerabsätze im Makrocode erzeugen keine Fehler, Sie dürfen so viele Leerzeilen einfügen, wie Sie wollen. Um die Makros übersichtlich zu halten, werden Sie natürlich so wenige Leerzeilen wie möglich übrig lassen, verwenden Sie stattdessen Kommentarzeilen.

Leerzeichen sind möglich, überflüssige werden vom Interpreter entfernt, außer sie stehen in Textteilen zwischen Anführungszeichen. Sie sind natürlich nicht erlaubt, wenn sie Anweisungen oder Schlüsselwörter trennen. Falsch wäre z. B. die Makrostartanweisung

```
Sub Kosten[Leertaste]Diagramm
```

wenn das Makro *KostenDiagramm* heißen muss.

Einrückungen

Die Einrückungen einzelner Programmzeilen dienen nur optischen Zwecken. Sie müssen nicht unbedingt einrücken, sollten das aber tun, um die Anweisungen zu kennzeichnen, die unter eine bestimmte Struktur fallen.

Drücken Sie für eine Einrückung am Zeilenanfang die ⇥-Taste oder klicken Sie auf die Einzugssymbole in der Symbolleiste *Bearbeiten*. Die Zeilen zwischen *Sub* und *End Sub* werden einmal eingerückt:

```
Sub Makro1()
    Anweisung 1
    Anweisung 2
    ...
    Anweisung n
End Sub
```

In Kontrollstrukturen und Schleifen wird ebenfalls eingerückt:

```
If Betragsumme  10000 Then
    Betrag = Betrag +Rabatt
Else
    Betrag = Betrag+Rabatt/2
End If
For zähler = 1 To 10
    zähler=zähler*2
Next zähler
```

Kommentare

Der Recorder fügt Kommentare am Makrokopf ein. Sie können (und sollten) viele Kommentare in den Makrocode einbauen, schreiben Sie den Text nach einem Apostroph ('):

```
Range("A1:E7").Select ' Datenbereich markieren
```

oder

```
Range("A1:E7").Select
' Datenbereich markieren
```

Verwenden Sie die Symbole aus der Symbolleiste *Bearbeiten*, um größere Blöcke von Codezeilen komplett in Kommentare umzuwandeln und auch wieder zurückzusetzen:

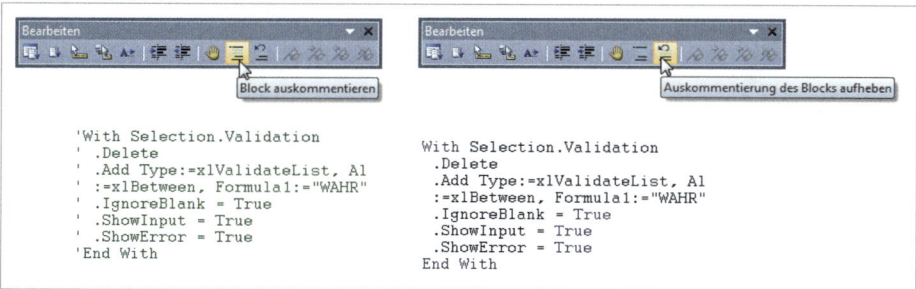

Bild 12.11: Kommentarblöcke setzen und aufheben.

Zeilenfortsetzung

Einige Anweisungen sind zu lang, um in einer Zeile Platz zu finden. Sie dürfen aber Codezeilen nicht einfach mit der ⏎-Taste abschließen und in der nächsten Zeile weiterschreiben, da mit ⏎ die Anweisung selbst zu Ende gebracht wird.

Verwenden Sie, wenn eine zweite Zeile benötigt wird, die Zeilenfortsetzung. Geben Sie am Zeilenende ein Leerzeichen und einen Unterstrich ein und drücken Sie dann die ⏎-Taste.

Schreiben Sie die Anweisung in der zweiten Zeile weiter.

Verfahren Sie so auch mit mehreren Zeilen, rücken Sie die Folgezeilen ein Stück ein:

```
Sub Testmakro2
Dim mtext$
Mtext = "Das ist ein sehr langer Text, " _
     & "er würde garantiert nicht in eine Codezeile " _
     & "passen und ist deshalb in mehrere " _
     & "Zeichenketten aufgeteilt."
MsgBox mtext
End Sub
```

Mehrere Anweisungen in einer Zeile

Auch das ist erlaubt: Fügen Sie, um Ihren Makrocode übersichtlich zu halten, mehrere Anweisungen mit Doppelpunkt getrennt in einer Zeile zusammen.

```
For i = 1 To 10 : i=i*2 : Next i
```

Sprungmarken (Labels)

Die automatischen Zeilennummern aus grauen Vorzeiten des BASIC gibt es nicht mehr, aber manchmal geht es nicht anders und ein direkter Sprung im Programmcode ist erforderlich (exzessive Nutzung führt zu Spaghetti-Code!). Geben Sie eine Sprungmarke ein, verwenden Sie einen beliebigen Begriff ohne Leerzeichen und Sonderzeichen und schreiben Sie einen Doppelpunkt dahinter. Angesteuert wird die Marke mit *GoTo*, hier aber ohne Doppelpunkt:

```
Sub Testmakro
...
EingabeBetrag:
...
GoTo EingabeBetrag
End Sub
```

12.6.3 QuickInfo und Objekthilfe

Der Interpreter weist nicht nur auf Syntaxfehler hin, er unterstützt auch bei der Eingabe von Befehlen, indem er die einzelnen Argumente in einer kleinen Info an der Schreibmarke anzeigt.

Hier am Beispiel der Anweisung *MsgBox*: Nach Eingabe der Anweisung und Drücken der ⸢ Leer ⸣ erscheint die QuickInfo. Der Teil, der als Nächstes erforderlich ist, wird fett markiert. Sie können die QuickInfo jederzeit reaktivieren, klicken Sie dazu auf das Symbol in der Symbolleiste *Bearbeiten*.

Die Info zeigt das Argument, das als Nächstes zu besetzen ist, fett gedruckt. Nach Eingabe des Kommas als Argumenttrennzeichen wird das nächste Argument angeboten. Die Argumente, die in eckigen Klammern stehen, sind optional, das heißt, sie müssen nicht angegeben werden.

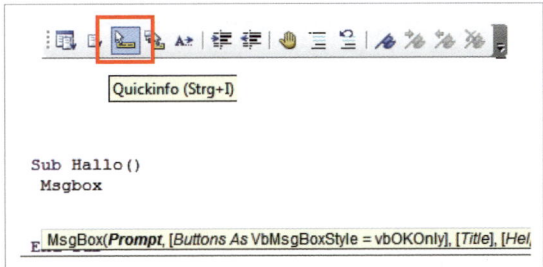

Bild 12.12: Die QuickInfo erscheint an der Cursorposition.

Aber nicht nur bei der Eingabe von Befehlen hilft der Editor, sondern auch bei der Zuweisung von Eigenschaften und Methoden an Objekte. Sobald der Name eines Objekts eingegeben und ein Punkt gesetzt wird, erscheint eine Liste mit allen Eigenschaften und Methoden, die dieses Steuerelement anbietet.

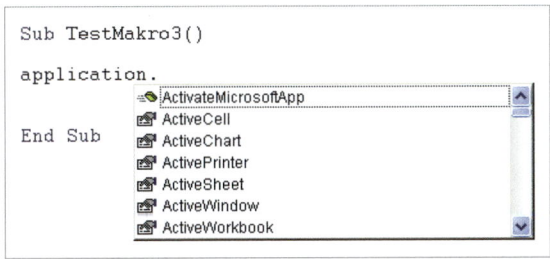

Bild 12.13: Liste mit Eigenschaften und Methoden des Objekts.

Wählen Sie die passende Eigenschaft aus der Liste und drücken Sie die ⇥-Taste, um den Eintrag zu übernehmen. Damit bleiben Sie in der Zeile und können weiterschreiben (mit ↵ wird die Zeile beendet).

Geben Sie den ersten Buchstaben des Wertes ein, wenn dieser bekannt ist.

12.7 Makros testen

Makros testen Sie, nachdem sie codiert sind, direkt im Interpreter (VBA-Editor), indem Sie sie starten. Sie können dazu auch den Einzelschrittmodus verwenden. Wählen Sie *Ansicht/Makros/Makro ausführen*. Besser sind die Tastenkombinationen:

- Drücken Sie F5, um das Makro an der Cursorposition zu starten.

- Drücken Sie F8, um das Makro schrittweise zu starten. Schalten Sie mit F8 Schritt für Schritt weiter oder mit F5 ohne Schritt bis zum Ende.

Wenn beim Ablauf des Makros ein Fehler auftritt, stoppt der Editor das Makro und meldet den Fehler in einer Dialogbox. Die Fehlermeldung selbst weist auf den Fehler hin, ist aber in ihrer Abstraktheit für Einsteiger oft nicht allzu nützlich.

Klicken Sie auf *Debuggen*, um sofort in das Modulblatt zu schalten. Die fehlerhafte Anweisung wird markiert.

Mit *Beenden* schließen Sie das Makro, ohne zum Editor zurückzukehren.

Die *Hilfe* gibt Auskunft über den Fehler, der unter dem angezeigten Fehlercode gemeldet wird.

12.7.1   Beispiel: Alter berechnen

Schreiben Sie ein Makro, das aus einem per Dialog angeforderten Geburtsdatum das Alter berechnet. Da dieses Makro keine ausführbaren Aktionen enthält, müssen Sie die Codezeilen ohne Makrorecorder erstellen.

Aktivieren Sie den Visual-Basic-Editor. Legen Sie ein neues Modul an und schreiben Sie diesen Code:

```
Sub AlterBerechnen()
 Dim GDatum, GDatumA
D_Eingabe:
 GDatum = InputBox("Bitte geben Sie Ihr Geburtsdatum ein:")
 If GDatum = "" Then Exit Sub
 If Not IsDate(GDatum) Then
 MsgBox "Bitte geben Sie ein gültiges Datum ein", vbCritical
  GoTo D_Eingabe
 End If
GDatumA = DateSerial(Year(Date), Month(GDatum), Day(GDatum))
If GDatumA <= Date Then
   alter = Year(Date) - Year(GDatum)
Else
   alter = Year(Date) - Year(GDatum) - 1
End If
MsgBox "Geburtstag: " _
 & Format(GDatum, "dddd, d. MMMM YYYY") & vbCr _
& "Alter: " & alter
End Sub
```

Schrittweise testen

Mit dem Schritt-Test wird ein Makro Zeile für Zeile durchgetestet. Sie können Makros schon beim Aufruf im Excel-Fenster schrittweise ablaufen lassen. Markieren Sie das Makro in der Makroliste und klicken Sie auf die Schaltfläche *Schritt*.

Der Visual-Basic-Editor wird aktiviert, die erste Zeile des Makros erhält einen gelben Hintergrund. Drücken Sie die Taste F8, um Zeile für Zeile durch den Code zu wandern. In der Markierungsleiste am linken Rand zeigt ein kleiner Pfeil auf die jeweils nächste Zeile, die zur Ausführung ansteht.

Die Symbolleiste *Debuggen* bietet auch Symbole für das schrittweise Austesten an, der *Einzelschritt* entspricht der Taste F8, mit dem *Prozedurschritt* können Sie so testen, dass Unterprogramme nicht einzeln, sondern als Block durchgerechnet werden.

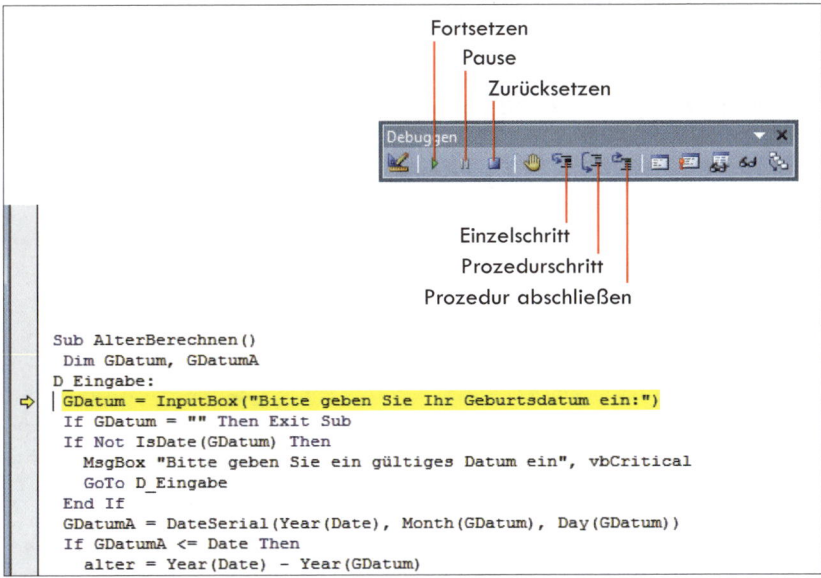

Bild 12.14: Symbolleiste »Debuggen« mit Testsymbolen.

Mit der Taste F5 oder einem Klick auf das *Fortsetzen*-Symbol wechseln Sie vom Einzel-schritt in die normale Ausführung.

Wenn Sie das Makro ab einer Stelle weiter unten oder oben im Code testen wollen, setzen Sie einfach den Zeiger um. Klicken Sie in die Zeile und drücken Sie Strg + F9 oder ziehen Sie das Zeigersymbol am linken Rand mit gedrückter Maustaste an die neue Position.

Wenn Sie den gelben Pfeil am Rand mit dem Mauszeiger an eine neue Position ziehen, läuft das Makro ab dieser Zeile weiter. Sie können auch den Cursor in eine andere Zeile setzen und Strg + F9 drücken.

12.7.2 Schrittmodus per Stop-Anweisung

Sie können ein Makro so präparieren, dass es an einer bestimmten Codezeile auto-matisch in den Schrittmodus wechselt. Geben Sie die Anweisung *Stop* ein. Das Makro durchläuft einen Bereich in der aktiven Tabelle und wechselt in den Schrittmodus, wenn es auf eine Zelle stößt, der das EUR-Zahlenformat zugewiesen ist.

```
Sub StopTest()
 MsgBox "Makro stoppt in der ersten EUR-Zelle"
 For Each varzelle In Range("F1:F20")
   varzelle.Select
   If InStr(varzelle.NumberFormatLocal, "EUR")  0 Then
     Stop
   End If
 Next varzelle
End Sub
```

12.7.3   Unterprogramme testen

Mit der Anweisung *Call* wird ein Unterprogramm aufgerufen. In der Praxis ist es sehr zeitraubend, bereits getestete Routinen im Einzelschritt abzuarbeiten. Verwenden Sie das Symbol *Prozedurschritt* oder diese beiden Tastenkombinationen:

⇧+F8 überspringt das Unterprogramm, es wird als eine Codezeile ausgeführt.

Strg+⇧+F8 drücken Sie im Unterprogramm, wenn Sie alle weiteren Zeilen ausführen und zum Einzelschrittmodus im aufrufenden Programm zurückkehren möchten.

12.7.4   Haltepunkte

Haltepunkte sind besonders in längeren Makrocodes von großem Nutzen, wenn die schrittweise Ausführung eines bereits getesteten Codes nicht ausreicht oder nicht mehr nötig ist. Setzen Sie bei den Makroanweisungen, ab denen Excel das Makro schrittweise testen soll, Haltepunkte:

Klicken Sie im Modul auf die Anweisung, bei der Sie den Unterbrechungsmodus einschalten wollen. Setzen Sie mit *Debuggen/Haltepunkt ein/aus* einen Haltepunkt. Die Zeile wird rot unterlegt. Starten Sie das Makro per Klick auf das Symbol *Sub/UserForm ausführen*. Das Makro läuft bis zur Zeile mit dem Haltepunkt und schaltet dort in den Schrittmodus.

```
Sub AlterBerechnen()
 Dim GDatum, GDatumA
 D_Eingabe:
  GDatum = InputBox("Bitte geben Sie Ihr Geburtsdatum ein:")
  If GDatum = "" Then Exit Sub
  If Not IsDate(GDatum) Then
    MsgBox "Bitte geben Sie ein gültiges Datum ein", vbCritical
    GoTo D_Eingabe
  End If
  GDatumA = DateSerial(Year(Date), Month(GDatum), Day(GDatum))
  If GDatumA <= Date Then
    alter = Year(Date) - Year(GDatum)
  Else
    alter = Year(Date) - Year(GDatum) - 1
  End If
```

Bild 12.15: Haltepunkt setzen

Mit der Taste F5 springen Sie im Makro von Haltepunkt zu Haltepunkt, setzen Sie diese jeweils an die letzte Zeile eines ausgetesteten Blocks. Ein Haltepunkt wird genauso gelöscht, wie er gesetzt wurde: Markieren Sie die Anweisung und wählen Sie *Debuggen/ Haltepunkt ein/aus*. Ein schneller Haltepunktschalter: Mit F9 oder einem Klick auf die Markierungsleiste links wird ein Haltepunkt gesetzt und auch wieder entfernt. *Alle Haltepunkte löschen* aus dem Menü *Debuggen* macht, was es ausdrückt: Die Option entfernt alle gesetzten Haltepunkte in einem Makro.

12.7.5   Das Direktfenster

Das wichtigste Testwerkzeug ist gerade für Einsteiger das Direktfenster. Es bietet die Möglichkeit, vor oder während des Makrolaufs Objekte, Methoden und Eigenschaften abzurufen, Variablen oder Ausdrücke zu testen oder einfach Zellinhalte, Datei- und Tabellennamen abzufragen.

Öffnen Sie das Fenster mit [Strg]+[G] oder *Ansicht/Direktfenster*.

Geben Sie ein Fragezeichen (?) ein. Das ist die Print-Anweisung für dieses Fenster, der Rest der Zeile wird »in das Fenster gedruckt«. Geben Sie eine Anweisung oder einen Teilcode ein und drücken Sie [←]. Das Ergebnis wird unter der Fragezeichenzeile angezeigt, Sie können eine neue Zeile eingeben oder die erste Zeile überschreiben. Fragen Sie im Direktfenster Informationen aus Windows oder Excel ab. Das sind Informationen, die Excel (oder Windows) zur Verfügung stellt und die im Makrocode über Anweisungen, Konstanten oder Objekteigenschaften abgerufen werden:

Systeminfo	Ergebnis
? Date	Tagesdatum
? Time	Aktuelle Uhrzeit
? Application.Username	Name des Excel-Anwenders
? Activesheet.Name	Name der aktiven Tabelle
? Application.Version	Versionsnummer von Excel

Ausgabe in das Direktfenster per Makro

Das Direktfenster trägt den Objektnamen *Debug*, und um es von einer Prozedur aus anzusteuern, verwenden Sie diese Anweisung:

```
Debug.Print xx
```

Sie können alle Abfragen, die Sie eingetippt hatten, auch zu einem Makro zusammenfassen. Schreiben Sie dieses Makro in ein Modul:

```
Sub XLInfos ()
 Debug.Print Date
 Debug.Print Time
 Debug.Print "Benutzer: " & Application.UserName
 Debug.Print "Programm: " & Application.Name & " " & Application.Version
 Debug.Print "Aktuelle Tabelle: " & ActiveSheet.Name
 Debug.Print "Zellzeiger steht in Zelle: " _
            & ActiveCell.Address
 Debug.Print ActiveWorkbook.Name
End Sub
```

Starten Sie das Makro mit geöffnetem Fenster, sehen Sie, wie die Informationen Zeile für Zeile in das Direktfenster gedruckt werden.

Makro nach Bedingung anhalten

Sie können das Debug-Objekt auch dazu benutzen, das Makro anzuhalten, wenn eine bestimmte Bedingung nicht erfüllt ist. Verwenden Sie die Methode *Assert*, die das Makro anhält. Hier ein Beispiel: Das Makro durchläuft in einer Schleife die ersten 50 Zellen der Spalte A, stoppt bei der ersten Zelle, die leer ist, und wechselt in den Einzelschritt.

```
Sub DebugAssertTest ()
 For i = 1 To 50
   Cells(i, 1).Select
   Debug.Assert (ActiveCell.Value  "")
 Next i
End Sub
```

12.7.6　Das Lokal-Fenster

Im Lokal-Fenster finden Sie alle deklarierten Variablen der aktiven Prozedur oder Funktion, wenn Sie im Einzelschrittmodus arbeiten. Aktivieren Sie dieses Fenster über *Ansicht/Lokal-Fenster*.

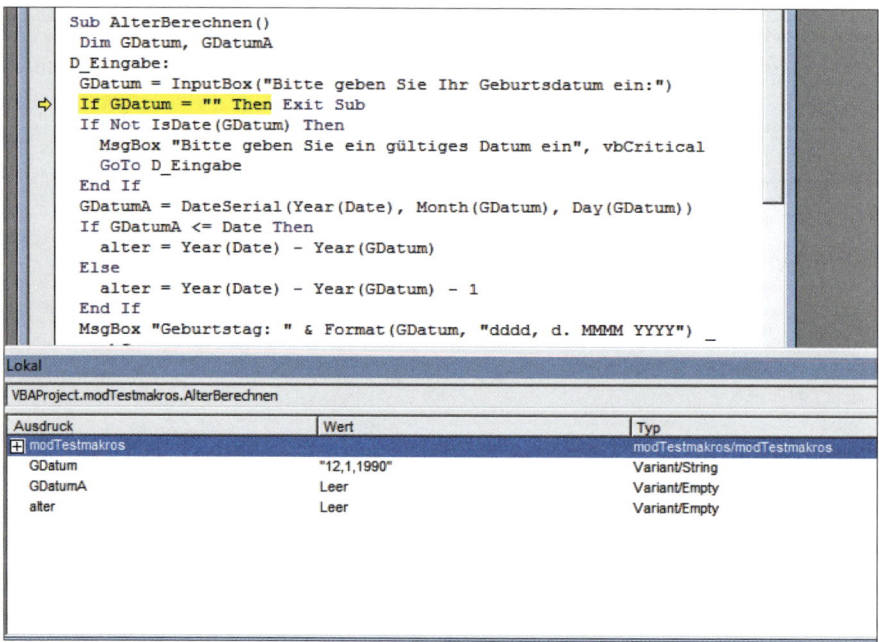

Bild 12.16: Das Lokal-Fenster zeigt im Einzelschrittmodus die Variablen.

Sie können den Variableninhalt in der zweiten Spalte ändern, setzen Sie einfach den Cursor in den Eintrag und geben Sie einen neuen Wert ein. Das Symbol mit den drei Punkten rechts oben in der Ecke bietet alle Funktionen und Prozeduren des aktiven Moduls an.

12.7.7　Das Überwachungsfenster

Um die Änderungen in Variablen und anderen beweglichen Teilen des Makros gezielt kontrollieren zu können, schalten Sie das Überwachungsfenster ein. Sie können das Fenster einfach einblenden und Teile des Makrocodes darin einfügen:

Wählen Sie *Ansicht/Überwachungsfenster*. Markieren Sie einen Teil des Makrocodes, eine Variable, ein Objekt oder einen Ausdruck. Wählen Sie *Debuggen/Überwachung hinzufügen*, geben Sie die Überwachungsart an und bestätigen Sie, um die Überwachung einzufügen. Für eine schnelle Überwachung ziehen Sie den markierten Code-teil einfach mit gedrückter Maustaste in das Fenster. Die Überwachungsart kontrollieren Sie mit *Überwachung bearbeiten* aus dem Kontextmenü der rechten Maustaste.

Testen Sie das Überwachungsfenster mit einem Makro, das Zufallszahlen generiert:

```
Sub Zufallszahl()
 Dim intZähler
 For intZähler = 1 To 10
    Randomize
    TestWert = (Int(10 * Rnd)+1)
 Next intZähler
End Sub
```

Ziehen Sie die Variablen *intZähler* und *TestWert* in das Überwachungsfenster und testen Sie das Makro mit F8. Mit jedem Durchlauf der Schleife erhalten die beiden Variablen auf der Überwachungskarte andere Werte. Der Schleifenzähler zählt sequenziell von 1 bis 10, die Zufallszahl erhält Zufallswerte zwischen 1 und 10.

Eine weitere Variante der Überwachung ist die Unterbrechung: Sie können eine Über-wachung so definieren, dass sie die Ausführung eines Makros unterbricht und in das Textfenster schaltet, sobald eine Variable einen bestimmten Wert angenommen oder sich verändert hat. Fügen Sie für unser Beispiel eine Überwachung ein, die das Makro unterbricht, wenn eine Zufallszahl erzeugt wird, die größer als 90 ist.

Wählen Sie *Debuggen/Überwachung hinzufügen*. Geben Sie diesen Ausdruck ein:

```
TestWert 5
Unterbrechen, wenn der Wert True ist
```

Wählen Sie die Überwachungsart. Starten Sie das Makro mit F5. Der Editor stoppt die Ausführung und blendet das Testfenster ein, sobald eine Zufallszahl größer als 5 erzeugt wurde.

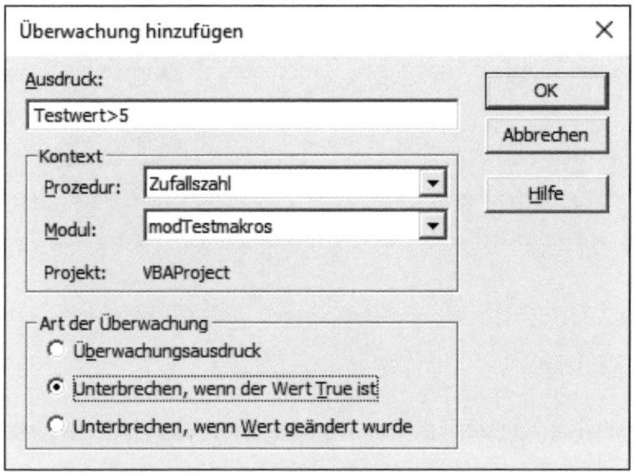

Bild 12.17: Makro unterbrechen mit Überwachung.

Art der Überwachung legt fest, wie VBA auf den Überwachungsausdruck reagiert. Wählen Sie *Überwachungsausdruck*, wird dieser zusammen mit seinem aktuellen Wert im Überwachungsfenster angezeigt.

Im Haltemodus wird der Wert automatisch aktualisiert. Wählen Sie *Unterbrechen, wenn der Wert True ist*, wechselt das Makro automatisch in den Haltemodus, wenn der Ausdruck als wahr oder als beliebiger Wert ungleich null ausgewertet wird (nicht in Zeichenfolgenausdrücken). Mit *Unterbrechen, wenn Wert geändert wurde* wechselt das Makro automatisch in den Haltemodus, wenn sich der Wert des Ausdrucks innerhalb des angegebenen Kontextes ändert.

Um eine Überwachung wieder zu löschen, markieren Sie sie im Überwachungsfenster und drücken die Taste ⌊Entf⌋. Ein Doppelklick auf die Zeile öffnet die Dialogbox zur Bearbeitung der Überwachung (auch unter *Extras/Überwachung bearbeiten*).

12.7.8   Makros kompilieren

Mit der Kompilierung eines Makros wird es noch mal gründlich auf Fehler getestet:

Markieren Sie das Projekt, das Sie kompilieren wollen. Wählen Sie *Debuggen/Kompilieren von Projektxx*.

Im Unterschied zur Kompilierung in selbstständigen Programmiersprachen wie Visual Basic, C++ oder Java findet keine Umsetzung in Maschinensprache statt (nur intern), es wird keine ausführbare Datei erzeugt. Der Compiler endet auch ohne weitere Kommentare, wenn keine Fehler mehr im Code entdeckt wurden, und der Befehl im *Debuggen*-Menü ist inaktiv, solange das Projekt nach der Kompilierung nicht verändert wurde.

Mit der *bedingten Kompilierung* haben Sie die Möglichkeit, zwei Versionen von Makrocodes zu schreiben, eine *Testversion* und eine *Auslieferversion*. Wenn Sie Anweisungen wie *Stop*, *Debug.Assert* oder *Debug.Print* oder Meldungen im Makro haben, die nur beim Austesten zur Laufzeit auftauchen sollen und nicht in der Endversion, die an Kunden ausgeliefert wird, verpacken Sie sie in bedingte Kompilierungsblöcke. Sie brauchen zunächst eine Compilervariable, geben Sie sie mit einer #CONST-Anweisung am Kopf des Moduls ein. Hier heißt die Variable *myTest*, sie wird auf den Boolean-Wert *True* gesetzt:

```
#Const myTest = True
```

Schreiben Sie ein Makro, das eine Reihe von Zahlen in einem Zellbereich abgreift und in eine Variable aufsummiert.

```
Sub ZahlenCheck ()
 Dim varZelle, lngSumme
 Range("Testzahlen").Select
 For Each varZelle In Selection
  lngSumme = lngSumme+varZelle
 Next varZelle
```

Die Meldung der Summe erfolgt über eine bedingte Kompilierung, dazu wird vor *If* und *End If* jeweils ein #-Zeichen gesetzt.

```
 #If myTest = True Then
   MsgBox "Summe: " & lngSumme
 #End If
End Sub
```

Dieser Block wird nur ausgeführt, wenn die Compilervariable auf *True* gesetzt ist. Sie können jetzt in allen Makros Anweisungsblöcke schreiben, die vom Wert der Compilervariablen abhängig sind. Ist das Makro fertig getestet, setzen Sie die Variable auf *False* und die Blöcke werden nicht mehr ausgeführt. Schneller geht's mit einem Unterprogramm. Verpacken Sie die kompilierten Bedingungen in eine Subroutine und rufen Sie diese auf:

```
Call Check
Sub Check
#If . . .
#End If
End Sub
```

12.7.9 Makro abbrechen

Auch das wird Ihnen passieren: Eine Schleife läuft endlos, weil das Schleifenende nicht zu finden ist, oder ein Datenzugriff dauert ewig, weil Excel auf den Server wartet. Um ein laufendes Makro abzubrechen, drücken Sie einfach die Tastenkombination (Strg)+(Pause). Das Makro wird unterbrochen, eine Meldung erscheint und bietet die Möglichkeit, in den Debugging-Modus zu wechseln:

Ausführung des Codes wurde unterbrochen

Klicken Sie auf *Fortfahren*, startet das Makro wieder, mit *Beenden* stoppen Sie das Makro. Ein Klicken auf *Debuggen* schaltet den VBA-Editor in den Einzelschrittmodus, die aktuelle bzw. nächste Ausführungszeile wird gelb markiert und Sie können in Ruhe nach dem Fehler suchen oder ganz abbrechen.

Leider gibt es auch Makros, die sich nicht abbrechen lassen. Hier hilft nur noch der Task-Manager. Starten Sie ihn mit (Strg)+(⇧)+(Esc) und brechen Sie den aktiven Prozess (Excel) ab. Alle zuvor nicht gesicherten Daten sind dann natürlich weg.

12.7.10 Auffangbare Fehler

Die Anweisung *On Error* sorgt dafür, dass das Makro bei eventuell auftretenden Fehlern nicht abbricht. Mit *On Error* schalten Sie die Fehlerprüfung aus und lenken das Makro im Fehlerfall auf eine Sprungadresse (im Beispiel mit der Bezeichnung *fehler*). Nach dieser Anweisung wird die Fehlerprüfung sofort wieder eingeschaltet und das Makro bricht wieder ab, wenn ein Fehler auftritt. Verwenden Sie *On Error*, um sicherzustellen, dass eine Tabelle oder Mappe, die Sie bearbeiten wollen, auch da ist:

```
Sub Fehlertest()
  On Error GoTo fehler
  Sheets("Test").Select
  Exit Sub
fehler:
 MsgBox "Die Tabelle ist nicht vorhanden! ", vbCritical, _
"Fehler " & Err
End Sub
```

Verwenden Sie die Fehlerprüfung immer, wenn das Makro bei Fehlern kontrolliert beendet werden soll. Sie können mit *On Error Goto ...* oder mit der kürzeren Variante *On Error Resume Next* arbeiten, die einfach in der nächsten Zeile weitermacht, wenn ein Fehler auftritt. Vergessen Sie aber auf keinen Fall, die Fehlerprüfung mit *On Error Goto 0* wieder einzuschalten, wenn die potenzielle Fehlerquelle vorbei ist. Excel kann bei ausgeschalteter Fehlerprüfung fürchterlich viel Unheil anrichten!

 Suchen Sie bei Google nach diesem KnowledgeBase-Artikel, er enthält alle auffangbaren Fehler: KB142138.

12.7.11 Fehler-Logbuch

Schreiben Sie die Makrofehler in eine Textdatei. In dieser können Sie unabhängig von Excel auf die Fehlersuche gehen.

```
Sub ErrTest()
  On Error GoTo msgErr_Write
  ChDir "Test"
  Exit Sub
msgErr_Write:
  WriteErr
End Sub
Public Sub WriteErr()
  'Ausgabe von Fehlermeldungen in Log- oder err-File
  Dim strFehlerDatei As String, datnr As Integer
  Dim err_mldg As String, pfad As String
  ' Freie Dateinummer
  datnr = FreeFile
  strFehlerDatei = "Fehler-Logbuch.txt"
  ' Hier bestimmen Sie den Pfad zum Logbuch
  pfad = "C:\Daten\"
  ' Datei wird geöffnet
  Open pfad & strFehlerDatei For Append As #datnr
  ' Auf Fehler überprüfen und eintragen
  If Err.Number <> 0 Then
    err_mldg = "Fehler # " & Str(Err.Number) _
    & " - ausgelöst von " _
    & Err.Source & " Beschr.: " & Err.Description
  Print #datnr, "***"; strFehlerDatei; "***"
  Print #datnr, Date, Time, err_mldg
  Print #datnr, "*******"
  Close #datnr
  ' Meldung (evtl. abschalten)
  MsgBox "Fehler in Logbuch eingetragen"
  End If
End Sub
```

12.8 Die Programmiersprache VBA

In den Beispielen zum Makroeditor und Makrotest hatten Sie schon kleine VBA-Prozeduren kennengelernt, auch Elemente des Objektmodells und Ereignisprogrammierung waren schon dabei. Lernen Sie in diesem Abschnitt die wichtigsten Elemente der Programmiersprache VBA (**V**isual **B**asic for **A**pplications) kennen.

12.8.1 Das Objektmodell

VBA ist eine objektorientierte Programmiersprache. Im OOP (**O**bject-**O**riented **P**rogramming) dreht sich alles um Objekte, Eigenschaften und Methoden und eine Windows-Applikation wie Excel hat mit ihren zahlreichen Menübefehlen und Funktionen eine ganze Menge davon.

Das Gleiche gilt für Ereignisse: Schon die Bewegung des Mauszeigers ist ein Ereignis, das mit VBA ebenso programmierbar ist wie das Öffnen einer Mappe, das Drucken von Daten oder die Neuberechnung Ihrer Tabelle.

VBA behandelt alles, was in der Programmumgebung zu finden ist, als Objekte und stellt dem Entwickler von Makros sogenannte Bibliotheken zur Verfügung, in denen Routinen zum Anprogrammieren dieser Objekte enthalten sind. Jedes Objekt hat in diesem Objektmodell Eigenschaften, Methoden und Ereignisse. Stellen Sie sich ein reelles, echtes Objekt vor und versuchen Sie, eine solche Einteilung für dieses Objekt vorzunehmen. Nehmen wir als Beispiel ein Auto. Welche Eigenschaften hat das Objekt, welche Methoden? Und welche Ereignisse könnten Sie programmieren, wenn das Objekt programmierbar wäre?

Objekt »Auto«

Eigenschaften	Methoden	Ereignisse
Marke	Starten	Beim Fahren
Modell	Fahren	Im Stillstand
Farbe	Bremsen	In der Kurve
Anzahl Zylinder	Abbiegen	Bei geschlossenen Türen
kW	Tür öffnen	usw.
Ausstattung	usw.	
Bereifung		
usw.		

Objekt »Arbeitsmappe«

So wie ein reelles Objekt liefert auch Excel für sich selbst (Application) oder seine Bestandteile Eigenschaften, Methoden und Ereignisse. Hier zum Beispiel eine Arbeitsmappe:

Eigenschaften	Methoden	Ereignisse
Name	Öffnen	Beim Öffnen
Aktive Tabelle	Schließen	Beim Schließen
Anzahl Tabellen	Speichern	Beim Wechsel auf ein anderes Tabellenblatt
Gespeichert	Drucken	
Geschützt	Tabelle löschen	Beim Drucken
usw.	usw.	usw.

12.8.2   Der Objektkatalog

Technisch gesehen sind Objekte binäre Komponenten, die sich in verschiedenen Dateien (EXE-Dateien, DLL-Bibliotheken) verbergen. Objekte stehen für die Programmierung zur Verfügung, sie werden aus verschiedenen Bibliotheksdateien bezogen, die bei der Installation des Office-Pakets auf die Festplatte kopiert wurden. Im Objektkatalog finden Sie eine Übersicht über alle Objekte, die mit VBA angesprochen werden können. Aktivieren Sie den Objektkatalog und informieren Sie sich über Objekte, Eigenschaften und Methoden.

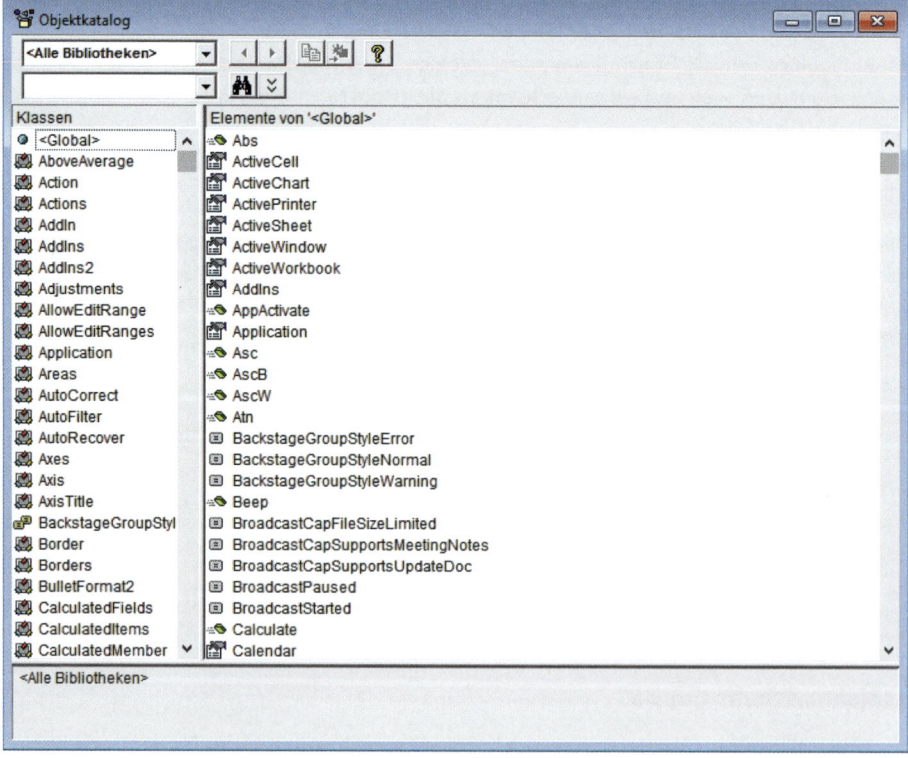

Bild 12.18: Der Objektkatalog.

Starten Sie den VBA-Editor mit (Alt)+(F11). Mit *Ansicht/Objektkatalog* oder der Taste (F2) öffnen Sie ein neues Fenster im Arbeitsbereich. Links oben im neuen Fenster wird die Liste aller aktiven Bibliotheken angezeigt. Öffnen Sie diese Liste. Klicken Sie auf den Eintrag *Excel*, um die Excel-Bibliothek anzuzeigen. Markieren Sie das Klassenobjekt *Application* und kontrollieren Sie die Eigenschaften und Methoden dieses Objekts.

Klassenobjekte

Klassen sind die Vorlagen für einzelne Objekte, ein Klassenobjekt liefert zur Laufzeit des Makros das passende Objekt mit allen seinen Methoden und Eigenschaften. Der VBA-Programmierer kann, wenn das Angebot nicht reicht, selbst Klassen erstellen und so die Erstellung komplexer Makros erleichtern. Die Klasse verhindert nämlich, dass ein Objekt mit Eigenschaften und Methoden benutzt wird, die es gar nicht besitzt.

Eine Klasse ist ein Prototyp, der die gemeinsamen Variablen und Methoden aller Objekte dieser Klasse definiert. Mit *Einfügen/Klassenmodul* können Sie, wenn alle Möglichkeiten mit den verfügbaren Objekten ausgereizt sind, später selbst Klassenobjekte schreiben.

Eigenschaften

Eine Eigenschaft ist ein Attribut des Objekts, mit dem eines seiner Charakteristika (z. B. Größe, Farbe oder Bildschirmposition) oder ein Aspekt seines Verhaltens (z. B. ob es aktiviert oder sichtbar ist) definiert wird. Sie ändern die Charakteristika eines Objekts, indem Sie die Werte seiner Eigenschaften ändern.

Methoden

Bei einer Methode handelt es sich um eine Aktion, die von einem Objekt durchgeführt werden kann. *Close* und *Add* sind Methoden des Workbook-Objekts.

Weitere Objektbibliotheken

Schalten Sie in der Liste links oben auf den Eintrag *Alle Bibliotheken*, zeigt der Objektkatalog alle Objekte aus allen geladenen Bibliotheken an. Die *Office*-Bibliothek liefert beispielsweise die Objekte für den Office-Assistenten, die Symbolleisten und Symbole, in der *VBA*-Bibliothek finden Sie Funktionen und Konstanten. Wenn Sie eine weitere Bibliothek brauchen, um beispielsweise aus einer Excel-Prozedur ein Word-Dokument oder eine Access-Datenbank anzuprogrammieren, binden Sie diese einfach als neuen Verweis ein:

Wählen Sie *Extras/Verweise*. Suchen Sie in der Liste der verfügbaren Verweise nach der passenden Bibliothek. Kreuzen Sie die Bibliothek an und bestätigen Sie mit *OK*. Jeder Verweis setzt voraus, dass die passende Datei installiert ist. Die Office-Programme Word, Outlook, Access, PowerPoint und Project sind im Angebot, sofern sie installiert wurden. Viele Nicht-Microsoft-Applikationen wie CorelDraw oder Visio richten ebenfalls DLL-Objektdateien für die VBA-Programmierung ein.

Suche nach Objekten, Eigenschaften und Methoden

Mit dem *Suchen*-Symbol am oberen Rand des *Objektkatalog*-Fensters können Sie nach Elementen im Katalog suchen. Tragen Sie einen Suchbegriff in das Eingabefeld ein und klicken Sie auf das Symbol, um alle Bibliotheken nach diesem Element zu durchsuchen. Suchen Sie beispielsweise nach *Date*, liefert die Suchliste alle Objekte aus der VBA-Bibliothek, die für die Datumsberechnung zur Auswahl stehen. Mit Klick auf das Doppelpfeilsymbol neben dem Suchsymbol schalten Sie die Suchliste wieder aus, die gesamte Objektbibliothek wird wieder angezeigt. Wenn Sie ein angezeigtes Objekt oder Element anklicken und die Funktionstaste ⌐F1⌐ drücken, erhalten Sie gezielt Hilfetexte zu dem markierten Begriff.

Objektkatalog schließen

Schließen Sie den Objektkatalog wieder oder wechseln Sie in ein bereits angelegtes Modulfenster. Klicken Sie dazu auf das Symbol *Fenster schließen* rechts oben im Fenster des Katalogs, wechseln Sie über das *Fenster*-Menü in ein Modul oder erstellen Sie mit *Einfügen/Modul* ein neues Programmierblatt für VBA-Prozeduren und -Funktionen.

12.8.3   Das Objektmodell

Die umfangreichen Objektbibliotheken haben einen Nachteil: Sie zeigen zwar alle Objekte korrekt an, können aber nicht alle hierarchischen Beziehungen zwischen den Objekten wiedergeben. Markieren Sie beispielsweise das *Application*-Objekt, bietet der Katalog u. a. die Eigenschaft *ActiveCell* an. Nun ist *ActiveCell* nicht nur eine Eigenschaft von *Application* (und von *ActiveSheet*), sondern gibt selbst wieder ein Objekt zurück, das Eigenschaften wie *.Value*, *.Visible* und Methoden wie *.Clear*, *.Copy* und *.Merge* anbietet. Diese Zusammenhänge sind anfangs schwer zu durchschauen, hier leistet aber die Debugging-Hilfe wertvolle Hilfestellung.

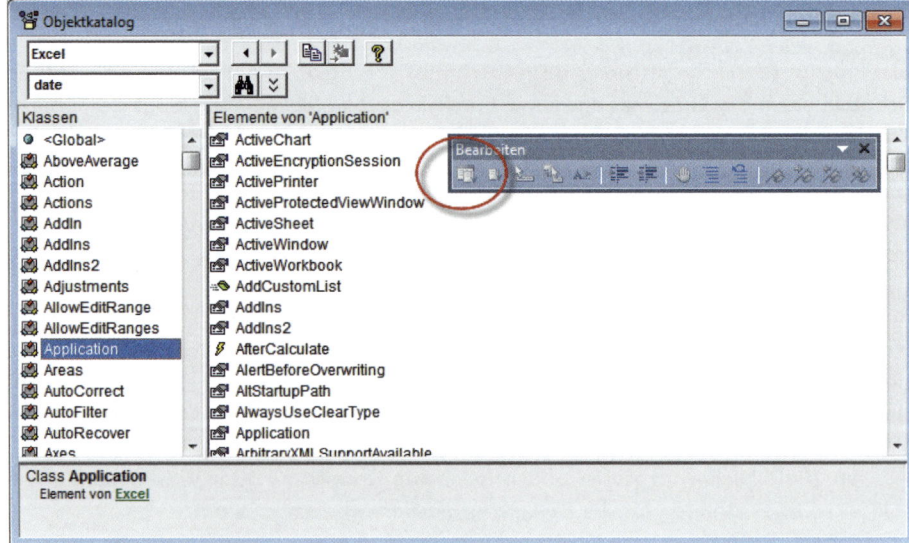

Bild 12.19: Eigenschaften und Methoden des Objekts.

In der Symbolleiste *Bearbeiten* finden Sie Symbole zur Steuerung der Debugging-Hilfe. Das erste links außen zeigt alle Eigenschaften und Methoden zum Objekt, auf dem der Cursor gerade steht. Diese Liste erscheint bei den meisten Objekten auch, wenn der Punkt als Trennzeichen eingegeben wird.

Programmieren mit Objekten, Eigenschaften und Methoden

Dieses Makro dimensioniert eine Objektvariable (*wb*) und weist ihr über die *Set*-Anweisung die aktive Arbeitsmappe zu. Dann nutzt es die Eigenschaft *Sheets* (alle Blätter) und von dieser wieder die Eigenschaft *count*, um die Blätter der Mappe zu zählen. Alles zusammen wird in einer Meldung (*MsgBox*) ausgegeben:

```
Sub ObjektTest ()
  Dim wb As Workbook
  Set wb = ActiveWorkbook
  MsgBox wb.Sheets.Count
End Sub
```

Hier wird eine weitere Variable eingeführt und die *Set*-Anweisung benutzt gleich eine Methode (*Add*), um ein neues Tabellenblatt damit zu erstellen. Die Eigenschaft *Range("B1")* bezeichnet eine Zelle, von ihr wird die Eigenschaft *Value* mit dem Tagesdatum versehen:

```
Sub ObjektTest2 ()
    Dim wb As Workbook
    Dim ws As Worksheet
    Set wb = ThisWorkbook
    Set ws = wb.Worksheets.Add
    ws.Range("B1").Value = Date
End Sub
```

Objekthierarchie nutzen

Das Prinzip des hierarchischen Aufbaus schreibt vor, dass Sie ein Objekt nur in seinem hierarchischen Pfad ansprechen können. Um beispielsweise die Zelle C3 in der Tabelle *Vergleich* innerhalb der Mappe *Haus.xlsx* mit einer Zahl füllen zu können, würden Sie schreiben:

```
Application.Workbooks("Haus.xlsx") _
  .Sheets("Vergleich").Range("C3").Value = 120
```

Stellen Sie in der Prozedur aber vorher sicher, dass der Pfad bereits eingeschlagen ist, können Sie die Objekte im aktiven Element direkt ansteuern:

```
Application.Workbooks("Haus.xlsx").Activate
Sheets("Vergleich").Activate
Range("C3").Value = 120
```

Objektvariablen nutzen

Sehr nützlich sind für die Programmierung mit Objekten die Variablentypen *Object* und *Range*. Wenn Sie am Anfang der Prozedur eine Variable für ein Objekt einführen und den Variablentyp zuweisen, können Sie im Programmcode immer mit der Variablen anstelle der direkten Angabe von Mappen- und Tabellennamen, Bereichen und Elementen arbeiten.

Das Makro definiert die aktuelle Mappe, eine Tabelle daraus und einen Bereich über *Object*- bzw. *Range*-Variablen, steuert diesen Bereich an und weist der dritten Spalte ein Zahlenformat zu:

```
Sub ObjektvariablenTest()
 Dim AW As Object, ABlatt As Object
 Dim KBereich As Range
 ' Mappe zuweisen
 Set AW = ThisWorkbook
 ' Tabelle zuweisen
 Set ABlatt = AW.Sheets("Vergleich")
 ' Bereich zuweisen
 Set KBereich = ABlatt.Range("A1:C13")
 ' Tabelle markieren
 ABlatt.Activate
 ' Bereich mit Zahlenformat versehen
 With KBereich
   .Select
   columns(3).NumberFormatLocal = "#.##0,00"
 End With
End Sub
```

Listenobjekte

Zu den wichtigsten Objekten gehört die Gruppe der Listenobjekte (*collections*). Diese Objekte enthalten mehrere Elemente und Excel bietet sehr oft Gelegenheit für ein Listenobjekt. Der Vorteil liegt auf der Hand: Anstatt im Objektmodell für jede einzelne Tabelle eine Objektbezeichnung bereitzustellen, enthält dieses ein Listenobjekt *Sheets*, das für alle Tabellen steht. Das Listenobjekt *cells* bezeichnet alle Zellen der Tabelle und *Shapes* steht für alle Objekte dieser Tabelle.

Listenobjekt	Bedeutung	Beispiele
Workbooks	Alle offenen Mappen	*Workbooks.Count* (Mappen zählen)
		Workbooks(1).Activate (Erste Mappe aktivieren)
		Workbooks("Mappe1").Close (Mappe schließen)
Sheets	Alle Tabellen	*Sheets.Count* (Tabellen zählen)
		Sheets(1).Delete (Erste Tabelle löschen)
Cells	Alle Zellen	*Cells.Clear* (Alle Zellen löschen)
		Cells(1,1).Select (Zelle A1 ansteuern)

Beispiel: Blattzähler

Schreiben Sie ein Makro, das alle Tabellen der aktiven Mappe zählt und in einer Meldung ausgibt. Die *For...Each*-Schleife eignet sich hier besonders gut, um alle Elemente eines Listenobjekts (hier *Sheets*) abzurufen.

```
Sub BlattZaehler ()
 Dim wb As Workbook
 Dim strMext As String, varBlatt
 Set wb = ThisWorkbook
 For Each varBlatt In wb.Sheets
 strMext = strMext & varBlatt.Name & vbCr
 Next varBlatt
 MsgBox strMext, vbInformation, "Blattzähler"
End Sub
```

12.8.4 Ereignisse programmieren

Wie die Objekte stehen auch Ereignisse bereits mit der Anwendung einer Applikation (Excel) zur Verfügung. Das Öffnen einer Mappe, das Markieren von Zellen oder die Neuberechnung der Tabelle ist ein Ereignis, das von VBA-Makros ausgewertet werden kann. Ein klassisches Ereignis ist der Klick auf eine Schaltfläche: Das Programm wird mit einer Meldung unterbrochen, der Benutzer löst das Ereignis aus und das im Speicher »wartende« Programm wertet das Ergebnis aus. Auch das Öffnen und Schließen von Mappen, die Druckausgabe und der Wechsel in ein anderes Fenster sind programmierbare Ereignisse.

Ereignisse der Arbeitsmappe

Die wichtigsten Ereignisse für Arbeitsmappen sind *Workbook_Open* und *Workbook_BeforeClose*, der Zweck ist leicht zu erraten. Das *Open*-Ereignis tritt mit dem Öffnen der Mappe ein, das *BeforeClose*-Ereignis, wenn die Mappe über das *Datei*-Menü mit dem *Schließen*-Kästchen des Fensters oder über einen Makrobefehl geschlossen wird.

Aktivieren Sie den VBA-Editor für die aktive Arbeitsmappe. Klicken Sie im Projekt-Explorer-Fenster doppelt auf den Eintrag *DieseArbeitsmappe* im Ordner *Excel-Objekte*. Schalten Sie im Listenelement, das links oben im Codefenster angeboten wird, auf *Workbook*. Das *Workbook_Open*-Makro wird automatisch erzeugt, Sie können den Code einfügen.

In den Vorgängerversionen (bis Excel 5) gab es für diese Aufgaben spezielle Makronamen (*auto_open()*, *auto_close()*). Diese Technik ist zwar veraltet, funktioniert aber immer noch.

Dieses Makro steuert nach dem Öffnen der Mappe gezielt ein Tabellenblatt an und schreibt den Benutzernamen in eine Zelle:

```
Private Sub Workbook_Open ()
  Dim wb As Workbook, ws As Worksheet
  Set wb = ThisWorkbook
  Set ws = wb.Sheets("Vordruck")
```

```
    ws.Select
    [d1] = "bearbeitet von: "
    [d2] = Application.UserName
End Sub
```

Mit diesem Makro speichern Sie beim Schließen die Mappe automatisch, wenn sie noch nicht gespeichert wurde. Dazu wird die Eigenschaft *Saved* abgefragt:

```
Private Sub Workbook_BeforeClose(Cancel as Boolean)
    If Me.Saved = False Then Me.Save
End Sub
```

Das *BeforeClose*-Ereignis bietet in der Klammer das Argument *Cancel* an. Setzen Sie dieses im Makrocode auf *True*, verhindern Sie, dass die Mappe geschlossen wird. Das Beispielmakro verhindert das Schließen einer Mappe, wenn eine andere Mappe (*Journal.xlsx*) noch offen ist.

```
Private Sub Workbook_BeforeClose (Cancel As Boolean)
 Dim gefunden As Boolean, wb
 gefunden = False
 For Each wb In Application.Workbooks
  If wb.Name = "Journal.xlsx" Then
    gefunden = True
    Exit For
  End If
 Next wb
 If gefunden = True Then
  Cancel = True
  MsgBox "Bitte schließen Sie zuerst das Journal! " _
    , vbInformation, "Hinweis"
 End If
End Sub
```

Weitere Ereignisse für Mappen

Sehen Sie sich die Liste rechts oben im Codefenster der Arbeitsmappe an. Hier finden Sie alle Ereignisse, die sich für Mappen programmieren lassen. Die Ereignisse, für die bereits Prozeduren erstellt sind, werden fett gedruckt. Mit dem Klick auf ein Ereignis wird das Makro sofort angelegt.

Schreiben Sie z. B. ein Makro, das auf das Ereignis *Tabelle anlegen* reagiert, den Benutzer informiert, wie die neue Tabelle heißt, und ihm die Möglichkeit gibt, diese sofort zu benennen.

```
Private Sub Workbook_NewSheet(ByVal Sh As Object)
  Dim neuname, neublatt
  neuname = _
  InputBox("Blattname für " & Sh.Name)
  If neuname = "" Then Exit Sub
  Sh.Name = neuname
End Sub
```

Tabellenblattereignisse

Nicht nur die Arbeitsmappe, sondern auch jedes einzelne Tabellenblatt bietet eine Liste mit Ereignissen, die mit VBA-Code belegt werden können. Lassen Sie sich diese Liste zeigen:

Klicken Sie im Projekt-Explorer-Fenster doppelt auf einen Tabellennamen im Ordner *Excel-Objekte*. Schalten Sie im Codefenster links oben auf *Worksheet* und suchen Sie in der Liste rechts oben nach dem passenden Ereignis. Das Ereignismakro wird sofort erzeugt, Sie können es mit VBA-Code füllen.

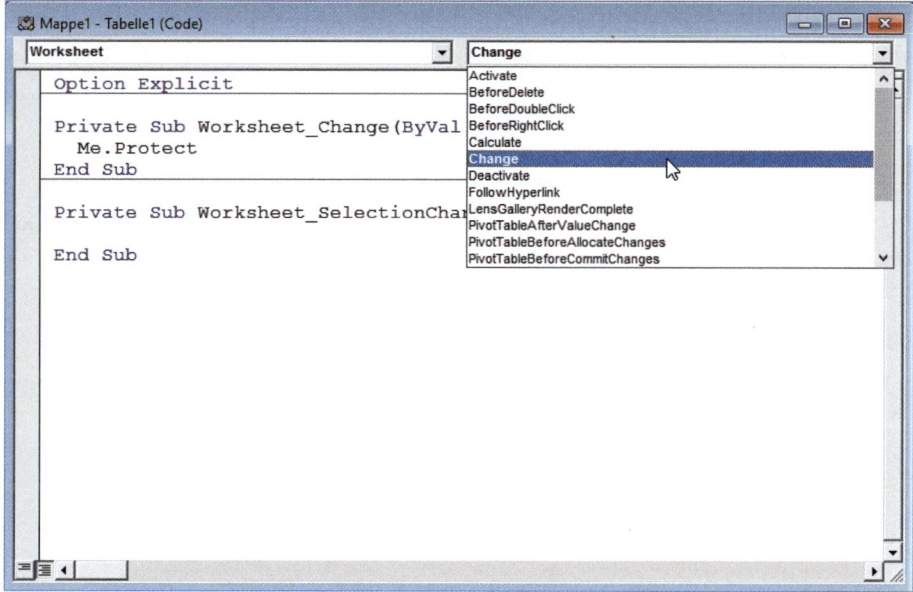

Bild 12.20: Ereignisse für das Tabellenblatt.

Mit den Tabellenblattereignissen können Sie Tabellenblätter vor oder nach der Aktivierung berechnen, schützen oder vorformatieren. Hier ein Makro, das ein Tabellenblatt mit Blattschutz versieht, sobald es aktiviert wird:

```
Private Sub Worksheet_Activate()
  Me.Protect
End Sub
```

12.9   VBA-Programmiertechniken

VBA ist eine mächtige und große Programmiersprache, im Umfang steht sie dem »großen Bruder« Visual Basic, der eigenständigen Programmiersprache, in nichts nach. Beide Programme basieren auf demselben Kern. VBA kennt die Elemente von Excel, weil die Excel-Bibliothek eingebunden ist. Die Programmiersprache liefert die Werkzeuge für die Entwicklung von Programmcodes und das ist ein Handwerk, das gut erlernt sein will. Lernen Sie die wichtigsten Techniken in diesem Abschnitt kennen.

12.9.1 Eingabe und Ausgabe

Nach dem simplen, aber in allen Programmiersprachen der Welt geltenden *EVA*-Prinzip (Eingabe, Verarbeitung, Ausgabe) sollte ein Makro zunächst die für die Verarbeitung benötigten Daten anfordern, sie geschlossen verarbeiten und dann ausgeben.

Die *Eingabe* kann in Form einer Benutzereingabe über Tastatur erfolgen, auch das Einlesen von Dateien gehört zur Eingabe oder die Abfrage eines Geräts an einer Schnittstelle. Die *Verarbeitung* ist so individuell wie die Programmiersprache und kann die Berechnung der Daten sein, aber auch die Übersetzung, Formatierung etc.

Unter den Punkt *Ausgabe* fällt dann die Präsentation auf dem Bildschirm, die Ausgabe auf dem Drucker oder die Erzeugung von Tabellen, Diagrammen, Textdateien u. a.

Sehen wir uns zuerst die Eingabetechniken von VBA an.

12.9.2 Eingaben über InputBox

Die einfachste Form der Benutzereingabe ist die InputBox. Sie erzeugt eine schlichte Dialogbox mit einer Eingabezeile. Durch die Besetzung der Argumente lässt sich die Box anpassen:

```
Variable = InputBox("Aufforderung","Überschrift",Vorgabe)
```

Schreiben Sie ein Makro, das eine InputBox, eine einfache *If*-Abfrage und eine Meldungsbox verwendet:

```
Sub InputboxTest()
 Dim i
 i = _
InputBox("Bitte geben Sie eine Zahl ein", "Zahl anfordern")
 If Not IsNumeric(i) Then
  MsgBox "Das ist keine Zahl! "
 Else
  MsgBox "Sie haben " & i & " eingegeben"
 End If
End Sub
```

Die InputBox bietet eine Schaltfläche *Abbrechen*. Ein Klick darauf bewirkt, dass die Box abgeschaltet wird, die Rückgabevariable enthält in diesem Fall keinen Wert. Die nachfolgende Anweisung muss also in jedem Fall gleich darauf reagieren, z. B. mit Abbruch des gesamten Makros:

```
If i = "" then Exit Sub
```

12.9.3 Die Meldungsbox

Wie in einigen Beispielen schon gezeigt, lässt sich die Meldungsbox auf verschiedene Arten nutzen. Die erste und einfachste Art ist eine Ausgabe mit der Standardschaltfläche *OK*:

```
MsgBox "Hallo Welt! "
```

Um die erweiterten Möglichkeiten der Box zu nutzen, müssen mehrere Argumente angegeben werden. Dazu verändern Sie die Schreibweise der Anweisung. Verwenden Sie eine Variable, die einen Rückgabewert erhält, sobald der Benutzer eine der Schaltflächen zur Bestätigung der Box angeklickt hat. In der Anweisung selbst können Sie mit dem zweiten Argument bestimmen, welche Schaltflächen und Symbole die Box zeigen soll:

```
Sub MsgBoxTest ()
  Dim ZahlEin, okMsg
  ZahlEin = InputBox("Zahl? ")
  okMsg = MsgBox("Noch eine Eingabe? ", _
    vbQuestion+vbAbortRetryIgnore, "Antwort")
End Sub
```

Die Variable bekommt von der *MsgBox*-Anweisung einen Rückgabewert, der die angeklickte Schaltfläche repräsentiert. Das ist eine Zahl oder eine Konstante. Hier eine Liste möglicher Kombinationen:

Meldung	Argumente	Rückgabewerte
	vbYesNo+vbCritical Wert: 4+16 = 20	*vbYes, vbNo*
	vbYesNo+ *vbQuestion* Wert: 4+32 = 36	*vbYes, vbNo*
	vbYesNo+ *vbInformation* Wert: 4+64 = 68	*vbYes, vbNo*
	vbYesNoCancel Wert: 3	*vbYes, vbNo,* *vbCancel*

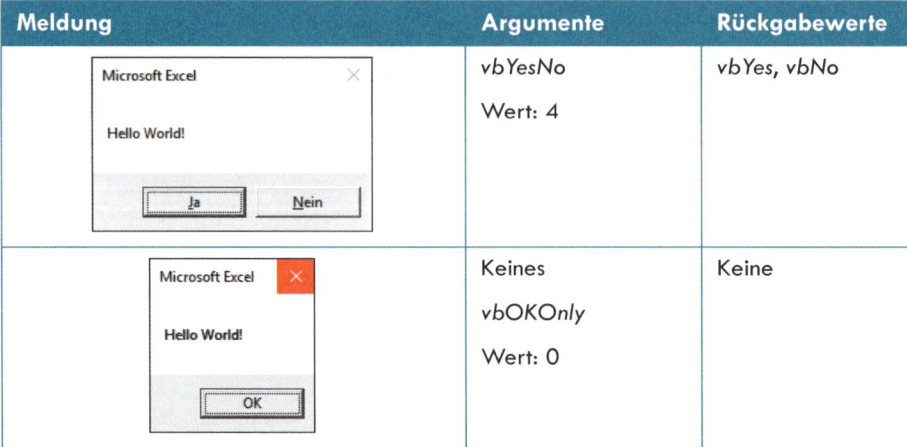

Meldung	Argumente	Rückgabewerte
Microsoft Excel — Hello World! — Ja / Nein	*vbYesNo* Wert: 4	*vbYes, vbNo*
Microsoft Excel — Hello World! — OK	Keines *vbOKOnly* Wert: 0	Keine

12.9.4   Variablen

Für alle direkt programmierten VBA-Makros benötigen Sie Variablen. Eine Variable ist ein Platzhalter für Daten, die während des Programmlaufs im Speicher gehalten werden müssen. Das Makro belegt die Variable und liest sie wieder aus, wenn es die darin gespeicherten Daten braucht. Eine Variable wird über die Anweisung *DIM* erzeugt. Mit der Anlage der Variablen wird ihr gleichzeitig ein Typ zugewiesen:

```
Dim var as Integer
```

Es gibt mehrere Anweisungen zum Deklarieren von Variablen:

Anweisung	Deklaration
Sub Testproz() DIM variable as String ... ... End Sub	Die Variable wird für die Prozedur deklariert und gilt auch nur für diese. Nach Beendigung der Prozedur ist die Variable leer.
DIM variable as String Sub Testproz() ... ... End Sub	Jetzt gilt die Variable auf Modulebene, d. h. für alle Prozeduren des Moduls.
Public variable as String	Um eine Variable für alle Prozeduren in allen Modulen des Projekts verfügbar zu machen, stellen Sie ihr die Anweisung *Public* voran.
Private variable as String	Das ist eine private Variable auf Modulebene, die nur von den Prozeduren des Moduls verwendet werden kann (entspricht *DIM* auf Modulebene).
Static variable as String	Die *Static*-Anweisung sorgt dafür, dass die Variable während der gesamten Laufzeit des Moduls ihren Inhalt behält.

Wenn Sie keinen Daten- oder Objekttyp angeben und auch keine *DefTyp*-Anweisung im jeweiligen Modul verwenden, erhält die Variable standardmäßig den Datentyp *Variant*. Für die Zuweisung von Objekten zu Objektvariablen brauchen Sie die Anweisung *Set*.

Auf Prozedurebene dimensionierte Variablen sind vor und nach dem Ablauf eines Makros leer.

Regeln für die Variablenbenennung

Grundsätzlich ist der Name einer Variablen frei wählbar, es gibt aber einige Regeln, die zu beachten sind.

- Der Name muss mit einem Buchstaben beginnen.

- Der Name darf nur aus Buchstaben, Ziffern und dem Zeichen _ bestehen, Leerzeichen oder Sonderzeichen wie . , : ; ! $ % & # usw. sind nicht erlaubt.

- Der Name darf nicht länger als 255 Zeichen sein.

- Er darf keines der sogenannten Schlüsselwörter sein, das sind Wörter, die von VBA reserviert sind, wie z. B. Namen von Befehlen oder Eigenschaften. So darf eine Variable z. B. nicht *MsgBox* heißen, denn das ist die Anweisung für die Ausgabe einer Meldung.

- Es darf im Gültigkeitsbereich der Variablen keine andere Variable, Prozedur oder Funktion mit dem gleichen Namen geben.

Datentypen für Variablen

Um die Variable sowohl in der Größe als auch von ihrem Typ her so eindeutig wie möglich zu bestimmen, weisen Sie ihr bei der Einführung einen Datentyp zu. Das hat eine wichtige Bedeutung. Das Programm bekommt gleich zu Beginn die Information darüber, wie viel Speicher es für die Variable zur Verfügung stellen muss, und kann deshalb wesentlich schneller ablaufen. Die Speicherzuordnung während des Programmlaufs würde zu viel Zeit kosten und den Ablauf verzögern.

Ein Variablendatentyp ist z. B. *Integer*. Eine Variable, die als *Integer* deklariert wurde, kann nur ganze Zahlen von −32.768 bis 32.767 als Wert aufnehmen.

Wenn einer Variablen kein Datentyp bei der Deklaration zugewiesen wird, erhält sie automatisch den Datentyp *Variant*, eine Art »All-Round-Datentyp«, der alle Werte aufnehmen kann und alle anderen Datentypen umfasst. Wenn eine Variable den Datentyp *Variant* hat, sucht sich Visual Basic den passenden Datentyp dafür aus. Das ist zwar nicht ideal, weil der *Variant*-Datentyp sehr viel Speicher verbraucht (siehe die nächste Tabelle), aber immer noch besser als gar keine Deklaration (und bei den Hauptspeichergrößen heutzutage kein Problem mehr).

Wenn Sie einer Variablen beim Deklarieren einen Datentyp zuweisen wollen, geben Sie nach dem üblichen Deklarationsbefehl das Schlüsselwort *As* und den Namen des Datentyps ein:

```
Public Name As String
```

Dieser Befehl deklariert die Variable *Name* als Stringvariable. Eine Stringvariable kann nur Zeichenketten aufnehmen.

Die folgende Tabelle enthält eine Übersicht über die verschiedenen deklarierbaren Datentypen und ihre Wertebereiche (also die Werte, die sie annehmen können):

Datentyp	Typkenn-zeichen	Max. Größe in Bytes	Wertebereich von ... bis
Boolean		2	Nur 0 (False) oder −1 (True)
Byte		1	Ganze Zahlen von 0 bis 255
Integer	%	2	Ganze Zahlen von −32.768 bis +32.767
Long	&	4	Ganze Zahlen von −2.147.483.648 bis +2.147.483.647
Single	!	4	−3,402823E38 bis −1,401298E-45 und 1,401298E-45 bis 3,402823E38
Double	#	8	−1,79769313486232E308 bis −4,94065645841247E-324 und +4,94065645841247E-324 bis +1,79769313486232E308
Currency	@	8	−922337203685477,5808 bis +922337203685477,5808
Date		8	Enthält Datum und Uhrzeit im Bereich vom 1. Januar 100 bis 31. Dezember 9999
String (variable Länge)	$	10 + Länge der Zeichenkette	Zeichenkette bestehend aus 0 bis ca. zwei Milliarden Zeichen
String (feste Länge)	$	Länge der Zeichenkette	ca. 65.500 Zeichen
Variant		16	Jeder numerische Wert im Bereich einer Double-Variablen
Variant (mit Zeichenkette)		22 + Länge der Zeichenkette	0 bis ca. zwei Milliarden Zeichen
Object		4	Referenz auf ein Objekt

In der Spalte *Typkennzeichen* finden Sie eine interessante Funktion. Die Variable kann schon bei der Benennung mit dem passenden Typ versehen werden, wenn Sie ihr das Typkennzeichen mitgeben.

Die Zuweisung des Datentyps *String* an die Variable *Name* könnte also sowohl

```
Public Name As String
```

lauten als auch

```
Public Name$
```

In beiden Fällen wird die Variable als Stringvariable deklariert. Im Programm wird die Variable nur über den Namen angesprochen, das Datentypkennzeichen entfällt:

```
MsgBox "Ihr Name: " & Name
```

Diese Kurzversion ist etwas aus der Mode gekommen, in der objektorientierten Programmierung wird sie nicht mehr benutzt.

12.9.5 Konstanten

Eine Konstante ist nichts anderes als eine Variable, die einen festen Wert hat. Wenn Sie eine Variable brauchen, deren Wert schon beim Schreiben des Programmcodes bekannt ist und der sich während des ganzen Programmverlaufs nicht verändert, ist es besser, statt einer Variablen eine Konstante zu deklarieren. Dieser Wert kann dann im Programmablauf nicht mehr verändert werden.

Konstanten werden mit dem Befehl *Const* entweder im Deklarationsteil oder innerhalb einer Prozedur deklariert. Wird eine Konstante innerhalb einer Prozedur deklariert, kann auch nur innerhalb dieser Prozedur darauf zugegriffen werden.

Wie auch bei Variablen können Sie Konstanten bei der Deklaration Datentypen zuweisen (siehe den vorherigen Abschnitt »Datentypen für Variablen«). Der folgende Befehl deklariert eine Konstante mit dem Namen *Pi* und dem Datentyp *Double* und weist ihr einen Wert zu:

```
Const Pi As Double = 3.14159265358979
```

Text oder Zahlen innerhalb von Anweisungen werden als *literale Konstanten* bezeichnet:

```
MsgBox "Guten Tag " & application.username
```

Konstanten können durch Voranstellen der Schlüsselwörter *Private* und *Public* privat oder öffentlich deklariert werden, öffentliche Konstanten gelten für alle Prozeduren in allen Modulen.

Excel stellt für VBA-Makros sogenannte globale Konstanten zur Verfügung. Das sind Definitionen aus der Objektbibliothek, die ohne vorherige Zuweisung benutzt werden können. Typische globale Konstanten sind die Schaltflächenargumente der *MsgBox*:

```
MsgBox("Neuer Versuch? ",vbOKCancel+vbQuestion)
```

Für einige Konstanten gibt es eine *Chr()*-Funktion, die alternativ verwendet werden kann. Die Zahl bezeichnet den ASCII-Code des Zeichens.

Konstante	Äquivalent	Beschreibung
vbCrLf	Chr(13)+Chr(10)	Kombination aus Wagenrücklauf und Zeilen-vorschub
vbCr	Chr(13)	Wagenrücklaufzeichen
vbLf	Chr(10)	Zeilenvorschubzeichen
vbNewLine	Chr(13)+Chr(10)	Plattformspezifisches Zeilenumbruchzeichen
vbNullChar	Chr(0)	Zeichen mit dem Wert 0
vbNullString	Zeichenfolge mit dem Wert 0	Nicht identisch mit der Null-Zeichenfolge ("")
vbTab	Chr(9)	Tabulatorzeichen
vbBack	Chr(8)	Rückschrittzeichen

12.9.6 Datenfelder

Datenfelder, auch Arrays genannt, sind besonders wichtig, wenn viele Informationen zwischengespeichert werden müssen. Anstelle zahlreicher Variablen erstellen Sie ein einzelnes Datenfeld und belegen dieses mit einer bestimmten Anzahl von Elementen. Die Daten werden (meist per Schleife) in das Datenfeld eingelesen und können von den folgenden Anweisungen indiziert, d. h. mithilfe der Feldnummer ausgelesen, werden.

```
Dim Datenfeld(5)
Datenfeld(0) = "Eins"
Datenfeld(1)= "Zwei"
...
Datenfeld(4) ="Fünf"
```

Datenfelder werden über die *DIM*-Anweisung wie jede andere Variable dimensioniert, sie unterscheiden sich durch die in Klammern angegebene Elementzahl (siehe den nachfolgenden Abschnitt »Beispiel: Lottozahlen«).

Achten Sie darauf, dass die Indizierung bei 0 beginnt, das erste Datenfeld hat die Bezeichnung *namen(0)*. Es gibt eine Möglichkeit, alle Indizes eines Moduls bei 1 beginnen zu lassen. Schreiben Sie dazu zu Beginn des Moduls diese Anweisung:

```
Option Base 1
```

Mit der Anweisung *ReDim* wird ein Datenfeld innerhalb der Prozedur oder der Funktion neu dimensioniert. Wenn Sie das Schlüsselwort *Preserve* dazunehmen, bleiben die bereits belegten Elemente erhalten, ansonsten werden sie gelöscht:

```
ReDim Datenfeld(100)
```

oder

```
ReDim Preserve Datenfeld(100)
```

12.9.7 Kontrollstrukturen: Bedingungen

Für den strukturellen Ablauf eines Programms sind Kontrollstrukturen verantwortlich. Der Begriff stammt noch aus der Zeit der Lochkartenleser. Die Lochkartenstapel bekamen Kontrollkarten, die den Leser veranlassten, einen Teil des Stapels wiederholt zu lesen oder eine bestimmte Karte anzusteuern.

Die With-Klammer

With ist ein sehr nützlicher Befehl. Wenn Sie einem Objekt nacheinander mehrere Eigenschaften zuweisen oder mehrere Methoden aufrufen wollen, können Sie mit *With* etwas Schreibarbeit sparen.

Der Makrorecorder macht regen Gebrauch von *With*, bei Formatieranweisungen weist er z. B. immer alle Formatierungen zu, auch wenn diese gar nicht geändert wurden:

```
With Selection.Font
.Name = "Arial
.FontStyle = Standard
.Size = 11
.ColorIndex = xlAutomatic
End With
```

Die If-Bedingung

Um eine Entscheidung aufgrund des Wahrheitsgehalts einer Bedingung herbeizuführen, wird eine *If*-Anweisung eingesetzt. Die Anweisung stellt die Bedingung auf und verzweigt je nach Ergebnis auf die nächstfolgende oder übernächste Anweisung. Damit im Makrocode eindeutig festgehalten ist, wann die Bedingung zu Ende ist, wird der Anweisungsblock mit *End If* abgeschlossen.

```
If bedingung = wahr then
Nächste Anweisung
Else
Übernächste Anweisung
End If
```

Alternative: Wenn nur eine Aktion als Folge auf den Wahrheitswert WAHR der Bedingung folgt, genügt es, die Anweisung ohne *End If* in eine Zeile zu schreiben:

```
If bedingung = WAHR then Nächste Anweisung
```

Nicht selten werden in einem Bedingungsblock auch mehrere Alternativen angeboten. Sie können diese mit dem Zusatz *ElseIf* in den Block einbauen:

```
If Bedingung = WAHR then
 Anweisung
ElseIf zweitebedingung = WAHR then
 Anweisung
ElseIf drittebedingung = WAHR then
 Anweisung
End If
```

Die Select Case-Anweisung

Eine zusätzliche und häufig bessere Alternative zu den *If*-Bedingungen bietet die *Select Case*-Anweisung. Ein Ausdruck wird nicht wie bei *If* mit einem Wert verglichen, sondern mit mehreren. Der Block hält dann für jedes Ergebnis eine Anweisungsfolge bereit.

```
Select Case Ausdruck
 Case Fall1
  Anweisungen
 Case Fall2
  Anweisungen
....
End Select
```

Verwenden Sie *Select Case* anstelle von *If*, wenn die Bedingung mehr als zwei Ergebnisse liefern kann. Das Makro prüft ein Zelldatum ab und belegt in Abhängigkeit vom Monat des Datums eine Textvariable, die zum Schluss in einer Meldung ausgegeben wird:

```
Sub CaseTest ()
 Dim zellinhalt
 zelldatum = ActiveCell.Value
 If Not IsDate(zelldatum) Then Exit Sub
 Select Case Month(zelldatum)
  Case 1 To 2
   mtext = "Winter"
  Case 3, 4, 5
   mtext = "Frühling"
  Case 6 To 7
   mtext = "Sommer"
  Case 8
   mtext = "Hochsommer"
  Case 9 To 11
   mtext = "Herbst"
  Case 12
   mtext = "Winter"
 End Select
  ok = MsgBox(mtext, vbInformation, "Jahreszeit")
End Sub
```

12.9.8   Kontrollstrukturen: Schleifen

Schleifen brauchen Sie in der Makroprogrammierung, um wiederkehrende Aktionen zu produzieren. Die Anzahl der Wiederholungen kann dabei abhängig sein von einer Bedingung, die erfüllt sein muss, damit die Schleife beendet wird, oder einfach von einem Zähler, der vorgibt, wie oft die Schleife zu laufen hat.

Die Zählschleife (For...Next-Schleife)

Stellen Sie sich diese Schleife wie den Rundenzähler einer Autorennbahn vor: Der Anfang ist die Runde 1, das Ende ist durch die Anzahl der Runden festgelegt. Bei jedem Durchgang wird der Zähler um die Schrittweite (auch 1) erhöht. Die Schleife läuft so lange, bis der Schleifenzähler den Endwert erreicht hat:

```
Sub Rundenzähler()
 Dim i As Integer
 For i = 1 To 20 Step 1
  Beep
  MsgBox "Runde: " & i
 Next i
End Sub
```

Die Angabe *Step* kann auch wegfallen, wenn die Schrittweite 1 ist. *Step* kann aber auch rückwärtszählen, z. B. mit −1 um je eine Stelle. Das setzt natürlich voraus, dass der Anfangswert höher ist als der Endwert.

Die Do-Schleife

Die gleiche Aufgabe lässt sich auch mit einer Schleife lösen, die mit *Do While* beginnt und mit *Loop* endet. Innerhalb dieser Schleife werden alle Aktionen nur so lange ausgeführt, bis die zum Schleifenbeginn formulierte Bedingung erfüllt ist.

```
Do While i 20
i = i + 1
MsgBox "Runde: " & i
Loop
```

Die For...Each-Schleife

Eine besonders nützliche Schleifenanweisung für Makros, die mit Tabellenbereichen oder Listenobjekten zu tun haben, ist die *For...Each*-Schleife.

In dieser Schleifenart wird weder ein Schleifenzähler noch eine Bedingung benötigt.

Die Schleife läuft so lange, bis alle Elemente eines Bereichs, alle Zellen einer Markierung oder alle Blätter einer Arbeitsmappe abgearbeitet sind.

```
For Each i In Selection
MsgBox i.Value
Next
```

Beispiel: Lottozahlen

Mit diesem Programm berechnen Sie endlich den absolut sicheren Lottozahlentipp: Der Lottozahlengenerator berechnet per Zufallszahl sechs Zahlen; eine Datenfeldvariable und eine *If*-Anweisung sorgen dafür, dass keine doppelten Zahlen vorkommen.

```
Sub LottozahlenGenerator ()
  Dim i%, zahlen(5), j%
  Dim mtext As String
  ' Zufallszahlengenerator
  Randomize
  ' Erste Zahl ziehen, Variable belegen
  zahlen(0) = Int(Rnd * 49)+1
  ' Die nächsten Zahlen
  For i = 1 To 5
```

```
      Randomize
      zahlen(i) = Int(Rnd * 49)+1
         ' Prüfen, ob Zahl schon gezogen ist
        For j = 0 To i - 1
           If zahlen(j) = zahlen(i) Then
               ' Zahl schon gezogen
               i = i - 1
               Exit For
           End If
       Next j
   Next i
   ' Meldungstext konstruieren
   For i = 0 To 5
    mtext = mtext & "Zahl " & i + 1 & ": " _
       & vbTab & zahlen(i) & vbCr
   Next i
   ' Meldung ausgeben
   MsgBox "Hier die Lottozahlen der nächsten Ziehung:" _
          & vbCr & vbCr & mtext, vbInformation, _
          "Lottozahlengenerator"
End Sub
```

Für die Sortierung des Datenfelds benutzen Sie das BubbleSort-Verfahren. Es gibt mehrere Varianten davon, hier eine kurze, die eine dritte Variable einführt. Binden Sie die *DIM*-Anweisungen am Anfang der Prozedur ein und die Sequenz vor der letzten Schleife, die den Meldungstext produziert:

```
Dim First%, Last%, Temp%
For j = UBound(zahlen) - 1 To LBound(zahlen) Step -1
For i = LBound(zahlen) To j
If zahlen(i) > zahlen(i + 1) Then
Temp = zahlen(i)
zahlen(i) = zahlen(i + 1)
zahlen(i + 1) = Temp
End If
Next i
Next j
```

12.10　Dialogprogrammierung mit UserForms

UserForms bilden die Schnittstelle zwischen Makro und Makrobenutzer. Sie fordern Eingaben vom Benutzer an, bieten Auswahllisten, Optionen und Ankreuzkästchen an und verarbeiten die eingegebenen Daten auch gleich.

Dateneingabeformulare, Hinweise und Warnungen, Fehlermeldungen und Fortschrittsmelder in der Programmsteuerung – das Einsatzspektrum der UserForm deckt alle Ebenen der Kommunikation mit dem Anwender ab.

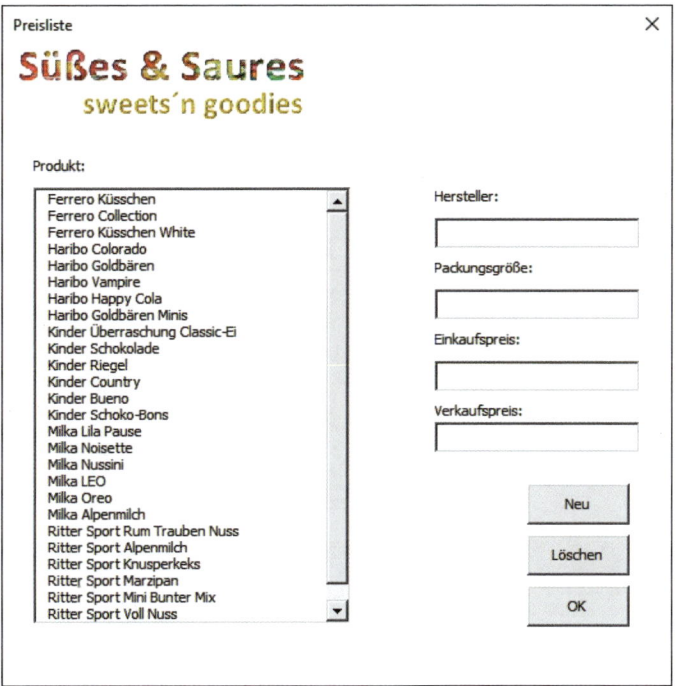

Bild 12.21: Die UserForm: Formular für Dateneingabe und -verwaltung.

Der Vorteil von Dialogfeldern liegt auf der Hand: Benutzer von Makrolösungen bekommen nur die Daten zu sehen, die für sie relevant sind, und arbeiten mit Auswahlmöglichkeiten, die der Programmierer gezielt vorgeben kann. UserForms reagieren natürlich auch auf Eingaben, mit wenig Aufwand lassen sich Schaltflächen, Optionen und Ankreuzkästchen so präparieren, dass sie den Dialog selbst auf den Benutzer abstimmen.

So viel Komfort hat natürlich seinen Preis: UserForms müssen aufwendig programmiert werden, jede einzelne Schaltfläche erfordert ihr eigenes Makro. Steuerelemente wie Listen und Optionen werden vor dem Aufruf mit aktuellen Werten versorgt und nach Abschluss des Dialogs muss die Auswahl oder Änderung des Benutzers ausgelesen werden, damit das Makro die Daten an Excel liefern oder mit weiteren Anweisungen fortfahren kann.

12.10.1 UserForm einfügen und löschen

Wählen Sie *Einfügen/UserForm*. Die UserForm wird im Projekt-Explorer als neues Element *UserForm1, UserForm2* im Ordner *Formulare* angelegt. Dieser Ordner entsteht erst mit der ersten UserForm. Markieren Sie die UserForm und ändern Sie im Eigenschaftenfenster den Namen. Die Namenskonventionen empfehlen das Präfix *frm*.

Um eine UserForm wieder zu entfernen, klicken Sie den Eintrag im Projekt-Explorer mit der rechten Maustaste an und wählen *Entfernen von <UserForm>*. Ein Doppelklick auf den Eintrag im Projekt-Explorer blendet das Fenster mit der UserForm ein. Klicken Sie auf das Ausführen-Symbol oder drücken Sie [F5], um die UserForm zu starten.

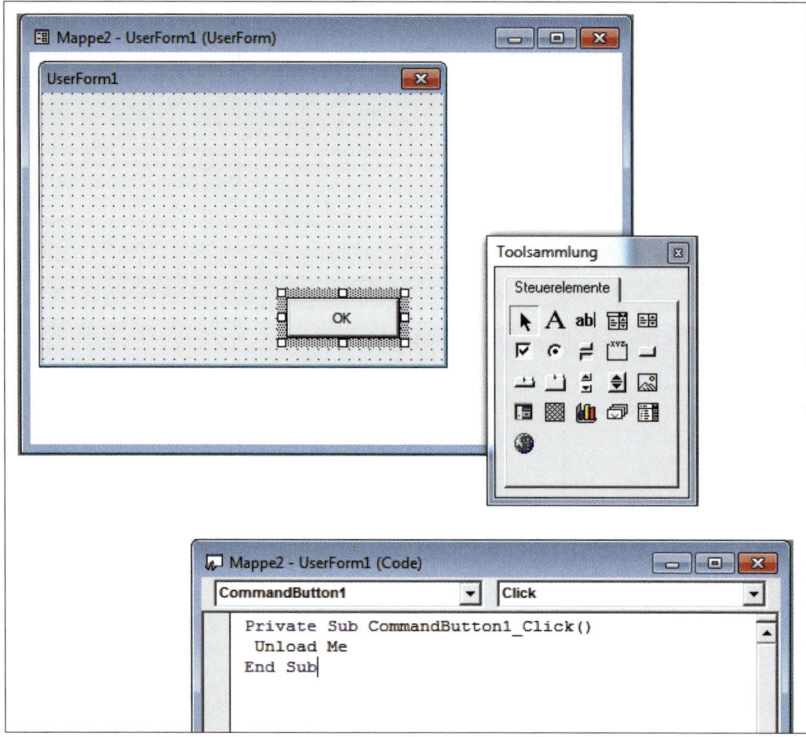

Bild 12.22: Die erste Schaltfläche auf der UserForm.

12.10.2 UserForm und Codeblatt

Jede UserForm hat ihr eigenes Codeblatt, in dem die Makros zur Steuerung des Dialogs angelegt werden. Mit den beiden Schaltflächen links oben am Rand des Projekt-Explorers schalten Sie zwischen dem Codeblatt und der UserForm um, das geht aber auch mit einem Doppelklick in die UserForm. Klicken Sie ein gezeichnetes Element doppelt an, blinkt die Schreibmarke gleich in einem Makro, das zu diesem Element gehört. Ein Beispiel:

Zeichnen Sie über die Toolbox (Werkzeugsammlung) eine Schaltfläche. Klicken Sie diese doppelt an und ergänzen Sie das damit erzeugte Makro:

```
Private Sub CommandButton1_Click()
Unload Me
End Sub
```

Starten Sie die UserForm mit ⑤.

UserForm gestalten, Steuerelemente einfügen

Das Raster der UserForm bestimmen Sie unter *Extras/Optionen* auf der Registerkarte *Allgemein*. Die Größe der Box ändern Sie durch Ziehen der Markierungspunkte im angeklickten Objekt. Alle Formatierungen und Inhalte der UserForm weisen Sie über das Eigenschaftenfenster zu.

Hier einige nützliche Eigenschaften der UserForm:

Eigenschaft	Eintrag
Hintergrundfarbe	*BackColor*
Hintergrundbild	*Picture*
Position auf dem Bildschirm nach dem Start	*StartUpPosition*
Die Überschrift in der Kopfzeile	*Caption*

12.10.3 Die Toolsammlung (Werkzeugsammlung)

Das kleine Fenster mit den Werkzeugen für die Steuerelemente wird nur angezeigt, wenn die UserForm aktiv ist. Falls nicht, klicken Sie auf das gleichnamige Symbol oder wählen Sie *Ansicht/Werkzeugsammlung* bzw. *Ansicht/Toolsammlung* (Excel 2013).

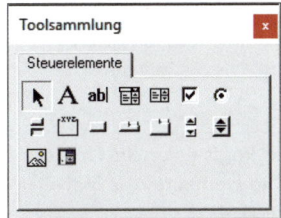

Bild 12.23: Die Toolsammlung mit Gestaltungswerkzeugen für UserForms.

Werkzeug	Erklärung
▶	Pfeilsymbol zum Markieren der UserForm oder einzelner Elemente (mit gedrückter Maustaste Markierungsrahmen ziehen).
A	Bezeichnungsfelder für statischen Text, der direkt eingegeben wird. Diese Elemente können aus Prozeduren heraus verändert werden.
abl	Textfelder für einzugebenden Text. Der angezeigte Text stammt aus der Eigenschaft *Value*. Das kann eine Tabellenzelle sein, ein Text oder eine Zahl.
	Kombinationsfelder für Drop-down-Listen, die ihren Inhalt über die Eigenschaft *ControlSource* oder (bei Tabellenwerten) aus *RowSource* beziehen.
	Listenfelder, ähnliche Eigenschaften wie Kombinationsfelder
☑	Kontrollkästchen, kann in der Eigenschaft *Value* nur den Wert *True* oder *False* annehmen. Diese Eigenschaft wird per Makro abgefragt oder gesetzt. `If UserForm1.CheckBox1.Value = True Then ...`

Werkzeug	Erklärung
	Optionsfelder und Optionsfeldgruppen. Diese Radiobuttons werden zu einer Gruppe zusammengefasst und das markierte Element erhält automatisch den Wert *True*, wenn die Option markiert wird. `If UserForm1.OptionButton1.Value = True Then ...`
	Umschaltfelder können wie die Kontrollkästchen den Wert *True* oder *False* annehmen.
	Befehlsschaltflächen werden über Ereignisprozeduren gesteuert. Der angezeigte Text ist die Eigenschaft *Caption*.
	Rahmen verbinden Optionsfelder, die zusammengehören, zu einer Gruppe.
	Das Register-Werkzeug bietet die Möglichkeit, Informationen auf mehreren Seiten anzubieten. Um Seiten einzufügen, zu löschen oder umzubenennen, markieren Sie das Element und aktivieren mit der rechten Maustaste das Kontextmenü.
	Das Multiseiten-Element bietet ebenfalls mehrere Register an. Im Unterschied zum Register-Werkzeug sind jeweils nur die Elemente des aktiven Registers sichtbar, wenn in den Registern geblättert wird.
	Die Bildlaufleiste steuert den Wert einer Zelle oder eines Textfelds oder die Inhalte anderer Steuerelemente.
	Das Drehfeld erhöht oder verringert den Wert in einer Zelle oder in einem Textfeld.
	Anzeigefeld zum Einfügen eines Bilds. Der Name der Bilddatei wird als Eigenschaft *Picture* eingetragen.
	RefEdit-Felder sind Texteingabefelder, die Zellbezüge aufnehmen und anzeigen können.

Steuerelemente zeichnen

Um ein Steuerelement einzufügen, aktivieren Sie das passende Werkzeug, setzen den Mauszeiger in die UserForm und ziehen das Objekt in der gewünschten Größe auf. Höhe und Breite des neuen Elements werden durch Ziehen der Markierungspunkte geändert, und das Eigenschaftenfenster bietet alle Formatierungen und Inhalte des Elements zur Änderung an, solange dieses markiert ist.

Steuerelemente löschen und anpassen

Ein Klick mit der rechten Maustaste auf ein Element in der Werkzeugsammlung präsentiert ein Kontextmenü.

Wählen Sie *Element löschen*, um das markierte Werkzeug aus der Box zu entfernen.

Mit *Anpassen* lässt sich der QuickInfo-Text am Mauszeiger bearbeiten und das angezeigte Bild durch ein anderes Bild ersetzen. Das Bild kann im Format BMP oder als Icon-Datei (*.ico*) vorliegen.

Weitere Steuerelemente

Die Option *Weitere Steuerelemente* im Kontextmenü der Toolbox präsentiert eine Liste mit ActiveX-Elementen aus dem Component Object Model (COM). Diese Elemente sind für fortgeschrittene Programmierer, die mit Visual Studio vertraut sind. Excel liefert keine Beschreibungen zu den Elementen. Einige geben ihre Funktion preis, wenn das mit dem Werkzeug gezeichnete Element programmiert wird. Ein Beispiel:

Holen Sie das Tool *Microsoft Web Browser* in die Toolsammlung. Fügen Sie eine User-Form ein und zeichnen Sie mit dem Tool ein Rechteck über die gesamte Breite. Fügen Sie noch eine OK-Schaltfläche ein und schalten Sie um auf das Codeblatt der User-Form. Schreiben Sie die Prozedur für die Schaltfläche und für das Initialize-Ereignis der UserForm. Geben Sie hier die Webadresse an, die im Webbrowser angezeigt werden soll, zum Beispiel Facebook:

```
Private Sub cmd_OK_Click()
  Unload Me
End Sub
Private Sub UserForm_Initialize()
 Me.WebBrowser1.Navigate ("http://facebook.com")
End Sub
```

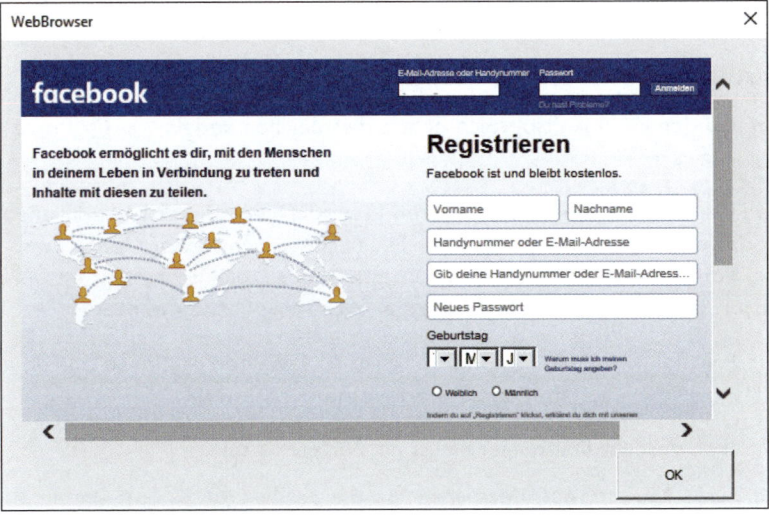

Bild 12.24: Das zusätzliche Steuerelement WebBrowser im Einsatz.

12.11 VBA-Funktionen

Die Makrosprache VBA steht nicht nur für die Produktion ablauffähiger Programme (Prozeduren), sondern auch für Funktionen zur Verfügung. Diese können wahlweise als zusätzliche Tabellenfunktionen oder zur Unterstützung der Prozeduren verwendet werden.

12.11.1 Funktionen speichern

Es gibt mehrere Möglichkeiten, Funktionen zu speichern:

Wenn die Funktion nur für Berechnungen in der aktiven Arbeitsmappe benötigt wird, erstellen Sie ein Modul im Projekt der Mappe und schreiben die Funktionen in dieses Modul (oder weitere Module; wie bei Prozeduren spielt es für den Aufruf keine Rolle, in welchem Modul die Funktion steht).

Funktionen, die grundsätzlich für alle Mappen verfügbar sein sollten, schreiben Sie in ein Modulblatt der persönlichen Makroarbeitsmappe *PERSONAL.XLSB*. Wenn diese noch nicht verfügbar ist, zeichnen Sie einfach eine Prozedur mit dieser Mappe als Ziel auf.

Die Profi-Version: Erstellen Sie Funktionen in einer eigenen Mappe, speichern Sie diese als Add-in (*Datei/Speichern unter*, Dateityp *Add-In*) und binden Sie dieses über den Add-in-Manager in Ihre Excel-Oberfläche ein.

12.11.2 Funktion schreiben

Eine Funktion erstellen Sie über *Einfügen/Prozedur*. Tragen Sie den Funktionsnamen ein und schalten Sie auf den Typ *Function* um.

Sie können die Funktion natürlich auch manuell in das Modulblatt eintragen. Schreiben Sie nur den Aufruf, der Rest wird erstellt:

```
Function <funktionsname>
End Function
```

12.11.3 Gültigkeit und Namensregelungen

Für den Namen und den Gültigkeitsbereich gelten die gleichen Regeln wie für Prozeduren:

Public: Auf die Funktion kann von allen anderen Prozeduren und Funktionen in allen Modulen zugegriffen werden. Steht die Funktion in einem Modul mit einer *Option Private*-Anweisung im Kopfbereich, kann auf sie nur innerhalb des Projekts zugegriffen werden. Das Schlüsselwort *Public* ist Standard, es kann auch weggelassen werden.

Private: Auf die Funktion kann nur von anderen Prozeduren und Funktionen aus dem Modul zugegriffen werden, in dem sie deklariert wurde.

- Das erste Zeichen des Funktionsnamens muss ein Buchstabe sein.

- Leerzeichen, Punkt, Komma, Ausrufezeichen und die Zeichen @, &, $, # sind in einem Funktionsnamen nicht erlaubt, der Name darf nicht länger als 255 Zeichen sein.

■ Der Funktionsname darf nicht mit einem Schlüsselwort aus VBA verwechselbar sein. Benennen Sie Funktionen möglichst nicht mit Programmiersprachenelementen wie *Sub*, *End*, *GoTo* oder Ähnlichem.

■ In einem Projekt dürfen Funktionsnamen nicht mehrfach vorkommen, auch nicht, wenn sie in unterschiedlichen Modulen stehen.

12.11.4 Benutzerdefinierte Tabellenfunktionen

VBA-Funktionen unterscheiden sich in ihrer Verwendung nicht von eingebauten Excel-Tabellenfunktionen, wie SUMME() oder MITTELWERT(). Sie werden programmiert, wenn das Funktionsangebot nicht ausreicht, um komplexe Rechenvorgänge durchzuführen. Eine benutzerdefinierte VBA-Funktion erhält mit dem Aufruf Argumente, berechnet sie und gibt das Ergebnis über den Funktionsnamen zurück.

Ein Beispiel: Diese Funktion wandelt einen Euro-Betrag in Dollar um. Betrag und aktueller Umrechnungskurs werden als Argumente in der Klammer übergeben:

```
Function EuroinDollar(betrag, kurs)
 EuroinDollar = betrag * kurs
End Function
```

Der Aufruf der Funktion erfolgt in einer Formel, als Argumente gelten Texte und Zahlen, Zellbezüge oder Bereichsnamen.

Schreiben Sie den Dollar-Betrag in die Zelle A1. Geben Sie den Währungskurs in der Zelle B1 an. Setzen Sie den Zellzeiger in die Zelle C1 und wählen Sie *Formeln/Funktionsbibliothek/Funktion einfügen*. Der Funktionsassistent wird aktiv, schalten Sie in die Kategorie *Benutzerdefiniert* um und wählen Sie die Funktion. Tragen Sie in der Funktionspalette die beiden Zellbezüge für die Argumente der Funktion ein und schließen Sie mit Klick auf OK ab. Die Funktion wird eingetragen, sie berechnet das Ergebnis aus den beiden Argumenten.

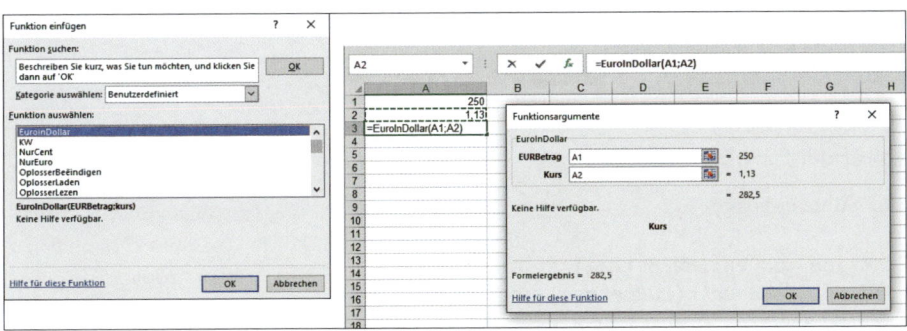

Bild 12.25: Eine benutzerdefinierte Funktion.

Eine programmierte Funktion wird in der Regel nur berechnet, wenn sie eingetragen wird oder wenn sich eines der beteiligten Argumente ändert (im Beispiel: wenn ein neuer Betrag oder Dollar-Kurs erfasst wird). Auch beim Öffnen, Speichern und Drucken der Tabelle werden alle Funktionen durchgerechnet.

Sie können die Funktion so präparieren, dass sie automatisch mit jeder Neuberechnung der Tabelle mitberechnet wird. Schreiben Sie diese Zeile gleich nach dem Funktionsaufruf in die Funktion:

```
Application.Volatile
```

Die meisten VBA-Elemente können sowohl in Prozeduren als auch in Funktionen zum Einsatz kommen. Sie können Bedingungen (*If ... Then ... Else*), Schleifen (*For ... Next*) benutzen, Vorsicht ist nur bei Dialogen geboten. Bedenken Sie, dass alle Funktionen stets neu berechnet werden, wenn sich ihre Argumente ändern, wenn Tabellen oder Zellbereiche gespeichert und gedruckt werden. Die Verwendung von *InputBox* oder *MsgBox* in Funktionsmakros ist daher nicht zu empfehlen.

12.11.5 Praxisbeispiele für Funktionen

Quersumme berechnen

```
Function Quersumme(Zelle As Range) As Integer
 Dim i As Integer
 For i = 1 To Len(Zelle)
   Quersumme = Quersumme+CInt(Mid(Zelle, i, 1))
 Next
End Function
```

Betrag in Euro und Cent aufteilen

Teilen Sie einen Betrag in Euro und Cent auf, verwenden Sie eine Bedingung in der Funktion, die mit der VBA-Funktion *IsNumeric* ermittelt, ob der Wert numerisch ist und damit einen #*WERT*-Fehler bei Texten vermeidet:

```
Function NurEuro(EURBetrag)
  If Not IsNumeric(EURBetrag) Then
    NurEuro = ""
  Else
    NurEuro = Int(EURBetrag)
  End If
End Function
```

Aufruf der Funktion:

```
=NurEuro(Betrag)
```

```
Function NurCent(EURBetrag)
  If Not IsNumeric(EURBetrag) Then
    NurCent = ""
  Else
    NurCent = (EURBetrag - Int(EURBetrag)) * 100
  End If
End Function
```

Aufruf der Funktion:

```
=NurCent(Betrag)
```

Kalenderwoche berechnen

Die Funktion berechnet die Kalenderwoche nach DIN-Norm. Der Funktion wird ein Datum übergeben:

```
Function KW(Datum As Date) As Single
 Dim i As Integer
 If Weekday(Datum) = 1 Then
   i = 1
 Else
   i = 0
 End If
 KW = Format(Datum, "ww", , vbFirstFourDays) - i
End Function
```

Die Kalenderwoche berechnen Sie zuverlässig auch mit dieser internen Funktion:

=KALENDERWOCHE(<datum>;21) oder

=ISOKALENDERWOCHE(<datum>)

12.11.6 Funktionen und Prozeduren

Funktionen werden nicht nur in Tabellen, sondern auch in Verbindung mit Prozeduren benutzt. Die Funktion übernimmt die Aufgabe von Berechnungen oder Teilberechnungen, kann aber auch für Aktionen benutzt werden, in denen Objekte aus den Bibliotheken verwendet werden.

Aufruf einer Funktion aus Prozeduren

In den meisten Fällen wird eine Funktion nicht direkt aufgerufen, sondern einer Variablen zugewiesen. Der Aufruf einer Funktion würde lauten:

```
Call funktionsname(argumente)
```

In diesem Fall hätte die Funktion aber keine Möglichkeit, einen Wert zurückzuliefern. Deshalb wird die Funktion mit Zuweisung an eine Variable aufgerufen:

```
Rückgabewert = funktionsname(argumente)
```

12.11.7 Praxis: TabEraser löscht Tabellen

Die Funktion kommt dann zum Einsatz, wenn Berechnungen oder Aktionen immer wieder, aber mit wechselnden Argumenten benötigt werden. Eine dieser Aufgaben ist das Löschen von Tabellenblättern. Die Anweisung dafür lautet:

```
Sheets("Blattname").Delete
```

In Makros hat diese Anweisung mehrere Hindernisse: Die Löschung muss vom Anwender bestätigt werden, Excel liefert eine Sicherheitswarnung dazu. Ist die Tabelle nicht zu finden oder kann sie aus anderen Gründen nicht gelöscht werden, löst die Codezeile einen Fehler aus.

Schreiben Sie eine Funktion, die Sie in allen Makroprozeduren aufrufen können, um eine Tabelle zu löschen. Als Argumente geben Sie der Funktion den Namen des Blatts und einen Modus, der bestimmt, ob eine Sicherheitsmeldung angezeigt wird oder nicht. Die Meldungen werden von der Funktion abgefangen, Sie können eigene Meldungen für alle Varianten der Aktion definieren.

```vba
Function TabEraser(bname As String, modus As Boolean) As String
  Dim lösch As Boolean, löschtext As String, okMsg
  Dim Tabelle, TabExist As Boolean
  löschtext = "Wollen Sie das Tabellenblatt " _
            & vbCr & "<" & bname & ">" _
            & vbCr & "löschen? "
  ' Prüfen, ob Blatt existiert
  TabExist = False
  For Each Tabelle In Sheets
    If Tabelle.Name = bname Then TabExist = True
  Next Tabelle
  If TabExist = False Then
    TabEraser = "Tabellenblatt " _
        & vbCr & "<" & bname & ">" _
        & vbCr & "ist nicht in der Arbeitsmappe! "
    Exit Function
  End If
  ' Fehlerroutine einschalten
  On Error GoTo fehler
  If modus = True Then
    ' Meldungen von Excel ausschalten
    Application.DisplayAlerts = False
    ' Blatt löschen
    lösch = Sheets(bname).Delete
  Else
    okMsg = MsgBox(löschtext, vbYesNo+vbQuestion, _
            "TabEraser © Schels")
    If okMsg = vbYes Then
      ' Meldungen von Excel ausschalten
      Application.DisplayAlerts = False
      ' Blatt löschen
      lösch = Sheets(bname).Delete
    Else
      lösch = False
    End If
  End If
  ' Meldungen einschalten
  Application.DisplayAlerts = True
  ' Funktion beenden
  If lösch = True Then
    TabEraser = bname & " gelöscht"
  Else
    TabEraser = bname & " wurde nicht gelöscht"
  End If
  Exit Function
```

```
fehler:
  TabEraser = Err.Description
  On Error GoTo 0
End Function
```

12.12   VBA-Beispiele

12.12.1 Dateiname aus Pfad

Dieses Makro rechnet den Dateinamen aus einer Pfadangabe heraus. Der Pfad der aktiven Mappe wird über die Eigenschaft *Fullname* ermittelt.

```
Sub DateiAusPfad()
 Dim Pfadname As String, dateiname As String, Pfad As String
 Dim länge As Integer, n As Integer, position As Integer
 Pfadname = ActiveWorkbook.FullName
 länge = Len(Pfadname)
 Do
  n = InStr(n+1, Pfadname, "\")
  If n = 0 Then Exit Do
   position = n
  Loop
 Pfad = Left(Pfadname, position - 1)
 dateiname = Right(Pfadname, länge - position)
 MsgBox Pfad, vbInformation, "Pfad"
 MsgBox dateiname, vbInformation, "Dateiname"
End Sub
```

12.12.2 Dateien und Ordner im aktuellen Verzeichnis listen

In diesem Makro werden die Variablen auf Modulebene deklariert, damit sie beim Verlassen der Unterprogramme weiter zur Verfügung stehen. *Option Base 1* setzt den Index für die Datenfelder auf 1. Das Makro *DateienUndOrdner* produziert eine Liste mit allen Ordnern und Dateien des aktiven Pfads in einer neuen Tabelle.

```
Sub DateienUndOrdner()
 ' Ordnerliste
 Getfolders
 ' Dateiliste
 GetFiles
 ' Neue Tabelle
 Sheets.Add
 [a1] = "Ordner"
 [b1] = "Dateien"
 ' Ordnerliste
 If foldercount > 0 Then
   For fcount = LBound(folders) To UBound(folders)
    [a1].Offset(fcount, 0) = folders(fcount)
   Next fcount
 End If
```

```
' Dateiliste schreiben
If fcount > 0 Then
 For fcount = LBound(files) To UBound(files)
  [b1].Offset(fcount, 0) = files(fcount)
 Next fcount
 Columns("A:B").EntireColumn.AutoFit
 End If
End Sub


Sub GetFiles()
 Dim myfile, fcount
 fcount = 0
 myfile = Dir("")
 Do
  fcount = fcount+1
  ReDim Preserve files(fcount)
  files(fcount) = myfile
  myfile = Dir()
 Loop Until myfile = ""
End Sub
Sub Getfolders()
  Dim mydir, mypath
  mypath = CurDir() & "\"
  foldercount = 0
  mydir = Dir("", vbDirectory)
  Do
    If mydir = "." Or mydir = ".." Then GoTo continue
    If GetAttr(mypath & mydir) = vbDirectory Then
      foldercount = foldercount+1
      ReDim Preserve folders(fcount)
      folders(fcount) = mydir
    End If
continue:
    mydir = Dir()
    Loop Until mydir = ""
End Sub
```

12.12.3 Makro verzögern

Nicht selten muss ein Makro verzögert werden, damit eine größere Berechnung, ein Formatierungsaufbau oder Ähnliches durchgeführt werden kann. Sie können Ihr VBA-Makro mit *For...Next*-Schleifen unter Verwendung entsprechend großer Schleifenzähler verzögern. Hier eine bessere Lösung: Verwenden Sie die API-Funktion *Sleep*. Sie bietet die Möglichkeit, die Verzögerung exakt in Millisekunden zu bestimmen.

Tragen Sie diese Deklaration in den Deklarationsteil Ihres Moduls ein:

```
Declare Sub sleep Lib "kernel32" _
Alias "Sleep" (ByVal dwMilliseconds As Long)
```

Hier ein Makro zum Testen der *Sleep*-Funktion. Es gibt mit einer Verzögerung von einer Sekunde 100 Zahlen in das Direktfenster aus.

```
Sub sleeptest()
 Dim zähler
 For zähler = 1 To 100
 Debug.Print zähler
 sleep 1000
 Next
End Sub
```

12.12.4 Mappe geöffnet?

Um festzustellen, ob eine Mappe schon aktiv ist, verwenden Sie eine Funktion, die mithilfe einer Fehlerroutine prüft, ob sich die Mappe öffnen lässt. Das Ergebnis der Funktion werten Sie in der Prozedur aus.

```
Sub MappeÖffnen()
  Dim mappe
  mappe = InputBox("Welche Mappe? ")
  If mappe = "" Then Exit Sub
  If MappeO((mappe)) = False Then
    MsgBox "Mappe " & mappe & " konnte nicht geöffnet werden"
  End If
End Sub
Function MappeO(wb As String) As Boolean
  Dim ok
  On Error Resume Next
  ok = Workbooks(wb).Name
  On Error GoTo Fehler
  Workbooks.Open wb
  MappeO = True
  Exit Function
Fehler:
  MappeO = False
End Function
```

12.12.5 Mappe öffnen mit GetOpenFilename

GetOpenFilename präsentiert den *Öffnen*-Dialog, öffnet aber die Mappe nicht, sondern gibt den Namen zurück, der dann über *Workbooks.Open* zum Öffnen benutzt werden kann.

```
Sub Öffnen()
  Dim dateiname
  'ggf. Laufwerk und Ordner als Vorgabe setzen
  ChDir "\Daten"
  ChDrive "C:\ "
  dateiname = Application.GetOpenFilename _
      ("Microsoft Excel-Dateien (*.xls),*.xls")
    If dateiname = False Then Exit Sub
    MsgBox "Ihre Auswahl: " & vbNewLine & dateiname
End Sub
```

12.12.6 Existiert das Tabellenblatt?

Wenn Sie per Makro eine Tabelle ansteuern, sollten Sie über eine Funktion prüfen, ob dieses auch existiert:

```
Sub TabTest()
  Dim TabSuche
  TabSuche = InputBox("Tabelle? ")
  If TabX(TabSuche) = True Then
    MsgBox "Tabelle existiert! "
  Else
    MsgBox "Tabelle nicht vorhanden"
  End If
End Sub
Function TabX(tabelle)
  Dim T, U
  TabX = False
  tabelle = UCase(tabelle)
  For Each T In Sheets
    U = UCase(T.Name)
    If U = tabelle Then
      TabX = True
      Exit Function
    End If
  Next
End Function
```

12.12.7 Tabellenblätter sortieren

Mit zwei geschachtelten Schleifen sind die Tabellenblätter schnell aufsteigend sortiert.

```
Sub Blaetter_Sortieren()
 Dim anzahl, x, y
 anzahl = ActiveWorkbook.Worksheets.Count
 For x = 1 To anzahl
   For y = x To anzahl
     If Worksheets(y).Name < Worksheets(x).Name Then
        Worksheets(y).Move Before:=Worksheets(x)
     End If
   Next y
 Next x
End Sub
```

12.12.8 Verknüpfte Mappen öffnen

Mit diesem Makro aktivieren Sie alle Mappen, die mit der aktiven Mappe verknüpft sind. Die Ober- und Untergrenze der Verknüpfungsliste werden mit *LBound* und *UBound* ausgelotet.

```
Sub VerknuepfteMappenÖffnen()
  Dim slink As Variant, i As Integer
  slink = ActiveWorkbook.LinkSources(xlExcelLinks)
  If slink = "" Then
    MsgBox "Keine Verknüpfungen! "
    Exit Sub
  End If
  For i = 1 To UBound(slink)
   Workbooks.Open slink(i)
  Next i
End Sub
```

12.12.9 Farbensumme

Der Name sagt es bereits: Addieren Sie alle Zellen, die eine bestimmte Farbe haben. Das Aufrufmakro übergibt den Bereich und die Farbnummer an eine Funktion:

```
Sub FarbenSummieren()
 Dim farbnummer, bereich As Range
 Set bereich = Sheets("Zellen").Range("$E$3:$G$9")
 farbnummer = InputBox("Welche Farbe? ", , 3)
 If farbnummer = "" Then Exit Sub
 MsgBox FarbSumme(bereich, (farbnummer))
End Sub
```

Die Funktion sucht die Farbzuweisung und summiert die Zellinhalte:

```
Function FarbSumme(bereich As Range, farbnummer As Integer)
  Dim zelle
  FarbSumme = 0
  For Each zelle In bereich
    If zelle.Interior.ColorIndex = farbnummer Then
        FarbSumme = FarbSumme+zelle.Value
    End If
  Next zelle
End Function
```

12.12.10 Alle Formeln einfärben

Ein nützliches Makro für umfangreiche Tabellenmodelle: Färben Sie alle Formelzellen ein. *SpecialCells* ist eine Eigenschaft von *Cells*, die diese Aktion unterstützt:

```
Sub FormelzellenFärben()
 Dim zelle As Range
 For Each zelle In ActiveSheet.Cells.SpecialCells(xlFormulas)
   zelle.Interior.ColorIndex = 3
 Next zelle
End Sub
```

12.12.11 Windows-Programme ausführen

Mit der *Shell*-Anweisung werden externe Programme direkt aus dem Makro heraus gestartet. Verwenden Sie *SendKeys*, um dem Programm Daten zu übergeben. Hier der Aufruf des Windows-Programms *Editor:*

```
Sub StartExtApp()
  Dim ok
  SendKeys "Hallo! "
  ok = Shell("notepad.exe", vbNormalFocus)
End Sub
```

(*notepad.exe* = Editor, *Calc.exe* = Taschenrechner, *MSPaint.exe* = Zeichenprogramm, *sol.exe* = Solitär usw.)

12.12.12 UserForm-Beispiele

Testen Sie diese Makros aus *VBA-Praxis.xlsm*, sie zeigen Ihnen nützliche Techniken aus der UserForm-Programmierung.

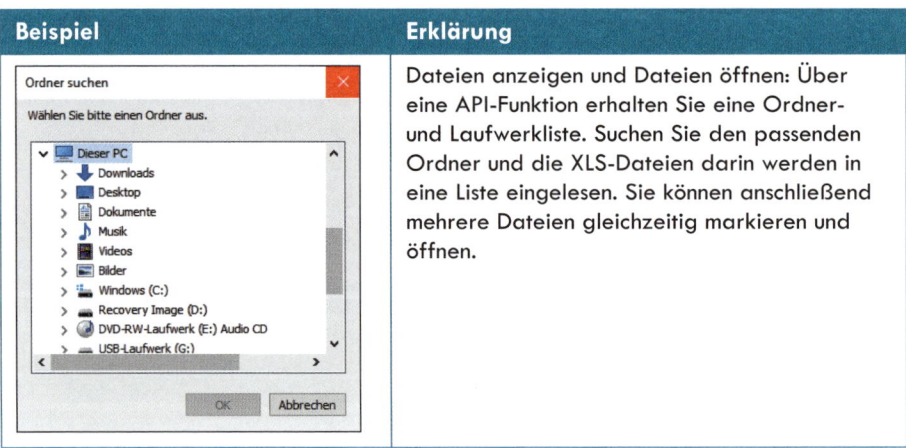

	A	B	C	D	E	F	G
1		UserForm-Makros					
2							
3		Dateiliste anzeigen und					
4		Dateien öffnen					
5							
6							
7		Multiseiten-Element					
8							
9							
10		Optionen				Dreispaltige	
11						Liste	
12							
13		Listeneinträge mit					
14		Mauszeiger markieren		Region	Umsatz	Kosten	
15				Nord	100	200	
16				Ost	200	100	
17				Süd	200	300	
18				West	300	200	

Bild 12.26: Beispiele für die UserForm-Programmierung.

Beispiel	Erklärung
Ordner suchen ☒ Wählen Sie bitte einen Ordner aus. ∨ Dieser PC › Downloads › Desktop › Dokumente › Musik › Videos › Bilder › Windows (C:) › Recovery Image (D:) › DVD-RW-Laufwerk (E:) Audio CD › USB-Laufwerk (G:) OK Abbrechen	Dateien anzeigen und Dateien öffnen: Über eine API-Funktion erhalten Sie eine Ordner- und Laufwerkliste. Suchen Sie den passenden Ordner und die XLS-Dateien darin werden in eine Liste eingelesen. Sie können anschließend mehrere Dateien gleichzeitig markieren und öffnen.

Beispiel	Erklärung
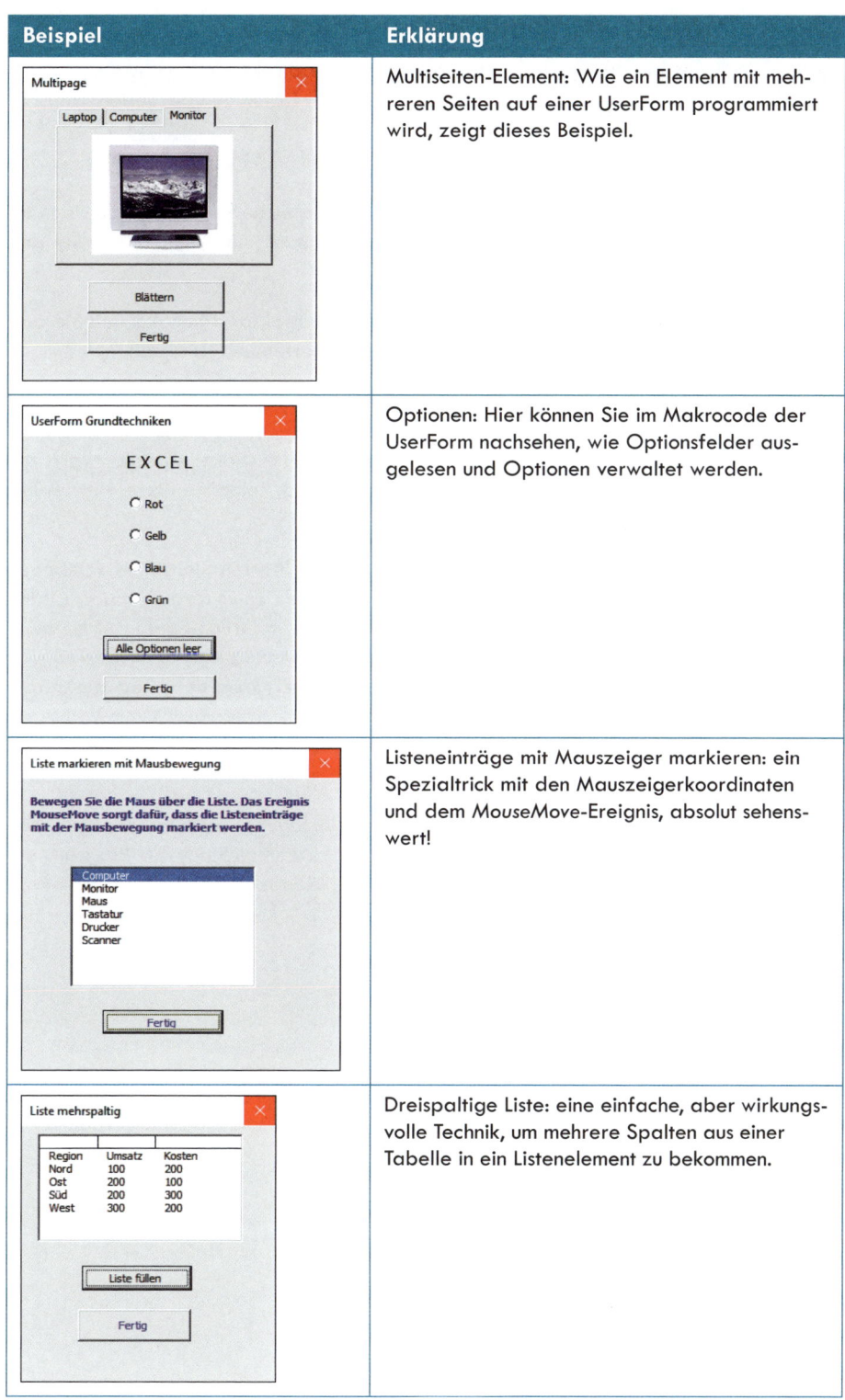	**Multiseiten-Element:** Wie ein Element mit mehreren Seiten auf einer UserForm programmiert wird, zeigt dieses Beispiel.
	Optionen: Hier können Sie im Makrocode der UserForm nachsehen, wie Optionsfelder ausgelesen und Optionen verwaltet werden.
	Listeneinträge mit Mauszeiger markieren: ein Spezialtrick mit den Mauszeigerkoordinaten und dem *Mouse*Move-Ereignis, absolut sehenswert!
	Dreispaltige Liste: eine einfache, aber wirkungsvolle Technik, um mehrere Spalten aus einer Tabelle in ein Listenelement zu bekommen.

12.13 Makros zertifizieren

Öffnet ein Anwender zum ersten Mal eine Mappe, die VBA-Makros enthält, bekommt er die Sicherungsmeldung

Von Microsoft Office wurde ein potentielles Sicherheitsrisiko identifiziert.

Wie Sie aus dem VBA-Kapitel wissen, erhalten Sie die Sicherheitsmeldung, wenn im Sicherheitscenter für Makros die Stufe *Mittel* eingestellt ist (mit *Hoch* können Sie gar keine Makros laden', wenn kein Zertifikat vorliegt).

Erstellen Sie Ihr eigenes Zertifikat und signieren Sie Ihre Makros damit, können Sie alle Makros ohne Warnungen auf Ihrem eigenen Rechner starten und bearbeiten.

12.13.1 Office-Programm für Zertifikate

Microsoft stellt für die Ausstellung von Zertifikaten im Office-Paket eine Software zur Verfügung. Wenn diese nicht im Startmenü angeboten wird, holen Sie diese Aktivierung in der Wartungsinstallation nach:

Doppelklicken Sie in der Systemsteuerung auf *Software*. Starten Sie die Systemsteuerung, öffnen Sie das Dienstprogramm *Software*. Suchen Sie den Eintrag *Microsoft Office 2016 Professional* und klicken Sie auf *Ändern*. Klicken Sie im Office-Setup auf *Features hinzufügen/entfernen*. Wählen Sie für die Kategorie *Gemeinsam genutzte Office-Features* die Einstellung in *Vom Arbeitsplatz starten*. Klicken Sie auf *Aktualisieren*, um die Installation abzuschließen.

12.13.2 Zertifikat erstellen

Die Software für eigene Zertifikate steht jetzt zur Verfügung, erstellen Sie Ihr erstes Zertifikat. Die Programmdatei heißt *SELCERT.EXE*, sie wird unter *Start/Alle Programme/Microsoft Office/Microsoft Office-Tools* mit dem Befehl *Digitales Zertifikat für VBA-Projekte* gestartet.

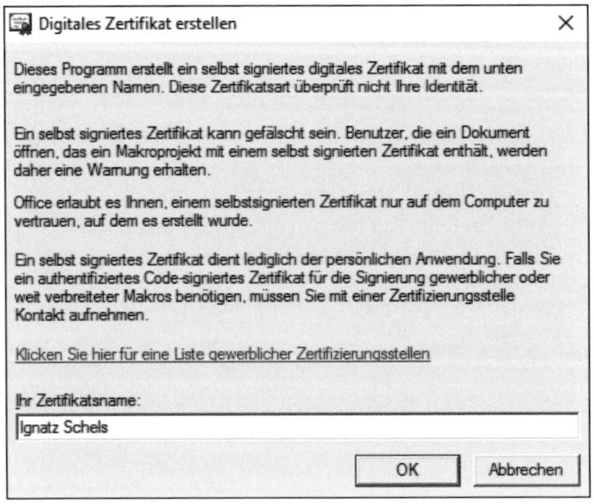

Bild 12.27: Ein eigenes Zertifikat.

Eine Dialogbox erscheint, geben Sie den Namen ein, den Sie in Ihrem Zertifikat sehen oder anzeigen wollen. Daraufhin wird ein digitales Zertifikat zum Signieren von Code mit diesem Namen erstellt und in Ihrem persönlichen Zertifikatsspeicher abgelegt.

Bestätigen Sie die Meldung und Ihr eigenes Zertifikat ist erstellt. Klicken Sie auf den Link, um eine Liste von Zertifizierungsstellen im Browserfenster zu öffnen. Bei diesen Anbietern können Sie Zertifikate kaufen, die größere Entwicklungen absichern.

Eine Alternative bietet diese Freeware-Lösung für selbst signierte Testzertifikate: http://www.abylonsoft.de/selfcert/index.htm.

12.13.3 Digitale Signatur erstellen

Starten Sie die Makroarbeitsmappe in der mittleren oder niedrigen Sicherheitsstufe, in der Sie die Makros bearbeiten können. Wechseln Sie mit [Alt]+[F11] in das Fenster des Visual-Basic-Editors. Wählen Sie *Extras/Digitale Signatur*.

Die bereits zugewiesenen Zertifikate werden angezeigt, klicken Sie auf *Wählen*, um ein Zertifikat zu wählen. Markieren Sie Ihr Zertifikat. Mit *Zertifikat anzeigen* erhalten Sie Details dazu, klicken Sie auf OK, um es zuzuweisen.

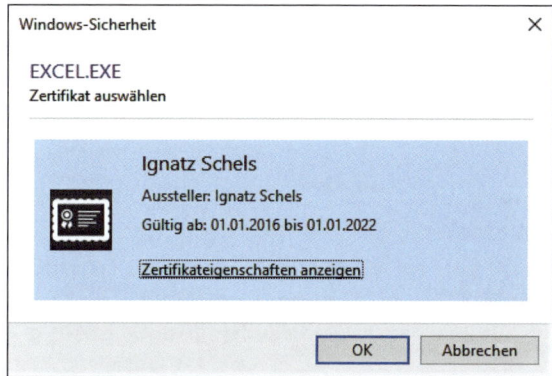

Bild 12.28: Ein eigenes Zertifikat.

12.13.4 Echte Zertifizierung

Diese eigenen Zertifikate dienen nur zu Testzwecken, Microsoft stellt das Programm auch nur für diesen Zweck zur Verfügung. Wenn Sie eine echte Zertifizierung brauchen, setzen Sie sich mit einer Zertifizierungsstelle in Verbindung und beantragen Sie ein solches Zertifikat.

Die Links in den Dialogboxen sind meistens falsch, aber Sie können alle wichtigen Informationen zur Zertifizierung bei Microsoft abrufen.

http://office.microsoft.com/de-de/excel-help/digitales-signieren-eines-makroprojekts-HA010354312.aspx

Mit diesem Link erhalten Sie eine 30 Seiten starke DOC-Datei, in der die wichtigsten Fragen zur Makrosicherheit, digitalen Signatur und Zertifizierung von Makros beantwortet werden:

http://download.microsoft.com/download/OfficeXPStandard/offxpsec/1/ W98NT42KMe/DE/offxpsec.exe

12.14 Makros in Symbolleiste und Menüband

Excel erlaubt die Anpassung der beiden Oberflächenelemente für die Benutzersteuerung des Menübands und der Symbolleiste für den Schnellzugriff. Beide können sowohl mit Befehlssymbolen als auch mit Makroaufrufen bestückt werden.

12.14.1 Makros in der Symbolleiste für den Schnellzugriff

Die kleine Symbolleiste wird benutzerspezifisch in einer Datei mit der Bezeichnung *Excel. QAT* (**Q**uick **A**ccess **T**oolbar) gespeichert. Sie enthält XML-Codes und kann mit entsprechenden Kenntnissen über XML-Programmierung einfach angepasst werden. Es geht aber auch ohne Programmierkenntnisse.

Hier ein Makro, das Informationen über das System (Environment) in einer Meldungsbox ausgibt. Diese Informationen stehen in der Arrayvariablen *Environ()* zur Verfügung und da in eine Meldungsbox nicht alle Variablen passen, lässt das Makro zwei Schleifen laufen und präsentiert die Variablen in zwei Meldungsboxen.

```
Sub EnvInfo()
 Dim i As Integer, strMtext As String
 ' Schleife über die ersten 20 Variablen
 For i = 1 To 20
   strMtext = strMtext & Environ(i) & vbCr
 Next i
 MsgBox strMtext, vbInformation, "Environment-Info 1 - 20"
 strMtext = ""
 For i = 21 To 40
   If Environ(i) <> "" Then strMtext = strMtext & Environ(i) & vbCr
 Next i
 MsgBox strMtext, vbInformation, "Environment-Info > 20"
End Sub
```

Fügen Sie dieses Makro in die persönliche Makroarbeitsmappe *PERSONAL.XLSB* ein. Diese Mappe wird mit dem Start von Excel geladen.

Wählen Sie *Datei/Optionen/Symbolleiste für den Schnellzugriff anpassen* und suchen Sie die Kategorie *Makros*. Ziehen Sie das Makro aus der linken Liste in die rechte Liste. Mit *Ändern* können Sie das Makrosymbol ändern, suchen Sie ein anderes Symbol aus der Dialogbox.

Das Makro steht damit zur Verfügung, die QAT-Datei enthält die entsprechenden Codes und hier können Sie auch andere Symbole für die Makros einbinden.

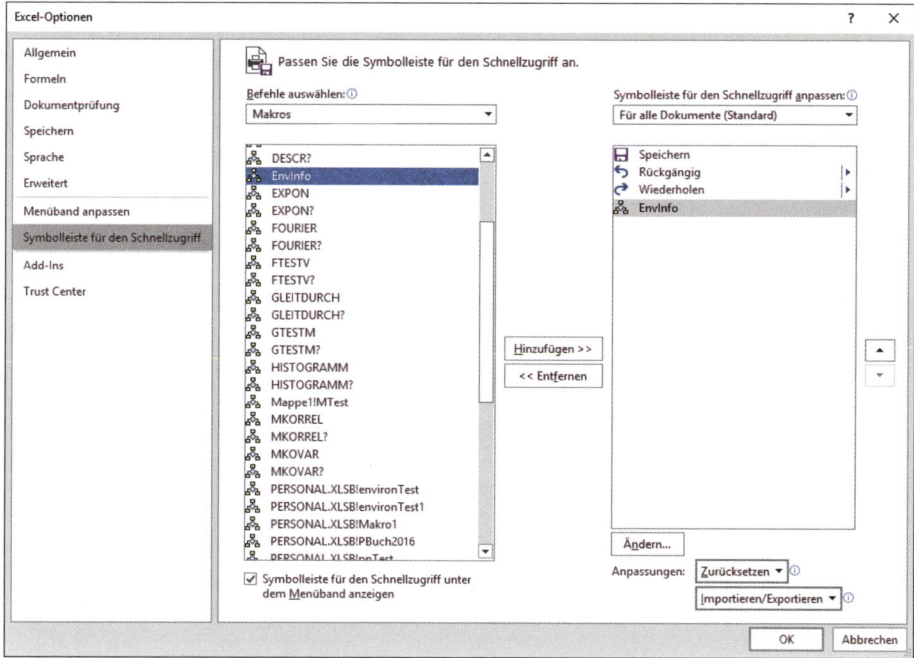

Bild 12.29: Makro in die Symbolleiste für den Schnellzugriff einbinden.

12.14.2 Makros im Menüband platzieren

Auch die Makros, die Sie im Menüband bereitstellen, sollten am besten in der persönlichen Makroarbeitsmappe *PERSONAL.XLSB* gespeichert werden, denn das ist die einzige, die automatisch mit Excel geladen wird. Sie können natürlich auch Makros aus anderen Mappen in das Menüband einbinden, diese werden aktiviert, wenn Sie das Makro ausführen.

Wählen Sie *Datei/Optionen/Menüband anpassen*. Fügen Sie eine neue Registerkarte mit einer neuen Gruppe ein oder markieren Sie ein Register und fügen Sie eine neue Gruppe ein. Markieren Sie die Gruppe und stellen Sie in der linken Liste *Makros* ein. Suchen Sie das Makro und klicken Sie auf *Hinzufügen*, um das Makro einzufügen. Wählen Sie für Register, Gruppe und Makro *Umbenennen* und fügen Sie neue Bezeichnungen und Symbolbilder ein.

Das Makro steht damit im Menüband bereit, ein Klick darauf startet es. Nach dem Schließen des Programmfensters wird das Menüband in die Datei *Excel.CustomUI* geschrieben, unter diesem Pfad ist sie zu finden:

C:\Users\Benutzername\AppData\Local\Microsoft\Office

Wenn Sie Ihre Makrozuweisung auf einem anderen Rechner vornehmen wollen, kopieren Sie einfach diese Datei.

12.14.3 Menüband (RibbonX) programmieren

Erheblich mehr Aufwand als die Einbindung von Makros in das Menüband oder in die kleine Symbolleiste erfordert die programmtechnische Anpassung der Hauptbenutzeroberfläche. Das »Ribbon«, wie diese Leiste in der Entwicklersprache heißt, muss mit einer Kombination aus VBA-Makros und XML-Code programmiert werden und beides erfordert natürlich entsprechend gute Kenntnisse.

Für die VBA-Codierung legen Sie Excel-Makroarbeitsmappen an und speichern diese mit der Endung *.xlsm* oder *.xlam* (als Add-in). Wollen Sie die Änderung im Menüband permanent machen, speichern Sie die Mappe am besten als Startvorlage im Startverzeichnis von Excel.

Excel-Arbeitsmappen werden als XML-Dateien gespeichert. Im Prinzip ist eine Arbeitsmappe identisch mit einem ZIP-Archiv, und wenn Sie die Dateiendung ändern, können Sie auch gleich einen Blick auf das Innere mit den XML-Codes werfen:

Ändern Sie die Dateiendung einer Excel-Mappe von *.xlsx* oder *.xlsm* in *.zip*. Öffnen Sie das ZIP-Archiv und sehen Sie sich den Inhalt an. Wenn Sie doppelt auf eine XML-Datei klicken, erhalten Sie den Code in einem neuen Browserfenster angezeigt. Wenn die Datei schon eigene Menüs (Ribbons) enthält, sind diese unter *customUI.xml* im Unterordner *customUI* zu finden.

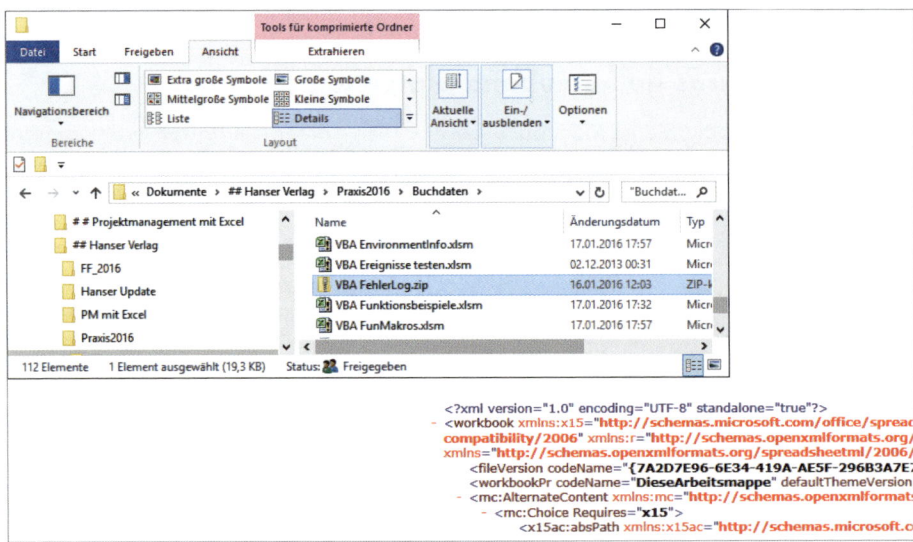

Bild 12.30: Arbeitsmappe als ZIP: So sehen Sie die XML-Codes.

12.14.4 Custom UI Editor

Mit dem Programm *Custom UI Editor* kann eine Excel-Datei (ohne Umwandlung in ZIP) geöffnet werden, der Inhalt der *customUI.xml* erscheint daraufhin im Codefenster.

Ist noch keine solche Datei vorhanden, öffnet der Editor ein leeres Blatt. Darin wird der XML-Code für das neue Menüband (RibbonX) programmiert und die Datei wird wieder gespeichert. Der Custom UI Editor wurde bis vor Kurzem auf der Webseite der OpenXLM Developer kostenlos zum Download angeboten:

http://www.openxmldeveloper.org/archive/2006/05/26/CustomUleditor.aspx

Die Webseite wird geschlossen bzw. ist umgezogen zu:

http://www.ericwhite.com

Mit diesem Editor können sowohl XML-Dokumente als auch die XML-Bestandteile von Excel-Dateien, Word-Dokumenten und PowerPoint-Präsentationen bearbeitet werden.

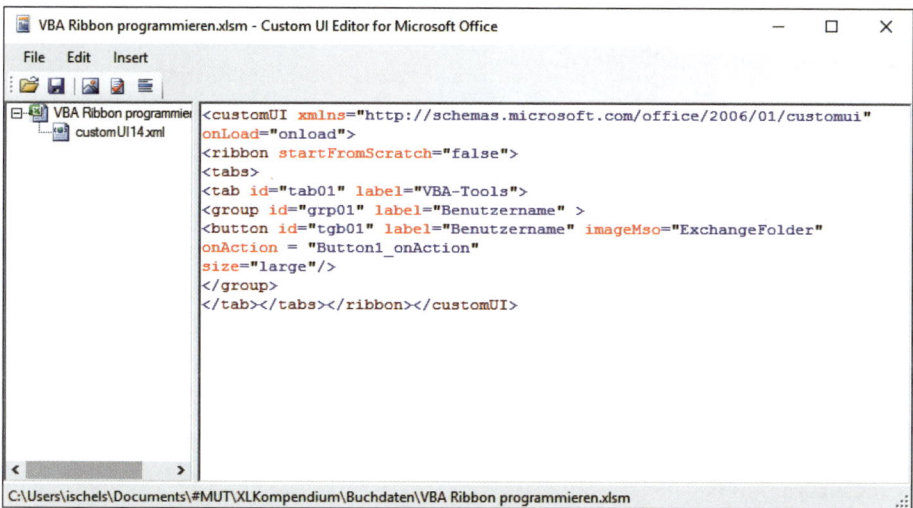

Bild 12.31: Der Custom UI Editor.

12.14.5 Die Office Icon Gallery

Die Icons, die für die Programmierung des Ribbons zur Verfügung stehen, haben Bezeichnungen und Nummern und diese werden im XML-Code verwendet. Welche Icons systemseitig zur Verfügung stehen, zeigt ein Word-Dokument, das Sie hier downloaden können:

http://www.microsoft.com/en-us/download/details.aspx?id=11675

Eine Übersicht über die Icons finden Sie in diesem Add-in, das bei Microsoft im Download-Center zur Verfügung steht (nur auf Englisch):

http://www.microsoft.com/en-us/download/details.aspx?id=11675

Laden Sie die Datei herunter und entpacken Sie das Add-in in einen Ordner Ihrer Wahl: *Office2007IconsGallery.EXE*

Im Register *Entwicklertools* finden Sie anschließend neun Icons-Gruppen mit zahlreichen Icons. Klicken Sie ein Icon an, erhalten Sie die *imageMso*-Beschreibung.

12.14.6 RibbonX-Grundlagen

RibbonX ist die neue, programmierbare Benutzeroberfläche der Office-Versionen ab Office 2007.

Office-Namespace

Um das XML-Dokument eindeutig zu identifizieren und die Möglichkeit zu bieten, mehrere XML-Sprachen zu mischen, wird im XML-Dokument ein Namespace benutzt. Für Office-2010/2013/2016-Dokumente sieht dieser so aus:

```
"customUI xmlns="http://schemas.microsoft.com/office/2009/07/customui"
```

Die Grundstruktur von RibbonX:

```
<customUI xmlns="http://schemas.microsoft.com/office/2009/07/customui"
onLoad="onLoad">
<commands>
<!-- Hier werden die Commands aufgelistet -->
</commands>
<ribbon startFromScratch="true"
<qat><documentControls>
<!-- Hier werden die Elemente aufgelistet -->
</documentControls></qat>
<officeMenu>
<!-- Hier werden die Elemente aufgelistet -->
</officeMenu>

<contextualTabs>
  <!-- Hier wird der TabSetname angegeben>
  <!-- visible="True", wenn nur ein Tab ausgeblendet werden soll -->
  <tabSet idMso="TabSetNameAufEnglisch" visible="false">
  <!-- Hier werden einzelne Tabs ausgeblendet -->
  <!-- visible weglassen, um einzelne Tabs auszublenden -->
  <tab idMso="TabNameAufEnglisch" visible="false">
  <!-- Hier werden einzelne Gruppen ausgeblendet -->
   <group idMso="GruppenNameAufEnglisch" visible="false">
   </group>
  </tab>
  </tabSet>
  </contextualTabs>
<tabs>
<tab>
<group>
<!-- Hier werden die Elemente aufgelistet -->
</group>
<group>
<!-- Hier werden die Elemente aufgelistet -->
</group>
</tab>
<tab>
<group>
```

```
<!-- Hier werden die Elemente aufgelistet -->
</group>
<group>
<!-- Hier werden die Elemente aufgelistet -->
</group>
</tab>
</tabs>
</ribbon>
</customUI>
```

Struktur	Erklärung
<commands>	An erster Stelle steht die Kommandoebene. Damit können die Excel-Optionen deaktiviert werden.
<ribbon> oder *<ribbon startFromScratch="true"*	Dann folgt die Eröffnung des Ribbons, hier wird mit *startFormScratch* bestimmt, wie das neue Ribbon angelegt wird. Allein, ohne das bisherige Menüband: startFromScratch="true" Angehängt an das bereits angezeigte Menüband: startFromScratch="false"
<qat><documentControls> ... *</documentControls></qat>*	Hier wird die Schnellstartleiste programmiert (Quick Access Toolbar = QAT) (nur bei *startformScratch = True*).
<officeMenu> ... *</officeMenu>*	Dieser Teil ist für das Office-Menü zuständig.
<contextualTabs>	Das sind die Kontextregisterkarten.
<tabs> ... *</tabs>*	Hier werden die einzelnen Tabs erstellt. Jedes Tab enthält mindestens eine Gruppe (<group>) mit mindestens einem Element.

Das Onload-Ereignis

Dieser (optionale) Makrocode sorgt dafür, dass das Ribbon zur Laufzeit dynamisch aktualisiert werden kann. Kopieren Sie ihn in ein Modul einer Makroarbeitsmappe (**.xlsm* oder **.xlam*). Das Makro muss an oberster Stelle im Modul unter der Zeile *Option Explicit* stehen.

```
Public objRibbon As IRibbonUI
Public Sub rx_onload(ribbon As IRibbonUI)
Set objRibbon = ribbon
End Sub
```

Beispiel: neues Menüband mit Schaltfläche

In diesem Beispiel erstellen Sie ein neues Register im Menüband mit einer Schaltfläche. Legen Sie eine neue Arbeitsmappe an, speichern Sie diese mit der Endung *.xlsm* als Makroarbeitsmappe. Aktivieren Sie den Visual-Basic-Editor und legen Sie ein neues Modul an. Tragen Sie diesen Makrocode ein:

```
Option Private Module
Public objRibbon As IRibbonUI
Public Sub onload(ribbon As IRibbonUI)
Set objRibbon = ribbon
End Sub

Sub Button1_OnAction(control As IRibbonControl)
 Dim strUser As String, varUser
 strUser = Application.UserName
 varUser = InputBox("Wollen Sie Ihren Benutzernamen ändern? ",
"Benutzername ändern", strUser)
 If varUser <> "" Then Application.UserName = varUser
End Sub
```

Speichern und schließen Sie die Excel-Mappe. Aktivieren Sie den Custom UI Editor und öffnen Sie darin die Datei. Fügen Sie diesen Code ein:

```
<customUI xmlns="http://schemas.microsoft.com/office/2006/01/customui"
onLoad="onload">
<ribbon startFromScratch=" false">
<tabs>
<tab id="tab01" label="VBA-Tools">
<group id="grp01" label="Benutzername">
<button id="tgb01" label="Benutzername" imageMso="ExchangeFolder"
onAction = "Button1_onAction"
size="large"/>
</group>
</tab></tabs></ribbon></customUI>
```

Speichern Sie die Datei und schließen Sie den Custom UI Editor. Nach dem erneuten Öffnen der Arbeitsmappe in Excel sehen Sie das neue Register *VBA-Tools* am rechten Rand. Ein Klick darauf präsentiert die Schaltfläche für das Makro. Klicken Sie darauf, können Sie über die Inputbox Ihren Benutzernamen ändern.

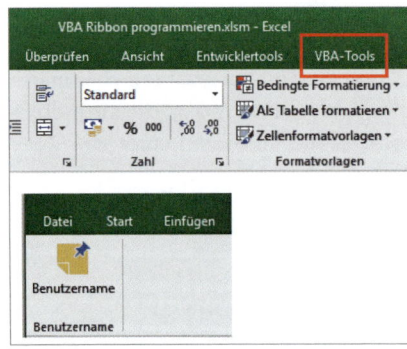

Bild 12.32: Ein neues Register mit Makroschaltfläche.

Kapitel 13

13. Anhang

13.1   Die Excel-Optionen

In den Excel-Optionen sind alle Voreinstellungen untergebracht, beginnend bei Farben und Mustern bis zu Standardspeicherorten und Spracheinstellungen.

Optionen gibt es für Excel allgemein – sie gelten für alle aktivierten Arbeitsmappen – und für die aktuelle Arbeitsmappe.

Die meisten Optionen sind richtig und passend eingestellt, einige sollten Sie aber über-prüfen, bevor Sie in Excel einsteigen. Wählen Sie *Datei/Optionen*.

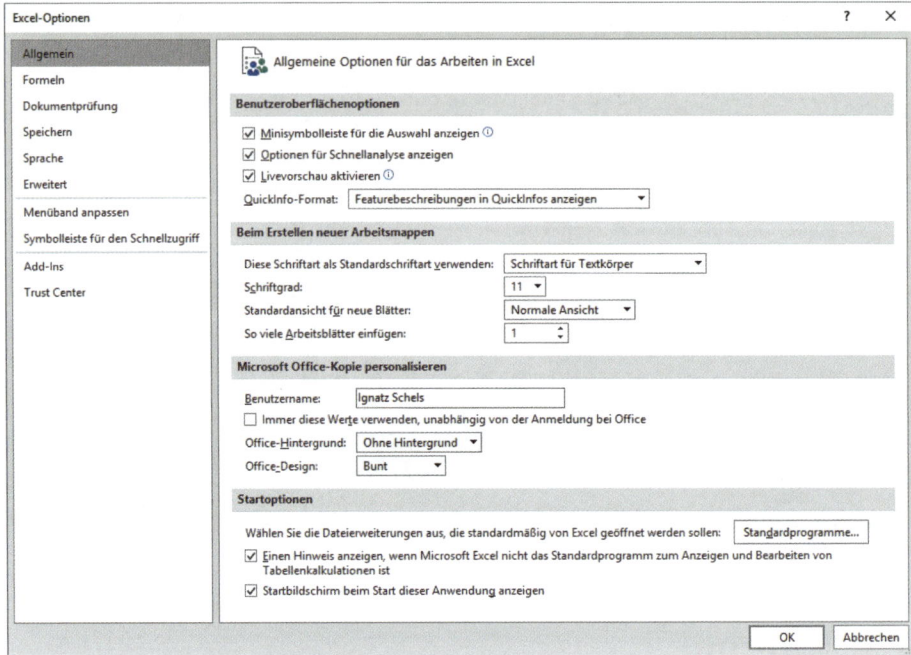

Bild 13.1: Die Excel-Optionen enthalten alle Voreinstellungen zum Programm.

13.1.1 Die wichtigsten Optionen

Kategorie	Option
Allgemein	Farben, Schriftarten und Hintergründe, Benutzername. Mit den Startoptionen regeln Sie die Zuordnung der Datei-erweiterungen.
Formeln	Berechnung von Tabellen *Automatisch* oder *Manuell*. Die Bezugsart Z1S1 zeigt Nummern statt Spaltenbuchstaben. Die Fehlerüberprüfung kennzeichnet fehlerhafte Zellen mit einem grünen Dreieck.
Dokumentprüfung	AutoKorrektur-Optionen ersetzen automatisch falsch ge-schriebenen Text und legen Hyperlinks an. Tragen Sie häufige Tippfehler inklusive Korrektur ein.
Speichern	Der *lokale Standardspeicherort* ist der Ordner, in dem Excel die Dateien sucht und speichert. Im *AutoWiederherstellen*-Ordner ist bei Abstürzen der zuletzt gespeicherte Zwischen-stand zu finden. *Standardmäßig auf Computer speichern* präsentiert den Desktop anstelle der Cloud.
Sprache	Überprüfen Sie, ob das Sprachschema korrekt eingestellt ist (wird bei der Installation von Windows übernommen).

Kategorie	Option
Erweitert	Dezimalkomma, direkte Zellbearbeitung zulassen, Zoom mit der IntelliMouse ausschalten. Optionen für Arbeitsblatt: Bildlaufleisten und Blattregister anzeigen, Formeln: Alle Prozessoren zum Berechnen verwenden, Bei *Lotus-Kompatibilität* nichts einschalten. Automatische Blitzvorschau einschalten.
Menüband anpassen	Mit *Zurücksetzen* schalten Sie die Standardbelegung ein und löschen alle Änderungen.
Symbolleiste für den Schnellzugriff	Mit *Zurücksetzen* schalten Sie die Standardbelegung ein. Neue Symbole können Sie bei Bedarf hinzufügen.
Add-Ins	Ältere oder nicht benötigte Add-ins können hier deaktiviert werden.
Trust Center	Vertrauenswürdige Speicherorte und Dokumente überprüfen, ggf. entfernen. Eingabeaufforderung für ActiveX-Elemente, Makros mit Benachrichtigung deaktivieren, geschützte Ansichten (alle ankreuzen), externer Inhalt: Benutzer zur Datenverbindung und zu Arbeitsmappenverknüpfungen auffordern.
Einstellungen für den Zugriffsschutz	Ältere Versionen nur in der geschützten Ansicht zulassen.
Datenschutzoptionen	*Verbindung mit Office.com* startet automatisch Internetzugriffe für Updates und Hilfetexte. Das gilt auch, wenn Sie das Senden von Dateien zur Verbesserung der Datenüberprüfung zulassen. Überprüfen Sie in den Übersetzungs- und Rechercheoptionen, ob alle benötigten Wörterbücher und Suchdienste aktiviert sind.

13.1.2 Allgemein

Stellen Sie hier die Farbe, die Schrift und die Anzahl der Blätter ein, die Excel beim Anlegen einer neuen Mappe anbietet. Ändern Sie auch den Benutzernamen.

Minisymbolleiste für die Auswahl anzeigen: Wird Text in einer Zelle markiert, erscheint eine kleine Symbolleiste mit einigen Formatiersymbolen (fett, kursiv, Schrift, Farbe).

Optionen für Schnellanalyse anzeigen: Wird eine Tabelle (*Einfügen/Tabelle*) markiert, erhalten Sie Schnellanalyse-Funktionen in einer Schaltfläche rechts unten.

Livevorschau aktivieren: Formatierungen, Zahlenformate, Zell- und Tabellenvorlagen werden bereits zugewiesen, wenn Sie mit der Maus auf das Symbol oder Element zeigen.

QuickInfo-Format: Kleine Kästchen am Mauszeiger, die auftauchen, wenn Sie auf ein Symbol zeigen. Wenn Sie Feature-Beschreibungen anzeigen lassen, erhalten Sie Hilfetexte.

Beim Erstellen neuer Arbeitsmappen: Bestimmen Sie die Schriftart für die Zellen in neuen Arbeitsmappen. Beide Schriftarten stammen aus dem Standarddesign, das im Seitenlayout zugewiesen ist. Wenn ein anderes Design verwendet wird, wird jede Zelle mit der im Design definierten Standardschriftart formatiert. Sie können natürlich jede Schrift zuweisen, die unter Windows installiert ist.

```
Schriftart für Textkörper: Standard, Schrift Calibri
Schriftart für Überschrift: Cambria.
```

Benutzername: Benutzernamen werden zur Personalisierung von Excel-Mappen und anderer Office-Dokumente (Word-Textdateien, PowerPoint-Präsentationen ...) verwendet. Im Trust Center lassen sich die Personalisierungen entfernen, wenn Sie nicht wollen, dass der Name in den Einstellungen der Datei gespeichert wird.

Office-Hintergrund: Kleine Ornamente in der Titelleiste.

Office-Design: Bunt, Dunkelgrau oder Weiß, ab Januar 2016 auch Schwarz.

Startoptionen: Zuordnung der Dateierweiterungen, entspricht der Option in der Systemsteuerung. Deaktivieren Sie die Startbildschirmoption, startet Excel mit einer leeren Arbeitsmappe.

13.1.3   Formeln

Berechnungsoptionen: Automatisch berechnet alle Formeln in einer Tabelle sofort neu, wenn eine Zelle beschriftet oder geändert wird. Datentabellen sind Matrixberechnungen, die mit *Daten/Datentools/Was-wäre-wenn-Analyse* erzeugt werden. Wenn Sie die Berechnung dafür ausschalten, werden die mit Variablen bestimmten Alternativen nicht sofort berechnet. Mit *Berechnung/Manuell* stellen Sie die Wartezeit bei größeren Berechnungen ab.

 Nutzen Sie diese Tastenkombinationen für Berechnungen:

Tastenkombination	Zweck
F9	Berechnet in allen Arbeitsmappen alle Formeln und deren abhängige Formeln, die sich seit der letzten Berechnung geändert haben.
⇧ + F9	Berechnet im aktiven Tabellenblatt alle Formeln und deren abhängige Formeln, die sich seit der letzten Berechnung geändert haben.
Strg + Alt + F9	Berechnet alle Formeln in allen Arbeitsmappen neu.
Strg + ⇧ + Alt + F9	Überprüft und berechnet alle Formeln in allen Arbeitsmappen neu.

Iterative Berechnungen: Hier geben Sie für diese Berechnungsarten die maximale Anzahl und die maximalen Änderungen an. Je höher die Anzahl und je kleiner die Zahl für die maximale Änderung ist, desto länger dauert eine Berechnung. Das Ergebnis wird aber genauer, je kleiner die Zahl der maximalen Änderungen ist. Diese Parameter beeinflussen die Berechnung mit dem Add-in-Solver und der Zielwertsuche.

Arbeiten mit Formeln: In der Z1S1-Bezugsart sehen Sie keine Spaltenbuchstaben am oberen Rand der Tabelle, sondern wie bei den Zeilen Zahlen. Auch die Formelbezüge passen sich dieser Schreibweise an, die Formel

=A1*$C$1

sieht in der Zelle D1 so aus:

=ZS(-3)*Z1S3

Die Z1S1-Bezugsart ist zwar schwer zu lesen, zeigt aber Bezüge in ihrer ursprünglichen Form: Bei relativen Bezügen wird der Weg zur Zelle angegeben (z. B. (−2) für zwei Spalten nach links), absolute Bezüge gibt die Formel direkt wieder (Z1S3 = $C$1).

AutoVervollständigen-Formel: Nützlich, wenn Sie eine Formel direkt in die Zelle schreiben. Excel schlägt Ihnen nach Eingabe der Buchstaben die ähnlichsten Funktionen vor (SU = SUMME, ANZ = ANZAHL() oder ANZAHL2() ...).

Tabellennamen in Formeln verwenden: Wird mit *Einfügen/Tabelle* ein Bereich zur Tabelle erklärt, wird dieser Name vorgeschlagen, wenn sich ein Teil der Formel darauf bezieht.

GetPivotData-Funktionen für PivotTable-Bezüge verwenden: Erstellen Sie eine Verknüpfung auf eine Zelle in einer PivotTable, erhalten Sie, wenn diese Option aktiviert ist, nicht den Zellbezug, sondern die Matrixfunktion PIVOTDATENZUORDNEN().

Fehlerprüfung: Mit der Fehlerüberprüfung im Hintergrund kennzeichnet Excel echte oder vermeintliche Fehler mit einer grünen Ecke links oben an der Zelle. Den Fehlertyp sehen Sie, wenn Sie den Fehlerindikator anklicken. Hier können Sie diese Markierung ausschalten oder eine andere Farbe zuweisen. *Ignorierte Fehler zurücksetzen* schaltet alle Markierungen wieder ein, wenn Sie *Fehler ignorieren* im Fehlerindikator angeklickt hatten.

Regeln für die Fehlerüberprüfung: Zeigt alle Fehlerquellen, die zu einer grünen Fehlermarkierung in der Zelle führen können. Sehen Sie sich die Beschreibungen an, schalten Sie einzelne Optionen nur ab, wenn sie lästig werden.

13.1.4 Dokumentprüfung

Hier definieren Sie die Voreinstellungen für die Rechtschreibprüfung und die Korrekturhilfen. Neue Korrekturen sind auch in Word und PowerPoint verfügbar.

AutoKorrektur-Optionen: Blendet eine Dialogbox mit vier Registerkarten ein. Die Auto-Korrektur enthält Optionen, die automatisch aktiv werden, wenn Sie Texte in Tabellen erfassen. Zwei Großbuchstaben am Wortanfang, kleingeschriebene Wochentage und die versehentlich gedrückte Feststelltaste sind damit kein Problem mehr, Excel korrigiert diese Fehler automatisch. Ist die Option *Während der Eingabe ersetzen* aktiviert, werden auch die in der Liste aufgeführten Ersatzzeichen verwendet. (c) wird automatisch zu ©, »Rechnug« wird zu »Rechnung«. Geben Sie in das Feld *Ersetzen* weitere Lieblingstippfehler ein, schreiben Sie den richtigen Begriff daneben und klicken Sie auf *Hinzufügen*. Wenn Sie einen Eintrag löschen wollen, markieren Sie ihn in der Liste und klicken auf *Löschen*.

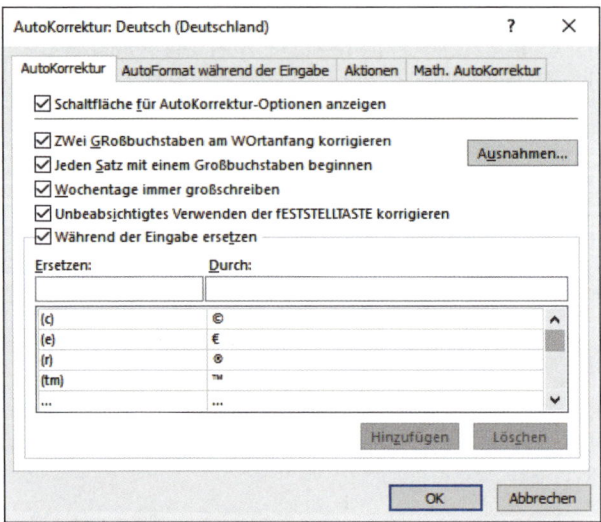

Bild 13.2: Autokorrektur-Optionen.

Die Rechtschreibkorrektur-Optionen kommen mit *Überprüfen/Rechtschreibprüfung* ins Spiel.

Option	Erklärung
Wörter in GROSSBUCHSTABEN ignorieren	Prüft nichts ab, was großgeschrieben ist.
Wörter mit Zahlen ignorieren	Prüft keine Wörter an oder in Zahlen (z. B. 1000 kg, 50 Liter, 120 Tonnen).
Internet- und Dateiadressen ignorieren	Prüft keine Wörter, die Pfadangaben, URLs (Webadressen) oder Protokolle (*http://*) enthalten.
Wiederholte Wörter kennzeichnen	Identifiziert Wörter, die bei einer Rechtschreibprüfung mehrfach vorkommen.
Deutsch: Neue Rechtschreibung verwenden	Deutschsprachige Texte werden nach den Regeln der neuen Rechtschreibung abgeprüft.
Großbuchstaben behalten Akzent	Weist bei französischen Texten Wörter als falsch aus, wenn in Großbuchstaben der Akzent fehlt.
Vorschläge nur aus Hauptwörterbuch	Die Vorschläge in den Benutzerwörterbüchern werden nicht verwendet.
Benutzerwörterbücher	Mit dieser Schaltfläche können Sie Benutzerwörterbücher auswählen oder neue Wörterbücher anlegen.
Französische Modi	Hier stellen Sie die neue Rechtschreibung für Französisch ein.
Wörterbuchsprache	Hier bestimmen Sie die Sprachversion durch Auswahl einer Lexikondatei.

13.1.5 Speichern

Die Kategorie mit Optionen rund um Dateien, Dateiformate und Speicherformen.

Dateien in diesem Format speichern: Standardformat ist die Excel-Arbeitsmappe mit der Endung *.xlsx*, in den Versionen 2007, 2010, 2013 und 2016 identisch. Die Liste enthält weitere Dateiformate, u. a. das Format für Makromappen (XLSM), die älteren Dateiformate für Excel 97 bis 2003, das Apple-Macintosh-Format und das OpenDocument-Format (*.ods*). Was Sie hier einstellen, wird beim Speichern einer Mappe nur vorgeschlagen, Sie können das Dateiformat jederzeit neu bestimmen.

Die *AutoWiederherstellen-Informationen* werden alle zehn Minuten gespeichert, der Speicherort befindet sich in Ihrem Windows-Benutzerprofil. Damit wird die aktive Mappe alle zehn Minuten in eine temporäre Datei zwischengespeichert, nach dem Schließen der Mappe wird diese temporäre Datei wieder gelöscht. Sollte Excel unvermittelt abstürzen (was vorkommt), wird nach dem Neustart automatisch die zuletzt gespeicherte Sicherung eingespielt. Sie können aber noch entscheiden, ob Sie diese oder die zuletzt gespeicherte Version nehmen wollen.

Wenn Sie die automatische Sicherung für eine Mappe ausschalten wollen, suchen Sie diese in der Liste unter *AutoWiederherstellen-Ausnahmen für* und klicken auf die Option *AutoWiederherstellen nur für diese Mappe deaktivieren*.

Backstage beim Öffnen oder Speichern von Dateien nicht anzeigen schalten Sie den Backstage ab, wenn Sie die Cloud (OneDrive) nicht nutzen.

Mit den *Offlinebearbeitungsoptionen* bestimmen Sie, wo Sie die Dateien zwischenlagern, die für den Upload auf einen SharePoint-Server vorgesehen sind.

Unter *Grafische Darstellung der Arbeitsmappe beibehalten* legen Sie die Farben fest, die Excel verwenden soll, wenn Sie eine Mappe in einer früheren Version öffnen. Wichtig sind hier vor allem die Diagrammfüllfarben, die Excel aus dem Design bezieht. Die neuen Farben werden der nächstliegenden Farbe in der Palette zugeordnet.

13.1.6 Sprache

Diese Kategorie definiert die Bearbeitungssprachen, die in der Grammatikprüfung und beim Sortieren von Zellinhalten verwendet werden. Fügen Sie weitere Sprachen hinzu und legen Sie eine Sprache als Standard fest. Für Oberfläche und Hilfefunktion wird die in den Windows-Regionaloptionen (Systemsteuerung) festgelegte Sprache verwendet. Mit *Als Standard festlegen* definieren Sie die markierte Sprache als Standard.

Unter *Weitere Anzeige- und Hilfesprachen von Office.com abrufen* steht der Link für das *Language Acessory Pack für Office 2016*, hier können Sie weitere Sprachen von Microsoft beziehen. Ändern Sie im Link den Teil *en-us* auf *de-de*, dann sehen Sie die deutsche Seite:

https://support.office.com/de-de/article/Language-Accessory-Pack ...

13.1.7   Erweitert

Das ist die wichtigste Kategorie mit vielen Optionen für die direkte Bearbeitung von Zellen, Tabellen und Mappen. Eingaben in Tabellenblätter werden von Excel nicht nur sofort berechnet, sondern auch sofort überprüft. Wenn Excel nicht so reagiert, wie Sie wollen, liegt das meist an Voreinstellungen oder Optionen.

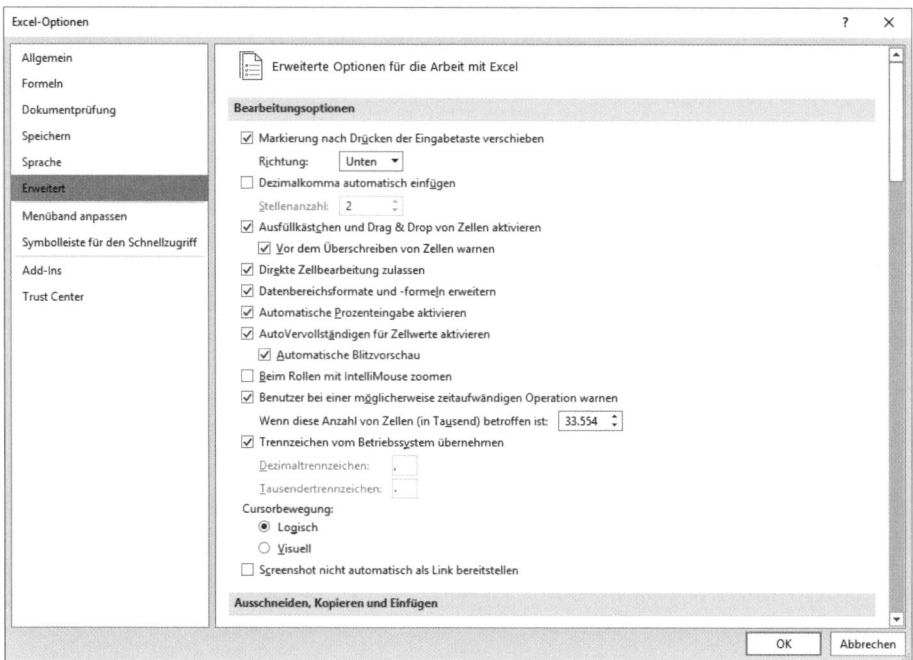

Bild 13.3: Die erweiterten Optionen.

Markierung nach Drücken der Eingabetaste verschieben: Bestimmen Sie hier, in welche Richtung der Zellzeiger nach der Eingabe springt.

Dezimalkomma automatisch einfügen: Wer ständig viele Zahlen zu erfassen hat, ist vielleicht gewohnt, diese ohne Kommas zu schreiben. Ist die Option gesetzt, wird jede eingegebene Zahl automatisch als Dezimalzahl gewertet. Die Anzahl Stellen lässt sich bestimmen. Wenn Sie diese Option anklicken, die Voreinstellung *Stellenzahl 2* übernehmen und anschließend 4599 in die aktive Zelle eingeben, wird daraus 45,99.

Ausfüllkästchen und Drag & Drop von Zellen aktivieren: Macht das Ausfüllkästchen am rechten unteren Zellzeiger sichtbar und ermöglicht die Bearbeitung der Zelle im Tabellenblatt (per Doppelklick).

Vor dem Überschreiben von Zellen warnen: Die Warnung *Hier gibt es schon Daten. Möchten Sie diese ersetzen?* erscheint, wenn Sie Zellbereiche auf andere Zellen verschieben, die bereits gefüllt sind.

Direkte Zellbearbeitung zulassen: Damit können Sie jede Zelle per Doppelklick öffnen und direkt in der Tabelle bearbeiten. Ist die Option deaktiviert, bearbeiten Sie die Zelle in der Bearbeitungsleiste.

Datenbereichsformate und -formeln erweitern: Mit dieser Option werden neue Daten, die am Ende einer Liste angefügt werden, automatisch mit dem Format der ganzen Spalte formatiert. Formeln werden automatisch kopiert, vorausgesetzt, dass mindestens drei von fünf Zeilen vor der neuen Zeile diese Formel enthalten.

Automatische Prozenteingabe aktivieren: Mit dieser Option werden alle Zahlen kleiner als 1 im Prozent-Format mit 100 multipliziert. Wenn Sie diese Option deaktivieren, werden alle Prozentzahlen mit 100 multipliziert.

AutoVervollständigen für Zellwerte aktivieren: Werden Daten in einer Spalte erfasst, wird ein Begriff auch mehrfach eingegeben. Ist die Option gesetzt, wird Excel nach der Eingabe der ersten Zeichen den Rest gleich vorschlagen. Schreiben Sie einfach weiter, wenn Sie den Eintrag nicht übernehmen wollen. Wenn Sie diese Eingabehilfe stört, schalten Sie die Option hier aus.

◢	A	B	C
1	Bayern		
2	Baden-Württemberg		
3	Berlin		
4	Bremen		
5	Hamburg		
6	Hamburg		
7			
8			

Bild 13.4: AutoVervollständigen in Aktion.

Automatische Blitzvorschau: Damit erkennt Excel automatisch, nach welchem Schema Sie Spalten mit Inhalten füllen, und sieht die folgenden Eingaben voraus (siehe Vorlage »Excel-Tour«).

Beim Rollen mit IntelliMouse zoomen: Sorgt dafür, dass die Tabelle verkleinert oder vergrößert wird, wenn Sie am Mausrad zwischen den beiden Maustasten drehen. Ist die Option nicht gesetzt, rollt nur das Tabellenblatt nach unten bzw. oben.

Drücken Sie die Strg-Taste und drehen Sie das Mausrad, um zu zoomen.

Benutzer bei einer möglicherweise zeitaufwändigen Option warnen: Tabellen sind 1.046.576 Zeilen und 16.384 Spalten groß. Eine Operation wie z. B. eine Formel oder eine Verknüpfung über viele Zellen könnte den Hauptspeicher überlasten oder zu lange Wartezeiten hervorrufen. Diese Option warnt Sie davor, wenn die eingestellte Anzahl Zellen betroffen ist. Tragen Sie eine kleinere Zahl ein, wenn Sie zu wenig Hauptspeicher oder einen Computer mit schwacher Prozessorleistung haben.

Trennzeichen vom Betriebssystem übernehmen: Geben Sie hier ein anderes Dezimaltrennzeichen und Tausendertrennzeichen ein, wenn Sie Zahlen abweichend von der Regionaleinstellung in der Windows-Systemsteuerung benutzen wollen. Um im Regionalschema *Deutsch (Deutschland)* Zahlen im US-Format zu erfassen, geben Sie einen Punkt für Dezimaltrennzeichen ein und ein Komma für die Tausendertrennung.

Cursorbewegung: Mit *Visuell* ignoriert Excel eingestellte Textsprachen und bewegt den Cursor immer gleich, wenn in einem Text beide Textversionen (von links nach rechts und von rechts nach links) gleichzeitig verwendet werden. *Logisch* bewegt den Cursor immer in eine Richtung.

Screenshot nicht automatisch als Link bereitstellen: Damit werden Screenshots (*Einfügen/ Illustrationen*) automatisch als Hyperlinks bereitgestellt.

Ausschneiden, Kopieren, Einfügen

Mit der *Schaltfläche für Einfügeoptionen* wird nach dem Einfügen von Daten aus der Zwischenablage ein kleines Kästchen angeboten, in dem zusätzliche Optionen verfügbar sind. *Eingefügte Objekte mit übergeordneten Zellen ausschneiden, kopieren und sortieren* bezieht sich auf Formularelemente und ActiveX-Objekte, die unter *Entwicklertools/ Steuerelemente* zur Verfügung stehen. Ist sie aktiv, werden diese Objekte zusammen mit den Zellen im Hintergrund kopiert, ausgeschnitten und auch sortiert.

Bildgröße und -qualität/Drucken

Hier verwerfen Sie temporäre Bearbeitungsdaten, damit speicherintensive Schritte für die Bildbearbeitung nicht zwischengespeichert werden. Wenn Sie die *Bilder in Dateien nicht komprimieren,* erhöht sich die Bildqualität eingefügter Bilder, da diese nicht automatisch optimiert werden (JPEG-Komprimierung). Legen Sie die Standardzielaufgabe auf einen kleineren ppi-Wert (ppi = point per inch), werden die Bilder stärker komprimiert. Wenn Sie unter *Drucken* den Modus für hohe Qualität einstellen, werden Grafiken im Originalformat gedruckt (sehr aufwendig bei großen Fotos).

Diagramm

Die erste Option bewirkt, dass Namen von Diagrammelementen (z. B. Größenachse, Legende, Datenreihe) und Daten angezeigt werden, wenn der Mauszeiger ca. eine Sekunde darauf zeigt. Mit der zweiten Option sehen Sie den Wert jedes Datenpunkts am Mauszeiger, wenn Sie eine Datenreihe (Linie, Balken etc.) markieren. *Eigenschaften orientieren sich am Diagrammdatenpunkt in der aktuellen/für alle neuen Arbeitsmappen:* Formatierungen und Beschriftungen bleiben an den Datenpunkten, wenn sie im Diagramm verschoben oder geändert werden.

Anzeige

Definieren Sie hier die Anzahl der zuletzt verwendeten Arbeitsmappen, die Sie im Backstage (*Datei*-Menü) sehen wollen. Außerdem können Sie noch festlegen, auf wie viele Arbeitsmappen Sie einen Schnellzugriff (Liste links unten im Backstage) haben. Bestimmen Sie auch die Anzahl der nicht angehefteten, zuletzt verwendeten Ordner. Unter *Linealeinheiten* definieren Sie das passende Maßsystem für die Lineale, die in der Ansicht *Seitenlayout* über den Spalten und links von den Zeilennummern angeboten werden. *Alle Fenster in der Taskleiste anzeigen* stellt für jede Arbeitsmappe ein Symbol in die Taskleiste. In der Desktopansicht sehen Sie alle Arbeitsmappen in der Miniaturansicht des Excel-Symbols.

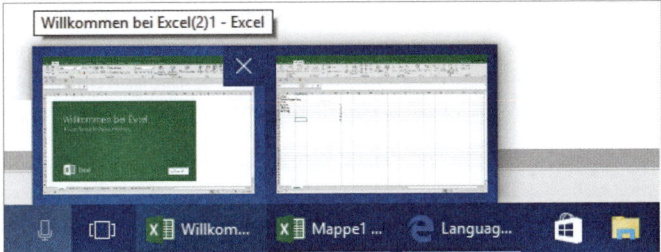

Bild 13.5: Anzeige der Mappen in der Taskleiste.

Bearbeitungsleiste anzeigen sorgt dafür, dass die Leiste mit dem Namensfeld und dem Formelbearbeitungsfeld angeboten wird. *QuickInfos für Funktionen anzeigen* blendet bei Formeleingaben die passenden Funktionen ein, wenn Sie die ersten Buchstaben tippen. Mit ⬚ holen Sie eine markierte Funktion in die Zelle. *Steuerzeichen anzeigen* zeigt »bidirektionale« Steuerzeichen an (bei Sprachen, die von rechts nach links gelesen werden). *Hardwaregrafikbeschleunigung aktivieren* schalten Sie aus, wenn Ihr Grafikadapter Schwierigkeiten bei der Wiedergabe hochauflösender Bilder und Animationen hat. *Für Zellen mit Kommentaren* können Sie wahlweise alles ausschalten, nur die Indikatoren (kleines rotes Dreieck) oder die Kommentare und Indikatoren anzeigen lassen. Die *Standardrichtung* ist die Ausrichtung, die automatisch eingestellt wird, sobald Sie Buchstaben oder Zahlen eingeben. Schalten Sie um auf eine Sprache mit Rechts- bzw. Linksausrichtung, wird auch die Ausrichtung der Zelle geändert.

Optionen für diese Arbeitsmappe anzeigen

In der Liste wird die aktive Mappe angeboten, schalten Sie gegebenenfalls auf eine andere aktive Mappe um. *Horizontale/vertikale Bildlaufleisten anzeigen* aktiviert die Rollbalken am rechten und unteren Bildschirmrand. *Blattregisterkarten anzeigen* zeigt die Registernamen der einzelnen Tabellenblätter an. *Datumswerte im Menü „AutoFilter"* gruppieren gruppiert Datumswerte, wenn der AutoFilter für ein Datumsfeld eingeschaltet ist. Unter *Objekte anzeigen als* wählen Sie *Alle*, wenn Sie gezeichnete Objekte (Formeln) und Grafiken sehen wollen. Mit *Nichts* sehen Sie nur einen Objektrahmen. Die Option wird benötigt, wenn ältere Grafikadapter oder schwache Prozessoren Probleme mit der Anzeige haben.

Optionen für dieses Arbeitsblatt anzeigen

Das aktive Tabellenblatt ist eingestellt, wählen Sie gegebenenfalls ein anderes aktives Blatt. *Zeilen- und Spaltenüberschriften einblenden* bestimmt die Anzeige der Zeilen-/Spaltenköpfe. *Anstelle der berechneten Werte Formeln in Zellen anzeigen* schaltet die Formelansicht ein (auch unter *Formeln/Formelüberwachung/Formeln anzeigen*). *Blatt in Rechts-nach-Links-Ansicht anzeigen* schaltet die Anzeige auf die Rechts-/Links-Leserichtung um, die Spalte A steht damit am rechten Rand. *Seitenumbrüche einblenden* macht die Umbrüche in der Tabelle mit gestrichelten Linien sichtbar. *In Zellen mit Nullwert eine Null anzeigen* schalten Sie aus, wenn Sie keine Nullen in der eingestellten Mappe oder Tabelle sehen wollen.

Gliederungssymbole anzeigen, wenn eine Gliederung angewendet wurde schaltet die mit *Daten/Gliedern* am oberen und linken Rand eingeblendeten Gliederungssymbole zum Ein- und Ausblenden der Zeilen- und Spaltenebenen ein oder aus. *Gitternetzlinien einblenden* blendet die Zellgitter für die Mappe oder das Tabellenblatt ein oder aus.

Formeln

Multithreadberechnung aktivieren sorgt dafür, dass alle verfügbaren Prozessoren für die Berechnung von Formeln einbezogen werden. Angeboten wird die Anzahl Prozessoren, die Windows ermittelt hat, der Wert kann unter *Manuell* reduziert oder erhöht werden.

 Prüfen Sie mit dem Windows-Dienstprogramm *msconfig*, wie viele Prozessoren Ihr System anbietet (*Start/Erweiterte Optionen*). Wenn Sie einen HPC-Clusterconnector (z. B. Windows HPC Server 2008) einsetzen, können Sie die nächste Option einschalten und diesen konfigurieren.

Beim Berechnen dieser Arbeitsmappe

Verknüpfungen mit anderen Dokumenten aktualisieren schalten Sie nur aus, wenn externe Verknüpfungen fehlschlagen. Die Option *Genauigkeit wie angezeigt festlegen* macht nur dann Sinn, wenn Sie die Anzahl Nachkommastellen bei eingetippten Zahlen auf die vom Zahlenformat vorgegebene Zahl reduzieren wollen. Mit *1904-Datumswerte verwenden* beginnt der Excel-Kalender am 1. Januar 1904 und nicht am 1.1.1900. Diese Option schalten Sie ein, wenn Sie beim Datumssystem mit Office für Macintosh kompatibel sein wollen oder müssen. Auf diesem System ist nämlich der 1. Januar 1904 der erste Kalendertag. *Externe Verknüpfungswerte speichern* speichert Kopien von Verknüpfungen. Schalten Sie die Option ab, wenn externe Verknüpfungen viel Speicher beanspruchen oder sehr lange dauern. Aber Vorsicht: Damit reduzieren Sie in Tabellen mit vielen Verknüpfungen zwar erheblich das Speichervolumen, wenn die Verknüpfung aber nach dem Öffnen nicht mehr verfügbar ist, fehlen Ihnen die Werte.

Allgemein

Die Optionen in dieser Kategorie beziehen sich wieder auf Excel selbst, nicht auf die aktive Mappe oder das Tabellenblatt.

Allgemein
☐ Feedback mit Sound
☑ Feedback mit Animation bereitstellen
☐ Andere Anwendungen ignorieren, die Dynamischen Datenaustausch (Dynamic Data Exchange, DDE) verwenden
☑ Aktualisieren von automatischen Verknüpfungen anfordern
☐ Fehler von Benutzeroberflächen-Add-Ins anzeigen
☑ Inhalt für die Papierformate A4 oder 8,5 x 11 Zoll skalieren
Beim Start alle Dateien öffnen in:
Weboptionen...
☑ Multithread-Verarbeitung aktivieren
Listen zur Verwendung bei Sortierungen und Fülloperationen erstellen: Benutzerdefinierte Listen bearbeiten...

Bild 13.6: Gruppe »Allgemein«: Optionen für Excel.

Auf *Feedback mit Sound* werden Sie gern verzichten, weil damit bei jeder Rückmeldung von Excel ein Windows-Sound ertönt. *Feedback mit Animationen bereitstellen* sind die Übergangs- und Einblendungseffekte, die älteren Grafikadaptern Probleme bereiten können (und Excel verlangsamen). Löschen Sie beispielsweise eine Spalte, »gleiten« die anderen Spalten animiert nach links. Wählen Sie *Andere Anwendungen ignorieren, die DDE verwenden,* reagiert Excel nicht auf DDE-Anfragen von außen, was u. a. dazu führt, dass für Dateien, die per Doppelklick aus dem Windows-Explorer gestartet werden, eine neue Instanz geöffnet wird. *Aktualisieren von automatischen Verknüpfungen anfordern* ist für die Meldung zuständig, die nach dem Öffnen einer Mappe mit Verknüpfungen erscheint. Schalten Sie sie aus, wenn Sie den Dialog nicht sehen wollen.

Fehler von Benutzeroberflächen-Add-Ins anzeigen: Add-ins werden mithilfe von VBA-Makros so programmiert, dass sie das Menüband abändern und beispielsweise Gruppen entfernen, eigene Gruppen und Symbole für ihre Makroaufrufe installieren. Ist diese Option gesetzt, erhalten Sie eine Fehlermeldung, wenn diese Umprogrammierung der Oberfläche nicht funktioniert. Mit *Inhalt für die Papierformate A4 oder 8,5 × 11 Zoll skalieren* wird das Seitenlayout entsprechend skaliert. *Beim Start alle Dateien öffnen in* ist das Eingabefeld für einen alternativen Pfad zum Excel-Startordner. Mit der Schaltfläche *Weboptionen* erhalten Sie eine Dialogbox mit sechs Registerkarten. Darauf definieren Sie die Einstellungen für die Ausgabe von Excel-Tabellen als Webseiten (*Datei/Speichern und senden/Im Web speichern*).

Multithread-Verarbeitung aktivieren sorgt dafür, dass alle verfügbaren Prozessoren für alle anderen Aktivitäten herangezogen werden, zum Beispiel die Neuberechnung von PivotTables und PivotCharts. *Benutzerdefinierte Listen bearbeiten* bietet die Möglichkeit, eigene Füllreihen zu definieren. Dazu schreiben Sie am besten vorher eine Füllreihe in das Tabellenblatt und markieren sie. Mit *Importieren* holen Sie die Reihe in die benutzerdefinierten Listen, sie steht damit für das Füllkästchen bereit.

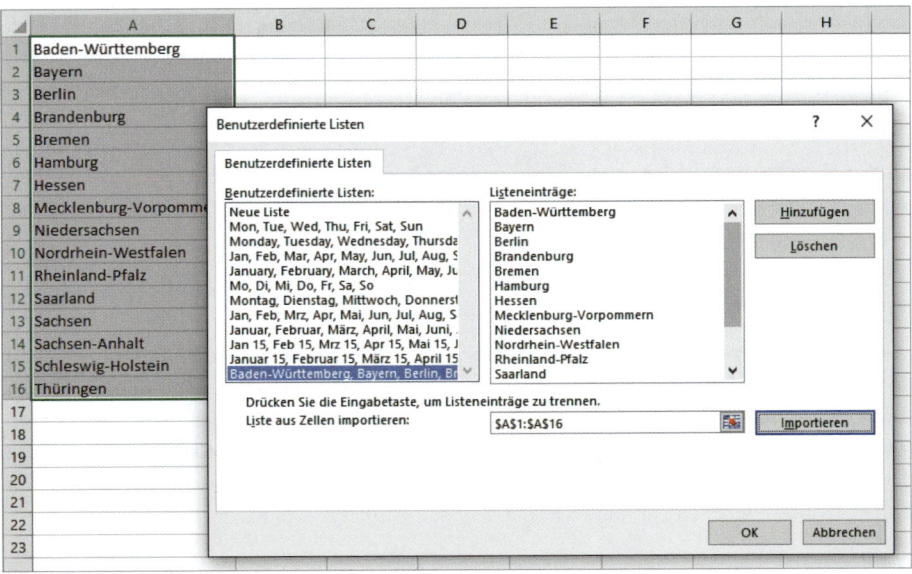

Bild 13.7: Eine benutzerdefinierte Liste wird eingefügt.

Daten

Die Option *„Rückgängig" für große PivotTable-Aktualisierungsvorgänge* deaktiviert die Rückgängig-Funktion für große Aktualisierungsvorgänge oder eine angegebene Anzahl von Datensätzen. Damit verbessern Sie die Verarbeitungsgeschwindigkeit für PivotTables erheblich, weil Excel keine Rücknahme-Schritte zwischenspeichern muss.

Excel-Datenmodell beim Erstellen von PivotTables, Abfragetabellen und Datenverbindungen bevorzugen greift zuerst auf ein vorhandenes Datenmodell zu. Erst wenn keines vorhanden ist, wird eine neue PivotTable, Abfrage oder Datenverbindung erstellt.

Rückgängig für große Excel-Datenmodellvorgänge oder Datenmodellvorgänge ab einer bestimmten Größe (Vorgabe: 8 MByte) deaktivieren: Wie oben bei den PivotTables verbessern Sie die Verarbeitungsgeschwindigkeit damit, können aber im Datenmodell keine Schritte zurücknehmen.

Datenmodelle erstellen Sie beim Einlesen externer Daten per ODBC oder mit Power-Pivot.

Die *Lotus-Kompatibilität* bietet die Möglichkeit, Excel so einzustellen, dass die Bedienung und die Formelbehandlung mit dem Programm Lotus 1-2-3 (Hersteller IBM) kompatibel sind. Das Programm ist seit 1993 eingestellt.

13.1.8   Add-ins

Add-ins sind Zusatzprogramme, die für den Benutzer meist unsichtbar in Excel integriert werden. Technisch gesehen sind Add-ins Arbeitsmappen, meist mit Makrosteuerung. Um ein Excel-Add-in zu produzieren, wird eine Arbeitsmappe unter dem Dateityp *Add-In* (Dateiendung *.xlam*) gespeichert.

COM-Add-ins sind in der Regel DLL-Dateien, erzeugt mit einem entsprechenden Entwicklerwerkzeug (Programmiersprache, VB, C++ etc.). COM-Add-ins nutzen das Component Object Model, das die Möglichkeit bietet, Add-ins für mehrere Office-Programme gleichzeitig zu produzieren.

In der Kategorie *Add-Ins* sehen Sie die derzeit installierten Add-ins mit Namen, Speicherort und Typ. Klicken Sie auf einen Eintrag, erhalten Sie zusätzliche Informationen wie Herausgeber und Beschreibung.

Add-in-Kategorien

Aktive Anwendungs-Add-ins sind registrierte und in Excel aktive Add-ins. Inaktive Add-ins sind zwar auf dem Computer vorhanden, aber nicht geladen. XML-Schemata sind beispielsweise erst aktiv, wenn das Dokument geöffnet wird. PowerPivot ist ein inaktives Add-in, es wird erst aktiv, wenn es im Register *Entwicklertools* angekreuzt wird. Dokumentbezogene Add-ins sind Vorlagendateien, auf die aus geöffneten Dokumenten verwiesen wird.

Excel-Add-ins aktivieren

Unter *Verwalten* finden Sie die Excel-Add-ins und die COM-Add-ins. Klicken Sie mit der Einstellung *Excel-Add-Ins* auf *Gehe zu*, erhalten Sie die Liste der verfügbaren Add-ins. Kreuzen Sie das Add-in an oder suchen Sie die Datei mit *Durchsuchen* im Explorer-Fenster. Die Beschreibung zu den Add-ins finden Sie in Kapitel 11.

13.2 Die Optionen des VBA-Editors

Der Visual-Basic-Editor bietet eine Reihe von Voreinstellungen, die für das Codieren der Makros wichtig sind. Schalten Sie mit [Alt]+[F11] in den Visual-Basic-Editor. Wählen Sie *Extras/Optionen*. Die erste Registerkarte *Editor* enthält die Einstellungen für das Code- und das Projektfenster.

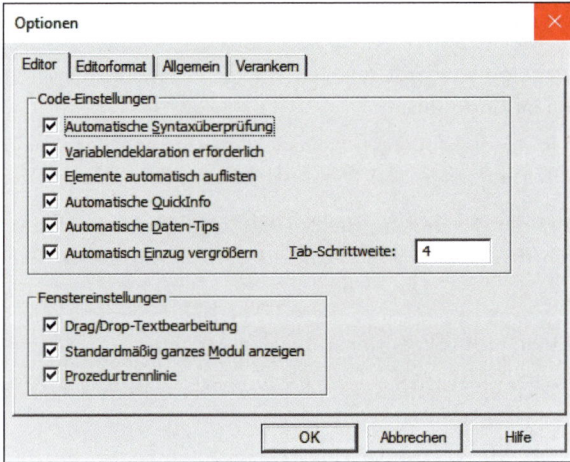

Bild 13.8: Die Registerkarte »Editor«.

13.2.1 Editor

Automatische Syntaxüberprüfung bestimmt, ob Visual Basic nach der Eingabe einer Codezeile automatisch die Syntax überprüfen soll.

Variablendeklaration erforderlich bestimmt, ob explizite Variablendeklarationen in Modulen erforderlich sind. Mit der Aktivierung dieser Option wird in allen neuen Modulen die Option *Explicit-Anweisung im Deklarationsbereich* eingefügt. Bereits erstellte Module erhalten diesen Eintrag nicht mehr, schreiben Sie ihn per Hand in die erste Zeile.

Elemente automatisch auflisten zeigt eine Liste mit den Informationen an, die die Anweisung an der aktuellen Einfügemarke logisch vervollständigen würden.

Automatische QuickInfo zeigt bei der Eingabe Informationen zu Funktionen und deren Parametern an.

Automatische Daten-Tips zeigt den Wert der Variablen an, auf der der Cursor positioniert ist. Die Option ist nur im Haltemodus verfügbar.

Automatisch Einzug vergrößern ermöglicht es, für die erste Codezeile einen Tabulator festzulegen. Alle nachfolgenden Zeilen beginnen an der Tab-Position.

Tab-Schrittweite stellt die Tab-Schrittweite auf einen Wert zwischen 1 und 32 Leerzeichen ein; die Standardeinstellung ist vier Leerzeichen.

Drag/Drop-Textbearbeitung ermöglicht das Ziehen und Ablegen von Elementen im aktuellen Code und vom Codefenster in das Direkt- oder Überwachungsfenster.

Standardmäßig ganzes Modul anzeigen stellt den Standardzustand für neue Module so ein, dass Prozeduren im Codefenster entweder fortlaufend als Liste dargestellt werden, durch die geblättert werden kann, oder dass immer nur jeweils eine Prozedur angezeigt wird. Die Darstellung von momentan geöffneten Modulen ist davon nicht betroffen.

Prozedurtrennlinie ermöglicht die Anzeige bzw. das Ausblenden von Prozedurtrennlinien am Ende der einzelnen Prozeduren im Codefenster.

13.2.2   Editorformat

Auf der zweiten Registerkarte wird die Darstellung des Visual-Basic-Codes bestimmt. Sehen Sie sich die Farben und Schriftvereinbarungen an, die für die einzelnen Teile eines Makros vereinbart sind.

Kommentare werden grün eingefärbt, nicht akzeptierte Befehle rot, und wenn Sie ein Makro im Schrittmodus abarbeiten, kennzeichnet der Editor den aktiven Befehl mit einer Farbunterlegung.

Wechseln Sie hier die Schrift oder die Schrift- und Hintergrundfarben, wenn Ihr System diese nicht richtig anzeigen kann.

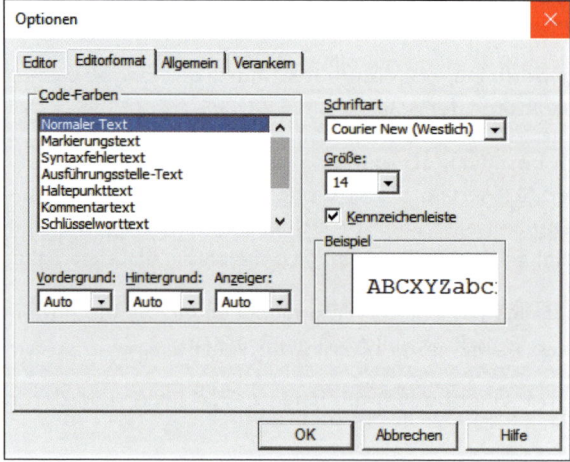

Bild 13.9: Die Registerkarte »Editorformat«.

13.2.3 Allgemein

Auf der dritten Registerkarte werden allgemeine Einstellungen für die gesamte Editor-Oberfläche vorgenommen.

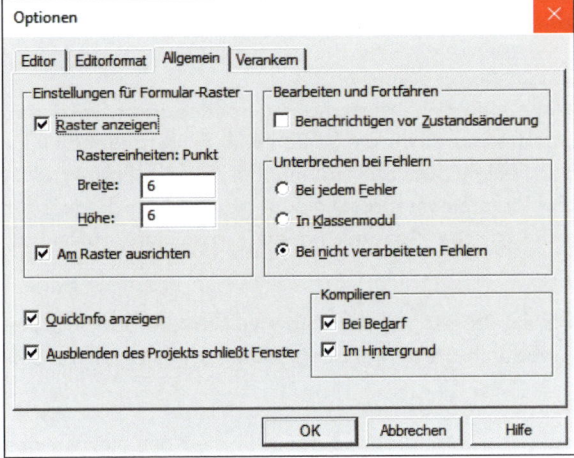

Bild 13.10: Die Registerkarte »Allgemein«.

Die Einstellungen für Formularraster bestimmen die Darstellungsart des Formulars beim Bearbeiten:

- *Raster anzeigen* legt fest, ob das Raster in UserForms angezeigt wird.

- *Rastereinheiten* legt die Rastereinheiten für das Formular an.

- *Breite* legt die Breite der Rasterzellen in einem Formular fest (2–60 Punkt).

- *Höhe* legt die Höhe der Rasterzellen in einem Formular fest (2–60 Punkt).

- *Am Raster ausrichten* richtet die äußeren Begrenzungen von Steuerelementen automatisch an den Rasterlinien aus.

- *QuickInfo anzeigen* zeigt QuickInfos für die Symbolleisten-Schaltflächen an.

Ausblenden des Projekts schließt Fenster legt fest, ob die Projekt-, UserForm-, Objekt- oder Modulfenster automatisch geschlossen werden, wenn ein Projekt im Projekt-Explorer ausgeblendet wird.

Unter *Bearbeiten und Fortfahren* finden Sie Benachrichtigungen vor Zustandsänderung. Damit legen Sie fest, ob eine Benachrichtigung erfolgt, wenn durch die angeforderte Aktion alle Variablen auf Modulebene für ein laufendes Projekt zurückgesetzt werden.

Unterbrechen bei Fehlern legt fest, wie Fehler in der Visual-Basic-Entwicklungsumgebung verarbeitet werden. Das Einstellen dieser Option wirkt sich auf alle Instanzen von Visual Basic aus, die nach dem Ändern dieser Einstellung gestartet wurden.

Bei jedem Fehler: Bei jedem Fehler wird für das Projekt der Haltemodus aktiviert, unabhängig davon, ob eine Fehlerbehandlungsroutine aktiviert ist oder ob sich der Code in einem Klassenmodul befindet.

In Klassenmodul: Alle nicht verarbeiteten Fehler in einem Klassenmodul bewirken, dass für das Projekt in der Codezeile des Klassenmoduls, die den Fehler verursacht hat, der Haltemodus aktiviert wird.

Bei nicht verarbeiteten Fehlern: Wenn eine Fehlerbehandlungsroutine läuft, wird der Fehler behandelt, ohne den Haltemodus zu aktivieren. Sollte keine Fehlerbehandlungsroutine vorhanden sein, bewirkt der Fehler, dass der Haltemodus für das Projekt aktiviert wird. Ein nicht verarbeiteter Fehler in einem Klassenmodul bewirkt jedoch, dass für das Projekt in der Codezeile, die die falsche Prozedur für die Klasse aufgerufen hat, der Haltemodus aktiviert wird.

Kompilieren bei Bedarf legt fest, ob ein Projekt vor dem Start vollständig oder ob der Code bei Bedarf kompiliert wird, wodurch die Anwendung schneller gestartet werden kann.

Im Hintergrund legt fest, ob Leerlaufzeit während der Laufzeit für die Kompilierung des Projekts im Hintergrund verwendet werden soll. Diese Option kann die Ausführungsgeschwindigkeit während der Laufzeit verbessern und ist nur verfügbar, wenn auch die Option *Bei Bedarf* aktiviert ist.

13.2.4   Verankern

Auf der letzten Registerkarte können Sie festlegen, welche Fenster verankerbar sein sollen. Ein Fenster ist verankert, wenn es mit einer Kante eines anderen verankerbaren Fensters oder eines Anwendungsfensters verbunden ist. Ein verankerbares Fenster wird beim Verschieben automatisch ausgerichtet. Ein Fenster ist nicht verankerbar, wenn es an eine beliebige Position auf dem Bildschirm verschoben werden kann und diese Position beibehält.

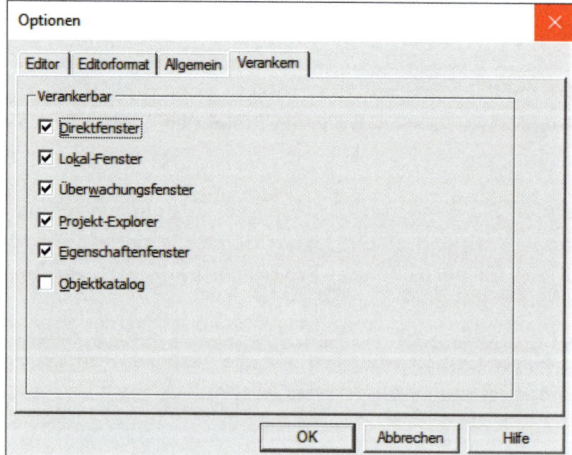

Bild 13.11: Die Registerkarte »Verankern«.

Wählen Sie die Fenster aus, die verankerbar sein sollen, und deaktivieren Sie die Kontrollkästchen für die anderen Fenster. Ein beliebiges Fenster, kein oder alle Fenster in der Liste können verankert werden.

13.3 Tastenkombinationen

Mit Tastenkombinationen steuern Sie Ihre Aktionen im Tabellenblatt und in der Arbeitsmappe schneller und optimieren Ihre Arbeit. Excel bietet zahlreiche Shortcuts von den Funktionstasten bis zu Kombinationen mit der ⌈Strg⌉-, ⌈⇧⌉- und ⌈Alt⌉-Taste. Hier eine Auswahl der nützlichsten Tastenkombinationen.

Taste	Funktion
⌈Alt⌉	Zugriffstasten-Info für die Befehle im Menüband aktivieren
⌈Alt⌉+⌈⇧⌉+⌈=⌉	Funktion =SUMME() einfügen
⌈Alt⌉+⌈F4⌉	Programm Excel beenden
⌈Alt⌉+⌈F8⌉	Dialogfenster mit aktiven Makros anzeigen
⌈Alt⌉+⌈F11⌉	Visual-Basic-Editor aktivieren
⌈⇧⌉+⌈F11⌉	Neues Tabellenblatt einfügen
⌈Alt⌉+⌈ Leer ⌉	Öffnet das Steuerungsmenü des Excel-Fensters links oben
⌈Alt⌉+⌈↵⌉	Fügt einen Zeilenumbruch ein (Bearbeitungsleiste muss offen sein)
⌈Strg⌉+⌈⇧⌉+⌈)⌉	Ausgeblendete Zeilen im markierten Bereich einblenden
⌈Strg⌉+⌈⇧⌉+⌈´⌉	Umschalten auf die Formelansicht bzw. aus der Formelansicht in die Normalansicht
⌈Strg⌉+⌈⇧⌉+⌈-⌉	Rahmen um die markierten Zellen zeichnen
⌈Strg⌉+⌈Alt⌉+⌈⇧⌉+⌈-⌉	Rahmen um die markierten Zellen löschen
⌈Strg⌉+⌈⇧⌉+⌈$⌉	Weist das Währungsformat mit zwei Dezimalstellen zu (negative Zahlen in Klammern)
⌈Strg⌉+⌈⇧⌉+⌈%⌉	Weist das Prozentformat ohne Dezimalstellen zu
⌈Strg⌉+⌈⇧⌉+⌈"⌉	Weist das Exponentialzahlenformat mit zwei Dezimalstellen zu
⌈Strg⌉+⌈#⌉	Weist das Datumsformat TT. MMM JJ zu (bei markierten Objekten Umschalten auf Formelansicht)
⌈Strg⌉+⌈⇧⌉+⌈!⌉	Weist das Zahlenformat #.##0,00 zu
⌈Strg⌉+⌈⇧⌉+⌈*⌉	Markiert den Bereich um die aktive Zelle oder die PivotTable
⌈Strg⌉+⌈.⌉ (Punkt)	Trägt das aktuelle Datum ein
⌈Strg⌉+⌈⇧⌉+⌈:⌉	Trägt die aktuelle Uhrzeit ein
⌈Strg⌉+⌈+⌉ (Plus)	Fügt leere Zellen, Zeilen oder Spalten ein

Taste	Funktion
Strg + - (Minus)	Löscht Zellen, Zeilen oder Spalten
Strg + 1	Zeigt das Dialogfeld *Zellen formatieren* an
Strg + 2	Formatiert die markierten Zellen fett oder hebt die Formatierung auf
Strg + 3	Formatiert die markierten Zellen kursiv oder hebt die Formatierung auf
Strg + 4	Unterstreicht die markierten Zellen oder hebt die Unterstreichung auf
Strg + 5	Streicht die markierten Zellen durch oder hebt die Formatierung auf
Strg + 6	Blendet alle Objekte ein oder aus und schaltet unter *Einfügen* die Gruppen *Illustrationen* und *Diagramme* ab
Strg + 7	Blendet die Gliederungssymbole ein oder aus
Strg + 8	Blendet die Spalten der markierten Zellen aus
Strg + ⇧ + 8	Blendet die Spalten der markierten Zeilen ein
Strg + 9	Blendet die Zeilen der markierten Zellen aus
Strg + ⇧ + 9	Blendet die Zeilen der markierten Zellen ein
Strg + A	Markiert das gesamte Arbeitsblatt oder den aktuellen Bereich. Wenn Sie Strg + A ein zweites Mal drücken, wird das gesamte Arbeitsblatt ausgewählt. Wenn der Cursor in einer Formel rechts neben einem Funktionsnamen steht, wird das Dialogfeld *Funktionsargumente* angezeigt.
Strg + ⇧ + A	Fügt die Argumentnamen und Klammern einer Funktion ein, wenn der Cursor in einer Formel rechts neben einem Funktionsnamen steht
Strg + ⇧ + F	Formatiert fett oder hebt die Formatierung auf
Strg + C	Kopiert die markierten Zellen
Strg + D	Aktiviert *Unten ausfüllen*, um den Inhalt und das Format der obersten Zelle eines markierten Bereichs in die darunter liegenden Zellen zu kopieren
Strg + F	Zeigt das Dialogfeld *Suchen und Ersetzen* mit dem Register *Suchen* an
Strg + G	Öffnet das Dialogfeld *Gehe zu* (auch mit F5)
Strg + H	Zeigt das Dialogfeld *Suchen und Ersetzen* mit dem Register *Ersetzen* an
Strg + ⇧ + K	Formatiert kursiv oder hebt die Formatierung auf

Taste	Funktion
Strg + K	Öffnet das Dialogfeld *Hyperlink einfügen*. Wenn ein Hyperlink markiert ist, wird *Hyperlink bearbeiten* angezeigt.
Strg + L	Zeigt das Dialogfeld *Tabelle erstellen* an
Strg + N	Erstellt eine neue, leere Arbeitsmappe mit der Standardvorlage
Strg + O	Zeigt das Dialogfeld *Öffnen* an, um eine Datei zu öffnen oder zu suchen
Strg + ⇧ + O	Markiert alle Zellen, die Kommentare enthalten
Strg + P	Öffnet *Drucken* in der Backstage-Ansicht
Strg + ⇧ + P	Öffnet *Zellen formatieren* mit dem Register *Schriftart*
Strg + R	Verwendet den Befehl *Rechts ausfüllen*, um den Inhalt und das Format der Zelle ganz links in einem markierten Bereich in die Zellen rechts daneben zu kopieren
Strg + S	Speichert die aktive Datei unter dem aktuellen Dateinamen im aktuellen Dateiformat am aktuellen Speicherort. Wurde die Datei noch nicht gespeichert, erscheint *Speichern unter*.
Strg + T	Zeigt das Dialogfeld *Tabelle erstellen* an
Strg + ⇧ + U	Unterstreicht oder hebt die Unterstreichung auf
Strg + V	Fügt den Inhalt der Zwischenablage an der Cursorposition oder in die markierten Zellen ein (nur wenn die Zwischenablage nicht leer ist)
Strg + Alt + V	Zeigt das Dialogfeld *Inhalte einfügen* an (nur wenn die Zwischenablage nicht leer ist)
Strg + W	Schließt die aktuelle Arbeitsmappe
Strg + X	Schneidet die markierten Zellen oder den markierten Text in die Zwischenablage aus
Strg + Y	Wiederholt den letzten Befehl oder die letzte Aktion, sofern möglich
Strg + Z	Verwendet den Befehl *Rückgängig*, um den letzten Befehl rückgängig zu machen oder den zuletzt eingegebenen Eintrag zu löschen
Strg + Bild ↓	Navigiert zum nächsten Tabellenblatt
Strg + Bild ↑	Navigiert zum vorherigen Tabellenblatt
Strg + ⇧ + Bild ↓	Markiert das aktuelle und das nächste Tabellenblatt, bildet eine Gruppe
Strg + Bild ↑ Strg + Bild ↓	Markiert das vorherige bzw. das nächste Tabellenblatt

Taste	Funktion
Strg + ↵	Füllt alle markierten Zellen mit der ↵ (Bearbeitungsleiste muss offen sein)
Strg + Leer	Markiert die Spalte, in der der Zellzeiger steht
⇧ + Leer	Markiert die Zeile, in der der Zellzeiger steht
Strg + ⇧ + Leer	Markiert das gesamte Tabellenblatt
⇧ + ↵	Schließt die Eingabe ab und setzt den Zellzeiger eine Zelle höher
Ende	Startet oder beendet den Beendigungsmodus. Wird eine Pfeiltaste nach dem Start gedrückt, springt der Zellzeiger zum Ende der Markierung oder zum Ende des Tabellenblatts.
Strg + Ende	Setzt den Zellzeiger in die zuletzt verwendete Zelle oder an das Ende des Tabellenblatts
Strg + ⇧ + Ende	Markiert vom Zellzeiger bis zur zuletzt verwendeten Zelle oder zum Ende des Tabellenblatts. Ist die Bearbeitungsleiste offen, wird der Inhalt vom Cursor bis zum Ende markiert.
Entf	Löscht Zellen oder markierte Objekte oder markierte Elemente in Diagrammen (z. B. Legende). In der Bearbeitungsleiste wird das Zeichen rechts vom Cursor gelöscht.
←, →, ↑, ↓	Bewegen den Zellzeiger oder steuern, wenn ein Register aktiviert ist (mit Alt), das nächste oder vorherige Register an
Strg + → Strg + ←	Setzt den Zellzeiger an das Ende des aktuellen Bereichs oder des Tabellenblatts
⇧ + ←, →, ↑, ↓	Erweitert die Markierung um eine Zeile oder Spalte
Pos 1	Setzt den Zellzeiger an den linken Rand des Tabellenblatts
Strg + Pos 1	Setzt den Zellzeiger in die Zelle A1
⌫	Löscht den Zellinhalt, ohne die Bearbeitungsleiste zu schließen, löscht in der Bearbeitungsleiste das Zeichen links vom Cursor
⇥	Setzt den Zellzeiger eine Spalte nach rechts
⇧ + ⇥	Setzt den Zellzeiger eine Spalte nach links
Strg + ⇥	Schaltet zur nächsten offenen Arbeitsmappe
Strg + ⇧ + ⇥	Wechselt in einem Dialogfeld zur vorherigen Registerkarte
Strg + F1	Menüband ein- und ausblenden
F1	Aktiviert das Hilfefenster
F2	Öffnet die Bearbeitungsleiste für die aktive Zelle
Strg + F2	Druckvorschau aktivieren

Taste	Funktion
F3	Holt die Bereichsnamenliste (nur wenn Formeln oder Bereichs-namenbezüge in Bearbeitung sind)
Strg + F3	Namens-Manager aktivieren
F4	Wiederholt den letzten Befehl
Strg + F4	Programm schließen
F5	Blendet das Dialogfenster *Gehe zu* ein
Strg + F5	Maximiertes Fenster wieder auf Fenstergröße zurücksetzen
F6	Blendet die Tastenbelegung im Menüband aus, zum Einblen-den zweimal F6 oder Alt drücken
Strg + F6 Strg + ⇧ + F6	Wechselt zum nächsten bzw. vorherigen Tabellenblatt
F7	Startet die Rechtschreibprüfung
⇧ + F7	Öffnet den Aufgabenbereich mit *Recherchieren*
F8	Fixiert den Zellzeiger, mit den Cursortasten kann die Markie-rung erweitert werden, hebt die Fixierung wieder auf
F9	Berechnet das Tabellenblatt oder den markierten Bereich neu
F10	Blendet die Tastenbelegung im Menüband ein oder aus
Strg + F10	Schaltet die maximierte Ansicht ein
⇧ + F10	Blendet das Kontextmenü am Zellzeiger ein

Stichwortverzeichnis